Colonia Victrix Iulia Lepida-Celsa
(Velilla de Ebro, Zaragoza)

III, 1

EL *INSTRUMENTUM DOMESTICUM*

DE LA

«CASA DE LOS DELFINES»

M. BELTRÁN LLORIS, M. C. AGUAROD OTAL,
M. A. HERNÁNDEZ PRIETO, J. A. MÍNGUEZ MORALES,
J. Á. PAZ PERALTA

*Colonia Victrix Iulia Lepida-Celsa
(Velilla de Ebro, Zaragoza)*

III, 1

EL *INSTRUMENTUM DOMESTICUM* DE LA «CASA DE LOS DELFINES»

INSTITUCIÓN «FERNANDO EL CATÓLICO»
ZARAGOZA
1998

Publicación número 1.854
de la
Institución «Fernando el Católico»
(Excma. Diputación de Zaragoza)
Pza. de España, 2
50071 ZARAGOZA
Tff.: (34) 976 28 88 78/79. Fax: 976 28 88 69
ifc@mail.sendanet.es

FICHA CATALOGRÁFICA

el *INSTRUMENTUM Domesticum* de la «Casa de los delfines» / M. Beltrán Lloris... [et al.].- Zaragoza: Institución «Fernando el Católico», 1997.

580 p. : il. ; 31 cm
Contiene: v. III, 1: Colonia Victrix Ivlia Lepida-Celsa (Velilla de Ebro, Zaragoza)
ISBN: 84-7820-373-7

1. Aragón-Yacimientos arqueológicos. I. BELTRÁN LLORIS, Miguel. II. Institución «Fernando el Católico», ed.

La presente memoria de las excavaciones arqueológicas realizadas de 1976 a 1982, ha sido dirigida y coordinada por Miguel Beltrán Lloris, director de las excavaciones.

Autores:
J.A.M.M. José Antonio Mínguez Morales, J.Á.P.P. Juan Ángel Paz Peralta, M.A.H.P. María de los Ángeles Hernández Prieto, M.B.LL. Miguel Beltrán Lloris, M.C.A.O. María del Carmen Aguarod Otal.

Dibujos a lápiz:
José Antonio Mínguez Morales, Jesús Ángel Pérez Casas, Juan Ángel Paz Peralta, Jose Ignacio Royo Guillén, José María Viladés Castillo, Miguel Beltrán Lloris, María del Carmen Aguarod Otal.

Dibujos a tinta:
Begoña del Rincón Gracia.

Fotografías:
Miguel Beltrán Lloris, José Garrido Lapeña.

Restauración:
María Luisa González Pena.

Participantes en la excavación:
Arturo Ansón Navarro, Antonio Mostalac Carrillo, José Luis Corral Lafuente, Carmen Escriche Vicente, Carmelo Lasa Gracia, Francisco Moreno Nebra, Isidro Aguilera Aragón, José Antonio Lasheras Corruchaga, Jesús Ángel Pérez Casas, José Manuel Etayo Borrajo, José María Viladés Castillo, Jaime Vicente Redón, Laura Sancho Rocher, María de los Ángeles Hernández Prieto, María del Carmen Aguarod Otal, María Elisa Palomar Llorente, Juan Ángel Paz Peralta, María Luisa de Sus Giménez.

Operarios:
Andrés Tella Guiu, Joaquín García Guiu, Alberto Tella Navarro, José Continente Puyoles, Casimiro Gonzalvo Espinosa, Nicolás García Almorín, Justo Gonzalvo Sese, Jesús Sancho Subirón, Víctor Zapata Puyolés, José Miguel Nicolás, Carlos Casamian Serón, Benito Tella Polo.

I.S.B.N.: 84-7820-373-7
Depósito Legal: Z-397/98

Preimpresión: EBROLIBRO, S. L. Zaragoza
Impresión: LITOCIAN, S. L. Zaragoza

IMPRESO EN ESPAÑA

INTRODUCCIÓN (M.B.LL.)

Tras los dos primeros volúmenes dedicados a la arquitectura[1], en sentido amplio, de la Casa de los Delfines, abordamos ahora la publicación de los materiales muebles de dicha unidad. Nos parece imprescindible emprender el estudio a partir de un criterio de exhaustividad, sobre todo en cuanto a la ilustración de los mismos. El carácter tal vez prolijo, de algunas de las partes de este volumen, nos eximirá en el futuro de entrar en determinados pormenores o descripciones, que daremos por válidas a partir de este momento.

El estudio de los materiales que siguen se hace ante todo a partir de un criterio funcional, teniendo en cuenta que nos encontramos ante el conjunto total de hallazgos de una casa, circunstancia que nos permite entrar con cierto detalle en cada una de las peculiaridades de la misma a través de su desarrollo.

Ello facilitará como es lógico, la comprensión de la unidad ante la que nos encontramos, circunstancias que afectan sobre todo a los niveles iniciales que son los que caracterizan mejor la personalidad de la vivienda, por cuanto los procedentes del estrato *8* son inservibles a nuestro propósito.

De esta forma el orden a seguir en los estudios que se abren ahora, abandona en cierta medida la sujeción a los criterios meramente tipológicos a los que estamos acostumbrados en la descripción de la mayor parte de nuestras excavaciones, habida cuenta de que casi siempre analizamos estructuras incompletas en las que se pierde el carácter de unidad, ya por la propia excavación ya por la especialización de los estudiosos, que hace primar sobre otros aspectos las consideraciones meramente tipológicas o estratigráficas, perdiendo de vista problemas generales y de concepción global que deben ser ante todo los que definan nuestros trabajos, máxime en el terreno de la casa romana.

Y en este punto hemos de confesar que desde que abordamos las excavaciones en *Celsa*, hemos tenido muy presentes las justas reflexiones que hiciera Balil en el año 1973 que, a nuestro entender, siguen revestidas de gran actualidad[2]. Bien es verdad que las imposicioness de nuestras ralas infraestructuras, la falta adecuada de medios económicos y la imposibilidad de planificar nuestros propios trabajos en más de una ocasión son (lo siguen siendo) muy graves obstáculos.

Se entenderá así que sea necesario un lapso de tiempo ciertamente dilatado para poder afrontar el estudio global que ahora abordamos en el aspecto de la cultura material. Muy a nuestro pesar, quedan todavía hoy y relativos a la Casa de los Delfines, diversos aspectos que todavía no podemos presentar en su estado final. Ya hemos visto los más importantes resultados del estudio de la pintura mural y revestimientos de estuco, aunque, lamentablemente, todavía no hayamos podido culminar los trabajos de conservación y presentación museográfica del techo del *oecus* triclinar, sometido a un proceso de restauración ciertamente costoso que la falta de medios tanto personales como económicos no nos ha permitido, lamentablemente, abordar hasta ahora[3].

---

[1]   BELTRÁN LLORIS, M., MOSTALAC CARRILLO, A., LASHERAS CORRUCHAGA, J. A., 1984; MOSTALAC CARRILLO, A., BELTRÁN LLORIS, M., 1991; puede verse igualmente, en lo arquitectónico, nuestro trabajo BELTRÁN LLORIS, M., 1991 f) sobre las casas de la colonia.

[2]   BALIL ILLANA, A., 1973, 62, «ninguna casa ha sido publicada como un conjunto —al igual que se publica una necrópolis— arqueológico, analizando por igual y con el mismo interés, tanto las estructuras como los mosaicos, la decoración pictórica, como la cerámica, los herrajes y clavazones como las monedas...»

[3]   El planteamiento de las pinturas puede verse en GURREA NOZALEDA CARMONA, R., 1984, 373 ss. y en

En la elaboración del presente volumen han intervenido numerosas personas, participantes todas ellas en las excavaciones llevadas a cabo en la Colonia *Celsa* hasta el año 1986. La restauración y tratamiento de muchos de los materiales, especialmente los numismáticos, ha estado a cargo del Área correspondiente del Museo de Zaragoza. En los dibujos ha intervenido un largo elenco de personas, especialmente José Ignacio Royo Guillén, José María Viladés Castillo, Jesús Ángel Pérez Casas, María del Carmen Aguarod Otal, Miguel Beltrán Lloris, Juan Ángel Paz Peralta y otros colaboradores habiendo sido normalizados y pasados a tinta en su totalidad por Begoña del Rincón Gracia.

En los análisis de materiales han participado numerosos investigadores, tanto del Departamento de Química Analítica, como del de Petrología de la Facultad de Ciencias de la Universidad de Zaragoza.

Se observará en las líneas que siguen que hemos agrupado los objetos atendiendo a su función, criterio que nos parece ha de facilitar notablemente la comprensión de los problemas generales rebasando los meramente tipológicos que se observan escrupulosamente, no obstante, en el interior de cada apartado general. La división material se presenta pues de forma ciertamente sencilla. De un lado los restos correspondientes a *los materiales de construcción*, desde los productos latericios hasta los materiales pétreos en forma de restos de capiteles o *marmora*.

Los distintos apartados se dedican así a los instrumentos que integran el *utillaje rústico*, los de *trabajo agrícola*, o *doméstico*, los *contenedores de consumo y transporte* y los menajes destinados a la *mesa* y la *cocina*. Se complementa el panorama con los elementos destinados a la *iluminación* de la casa, los recipientes de *limpieza* o *lavado* y finalmente los instrumentos de tipo más íntimo como los usados para *preparar sustancias* y los de *uso doméstico* variados, destinados a cada una de las facetas de la vida cotidiana (escritura, juego, farmacia, etc.), para terminar en los hallazgos *numismáticos*.

La parte tercera de este trabajo se destina a los comentarios de tipo cronológico, funda-

mentados por el soporte estratigráfico que ha proporcionado la excavación de la Casa de los Delfines y cuyo esquema ya ofrecimos en el volumen II de *Celsa*. Finalmente, hemos introducido una cuarta parte destinada al estudio de la *alimentación* en la colonia, tanto a través de los propios restos del menaje doméstico como de la fauna localizada en los distintos niveles.

En forma de apéndice se presentan las pastas cerámicas de cada una de las clases determinadas en los distintos capítulos, a efectos de evitar repeticiones inútiles a lo largo del texto y simplificar dichas referencias en la medida de lo posible.

Zaragoza, octubre de 1993.

NORMAS DE LOS INVENTARIOS GENERALES

Los respectivos inventarios, se ordenan atendiendo a los diversos criterios estipulados. Se constituyen bloques independientes dentro de cada una de las formas y sus distintas variantes o modalidades atendiendo a las pastas o al criterio de selección:

Se hacen constar los siguientes elementos de juicio:

Forma: Se adoptan las clasificaciones correspondientes cuando existen, o según los casos se denominan atendiendo a los ejemplares inéditos a partir de los cuales se han enunciado. Así, Drag. 15/17 o V. 79.68[4].

Clase: Se refiere al propio ejemplar, ya se trate de un fragmento y dentro de dicho aspecto, de la base, el borde, el labio, etc., siempre que esta circunstancia no quede perfectamente explicitada en los dibujos.

a(sa)
A.C. Ancho costilla
A.E.C. Anchura estría central
A.E.I. Anchura estría inferior
A.E.S. Anchura estría superior
b(orde)
D. Diámetro
DECOR(ación)
f(ondo)
F/C Forma completa
FRAG(mento)
G.C. Grosor costilla
O(paco)
p(ared)
T(ransparente)
TR(anslúcido)

Pasta: Se da directamente el número de pasta dentro de las clasificaciones obradas para cada especie cerámica. El detalle de cada una debe buscarse en la Parte VI, donde se especifican las distintas variedades establecidas siguiendo el mismo orden del índice general de materias.

MOSTALAC CARRILLO, A., GURREA NOZALEDA CARMONA, R., 1984, 379 ss. La planificación realizada en dichas fechas sólo en el momento presente hemos podido afrontarla con personal cualificado del Departamento de Restauración del Museo de Zaragoza. A esta labor se han aplicado esporádicamente trabajos de colaboración con cargo a los presupuestos de la Diputación General de Aragón, pero de forma totalmente insuficiente. Tras la intervención en 1991 del Ministerio de Cultura y la acción sobre el mismo del Museo de Zaragoza, los trabajos se encuentran lamentablemente detenidos en el presente momento (1992), debido a vacantes de personal en el área de Restauración del Museo. Véase sobre la restauración de este techo, BELTRÁN LLORIS, M., 1988 c), pp. 266-268; ID. 1989 a), p. 183.

[4]   V(elilla de Ebro). Año (19)79, número 68.

Número de Inventario : Hay diversos elementos que suelen seguir las pautas de la cuadrícula topográfica confeccionada para la excavación (80.1.21.M.2880), aunque también pueden encontrarse referencias topográficas directas (V.79.Port.N.2345). Los términos utilizados son:

— *Año:* abreviado atendiendo a las dos últimas cifras 79, 80, etc. Sólo en el caso de los dos primeros años, se hace preceder esta cifra de la abreviatura de Velilla de Ebro (V. 76 y V. 79).

— *Número de expediente:* corresponde a la excavación de la *Colonia Celsa,* dentro del sistema de ordenación del Museo de Zaragoza. La *Colonia Celsa* es siempre el número 1: 80.1. No se hace constar número de expediente en los años 1976 (V.76) y 1979 (V.79).

— *Coordenadas de la cuadrícula:* Los ejes de ordenadas y abcisas están orientados de acuerdo con el N. magnético, se sitúan respectivamente en dichos ejes números y letras. Desde el punto O, al Este se hacen constar los números impares (1, 3, 5, 7...) y al Oeste los pares (2, 4, 6...). Al Norte las letras primas (A', B', C', C'...) y al Oeste las enteras (A, B, C ...). Se ordenan atendiendo primero a los números pares (V.76.2.G.23) y a continuación los impares (V.76.3.G.45), de menor a mayor (fig. 334).

Después se sitúan las piezas clasificadas con referencias de tipo topográfico, presentándose las siguientes referencias:

C. Cardo (cardo I ó II, C.I ó C.II)

D. Decumano (decumano I ó II, D.I ó D.II)

hab. Habitación. Más un número que alude a la estancia (h.13).

Hor. Hortus.

Por. Pórtico.

Hay también materiales recogidos de superficie, no en proceso de excavación, sin referencias por lo tanto de tipo estratigráfico o de situación, que suelen indicarse con distintas abreviaturas (Ex., s.).

Las indicaciones topográficas pueden afectar a un solo cuadro (30.F.) o bien a varios (18.20.A.B).

Figura: Cada figura se ordena en sus componentes con números de menor a mayor en la escala natural.

Nivel: El nivel estratigráfico en el que ha aparecido la pieza, según el detalle explicitado en su lugar.

Inventario y porcentajes: Se observará en los correspondientes apartados, sobre todo en el IV.1, como la expresión de los hallazgos bajo la rúbrica varia s/c, se refiere sobre todo a las especies susceptibles de cronología (TSI, TSG, campaniense, etc.), habida cuenta de que su mayor o menor presencia, o su ausencia, pueden ser significativas. A efectos funcionales y de servicios sólo se han considerado los ejemplares deducidos de las formas clasificables, como se especifica en las gráficas correspondientes.

Las medidas, cuando se expresan, en mm.

NORMAS RELATIVAS A LAS ILUSTRACIONES

Las ilustraciones de materiales se acompañan siempre de una escala gráfica para evitar incómodas reducciones de tamaño y cálculos aproximados. Se sugiere, en los fragmentos, la continuación de los perfiles mediante series de trazos, cuando hay certeza de dicha particularidad (dos). En caso contrario, sólo se indica un trazo. Las decoraciones y otras marcas se sitúan en el lugar de aparición.

Todas las secciones están rayadas para su mejor comprensión. Se exceptúan de dicho convencionalismo las cerámicas de paredes finas, los vidrios y las lucernas.

Se adoptan los siguientes convencionalismos en algunas de las especies cerámicas :

ibérica: Las decoraciones pintadas mediante tintas planas con diversas gradaciones en el caso de colores rojos. Cuando el color es el negro se sitúa una banda con sombreado de puntos uniforme y normalizada.

PARTE I
ESTRATIGRAFÍA (M. B. LL.)

No repetiremos ahora cuanto va dicho sobre este aspecto en el volumen II[5]. Únicamente por comodidad recordamos ahora el cuadro general de niveles obtenidos y sus equivalencias arquitectónicas, así como las conclusiones de tipo cronológico para facilitar la comprensión del marco general en el que nos moveremos en cada uno de los apartados que siguen, independientemente de que demos más abajo los razonamientos de tipo cronológico que nos han permitido sustentar las hipótesis de trabajo propuestas en su momento.

NIVEL	FASE	INTERPRETACIÓN	CASA	ESPACIO	CALLE	CRONOLOGÍA
1.1.	A-1	aterrazamiento	A	17		40-35 a. de C.
1.2.	A-1	fundación	B	15		40-35 a. de C.
no	A-2	construcción	A	2, 3, 6		35 a. de C.?
1.3		fundación			IV-1	44-35 a. C. circa
no	A-2	reformas	B	2, 17, 18		35 a. de C.?
2.1.	A-3	pavimentos	A	14		35-30 a. de C.
2.2.	A-3	reformas	A	3		35-30 a. de C.
3.1.	B-1	aterrazamiento	C	14,7		20 d. de C.
no	B-2	suelo	C	11, 6 b		
4.1.	B-2	suelo	C	13		30-40 d. de C.
5.1.	C	aterrazamiento	C	23, 23, 14, 16, 13		41/45-48 d. de C.
6.1.		abandono			II, II, IV	54/60 d. de C.
7.1-2	C	abandono	C		I-IV	54-60 d. de C.

[5]   MOSTALAC CARRILLO, A., BELTRÁN LLORIS, M., 1994, apdo. I.

Se han diferenciado en la estratigrafía, a pesar de tratarse, cronológica y culturalmente de un mismo horizonte, los niveles *6.1* y *7.1* y *2* formados sobre las calles e ínsula, según el proceso ya aclarado, en su lugar[6]. Dentro del mismo nivel la situación topográfica es la siguiente, según se ha enunciado:

nivel *6* y *7.2*: abandono de las calles[7],

nivel *7.1*: abandono del interior de la ínsula.

Los procesos de cenizas y otras basuras de la casa se densificaron lógicamente en los puntos de cota más baja de las calles, especialmente, como se ha dicho, en los cruces y en las líneas de desagüe de las mismas; del mismo modo se han localizado también cenizas y restos análogos en el interior de la Casa. Al mismo tiempo, se comienza a producir la ruina del inmueble que ocasiona una densa acumulación de adobes de los muros y otros restos constructivos (estucos, revestimientos parietales, sillares de piedra, etc.). Cabe dentro de lo posible que determinados restos de las calles que circundan la ínsula pertenezcan no a la propia Casa de los Delfines, si no a las adyacentes, que participan de procesos decorativos (cornisas de desarrollo rectilíneo en calles I-1 y III-1, etc.) y de fenómenos cronológicos análogos. Igualmente, el proceso de arrastre natural de materiales siguiendo las cotas naturales de las calles, ha podido provocar acumulación especial en determinadas zonas, como en el cruce III-1/IV-1, el de cota más baja de toda la ínsula.

Dichas constataciones nos pueden situar ante un cierto margen de inseguridad, sin que pueda eliminarse la posibilidad de que determinadas vajillas procedan no de la propia Casa de los Delfines, sino de las que la circundan, siendo especialmente delicada dicha interpretación. En todos los cuadros de hallazgos confeccionados se han mantenido las diferenciaciones constatadas a todos los efectos.

Sin embargo, deben tenerse en cuenta además fenómenos que, por el contrario, unen entre sí los niveles de la calle y los de la casa. Por ejemplo, una parte de los escombros de la Casa se desalojó por la Calle IV-1, y la dispersión de determinadas vajillas fragmentadas incide en dicha constatación[8]. Igualmente densas agrupaciones de adobes sobre determinados tramos de las aceras de las calles (Calle I-1, II-1) dejan ver el desplome de determinadas paredes hacia el exterior.

---

[6] MOSTALAC CARRILLO, A., BELTRÁN LLORIS, M., 1993, apdo. 1.9.

[7] Se han diferenciado bajo esta rúbrica, especialmente los niveles de cenizas o bolsadas de cenizas y basuras.

[8] MOSTALAC CARRILLO, A., BELTRÁN LLORIS, M., 1993, nota 32.

PARTE II
LOS HALLAZGOS

1. MATERIALES DE CONSTRUCCIÓN (M. B. LL.)

1.1. PRODUCTOS LATERICIOS

1.1.1. TEJAS PLANAS (*TEGULAE*)

Lamentablemente no poseemos ejemplares completos en la Casa de los Delfines; en cuanto a las dimensiones de las *tegulae,* a pesar de la falta de datos, cabe suponer que hubo medidas estandarizadas según las regiones, como ya han supuesto diversos autores[9], con dimensiones constantes por ejemplo en Ostia, Roma o Pompeya. En el estudio de las *tegulae,* han prevalecido normalmente ciertos criterios que han desviado la atención, por ejemplo, hacia los sellos de fábrica, relegando a un apartado muy secundario los aspectos morfológicos u otras circunstancias[10]. La tipología y dimensiones varias se explican tanto por la cronología diversa de los ejemplares considerados, como por el uso distinto a que fueron sometidas las *tegulae,* según reutilizaciones, etc.

Por otro lado la tipología de Chauffin[11] resulta demasiado simplista. Los tipos presentes en *Celsa* corresponden a su modalidad de buena época (ss.I-III d. C.), con perfiles de aletas triangulares o apuntadas en sección de cuarto de círculo[12].

Tipo **1.** Aleta apuntada triangular, reutilizada en la cocina para formar el fogón, siendo pues cronológicamente el ejemplar más antiguo documentado en la casa, anterior en consecuencia al nivel 5 que lo cubría, es decir, correspondiente a la Casa C, fase III B-1. Sólo se ha conservado un fragmento V.79 Hab.13.7 (Pasta 7052). Perfiles análogos hemos documentado en *Caesaraugusta* en el estrato III D y III E[13]. Aleta análoga muy estrecha en el nivel 7 (*domus*) 80.1.23.17.-O.S.3158.

A una forma semejante, de aleta más gruesa, el ejemplar 80.1.14 V.Z 7930 con paralelos también en *Caesaraugusta*[14]. Nivel 5 .

Tipo **2.** De aletas de aspecto triangular, con la cara interior cóncava (80.1.8.14.274; pasta 7315). Nivel 5. Id. en el nivel 7 (*domus*), con acanaladuras muy finas en la cara interior (80.1.18.20.O.R.-1900; 18.V.X.77, pasta 1900[15]).

Tipo **3.** Aletas de sección troncocónica (80.1.2.6.U.8122, pasta 274; 80.1.18 AA 7052; 80.1. 8.14. V.Z 7922, pasta 7315). Nivel 5.

Tipo **4.** Aleta gruesa cuadrangular (80.1.16.AA.-7061, pasta 7317)[16]. Nivel 5.

Estampillas. Un fragmento de tegula, del nivel 8 (VEL.S. 424, pasta ?), con estampilla rectangular, incompleta de lectura RAN[...], ó RAV[...], precedida de estrella de seis puntas, cuya interpretación resulta problemática[17].

---

[9] STEINBY, M., 1973-74, 125; CELUZZA, M.G, 1985, 33; ADAM, J. P., 1984, 230.

[10] Además de los trabajos mencionados, es particularmente útil y sugestivo el trabajo de STEINBY, M., 1979, 266 sobre las *tegulae* de Pompeya, definiendo tres grupos: 1. De aletas casi rectangulares, con el borde redondeado (dimensiones 76 x 52); 2: De aletas rectangulares (60 x 45 cms.); 3: aletas de sección en cuarto de círculo.

[11] CHAUFFIN, J., 1956, 81 ss.

[12] Las producciones del alfar de Saint-Maurice-de-Ventalin (Lozère), presentan la convivencia de perfiles análogos a los descritos en *Celsa* para un horizonte cronológico del 2º 1/4 del s. I de la Era (DARDAINE, S., WATON, M. D., 1986, pp. 337 ss.).

[13] BELTRÁN LLORIS, M., SÁNCHEZ NUVIALA, J. J., AGUAROD OTAL, M. C., MOSTALAC CARRILLO, A., 1980, 113. apdo. 4.9, 116, fig. 49, 13, III D 1026 y III E 1047.

[14] BELTRÁN LLORIS, M., SÁNCHEZ NUVIALA, J. J., AGUAROD OTAL, M. C., MOSTALAC CARRILLO, A., 1980, fig. 48,3, id. fig. 49, 13, id. fig. 62, 6, estrato IV A.

[15] Excavaciones del Departamento de Arqueología de la U.Z. Procede por lo tanto del ámbito del atrio 4 en la Casa A y aledaños.

[16] Otros paralelos en SEVILLANO, V. 1967, 151 ss., ARANEGUI, C., 1978, 225 ss. etc.

[17] Es un productor no documentado hasta la fecha. La forma rectangular de la estampilla, y el texto, de una

Inventario:

FORMA	PASTA	SIGLA	FIG.	NIVEL
1	7052	V.79.H.13.7	1,5	5
1	7052	80.1.4.10.U.X.8243	1,6	5
1	7052	81.1.C.II.D.II.7318	1,3	6
1	¿?	80.1.14.V.Z.7930	1,1	5
1	¿?	80.1.14.V.Z.8041	1,10	5
1	¿?	80.1.23.17.O.S.3158	1,2	7.2
1	¿?	81.1.D.I.12816	1,4	8
2	7315	80.1.8.R.1900	1,8	5
2	7315	81.1.8.14.V.7315		5
2	7315	89.1.8.14.V.274	1,9	5
2	1900	V.77.s.18.IX.77	1,7	7.1
3	247	80.1.2.6.U.8122	2,1	5
3	7052	80.1.18.AA.7052	2,3	5
3	7315	80.1.8.14.V.Z.7922	2,2	5
4	7317	80.1.14.V.Z.7315	2,6	5
4	7317	80.1.16.AA.7061	2,4	5
?	7315	S.424	2,5	8

FORMA	NIVEL			TOTAL
	5	6-7	8	
1	4	2	1	
2	3	1		
3	3			
4	3			
s/c	17	8	9	
	30	11	10	=**51**

PASTA	FORMA				
	1	2	3	4	¿?
7052	3		1		6
7315		3	2		19
1900		1			2
274			1		
7317				2	7
¿?	4				
	7	4	4	2	34 = **51**

1.1.2. TEJAS CURVAS (IMBRICES)

Tipo **1**. Parece el tipo más sencillo de teja, cuya forma prácticamente no se ha modificado hasta nuestros días. Todos los ejemplares son de bordes sencillos, de sección cuadrangular. Apareció una gran acumulación en el nivel 7 del pórtico N., fabricados en los cinco tipos de pastas definidos (80.1.6.M.N 4318) (Pastas 1-5). Ello da idea de cierta variedad en los materiales, que mantienen, no obstante, en todos los ejemplares la misma abertura en sus ramas.

Ejemplares de este tipo son frecuentes en *Caesaraugusta*, en niveles de gran amplitud cronológica[18], repitiéndose las formas en lugares más alejados[19].

línea, no proporciona excesivos indicios salvo remitir a la primera etapa de desarrollo de las estampillas (STEINBY, M., 1977, 19 ss.), circunstancia que tampoco define la posición estratigráfica del fragmento. El desarrollo del nombre es dudoso: *Ran* (*-cius, -ius, -onius, -tanius, -tienius, -tifanus, -tius* etc) SOLIN, H., SALOMIES, O., 1988, pp. 153-154; MÓCSY, A., CELTMANN, R., MARTON, L., SZILÁCY, M., 1983, 240. También cabe *Rau* (*-cius, -culus, -elius, -inius, -uricius, -us, -uuius, -onius*, etc.) SOLIN, H., SALOMIES, O., 1988, 154; MÓCSY, A., CELTMANN, R., MARTON, L., SZILÁCY, M., 1983, 241. También el productor de TSI, aretino, *L. Rauius* (OXE, A., COMFORT, H., 1968, 1566-1567).

[18] BELTRÁN LLORIS, M., SÁNCHEZ NUVIALA, J. J., AGUAROD OTAL, M. C., MOSTALAC CARRILLO, A., 1980, 118, fig. 50, Est. III E; Est. III F: fig. 58, p 146, coincidiendo las pastas con las de las tegulas; IV A: fig. 61, 2 de borde engrosado; IV B: fig. 65,2.

[19] Como Settefinestre, CELUZZA, M. G., 1985, 34, fig. 1, 6 a-c.

FORMA	PASTA	SIGLA	FIG.	NIVEL
1	1	80.1.6.M.N..4318	2,7	7,1

FORMA[20]	NIVEL			
	3	5	6-7	8
1	1	7	20	3 = **31**

PASTA	FORMA 1
1	14
2	6
3	6
4	2
5	3
	31

1.1.3. LADRILLOS

1.1.3.1. *Romboidales*

Presentan el común denominador de ángulos oblicuos; la cara inferior más pequeña que la superior para facilitar la extracción. Además de los ejemplares aparecidos en casi todos los niveles, sobresale el conjunto de la habitación 6, nivel 7, en cuyos cuadros 10/12 C, contabilizamos 525 ladrillitos, con varios tipos de arcillas y dimensiones comprendidas entre 8,8-10 de diagonal mayor por 5,5-6 de diagonal menor y grosor de 2,5-3. El conjunto total asciende a varios millares[21]. Su uso estuvo ciertamente muy extendido en la colonia *Celsa*, así como en otros muchos puntos del valle del Ebro[22] y sobre todo en *Caesaraugusta*, en donde hemos constatado abundantes piezas de las mismas dimensiones que en Celsa[23] manifestándose cierta regularidad de dimensiones para la etapa augustea.

1.1.3.2. *Rectangulares*

Encontrados muy escasos ejemplares en la Casa de los Delfines[24], son también menos abundantes que los anteriores en la totalidad de colonia. Ahora sirve de referencia el ejemplar 79.12.14 K.25, nivel. 7, de pasta 1 y 9 x 6 x 3 cm

1.2. ANTEFIJAS

Encontrada en el nivel 5 en el área dependiente de la cocina (VEL.79. 16.18.O.P.27), corresponde al relleno que se efectúa en toda el área previo al aterrazamiento obrado en la zona Sur de la vivienda[25]. Se trata de una cabeza de Gorgona en pasta tarraconense, semejante a T-I[26]. Está sumamente desgastada la superficie y fragmentada toda la periferia y zona inferior[27]. Molde muy usado. No conserva restos de engobe o pintura[28] (fig. 3).

Peinado en gruesos rizos, enmarcando toda la frente; cae por los lados, por encima de las orejas. Toda la cabeza velada, aunque es la parte peor conservada. Cara sensiblemente redondeada. No se aprecian rasgos faciales detallados; ojos redondeados con tendencia almendrada y ligeramente enfosados, con los arcos superciliares ligeramente caídos y apenas restos del párpado superior, sin señal de los glóbulos oculares. Todo el resto muy perdido[29], a pesar de lo cual se aprecia una boca cerrada de labios regulares y mentón pleno. Corresponde a un tipo de Gorgoneion sin paralelos exactos en *Hispania*[30], recordando modelos anteriores[31].

Nótese el aspecto muy desdibujado del rostro como consecuencia de las sucesivas copias a que obedece el presente ejemplar y el carácter ciertamente estandarizado y falto

---

[20] Se referencian igualmente diecisiete fragmentos que por su entidad no se hacen constar en el inventario, correspondientes a los niveles que se indican y que verosímilmente corresponden al único tipo establecido.

[21] BELTRÁN LLORIS, M., MOSTALAC CARRILLO, A., LASHERAS CORRUCHAGA, J. A., 1984, 152 ss. Se han contabilizado 2156 ladrillitos, cuyo inventario omitimos por innecesario, corresponden al nivel 7.1, el de abandono de la casa. También se han localizado, en número menor en otros niveles como en el 5 (15 ejs.) de dimensiones y factura análoga.

[22] Véase el elenco de hallazgos en BELTRÁN LLORIS, M., MOSTALAC CARRILLO, A., LASHERAS CORRUCHAGA, J. A., 1984, 154.

[23] BELTRÁN LLORIS, M., SÁNCHEZ NUVIALA, J. J., AGUAROD OTAL, M. C., MOSTALAC CARRILLO, A., 1980, est. III B, 100, fig. 44; IIIE, 118; IIIF fig. 51, 148; Éstos, así como los localizados en la Casa Palacio de los Pardo (BELTRÁN LLORIS, M., 1979, 956) ostentan las mismas dimensiones medias 10 x 6 x 2,5.

[24] Se contabilizan 7 ejemplares.

[25] MOSTALAC CARRILLO, A., BELTRÁN LLORIS, M., 1991, Estratigrafía, apdo. 1.8.

[26] Muestra 49, según los análisis realizados en el Laboratorio de Petrología de la Facultad de Ciencias de la Universidad de Zaragoza.

[27] Dimensiones: 12,3 cm altura; 13,3, cm ancho; 3,9 cm grueso

[28] ANSELMINO, L., 1977, 8 ss. hace ver cómo en la etapa tardorrepublicana y comienzos del imperio, los fondos de las terracotas son de color azul claro, rosado o verde, con los motivos decorativos en amarillo-ocre, rojo-violeta y azul.

[29] La nariz ha perdido las fosas nasales y de la boca sólo se adivina una sombra que impide captar la expresión del rostro. El mentón parece ciertamente redondeado.

[30] RAMOS SAINZ, M. L., 1990, 157 ss.

[31] STRAZULLA, M. J., 1987, n. 316; PENSABENE, P., SANZI DI MINO, M. R., 1983, 422 etc.

de refinamiento de que hace gala. Por su encuadre estratigráfico cabe situarlo a partir de la etapa augustea.

1.3. VIDRIO PLANO Y VARILLAS (J.A.P.P.)

La introducción del vidrio plano para uso arquitectónico se fecha en el Imperio de Occidente desde principios de época de Augusto[32], coincidiendo con la implantación en Italia de las primeras factorías de vidrio. Son abundantes las referencias que tenemos sobre aquél a través de las fuentes antiguas[33]. Sus principales funciones fueron las de cubrir vanos y adornar paredes; mereciendo destacarse, especialmente, en aplicación en edificios termales[34].

Hasta el siglo IV d. C., se documenta un uso conjunto de vidrio y otros materiales que, con el mismo fin, le habían precedido en el tiempo[35]. Las fuentes, hablan de la presencia de vidrieras en edificios como un signo de riqueza. En *Celsa* la representación de fragmentos de vidrios de ventana es hasta el momento presente muy atípica. Estas observaciones, inducen a pensar, que no debía de ser una costumbre muy generalizada el que las viviendas domésticas se beneficiaran de este material para cerrar sus vanos. La introducción del vidrio de ventana en occidente se produce en Italia a últimos del siglo I a. C.[36] Esto se confirma con los hallazgos de Magdalensberg[37] donde se han encontrado ciento once fragmentos de vidrio plano. Para la Tarraconense el testimonio más antiguo de vidrio plano para ventanas está atestiguado en *Caesaraugusta* (teatro romano), en la segunda mitad de la época de Tiberio, cronología ligeramente posterior a la difusión del vidrio soplado en el valle del Ebro (10/20 d. C.)[38]. Un uso más generalizado se observa a partir del siglo II.

El método de fabricación del vidrio romano plano, es el aspecto que más interesa sobre el tema. Para época altoimperial, esto ha creado algunas controversias. Sin embargo, se puede decir que es comúnmente aceptado que el vidrio plano se elaborara entonces por fundido[39].

Respecto a los otros métodos conocidos antiguamente para obtener vidrio plano, tan solo decir que el procedimiento de soplado de cilindros se asocia a hallazgos tardorromanos de occidente.

El vidrio plano por fundido se obtenía laminando la masa vítrea, la cual se fundía en moldes horizontales limitados por un pequeño reborde. El resultado era un vidrio bastante grueso, generalmente, con una superficie muy plana, presentando una cara basta y rugosa, a diferencia del otro lado, brillante, pulido y ligeramente irregular[40]. El borde ondulado indicaría un fundido del mismo[41].

La presencia frecuente de marcas de herramientas en los objetos podría configurarse como una vía abierta a la investigación, para aclarar aspectos relacionados con la manufactura de los vidrios planos.

1.3.1. VIDRIO PLANO

Se distinguen dos tipos: el vidrio de ventana y las placas de embellecimiento mural.

Vidrio de ventana solo tenemos el fragmento 82.1.Hab.6.1647 (fig. 4, 1) que es de color natural y transparente. En una de sus superficies se observan huellas de las herramientas con las que fue conformado. Sólo se conserva un pequeño fragmento, lo que hace difícil determinar el tamaño y la forma. Por el lugar del hallazgo, junto al muro que divide la estancia 6 de la 7, tal vez formó parte de la ventana que debió existir en el piso superior emplazado sobre la estancia 6 y que se abría al atrio[42].

En España y Portugal los hallazgos de vidrio para ventanas fechados en el siglo I son poco frecuentes[43]. En *Caesaraugusta*[44] solo contamos con un hallazgo y en *Osca* está ausente.

Desde época de los Flavios se constata su presencia en Huerña (León)[45] y en *Conimbriga*[46].

[32] FORBES, R. J., 1966, p. 187. ISINGS, C., 1971, p. 44. CZURDA-RUTH, B., 1979, p. 223-224. GROSE, D.F., 1989, 357-358.

[33] PLINIO, *N. H.*, XXXVI, 114 y 189. TROWBRIDGE, M. L., 1930, pp. 186-190. PRICE, J., 1985, p. 257.

[34] ISINGS C., 1971, p. 95.

[35] FORBES, R. J., 1966, pp. 184-185.

[36] GROSE, D. F., 1989, pp. 357-358.

[37] CZURDA-RUTH, B., 1979, pp. 218-225. Los hallazgos se datan desde principios de la época de Agusto hasta el año 45.

[38] Ver Parte II, apartado 8.11: El Vidrio.

[39] BOON, G. C., 1966, pp. 41-43, esp. 1 c, nota 7. ISINGS, C., 1971, p. 44 y p. 95. DUNN, G., 1986, p. 6.

[40] DUNN, G., 1986, p. 6.

[41] ISINGS, C., 1971, p. 45 y p. 55.

[42] BELTRÁN LLORIS, M. *et alii*, 1984, p. 111.

[43] Habría que incluir los ejemplos de *Tarraco*, probablemente datados entre el 25-50 d. C.: PRICE, J., 1981, p. 623.

[44] Procede del nivel "i" del teatro romano datado en la segunda mitad de la época de Tiberio (ver Parte II, Apartado 8.11). Es de color natural y transparente, sus medidas máximas son de: 3,2 x 3,1 cm y tiene un grosor de 0,37-0,25 cm Los hallazgos son muy frecuentes en los niveles datados entre los siglos III-V: ORTIZ PALOMAR, M. E., 1992a.

[45] DOMERGUE, C. y MARTÍN, T., 1977 a, p. 23, de color verduzco y translúcido. Del período de abandono datado entre 150/160-190/200, el vidrio de ventana es más frecuente contabilizandose más de cincuenta fragmentos, el vidrio es de color blanco-amarillento, verde claro u oscuro y azul verdoso: DOMERGUE, C. y MARTÍN, T., 1977 a, p. 88.

[46] ALARCÃO, J., 1976b, p. 212.

Para las placas de embellecimeinto mural se utiliza principalmente el vidrio mosaico. Las piezas conservadas en el Corning Museum of Glass[47] y el Toledo Museum of Art (Ohio)[48], indican que fue más frecuente la utilización del tipo amarmolado y en menor medida el millefiori y el monocromo (opaco o translúcido).

En *Celsa* los ejemplos que tenemos son de vidrio verde esmeralda translúcidos, casi opacos, en ocho fragmentos, los cuales parecen corresponder todos a una misma pieza, sus hallazgos se distribuyen en las estancias 4, 5 y 11. Del resto de las zonas excavadas en la Colonia sólo ha sido detectado otro fragmento de vidrio plano del tipo amarmolado que procede de la ínsula II[49].

En España destaca el importante conjunto de la villa de Els Munts (Altafulla, Tarragona)[50], con paneles de *opus sectile* de vidrio para decorar paredes y con la representación de dos cabezas humanas. Otra placa procede de *Clunia*[51], tiene decoración vegetal estilizada, que puede ser de procedencia ptolemaica o romana[52].

En Portugal están las piezas de *Conimbriga*[53], una es de vidrio negro opaco con festones de vidrio blanco y la otra es de vidrio opaco azul turquesa, decorada con tres coronas circulares concéntricas de acanaladuras.

1.3.2. VARILLAS

Otros elementos utilizados para decorar el canto de las paredes o los mosaicos parietales, emplazados en espacios interiores o lugares públicos, son fragmentos de varillas de sección circular y desarrollo helicoidal fabricadas en vidrio monocromo opaco o translúcido[54]. En el Corning Museum of Glass[55], se conserva un grupo de varillas incrustadas en mortero que se alternan con teselas irregulares a modo de mosaico.

En ocasiones van decoradas con un hilo de vidrio blanco opaco[56] (fig. 4, 8). Otros tipos de varillas, éstas ya lisas, bien de sección circular o con aristas, son bícromas[57], generalmente de azul translúcido con inclusión de un hilo blanco opaco (fig. 4, 10 y fig. 329, 7). También las puede haber opacas (fig. 4, 9).

Algunos de estos segmentos pudieron pertenecer también a varillas para agitar de la forma Isings 79.

Para la procedencia del vidrio monocromo habría que postular una manufactura provincial o local, sin descartar una procedencia Italiana para algunos ejemplos. Para los que imitan a los mármoles, al no ser grandes placas y tener un proceso de elaboración más complejo, pueden proceder de factorías italianas.

FORMA	FRAG.	GROSOR	COLOR	T	TR	SIGLA	FIGURA	NIVEL
V. Plano	Reborde	4	210		*	V.76.8.M'.45.3	4,2	7.1
V. Plano	Reborde	4	210		*	V.76.8.M'.45.4	4,3	7.1
V. Plano	Reborde	4	210		*	V.76.8.M'.45.6 y	4,4	7.1
V. Plano	Reborde	4	210		*	V.76.12.D'.2 V.76.12.B'.3	4,5	7.1
V. Plano	Pared	3,3	171	*		82.1.Hab.6.1647	4,1	7.1

FORMA	DECORACION	FRAG.	D.	COLOR	TR	O	SIGLA	FIGURA	NIVEL
Varilla	Helicoidal y bícroma	Segmento	6,5	160 y 001	*	*	V.79.3.M'.120	4, 8	6
Varilla	Bícroma	Segmento	3,6	140 y 001	*		V.79.5.J'.165	4, 10	6
Varilla	Helicoidal	Segmento	6,9	001		*	V.79.5.K'.12	4, 9	6
Varilla	Helicoidal	Segmento	6,5	160	*		V.79.5.N'.224	4, 7	6
Varilla	Helicoidal	Segmento	5,8	160	*		V.79.9.17.A'.F'.477	4, 6	7.2

[47]   GOLDSTEIN, M., 1979, p. 244-261, láms. 34-35.

[48]   GROSE, D. F., 1989, pp. 357-358.

[49]   El fragmento imita a los mármoles, por una de sus caras conserva todavía restos de cal que atestiguan su adherencia a la pared. La decoración más similar se encuentra en una pieza del Toledo Museum of Art (Ohio): GROSE, D. F., 1989, p. 368, nº 659, fig. en p. 348, nº 659, la decoración consiste en anchos óvalos formados por vidrio blanco opaco. Nº inv.: 83.1.Hab.38.13904, sus medidas máximas son de: 4,2 x 2,5 cm y tiene un grosor de 0,4 cm

[50]   PRICE, J., 1985, pp. 257-258, fig. 185.

[51]   Se encuentra en el Museo de Burgos, agradecemos al Dr. Juan Carlos Elorza, director del Museo, las facilidades concedidas para el estudio de esta pieza.

[52]   Modelos semejantes, aunque no idénticos en: GROSE, D. F., 1989, pp. 355-356.

[53]   ALARCÃO, J. y A., 1965, pp. 157-159, núms. 314-315, lám. XIII, nº 315 y lám. XIV, nº 314.

[54]   GROSE, D.F., 1989, p. 358, fig, 170; pp. 370-371.

[55]   GOLDSTEIN, S. M., 1979, p. 246, núms. 720-722, en pp. 263-264, nº 791, lám. 35, nº 791 se encuentra el grupo de varillas utilizadas para la decoración parietal.

[56]   GOLDSTEIN, S. M., 1979, pp. 263-264, nº 791, en el conjunto hay varillas de color azul translúcido con hilos de blanco opaco. GROSE, D. F., 1989, p. 370, p. 349, núms. 670 h-670 i.

[57]   GROSE, D. F., 1989, p. 370, el tipo más semejante al de *Celsa* es el nº 671 a; p. 350, nº 671 a.

1.4. COMPLEMENTOS DE CONSTRUC-CIÓN METÁLICOS (M.A.H.P.)

Los elementos que se han asimilado al conjunto de piezas complementarias a la construcción son en su mayor parte de hierro. Observando el plano de distribución,(fig. 8.b) se aprecia gran abundancia de hallazgos; sin embargo en pocos casos puede reconocerse formas que permitan una asignación clara de funciones.

La mayor parte de los objetos encontrados corresponden a clavos de diferentes tamaños, en general muy mal conservados. Se ha contabilizado un total de 256 piezas, en su mayor parte puntas de sección circular de diámetros muy variables y falseadas por la oxidación.

Ante esta perspectiva no es posible más que enunciar los diferentes usos a los que han podido corresponder:

— Armazón y estructuras de madera. Uso de los clavos para la sujeción de travesaños sobre vigas (*clavi frabales* o *tabulares*), cielos rasos y entarimados. Esta función supone una dispersión regular de los clavos, lo cual no es el caso, si bien pudo aplicarse este modo constructivo sobre determinadas habitaciones de la casa.

— Marcos de puertas y vanos, postigos, celosías y otros elementos no estructurales.

— Mobiliario, fijación de herrajes, en cofres principalmente, y ensamblado

OBJETO	MAT.	DIMENSIONES	SIGLA	FIG.	NIVEL	FUNCION
Clavo	Fe	Lc 21,50; Dc 2,80 S 0,90	80.1. 18.22.V.Y.241	5.1	6-7	Clavo trabal
Clavo	Fe	Lc. 10,40; Dc 1,90 S. 0,80	80.1. 38.L.M.6854a	5.2	6-7	Indeterm.
Escarpia?	Fe	L.c. 5; S. 1	81.1.15.21B'.C. 932	5.3	6-7	Indeterm.
Abrazadera?	Fe	Lc 5,70; Ac 4,50 S.1,10 x 1,40	V.79. 16.Ñ.45	5.4		Sujeción estructura
Clavo	Fe	Lc. 3,30; Dc 0,95;S 0,40	81.1.6.8.Ñ.P'.5459	5.5	6-7	Mobiliario
Instrumento?	Fe	Lc 7,80; Am 3,90 G 0,90	80.1.3.S.43	6.1	8	Indeterm.
Bisagra	Fe	L. 7,80; A. 3,90 G. 1,30 ; D eje 0,70	80.1. Dec.II	6.2	6-7	Articulación puerta ?
Placa	Fe	L.c 9,20 A 3,20; G 0,40	81.1. CI.DII.975	7.1	6-7	Indeterm.
Placa perforada	Fe	Lc 6,80; Ac 4,70 D escotadura 4,50	81.1.15.21.B'.C. 932b	7.2	6-7	Indeterm.
Placa perforada	Fe	Lc 11,70; A 1,40 G 0,80	V.79. 28.J'. 141	8.1	6-7	Unión y refuerzo
Placa perforada	Fe	Lc 5,50; A 3,30 G 1,40	81.1. 2.8.M'.Ñ'. 3661	8.2	6-7	Unión y refuerzo
Placa perforada	Fe	Lc. 8; A. 3 ; G 1,10	80.1. 38.L.M. 6854b	8.3	6-7	Unión y refuerzo

Las convenciones utilizadas en los diferentes cuadros son las siguientes:
L = Longitud ; A = Anchura; S = Sección; G = Grosor; D = Diámetro;
Lc = Longitud conservada; Ac = Anchura conservada; Am = Anchura máxima; Alc = Altura conservada;
Dc = Diámetro cabeza; Gch = Grosor chapa; Gc = Grosor cabeza; Dco = Diámetro conservado; Dv = Diámetro vástago; Dm = Diámetro máximo;
Las dimensiones siempre aparecen expresadas en cm

de mesas, sillas, anaqueles y mobiliario diverso. En este sentido tampoco se puede establecer un uso específico; la dispersión de los hallazgos no permite más que una interpretación aproximada; por otra parte los elementos de mobiliario claramente identificados son de bronce y de un tamaño mucho menor en relación con las dimensiones de los clavos de hierro, lo que indica un mobiliario ciertamente cuidado.

La dispersión pone de manifiesto la concentración de hallazgos en zonas de servicio y en las calles adyacentes, en detrimento de las habitaciones correspondientes a la parte noble de la casa y a los niveles inferiores correspondientes a las primera fases constructivas.

La concentración en estas zonas de servicio podría estar en relación directa con la existencia de un mobiliario más sencillo y tosco en estas áreas, así como el modo constructivo utilizado, basado, principalmente, en el uso de la madera.

La dinámica evolutiva del conjunto ha supuesto la desaparición de materiales en las fases más antiguas. El abandono de la última fase, con la retirada sistemática de todos los elementos aprovechables, implica que los pocos objetos identificables que nos han llegado, deben pertenecer, o bien a instrumentos deteriorados y por tanto no reutilizables, o bien a elementos estructurales, imposibles de recuperar sin riesgo o carentes de interés.

Este es el caso de un clavo de cabeza circular perteneciente al sistema de fijación del estucado del techo decorado de la habitación 6 de la última fase.

Por otra parte este tipo de estructuras arquitectónicas, más sencillas, que se levantaban en el patio, cuadras y demás zonas de servicio puede justificar una cierta concentración de hallazgos en la zona.

La abundancia de material procedente de las calles, indudablemente se debe a la colmatación de éstas por elementos de desecho y arrastre a partir del momento de abandono de esta parte de la ciudad.

La colmatación de la calle II, debe tratarse con cierta reserva ya que buena parte del material, debe proceder de la erosión de los niveles de la casa superior (no excavada), aunque se traten como unidad vinculada a la «Casa de los Delfines».

Las piezas identificables son: Clavos de diferentes dimensiones, placas con los extremos perforados, interpretados como refuerzos de estructuras de madera o bien elementos de unión, una bisagra, la cual pudo pertenecer a una pequeña puerta lateral de la casa, ya que apareció en la calle III, muy cer-

cana a la zona donde existió una puerta carretera en una fase posterior de la casa y un fragmento de forma redondeada con un arranque central, que bien puede pertenecer a un instrumento de trabajo[58].

1.5. MATERIALES PÉTREOS (M.B.LL)

1.5.1. CAPITELES

Se conserva un fragmento de capitel coríntio, procedente del nivel 7 de la calle IV (VEL 79 10 A.D'1), correspondiente a la flor del ábaco y trabajado en arenisca local[59] (fig. 9, 1).

Celsa ha proporcionado hasta el momento varios capiteles coríntios, que corresponden a la corriente de capiteles del segundo triunvirato y comienzos del período augusteo, basados en los ejemplos de la basílica Aemilia, el templo de Apolo Palatino, de César en Roma o de Saturno, caracterizados por el aspecto frío, metálico y un tanto seco de los acantos[60].

1.5.2. MARMORA

Son muy escasos los restos marmóreos que nos ha proporcionado la ínsula de los delfines y su zona aledaña, ejemplos que están en la tónica, por otra parte, del total de hallazgos que está proporcionando la colonia, buena parte de los cuales está ya analizada. En lo que ahora nos atañe y procedente de la casa, del nivel 7, se conserva un fragmento de zócalo (V.79 8.10 J.K 548, análisis 86M.Z) de mármol de Eubea, liso. De la calle II, un fragmento de placa (81.1. 9/17 H'.F'13, análisis 55MZ) de procedencia desconocida del mismo nivel 7.

Del nivel 6 en el cruce de las calles II-III, procede un fragmento de cornisa (81.1.C.II-D.II.7304, análisis 50MZ) (fig. 9,2) de posible

[58] SAGLIO, E. *Clavus.,* II, pp. 1238-1242; FICHES, J. L., 1986, pp. 108-109, fig. 96 clavos de hierro; MANRIQUE MAYOR, M.ª A., 1980.

[59] Dimensiones: 12,50 x 11,5 x 5,5. Conserva todavía restos de estucado blanco en la zona delantera de la flor.

[60] WARD PERKINS, J. B., 1967, 23 ss.; BAUER, H., 1969, 183 ss.; BELTRÁN LLORIS, M., 1990 c) apdo. g.1 , p. 196.

procedencia de Tenaro. El perfil reproduce el esquema de listel inclinado-*kyma* recta-listel-caveto. La *kyma* recta tiene una amplia persistencia en el mundo romano[61]. La plantilla del presente ejemplo se recuerda en determinadas cornisas de yeso de la Casa I B y VII B de Celsa, correspondiente al III estilo, según los ejemplos estudiados por A. Mostalac. Las plantillas de la Casa VII B se fechan en época augústeo-tiberiana[62].

Por último, del nivel *8* un fragmento de exiguas dimensiones (VEL. 76 .G'.12; análisis. 57 MZ) de posible procedencia de Simitthu (Túnez)[63].

[61] CHINER MARTORELL, P., 1990, 126. Véanse los ejemplos en JIMÉNEZ, A., 1975, 253 ss.

[62] Es problemática la adscripción de este fragmento a un edificio en concreto. Como vemos, en las casas, incluso en las estancias de mayor representatividad, las cornisas suelen ser de yeso.

[63] Véase Apéndice, con los análisis de los fragmentos citados. Los presentes análisis se han llevado a cabo dentro del Plan Nacional de análisis de materiales pétreos suscrito entre el Ministerio de Cultura —Instituto de Conservación y Restauración de Bienes Culturales— el Departamento de Petrología de la Facultad de Ciencias de la Universidad de Zaragoza y el Museo de Zaragoza. Se ha realizado en una primera fase en torno a una muestra de 56 individuos, que si bien no es numéricamente alta, sí al menos la consideramos representativa habida cuenta del número de hallazgos realizados en las campañas de excavación desarrolladas hasta el momento (damos una noticia preliminar en BELTRÁN LLORIS, M., 1990 c), 194). Entre las conclusiones iniciales hemos de señalar el uso de materiales locales para capiteles, restos epigráficos, suelos etc. y *marmora* de importación para recubrimientos de placas y elementos decorativos más cuidados. En primer lugar se sitúan los *marmora* de origen desconocido (31,48 %), las piedras autóctonas (areniscas, calizas, yesos alabastrinos, etc.) representan el 24,07%. Siguen a continuación los mármoles extranjeros: Grecia, con el 16,66% (Himeto, Eubea, Tenaro); Turquía, el 14,81 % (*Teos* y *Docimion*); Túnez, 9,25 % (*Simitthu*) e Italia 3,70% (Carrara), es decir, un claro predominio de los mármoles griegos y turcos con débiles porcentajes para Túnez e Italia. Debe anotarse la presencia del *rosso antico* de Tenaro, su presencia en *Celsa* ya en la primera mitad del s. I d. C., a pesar de su vulgarización posterior en la etapa de Adriano (como observan en su informe LAPUENTE, M. P., CISNEROS, M., ORTIGA, M., *Análisis pétreos del Museo de Zaragoza,* Zaragoza, 1986). No obstante dicho mármol comenzó a usarse en Roma hacia finales de la República, en época preaugustea (GNOLI, R., 1971, 162), ante todo como ornamento arquitectónico, como sucede en el caso de *Celsa*, ya que se trata de un fragmento de cornisa (MORETTI, A., 1961, 860 ss., propone exclusivamente la etapa preaugustea como fecha de introducción en Roma). El *rosso antico* se documenta igualmente en Chiprana (Zaragoza) (GASCA, M., ÁLVAREZ, A., 1983-84, 335). El resto de los *marmora* mencionados se conoce en Roma desde temprano, como el *caristium* de Eubea desde la etapa de César (LAMBRAKI, A., 1980, 31 ss.), o el Himeto incluso desde comienzos del s. I a. de C. (GNOLI, R., 1971, 227, n.3). Otro tanto ocurre con el mármol numídico de *Simitthu*, usado desde la república o el *luculleum* o *pavonazzeto*. Dadas las dimensiones y carácter de dichos fragmentos no nos ha parecido oportuna su reproducción[62].

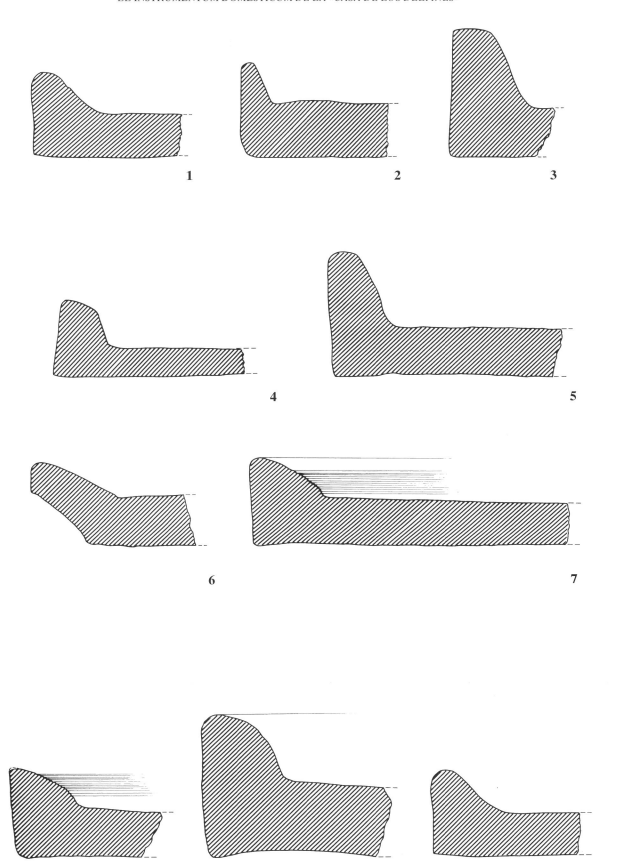

Figura 1. Tejas planas (*tegulae*).

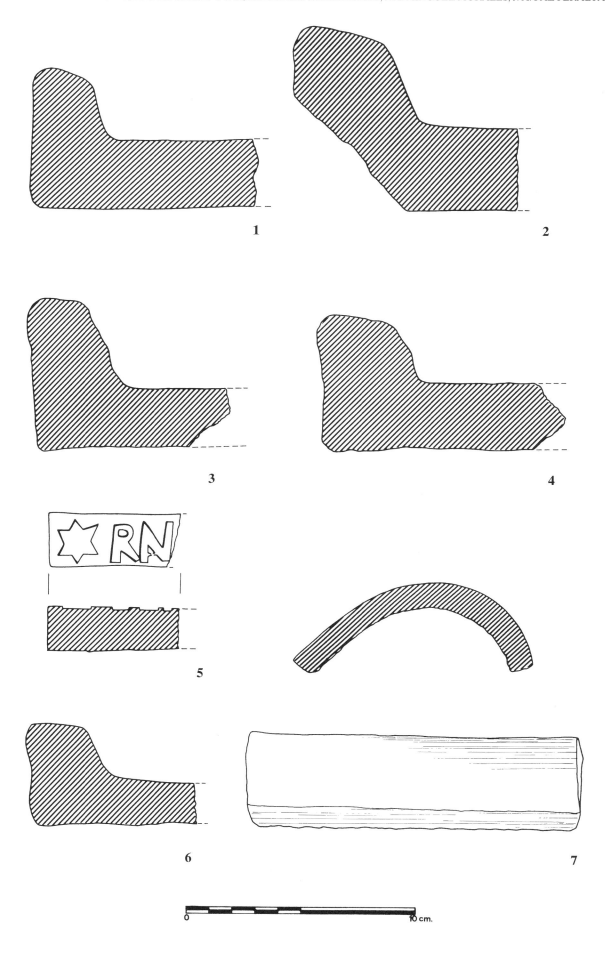

Figura 2. 1-6: tejas planas (*tegulae*); 7: teja curva (*imbrices*).

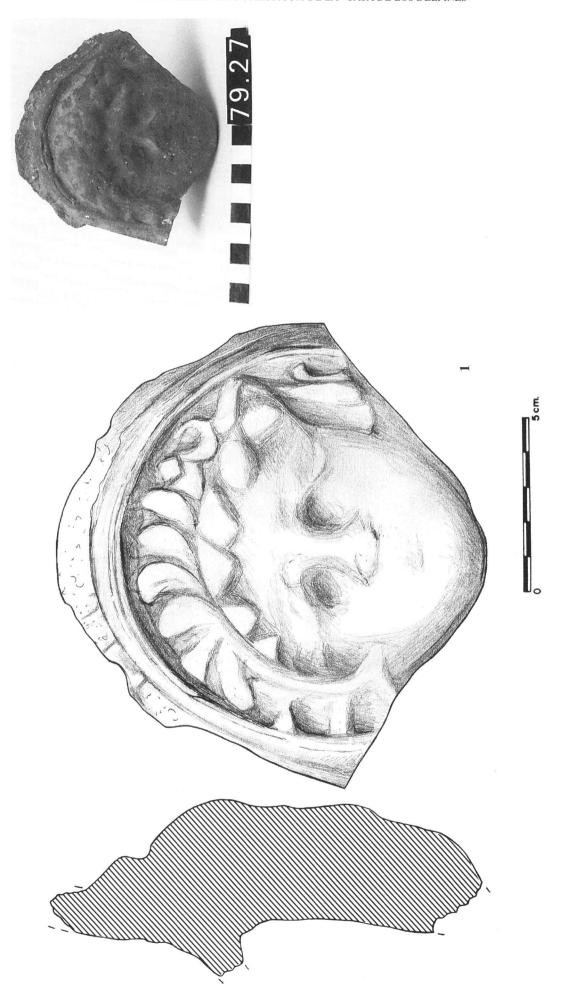

Figura 3. Antefija del nivel 5.

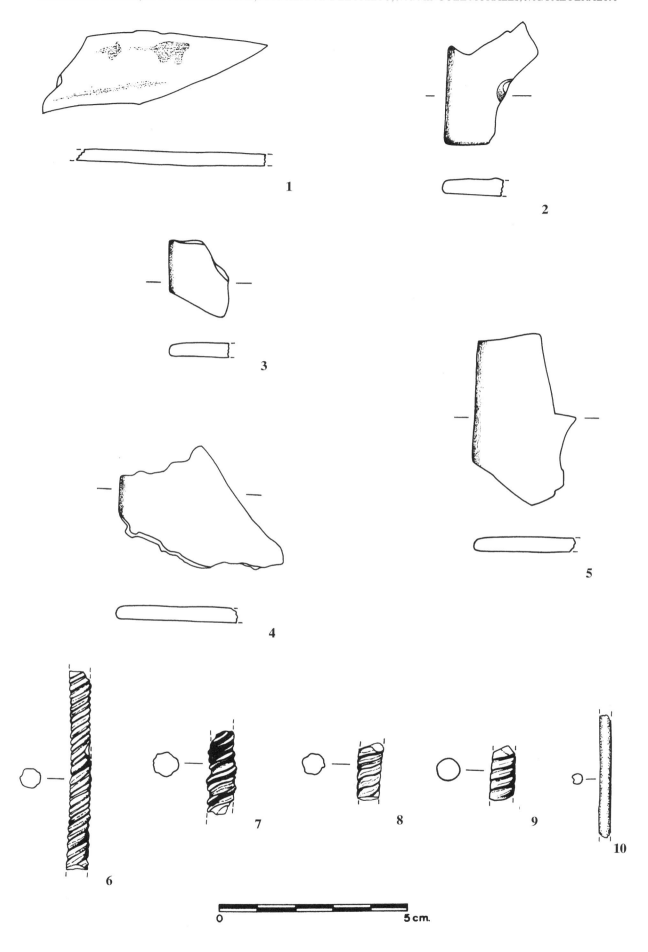

Figura 4. Vidrio plano. 1: ventana; 2-5: mural; 6-10: varillas.

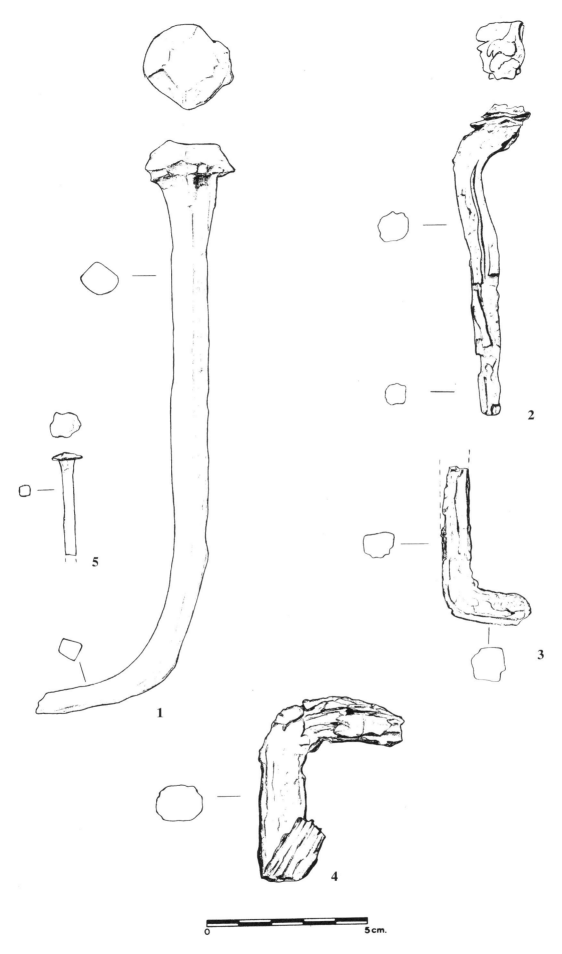

Figura 5. Hierros. Clavos.

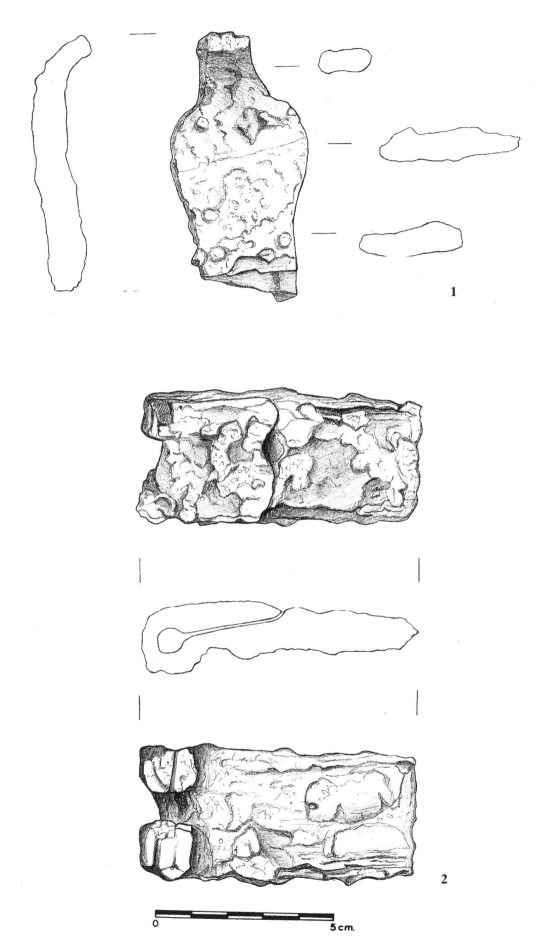

Figura 6. Objetos de hierro. Varia.

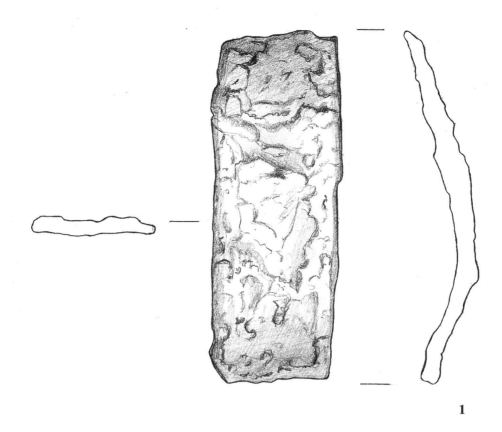

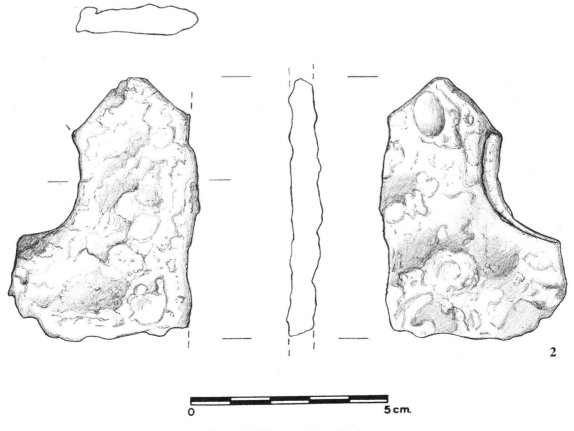

Figura 7. Objetos de hierro. Varia.

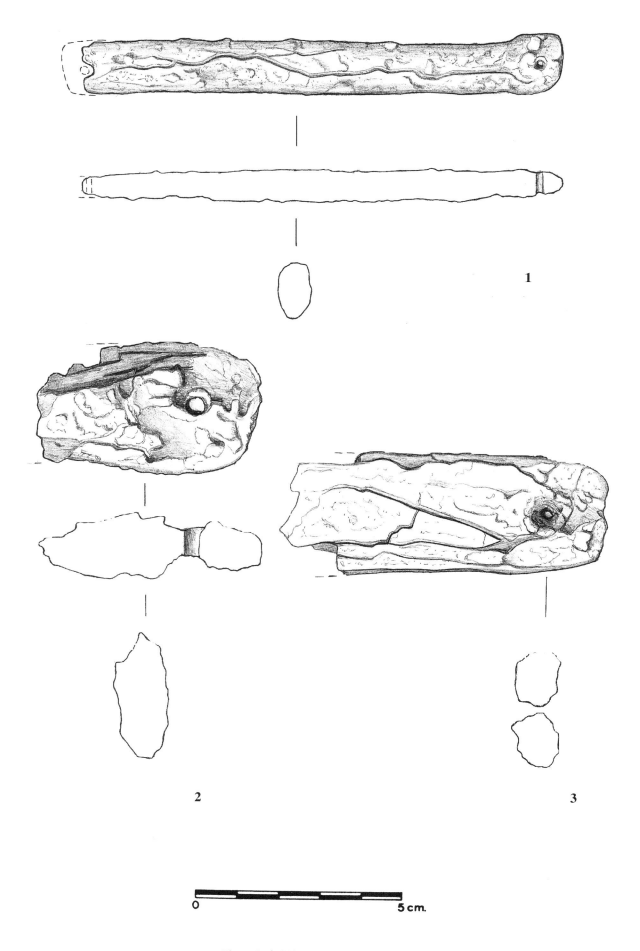

Figura 8. a) Objetos de hierro. Varia.

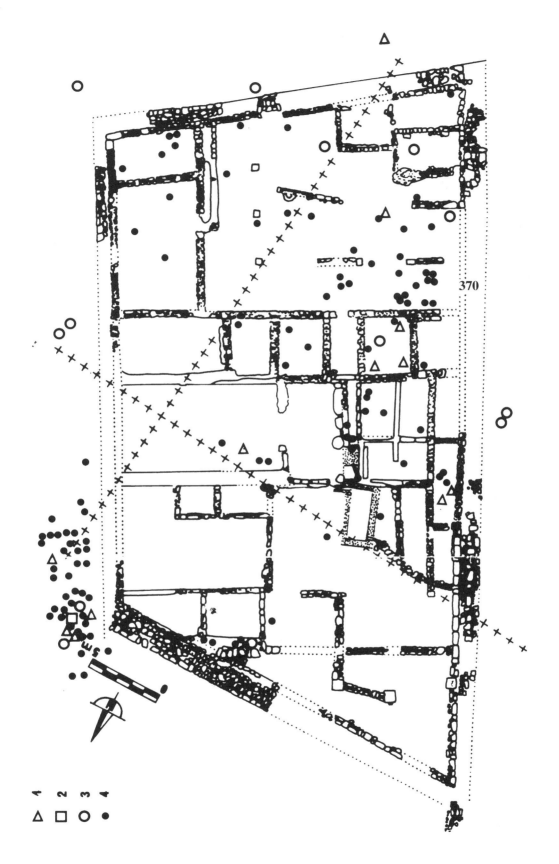

Figura 8. b) Dispersión de hallazgos metálicos. 1. Bronce. 2. Plomo. 3. Hierro. 4. Hierro indeterminado.

Figura 9. Arquitectura. Restos de elementos pétreos. Flor del ábaco de un capitel.

2. ELEMENTOS DE ACABADO Y MOBILIARIO (M.A.H.P.)

2.1. CAMPANILLA

El carácter protector de las campanillas está perfectamente documentado, no tan seguro es su uso en casas o tiendas. En este sentido cabe suponer que esta pieza formase parte de un elemento más complejo destinado a la protección de animales, personas y espacios con ellos relacionados[64].

te a piezas en las que se combina la funcionalidad y la decoración. Las placas son piezas destinadas a proteger zonas susceptibles de deterioro, tales como bocallaves y el entorno de los elementos de suspensión o agarre (asas o tiradores). El tamaño de los objetos y la fragilidad de la chapa en la que han sido fabricados, permiten suponer su pertenencia

OBJETO	MAT.	DIMENSIONES	SIGLA	FIG.	NIVEL	FUNCIÓN
Campana	Br/ Fe	Alc 7; D 4,45	80.1.38.L.Pasillo 27	10.1	6-7	Protección

Descripción: Campana de cuerpo cilíndrico con anilla de suspensión de perfil pentagonal realizada en la misma pieza. Por el interior presenta una anilla de hierro, de la que pendía el badajo, también de hierro y conservado independientemente. Falta la parte inferior del cuerpo, aunque las dimensiones totales del objeto no diferían mucho del fragmento conservado. No presenta decoración alguna. Pertenece al tipo, C1 de Galiazzo, muy extendido y de cronología muy amplia.

2.2. ELEMENTOS DE MOBILIARIO

El mobiliario incorpora en su realización y decoración buena cantidad de elementos metálicos, tanto estructurales como decorativos. Los hallazgos vinculados a la «Casa de los Delfines» corresponden en su mayor par-

a muebles de pequeñas dimensiones, tipo arquilla (*scrinium*).

Los denominados tiradores son más difíciles de adjudicar a un mueble o pieza determinada. Este tipo de asideros se encuentran tambien en la vajilla metálica (sería el caso de las piezas de Camulodunum), e incluso piezas semejantes corresponden a hebillas de cinturón (así aparecen catalogadas en los hallazgos de *Ambrussum*). Es evidente que morfológicamente no presenta grandes diferencias en relación con el tipo de objetos al que se destinan. Al igual que las asas de extremos vueltos, pueden ser tanto de pequeños muebles con departamentos interiores, como de recipientes metálicos, del servicio de mesa.

Se han incluido en este grupo ya que la aparición en el mismo ámbito (habitación 14) y nivel de las piezas de la fig. 11 n° 2, 3 y 4 nos permite suponer la existencia de un pequeño mueble procedente de esta habitación.

Los clavos, aunque presentan dos tipologías claramente diferenciadas, corresponden siempre a elementos decorativos (*clavi capitali, bullae*), los cuales colocados de forma profusa sobre las estructuras básicas induda-

---

[64] ESPÉRANDIEU, E. «*Tintinnabulum*», V, pp. 341-344. La figura 6991 recoge un ejemplar semejante al de la «Casa de los Delfines». Varios ejemplares de la misma forma y dimensiones se encuentran entre los materiales procedentes de Arcóbriga, hasta el momento inéditos; GALLIAZO, V., 1979, pp. 156-158; SERRA VILARÓ, J., 1992, pp. 34. Lám. XVI, fig. B.

blemente la refuerzan, tal como sucede en las *arca ferratae*.

Este conjunto de objetos inicialmente relacinados con el mobiliario se han reunido bajo en nombre genérico de herrajes[65].

2.2.1. HERRAJES

OBJETO	MAT.	DIMENSIONES	SIGLA	FIG.	NIVEL	FUNCIÓN
Placa de cerradura	Br	Dc 7,10; Gch 0,10	80.1.38.L. Pasillo 27	10.2	6-7	Protección decoración

Descripción: Placa de cerradura fragmentada en la parte inferior y en el borde exterior. Se ha fabricado a partir de una chapa repujada o martillada contra una matriz, con lo que se han obtenido dos gruesas líneas en realce, una de ellas próxima al borde y la otra próxima a la bocallave, quedando espacios planos entre ellas. no conserva ningún sistema de sujeción, que debió llevar en la parte perdida y seguramente consistiría en perforaciones para clavetear sobre el soporte. La boca-llave sólo conserva la parte superior redondeada, faltando la inferior seguramente de forma rectangular. El mecanismo de la cerradura tuvo que ser interno y no relacionado con la placa, teniendo ésta una función meramente decorativa.

OBJETO	MAT.	DIMENSIONES	SIGLA	FIG.	NIVEL	FUNCIÓN
Placa de protección	Br	Ac 3,80; Gch 0,10	81.1.2.8Ñ'.P'. 5451	10.4	6-7	Protección decoración
Placa de protección	Br	D 2,20; Gch 0,10	81.1.2.8Ñ'.P'. 5460	10.3	6-7	Protección decoración

Descripción: En ambos casos se trata de piezas recortadas en chapa y repujadas sobre una matriz para obtener un efecto decorativo de líneas concéntricas en resalte. El centro está perforado para permitir el paso de una clavija de sujeción de la que pendería un asa móvil o tirador. En uno de los casos la zona central conforma un umbo (fig. 10.4).

OBJETO	MAT.	DIMENSIONES	SIGLA	FIG.	NIVEL	FUNCIÓN
Placa de refuerzo	Br/Fe	L 3, 60; Am 1,65 Gch 0,20	V.79.18.P. 4	11.3	6-7	Bisagra?

Descripción: Chapa doblada sobre sí misma dejando un espacio ocupado por un eje de hierro; la parte más ancha de la doble placa resultante está remachada por dos pequeños clavos también de bronce. Su función no es muy definida, la presencia del eje de hierro sugiere la posibilidad de que sea un elemento fijo de un sistema de articulación a modo de bisagra, conformado por elementos independientes

OBJETO	MAT.	DIMENSIONES	SIGLA	FIG.	NIVEL	FUNCIÓN
Asa móvil	Br	L 4,40; A 2,50 S 0,40/0,30	81.1.12.AD. 7107	11.1	6-7	Aprehensión
Asa móvil	Br	L 4,50; A 2,80 S 0,60	V.79. 14.18. K.L. 53	11.2	6-7	Aprehensión

---

[65] LECRIVAIN, CH. *Scrinarius, scrinium*, IV 2, pp. 1124-1125; FAUDUET, I., 1992, pp. 45-53, n.º 144a; 144b; 172. Apliques de mobiliario; pp. 152-154, n.º 1.088-1314 clavos; HAWKES, C.F.C./HULL, M. R., 1974, pp. 332, lám. XCIX, n.º 9-10. Cronológicamente pertenecen al período IV, situado en torno al año 50 d. C.; BOUCHER, S., PERDU, G./FEUGERE, M., 1980, pp. 76-77, n.º 378-380; FICHES, J. L., 1986, pp. 99-107, fig. 84, n.º 38-46 clavos decorativos, pp. 106-107, fig. 88, n.º 75 hebillas (tiradores?); SAGLIO, E. *Clavus*, II, pp. 1238-1242; *Bulla*, I1, pp. 754-755; *Arca*, I1, pp. 362-364; VV.AA. 1984. Cat. Caen, pp. 36-37, Lám. XXXV, n.º 80-32/80-37; Lám. XXXVI, n.º 80-38/80-41 Clavos.

Descripción: Arcos de asa móvil o tiradores, de sección circular que se reduce en los extremos, los cuales terminan en forma apuntada levemente diferenciada del cuerpo

OBJETO	MAT.	DIMENSIONES	SIGLA	FIG.	NIVEL	FUNCIÓN
Clavo	Br	Lc 0,90; Gc 0,10 Dc 0,90; S 0,10	80.1.24.M. 7570	11.4	6-7	Decorativa
Clavo	Br	Lc 2,20; Dc 1,70 S 0,20	81.1. DII.1. 12047	11.5	6-7	Decorativa
Clavo	Br	Lc 0,75; Gc 0,10 Dc 1,70; S 0,20	V. 79. 3.N'. 170	11.7	6-7	Decorativa
Clavo	Br	Lc 0,60; Gc 0,10 Dc 1,70; S 0,30	81.1. 2.8.M'.Ñ'. 3660	11.8	6-7	Decorativa
Clavo	Br	Lc 0,80; Gc 0,20 Dc 2,40; S 0,30	80.1.6.R. 1449	11.6	6-7	Decorativa

Descripción: El grupo de clavos decorativos tiene características muy similares; en general se trata de piezas de cabeza hemisférica, hueca, de chapa muy fina y que una vez colocados producen la impresión de burbujas (*bullae*). En uno de los casos, la cabeza aparece decorada con finas líneas molduradas y una depresión en el vértice (fig.11.7). Solamente una de las piezas tiene morfología diferenciada; se trata de un clavo de cabeza plana y gruesa con el borde ondulado (fig. 11. 6). Las puntas, en todos los casos en que se conservan son finas y cortas, de secciones circulares o levemente cuadradas.

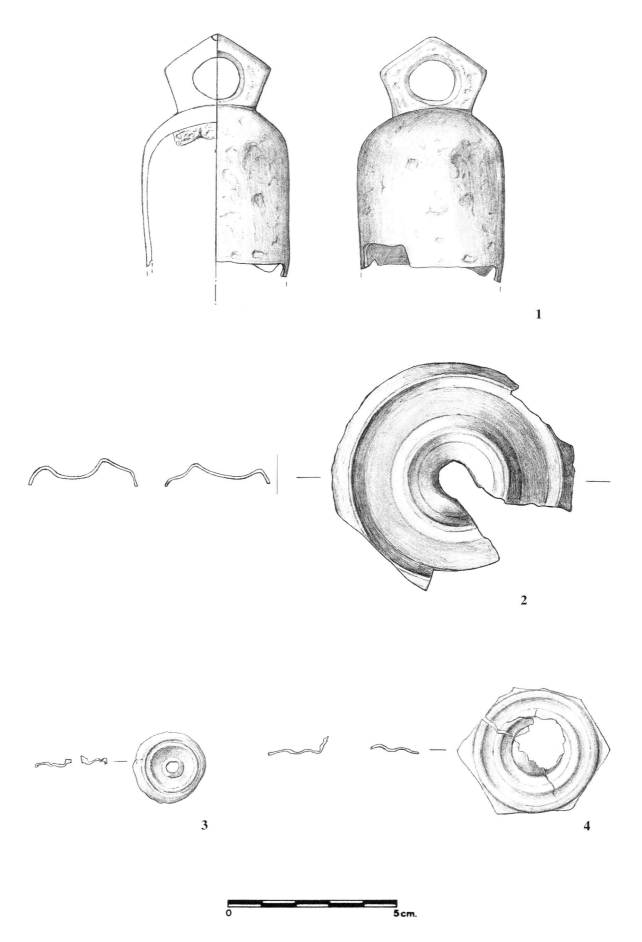

Figura 10. Metales. Campanillas y elementos de muebles.

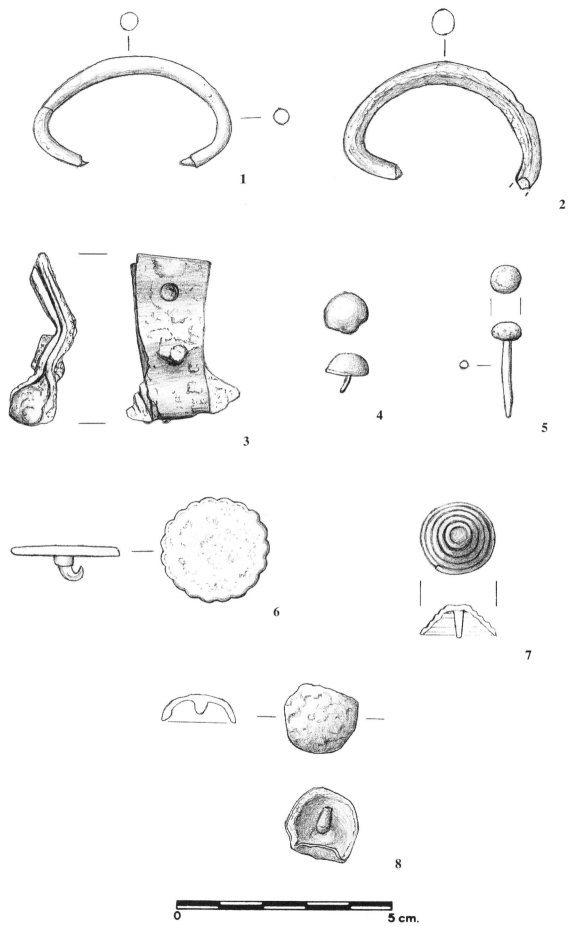

Figura 11. Metales. Elementos de muebles.

3. UTILLAJE RÚSTICO

3.1. TINAJAS ROMANAS (M.C.A.O.)

Las tinajas romanas, *dolia*, son recipientes cerámicos de grandes dimensiones destinados a contener y almacenar sustancias diversas, generalmente de tipo alimenticio. Su forma reúne los siguientes requisitos: son tripudas y su diámetro mayor suele situarse en la mitad de la vasija o encima de ella, tienen amplia boca y a menudo un tape para cubrirla[66].

Se han conservado numerosas referencias en las Fuentes Antiguas que mencionan estos recipientes y nos hablan de su utilización para contener líquidos como agua, vino, aceite, mosto, etc., o sólidos como el grano, frutas, salmueras, jamones, etc. Igualmente se utilizaban para una serie de usos variados: en la construcción de teatros con fines acústicos, con propósitos bélicos, etc.[67]

La boca de estos recipientes se cerraba con una tapadera y acostumbraba a sellarse, recibiendo un cartelito o una inscripción que indicaba el contenido, año (en el vino) o el peso[68].

Las tapaderas que corresponden a estas formas, de amplias bocas, poseen una perforación circular central en su pomo que facilita su manejo.

Las *dolia* se agrupaban en almacenes y lagares, y solían colocarse parcialmente enterradas, lo que facilitaba su aislamiento y el mantenimiento de su temperatura interior. De este modo salvaguardaban su contenido de las variaciones climáticas exteriores que podrían alterar la calidad de muchos productos, como sucede, por ejemplo, con el vino. También encontramos estos recipientes en las tiendas, sirviendo como contenedores del producto a la venta.

En la Casa de los Delfines ninguna de ellas se ha encontrado íntegra ni en su emplazamiento original, apareciendo sus fragmentos dispersos por varios espacios y estancias. En un caso hemos hallado un fragmento de fondo con huellas de cal procedentes de su fijación al suelo mediante un revoque para darle más estabilidad.

La capacidad variaba mucho y acostumbraba a medirse en ánforas, constatándose ejemplares de 10, 15, 20 y 30 ánforas[69]. Las de tamaño mayor, utilizadas en transportes marítimos, podían llegar a las 63, 78 y 85 ánforas —en el pecio del Grand Ribaud D[70]—, e incluso casi 100 ánforas —en el de Petit Congloué—,[71] pudiendo medirse en *cullei*. Las tinajas halladas en la Casa de los Delfines corresponden a tamaños medios; los diámetros de sus bordes oscilan entre los 24 y 34 cm y los de sus fondos entre los 32 y 36 cm., sin que ninguna nos proporcione su altura completa.

Existen ejemplares que han recibido en alguna parte de su tercio superior, ya sea sobre el borde o el hombro, el sello del fabricante, pero no conservamos ninguno dentro de este conjunto[72].

La forma de la tinaja 81.6702 es muy característica del Valle del Ebro y supone el resultado de la evolución de tipos autóctonos anteriores. Los prototipos indígenas, que se estudian en el apartado contiguo a este capítulo[73] se realizan en pastas muy depuradas y poseen bordes de aspecto macizo, horizonta-

---

[66]   HILGERS, W., 1969, p.58.

[67]   HILGERS, W., 1969, pp.171-175.

[68]   HILGERS, W., l969, p.14

[69]   HILGERS, W., 1969 , p.175. Encontramos también referencias a su capacidad en *cullei, congii y modii*.

[70]   HESNARD, A., *et alii,* 1988, p.40.

[71]   CORSI-SCIALLANO, M. y LIOU, B., 1985, p. 43.

[72]   SOLOVERA SAN JUAN, M. E., 1987, p. 121, Fig. 10. LUEZAS PASCUAL, R. A., 1990, pp. 160-161.

[73]   Véase *infra* Apartado 3.2, Tinajas ibéricas.

les y engrosados, relativamente cortos; los cuerpos pueden ser ovoides o, más frecuentemente, tienden a ser cilíndricos. Las tinajas romanas, que podemos considerar ya como *dolia*, al evolucionar, se fabrican en pastas más toscas que las anteriores, con desgrasante grueso que consiste fundamentalmente en fragmentos de rocas graníticas, visibles con facilidad. El borde se estiliza, alargándose considerablemente, pudiendo mantenerse horizontal o levantarse más o menos en su extremo final, sobre todo en los ejemplares tempranos, datados en la segunda mitad del siglo I a. C.[74]; en cuanto a los cuerpos, veremos desaparecer los cilíndricos, que pasan a adoptar formas ovoides, siempre con la máxima anchura en la zona de los hombros.

Las *dolia* de la forma 81.6702 se encuentran difundidas por todo el valle del Ebro y cuenca alta del Duero, hallando ejemplares con perfiles muy similares en una gran franja que comienza por el Noroeste a partir de las actuales provincias de Santander y Burgos, para pasar por Soria, La Rioja y Navarra, continuar por todo Aragón y finalmente llegar a Tarragona[75].

Este numeroso grupo de *dolia* de borde estrecho y alargado difieren notablemente, tanto en los perfiles, como en las arcillas utilizadas para su fabricación, de las que hallaremos en la zona catalana y levantina, que poseen gruesos bordes redondeados doblados al exterior y cuerpos generalmente globulares, respondiendo a prototipos itálicos[76].

En cuanto a las *dolia* que vemos en el resto de la Península Ibérica tampoco son iguales a éstas del valle del Ebro, de borde estrecho y alargado, hallando únicamente algunos recipientes de tamaño menor, ollas o tinajillas sin asas que recuerdan en el diseño de sus bordes a los prototipos indígenas comunes[77]; mientras, los grandes contenedores evolucionan hacia diversos perfiles que varían según la zona geográfica.

Curiosamente, sí hallamos en el Norte de Francia, Bélgica y campamentos del Limes Germánico una serie de *dolia*, datada desde época augustea, que guarda cierta similitud, aunque no una identidad total, con las que aquí estudiamos[78]. Las diferencias estriban en la forma de los cuerpos, generalmente globulares en aquéllas, así como en la ausencia de asas para facilitar su manejo y en las variedades del perfil del borde, aunque conservando un cierto aire de parentesco mutuo. No nos parece aventurado sugerir una posible relación entre ambos diseños, si tenemos en cuenta la presencia de hispanos en el ejército estacionado en Germania desde época temprana[79]. Son varias las legiones que después de su estancia en *Hispania* tuvieron un asentamiento en la frontera germánica, como sucede con la *Legio II Augusta*, la *IIII Macedonica*, la *V Alandae*, la *VI Victrix* o la *X Gemina*[80]. Ya en el año 1975 M. Vegas señaló la relación entre una tinaja de Numancia y otra hallada en *Novaesium*[81]. Mientras en el valle del Ebro esta forma de tinaja es prácticamente la única que encontramos representada, en los campamentos del Limes constituye uno de los varios tipos de *dolia* que conviven de manera coetánea.

3.1.1. TIPOLOGÍA DE LAS TINAJAS 81.6702

El borde de este gran recipiente es recto, alargado y reentrante, constituyendo una prolongación del hombro curvado; levanta marcadamente su extremo final, que está redondeado. Su pared es más gruesa que la

---

[74] AGUAROD OTAL, C. en GALVE, M. P., *et alii*, en prensa, Nivel de época preaugustea, Fig. XXI, nn. 4 y 5. BELTRÁN LLORIS, M., 1979 b, p.951, Fig. 5, n.51, apartado 2.9.

[75] Citaremos únicamente algunos ejemplos, ya que son muy numerosos:

— Santander: SOLANA SAINZ, J. Mª., 1981, p. 298, Lám. 49, nn.16-17.

— Soria: WATTENBERG, F., 1963, Tabla XXVIII, n.795; ARGENTE OLIVER, J. L., *et alii*, 1984, p. 246, Fig. 117, 80-1419.

— La Rioja: MARCOS, A., 1979, pp. 214, 219-220 y 262; Figs. 49 y 73.

— Navarra: MEZQUIRIZ, M. A., 1954, Figs. 10-11, pp. 39-41.

— Aragón: AGUAROD OTAL, C., 1980.

— Tarragona: REVILLA CALVO, V., 1993, pp. 109-111.

[76] Entre los prototipos itálicos citaremos los siguientes: CELUZZA, M. G., 1985, pp. 59-61; FIORI, P., 1972; PALLARÉS, F., 1987; PELLEGRINO, A. y PETRIAGGI, R., 1988, pp. 171-172, Fig. 1-2.

En Cataluña y Levante: CASTAÑER, P., *et alii*, 1990, p. 183, Fig. 28,2; MIQUEL, D., *et alii*, 1978, p. 20, Fig.6; NOLLA Y BRUFAU, J. M. y CASAS, J., 1984, p. 103, Lám. XXXII, n. 4, p. 126, Lám. XXXIX, n. 10, p. 176, Lám. LIX, n. 4; TREMOLEDA,J., 1987, p. 213, Lám. I, Fig. 3; CASAS Y GENOVER, J., 1989, p. 113, Fig. 71,1; RIPOLLÉS, P. P., 1992, pp. 403-405, Fig. 4, nn. 9-10.

En el museo de Lérida hemos tenido la oportunidad de estudiar las *dolia* procedentes de los yacimientos de Jebut, Albesa, Mas del Llop, Els Vilans d´Aitona y el importante conjunto de Hostal Nou (Balaguer); todas las

dolia corresponden a formas con labios engrosados que se doblan al exterior, moldurados, estando ausente la forma que nos ocupa. El mismo fenómeno se observa en los materiales de los fondos de los museos de Gerona, Barcelona y Tarragona, que hemos consultado a lo largo de la elaboración de nuestra Tesis Doctoral (Véase AGUAROD OTAL, C., 1991).

[77] PUERTAS TRICAS, R., 1982, p. 224, tipo 10, Fig. 154; PRESEDO VELO, F. J., *et alii*, 1982, p. 156, Fig. 83, n. 4; RODRÍGUEZ OLIVA, P. y ATENCIA PAEZ, R., 1983, Fig. 13, nn. 9-10; ULBERT, G., 1985, pp. 250-251, Tafel 50.

[78] TUFFREAU-LIBRE, M., 1980, Fig. 5, n. 1, p. 106, Fig. 35; BRULET, R., *et alii*, 1985, pp. 109-111, Fig. 40, nn. 1-17; GOSE, E., 1950, nn. 357-358, Taf. 58, p. 31; VEGAS, M., 1975, p. 71, Tafel 28, nn. 1-6-8; FILTZINGER, Ph., 1972, pp. 17, 28, Tafel 27, nn. 2-4; LOESCHCKE, S., 1909, pp. 304-305, Abb. 49,10.

[79] ROLDÁN HERVAS,J. , 1974, pp. 45, 240-245.

[80] ROLDÁN HERVAS, J., 1974, pp. 65-80.

[81] VEGAS, M., 1975, p. 71, n. 7, Tafel 28, n.7.

del cuerpo y el paso entre una y otra queda patente por un resalte exterior.

El cuerpo es ovoide con la máxima anchura en la zona de los hombros, donde suelen colocarse tres anchas y cortas asas geminadas, con el fin de facilitar su manejo.

En cada una de las asas de esta forma es característica una decoración que se sitúa sobre sus dos zonas de aplicación a la pared y que consiste en una serie de profundas digitaciones dispuestas a modo de abanico, en número de cinco en la parte superior y de tres en la inferior.

El fondo es plano y posee un pequeño bisel o un baquetón al exterior en su unión con la pared y el cuerpo.

La medida de los diámetros de sus bordes oscila entre los 24 y 34 cm (fragmentos 81.1.2-8.Ñ´P´.4694 y 81.1.C.II/D.II.7404 respectivamente).

Contamos con 29 fragmentos de esta forma, de los cuales 9 son bordes, que se han fabricado en la pasta 10, de granulometría gruesa y con abundante desgrasante compuesto por rocas graníticas; la cocción se ha realizado con atmósfera oxidante. En lo referente al acabado, la superficie exterior ha recibido alisado mientras la interior aparece menos cuidada.

Hallamos este *dolium* en los niveles *3, 5, 6, 7 y 8*.

En uno de los fragmentos de fondo (80.1.4-10.UX.8455) se han conservado restos de cal adheridos en su lado exterior. Éstos nos indican que para dar más estabilidad a las *dolia* en su lugar de emplazamiento, podían inmovilizarse mediante la aplicación de una capa de cal viva alrededor de su fondo.

Es frecuente hallar fragmentos de paredes de esta forma que se han recortado dándoles forma redondeada para su utilización como tapes de otros recipientes, generalmente ánforas o jarras, tal como vemos en la Figura n. 12, 8.

Encontramos paralelos de esta forma en dos excavaciones realizadas en la ciudad de Zaragoza —la Casa de los Pardo, en un nivel fechado entre los años 15-12 a.C. y la C/ Don Juan de Aragón 9, en un nivel preaugusteo—, así como en numerosos yacimientos distribuidos a lo largo del valle del Ebro[82].

3.1.2. TIPOLOGÍA DE LAS TAPADERAS

79.33

Es una gran tapadera de borde recto, ligeramente inclinado hacia el exterior, cuerpo troncocónico y pomo con amplio anillo que ha recibido una perforación circular en su zona central, lo que facilitaría su manejo. En la zona superior del pomo, que se encuentra rehundida, existe una marcada acanaladura entre el anillo y la perforación central.

En lo referente al acabado, mientras la pared exterior se ha alisado con cuidado, la interior conserva las estrías del torneado.

El diámetro de sus bordes oscila entre los 24,4 y los 32 cm (fragmentos 80.1.18-22.VY.476 y V.79.8-10.LM.33).

Los ocho ejemplares contabilizados de esta forma se han fabricado en la pasta 10, al igual que las *dolia* a las que servía de cubierta y su cocción se ha realizado en atmósfera oxidante.

Dada la estabilidad que confiere el anillo del pomo de esta tapadera para poder apoyarla invertida, consideramos posible su doble uso tanto como una tapadera como un plato en el cual depositar los alimentos o sustancias sólidas que se sacasen del *dolium* que cubría.

Hallamos esta forma en los niveles *5, 6 y 7*.

81.737

En esta gran tapadera el borde es recto, con su extremo redondeado, y constituye una prolongación de la pared del cuerpo, que es convexa. Posee un pomo con anillo resaltado y su zona interior aparece rehundida. Al igual que sucedía en la forma anterior el pomo posee una perforación circular en su centro para facilitar su aprehensión, introduciendo por ella un instrumento curvo o un dedo de la mano.

El diámetro de sus bordes oscila entre los 30,3 y 32,4 cm (fragmentos 81.1.15-21.B´C.737 y V.79.8.P.2 respectivamente).

Los cuatro fragmentos que conservamos pertenecientes a esta forma se han fabricado en la pasta 10 y su cocción se ha realizado en atmósfera oxidante. Se localizaron en los niveles *5 y 7*.

---

[82]   BELTRÁN LLORIS, M., 1979 b, p. 951, Fig. 5, n.51, apartado 2. 9; GALVE, M. P., *et alii*, en prensa, sigla III.2012, Fig. XXI, 4.

3.1.3. INVENTARIO Y PORCENTAJES

81.6702	f	10	V.79.8-10.JK.383	13.7	5
	p	10	V.79.16.P.9	12.8	5
	f	10	V.79.23.K.1	13.5	5
	f	10	80.1.2-8.TV.8124, 2-8.TY.8203, 4-10.VX.8455 y 8427	13.3	5
	f	10	80.1.18.AA.7018	13.1	5
	f	10	80.1.18-22.VY.415	13.4	7
	b	10	80.1.22.AI-31.T.8741	12.7	7
	b	10	81.1.2-8.Ñ'P'.4694	12.4	7
	f	10	81.1.15-21.B'C'.869	13.2	6
	b	10	81.1.Car.1.6701	12.2	7
	b	10	81.1.Car.I2.6702	12.1	7
	f	10	81.1.Car.I2.6703	13.6	7
	b	10	81.1.D.II.7008	12.5	6
	b	10	81.1.C.II-D.II.7404	12.6	6
	f	10	81.1.C.II-D.II.7406	12.3	6
	f	10	81.1.C.II-D.11.8405	13.8	6

Tapaderas

79.33		10	V.79.8-10.LM.33 y 54 80.1.12-16.ÑP.4951	14.1	5
	b	10	V.79.16.Ñ.19	14.2	5
	b	10	80.1.18-22.VY.476	14.5	7
81.737	b	10	V.79.8.P. y HOR.2 80.1.18.AA.7046 y 7068, 22-24.QT.964	14.4	5
-		10	81.1.15-21.B'C'.737, 779, 630	14.3	7

Resumen
Tinajas romanas

PASTAS	7	8	9	10	11	12
81.6702				29		

Tapaderas

	7	8	9	10	11	12
79.33				8		
81.737				4		
Pomos s/c				4		

NIVELES	1	2	3	4	5	6	7	8	TOTAL
81.6702			1		7	6	13	2	= 29
			1		7	19		2	=29

Tapaderas

	1	2	3	4	5	6	7	8	TOTAL
79.33					3		5		= 8
81.737					3		1		=4
Pomos s/c				2	2				=4
				2	8		6		=16

3.2. TINAJAS (DOLIA) IBÉRICAS (AZAILA 4.43) (M.B.LL.)

Son ciertamente escasos los restos correspondientes a *dolia* itálicos, como acabamos de observar. Por otra parte, según los hallazgos de la ínsula II, sabemos que ciertos recipientes de aspecto ibérico y pastas locales, al igual que ocurre en *Contrebia Belaisca*[83], corresponden tipológicamente a formas clasificadas como ibéricas, pero que se prolongaron en el uso y en la tradición alfarera hasta la etapa romana. No de otra manera cabe explicarse la escasa presencia de envases de tipología itálica entre los distintos hallazgos reseñados.

La tipología de estos envases sigue siendo problemática habiéndose clasificado atendiendo al tipo de labio, horizontal o inclinado, criterio que sólo debería ser válido con un análisis completo del cuerpo del recipiente, circunstancia a la que muy difícilmente llegamos y que adoptamos provisionalmente.

3.2.1. TALLER LOCAL 12/157

1. Labios de tipo horizontal, semejantes a ciertos ejemplares de Azaila, se ilustran con el fragmento 80.1.R.T.10/20.139[84], con reborde exterior de tipo vertical, circunstancia que caracteriza igualmente a los *dolia* de tipo *Ilduratin*, frecuentes en otros muchos yacimientos ibéricos, como el Castillejo de la Romana[85], el Alto Chacón[86], el Castelillo de Alloza[87], etc.

2. Una variante dentro de este aspecto viene dada por labios como 80.1.14/16.Y.X.927, de reborde exterior inclinado y mayor desarrollo del perfil[88].

3. Entre los labios inclinados, se encuentran los fragmentos 80.1.6/20.AC.AH.6007 (con ligero reborde)[89].

4. Una cuarta variante viene dada por ciertos labios de sección redondeada[90] y reborde vertical, como 81.1.15/21.B'.C', 602, 603,605 u 80.1.9/17.A'.F'.19.

Todos estos tipos se fabricaron en el taller local celsense 12/157 (pastas 1-8)[91].

Relativo a los *dolia*, queda en pie el problema del contenido de estas formas. Estos contenedores aparecen prácticamente en la mayoría de los yacimientos ibéricos y es ciertamente presumible que parte de ellos pudiera contener vino, como de hecho se comprueba, más tarde, en ciertos pecios ya de época imperial romana[92], con el interior resinado para provocar su impermeabilización.

Es probable que de forma secundaria y contrariamente a lo que sucede durante el transporte, los *dolia,* estuvieran sometidos a otros contenidos, aunque nos faltan elementos de juicio, sobre todo para la etapa ibérica[93]. Se ha sugerido así, que los *dolia* en el valle del Ebro, o en algunas zonas de él, fueran los sustitutos para el transporte de los alimentos, con base en la ausencia de ánforas ibéricas en determinados yacimientos como Azaila, según observara Ribera[94].

Si bien la abundancia de envases de este tipo es notable, aunque no deben ser confundidos los ejemplares de tipología itálica con los indígenas, no parece una hipótesis muy segura. Es evidente que transportaron vino por lo menos y posiblemente también aceite, pero también es cierto que las ánforas ibéricas se difundieron por el valle, al menos en el yacimiento de *Celsa*; no obstante, un estudio comparativo de la difusión de ambos elementos podría aportar resultados muy sugerentes que ahora no podemos abordar.

[83] Reproducida en FATÁS, G., 1973, lam. XI inferior, aunque aquí se trata de niveles sertorianos.

[84] BELTRÁN LLORIS, M., 1976, 242, fig. 64. También en la Romana -BELTRÁN LLORIS, M., 1979 b) 69 ss. fig. 31-

[85] BELTRÁN LLORIS, M., 1979, forma Azaila 4.43, p. 69 ss. y fig. 31, 1J 4.

[86] ATRIÁN, P., 1976, fig. 12 m.

[87] ATRIÁN, P., 1959, 244, fig. 19.

[88] También 80.1.3.4. KQ.3573, semejante en La Romana, BELTRÁN LLORIS, M., 1979 a), fig. 31 100B 25-

[89] Similar a la Romana 4 J 5 (BELTRÁN LLORIS, M., 1979 a), fig. 31.

[90] Paralelos igualmente en la Romana BELTRÁN LLORIS, M., 1979 a) fig. 34, 96A3.

[91] Véase el resto de la producción en el apartado II.8, infra.

[92] GIANFROTTA, P., HESNARD, A., 1987, 285 ss.; PALLARÉS, F., 1987, 298 ss.También CORSI-SCIALLANO, M., LIOU, B., 1985, 266, 95 ss. En el interior de un *dolium* de *Contrebia Belaisca*, se localizaron restos de un pigmento de color carmín claro en el interior de sus paredes, aunque aún no se ha analizado dicha sustancia (restos de heces de vino ?)(MEDRANO MARQUÉS, M., DÍAZ SANZ, M. A., 1986, 602 ss.). El mismo *dolium* llevaba una inscripción grabada antes de la cocción, debajo del labio que parece transcribirse como *SYRBUY* (preferimos esta transcripción a la de *Syrbiy* que hacen los editores; el 4º signo parece mejor el correspondiente a *bu*, como en el Bronce de Botorrita BELTRÁN MARTÍNEZ, A., TOVAR, A., 1982, fig. VII-). La palabra nos parece enigmática, muy posiblemente un nombre personal, como ocurre con otro *dolium* de Albalate del Arzobispo con *R]educenos aukia* (BELTRÁN LLORIS, M., 1977, fig. 19 y p. 195). En ambos casos pensamos que se trata del alfarero y no de una referencia al contenido del envase.

[93] Véanse las referencias para los *dolia* de tipo romano. En Varea, por ejemplo, se encontró un *dolium* con restos de trigo almacenado en su interior (LUEZAS PASCUAL, R. A., SAENZ PRECIADO, M. P., 1990, 18).

[94] 1982, 99.

FORMA	PASTA	SIGLA	FIG.	NIVEL
l. horiz.	2	80.1.5.R.266	101,6	8
l. horiz.	2	80.1.10.20.R.T.139	101,9	7.1
l. horiz	8	81.1.30.P.7278	101,7	1.2
l. horiz.	21	80.1.21.H.2812	112,13	8
l. inclin.	2	81.1.6.20.AC.AH.6007	101,4	7.2
l. inclin.	2	80.1.14.16.V.X.927	101,8	7.1
l. inclin.	5	80.1.3.4.K.Q.3573	102,10	7.1
l. redon.	2	80.1.15.21.B'.C'.602	101,5	7.2

FORMA	1.2	1.3	3	6-7	8	TOTAL
l. horiz.	2	4				6
»			2			2
l. inclin.	1			1		2
l. redon.		1		3	2	6
¿?		4	2	3		9
	3	9	2	9	2	**25**

PASTA	L. HOR.	L. INCL.	L. RED.	TOTAL
2	3	1	3	7
5			1	1
8		1		1
9	1			1
11			1	1
20	3			3
21			1	1
23	1			1
	8	2	6	**16**

44

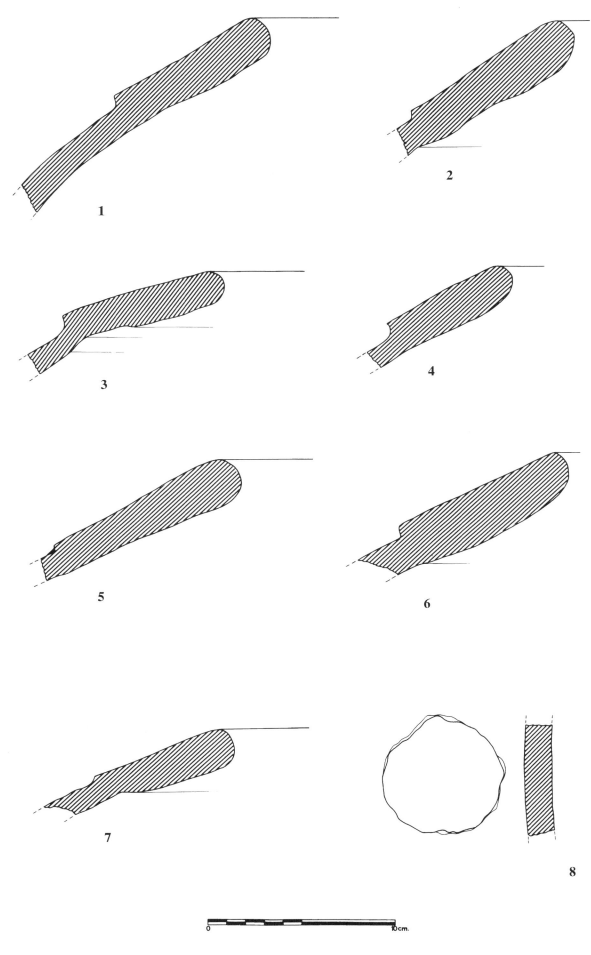

Figura 12. Tinajas itálicas (*dolia*).

45

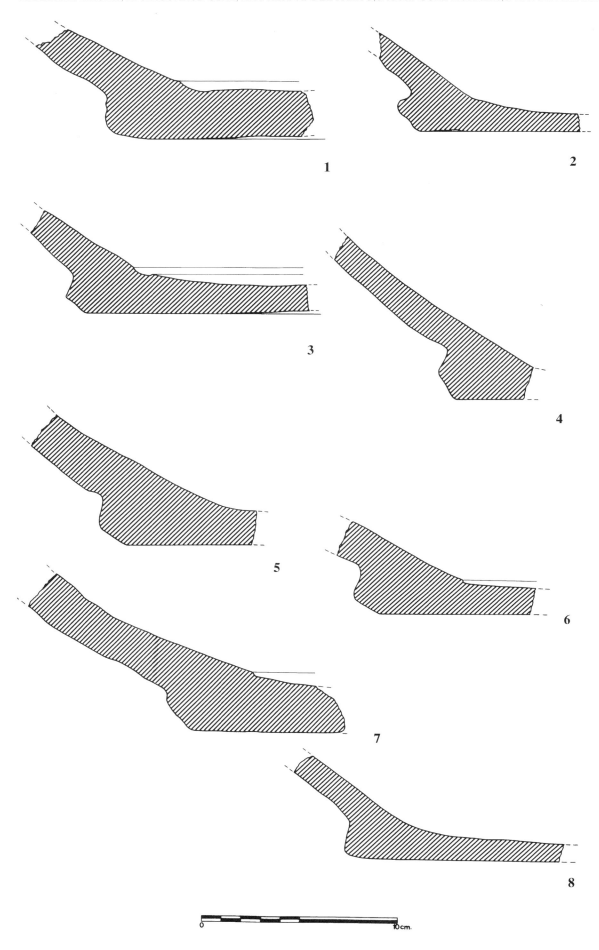

Figura 13. Tinajas itálicas (*dolia*).

46

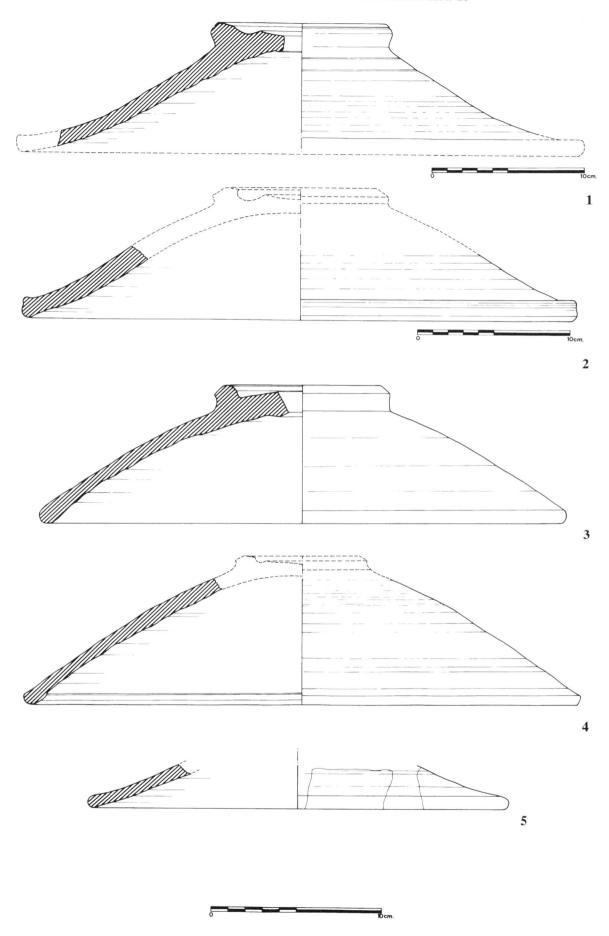

Figura 14. Tapaderas itálicas.

4. PONDERALES (M. B. LL.)

4.1. PESO

Ponderal circular en caliza areniscosa muy dura (V.79.8.A'.1). Es de sección trapezoidal y se encuentra fragmentado, aproximadamente, por la mitad. Marca de valor grabada con instrumento de punta redonda en el dorso de la pieza: XXV. Peso del fragmento: 1.500 g[95].

FORMA	SIGLA	FIG.	NIVEL
peso	V.79.8.A'.1	18	7.2

---

[95] Es evidente por el peso del fragmento, que restituido nos daría aproximadamente para toda la pieza completa, unos 2.800 grs., que falta todavía un aplique, metálico, con el cual se alcanzarían las 25 libras mencionadas, aproximadamente 8.175 g, atendiendo a un peso para la libra de 327,45 g valor prácticamente constante durante todo el Imperio romano. Véase sobre la libra romana, PINK, K., 1937, 346 ss. La fragmentarie- dad de la pieza impide mayores precisiones, habida cuenta de las variaciones que se observan incluso cuando los pesos se encuentran completos, como sucede con el conjunto de la Cabañeta del Burgo de Ebro (Zaragoza), yacimiento vecino al de *Celsa* (BURILLO MOZOTA, F., 1984, 153 ss.) en donde se aprecia una desviación de -163,50 g en peso de 10 libras y de +8,89 g en 5 libras.

5. INSTRUMENTOS DE TRABAJO DOMÉSTICO (M.B. LL.)

5.1. PONDERA[96]

El hallazgo más significativo de *pondera* se realizó en la estancia *25*, que compone una clara unidad con la *30*, tratándose de la taberna II (80.1.8.AD.), según ya hemos descrito[97].

Junto a la entrada y en la pared A se localizó la acumulación de *pondera* en total ocho piezas de cerámica y cuatro de alabastro.

Tipo 1. Prismático rectangular, con dos perforaciones superiores (80.1.12.X 7886, pasta 2; 80.1.8.AD.6O24).

Tipo 2. Prismático rectangular con una perforación superior (80.1.8 AD 6.023, alabastro local).

Tipo 3. Troncopiramidal rectangular, con dos perforaciones superiores (80.1.4/10.V.X-.8454, pasta 1; 80.1.8.AD.5828, 5829, 6035, 81.1.hab.12.2286).

Tipo 4. Troncopiramidal rectangular con una perforación superior (80.1.8.AD.6011, 6017 de alabastro local; 80.1.8.AD.6005, 6012, 6364 arcilla, pastas 1 y 2).

Tipo 5. Prismático rectangular con tres perforaciones superiores (80.1.2.6. L.N.4325, pasta 3).

Observamos pues como se repiten los tipos tanto en arcilla como en alabastros locales[98]. De todos los ejemplares conocidos en la Casa de los Delfines, sólo escasos ejemplares portan marcas. El primero, 80.1.4/10.8454 luce una «X» en la cabecera obtenida a base de la impresión a ruedecilla especial. Un ejemplar con el mismo tipo de marca, se conoce en Pompeya[99]; la marca «X», incisa se encuentra también en ejemplos más cercanos en Azaila[100]. Otro ejemplar registra una línea lateral compuesta por circulitos impresos (80.1.12.16.AA.AD.383). El último decorado (80.1.11.T.7145), luce en la cabecera dos círculos impresos formados con punzón triangular.

---

[96] Adoptamos esta denominación, *pondera*, que no pesas de telar, conscientes de la incertidumbre que todavía reina sobre la aplicación funcional de estos objetos. Valga la denominación para aludir a pesas de telar u objetos destinados a otro uso, que ignoramos. Pueden verse los trabajos clásicos de WUILLEUMIER, P., 1932, 26 ss.; DANIEL, W. B., 1924, 24 ss., FERRANDINI TROISI, F., 1987, 91 ss. id. 1992, 77 ss. etc. Su inclusión en el apartado presente queda por lo tanto sometida a dicha incertidumbre. Para la etapa que nos afecta son imprescindibles las representaciones pintadas del *Forum* de Nerva en Roma y del *hypogeum* de los *Aurelii*, en donde se han representado telares de tipo vertical en los que se dejan ver pesas como las presentes, reproducidos en la mayoría de los trabajos dedicados a la industria textil (WILD, J.P., 1970, lám. XI a y b). Los problemas hasta el presente, se derivan de la falta de hallazgos claros, asociados a las estructuras de telares, ya que hasta el momento sólo se conocen agrupaciones de *pondera* de diversos tipos y pesos, circunstancias que impiden ulteriores consecuencias. CASTRO CUREL, Z., 1989, 232 ss. Véase el interesante conjunto, por la cantidad, de la Guardia de Alcorisa, con 200 ejemplares, de tipos y pesos variados, entre ellos formas con 76 individuos y pesos medios de 124 g.

Hay ejemplares que presentan una notable usura debida al agua, de donde se ha deducido igualmente su destino como pesas de redes de pesca, a las que se asocia en ocasiones como símbolo estampillado el tridente (PONTIROLI, G., 1990, 198). La epigrafia presente en este tipo de objetos tampoco ha proporcionado datos de utilidad a nuestro propósito. Tampoco analizaremos ahora estos extremos, que oscilan desde simples marcas, a impresiones de gemas, iniciales o nombres expresados por los *tria nomina* (Por ejemplo *L.Comi.Ferox*, (ANTICO GALLINA, M., 1990, 211). Si es interesante el ejemplo de determinados pesos griegos del s. III a. de C. discoidales, con el sello «teta», interpretado como un peso en sí mismo o incluso como un sello de garantía para bolsas de monedas (FERRANDINI TROISI, F., 1992, 96).

[97] BELTRÁN LLORIS, M., MOSTALAC CARRILLO, A., LASHERAS CORRUCHAGA, J. A., 1984, 154 ss.

---

[98] *Vide* Apendice pastas, Petrología 56 MZ.

[99] ROCCO CERASUOLO, P., 1984, 257, fig. 144, 5.

[100] BELTRÁN LLORIS, M., 1976, fig. 65 a, 187. En este yacimiento, Azaila, podría tratarse también del signo ibérico, pero es dudosa dicha interpretación. Esta marca, como hemos dicho resulta frecuente en ejemplares itálicos (en Pompeya, además MAIURI, A., 1930, 253, fig. 52).

Desde el aspecto tipológico las formas descritas de *pondera* son muy frecuentes en los hallazgos de nuestro territorio, especialmente las formas troncopiramidales[101].

Atendiendo a las agrupaciones de este tipo de piezas, en nuestros poblados indígenas sobre todo, interesa el trabajo de Castro[102] planteando los problemas relativos a su interpretación tradicional como piezas de telares. En el caso de *Celsa* no podemos modificar dichas incertidumbres. Como argumento

negativo, observamos la disparidad de los pesos anotados y el registro de su hallazgo, que proporcionó las piezas simplemente agrupadas, pero de forma desordenada[103].

Del conjunto encontrado en dicho ámbito, habitación 25 (80.1.AD en el listado adjunto), sólo se pueden establecer, atendiendo al peso, dos series (a: 5828, 5829, 6035; b: 6005, 6012, 6364), siendo el resto de pesos dispares entre sí[104].

INVENTARIO Y PORCENTAJES

FORMA	PESO G.	PASTA	SIGLA[105]	FIG.	NIVEL
1	276	2/3	80.1.6.20.AC.AH.6005	15,6	7.2
1	165	2/3	80.1.8.A.D.6024*	15,13	7.1
1	185	2	80.1.12.X.7886	15,5	5
1	169.	2/3	80.1.22.AI.31.T.8874	15,9	7.2
1	163.	2/3	80.1.11T.7145	15,1	7.1
1	187.	2/3	81.1.25.33.G.I.2594*	15,11	7.2
2	143.	Al.	80.1.6.20.AG.AH.6011*	16,12	7.2
2	48.	2/3	80.1.6.20.AG.AH.6012*	15,10	7.2
2	150.	Al.	80.1.6.20.AG.AH.6017*		7.2
2	430.	Al	80.1.6.20.AG.AH.6023	17,3	7.2
2	231.	Al.	80.1.22.AI.31.T.8875	17,2	7.2
2	190.	2	81.1.hab.34b. 7297*	15,7	7.1
2	222	2/3	81.1.D.II.7122*	15,2	7.2
3	271	1	79.16.0.1*	15,3	5
3	139.	1	80.1.4.10.V.X.8454*	15,4	5
3	175.	2/3	80.1.8.AD.5828		7.1
3	171.	2	80.1.8.AD.6035		7.1
4	235	3	79.8.P.42*	16,4	7.1
4	168.	3	79.16.Ñ....*	16,9	5
4	40	3	79.36.K'.24*	16,3	7.2
4	224,	5 Al.	79.1.2.H.10	17,5	7.1
4	169.	3	80.1.6.20.AC.AH.6035*	16,7	7.2
4	225.	Al.	80.1.8.AD.6011*	16,11	7.2
4	229.	Al.	80.1.8.AD.6017	17,1	7.2
4	165	3	80.1.8.AD.6364*		7.2
4	250	2/3	80.1.12.16.AA.AD.3239*	16,1	7.1
4	72.	2/3	80.1.14.AD.6364*	15,12	7.1
4	173.	3	80.1.20.AH.5825	16,8	7.2
4	89.	3	80.1.20.AH.5828*	16,6	7.2
4	245.	Al.	80.1.22.AI.31T.8873	16,5	7.2
4	170	2	80.1.11.Ñ.S.3272*	15,8	7.1
4	215.	Al.	81.1.21.31.F.G.1808	17,4	7.2
4	228.	Al.	81.1.21.31.G.G.1810	17,6	7.2
4	176.	3	81.1.25.33.G.I.2596	16,2	7.1
5	154.	3	80.1.2.6.M.N.4325*	16,10	7.1

---

[101] Puede verse además ROBINSON, D. M., 1946, 34 ss; DI VITA, A., 1956, 44; SCARFI, B. M., 1962, 160 ss.; para Azaila, BELTRÁN LLORIS, M., 1976, 245; la Bovina, DE SUS M. L., PÉREZ CASAS, J. A., 1983-1984, fig. 6, 268, etc.

[102] CASTRO CURIEL, Z., 1986, 169 ss.

[103] Véase también, especialmente, MINGAZZINI, P., 1974, 201 ss.; BONGHI JOVINO, M., 1972, 11 ss.

[104] En la actualidad procedemos al estudio comparado de la totalidad de *pondera* encontrados en *Celsa*, con ánimo de deducir conclusiones extraídas de un conjunto numéricamente más significativo, circunstancias que nos ahorran ahora una más larga discusión, habida

cuenta de los resultados obtenidos con las series analizadas hasta aquí, con numerosos individuos fragmentados, prácticamente el 50 %. Suelen observarse, a pesar de las disparidades, determinadas agrupaciones atendiendo a los pesos. Así en los conjuntos (tardorrepublicanos) de Tiro de Cañón (BENAVENTE, J. A., JUSTE, N., PERALES, M., PICAZO, J. V., SANCHO, A., 1985-1986, p. 1333) y de la Bovina de Vinaceite (DE SUS GIMÉNEZ, M. L., PÉREZ CASAS, J. A., 1983-84, p. 261 ss.), se aprecian agrupaciones en torno a dos valores medios entre 150/450 g y 1200/1400 g.

[105] Las piezas indicadas con * se encuentran fragmentadas. Los pesos, por lo tanto tienen valor relativo.

FORMA	NIVEL						
	1.3	3	5	7.1	7.2	8	
1			2		4		
2			1	1	6		
3		1	5		1		
4			6	4	9		
5				1			
¿?	1			3	3	4	
	1	1	14	9	23	4	= **52**

PASTA	FORMA						
	1	2	3	4	5	¿?	
1	1	1	2			4	
2	1	1	1	2			
3	1		1	9	1		
2/3	3	1	3	3		4	
?				1			
Al		5		5		3	
	6	8	7	20	1	11	= **52**

5.2. FUSAYOLAS (*VERTICILLI*)

5.2.1. TIPOS NORMALES

Son los pesos asociados al *fusus*[106] para garantizar el movimiento de rotación: *imple me, sic versa me*[107].

Son muy escasas las fusayolas procedentes del conjunto estudiado, correspondiendo la mayoría al nivel de abandono de las calles. Tipológicamente[108] remiten, en su mayoría, a la forma bitroncocónica, de arista lateral alta[109] siendo grande su fijeza, con pastas depuradas, finas y compactas semejantes a la pasta 1 de los *pondera*[110]. La perforación para el paso del huso, ostenta invariablemente los orificios de distinto diámetro para la sujeción del *verticillus* al huso[111]. Es difícil, en ausencia de otras pruebas, salvo la identidad de las pastas, determinar la procedencia o extracción de estos materiales[112], ni por supuesto entrar en detalles de las industrias del hilado y conocimiento de los husos, que deberían deducirse del peso de los ejemplares atendiendo a la finura de la fibra, su torsión y otras circunstancias[113].

Los ejemplares son de la calle II: 81.1.1521 B'.C'.537, 81.1. 21/25. D'.E'.1326 ; y de la calle III: 81.1. D.II.10.440, 80.1.22.AI/31.I.9001 y 80.1. 22.AI/31.I.9000.

[106] Entre los hallazgos de nuestro territorio no se han conservado hasta la fecha husos de madera, debido a su material perecedero. Véase el único ejemplo de huso conocido en nuestro ámbito, el procedente de la necrópolis hispano-visigoda de Valdespartera (Zaragoza) (BELTRÁN LLORIS, M., AGUILERA ARAGÓN, I., BELTRÁN MARTÍNEZ, A., y otros, 1992, p. 67, fig. 30), decorado con finas acanaladuras en forma de anillos segmentados que confieren un aspecto particular a la pieza. La fusayola, que se encontró alojada en el huso, es también de madera y de sección cilíndrica. Dimensiones (con los extremos rotos) 140 mm. de longitud máxima.

[107] Según la inscripción de Trier, CIL XIII, 10019, 19.

[108] La tipología de las fusayolas se ha establecido siempre con base en su morfología geométrica, adoptándose diversas formas más o menos subjetivas en torno al tronco de cono o de cilindro o la forma esférica (BLASCO BOSQUED, C., 1968; id. 1969, 123 ss.; BELTRÁN LLORIS, M., 1976, 248 ss.; CASTRO CUREL, Z., 1980.

[109] BELTRÁN LLORIS, M., 1976, tipo B; CASTRO CUREL, Z., 1980, tipo E. La tipología de esta autora incluye tres variantes en la forma bitroncocónica según sea la situación de la arista lateral media (D), alta (E) o baja (F).

[110] El grado de depuración de las arcillas y la ausencia de desgrasantes impide, en ausencia de otro tipo de análisis, una comparación más estricta con las pastas de otros objetos.

[111] Por ello presentamos los dibujos correspondientes en su posición correcta, como determinara bien CASTRO CUREL, Z., 1980, 136 ss. De hecho, además, las escasas inscripciones conservadas sobre estas piezas indican la posición a partir de la orientación de la lectura, por ejemplo, el grafito sobre ejemplar ibérico del Castell de Palamós, Margalef, etc. (PRESCOT, A. E., 1980, 147 ss.).

[112] Los ejemplares usados en ambientes de tipo ibérico son ostensiblemente semejantes; para los ejemplares de Azaila, véase BELTRÁN LLORIS, M., 1976, 249, figs. 66-68.

[113] WILD, J. P., 1972, 32 ss; CASTRO CUREL, Z., 1990, 180.

FORMA[114]	PESO G.	PASTA	SIGLA[115]	FIG.	NIVEL
C	14,87	3[116]	81.1.15.21.B'.C'.531	18,1	7.2
C	11,60	3	81.1.21.25.Q.R.1326	18,2	7.1
E	3,20	3	81.1.2.8.Ñ'.P'.5035	18,3	7.2
E	7,30	4	80.1.22.AI.31.T.9000	18,4	7.2
E	8,59	1[117]	V.76.6.M'.29	18,6	7.1
E	12,00	4	80.1.22.AI.31.T.9001	18,5	7.2
E	11,80	2/3	V.76.7.H'.227	18,7	7.2
E	13,10	5	V.79.7.K'.18	18,8	6
E	10,20	4	81.1.2.Ñ'P'.5036	18,9	7.2
E	8,10	5	81.1.D.II.10440	18,10	6
E	9,00	14[118]	81.1.C.I.D.II.4201	18,11	7.2
E	1.050	alab.	80.20.AH.5830	18,12	7.2

5.2.2. *VERTICILLI* PARA CUERDAS O SOGAS

Peso en alabastro, de tipo bitroncocónico, con perforación central para la introducción de un grueso huso de madera (80.1.20.AH.5830). Sobresalen las dimensiones (13 cm de diámetro máximo) y el peso de esta pieza (1.050 gr). El alojamiento del huso posee, como en los *verticilli* cerámicos de menor tamaño, orificios de diámetro distinto, que indican la posición del peso en su trabajo.

Las dimensiones y peso de esta pieza, la hacen del todo particular[119]. Está claro que fue empleada para el hilado de gruesas cuerdas o sogas, y su manejo tuvo que hacerse según ilustra, aunque no con el detalle preciso, el sarcófago de Ostia[120], en el que el hilador apoya un pesado huso sobre el muslo, obedeciendo al tipo denominado «supported spindle» por Crowfoot[121] y que fue empleado fundamentalmente para fibras especialmente resistentes y duras.

No quedan otros restos entre los hallazgos conocidos relativos a los telares correspondientes a los hallazgos mencionados. Ya hemos mencionado las graves dudas que subsisten sobre la interpretación de la totalidad de los *pondera*. El desgaste provocado en las perforaciones de sustentación de los hilos, deja pensar en un sistema de ataduras directas de los mismos a las pesas, según el modelo de telar vertical[122].

De otro lado, admitiendo el uso textil[123], los *pondera* recuperados, ni siquiera documentarían el carácter del telar al que pudieron corresponder[124].

5.3. AGUJAS (M.A.H.P.)

Son las agujas elementos muy frecuentes relacionados con un buen número de actividades, tanto artesanales como domésticas. La costura la fabricación de redes, la producción de elementos de cuero y cestería e incluso la práctica médica, requieren de estos utensilios, los cuales modifican sus tamaños y la materia prima de su fabricación en función de los usos a que son destinados. Las piezas de pequeño y mediano formato, realizadas en bronce y hueso, corresponden al ámbito doméstico y se relacionan con la costura y la confección, pareciendo también con frecuencia entre el instrumental médico. Las piezas de mayor tamaño, generalmente realizadas en hierro y bronce se utilizan en trabajos más duros.

En el caso de la cestería se destinan a los acabados y decoraciones realizados con fibras vegetales flexibles. El trabajo con esparto y otras fibras vegetales, utiliza las agujas prácticamente a todo lo largo del proceso.

La pesca, si bien tiene ciertos elementos propios como son las lanzaderas para la fabricación de redes, utiliza en abundancia grandes agujas para la reparación de estas redes.

---

[114] Se conservan además diversos fragmentos de de forma imprecisa cuya referencia ahorramos: 1 ej. en el nivel 1.3; 1 en el nivel 3; 4 en el 5; 3 en el 6-7 y 2 en el 8.

[115] La seriación se hace atendiendo a las dimensiones y peso, habida cuenta del criterio diferenciador que puede deducirse de esta circunstancia.

[116] Similis pasta 3 de los *pondera*.

[117] Similis pasta 1 de los *pondera*.

[118] Similis pasta 14 ibérica

[119] Las fusayolas de tipos «corrientes» (las de mayor tamaño) apenas rebasan los 5 cm y los 80 g.

[120] Como puso de relieve WILD, J. P., 1970, 37. Véase BLUMNER, H., 1912, 289, fig. 94.

[121] CROWFOOT, G. M., 1931, tipo 5 B.

[122] Véanse las referencias sobre las representaciones de este modelo de telar en CASTRO CUREL, Z., 1983-1984, 102, ss.

[123] Véanse las dudas a este particular deducidas del estudio de Castro Curel sobre asentamientos ibéricos (CASTRO CUREL, Z., 1986, 182 ss.), que constata la «desigualdad del peso en conjuntos de *pondera* de similares formas». Dichas circunstancias (dispersión en el peso, diferencias en los tipos de formas y tamaños correspondiendo a manufacturas particulares) sugieren, para dicha autora, que los *pondera* no atestiguan actividades textiles.

[124] Se ha supuesto que un telar medio disponía de 60 ó 70 piezas (DAVIDSON, G. R.,THOMPSON, D. B., 1943, 69 ss.; MOREL, J. P., 1976, 293 ss.) circunstancia que no puede ser explicitada con los ejemplos manejados que en todo caso comprueban el conocimiento de este sistema, pero no nos permiten precisión alguna, habida cuenta además de la falta absoluta de las estructuras leñosas de los telares, de tipo vertical «nórdico», o bien de las formas de pedales, a las que parecen corresponder determinadas piezas de hierro descubiertas en *Conimbriga* (MOUTINHO ALARCAO, A., 1984, 31 y fig. 42 n. 226.1).

La producción de objetos de cuero y piel, incluida la zapatería, requiere el uso de grandes agujas en combinación con leznas y punzones.

Es de señalar que las agujas de cualquier tamaño y material, presentan una amplia tipología de perfiles de cabeza y de perforaciones sobre ella. Éstas variaciones se han puesto en relación con procesos de fabricación y desgaste por uso, especialmente en el caso de las perforaciones en forma de 8[125].

5.3.1. AGUJA DE USO ARTESANAL

OBJETO	MAT.	DIMENSIONES	SIGLA	FIG.	NIVEL	FUNCIÓN
Aguja de cabeza perforada	Fe	Lc 7,10; Ac 1,50 Gc 0,70; S 0,90	V. 79.29 J'. 130	19.1	6-7	Uso artesanal

Descripción: Fragmento de aguja perteneciente al extremo de la cabeza perforada. Presenta un orificio rectangular sobre la zona de cabeza, que es plana y de sección rectangular con los bordes redondeados; el perfil es también rectangular, levemente apuntado. La parte de cuerpo conservada tiene sección circular. Todo el objeto está bastante alterado por la corrosión lo que afecta a las dimensiones reales, sin embargo se puede deducir que el tamaño original del objeto era bastante importante (posiblemente cercano a los 20 cm de longitud), esta característica unida a su fabricación en hierro, parecen indicar un uso artesanal, vinculado a trabajos sobre cuero o cestería.

5.4. INSTRUMENTOS DE TRABAJO VARIO. (M.B.LL.)

Se incluyen en el presente apartado diversos instrumentos de carácter vario.

5.4.1. MORTERO

Fragmento de mortero en caliza areniscosa (V.79.hor. 35.4.O), procedente del área del *hortus*.

5.4.2. MARTILLO

Fragmento de probable martillo en piedra basáltica; sólo se conserva la extremidad proximal, sumamente erosionada por los impactos (V.79.6.L.23).

FORMA	SIGLA	FIG.	NIVEL
mortero	V.79.hor.35.4.O	19,4	7.1
martillo	V.79.6.L.23	20,1	7.1

5.4.3. INSTRUMENTO AGRÍCOLA (M.A.H.P.)

OBJETO	MAT.	DIMENSIONES	SIGLA	FIG.	NIVEL	FUNCIÓN
Azadilla	Fe	Lc9,80; Ac 6,40	80.1.4/1 VX.8371	20.2	6-7	Agrícola

Descripción: Fragmento de pala de azadilla, muy deteriorada. Presenta una forma rectangular, levemente redondeada en el extremo, que correspondería al arranque del enmangue. Estas herramientas suelen destinarse a usos agrícolas, en general trabajos ligeros que requieren instrumental de poco peso. La aparición del objeto en la zona del *hortus*, puede indicar su uso en trabajos de jardinería.[126]

---

[125] SAGLIO, E. *Acus*, I1, pp. 61-64. La voz latina *Acus* significa aguja y genéricamente objeto punzante o puntiagudo, por esta razón aparece acompañada, ocasionalmente, por un adjetivo que define la función específica del objeto (*acus crinalis, acus comatoria, acus pingere, acus discriminais*), aunque siempre se relacionan con el ámbito doméstico y especialmente el mundo femenino; FEUGERE, M., 1981, pp. 137-168; GRACIA ALONSO, F., 1981-1982, pp. 325-328; MOUTINHO ALARÇAO, A./PONTE, S. da., 1979, pp. 80-83; PERRIN, F., 1990, pp. 86-87; PLA BALLESTER, E., 1969, pp. 332-333.

[126] DORIGNY, S. *Sarculum*, IV 2, pp. 1075-1076; MANRIQUE MAYOR, M.ª A., 1980, PP. 7-8; PLABALLESTER, E., 1969, pp. 313, aparecen con la denominación de escardillos; REES, S., 1981, pp. 18-21, fig. 16.

5.4.4. VARIA. PESOS (M.B.LL.)

Conservamos, fabricadas todas en caliza local una serie de cuentas de aspecto irregular, perforadas y de dimensiones variables, encontradas en el nivel *7,2* en la calle III-1. Alguna de las piezas, como 80.1.22.AI/31.T.8883 y 80.1.22.AI.31.T.8885, se han empleado prácticamente en su forma natural, evidenciándose su uso como cuenta por el carácter de la perforación y el desgaste en la misma producido por el roce.

Es posible, por otra parte, su pertenencia a un pequeño aparejo de pesca, en el que harían la función de pesos (redes de volatín).

FORMA	PASTA	SIGLA	FIG.	NIVEL
cuenta	caliza	80.122.A.I.31.T.8882	21,7	7,2
cuenta	caliza	80.122.A.I.31.T.8886	21,5	7,2
cuenta	caliza	80.122.A.I.31.T.8881	21,4	7,2
cuenta	caliza	80.122.A.I.31.T.8885	21,2	7,2
cuenta	caliza	80.122.A.I.31.T.8883	21,3	7,2

5.4.5. INSTRUMENTAL DE PLOMO (M.A.H.P.)

Descripción: Se trata de un remache constituido por un vástago corto y robusto con dos cabezas circulares en los extremos; una de ellas fragmentada. Este tipo de objetos tienen una funcionalidad muy diversa, desde lañas sobre materiales cerámicos o metálicos y ensamblaje de piezas de madera hasta la articulación de correas de atalaje de caballerías, correajes de sujeción de cargas para transportes y uniones de piezas de cuero para usos varios. Son objetos muy frecuentes fabricados principalmente en bronce y plomo (fig. 21, 1).[127]

---

[127] FEUGÈRE, M. 1981, pp. 155, fig. 14, n.º 69-75.

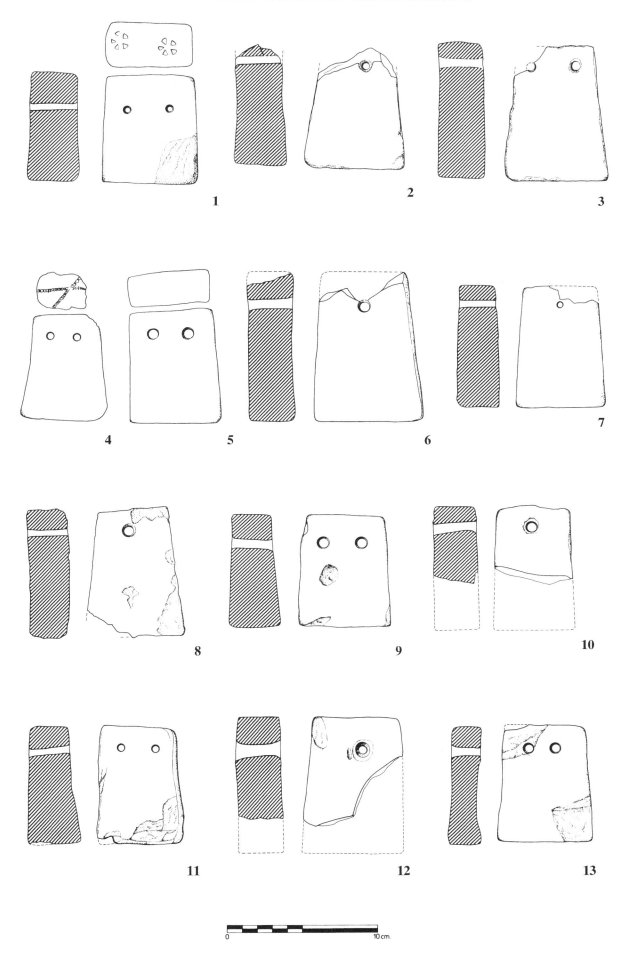

Figura 15. Pesas de telar (*pondera*) de varios tipos.

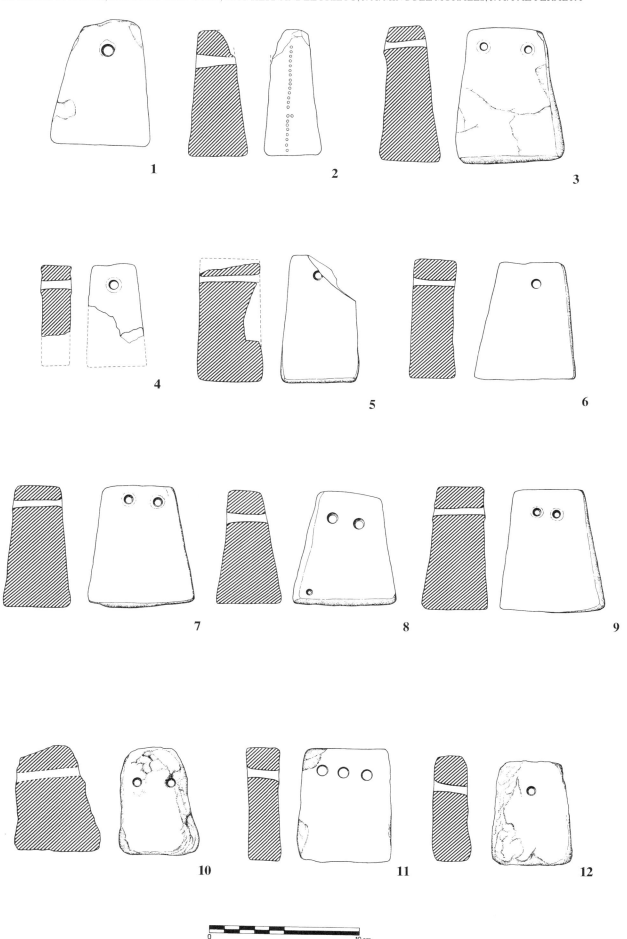

Figura 16. Pesas de telar (*pondera*) de varios tipos.

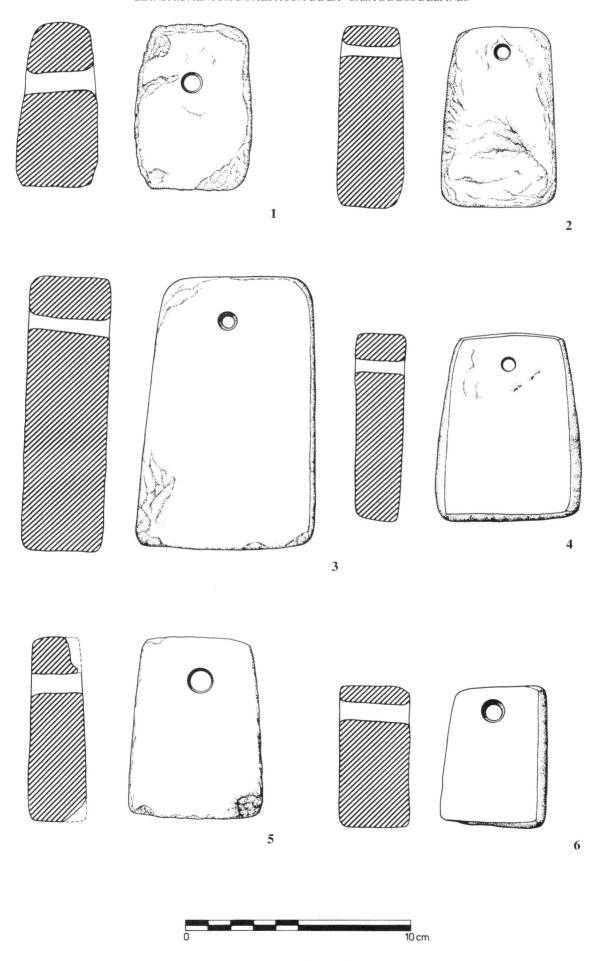

Figura 17. Pesas de telar (*pondera*) de varios tipos.

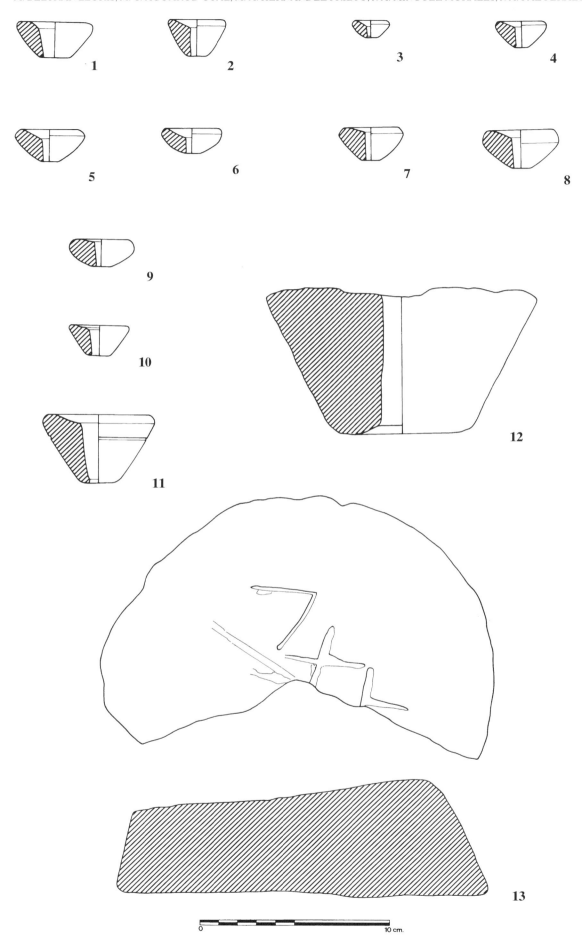

Figura 18. 1-2: Fusayolas (*verticilli*) de forma C; 3-12: forma E; 13: fusayola para cuerdas.

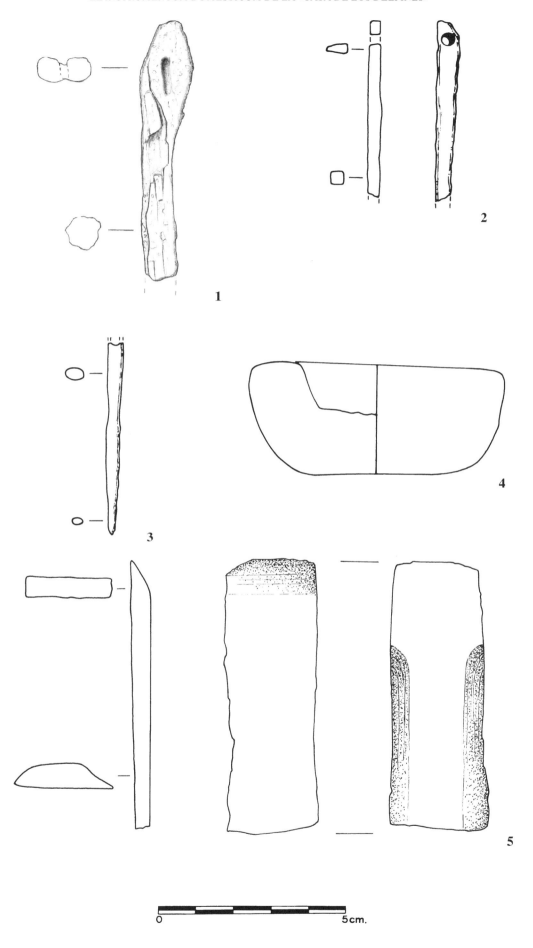

Figura 19. Instrumentos varios. 1-3: Agujas; 4: mortero.

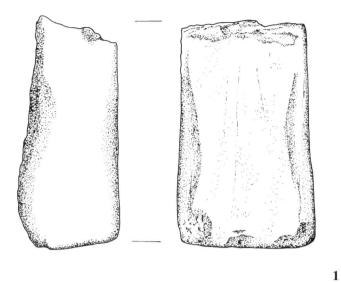

1

2

Figura 20. Instrumentos varios. 1: martillo.

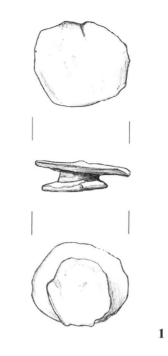

1

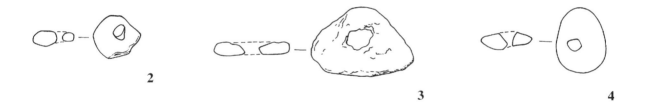

2　　　　　**3**　　　　　**4**

5　　　　　**6**

Figura 21. Instrumentos varios. Pesos.

6. CONSUMO Y TRANSPORTE (M. B. LL.)

6.1. ÁNFORAS

6.1.1. ITALIA

Dressel 1A

Los fragmentos de esta forma son claramente residuales en los niveles de *Celsa*. Su presencia en los niveles más tempranos es claramente minoritaria, con dos fragmentos en el *1,3* y otros dos en el *3*, resultando también escasos en los restantes niveles *5* y *7.1*, más modernos.

En lo tipológico, en cuanto a los fragmentos clasificables, se trata de un lado de labios típicamente triangulares, de pequeñas dimensiones, como 80.1.20.AH.AG.5951, o bien a labios más altos y de tendencia vertical, como V.79.32.B.C.18 o V.79.9.K'.51. Otros fragmentos se refieren a restos de asas de secciones típicas, por no mencionar los correspondientes a las panzas o partes escasamente representativas del envase, que, por otra parte se han eliminado del inventario general por no multiplicar sin razón el número de ejemplares enumerados.

Así, hemos constatado, embutidos en el pavimento de la habitación 2, fragmentos minúsculos, sin posibilidad de clasificación, formando parte del mortero.

Atendiendo a las pastas observadas en esta forma, se constatan cinco variantes, cuyo detalle puede observarse en los cuadros correspondientes y cuya procedencia del área de la Campania, Lacio o Etruria nos parece evidente (pastas I/ I-VI).

Dressel 1 B

Su presencia es análoga a la Dr. 1 A, con consecuencias semejantes. Desde el punto de vista tipológico, los labios de *Celsa*, caracterizados por una banda recta, con ligera inflexión interior, tienen paralelos en determinados perfiles de Basel-Münsterhügel[128], fechados en nivel del año 15 a. de C., aproximadamente, hasta pasado el cambio de Era y se encuentran igualmente en la nave de Albenga[129], en torno al año 50 a. de C.

Se encuentra igualmente en otros yacimientos como en Altenburg-Rheinau[130], en el nivel del año 100 de Basel-Gasfabrik[131] o en la tumba de Les Marroniers n. 2, de la segunda mitad del s. I a. de C.[132]. Otros ejemplos en suelo hispánico, ha proporcionado el nivel Va de Valentia, fechado entre los años 150-50 a. de C.[133], sin que las referencias estratigráficas y cronológicas tengan ahora gran valor aplicadas a *Celsa*, habida cuenta del carácter residual de estos materiales en nuestro yacimiento[134].

Áreas de fabricación

En cuanto a los centros de producción de las ánforas Dr. 1B, no son excesivas las referencias que ayudan a determinar las áreas concretas de origen de cada una de ellas.

El vino del área de Falerno[135] fue envasado sobre todo en el centro de Mondragone (Sinuessa)[136], que produjo ánforas Dr. 1 A y

---

[128] STÖCKLI, W.E., 1979, fig. 30, 7.

[129] LAMBOGLIA, N., 1952, 132.

[130] FISCHER, E., 1974, fig. 8, 4.

[131] FURGER-GUNTI, A., BERGER, L., 1980, 110, núms. 558, 567, 589, etc.

[132] Son claros paralelos para el fragmento D.3.18-IX-77, DEDET, B., 1978, fig. 50, 6, p. 87.

[133] FERNÁNDEZ, A., 1984, 33, fig., 12.

[134] No se encuentran estos envases por ejemplo en el depósito de la Longarina -HESNARD, A.,1980, 143- y tampoco están en en depósito del Paseo de Echegaray en *Caesaraugusta*.

[135] Sobre el vino de Falerno, ZEVI, F., 1966, 214; BELTRÁN LLORIS, M., 1970, 316; PANELLA, C., 1980, 258; TCHERNIA, A., 1986, 30, 34, 36-37, etc.

[136] PEACOCK, D.P.S., 1977, 262 ss.

B, siendo difícil su distinción en más de una ocasión. La arcilla de tono rojizo marrón (M.2,5 YR 6/6) es paralelizable a nuestro grupo I[137].

Desde el punto de vista cronológico alcanzan las producciones de Dr. 1 B hasta la segunda parte del s. I a. de C[138].

El taller de Albinia[139] produjo también, sobre todo ánforas Dr. 1 B, además de Dr. 1 A y Dr. 2/4, en arcillas muy semejantes a las anteriores de Mondragone, salpicadas con pequeñas motas de blanco y negro y ausencia de mica. Cronológicamente se sitúan entre el final del s. II y la primera mitad del I a. de C.[140]

El vino *caecubum*[141] se envasó, entre otros lugares, en Terracina[142] en ánforas de forma Dr. 1 B y también Dr. 2/4. El centro de Cosa fabricó ánforas de este tipo Dr. 1, con la estampilla de *Sestius*[143].

Junto a los centros itálicos mencionados, se pueden añadir otros más o menos seguros, como ha sugerido Peacock en el territorio de Calabria[144].

Ánforas de Brindisi

Se trata únicamente de un cuello y asas completas, con labio de sección típica de aspecto circular (V.79.S.325) como los ejemplares de Azaila con la estampilla *Protemus*[145].

El presente dato permite añadir un punto nuevo en el mapa de dispersión de esta forma, cuya difusión en el valle del Ebro fue muy importante a finales del s. II y comienzos del I a. de C.[146]

Entre los fragmentos de *Celsa*, sobresale el asa de sección ovoide V.79.12.A'.9, con sello rectangular, parcialmente conservado[147], correspondiente a KEFA[L—-], perteneciente a KEFALON, siervo del productor *Aninius*[148], localizado en repetidas ocasiones en Apani[149], así como en Albania (Apolonia, Oricos) y en Grecia (Alejandría)[150].

De *Celsa* procede igualmente un asa con el sello [PTO]LEMA(EI), muy frecuente en Apani[151], de nivel superficial, que aumenta el número de envases conocidos (V.79.s.325).

Dressel 6

Sólo conservamos una boca y el arranque del cuello y asa (V. 79.8.10.J.K.484), correspondiente a la variante A de Bucchi[152], fabricada posiblemente en la vecindad de Pola[153], pero con seguridad en Aquileia, constituyendo el recipiente de la región istriana.

Presentes sobre todo en Italia del N., costa meridional del Adriático, Roma, Cartago, Atenas, regiones alpinas y Nórico, sigue siendo deficitaria en *Hispania*, según pusimos de relieve[154], interesando sobre todo su presencia en la vecina *Caesaraugusta* en el depósito del Ebro, puntos que alteran la distribución esencialmente costera de estos envases[155].

El contenido de estas ánforas, no exento de contradicciones, oscila según los argumentos manejados entre el aceite de un lado y el vino; sin embargo, la correcta atribución de los *tituli* del Castro Pretorio a la variante Dr. 6 A, referentes todos al vino *mul(sum)*, *vet(us) (vinum)*, *marit(imum) (vinum)*, etc., y el hallazgo de resina en el interior de las ánforas de la Longarina elimina estas dudas[156].

La cronología de esta forma se sitúa sobre todo en la primera mitad del s. I d. C., desde Augusto.

[137]   La muestra italiana se caracteriza por abundantes partículas blancas y negras, con presencia también de mica y entre los materiales cristalinos predominio del cuarzo y otros de carácter volcánico.

[138]   Vide también PEACOCK, D.P.S., 1986, 69; ARTHUR, P., 1983, 23 ss.

[139]   PEACOCK, D.P.S., 1977, 266.

[140]   PANELLA, C., 1981, 67; PEACOCK, D.P.S., 1977, 267, segunda mitad del s. I a. de C. PEACOCK, D.P.S., 1986, 71.

[141]   TCHERNIA, A., 1986, 34, 65, 103, 108, etc.

[142]   HESNARD, A., 1977, 157 ss; HESNARD, A., LEMOINE, C., 1981, 243 ss; PEACOCK, D.P.S., 1986, 71.

[143]   MANACORDA, D., 1978-1979, *id.*, 1980, 173 ss.

[144]   PEACOCK, D.P.S., 1971, 161 ss., que también recoge después PANELLA, C., 1981, 67, pero que no vuelve a ser mencionado por el propio PEACOCK después, 1986.

[145]   BELTRÁN LLORIS, M., 1976, 202; *id.*, 1980, fig. 6, 3826.

[146]   BELTRÁN LLORIS, M., 1983, 518 ss., fig. 1. Se conoce en Borja, Fuentes de Ebro, Botorrita y Azaila, entre otros puntos. En el trabajo de DÍAZ, M.A., TORRALBA, J., 1989-1990, 34, sobre las ánforas de Botorrita, se vuelve sobre el ejemplar que ya publicamos, con la doble estampilla *Lucco* sobre las asas, y leyéndola, inexplicablemente, como *Vcco*. Los calcos que publicamos en su momento no ofrecen el menor asomo de duda sobre la lectura que propusimos.

[147]   BELTRÁN LLORIS, M., 1987, 55, fig. 7, 3. Corregimos ahora la atribución de taller, gracias a los análisis petrológicos (M. 10), pasta IX de Italia (Apéndice de pastas). Es muy grande la semejanza entre las M. 9 y 10, especialmente en cuanto al contenido en fósiles y al tamaño de los elementos.

[148]   PALAZZO, P., 1989, p. 549.

[149]   DESY, Ph., 1989, ns.511, 512 (Kefalo), 513-514.

[150]   DESY, Ph., 1989, ns. 888-890, 894 y 1046.

[151]   MARANGIO, C., 1977, n. 8; SCIARRA, B., 1967, n. 34; DESY, Ph., 1989, ns. 617-626 (Apani), 772 (Massería), 815 (Brindisi), etc.

[152]   BUCHI, E., 1974-1975, 431 ss.

[153]   BUCHI, E., 1973, 254.

[154]   BELTRÁN LLORIS, M., 1980, 204; *id.*, 1983, 516 ss.

[155]   Costa de Jávea (MARTÍN, G., SERRES, D., 1970), *Baelo Claudia* (PELLICER, M., 1982, 15, pero no se dibuja).

[156]   HESNARD, A., 1980, 44.

Dressel 2/4

Tampoco resulta muy abundante esta forma en los niveles de *Celsa*, al menos en los procedentes de la casa de los Delfines, panorama que parece modificarse en otros ambientes de la colonia.

Únicamente cabe reseñar los fragmentos 81.1.C.I.D.II. (pasta VI) y 81.1.C.I.5742 (pasta V), muy compactas y depuradas y que pueden inscribirse en formas afines a las correspondientes a la fábrica 1 de Peacock[157] y limitadas a dos labios, de sección circular uno y de aspecto triangular el otro.

En pasta VIII, conservamos el labio V.79.6.-L.M.25, correspondiente claramente a los talleres de Italia central según los componentes del desgrasante.

6.1.2. ÁNFORAS DEL EGEO

Las pastas orientales, nos sitúan claramente ante fragmentos de ánforas «rodias», bien caracterizadas desde el punto de vista tipológico a partir de las clásicas asas apuntadas (80.1.18.22.Q.T.1600) y el cuerpo estilizado, correspondientes a las formas *Camulodunum* 184, tardo-rodia[158] u Ostia LXV[159], entre otras denominaciones.

Peacock ha establecido seis tipos de arcillas que ayudan notablemente a la diferenciación de producciones en estas ánforas[160]. Así identificamos las clases 3 (pasta II) y 6 (pasta I).

Es ciertamente significativo anotar la presencia de una decena de fragmentos de tipos rodios en *Celsa*, cantidad que, aunque exigua, se sitúa por encima de las importaciones itálicas en ánforas Dr.2/4, como se comentará más abajo.

FORMA	PASTA	SIGLA	FIG.	NIVEL
Dr.1 A	I	V.79. 9.K`.51	22,1	6
"	I	81.1.25.33.G.I.2951	22,7	7.2
"	II	V.79.32.B.C.18	22,3	7.1
"	II	81.1.2.8.M`.Ñ`.4006	22,2	3 [M.38]
"	II	81.1.D.I.11.897	22,4	8
"	III	V.D.2.18.IX.77	22,5	7.2
"	IV	80.1.20.AH.AG.5951	22,6	7.2
Dr. 1 B	II	81.1.D.II.8054	23,2	6
"	III	V.D.II.18.IX.77	23,1	7.1
Brindisi	IX	V.79.s.325	23,8	8 [M.9]
"	IX	V.79.12.A`.9	23,9	7.1 [M.10]
Dr. 6	VII	V.79.6.8.J.K.484	23,6	5 [M.37]
Dr.2/4	III	80.1.38.L.M.6557	23,4	7.1
"	VIII	V.79.6.M.25	23,5	5 [M.28]
¿?	III	81.1.h.9bis.8069	23,7	7.1

FORMA	PASTA	NIVEL								TOTAL
		1.2	1.3	3	5	6	7.1	7.2	8	
Dr.1 A	I	2	3	2	1		1			9
"	II			1	1		1		1	4
"	III						1			1
"	IV						1			1 =15
"	VIII								1	1 = 6
Brindisi	IX						1		1	2 = 2
Dr. 6	VII				1					1 = 1
Dr.2/4	III				1		2			3
"	V							1		1
"	VI							1		1
"	VIII				1					1 = 6
¿?	III						1			1 = 1
		2	3	5	3	2	9	2	3	= **31**

[157] PEACOCK, D. P.S., 1971, 164 ss.

[158] HAWKES, C., HULL, M., 1947, lám. LXXI.

[159] PANELLA, C.,1986, 610 ss.

[160] PEACOCK, D.P.S., 1977, 266 ss.

Los fragmentos analizados no ofrecen variantes ostensibles desde el punto de vista cronológico, oscilando además entre los niveles *3* y el *7*, sin que podamos matizar nada más[161]. La cronología de estas ánforas desde la etapa tardía helenística, se ha hecho llegar hasta hasta los comienzos del s. II d. C.[162] y se ha insistido especialmente además en la presencia de ánforas rodias en muy alta proporción en los hallazgos preflavios, procedentes unos de contextos militares o bien de yacimientos civiles.

Así han sido señaladas en contextos claudios de Waddon Hill en Dorset o Exeter[163], o ya en Hofheim[164], Aislingen[165], el pecio Dramont D de mediados del s. I d. C.[166] etc. a cuyos hallazgos podemos unir otros, de cronología más temprana, como la Longarina[167] o el depósito de La Favorite de Lyon[168].

De los análisis iniciales de Peacock, se desprende que solo la clase 1 parece de origen rodio seguro, mientras que las restantes pueden ser consideradas como imitaciones cercanas, también del Egeo, pero imprecisas, estando descartadas prácticamente las imitaciones occidentales de estos envases[169]. Por último, los análisis de la Favorite, demuestran una multiplicación insospechada, de los talleres «rodios»[170].

De hecho las más recientes investigaciones en el área oriental han multiplicado las áreas de producción de ánforas que pueden asimilarse, formalmente, a las producciones rodias mencionadas[171]. Estos hechos, fuera de la atribución oriental, nos hacen ser especialmente cautos en el momento de atribuir un origen concreto a los tipos de pastas definidos en *Celsa*.

6.1.3. LA TARRACONENSE

Tarraconense 1

El nivel *3* documenta un fragmento de boca correspondiente a una de las primeras producciones de la tarraconense, confeccionada en pasta VII (V.79.h.7.95). Otros niveles documentan tres labios (V.79.2.I.52, V.79.2.I.53 y 80.1.15.21.B'.C'.870) en pasta VI y finalmente otros tres en pasta XII (80.1.13.23.J.N.1880, 80.1.23.17.O.S.3122 y 81.1.C.II.D.II.7706)(figs. 24-25). Con la misma pasta se conocen igualmente algunos bordes de la forma Dr.2/4[172].

Tipológicamente se aprecian diversas tendencias. De un lado labios de tipo vertical, estrecho, con engrosamiento superior y marcado ángulo en el engaste con el cuello

FORMA	PASTA	SIGLA	FIG.	NIVEL
«rodia»	I	80.1.18.22.Q.T.1600	24,3	7.1
»	I	80.1.18.AA.7483	24,1	5
»	I	80.1.4.10.U.X.8550	-	7.1 [M.42]
»	I	81.1.21.31.A.G.1776	24,2	7.2 [M.18]
»	II	80.1.18.22.O.R.2393	24,4	7.1

FORMA	PASTA	NIVEL				TOTAL
		3	5	7.1	7.2	
«rodia»	I	1	1	2	2	6
»	II			1		1
		1	1	3	2	= **7**

[161] Los escasos ejemplares que estudiamos ahora nos impiden conocer a ciencia cierta si se trata de un fenómeno residual o de otro tipo. El estudio de los niveles de la insula II y de otros puntos de la colonia *Celsa*, nos permitirá, a buen seguro, ratificar este fenómeno,

[162] PANELLA, C., 1986, 615, n. 8.

[163] PEACOCK, D.P.S., 1977, 269

[164] RITTERLING, E., 1912, forma 74.

[165] ULBERT, G., 1959, lam. 11.

[166] JONCHERAY, P., 1974, 31 ss.

[167] HESNARD, A., 1980, 145.

[168] DESBAT, A., PICON, M., 1986, 640, fig..s 1 y 4.

[169] DESBAT, A., PICON, M., 1986, 646 ss.

[170] DESBAT, A., PICON, M., 1986, 648. El grupo A,

procede del Sur de Rodas, es decir, de talleres distintos de los que produjeron las ánforas con sello en época helenística.

[171] EMPEREUR, J-Y, PICON, M., 1986, hornos con ánforas Dr.2/4 en el área de Marea (Egipto), o producciones de las mismas Dr. 4, en Cos, Cnidos y Myndos según la composición química; también es grande la multiplicidad de centros productores de ánforas con labio en champiñón del área de influencia rodia. Así los hornos de Loryma en Cnidos, activos hasta el s. I de la Era, comienzos, con sellos rectangulares, p. 116, etc. La presente estampilla de *Celsa* es sencilla y no doble como los ejemplos comentados, cuya cronología parece muy anterior a la de nuestro ejemplar.

[172] M.15. 80.1.8.14.V.Z.8019.

(V.79.2I.52) y formas de labio más desarrollado y paredes inclinadas hacia el exterior, con los ángulos suavizados recordando más directamente a las formas Pascual 1 (80.1.13.23.J.N.1880).

Otras tendencias vienen marcadas por formas más exvasadas (80.1.15.21.B'.C'.870) o bien labios muy estrechos y delgados (V.79.h.7.95).

La fuerte inflexión del cuello en los primeros ejemplares, haría pensar en una variante del tipo de *L. Venuleius*[173]. Las bocas de bandas más estrechas parecen encontrar paralelos, no estrictos, en las ánforas de *Sex.Sta( )*[174]. Finalmente la variante 80.1.13.23.VN.1880, reproduce el perfil de los ejemplares del horno de Lloret de Mar (Playa de Fanals)[175] o de los productores *C.Muci* ó *Mevi*[176].

La zona de fabricación de estos recipientes oscila desde la Layetania (La Salut)[177], hasta la zona de Lloret de Mar y Tarragona[178]. Los hallazgos hasta la fecha se sitúan en el territorio catalán especialmente : Ampurias, Badalona, Barcelona, Playa de Fanals, Tarragona, etc.[179]. Cronológicamente la etapa de desarrollo de esta forma se lleva a la segunda mitad del s. I a. de C. Han proporcionado evidencias los yacimientos de Castell de la Fosca, con escasa TSI y ánforas Pascual 1[180], así como el nivel correspondiente de Sitja del Carrer Pujol en Badalona[181] que se ha fechado en torno a los años 40/30 a. de C. Los niveles de Ampurias nos sitúan en época de Augusto[182], así como otros de Badalona[183]. El contenido vinario de estos envases parece fuera de duda, sobre todo a partir de los recubrimientos resinosos del pecio de Palamós[184] y de los ejemplares de *Q.Mev.*, estampillando por igual envases de forma Tarraconense 1 y Pascual 1.

En el valle del Ebro, *Celsa* constituye el punto más significativo para estos recipientes, que recientemente se han documentado también en *Caesaraugusta*[185]. Este punto parece proporcionar, hasta la fecha, la referencia cronológica más antigua para este tipo de ánfora, por la presencia de un labio con la estampilla ibérica *eike* [?].. en un nivel sin TSI[186].

Pascual 1

No son excesivas las ánforas de forma Pascual 1 en *Celsa*, incluso teniendo en cuenta todos los niveles presentes en el yacimiento. En el nivel *3* un único fragmento claramente clasificable, 6 en el nivel *5*, 1 en el *6* y 14 en el *6-7*, siendo así muy instructiva su comparación con las producciones presentes de las ánforas Dr. 2/4, sobre todo si tenemos en cuenta la identidad de pastas entre ambas familias, como puede observarse en el cuadro correspondiente[187].

	3	5	6	7	8
Tarrac. 1	1	1	4	1	
Pascual 1	1	6	1	13	
Dres. 2/4	43	17	69	10	
Ober.74	2	8	3	15	3

Su escaso número en la Casa de los Delfines, evidencia de entrada su aspecto esporádico y su carácter residual en más de un caso[188]. Desde el punto de vista tipológico y habida cuenta de que disponemos ante todo de fragmentos de labios, se observa una gran uniformidad.

---

[173] NOLLA I BRUFAU, J. M., 1987, fig. 1, 2, procedente de Ampurias.

[174] NOLLA I BRUFAU, J. M., 1987, fig. 2,3. De Ampurias, Muralla Robert, estrato I b.1949.

[175] NOLLA I BRUFAU, J. M., CASAS, J., 1984, 207; NOLLA I BRUFAU, J. M., 1987, fig. 2,6.

[176] COMAS I SOLA, M., 1985, fig.8, 9-10.

[177] MIRO, J., 1988, 63.

[178] NOLLA I BRUFAU, J. M., CASAS, J., 1984

[179] COMAS I SOLA 1985, 45 ss; NOLLA I BRUFAU, J. M., 1987, 217 ss; MIRO, J., 1988, 63 ss.

[180] NOLLA I BRUFAU, J. M., CASAS, J., 1984, 137 ss.; NOLLA I BRUFAU, J. M., 1987, 219.

[181] COMAS I SOLA, M., 1985, p.18. ID. 1987, 162 ss. Vide infra apdo. III.1. Cronología; COMAS I SOLA, M., 1987, 164, menciona que "en niveles d' aquesta mateixa excavació no hi va apareixer cap fragment del tipus Pascual 1 entre el nombres material amforal trobat", pero más atrás, p., 162, si que las menciona.

[182] AQUILUE, J., MAR, R., NOLLA, J. M., RUIZ DE ARBULO, J., SANMARTI, E., 1984 , pp. 147-149,. 152-155, figs. 1, 2, etc.

[183] PUERTA I LÓPEZ, C., RODRÍGUEZ, M., 1987, 188, nivel de relleno fechado entre los años 20-10 a. de C., en el que conviven las ánforas de forma Tarraconense 1 (4), Pascual 1 (30), Dr. 2-4 itálica (5), Ob. 74 (3) tarrac., etc.

[184] Según hallazgo de R. PASCUAL, citado en MIRO, J., 1988, 63.

[185] GALVE IZQUIERDO, M. P., 1991, p. 206.

[186] GALVE IZQUIERDO, M. P., 1991, 206 : campaniense A y B, lucernas delfiniformes, cerámica de paredes finas de forma Mayet II, cerámica ibérica pintada y un as de *Bolscan*, parangonándose dicho nivel con el de Azaila, de época sertoriana. No obstante, la sola ausencia de la tsi, no es argumento impositivo a favor de una datación sertoriana de este nivel. Conocemos muy mal los horizontes materiales de la etapa cesariana, que han de desvelarse precisamente en *Celsa* y no parece descabellado situar la cronología del hallazgo zaragozano, en torno a los años 40 a. de C., con lo cual enlazaríamos con los hallazgos de Badalona. La estampilla caesaraugustana, transcrita *eikebi*, se atribuye, recientemente (AGUAROD OTAL, M. C., prensa), al nivel c_2 fechado entre los años 50-40 a. de C. Véase también para la cronología de este tipo, NOLLA, J., SOLIAS, J. M., 1984-1985, 107 ss.

[187] Aquí se recogen exclusivamente los ejemplares individualizados a partir de labios y otros restos, excluyendose los numerosos fragmentos sin clasificación que se comentan en los cuadros generales.

[188] La débil presencia en el nivel viene dada ante todo por el bajo número de materiales proporcionados por dicho estrato.

Los tipos de pastas individualizados evidencian la gran diversidad de talleres que afluyeron a *Celsa*. Así, a los centros productores que señalara Pascual en su momento y concentrados en las áreas del Bajo Llobregat y Maresme[189], caracterizadas especialmente por pastas de color marrón rojizo, desgrasante blanco muy grueso, junto con gris, hay que unir otros grupos de pastas, de tono beige-blanquecino, o de color rojo oscuro, con grueso desgrasante blanco, descritas en la propia Badalona[190].

Otros hallazgos se sitúan en la línea de las pastas «clásicas» tarraconenses, como los del centro de Malgrat[191], con pastas anaranjadas rojizas y desgrasante abundante de cuarzo. Sin embargo, las producciones de Vilanova y la Geltrú, en el Garraf[192], ostentan una arcilla completamente distinta, con pastas amarillo-claras o verdosas, sin desgrasantes de cuarzo y de tipo ciertamente especial, en cuya línea podemos incluir algunos de los grupos de *Celsa*, como el T-III, así como ciertos hallazgos de *Caesaraugusta* con pastas beige-agrisadas[193], desgrasante blanco muy fino y puntos negros. Los presentes hallazgos se suman a los ya dados a conocer de *Celsa*, especialmente los estampillados con *Phile* y *[Phil]odamus*[194].

En lo tipológico, dentro de la homogeneidad señalada, se advierten dos tamaños de labios, según los ejemplares 80.1.13.23.J.N.1880 y 80.1.23.17.O.S.3122, con una estrecha banda en la cabecera, notoriamente más baja que en los tipos normales. Esta variante corresponde especialmente a las producciones del alfar de Tivisa (pasta V), coincidiendo los tamaños y dimensiones con los modelos que tuvimos ocasión de constatar en el yacimiento y con las descripciones publicadas[195].

Cronológicamente, como se comentará más abajo, la etapa de Augusto corresponde a su momento inicial y de apogeo de esta forma.

Dressel 2/4

Se trata de la forma predominante en *Celsa*, a notable distancia de las restantes.

Las zonas de producción coinciden prácticamente con las Pascual 1, en el área barcelonesa y núcleos de Tarragona[196], además de otros centros distribuidos en las provincias de Castellón y Valencia[197]. Se trata de los centros de Oliva[199], Denia[199], Daimuz[200], Ondara[201], Setlla-Mirarrosa-Miraflor[202], además de Sagunto[203], etc.

Las pastas de los distintos talleres de *Dianium* son análogas a las del taller de Oliva y hasta el momento no llegaron a *Celsa*[204].

En cuanto a la tipología, resulta notoria la variedad de perfiles y la dificultad que supone el no disponer más que de fragmentos de bocas ante todo y no de ejemplares completos. El esbozo de una evolución morfológica para estos envases, pasa ineludiblemente por la individualización clara de los numerosos hallazgos de esta forma[205].

Ya desde la etapa augustea se documentan perfiles con labios redondeados y abultados, por ejemplo en la Longarina[206], semejantes a nuestros números 80.1.6.10.1788, V.79.4.6.G.H.8, 80.1.2.8.T.X.8184, etc. (labio 1). En el mismo momento, los niveles del Grau Vell de Sagunto[207], han proporcionado labios apuntados, ligeramente exvasados, de los que también hay ejemplos en *Celsa*, como 80.1.16.AA.7630, 80.1.22.V.207 y otros (labio 2).

Por su parte los niveles de *Caesaraugusta*, ligeramente posteriores al cambio de Era[208],

---

[189] PASCUAL, R., 1977, 47 ss; MIRO, J., 1982-83, 228 ss.

[190] COMAS, M., 1987, 67.

[191] BURJACHS, F., et alii, 1987, 227.

[192] LÓPEZ, A., FERRER, A., 1982, 82.

[193] BELTRÁN LLORIS, M., 1982, 321 ss.

[194] BELTRÁN LLORIS, M., 1987, p. 57. El primero del Cardo I-2 y el segundo de la insula II, con la parte final. El primero podría ser un desarrollo mayor de las estampillas con *Phil* de Sot del Camp (PASCUAL GUASCH, R., 1991, n. 174) y por lo tanto distinta de *Philodamus* (PASCUAL GUASCH, R., 1991, n. 175, p. 174) documentado también en Sot del Camp y a la que corresponde el final de la estampilla localizada en *Celsa*. Ambas se produjeron en los alfares de Sant Vicenç de Montalt (Maresme)(PASCUAL GUASCH, R., 1977, figs. 18, 9 y 18, 6).

[195] NOLLA, J. M., PADRO, J., SANMARTI, E., 1980, 198, ejs. de 63 mm. en la banda de la cabecera.

[196] Para Playa de Aro, puede verse NOLLA, J. M., CASAS, J., 1984, n. 154.

[197] Además del Mas d´Aragó, en Castellón, todavía inédito y que pudimos visitar gracias a la gentileza de sus excavadores. Con pastas de color naranja, muy depuradas y sin desgrasante aparente.

[198] ENGUIX, R., ARANEGUI, C., 1977; ARANEGUI, C., 1981, 529 ss; con Dr. pseudo 26 y Dr. 28/Ob. 74.

[199] La Tendera, GISBERT, J. A., 1987, 108, también con ánforas pseudo Dr. 26 y Dr. 30

[200] ARANEGUI, C., 1981; GISBERT, J. A., 1987, 107.

[201] Vinyals, GISBERT, J., 1987, 107-108.

[202] GISBERT, J., 1987, 108 ss, con Pseudo Dr. 26 y Dr. 30.

[203] ARANEGUI, C., 1987, 308 ss; ARANEGUI, C., MANTILLA, C., 1987, 100 ss.

[204] ENGUIX, R., ARANEGUI, C., 1977, 37 ss. Agradecemos a la Dra. ARANEGUI el envío de varias muestras de Oliva, circunstancia que nos ha permitido descartar la presencia de contenedores de esta área entre los encontrados en *Celsa*.

[205] En la línea de los trabajos de FARIÑAS DEL CERRO, L., FERNÁNDEZ DE LA VEGA, W., HESNARD, A., 1977, 179 ss.

[206] HESNARD, A., 1980, lám. III, 2, 146, sin dibujo.

[207] ARANEGUI, C., MANTILLA, C., 1987, fig.. 1, estampilla M.P.N, p. 101.

[208] BELTRÁN LLORIS, M., 1978, fig.. 6, 2.

documentan labios abultados y salientes. El pecio de Planier I[209], de finales de Augusto contiene, junto a secciones redondas de labios, otros de tendencia apuntada, con una leve moldura inferior, en forma de escalón, como V. 79.16.Ñ.21, 81.1.C.II.D.II.7326, 80.1.20.T.1155, 80.1.12.14.X.Y.980.

Los niveles tiberianos del teatro de Zaragoza, alteran levemente el panorama expuesto[210], con formas levemente redondeadas o abultadas y otras en las que la banda exterior de la cabecera tiende hacia el perfil recto o formas levemente apuntadas en la zona inferior, como 80.1.16.AA.7636, V.79.8.12.Q.S.123 (labio 4). Todas estas tendencias son muy difíciles de sistematizar, máxime manejando fragmentos como en nuestro caso ahora[211].

En torno al segundo cuarto de la Era, el centro de Palamós[212], documenta diversos perfiles, entre ellos una forma de paredes simplificadas, como nuestros labios 81.1.C.II.D.II.7324, 80.1.11.Ñ.S.3396 (labio 5) y otros de tipo ligeramente colgante como 81.1.C.II.D.II.7319, 81.1.C.II.D.II.7325, etc. (labio 6), para incidir en una gran variedad que parece añadirse a mediados del s. I d. C., según se comprueba en los niveles claudianos de Badalona[213], en el pecio del Petit Congloué[214], Dianio Marina[215], con labios apuntados triangulares (labio 7), como 80.1.3.11.K.Q.3511, 80.1.4.10.UX.8278, etc., tendencias que se agudizan y diversifican en los niveles flavios e incluso más avanzados, por ejemplo en Badalona[216].

Los perfiles angulosos se encuentran también en el pecio del Grand Rouveau[217], como 81.1.C.II.D.II.7... (labio 8), o de paredes de tendencia recta como 80.1.2.6.T.V.8129 (labio 9), además de otros muchos perfiles de aspecto variado y que resulta my difícil someter a regla alguna, como 79.16.O.P.1, o labios especialmente apuntados (80.1.8.14.V.Z.8017, 81.1.C.II.D.II.7703) y un largo etcétera que documenta con vitalidad el fenómeno arriba nombrado.

Las asas correspondientes a esta forma documentan perfiles agudos, como 80.1.18.22.-O.R.2393, rectos, y secciones variadas desde las de sección en «ocho», 80.1.18.AA.74 a

otras de aspecto aplastado y ranura simple en el dorso, recordando dicha doble sección (80.1.4.10.V.X.8472).

Desde el punto de vista cronológico, además de la ausencia de los envases Dr. 2/4, en el nivel *3*, anotamos la gran abundancia de esta forma en el nivel *5*, lo que significa que en la etapa final de Tiberio la sustitución de la Pasc. 1 (8,2%) por la Dr.2/4 (58,9 %), es un hecho. Los niveles *6-7*, (el abandono de la insula) siguen manteniendo la misma proporción (Pasc.1: 8,1%; Dr.2/4: 50,2 %).

La mayoría de los pecios tarraconenses de Dr. 2/4, corresponden sobre todo a la primera mitad del s. I d. C., y parece ésta la época de apogeo de estos envases en *Celsa*, sin que entremos ahora en el fenómeno de la desaparición de estas formas, que tiene lugar años más tarde[218].

En todo caso nos parece evidente el fenómeno sustitutorio de los envases Pascual 1 por las formas Dr. 2/4, que en *Celsa* en la época de Claudio debió ser prácticamente total[219], con lo cual cabría adelantar, al menos en el valle medio del Ebro, la fecha de sustitución propuesta para estos envases, que en el área del Maresme se rebaja hasta el último cuarto del s. I d. C[220]. Se señala también el floruit de la forma Pascual 1 en los dos primeros cuartos del s. I d. C. Sin embargo en el mercado de *Celsa*, esta sensación, al menos en la Casa de los Delfines, nos parece muy anterior, por las consideraciones que van hechas. En esta línea, el nivel del teatro de *Caesaraugusta*, nos sitúa en la parte final de Tiberio[221] y aquí predomina la forma Dr. 2/4, frente a la escasa presencia, numéricamente, de las ánforas Pascual 1, líneas que nos hacen coincidir con las conclusiones emitidas sobre la exportación de las ánforas Pascual 1 por

---

[209] CORSI-SCIALLANO, M., LIOU, B., 1985, fig.. 4.

[210] BELTRÁN LLORIS, M., 1987, fig.. 4.

[211] El pecio Lavezzi 3 - CORSI-SCIALLANO, M., LIOU, B., 1985, mantiene coetáneos labios ciertamente anómalos, algunos de tipo horizontal ciertamente especiales.

[212] TREMOLEDA, J., 1987.

[213] COMAS, M., 1985, 23 y fig. 12, 5.

[214] CORSI-SCIALLANO, M., LIOU, B., 1985, fig.17.

[215] PALLARES, F., 1987, 298 ss.

[216] COMAS, M., 1985, 27, fig. 13, 2, Carrer Fluviá 73 y Torre Vella, id. 39, fig. 18, 1-11.

[217] CORSI-SCIALLANO, M., LIOU, B., 1985.

[218] En LLafranc, NOLLA, J. M., et alii, 1982, 181, hasta finales del s. I d. C; en Calella de la Costa -LÓPEZ, 1982, 305, entre el 50-60 d. C. Vide también para la etapa flavia, o trajanea, TCHERNIA, A., ZEVI, F., 1972, 55; TCHERNIA, A., 1980, 306, según los resultados de las termas ostienses. COMAS, M., por su parte -1985, 39- sitúa a finales del s. I de la Era, los niveles ya mencionados de Torre Vella en Badalona. ¿Podría pensarse en una mayor reutilización/utilización, de estos envases en su área epónima ?.

[219] El nivel *5* presenta 43 frags. de Dr.2/4, frente a 6 de la Pascual 1, que podrían darse como residuales claramente. En el nivel *6*, que corresponde a la segunda parte de Claudio, solo un fragmento de la Pascual 1 (sin duda residual), frente a 17 de la Dr. 2/4. El nivel *7* por su carácter de abandono y mayor amplitud presenta numéricamente más ejemplares. Así en el nivel *5* las ánforas Dr. 2/4 significan el 74,13 %, frente al 10,34 % para las Pascual 1; de forma análoga se repiten los porcentajes en el nivel *6*: 77,27 % y 4,54 %, así como en el 7 (68,31 % y 12,87 %).

[220] COMAS, M., 1985, 156.

[221] BELTRÁN LLORIS, M., PAZ PERALTA, J., LASHERAS CORRUCHAGA, J. A., 1985-1988, 107.

Tchernia[222], Miró[223] y otros autores, que no prolongan dicha actividad exportadora más allá de los primeros años de Tiberio, tendencias que parecen comprobarse ahora en las dos colonias del valle del Ebro.

Oberaden 74[224]

Su porcentaje de presencia resulta análogo al de la forma Pascual 1.

Morfológicamente, se observan diversos criterios que pueden servir de base para una ordenación, según enunciamos en su día.

En primer lugar los perfiles deducidos de los ejemplares de Oberaden 74/75, o Enserune[225], con labios sencillos y de grueso perfil, semejantes a los producidos en el alfar de S. Vicente de Montalt[226] y perfiles análogos de Tivisa[227], siendo clara la etapa augustea para estas creaciones, cuya perduración tipológica ignoramos[228].

La tendencia en estos labios parece que va encaminada a la acentuación de una depresión en la parte central del labio, que origina dos molduras ciertamente salientes que enmarcan el mismo, y con formas de perfiles más complicadas, sirviendo de ejemplo las variantes de Hofheim[229], o las propias del pecio, bético sin embargo, de Port Vendres II[230] para la etapa claudia.

Como formas intermedias entre ambas cabe señalar ciertos perfiles, presentes en las zona epónimas, con adelgazamiento central del labio e incluso reborde hacia el interior

(como en Tivisa[231]) , así como numerosos tipos de aspecto ciertamente variado, o bien perfiles más simplificados dentro de la misma tónica[232].

Los ejemplares presentes en *Celsa* se agrupan así en los tipos descritos, con diversas variantes, originadas ante todo por las peculiaridades de cada alfar, sin despreciar la evolución formal que parece operarse en el interior de algunos.

Se señalan así diversos grupos. De un lado el n. 81.C.II.D.II.7321, forma de las más antiguas, semejante a los prototipos augusteos. Muy cerca están los labios V.79.6.8.I.J.39 y 80.1.ll.Ñ.S.3362, así como los labios estrechos de boca pequeña y molduras no muy pronunciadas 80.1.2.8.T.Y.8188, 80.1.16.22.AA.AD.4754.

Parecen formas más evolucionadas, morfológicamente, los labios que ostentan una marcada depresión central, con molduras iguales o con la mayor mucho más saliente que la inferior (80.1.11.Ñ.S.3334, V.79.9.F'.74, 80.1.12.16.AA.AD.5196 - de pequeñas dimensiones- u 80.1.8.14.V.Z.8076 - de grandes dimensiones).

En otros ejemplares la moldura superior forma una visera muy saliente (81.1.C.I.D.II.7323), mientras que en otros es la inferior la que sobresale (V.79.1.3.1.H.6), haciéndose sumamente acusada la concavidad central en otros perfiles (81.1.D.I.9657).

Más anómalos son ciertos labios de doble acanaladura y gran tamaño, de pasta T-I, como V.79.18P.21, 80.1.18.AA.7398 y 80.1.2.6.N.3946.

Todos los ejemplares son de procedencia tarraconense, estando ausentes las formas béticas.

No insistiremos ahora en los problemas generales de esta forma, conocida hasta el momento en *Caesaraugusta*, en *Bursau*, en pastas de Tivisa y contextos augusteos , en los Bañales de Uncastillo también con perfiles antiguos y de taller impreciso[233] y en *Arcobriga* con pastas evidentemente tarraconenses [234]. A este panorama se suma el sello

---

[222] TCHERNIA, A., 1987, 328.

[223] 1987, 252.

[224] Parece normalizarse la reserva de la denominación Ober.74 para las producciones tarraconenses (Véase BELTRÁN LLORIS, M., 1979, 11 ss.; MIRO I CANALS, J., 1988, 91 ss. REVILLA CALVO, V., 1993 , 71) y Dr. 28 para las Béticas (COLLS, D., LEQUEMENT, R., LIOU, B., MAYET, F., 1977). Desde el punto de vista cronológico parecen más antiguas las producciones tarraconenses, caracterizadas por perfiles en los labios más sencillos, siendo los labios doblemente moldurados fundamentalmente béticos y más modernos. Véase la evolución sumaria de estos tipos en BELTRÁN LLORIS, M., 1970, 497 ss.

[225] BELTRÁN LLORIS, M., 1970, 498, fig. 200.

[226] PASCUAL, R., 1977, 90, fig. 17, 6.

[227] TCHERNIA, A., 1976, fig. 3, 1-3.

[228] En *Baetulo*, COMAS, M., 1985, 21, se confirma también la cronología temprana para esta forma, antes del 30 a. de C., aproximadamente.

[229] RITTERLING, E., 1912, fig. 16, 1.

[230] No compartimos la negativa de COLLS, D., ETIENNE, R., et alii, 1977, 46, para no admitir la evolución de estos labios, desde las formas sencillas a las molduradas, máxime cuando los mismos autores hacen remontar el origen de las ánforas de Port Vendres a los prototipos augusteos que nosotros señalamos; la misma distancia existe entre dichas ánforas como entre el ejemplar de Hofheim y las de Oberaden, BELTRÁN LLORIS, M., 1970, 500 ss.

[231] NOLLA, J. M., PADRO, J, SANMARTÍ, E., 1979, fig. 2,4.

[232] Es el perfil reproducido por TCHERNIA, A., 1976, fig. 3, 1, o en NOLLA, J. M., et alii, 1979, fig. 2,5. Este mismo parece que fue imitado en las producciones de Aspiran (LAUBENHEIMER, F., 1985, fig. 161, 1, p. 310, sin clasificar, entre las distintas formas galas, como ejemplar raro o único; también se recuerda en Velaux, id., 1985, 310, fig. 169, 2 y 4.

[233] BELTRÁN LLORIS, M., 1978 11, ss. El ejemplar de los Bañales, en AGUAROD, M.C., 1977, 988, sin dibujo

[234] SÁNCHEZ, J. C., 1992, 290, núms. 10-12. Se conservan tres ejemplares semejantes a la variante con depresión central señalada en *Celsa*. Por la descripción de la pasta hecha, con puntos negros y rojos, grises y blancos parece tratarse de la pasta I tarraconense.

de la insula II de *C. Mussi*....[235], del nivel superior, además de otros materiales de la propia *Celsa* en los que no insistiremos.

El contenido de estas ánforas fue verosímilmente el del vino, como evidencian los recubrimientos de pez de Port Vendres II[236] y sobre todo el parentesco de estas formas con las semejantes de origen gálico, que envasaron, entre otros el vino de Marsella o el *Baeterrense*[237].

FORMA	PASTA	SIGLA	FIG.	NIVEL	ANAL
Tarraconense 1	XI	V.79.2.I.52	24,5	7.1	[M.40]
«	XI	V.79.2.I.53	24,6	7.1	
«	XI	80.1.15.21.B'.C'.870	24,8	7.2	[M.41]
«	XI	81.1.C.II.D.II.7706	24,9	6	
«	XII	80.1.13.23.J.N.1880	24,10	8	[M.14]
«	XII	80.1.23.17.O.S.3122	25,1	7.1	
«	VII	V.79.h.7.95	24,7	3	
Pascual 1	I	V.79.h.12.5	25,10	7.1	
«	I	V.79.10.12.N.Ñ.8	25,4	7.1	[M.12]
«	I	V.79..7.I'.2	25,5	7.2	
«	I	V.79.28.B.12	25,3	7.1	
»	I	V.79.19.O.15	27,3	7.1	
«	I	V.79.h.12.82	25,6	3	
«	I	80.1.8.AB.6446	25,7	7.1	
«	I	80.1.8.AB.6447	25,9	7.1	
«	I	81.1.D.II.C.II.7704	25,2	7.2	
«	I	Dep. s.s.	25,8	7.1	
«	II	V.79.16.Ñ.14	26,1	5	
«	II	80.1.16.22.X.AD.5547	25,11	7.1	[M.16]
«	II	81.1.D.II.C.II.7704	26,2	6	
«	III	80.1.16.AA.7594	26,4	5	
«	III	81.1.9.17.A'.F'.2028	26,3	7.2	
«	V	80.1.20.24.Q.T.558	26,6	5	
«	V	80.1.12.16.AA.AD.5166	26,7	7.1	
«	V	80.1.18.AA.7180	27,2	5	
«	V	80.1.16.AA.7575	27,1	5	
«	V	80.1.16.AA.7585	26,5	5	
«	V	81.1.D.II.8052	26,8	7.2	
Dr.2/4	I	V.76.5.H'.75	28,2	7.2	
«	I	V.79.4.G.H.8	27,5	7.1	[M.45]
«	I	V.79.4.6.G.H.9	33,12	7.1	
«	I	V.79.6.8.P.Q.194	27,11	7.1	
«	I	V.79.24.J'.2	28,7	7.1	
«	I	80.1.12.14.X.Y.978	27,4	7.1	[M.39]
«	I	80.1.22.24.Q.T.1155	28,1	5	
«	I	80.1.6.M.N.4371	27,8	7.1	
«	I	80.1.h.25.5918	27,7	8	
«	I	80.1.22.X.7562	29,4	5	
«	I	80.1.8.14.V.Z.7709	28,3	8	
«	I	80.1.8.14.V.Z.8047	27,12	5	
«	I	80.1.8.14.V.Z.8082	27,6	5	
«	I	81.1.2.8.Ñ'.P'.5957	27,10	7.2	
«	I	81.1.15.21.B'.C'.881	28,9	5	
«	I	81.1.15.21.B'.C'.887	28,8	5	
«	I	81.1.21.35.D.E.1381	28,6	7.2	
«	I	81.1.D.I.9655	27,9	8	
«	I	81.1.C.II.D.II.7...		6	
«	II	V.76.1.H'.38	31,8	7.1	
«	II	V.79.3.I'.65	30,8	6	
«	II	V.79.3.L'.18	30,10	6	
«	II	V.79.2.6.Y.AB.19	31,7	7.1	
«	II	V.79.6.8.P.Q.40	32,2	7.1	
«	II	V.79.10.12.N.Ñ.18	32,8	7.1	
«	II	V.79.12.L.111	31,2	5	

[235] BELTRÁN LLORIS, M., 1987, p. 59. No se han localizado hasta la fecha estampillas de este productor augusteo en los centros de producción tarraconenses. Los hallazgos reseñados en territorio hispánico, se limitan a *Celsa* e Islas Columbretes (FERNÁNDEZ IZQUIERDO, A., 1983, 154, fig. 4, 7). La dispersión de estos envases fuera de *Hispania* es más amplia : Longarina, Roma, Rouen, Vaison, Haltern, etc. (también MIRO I CANALS, J., 1988, 219).

[236] COLLS, D., et alii, 1977, 45, ss. LOESCHCKE, S., 1942, 79, ya entrevió dicha posibilidad con gran agudeza.

[237] BRENTCHALOF, 1980, 98. Véase sobre todo, LIOU, B., MARICHAL, R., 1979, 145 ss. y especialmente LAUBENHEIMER, F., 1985, 400 ss. Las Dr. 28 ? de Londres (JONES, D. M., 1980,n. 37, p. 45, fig. 21), con el *titulus*: *G(ari) III C(ongii)*, introduciría un margen de duda sobre ejemplares de este tipo.

FORMA	PASTA	SIGLA	FIG.	NIVEL	ANAL
Dr.2/4	II	V.79.12.14.K.89.	30,7	7.1	
«	II	V.79.18.Ñ.110	31,1	5	
«	II	80.1.2.8.T.Y.8183	34,3	5	
«	II	80.1.4.10.V.X.8376	30,4	5	
«	II	80.1.8.14.V.Z.8047	34,2	5	
«	II	80.1.14.16.V.X.841	30,1	7.1	
«	II	80.1.10.2259	30,2	7.1	
«	II	80.1.1.11.Ñ.S.3396	30,8	7.1	
«	II	80.1.1.11.Ñ.S.3397	31,6	7.1	
«	II	80.1.3.11.K.Q.3511	32,1	7.1	
«	II	80.1.5.G.I.3896	30,5	6	
«	II	80.1.16.AA.7636	30,3	5	
«	II	80.1.22.V. ...	29,6	7.1	
«	II	81.1.9.17.A'.F'.364	35,5	7.2	
«	II	81.1.C.I.D.II.4386	30,11	7.2	
«	II	81.1.C.II.D.II.7319	32,5	6	
«	II	81.1.C.II.D.II.7325	31,9	6	
«	II	81.1.C.II.D.II.7703	29,7	7.2	[M.19]
«	II	81.1.C.II.D.II.7707	31,5	6	
«	II	81.1.C.II.D.II.7...	28,4	6	
«	II	81.1.D.I.9656	28,5	8	
«	II	81.1.D.I.9657	31,4	8	[M.3]
«	II/III	V.79.13.B.C.4	32,9	7.1	
«	II/III	80.1.6.10.M.O.1788	32,4	7.1	
«	II/III	80.1.14.16.T.U.5347	29,5	5	
«	II/III	80.1.8.14.V.Z.8015	36,6	5	
«	II/III	80.1.4.10.U.X.8278	33,3	6	
«	II/III	80.1.4.10.W.X.8460	33,2	7.1	
«	II/III	81.1.C.I.3601	33,1	7.2	
«	III	V.79.E.30	35,9		
«	III	V.79.4.6.N.Ñ.17	35,1	7.1	
«	III	V.79.6.M.L.25	33,10	7.1	
«	III	V.79.8.10.J.K.270	35,2	7.1	
«	III	V.79.Ex. 47	35,4	7.1	
«	III	V.79.18.O.55	34,7	5	
«	III	V.79.1.22.V.107	34,6	8	
«	III	V.79.8.10.J.K.162	33,8	5	
«	III	V.79.1.1.E'.F'.311	35,3	7.1	
«	III	80.1.3.11.K.Q.3656	34,1	7.1	
«	III	80.1.18.AA.7080	33,7	5	[M.30]
«	III	80.1.18.AA.7400	35,12	5	
«	III	80.1.2.8.T.Y.8183	29,8	5	
«	III	80.1.2.8.T.Y.8184	33,5	5	
«	III	80.1.2.8.T.Y.8185	33,6	5	
«	III	80.1.4.10.U.X.8550	36,1	6	
«	III	81.1.C.I.D.II.6957	33,9	7.2	
«	III	81.1.C.I.D.II.6958	34,5	7.2	
«	III	81.1.C.II.D.II.7324	31,3	6	[M.20]
«	III	81.1.C.II.D.II.7332	35,10	7.2	
«	III	81.1.C.II.D.II.7333	35,8	7.2	
«	III	81.1.D.II.8283	33,11	7.2	
«	IV	V.76.3.H'.135	36,7	7.2	
«	IV	V.79.8.12.Q.S.123	37,3	7.1	
«	IV	V.79.hor.5	36,9	7.1	
«	IV	V.79.hor.46	37,4	7.1	
«	IV	80.1.12.16.AA.AD.5229	37,1	7.1	
«	IV	80.1.6.20.AC.AM.5918	36,10	5	
«	IV	80.1.12.X.7889	32,6	5	
«	IV	80.1.8.14.V.Z.8015	33,4	5	[M.31]
«	IV	80.1.16.AA.7637	30,6	5	
«	IV	81.1.9.17.A'.F'.1026	36,11	7.2	
«	IV	81.1.D.II.8309	32,2	6	
«	III/IV	V.79.12.14.K.89	30,7	7.1	
«	III/IV	81.1.2.8.K'.P'.5952	36,4	7.2	
«	III/IV	80.1.12.14.XV.980	36,5	5	
«	III/IV	80.1.2.6.T.U.8129	34,4	5	
«	III/IV	81.1.21.31.F.G.1782	36,2	7.2	
«	III/IV	81.1.C.II.D.II.7326	36,3	6	
«	V	V.79.1.24.Q.182	37,2	7.1	
«	V	80.1.5.R.264	42,2	8	
«	V	80..1.14.16.T.U.5343	37,5	6	
«	V	80.1.14.V.Z.8111	37,8	5	
Ober. 74	I	80.1.17.23.O.S.2946	38,3	8	
«	I	80.1.11.Ñ.S.3334	38,6	7.1	
«	I	80.1.6.12.N.3946	38,4	7.1	
«	I	80.1.18.AA.7398	38,2	5	[M.4]
«	II	V.79.1.h.12.8	38,10	3	
«	II	V.79.14.32.K'.S'.8	39,7	7.2	

74

FORMA	PASTA	SIGLA	FIG.	NIVEL	ANAL
«	II	V.79.27.L.M.20	38,7	7.1	
«	II	80.1.4.R.652	38,5	5	
«	II	80.1.2.8.T.Y.8188	40,2	5	
«	II	81.1.D.I.9657	38,8	8	
«	III	V.76.9.G'.33	40,4	7.2	
«	III	V.79.1.3.H.6	39,2	7.1	
«	III	V.79.18.P.21	39,6	5	
«	III	V.79.h.8.30	38,9	3	
«	III	V.79.6.8.I.J.39	39,1	5	
«	III	80.1.8.14.V.Z.8076	39,9	5	
«	III	80.1.18.AA.7627	39,3	5	[M.2]
«	III	80.1.18.AA.7628	39,8	5	
«	III	81.1.C.II.D.II.7321	39,5	6	
«	III	81.1.C.I.D.II.7708	39,4	7.2	
«	IV	80.1.11.Ñ.S.3362	40,1	7.1	
«	IV	80.1.16.22.AA.AD.4754	40,6	7.1	
«	IV	80.1.36.R.8612	40,5	7.2	
«	V	V.79.9.F'.74	40,7	7.2	
«	V	80.1.4.10.V.X.8411	40,8	6	
«	V	80.1.4.10.V.X.8482	40,9	5	
Bel.I/Dr.7	V	V.79.28.B.3	38,1	7.1	
Indetermin.	I	80.1.14.16.T.V.5325	29,3	5	
«	I	81.1.C.II.D.II.7712	29,1	6	
«	I	81.1.C.II.D.II.7713	34,6	6	
«	I	81.1.C.II.D.II.7714	29,2	6	
«	I	81.1.D.I.9658	28,10	8	
«	II	80.1.21.29.N.P.3012	32,7	7.1	
«	III	80.1.20.24.Q.T.524	35,6	5	
«	III	80.1.6.20.AC.AH.5988	34,8	7.2	
«	III	80.1.18.AA.7064	35,7	5	
«	III	80.1.2.8.T.Y.8179	35,11	5	
«	V	80.1.8.14.V.Z.8111	16	5	
«	V	81.1.C.II.D.II.7328	37,6	6	
«	V	81.1.C.II.D.II.7706	37,7	5	

FORMA	PASTA	NIVEL							TOTAL
		1.3	3	5	6	7.1	7.2	8	
Tarracon.1	III					2	1		3
	V				1	1		1	3
	VI		1						1 = 7
Pascual 1	I		1			10	8		19
«	II			3	1	3	2		9
«	II/III						1		1
«	III			2		3	5		10
«	IV					1	1		2
«	V			4		3	3	1	11 = 52
Dres.2/4	I			9	2	10	1	4	26
«	II			4	5	7	2	2	20
«	III			11	2	8	1	1	23
«	II/IV			1					1
«	IV			3	1	1			5
«	III/IV			3	1	1	3		8
«	V			1	1	1		1	4 = 87
Ober. 74	I			1		2		2	5
«	II		1	2		3	1	1	8
«	III			4	2	3			9
«	IV					2	1		3
«	V			1	1	1			3 = 28
Bel.I/Dr.7	V			1		1			2 = 2
¿?	I			3	2			1	6
«	II			1		1			2
«	III			3		1			4
«	V			2	1				3 = 15
		3		59	20	65	30	14	=191

6.1.4. LA BÉTICA

Beltrán I/Dressel 7

Se trata de la forma más antigua de estos ejemplares del área gaditana[238], de perfil simple, con el labio escasamente colgante en su reborde inferior[239]. Ejemplares de esta forma se encuentran en el depósito del Ebro en *Caesaraugusta*[240], de época augustea, al igual que en la Casa Pardo[241], en los niveles tiberianos del teatro de la ciudad y en otros puntos.

La época de Augusto parece ser el momento cronológico principal para este envase, por más que perdure durante la primera mitad del s. I d. C., como se comprueba en determinados yacimientos, por ejemplo en Colchester Sheepen[242]. La Longarina comprueba la cronología inicial de estos envases.

Los centros más importantes de procedencia son el área gaditana del Cerro de los Mártires de San Fernando[243] y los recientemente descubiertos en la provincia de Málaga, en el Cerro del Mar, Toscanos[244] y Manganeto en Almayate Bajo[245], en donde aparecen en el complejo 10, de fecha preaugustea[246]. En la misma área gaditana se añade el alfar de El Olivar de Chipiona[247].

Los ejemplares de *Celsa*, proceden en su gran mayoría de San Fernando, con restos de labios, asas y pivotes típicos, que no añaden novedades sobre lo conocido de este alfar y forma, como 79.1.h.7.125 o h.8.30, del nivel *3* augusteo, 79.1.8 A'B'40, etc.

Beltrán I/ Dressel 8

No resultan especialmente abundantes estos recipientes en el valle del Ebro en cuanto llevamos visto, salvo en *Celsa*. Los labios exvasados aparecen también en *Caesaraugusta* en el estrato III F del Paseo de Echegaray[248].

Las pastas presentes en *Celsa* evidencian como procedencia los centros de San Fernando y Puerto Real de Cádiz[249]. Los argumentos cronológicos, según los hallazgos de *Camulodunum*[250] o Colchester[251], se sitúan claramente en la primera mitad del s. I d. C.[252]

Solo hemos clasificado cinco fragmentos de esta forma procedentes del área de los Delfines y únicamente a partir del nivel 5, siendo significativa su ausencia del *3*.

Beltrán I /Dressel 9 sim.

Cuatro fragmentos que repiten las pastas de Puerto Real y San Fernando, más el tipo B-II, que de momento no podemos atribuir (V.79.EX.144 y 81.1.D.II.8298).

Variante Beltrán I/Longarina 1

Dos ejemplares procedentes del Cerro de los Mártires de San Fernando, siendo su época importante de difusión la de Augusto[253] y el primer cuarto del s. I d. C[254]. Esta forma, con la variante Dr. 7, representa la primera fase importante de la difusión de estas producciones[255], tomando el relevo después, en época de Claudio, sobre todo, los envases del tipo Bel I/Dr. 8.

Beltrán I /Dr.7-11

Se trata de una serie de labios atribuibles, grosso modo, a las formas mencionadas, sin que podamos, por su atipicidad, pronunciarnos con más detalle[256].

Desde el punto de vista cronológico, la etapa de desarrollo de las formas Bel. I/Dres. 7/11, a pesar de las matizaciones que puedan establecerse[257], se sitúa especialmente en la

---

[238] BELTRÁN LLORIS, M., 1970, 390, fig. 152.

[239] BELTRÁN LLORIS, M., 1977, 110, figs. 6 y 7, del Horno del Cerro de los Mártires.

[240] BELTRÁN LLORIS, M., 1970, fig. 155, 20.

[241] BELTRÁN LLORIS, M., 1979, fig. 7, 68.

[242] SEALEY, P. R., 1985, con claros perfiles de los niveles de los años 43-60/61 d. C., 85, fig. 13. Hay otros niveles, flavios, como Bas-de-Loyasse, en Lyon (DANGREAUX, B., DESBAT, A., 1987-1988, 437, fig. 17, 8-19) con débil porcentaje de estas formas, que deben interpretarse mejor como elementos residuales, según su débil porcentaje en comparación con las formas Dres. 9 ó Beltrán II A.

[243] BELTRÁN LLORIS, M., 1977, 104 ss.

[244] NIEMEYER, H., 1976, 248 ss. también ARTEAGA, O., 1985, a) 197 ss.

[245] ARTEAGA, O., 1985 a), 220 ss.

[246] ARTEAGA, O., 1985 a), fig. 9, b-d., sin *terra sigillata itálica*.

[247] RAMOS, A., 1981, 8 ss., fig. 3, 10-14, especialmente. También se señalan ánforas de forma Dr. 7, en *Orippo* (Dos Hermanas, Sevilla) - BENDALA, M., PELLICER, M., 1977, 321, ss.- sin especificar detalles ni arcillas.

[248] BELTRÁN LLORIS, M., 1980, 117, fig. 51, 1.

[249] BELTRÁN LLORIS, M., 1977, 110 ss. Estas ánforas también se fabricaron en Torrox (RODRIGUEZ OLIVA, P., 1983, fig. 17, 1, también con *dolia*, pero sus pastas no parecen presentes en *Celsa*.

[250] HAWKES, C., HULL, M., 1947, lám. XXIII, 186 A.

[251] HULL, M. R., 1958, 104, fig. 42, 1.

[252] BELTRÁN LLORIS, M., 1970, 403 ss. También se comprueba en los niveles del 43-60/61 de Sheepen - SEALEY, P. R., 1985, fig. 14, 85-

[253] BELTRÁN LLORIS, M., 1983, 43 ss.

[254] VENY, C., 1979, 479, fig. 9, var. B.

[255] También confirmada en el depósito de Verona, BUCHI, E., 1973, 554 ss.

[256] El labio 80.1.22.X.7556, es como el de Colchester (SEALEY, P. R., 1985, fig. 13, 107, entre el 43-60/61 d. C.).

[257] Se mencionan los ejemplares de la primera edad flavia de los niveles V de las Termas del Nuotatore de Roma (PANELLA, C., 1970, pp. 111 ss.). La presencia de estos hallazgos en niveles posteriores no significa forzosamente su fabricación en dicho momento, sino un fenómeno probable de perduraciones.

primera mitad del s. I de la Era, como demuestra claramente el depósito del Castro Pretorio de Roma, de época claudia[258].

Beltrán III/Dressel 12

Solo dos fragmentos de esta forma, que nos ha proporcionado, sin embargo, en la insula II ejemplares completos. Sus pastas coinciden con las gaditanas y la tipología del labio es sencilla como la de los ejemplares procedentes de *Caesaraugusta* del depósito augusteo[259].

Haltern 70

Conservamos diversos labios y restos del cuerpo de esta forma. La pasta es típica de estas producciones del valle del Betis, como los ejemplares conservados en el Museo Arqueológico de Sevilla, procedentes de Alcalá del Río[260].

Su cronología, se escalona desde el campamento augústeo de Haltern[261] o del depósito de la Longarina de la misma época[262], hasta la mitad del s. I d. C., según los pecios de la Tour de Sainte Marie [263] o Port Vendres[264], sin que parezca haber perdurado más allá[265].

La dispersión en *Hispania* es esencialmente costera, según analizó Pascual[266], en Tossa de Mar y Port de la Selva (Gerona), Villajoyosa (Alicante), Cartagena y Cádiz, además de Na Guardis, Vinaroz , Benicarló e Islas Columbretes[267], Jaén[268], etc. además de los hallazgos de la zona imprecisa de Alcalá del Río (Sevilla), una de las cuales ostenta la rara estampilla C. *Fvf(icivs) Ant*( ).

En el valle del Ebro, el único yacimiento donde se registra esta forma es, hasta el momento en *Celsa* .

El contenido admitido para estos envases, es el vino cocido *(defrutum, sapa)*[269], ya como producto en si mismo, ya como conservador de las olivas *(oliva nigra)* u otros productos según evidencian los argumentos epigráficos[270]. En el primer caso, significaría la presencia del vino bético en el valle del Ebro por primera vez. La dura competencia que debieron presentar los caldos tarraconenses originó, sin duda la escasa importancia de estas producciones entre nuestras poblaciones.

Los labios presentes desde el nivel 5 son ciertamente estables morfológicamente a pesar de la variedad de pastas que hace acto de presencia, desde labios sencillos sin reborde (81.1.D.II.8293), hasta ejemplos con el labio marcado y colgante (80.1.14.V.Z.8020). La pasta B-III nos sitúa claramente en el área del Golfo de Cádiz.

Dressel 20

Se trata únicamente de dos labios del nivel 5 y 8 , con pasta B-II y B-V.

La primera es la presente también en las ánforas de Forma Haltern 70, fenómeno ciertamente significativo. Estas semejanzas fueron ya sugeridas por Loeschcke a propósito de los tipos 82 (Ha. 70) y 83 de Haltern[271] y se comprueba a propósito de la estampilla de C. *Fvf.A.*, de Geneva, sobre ánfora Dr. 20, que parece corresponderse con la homónima comentada a propósito del ejemplar del Museo de Sevilla, procedente de Alcalá de Río[272], con C. *Fvf. Aviti*, así como por la arcilla de las ánforas Dr. 20 y Ha. 70 del pecio de Port Vendres II[273] y ha insistido en el mismo fenómeno Peacock recientemente[274].

Labios semejantes, tempranos, se localizan entre otros lugares, en Augst y en Kaiseraugst en las ánforas de los grupos A y B, especialmente en ejemplares de la primera mitad del s. I d. la Era, anteriores a la etapa flavia[275].

[258] DRESSEL, H., 1879, 36 ss.

[259] BELTRÁN LLORIS, M., 1970, 449.

[260] De dicha procedencia nos comunicó la entonces directora del Museo de Sevilla, Concepción Fernández Chicarro, la existencia de diversos ejemplares con fallos de hornos, dato ciertamente revelador y de gran interés para nuestros propósitos.

[261] LOESCHCKE, S., 1909, 256, lám. 13.

[262] HESNARD, A., 1980, 146 y lám. 3, 3, 4.

[263] TCHERNIA, A., 1969, 496 s.

[264] COLLS, D., et alii, 1977, 33 ss., fig. 13.

[265] En Colchester se sugiere su fabricación hasta una etapa más avanzada (SEALEY, P. R., 1985, 64) y los niveles flavios de Nimega sugieren otro tanto (VAN DER WERFF, J. H., 1984, 347 ss.).

[266] PASCUAL, R., 1971, 165 ss.

[267] FERNÁNDEZ, A., 1983, 141, fig. 1, 6, id., fig. 2, 8, lám. I A y fig. 4, 8.

[268] BELTRÁN LLORIS, M., 1970, 332.

[269] Vino cocido, *defr(utum) excel(lens)* (COLLS, D., et alii, 1977, 86 ss.). Sin embargo otras menciones en Ha. 70 mencionan también las olivas conservadas en el *defrutum* (COLLS, D., et alii, 1977, 86 ss.; LEQUEMENT, R., MASSY, J. L., 1980, 263 ss.; LIOU, B., 1982, 438). SEALEY, P. R., 1985, 62 ss.) rechaza la identificación entre el vino y el *defrutum*, el cual viene interpretado como un sirope no alcohólico.

[270] Véase sobre esta cuestión VAN DER WERFF, J., H., 1984, 379-381. Unas inscripciones aluden a las olivas: *oliva nigr(a) ex defr(uto)* (Vindonisa), *[oliva nigra] ex defr(uto) excel(lens) penua(ria), oliva nig(ra) ex defr(uto) penuar(ia) excell(ens) C. Rutili [...]icis* (Mainz), *defr(utum) excel(lens)* (Port Vendres II, Fos), *Oliva nig(ra) ex def(ruto) pen(uaria) ... M. Grassi Servandionis* (Haltern). Otra se refiere a la *sapa : Sapa Aucto (L)icinio* (Amiens).

[271] LOESCHCKE, S., 1942, 101.

[272] COLLS, D., et alii, 1977, 142 ss.

[273] COLLS, D., et alii, 1977, 23.

[274] PEACOCK, D. P. S., 1986, 116, clase 15 y clase 25.

[275] MARTIN-KILCHER, S., 1987, p. 54, 205 (lám. 5,98, entre el 30-50 d. C.); 206 (lám. 6, 119, como el anterior);

Los presentes fragmentos resultan por lo tanto los testigos de la primera presencia del aceite bético en el valle del Ebro, circunstancia en la que hemos insistido en varias ocasiones, comentando lo significativo de la ausencia generalizada de estas ánforas, en el momento de valorar las producciones locales aceiteras[276]. Sin embargo la sola presencia de dos fragmentos (aunque presagia la ampliación de los hallazgos ??), no modifica sustancialmente la interpretación general que para este fenómeno hemos hecho.

Debemos aducir junto a los fragmentos nombrados, un cuello de Arcobriga, conservado en el Museo Arqueológico Nacional[277], correspondiente claramente a la etapa flavia[278]. Los dos puntos que señalamos ahora en el valle del Ebro, son hasta el momento los únicos que permiten conocer una debilísima penetración del aceite bético en nuestro ambiente.

80.1.34.J.8100

Fragmento de cuello y labio típico, quedando la duda en el resto del envase, circunstancia que eliminaría su indefinición. La pasta B-I nos sitúa eventualmente en el área gaditana. Desde el punto de vista morfológico pueden esgrimirse ciertos parentescos con la forma Dr. 26. Procede del nivel *3*.

La forma Dr. 26 está todavía falta de un estudio sistemático. Se conoce ahora bien gracias a los ejemplares de la Longarina[279] de época augustea[280], estando escasamente documentada en *Hispania*[281]. Esta forma se atribuye hasta el momento al mundo itálico, circunstancia que parece bastante clara.

No parece sin embargo tan rotunda la solución dada a su contenido, aunque con base en la ausencia de revestimientos de resina en los ejemplares ya citados de la Longarina, podría abogarse por el aceite, tal vez el de Venafro, como han sugerido diversos autores[282]. Estos precedentes podrían iluminar en algún aspecto el tratamiento de este fragmento, cuya procedencia hispana está fuera de dudas[283].

Hay algunos paralelos al cuello de *Celsa* en Valencia, en las excavaciones de la Calle del Mar[284], procedente de un nivel de mediados del I d. C, atestiguándose la fijeza tipológica de estos envases en su primera época[285].

FORMA	PASTA	SIGLA	FIG.	NIVEL	
l. horiz.	2	80.1.5.R.266	101,6	8	
Bel.I/Dr.7	I	V.79.7.I'.4	40,11	6	
«	I	81.D.II.8290	41,1	6	
«	I	80.1.14.22.O.R.2893		5	[M.44]
«	I	80.1.D.II.8291	43,4	6	
«	III	V.79.2.B.3		7.1	[M.25]
«	III	80.1.32.H.5079	40,12	3	
«	III	81.1.D.II.7029	41,4	7.1	
«	III	81.1.D.II.8296	40,10	6	
Bel.I/Dr.8	I	80.1.3.S.1293	41,5	5	[M.35]
«	I	80.1.2.8.T.Y.8189	41,9	5	
«	I	80.1.D.II.8360	41,6	6	[M.46]
«	III	V.79.18.Q.11	41,8	5	
«	VI	V.76.9.G'.34	41,7	7.2	[M.32]
Bel.I/Dr.9 sim.	I	80.1.8.14.V.Z.8048	41,11	5	
«	II	V.79.Ex.144	41,10	7.1	
«	III	80.1.30.AD.117	42,1	7.2	
Bel.I/Longar.Ib	III	Dep.s/s.18-IX-77	43,7	7.1	
«	III	80.1.14.V.Z.8107	43,6	5	
Bel.I/Dr.7-11	III	80.1.22.X.7556	41,3	5	

214 (lám. 15, 296, del 30 al 15 d. C.). La acanaladura interna es un rasgo que se anuncia tímidamente. Estos perfiles en Nijmegen, se presentan, esporádicamente, en los niveles Ib-Ic, fechados entre Tiberio-Nerón (VAN DER WERFF, J. H.,1984, 355, 363).

[276] BELTRÁN LLORIS, M., 1980, 221.

[277] SÁNCHEZ SANTOS, J. C., 1992, p. 289 y fig.. 10.1, 9 fechada en época flavia por el perfil.

[278] BELTRÁN LLORIS, M., 1970, 474, fig. 189,13; PANELLA, C., 1973, 522; MARTIN KILCHER, S., 1987, 53 ss., fig. 28, 3, lám. 31 ss.

[279] HESNARD, A 1980, 150, lám. VII, figs. 1 y 2. También los ejemplares del pecio Camarat 2 (LIOU, B., POMEY, P., 1985, 567).

[280] Ver también BELTRÁN LLORIS, M., 1984, 519 ss.

[281] BELTRÁN LLORIS, M., 1970, 522, fig. 209, 2, Palamós; FONT OBRADOR, B., 1963, 213, fig. 4, Calafats-Costa dels Grecs.

[282] ZEVI, F., 1966, 225; PANELLA, C., 1977, 142.

[283] También se han atribuido a la forma Dr. 26, las ánforas de forma 3 de Oliva, ENGUIX, R., ARANEGUI, C.,

FORMA	PASTA	SIGLA	FIG.	NIVEL
Bel.III/Dr.12	I	81.1.D.II.8290	42,2	6
«	III	81.1.10.C.7256	43,5	7.1
Haltern 70	II	V.79.7.I.2	42,7	7.1
«	II	80.1.18.22.O.R.2395	42,4	7.1 [M.48]
«	II	81.1.C.II.D.II.7320	42,6	6 [M.33]
«	II	81.1.D.II.8293	42,5	6
«	II	81.1.D.II.8308	42,3	6 [M.34]
«	III	80.1.14.V.Z.8020	42,9	5
«	III	80.1.2.8.T.Y.8186	42,8	5
«	III	80.1.14.V.Z.8840	43,1	5
«	VI	80.1.12.Ñ.S.1279	43,3	7.1
Dressel 20	II	circ. 80.1.24.Q.182	43,2	5
«	V	M.8.sup.		8 [M.8]
80.1.34.J.8100	I	80.1.34.J.8100	43,8	3
«	I	80.1.34.J.8104	43,9	3
80.1.34.J.8102	I	80.1.34.J.8102	43,10	3
¿?	I	V.79.8.10.J.K.251	44,5	7.1
«	II circ.	81.1.C.II.D.II.7713	44,8	6
«	III	80.1.18.AA.7348	44,7	5
«	IV	81.1.C.II.D.II.7329	44,6	6

FORMA	PASTA	NIVEL						TOTAL
		3	5	6	7.1	7.2	8	
Bel.I/Dr.7	I	1	2	3	1	5		12
«	II	1						1
«	III	1		1	4			6 = 19
Bel.I/Dr.8	I		2	1				3
«	III		1		2			3 = 6
Bel.I/Dr.9	I		1					1
«	II		1		1			2
«							1	1 = 4
Bel.I/Long.Ib	III		1		1			2 = 2
Bel.I/Dr.7-11	III		1					1 = 1
Bel.III/Dr.12	I			1				1
«	III				1			1 = 2
Haltern 70	II			3	2			5
«	III		2					2
«	VI				2			2 = 9
Dr.20	II		1					1
«	V						1	1 = 2
8100	I	1						1 = 1
8102	I	1						1 = 1
	¿?	I				1		1
«	II			1				1
«	III		1					1
«	IV			1				1 = 4
		5	12	12	15	6	1	= **51**

80.1.34.J.8102

Fragmento de labio, de estrecha banda, grueso y levemente triangular, de pasta B-I, de forma indeterminada.

6.1.5. PROCEDENCIA INCIERTA

Incluimos en este apartado una serie de fragmentos cuya atribución a un centro de fabricación resulta ciertamente dudosa, e

1977, 30, en esta ocasión se asimiló a la forma Dr. 25. Posteriormente, ARANEGUI, C., 1981, 533, se relacionan con la Dr. 26. También se han clasificado como Dr. 26, las ánforas producidas en la villa romana de la Almadrava (Setla-Mirarrosa-Miraflor), por GISBERT, J. A., 1987, 108, así como otras del casco viejo de Oliva, publicadas por el mismo autor - id. p. 106- y de la partida Catorzena

de Potries y de Denia, tanto el aspecto general de la boca y labios y el detalle de las asas -fig.2, 3 y 4- y especialmente el ejemplar completo del sector B, estrato 2 de la Almadrava (fig.2, 2), aconsejan su clasificación como formas independientes de la Dr. 26. No insistiremos más en esta cuestión que tratamos con cierto detalle en otro lugar (BELTRÁN LLORIS, M., 1983, 528 ss.).

incluso en algunas, incluso su adscripción tipológica.

Resultan muy homogéneos los labios V.79.1.22.F.52 y 80.1.15.21.B'.C'.870, de perfil ciertamente particularizado (pasta III), caracterizado por un labio recto, con una fuerte inflexión, pertenecientes posiblemente a un recipiente del tipo de los de base plana[286].

También es de difícil adscripción, la pasta B.VI, del labio **V.79.EX.34**, correspondiente a una forma relacionada con los tipos Beltrán I/Dressel 7-11 (fig. 20).

El cuello **18.X.180**[287], caracterizado por un saliente anillo entre la boca y el mismo y con gruesa asa, de sección ovoide, que arranca debajo de la boca, del anillo anotado. Corresponde a una forma escasamente documentada. Manifiesta posibles paralelos en Rödgen[288] y de forma más global con ciertos cuellos de *Novae-*

sium[289]. Mejores paralelos nos parece observar en el ejemplar procedente del Palao[290], yacimiento que presenta más de un punto en común, en lo referente a la cultura material, con *Celsa*[291]. A la misma forma, pertenece el labio 80.1.32.7442 (ambos en pasta IV).

Se relacionan con la forma vista, aunque nos parece más oportuno individualizarlos, los labios **81.1.D.II.8300** y 81.1.D.II.8292 (pasta IV), con el asa naciendo también junto a la banda de la cabecera, con fuerte moldura entre la boca y el cuello, pero con diferencias ostensibles en el perfil del labio, colgante en el primer ejemplo y de sección triangular en el segundo[292].

Análogas dudas de clasificación manifestamos para los labios **80.1.34.J.8098**, del nivel *3* (pasta V) y **V.79.h.7.95** también de cronología augustea (Pasta VI).

FORMA	PASTA	SIGLA	FIG.	NIVEL	
41	III	81.1.9.17.A'.F'.360	44,3	7.2	
»	III	81.1.D.II.8292	44,2	6	
»	III	81.1.D.II.8300	44,1	6	[M.24]
180	III	V.79.18.X.180	44,12	7.1	
»	III	V.79.9.G.40	44,9	7.1	
»	III	80.1.32....7442	44,10	7.1	
8098	IV	80.1.34.J.8098	44,11	3	
95	V	V.79.h.7.95		3	

FORMA	PASTA	NIVEL				TOTAL
		3	6	7.1	7.2	
8374	I			1		1
2034	II				1	1
52	III			1	1	2
41	IV		2	1		3
180	IV			3		3
8098	V	1				1
95	VI	1				1
		2	2	6	2	= **12**

[289] VEGAS, M., BRUCKNER, A., 1975, lám. 28, 11, p. 71. La pasta parece análoga a la nuestra.

[290] MARCO SIMÓN, F., 1983, 42, lám. III, erróneamente atribuida la forma LAMBOGLIA 2. Se trata de un ejemplar de cuerpo ovoide y con serie de acanaladuras dividiendo el paso del cuello a la panza; se encuentra falto del pivote.

[291] Así como la cronología atribuible, que se sitúa ante todo en la primera mitad del s. I d. C.

[292] La pasta Indet. IV, en la que está confeccionada —vide apéndice— se relaciona en cierta medida con la Itálica IV, en la que fabricaron ánforas de tipo Dr. 6, originarias probablemente del territorio de Pola. Esta semejanza podría llevarnos a conclusiones semejantes, que, no obstante, hemos de caracterizar mejor. Las analogías están en el tipo de arcilla, cuyos componentes están fuertemente recristalizados, originando microlitos de minerales arcillomicáceos y carbonatos, suponiendo respectivamente el 75 % y 64 %. Son semejantes también las proporciones de cuarzo, óxido de hierro, feldespato, fragmentos de rocas cuarcíticas y accesoriamente los restos de lutíticas, aunque se separan las micas y los restos de fósiles.

[284] FERNÁNDEZ, A., 1984, fig. 9 y p. 30, n. 46.

[285] Otros ejemplares de esta forma en Tor Vergara, junto a Torre Nova, en Italia, (QUILICI, L., 1974, 687).

[286] La pasta (vide apéndice), con numerosas inclusiones de aspecto beige o gris no encuentra fáciles paralelos. Unicamente podría coincidir, también morfológicamente con la denominada forma Gauloise 9 (LAUBENHEIMER, F., 1985, 306, fig. 167), fabricada en el horno de Aspiran, en pasta "beige con numerosas inclusiones" y de cuya forma no se ha podido reconstruir un ejemplar completo, permaneciendo hasta ahora falta de datos de difusión. Nos encontrariamos en caso afirmativo, con la primera producción de ánforas galas presente en *Celsa*, ya que hasta el momento no hemos identificado ninguna otra producción.

[287] BELTRÁN LLORIS, M., 1980, 216, fig. 15.

[288] SIMON, H. G., 1961, lám. 8, 240.

6.1.6. CONCLUSIONES

Según los niveles proporcionados por la Casa de los Delfines y las áreas de procedencia de las ánforas, se aprecia el siguiente panorama:

NIVS.	TARRACONENSE 1131						BÉTICA 171					ITALIA 163						ESTE 13	¿? 111
	T.1	Dr. 2/4	Ob. 74	P.1	Dr. 7	¿?	Bel. I	Dr. 12	Ha. 70	Dr. 20	¿?	Dr. 1A	Dr. 1B	Ap.	Dr. 6	Dr. 2/4	¿?	Rod.	¿?
1.2												2					4		
1.3												3				1	11		
3	1			1		12	3				5	3	2				32	1	18
5		32	8	9	1	335	8		2	1	30	1			1	1	39	1	40
6	1	12	6	1		41	6	1		3	15	1	1				5		12
7.1	3	28	11	20	1	289	9	1		4	40	4	2			2	12	3	31
7.2	1	7	2	20		195	6				14					2	19	7	10
8	1	8	1	1		83			1		22	1	1	1			12	1	
Tot.	7	87	28	52	2	955	32	2	9	2	126	15	6	1	1	6	134	13	111

Porcentajes por todos los productos[293]:

NIVEL /PROD.	TARRACONENSE	BÉTICA	ITALIA	ESTE	TOTAL
Nivel 1 Vino			5		5
Nivel 3 Vino Salazones	2 (18,18%)	3 (27,27 %)	5 (45,45 %)	1 (9 09 %)	11
Nivel 5 Vino Aceite Salazones	50 (76,92 %0)	2 (3,07 %) 1 (1,53 %) 8 (12,30 %)	2 (3,07 %)	1 (1,53 %)	70
Nivel 6-7 Vino Salazones	113 (91,90 %)	7 (4,26 %) 23 (14,02 %)	16 (9,75 %)	5 (3,04 %)	164
Nivel 8 Vino Aceite	11(73,33 %)	1 (6,66 %)	3 (20 %) 1 (6,66 %)		16

NIVEL	PROCEDENCIA (PASTA)				
	Tarraconense	Bética	Italia	Este	¿?
1.2 1.3			I: 3 II: 1 II: 8 III: 3		
3	I: 8 II: 4	I: 4	I: 10 II: 6 III: 6 V: 10		I: 10 II: 4 II: 2 I: 28
5	I: 112 II: 60 II/III: 72 II/IV: 41 V: 28 XI: 13	I: 9 II: 6 III: 5	I: 25 II: 6 III: 9 VI: 9		II: 19 III: 2 V: 1
6-7	I: 49 II: 210 II/III: 195 IV: 48 V: 9 XI: 12	I: 20 II: 6 III: 12 IV: 10 V: 9 VI: 11	I: 10 III: 3 V: 5 VIII: 7	I: 5	I: 11 II: 5 III: 15 V: 15
8	I: 30 II: 20 II/III : 20 III: 7 IV: 2 V: 1 XI: 3	I: 18 III: 2 VI: 2	I: 8 II: 1 III: 2 V: 1		II: 1

[293] Los cálculos se han hecho con los fragmentos clasificados. Sobre dichas cantidades se añaden numerosos fragmentos formalmente inclasificables cuyo detalle atendiendo a las pastas y procedencias es el siguiente:

Puede observarse claramente, como a lo largo de los cuarenta años que transcurren entre los niveles mencionados, aún a pesar de la escasez de ánforas consideradas, se plantean unas tendencias ciertamente estables. En primer lugar el vino itálico[294], resulta predominante en la etapa tardoaugustea, seguido de las producciones tarraconenses y en porcentaje ínfimo de las del Este. Estas tendencias se modifican bruscamente en la época de Tiberio[295], pasando el vino tarraconense a primer plano, seguido a distancia del vino bético y manteniéndose tanto el vino itálico como el oriental de forma residual. La etapa de Claudio presenta un afianzamiento del vino tarraconense, quedando a la misma distancia los restantes centros mencionados.

La producción del vino rodio fue ampliamente exportada desde el s. III a. de C.[296] El territorio hispánico ha visto las producciones orientales desde fechas tempranas, como demuestran el pecio de puerto de Mahón (180-160 a. de C.)[297], Sant Jordi (123 a. de C.)[298] o el pecio de San Ferreol, en Cartagena[299]. En el interior Badalona, presenta ejemplares en niveles del último tercio del s. I a. de C.[300] Valencia en diversos puntos de la ciudad[301] y otros puntos probables en la costa como Alicante y Cartagena[302], siendo cierta-

mente significativa su presencia en niveles claudios en la porción occidental del Imperio romano, como se ha visto más arriba[303]. Mucho se ha discutido sobre la calidad de los vinos rodios, presentándolo como un vino de tipo ordinario. El hecho es que estos caldos fueron habituales en los ejércitos helenísticos, en costumbre que parece haber perdurado en la etapa augustea, como se comprueba en los campamentos militares de dicha época[304]. Esta corriente se ofrece como ciertamente modesta en los mercados de la Narbonense, pero aparece como una constante a lo largo del s. I de la Era[305], alcanzando netamente el territorio hispánico como hemos visto, en diversos grados de convivencia con el resto de las producciones coetáneas[306].

En lo que hace a las salazones béticas, comienzan a tener una discreta presencia en la etapa tardoaugustea, para sufrir un incremento significativo en el momento final que tratamos.

El aceite bético resulta prácticamente anecdótico, pero significativo en los niveles *3* y *5*, así como el suritálico.

Considerados globalmente, para todo el periodo mencionado, los productos de las distintas procedencias, obtenemos los siguientes resultados:

PRODUCTO	TARRACON.	BÉTICA	ITALIA	ESTE	INDETERM.	TOTAL
Vino	176 61,32 %	9 31,13 %	28 8,71 %	7 2,43 %		220 75,60 %
Aceite		2 0,68 %	1 0,34 %			3 1,04 %
Salazones		34 100 %				34 100 %
Indeterm.	15 5,22 %	6 2,09 %	1 0,34 %		11 3,83 %	33 11,49 %
	191 66,55 %	51 17,77 %	30 9,40 %	7 2,43 %	11 3,83 %	290

[294] Para el valle del Ebro, puede verse BELTRÁN LLORIS, M., 1987, pp. 51 ss.

[295] Para otros puntos de la colonia, BELTRÁN LLORIS, M., 1987, pp. 57 ss.

[296] MAGIE, D., 1950, 877, n. 69.

[297] DE NICOLAS, J. D., 1987, fig. 5, p. 11 ss.

[298] CERDÁ JUAN, D., 1980, p. 79 ss.

[299] MAS GARCÍA, J., 1985, 205, figs. 21-23.

[300] COMAS I SOLA, M., 1985, pp. 18 y 20, figs. 10, 5, 11,1. Dicha autora fecha dos cuellos en el s. III a. de C.(?). También, ejemplares sin estratigrafía, p. 89, figs. 53-55.

[301] FERNÁNDEZ IZQUIERDO, A., 1984, 61, fig. 25. (Pza. de la Reina, con materiales desde Augusto hasta el s. III d. C.).

[302] BELTRÁN LLORIS, M., 1970, fig. 148.

[303] Hacemos excepción ahora de las importaciones orientales de época más tardía; Véase especialmente

PANELLA, C., 1986, a, 609 ss, para el ejemplo de Ostia; DESBAT, A. , PICON, M., 1986,645 ss., para los ejemplos de Lyon y Vienne, con depósitos de los años 70 y de finales del siglo. No se pierdan de vista las ánforas de forma Dr. 43/Knossos 4-5, cuya cronología inicial está por precisar, pero que se encuentra en Pompeya y Herculano (Mau XXXVI), en Vindonissa 591 y Ostia (Ostia II, 525), el tráfico de ánforas orientales del puerto de Fos en LIOU, B., SCIALLANO, M., 1989, 155.

[304] PEACOCK, D. P. S., 1977, fig. 4.

[305] Véase el depósito de Bas-de-Loyasse, en Lyon (DANGREAUX, B., DESBAT, A., 1987-1988, 437). También el significativo pecio de Dramont D, St-Raphael (Var), de la primera mitad del s. I de d. C. (LAMBOGLIA, N., 1971, 381).

[306] No nos alargaremos innecesariamente en el tratamiento de esta cuestión. Pueden verse los estados actuales de la misma en BELTRÁN LLORIS, M., 1982, 319 ss. ID., 1987, passim. Dichos resultados se complementan

Porcentajes dentro de cada producto:

ÁREA ORIGEN	VINO	ACEITE	SALAZONES	¿?
Tarraconense	176 81.10 %			15 6.9 %
Betica	9 4.14 %	2 66.66 %	34 100 %	6 2.76 %
Italia	28 11.52 %	1 0.46 %		1 0.46 %
Este	7 3.22 %			
TOTAL	220	3	34	33

6.2. TAPADERAS

Agrupamos aquí una nutrida serie de tapaderas, formadas a base de discos recortados habitualmente en fragmentos de ánforas amortizadas, cuyos tipos de pastas suelen coincidir con los ya descritos a propósito de los envases correspondientes, especialmente con las pastas tarraconenses.

Ninguno de los tapes lleva marca alguna, conservándose en algunos, únicamente restos del yeso con el que fueron adheridos al interior del cuello de las ánforas[307]. Se conservan también algunos ejemplares confeccionados totalmente en yeso.

PASTA	SIGLA	FIG.	NIVEL
T.I	V.79.12.Ñ.6	45,1	7.2
T.I	80.1.4.10.V.X.8345	45,2	7.1
T.I	80.1.36.R.8622	45,3	7.1
T.II	V.79.10.L.M.1	45,4	7.1
T.II	80.1.18.22.O.R.2461	45,5	5
T.II	80.1.38.L.M.6528	46,1	7.1
T.II	80.1.38.L.M.8535	45,6	7.1
T.II/III	V.79.4.6.B.C.1	46,2	7.1
T.II/III	80.1.38.L.M.6547	46,3	7.1
T.II/III	80.1.2.AC.AH.6013	46,4	7.2
yeso	V.79.H'.63	46,5	7.1

---

para la porción del Bajo Ebro, con el trabajo de PALLARES, R., GRACIA, F., MUNILLA, G., 1987, pp 17 ss.

[307] BELTRÁN LLORIS, M., 1976, 87; también las generalidades sobre los tapones, en MARTÍNEZ MAGANTO, J., 1992, 54 ss. La escasez de tapones de ánfora conservados se debe también al empleo de la madera para tal fin.

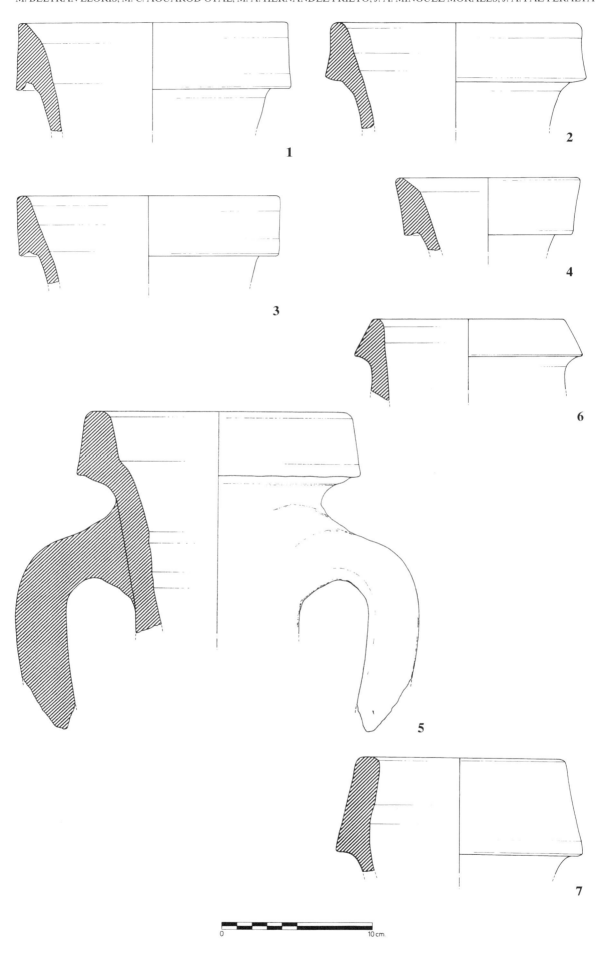

Figura 22. Ánforas itálicas. Dres. 1 A.

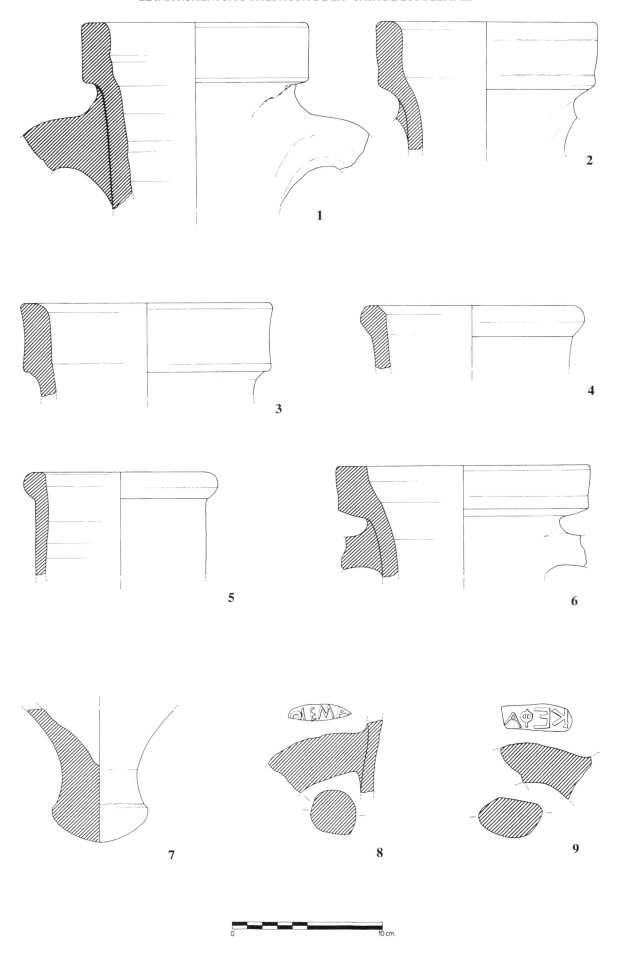

Figura 23. Ánforas itálicas. 1-3: Dr. 1 B; 4-5: Dr. 2/4; 6: Dr. 6; 7: ¿?; 8-9: Brindisi.

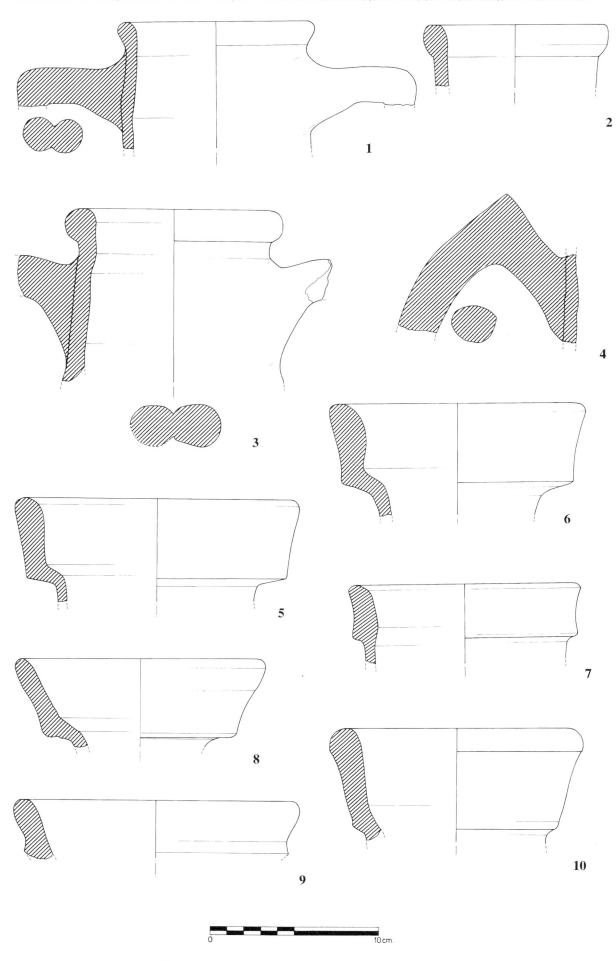

Figura 24. 1-4: ánforas del Egeo; 5-10: tarraconenses, Tarr. 1.

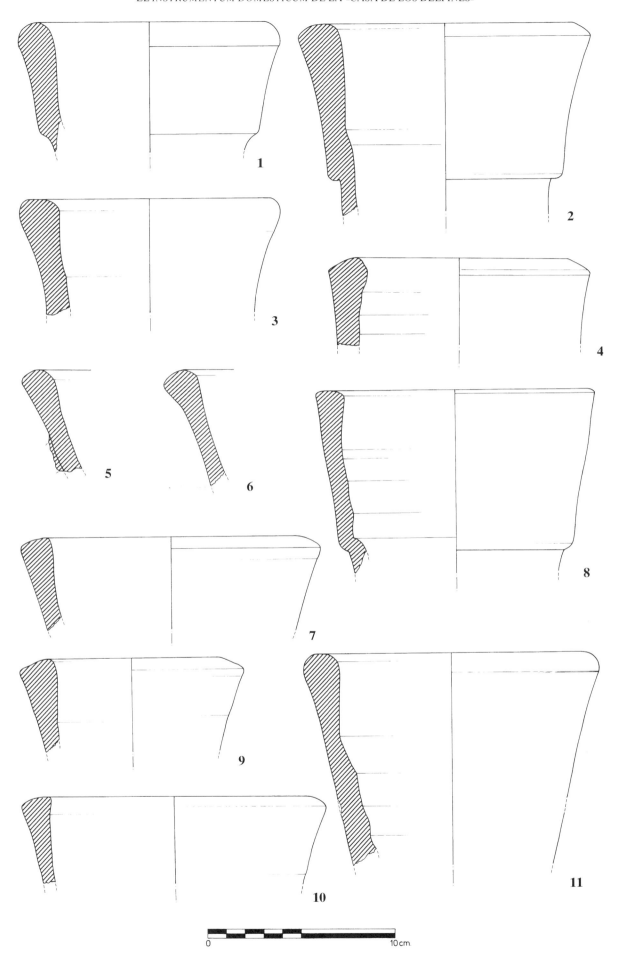

Figura 25. Ánforas tarraconenses. Pascual 1.

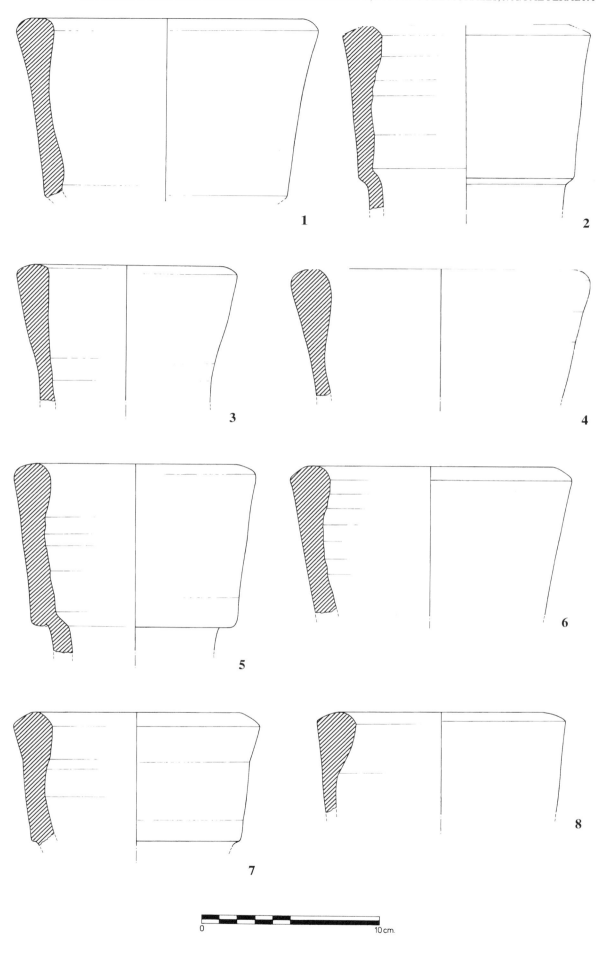

Figura 26. Ánforas tarraconenses. Pascual 1.

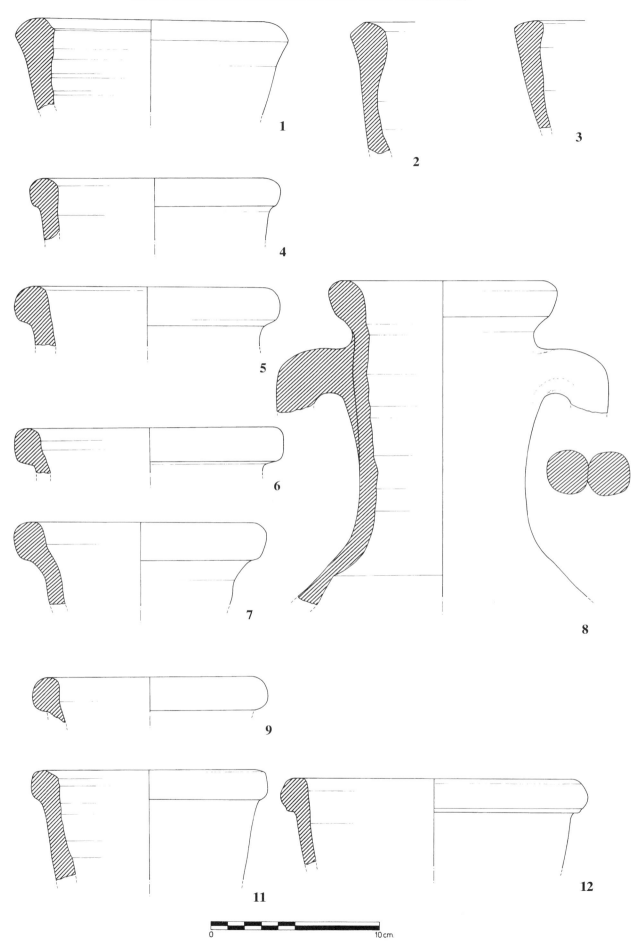

Figura 27. Ánforas tarraconenses. 1-3: Pasc. 1; 4-12: Dr. 2/4.

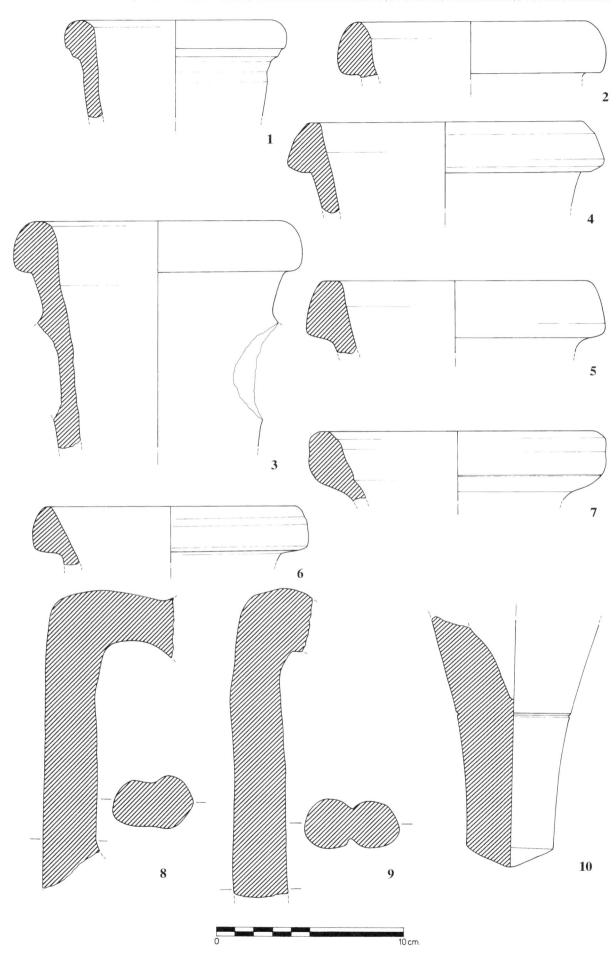

Figura 28. Ánforas tarraconenses Dr. 2/4.

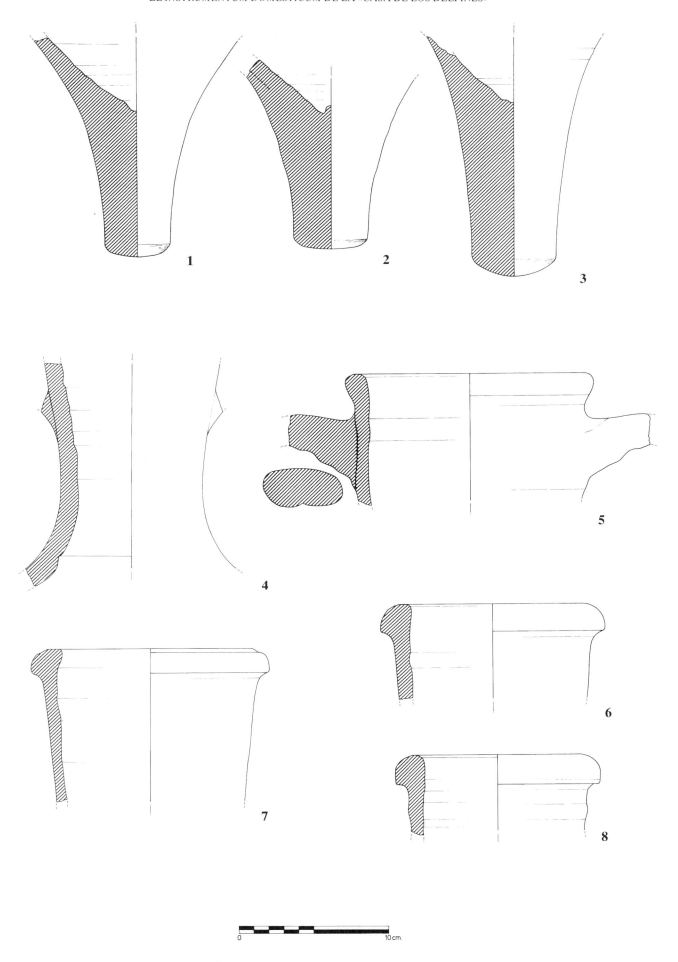

Figura 29. Ánforas tarraconenses. 1-3: Indeterminadas; 4-8: Dr. 2/4.

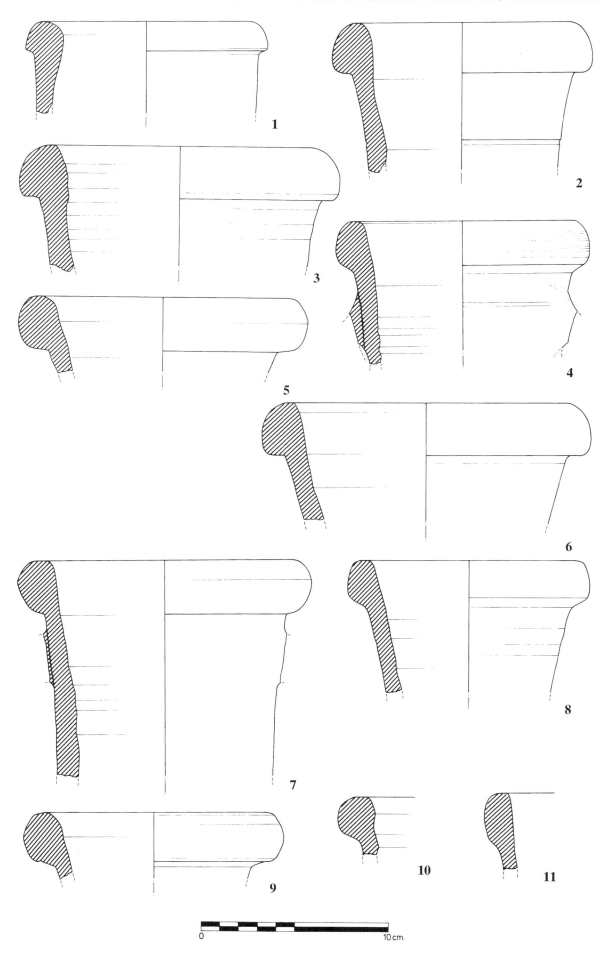

Figura 30. Ánforas tarraconenses Dr. 2/4.

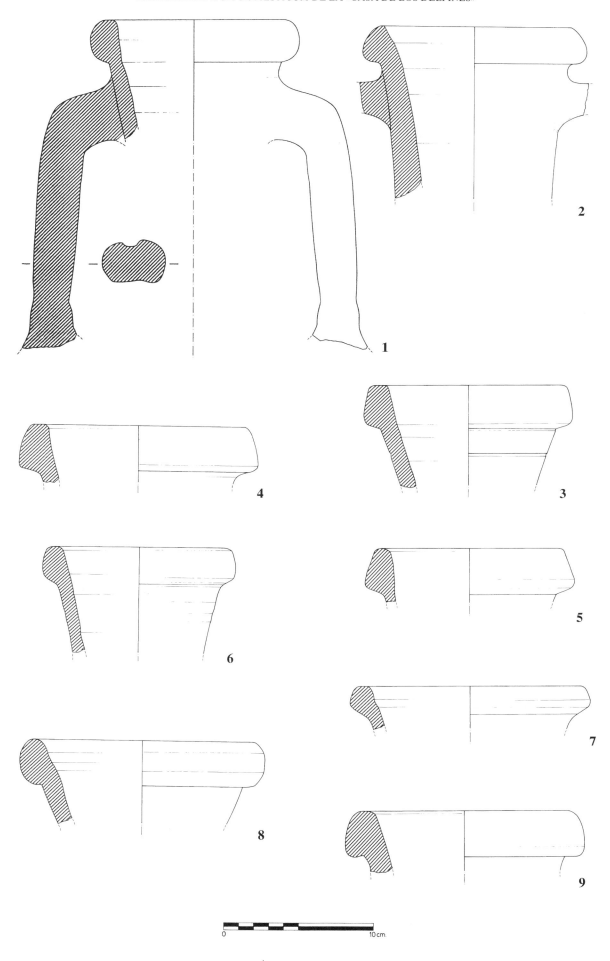

Figura 31. Ánforas tarraconenses Dr. 2/4.

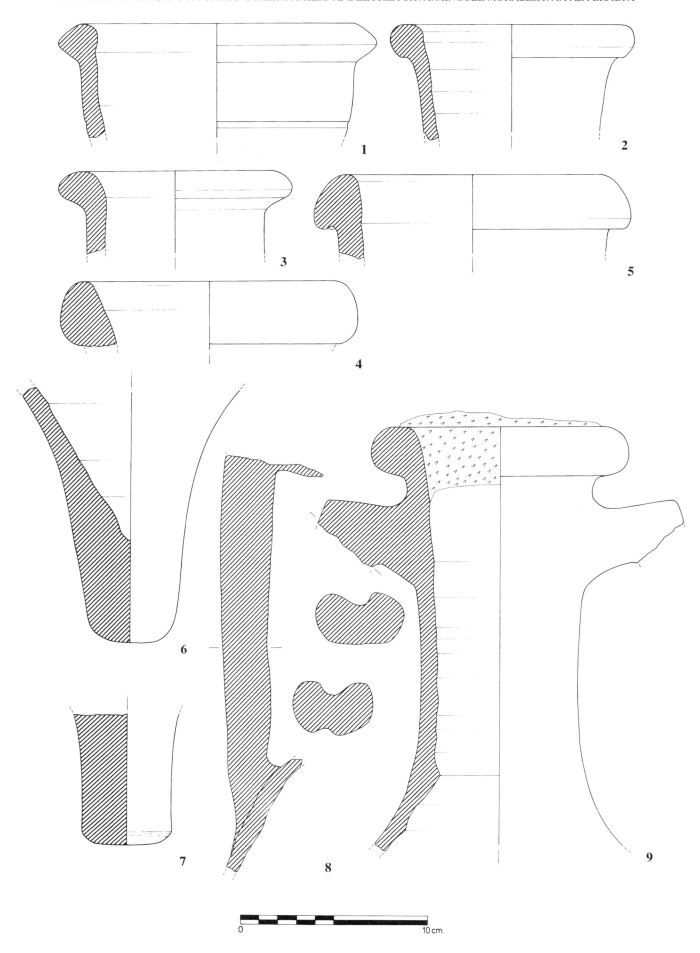

Figura 32. Ánforas tarraconenses Dr. 2/4; 7: indeterminadas.

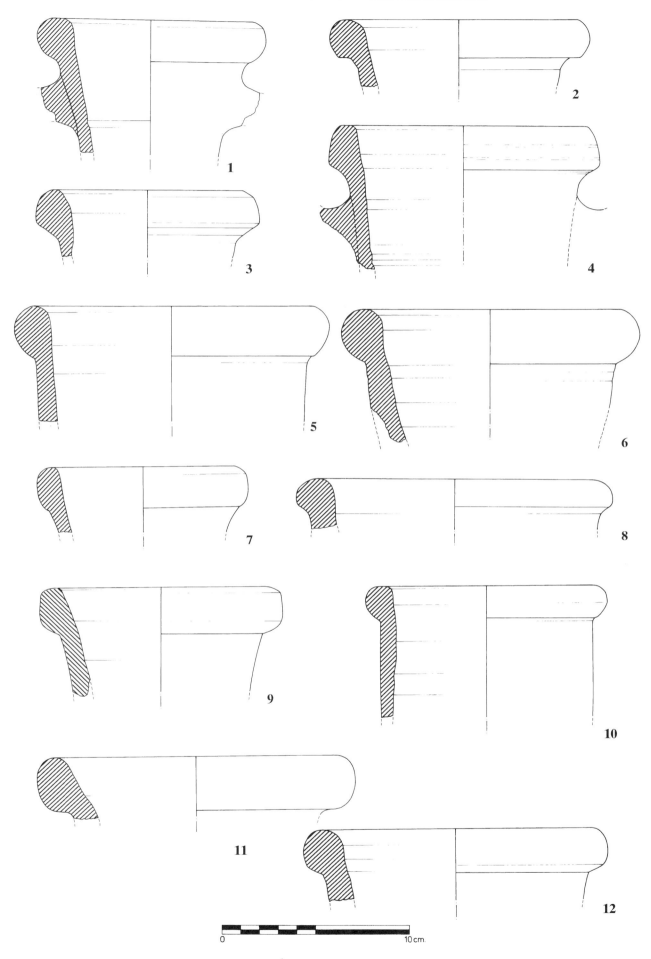

Figura 33. Ánforas tarraconenses Dr. 2/4.

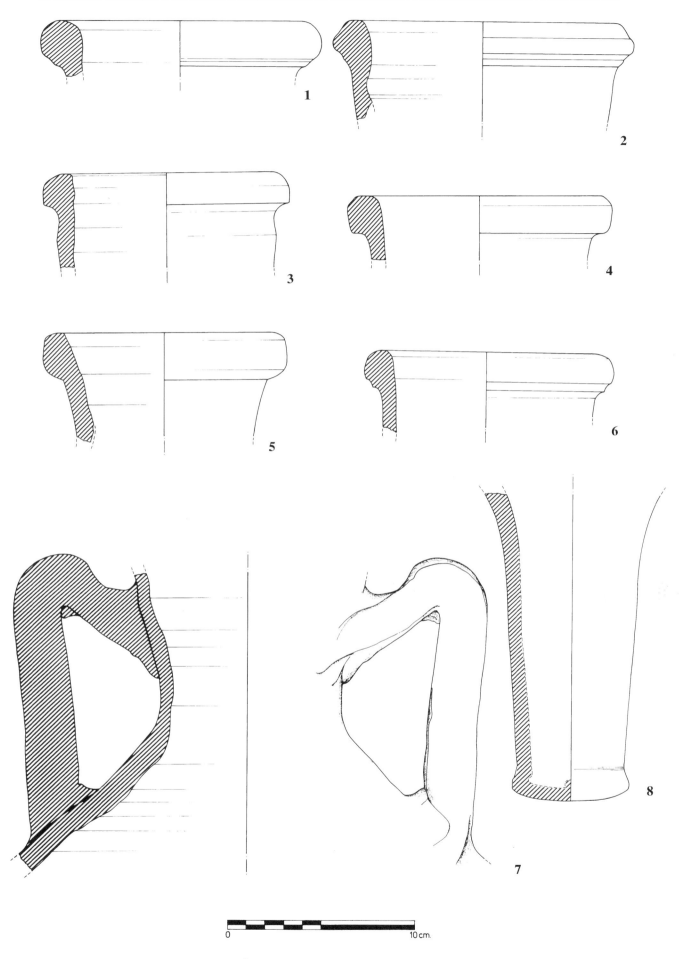

Figura 34. Ánforas tarraconenses Dr. 2/4; 7: indeterminada.

Figura 35. Ánforas tarraconenses Dr. 2/4 7, 11: indeterminadas.

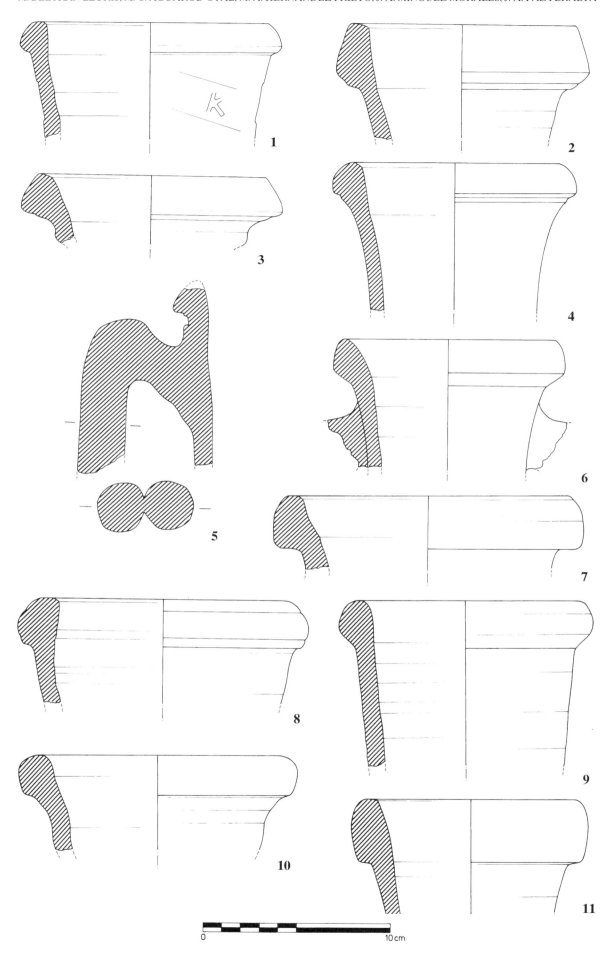

Figura 36. Ánforas tarraconenses Dr. 2/4.

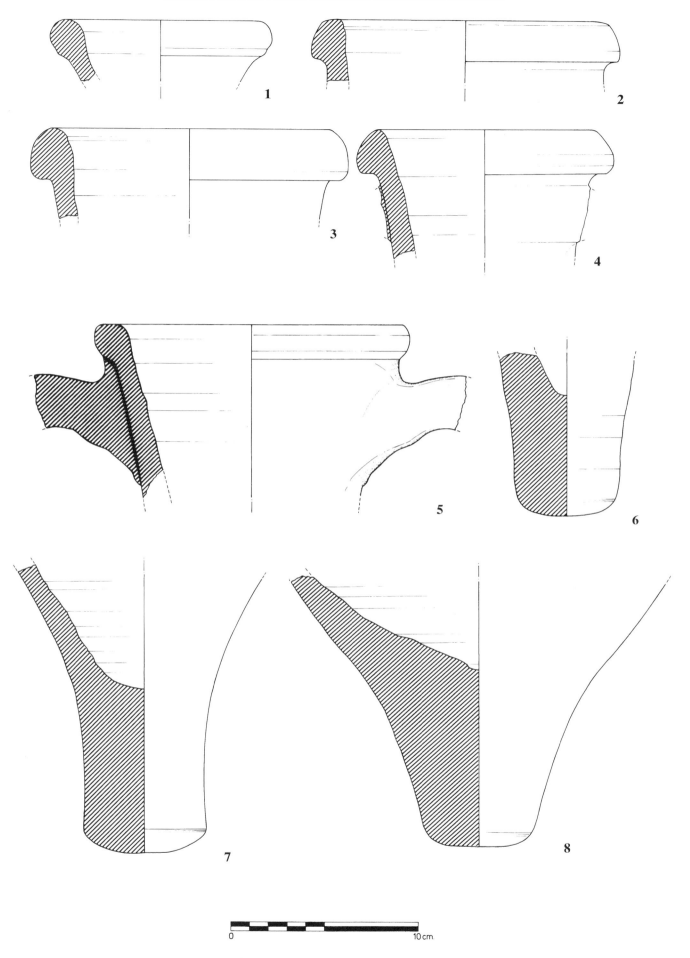

Figura 37. Ánforas tarraconenses Dr. 2/4; 6, 8: indeterminadas.

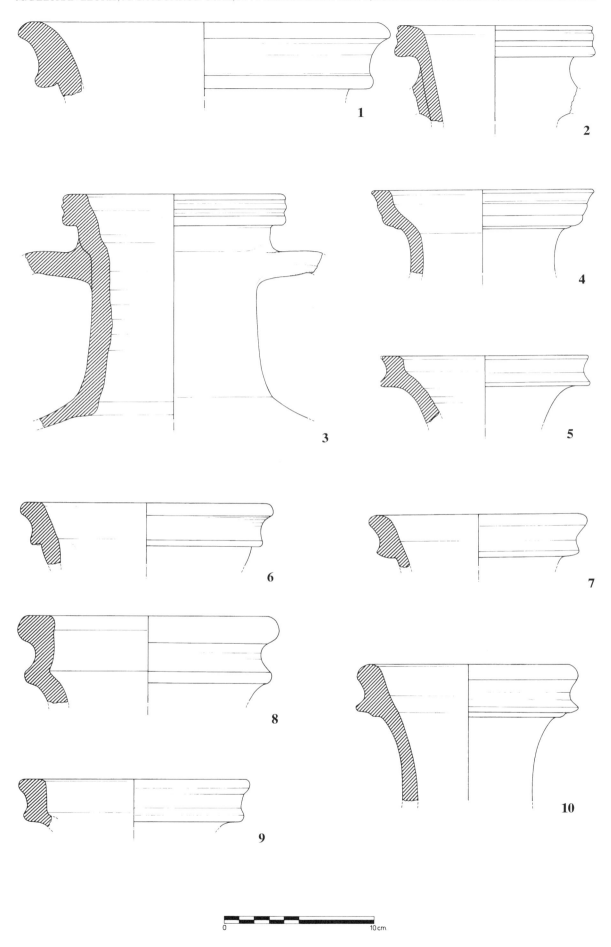

Figura 38. Ánforas tarraconenses. 1: Dr. 7; 2-10: Ober. 74.

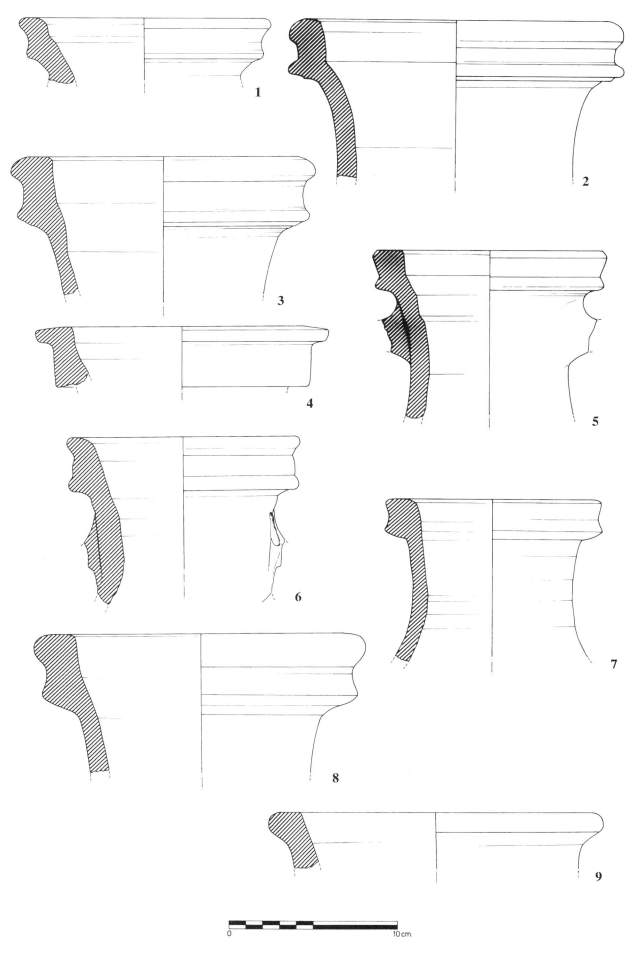

Figura 39. Ánforas tarraconenses Ober. 74.

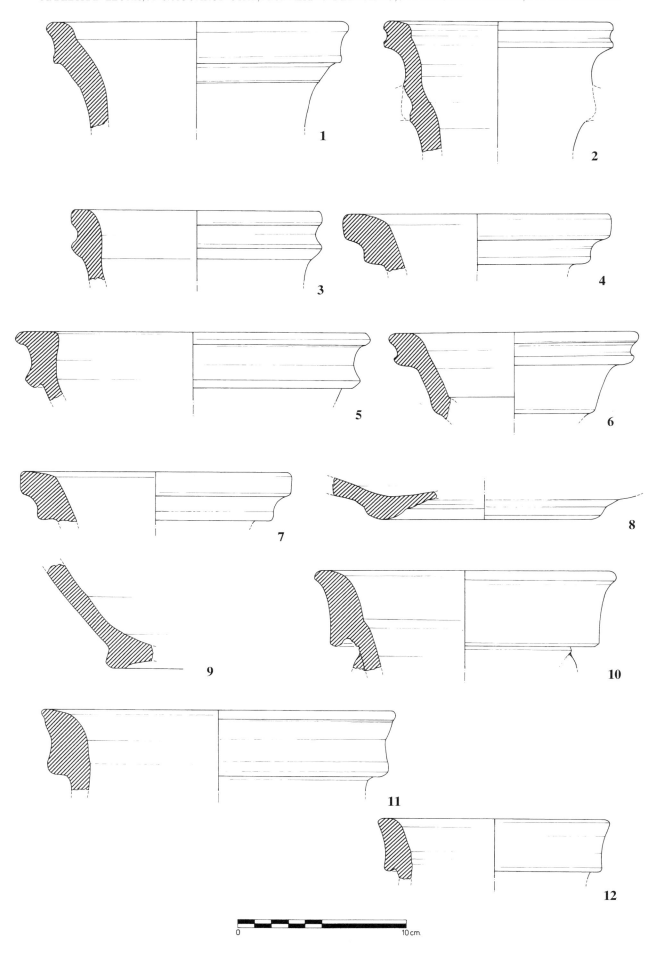

Figura 40. Ánforas tarraconenses. 1-9: 10-12 béticas, Dr. 7. Ober. 74.

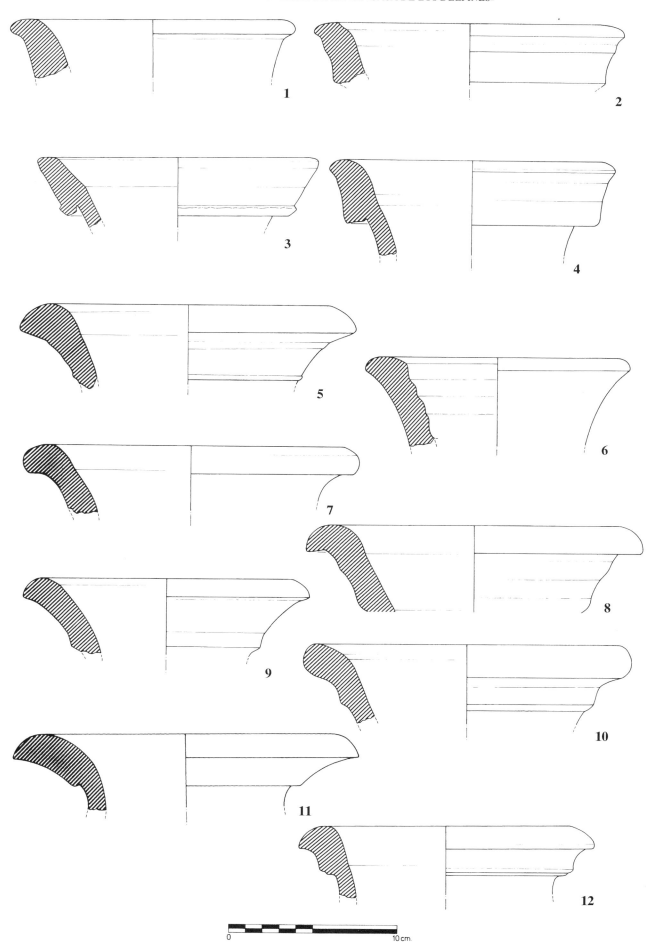

Figura 41. Ánforas béticas 1-4: Dr. 7; 5-9: Dr. 8; 10-11: Dr. 9.

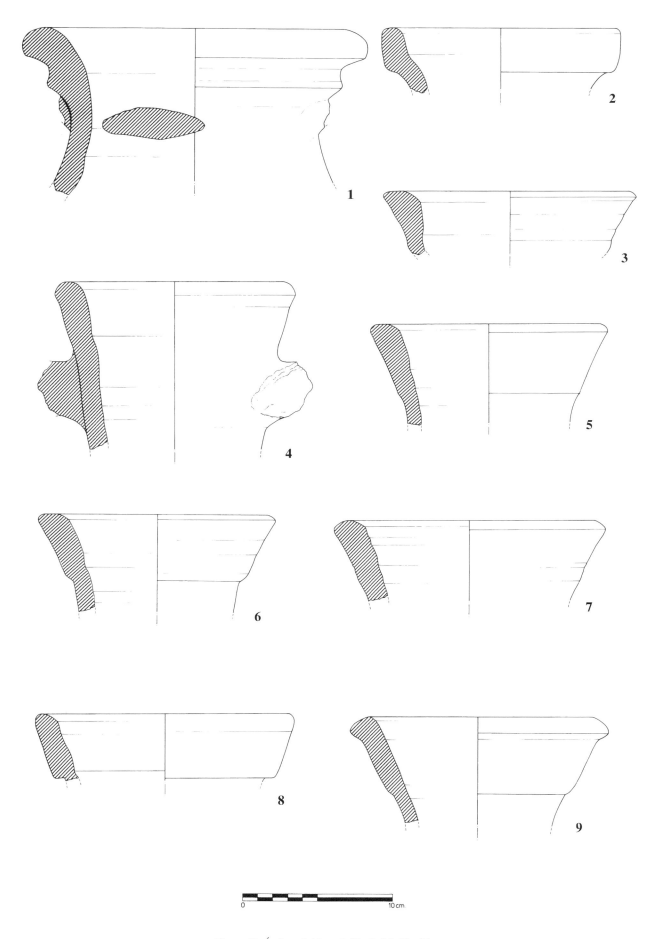

Figura 42. Ánforas béticas. 1: Dr. 9; 2-9: Ha. 70.

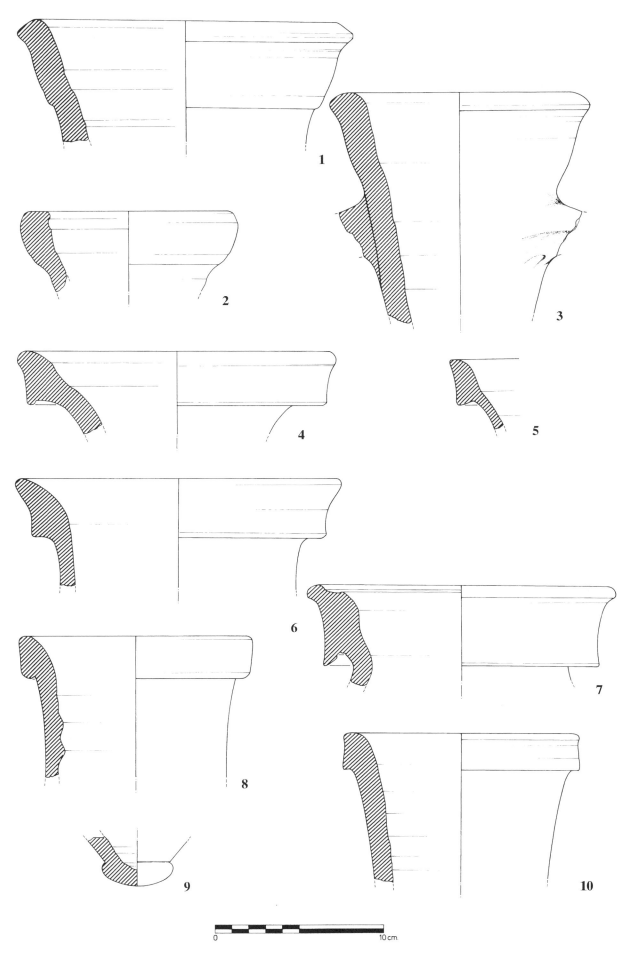

Figura 43. Ánforas béticas. 1, 3: Ha. 70; 2: Dr. 20; 4-5: Dr. 12; 8-9: 80.8100; 10: 80.8102.

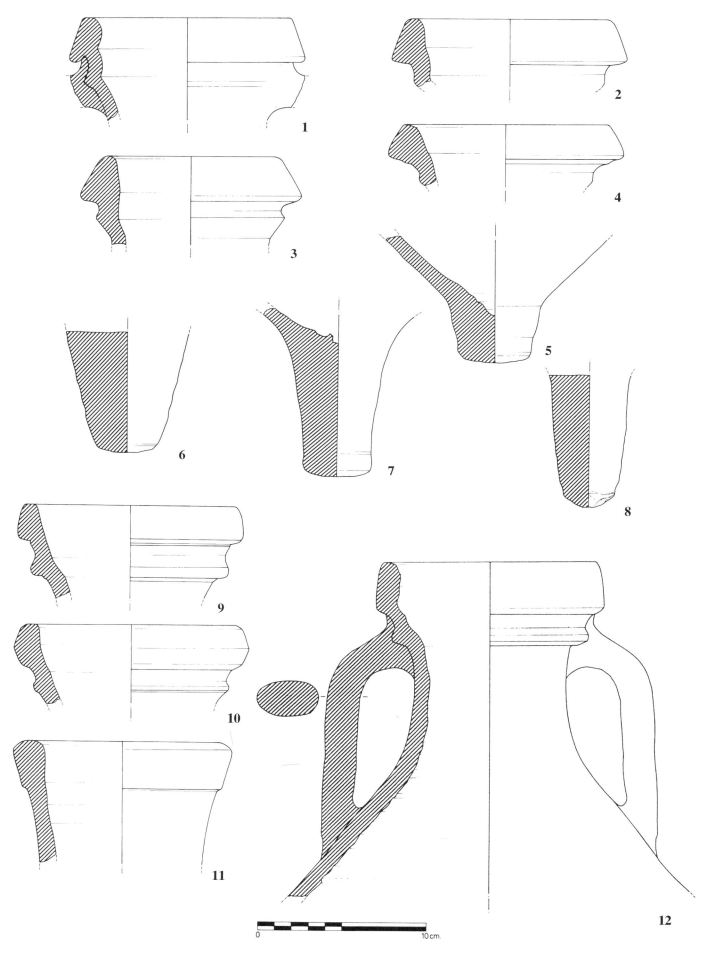

Figura 44. Inciertas: 1-4; 5-8: Ánforas béticas indeterminadas; inciertas: 9-12.

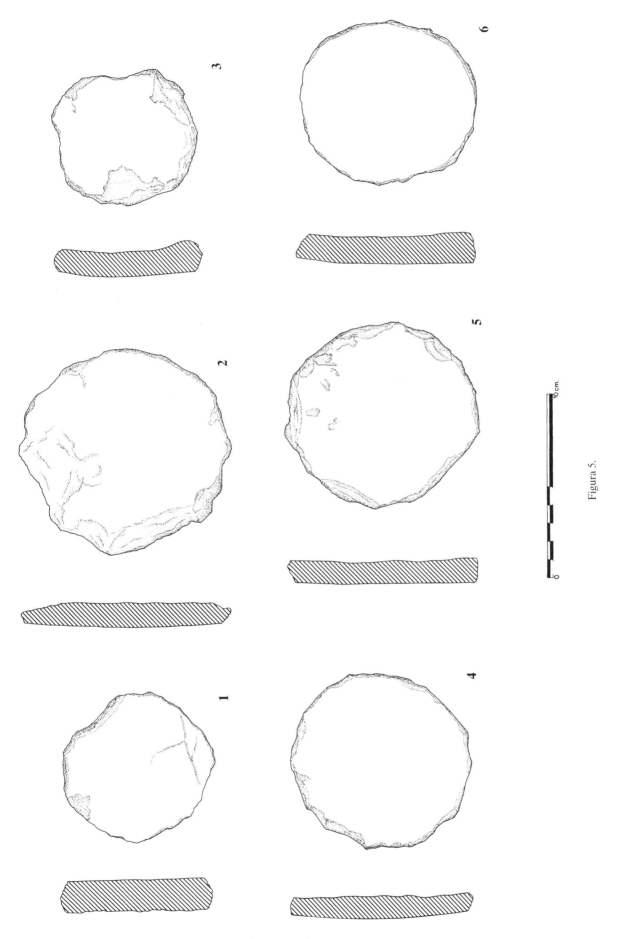

Figura 45. Tapaderas de ánfora recortadas en pastas tarraconenses.

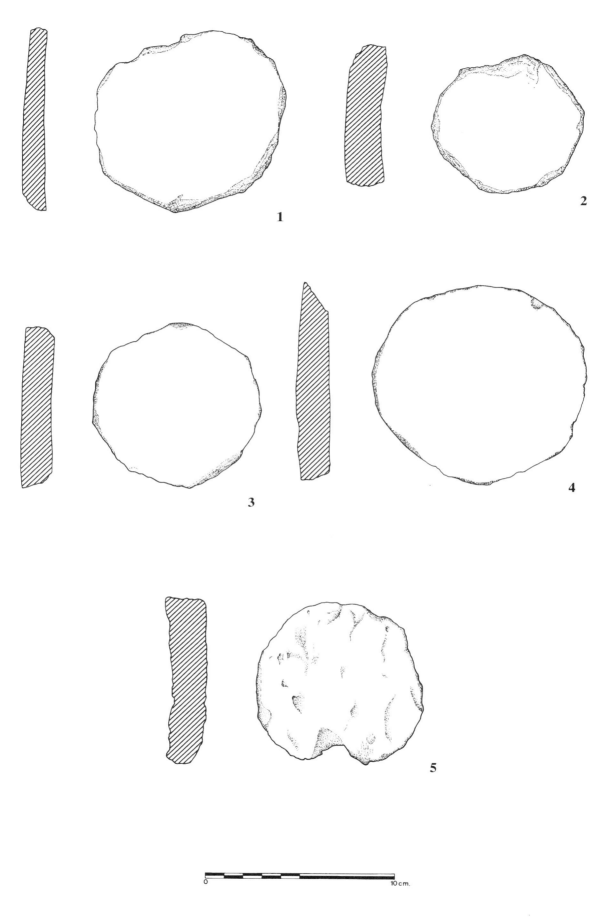

Figura 46. Tapaderas de ánfora recortadas en pastas tarraconenses.

7. MENAJE DE COCINA Y DESPENSA (M.C.A.O.)

7.1. CERÁMICAS AUTÓCTONAS

7.1.1. OLLAS

La olla corresponde a la *aula* u *olla* latina[308]. Es un recipiente de una cierta profundidad, más o menos panzudo, boca amplia y base plana, cuyo diámetro es generalmente algo menor que el de la boca. Su diseño suele ser bastante sencillo; puede tener una tapadera y ha servido para una gran variedad de usos en la vida cotidiana: para cocer y almacenar alimentos y medicinas, como urna cineraria, como vasija sagrada[309], etc.

Esta forma es, dentro del menaje de cocina, la más representada en la Casa de los Delfines, no sólo en su número, sino también en la variedad de sus perfiles.

Se han individualizado 284 ejemplares de bordes, que se han clasificado dentro de un repertorio tipológico de 29 formas. Dentro de ellas vamos a encontrar diseños muy diferentes, algunos de fuerte sabor indígena frente a otros estandarizados y comunes al resto del Imperio Romano.

En este representativo conjunto veremos coexistir ollas procedentes de diferentes alfares, algunos de los cuales desarrollan un repertorio formal propio. En ocasiones hallaremos que alguna de las formas de olla se ha fabricado en una variada gama de tamaños, como sucede, por ejemplo, en la forma 79.30, de la que encontramos versiones grandes y pequeñas.

Para la determinación de los talleres que abastecían a *Celsa* se ha realizado un detallado estudio de las pastas en las que se fabricaban sus ollas, y que dada su granulometría, generalmente gruesa, resultan más fáciles de reconocer a simple vista que las de otras pro-

ducciones más depuradas. El procedimiento para su estudio ha sido en primer lugar un examen macroscópico, seguido por el petrológico a través de lámina delgada[310]. De esta forma hemos determinado seis pastas diferentes, que corresponden a otros tantos alfares productores de cerámica de cocina, que podrían localizarse dentro del valle del Ebro.

Entre las ollas de la Casa de los Delfines pueden diferenciarse dos grandes apartados que separamos ateniéndonos a sus distintas funciones dentro de la cocina, que son guisar o conservar alimentos.

1. Guisar. Son procesos culinarios en los que interviene el calor, destinados esencialmente a cocer en agua los alimentos. Los recipientes destinados a este uso se colocan bien sobre las brasas del hogar o entre ellas, bien sobre un trípode de metal, u otro apoyo, tal como coronas de arcilla[311]; en la casa de los Delfines podían situarse también sobre la parrilla del hogar[312].

Las ollas de este grupo presentan a menudo las huellas de su exposición al fuego apreciándose en su superficie exterior, que aparece total o parcialmente ahumada sobre todo la en zona inferior. Hallaremos conviviendo formas que poseen ranuras en el interior del borde para asiento de la tapadera, con otras que carecen de ellas y cuyo tape descansaría directamente sobre su plano superior. Un grupo de ollas, el n.I, está realizado a mano, mientras que el resto se ha realizado a torno. Dentro de este apartado podemos diferenciar los siguientes grupos de ollas:

---

[308]   HILGERS, W., 1969, pp. 39-40.

[309]   HILGERS, W., 1969, pp. 112-116.

[310]   Confróntese en la Parte VI el apéndice dedicado a las pastas de la cerámica común y engobada.

[311]   BATS, M., 1988, pp. 216-217.

[312]   En la cocina de la Casa de los Delfines se ha encontrado un hogar de sillares de piedra que conserva las muescas del anclaje de una parrilla de hierro. BELTRÁN LLORIS, M., *et alii*, 1984, p. 127, La cocina l5.

I. Ollas realizadas a mano que suponen una pervivencia indígena. Sus pastas poseen generalmente componentes graníticos y corresponden a los talleres 1, 4 , 5 y 6.

Formas:
- 81.6687
- 80.7427
- 79.9
- 81.3003

La forma 79.11 puede considerarse su evolución realizada a torno.

II. Ollas de cuerpos cilíndricos y amplia boca, que carecen de cuello diferenciado. Sus pastas poseen componentes sedimentarios y corresponden al taller l. Por el momento, resulta incierta su utilidad como ollas para guisar o para conserva.

Formas:
- 81.8527
- 80.5316
- 80.8716

III. Ollas varias. Encontramos formas fabricadas tanto en pastas que poseen componentes sedimentarios como en otras de componentes graníticos, correspondientes a los talleres 1, 2 y 3.

Formas:
- 79.83
- 80.6727
- 80.6948
- 81.2621
- 79.39
- 81.6935

IV. Ollas con cuello diferenciado y hombro marcado, que poseen generalmente encaje interior en el borde para asiento de la tapadera. Sus pastas poseen componentes sedimentarios y corresponden al taller l.

Formas:
- 79.2
- 81.5830
- 82.2
- 79.1

V. Ollas de cuerpos ovoides y bordes redondeados o almendrados, que carecen de encaje para asiento de la tapadera. Sus pastas poseen componentes graníticos y corresponden al taller 2.

Formas:
- 80.1183
- 79.168
- 79.30
- 80.1500
- 79.15
- 79.70
- 80.3636

2. Conservar y almacenar alimentos. Los fondos de estas piezas no conservan huellas de su exposición al fuego, que en cambio sí se encuentran en sus bordes, que aparecen frecuentemente ahumados . Esto es debido a la utilización de calor para sellar el cierre de sus bocas con las tapaderas. Dentro de este apartado encontramos el siguiente grupo:

VI. Ollas con el borde ennegrecido. No poseen ranura en el borde para apoyo de la tapadera. Sus pastas contienen fragmentos de rocas sedimentarias y pertenecen al taller l.

Formas:
- 79.11
- 79.26
- 79.55
- 79.50
- 79.4

Al final del inventario de las ollas se encuentra un apartado donde se recogen los fondos de las ollas que por su fragmentación no pueden clasificarse dentro de las formas establecidas.

7.1.1.1. *Ollas para guisar*

Grupo I

Ollas realizadas a mano que suponen una pervivencia indígena. Sus pastas poseen generalmente componentes graníticos y corresponden a los talleres 1, 4 , 5 y 6.

Formas:
- 81.6687
- 80.7427
- 79.9
- 81.3003

La forma 79.11 (grupo VI) puede considerarse su evolución realizada a torno, pero en este caso su utilidad no era la de guisar, sino la de conservar alimentos.

81.6687

Es una olla realizada a mano en la que el borde, de extremo final redondeado, se dobla al exterior. El paso del cuello al cuerpo queda marcado por un hombro, generalmente aquillado y saliente. El cuerpo es ovoide, con su máxima anchura en el tercio superior. La base no se ha conservado en ningún ejemplar y se ha reconstruido con fondo de apoyo horizontal.

La zona comprendida entre el borde y el hombro se ha bruñido con gran cuidado, mediante un instrumento que en ocasiones ha dejado marcadas sus huellas, especialmente en el borde. Por el contrario, la zona que resta, del hombro a la base y que comprende el cuerpo del recipiente, se ha dejado con una terminación deliberadamente tosca y rugosa, llena de irregularidades y que contrasta con el fino acabado del cuello y el borde. El interior se ha alisado, pero de manera poco cuidada.

Contamos con quince fragmentos pertenecientes a esta forma, en los que el diámetro del borde oscila entre los 13 y 19 cm (81.1.21-25.DE.1377 y V.79.S.34 respectivametne). Todos se han fabricado con la pasta 4, de granulometría gruesa y en la que se aprecian a simple vista fragmentos de rocas graníticas utilizados como desgrasante.

La cocción suele ser en atmósfera oxidante, en ocasiones con un última fase reductora, encontrando en ese caso el centro de la pasta de color rojo oscuro, marrón o gris claro.

En la Casa de los Delfines aparece en el nivel 3 correspondiente al relleno de la estancia 12-14, fechado en torno al año 20 d. C., en el nivel 5, entre los años 41-48 d. C., así como en el abandono general de la casa, niveles 6 y 7, fechados entre los años 54-60 d. C.

Encontramos esta forma difundida por yacimientos del valle medio del río Ebro, en Zaragoza en la Casa de los Pardo en un nivel augusteo fechado entre los años 15-12 a. C.[313] y en la C/ Don Juan de Aragón en un nivel preaugusteo[314]. En *Contrebia Belaisca* en un contexto sertoriano[315], y con la misma cronología en El Piquete de la Atalaya en Azuara[316]. En Lérida se halla en las excavaciones de la Casa de la Pahería, definida como posthallstática[317]; en el yacimiento de Margalef aparece representada por varios ejemplares en el siglo II a. C.[318], y en Jebut[319]; mientras en Centcelles se encuentra con cronología más avanzada durante el siglo I d. C.[320].

Esta olla parece tener una gran relación con otras de tradición indígena halladas en diversos puntos de Francia, como vemos en Toulouse, La Lagaste y diversos lugares de la Aquitania[321].

Es una forma de tradición hallstática que hallamos en niveles del siglo II a. C., siendo frecuente en el siglo I a. C. y en época augustea, para perdurar en algunos casos durante la primera mitad del siglo I d. C.

La naturaleza de los desgrasantes utilizados en su fabricación nos indica una zona de origen prepirenaica, dándonos los ejemplares de esta forma localizados en la provincia de Lérida la clave de su posible zona de proce-dencia. Todos los fragmentos que hemos examinado personalmente, tanto los procedentes de Lérida, como de las excavaciones de Zaragoza se encuentran fabricados con la misma pasta, lo que nos señala una zona abastecedora común.

80.7427

Esta forma se nos presenta incompleta, contando únicamente con un fragmento de borde, recto y exvasado, que forma un ángulo marcado con el cuello. Se ha realizado a mano y presenta un acabado espatulado; la cocción se ha realizado en atmósfera oxidante. El diámetro del borde es de 16,5 cm

La pasta utilizada en su fabricación es la 5, poco depurada, con desgrasante grueso y abundancia de carbones en su composición; su origen puede encontrarse en el valle del Ebro.

Es una forma de tradición hallstática, constituyendo una perduración. La encontramos en el abandono general de la Casa de los Delfines, quizás como un material de arrastre de niveles cronológicamente más antiguos. Ejemplares similares se encuentran en un nivel preaugusteo, localizado en la excavación de la C/ Don Juan de Aragón en Zaragoza[322].

79.9

Esta olla presenta su perfil incompleto, conservando únicamente un fragmento de borde, de pequeño tamaño y vertical, que se afina en su extremo y que forma un ángulo obtuso con el cuerpo que es globular.

Se ha realizado a mano y la cocción se ha realizado en atmósfera reductora. En su fabricación se ha utilizado la pasta 1, con desgrasantes sedimentarios, muy frecuentes en el valle medio del río Ebro. Se conservan en su superficie huellas de ahumado por uso.

El diámetro del borde es de 12,4 cm Contamos con un solo fragmento de esta forma, localizado en el nivel 7 del abandono general de la Casa entre los años 54-60 d. C.; probablemente, como el fragmento anterior, constituye un arrastre procedente de niveles más antiguos del yacimiento.

81.3003

Esta olla, que se encuentra incompleta, posee un corto borde curvo que se inclina al exterior, con su lado interno convexo, lo que facilitaría el encaje de su tapadera. El cuerpo tiene forma ovoide.

---

[313] Material inédito no incluido en la publicación de BELTRÁN LLORIS, M., 1979b. Se trata de cuatro fragmentos de borde y pared localizados en los niveles I e y Ig, cuadros 4-6 AB 2 C y S.16 de los días 23.I.78, 3.II.78 y 25.I.78.

[314] GALVE, M.P. *et alii*, en prensa, un fragmento localizado en un nivel preaugústeo, véase Ollas para fuego realizadas a torno. En este mismo caso se trata de una pieza fabricada con la ayuda del torno lento, sigla VI.6350, figura XXV, 2.

[315] BELTRÁN MARTÍNEZ, A., 1982, p. 354, Fig. 28, nn. 70-72. Para los datos cronológicos véase BELTRÁN LLORIS, M., 1986, p. 498.

[316] PAZ PERALTA, J. y AGUILERA ARAGÓN, I., 1984, p. 185, Lám. VII, n. 1, p. 188. Para los datos cronológicos véase BELTRÁN LLORIS, M., 1986, p. 500, nota 26.

[317] TARRAGO, J. A. y DÍEZ-CORONEL, L., 1981, p. 460, n. 26, Lám. XLV, Fig. 68e; Lám. XLVI, Fig. 69.

[318] JUNYENT, E., 1972, p. 98 M-4-4, Fig. 4, M 71-69; M-4-6, Fig. 4, M 71-71; M-4-8, Fig. 4, M 71-79; pp. 126-127, n. 26, Fig. 4, M 71-78.

[319] Material del Museo de Lérida, Jebut B.

[320] RÜGER, Ch. B., 1969, p. 260, Abb. 3, nn. 5 y 12.

[321] FOUET, G. *et alii*, 1960, p. 229, 2; TUFFREAU-LIBRE, M., 1992, p. 60; SANTROT, M. H. y J., 1979, forma 237, pp. 130-131.

[322] GALVE, M. p. , *et alii*, en prensa, fragmentos III.1139 y III. 6124. Figura XXIV, nn. 3-4.

Contamos con cinco fragmentos de borde, de los cuales el diámetro de 81.1.25-33.GI.3003 es de 15 cm Se han fabricado a mano y se han cocido en atmósfera oxidante. Excepto en dos casos no clasificados, el resto se han elaborado en la pasta 4, rica en componentes graníticos y que se ha empleado únicamente en otra olla fabricada a mano, 81.6687.

Dentro de la Casa de los Delfines la encontramos en los niveles 1, 5, 7 y 8, con una cronología que se prolonga entre los años 40-35 a. C. (nivel 1), y los años 54-60 d. C. (nivel 7). Esta forma, de aspecto arcaizante, pertenece al mundo hallstático, hallando a lo largo de los siglos II y I a. C. ejemplares que pueden recibir bajo el borde decoraciones incisas y asas aplicadas[323], para llegar a los últimos momentos de su producción con recipientes carentes de decoración como éstos.

Su difusión se documenta en un área que se extiende por el territorio de Sedetanos, Lusones e Ilergetes[324]. Junto a las tres ollas anteriores, puede ser considerada un material residual dentro de este conjunto cerámico.

Grupo II

Ollas de cuerpos cilíndricos y amplia boca, que carecen de cuello diferenciado. Sus pastas poseen componentes sedimentarios y corresponden al taller 1. Por el momento, resulta incierta su utilidad como ollas para guisar o para conserva.

Formas:
• 81.8527
• 80.5316
• 80.8716

81.8527

En esta olla el borde se prolonga con una marcada curva al exterior, carece de cuello

diferenciado, enlazando directamente con el cuerpo que tiene las paredes verticales y ligeramente convexas.

Contamos con un solo fragmento de borde y pared de esta forma, de 20,4 cm de diámetro, que no nos proporciona su perfil completo. Se ha fabricado con la pasta 1, rica en desgrasantes sedimentarios frecuentes en el valle del Ebro, y su cocción se ha efectuado en atmósfera oxidante. La superficie presenta zonas ennegrecidas, aunque en este caso no parece claro si se trata de huellas de uso en el hogar, o se han producido de manera fortuita con posterioridad a su rotura; por ello no estamos seguros de su función como vaso para almacenar o para guisar.

Dentro de la Casa de los Delfines se encuentra en el nivel 6 fechado entre los años 54-60 d. C.

80.5316

Olla de borde recto y prolongado de forma inclinada al exterior, carece de cuello diferenciado, enlanzando directamente con el cuerpo que tiene forma cilíndrica. En el lado interior del borde una zona facetada permitiría un fácil apoyo para la tapadera.

El único fragmento de borde de esta forma tiene 18,4 cm de diámetro y se ha fabricado en la pasta 1, al igual que la forma anterior 81.8527. Su cocción se ha efectuado en atmósfera oxidante. La superficie del borde aparece ennegrecida mientras el cuerpo permanece sin huellas de ahumado; ésto nos indica que se trata probablemente de un vaso destinado a contener conservas, al igual que el grupo de ollas «de borde ennegrecido» que trataremos dentro del Grupo VI[325].

Hallamos esta forma en el nivel 5 de la Casa de los Delfines, fechado entre los años 41-48 d. C.

80.8716

Olla de borde recto y horizontal que se prolonga al exterior y cuerpo cilíndrico. Su perfil parece inspirarse en las cazuelas itálicas de borde horizontal, forma 79.28, aunque carece del rebaje interior para apoyo de la tapadera.

El único fragmento de borde perteneciente a esta forma tiene 15 cm de diámetro, se fabricó en la pasta 1 y posee abundantes huellas de ahumado.

En la Casa de los Delfines se encuentra en el nivel 5 fechado entre los años 41-48 d. C.

Grupo III

Ollas varias. Por las características individuales de sus diseños no parece indicado incluirlas en los restantes grupos establecidos.

[323] BELTRÁN LLORIS, M., 1979a, pp. 76-77, Fig. 36, 185-40, 96 A.59, 1B'.8, 12K.5; Fig. 37, 6L.17 1C'62, 94B.74; 1986, p. 519. ATRIÁN JORDÁN, p. , 1957, Lám. IX; ORTEGO FRÍAS, T., 1946, Lám. III, A; MARCO SIMÓN, F., 1985, Fig. 10, 2-4, 8.

[324] El Castillejo de La Romana, BELTRÁN LLORIS, M., 1979a, p. 77, con resumen bibliográfico.
Contrebia Belaisca, BELTRÁN MARTÍNEZ, A., 1982, Fig. 25, n. 51, p. 351.
Tiro de Cañón, BENAVENTE, J.A., *et alii*, 1986, Fig. 3, n. 62, p. 112.
Los Castellares, BURILLO, F., 1983, p. 97.
El Palao, MARCO SIMÓN, F., 1985, p. 211, Fig. 10, nn. 2-4, 8.
Cabezo Muel, ZAPATER, M. A. y NAVARRO, F. J., 1989, p. 332, Lám. X, nn. 1-6.
La información de su presencia en yacimientos del Valle del Jalón nos ha sido facilitada por J. A. Pérez Casas, datos procedentes de su Tesis de Licenciatura inédita «Contribución a la Carta Arqueológica del Bajo Jalón», Universidad de Zaragoza, 1987.
Zaragoza, GALVE, M. P. , *et alii*, en prensa, fragmentos: II.3429, Figura V, n. 5; VII. 6360, Fig. XXV, n. 1. Margalef, JUNYENT, E., 1972, p. 127, n. 28, Fig. 4, M. 71-81.

[325] Ollas para conservar. Grupo VI. Formas 79.11-79.4

Encontraremos la forma 79.83 fabricada en la pasta 1, las formas 80.2621, 79.39 y 81.6935 en la pasta 2, y las otras dos formas tanto en pastas sedimentarias como graníticas, correspondientes a los talleres 1, 2 y 3.

Formas:
- 79.83
- 80.6727
- 80.6948
- 81.2621
- 79.39
- 81.6935

79.83

Olla de borde corto y recto que se dobla, levantando su extremo, al exterior. El cuerpo es de forma ovoide con la máxima anchura en su zona media, en cuyo lado exterior ha recibido una banda decorativa, de 4,4 cm de anchura, compuesta por un grupo de estrías horizontales realizadas a peine. El fondo es cóncavo.

Contamos con un solo ejemplar de 18,8 cm de diámetro en el borde, 13,3 cm de altura y 8,4 cm de diámetro en el fondo. Se ha realizado en la pasta 1 y tiene huellas de ahumado por uso. Como acabado final ha recibido un ligero engobe y en el interior el alisado se ha hecho mediante un instrumento que ha dejado sus huellas en forma de surcos entrecruzados.

En la Casa de los Delfines se encuentra en el nivel 6 fechado entre los años 54-60 d. C.

80.6727

Olla de borde con su extremo de sección circular, que se dobla al exterior. El cuerpo es globular y la base de fondo plano.

Conocemos seis ejemplares, de los cuales en el tamaño más pequeño mide 11,5 cm de diámetro en el borde (81.1.25-33.GI.2820) y el mayor 12,8 cm de diámetro en el borde, 13,4 cm aproximadamente de altura y 8 cm de diámetro de fondo (80.1.38.LM.6727). De ellos uno se ha fabricado en la pasta 1 y el resto en la 3, rica en desgrasantes graníticos. Se han cocido en atmósfera reductora y su acabado es cuidado, con una ligera cubierta de engobe.

En la Casa de los Delfines se encuentra en los niveles 3, 5, 6 y 7, con una cronología que comprende desde el año 20 d. C., momento en el que se fecha el nivel 3, hasta los años 54-60 d. C. del abandono general.

Conocemos un ejemplar completo procedente de Gallur, fabricado en la pasta 1[326].

80.6948

Olla con un borde exvasado de sección almendrada, el cuello se encuentra poco diferenciado y el cuerpo es de forma ovoide. La base no se ha conservado íntegra.

El diámetro del borde del fragmento 80.1.20-24.UT.6948 es de 22 cm Contamos con cinco ejemplares pertenecientes a esta forma, que se han fabricado en las pastas 1, 2 y 3. El acabado es muy cuidado al exterior, mientras el interior conserva las estrías del torneado.

En la Casa de los Delfines se encuentra en los niveles 5, 7 y 8 fechados entre los años 41-48 d. C. y 54-60 d. C.

81.2621

Olla con un pequeño borde, recto y vuelto al exterior, ligeramente levantado. El cuello es amplio y el cuerpo tiene forma ovoide, éste recibe en su tercio superior una banda decorativa compuesta por un grupo de cuatro acanaladuras horizontales. La base no se ha conservado.

El diámetro del borde del fragmento 81.1.25-33.GI.2621 es de 22,6 cm y la altura aproximada de 22,2 cm Contamos con dos ejemplares que se han fabricado en la pasta 2, con un acabado poco cuidado En la Casa de los Delfines se encuentran en los niveles 5 y 7 correspondientes al abandono de los años 41-48 d. C. y 54-60 d. C.

79.39

Pequeña olla de borde recto, ligeramente exvasado, y cuerpo ovoide. En la zona correspondiente al hombro recibe una acanaladura decorativa. La base no se ha conservado.

Contamos con un solo ejemplar que tiene 10 cm de diámetro en el borde y 9,1 cm de altura aproximada.

Se ha fabricado en la pasta 2 y cocido con atmósfera reductora. El acabado es tosco.

En la Casa de los Delfines se encuentra en el nivel 7 correspondiente al abandono general de los años 54-60 d. C.

81.6935

Olla de grandes dimensiones con un borde prolongado que se dobla al exterior en sentido horizontal; en su parte superior recibe una acanaladura que facilita el asiento de una tapadera. El cuerpo es ovoide y la base no se ha conservado.

Contamos con dos ejemplares cuyos diámetros de borde oscilan entre los 15,5 y 23 cm (81.1.D.II.9993 y 81.1.2-8.N'P'.6935 respectivamente). Se han fabricado en la pasta 2 y cocido en atmósfera reductora. En la Casa de los Delfines se encuentran en los niveles 7 y 8 correspondientes al abandono de los años 54-60 d.

Grupo IV

Ollas con cuello diferenciado y hombro marcado, que poseen generalmente encaje interior en el borde para asiento de la tapadera. Lo componen cuatro formas que tienen en

---

[326]   AGUAROD, C., 1977a, n. 134, p. 188.

común un cuerpo ovoide y amplio cuello troncocónico; el paso entre ambos lo constituye un hombro marcado y saliente que, en la forma más antigua cronológicamente, queda patente por medio de una acanaladura. En todas ellas la zona más ancha se encuentra en la parte superior del cuerpo. El borde es el elemento morfológico que permite individualizarlas y que indica diferentes estadios de su evolución.

Sus pastas poseen componentes sedimentarios y corresponden al taller l, que se difunde por una amplia franja que recorre longitudinalmente el río Ebro, desde Navarra y La Rioja por el Norte, hasta el Bajo Aragón por el Sur.

Formas:
- 79.2
- 81.5830
- 82.2
- 79.1

79.2

Es la primera de este grupo de ollas de hombro marcado. El borde, ligeramente más grueso que el cuello, se dobla hacia afuera; su parte superior es semicircular, formando en su lado exterior una arista en su unión con el cuello, que se encuentra diferenciado. El hombro aparece suavemente marcado por una acanaladura; el cuerpo tiene forma ovoide, con su máxima anchura en el tercio superior, y la base tiene el fondo plano.

Contamos con un solo ejemplar de 14,6 cm de diámetro en el borde, 16,9 cm de altura y 8 cm de diámetro en el fondo. Se ha fabricado en la pasta 1, rica en desgrasantes sedimentarios, y se ha cocido en atmósfera oxidante. La superficie exterior se encuentra alisada con cuidado y ha recibido un ligero engobe, mientras que en el interior se conservan las estrías del torneado.

En la Casa de los Delfines se encuentra en el nivel 3 correspondiente al relleno de la estancia 12-14 que se fecha en torno al año 20 d. C. y en la vecina Casa del Ara aparece en rellenos de época tardorrepublicana.

En época augustea conocemos ejemplares localizados en la Casa de los Pardo en Zaragoza[327] y en Tolegassos[328]. Con una cronología más avanzada, dentro del siglo I d. C. aparece en Tarragona en un nivel fechado entre época de Tiberio y Nerón[329].

81.5830

En esta segunda olla perteneciente al grupo de hombro marcado el borde es recto y alargado, vuelto al exterior en ángulo oblicuo. Podemos diferenciar dos variantes, la A con el ángulo del borde muy acusado, y la B en la que se encuentra menos marcado[330]. El cuello aparece diferenciado y el hombro marcado. El cuerpo es de forma ovoide, con su máxima anchura localizada en el tercio superior. La base tiene el fondo cóncavo.

El diámetro de los bordes oscila entre los 8,2 y los 19 cm (V.79.3.J'99 y V.79.Exc.9 respectivamente); en el ejemplar que nos proporciona el perfil completo el diámetro del borde es de 17 cm, la altura de 16,7 cm y el diámetro del fondo de 9 cm.

De los veinticuatro ejemplares pertenecientes a esta forma veintidós se han realizado en la pasta 1, con desgrasantes compuestos de fragmentos de rocas sedimentarias, propios del valle del Ebro, y dos en una pasta no identificable con los grupos clasificados. El acabado es muy cuidado, siendo frecuente la presencia de una ligera capa de engobe.

En la Casa de los Delfines se encuentra en los niveles 5, 6, 7 y 8 fechados entre los años 41-48 d. C. y 54-60 d. C.

Como paralelos de esta olla podemos citar los hallados en un nivel augusteo en la Casa de los Pardo en Zaragoza[331], durante el siglo I d. C. los de El Palao y *Bilbilis*[332]. En Centcelles se encuentra entre los años 140-150 d. C. y en Gallur sin cronología precisa[333]. Tanto los ejemplos de Zaragoza, como los del Palao, *Bilbilis* y Gallur se han fabricado con la misma pasta que los de *Celsa* en general, y los de la Casa de los Delfines en particular, lo que indica un área de origen común.

82.2

Es la tercera del grupo de ollas con hombro marcado. En ella el extremo del borde se ha engrosado, poseyendo en su lado externo una acanaladura inferior que le proporciona un aspecto más o menos colgante. En su lado interno, una depresión sirve generalmente como fácil apoyo para la tapadera. El borde admite diferentes variantes en su longitud, acercándose de este modo más o menos al cuello del recipiente que se encuentra diferenciado. El cuerpo es ovoide,

[327] Material inédito, 484, Ie, 8, BC, o 40/0, 85, 27-Í-78; cronología entre los años 15-12 a.C., en BELTRAN LLORIS, M., 1979b, p. 956. La pasta es la misma que la del ejemplar estudiado aquí.

[328] CASAS I GENOVER, J., *et alii*, 1990, pp. 110-111, n. 228.

[329] RÜGER, Ch. B., 1968, Abb.4, n. 17, p. 249, Estrato H.

[330] Ejemplares del grupo A en las figuras 54 y 55, nn. 1 y 2, y del grupo B en la Figura 55, n. 3.

[331] Material inédito, 4-6. CD., I e, 8-II.78, 0,80/0,90; cronología entre los años 15-12 a.C., en BELTRÁN LLORIS, M., 1979b, p. 956.

[332] MARCO SIMÓN, F., 1985, Fig. 11, n. 3, p. 211; MARTÍN BUENO, M., 1975, Fig. 11, n. 2, p. 164.

[333] RÜGER, Ch. B., 1969, Abb. 3, n. 5, pp. 260-261; AGUAROD, C., 1977a, Forma 115, pp. 169 y 174.

con su máxima anchura en el tercio superior, y el hombro marcado. La base tiene el fondo plano.

Encontramos una amplia gama de tamaños en su fabricación, el ejemplar más pequeño tiene 13 cm de diámetro en el borde, 11,5 cm de altura y 4,5 cm de diámetro en el fondo (82.1.42.k'.2) y el más grande 21 cm de diámetro en el borde y 24,7 cm de altura aproximadamente, el fondo no se ha conservado (V.79.20.N.22).

Con cuarenta y dos individuos, es la forma más frecuente de este grupo; de ellos treinta y ocho se han realizado en la pasta 1, con rocas sedimentarias como desgrasantes y que ya vimos en las formas anteriores, y únicamente cuatro en la pasta 3, de características similares. Todos ellos parecen proceder de una zona común. El acabado es cuidado al exterior, siendo frecuente la aparición de un ligero engobe como recubrimiento final. Con frecuencia aparecen huellas de ahumado por uso en el fondo y las paredes de estas ollas.

En la Casa de los Delfines se encuentran en los niveles 5, 6 y 7 con una cronología que comprende los años 41-48 d. C. y 54-60 d. C.

Hemos examinado personalmente paralelos de esta forma, fabricados en la misma pasta 1 con desengrasantes sedimentarios, en los siguientes yacimientos: Zaragoza, en la Casa de los Pardo dentro de un nivel augusteo[334] y en las excavaciones del Paseo Echegaray y Caballero en niveles del siglo I. d. C.[335], Santacara, junto a materiales del siglo I a. C. y *terra sigillata* itálica[336], durante el siglo I d. C. en Calahorra[337], *Bilbilis*[338], El Poyo del Cid[339] y El Palao[340], y sin cronología concreta en *Vareia*[341], Mallén[342] y El Regadío[343].

En resumen, vemos como esta forma, fabricada en la pasta 1, se difunde a través de una franja que discurre por el valle medio del rio Ebro atravesando Aragón (provincias de Zaragoza y Teruel), Navarra y La Rioja.

79.1

Es la última olla del grupo con hombro marcado. En ella el borde engrosado que vimos en la forma anterior 82.2, se ha aplicado al arranque del cuello, desapareciendo el labio colgante y la acanaladura externa en su parte inferior. En su lado interno una marcada depresión sirve de apoyo a la tapadera. El cuello está diferenciado y el hombro marcado, en ocasiones con una acanaladura. El cuerpo es de forma ovoide, con su máxima anchura en el tercio superior y la base no se ha conservado íntegra en ningún ejemplar.

De los catorce individuos contabilizados, trece se han realizado en la pasta 1 y un solo ejemplar en la 3. Ambas poseen desgrasantes sedimentarios y denotan un origen que puede localizarse dentro del valle medio del río Ebro.

Encontramos una amplia gama de tamaños en su fabricación, el ejemplar más pequeño tiene 14,5 cm de diámetro y el más grande 24 cm (81.1.21-31.FG.1989 y V.79.16.LM.86 respectivamente).

En la Casa de los Delfines la hallamos en los niveles 5, 6, 7 y 8, fechados todos entre los años 41-48 d. C.

Hemos examinado personalmente paralelos de esta forma, fabricados en la misma pasta 1 con desgrasantes sedimentarios, en los siguientes yacimientos: Farasdúes[342], Calahorra[343] y *Vareia*[344]. La olla 79.1 constituye la última fase de esta familia de ollas.

Grupo V

Ollas de cuerpos ovoides y bordes redondeados o almendrados, que carecen de encaje para asiento de la tapadera y cuyo perfil vamos a ver evolucionar a lo largo de siete variantes . Es frecuente que el cuerpo exterior de estas ollas se encuentre surcado de estrías en sentido horizontal, ya sea de forma aislada o en grupos, formando bandas. Sus pastas poseen componentes graníticos y corresponden al taller 2, cuya difusión se extiende por la zona Noreste de la provincia de Zaragoza, las provincias de Huesca y Lérida, la comarca del Bajo Aragón y Tarragona.

Formas:
- 80.1183
- 79.168
- 79.30
- 80.1500
- 79.15
- 79.70
- 80.3636

[334] Material inédito, 4-6. AB.1506, I g, 20-I-78, 1, 55/1,65; cronología entre los años 15-12 a. C., en BELTRÁN LLORIS, M., 1979 b, p. 956.

[335] BELTRÁN LLORIS M., *et alii*, 1980, Forma 3, apartado 22.1 Ollas.

[336] MEZQUIRIZ, M. A., 1975, Fig. 4, n. 12, Estrato III; Fig. 10, n. 10, Estrato V, pp. 90, 92, 98 y 100.

[337] CAÑADA SAURAS, J., 1973, p. 156, Lám. X; ESPINOSA, U., 1984, p. 120, Fig. XXVI, nn. 7-8, Fig. XXVII, n. 2.

[338] MARTÍN BUENO, M. A., 1975, Fig. 11, nn. 4-9, p. 164.

[339] BURILLO MOZOTA, F., 1981, p. 268, grupos 4 y 5. Lo fragmentado de los bordes del grupo 4 han llevado a este autor a considerarlas de cuerpo globular, pero en realidad pertenecen al mismo grupo que las del 5 de cuerpo ovoide y hombro marcado.

[340] Material inédito procedente de las excavaciones de F. Marco Simón, a quien agradecemos su acceso. A. Pal. VI.2991, A. Pal. VI.3163, A. Pal. VI.3330, A. Pal. VI.3124.

[341] LUEZAS PASCUAL, R. A., 1989, Forma VII, pp. 162-163, Lám. V, n. 15-17 y Lám. VI, nn. 18, 19, 21, 22, 23.

[342] AGUAROD, C. y MOSTALAC, A., 1983, p. 157, Fig. 6, n. 2.

[343] ESPINOSA, U., p. 120, Fig. XXVI, n. 8.

[344] LUEZAS PASCUAL, R. A., 1989, Forma VII, pp. 162-163, Lám. V, n. 16 y Lám. VI, n. 20.

80.1183

En esta primera olla el borde tiene sección circular y posee una ranura inferior, más o menos marcada según los ejemplares, en su unión exterior con el cuello que es troncocónico y enlaza con el cuerpo mediante una ranura, marcando una suave carena. El cuerpo es ovoide, con su máxima anchura en el tercio superior. La base puede levantar su parte central.

Contamos con quince individuos entre los cuales el menor posee 13 cm de diámetro en el borde y el mayor tiene 17,5 cm de diámetro en el borde, 16,8 cm de altura y 8,2 cm de diámetro de fondo (V.79.4.O.16 y 80.1.20.T.1183 respectivamente). Todos ellos se han fabricado en la pasta 2 y el acabado es muy cuidado al exterior, mientras en el interior permanecen las estrías del torno sin alisar.

En la Casa de los Delfines se encuentra en los niveles 5, 6-7 y 8, correspondientes a los abandonos de los años 41-48 d. C. y 54-60 d. C.

79.168

En esta segunda variante el perfil del borde se mantiene circular en algunos casos, mientras en los ejemplares más evolucionados se va alargando progresivamente adoptando una forma almendrada. La ranura que existía en la forma anterior 80.1183, en la unión exterior del borde y el cuello, ha desaparecido, encontrando en esa zona o un corte facetado recto o una terminación cóncava. El cuello es troncocónico y enlaza con el cuerpo mediante una ranura. El cuerpo es de forma ovoide y posee su máxima anchura en la zona media. La base posee el centro del fondo levantado.

Contamos con cuarenta y tres ejemplares cuyos diámetros de borde oscilan entre los 9 y 24 cm (V.79.6-8.PQ.115 y V.79.5-7.HI.12 respectivamente). La olla V.79.18.Ñ.172, de perfil completo, tiene 17,4 cm de diámetro en el borde, l7,7 cm de altura y 9,4 cm de diámetro de fondo. Se han fabricado con la pasta 2, de composición granítica, y su técnica de acabado es similar a la de la forma anterior.

En la Casa de los Delfines se encuentra en los niveles 5,6-7 y 8, correspondientes al momento final de abandono de los años 41-48 d. C. y 54-60 d. C.

Conocemos paralelos de esta forma fabricados en la pasta 2 en el Tossal Gort de Maella [345] y en varias excavaciones realizadas en *Caesaraugusta*[346]. Su presencia se constata,

fuera del Valle del Ebro, en el vertedero del Pasage de Cobos en *Tarraco* (dato facilitado amablemente por F. Tarrats, que se halla realizando el estudio de los materiales del citado conjunto), donde un ejemplar se encuentra sellado bajo el borde con el nombre del alfarero *Primus*. Este hecho, realmente poco frecuente en recipientes como las ollas, da pie a pensar en la importancia de la producción de este taller, cuya ubicación debe encontrarse en una zona del Aragón nororiental o, muy posiblemente, en la vecina zona catalana.

79.30

El borde de esta olla se encuentra más aplastado que en las dos formas anteriores, adoptando un perfil almendrado que constituye su parte más destacable. El cuello posee diversas variantes, en las que se encuentra más o menos diferenciado. El cuerpo es de forma ovoide, con su máxima anchura en la zona media o el tercio superior; generalmente conserva una ranura en su unión con el cuello. La base puede ser plana o levantarse ligeramente en su zona central.

Respecto a su tamaño existe una variada gama en la que encontramos ollitas de 10,6 cm de diámetro en el borde, 9,5 cm de altura y 6 cm de diámetro en la base y grandes ollas de 21 cm de diámetro en el borde (80.1.12.X.7792 y 80.1.8-14.VZ.7768 respectivamente).

Es la forma de olla más abundante en la Casa de los Delfines contabilizándose setenta y un ejemplar, todos fabricados en la pasta granítica 2. El acabado de estas piezas es cuidado al exterior, mientras el interior conserva las estrías del torno sin alisar.

Hallamos frecuentemente esta olla en los niveles 5, 6-7 y 8 correspondientes a los abandonos de los años 41-48 d. C. y 54-60 d. C.

Conocemos paralelos fabricados en la misma pasta granítica 2 en excavaciones efectuadas en *Caesaraugusta*[347], en la villa romana de Las Coronas[348], en Raimat y La Pahería en Lérida[349], y finalmente en el yacimiento de El Palao dentro de la provincia de Teruel[350] .

---

[345] Material inédito conservado en una colección partícular de Maella.

[346] Material inédito procedente de las excavaciones de A. Mostalac en el Antiguo I. N. B. Mixto 4, Pza. San

Pedro Nolasco, sector 4, cuadro 1, UE 026, 10.XI.93. Agradecemos el acceso a su estudio.

[347] Solar de la C/ Palomeque 12, material inédito procedente de nuestras excavaciones en 1981.

[348] Situada en Pallaruelo de Monegros (Huesca). MÍNGUEZ, J. A. y FERRERUELA, A., 1992, p. 141, 3.5.5, Fig. 9, n. 40.

[349] CAMPS ÁLVAREZ, P. en PÉREZ ALMOGUERA, A., *et alii*, 1988, pp. 138-139, n. 5.

[350] Material inédito procedente de las excavaciones de F. Marco Simón a quien agradecemos su acceso. A. Pal. VI, nn. 3177, 3.107 y 3.075.

80.1500

En esta olla el borde ha sufrido un cambio ya que se ha prolongado y estrechado notablemente respecto a las anteriores, adoptando un esbelto perfil triangular; su lado interior se encuentra ligeramente rebajado. El cuello es muy corto y marcado. El cuerpo, de forma ovoide, posee la máxima anchura en el tercio superior y en algunos casos su superfice exterior se halla surcada, excepto en la zona inferior, por bandas de estrías horizontales realizadas a peine. Una característica de factura que acompaña a esta forma es el grosor de la pared, que ha disminuido respecto al resto de las ollas de este grupo, y que al entrar en contacto con otros materiales duros emite un sonido metálico.

Entre los siete ejemplares con que contamos hay formas de 13,4 cm de diámetro en el borde y de 24 cm (80.1.6.MN.4343 y 80.1.18-22.QT.1500 respectivamente). Todos ellos se han fabricado con la pasta 2, rica en componentes graníticos.

Dentro del yacimiento de *Celsa* se encuentra en las casas cuyo abandono es más reciente y en la Casa de los Delfines aparece en los niveles 5, 6-7 y 8 fechados en los años 41-48 d.C y 54-60 d.C.

79.15

Es una forma bastante similar a la anterior, pero en ella el borde triangular tiene una suave acanaladura central en su lado exterior; mientras el interior es recto e inclinado. El cuello es troncocónico y el cuerpo ovoide, surcado por bandas de estrías horizontales realizadas a peine.

El único ejemplar tiene 25 cm de diámetro en el borde, se ha realizado en la pasta 2 y lo hallamos en el nivel 5 de la Casa de los Delfines, fechado entre los años 41-48 d. C.

79.70

Se trata de una ollita con pequeño borde de perfil triangular y cuello troncocónico invertido; borde y cuello se inclinan al exterior, diferenciándose marcadamente del cuerpo, de forma ovoide.

Contamos con cuatro ejemplares cuyos diámetros de borde oscilan entre los 8,8 y 12 cm (V.79.2-6.X-AB.6 y V.79.EX.17 respectivamente). Todos ellos se han fabricado con la pasta 2 de composición granítica y se encuentran en el nivel 5 de la Casa de los Delfines entre los años 41-48 d. C.

80.3636

Es una ollita de pequeño borde de perfil apuntado en su lado externo y que se inclina al interior, enlazando directamente con el cuerpo que tiene forma ovoide.

El único ejemplar tiene 8 cm de diámetro en el borde, la altura aproximada es de 8,7 cm y se ha fabricado en la pasta 2, rica en componentes graníticos.

En la Casa de los Delfines se encuentra en el nivel 5 fechado en el abandono de los años 41-48 d. C.

Grupo VI

79.11

Es una olla de grandes dimensiones con alto borde, ligeramente curvo en su zona central, que se dobla al exterior; en su lado interior el diseño facilita el encaje de una tapadera. El cuello queda marcado por una depresión dando paso a un cuerpo ovoide que tiene su máxima anchura en el tercio superior. La base es plana, con el fondo ligeramente levantado en su centro.

Contamos únicamente con un ejemplar que nos proporciona el perfil completo y cuyas medidas son: diámetro del borde 26 cm, altura 33,5 cm y diámetro de la base 20 cm Conserva huellas de uso consistentes en un ahumado intenso que se localiza exclusivamente en el borde, desde donde unos regueros oscuros gotean por la panza del recipiente; mientras el resto de la vasija permanece sin señales de su exposición al fuego. Tanto sus dimensiones, como sus huellas de uso nos indican que la utilidad de esta olla era el almacenaje y no su exposición al fuego para guisar. El borde ennegrecido tendría su explicación en la aplicación de pez que se utilizaba para sellar el cierre de las conservas, como se explica con más detalle en el grupo de ollas 80.5316-79.4 denominadas «de borde ennegrecido».

La olla 79.11 se fabricó a torno, y de las cuatro formas vistas hasta el momento en este apartado es la primera que podemos considerar como propiamente romana. Se ha cocido en atmósfera oxidante y la pasta empleada en su elaboración es la 6, de granulometría gruesa y poco frecuente. En lo referente a su terminación, el borde, cuello y hombro se ha alisado, en contraste con el resto del cuerpo, con un acabado tosco que muestra imperfecciones, rayas y poros, lo que nos recuerda las técnicas indígenas.

En la Casa de los Delfines se encuentra en el nivel 7, correspondiente al abandono general de los años 54-60 d. C.

Podemos considerarla como la evolución, plenamente romana, de una forma indígena anterior 81.3003.

7.1.1.2. Ollas para conservar

Grupo VI

Ollas con el borde ennegrecido. No poseen ranura en el borde para apoyo de la tapadera. Sus pastas contienen fragmentos de rocas sedimentarias y pertenecen al taller l.

Dentro de las ollas cocidas en atmósfera oxidante y con pastas de color claro halladas en *Celsa* existe un grupo cuya utilidad ha quedado muy bien definida gracias a sus huellas de uso. Mientras el fondo y el cuerpo exterior de las mismas no muestran señales de su exposición al fuego y permanecen sin ahumar, no sucede lo mismo con el borde que aparece ennegrecido e impregnado con una sustancia oscura, que en ocasiones ha goteado por las paredes exteriores.

Cerámicas con recubrimiento negro en el borde han sido estudiadas por R.C.A. Rottländer[351], quien ha realizado diversos experimentos destinados a averiguar su utilidad. Las vasijas objeto de su trabajo se encontraron, entre otros lugares, habitualmente en salinas donde servían para la obtención de sal por evaporación. Dado que los recipientes utilizados no estaban vidriados y por tanto eran hidrófilos, éstos se impermeabilizaban mediante un revestimiento total o parcial de pez de abedul, impidiendo de este modo que la sal cristalizase sobre el borde, levantando en capas su superficie y fragmentándolo.

Parece que en vasijas de tamaño medio y grande, tal como son las ollas que encontramos en *Celsa* y otros yacimientos cercanos como Zaragoza[352], este revestimiento de pez[353] en el borde podía utilizarse tanto para impermeabilizar como para sellar el cierre de las conservas en salazón, entre las que sería posible encontrar, olivas, carnes, etc. Se evitaba así la formación, en el borde del recipiente, de los cristales de sal originados por las salazones, que de otra manera hubiesen levantado la tapa de no encontrarse ésta impermeabilizada. También podría considerarse el uso de estos recipientes para conservar legumbres que, una vez secadas al sol, se introducían en vasos untados con pez[354], o frutas, que se almacenaban dentro de los vasos empegados que a menudo se enterraban en una fosa o entre la arena[355].

El procedimiento para empegar los bordes consistía en calentarlos previamente para aplicar en ellos la pez que se absorbería rápidamente por la vasija porosa[356]. Al estar la pez en estado líquido resultaba fácil que goteyase ocasionalmente sobre los cuerpos de las vasijas.

Plinio cita diversas clases de pez que se utilizaban según su calidad para diversos usos, siendo la más apreciada la llamada *Bruttia* procedente de pinos itálicos de la región que le da el nombre[357].

Encontramos en Columela diversas referencias a procedimientos para cerrar herméticamente las ollas destinadas a contener conservas. En ellas nos indica que se sellan con la ayuda de yeso o pez[358], o bien combinando ambos ingredientes, ya sea empegando las tapaderas con pez y sellándolas con yeso[359], o untándolas con yeso y finalmente empegándolas con pez dura para que no pudiese penetrar ninguna humedad en los recipientes[360]. En otro caso, una vez empegado el borde se unta con arrope y después se cierra con ceniza[361].

Formas:
- 79.11
- 79.26
- 79.55
- 79.50
- 79.4

79.26

Olla con el borde alargado, de extremo redondeado, que se dobla al exterior. El cuello queda remarcado en ocasiones por un baquetón central; el cuerpo es de forma globular y la base tiene el fondo cóncavo.

Entre los trece individuos pertenecientes a esta forma existe una amplia gama de tamaños, el más pequeño tiene 9,4 cm de diámetro en el borde, 12 cm de altura y 5,2 cm de diámetro en el fondo (81.1.D.II.8570) y el mayor tiene 18,4 cm de diámetro en el borde (81.1.D.II.8570) y el mayor tiene 18,4 cm de diámetro en el borde (81.1.2.-8.N'P'.7153). Todos ellos se han fabricado con la pasta 1

---

[351]   ROTTLÄNDER, R.C.A., 1974.

[352]   AGUAROD, C., en GALVE, M. P., *et alii*, en prensa.

[353]   En este caso procedente del pino con más probabilidad que del abedul, ya que los experimentos de Rottländer se han efectuado sobre muestras de yacimientos situados en centroeuropa, donde abundan más los abedules.

[354]   ANDRÉ, J., 1981, pp. 45-46.

[355]   ANDRÉ, J., 1981, p. 88.

[356]   ROTTLÄNDER, R. C. A., 1974, p. 96. También Catón en *De Agricultura* indica como se calentaban las vasijas antes de impregnarlas de pez. *Cato, agr.* 78,69. En CATÓN, M. *Praeter Librum De Re Rustica quae exstant*, Ed. Henricus Iordan, Stuttgart, Teubner, 1987.

[357]   Plin. *nat.* 16,12. En Plinio «el viejo», *Natural Hystory,* 10 Vols., ed. y trad. al inglés de RAKHAM, H. JONES, W. H. S. y EICHHOLZ, D. E., London-Cambridge (Mass.), col. Loeb, William Heinemann, 1968-1983.

[358]   Colum. 12,8,2; 12,10,4; 12,15, 2 y 4; 12,42,3. En COLUMELA, L. J. M., *De los trabajos del campo* , ed. de Holgado Redondo, A., Madrid. Ministerio de Agricultura, Pesca y Alimentación, Siglo XXI, 1988.

[359]   Colum. 12,14,4 y 5.

[360]   Colum. 12,44,6.

[361]   Colum. 12,44,2 y 3.

con desgrasantes compuestos por fragmentos de rocas sedimentarias y se han cocido en atmósfera oxidante. El acabado es cuidado y frecuentemente reciben un ligero engobe como cubierta final.

En estas ollas se observan huellas de ahumado en los bordes, ausentes en cambio en las bases y cuerpos. Este ahumado tendría su origen en el proceso de sellado de los bordes, que se calentaban e impregnaban con pez para cerrar herméticamente las tapaderas, lo que nos indica su utilización para conservar alimentos.

En la Casa de los Delfines se encuentra en los niveles *3*, *5*, *6* y *7* con una cronología que comprende desde el año 20 d. C. en que se fecha el nivel *3*, hasta los años 54-60 d. C. del abandono general.

Como paralelo de esta forma y fabricado en la misma pasta conocemos un ejemplar en el yacimiento de El Palao[362].

79.55

Olla con el borde alargado y engrosado en su zona central que se dobla al exterior. El cuello es troncocónico y el cuerpo ovoide. Dos asas parten del borde y cuello y se apoyan en el tercio superior del cuerpo, donde se encuentra la máxima anchura del mismo. La base no se ha conservado íntegra.

El diámetro del borde del único ejemplar es de 16 cm y su altura aproximada de 13,5 cm Se ha fabricado en la pasta 1 y cocido en atmósfera oxidante. El borde conserva huellas de ahumado.

En la Casa de los Delfines se encuentra en el nivel 8 correspondiente al aterrazamiento superficial.

79.50

Olla de gran tamaño con el borde engrosado, de sección triangular, y lado interior ligeramente cóncavo. Del cuerpo únicamente se ha conservado el inicio superior.

El diámetro del borde es de 18,2 cm, se ha fabricado en la pasta 1 y cocido en atmósfera oxidante. El acabado es cuidado, con un ligero engobe como cubierta final. Presenta huellas de ahumado en el borde.

En la Casa de los Delfines se encuentra en el nivel *5* fechado entre los años 41-48 d. C.

Conocemos paralelos de esta forma fabricados en la misma pasta en El Palao[363], Cala-

horra[364] y la Casa de los Pardo en Zaragoza[365] con una cronología del siglo I d. C. en los dos primeros yacimientos, y augustea en Zaragoza.

79.4

No conservamos ejemplares completos de esta olla, pero la hemos considerado independiente en la clasificación debido a su característico borde, que no se encuentra en ninguna otra forma. Éste es de sección cuadrada, sobresale al exterior y posee una acanaladura central en su lado exterior, más o menos marcada.

El diámetro del borde del fragmento V.79.14.K.4 es de 17 cm Todos los fragmentos de esta forma se han fabricado en la pasta 1 y cocido con fuego oxidante. Presentan huellas de ahumado en el borde.

En la Casa de los Delfines se encuentra en los niveles 5, del abandono de los años 41-48 d. C., 7 y 8, pertenecientes al abandono general.

Conocemos dos fragmentos de esta forma, fabricados en la misma pasta, en el yacimiento de El Palao[366].

7.1.2. CUENCOS TRÍPODES

Son los *tripedes* itálicos, denominación que acoge a los recipientes con tres pies, que podían fabricarse tanto en metal como en arcilla. Es una forma de cocina propia del repertorio romano y cuya función, tal como lo atestiguan sus huellas de uso consistentes en zonas ahumadas en todo el exterior, era la de guisar, colocada entre las brasas del hogar.

Dentro del menaje de cocina de la Casa de los Delfines hallamos seis formas de cuencos trípodes con bordes más o menos desarrollados al exterior, cuerpo troncocónico y fondo convexo. Son los bordes los que van a protagonizar las diferencias tipológicas, mientras los perfiles de los cuerpos evolucionan muy poco.

Los tres pies que los sustentan son troncocónicos y tienen sección circular. El sistema de unión de los pies con el fondo se ha podido observar en algunos ejemplares fragmentados. Para ello, se practicaban, con la arcilla aún tierna y mediante un instrumento de punta afilada, unas incisiones formando una retícula, tanto en las tres zonas de la superfi-

[362] Material inédito procedente de la excavación de F. Marco Simón a quien agradecemos su acceso A. Pal. 3117.

[363] Material inédito procedente de las excavaciones de F. Marco Simón a quien agradecemos su acceso. A. Pal. VI. 3177, A. Pal. VI. 2896.

[364] Necrópolis de incineración. Material inédito depositado en el Museo de Calahorra. Colección Gutiérrez Achútegui. AGUAROD, C., 1977 a, Forma V A, n. 85, p. 164.

[365] Material inédito, 2C.752.Ie, 1,80/1,90, 2-II-78. Cronología en BELTRÁN LLORIS, M., 1979b, p. 956.

[366] Material inédito procedente de las excavaciones de F. Marco Simón, a quien agradecemos su acceso. A. Pal.VI.2931, A. Pal.VI.2905.

cie exterior del fondo del cuenco, donde se iban a aplicar los pies, como en la superior de los mismos, aplicando a continuación barbotina en ambas partes y procediendo a su unión.

Las tapaderas que cubrían estos cuencos descansarían directamente sobre el plano superior de los bordes, ya que carecen de ranura interna para facilitar su encaje.

Son formas de tamaño generalmente pequeño y medio; los diámetros de sus bordes se encuentran entre los 15,5 y 22 cm y las alturas oscilan entre los 5,5 y 9 cm

Hallamos 43 fragmentos pertenecientes a esta familia cerámica, de los cuales 33 son bordes de formas clasificables tipológicamente. Las pastas en las que se han fabricado, caracterizadas por sus desgrasantes sedimentarios, son las mismas que ya tuvimos ocasión de comentar dentro de algunas ollas del menaje de cocina; se trata concretamente las pastas l y 3, que corresponden a dos talleres que trabajan dentro del valle del Ebro.

Dentro de las provincias del Imperio Romano hallaremos unas variedades en los perfiles de estos cuencos que corresponden a las versiones de sus diferentes alfares, de difusión local o regional en la mayor parte de las ocasiones. Estos talleres adaptan la forma a su gusto, dotándola de características propias, por ello no parece conveniente establecer paralelismos rígidos de cronología y tipología entre zonas bastante alejadas geográficamente y que carecen de comercio alfarero entre sí.

Dentro del valle del Ebro, el estadio más antiguo de la evolución de estos cuencos trípodes corresponde a una sencilla forma en la que el borde, recto, constituye la prolongación de la pared, y los fondos no tienen la curvatura tan pronunciada como hallamos en el presente conjunto. Encontramos esta forma desde época tardorrepublicana en *Contrebia Belaisca, Pompaelo, Osca* y *Salduie*[367], estando ausente dentro del conjunto de la Casa de los Delfines.

En el inventario se ha colocado un apartado final donde se incluyen los fondos con pies que no pueden adscribirse con seguridad a algunas de las formas establecidas en la tipología.

Tipología de los cuencos trípodes

79.203

Se trata de un cuenco trípode con paredes exvasadas y un borde que se ensancha en la parte superior del labio, adoptando aspecto apuntado y sobresaliendo ligeramente al exterior.

De los siete ejemplares pertenecientes a esta forma el único que nos proporciona la boca completa tiene 18,5 cm de diámetro. No se ha conservado ninguna forma íntegra.

Este cuenco trípode se ha fabricado únicamente en la pasta l, cuyo desgrasante consiste en fragmentos de rocas sedimentarias. Lo hallamos en los niveles 5 y 8.

79.84

El borde es alargado, recto y horizontal, sobresaliendo marcadamente al exterior. Las paredes son convexas, así como el fondo, y su unión queda patente con una suave carena. No se ha conservado ningún ejemplar íntegro.

El fragmento V.79.hab.12.84 nos proporciona 16,6 cm de diámetro. Para la fabricación de los dos ejemplares con que contamos se han utilizado las pastas 1 y 3, ambas con desgrasantes sedimentarios en su composición. Se hallan estos cuencos trípodes en los niveles 3 y 6.

Contamos con paralelos de esta forma en *Pompaelo* y *Varea*[368].

80.3443

El borde de este cuenco trípode se ha engrosado en su extremo final, afinándose hacia el exterior y sobresaliendo marcadamente. Las paredes son exvasadas. Únicamente conservamos un ejemplar de esta forma, cuyo diámetro es de 17 cm., fabricado en la pasta l y localizado dentro del nivel 5.

81.10022

En esta forma el borde es alargado y se prolonga al exterior, tiene engrosado ligeramente su extremo final, que se dobla, creando una zona cóncava bajo su lado externo. Las paredes son exvasadas y el fondo convexo, formando una carena en su unión.

Los diámetros de sus bordes oscilan entre los 18,6 y los 21,6 cm (fragmentos 81.1.21-31.FG.1358 y 80.1.12.X.7798 respectivamente). Entre los trece ejemplares que se conservan el 81.1.D.II.10022 nos proporciona el perfil completo y tiene 20,2 cm de diámetro en el borde y 8,3 cm de altura.

Las pastas utilizadas en su fabricación tienen desgrasantes compuestos por fragmentos de rocas sedimentarias y corresponden a los talleres 1 y 3. Se localizó en los niveles 5, 6 y 7.

81.939

Esta forma parece la evolución de la anterior, 81.10022, en la que vimos un borde alar-

---

[367] BELTRÁN MARTÍNEZ, A., 1982, Fig. 9, p. 333; MEZQUIRIZ, M. A., 1958, Fig. 132, n. 22; AGUILERA, I., *et alii*, 1987, p. 77; GALVE, M. P. , *et alii*, en prensa, Fig. 27, n. 7.

[368] MEZQUIRIZ, M. A., 1958, Fig. 132, n. 25; 1978, Fig. 34, n.8; LUEZAS PASCUAL, R. A., 1989, pp. 168 y 253, Lám. IX, 41.

gado que se doblaba al exterior; en ésta la parte más extrema del labio posee un engrosamiento remarcado por una acanaladura inferior que da como resultado un borde colgante.

Los diámetros de sus bordes oscilan entre los 17 y 22 cm de diámetro. Conservamos un ejemplar completo, 81.1.15-21.B´C.939, que tiene 18 cm de diámetro y 8, 4 cm de altura.

Los cinco individuos pertenecientes a esta forma se han fabricado en las pastas l y 3, cuyos desgrasantes consisten en fragmentos de rocas sedimentarias. Los encontramos en los niveles 5, 6 y 7.

Conocemos paralelos en Santacara (Navarra) y Farasdués (Zaragoza)[369].

81.10032

El borde de esta forma, que es de aspecto más compacto que los de las anteriores, se ha acortado, acercando a la pared el extremo engrosado y reduciendo, por tanto, la ranura situada en la parte inferior. Su sección es rectangular y en ocasiones posee una suave acanaladura central en la cara exterior.

De los cinco ejemplares con que contamos únicamente 81.1.Car,II-Dec.II.7391 nos proporciona el diámetro del borde, que es de 15,5 cm.

Esta forma se ha fabricado en las pastas l y 3, ambas con desgrasantes sedimentarios y la hallamos en los niveles 5, 6 y 7.

Encontramos paralelos de este cuenco trípode en El Poyo del Cid, *Caesaraugusta*, *Varea* y la Villa del Camino del Río[370].

7.1.3. CUENCOS

Dentro del menaje de cocina destinado a guisar encontramos una serie de formas bastante planas, que pueden definirse como cuencos, pequeños platos o cazuelas y que muestran huellas de su exposición al fuego. Podían colocarse entre las brasas del hogar o utilizarse como pequeños platos de horno.

Contamos en este conjunto con cinco formas distintas que poseen en común una boca amplia, cuyos diámetros oscilan entre los 17 y 25 cm y que es siempre más ancha que el fondo de la vasija, que puede ser plano o levantarse en su zona central. Son recipientes de poca altura, que oscila entre los 4,5 y 6,5 cm y tienen paredes convexas.

Como veremos, es frecuente que posean una ranura en el borde que permitiría el encaje hermético de la tapadera.

Se encuentran representados por 15 ejemplares que se han fabricado en las pastas l, 2, 3 y 4. A menudo, el exterior del fondo y el tercio inferior de la pared aparecen con un acabado poco cuidado y rugoso, mientras el interior se encuentra alisado.

Podemos diferenciar los siguientes grupos realizados a torno excepto el primero, fabricado a mano:

I. Cuencos fabricados a mano, formas 79.95 y 80.7249, que podemos considerar una pervivencia indígena. Se han fabricado en las pastas 3 y 4, al igual que algunas de las ollas fabricadas a mano que vimos con anterioridad y con las que poseen una fuerte relación de taller.

II. Cuencos con una marcada ranura interior en el borde para asiento de la tapadera, forma 81.8589. Fabricados en la pasta 2 de composición granítica.

III. Cuencos imitación de los platos de borde bífido itálicos. Fabricados en las pastas 1 y 3, con desgrasantes sedimentarios.

IV. Cuenco de borde recto. Fabricado en la pasta 2.

Tipología de los Cuencos

Grupo I. Cuencos fabricados a mano.

79.95

Se trata de un cuenco en el que el borde constituye una prolongación de las paredes exvasadas, y únicamente se diferencia de él en su mayor grosor.

El diámetro del borde es de 24,4 cm

Pieza realizada a mano en la que tanto la superficie interior como el extremo del borde exterior se han bruñido con cuidado, mientras que el resto de la pared externa aparece rugosa de manera intencionada; es la misma técnica de acabado que vimos en la olla 81.6687 fabricada también en la pasta 4, como en este caso. Ambas parecen provenir de un taller común con desgrasantes graníticos.

Hallamos esta forma en el nivel 3, relleno de la habitación 14 (12), fechado en época de Tiberio, en torno al año 20 d. C.

Conocemos paralelos en un nivel fechado entre los años 15-12 a. C. en las excavaciones de la Casa Pardo en *Caesaraugusta*[371].

[369] MEZQUIRIZ, M. A., 1975, pp. 90-92, n. 13, Fig.4, Estrato III, fechado en el siglo I d.C.; AGUAROD, C. y MOSTALAC, A., 1983, pp. 156-158, Fig. 6, n. 3.

[370] BURILLO, F., 1981, pp. 220 y 269, Fig. 22, nn. 11-12; BELTRÁN LLORIS, M., *et alii*, 1980, p. 203 y 196, Fig. 77, n. 3; LUEZAS PASCUAL, R. A., 1989, p. 168 y 254, Lám.X, 42; FERRERUELA, A., 1987, p. 103-104, Fig. 19, n. 87.

[371] Material inédito no incluido en la publicación, 2 C, Ie, 2,40-2.50, 3 y 6-II-78. Para los datos cronológicos BELTRÁN LLORIS, M., 1979 b, p. 196.

80.7249

Únicamente conservamos de esta forma un fragmento de borde recto, continuación de la pared exvasada, y con un ligero engrosamiento en su extremo final. Se halla decorado por un grupo de tres hendiduras paralelas.

Pieza realizada a mano, se ha fabricado en la pasta 3 con fragmentos de rocas sedimentarias como desgrasante. Contamos con un solo ejemplar cuyo diámetro es de 18,4 cm, localizado en el nivel 5.

Grupo II

Cuencos con una marcada ranura interior en el borde para asiento de la tapadera.

81.8589

Esta forma posee un característico borde diferenciado que se prolonga e inclina, más o menos, al exterior. Tiene su lado superior marcadamente convexo, constituyendo un cómodo encaje para la tapadera. En la unión del borde y la pared, también convexa, se crea un resalte.

Los diámetros de sus bordes oscilan entre los 19,2 y 23,8 cm (fragmentos V.79.8-10.JK.340 y 81.1.Car.II-Dec.II.7397 respectivamente).

Los siete ejemplares de esta forma se han fabricado en la pasta 2, cuyos desgrasantes están formados por fragmentos de rocas graníticas. Se localizaron en los niveles 5, 6 y 7.

Grupo III

Cuencos imitación de los platos de borde bífido itálicos.

81.8707

En este cuenco o pequeño plato el borde, ligeramente reentrante, constituye una continuación de la pared. Su extremo final se engrosa y la zona superior queda dividida en dos por una ranura que puede servir de encaje para la tapadera. Las paredes son convexas y el fondo no se ha conservado íntegro.

Los diámetros de sus bordes oscilan entre los 18 y 25 cm (fragmentos 80.1.23-17.OS.3124 y V.79.8-10.JK.125 respectivamente).

Contamos con cinco ejemplares que se han fabricado en las pastas 1 y 3, ambas con desgrasantes sedimentarios, y se localizaron en los niveles 5, 6 y 7.

Esta forma se inspira en los platos de borde bífido importados de Italia, que estudiamos en su apartado correspondiente, concretamente dentro de ellos en la forma Vegas 14.

Grupo IV. Cuenco de borde recto.

VEL.3

En esta forma el perfil es muy sencillo, constituyendo el borde la continuación de la pared exvasada; la única diferencia entre ambas partes es un leve engrosamiento en el extremo del labio. El fondo, que no se ha conservado íntegro, parece levantarse en su parte central.

El diámetro del borde es de 17 cm.

El único ejemplar se ha fabricado en la pasta 2, con desgrasante compuesto por fragmentos de rocas graníticas y se localizó en el nivel 7.

7.1.4. TAPADERAS

Operculum es la denominación de cualquier tipo de tapadera entre los romanos[372]. Reunimos en este apartado las tapaderas que servían de cubierta a los servicios de cocina, ollas, cuencos trípodes y cuencos o pequeños platos.

Sus pastas son las mismas que hallamos en estas producciones del menaje utilizado para guisar las números 1, 2 y 3, sin que estén representadas en estas formas las números 4, 5 y 6. Es destacable el hecho de que el taller de la pasta 2, de composición granítica, únicamente esté representado por 4 fragmentos, mientras que los talleres de las pastas sedimentarias, 1 y 3, dominan por completo el panorama con 35 ejemplares.

En algunas formas que poseen el pomo con la parte superior plana, como sucede con la tapadera 79.113, pueden encontrarse las huellas concéntricas dejadas por el cordel que sirvió para separarla del torno.

Contamos con un total de 39 fragmentos, de los cuales 35 corresponden a bordes, que se clasifican dentro de siete formas distintas.

En gran parte de los casos pueden representar una doble función, sirviendo tanto de tapadera como de plato, dada la buena estabilidad que le proporciona su ancho pomo que puede ser plano o anillado.

El sistema de cierre de estas tapaderas podía ser:

1. Encajando en las ranuras internas de los bordes de las ollas, cuencos o platitos; sería el sistema más adecuado para las formas de tamaño medio y pequeño, por ejemplo, las formas 81.4034, 79.122 y 79.113, de bordes rectos.

2. Descansando sobre el plano superior del recipiente a cubrir, formas de tamaño medio y grande. Estas piezas son las que mejor se adecuarían a la doble función de tapadera-plato.

En el apartado final del inventario se han incluido una serie de bordes y pomos de tapaderas que no podemos adscribir a una u otra forma debido a su escaso tamaño.

---

[372] HILGERS, W., 1969, pp. 70-71.

Tipología de las Tapaderas

79.38

En esta tapadera el borde se ha prolongado y doblado al exterior, el cuerpo es troncocónico y el ancho pomo, macizo, presenta su remate superior plano o ligeramente convexo.

Dada la amplitud de su pomo, esta forma puede tener una doble función: como tapadera o como plato. Cuando se levantase la tapadera de la boca del recipiente, ésta podría servir como plato en el que se depositasen los alimentos que se extrajesen del interior de la olla o cuenco.

El diámetro de sus bordes oscila entre los 18 y 19,2 cm (fragmentos V.79.12.I.38 V.79.8-10.JK.126 respectivamente).

Los tres ejemplares con que contamos pertenecientes a esta forma se han fabricado con la pasta l, y se han cocido en atmósfera oxidante. Conservan en el borde huellas de ahumado de idénticas características a las que encontramos con anterioridad en los bordes de las ollas para conservas, por lo que se deduce que eran sus tapaderas. Tanto las ollas como sus tapes se empegaban para quedar selladas herméticamente y asegurar así su impermeabilización[373].

Esta forma se localizó en el nivel 5.

80.3171

Se trata de una tapadera plana en la que el extremo del borde se ha engrosado al exterior sobresaliendo de la pared, que es convexa. El pomo posee un anillo resaltado y su remate superior se encuentra rehundido.

El único ejemplar con que contamos tiene 22 cm de diámetro en el borde, se ha fabricado en la pasta l, con desgrasantes compuestos por fragmentos de rocas sedimentarias y se ha cocido en atmósfera oxidante. Esta pieza ha recibido como acabado final una ligera capa de engobe, del mismo color de la pasta, que se ha aplicado a bandas que provocan al entrecruzarse en la superficie leves cambios de color con tonalidades más claras.

El diseño de esta forma permite utilizarla con doble función, tanto como plato como tapadera.

81.4034

El borde de esta tapadera tiene su extremo redondeado y constituye una continuación poco diferenciada de la pared, que se va engrosando en dirección a su zona central, para disminuir en los extremos. El

pomo es macizo con el remate superior ligeramente convexo.

El diámetro del borde del único ejemplar con que contamos tiene 15,2 cm Esta forma se ha fabricado en la pasta 3, cuyo desgrasante posee fragmentos de rocas sedimentarias, y se ha cocido en atmósfera reductora. Se localizó en el nivel 6.

79.122

En esta pequeña tapadera el borde es recto, con su extremo redondeado y la pared, también recta, se engrosa a medida que se aproxima al pomo.

No se ha conservado ningún ejemplar íntegro por lo que no podemos describir el pomo, que podría ser macizo y de pequeño tamaño, como un pivote.

El diámetro del borde del único ejemplar con que contamos tiene 15 cm y se localizó dentro del nivel 5. Esta forma se la fabricado con la pasta 3, cuyo desgrasante está compuesto por fragmentos de rocas graníticas.

81.59

Esta tapadera posee un característico borde alargado y engrosado, cuyo extremo apunta al exterior; el cuerpo es troncocónico. El pomo es amplio con su remate superior convexo.

El único ejemplar con que contamos tiene 27 cm de diámetro, se ha fabricado en la pasta l y cocido en atmósfera oxidante. Como acabado ha recibido un ligero engobe, de la misma composición que la pasta, que se ha aplicado a bandas, dentro de las cuales hallamos cambios de tonalidad del gris claro al amarillo. Es una técnica muy similar a la de la tapadera 80.3171 que vimos anteriormente. Se localizó en el nivel 6.

79.113

Esta tapadera posee un borde muy sencillo, recto con su extremo final facetado. El cuerpo es troncocónico y de tamaño pequeño en relación al gran pomo que le sirve de remate. Éste tiene el interior hueco y la parte superior plana, donde se aprecian las huellas concéntricas producidas por el cordel que cortó la pieza de la pella de arcilla con la que se torneó.

El único ejemplar tiene 16 cm de diámetro, se fabricó con la pasta l y se localizó en el nivel 6.

81.1388

El borde de esta tapadera es muy similar al que vimos en la primera forma de este grupo, 79.38, prolongado y doblado al exterior; las paredes, en cambio, son cóncavas y el pomo es macizo, con los bordes de sección redondeada y el remate superior convexo.

El único ejemplar de esta forma tiene 22,4 cm de diámetro en el borde, se ha fabricado en la pasta l y se ha cocido en atmósfera oxidante. Su borde presenta las mismas huellas de ahumado que encontramos en la forma 79.38; sirviendo ambas de cubierta a las ollas de conserva con el borde ennegrecido[374]. Se localizó dentro del nivel 7.

7.1.5. PEQUEÑAS TINAJAS Y VASOS DE ALMACÉN

Grupo I

Se conservan varios fragmentos de bordes pertenecientes a pequeñas tinajas que pueden identificarse con el *urceus* o *urceolus*, tarro utilizado para almacenar alimentos en general, para contener miel o para confitar[375].

Así mismo podrían conservar alimentos en un líquido, como frutas en vino, o vinagre, etc.[376].

El diseño de estos recipientes se caracteriza por tener un cuerpo muy panzudo y una boca amplia, casi tan ancha como el fondo. Pueden recibir una o dos asas y se cubren con una tapadera.

El diámetro de sus bordes oscila entre los 14 y 25,4 cm

La totalidad de estos vasos se ha cocido en atmósfera oxidante y no conservan huellas de su exposición directa al fuego del hogar.

Hallamos paralelos de estos recipientes en *Pompaelo*, el Cabezo del Convento de Mallén y varios yacimientos de la provincia de Zaragoza[377], siendo frecuente en todo el Imperio Romano[378].

79.102

El borde de esta tinajilla es grueso y vuelto al exterior. Su zona superior está redondeada y se ha facetado en su lado inferior. El cuello está marcado y es breve, enlazando con un cuerpo de tendencia globular. El fondo no se ha conservado.

El diámetro de sus bordes oscila entre los 15,2 y 25,4 cm (fragmentos V.79.18.P.33 y V.79.5.H´.102 respectivamente).

Los tres ejemplares con que contamos de esta forma se han fabricado en la pasta 10, rica en componentes graníticos y se han cocido en atmósfera oxidante. Se halla en los niveles 5 y 6.

---

[374] Confróntese, dentro del capítulo de las ollas el apartado de las destinadas a la conserva de los alimentos, grupo VI.

[375] HILGERS, W., 1969, pp. 83-86.

[376] ANDRÉ, J., 1981, p. 89 y ss.

[377] MEZQUIRIZ, M. A., 1958, p. 199, Fig. 94, n. 13; Fig. 45, n. 9; p. 95, Fig. 32, n. 12; AGUAROD OTAL, C., 1977 a, Forma XC.

[378] Por sólo citar algunos ejemplos: GOSE, E., 1950, nn. 421-422, 426-427; BRULET, R., *et alii*, 1985, p. 127, Fig. 46, nn. 55-58.

Grupo II

Reunimos en este apartado una serie de recipientes, tinajillas u orzas, destinados a almacenar y contener conservas y alimentos varios, sólidos y líquidos. También puede considerarse su uso para trasvasar alimentos de los grandes recipientes contenedores, las *dolia* y transportarlos para su consumo desde el almacén a la cocina o el comedor. Todos ellos carecen de asas y tienen en común una amplia boca que facilita tanto la introducción de piezas de gran tamaño, como su extracción.

Las tres primeras formas que encontraremos dentro del grupo, 80.6250, 80.7895 y 79.18, poseen en el interior del borde un rebaje que serviría de encaje para la tapadera; mientras que la cuarta, 79.11, tiene un sencillo borde vertical. Sobre está última forma podría encajar bien una tapadera como la forma 79.239, alta y de bordes rectos, que cubriría por completo su boca.

Los diámetros de sus bordes oscilan entre los 13 y 16 cm Todos se han cocido en atmósfera oxidante y carecen de huellas de su exposición a la lumbre del hogar.

80.7895

El borde de este recipiente es recto y vertical, con su extremo superior redondeado; en su lado interno un escalón sirve de apoyo a la tapadera. El cuello describe una suave curva para enlazar con el cuerpo, de tendencia globular. El fondo no se ha conservado.

Contamos con un solo ejemplar, fabricado en la pasta 10. El diámetro del borde es de 14,5 cm Se localizó en el nivel 5.

80.6250

En esta forma el borde es recto y se inclina al exterior, su lado interno describe una suave curva que serviría de apoyo a la tapadera. El cuello es breve y marcado, y el cuerpo tiene tendencia globular. No se ha conservado el fondo.

El diámetro del borde es de 16 cm.

El único ejemplar con que contamos se ha fabricado en la pasta 9, muy depurada. Se halló en el nivel 5.

79.18

Este vaso posee un pequeño borde engrosado que se dobla al exterior, en su parte superior interna ha recibido una escotadura que serviría de apoyo a la tapadera. El cuello es breve y marcado, y el cuerpo tiene tendencia globular. No se ha conservado el fondo.

El diámetro del borde es de 14 cm

La pasta en la que se ha realizado el único ejemplar con que contamos no se ha clasificado en ninguno de los grupos establecidos, constituyendo un caso aislado; es depurada y se ha cocido en atmósfera oxidante. Se localizó en el nivel 5.

79.11

Se trata de un recipiente de gran capacidad que tiene 13 cm de diámetro en la boca y 28 cm de altura. El borde es de forma anular, recto y vertical, de pequeño tamaño. En el hombro, el diámetro de la vasija se amplía, enlazando con un cuerpo de forma globular, mediante una acanaladura exterior. La base posee un pie anillado, con un resalte en su paso al cuerpo; en el fondo exterior se levanta, oblicuo, rematándose el centro con un umbo.

La superficie exterior se ha alisado con cuidado, mientras que la interior conserva las estrías del torneado.

El único ejemplar existente en este conjunto se ha fabricado en la pasta 10, rica en componentes graníticos; al igual que el resto de las formas de este grupo, se ha cocido en atmósfera oxidante y no conserva huellas de su exposición al fuego del hogar. Se halló en el nivel 7.

Grupo III

Hemos integrado esta forma con los vasos de almacén, ya que aunque posee una amplia boca cuyo diámetro es casi del mismo tamaño que la anchura máxima de la panza —dimensiones que la acercan a la familia de los cuencos—, el diseño de su borde y cuello, que es pronunciado, permiten cerrarla con un tape. Al igual que en otros vasos de almacén podría cubrirse con una tela o piel que se anillaría a su cuello con la ayuda de un cordel.

79.16

La boca de este recipiente es ancha, de 13,5 cm de diámetro, y su altura es aproximadamente de 9 cm El borde, que se dobla hacia afuera, es muy sencillo, con su extremo redondeado y una acanaladura en su lado exterior. El cuello es amplio y curvo, y enlaza con un cuerpo troncocónico. El fondo, que no se ha conservado, podría poseer un pequeño pie anular.

El único ejemplar con que contamos, se ha realizado en la pasta 9 y se halló en el nivel 7.

7.1.6. Recipiente con asa diametral

Esta forma, frecuente en el repertorio de la cerámica celtibérica, es rara en el de la romana, pudiendo considerarse una perduración del menaje indígena. En las tipologías de la cerámica celtibérica los recipientes con asas diametrales son variados, encontrando vasos cilíndricos, jarras, jarritas, etc. en diferentes versiones lisas o decoradas con pintura y apliques plásticos[379].

La versión tardía ante la que nos encontramos es un vaso de factura tosca, indicado más para su utilización en las tareas de la cocina, que en la mesa, y parece destinado a contener líquidos.

El diámetro de la boca en los ejemplares estudiados oscila entre los 16 y 16,5 cm

80.7982

Posee un borde engrosado, de sección circular, que se dobla al exterior; el cuello es breve y marcado, dando paso a un cuerpo de tendencia globular. El fondo, probablemente plano, no se ha conservado. Una gruesa asa diametral arranca de un extremo del borde, para descansar en el contrario, asemejándose al asa de una cesta de mimbre.

Los tres ejemplares con que contamos se han fabricado en la pasta 8 y se cocieron en atmósfera oxidante. Se hallaron en los niveles 5, 6 y 7.

7.1.7. Embudo

El *infundibulum* se utilizaba para trasvasar líquidos. Esta forma se fabricaba en diversos materiales, frecuentemente en vidrio y metal, siendo escasos los realizados en arcilla, que ya aparecen en los repertorios de las cerámicas indígenas inspirados, al parecer, en prototipos romanos[380]. El diseño del ejemplar hallado en la Casa de los Delfines permitiría encajar cómodamente el borde del mismo en la boca del recipiente en el que se apoyaba, con la ayuda de su labio vuelto.

79.87

Este embudo tiene un borde apuntado que se dobla al exterior, enlazando mediante una pequeña carena con el cuerpo que es semicircular, consistiendo su parte inferior en un tubo troncocónico perforado.

El diámetro del borde es de 14,5 cm y la altura aproximada de 13,7 cm.

Los dos ejemplares con que contamos se han fabricado en la pasta 11 y se hallaron en los niveles 6 y 7.

7.1.8. Filtro

Únicamente nos ha llegado un fragmento de pared perforada por varios agujeros, desconociendo el perfil completo de la forma a la que pertenece. Existen diversos recipientes que poseen paredes horadadas y que tienen utilidades distintas. Así encontraremos tamices de perfiles y tamaños variados, cuya única finalidad es filtrar, en ocasiones con la

---

[379] Castiella, A., 1977, A torno, forma n. 5, p. 326, Fig. 266; Wattenberg, F., 1963, p. 45, pp. 199-200, nn. 999-1.002, Tabla XXXVI; p. 203, n. 1.038, Tabla XXXVII; Wattenberg, E., 1978, pp. 36-37, 47 y 62, Forma XXI.

[380] Wattenberg, F., 1963, p. 44, Tabla XXIX; Castiella, A., 1977, Forma 12, p. 340.

ayuda de una tela superpuesta; por ejemplo para filtrar el vino sabemos que solía utilizarse el lino[381]. Junto a éstos, hallamos otras formas que parecen destinadas a la cocción al vapor. Su diseño es el de una olla cuyo fondo se halla perforado por numerosos agujeritos; un resalte rodeaba el fondo y permitía su encaje sobre otra olla. Hirviendo agua en el recipiente inferior, las perforaciones del fondo permitirían el paso del vapor que cocería los alimentos depositados en la olla superior[382].

81.10124

Únicamente se conserva de este filtro o colador un fragmento de pared o fondo que ha sido perforado en tres ocasiones.

Se ha fabricado en la pasta 9 y se localizó en el nivel 6.

7.1.9. INVENTARIO Y PORCENTAJES

Resumen

Ollas

NIVELES	1	2	3	4	5	6	7	8	TOTAL
81.6687			1		3	1	9	1	= 15
80.7427							1		= 1
79.9							1		= 1
81.3003	1				1		2	1	= 5
79.11							1		= 1
81.8527						1			= 1
80.5316					1				= 1
80.8716					1				= 1
79.83						1			= 1
79.2			1						= 1
81.5830					12	5	6	1	= 24
82.2					16	14	12		= 42
79.1					4	2	6	2	= 14
79.26			1		5	2	5		= 13
79.55								1	= 1
79.50					2				= 2
79.4					3		3	1	= 7
80.6727			1		3	1	1		= 6
80.6948					2		2	1	= 5
81.2621					1		1		= 2
79.39							1		= 1
81.6935							1	1	= 2
80.1183					8	4	2	1	= 15
79.168					23	16	3	1	= 43
79.30					12	30	22	7	= 71
80.1500					4	1	1	1	= 7
79.15					1				= 1
79.70					4				= 4
80.3636					1				= 1
Fondos s/c			2		48	17	18	1	= 82
	1		6		155	193	20		**= 375**

---

[381] Tamices en FILTZINGER, Ph., 1972, p. 29, Taf. 47, nn. 1-8. BLANC, N. y NERCESSIAN, A., 1992, p. 71.

[382] Ollas para cocer al vapor en ANNECCHINO, M., 1977, p. 109, Fig. 1, n. 8.

Ollas

PASTAS	1	2	3	4	5	6	S/C
81.6687				15			
80.7427					1		
79.9	1						
81.3003				3			2
79.11						1	
81.8527	1						
80.5316	1						
80.8716	1						
79.83	1						
79.2	1						
81.5830	21						2
82.2	38		4				
79.1	13		1				
79.26	13						
79.55	1						
79.50	2						
79.4	7						
80.6727	1		5				
80.6948	2	2	1				
81.2621		2					
79.39		1					
81.6935		2					
80.1183		15					
79.168		43					
79.30		71					
80.1500		7					
79.15		1					
79.70		4					
80.3636		1					
Fondos s/c	42	25	18	1			

Cuencos trípodes

NIVELES	1	2	3	4	5	6	7	8	TOTAL
79.203					4		1	2	= 7
79.84			1			1			= 2
80.3443					1				= 1
81.10022					6	5	2		= 13
81.939					1	2	2		= 5
81.10032					2	1	2		= 5
Fondos s/c					7		3		= 10
			1		21		19	2	= **43**

PASTAS	1	2	3	4	5	6	S/C
79.203	7						
89.84	1		1				
80.3443	1						
81.10022	7		6				
81.939	3		2				
81.10032	3		2				
Fondos s/c	7		3				

Cuencos

NIVELES	1	2	3	4	5	6	7	8	TOTAL
79.95			1						= 1
80.7249					1				= 1
81.8589					3	2	2		= 7
81.8707					3	1	1		= 5
VEL.3							1		= 1
		1	7		7				= 15

PASTAS	1	2	3	4	5	6	S/C
79.95				1			
80.7249			1				
81.8549		7					
81.8707	3		2				
VEL.3		1					

Tapaderas

NIVELES	1	2	3	4	5	6	7	8	TOTAL
79.39					3				= 3
80.3171					1				= 1
81.4034						1			= 1
79.122					1				= 1
81.59						1			= 1
79.113						1			= 1
81.1388							1		= 1
Bordes s/c					11	10	7		= 28
Pomos s/c					1		1		= 2
					17	22			= 39

PASTAS	1	2	3	4	5	6	S/C
79.38		3					
81.3171	1						
81.4034	1						
79.122			1				
81.59	1						
79.113	1						
81.1388	1						
Bordes s/c	17	4	7				
Pomos s/c	2						

Pequeñas tinajas y vasos de almacén

NIVELES	1	2	3	4	5	6	7	8	TOTAL
79.102					1	2			= 3
80.7895					1				= 1
80.6250					1				= 1
79.18					1				= 1
79.11							1		= 1
79.16							1		= 1
					4		4		= 8

PASTAS	7	8	9	10	11	12	S/C
79.102				3			
80.7895				1			
80.6250			1				
79.18							1
79.11				1			
79.16			1				

128

Recipiente con asa diametral

NIVELES	1	2	3	4	5	6	7	8	TOTAL
80.7982					1	1	1		= 3
					1	1	1		= 3

PASTAS	7	8	9	10	11	12	S/C
80.7982		3					

Embudo

NIVELES	1	2	3	4	5	6	7	8	TOTAL
79.87						1	1		= 2
						1	1		= 2

PASTAS	7	8	9	10	11	12	S/C
79.87					2		

Filtro

NIVELES	1	2	3	4	5	6	7	8	TOTAL
81.10124						1			= 1
						1			= 1

PASTAS	7	8	9	10	11	12	S/C
81.10124			1				

Inventario
Ollas

81.6687	b	4	V.79.S.34	51.1	8
	b	4	81.1.21-25.DE.1377	51.3	
	b	4	81.1.D.I.11802	51.4	7
	b	4	81.1.Car.I2.6687	51.2	7
80.7427	b	5	80.1.56.B'.7427	51.5	7
79.9	b	1	V.79.18.D.9	51.6	7
81.3003	b	s/c	81.1.25-33.GI.3003	51.7	7
79.11		6	V.79.11.B.11	52.1	7
81.8527	b	1	81.1.D.II.8527	52.2	6
80.5316.	b	1	80.1.8.S.5316, 16.AA'.7654	52.3	5
80.8716	b	1	80.1.22.AI-31.T.8716	52.4	5
79.83		1	V.79.11.H'.83, 11.H'.89, 9.H'.65	53.1	6
79.2		1[a]	V.79.16-18.KL.2	52.2	3
81.5830		1[a]	81.1.Car.I2.5830	55.1	7
	b	1	V.79.14.K.76, 6.Ñ.41, 6.O.44	54.1	5
	b	1	V.79.hab.21.28 80.1.12.X.7810, 3-11.KQ.3631	54.2	5
	b	1	V.79.EXC.9	54.4	5
	b	1	80.1.14-16.VX.930, 28-30.AB-AC.1641	54.3	5
	b	1	80.1.22.AI-31.T.8718	54.5	
	b	s/c	V.79.3.I'.99, 3.J'.99	55.2	6
	b	s/c	V.79.7.J'.169	55.3	6
82.2	b	1	V.79.6.M.3	57.2	5
	b	1	V.79.8-10.JK.131	51.1	5
	b	1	V.79.16-20.MÑ.2 80.1.18-22.OR.2356	56.2	5
	b	1	V.79.1.J'.60, 3.J'.97, 5.K'.85	57.3	6

	b	1	80.1.18.AA.7306	56.3	5
	b	1	81.1.9-17.A'F'.2072 25-35.H.1949	56.1	7
		1	82.1.42.K'.2	55.4	7
	b	1	811.9-17.A'F'.2072, 25-35N.1953	56.4	7
79.1	b	1	V.79.10-22.MO.9 80.1.6-8.RQ.1239, 17.O.150	59.3	5
		1	V.79.8-10.JK.181	58.1	5
	b	1	V.79.16.O.45, 18.Ñ.3	57.4	5
	b	1	V.79.16-20.NÑ.1	58.2	8
	b	1	80.1.4.R.709 81.1.21-25.DE.1364 21-31.FG.1985	59.4	7
	b	1	81.1.D.II.8528	59.2	6
	b	3	V.79.16.LM.86 80.1.14-18.PQ.4163 18-20.RS.4189	59.1	5
79.26	b	1a	V.79.2.GH.6 80.1.6.MN.4296	60.4	5
	b	1a	V.79.16.P.26,12.K.4 80.1.1-11.ÑS.3364, 11.T.7133	60.1	5
	b	1a	V.79.28.J'.18	61.3	7
	b	1a	V.79.EXT.53	61.2	7
	b	1a	80.1.8-14.VZ.7762, 20-22.YZ.1310	60.2	5
	b	1a	80.1.12-16.AA-AD.5235	60.3	5
	b	1a	81.1.2-8.N'P'.7153, Car.I2.6447	61.1	6
	b/f	1a	81.1.D.II.8570	60.5	6
	b	1	80.1.32-34.H.5778	61.1	3
79.55	b/p	1a	V.79.S.55	61.5	8
79.50	b	1a	V.79.6-8.IJ.50, 3.M.18 80.1.10-20.NQ.15	62.1	5
79.4	b	1	V.79.14.K.4, 16.Ñ.42, 20.Ñ.160	62.2	5
80.6727	b/f	3	80.1.38.LN.6727, 4-10.VX.8350, 8-14.VZ.7774	62.3	5
	b	3	81.125-33.GI.2820.	62.4	7
80.6948	b	3	80.1.20-24.UT.6948, 8-14.VZ.7697, 18.AA.7363, 13-23.KP.2123	62.5	5
81.2621	b	2	81.1.25-33.GI.2621	63.1	7
79.39	b/p	2	V.79.36.K'.39	63.2	7
81.6935	b	2	81.1.2-8.N'P'.6935	63.3	6
	b	2	81.1D.II.9993	63.4	7
81.1183	b	2	V.79.4.0.16 8-10.JK.346 80.1.3-11.KQ.3633	64.4	5
	b	2	V.79.hab.7.80	64.7	5
	b	2	80.1.2-6.LN.3073	64.6	5
	b	2	8.1.6-10.MO.1817	64.3	5
	b	2	80.1.8-14.VZ.7770	64.2	5
	b	2	80.1.12-16.ÑP.2836	64.5	5
		2	80.1.20.T.1183, 14-20.RS.4192, 18-20.RS.4199, 22-24.QT.7531	64.1	5
79.168	b	2	V.79.6-8.PQ.115 80.1.18-22.VY.495	67.3	5

		2	V.79.6-8.PQ.168, 4.0.14, 12.L.23	65.1	5
	b		V.79.12.Ñ.10, 20-22.ÑO.4	66.4	5
	b	2	V.79.16.O.42	66.3	5
		2	V.79.18.Ñ.172, 18.0.69	65.2	5
	b	2	V.79.18.P.47, 18-22.VY.472, 11.P.31	66.2	5
	b	2	V.79.5-7.HI.12	66.1	5
	b	2	V.79.5.H'50	67.6	6
	b	2	V.79.7.J'108, 9.H'.69, 11.H'.84	67.5	6
	b	2	V.79.7.K'.21	67.4	6
	b	2	80.1.2-6.LN.3969	66.6	5
	b	2	80.1.10-20.RT.1366	66.5	5
	b	2	80.1.14-16.VX.853, 27-29.NP.3073	66.7	5
	b	2	81.1.2-8.N'P'.6934	67.2	7
	b	2	81.1.18-21.B'C'.987, 21-25.D'E.1367	67.1	6
	b	2	81.1.9-17.A'F'.428, 15-21.B'C'.948	67.7	6
79.30	b	2	V.79.4-6.MÑ.15	71.4	5
	b	2	V.79.8-10.JK.182	70.2	5
		2	V.79.20.0.30	68.1	5
	b	2	V.79.23-27.ÑO.30	68.2	5
	b	2	V.79.1.M'.87, 1.N'.308	69.2	6
	b	2	V.79.1.M'.87, 81.1.2-8.M'N'.3826	69.3	6
	b	2	80.1.6-8.RS.1007, 8-14.VZ.7768	68.3	5
		2	80.1.8-14.VZ.7779, 12.X.7792	71.1	5
		2	81.1.38.LM.6698	70.1	7
	b	2	81.1.9-17.A'F'.425	70.3	7
	b	2	81.1.9-17.A'F'.426	70.4	7
	b	2	81.1.15-21.B'C'.938	71.3	7
	b	2	81.1.Car.II-Dec.II.7400	69.4	6
		2	81.1.Car.II-Dec.II.7780	69.1	6
80.1500	b	2	V.79.5.H'.64	72.2	6
		2	V.79.hab.7.22, hab.12.20	73.1	7
	b	2	80.1.6.MN.4343	72.3	5
		2	80.1.18-22.QT.1500	72.1	5
	b	2	80.1.18-22.QT.1587	74.1	5
	b	2	81.1.Dec.I.3257	73.2	8
79.15	b	2	V.79.20-22.B.15	73.3	5
79.70	b	2	V.79.2-6.X-AB.6	74.4	5
	b	2	V.79.10-12.NÑ.70	74.2	5
	b	2	V.79.EXC.17	74.3	5
80.3636	b	2	80.1.3-11.KQ.3636	74.5	5

131

Cuencos trípodes

79.203	b/p	1a	V.79.8-10.JK.203	75.1	5
79.84		1a	V.79.hab.12.84 80.1.30-34.LK.5614	75.2	3
80.3443	b	1	V.79.16.LM.23	75.3	5
			80.1.1-11.NS.3443	75.3	
81.10022	1		V.79.6-8.PQ.114 80.1.18-20.RS.4196, 14-18.PQ.4175	75.4	5
		1	80.1.12.X.7798	76.1	5
		1	81.1.21-25.De.1359	75.5	6
		1	81.1.D.II.10022	76.2	7
		3	V.79.6-8.MÑ.43	77.1	5
	b/p	3	V.79.1.N'.74	76.4	6
		3	80.12.X.7800, 14-16.TU.5345	76.3	5
81.939		1	81.1.15-21.B'C'.939	77.4	6
		3	V.79.6-8.PQ.120	77.3	5
		3	81.1.Dec.I.3260	77.2	7
81.10032	b	1a	81.1.Car.II-Dec.II.7391	77.5	7

Cuencos

79.95	b/p	4	V.79.hab.12.95	78.1	3
80.7249	b	3	80.1.20-24QT.7249	78.2	5
81.8589	b	2	V.79.8-10.JK.340	78.4	5
	b	2	V.79.8-10.L'.2	78.3	5
	b	2	81.1.2-8.N'P'.5218	78.6	6
		2	81.1.D.II.8589	78.5	7
	b	2	81.1.Car.II-Dec.II.7397	78.7	7
81.8707	b/p	1a	80.1.22.AI-31.T.8707	79.5	7
	b	1	VEL.3.H'.34	79.4	6
	b	1	80.1.4-10.VX.8484	79.2	5
	b	3	V.79.8-10.JK.125	79.1	5
	b	3	80.1.23-17.OS.3124	79.3	5
VEL.3		2a	VEL.2.D'.3 V.79.30.A.1	79.6	7

Tapaderas

79.38		1a	V.79.8-10.JK.126	80.2	5
		1a	V.79.12.I.38 80.1.16-022.X-22.AD.5543	80.1	5
	po	1	80.1.8-14.VZ.7778	80.3	5
80.3171		1	80.1.23-17.OS.3171	80.4	5
81.4034		1	81.1.Car.I.4034	80.5	6
79.122	b/p	3	V.79.8-10.JK.122	80.6	5
81.59		1a	81.1.9-17.A'F'.59	81.1	6
79.113		1	V.79.7.J'.113	81.2	6
81.1388		1a	81.1.21-25.DE.1388	81.3	7
Bordes y pomos s/c	b	1a	81.1.15-21.B'C'.947	81.4	6
	b	1	81.1.15-21.B'C'.937	81.5	6

Pequeñas tinajas

79.102	b	10	V.79.18.P.33	82.1	5
	b	10	V.79.5.I'.44	82.2	6
	b	10	V.79.5.M'.102	82.3	6

Vasos de almacén

80.7895	b	10	80.1.8-14.VZ.7895	82.4	5
80.6250	b	9	80.1.36.R.6250, 8-14.VZ.8008	82.5	5
79.18	b	s/c	V.79.6-8.PQ.18 80.1.18-20.OR.1924	82.6	5
79.11	b	10	V.79.16.DF.11	83.1	7
79.16	b	9	V.79.36.K.16	84.2	7

Recipiente con asa diametral

80.7982	b/p	8	80.1.8-14.VZ.7982, 4-10.UX.8399	83.2	5
	b	8	81.1.D.II.10036	84.1	6

Embudo

79.87		11	V.79.3.H'.87, 1.L'.16, 1.M'.78	84.3	6

Filtro

81.10124	p	9	81.1.D.II.10124	84.4	6

7.2. CERÁMICAS IMPORTADAS (M.C.A.O.)

7.2.1. CERÁMICAS ITÁLICAS

7.2.1.1. *Producciones de engobe interno rojo-pompeyano*

El nombre con el que conocemos a esta familia cerámica fue acuñado por los investigadores alemanes E. Ritterling, E. Krüger y S. Loeschcke a comienzos de este siglo[383].

Esta producción consta de unos juegos de piezas formados por platos, bastante llanos y de muy diversos tamaños, y sus correspondientes tapaderas. Los platos se encuentran recubiertos en todo su interior por un espeso engobe de color rojo-pompeyano que se extiende hasta el borde exterior, mientras el resto de la superficie y las tapaderas permanecen sin revestimiento. G. Pucci demostró que estas cerámicas se conocían en la Antigüedad como *cumana testa*, una popular vajilla destinada a cocinar de color rojo y de escaso valor económico[384]. También por los trabajos de G. Pucci y de M. Grünewald sabemos que los platos de engobe interno rojo-pompeyano se pueden identificar con las *patinae*, recipientes que se utilizaban para realizar el guiso homónimo[385].

El fondo interior de los platos recibe generalmente, sobre el engobe, una serie de bandas concéntricas, torneadas por grupos de estrías, cuya función era favorecer el desmoldado del guiso una vez realizado.

El engobe que cubre los platos es denso, jabonoso y su color se sitúa entre el rojo-naranja y el rojo-marrón, según los talleres y su estado de conservación; se ha definido como rojo-pompeyano por asimilación a un tono de rojo hallado en los frescos de las paredes de Pompeya. Su función consiste en evitar la adherencia de los guisos a las paredes del plato.

Las tapaderas de estos recipientes pueden tener una doble función y utilizarse también como platos o fuentes para servir. La *patina*, que se realizaba en estos platos era un guiso que se cuajaba, y que una vez finalizada su cocción podía desmoldarse con comodidad, dándole la vuelta, y descansando sobre la tapadera que serviría ahora de fuente para su presentación[386].

Los platos son llanos, con paredes de poca altura, entre 2,5 y 5 cm, pero presentan una

---

[383] RITTERLING, E., 1901, p. 150; KRÜGER, E., 1905, p. 102; LOESCHCKE,S., 1909, pp. 268-271.

[384] PUCCI, G., 1975, pp. 368-371.

[385] PUCCI, G., 1975, p. 369; GRÜNEWALD, M., 1979, p. 88.

[386] AGUAROD, C., 1991, pp. 54-55.

gran variedad de tamaños que se refleja en la medida de sus diámetros: algunos pequeños, en torno a los 17 o 19 cm que parecen sugerir un uso individual; otros medianos de tamaño familiar, entre 25 y 45 cm., que son los más frecuentes; encontrando finalmente los de grandes dimensiones que pueden alcanzar los 55-95 cm y que podían utilizarse para una gran cantidad de comensales, quizás presentes tanto en las casas como en los establecimientos de comidas de tipo público.

Estos platos, destinados a guisar, podían colocarse entre las brasas del hogar o bien dentro de un horno del tipo utilizado en las panaderías y de los que contamos con un buen ejemplo dentro de *Celsa* en la vecina ínsula de la Casa de los Delfines[387]. Si tenemos en cuenta que el hogar localizado en la cocina de la Casa de los Delfines tiene una anchura máxima de 0,40 m. y 1,14 de longitud[388], los platos de mayores dimensiones no pueden utilizarse cómodamente en él y debieron introducirse en un horno de panadero. Éste podría encontrarse dentro de la misma casa, y no haberse conservado, o en un establecimiento público de uso comunal, como una panadería o una taberna.

El origen de estas producciones debe buscarse en Italia. Hemos detectado en la Tarraconense dos tipos de pastas dentro de los cuales pueden existir, a su vez, diferentes talleres o *figlinae*. La primera pasta, cronológicamente más temprana y que desde el comienzo del siglo II a. C. penetra en el valle del Ebro, procede probablemente de Etruria; es rica en componentes graníticos, y en ella se realizaron las formas Luni 1 y Luni 2/4 halladas en la Casa de los Delfines[389]. En la segunda pasta se realizó la mayor parte de la producción de la segunda mitad del siglo I a. C. hallada en la Tarraconense, imperando desde época de Augusto hasta finales del siglo I d. C.; posee un alto contenido en arenas volcánicas y procede de la Campania; equivale a la denominada «fabrica 1» de Peacock[390]. En ella se realizaron las formas Luni 2/4, Luni 5 y *Celsa* 79.28 halladas en la Casa de los Delfines.

Dentro de este conjunto de platos de engobe interno rojo-pompeyano destacan dos ejemplares que han recibido marca de alfarero. El primero pertenece a la forma Luni 5 y consiste en un grafito realizado antes de la cocción en la parte superior de su fondo exte-

rior; la superficie se encuentra escamada y parte del nombre ha desaparecido con ella, se conserva la terminación *nus* o *vus*[391]. El segundo se halla en un fondo fragmentado inclasificable y consiste en un signo de difícil interpretación, cuya lectura podría ser una π[392].

La presencia de las cerámicas de engobe interno rojo-pompeyano se constata en todo el Imperio Romano; hallando las primeras producciones, procedentes de la Etruria, en las zonas más tempranamente romanizadas. Las posteriores, originarias de la Campania, se encuentran en un territorio mucho más amplio, sobre todo a partir de época augustea[393]. Dentro de la Tarraconense, *Celsa* constituye un excelente enclave para su conocimiento, con una variada representación tanto de pastas como de formas.

Tipología

Luni 1

La parte más característica del perfil de esta forma la constituye su borde almendrado. Es un plato de fondo plano, pared más o menos convexa y borde engrosado, que puede sobresalir o aplastarse contra la pared.

Encontramos una gama de pequeñas diferencias en la morfología del borde que se resumen en cuatro apartados, de la –a– a la –d–. El único fragmento que poseemos perteneciente a esta forma se puede clasificar en el –d–, que corresponde a un borde almendrado separado de la pared y desarrollado al exterior[395]. Se ha fabricado en la pasta más temprana cronológicamente, originaria de la Etruria y rica en componentes graníticos[396]. Este fragmento se halló en el nivel *3*, relleno bajo la estancia 12-14, fechado en torno al año 20 d. C., constituyendo dentro de sus materiales una forma residual. En la Tarraconense este plato es el más popular durante la primera mitad del siglo I a. C., remitiéndonos los ejemplares de *Celsa* a niveles augústeos y como en este caso, a la primera mitad del siglo I d. C.[396].

Luni 2/4

Esta forma se caracteriza por su borde recto, más o menos desarrollado, diferenciándose dos grupos. Contamos con seis ejemplares de este tipo de plato; de ellos cinco pertenecen al grupo –a–, en el que el borde se encuentra levantado formando un ángulo

[387] BELTRÁN LLORIS, M., 1991, Insula II, 5.1.5. Panadería, p. 58.

[388] BELTRÁN LLORIS, M., *et alii*, 1984, p. 127.

[389] AGUAROD, C., 1991, pp. 37-40,52-53,368, Pasta 1. En *Celsa* equivale a la pasta 18.

[390] AGUAROD, C., 1991, pp. 40-41,52-53,368, Pasta 2. En *Celsa* equivale a la pasta 19; Peacock, D.p. S., 1977, pp. 149-153.

[391] AGUAROD, C., 1991, p. 54. y 75.

[392] AGUAROD, C., 1991, pp. 54.

[393] AGUAROD, C., 1991, pp. 55-58.

[394] AGUAROD, C., 1991, p. 63.

[395] AGUAROD, C., pp. 52-53, Pasta 1. En la Casa de los Delfines equivale a la pasta 18.

[396] AGUAROD, C., 1991, pp. 65-67.

oblicuo con la pared, que puede ser marcadamente convexa y profunda, en las piezas más antiguas, o, más exvasada y rectilínea, de cronología amplia[397]. El fragmento restante[398] pertenece al grupo –b–, con borde horizontal y paredes más o menos rectas y exvasadas. El fondo de estos platos puede ser horizontal, totalmente plano, o ligeramente levantado en su parte central.

Esta forma se fabricó tanto en pasta granítica, característica de las producciones más antiguas y de las que contamos con tres ejemplares, como en pasta volcánica, más avanzada cronológicamente, en la que se han realizado los otros tres restantes[399].

Sus dimensiones son variables; encontramos platos de tamaño medio, cuyos bordes oscilan entre los 28 y 38 cm de diámetro (fragmentos V.79.hab.12.94 y 80.1.14-18.PQ.4161 respectivamente), y grandes, entre los 53 y 56 cm de diámetro (fragmentos V.79.18.Ñ.107 y V.79.8.P.51 respectivamente).

En el plato V.79.8.P.51 destacan una serie de bandas concéntricas, torneadas por grupos de estrías, que se encuentran en el fondo interior, de las que se han conservado cuatro. Quizás su número fuese mayor ya que el plato está fragmentado y le falta la parte central.

El plato V.79.18.Ñ.107 muestra en su pared interior la perforación efectuada para colocar una grapa de plomo alargada que se utilizó al repararlo y unir una fractura o una grieta.

Es una forma muy difundida por todo el Imperio. En la Tarraconense aparece durante el segundo cuarto del siglo I a. C., perdurando hasta la segunda mitad del I d. C. En la Casa de los Delfines lo hallamos en el nivel 3, dentro del relleno de la habitación 12-14, en torno al año 20 d. C., en el nivel 5, entre los años 41-48 d. C. y en los niveles 6-7, en el abandono general de los años 54-60 d. C.[400].

Luni 5

En esta forma el borde, recto y ligeramente reentrante, no se encuentra diferenciado de la pared, pudiendo ser más o menos engrosado o redondeado. Las paredes describen un perfil suavemente convexo, presentando un ángulo de abertura variable. El fondo es totalmente plano, o ligeramente levantado en su zona central. En la superficie interna existen, por lo general, una serie de bandas compuestas por grupos de estrías paralelas, cuyo número está relacionado directamente con el tamaño del recipiente.

Los 19 ejemplares con que contamos se han fabricado con la pasta procedente de los talleres campanos, rica en materiales volcánicos[401].

En esta forma encontramos una variada gama de tamaños, desde los platos más pequeños, cuyos diámetros en el borde oscilan entre los 20,5 y 23,5 cm (fragmentos V.79.I.N´.209 y V.79.1.L´.8 respectivamente), los medianos, con 27,5 y 39,2 cm (fragmentos 80.1.38.LM.6718 y 80.1.21-29.NP.2994 respectivamente) y los mayores, entre 43,5 y 55 cm (fragmentos 81.1.Car.I-Dec.II.4528 y V.79.8-10.JK.56 respectivamente). Como se deduce de esta diversidad de dimensiones, estos platos de horno con sus correspondientes tapaderas ponían a disposición del usuario la posibilidad de elegir el más conveniente a sus necesidades. Existen algunas versiones reducidas que pueden considerarse como individuales, otras, que son las más frecuentes, de tipo medio y uso familiar, y finalmente las de gran capacidad, indicadas para numerosos comensales y que pueden alcanzar los 95 cm de diámetro, como sucede en un ejemplar hallado en Velsen[402]. Estas últimas se prestan también a su utilización comercial en tabernas o *popinae*[403].

Dentro del conjunto estudiado existen tres platos que conservan el fondo con series de bandas concéntricas, compuestas por grupos de estrías paralelas. El mejor conservado, V.79.8-10.JK.56, tiene siete u ocho series, número acorde a sus grandes dimensiones. Este mismo plato ha recibido una marca de alfarero realizada mediante un grafito inciso antes de la cocción. Ésta se sitúa en la parte superior del fondo exterior y en ella se desarrolla un nombre, por desgracia incompleto debido a la escamación de la pasta. Se conserva un trazo vertical, inicio inferior de la primera letra, seguido por un espacio en el que han desaparecido 2 ó 3 letras y, finalmente, la terminación *nus* o con mayor probabilidad *vus*. La longitud total de la inscripción es de 3 cm y la altura máxima de las letras 7 mm.

Esta es sin duda la forma más popular y difundida de los platos de engobe interno rojo-pompeyano en todo el Imperio Romano. En la Tarraconense penetra por la costa subiendo hacia el valle del Ebro y llegando por el Noroeste a *Varea* y *Pompaelo*[404].

[397] AGUAROD, C., 1991, p. 67. Ejemplares: V.79.8.P. 51, V.79.13.H´.63, V.79.18.Ñ.107, V.79.hab.12.94 y 80.1.14-18.PQ.4161.

[398] AGUAROD, C., 1991, p. 67, sigla 81.1.25-33.GI.2981.

[399] AGUAROD, C., 1991, p. 68.

[400] AGUAROD, C., 1991, p. 71.

[401] AGUAROD, C., 1991, p. 74, Pasta 2. Esta pasta tiene en la Casa de los Delfines el número 19.

[402] WYNIA, S. L., 1979, p. 430.

[403] AGUAROD, C., 1991, pp. 78-79.

[404] AGUAROD, C., 1991, pp. 77-78.

Es una forma de vida muy larga que se fabrica sin interrupción desde época augústea hasta los últimos decenios del siglo I d. C. En la Casa de los Delfines se encuentra bien representada en los niveles *5*, y *6-7* pertenecientes a las últimas etapas de ocupación de la misma.

Celsa 79.80

Este plato posee unas paredes bastante rectas, ligeramente exvasadas. El fondo es totalmente plano y tiene un marcado resalte, prolongación del mismo, que sobresale al exterior. El paso entre el fondo exterior y el arranque de la pared está señalado por una acanaladura.

El único ejemplar completo con que contamos es de tamaño pequeño y tiene 22,2 cm de diámetro. Ha sido fabricado en la pasta campana, rica en componentes volcánicos[405].

Esta forma posee una peculiaridad especial consistente en que tanto la superficie de la pared externa, como la de la interna están recubiertas de engobe rojo-pompeyano; dejando únicamente sin revestimiento el fondo exterior.

Encontramos el fondo completamente ahumado por su contacto con las brasas.

Por el momento, la aparición de esta forma se circunscribe a los escasos ejemplares hallados en *Celsa*, que se localizaron en el los niveles *5* y *7* fechados respectivamente entre los años 41-48 d. C. y 54-60 d. C.

7.2.1.2. *Tapaderas/Platos*

Dentro de este apartado se encuentran las tapaderas de procedencia itálica que han sido fabricadas para servir de cubierta a los platos de engobe interno rojo-pompeyano, los platos de borde bífido y las cazuelas itálicas.

Nos hemos enfrentado con la dificultad que supone la falta de un estudio tipológico de conjunto que identifique con claridad, en primer lugar, a qué tipo de producción pertenece cada una de las tapaderas y, en segundo a qué forma de recipiente, en concreto, estaba destinada a cubrir.

La morfología de las tapaderas no indica por sí misma con claridad a qué pieza servía de cubierta, dado que la mayor parte son similares, muy planas y de grandes dimensiones. En principio, parece que pudieron utilizarse igualmente para tapar un plato de engobe interno rojo-pompeyano que uno de borde bífido; por ello, el camino seguido para establecer la correspondencia que existía en origen entre tapadera y recipiente a cubrir ha sido, esencialmente, el estudio de

la pasta empleada en su fabricación, unido a consideraciones cronológicas.

Existen especiales ejemplos de adecuación entre recipientes y tapadera, tal y como encontramos en los platos de borde bífido, cuyos bordes poseen en su parte superior una acanaladura específicamente pensada para el ajuste interior del borde se ha realizado un rebaje en el cual la tapadera puede descansar con facilidad. En ambos ejemplos el ajuste entre recipiente y cubierta consigue ser bastante hermético, pero otras veces, como sucede en los platos de engobe interno rojo-pompeyano, solamente una de las formas, concretamente la Luni 2/4, posee una zona de apoyo consistente en un pequeño borde horizontal, de la cual carecen el resto de las pertenecientes a la producción; por esto, era necesario para la estabilidad de las tapaderas que superaran en diámetro a los platos a que iban destinadas, sobresaliendo ligeramente. Es frecuente encontrar en las tapaderas de los platos de engobe interno una banda ennegrecida por el fuego y las brasas, en el extremo del borde que rebasa el plato.

Respecto al manejo de las tapaderas, únicamente encontramos pomos, como elementos de aprehensión en dos formas la Burriac 38.100 y la *Celsa* 79.106, ninguna de las cuales se encuentra con su perfil completo en la Casa de los Delfines. En el resto de las formas esta parte es prácticamente inexistente y consiste en un pequeño resalte, apenas esbozado, que difícilmente permitiría sostener el tape en algunas ocasiones. Esto obligaría a coger las tapaderas con ambas manos sosteniéndolas por el borde, contando con la ayuda de unos trapos cuando se encontrase caliente.

El hecho de no poseer un pomo diferenciado facilitaría en cambio su utilización como fuente para servir, una vez desmoldado el guiso sobre ella, sobre todo en el caso de las *patinae* que eran guisos con una consistencia similar a un budín.

80.7056

Esta tapadera, bastante llana, posee un borde recto y redondeado, remarcado por una suave acanaladura al exterior. El pomo/pie consiste en un pequeño resalte, apenas insinuado, en forma de anillo. Su parte inferior prolonga la línea de la pared.

De los dos ejemplares con que contamos el primero, que da nombre a la forma 80.1.18.AA.7056 tiene 53 cm de diámetro y el segundo 81.1.17-23.OS.2971 tiene 22,6 cm

Ambas tapaderas se han fabricado en la pasta de procedencia campana, rica en componentes volcánicos[406]. Esta forma aparece en

---

[405] AGUAROD, C., 1991, p. 79, Pasta 2. En la Casa de los Delfines equivale a la pasta 19.

[406] En el apartado de las pastas nn. 19 y 20. Es difícil diferenciar ambas pastas sin la ayuda de análisis dada su aparente similitud.

contextos donde se encuentra el plato de borde bífido Vegas 14, al cual pudiera servir de cubierta[407].

Atestiguada desde época sertoriana en la Caridad de Caminreal; en la Casa de los Delfines se encuentra en el nivel 5, cuyo abandono se fecha entre los años 41-48 d. C. y en el nivel 7 dentro del abandono general fechado entre los años 54-60 d. C.[408].

Burriac 38,100 -o- Celsa 80.7056

Estas dos formas de tapaderas poseen un mismo perfil de borde, diferenciándose únicamente en el pomo, con resalte y rehundido en su interior en la forma Burriac 38,100 y apenas esbozado, como un pequeño anillo en la 80.7056. Al no poseer fragmentos que nos proporcionen el perfil bastante completo es difícil clasificarlos en una u otra forma, a esto se añade que ambas formas se fabrican en pastas similares. Por esto hemos creado un apartado para incluir fragmentos de borde cuyas características pueden hacerlos pertenecer a cualquiera de las dos[409].

Hallamos tapaderas cuyos diámetros oscilan entre los 18,5 y 31,5 cm, con excepción de un fragmento, todos los demás se han fabricado en la pasta campana.

80.8145

En esta tapadera, bastante llana, la parte más característica y que ayuda a identificarla, la constituye el borde, prolongado y doblado al exterior. El pomo apenas se insinúa, consistiendo en un pequeño resalte o anillo cuya superficie interior se halla ligeramente rehundida.

Esta forma se ha realizado en una variada gama de tamaños, desde pequeñas tapaderas como 81.1.Car.I.-Dec.II.4531 de 21 cm de diámetro a grandes como 80.2-8.TY.8145 de 34,8 cm, con una gran cantidad de formas medianas.

De un total de 27 ejemplares pertenecientes a esta forma, 5 se han fabricado en la pasta originaria de la Etruria, rica en materiales graníticos, y las 22 restantes en la procedente de la Campania, con materiales volcánicos[410].

Podía servir como cubierta a diferentes formas de platos de engobe interno rojo-pompeyano. Los fabricados en la pasta granítica: a Vel.53, 84.31434, Luni 1 y Luni 2/4; los fabricados en pasta volcánica a: Luni 2/4, Luni 3, Luni 5, 79.80 y Torre Llauder 67.[411]

Existe una peculiaridad técnica que se encuentra en las tapaderas fabricadas con pasta volcánica, consiste en una pigmentación de color gris oscuro-marrón ceniciento que cubre el borde de las mismas, en algunos ejemplares y que denominamos «borde ahumado»[412].

La aparición de esta forma está atestiguada en la Tarraconense desde finales del siglo I a. C.[413]; dentro de los niveles de la Casa de los Delfines la vemos en el n. 1 fechado entre los años 40-35 a. C., en el n. 3 fechado en torno al año 20 d. C., en el nivel 5 fechado entre los años 41-48 d. C. y en los niveles 6-7 pertenecientes al abandono general de los años 54-60 d. C.

En cuanto a su difusión, es una forma frecuente en el valle del Ebro y zona costera[414].

81.2419

La característica más destacable de esta pequeña tapadera es poseer unas paredes totalmente rectas, sin borde diferenciado y un pomo apenas insinuado en forma de anillo.

El diámetro de la única pieza con la que contamos perteneciente a esta forma tiene 20,5 cm de diámetro y se ha realizado en la pasta de procedencia Campana, rica en materiales volcánicos.

Puede servir de tapadera a varias formas de platos de engobe interno rojo pompeyano: Luni 2/4, Luni 3, Luni 5 y 79.80[415].

Poseemos un paralelo para esta forma en el pecio de La Tradeliere a comienzos de la Era[416], en la Casa de los Delfines se encuentra en el nivel 3, relleno de la estancia 12-14 fechado en torno al año 20 d. C.

79.15

Esta tapadera posee un borde engrosado de sección ovalada y destacado al exterior, que la hace característica. El cuerpo es troncocónico, proporcionándole una altura superior a la mayoría de las tapaderas.

Contamos con dos ejemplares de esta forma, el primero V.79.28.J'15 tiene 24,2 cm de diámetro y el segundo 80.1.18.T.2519 tiene 37,3 cm

Servía de cubierta a las formas cronológicamente más avanzadas dentro de los platos de engobe interno rojo-pompeyano fabricados con pasta volcánica: Luni 3, Luni 5, 79.80 y Torre Llauder 67[417].

[407] AGUAROD, C., 1991, p. 111.

[408] AGUAROD, C., 1991, p. 112.

[409] AGUAROD, C., 1991, pp. 112-113.

[410] AGUAROD, C., 1991, p. 114. La pasta Tarraconense 1 equivale a la 18 de la Casa de los Delfines, y la 19 a la 2 Tarraconense.

[411] AGUAROD, C., 1991, p. 115.

[412] AGUAROD, C., 1991, p. 114.

[413] AGUAROD, C., 1991, p. 115.

[414] *Ibidem.*

[415] AGUAROD, C., 1991, p. 116.

[416] FIORI, p. y JONCHERAY, J. P. , 1975, p. 65, Fig. 2, F y G.

[417] AGUAROD, C., 1991, p. 117.

Dentro de la Tarraconense es una forma que se documenta desde época augustea, perdurando hasta los inicios del siglo II d. C.[418]. En la Casa de los Delfines la encontramos en el nivel 5, perteneciente al abandono de los años 41-48 d. C., y en el nivel 8 que corresponde al manto vegetal de la excavación.

79.106

Es una tapadera de cuerpo troncocónico, borde liso, ligeramente redondeado, y un pomo macizo separado del cuerpo por una acanaladura. El pomo puede albergar en su interior un botón central. Es una forma marcadamente alta, respecto a las demás tapaderas itálicas.

Contamos con cinco ejemplares de esta forma, de ellos V.79.hab.7.106 tiene 23 cm de diámetro y 81.1.C.II.8273 tiene 30 cm Tres tapaderas se han fabricado en la misma pasta que las cazuelas itálicas[419], y dos en la pasta campana, rica en materiales volcánicos[420].

Esta forma servía de cubierta en las cazuelas itálicas, forma 79.28.

Atestiguada en la Tarraconense desde época tardorrepublicana[421], en la Casa de los Delfines se encuentra en el nivel 3, relleno fechado en torno al año 20 d. C., en el nivel 5 de los años 41-48 d. C. y en el 6 del abandono general en torno a los años 54-60 d. C.

7.2.1.3. Cazuela 79.28

Se trata de cazuelas de cuerpo troncocónico, siendo mayor el diámetro de su boca que la altura. El fondo es redondeado y el paso del cuerpo al fondo se encuentra marcado por una carena. La parte más característica de su perfil la constituye el borde, desarrollado al exterior, que puede ser horizontal o ligeramente inclinado, y que está dotado de un rebaje interior destinado al ajuste de la tapadera.

El nombre de esta cazuela, muy popular en la antigüedad, era *caccabus*[422], la tapadera que le corresponde es la forma 79.106.

Hallamos esta forma en la Tarraconense fabricada en una gran cantidad de tamaños. Los siete ejemplares con que contamos en este conjunto se encuentran entre los pequeños y medianos, oscilando su diámetro entre los 19,5 y 23,2 cm (81.1.Sup.21 y 81.1.Car.I-Dec.II.4534 respectivamente).

Todos los ejemplares estudiados, tanto en la Tarraconense como en *Celsa* se han fabri-

cado en una pasta caracterizada por su naturaleza granítica y con presencia de hornoblenda[423]. En algunos casos se observa la presencia de una pátina en la pared exterior de color marrón-gris producto de su cocción original, y que en ocasiones es difícil de detectar debido al ahumado por uso del recipiente, frecuente en todas las cazuelas de la Casa de los Delfines.

La zona de origen de esta producción podría buscarse en un área comprendida entre la Italia del centro y del sur[424]. Son recipientes destinados a la cocción de los alimentos en agua y la forma de su fondo condiciona su colocación sobre un trípode.

El comercio de esta familia de cazuelas se asocia a las producciones itálicas del siglo I a. C., como sucede en el pecio de la Madrague de Giens[425]. Su presencia se constata en la Tarraconense desde comienzos del siglo I a. C., perviviendo durante todo este siglo y la primera mitad del I d. C.[426]. En la Casa de los Delfines se encuentra en el nivel 3, relleno fechado en torno al año 20 d. C. y en los niveles 7 y 8 del abandono general de la misma.

7.2.1.4. Platos de borde bífido

La definición de esta familia cerámica se debe a M. Vegas[427] y caracteriza a unos platos llanos, en ocasiones de gran tamaño, que poseen como peculiaridad más destacable una ranura en la parte superior del borde, que ha sido realizada para el idóneo encaje de la tapadera correspondiente; las paredes son ligeramente curvas, de escasa altura, y el fondo plano.

La arcilla empleada en su fabricación es en todos los ejemplares estudiados en la Tarraconense la misma, muy rica en arenas volcánicas y que presenta una gran similitud con la pasta campana empleada en la confección de los platos de engobe interno rojo-pompeyano. La única diferencia entre ambas pastas, imperceptible a simple vista, estriba en la mayor presencia de clinopiroxenos en la empleada en los platos de borde bífido, que en ocasiones aparece más decantada[428].

Estos platos no presentan revestimiento interior, pero en muchas ocasiones muestran en la pared exterior una banda, gris o marrón oscuro, que se sitúa generalmente en los dos tercios superiores de la misma, hasta llegar al borde, aunque a veces la ocupa totalmente. Ésta constituye el antecedente de lo que será

[418] AGUAROD, C., 1991, p. 118.

[419] Pasta n. 23.

[420] Pastas nn. 19 y 20.

[421] AGUAROD, C., 1991, pp. 119-120.

[422] BATS, M., 1988, p. 69; ANNECHINO, M., 1977, p. 108; HILGUERS, W., 1969, pp. 40-41.

[423] Pasta 23.

[424] AGUAROD, C., 1991, p. 100.

[425] TCHERNIA, A., *et alii*, 1978, p. 66.

[426] AGUAROD, C., 1991, p. 102.

[427] VEGAS, M., 1964, pp. 21-22; 1973, pp. 43-45.

[428] AGUAROD, C., 1991, p. 86.

más tarde la «patina cenicienta» en las cerámicas africanas de cocina.

El origen de los platos de borde bífido que llegan a la Tarraconense debe buscarse en la Campania, constituyendo una producción verdaderamente estandarizada[429].

Estos platos pertenecen al grupo de las *patinae*, al igual que las producciones de engobe interno rojo-pompeyano. Parece que en los platos de borde bífido, ausentes de engobe interior y más hondos que los de engobe interno rojo-pompeyano, podría realizarse guisos caldosos y que no precisaran de la cualidad antiadherente que poseían aquellos. Probablemente cocciones de pescados en salsa, ragouts de carne o guisos de cabrito, cordero, pollo, etc.[430].

Su difusión comienza en época muy temprana, siendo su presencia frecuentísima en la Tarraconense durante el siglo I a. C., aunque ya a mediados desde el siglo II a. C., y perdura hasta mediados del siglo I d. C.[431]. En *Celsa* es una producción abundante y bien documentada.

Vegas 14

El borde de este plato es recto, y no se diferencia de la pared; en su extremo superior se encuentra una ranura para encaje de la tapadera que proporciona la denominación a esta familia cerámica. Las paredes pueden ser más o menos convexas y el fondo es plano, con un ligero levantamiento en su parte central.

Existe una gran variedad de tamaños en esta forma[432], dentro de los nueve ejemplares con que contamos en este conjunto las medidas de los diámetros oscilan entre los 28 y 33,6 cm (V.79.hab.12.26 y V.798.Sup.22 respectivamente). Todos los ejemplares se han fabricado con la misma pasta, rica en componentes volcánicos, originaria de la Campania[433].

Esta forma es extraordinariamente popular en época republicana y se halla extendida por todo el mundo romano, su inicio está atestiguado en la segunda mitad del siglo II a. C. y su éxito perdura durante todo el siglo I a. C., encontrándola incluso en niveles de la primera mitad del siglo I d. C.[434]. En la Casa de los Delfines se halla representada en el nivel 3, relleno fechado en torno al año 20 d. C. y en los niveles 5, 6, 7 y 8 pertenecientes a los abandonos de los años 41-48 d. C. y 54-60 d. C.

7.2.2. CERÁMICA DE COCINA AFRICANA

La primera individualización de esta producción la realizó N. Lamboglia en la publicación de los materiales cerámicos de *Albintimilium*[435], clasificando unos *vasi a patina cenerognola* que se dividían en cerámicas de *orlo aplicato* y de *fondo estriato*; las tapaderas que cubrían estos recipientes fueron denominadas *piatti a orlo annerito*.

En las publicaciones de las excavaciones de Ostia se continuó utilizando la terminología acuñada por N. Lamboglia, hallando en Ostia I, II y III estas cerámicas bajo la denominación de pátina cenicienta y borde ahumado[436], pero al llegar al volumen IV esta producción pasó a llamarse «cerámica de cocina africana», nombre con el que se la conocerá en lo sucesivo[437].

Existen una serie de trabajos que complementan su conocimiento como los de J. W. Hayes y los de A. Carandini y S. Tortorella[438].

Esta familia cerámica nace en el territorio de la actual Túnez, en particular en la región de Cártago[439]. La pasta utilizada en su fabricación es muy homogénea y fácilmente reconocible por su color rojo-ladrillo. Su aspecto es hojaldrado y aparece bastante depurada; a simple vista únicamente se aprecian cristales de cuarzo aislados y pequeños cúmulos de color rojo y blanco[440].

El repertorio de formas está compuesto principalmente por cazuelas, *caccabi*, con sus correspondientes tapaderas. Éstas pueden ejercer en la mayoría de los casos una doble función: como tapaderas, cumpliendo su misión original o subsidiariamente como platos, invirtiendo su posición, ya que los anillos que componen sus pomos les proporcionan suficiente estabilidad como pies.

La superficie exterior de las cazuelas y el borde las tapaderas recibe en ocasiones una patina de color gris, que se obtiene durante su proceso de cocción[441]. Dentro de esta producción encontraremos piezas que poseen un pulido a bandas y piezas cubiertas de engobe que está muy emparentado con el de la *sigillata* Clara A[442].

Las cazuelas que encontramos en la Casa de los Delfines pertenecen a dos grandes gru-

[429] AGUAROD, C., 1991, p. 87.

[430] *Ibidem*.

[431] AGUAROD, C., 1991, p. 88.

[432] AGUAROD, C., 1991, p. 93.

[433] Pasta n. 20.

[434] AGUAROD, C., 1991, pp. 93-96.

[435] LAMBOGLIA, N., 1950, p. 203.

[436] CARANDINI, A., 1968; 1970a; 1972; RICCIOTI, D., 1977.

[437] HAYES, J. W., 1972; CARANDINI, A., 1970b; TORTORELLA, S., 1981; 1987.

[438] TORTORELLA, S., 1981, pp. 155, 299, 360.

[439] AGUAROD, C., 1991, pp. 235-236. Pasta n. 21.

[440] HAYES, J. W., 1972, p. 205.

[441] HAYES, J. W., 1972, p. 200; LAMBOGLIA, N., 1958, pp. 275, 277.

[442] CARANDINI, A., 1968, p. 30.

pos, las del primero, herederas de las *lopades* púnicas, estarían destinadas a cocciones al vapor, dentro de una atmósfera cerrada herméticamente, que se lograba mediante el perfecto encaje con sus tapaderas[443]; corresponderían a este grupo las formas Ostia II 306 y Ostia II 303; las del segundo son cazuelas profundas de gran capacidad, destinadas a cocciones realizadas en abundante líquido, es decir, para hervir tanto vegetales como carnes[444], correspondería a este grupo la forma Ostia II 310. Todas estas cazuelas tienen el fondo convexo, por lo que necesariamente deberían de colocarse mediante unos soportes sobre el fuego, ya sean trípodes metálicos, pies móviles, etc. o en cocinas realizadas en metal, al igual que sucedía con la cazuela itálica forma 79.28.

Los inicios de esta producción se encuentra en época de Augusto-Tiberio[445] popularizándose a lo largo del siglo I d. C. para mantenerse hasta el siglo VI d. C.[446]. Desde su zona de origen, Túnez, esta producción se fue extendiendo por vía marítima a lo largo de toda la vertiente occidental del Mediterráneo, concentrándose más intensamente en las zonas costeras de Argelia, Libia, Marruecos, España, sur de Portugal, Francia, Italia, Grecia, Yugoslavia, Albania y Malta[447]. El conjunto de materiales de *Celsa* constituye un buen exponente de su difusión durante la primera mitad del siglo I d. C., hablándonos de contactos comerciales no constatados por otros medios[448].

7.2.2.1. Cazuelas

Ostia II 306

Es una cazuela con el borde bífido y paredes suavemente convexas al interior y ligeramente exvasadas; el fondo es convexo y está cubierto por estrías poco marcadas. La superficie exterior presenta por lo general pulido a bandas y patina ceniciento que, partiendo del borde, puede extenderse por una zona variable.

Esta forma deriva de un tipo de cazuela frecuente en el mundo griego y púnico denominada *lopas*, que al igual que ésta recibía una tapadera que la cubría de una manera hermética, permitiendo una cocción de los alimentos al vapor[449].

Poseemos tres ejemplares de esta forma dentro del conjunto de las cerámicas de la Casa de los Delfines, cuyos diámetros oscilan entre los 20,6, 21,2 y 22,2 cm (81.1.Dec.II-Car.II.7570, V.79.9.F'139 y 80.1.6.MN.4320 respectivamente). Todos se han fabricado en la pasta típica de estas producciones y se han localizado en el nivel 5 fechado entre los años 41-48 d. C., y en el nivel 6 perteneciente al abandono general de los años 54-60 d. C. Es una forma difundida por el Mediterráneo occidental desde época de Tiberio[450].

Ostia II 303
Hayes 194
Lamboglia 10

Esta cazuela posee un cuerpo de paredes suavemente convexas y un borde alargado y recto ligeramente exvasado; en la parte interior del recipiente y en la zona de unión entre borde y pared se sitúa un grueso baquetón (de paredes facetadas) destinado a servir de apoyo a la tapadera. El fondo es convexo y está cubierto de estrías poco marcadas, al igual que la forma anterior. La superficie exterior de la pared presenta generalmente pátina ceniciento y puede estar pulida a bandas.

Esta forma, como la anterior tiene un claro precedente en la *lopas*, fabricada en cerámica púnica desde el siglo IV a. C.[451], las únicas diferencias estriban en la pasta en la que se han confeccionado, y que en los ejemplares púnicos existen dos asas horizontales aplicadas bajo el borde, que son más exvasados que éstos.

Contamos con dos ejemplares de esta forma en el conjunto cerámico de la Casa de los Delfines; el diámetro de sus bordes es de 21 y 26,2 cm (80.1.3.R.298 y V.79.12.L.17 respectivamente), ambos se han fabricado en la pasta típica de estas producciones. Los dos se hallaron en el nivel 5 perteneciente al abandono de los años 41-48 d. C.

Es una forma muy difundida y frecuente que se testimonia desde época tiberiana[452].

Ostia II 310
Hayes 198

Es una cazuela de paredes profundas y ligeramente convexas; éstas se van ensanchando hasta llegar a la zona de unión con el fondo, que también es convexo, formando una carena. El borde se encuentra muy desa-

---

[443] AGUAROD, C., 1991, pp. 237 y 241. Grupo primero.

[444] AGUAROD, C., 1991, pp. 237-238 y 244. Grupo tercero.

[445] HAYES, J. W., 1976, pp. 93-94; AGUAROD, C., 1991, p. 239.

[446] HAYES, J. W., 1976, pp. 95-97; AGUAROD, C., 1991, pp. 238-240. BELTRÁN LLORIS, M., 1990, pp. 136-138, 239, 269.

[447] AGUAROD, C., 1991, pp. 238-239.

[448] AGUAROD, C., 1991, p. 238.

---

[449] BATS, N., 1988, pp. 48-50.

[450] AGUAROD, C., 1991, p. 263.

[451] TORTORELLA, S., 1981, p. 216; AGUAROD, C., 1991, p. 265, nota 77.

[452] AGUAROD, C., 1991, p. 265.

rrollado al exterior, inclinándose más o menos, y por lo general experimenta un engrosamiento en su extremo final; en la parte interior existe un resalte que origina una zona destinada para apoyo de la tapadera. Tanto la superficie interior como exterior de las paredes muestran las ondulaciones del torno sin terminar de alisar, lo que da lugar a unas bandas, que en la pared exterior pueden recibir una suave pátina ceniciena.

Dentro de la cerámica de cocina itálica existe una cazuela denominada *caccabus* que ha sido, sin duda, la que ha inspirado el diseño de esta forma; se trata de una producción fabricada durante los siglos II y I a. C., que estudiamos en su apartado correspondiente como forma 79.28.

Se documenta desde época augustea, constituyendo una forma típica de la etapa julio-claudia[453]. En la Casa de los Delfines contamos con dos ejemplares de los cuales únicamente 80.1.22.AI-31.T.8843 nos proporciona el diámetro del borde, 19 cm. La pasta es la usual en estos tipos y ambos aparecieron en el nivel 7 del abandono general entre los años 54-60 d. C.

7.2.2.2. Tapaderas

Ostia III 332

Es una tapadera cuyo cuerpo se aproxima a un casquete esférico, algo apuntado en ocasiones. El grosor de la pared va aumentando ligeramente desde la zona superior hasta llegar al borde, que constituye su parte más ancha. La característica más notable de su perfil es la carencia de pomo, que la diferencia de la tapadera Ostia II, 302.

El exterior de la pared puede estar pulido a bandas y tener una o dos acanaladuras en su parte media, mientras que la superficie interior generalmente muestra las estrías del

torno sin alisar. Frecuentemente el borde se encuentra ahumado.

El único ejemplar con que contamos en la Casa de los Delfines tiene 24 cm de diámetro y se localizó en el nivel 5 perteneciente al abandono fechado entre los años 41-48 d. C.

Fechada desde época de Claudio, su presencia se hace más frecuente a partir de la segunda mitad del siglo I d. C.[454]; es una forma muy abundante.

Fragmentos atribuibles a Ostia II, 302, Ostia III 332, Ostia I 261

La mayor parte de los ejemplares de tapaderas de cocina africana aparecen fragmentados en las excavaciones y sólo en contadas ocasiones han conservado la zona correspondiente al pomo o su inicio; esto imposibilita muchas veces su certera clasificación dentro de la tipología. Por esto hemos creado un apartado donde se incluyen los fragmentos de bordes de tapaderas que pueden pertenecer tanto a la forma Ostia II, 302, como a las Ostia III, 332 y Ostia I, 261[455].

Contamos con seis fragmentos de bordes cuyo diámetro oscila entre los 14 y 23,6 cm (81.1.2-8.N'P'.3882 y 80.1.6-10.MO.1794 respectivamente).

7.2.3. INVENTARIO Y PORCENTAJES

Platos de engobe interno rojo-pompeyano

Resumen

PASTAS	18	19
Luni 1	1	
Luni 2/4	3	3
Luni 5		19
79.80		2
Bordes s/c		2
Fondos s/c		1

NIVELES	1	2	3	4	5	6	7	8	TOTAL
Luni 1			1						= 1
Luni 2/4			1		3	1	1		=6
Luni 5					6	6	7		= 19
79.80					1		1		=2
Bordes s/c							2		=2
Fondos s/c					1				=1
			2		11	18			**=31**

---

[453] HAYES, J. W., 1986, p. 94; AGUAROD, C., 1991, p. 271.

[454] AGUAROD, C., 1991, pp. 247-248.
[455] AGUAROD, C., 1991, pp. 250-251.

Tapaderas/platos itálicas

PASTAS	18	19/20	23
80.7056		2	
Burriac 38.100			
–o– 80.7056	1	10	
80.8145	5	22	
81.2419		1	
79.15		2	
79.106		2	3
Pomos s/c		4	

NIVELES	1	2	3	4	5	6	7	8	TOTAL
80.7056					1		1		= 2
Burriac 38,100									
—o— 80.7056			1		3	1	5	1	= 11
80.8145	1		2		9	4	11		= 27
81.2419			1						= 1
79.15					1		1		= 2
79.106			1		1	3			= 5
Pomos s/c					3	1			= 4
	1		5		18		27		= **51**

Cazuela

PASTA	23
79.28	7

NIVELES	1	2	3	4	5	6	7	8	TOTAL
79.28			1				5	1	= 7
			1				5	1	= **7**

Plato de borde bífido

PASTA	20
Vegas 14	9

NIVELES	1	2	3	4	5	6	7	8	TOTAL
Vegas 14			2		1	1	4	1	= 9
			2		1		5	1	= **9**

Cerámica de cocina africana

PASTA	21
Ostia II,306	3
Ostia II,303	2
Ostia II,310	2
Fondos s/c	4

PASTA	21
Ostia III,332	1
Ostia I,261/III 332/ II,302	6

NIVELES	1	2	3	4	5	6	7	8	TOTAL
Ostia II,306					1	2			= 3
Ostia II,303					2				= 2
Ostia II,310							2		= 2
Fondos s/c					1	1	2		= 4
					4		7	= **11**	

Niveles	1	2	3	4	5	6	7	8	Total
Ostia III,332					1				= 1
Ostia I,261/									
III 332/II,302					2	2	2		= 6
					3		4		= **7**

Cerámicas Itálicas

Engobe interno rojo-pompeyano. Platos

Luni 1	b	18	V.79.hab.7.100	87.1	3
Luni 2/4		18	V.79.8.P.51 81.1.12-16.ÑP.5026, 3-11.KQ.3627	87.5	5
	b	18	V.79.13.H'.63, 9.F'.145, 3.K'.67		6
	b	18	81.1.25-33.GI.2981	87.2	7
		19	V.79.18.N.107, 16.Ñ.2 80.1.12.X.7811	87.6	5
		19	V.79.hab.12.94	87.3	3
	b	19	80.1.14-18.PQ.4161	87.4	5
Luni 5		19	V.79.8-10.JK.56, 6-8.IJ.58 4.X.25	88.3	5
	b/p	19	V.79.8-10.JK.189	88.4	5
		19	V.79.18.N.82, 16-18.OP.31	90.1	5
	b	19	V.79.1.L'8	89.3	6
	b	19	V.79.1.N'.209	89.5	6
		19	80.1.12-16.NP.4988, 18.AA'.7316 20-24.QT.355	88.1	5
	b	19	80.1.20.Z.8373	88.5	5
	b	19	80.1.38.LM.6718	89.2	7
		19	80.1.21-29.NP.2994, 3-11.KG.3626	90.2	5
		19	81.1.7.Y.1540	88.2	7
	b	19	81.1.21-25.AE.1342, 15-21.B'C.532	89.1	7
	b	19	81.19-17.A'F'.52	89.9	7
		19	81.1.Dec.I.3302	89.6	7
	b	19	81.1.Car.I2.6565	89.4	7
		19	81.1.C.I.-D.II.4528	90.3	7
	b	19	81.1.Dec.II-Car.II.7568	88.6	6
79.80		19	V.79.14.LM.80, 6-8.II.56 80.1.1.O.2304	90.4	5
	b	19	81.1.2-8.Ñ'P'.5257	90.7	7
Bordes s/c	b	19	81.1.2-8.Ñ'P'.5258	90.5	7
	b	10	81.1.2-8.Ñ'P'.7155	90.6	7
Fondos s/c	f	19	80.1.3-11.KQ.3512 8-10.MQ.1803	90.8	5
80.7056	b	19/20	V.79.6-8.IJ.51 8-10.JK.159	91.1	5
	b	19/20	V.79.22.N.6	91.2	5
	b	19/20	80.1.4.R.660	91.3	5
	b	19/20	80.1.8-18.Y-AC.5784	91.4	7
	b	19	80.1.24.Q.127	91.6	7
	b	19/20	81.1.D.I.9635	91.5	7
	b	19/20	81.1.D.II-C.II.7947	91.7	6
	b	19/20	81.1.Sup.20	91.8	8
80.7056		19/20	80.1.4-10.UX.8500, 8-14.VZ.7905, 18.AA.7056	94.1	5
		19/20	81.1.17-23.OS.2971	94.2	7
80.8145	b/p	18	V.79.26.H.1, 20-22.ÑO.2, hab.15.33	92.2	5
	b	18	V.79.30.F.3	93.10	7
	b/p	18	80.1.32.N.6221	92.1	1
	b	18	81.1.Car.I-Dec.II.4531	93.1	7
	b	19/20	V.79.6-8.NÑ.19	92.5	5
		19/20	80.1.2-8.TY.8145, 4-10.UX.8525	92.3	5

	b	19/20	80.1.8.AB.6456	92.7	7
	b	19/20	80.1.8-14.VZ.7763	93.6	5
	b	19/20	80.1.12-16.ÑP.1684	92.4	5
	b	19/20	80.1.18.N.14	93.7	5
	b	19/20	80.1.18-30.RS.4234	93.8	5
	b	19/20	80.1.24-26.QT.157	93.9	5
	b	19/20	80.1.1-11.ÑS.3316	92.6	7
	b	19/20	81.1.2-8.Ñ'P'.5255	93.4	7
	b	19/20	81.1.9-17.A'F'.51	93.3	7
	b	19/20	81.1.9-17.A'F'.2009	93.2	7
	b	19/20	81.1.hab.12.3	93.5	3
	b	19/20	81.1.C.I-D.II.4533	92.8	7
81.2419		19/20	81.1.hab.12(1).2419	94.3	3
79.15	b	19/20	V.79.28.J'15	94.5	7
	b	19/20	80.1.18.T.2592	94.4	5
79.106	b	23	V.79.hab.7.106	94.6	3
	b	23	81.1.C.II.8273	94.7	6
Cazuela 79.28		23	V.79.hab.8.28 80.1.30-34.LM.5239	95.3	3
	b	23	80.1.36.D.8515	96.1	7
	b	23	80.1.48-22.CF.5470	95.2	7
	b	23	81.1.Dec.I.5303	95.4	7
	b/p	23	81.1.Car.I-Dec.II.4534	95.5	7
	b/p	23	81.1.Sup.21	95.1	8

Platos de borde bífido

Vegas 14		20	V.79.32.DC.7	96.8	7
	b	20	V.79.hab.12.26	96.4	7
	b	20	V.79.hab.12.97	96.5	3
	f	20	V.79.Sup.22	96.3	8
	b	20	81.1.2-8.Ñ'P'.7658	96.2	7
	f	20	81.1.2-8.'P'.7659	96.6	7
	f	20	81.1.hab.12.2420	96.7	3

Cerámica de cocina africana

Ostia II, 306	b	21	V.79.9.F'139	97.5	6
		21	80.1.6.MN.4320 24.Q.131	97.3	5
		21	81.1.Dec.II-Car.II.7570	97.4	6
Ostia II,303	b/p	21	V.79.12.L.17, 18-22.OR.2480, 1-2.M.4	97.2	5
		21	80.1.3.R.298, 12-14.XY.981	97.1	5
Ostia II,310	b/p	21	80.1.22.AI-31.T.8843	98.1	7
	p/f	21	80.1.38.LM.6524	98.2	7

Fondos

	f	21	80.1.16-22.X-AD.5516	98.3	7
	f	21	80.1.20-24.QT.344	98.4	5
	f	21	80.1.32-36.TV.2173	99.1	7
	f	21	81.1.D.II.10260	98.5	6

Platos

Ostia III,332	b/p	21	80.1.14-16.TV.5330	99.2	5
Ostia I 261/ III 332/ II 302	b	21	80.1.6-10.MO.1794	99.4	5
	b	21	80.1.12-16.ÑP.1663, 18-22.VY.460	99.3	5
	b	21	81.1.2-8.Ñ'P'.3882	99.8	7
	b	21	81.1.Car.I.3556	99.5	7
	b	21	81.1.Dec.II-Car.II.7569	99.7	6
	b	21	81.1.Dec.II-Car.II.7571	99.6	6

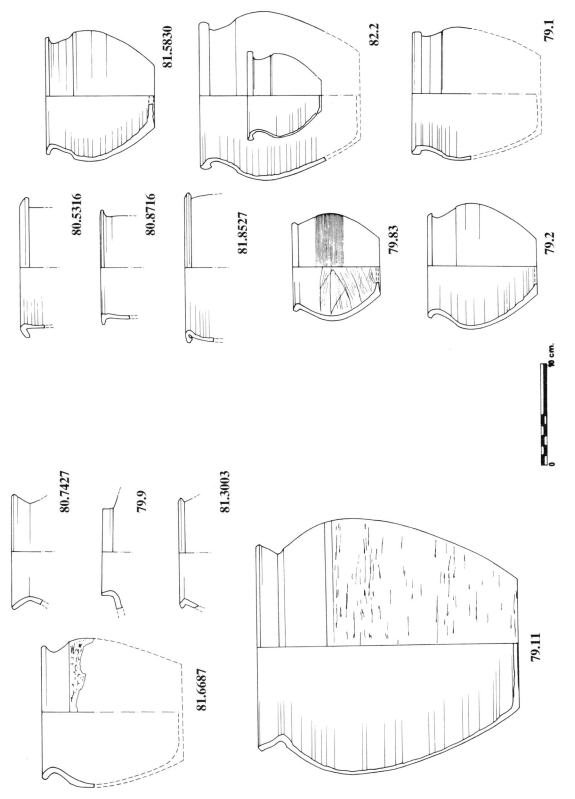

Figura 47. Menaje de cocina y despensa. Ollas de los grupos I-IV.

145

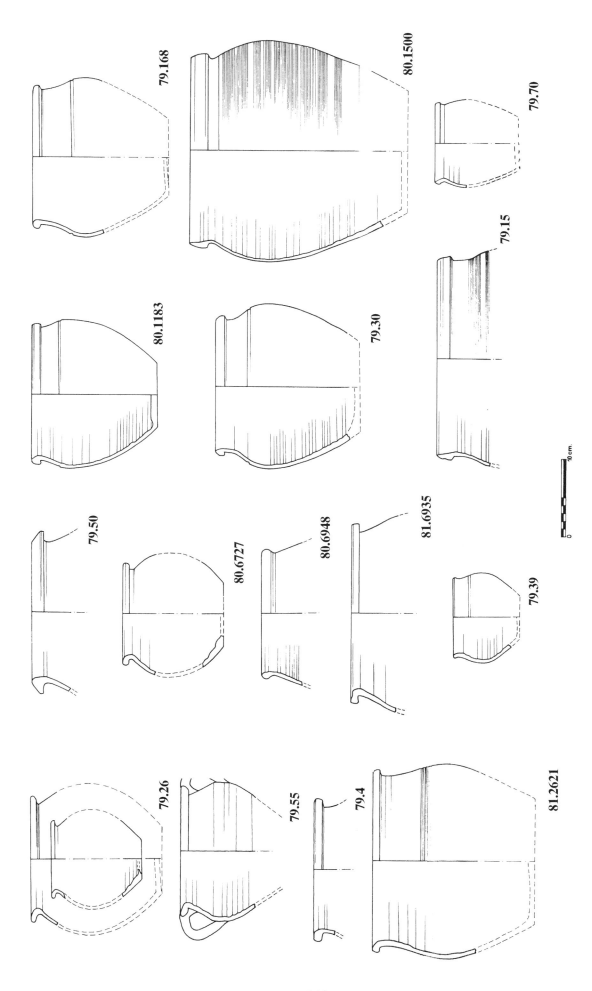

Figura 48. Menaje de cocina y despensa. Ollas de los grupos I-IV.

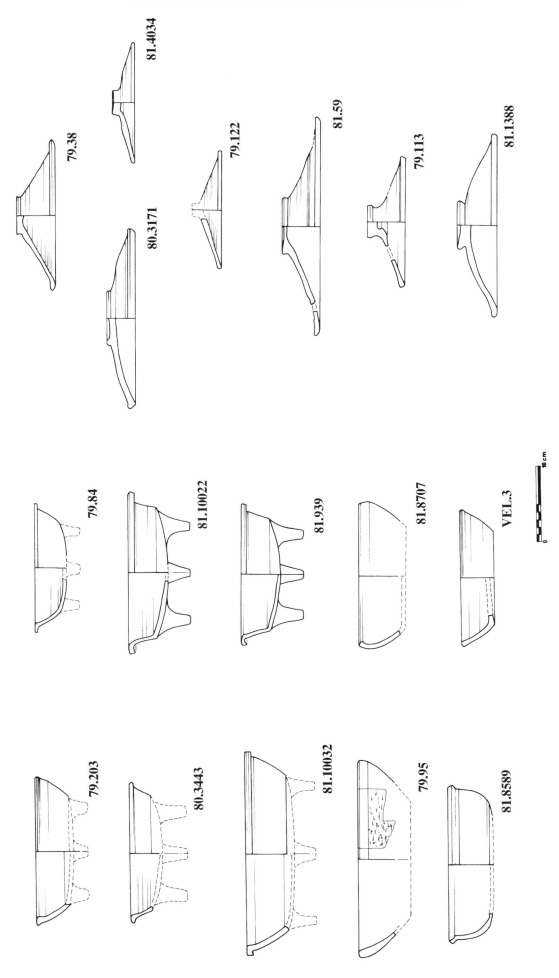

Figura 49. Menaje de cocina y despensa. Cuencos trípodes y cuencos.

147

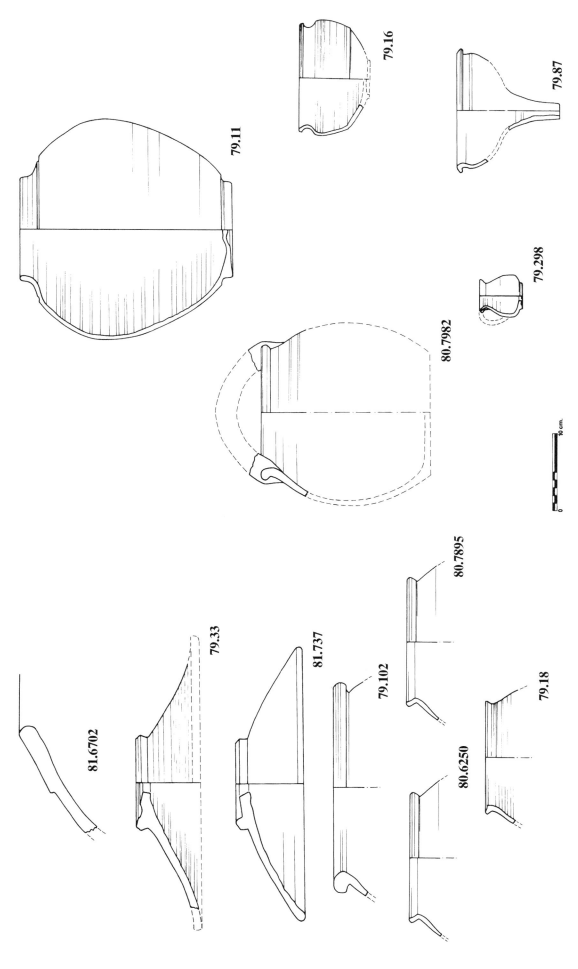

Figura 50. Menaje de cocina y despensa. Tinajas pequeñas, recipientes con asa diametral, embudo y filtro.

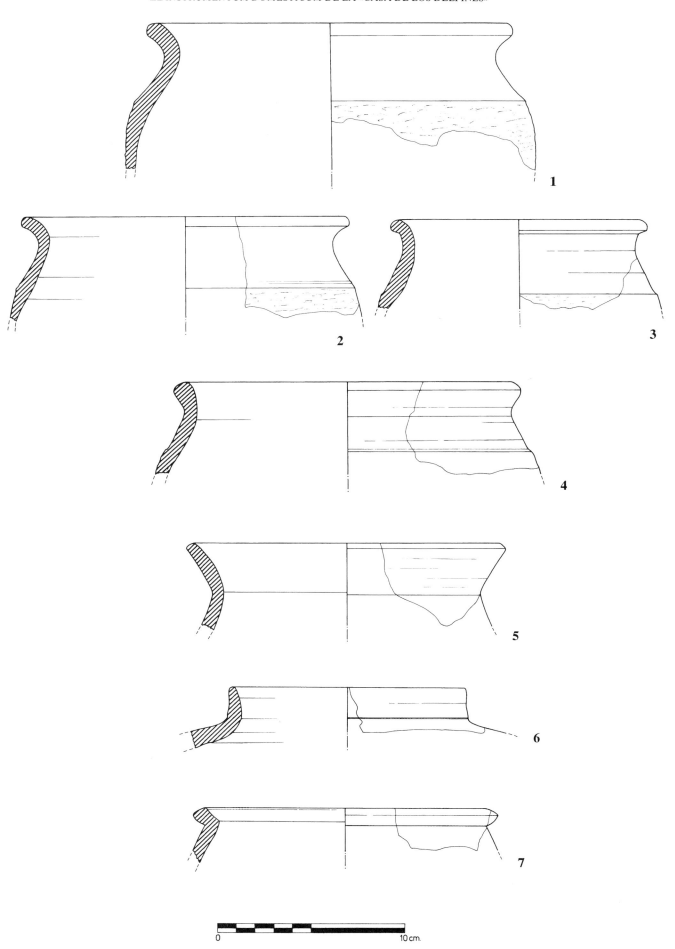

Figura 51. Menaje de cocina y despensa. Ollas del grupo I.

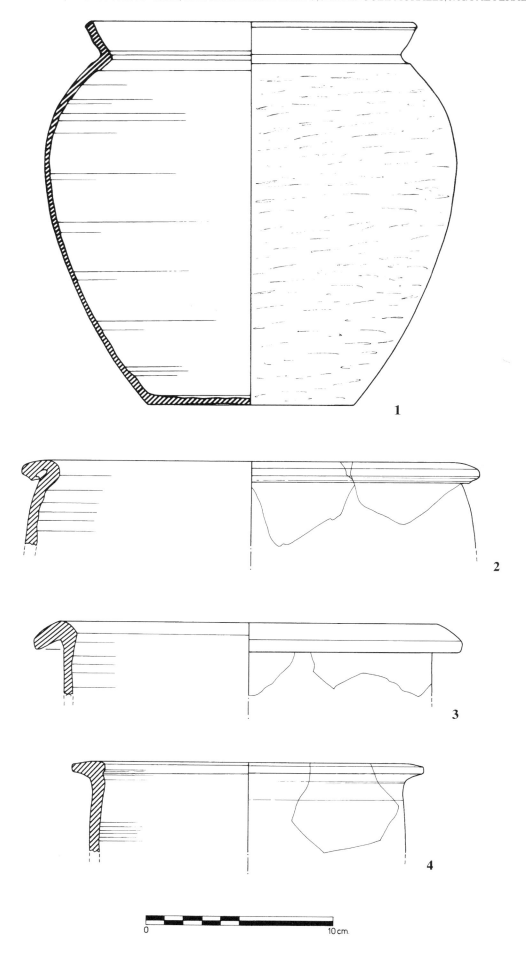

Figura 52. Menaje de cocina y despensa. Ollas de los grupos I y III.

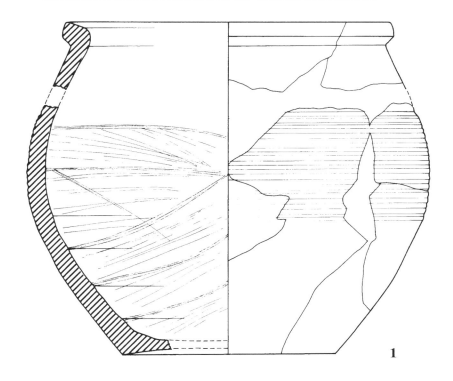

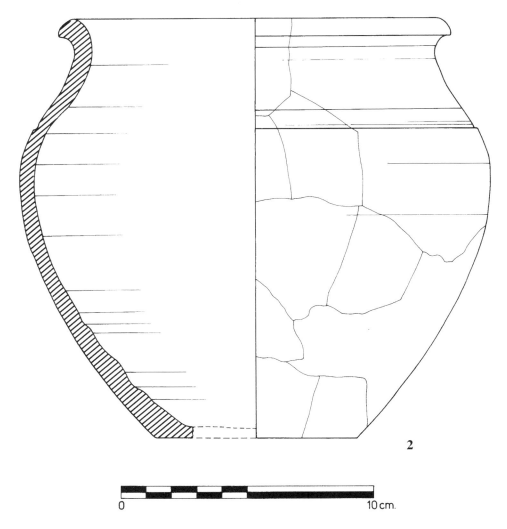

Figura 53. Menaje de cocina y despensa. Ollas del grupo III.

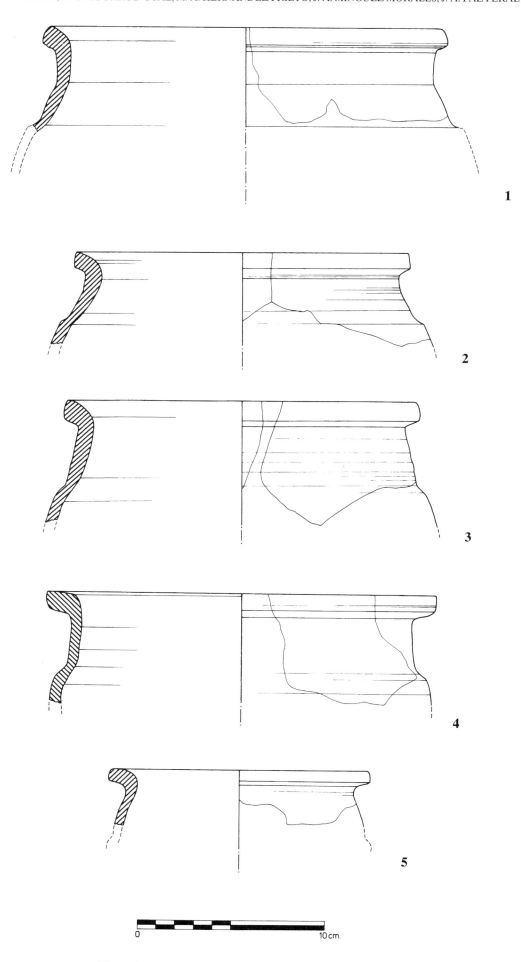

Figura 54. Menaje de cocina y despensa. Ollas del grupo IV.

152

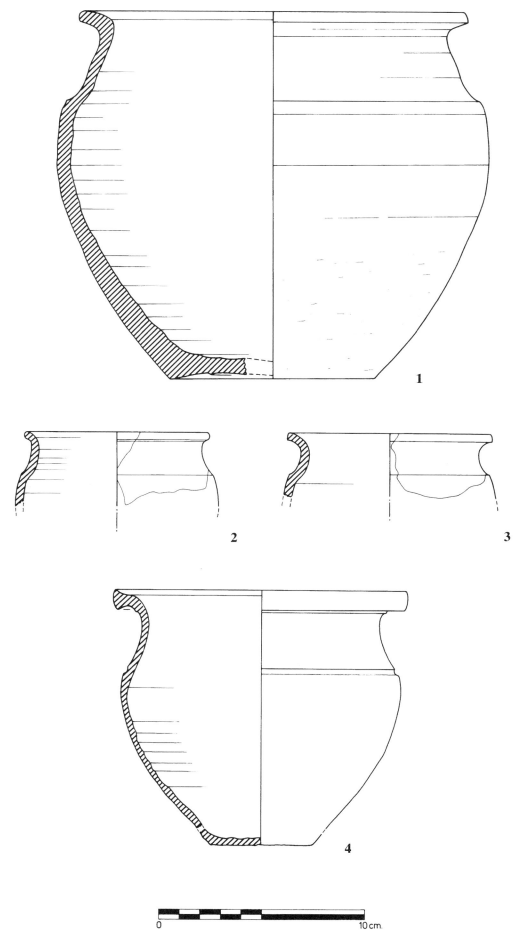

Figura 55. Menaje de cocina y despensa. Ollas del grupo IV.

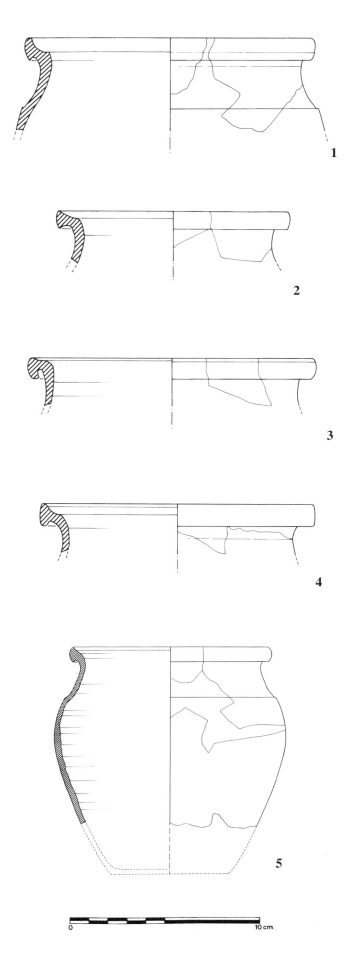

Figura 56. Menaje de cocina y despensa. Ollas del grupo IV.

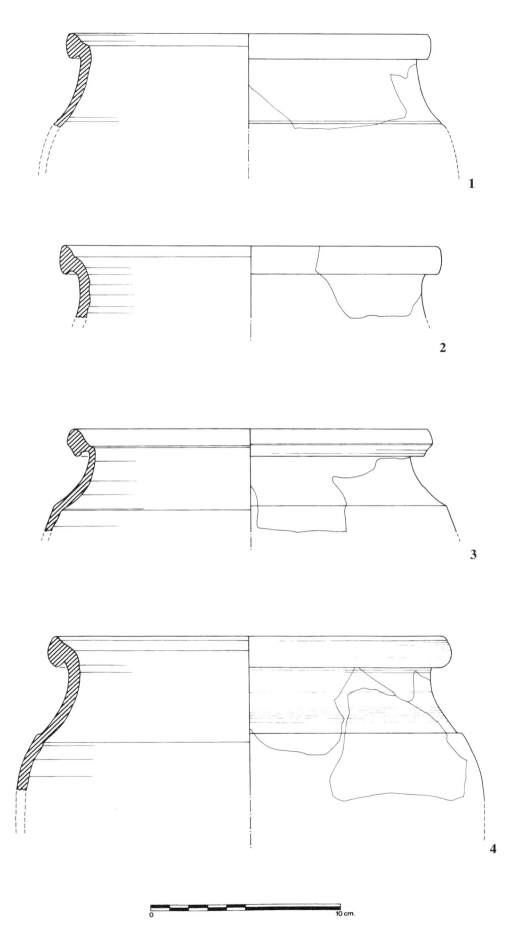

Figura 57. Menaje de cocina y despensa. Ollas del grupo IV.

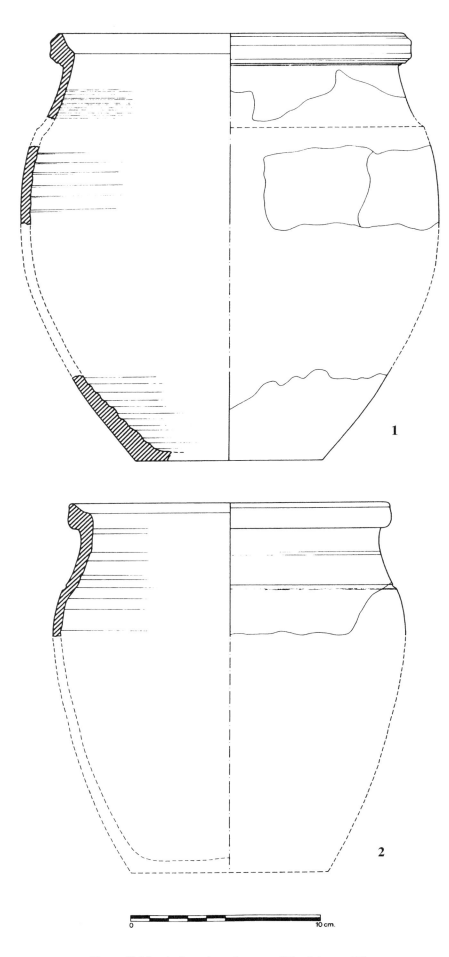

Figura 58. Menaje de cocina y despensa. Ollas del grupo IV.

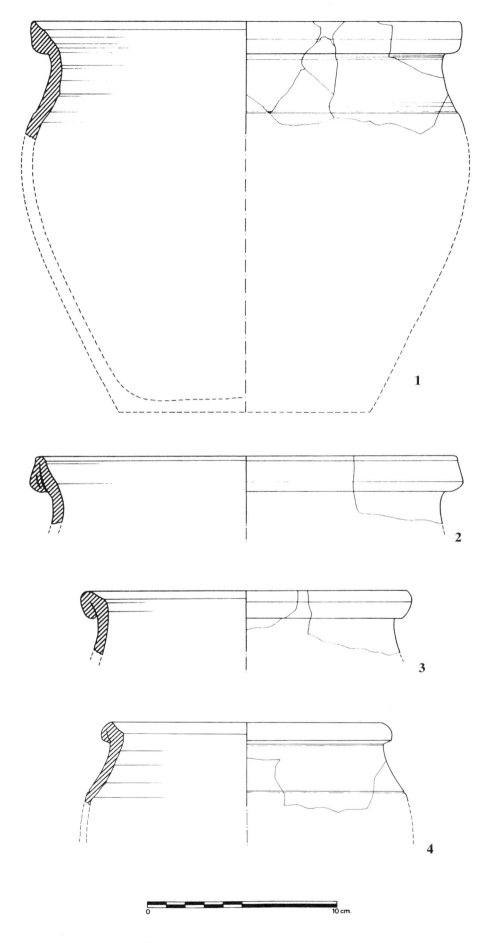

Figura 59. Menaje de cocina y despensa. Ollas del grupo IV.

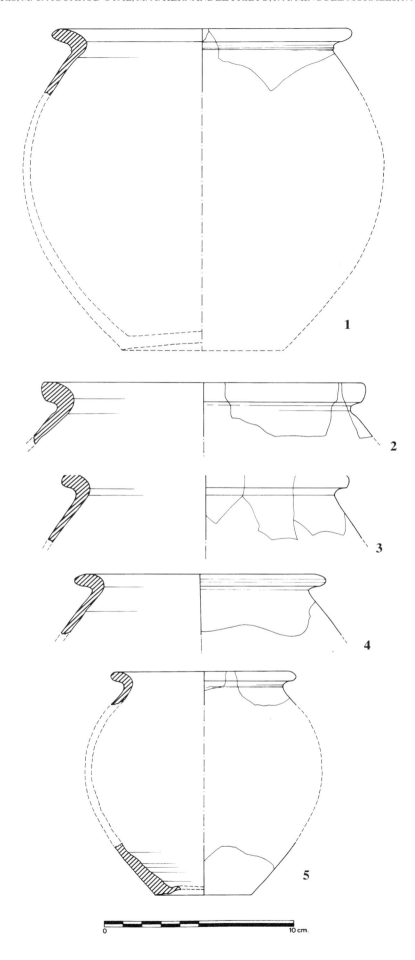

Figura 60. Menaje de cocina y despensa. Ollas del grupo VI.

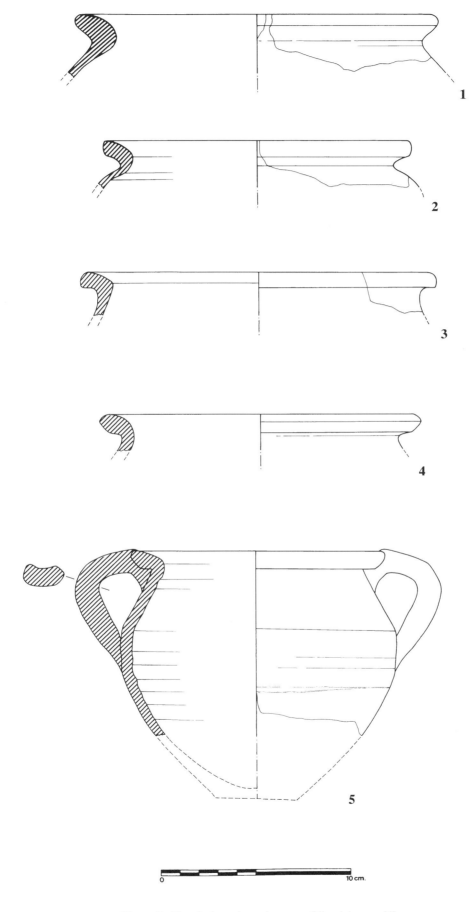

Figura 61. Menaje de cocina y despensa. Ollas del grupo VI.

159

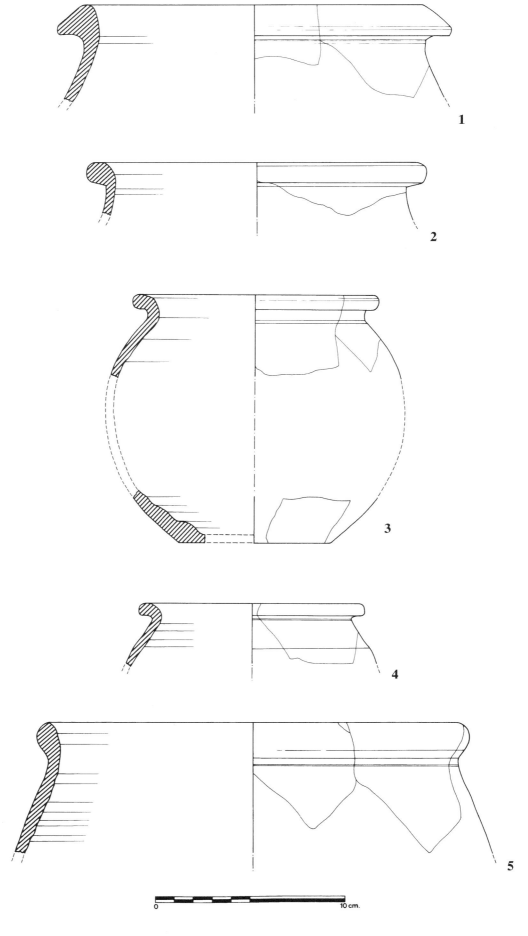

Figura 62. Menaje de cocina y despensa. Ollas de los grupos III y VI.

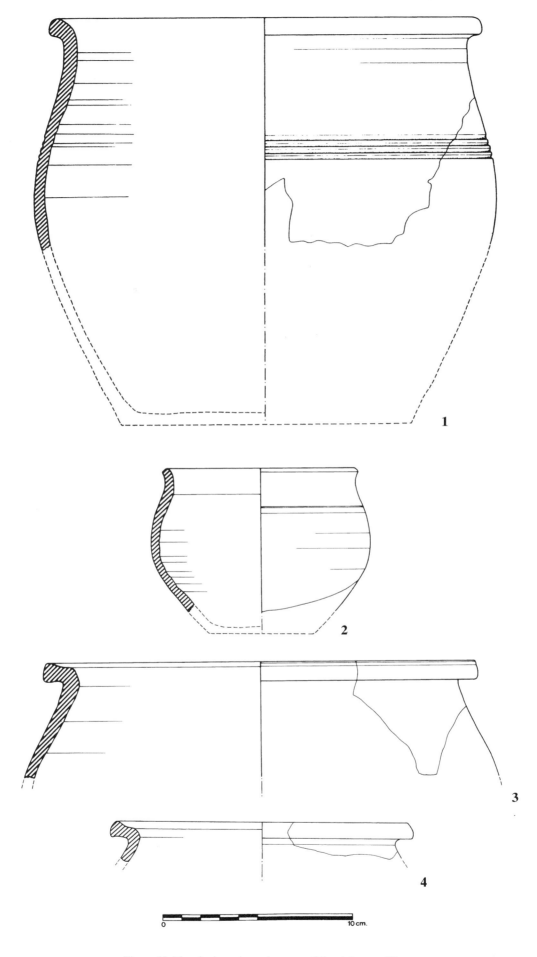

Figura 63. Menaje de cocina y despensa. Ollas del grupo III.

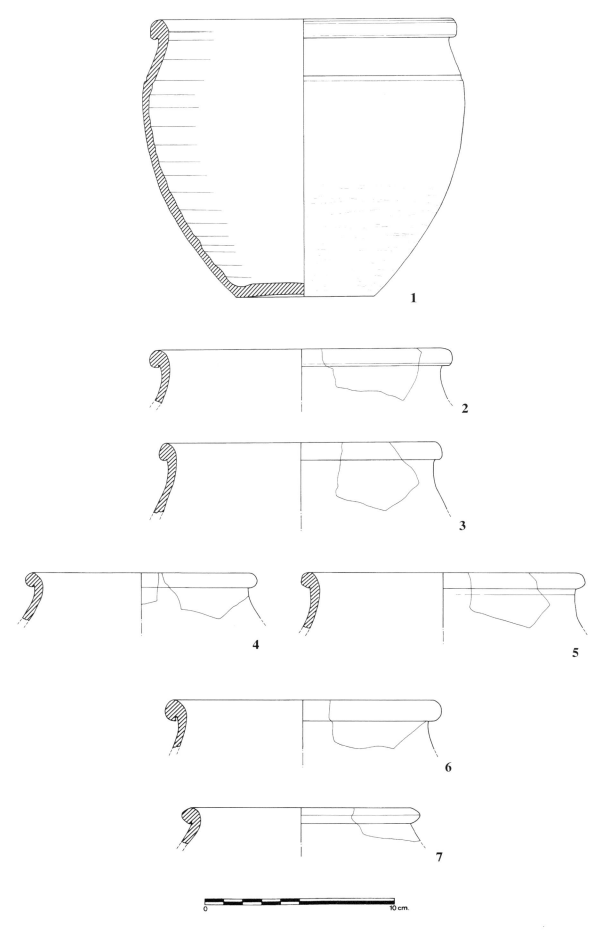

Figura 64. Menaje de cocina y despensa. Ollas del grupo V.

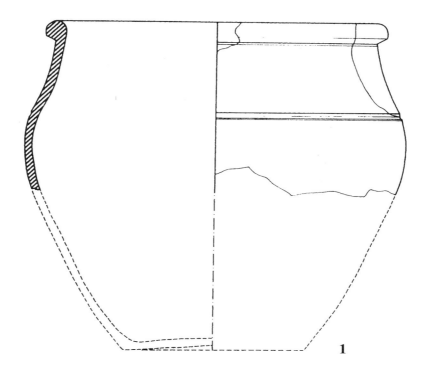

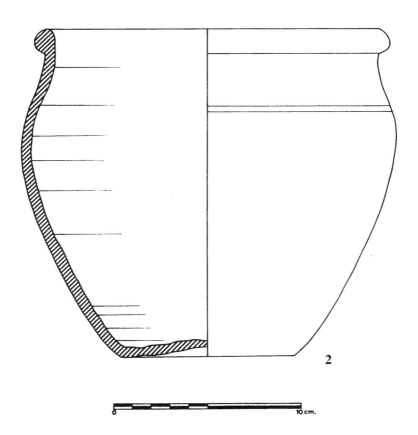

Figura 65. Menaje de cocina y despensa. Ollas del grupo V.

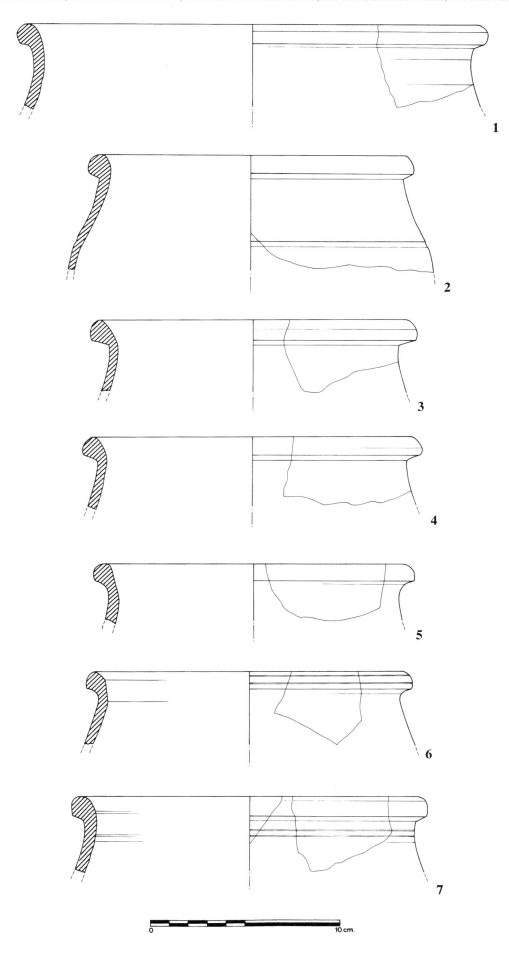

Figura 66. Menaje de cocina y despensa. Ollas del grupo V.

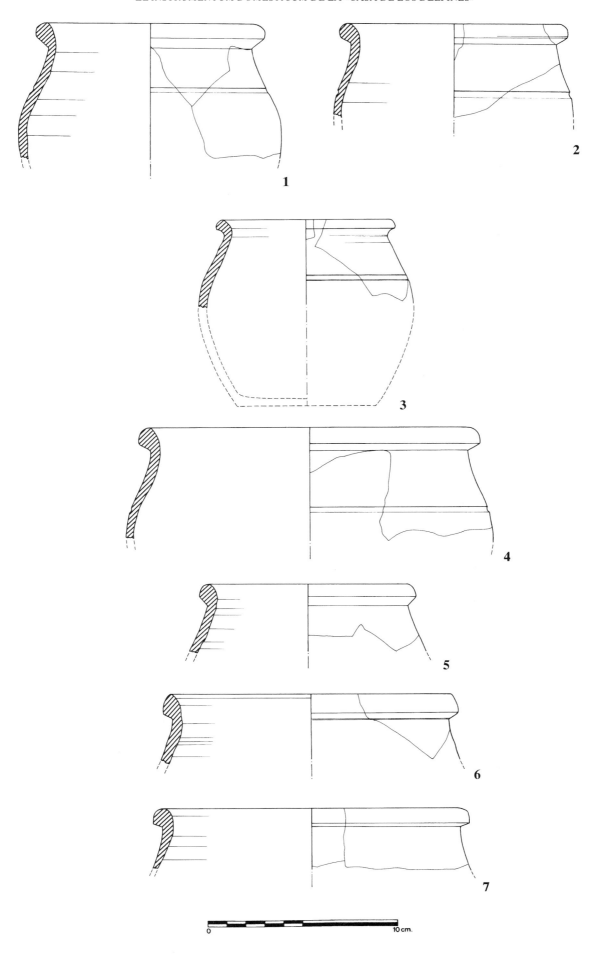

Figura 67. Menaje de cocina y despensa. Ollas del grupo V.

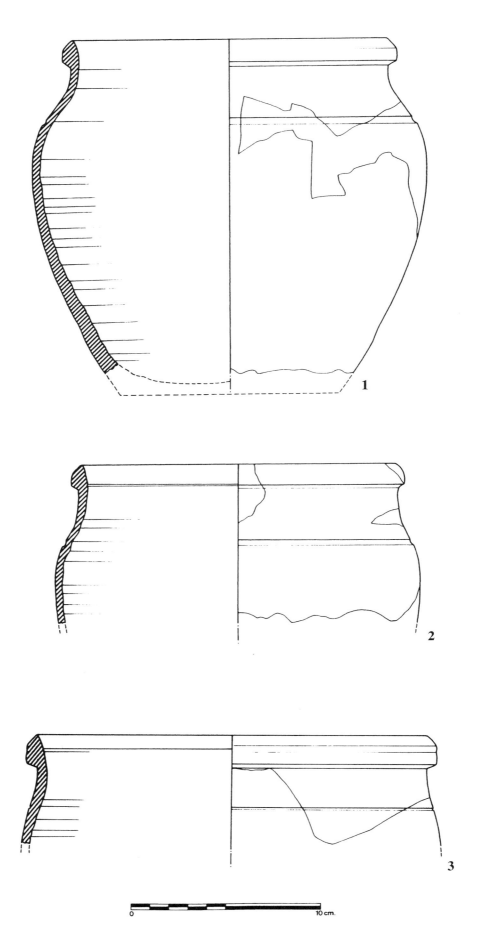

Figura 68. Menaje de cocina y despensa. Ollas del grupo V.

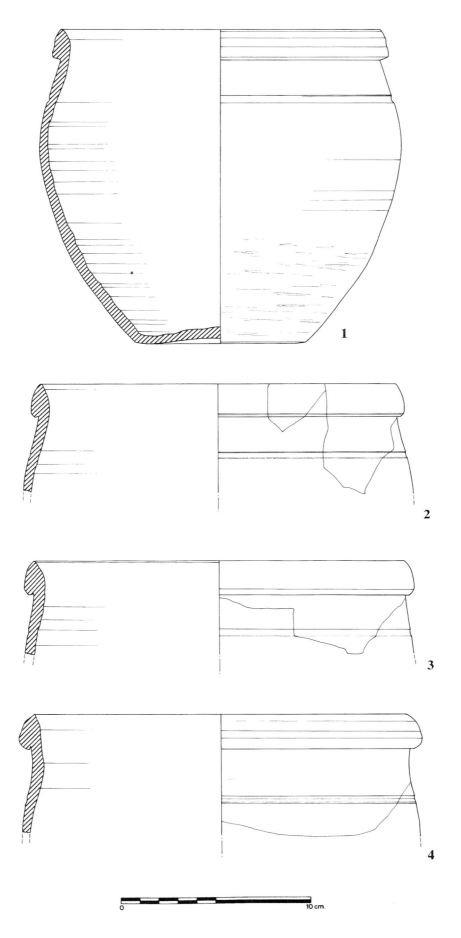

Figura 69. Menaje de cocina y despensa. Ollas del grupo V.

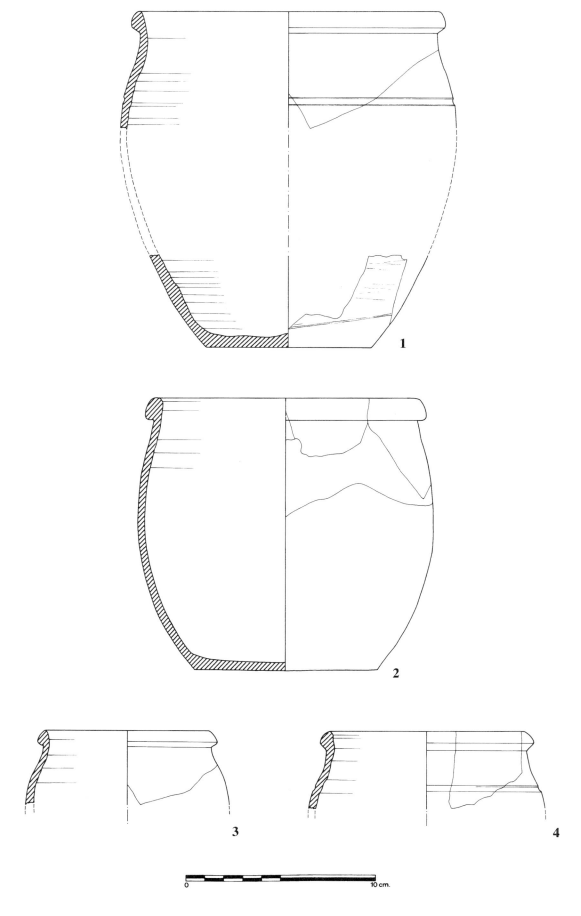

Figura 70. Menaje de cocina y despensa. Ollas del grupo V.

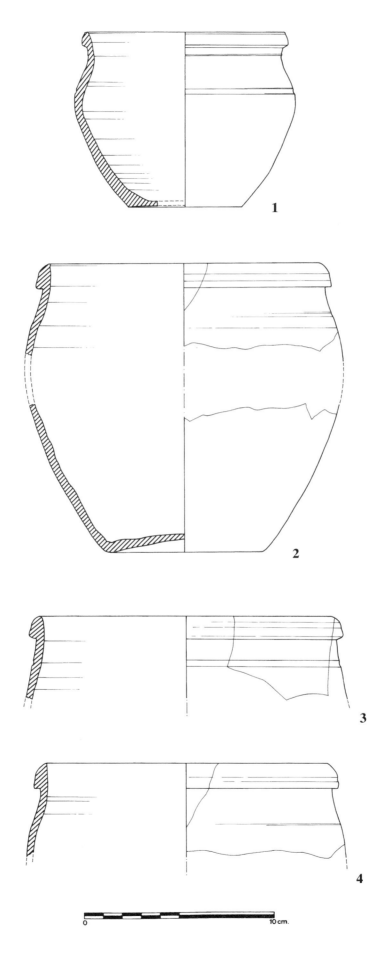

Figura 71. Menaje de cocina y despensa. Ollas del grupo V.

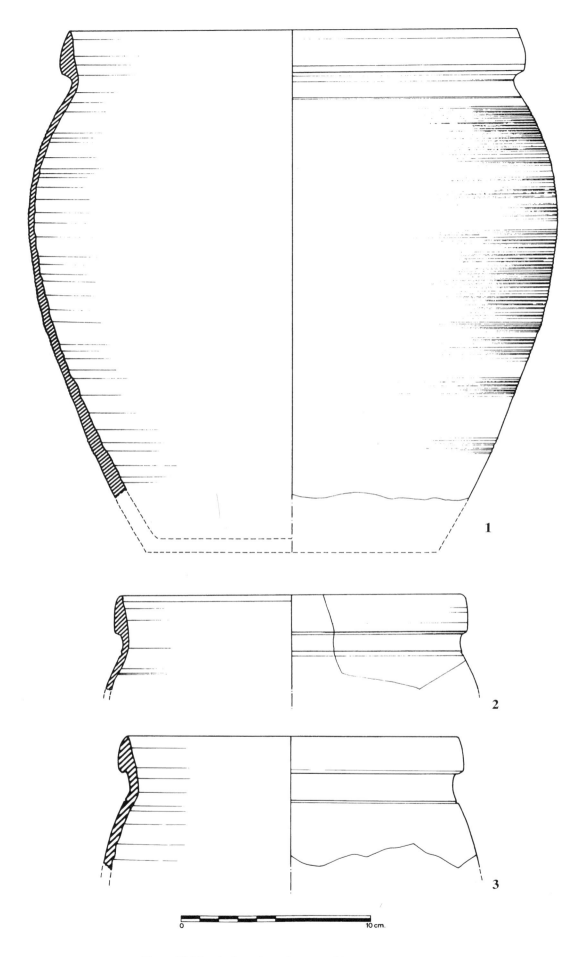

Figura 72. Menaje de cocina y despensa. Ollas del grupo V.

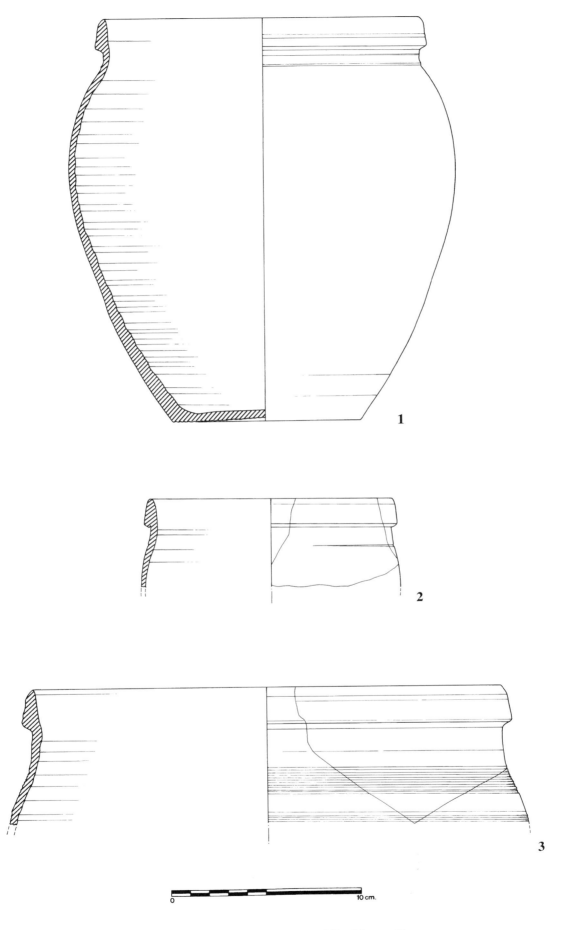

Figura 73. Menaje de cocina y despensa. Ollas del grupo V.

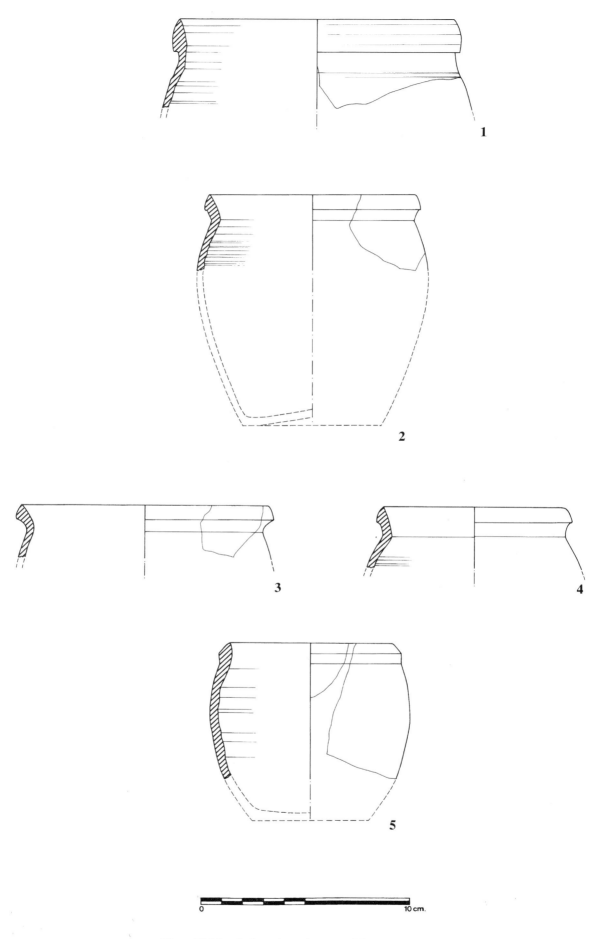

Figura 74. Menaje de cocina y despensa. Ollas del grupo V.

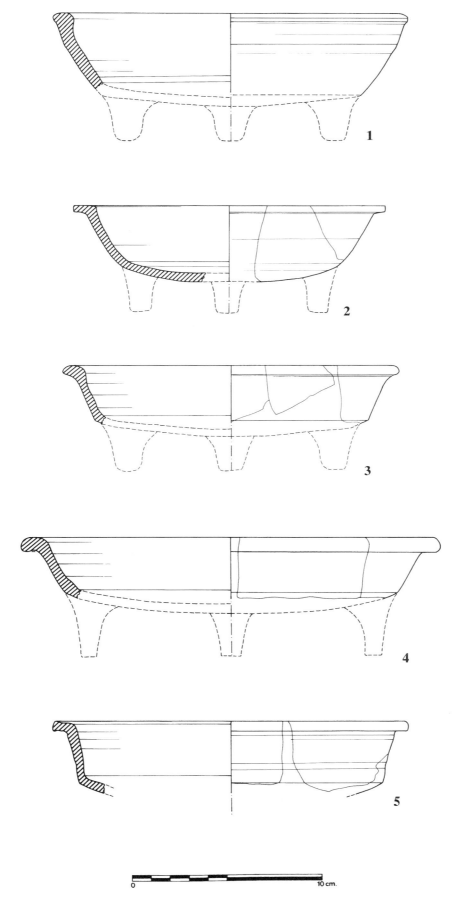

Figura 75. Menaje de cocina y despensa. Cuencos trípodes.

173

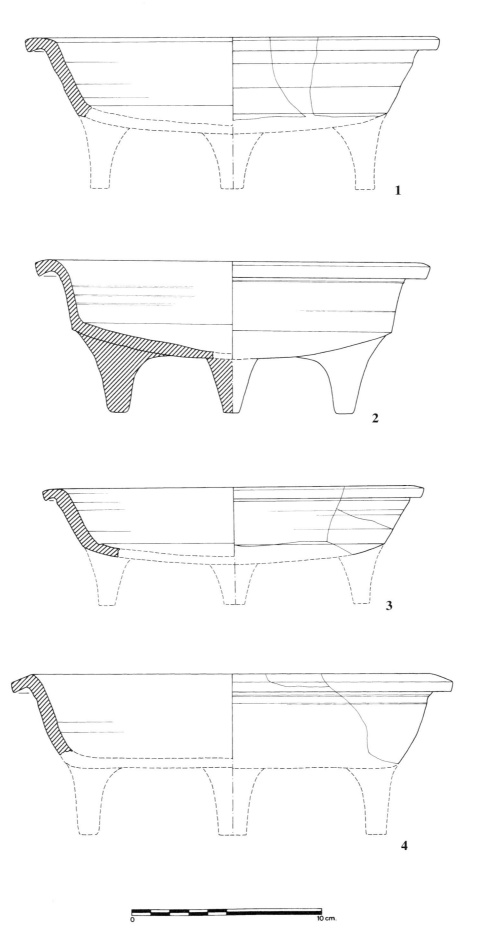

Figura 76. Menaje de cocina y despensa. Cuencos trípodes.

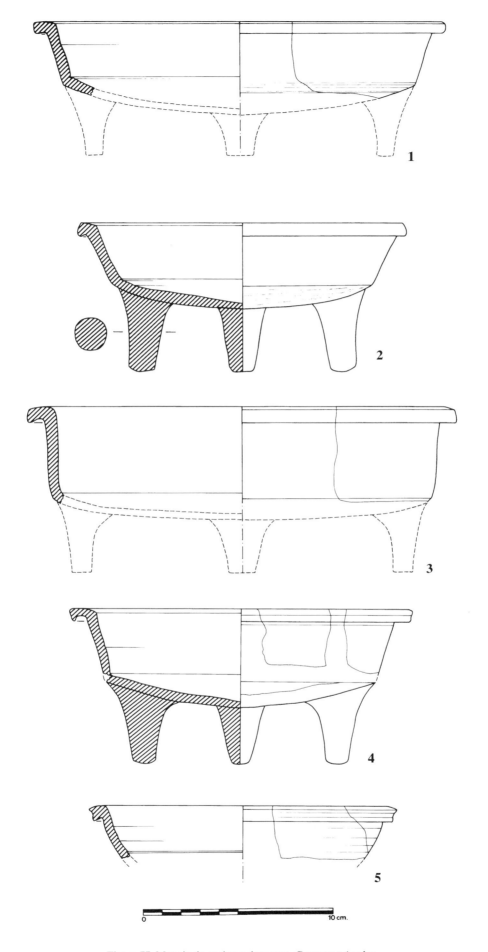

Figura 77. Menaje de cocina y despensa. Cuencos trípodes.

175

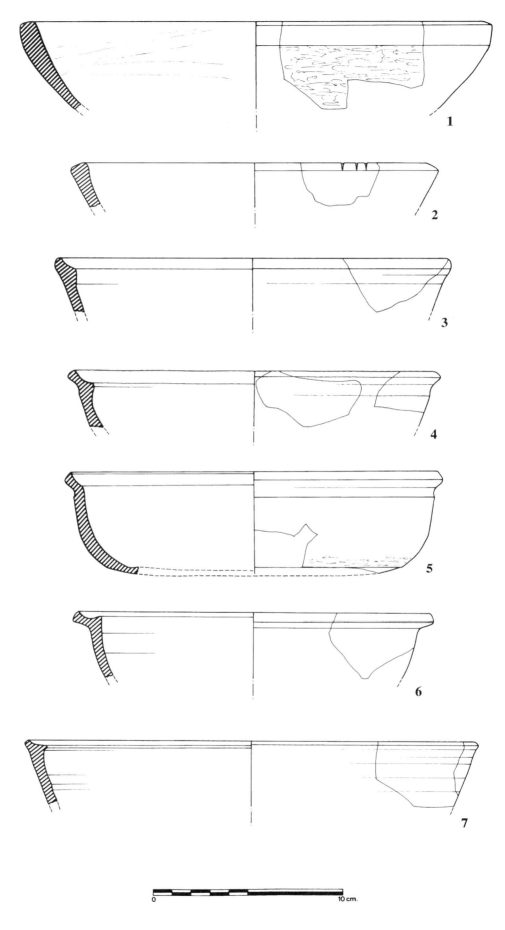

Figura 78. Menaje de cocina y despensa. Cuencos del grupo II.

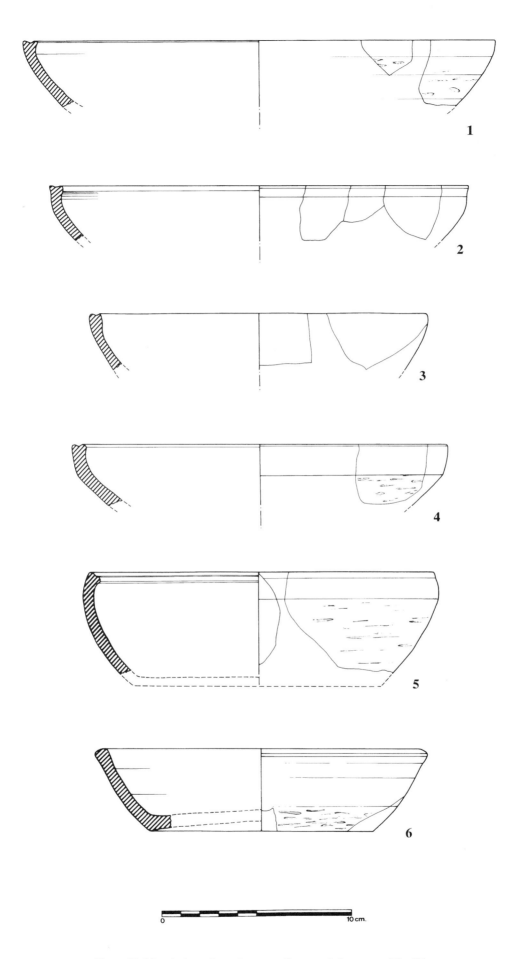

Figura 79. Menaje de cocina y despensa. Cuencos de los grupos III y IV.

177

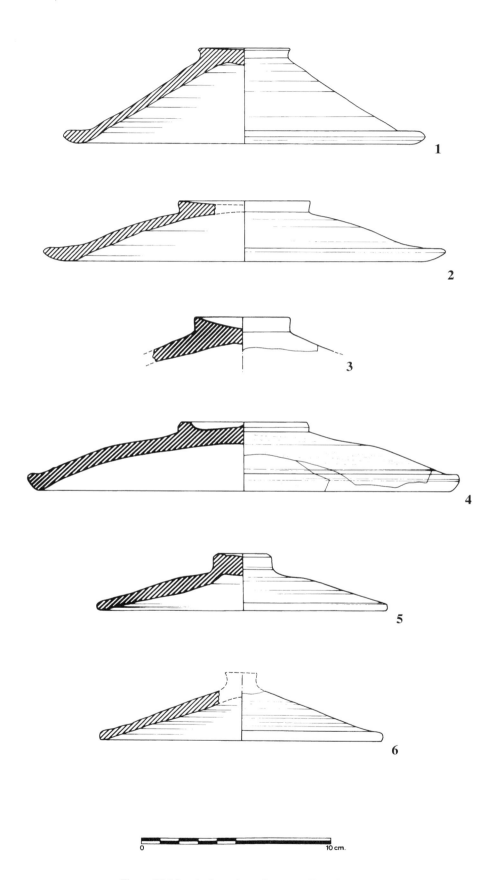

Figura 80. Menaje de cocina y despensa. Tapaderas.

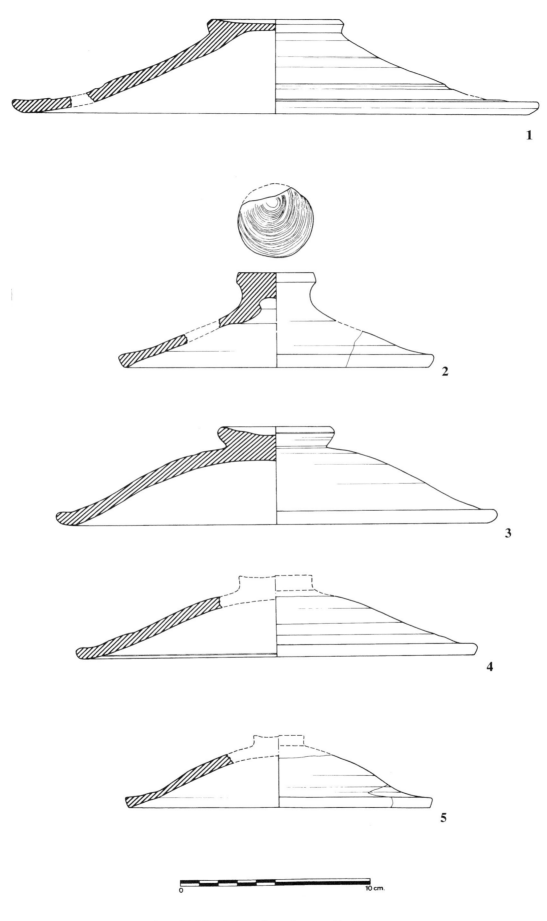

Figura 81. Menaje de cocina y despensa. Bordes y pomos.

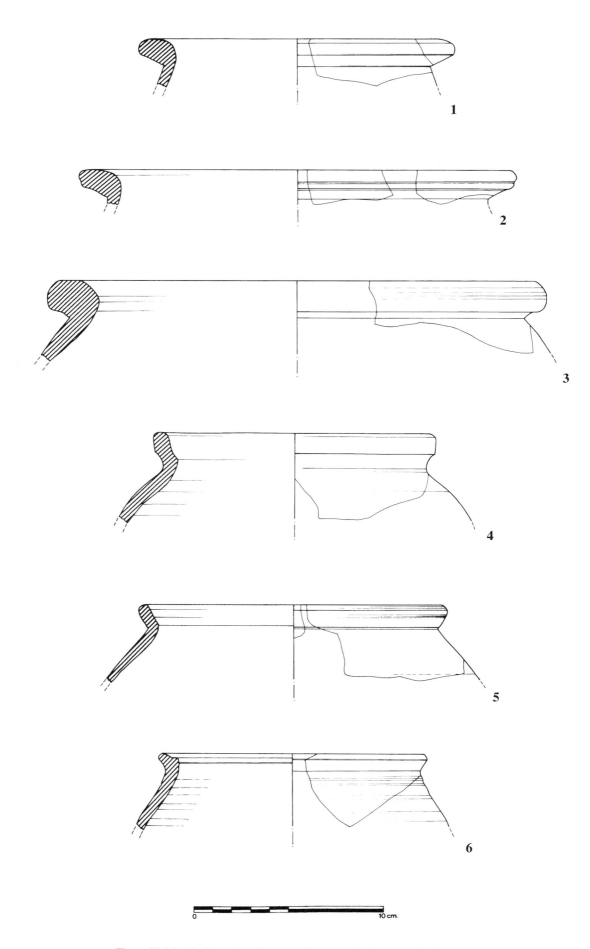

Figura 82. Menaje de cocina y despensa. Pequeñas tinajas, vasos de almacén.

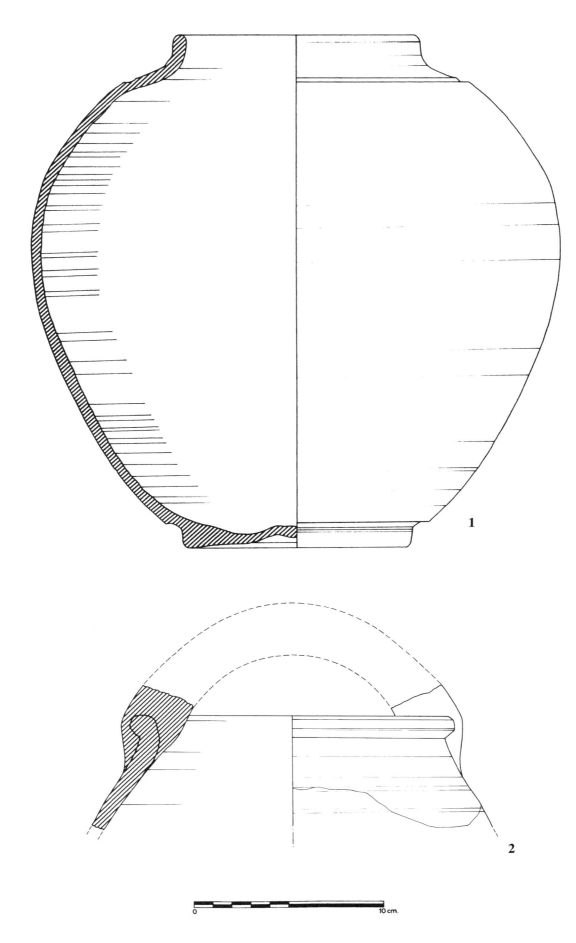

Figura 83. Menaje de cocina y despensa. Recipientes con asa diametral.

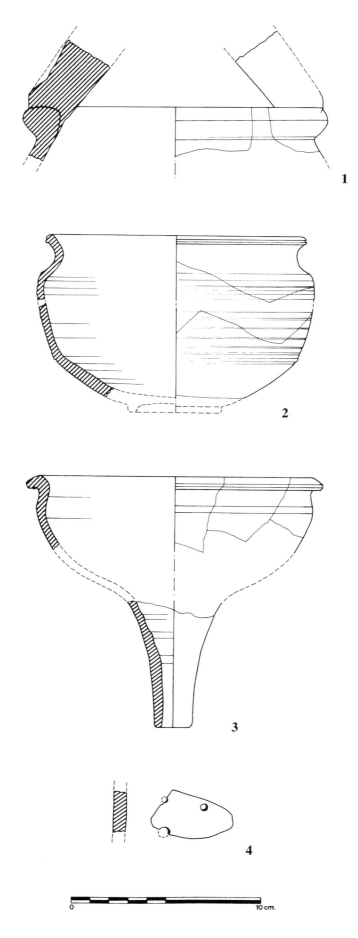

Figura 84. Menaje de cocina y despensa. Embudos y filtro.

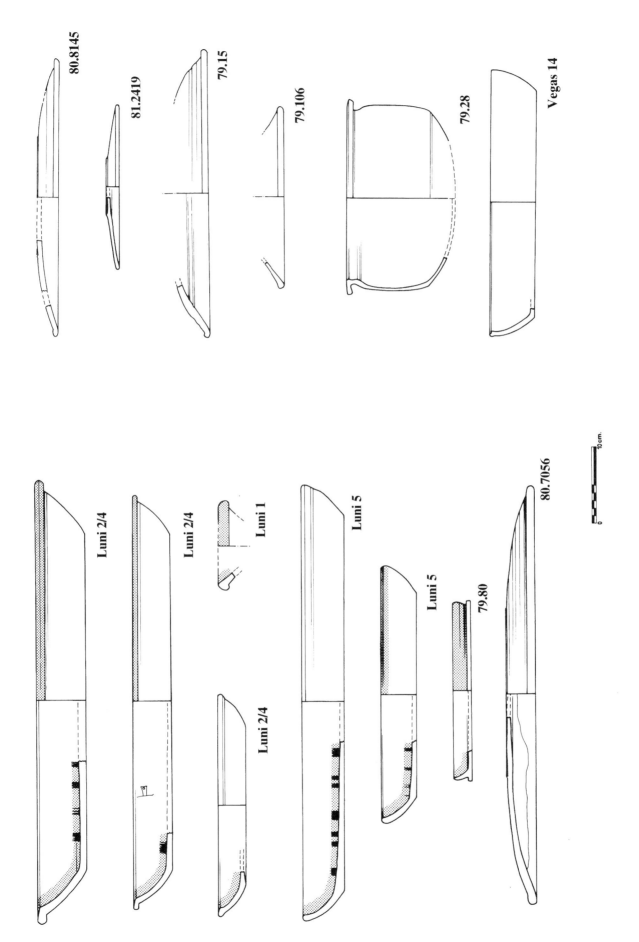

Figura 85. Menaje de cocina y despensa. Cerámica de engobe interno.

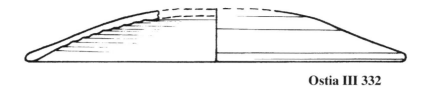

Ostia III 332

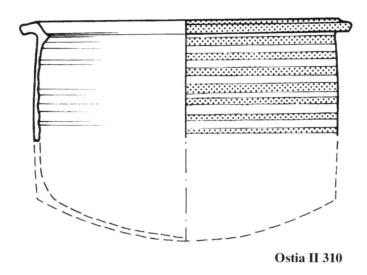

Ostia II 310

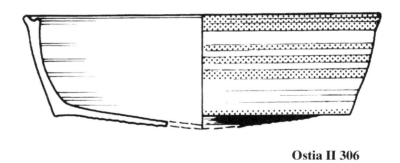

Ostia II 306

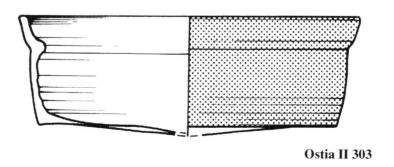

Ostia II 303

0   **10 cm.**

Figura 86. Menaje de cocina y despensa. Cacuela itálicas.

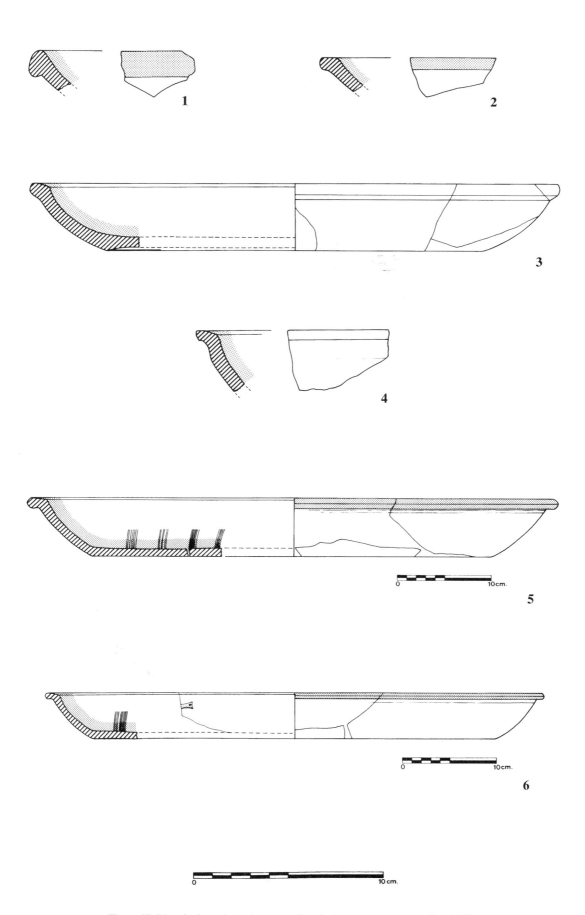

Figura 87. Menaje de cocina y despensa. Engobe interno pompeyano (Luni 2/4).

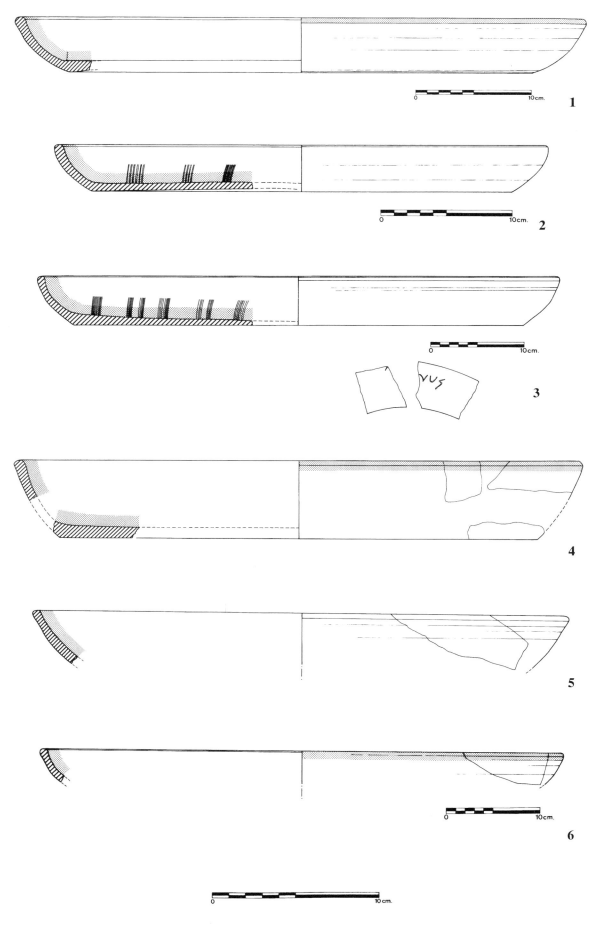

Figura 88. Menaje de cocina y despensa. Engobe interno pompeyano (Luni 5).

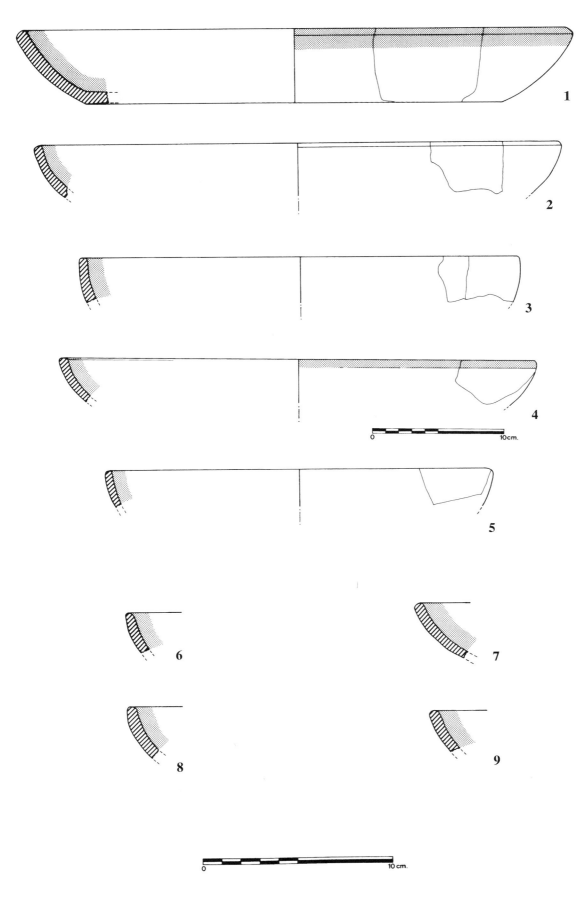

Figura 89. Menaje de cocina y despensa. Engobe interno pompeyano (Luni 5).

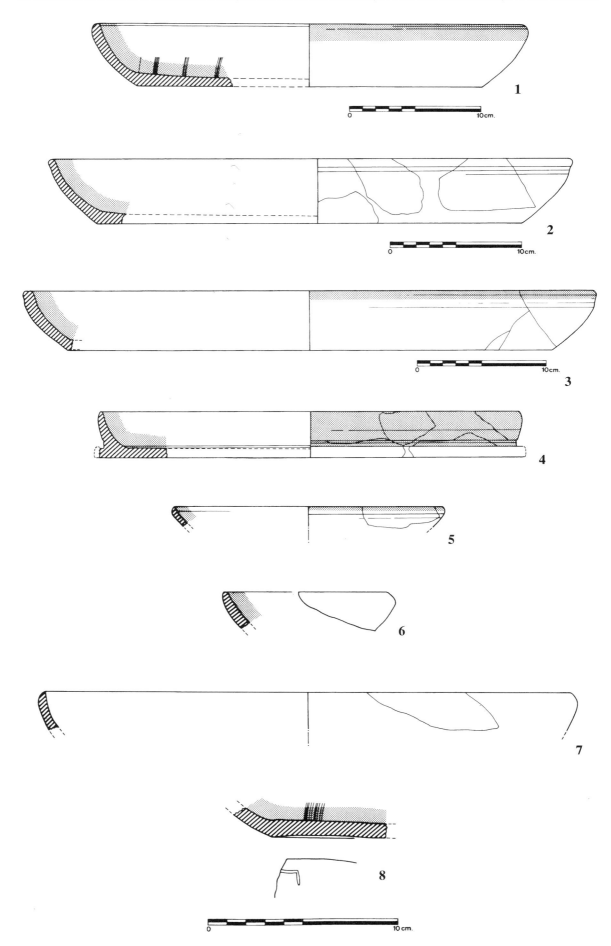

Figura 90. Menaje de cocina y despensa. Engobe interno pompeyano (Luni 5, Celsa 79.80).

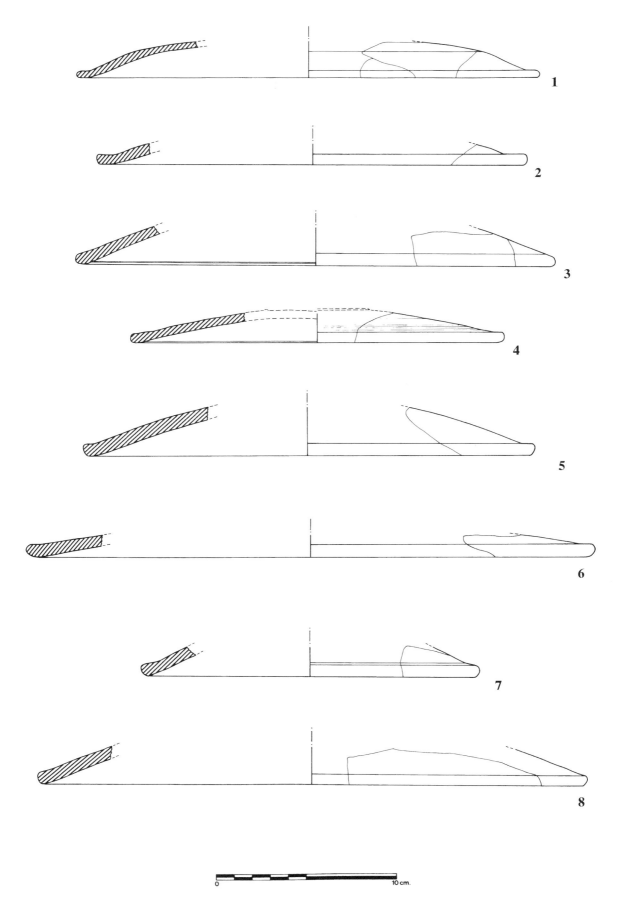

Figura 91. Menaje de cocina y despensa. Tapaderas itálicas.

189

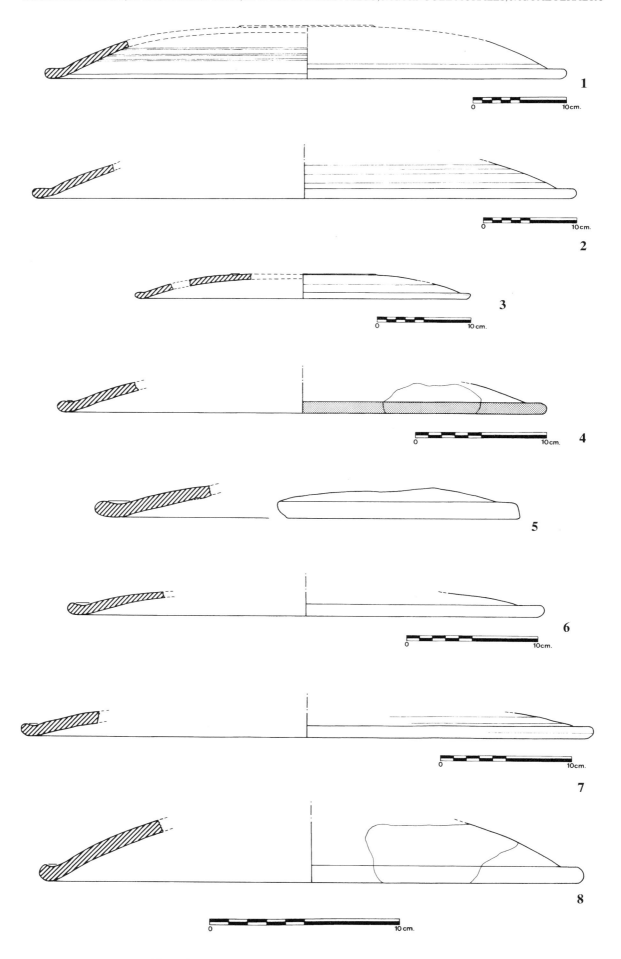

Figura 92. Menaje de cocina y despensa. Tapaderas y platos itálicos.

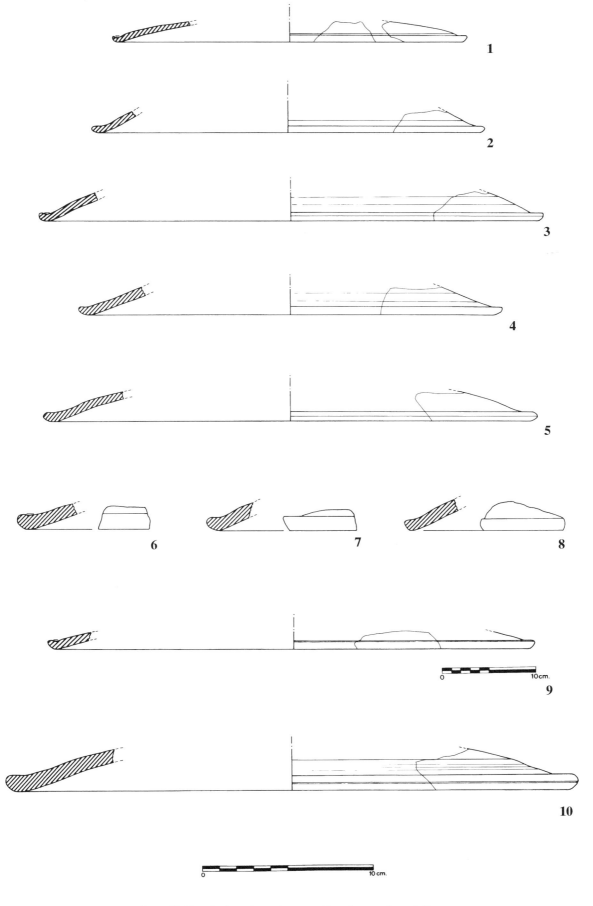

Figura 93. Menaje de cocina y despensa. Tapaderas y platos itálicos.

191

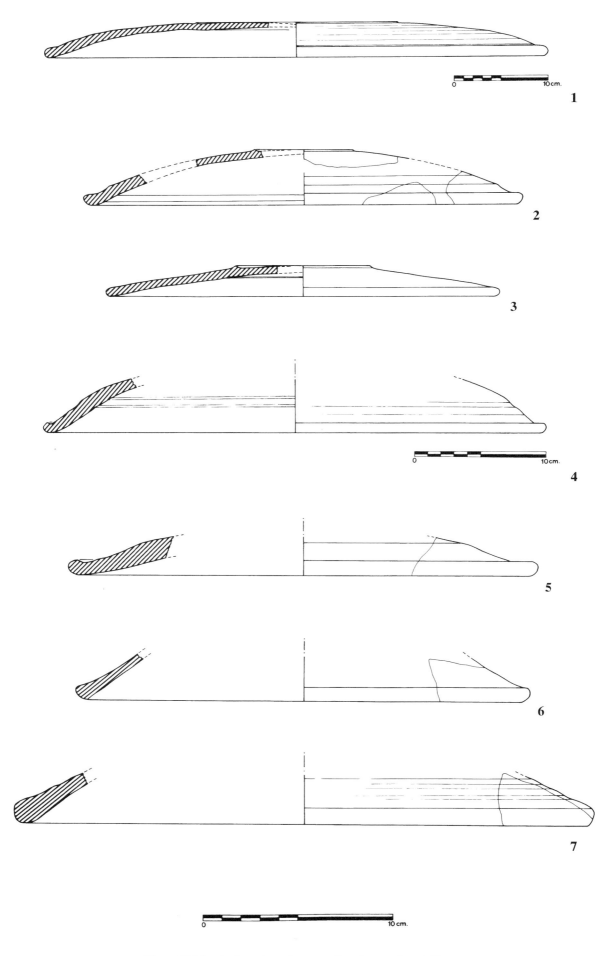

Figura 94. Menaje de cocina y despensa. Tapaderas y platos itálicas.

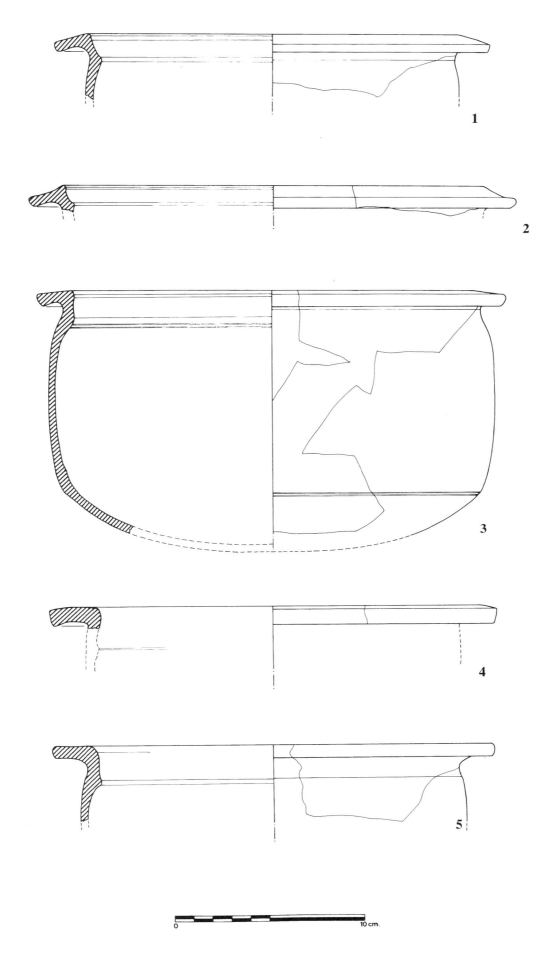

Figura 95. Menaje de cocina y despensa. Tapaderas platos y cazuelas itálicas.

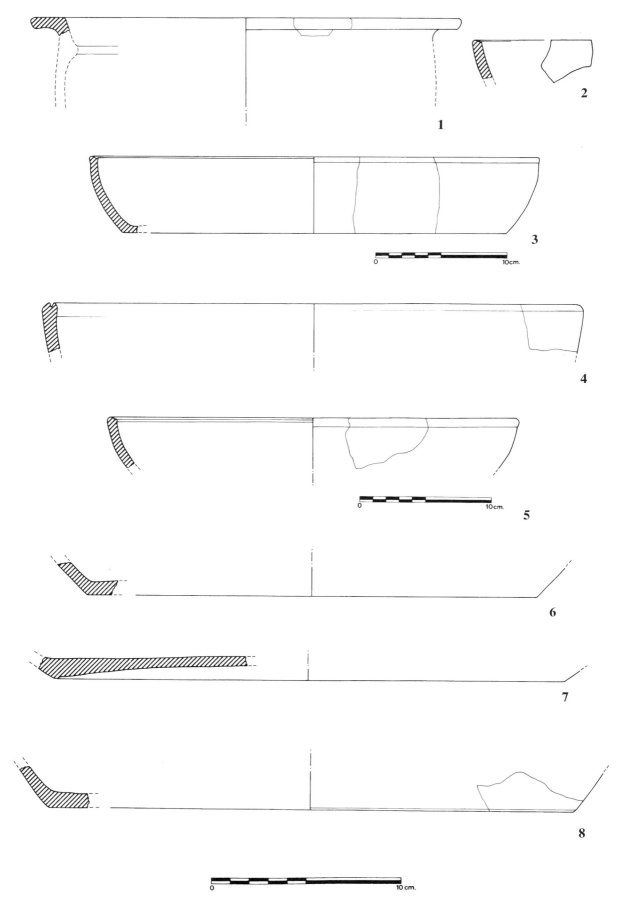

Figura 96. Menaje de cocina y despensa. Platos de borde bífido.

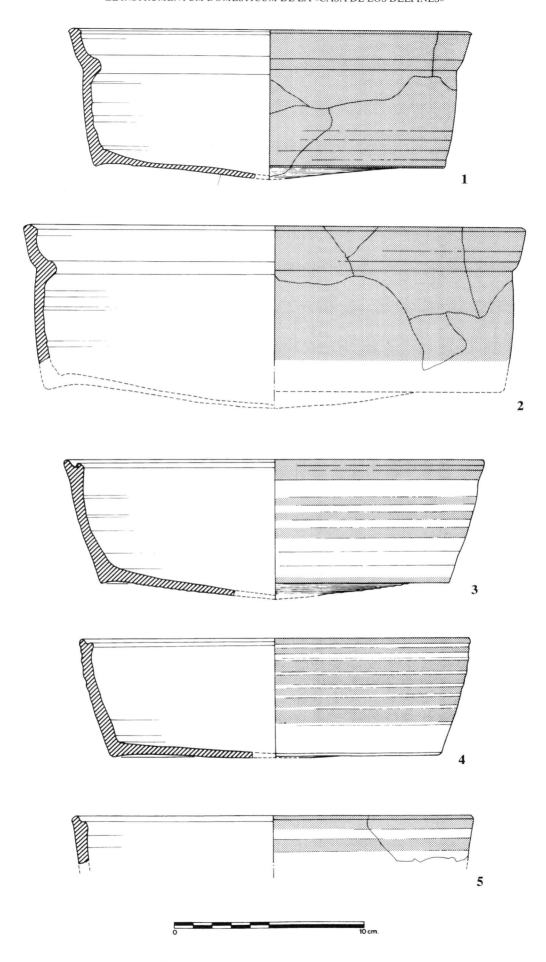

Figura 97. Menaje de cocina y despensa. Cazuelas.

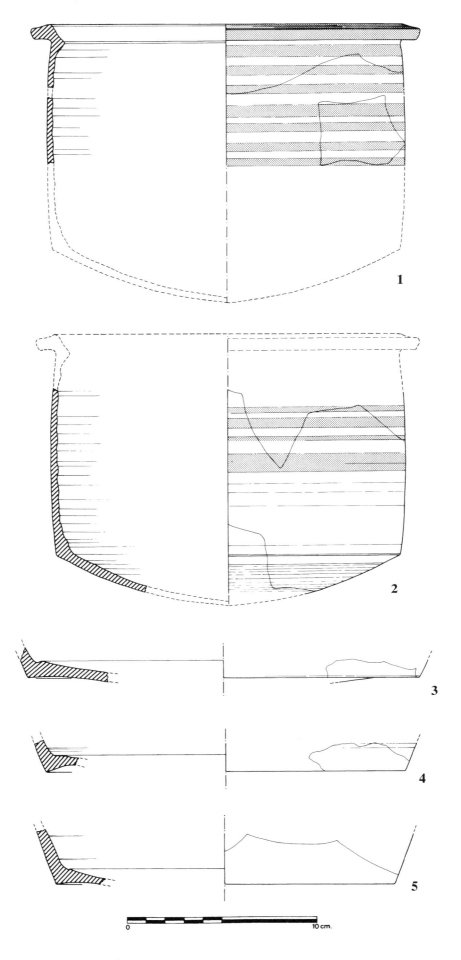

Figura 98. Menaje de cocina y despensa. Cazuelas.

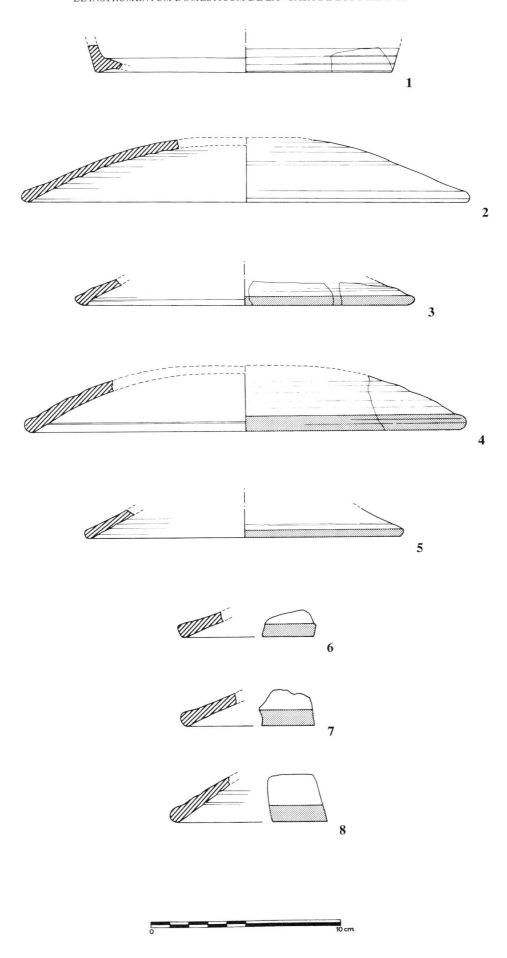

Figura 99. Menaje de cocina y despensañ. Cazuelas y tapaderas.

8. MENAJE DE MESA (M. B. LL.)

8.1. CERÁMICA IBÉRICA

Las pastas empleadas en la cerámica ibérica resultan todas de una gran homogeneidad la enorme cantidad de alfares y producciones locales y la efectiva estandarización que parece obrar en los trabajos de depuración y tratamiento de las arcillas, hace sumamente difícil la definición de las pastas y sobre todo la comparación entre sí de las producciones estudiadas.

Sólo cuando la identidad decorativa permite identificaciones sin lugar a dudas, es posible llegar a conclusiones de semejanza y asociación efectiva. Así ocurre, por ejemplo, con las cerámicas del llamado «estilo de Azaila», conocidas igualmente en el Cabezo de la Guardia de Alcorisa[456], o en el Tiro de Cañón[457], o bien en los últimos hallazgos de Fuentes de Ebro[458].

Hay que resaltar en las cercanías del yacimiento la existencia de los restos de una alfarería ibérica, descubierta por el guarda del yacimiento, José Continente, en el año 1980[459], que identificamos como tal e incorporamos al conjunto de hallazgos realizados en torno a la colonia romana y de cuyo lugar tomamos numerosas muestras (pastas 1-8), que constituyen una firme base para la atribución local de parte de las vajillas que se analizan ahora. La tipología puede verse más abajo (figs. 100-106).

Las definiciones de pastas en la mayoría de las publicaciones se limitan a la clasificación por grupos locales dentro de cada yacimiento, sin que sea posible, por ahora, con las descripciones disponibles, establecer comparaciones entre los hallazgos de distintos yacimientos, salvo las objeciones hechas más arriba y determinados grupos cerámicos que por su personalidad pueden ser aislados, como las denominadas producciones «grises», las de «engobe rojo ilergete», etc. y otras modalidades que describiremos en su momento si llega el caso[460].

En lo alusivo al aspecto tipológico, no introduciremos ahora nuevas confusiones. Adoptaremos en la medida de lo posible la terminología que usamos ya hace tiempo a propósito de Azaila[461].

La presencia de estas cerámicas en los niveles de *Celsa*, al igual que ocurre con las especies campanienses, no significa sino un fenómeno importante de perduración análogo al que hemos encontrado en otros niveles,

---

[456] ATRIÁN JORDÁN, P., MARTÍNEZ GONZÁLEZ, M., 1976, 59 ss.

[457] PERALES, M. P., PICAZO, J. V., SANCHO, A., 1983-1984, 209 ss.

[458] Excavaciones todavía inéditas procedentes de *Lagine*, en Fuentes de Ebro (Zaragoza), según A. FERRERUELA, GARCÍA, E., ONA, J. L. Veáse BELTRÁN LLORIS, M., AGUILERA ARAGÓN, I., BELTRÁN MARTÍNEZ, A., DE SUS GIMÉNEZ, M. L., DÍAZ SANZ, M. A., y otros 1992, pp. 36, 108, 246 ss.

[459] Sobre este hallazgo, véase la nota de MEDRANO MARQUÉS, M., DÍAZ SANZ, M. A., TORRALBA MARTÍN, J., FERNÁNDEZ SÁNCHEZ, J., 1989, 385 ss. que, inexplicablemente, y de forma unilateral, publican dicho descubrimiento y una selección de materiales recogidos en el mismo. El alfar les fue dado a conocer por el propio guarda en el transcurso del año 1983, durante cuyo período estuvo contratado en nuestra campaña de excavaciones, dentro de los programas INEM-Ministerio de Cultura, uno de los firmantes del citado artículo, M. A. Díaz Sanz.

[460] En todo caso sin los análisis de los elementos básicos, proporciones, etc., parece muy complejo designar familias y reconocer las distintas producciones.

[461] Se hace preceder de la clasificación formal correspondiente, por ejemplo *pithos* 32, designándose las variantes por el número correspondiente de sigla de la excavación. En cuanto a los temas decorativos, seguiremos igualmente la división que establecimos, especialmente por motivo de comodidad y sin que ello signifique que el repertorio que proponemos sea precisamente el correcto.

por ejemplo en *Caesaraugusta*[462]; ello reduce, como es lógico, ante la presencia de otras especies de cerámicas más modernas o del momento del abandono, el valor de estos materiales salvo en aquellos niveles en los que son predominantes, juntamente con la campaniense, lo que no es el caso que nos ocupa ahora, ya que, como se ha visto, dichos niveles son prácticamente irrelevantes por la escasez de materiales proporcionados.

Cuencos Morel 2762/Lamb.21-26 [1]

Se trata de imitaciones del género 2762 de Morel, caracterizado por las formas de borde entrante[463] o tipos evolucionados derivados de esta forma. Son muy frecuentes en los yacimientos ibéricos, como en Azaila[464] o en Tiro de Cañón[465], San Antonio de Calaceite[466], Castellillo de Alloza[467], el Castillejo de la Romana[468], el Alto Chacón, Herrera de los Navarros, muy abundante en el Palomar de Oliete o en los Vicarios de Valdecebro[469].

También resulta frecuente en *Celsa*, casi siempre con fragmentos, de variadas pastas e incompletos, tanto de producción local: 80.1.9/15.F.I. 1970 (fig. 104,9), como «regional»[470] 81.1.15/21.B'.C'.610 (fig. 109,12), etc., tratándose normalmente de cuencos lisos sin decoración (81.1.2.8.Ñ.P.7200, V.79.4.L.69, fig. 110,1), que han estado tomando sus prototipos de formas de importación desde época temprana[471].

Morel 2253 [2]

Fragmento de borde entrante 80.1.5/19.G.-M.2315 (fig. 110,4), semejante a la forma Morel 2253[472], recipientes ciertamente profundos, como el ejemplar de Tindari en pasta C[473], fechado en el s. II o comienzos del I a. de C. Esta forma está también presente en Azaila, aunque no tan reentrante[474], e igualmente en Tiro de Cañón[475] y en Ventimiglia, en el estrato VI B 1, fechado en torno al año 100 a. de C.

Morel 2262 circa [3]

En realidad se trata de una variante de las páteras de labio reentrante, como 80.1.5/9.G.-M.2315, aunque con el labio más vertical y cerca de las formas mencionadas, con la carena muy suave y también de grandes dimensiones. Es muy frecuente en los yacimientos ibéricos, como en los Vicarios de Valdecebro[476] (80.1.13/23.J.N.1855) (fig. 110,3).

Morel 2264/Lamb.5-7 [4]

Borde asimilable claramente a la forma de la cerámica campaniense (80.1. 5/19.G.-M.2316).

Plato de borde entrante [5]

Este tipo de labios tiene numerosos paralelos, pero no así la forma completa V.79.3.5/7 .B.2[477].

Cuenco de labio exvasado (Az. 10) [6]

Forma ciertamente frecuente en *Celsa*, normalmente con decoración de bandas interiores en rojo. Especialmente abundante en el nivel inferior de la ínsula II, en donde hemos podido reconstruir ejemplares completos, dotados de un pequeño pie, bajo, que nos ayuda a incluir esta forma en los cuencos o copitas de dicho tipo, que pudimos definir bien en Azaila[478].

Ya señalamos su parentesco con la forma 6 de San Antonio de Calaceite[479]. Se registra también en el Plano de Cuarte[480], Torrubia de Muel[481], Cerro Redondo de Villanueva de Jiloca[482]. No debe confundirse esta forma con otras que engrosan la pared después del borde.

A su dispersión pueden añadirse los ejemplares de la Guardia de Alcorisa[483], Alto Cha-

---

[462] BELTRÁN LLORIS, M., 1978, 953, sin que dichos elementos, los más antiguos del estrato, tengan valor a efecto cronológico, por ejemplo. Lo mismo ocurre en el Poyo del Cid, BURILLO MOZOTA, F., 1981, en el estrato VI de Italica —PELLICER, M., *et alii* 1982, 15 ss.—, *Pollentia* —ARRIBAS PALAU, A., 1974, 366 ss.—, etc.

[463] MOREL, J. P., 1981, 219, lám. 70.

[464] BELTRÁN LLORIS, M., 1976, fig. 54, 1003.

[465] PERALES, M. P., PICAZO, J. V., SANCHO, A., 1983-84, 210, fig. 3,17.

[466] PALLARÉS, F., 1965, 61.

[467] ATRIÁN JORDÁN, P., 1957, lám. XV, 1-3, p. 14.

[468] BELTRÁN LLORIS, M., 1979 a), fig. 30, 96A 43, fig. 31, 94B 147 etc.

[469] VICENTE, J., *et alii*, 1984, 356, fig. 21,5.

[470] Adoptamos este término, conscientes de la ambigüedad del mismo, en tanto no se realicen identificaciones más precisas. Por la mismas circunstancias y la probabilidad de identificación de nuevos alfares que añadir al 12/157, preferimos, dada la identidad de formas y decoraciones hacer la descripción conjunta de dichos productos para facilitar la relación de paralelos y fenómenos análogos, remitiendo al inventario, más abajo, para su identificación precisa.

[471] CUADRADO, E., 1989, tipo P5 a, p. 71, en sus variantes más avanzadas, para las que también este autor ha visto orígenes en la Campaniense A (avanzado el s. II a. de C.).

[472] MOREL, J. P., 1981, 155, lám. 39.

[473] LAMBOGLIA, N., 1950, 158.

[474] BELTRÁN LLORIS, M., 1976, fig. 54, 834.

[475] PERALES, M. P., PICAZO, J. V., SANCHO, A., 1983-1984, 213, fig. 3,19.

[476] VICENTE, J., *et alii*, 1984, 356, fig. 21.

[477] Algún borde semejante sin el entrante horizontal, p.e., en la Romana (BELTRÁN LLORIS, M., 1979 a), fig. 34), de dudosa clasificación.

[478] BELTRÁN LLORIS, M., 1976, 218, fig. 54, n. 1023.

[479] PALLARES, F., 1965, 64.

[480] BURILLO MOZOTA, F., 1980, fig. 3, 11.

[481] BURILLO MOZOTA, F., 1980, 212.

[482] BURILLO MOZOTA, F., 1980, fig. 33, 28.

[483] ATRIÁN JORDÁN, P., 1976, 76, fig. 10, 2 y 3, niv. III. Fechado el nivel en el s. III.

cón[484], la Bovina de Vinaceite[485], San Esteban del Poyo del Cid[486], los Vicarios de Valdecebro[487], etc. además de ejemplos más lejanos, como Numancia[488].

Esta forma parece inspirada en los repertorios de la campaniense de los ss. III-II a. de C., series 2617, 2621 de Morel[489] y dicho envase, evidentemente evolucionado estuvo en uso hasta mediados del s. I a. de C. Se fabricó en el taller local junto a *Celsa*.

Entre los fragmentos, se encuentran los números 80.1.32.34.H.5765, con pintura M 10R 4/4 circa (fig. 104,10), 80.1.13/23 K.P.2118 (fig. 108,4), 81.1.Ñ'.P'.5981 (fig. 104,12), entre los ejemplares de dimensiones normales, además de otros envases de mayores dimensiones como 81.1.Hab.12.1079 (fig. 105,1) u otros que evidencian ligeras modificaciones sobre la forma descrita, con las paredes más abiertas, como 81.1.21 AE.11.911 (fig. 107,10). Se encuentra presente prácticamente en todos los niveles de *Celsa*.

Cuenco de labio engrosado [7]

Se conserva un fragmento, resultando difícil su clasificación completa. No hay paralelos exactos del mismo, salvo algunos ejemplos cercanos en la Romana[490], evidentemente relacionados con ciertos cuencos decorados de Tiro de Cañón[491] (81.1.Hab.12.1076 —fig. 108,6—, 81.1.D.II.11600 —fig. 109,6—).

Cuenco de labio recto [8]

Recipiente de paredes verticales y labio corto, ligeramente abierto. Sus paralelos son imprecisos y suelen estar decorados interiormente con bandas (81.1.7/9.A.B.2312 —fig. 110,6—, 81.1.D.II.8279 —fig. 108,7—); algunas variantes presentan el labio con un engrosamiento interior especial[492].

Vasija de doble reborde (Az. 15) [9]

Fragmentos con decoración de bandas, 81.1.38/42.H'.M'.6617 (fig. 108,8) y 81.1.25-/33.G.I.3030 (fig. 109,9), de taller local, el primero de una fuente de grandes dimensiones.

Tazón (Az. 13) [10]

Vasija de fondo plano como la de Azaila, pero el fragmento de *Celsa*, de taller local, está decorado con restos de tema ramiforme indefinido (V.79.22.24 .O.Ñ. 5) (fig. 100,2).

Vasijas troncocónicas (Az. 23/24) [11]

No se conserva ningún envase completo, únicamente fragmentos del labio y arranques del cuello (81.1.D.II.11502; 81.1.D.II.11599) (fig. 109,5) con algún fragmento también de vaso de grandes dimensiones como 80.1.10/-2O.N.Q.1 (fig. 108,9), faltando, no obstante, detalles morfológicos que ayuden a su mejor clasificación.

Se trata de una forma muy extendida en el valle del Ebro, presente en Azaila[493], El Castelillo de Alloza[494], así como La Val de Oliete[495], La Cerrada de Andorra[496], La Tallada de Caspe[497], Tiro de Cañón[498], la Bovina[499], la Romana[500], El Cabezo Palao de Alcañiz[501], Herrera de los Navarros[502] etc. El floruit de esta forma se sitúa a comienzos del s. I a. de C.

Forma de labio abierto [12]

Fragmento de labio abierto con decoración interior de bandas y de difícil clasificación dado su estado fragmentario (V. 79 s/s).

Gran vaso de labio triangular [13]

Fragmento de sección triangular y engrosada, con acanaladura interior y decoración de semicírculos secantes y bandas, con dientes de lobo en el labio (V. 79.5.N'.48, V.79.1.M'.37 y V.79.1.M'.38, los tres del mismo recipiente)(fig. 105,7). Forma inédita.

Vaso de labio vuelto indeterminado [14]

Son diversos perfiles, decorados o no con bandas; los labios vueltos y de sección imprecisa (80.1.9/11.K.Q.3554 —fig. 107,12—, 81.1.D.II.8032 —fig. 107,11—).

Kalathos (Az. 27) [15]

Se conservan ante todo, identificables, fragmentos del borde, de labio vuelto sencillo con tendencia del mismo a inclinarse hacia el

[484] ATRIÁN JORDÁN, P., 1976 fig. 35 c.

[485] DE SUS GIMÉNEZ, M. L., PÉREZ CASAS, J.A., 1983-1984, fig. 1.

[486] BURILLO MOZOTA, F., 1981, fig. 14, n. 15, 16 etc.

[487] VICENTE, J., *et alii*, 1984, 359, fig. 21.

[488] WATTEMBERG, F., 1963, fig. 503.

[489] MOREL, J. P., 1981, 192 ss., lám. 60.

[490] BELTRÁN LLORIS, M., 1979 a) fig. 33, 98 B 37.

[491] PERALES, M. P., PICAZO, J. V., SANCHO, A., 1983-84, fig. 4, 21.

[492] En la misma línea están ciertos cuencos de pequeñas dimensiones cuya repartición han analizado PERALES, M. P., PICAZO, J. V., SANCHO, A., a raíz de los ejemplares de Tiro de Cañón, 1983-84, 214, fig. 4, 21.

[493] BELTRÁN LLORIS, M., 1976, 224 ss.

[494] ATRIÁN JORDÁN, P., 1959, figs. 22, 23, 27; id. 1965, fig. 25 etc.

[495] BELTRÁN MARTÍNEZ, A., 1958, fig. 16.

[496] ATRIÁN JORDÁN, , P., 1956, láms. III y VIII, 2.

[497] BELTRÁN LLORIS, M., 1976, 226.

[498] PERALES, M. P., PICAZO, J. V., SANCHO A., 1983-84, 220.

[499] DE SUS GIMÉNEZ, M. L., PÉREZ CASAS, J. A., 1983-84, fig. 2.

[500] BELTRÁN LLORIS, M., 1979 a), fig. 32.

[501] MARCO SIMÓN, F., 1983, fig. 8, 2.

[502] BURILLO MOZOTA, F., 1983, fig. 15, 114.

interior, (81.1.25/33.G.I.2870)[503], nota esta característica de antigüedad en determinadas producciones de Mas Boscá[504] (fig. 112,15). Otros fragmentos son de labio horizontal correspondiente al tipo troncocónico de *kalathoi*[505] (81.1.25/33.G.I.2848) (fig. 113,3), o de aspecto inclinado y fino (81.1.25/33 G.I.2869) (fig. 107,13) (del taller local) y de un gran recipiente. Este último labio sumamente sencillo y muy inclinado parece una forma moderna en la tipología de estos recipientes, ausente (en esta variante) de Azaila o Tiro de Cañón yacimientos sertorianos[506].

Entre los fragmentos decorados, se conserva alguno con el tema derivado del 44 de Azaila (80.1.13/23.J.N.1873)(fig. 102,1), o bandas sencillas (80.1.1/9.AB.AC.93, 80.1.18-/22.V.Y.490), etc.

Forma especial manifiesta el borde 81.1.D.II.7018, de labio especialmente entrante y horizontal o muy inclinado en el fragmento V.79.5.F'.30[507] (fig. 108,12).

Vasija cilíndrica [16]

Parte inferior de una vasija de base troncocónica y paredes abultadas (V.79.22.C'.D'.1), cuyo perfil recuerda, exageradamente, al de ciertas vasijas cilíndricas que se ensanchan en la zona media, por ejemplo, en un ejemplar de Tiro de Cañón[508].

Vasija de labio subtriangular [17]

Estas grandes vasijas, mantienen dos tipos principales de labio: inclinado, adoptando diversos perfiles, de aspecto sencillo[509] (80.1.10/20 R.T.1357) (fig. 105,9) o moldurado (80.1.8.A.B 6457 —fig. 112,3—, V.79 6.M.L.-14—fig. 111,12—, 81.1.25/33.G.2980 —fig. 113—); re-montado, con secciones análogas a las anteriores (81.1.2/8.Ñ'.P'.7652, 81.1.9/17.A'.-F'.18); horizontal (80.1.13/23 .K.P.2126 —fig. 107,15—, 80.1. 20/18.AH.AG.6105 —fig. 111,10—, 6099)[510].

Son formas ciertamente frecuentes en nuestros yacimientos, como San Antonio de Calaceite[511], Azuara[512], Alto Chacón[513], etc., estando especialmente extendida en el ámbito celtibérico[514], tanto en la variante de labio inclinado como la de borde remontado[515]. Se fabricó igualmente en el alfar local referido.

Olla de borde entrante [18]

Vasija de aspecto ovoide, según el fragmento conservado (81.1.D.II. 8280 —fig. 103,3—), aunque no puede completarse la forma entera.

Vasito de cuello abultado (Az. 26) [20]

Parece pertenecer el fragmento (81.1.D.-II.11.598) a un vaso de pequeñas dimensiones, de cuello cilíndrico y estrecho, abultado en su parte central; se decora con bandas. Esta forma es semejante al recipiente de la Bastida con decoración bícroma[516] así como al borde de Azaila ya reseñado[517].

Jarra [21]

Sólo conocemos dos fragmentos de jarras. El primero corresponde a la parte central del cuello, con decoración de bandas alternantes con franjas de bucles simples verticales y series de arcos tangentes como el tema 13 de Azaila[518] (81.1.C.I/D.II.4522) (fig. 103,7).

El segundo fragmento (81.1.21.AE.11912) (fig. 101,2) corresponde al arranque del asa, con los laterales decorados con el tema de Azaila 14, especie de peine muy estilizado[519]. Las jarras son ciertamente abundantes en los repertorios de cerámica ibérica. Sin embargo no se señala en el vecino yacimiento de Azaila, ni pudimos identificarla en la Romana; sus formas son ciertamente variadas, clasificándose por el perfil de la boca y otros detalles ausentes de los ejemplos que comentamos ahora[520].

---

[503] La falta del cuerpo impide su clasificación, el labio, sin embargo tipológicamente es comparable al de Azaila 861 (BELTRÁN LLORIS, M., 1976, fig. 59) o el 31 de Tiro de Cañón (PERALES, M. P., PICAZO, J. V., SANCHO, A., 1983-84, fig. 7). La falta de decoración también impide llegar más lejos y deducir su forma cilíndrica, troncocónica, tipo de fondo plano o umbilicado, etc. Sobre los *kalathoi* puede verse CONDE BERDOS, M. J., 1990, 149 ss.

[504] JUNYENT, E., BALDELLOU, V., 1972, fig. 17.

[505] *Similis* a Azaila 891 —BELTRÁN LLORIS, M., 1976, fig. 59.

[506] BELTRÁN LLORIS, M., 1976, 228 ss: PERALES, M. P., PICAZO, J. V., SANCHO, A., 1983-84, 222.

[507] Como en Santa Cara, CASTIELLA, A., 1977, fig.102, 5.

[508] PERALES, M. P., PICAZO, J. V., SANCHO, A., 1983-84, fig. 10, n. 36

[509] *Similis* a Azaila 815 —BELTRAN LLORIS, M., 1976, fig. 61—, también en el Alto Chacón (ATRIÁN JORDÁN, P., 1976, fig. 3 e), Ercavica (Osuna, M., 1976, 18 h), Botorrita (BELTRÁN MARTÍNEZ, A., 1982, fig. 14).

[510] Comparable a Azaila 38 —BELTRÁN LLORIS, M., 1976, 238—, la Bovina —DE SUS GIMÉNEZ, M. L., PÉREZ

CASAS, J. A., 1983-1984, 261, fig. 1, etc, con una variada tipología que sólo podrá fijarse con el estudio de envases completos.

[511] PALLARÉS, F., 1965, forma 20.35.

[512] MARTÍN BUENO, M., ANDRÉS RUPÉREZ, M. T., 1972, fig. 3.

[513] ATRIÁN JORDÁN, P., 1976, fig. 31, 6.

[514] Tosos (Alcañicejo), El Covento (Encinacorba), Monte de Valderrando (Burbáguena), Cabezo Raso (Luco), Los Pagos (Lechago), BURILLO MOZOTA, F., 1980, figs. 13, 4, 14,14, 35, 37, 40 etc.

[515] Véase para ésta el Alto Chacón (ATRIÁN JORDÁN, P., MARTÍNEZ, M., 1976, fig. 4, o San Antonio de Calaceite (PALLARÉS, F., 1965, forma 20, 51), o en la Huerva (BURILLO MOZOTA, F., 1980, fig. 78, p. 228).

[516] VALL DE PLA, E., 1969, 304, fig. 15.

[517] BELTRÁN LLORIS, M, 1976, fig. 69, 3846.

[518] BELTRÁN LLORIS, M., 1976, fig. 70.

[519] BELTRÁN LLORIS, M., 1976, fig. 70.

[520] Jarras: Tiro de Cañón, PERALES, M. P., PICAZO, J. V., SANCHO, A.,1983-84, fig. 12, p. 237 ss.; La Escuera, Alicante —NORDSTROMD, S., 1967, fig. 20, 9 y 10.

Con esto acaba la enumeración de formas presentes en *Celsa*, cuyo valor a efectos cronológicos es mínimo por las circunstancias comentadas más arriba.

Hay además otros muchos fragmentos con restos de decoración pintada, sobre todo bandas (80.1.3/11.K.Q.3514 —fig. 103,9—, 80.1.11.T.7117 —fig. 108,2—, 80.1.36.R.6256 —fig. 108—, etc.), líneas onduladas (80.1.13/23 K.Q.2031, 80.1.42Ñ 2665), líneas onduladas alternantes con semicírculos concéntricos (Azaila tema 41)(V.79.46 Ñ.O.10), ajedrezados (Azaila tema 12)(V.79.28.30.H.I.4), roleos indefinidos (V.79.32 B.C.3), ramiformes muy esquematizados (81.1.Hab.12.1077)[521].

Interesan también ciertos motivos florales semejantes al tema 78 a de Azaila (81.1.2.1-/25.D.E.1328)[522] —fig. 100— y además el tema de las líneas paralelas en bucle (81.1.21/36.F.G.1974), frecuente en Botorrita[523]. De otra parte, debe anotarse la decoración central de tipo cruciforme, inscrita en serie de cuadrados concéntricos, en el interior del fondo de un cuenco (80.1.20.AH.-AG.5962)[524] (fig. 106), semejante al esquema reproducido en el platillo del de Oliete en el Museo de Zaragoza.

Además de las decoraciones mencionadas queda un buen número de fragmentos, muy difícil de clasificar, entre ellos restos de posibles *kalathoi* (81.1.H.12.2273)(fig. 103), paredes de recipientes cilíndricos (*kalathoi* o vasos análogos) (81.1.H.12.1085 —fig. 112—, 1020 —fig. 106—, 1081 —fig. 106—, etc.)[525], cuencos indeterminados (V.79.8.B'.1), recipientes ovoides (81.1.D.II.C.II.7956) etc. fragmentos en los que no vamos a insistir por los resultados escasamente firmes que aportan fuera de su volumen numérico y por supuesto, como caracterización de ciertos niveles como el 1.1.

8.1.1. EPIGRAFÍA IBÉRICA

En fragmento de recipiente de grandes dimensiones, de tipología imprecisa, se localiza el grafito *TiKe* (V.79.20.22.H.I.11) (fig. 104,2), que manifiesta paralelos análogos en Azaila, sobre *pondus*[526] y posiblemente el mismo en fragmento de campaniense B, *TiKe* [...][527].

8.1.2. INVENTARIO Y PORCENTAJES

FORMA	PASTA	SIGLA	FIG.	NIVEL
LOCALES				
9. Azaila 15	1	81.1.25.33.G.I.3030	100,1	7.2
10. Azaila 13	1	V.79.22.24.O.Ñ.5.	100,2	7.2
15. *Kalathos*	1	80.1.8.14.V.Z.7920	100,6	5
15. ?	1	81.1.21.25.D.E.1328	100,5	7.2
bandas	1	81.1.21.25.D.E.1327	100,3	3
" "	1	81.1.25.33.G.I.2968	100,4	3
6.Azaila 10	2	82.1.D.II.10523	100,10	7.2
8.Cuenco lab.rect.	2	80.1.33.35....	100,9	8
21. Jarra	2	81.1.21.AE.11912	101,2	1.3
Cuenco ?	2	80.1.38.42.H'.M'.3472	100,11	8
Ovoide ?	2	80.1.1.9.AB.AC.97	101,1	8
bandas	2	80.1.30.P.7282	100,7	1.2
" "	2	V.79.28.J'.128	101,3	7.2
15. *Kalathos*	3	80.1.13.23.J.N.1873	102,1	8
21. Jarra	3	V.79.1.2.J.K.13	102,2	7.1
Globular	3	80.1.5.... 69	102,3	8
bandas	3	V.79.28.A.9	107,7	7.2

[521] *Similis* a Azaila 95, frecuente en el Cabezo Palao —MARCO SIMÓN, F., 1980, figs. 5, 7, 10—, Tiro de Cañón —PERALES, M. P., PICAZO, J. V., SANCHO, A., 1983-84, fig. 15, tema 15—, etc.

[522] En dicho yacimiento, en combinación con hojas de yedra exenta de tipo 82/86, pero el ejemplo de *Celsa* se define mal por su carácter fragmentario

[523] BELTRÁN MARTÍNEZ, A., 1982, figs. 12, 14, etc., también GINER, E., 1987, 208 ss, fig. 2

[524] Esta decoración concéntrica, es frecuente en cuencos de pie realzado (PERALES, M. P., PICAZO, V. J., SANCHO, A., 1983-84, 215, fig. 4).

[525] Con decoración de bandas alternantes con otra de semicírculos tangentes, tema empleado como decoración secundaria en ciertas tapaderas de Tiro de Cañón (PERALES, M. P., PICAZO, V. J., SANCHO, A., 1983-84, fig. 14, p. 243 y p. 250, tema 23), en Azaila con análoga distribución (BELTRÁN LLORIS, M., 1976, tema 14, fig. 70) o en el Poyo del Cid (BURILLO MOZOTA, F., 1981, fig. 14, 4).

[526] BELTRÁN LLORIS, M., 1976, 308, n. 236. Recogido por SILES (1985, 198, núm. 813) sin más comentarios, también en UNTERMANN, J., 1992, E.1.406, con el mismo tipo de *K*. Hasta la fecha los grafitos en signario ibérico son ciertamente escasos en los niveles de la colonia (BELTRÁN LLORIS, M., AGUILERA ARAGÓN, I., BELTRÁN MARTÍNEZ, A., DE SUS GIMÉNEZ, M. L., y otros, 1992, 91, campaniense con grafito *il,* fig. 58.

[527] BELTRÁN LLORIS, M., 1976, 308, n. 237.

FORMA	PASTA	SIGLA	FIG.	NIVEL
15. *Kalathos*	4	81.1.25.33.G.I.2869	107,13	7.2
¿?	4	80.1.20.22.A.6135	102,5	8
¿?	4	80.1.5.19.Q.M.2308	102,7	8
bandas	4	81.1.40.A'.8081	102,6	7.2
" "	4	V.79.8.1o.L.M.56	102,8	7.2
19. *Thymiaterion*	5	80.1.6.20.AG.AH.5922	102,11	8
bandas	5	81.1.9.17.A'.F'2114	102,9	3
15. *Kalathos*	6	82.2.D.II.10503	103,1	7.2
15. ?	6	81.1.h.12.2273	103,2	3
17. Lab.subtr.	6	80.1.20.26.AH.AG.5963	103,4	7.2
21. Jarra	6	81.1.C.I.D.II.4522	103,7	7.2
¿? ramiform.	6	81.1.h.12.1077	103,8	3
¿?	6	V.79.20.22.H.I.11	104,2	7.2
¿?	6	82.1.Port.N.186	103,5	6
bandas	6	80.1.3.IL.K.Q.3718	104,1	7.2
" "	6	80.1.13.11.K.Q.3514	103,9	7.2
" "	6	80.1.20.26.AG.AH.5977	103,6	7.2
" "	6	81.1.25.33.G.I.3008	104,3	7.2
" "	6	81.1.C.I.3561	104,6	7.2
" "	6	81.1.h.12.1083	104,4	3
1.M.2762	7	80.1.9.15.F.I.1970	104,9	4
6. Cuenco Az.10	8	80.1.32.34.H.5765	104,10	3
6. "	8	81.1.H.12.1079	105,1	3
6. "	8	80.1.1.G.S.35	104,11	8
6. "	8	81.1.2.8.Ñ'P'.5981	104,12	6
6. Cuenco Az.10	8	V.79.AL.J.111	110,5	7.2
12. Labio ab.	8	V.79.s.s.	105,10	6
15. *Kalathos*	8	80.1.1.9.AB.93	104,13	8
15 "	8	82.1.D.II.19508	105,2	7.2
15. ?	8	81.1.C.I.4176	105,3	6
17 "	8	80.1.10.20.RT.1357	105,9	7.2
cuenco ?	8	81.1.25.33.G.I.2852	105,8	7.2
ovoide	8	81.1.C.I.2.8.Ñ'.P'.7656	105,4	6
bandas	8	81.1.2.8.N'.P'.5506	105,5	7.2
" "	8	V.79.10.12.L.M.13	104,8	7.2
OTRAS PROCS.				
13. Labio triang.	9	V.79.5.N'.48	105,7	6
15. *Kalathos*	9	80.11T.7131	106,3	7.1
15. "	9	81.1.2.8.Ñ'.P'.6028	105,12	6
15. "	9	81.1.2.8.Ñ'.P'.6029	106,7	6
15. "	9	81.1.2.8.Ñ'.P.6030	106,6	6
15. "	9	81.1.2.8.Ñ'.P'.6911	106,5	6
15. "	9	81.1.D.II.7918	106,1	7.2
15. "	9	V. 79.Ex.2.11	106,2	7.2
15. ?	9	81.1.D.II.C.II.7982	106,4	6
15 ?	9	81.1.2.8.Ñ'.P'.7203	105,11	6
20. Azaila 26	9	81.1.D.II.598	106,8	7.2
¿? " "	9	81.1.h.12.1081	106,13	3
¿? " Az.50	9	81.1.12.H.1020	106,12	3
bandas	9	81.1.C.I.D.II.4516	106,10	7.2
" "	9	80.1.30.P.7273	113,5	1.2
" lin.ondul.	9	80.1.13.23.K.Q.2031	106,9	7.2
" lin.ondul.	9	80.1.42.Ñ.2665	106,11	7.2
bandas bucles	12	V.79.22.C'.D'.2	106,14	7.1
ajedrezado	12	V.79.28.30.H.I.4	106,15	7.2
" roleo	12	V.79.32.B.C.3	106,18	7.2
" roleo	12	V.79.32.B.C.3	106,17	7.2
bandas	12	V.79.h.7.68	106,16	7.1
¿?	13	80.1.32.T.V.2077	107,4	5
¿?	13	82.1.Port.N.191	107,8	6
bandas	13	V.79.20.22.Ñ.O.7	102,4	7.1
" "	13	V.79.1.3.H.2	107,2	7.2
" "	13	V.79.11.P.20	107,9	7.2
" "	13	V.79.20.22.A.8	107,5	7.2
" "	13	V.79.28.30.H.I.5	107,3	7.2
6. Cuenco Az.10	14	81.1.21.AE.11911	107,10	7.2
14. Labio vuelto	14	81.1.D.II.8032	107,11	7.2
14. Labio vuelto	14	80.1.9.11.K.Q.3554	107,12	7.2
5. Plato	15	V.79.3.7.B.2	107,14	7.2
17. Lab.subtr.	15	80.1.13.23.K.P.2126	107,15	8

FORMA	PASTA	SIGLA	FIG.	NIVEL
17. " "	15	80.1.2.8.Ñ.P.7657	105,6	6
bandas	15	80.1.11.T.7117	108,2	7.2
" "	15	80.1.36.R.6256	108,1	7.2
1 M.2762	16	82.1.D.II.10517	108,3	7.2
2.2.2253 M circa	16	80.1.5.19.G.M.2315	110,4	8
6. Cuenco Az.10	16	80.1.13.23.K.P.2118	108,4	8
6 "	16	80.1.13.23.K.P.2130	108,5	8
7. Cuenco lab.e.	16	81.1.h.12.1076	108,6	3
8. Cuenco lab.r.	16	80.1.1.Y.AB.6367	108,11	7.2
8 "	16	81.1.D.II.8279	108,7	6
9. Azaila 15	16	81.1.38.42.H'.M'.6617	108,8	8
11. Azaila 23/24	16	80.1.10.20.N.Q.1.	108,9	8
11 "	16	V.79.28.B.8	108,10	7.2
15. *Kalathos*	16	V.79.5.F'.30	108,12	6
7. Cuenco lab.e.	17	81.1.D.II.11600	109,6	7.2
11. Azaila 23/24	17	81.1.1.3.X.Y.1930	109,2	7.2
11 "	17	81.1.1.3.X.Y.1931	109,4	7.2
11 "	17	81.1.D.II.11502	109,5	7.2
11 "	17	81.1.D.II.11599	109,1	7.2
cuenco ?	17	81.1.25.33.G.I.2850	109,3	7.2
bandas	17	81.1.25.33.G.I.3329	109,8	7.2
6. Cuenco Az.10	18	81.1.25.33.6.I.3330	109,9	7.2
¿? "	18	82.1.Port.N.187	104,7	6
¿? "	18	82.1.Port.N.189	109,7	6
18. Olla lab.entr.	19	81.1.D.II.8280	103,3	6
1. M.2762	20	81.1.2.8.Ñ'.P'.7200	110,1	6
1 "	20	81.1.2.8.Ñ'.P'.7201	109,13	6
1 "	20	81.1.15.21.B'C'.598	109,14	6
1 "	20	81.1.15.21.B'C'.610	109,12	7.2
1. "	20	V.79.4.L.J.69	110,2	6
1 "	20	V.79.Ex.26	109,10	6
3.2262 M circa	20	80.1.13.23.J.N.1855	110,3	8
4.2264 M	20	80.1.5.19.G.M.2316	110,4	7.2
6. Cuenco Az.10	20	V.79.20.22.A.13	100,8	7.2
8. Cuenco l.r.	20	81.1.7.9.2.AB.2312	110,6	7.2
17.Lab.subtr.	20	80.1.11.Ñ.S1415	110,8	7.2
17 "	20	80.1.14.16.V.X.919	110,9	7.2
17 "	20	80.1.18.20.AH.AG.6126	111,3	8
17 "	20	81.1.9.17.A'.F'.18	110,7	7.2
ov. Ovoide ? Az.41	20	V.79.46.Ñ.0.10	111,4	7.2
bandas	20	81.1.25.33.G.I.2654	110,10	3
" "	20	81.1.21.31.F.G.1975	110,11	3
15. *Kalathos*	21	80.1.5.19.G.M.2306	111,6	8
15 "	21	80.1.18.22.V.Y.490	111,7	7.2
15. *Kalathos*	21	V.79.32.B.C.12	111,8	7.1
16. Vas.cil.	21	V.79.22.C'.D.1	111,11	7.2
17. Lab.subtr.	21	80.1.8.AB.6457	112,3	7.2
17 "	21	80.1.18.20.AH.AG.6105	111,10	8
17 "	21	81.1.C.I.1798	112,5	7.2
17 "	21	81.1.D.II.8037	112,2	7.2
17 "	21	81.1.D.II.11592	112,1	7.2
17 "	21	81.C.I.D.II.4181	112,4	7.2
17. Lab.Subtr.	21	V.79.6.M.L.14	111,12	7.2
Cuenco ?	21	V.79.8.B'.1	112,14	2.2
"	21	V.79.30.F.12	112,8	7.1
bandas	21	80.1.22.24.Q.T.963	112,11	7.2
" "	21	81.1.12.H.1085	112,12	3
" "	21	V.79.1.2.J.69	112,10	7.2
" "	21	V.79.1.2.J.K.4	112,9	7.2
" "	21	V.79.28.J'. 111	112,7	7.2
" "	21	V.79.34.36.J.9	112,6	7.2
15. *Kalathos*	22	81.1.25.33.G.I.2848	113,3	7.2
15 "	22	81.1.25.33.G.I.2870	112,15	7.2
17. Lab. subtr.	22	82.1.D.II.10516	113,1	7.2
" "	22	81.1.25.33.G.I.2653	113,2	3
bucles	—	81.1.25.33.F.G.1974	107,6	7.2
cu. Azaila 23/24	—	80.1.20.26.AG.AH.5962	106,19	7.2
ov. "	—	81.1.D.II.C.II.7956		6

8.1.2.1. Formas por niveles

FORMA	NIVEL											
	1.1	1.2	1.3	2	3	4	5	6	7.1	7.2	8	
2762 M						1		4		1	2	= 8
2253 M			1								1	= 2
2262 M circa											1	= 1
2264 M										1		= 1
Plato [5]										1		= 1
Cuenco Az.10			1	1	2		1			5	3	= 13
Cuenco Lab. engr.[7]					1					1	1	= 3
Cuenco Lab. recto [8]								1		2	1	= 4
Azaila 15										1	1	= 2
Azaila 13			3							1		= 4
Azaila 23/24			2							6	1	= 9
Labio Abierto [12]								1				= 1
Labio Triangular [13]								1				= 1
Labio vuelto [14]										2		= 2
Kalathos [15]			4		1	1		9	2	9	5	= 31
Vaso cil. [16]										1		= 1
Labio subtriang.[17]					1			1		14	3	= 19
Olla borde entr.[18]								1				= 1
Thymiaterion											1	= 1
Azaila 26										1		= 1
Jarra			1							1		= 2
Ovoide ?			1					2		1	1	= 5
Cuenco ?			1	1					1	3		= 7
Globular ?											1	= 1
¿?	6	159	9		6	1	6	20	51	24	73	= 356
¿? Bandas	6	6	15		14				2	29		= 71
¿? Az.50				1								= 1
¿? Ramiforme				1						2		= 3
¿? Bucles				1					1	2		= 4
¿? Az. 41										1		= 1
¿? Az. 12										1		= 1
¿? Roleo										1		= 1
¿? Ondul.										2		= 2
	12	165	38	5	25	3	6	41	57	113	96	= **561**

8.1.2.2. Relación entre pastas y formas

FORMA	1	2	3	4	5	6	7	8	9	10	11	12	13	14	15	16	17	18	19	20	21	¿?
PASTA																						
1							1	1							2							2
2						1		1			1		1								1	64
3															1						1	25
4															3							16
5														2					1			30
6				1		2									2		1				1	23
7	1																					1
8						5							1		3	2						45
9													1		9					1		33
11															1							2
12																						7
13																						16
14						1																4
15					1										1		1					26
16	1	1				2	1	2	1		2				1	3						16
17							1				5											37
18						1																31
19															1			1				20
20	5		1	1		1		1								4						19
21															2	1	7				12	15
22															3	5						3
¿?									1						1							6
	7	1	1	2	1	13	2	4	2	1	9	1	2	2	30	4	20	1	1	1	15	453
																						561

8.2. CERÁMICA CELTIBÉRICA (M.B.LL.)

No son excesivos los restos de cerámica celtibérica encontrados en *Celsa*, ya que hasta el momento únicamente hemos localizado seis fragmentos, circunstancias nada raras si tenemos en cuenta el área geográfica en la que nos hallamos, inmersos de lleno en el ambiente ibérico.

Cuenco de tradición celtibérica

Vasija de arcilla muy depurada (81.1.C.I.-D.II.4495) (pasta 23), con restos de decoración que recuerdan directamente al ejemplar de *Celsa* procedente del nivel de abandono de la «Casa del Altar»[528], con motivos de guirnaldas y brazos rematados en roleos, con rellenos decorando las zonas vacías.

Se trata claramente de una forma celtibérica, cuyo perfil coincide con las urnas análogas corrientes en dicho ambiente, remitiendo a cuencos de fondo umbilicado y decoración en la faja superior[529], correspondientes a la forma 3 de Castiella[530], cuyos precedentes se sitúan en las urnas confeccionadas a mano, con parentescos también en el repertorio numantino[531] o en los hallazgos de Botorrita[532].

Desde el punto de vista cronológico, a pesar de su situación en el nivel de abandono, 7, resulta ciertamente problemática. En los yacimientos navarro-riojanos, se sitúa entre los siglos III y I a. de C., pudiendo en ocasiones incluso prolongarse hasta época romana[533]. En Botorrita su cronología según la zona de hallazgo, queda comprendida entre las fechas indicadas (desde el s. III hasta el I a. de C.)[534].

En el caso de *Celsa*, no deja de ser sintomática su ausencia en el nivel *1* de la insula II, al menos en el examen preliminar que hemos realizado y no se encuentran paralelos análogos en las cerámicas altoimperiales que recoge Abascal, hecho que parece abonar su evidente antigüedad[535].

Vaso de cuello cilíndrico

Vasija de labio exvasado, cuello cilíndrico, de carena abultada (V. 79.27.L.M.9 y 12) (fig. 113), de tradición clara en las formas de los campos de urnas avanzados[536].

La banda del cuello ostenta una metopa decorativa pintada de color rojo oscuro, con motivos de aspas de ocho brazos inscritas en cuadrados[537]. Este tipo de vasos se documenta también en Botorrita[538] y Riba de Saelices[539] identificándose con la forma 12 de dicho yacimiento. Estas formas, evolucionadas, se presentan también en determinados repertorios decorados de cerámicas ibero-romanas, por ejemplo en Arcobriga[540].

Jarra¿?

Fragmento de borde, de pasta finísima, caracterizada por una acanaladura en el borde superior (81.1.h.13.3327).

Labio subtriangular

De esta forma que ya hemos analizado más arriba, ciertamente estable en el ámbito celtibérico, solo se ha identificado un fragmento de borde (81.1.25.33.J.2980) (fig. 113).

8.2.1. Inventario y porcentajes

FORMA	PASTA	SIGLA	FIG.	NIVEL
1. Cuenco	23	V.79.1.L'.55	113,10	7.2
«	23	81.1.C.I.D.II.4495	113,9	7.2
2.R.Saelices	11	V.79.27.L.M.9	113,8	7.2
3. Jarra ?	10	81.1.h.13.3327	113,6	8
17. L. subtr.	10	81.1.25.33.J.2980	113,7	7.2

[528] BELTRÁN LLORIS, M., 1979 b), 183 ss. Recogido también por ABASCAL PALAZÓN, J. M., 1986, 28, 35, 58, 258 etc.

[529] Ejemplos en San Miguel de Arnedo, Logroño —CASTIELLA, A., 1977, fig. 129,2, fig. 128, 1; en Peña del Saco de Fitero, Navarra —CASTIELLA, A., 1977, fig. 147, 2).

[530] CASTIELLA, A., 1977, 322, fig. 261.

[531] WATTEMBERG, F., 1963, tabla IX, X, 290

[532] DÍAZ SANZ, M. A., 1987, 139 y lám. I, forma 6, que la compara con la forma CASTIELLA 20 (?).

[533] CASTIELLA, A., 1977, 354.

[534] DÍAZ SANZ, M. A., 1987 a), 146, zona VIII, estando el límite inferior en el tercer cuarto del s. I a. de C., fecha que podría remontarse incluso.

[535] Esta forma es ciertamente frecuente en *Celsa* a juzgar por los hallazgos practicados hasta el momento.

[536] BELTRÁN LLORIS, M. 1976, 67, figs. 24,25, forma IV.

[537] Los motivos de aspas son abundantes en yacimientos de la meseta, según recoge ABASCAL PALAZÓN, A., 1986, ns. 74 ss, 162 ss. etc.

[538] DÍAZ SANZ, M. A, 1987, 141, lám. II, 9, forma a.

[539] CUADRADO DÍAZ, E., 1968, 48, fig. 15, del s. II a. de C.

[540] MARTÍN, A., 1992, fig. 4.31, 147 y p. 158, relacionándose con las cráteras de pie atrofiado ibéricas.

8. 3. CERÁMICA GRIS (M.B.LL.)

Jarrita bitroncocónica

Son éstas las formas más populares en el repertorio de las denominadas cerámicas grises, ciertamente variadas en su tipología[541]. El ejemplar completo 80.1.20.6.AG.AH.5952, de cuerpo globular, sin la brusca rotura que suele caracterizar a estos recipientes y con fuerte acanaladura limitando el cuello y el cuerpo y con el labio exclusivamente engrosado, no saliente. El asa remontada, como suele ser normal en estas formas.

La forma resulta semejante a Azaila n. 917[542], pero con el pie resaltado en Celsa[543], nota que nos parece de cierta modernidad respecto de dichos modelos de base ciertamente maciza y plana, como en la Romana[544] (81.1.25.33.G.I.3002). Esta característica se aleja igualmente de los prototipos grises ampuritanos, todos de labio vuelto[545]. Conservamos una segunda base (80.1.3.5.S.T.1226), análoga a la descrita, y parte de la boca de un tercer recipiente de labio exvasado, como en las formas comunes en Azaila y la Romana.

Esta jarrita de amplia dispersión en los ambientes indígenas prerromanos, es un elemento típico de los siglos II y I a. de C. y se difundió ampliamente en toda el área ibérica del Ebro[546]. Resulta particularmente abundante en Celsa, en algún caso vinculada a ofrendas de huevos y posibles asociaciones a enterramientos infantiles, circunstancias que podrían ofrecer datos aclaratorios sobre el carácter ritual de estas jarritas[547].

Cuenco de forma 25

Conservamos la nomenclatura que dimos a estos recipientes en Azaila[548]. En Celsa conocemos un borde, ligeramente carenado (81.1.D.II.8274) y un par de bases de pie moldurado y fondo plano como en las formas comunes (81.1.D.II.8276).

La difusión de esta forma es análoga a la anterior y en nuestro territorio, parece habitual en los yacimientos ibéricos, o en los tardorrepublicanos, como en el Castelillo de Alloza[549], en la Cabañeta del Burgo de Ebro[550], en la Romana[551], etc.

En cuanto a los centros de procedencia de las cerámicas grises de Celsa, sigue siendo una incógnita dentro del planteamiento general de estas cerámicas reductoras por las que manifestó gusto especial el mundo indígena, con muy importantes perduraciones de determinados envases en época augustea anterior a la Era, según comprobamos en Celsa.

En todo caso, no debe perderse de vista que las pastas clasificadas en Celsa son asimilables a los tipos 2 y 3 respectivamente, que señalamos en la Romana[552], circunstancias que deberán completarse en otros yacimientos para poder extraer conclusiones más amplias.

8.3.1. INVENTARIO[553] Y PORCENTAJES

FORMA	PASTA	SIGLA	FIG.	NIVEL
1. Jarrita bitr.	1	80.1.3.5.S.T.1226	114,7	7.1
"	1	80.1.20.26.AG.AH.5952	114,9	7.2
"	1	81.1.25.33.G.I.3002	114,8	7.2
2. Cuenco	1	80.1.22.AI.31.T.8859	114,5	7.2
"	1	81.1.D.II.8274	114,1	6
"	1	81.1.D.II.8276	114,2	6
"	2	81.1.h.12.2283	114,3	3
"	2	81.1.D.II.6938	114,4	7.2
3. Thymiaterion	1	81.1.D.II.8277	114,6	7.2

[541] FERNÁNDEZ MIRANDA, M., 1977, 255 ss.

[542] BELTRÁN LLORIS, M., 1976, fig. 53 y p. 213.

[543] Véase también formas con el pie resaltado, pero inclinado en Azaila, BELTRÁN LLORIS, M., 1976, fig. 53, 930.

[544] BELTRÁN LLORIS, M., 1979, fig. 22, 580.

[545] ARANEGUI GASCO, C., 1987, lám. 1.

[546] Para la dispersión de esta forma, además de los datos citados, puede completarse con ARANEGUI GASCO, C., 1987, 333 ss, y mapa en 345.

[547] Sobre su hallazgo en las cuevas-santuario levantinas, puede verse, GIL MASCARELL, M., 1977, 705 ss.; APARICIO, J., 1976, 9 ss.

[548] BELTRÁN LLORIS, M., 1976, 210, fig. 52

[549] ATRIÁN JORDÁN, P., 1957, 14, lám. XV, 1-3.

[550] MAGALLÓN BOTAYA, M.A., 1973, fig. II, 2.

[551] BELTRÁN LLORIS, M., 1979, 50.

[552] BELTRÁN LLORIS, M., 1979, 48.

[553] Se añaden diversos fragmentos sin forma, cuyo detalle es el siguiente, desde el punto de vista numérico:

NIVEL	PASTA	EJS.
1.3	1	2
3	1	3
	2	1
6-7	1	4
	2	2
8	2	8

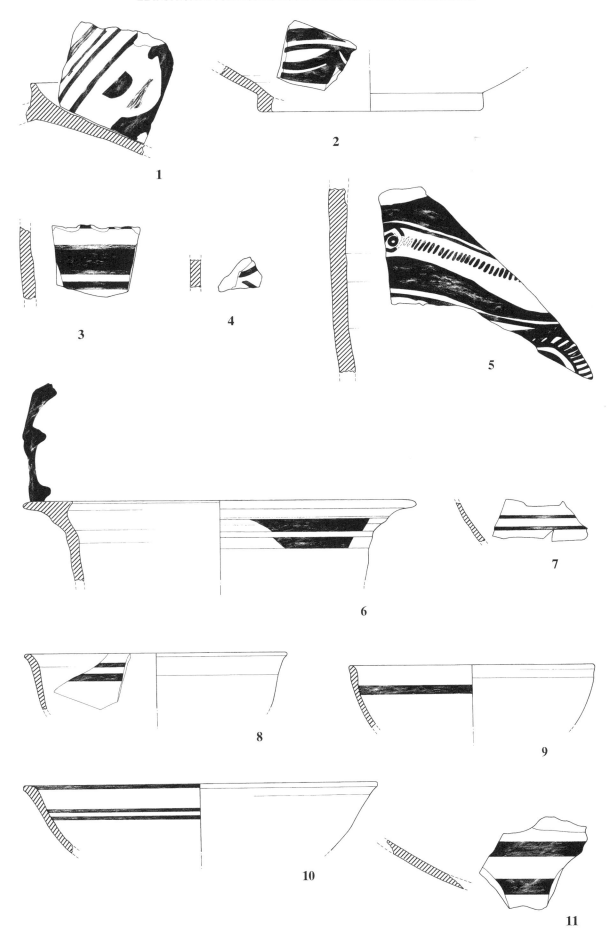

Figura 100. Cerámica ibérica decorada. 1: Az. 15; 2. Az. 13; 3-4: indet; 5-6 kalathos; 7-9, 11: cuencos; 10: Az. 10.

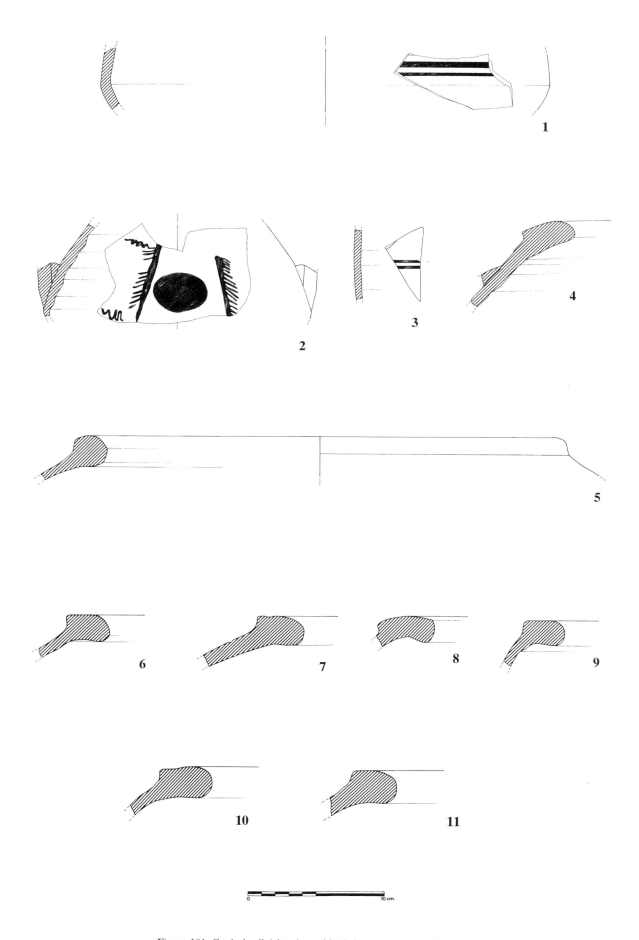

Figura 101. Cerámica ibérica. 1: ovoide; 2: jarra; 3: indet.: 4-11: tinajas.

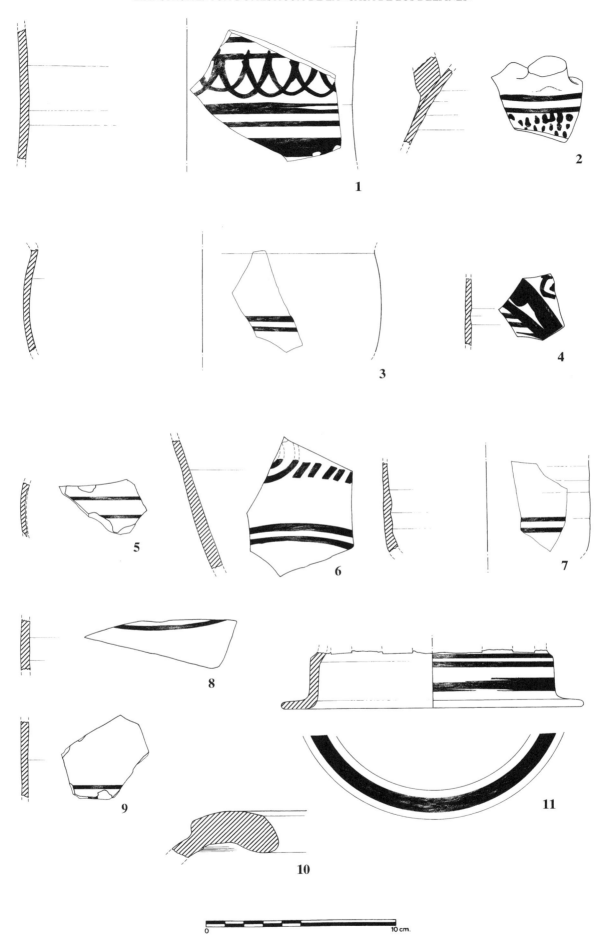

Figura 102. Cerámica ibérica. 1: kalathos; 2: jarra; 3: globular; 4-9: varia; 10: tinaja; 11: thymiaterion.

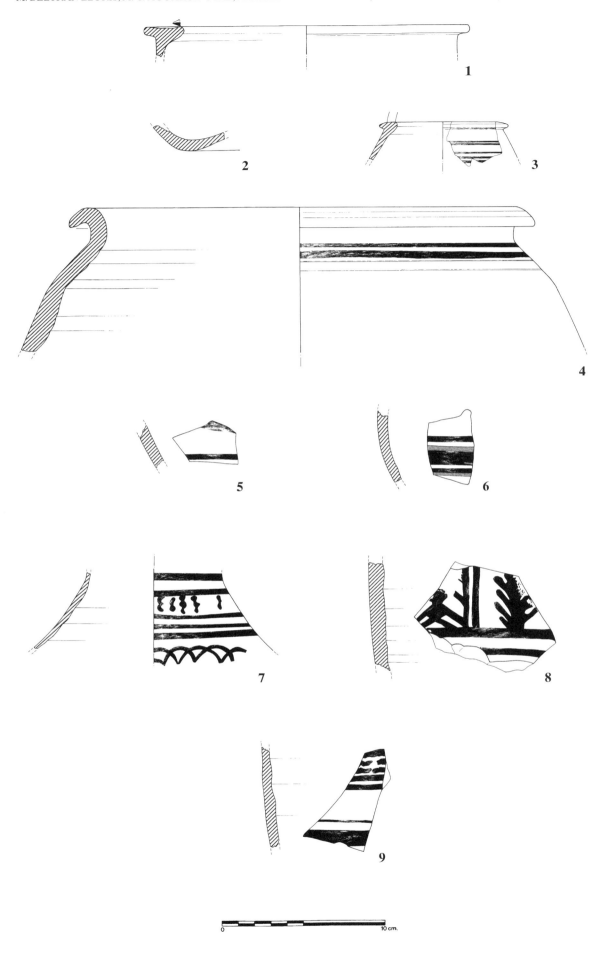

Figura 103. Cerámica ibérica. 1: kalathos; 2: jarra; 3: globular; 4-9: varia; 10: tinaja; 11: thymiaterion.

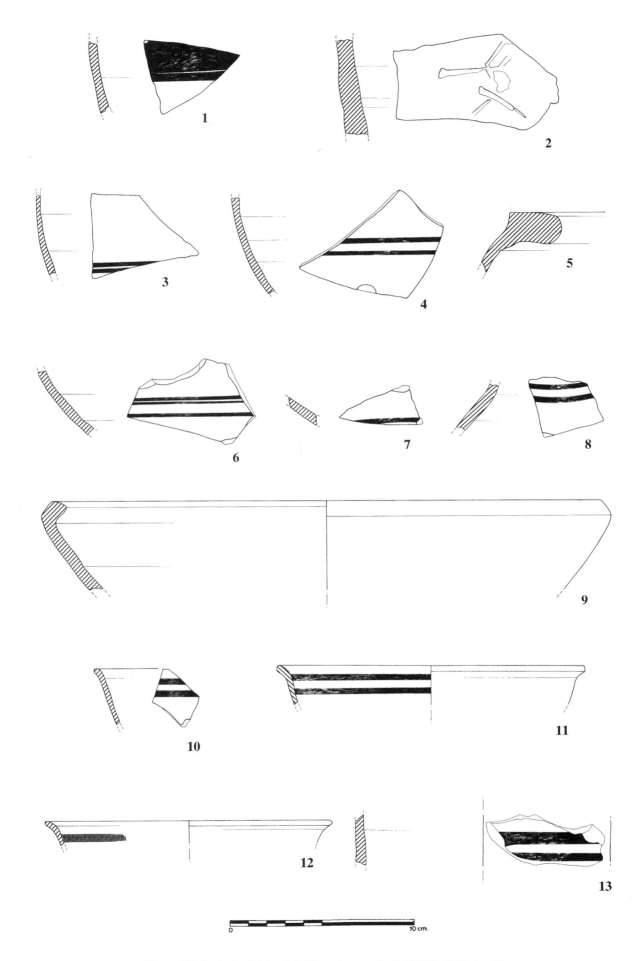

Figura 104. Cerámica ibérica. 1-4, 6-8: varia; 5: tinaja; 9: M.2762; 10-12: Az. 10.

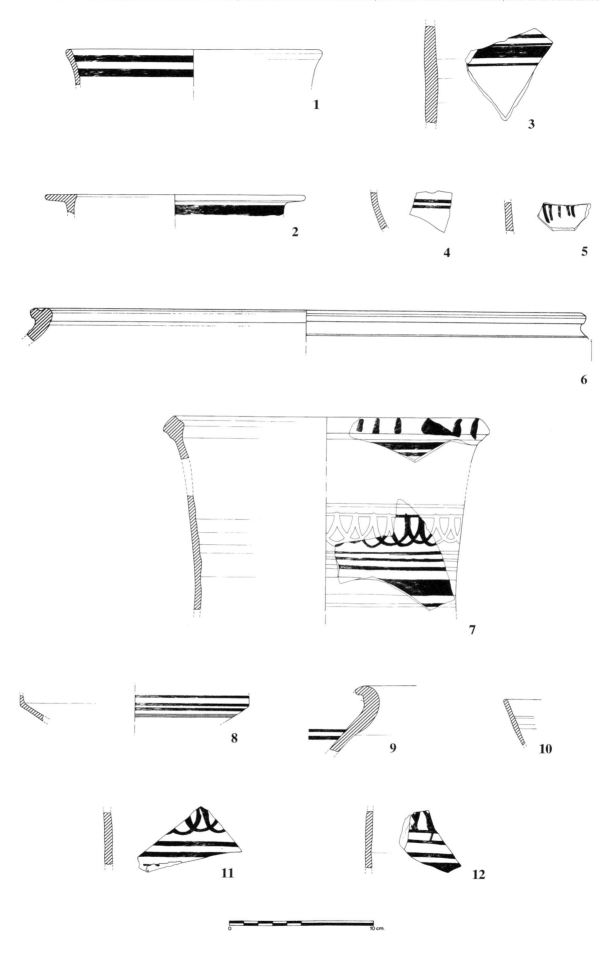

Figura 105. Cerámica ibérica. 1: Az. 10; 2: kalathos; 3-5: varia; 6: subtr.; 7: lab. triang.; 8: cuenco; 9-12: varia.

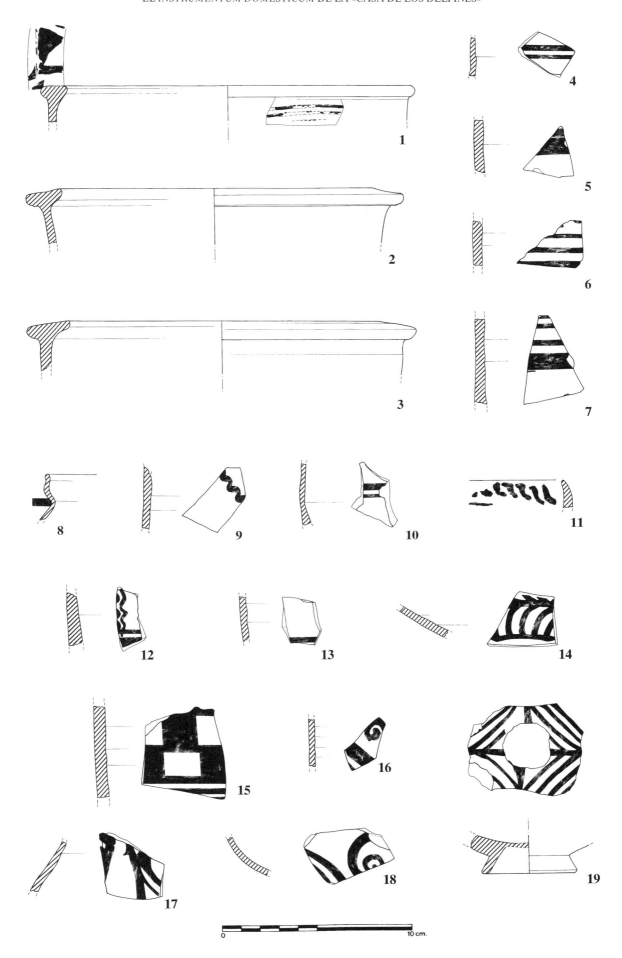

Figura 106. Cerámica ibérica. 1-7: kalathos; 8: Az. 26; 9-19: decoraciones diversas.

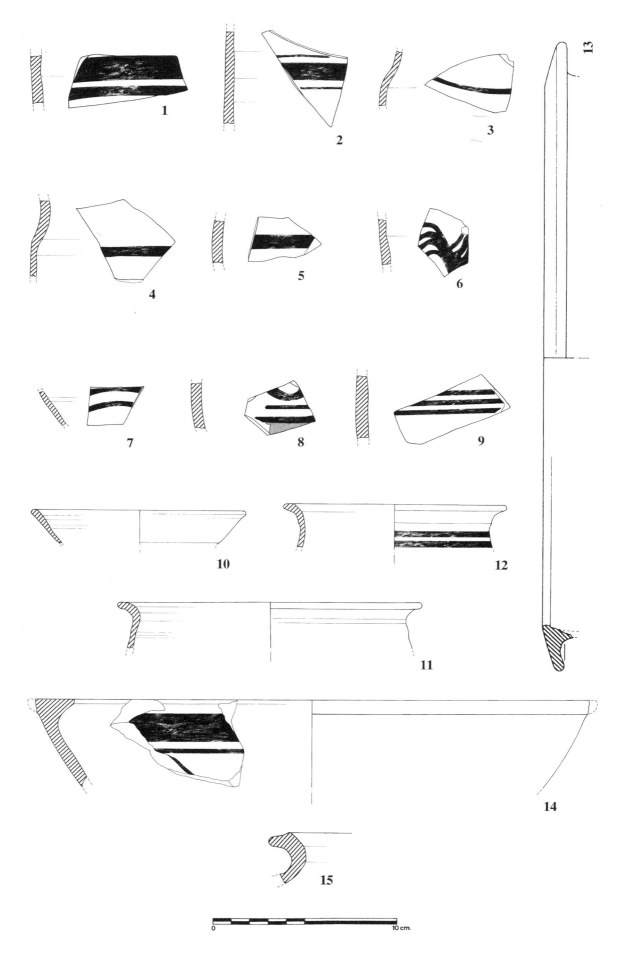

Figura 107. Cerámica ibérica. 10: cuenco; 11-12: lab. vuelto; 13: kalathos; 14: fuente; 15: lab.

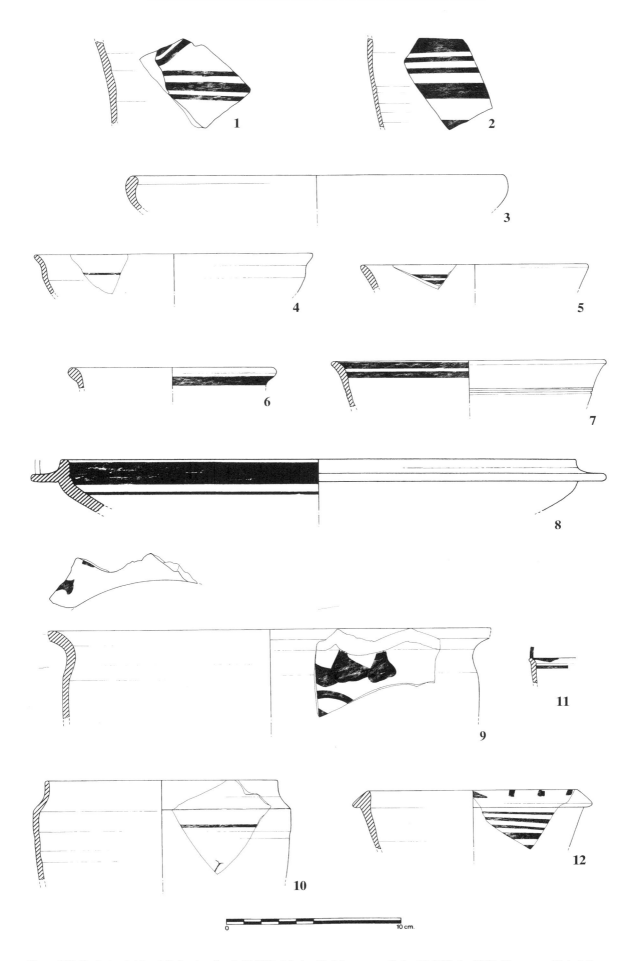

Figura 108. Cerámica ibérica. 1-2: dec. bandas; 3: M.2762; 4-5: Az. 10; 6-7: cuencos; 8: Az. 15; 9-10: Az. 23/24; 11: cuenco; 12: kalathos.

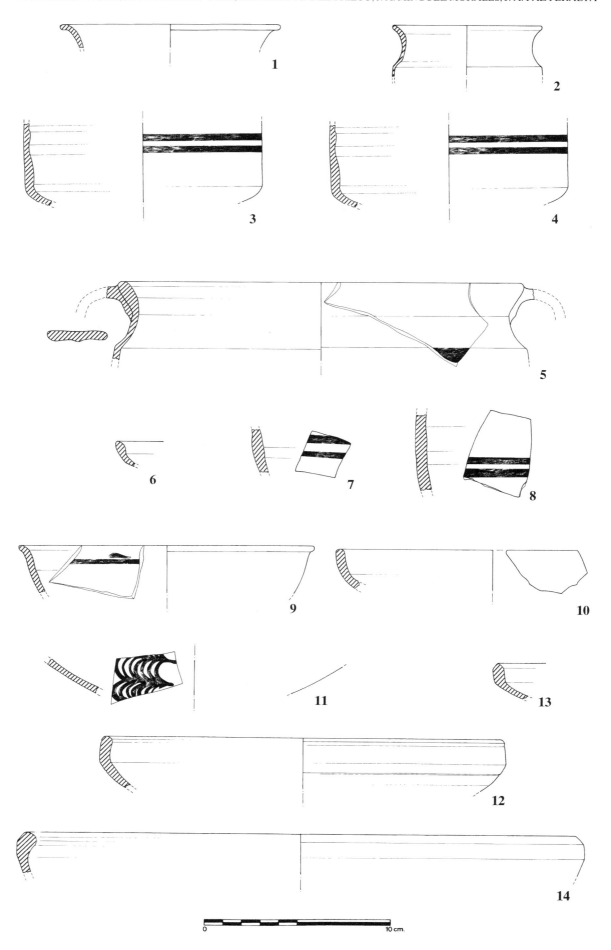

Figura 109. Cerámica ibérica. 1-5: Az. 23/24; 6: cuenco; 9: Az. 10; 10, 12-14: M. 2762.

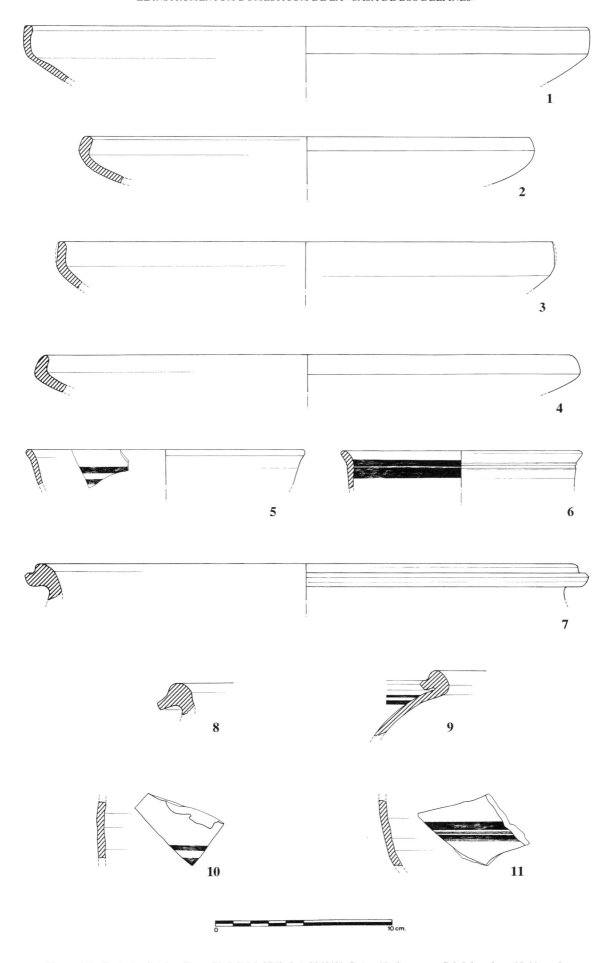

Figura 110. Cerámica ibérica. Pasta 20. 1-2: M. 2762; 3-4: 2262/64; 5: Az. 10; 6: cuenco; 7-9: lab. subtr.; 10-11: varia.

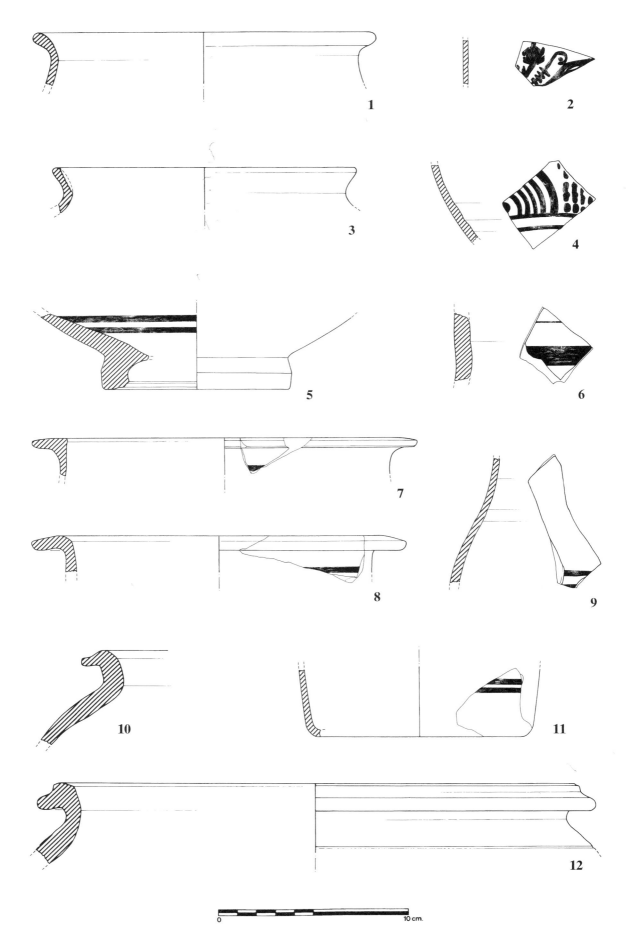

Figura 111. Cerámica ibérica. 1, 3: vasos ovoides; 4: Az. 41; 6-8: kalathos; 9: jarra; 10, 12: subtr.; 11: cilíndrico.

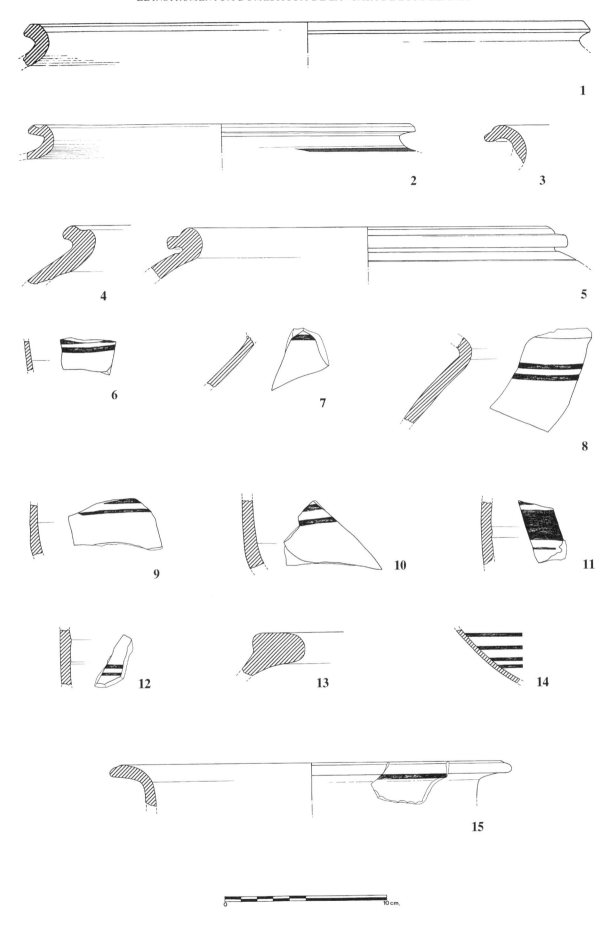

Figura 112. Cerámica ibérica. 1-5: lab. subtr.; 6-12: dec. bandas; 13: tinaja; 14: cuenco; 15: kalathos.

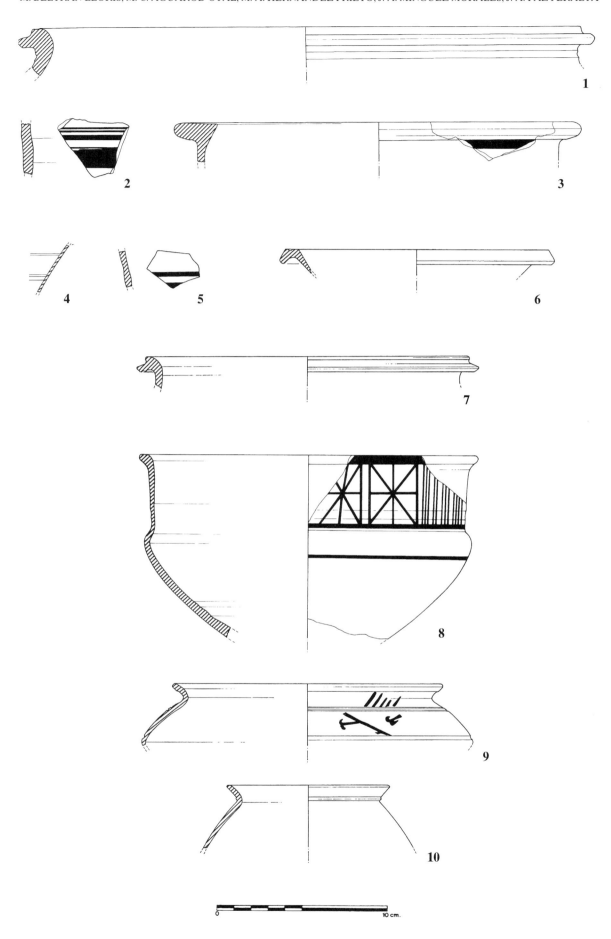

Figura 113. Cerámia ibérica. 1-2: lab. subtr.; 3: kalathos; 4-5: varia. Cerámica celtibérica: 6: jarra; 7: lab. subtr.; 8: urna; 9-10: cuencos.

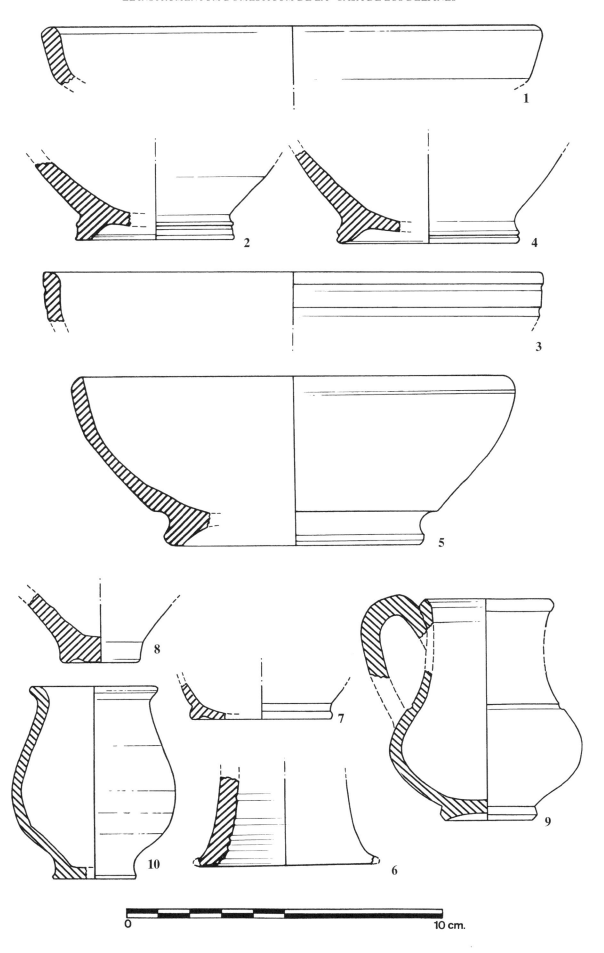

Figura 114. Cerámica gris. 1-5: cuenco; 6: thymiaterion; 7-9: jarrita bitr.; 10: urnita cer. com.

8.4. CAMPANIENSE (M.B.LL.)

El estudio de la cerámica campaniense en el valle del Ebro se encuentra, como tantas otras áreas cerámicas, en un estadio sumamente deficitario; falta inicialmente una unidad de criterio ante todo en el momento de hacer las definiciones relativas a las pastas. Por ello resulta sumamente difícil hacerse una clara idea de la dispersión y difusión de algunas especies cerámicas, notablemente de la B y especies afines, es decir la B auténtica (pasta B) y las producciones del exterior o periferia del territorio etrusco, en la Campania del Norte y en el Lacio (B-oïde de Morel), que corresponden a las producciones avanzadas de la B. Lo mismo ocurre con las producciones de la B en pasta gris y sobre todo con las creaciones locales o regionales a partir, por ejemplo, de los modelos ampuritanos (tipos F/H de Ampurias).

Así, resultan genéricas las atribuciones a la B en la mayoría de los casos[554], siendo más escasas la ocasiones en las que se ha enfatizado este problema, como en Azaila[555], o en el Cabezo de la Bovina de Vinaceite[556], en cuyo yacimiento bajo la denominación de B, sin embargo, se distinguen hasta cinco variantes, cuya precisa taxonomía permite realizar unas atribuciones sin excesivos riesgos[557].

Análogas consideraciones pueden hacerse a propósito de otras descripciones relativas al Castillejo de la Romana[558] y pueden observarse conclusiones semejantes en el conjunto de *Contrebia Belaisca* en el estudio preliminar que hemos realizado, con pastas de tonos beiges y cualidades atribuibles a la B auténtica además de otras claramente diferenciables e identificables con la B-oïde, amén de otras producciones, ciertamente escasas, del área ampuritana[559] o producciones locales o regionales en pasta gris que no conviene confundir con la C[560].

También son discernibles las producciones campanienses de *Bursau* (Borja)[561], con tres tipos de pastas para las modalidades de la A y dos para la B, ambas asimilables a las B-oïdes[562].

En estas circunstancias, los paralelismos para los tipos presentes en *Celsa*, fuera de los yacimientos nombrados y de algún ejemplo más, que no vamos a agotar, resultan sumamente imprecisas y habría que revisar directamente las cerámicas procedentes de Juslibol[563], el Burgo de Ebro[564], Escatrón[565], Fuentes de Ebro[566], el Palomar de Oliete[567], El Cabecico de la Guardia de Alcorisa[568], El Palao de Alcañiz[569], El Castelillo de Alloza[570], los recientes hallazgos de Huesca[571], Botorrita[572], etc.

La impresión general es que parecen muy importantes los porcentajes relacionables con la campaniense B-oïde, y por lo tanto a vajillas que tienen su punto álgido de difusión en la parte final del s. II y comienzos del s. I a. de C.[573], sin que quepa ahora entrar en otros problemas relacionados con estas cerámicas, cuya importancia es de primera magnitud para los problemas cronológicos de nuestros yacimientos ibéricos tardíos[574].

Tampoco insistiremos ahora, pues no es este el lugar, en los materiales proporcionados por el nivel más profundo de la ínsula II de *Celsa,* que permite confirmar las tendencias cerámicas que hemos observado en este breve tratamiento de los materiales campanienses de la Casa de los Delfines y calles adyacentes.

Resultan presentes de esta manera en *Celsa*, por el momento, las producciones del territorio de Nápoles e isla de Ischia, campaniense A[575], además de la campaniense B del territorio etrusco, en forma de diversos talleres activos a partir de la segunda mitad del

---

[554] Por ejemplo en el Tiro de Cañón, PERALES, M. P., PICAZO, J. V., SANCHO, A., 1983-84, 206, n. 8, 9, etc. aunque las descripciones permiten, no obstante una atribución bastante aproximada.

[555] BELTRÁN LLORIS, M., 1979, en donde se han diferenciado producciones de la B típicas, B-oïdes, producciones ampuritanas, campaniense D, C y A.

[556] PÉREZ CASAS, J. A., DE SUS, M. L., 1984, 169.

[557] Tipo 1= B auténtica; tipos 2, 3, 4 = B-oïde; tipo 5 = D, variante de la B.

[558] BELTRÁN LLORIS, M., 1979 a; pasta 1= B-oïde; pasta 2 = B, 120 ss.

[559] BELTRÁN LLORIS, M., 1979, 150 ss. Se conocen también en Fuentes de Ebro (POSTIGO CERVERA, E., 1988, 191).

[560] Asimilables a la variedad que hemos denominado Local a (Vide apéndice de pastas).

[561] ROYO GUILLÉN, J. I., 1978, 17 ss.

[562] Las variantes de pasta gris (ROYO GUILLÉN, J. I., 1978, 20), no parecen corresponder a la C, dada la calidad de los barnices, mejor pueden atribuirse a la producciones de la propia B ó D.

[563] FATÁS CABEZA, G., 1972.

[564] MAGALLÓN BOTAYA, M. A., 1973.

[565] BLASCO BOSQUED, C., 1972.

[566] MOLINOS SAURAS, M. I., 1972; POSTIGO CERVERO, E., 1988, 186 ss.

[567] BELTRÁN MARTÍNEZ, A., 1958, 25 ss.

[568] ATRIÁN JORDÁN, P., MARTÍNEZ, M., 1976, 92 ss.

[569] MARCO SIMÓN, F., 1983.

[570] ATRIÁN JORDÁN, P., 1957, 203 ss.; 1959, 225 ss.; 1966, 155 ss.

[571] MURILLO, J., DE SUS GIMÉNEZ M. L., 1987, 42 ss.

[572] BELTRÁN MARTÍNEZ, A., 1982, 328 ss.

[573] Son sintomáticas la fechas de difusión que proporcionan los yacimientos del mediodia francés. Así en Entremont la difusión de esta especie se hace a partir de los años 140-120 en los habitats indígenas de Saint-Blaise y Entremont, a partir del 120 en Baou-Roux, etc. PY, M., 1990 572 ss.; ARCELIN, P., 1991, 214 ss.

[574] BELTRÁN LLORIS, M., 1986, 498 ss.

[575] LAMBOGLIA, N., 1950, 65; id., 1952, 140, 164; 1960, 296 ss.

s. II a. de C.[576], la campaniense D, como muy probable variante de la B, la campaniense C del área siracusana[577], las series locales y sobre todo las B-oïdes[578], aunque los porcentajes no sean representativos.

Su consideración en determinados niveles de la Casa de los Delfines, debe entenderse ahora como elemento de tipo residual, al igual que ocurre con las cerámicas indígenas estudiadas en el apartado anterior[579].

En la ordenación del material que sigue a continuación hemos tenido en cuenta ante todo la clasificación propuesta por Morel[580], haciendo referencia a la forma general y a la variante o tipos concretos cuando ello ha sido posible, sobre todo a la vista de las pastas en las que fueron confeccionados. Se acompaña igualmente cada uno de los apartados del número atribuido en las clasificaciones más antiguas de Lamboglia o en los repertorios normalizados, únicamente con la finalidad de facilitar la comprensión más rápida de las formas propuestas y habida cuenta sobre todo del grado de popularidad alcanzado en nuestros medios por la clasificación de Lamboglia[581].

8.4.1. CAMPANIENSE A

Morel 2825/Lamboglia 27 c

Un fragmento de borde (V.79.1.2.I.6) *similis* a Morel 2825 b 1, forma típica de la campaniense A y cuyo apogeo tiene lugar ante todo en la mitad o tercer cuarto del s. II a. de C[582]. Esta es una forma ciertamente frecuente en nuestros yacimientos: Azaila[583], El Castillejo de la Romana[584], El Cabecico de la Guardia de Alcorisa[585], Tiro de Cañón[586], etc.

Morel 2941

Fragmento (81.1.D.II.8021) semejante al ejemplar 2941 c 1[587] del Turó de Can Olivé, fechado en la primera mitad del s. I a. de C.

Morel 2954/Lamboglia 30-31

Se conservan dos fragmentos del borde, sin más posibilidades de detalle (81.1.D.II.8020, 81.1.2.8.M'.N'.4028).

Morel 2983 b/Morel 113

Fragmento de borde (80.1.18.22.VY.487), *similis* al ejemplar reproducido por Morel[588] del depósito de Corso Umberto de Nápoles, fechado en el primer tercio del s. I a. de C.[589]

Formas indeterminadas

Procedente de la estancia 8-1, hay un pie de tipo alto y paredes de caras rectilíneas en A tardío (80.1.36.D. 8.546) de clasificación dudosa[590].

8.4.2. CAMPANIENSE B

Morel 2250-2260/Lamboglia 5-7

Se trata de tres fragmentos de muy dudosa clasificación dado su estado (80.1.9.15.F.I.-2007, 81.1.25/33.G.I.2970, 81.1.25/33.I.

81.1.25/33.G.I.2969), además de un borde del nivel 2 (V.79.I.2.1).

Forma que se reparte el predominio en nuestros yacimientos juntamente con la Morel 2320/Lamb. 1, presente por lo tanto en los yacimientos de Azaila[591], El Castillejo de la Romana[592], Fuentes de Ebro[593], El Burgo de Ebro[594], Juslibol[595], La Guardia de Alcorisa[596], *Bursau*[597], Botorrita[598], *Caesaraugusta*[599], Cabezo de la Bovina[600], Azuara[601], etc.

[576] LAMBOGLIA, N., 1950, 65; MOREL, J. P., 1963, 16 ss; 1981, 47.

[577] LAMBOGLIA, N., 1950, 65; 1952, 140.; MOREL, J. P., 1963, 17; 1981, 47.

[578] MOREL, J. P., 1965 a); 1978, 162; 1981, 46.

[579] No es éste el lugar para insistir en el tratamiento de los materiales campanienses en los niveles de mediados del s. I a. de C. El hallazgo más interesante hasta la fecha es el de *Caesaraugusta*, calle de D. Juan de Aragón (GALVE IZQUIERDO, M. P. , 1991, 206), llevado al segundo cuarto del s. I a. de C. En la misma ciudad, el nivel augusteo de la Casa Pardo (BELTRÁN LLORIS, M., 1979 a, 949 ss.). En el foro de *Caesaraugusta*, en el nivel de relleno tiberiano, se localizó igualmente un significativo porcentaje de campaniense A y B, junto con cerámicas de técnica y tradición ibérica y TSI (MOSTALAC CARRILLO, A., PÉREZ CASAS, J. A., 1989, 96 ss.). Se trata habitualmente de perduraciones y no de fabricaciones coetáneas de la campaniense, como sucede por ejemplo en Adría surtiendo mercados locales e interregionales (TONIOLO, A., 1986, 809 ss.). Véase también, infra, apdo. III, 1, lo relativo al nivel 2.

[580] MOREL, J. P., 1981.

[581] LAMBOGLIA, N., 1952.

[582] MOREL, J. P., 1981, 229.

[583] BELTRÁN LLORIS, M., 1979, 145.

[584] BELTRÁN LLORIS, M., 1979 a, 118.

[585] MARTÍNEZ GONZÁLEZ, M., 1973, 84.

[586] PERALES, M. P., *et alii*, 1983-1984, 204.

[587] MOREL, J. P., 1981, 237.

[588] MOREL, J. P., 1981, 244.

[589] Esta forma se encuentra también presente en Azaila, BELTRÁN LLORIS, M., 1979, 163, fig. 8. Un fondo de Azuara, cuya cronología nos parece análoga a la de Azaila, podría igualmente clasificarse en la misma forma (MARTÍN BUENO, M., ANDRÉS RUIPÉREZ, M. T., 1971-1972, fig. 5).

[590] MOREL, J. P., 1981, tipo 212 a 1.

[591] BELTRÁN LLORIS, M., 1979, 171 ss.

[592] BELTRÁN LLORIS, M., 1979 a), 121 ss.

[593] POSTIGO CERVERO, E., 1988, 188 ss. en pasta B.

[594] MAGALLÓN BOTAYA, M. A., 1973, 131.

[595] FATÁS CABEZA, G., 1972, 158.

[596] MARTÍNEZ, M., 1973, 84, fig. 7,7.

[597] ROYO GUILLÉN, J. I., 1978, 19.

[598] BELTRÁN MARTÍNEZ, A., 1982, fig.3.

[599] BELTRÁN LLORIS, M., 1983 a), p. 26.

[600] PÉREZ CASAS, J. A., DE SUS GIMÉNEZ, M. L., 1984, lám. III.

[601] PAZ PERALTA, J., AGUILERA ARAGÓN, I., 1984, lám. VIII, 7,8

Morel 2330/Lamboglia 1

Son varios fragmentos de pie (80.1.18.-22.V.X.479), bajo y oblícuo o de pared (80.1.-28.30.AB.AC.1758), entre los que sobresale el fragmento 81.1.D.II.10.258, con el grafito ibérico *Ta.i* [...], tal vez completo en la forma conservada, como el de Azaila[602].

Esta es una de las formas más abundantes en nuestros yacimientos, juntamente con las pateras Morel 2250/2260-Lamboglia 5/7, localizada en gran número en Azaila[603], San Cristóbal de Fuentes de Ebro[604], Cabezo Muel de Escatrón[605], Castillo de Miranda en Juslibol[606], el Burgo de Ebro[607], El Castillejo de la Romana[608], El Cabecico de la Guardia de Alcorisa[609], *Bursau*[610], Tiro de Cañón[611], Els Castellans de Calaceite[612].

8.4.3. CAMPANIENSE BOÏDE

Morel 2111 /Lamboglia 9

El presente fragmento (V. 79.1.N'.293) parece asimilable a la variante Morel 211 a 1[613], semejante al ejemplar de Caldas de Montbui del Museo de Tarragona[614], clasificado como producción local o regional y fechado en el s. II a. de C. genéricamente. Esta forma no es abundante en nuestros repertorios regionales.

Morel 2250-2260/Lamboglia 5-7

Seguimos con fragmentos, difícilmente atribuibles a los distintos tipos de páteras individualizados por Morel. Son inconcretos los bordes 80.1.32.34.N.5.766, 80.1.8.AB.6476, V.79.10.20.H.15 (circa Morel 2255) y otro tanto ocurre con los números 80.1.4.R.712 (*similis* a Morel 2257 b/c[615]) o V.79.20.22.H.I.2 (*similis* Morel 2257 a), así como los bordes 81.1.D.II.8019 y 82.1.D.II.10.542 y el pie

82.1.D.II.10538. A la variante Morel 2258 *similis*, pueden acercarse los fragmentos 80.1.Ñ.S.3442 y 81.1.D.II-C.II.7567.

De atribución más genérica son los fragmentos de bases 80.1.25/33. G.I.3363 y 3.336, además de 81.1. 25/33.H.1938, 81.1.15/21.-B'.C'.533, 81.1.21/25.D.E.1324, V.79.L'.M'.89.

Morel 2277?

Parte inferior de una pátera *similis* a Morel 2277d 1, aunque dicho aspecto es dudoso. El ejemplar de *Celsa* (V.79.24.H.85, niv. 1.1) está confeccionado en pasta B-oïde variante.

Morel 2330/Lamboglia 1

Se conservan dos ejemplares de pared no cóncavo convexa, Morel 2323 b (80.1.8.AB.-6508, 80.1.18.22.V.Y.479) y un fragmento de pie indeterminado (V.79.9.I'.1)[616].

Morel 2850/Lamboglia 16

Del nivel 7 son los fragmentos de borde V.79.1.2.I.8 y 81.1.D.II.9719, pared, que no permiten mayores precisiones.

Morel 7540/Lamboglia 3

Hay un labio ligeramente marcado (81.1.2. 8.Ñ'.P'.5514) y un segundo fragmento atribuible a la variante 7544 a de Morel (80.1.8.AB.-6.475).

8.4.4. CAMPANIENSE D

Morel 1222/Lamboglia 2

Fragmento de borde (80.1.3.R.332), cuyos únicos paralelos cercanos se encuentran en Azaila[617].

Morel 2323/Lamboglia 1

Hay un fragmento 80.1.28/30.AB.AC.1758 asimilable a Morel 2323 b/c, con paralelos entre el s. II y la primera mitad del s. I, en pasta B[618].

Morel 2250-60/Lamboglia 5/7

Nos ha llegado un fragmento de pie de difícil clasificación y un borde (81.1.D.II.-12036).

8.4.5. CAMPANIENSE LOCAL

Morel 2270/Lamboglia 5/7

Solo se conserva un fragmento del borde (81.1.C.I.D.II.4540).

---

[602] BELTRÁN LLORIS, M., 1976, 306, n. 210 en cubetas de arcilla tosca. Se conserva parte del pie y de la base, con doble acanaladura interna. El grafito, recogido también por SILES, J., 1985, 184.

[603] BELTRÁN LLORIS, M., 1979, 164.

[604] MOLINOS SAURAS, M. I., 1972, 85 ss.

[605] BLASCO BOSQUED, C., 1972, fig. III, 11.

[606] FATÁS CABEZA, G., 1972, 158.

[607] MAGALLÓN BOTAYA, M. A., 1973, lám. IV, 2, 3, 4.

[608] BELTRÁN LLORIS, M., 1979 a) 120.

[609] ATRIÁN JORDÁN, P., 1976, fig. 5.

[610] ROYO GUILLÉN, J. I., 1978, lám. II, 6.

[611] PERALES, M. P., *et alii*, 1983-1984, 205.

[612] SANMARTÍ GREGO, E., 1975, 101. Para todos estos ejemplares referenciados deben tenerse en cuenta las reflexiones hechas más arriba a propósito del tipo de pasta que ostentan.

[613] MOREL, J. P., 1981, 138.

[614] También reproducida por LAMBOGLIA, N., 1950, 149.

[615] MOREL, J. P., 1981, 155.

[616] Sirven para esta variante las consideraciones hechas más arriba a propósito de las producciones en pasta B.

[617] BELTRÁN LLORIS, M., 1979, 153, núm. 216.

[618] MOREL, J. P., 1981, 162.

8.4.6. INVENTARIO Y PORCENTAJES

FORMA	PASTA	SIGLA	FIG.	NIVEL
2825 M/27c L	A	V.79.1.2.I.6	115,1	7.1
2941 M	A	81.1.D.II.8021	115,2	7.2
2954 M/30/31 L	A	81.1.2.8.M'N'.4028	115,4	7.1
"	A	81.1.D.II.8020	115,3	7.2
2983 M/ 113 M	A	80.1.18.22.V.Y.487	115,5	7.1
indeterminada	A	80.1.36.D.8546	115,6	7.1
2250-60 M/5-7 L	B	80.1.32.34.H.5776	116,3	3
"	B	80.1.9.15.F.I.2007	115,7	7.2
"	B	80.1.25/33.G.I.2970	115,8	7.2
"	B	81.1.25/33.G.I.2969	116,21	7.2
"	B	81.1.C.I.D.II.4489	115,9	7.2
"	B	81.1.D.II.C.II.7567	117,1	7.2
2330 M/1 L	B	80.1.18.22.V.X.479	117,5	-
"	B	80.1.28.30.AB.AC.1758	115,10	7.1
"	B	80.1.D.II.10258	115,11	6
2111 M/ 9 L	B-oïd.	V.79.1.N'.293	115,12	6
2250-60 M/5-7 L	B-oïd.	V.79.L'M'.89	116,13	7.1
"	B-oïd.	V.79.10.20.H'15	116,6	7.1
"	B-oïd.	V.79.9.H'.91	116,9	7.2
"	B-oïd.	V.79.Ex.67	115,14	7.1
"	B-oïd.	V.79.20.22.H.I.2	115,15	7.1
"	B-oïd.	V.79.I.2.1.	116,10	2
"	B-oïd.	80.1.10.20.R.T.1333	116,4	7.1
"	B-oïd.	80.1.18.20.R.54212	116,19	7.1
"	B-oïd.	80.1.42.Ñ.2648	116,12	7.2
"	B-oïd.	80.1.4.R.712	117,6	7.1
"	B-oïd.	80.1.8.AB.6476	116,8	8
"	B-oïd.	80.1.8.14.V.Z.7948	116,1	5
"	B-oïd.	80.1.15.21.B'.C'.533	117,2	7.2
"	B-oïd.	80.1.21.25.D.E.1324	116,15	7.2
"	B-oïd.	80.1.25/33.G.I.3336	116,18	-
"	B-oïd.	80.1.25/33.G.I.3363	116,20	7.2
"	B-oïd.	80.1.25/33.H.1938	116,22	7.2
"	B-oïd.	80.1.ÑS. 3442	116,2	7.1
"	B-oïd.	80.1.D.II.8019	116,7	6
"	B-oïd.	80.1.D.II.10538	116,17	7.2
"	B-oïd.	80.1.D.II.10542	115,16	7.2
"	B-oïd.	81.1.2.8.Ñ'.P'.5921	116,11	7.2
"	B-oïd.	81.1.2.8.Ñ'.P'.7206	116,4	6
"	B-oïd.	81.1.2.8.Ñ'.P'.7656	116,14	6
b M ?	B-oïd.	V.79.2.4.H.85	115,13	1.1
2330 M/ 1 L	B-oïd.	V.79.9.I'.1	117,4	7.2
"	B-oïd.	80.1.8.AB.6508	117,3	7.1
2850 M/16 L	B-oïd.	V.79.1.2.1.8	117,7	7.1
7540 M/ 3 L	B-oïd.	80.1.8.AB.6475	117,9	7.1
"	B-oïd.	80.1.5.G.78	117,8	8
1222 M/ 2 L	D	V.79.5.M'.121	117,12	7.2
"	D	80.1.3.R.332	117,13	8
2250-60/5-7 L	D	80.1.D.II.12036	117,14	7.2
2323 M/ 1 L	D	80.1.28.30.AB.AC.1758	117,10	7.1
2270 M/5-7 L	Local	80.1.C.I.D.II.4540	117,11	7.2

Pasta A

FORMA	NIVEL						
	1.3	3	6	7.1	7.2	8	
2825 M				1			1
2941 M					1		1
2954 M				1	1		2
2983 M				1			1
indetermin.	2	4	10	7	6	15	44
	2	4	10	10	8	15	**49**

Pasta B

FORMA	NIVEL								
	1.2	1.3	2	3	6	7.1	7.2	8	
2250-60 M			1	1		1	3	1	7
2330 M		1		1	1				3
¿?	1		1						2
	1	1	1	2	1	1	3	1	= **12**

Pasta B-oïd.

FORMA	NIVEL											
	1.1	1.2	1.3	2.1	2.2	3	5	6	7.1	7.2	8	
2250-60 M				1		1	2	4	9	10	2	29
2330 M						1			1	1	1	4
2111 M								1				1
2277 ? M	1											1
2850 M									1	1		2
7540 M									1	1	1	3
indetermin.	1	1	17	4	4	50	7	15	12	21	53	185
	2	1	17	5	4	52	9	20	24	34	57	**225**

Pasta D

FORMA	NIVEL						
	3	5	6	7.1	7.2	8	
2250-60 M	1	1			1		3
2323 M				1			1
1222 M		1			1	1	3
	1	2		1	2	1	**= 7**

8.4.6.1. Resumen de pastas y formas:

PASTA	FORMA												
	2825	2941	2954	2983	2250/60	2330	2111	2277?	2850	7540	2270	1222	2323
A	1	1	2	1									
B					7	3							
B-oïd.					28	4	1	1	2	3			
D					3	1						3	
Local											1		1
	1	1	2	1	38	8	1	1	2	3	1	3	1

8.4.6.2. Resumen de pastas y niveles:

FORMA	NIVEL												
	1.1	1.2	1.3	2	2.1	2.2	3	5	6	7.1	7.2	8	
A			2				4		10	10	8	15	= 44
B		1	1	1			2		1	1	3	1	= 12
B-oïd.	2	1	17	5	3	2	52	9	20	24	34	54	= 225
D							1	2		1	2	7	= 7
	2	2	20	6	3	2	59	11	31	36	47	74	**= 293**

228

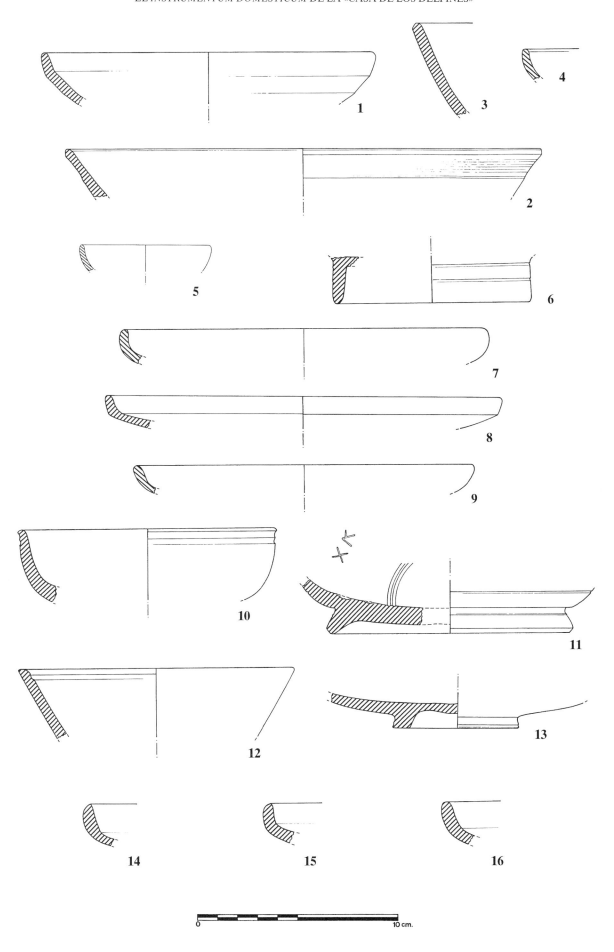

Figura 115. Cerámica campaniense. Tipo A. 1: M.2825; 2: 2941; 3-4: 2954; 5: 2983; 6: Fig. indeterm.; Campaniense B/B oid. 7-9, 14-16: 2250/60; 10-11: 2330; 12: 2111; 13: M. 2277.

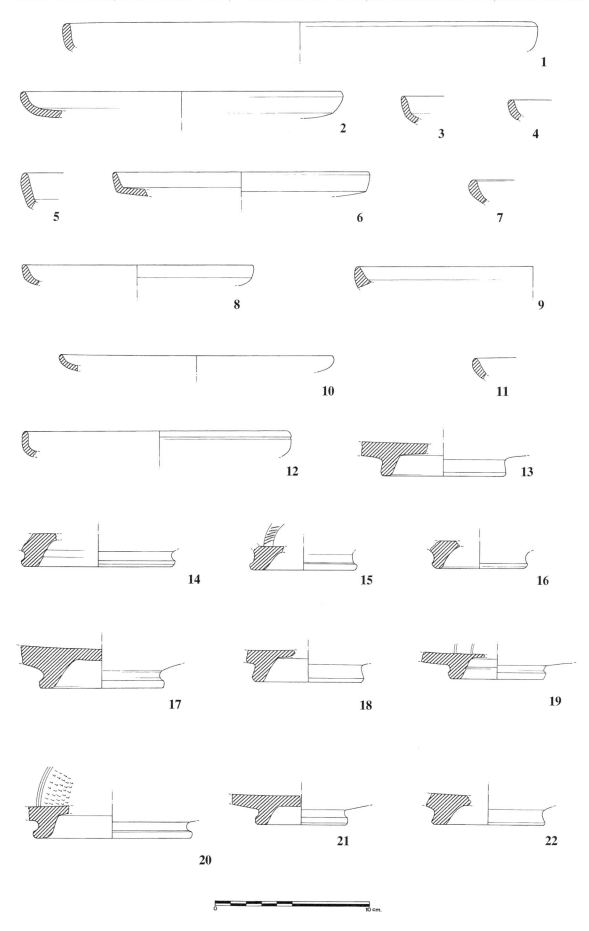

Figura 116. Cerámica campaniense. 1-22: 2250/60. B/B oid.

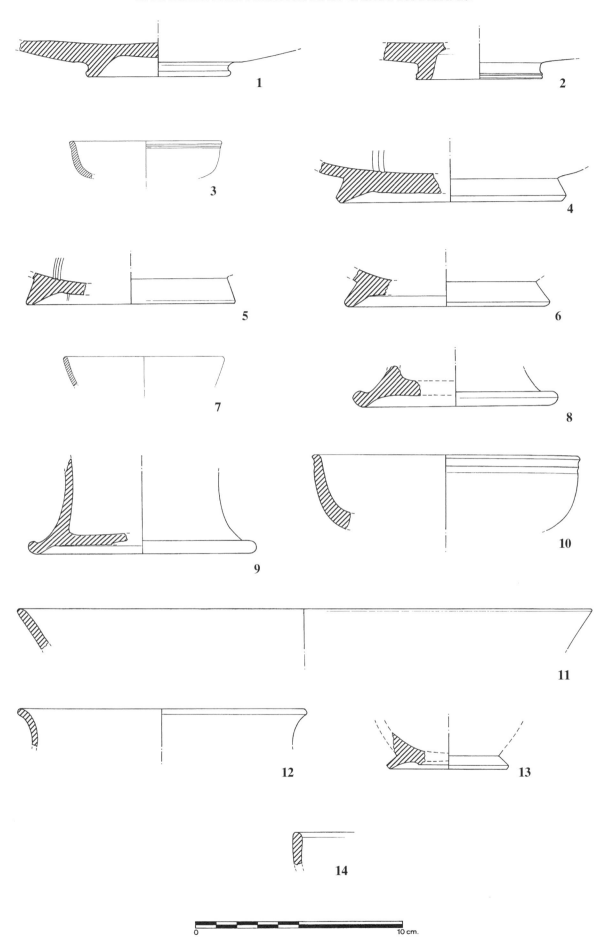

Figura 117. Cerámica campaniense. B/ B oid. 2: 2250/60; 3-7: 2330; 8-9: 7540; 11: M. 2270; 12: M.1222.
Tipo D. 13: M. 1222; 14: 2250/60.

231

8.5. TERRA SIGILLATA ITÁLICA (M. B. LL.)

No se escapa a los lectores la dificultad en la elección de una tipología única para realizar las oportunas referencias de los materiales de *Celsa*. Seguiremos la división ya tradicional entre formas lisas y decoradas, incluyendo también entre las primeras los llamados relieves de aplique, frecuentes ante todo en las formas más modernas de dichas cerámicas.

Las estampillas se tratan en cada una de las formas: en caso contrario pueden encontrarse al final siguiendo la ordenación del Corpus de Oxe Comfort[619].

Las formas decoradas se han clasificado sin excesivos problemas atendiendo a la tipología de Dragendorf[620]. En cuanto a la clasificación de las formas lisas, la más problemática, no repetiremos aquí las distintas consideraciones que las tipologías al uso pueden suscitar. Nos parece sumamente útil mantener las distintas diferenciaciones establecidas por Von Schnurbein en Haltern, siguiendo la tipología ya clásica de Loeschcke[621]. Hacemos uso también de la división de Goudineau, a partir de su revisión del año 1968, especialmente útil[622].

Gran interés tiene para nuestro propósito el variado repertorio de Magdalensberg[623], así como el repertorio de Pucci[624] que constituye el último intento de reorganización de las tipologías existentes, relativas a la *terra sigillata* itálica, a base de cuarenta y ocho formas con muy numerosas variantes. El panorama tipológico se renueva a partir de la obra colectiva *Conspectus Formarum Terrae Sigillatae*[625], cuya simplificación hace presumir un uso generalizado de su nomenclatura para las especies lisas.

Las áreas de origen

Se incluyen ahora los resultados que interesan del proyecto que hemos llevado a cabo con el Departamento de Química Analítica de la Facultad de Ciencias de la Universidad de Zaragoza. En él se han analizado numerosas muestras de *terra sigillata*, de ellas 177 corresponden a la Colonia *Celsa* y 13[626] a la Casa de los Delfines[627]. A partir de las con-

clusiones de los análisis químicos y del procedimiento estadístico detallado[628], se han determinado varios grupos importantes atendiendo a cada una de las familias establecidas de la *terra sigillata*.

Hemos de anotar sin embargo que los resultados obtenidos mediante la espectrometría de absorción atómica, dado el uso de distintas técnicas instrumentales y laboratorios distintos, no resultan exactamente comparables con las composiciones calculadas para otros grupos cerámicos similares, por distintos investigadores[629]. Igualmente se ha comenzado la aplicación del análisis por activación neutrónica, analizando 33 elementos

romana *Victrix Iulia Celsa* (Velilla de Ebro) n.º CHS 18/85», aprobado en su día por el Consejo Asesor de Investigación de la Diputación General de Aragón y realizado conjuntamente con el Departamento de Química Analítica de la Universidad de Zaragoza. CASTILLO, J. R., MIR, J. M., MARTÍNEZ, M. C., GÓMEZ, T., 1988, pp. 9 ss.; CASTILLO, J. R., MIR, J. M., GÓMEZ, M. T., PÉREZ, J., 1987, p. 84.; CASTILLO, M., MIR, J. M., GÓMEZ, M. T., BELTRÁN LLORIS, M., PÉREZ ARANTEGUI, J., prensa.

Sobre dichos materiales ha elaborado su memoria para optar al grado de Doctor en Ciencias Químicas, Josefina Pérez Arantegui, bajo la dirección de los Dres. J. R. Castillo Suárez y J. Mª Mir Marín, con el título «Caracterización de restos arqueológicos aragoneses. Aportaciones al desarrollo de la arqueometría analítica», leída en Zaragoza en el mes de diciembre de 1991 y calificada de *apta cum laude*.

El conjunto de muestras analizado se refiere a la *sigillata* itálica, gálica e hispánica y corresponde, no solamente a la Casa de los Delfines, sino al conjunto total de la Colonia *Celsa*. Se incluyeron también muestras de otra procedencia a efectos comparativos, de distintos yacimientos de Huesca, *Caesaraugusta* y otros centros, seleccionados por M. BELTRÁN LLORIS, dentro del programa de investigación mencionado.

	TSI							TSG	TSH			
Yacimiento	Arezzo.	Pisa.	C.It.	Luna.	Put.	Nap.	Po.	Grauf.	Mon.	Tric.	¿?	Total
Caesaraug.	6	1	1									8
Huesca	6		2			2		1				11
Pueyo	1							1				2
Poyo	1											1
Nápoles						1						1
Roma	1											1
Celsa	134	8	20	4	9	2		36	1	5	4	223
	149	9	23	4	9	3	2	38	1	5	4	247

[628] Se ha utilizado el sistema de ordenador 8300-VAX y la librería de programas BMDP85 para desarrollar el análisis multivariante y factorial de componentes o factores principales (programa BMDP4M, FRANE, J., JENNRICH, R., SAMPSON, P., 1983) y el análisis discriminante (programa BMDP7M, JENNRICH, R., SAMPSON, P., 1983).

[629] LASFARGUES, J., PICÓN, M., 1982, pp. 6-21. Trabajo desarrollado a través de fluorescencia por rayos X. Véanse especialmente las tablas de porcentajes de óxidos en las pp. 179-184, las posibles contaminaciones del medio, en p. 7 . Sobre los tipos de alteraciones en la composición química de las cerámicas, es especialmente llamativa la del potasio, con cifras aberrantes de dicho componente junto a nulas variaciones, por ejemplo en otros elementos, como el magnesio, el sodio u otros constituyentes mayores (Puede verse, PICÓN, M., 1976, pp. 159-166. En lo referente al material itálico, puede consultarse también el trabajo de TURCI, G., 1977, con análisis de diversos fragmentos aretinos.

Sería necesario para poder realizar una comparación estricta, llevar a cabo una experiencia de análisis interlaboratorio de varios fragmentos de la misma muestra.

[619] OXE, A., COMFORT, H., 1968.

[620] DRAGENDORF, W. H., WATZINGER, C., 1948, 21, fig. 2.

[621] VON SCHNURBEIN, S., 1982; LOESCHCKE, S., 1909.

[622] GOUDINEAU, Ch., 1968.

[623] SCHINDLER, M., SCHEFFENEGER, S., 1977.

[624] PUCCI, G., 1985.

[625] ETTLINGER, E., HEDINGER, B., HOFFMANN, B., y otros, 1990.

[626] Véase resumen con las referencias al final de este capítulo y en la Parte VI, 6.9.

[627] Puede verse una introducción en BELTRÁN LLORIS, M.,1987, 360 ss. Se trata del proyecto «Investigación interdisciplinar sobre la cultura material de la colonia

traza en una decena de muestras, así como la espectroscopía Mössbauer en un número menor de muestras[630].

Atendiendo a las pastas descritas más abajo[631], el tipo **1** parece identificarse fácilmente con las producciones pisanas[632], también localizadas en Conimbriga[633] con el grupo B de pastas allí identificadas, así como en Haltern[634] y *Novaesium*[635]. La pasta sola es muy difícil de distinguir de las producciones aretinas, cuando no lleva la película fina blanca debajo del barniz[636].

Las producciones aretinas son sin duda las más abundantes entre las cerámicas de *Celsa*. Las variantes de nuestro grupo **4** descrito, se identifican fácilmente con las sistematizadas hace tiempo por Goudineau[637] en tres apartados, coincidentes con las fases evolutivas de dichas cerámicas: formas antiguas, de buena época y avanzadas.

Estas especies se han definido también en Haltern[638]. En Conimbriga, por otra parte, se atribuyen a Arezzo, las pastas A 1a, A 1b, A 1d y C[639], identificándose respectivamente las tres primeras con nuestras variantes **4/2, 4/1** y **4/3**. Se trata igualmente de la pasta A de Magdalensberg[640]. No encontramos paralelos para la variante **4/4** descrita en *Celsa*, siendo dudosa su asimilación a la variante C de Conimbriga, de pasta rojiza, muy dura, saturada de materia blanca, pulverulenta, con granos de calcita frecuentes y muy visibles a simple vista, con barniz espeso y mate[641].

Nuestra pasta **5** parece asemejarse a la variante D de Magdalensberg[642], presente en pocos ejemplares. Las estampillas a las que se encuentra asociada esta arcilla nos inclinan por una procedencia centroitálica o romana sobre todo[643], e incluso aretina, circunstancias que por ahora no podemos delimitar con más precisión debiendo tenerse dentro de dichos márgenes de duda la exposición por grupos que sigue más abajo[644].

Las producciones puteolanas[645] se fabricaron con la arcilla **6**, muy característica, también identificada en los yacimientos arriba nombrados[646] y en *Caesaraugusta*[647].

Quedan también ciertas producciones atribuidas al territorio de Nápoles?[648], de arcilla y barniz ciertamente típicos, pasta **7**, con paralelos muy claros en *Caesaraugusta* en el nivel augusteo de la Casa Palacio de los Pardo[649].

Menos datos poseemos para las pastas **2** y **3** que nos inclinamos a identificar respectivamente con los centros de Luna y valle del

[630] CASTILLO, J. R., MIR, J. M., PÉREZ-ARANTEGUI, J., TEJADA, J., ALABART, J. R., 1991, pp. 611 ss.

[631] Véase Apéndice V.

[632] PUCCI, G., 1985, 369; también ETTLINGER, E., 1990, 7 ss.

[633] MOUTINHO, A., 1975, 5.

[634] VON SCHNURBEIN, S., 1982, 5.

[635] ETTLINGER, E., 1983, p. 18.

[636] Dificultades en las que ya insistiera VON SCHNURBEIN a propósito de su grupo II, que no ostenta dicha película y que dicho autor atribuye ya a Arezzo, ya a Pisa.

[637] GOUDINEAU, Ch., 1968, 238.; PUCCI, G., 1985, 368 ss.; ETTLINGER, E., 1990, 4 ss.

[638] VON SCHNURBEIN, S., 1982, 6, simplificadas en su descripción como arcillas de color rojo-marrón sin inclusiones reconocibles y distinguiéndose bien además las partículas blancas. Corresponden igualmente al grupo IV estudiado por BEMONT (1976, p. 164) en *Glanum*, así como al V, muy cercano del definido como aretino clásico, con pastas muy cocidas.

[639] MOUTINHO, A., 1975, 3, n. 2.

[640] SCHINDLER, M., SCHEFFENEGER, S., 1977, 17.

[641] Sólo el fragmento 80.1.2/6 LN 3850, de pasta con tono marrón podría relacionarse, aunque de momento nos abstendremos de mayores comparaciones. Los hornos se encontraron en Santa Maria in Gradi (*M. Perennius, Rasinius, Vibienus, Heracl. Publi, C. Fastidienus*), Badia/S. Francisco (*C.L. Annius, L. Annius Sura, C. Volusenus, L. Pomponius Pisanus, C. Memmius*); Cenci (*L.Titius*), Plaza de San Agostino (*C. Amurius*), Via Chimera-Nardi (*Cn. Ateius*); Cincelli (*P. Cornelius, C. Gavius, C. Cispius, C. Tellius y M. Perennius*).

[642] SCHINDLER, M., SCHEFFENEGER, S., 1977, 20.

[643] Sobre la TSI de Roma, SLANE WRIGHT, K., 1987, 135 ss.; ETTLINGER, E., 1990, 10;

[644] También con márgenes de duda se atribuyen a los talleres de Italia central, los grupos IX y X de *Glanum* (BEMONT, C., 1976, pp. 183-184), ricos en silicatos de calcio y en desgrasantes y con arcillas particularmente grosera y rica en desgrasante, respectivamente.

[645] Véase BRUZZA, L., 1875, 242 ss.; COMFORT, H., 1963-1964, 7 ss.; ID. 1973, 810 ss; ID. 1973 a), 271 ss.; ID., 1987, 107 ss.; SORICELLI, G., 1982, 190 ss; ETTLINGER, E., 1990, 11-12; BEMONT, C., 1976, p. 182, Grupo VII.

[646] Haltern: VON SCHNURBEIN, S.,1982, 24; Conimbriga: Tal vez el grupo definido como A4 —MOUTINHO, A., 1975, 4— de pasta esponjosa, con una sustancia blanca pulverulenta regularmente distribuida. Por otra parte en la arcilla de Puteoli, los análisis llevados a cabo por BEMONT, C., 1976,182, 265- han puesto de relieve minerales ciertamente raros que permiten, según dicha autora, una clasificación específica, aludiendo a ciertos restos volcánicos.

[647] BELTRÁN LLORIS, M., *et alii*, 1980, 154.

[648] Gianluca Soricelli, según nos notifica, ha localizado en Nápoles, entre los productores a *Blastus Munati* (OXE, A., COMFORT, H., 1968, 1033), SORICELLI, G., 1987, 107 ss., íd. 1987 a), 73 ss. KENRICK, P.M., 1987, 88. Los ejemplares de esta producción analizados atendiendo a sus elementos traza, mediante la activación neutrónica, nos ofrecen, sin embargo, sensibles diferencias entre la muestra 241 (Nápoles) y la 19 (Puteoli), —se separan netamente los contenidos, más altos, de Au, Na, As, Br, Mo, Ag, Cs, Hf, W, Th, y U en la muestra 241—. El tratamiento estadístico de los datos de activación neutrónica, por otra parte, nos da en la representación gráfica de los principales componentes, en los factores 1 y 3 una cierta vecindad entre las muestras 241 y 183 y 10 (correspondientes éstas a la TSG), circunstancia que abriría una hipotética vía de investigación hacia una procedencia sudgálica. En esta línea deben tenerse en cuenta las producciones de Saint-Romain-en-Gal (DESBAT, H., SAVAY-GUERRAZ, H., 1986, 91 ss.), con tipología formal y tipos de pasta y barnices arcillosos análogos a los descritos. Se conocen también estas cerámicas en Saint-Paulien (Haute-Loire) (PIN, M. C., 1990, 185 ss.).

[649] BELTRÁN LLORIS, M., 1978, 947, ss. figs. 3-4, núms. 26-32, 33, 35, 38. Cerámicas semejantes se han comercializado en Magdalensber, según las producciones de tipo B y C (SCHINDLER, M., SCHEFFENEGER, S., 1977, 19).

Po[650], aunque la escasez de ejemplares localizados nos obliga a ser especialmente cautos en estas atribuciones[651], de momento minoritarias en *Celsa* especialmente entre los materiales analizados de la Casa de los Delfines, por lo que nos abstendremos ahora de otras consideraciones[652].

Finalmente hay una serie de variantes según hemos apreciado en ciertos fragmentos que no se corresponden con las clasificaciones hechas y que hemos definido como variantes *a, b* y *c* a la espera de disponer de más datos y ejemplares, siendo la atribución de procedencia sumamente dudosa[653].

Para terminar, hemos de insistir en la dificultad enorme que hemos encontrado en el momento de establecer paralelos y estudiar la difusión de ciertas formas. La falta de definición de la pasta en la mayoría de las ocasiones viene a ser una gran limitación en dicho momento y por ello no seremos más explícitos en este aspecto[654].

Somos conscientes de las limitaciones que siguen existiendo en la clasificación y atribución correcta de la *sigillata* itálica, máxime cuando en muchas ocasiones debemos aplicar criterios, estrictos, pero no carentes de subjetividad en el análisis y descripción de las pastas. Por otro lado no siempre ha resultado fácil la aplicación, visual, de las conclusiones obtenidas a través de la arqueometría analítica a unos materiales distintos de los analizados. A pesar de ello, y aún conscientes de las limitaciones y las futuras variaciones que pueden obrarse

sobre la masa de documentos propuestos, hemos optado, como hipótesis de trabajo, por ofrecer una clasificación de la TSI a partir de los centros supuestos de origen identificados.

8.5.1. PISA

8.5.1.1. Tipología. Formas Lisas

Consp. 1, var./Magdalensberg 20, 1-6, similis

Fragmento de labio, 80.1.30/34.5624, que tiene paralelos semejantes en Magdalensberg[655], pertenecientes a los complejos II y III (hasta el cambio de Era)(fig. 118,1).

Consp. 2.1/Goudineau 14 a

Fragmento de pared y labio (V.79.h.12.37) (fig. 118,5) muy semejante al ejemplar de Mariana, publicado por Pallarés y reproducido por Pucci, como su variante 11 de la forma XIX[656]. Esta forma se sitúa, cronológicamente entre el 20 y el 15 a. de C., según su ausencia de la cisterna del Palatino[657].

Consp. 3.2/Goudineau 43

Borde de plato de sección circular, ligeramente abultado, con ranura interior bajo (80.1.16/22.X.AD.5541) (fig. 120,7). Constituye una evolución (?) de la forma Goud. 43[658] (Consp. 3.2), situándose su aparición después del año 25 d. C. Nótese el gran tamaño de nuestro fragmento. El perfil recuerda el de los platos o fuentes Magdalensberg 61,14[659] y se sitúa igualmente entre las variantes 13 y 16 de Pucci[660]. Forma característica de mediados del s. I de la Era[661]. De menores dimensiones y de análoga cronología, son los fragmentos V.79.19.16 y 80.1.18.22.Q.R.2533 (Consp. 3.1) (fig. 120, 8 y 9).

Consp. 3.1/Magdalensberg 47

Borde idéntico a la forma de Magdalensberg 47, 8 (80.1.13.23.K.Q.2517)[662] (fig. 120, 9).

---

[650] Sobre el valle del Po sobre todo MAZZEO SARACINO, L., 1985, 175 ss.; ETTLINGER, E., 1990, 8-10.

[651] Del valle del Po hemos podido examinar un fragmento procedente de las excavaciones del solar de la Diputación de Huesca con la estampilla *Strabo*, (C. M. Cata 1, 25-IV-85).

[652] Se trata de la pasta B de Magdalensberg —SCHINDLER, M., SCHEFFENEGER, S., 1977, p. 18, con tres variantes de arcilla, desde el tono ocre al amarillo-ocre y al beige claro.

[653] La primera, a, de arcilla beige, de tipo «aretino», muy porosa, color 5 YR 7/6 y barniz 2,5, YR 4/8 (81.1.2/8 ÑP´5850; V.79 7G´25, *similis* a la forma Magdalensberg, 50, 11. La variante b de pasta clara, pulverulenta, con abundantísimos puntos blancos, el tono general beige. El barniz muy diluido, mate y suelto, 81.1.D.II.10.173. La tercera, c , de pasta amarillenta, muy depurada y barniz muy ligero, más cerca de un engobe, de forma Magds. 49, 12 (80.1.3.KQ 3714).

[654] Así como los distintos autores han prestado gran atención a la clasificación de los motivos decorativos, en el caso de dichas especies, o a la situación, ausencia, y otros detalles de los sellos, son sin embargo prácticamente nulas las referencias sobre los tipos de arcilla. Así en un ejemplo reciente, en los materiales de Numancia (ROMERO CARNICERO, M. V., 1985, 21 ss.) las atribuciones geográficas se hacen exclusivamente con base en el estudio de los sellos, p. 33 ss. También en Arcobriga, BALIL, A., LUENGO, M. L., MUÑOZ M., se ofrece un detallado inventario, describiéndose únicamente las técnicas decorativas o sus motivos, e incluso las dimensiones (diámetro) de las piezas, pero en ningún caso de los veinticinco descritos se hace mención a la arcilla; sólo se obtienen algunas conclusiones a partir de las estampillas, como en el ejemplo de *Vitulus Naevi*.

[655] Se trata de un perfil ciertamente rectilíneo, con una depresión interior. Formalmente nos encontramos cerca de las páteras de forma Consp.1 (ETTLINGER, E., HEDINGER, B., 1990, 52); Para Magdalensberg, SCHINDLER, M., SCHEFFENEGER, S., 1977,76 ss. No se mencionan paralelos para esta forma, salvo ciertos platos de Trier, también en pasta análoga a la C, nuestra 7, procedente de la bahía de Nápoles.

[656] PUCCI, G., 1985, 388.

[657] GOUDINEAU, Ch., 1968, 289. PUCCI destaca su ausencia además tanto de Haltern, como de Oberaden o Rödgen, evidencia de su cronología temprana.

[658] GOUDINEAU, Ch., 1968, 309.

[659] Formas presentes en el complejo VI, de hacia el 45 d. C., SCHINDLER, M., SCHEFFENEGER, S., 1977, 154, de pasta A.

[660] PUCCI, G., 1985, 388, autor que anota su falta de los campamentos de Oberaden, Haltern o Rödgen, haciendo ver además que las variantes más tardías pudieron ser producidas por los talleres tardoitálicos de Etruria y Campania.

[661] ETTLINGER, E., HEDINGER, B., 1990, 56.

[662] Consp. 3.1.2, p. 56 de Corinto, con la estampilla ZOILI y de atribución etrusca.

En este yacimiento, se dan sobre todo en los complejos V y VI, desde el 20-25 d. C. hasta el final del asentamiento[663]. A la variante 47, 10, corresponde el fragmento de un ejemplar de grandes dimensiones, V.79.?.I'.44 (fig. 119, 8).

Consp. 4.4/Goudineau 19?

Borde 81.1.D.II.8112 (fig. 118, 2), equivalente a la forma Pucci IV, variante 12[664], con acanaladuras como en el ejemplar 1445 de Haltern[665] (Ha.4), o en la forma de Nápoles reproducida por Pucci, con la estampilla, *in p.p.*, *Fortu(natus)* atribuida al Sur de Italia[666].

Consp. 12.3/Goudineau 17

Hay dos fragmentos de labios, el 81.1.C.-I.D.II.4504, y 81.1.D.II.1.28[667]. Época augustea[668] (fig. 118, 3 y 4).

Consp. 14.1/Ha.7

Fragmento de labio, V.79.h.12.187 (fig. 120, 2) análogo a la forma Ha. 7, variante D/E[669], incluida por Pucci en su forma XXI, 3, caracterizada por el labio casi triangular[670], siendo esta una forma propia de los niveles augusteos, como evidencia su presencia importante en Dangstetten y Oberaden[671].

Consp. 18.2./Goud.36

Se conservan diversos labios fragmentados con las típicas divisiones internas son 81.1.D.II.633, 81.1.D.II.9725 o V.76.22.7.-H'.50 (fig. 118, 7, 6 y 8). Interesa especialmente el borde V.76.D.I.C.1.43 (fig. 118, 10), con decoración aplicada, «rayo de Zeus»[672] que corresponde a las formas más evolucionadas[673], de plena época tiberiana[674].

Consp. 20.1./Magdalensberg 44,3

Pequeña fuente de labio recto y liso, con ejemplares análogos en Bolsena[675], asimilables a la forma Goud. 20 a, cuya fecha de aparición se sitúa entre los años 20-10 a. de C.[676] (80.1.22.AI.31.T.8914)(fig. 119, 1), resultando de una larga perduración[677].

Consp. 20.3/Goudineau 39

Labio recto y liso (80.1.8.14.V.Z.7910) (fig. 118, 13) al estilo de Magdalensberg 56, 17, que constituyen las formas más evolucionadas de este tipo, muy frecuentes en el complejo VII[678] y coincidiendo con la cronología avanzada que le otorga Goudineau[679], después del año 25 d. C.

Interesa especialmente el plato 80.1.22.A.-I/31.T.8911 (fig. 118, 12) sin divisiones internas, muy evolucionado, correspondiente a la variante 39 b, forma que se inicia entre el 20-25 d. C. Encuentra paralelos correctos en Magdalensberg[680] como forma evolucionada de los platos que mantienen la división interna en el labio. Nótese el tipo de pie no apuntado y carenado, sino de sección trapezoidal, más ancho por la base.

No hay paralelos exactos en la forma X de Pucci y se encuentran ejemplares semejantes en las producciones norteitálicas estudiadas por Mazzeo[681], fechadas desde finales de Augusto hasta finales del s. I d. C.

Consp. 20.4/Magdalensberg 55,9

Fragmento de labio, con doble moldura bajo el borde interior (81.1.D.II.12021) (fig. 119, 3), más sencillo y rectilíneo, el fragmento V.79.1.E'.F'.5 (fig. 119, 6). Más dudoso resulta el labio V.79.h.12.173, (fig. 119, 2), perteneciente a la carena exterior, apuntada, semejante al ejemplar Magdalensberg, 56, 7-8/59,3 o Pucci, forma X variante 18. Esta forma en Magdalensberg aparece desde el complejo IV hasta el VII[682].

---

[663]   PUCCI, G., 1985, 387, también insiste en que pudo llegar hasta la mitad del s. I d. C.

[664]   PUCCI, G., 1985, lám. CXVI.

[665]   VON SCHNURBEIN, S., 1982, lám.57, p. 57.

[666]   OXE, A., COMFORT, H., 1968, 708. Hay también, sin embargo, otro Fortunatus en el N. de Italia, p. 200.

[667]   VON SCHNURBEIN, S., 1982, lám. 7 ss. y lám. 9. 98 a y ss.

[668]   ETTLINGER, E., HEDINGER, B., 1990, 72.

[669]   VON SCHNURBEIN, S., 1982, 35 ss., lám. 24, 25.

[670]   PUCCI, G., 1985, 389, lám. CXXXVI, 5, var. 3.

[671]   Consp. p. 76, yacimientos fechados entre el 15-9 a. de C.

[672]   Frecuente, por ejemplo en Arcobriga, en forma Consp. 20. 1. y 23 (BALIL ILLANA, A., LUENGO, M. L., MUÑOZ, M., 1992, fig. 1.1.1, 4 y 9), Conimbriga (MOUTINHO DE ALARCAO, A., 1975, n. 180, lám. XVI), etc.

[673]   La decoración aplicada resulta muy rara en esta forma (ETTLINGER, E., HEDINGER, B., 1990, 82).

[674]   ETTLINGER, E., HEDINGER, B., 1990, 150.

[675]   GOUDINEAU, Ch., 1968, 253, B-2C-42, id. C-2B-106.

[676]   PUCCI, G., 1985, forma X, var. 35, lám. CXXI, 12, el ejemplar de Ampurias, Almagro, M., 1950, 111, fig. 100, 12.

[677]   ETTLINGER, E., HEDINGER, B., 1990, 86. Se sitúa desde su etapa augustea hasta final de Tiberio e incluso más tarde.

[678]   SCHINDLER, M., SCHEFFENEGER, S., 1977, 150 ss.

[679]   GOUDINEAU, Ch., 1968, 306.

[680]   SCHINDLER, M., SCHEFFENEGER, S., 1977, lá. 55, 2, 4,5, grupo 4. Complejos IV y VII, hasta el año 45 d. C., casi siempre con decoración plástica en el labio.

[681]   Mazzeo, M.L., 1985, 201 ss, lám. LXII, 2 y LXI, 14, con acanaladura interna y pies distintos, como la forma Drag. 17 B

[682]   SCHINDLER, M., SCHEFFENEGER, S., 1977, 150 ss., es decir desde el primer cuarto del s. I de la Era hasta el final de la ocupación de dicho yacimiento. También hay fragmentos de ésta en la capa 2 B Zona C de Bolsena —GOUDINEAU, Ch., 1968, 191 ss., situada a partir del segundo cuarto de la Era. El estado fragmentario, y la falta del borde impiden una clasificación precisa. Se trataría de una variante recogida en *Conspectus*, como la forma 20.4, sobre los ejemplares Magd.59,9, 56,5 etc. reteniéndose como referencia su datación en la primera mitad del s. I de la Era (ETTLINGER, E., HEDINGER, B., 1990, p. 86).

Consp. 20.5.1/Magdalensber 57,11-12

Perfil análogo al presente entre las producciones aretinas. Ahora se trata de una pátera de dimensiones medias, 81.C.I.D.II.4487 (fig. 119, 7), con la típica ranura sobre el borde superior. Nuestro labio parece sumamente evolucionado pudiendo llegar hasta mediados del s. I d. C.

Consp. 22/Goudineau 27

Fragmentos de bordes sin acanaladura interna debajo del borde, como Haltern 880[683] (81.1.D.II.7013) (fig. 119, 12), o V.79.1.N'.197 (fig. 119, 11). Más evolucionado parece el borde V.79.3.M'.90 (fig. 118), que mantiene no obstante una fina acanaladura bajo el borde[684].

Consp. 22-23/Ha.9

Borde de difícil clasificación; sin división interna como Ha. 9[685] (V.79.3.N'.128) (fig. 120, 1).

Consp. 23.2/Goudineau 40

Sólo un borde sencillo en esta forma, muy frecuente en pasta puteolana (81.1.D.II.9723) (fig. 120, 1). Cronológicamente se sitúa en el segundo y tercer cuarto del s. I de la Era[686].

Consp. 23.2/Magdalensberg 38,26

Borde de copa como 80.22.AI.31.T.8918, aunque resulta más redondeado y parece forma más simple (81.1.2/8. Ñ'.P'.5085, sin cubierta blanca) (fig. 120, 4). En Magdalensberg hay algún perfil semejante aunque en recipientes de menores dimensiones, como 38/26, en pasta B, complejo IV (15-20 d. C.), el resto de los ejemplares, tiene una ligera acanaladura junto al borde interior, detalle que falta en el nuestro.

Esta forma se incluye en la variante Ha.9, pero sin decoración de ruedecilla[687]; hay también paralelos en Locarno[688]. El tipo de labio sencillo, supone una simplificación de las formas acanaladas. Cronológicamente se sitúa desde el año 10 a. de C. hasta la etapa de Claudio, siendo nuestra forma de las más evolucionadas.

Consp. 27.1/Goudineau 41 b

Borde, V.79.6.8.I.J.70 (fig. 120, 5), con acanaladura y sección horizontal. Otros análo-

gos, en pasta 4 y 5. Goudineau sitúa su aparición en el 15-20 d. C.[689] y en Magdalensberg se encuentra desde el complejo VI hasta el final del asentamiento[690]. Otro fragmento, más simple V.79.6.8.I.J.72 (fig. 120, 6).

Consp. 33.1/Haltern 12

Pasta 1 sin cubierta blanca debajo (80.1.8.14.V.Z.7913)(fig. 120, 14). La moldura inferior es triangular como la variante Haltern 1587[691]. Esta forma parece difundida especialmente en época tiberiana, dada su ausencia de los campamentos de Oberaden, Rödgen y Zurich, aunque presente en Haltern[692]. Se encuentra también en *Novaesium*[693]. Especialmente difundida en las fábricas padanas[694].

Consp. 37.1/Goudineau 42 circa

Fragmento con decoración de ruedecilla en el borde y en la pared externa (80.1.4/18.-P.Q.4136) (fig. 120, 11). No hay ninguna variante como la nuestra, debiendo anotarse el tipo de labio triangular, truncado y las dos acanaladuras[695]. Se anotan igualmente los fragmentos V.79.9.H'.79 y V.79.20.H.25 (fig. 120, 12 y 13). Desde el punto de vista cronológico, puede suponérsele la general atribuida a esta forma, hasta mediados del s. I de la Era[696].

Consp. 38/Magdalensberg 48,14

Fragmento (V.79.10.12.L.M.32) (fig. 120, 10) sin cubierta blanca. En Magdalensberg esta forma va con decoración a ruedecilla, sin atribución a ningún complejo, aunque Mazzeo la sitúe en fecha augusteo-tiberiana[697].

[683] VON SCHNURBEIN, S., 1982, lám. 44 y o. 46 ss.

[684] Similis a la var. de Magdalensberg 42,10 , recogida en Consp. 22.6.1. ETTLINGER, E., HEDINGER, B., 1990, 90.

[685] VON SCHNURBEIN, S., 1982, lám. 55, 1223 ss. pero con decoración de ruedecilla. Se mantiene en Consp. la indefinición, en cuanto a su atribución a la forma 22-23 (p. 90 ss.)

[686] Consp. p. 92.

[687] VON SCHNURBEIN, S., 1982, lám. 55, 1223-1234.

[688] SIMNONET, C. 1941, Min. C4 n. 18. MAZZEO, L., 1985, lám. LVIII, 1.

[689] GOUDINEAU, Ch., 1968, 307.

[690] SCHINDLER, M., SCHEFFENEGER, S., 1977, lám. 61, 14, estas variantes se reproducen por PUCCI, G., 1985, 393, lám. CXXVIII. Según los depósitos de la stoa Sur de Corinto, se sitúan entre Tiberio-Nerón (HAYES, J. W., 1973,).

[691] VON SCHNURBEIN, S., 1982, lám. 68, p. 62.

[692] VON SCHNURBEIN, S., 1982, p. 62, lám. 67-68.

[693] ETTLINGER, E., 1989, p. 34, lám. 52, 3. Estas formas se atribuyen a taller pisano o lionés —p. 236— y se clasifican como formas avanzadas.

[694] SCHINDLER, M., SCHEFENNEGGER, S., 1977, láms. 67 a y b, 0. 166, también MAZZEO, M. L., 1985, como forma Drag, 24/25, p. 199-200. Las estrías a ruedecilla son más propias de las producciones aretinas (Magdalensberg, 67 a, 15). Vide también PUCCI, G., 1985, lám. CXXXI, p. 396. El escaso desarrollo del listel inferior le haría pertenecer a las formas más antiguas, según GOUDINEAU —1968, 305, forma 38 a—. Producida en las oficinas itálicas y tardoitálicas, sobre todo en la segunda mitad del s. I, —PUCCI, G., 1985, 397— Como el ejemplar de *Celsa* reproduce PUCCI una de Ventimiglia, lám. CXXXIII, 1, = var. XXXVII, 12.

[695] Véanse no obstante los ejemplos de *Saguntum* (MONTESINOS y MARTÍNEZ, J., 1991, fig. 13, ns. 120-121).

[696] GOUDINEAU, Ch., 1968, 308, desde el 15-20 d. C, y aún más tarde. Los ejemplos de Magdalensberg 50,3, y 50,7 así lo confirman. La forma Conspectus 37.1 (p. 116), se sitúa hasta la mitad del s. I.

[697] MAZZEO, L., 1985, 204, aunque la hace durar hasta todo el s. I d. C. y también ETTLINGER, E., HEDINGER, B., 1990, 118.

Formas indeterminadas

Vienen a continuación diversos fragmentos de difícil clasificación, entre ellos el 80.1.22.AI/31.T.8919 (fig. 120, 16), sin paralelos aparentes, o la pequeñísima copa V.79.3.-H.98 (fig. 120, 17), que nos parece igualmente inédita, además de otros fragmentos, igualmente atípicos en los que no insistiremos.

Interesa especialmente la palmeta interna, 81.1.8.10.J.K.85 (fig. 120, 15), con algunos paralelos en talleres romanos[698], entre otros lugares.

8.5.1.2. Sellos

Mur(rius ?)

Fondo indeterminado con estampilla en pasta 1/4[699] (V.76.F'.5) (fig. 136, 5) *in p. p.*, *Mur*, conocida en Tarragona, Ampurias[700], *Baelo Claudia*[701], Conimbriga[702], Lacipo[703], *Pollentia*[704] y Lérida[705]. No se conoce otro ejemplar análogo en *Celsa*[706].

8.5.1.3. Inventario y porcentajes

FORMA	SIGLA	FIG.	NIVEL
C.1/Magd.20/1-6	80.1.30.34.5624	118,1	3
C.2.1/Goud.14a	V.79.h.12.37	118,5	3
C.3.1/Magd.47	V.79. ? I'.44	119,8	7.2
,,	80.1.13.23.K.Q.2517	119,9	7.1
C.3.2/Goud. 43	V.79.19...16	120,8	7.1
,,	80.1.18.22.Q.R.2533	120,9	7.1
C.3.2	80.1.16.22.X.AD.5541	120,7	7.1
C.4.4/Goud.19	81.1.D.II. 8112	118,2	6
C.12.3/Goud.17	81.1.C.I.D.II.4504	118,3	7.2
,,	81.1.D.II.1...28	118,4	7.2
C.14.1/Goud. 12	V.79.h.12.187	120,2	3
C.18.2/Goud.36	V.76.D.I.C.I.43	118,10	7.2
,,	V.76.22.H'.50	118,8	7.1
,,	81.1.D.II.633	118,7	7.2
,,	81.1.D.II.1.9725	118,6	7.2
C.20.1/Magd.44,3	80.1.22.AI.31.T.8914	119,1	7.2
C.20.3/Goud. 39	80.1.8.14.V.Z.7910	118,13	5
,,	80.1.22.AI.31.T.8911	118,12	7.2
C.20.4/Magd.55,9	V.79.1.E'.F'.5	119,6	7.1
,,	V.79.8.10.M.58	119,5	7.1
,,	V.79.8.P.12	118,11	7.1
,,	V.79.12.14.K.19	119,4	7.1
,,	V.79.h.12.173	119,2	3
,,	81.1.D.II.12021	119,3	7.2
C.20.5/Magd.57,11-12	81.1.C.I.D.II.4487	119,7	7.2
C.22/Goud.27	V.79.1.N'.197	119,11	7.1
,,	81.1.D.II.7013	119,12	7.2
,,	V.79.3.M'.90	119,10	7.1
C.22.23/Ha.9	V.79.3.N'.128	120,1	7.2
C.23.2/Goud. 40	81.1.D.II.9723	120,3	7.2
C.23.2/Magd.38,26	81.1.2.8.Ñ'.P'.5085	120,4	7.2
C.27.1/Goud.41b	V.79.6.8.I.J.70	120,5	7.1
,,	V.79.6.8.I.J.72	120,6	7.1

[698] OXE, A., COMFORT, H., 1968, 504, dentro de óvalo; otras sumarias, inscritas en ángulos en 2517, 2518, 2519, etc. de talleres y origen problemático.

[699] Podría ser aretina? Se aprecia, no obstante una película blanquecina debajo. El barniz es brillante y consistente.

[700] OXE, A., COMFORT, H., 1968, 1038, sin atribución.

[701] DOMERGUE, C., 1973, 1450.

[702] MOUTINHO ALARCAO, A., 1970, 425.

[703] SERRANO, E., ATENCIA, R., 1981, n. 11.

[704] ETTLINGER, E., 1981, ns. 25, 26, p. 74.

[705] PÉREZ ALMOGUERA, A., 1990, p. 36, fig.12,155. Estampilla rectangular, en cartela rectangular (OXE, A., COMFORT, H., 1968, TIPO 99).

[706] Las otras estampillas corresponden claramente a *Murrius* (O.C.1040), indudablemente aretino.

FORMA	SIGLA	FIG.	NIVEL
C.33.1/Ha.12	80.1.8.14.V.Z.7913	120,14	5
C.37.1/Goud.42 c.	V.79.20.H.25	120,13	6*
,,	V.79.9.H'.79	120,12	7.1
,,	80.1.4.18.P.Q.4136	120,11	5
C.38/Magd.48,14	V.79.10.12.L.M.32	120,10	7.1
Indeterminados	V.76.6.F'.5. Mur(rius?)	136,5	7.1
,,	V.79.3.H.98	120,17	7.2
,,	V.79.5.M'.1	118,9	7.1
,,	80.1.22.AI.31.T.8919	120,16	7.2
,,	81.1.8.10.J.K.85	120,15	5

FORMA	NIVEL							TOTAL
	3	4	5	6	7.1	7.2		
C.1/Mag.20/1-6	1							1
C.2.1/Goud.14	1							1
C.3.1/Mag.47					1	1		2
C.3.2/Goud.43					3			3
C.4.4/Goud.19				1				1
C.4.4/Goud.19b					1			1
C.12.3/Goud.17						2		2
C.14.1/Goud.12	1							1
C.18.2/Goud.36					1	3		4
C.20.1/Mag.44,3					1			1
C.20.3/Goud.39			1			1		2
C.20.4/Mag.55,9	1				5	1		7
C.20.5/Mag.57,11-12						1		1
C.22/Goud.27					1	2		3
C.23.2/Goud.40						1		1
C.23.2/Mag.38,26						1		1
C.22.23/Ha.9						1		1
C.27.1/Goud.41b					2			2
C.33.1/Ha.12			1					1
C.37.1/Goud.42 c.			1	1	1			3
C.38/Mag.48,14					1			1
Indetermin.	1		4		27	3	6	41
	5		7	2	43	18	6	**81**

8.5.2. Producciones centroitálicas o romanas

8.5.2.1. Formas lisas

Conspec. 3/ Pucci, XIII, 11

Borde de cuenco de reducidas dimensiones (V.79.h.7.76)(fig. 121, 4), caracterizado por el labio engrosado, con ranura sobre el borde. Esta variedad se encuentra en Bolsena, en la zona B 2 C, y en B 2 B'[707]. Se incluye extrañamente, por Pucci, por razones que se nos escapan, en su forma XIII, con cuyos ejemplares iniciales no parece guardar relación alguna[708].

Consp. 3.2/Magdalensberg 47, 12-14

Fragmento de labio y pared (81.1.D.II.-10192) (fig. 121, 3), sin acanaladuras interiores[709], situada cronológicamente en el primer yacimiento citado entre los años 15 al 20/25 d. C. Fragmento no típico, situable en la mitad del s. I.

Consp. 4.6/Goudineau 30 b

Borde con acusada moldura interior (V.79.h.7.85)(fig.121, 2), sin paralelos exactos, salvo, lejanamente, algunos ejemplares de Haltern[710] pero sin moldura única y saliente como en *Celsa*. El paralelo más cercano, sin ser coincidente, en Corinto, de *T. Ruf. Cla.*[711]. Esta variante se sitúa en la etapa tiberio-claudiana[712].

---

[707] GOUDINEAU, Ch., 1968, 126, n. 49 y p. 169, B-2B'- 39., es la reproducida por Pucci. No se recoge en Conspectus, aunque cabría su relación con 3.1.2 que parece una forma más avanzada que el ejemplar que ahora reproducimos de *Celsa*. El fragmento de Bolsena se relaciona con otro fragmento análogo B-2B'-36, que Pucci incluye igualmente como variante XIII, 10, con surco bajo el labio.

[708] PUCCI, G., 1985, 386, lám. CXXIII, 12, forma XIII, var. 11, se propone la época tiberiana.

---

[709] Como en PUCCI, G., 1985, XIII, 2

[710] VON SCHNURBEIN, S., 1982, lám.57, 1439.

[711] HAYES, J. W., 1973, lám. 82, 18, de época tiberio-claudiana. Se recoge la misma en Consp. p. 38, como la forma 4.6.1.

[712] ETTLINGER, E., HEDINGER, B., 1990, 58.

Consp. 7.1/Magdalensberg 16, 8

Fragmento de difícil atribución (81.1.D.II.-11629) (fig.121,8), semejante al modelo propuesto, en pasta B y relacionada también, posiblemente, con la forma Pucci XXVIII, 3[713], aunque la pared no resulta tan fina. Esta forma no parece rebasar la etapa augustea[714].

Consp. 14.1/Goudineau 13

Parte inferior, falta de borde y fondo plano, semejante a Ha. 7[715] (80.1.4.10.V.Z.8303) (fig. 121, 5) aunque resulte difícil su atribución a una variante A o B sólo con el fondo de la vasija. Corresponde a las tazas grandes entre 12 y 14 cm. Esta forma parece frecuente en los estratos augusteos, surgiendo a partir de los años 12-10 a. de C.[716].

Consp. 14.3.1 sim./Ha. 7, var. B/D

Fragmento de dudosa atribución, con ruedecilla decorando el borde (81.1.D.II.10184) (fig. 121, 6). Algunos ejemplares análogos en Conimbriga[717], atribuidos a la serie A de Goudineau (copas 20 c, 25, 27 y 37), con carácter más tardío por la ruedecilla.

Consp. 15.1.2/Haltern 10,1521, var.

Corresponde esta forma al tipo 6 de Oberaden y a la forma 29 B de Goudineau[718] (80.1.4.10.V.X.8448) (fig. 121, 7) que sitúa dicho autor en torno al 10-9 a. de C. El ejemplar 1521 de Haltern es análogo a una taza de *Hermeros*, procedente de Roma[719]. Se fecha en la etapa medio y tardoaugustea[720].

Consp. 22/Goudineau 27

Consp. 22.1.1. Dimensiones: 12-14 cm

Se conservan nueve fragmentos de la misma vasija (81.h.12.1282) (fig. 121,9) de cronología temprana, según su aparición en Oberaden[721] parece introducirse en la segunda década del s. I a. de C.[722]. Es la forma Haltern

8, del servicio II[723], correspondiendo claramente a la fase I de Gechter[724]. El primer ejemplar mantiene el perfil del labio vertical en su eje[725].

Consp. 22.5.2. Dimensiones: 7,5-9 cm

Fragmento de labio y pared (81.1.25.35.-S.L.2959) (fig. 121,10), caracterizado por la pared interna simple, convexa, sin divisoria interna. Restos de decoración burilada apenas conservada. Cronología análoga al ejemplar anterior.

Consp. 22.6.1. Dimensiones: 7,5-9 cm

El fragmento 80.1.22.AI.31.T.8918, (fig. 121, 11) parece una evolución de la forma Consp.22.1/Goud. 27/Ha.8, caracterizado por el labio interno liso, sin la división interna de dicha forma; los ejemplares de Haltern, sin embargo, presentan todos una fina acanaladura debajo del labio interno, ausente en el fragmento de *Celsa*, que podría ser más moderno[726].

Parece que estas tazas, en opinión de Schnurbein, no corresponderían a Arezzo o Pisa, sino a Roma o a la Campania[727], siendo así una variante local la forma Ha.9[728]. La ejecución más simple de esta subforma, se atribuye también a talleres padanos[729]. Se encuentran también presentes en *Pollentia*, sin ruedecilla ni acanaladura interna[730].

Mayor indefinición presenta la base V.79.-28.J'.49 (fig. 121, 12), con inicio de estampilla ilegible y pie típico.

Consp. 27.1-2./Goudineau 41 b

Fragmento de copa de labio triangular. Corresponde a la forma Ha. 15[731]. Para Goudineau, esta variante se difunde a partir de los años 15/20 d. C.[732]. Un ejemplo análogo en Roma[733], con la estampilla *Zetus*, atribuida a

---

[713] Pucci, G., 1985, 392, lám. CXXVIII, 3.

[714] Bemont, C., 1976, 214. Ettlinger, E., Hedinger, B., y otros 1990, p. 64, medio y tardoaugustea.

[715] Von Schnurbein, S., 1982, lám. 23, 394-395, p. 35.

[716] Goudineau, Ch., 1968, 296; Pucci, G., 1985, 389, forma XXI. Ettlinger, E., Hedinger, B., 1990,76, fechada en la etapa medio y tardoaugustea.

[717] Delgado, M., 1975, 15, lám. V, 70, 71. No hay datos estratigráficos.

[718] Goudineau, Ch., 1968, 299.

[719] Von Schnurbein, S., 1982, 205; Oxe, A., Comfort, H., 1968, 219. Ya indicó el primer autor que dicha forma no parecía propia del repertorio aretino. Pucci la incluye en su forma XXII —1982, 390, var. 1, de Oberaden, lám. CXXVI, 13—. El borde de *Celsa* análogo al reproducido por Ettlinger, E., Hedinger, B., y otros 1990, 78, procedente de Cartago, con la estampilla *Phile. Avil,* O. C. 244. El borde con decoración burilada y atribuido a taller itálico no aretino.

[720] Ettlinger, E., Hedinger, B. y otros 1990, 78.

[721] Goudineau, Ch., 1968, 298.

[722] Ettlinger, E., Hedinger, B. y otros 1990, 90.

[723] Von Schnurbein, S., 1982, lám. 40 y ss.

[724] 1979, 13, fig. 1-5.

[725] Ettlinger, E., Hedinger, B., y otros 1990, 90.

[726] Von Schnurbein, S., 1982, lám. 55, 1223-1234.

[727] En opinion de Ettlinger, E., Hedinger, B., 1990, 90, esta forma se originaría en primer lugar en Puteoli.

[728] Otras variantes serían las producciones de Magdalensberg, en pasta C, Schindler, M., Scheffeneger, S., 1977, lám. 42, 12, complejo IV (hasta 15-20 d. C.)

[729] Ettlinger, E., Hedinger, B., 1990, 90.

[730] Ettlinger, E., 1983, atribuida a Ha 8, aunque nos parece mejor una variante de Ha 9.

[731] Aunque no se reproduce ninguna variante de labio triangular en Von Schnurbein, S., 1982, lám. 69. Se relaciona también, evidentemente, con la forma Ritt. 9.

[732] Goudineau, Ch., 1968, 307. Se sitúa en época tiberio-neroniana, según los hallazgos de la stoa de Corinto (Hayes, J. W., 1973, lám. 84, 67). También Ettlinger, E., Hedinger, B., 1990, 100, atribuyendo la produccion de esta forma sobre todo a los talleres centroitálicos y del Norte de Italia.

[733] Oxe, A., Comfort, H., 1968, 563, n. 2503.

Italia central, conclusión que confirma el tipo de pasta presente en el fragmento 80.1.14-/22.O.R.2628 (fig. 121, 13). Pucci recoge esta copia de Roma como la variante 15 de su forma XXIX[734].

Consp. 28.1.1/Pucci XXXIX, 5

Se conoce un ejemplar de esta forma (81.C.I.D.II.4501) (fig. 122, 3), de paredes curvilíneas, semejante al procedente de Roma y publicado por Carettoni[735], o al ejemplar de Berenice B230[736].

Consp. 36.3 var./Goudineau 21

Fragmento, 81.1.D.II.10194, asimilable igualmente a la forma Ha. 6. La variante con surco exterior[737] se hace llegar hasta la etapa julio-claudia, correspondiendo sobre todo a la etapa tiberiana, suponiéndose para la misma una procedencia norteitálica.

Como variante de esta forma, debemos citar también el fragmento 81.1.D.II.11327, semejante a Magdalensberg 48,4[738] o el fragmento de pared y labio 80.1.38.L.M.6758 (fig. 121,14), semejante a Magdalensberg 48, 12, pero sin acanaladura en la zona media[739].

Consp. 37.1/Magdalensberg 50,1

Forma hemiesférica ausente de Haltern y Oberaden (80.1 C.I.D.II.2121). Esta forma, según Comfort, fue ya atribuida a talleres itálicos no aretinos. Se produjo por ceramistas del área campana, y sugirió, con interrogante, su posible fabricación en la Etruria tirrénica, situando su aparición en torno al año 20 d. C, prolongándose incluso hasta más tarde[740].

Se conocen paralelos en *Caesaraugusta*[741], Ostia[742], en *Pollentia*[743] o en Conimbriga[744], así como en Magdalensberg[745], siendo su cronología ciertamente avanzada[746].

Consp. 37/Magd. 50,16

Corresponde a un fragmento (V.79.2.I.51, fig. 122,2) de labio más grueso y grandes dimensiones, con decoración burilada sobre la porción interior del labio horizontal, que manifiesta sus mejores paralelos en Magdalensberg[747]. Se aleja de las variantes de la forma por la sección del labio, no apuntada. Cronología avanzada, hacia mediados del s. I de la Era.

Consp. 38/Haltern 14

Fragmento de copa con asita V.79.16.18.-L.K.43. Loeschcke supuso la presencia de un asa para el ejemplar de Haltern 1609, aunque Von Schnurbein pone en duda dicha circunstancia[748]. Las formas de Haltern son itálicas, semejantes al ejemplar de Trier[749]. Varios fragmentos de Magdalensberg[750] se fechan entre los años 15-10 a. de C.

Son numerosos los fragmentos de esta forma en Bologna, con gran variedad de tonos en la arcilla y barniz, desde el negruzco, al marrón rojizo[751], cuya cronología oscila desde el año 15 a. de C. hasta finales de dicha centuria[752].

Entre los ejemplares de esta forma se añade el ejemplar de Conimbriga, sin acanaladuras[753], con surco interno bajo el labio, que parece diferenciar dicha producción. De *Celsa* además, procede, de otro ambiente, la tacita casi completa con el sello el cartucho rectangular de *L.Rav(ius)*, que confirma las conclusiones morfológicas de esta forma[754]. No se pierda de vista que el fragmento de *Celsa*, 82.1.H.12.175, se fabricó en pasta 4, es decir de tipo aretino[755].

Consp. 50.3./Haltern 16

Fragmentos (80.1.25.33.G.I.2858 y 80.1.25.-33.K.Q.3713) (fig. 122, 4 y 5), equivalente a Pucci XLI, 3[756], presente en Haltern, de labio

---

[734] Pucci, G., 1985, 393, lám. CXXVIII, 18.

[735] 1956-58, 34, fig. 8 e. También recogido por Pucci, G., 1985, 397, lám. CXXXII, 11.

[736] Ettlinger, E., Hedinger, B., 1990, 28.1.1, p. 102, fechado de forma genérica en la primera mitad del s. I de la Era. Se sugiere como zona de origen Etruria o Campania?

[737] Pucci, G., lám. CXXIX, 5, del Museo de Nápoles.

[738] Del complejo IV, del cambio de Era al año 15 d. C.

[739] Schindler, M., Scheffeneger, S., 1977, 137, aparece en el complejo IV, a partir del año 15 d. C. hasta el c. VII.

[740] Puede versa también Pucci, G., 1985, lám. CXXX, 5. Los ejemplares de Magdalensberg proceden de los complejos V-VII.

[741] Beltrán Lloris, M., *et alii*, 1980, fig. 61, 7, p.,156, nivel IV A 43.

[742] II, 191, fig. 139, estrato VA, corte b, estrato fechado entre Claudio y Domiciano.

[743] Ettlinger, E., 1983, lám. 9, 248.

[744] Moutinho, A., 1975, 19, lám. VIII, 201.

[745] Schindler, M., Scheffeneger, S., 1977, 138, lám. 50, 1, complejos V-VII.

[746] Puede añadirse además el paralelo de Antioquía, publicado por Comfort, H., 1948, 70, lám. XII, 25 y n. 102

[747] Schindler, M., Scheffeneger, S., 1977, lám. 50, 16, del complejo VII.

[748] 1982, 62 ss, lám. 68-69, 1609-1612.

[749] Mary, G. T., 1967, 25, de época tiberiana y correspondiente a la técnica de las sudgálicas.

[750] Schindler, M., Scheffeneger, S., 1977, 24, lám. 11, 7.

[751] Mazzeo Saracino, L., 1982, 477-8, fig. 64.

[752] Como cronología principal se da por Ettlinger, E., Hedinger, B., y otros, 1990, 118, la etapa de Augusto y los comienzos de Tiberio.

[753] Moutinho de Alarcao, A., 1957a, lám. 25.

[754] Oxe, A., Comfort, H., 1968, 1566 y 1567, la primera tenida como alfarero temprano de Arezzo.

[755] *Vide* producciones aretinas, número 25.

[756] Pucci, G., 1985, lám. CXXXII, 15, p. 398.

liso, sin molduras[757]. Esta forma se hace sobre todo de época augusteo-tiberiana[758].

Consp. 54/Goudineau 9 var.

Sólo un fragmento de esta forma (80.1.10.-T.1450) (fig. 121,1) de producción antigua[759].

Formas indeterminadas

Se reúnen aquí diversos fragmentos de dudosa atribución, como 81.1.9/17.A'.F'.2121, además de fondos de pequeñas copas, como 81.11.21/31.F.1816.

8.5.2.2. Formas decoradas

Sólo nos ha llegado un fragmento 81.1.2-/8.Ñ'.P'.5872 con fila de ovas y rosáceas debajo, semejantes al estilo de *Pantagatus*[760], es decir, del taller de *Rasinius*.

8.5.2.3. Sellos

L. Favonius

Fragmento de fondo, de superficie, V. S. 460, con *L.Fa/voni*[761] (fig. 136, 3) .

Vei( )

Se conserva un fragmento informe de pequeña pátera (81.1.D.II.8123), con solo tres letras *Vei( )*, y que se agrupa en los análisis químicos con otros productores centroitálicos en general como *Al(fius) Epoie, C. Curtius* y *Primus*[762]. Su adscripción a un alfarero conocido es problemática. Podría tratarse de *Vei (anus)*[763], del que solo se conocen ejemplos en Roma y Módena, todos *in p.p.*

8.5.2.4. Inventario y porcentajes

FORMA	SIGLA	FIG.	NIVEL
C.3/Pucci XIII,11	V.79.h.7.76	121,4	3
C.3.2/Mag.47,12-14	81.1.D.II.10192	121,3	6
C.7.1./Magd.16,8	81.1.D.II.11629	121,8	7.2
C.14.1/Goud.13	80.1.4.10.V.Z.8303	121,5	5
C.14.3.1/Ha.7	81.1.D.II.10184	121,	6
C.15.1.2/Ha.10,v.1521	80.1.4.10.V.X.8448	121,7	5
C.22	V.79.28.J'.49	121,12	7.2
C.22.1.1/Goud.27	V.79.h.12.1282	121,9	3
C.22.5.1/Pucci XXV	81.1.25.35.S.2959	121,10	7.2
C.22.6.1/Magd.42,12	80.1.22.AI.31.T.8918	121,11	7.2
C.27.1.2/P.XXIX,15	80.1.14.22.O.R.2628	121,13	5
C.28.1	81.1.C.I.D.II.4501	122,3	7.2
C.36.3/Goud.21	80.1.38.L.M.6758	121,14	7.2
"	81.1.D.II.11327	121,15	7.2
C.37/Magd.50,16	V.79.2.I.51	122,2	7.1
C.46.6/Goud.30b	V.79.h.7.85	121,2	3
C.50.3/Pucci XXXIX,5	81.1.25.33.I.2858	122,4	7.2
C.50.3/Ha.16	80.1.25.33.K.Q.3713	122,5	7.1
C.54/Goud.9	80.1.10.T.1450	121,1	7.1
Sellos: Favonius	V.s.460 [M.119]	136,3	8
Vei( )	81.1.D.II.8123	136,4	6

[757] VON SCHNURBEIN, S., 1982, lám. 70, 1643, p. 64. Los ejemplares de Haltern se atribuyen a Arezzo o Pisa con dudas.

[758] ETTLINGER, E., HEDINGER, B. y otros, 1990, 138.

[759] GOUDINEAU, Ch., 1968, 286, 81 y 123. Surgía en torno a los años 30-20 a. de C. PUCCI, G., 1985, lám. CXV, 1-3, p. 380. Se trata evidentemente de una variante de paredes ciertamente cortas. GOUDINEAU, CH., 1968, la clasifica como una pátera plana de borde no perfilado y pared prácticamente rectilínea, y no tapadera como un examen superficial podría hacer pensar, en cuya línea se encuentra nuestro ejemplar. En Consp. p. 144, se incluye como tapadera de producción etrusca, asimilandola al ejemplar Haltern 17.

[760] DRAGENDORF, H., WATZINGER, C., 1948, 4, 31, p. 125.

[761] OXE, A., COMFORT, H., 1968, 675, sólo se mencionan dos ejemplares en Roma y Ascoli. El análisis químico de este ejemplar (núm. 119), agrupa dicha muestra en el apartado de Italia Central, a pesar de la supuesta semejanza, a partir de la pasta, con la muestra 113 de Luna.

[762] Análisis, M. 210.

[763] OXE, A., COMFORT, H., 1968, 2250.

FORMA	NIVEL						TOTAL
	3	5	6	7.1	7.2	8	
C.3/Pucci XIII, 11	1						1
C.3.2/Magd.47,12-14			1				1
C.4.6/Goud.30b	1						1
C.7.1/Magd.16,8					1		1
C.14.1./Goud.13		1					1
C.14.3.1/Ha.7 B/D			1				1
C.15.1.2/Ha.10 v.1521		1					1
C.22		1			1		2
C.22.1.1/Goud.27	1						1
C.22.5.1					1		1
C.22.6.1/Magd.42,12					1		1
C.28.1					1		1
C.36.3/Goud.21			1		2		3
C.37.1/Magd.50,16				1	1		2
C.38/Ha.14	1						1
C.50.3/Ha.16				1			1
C.50.3/Pucci XXXIX,5					1		1
C.54/Goud.9				1			1
Indeterminadas	4	6		39	2	21	72
Decoradas			1				1
Favonius						1	1
Vei( )		1					1
	8	9	5	42	12	22	**98**

8.5.3. AREZZO

8.5.3.1. Formas lisas

Consp. 1.1/Goudineau 1

Labio de pátera muy exvasada. Es una forma frecuente en los complejos iniciales de Magdalensberg[764], pero sin paralelos exactos con el labio engrosado en su extremo y la pared muy inclinada, en la línea de algunos ejemplares de Ruscino[765] (80.1.2/8.T.Y.8163, 80.1.8.X.4392, fig. 122, 10-11). El fragmento 80.1.13.AD.7099, con el borde engrosado en la parte superior de tipo muy bajo (122, 12). El fragmento 80.1.18.22.Q.R.2405 (fig.122, 13), pertenece a un ejemplar de pequeñas dimensiones.

Es esta una de las producciones iniciales de la aretina[766], pero cuya fabricación se alarga mucho más, hasta el año 15 d. C. *circa*. La forma de nuestro ejemplar corresponde, sin embargo, a los prototipos más antiguos (Consp. 1.1.3).

Consp. 3.1/Magdalensberg 47

Se conservan dos fragmentos de borde, de grandes dimensiones (Consp.3.1.1), faltos de carena (V.79.3.? 424 y 81.1.9.17.A'.F'.2119) (fig.126, 13 y 17) y otro igualmente incompleto V.79.7.F'.15 (fig.126, 12), de menores dimensiones (Consp.3.1.2). Se relacionan claramente con los labios de Bolsena 54 y 55 de la zona B 2B[767]. Su cronología resulta dudosa, relacionada con Goud. 34[768] y posiblemente localizable en época tiberiana (?)[769]. Las variantes Magdalensberg 47, 2, 4, 8, 17 etc. se sitúan sobre todo en los complejos V-VI[770].

El último fragmento V.79.6.8.I.J.70, encuentra su mejor paralelo en Magdalensberg 47, 3[771], caracterizado por un labio de borde no abierto, sino horizontal, conservando la acanaladura interior, del complejo VI. Estas circunstancias corroboran la cronología de esta forma que se hace llegar hasta mediados del s. I d. C.[772]

Consp. 4/Pucci VI

Consp. 4.2.1.: V.76.36, V.79.8.12.Q.S.10 (fig.123, 3 y 2).

Consp. 4.4.1 var.: V.79.10.L'.30 (fig.123, 1).

Consp. 4.4.2.: V. 79.23.25.Ñ.P.6 (fig.123, 4).

Consp. 4.6.2.: 80.1.14.18.P.Q.4133, 81.1.D.-II.10191 (fig. 122, 15-16).

Consp. 4 : 81.1.h.21.6989 (fig.122, 13).

Pátera de pared convexa, de larga evolución desde las formas augusteas hasta los

[764] SCHINDLER, M., SCHEFFENEGER, S., 1977, lám. 7,8 etc. p. 41 ss.

[765] FICHES, J. L., GENTY, P. Y., 1980, 282, fig. 6, 2. *Vide* también PUCCI, G., 1985, 380, lám. CXV, 9.

[766] GOUDINEAU, Ch., 1968, 1.

[767] GOUDINEAU, Ch., 1968, 152.

[768] 1968, 302-303, de orígenes inciertos.

[769] PUCCI, G., 1985, 386, XIII, vars. 1-2.

[770] SCHINDLER, M., SCHEFFENEGER, S., 1977, 135. En Emona se encuentran con estampillas *in p. p.*

[771] SCHINDLER, M., SCHEFFENEGER, S., 1977, 134 ss.

[772] También ETTLINGER, E., HEDINGER, B., 1990, 56.

ejemplares tiberio-claudianos[773]. Las modalidades más antiguas (Consp. 4.2.1) parecen los labios V.76.36 y V.79.8/12.Q.S.10, de borde alto y apuntado, seguidas de las formas de paredes más horizontales que pueden ostentar el labio liso (V. 79.23/25.Ñ.P.6) o con leve moldura interior (V.79.10.L'.30). Las subformas con acanaladura interior debajo del borde (Consp. 4.6.2), se sitúan en el extremo más moderno (Tiberio/Claudio). El fondo 81.1.h.21.6989, resulta de clasificación imprecisa, aunque el tipo de pie apuntado y esbelto nos sitúa cerca de los ejemplares de Haltern y Oberaden.

Consp. 5.3.1/Magdalensberg 17, 1 ?

Fondo de pie muy reducido (80.1.23.17.-O.S.3155) (fig. 126, 11), semejante a los modelos propuestos[774] y de cronología augustea según el primer yacimiento[775].

Consp. 7

Copa de pared oblícua que ha proporcionado dos fragmentos de borde (V.79.EX.1 y V.79.5.M'.7) (fig. 128, 18 y 22), correspondientes a la variante de acanaladura interna y borde delgado y apuntado, como tipo análogo a las subformas 7.1, propias de la etapa augustea[776].

Consp. 7.1.1/Goud. 2

Pared ligeramente incurvada (81.H.12.-2146) (fig.126, 15), frecuentes en Bolsena en la zona B 2C e igualmente en Magdalensberg en los complejos I-III, hasta el cambio de Era e incluso después[777].

Consp. 12/Haltern 1)

Consp. 12.1.2: V.79.3.J'.12, V.79.hor.18.28 (fig. 123, 7 y 8).

Consp. 12.1.3: V.79.hor.28 (fig. 123, 12).

Consp. 12.3: V.79.s.s (fig. 123,14).

Consp. 12.4.1: 81.1.21.31.F.G.1826, 80.1.8.-S.3220 (fig. 123, 5 y 6).

Consp. 12.5.1, sim.: V.79.11.P.24 (fig. 123, 9).

Consp. 12.5.: 81.1.25.33.G.I.2856, 81.1.h.-12.1265 (fig. 123, 11 y 13).

Consp. 12/Ha 1 Ic, var. C: 81.1.h.12.1932 (fig. 123, 10).

Consp. 12/Ha 1 Ic, var. G: 80.1.22.AI.31.-T.8920 (fig. 123, 15).

La subforma C.12.1.2, ausente de Haltern[778] y resulta por lo tanto más tardía. La cronología general de esta forma se sitúa en la etapa medio y tardoaugustea.

El borde 80.1.22.AI.31.T. 8920 es una de las últimas evoluciones o variantes de esta forma, caracterizada por un labio en el que el borde no resulta saliente o diferenciable del resto, sino que sigue la misma línea; nuestro ejemplo ostenta no obstante el perfil más estilizado que en la variante de Haltern 1 tipo G, a la que sigue[779].

Debemos reseñar en último lugar un pie y parte de la pared (80.1.20/22.Y.Z.1307), de clasificación muy dudosa[780], asimilable a la forma Magdalensberg 21, 4.

Consp. 13.2/Goudineau 7

Fragmento de labio de tipo vuelto, con acanaladura encima, 81.1. 2/8 Ñ'.P'.5075 (fig.122, 7), con paralelos en Magdalensberg en los complejos II-III[781].

Consp. 13.2.1/Goud.7

Un único fragmento del borde, de paredes ciertamente finas y comienzo de la carena (V.76.8) (fig. 126, 16). Etapa medioaugustea[782].

Consp. 14 /Goudineau 13

Se conservan variantes extremas de esta forma. La primera corresponde a un fragmento de taza con acanaladura en la pared externa y ranura sobre el labio en el borde superior (81.1.H.12.2743, fig. 127, 2) Consp. 14.1.2; claramente relacionable con la forma Haltern 7. Parece clara la etapa augustea para esta forma según los ejemplares de Rödgen y otros yacimientos[783].

---

[773] ETTLINGER, E., HEDINGER, B. y otros, 1990, 58.

[774] Recogido por PUCCI como su forma XII, var. 1, p. 385, lám. CXXII, 4.

[775] ETTLINGER, E., HEDINGER, B. y otros 1990, p. 60, fechada en la etapa temprana augustea.

[776] ETTLINGER, E., HEDINGER, B., y otros, 1990, 64.

[777] GOUDINEAU, Ch., 1968, 280 ss; SCHINDLER, M., SCHEFFENEGER, S., 1977, 50 ss. láms. 10a y 10b, también en el complejo IV. PUCCI, G., 1985, 387. ETTLINGER, E., HEDINGER, B., y otros, 1992, 64, forma 7.1, de época augustea.

[778] Como han notado ETTLINGER, E., HEDINGER, B. y otros, 1990, 72.

[779] VON SCHNURBEIN, S., 1982, lám. 19, 204, lám. 22, 242.

[780] PUCCI, G., 1985, 382.

[781] Es decir, hasta el cambio de Era. En este yacimiento en pasta B, atribuida al taller del valle del Po, SCHINDLER, M., SCHEFFENEGER, S., 1977, 18, con paralelos en Zurich, Gabii y Ostia. Se fecha por ETTLINGER, E., HEDINGER, B, y otros, 1990, 74, a mediados de Augusto.

[782] Nuestro ejemplar análogo al reproducido por ETTLINGER, E., HEDINGER, B., y otros 1990, 13.2.1, p. 74, de Paphos y taller itálico.

[783] Como en Haltern VON SCHNURBEIN, S., 1982, lám.5, 74, lám. 6, 88 o en Rödgen SCHONBERGER, H., 1976, lám. 13, 185, 187-191, p. 128, en la variante C. También en Basilea, FELLMANN, R., 1955, 90, lám. 2,5, reproducida por PUCCI, G., 1985, lám. CXXV, 8, como su forma XX, variante 1, que asimila al tipo Goud. 13 (1968, 289; el dibujo del ej. de Basilea, que toma de Fellman, ha eliminado la ranura superior característica). Se fecha esta forma en torno al año 20 a. de C. Los platos de Haltern, en VON SCHNURBEIN, S., 1982, lám. 3, 42, 43, 44.

El segundo fragmento de taza, como Oberaden 9 A y clara evolución de la copa Goudineau 13[784] surge a partir del año 25 a. de C. Se incluye por Pucci en su forma XX, como variantes 11 y 12[785] (81.1.h.12.2142, fig. 127, 6). Mayores problemas de clasificación presentan los fragmentos 81.1.C.I.D.4513 (fig. 127, 4)(Consp. 14.3 ?) y 81.1.D.II.8115 (fig. 127, 3), análogo a la subforma Consp. 14.1.4 según *Novaesium*[786]. Esta forma es propia de la etapa de medio y tardoaugustea[787].

Consp. 18/Goudineau 39

Esta pátera, de clásica división bipartita resulta muy abundante en el nivel 7.1, especialmente en lo relativo a la subforma 18.2 y en menor medida 18.3. De la primera variante Consp. 18.1, solo se ha conservado, del nivel 3, un fragmento de carena, V.79.8.10.-M.58 (fig. 126, 7).

Consp. 18.2.2. Se encuentran dos variantes importantes. De un lado perfiles delgados, con la pared interna de tendencia vertical, como V.79.16.18.N.Ñ.41 (fig. 124, 5)[788], V.-79.16.18.N.Ñ.42 (fig. 124, 9), 80.1.12.16.-AA.AD.8198 (fig. 124, 10), V.76.26 (fig. 124, 13) de dimensiones medias o 80.1.28.30.AB.-AC.1769 de mayores dimensiones. Otros perfiles de labios documentan secciones de tipo triangular, más gruesos, como 81.1.D.II.8127, 81.1.D.II.10171 y 81.1.D.II.117[789] (fig. 124, 3, 4 y 6).

Consp. 18.2.3. Menos abundantes estos ejemplares, como 82.1.h.12.1754[790] y 81.1.D.-II.1.2017 (fig.124, 12 y 15).

Consp. 18.3.1. La pátera V.79.6.8.P.Q.24 (fig. 124, 17), es de grandes dimensiones, con decoración de ruedecilla en la zona superior y sin el desarrollo exagerado de dicha zona que documenta Conspectus 18.3.1.[791] A la misma modalidad corresponde 80.1.42.Ñ.-2653 (fig.125, 2)

Consp. 20

La primera variante 20.3 corresponde a la etapa tardía de Augusto, estando en uso hasta un momento anterior a la aparición de la decoración aplicada, en torno al 30 de la Era[792]. Por su parte la subforma 20.4 es característica de mediados del s. I de la Era. A ella corresponden los fragmentos con decoración aplicada como la máscara de V.79.3.M'.126[793] (fig.125, 11) o apliques en forma de jabalí (V.3H'.1) (fig.125, 9), estrella, dobles espirales, etc.[794]. Están presentes todas las variantes extremas de este tipo de páteras desde las de grandes dimensiones (Consp.2.4.1) con el borde del labio estrangulado por doble acanaladura, como en los ejemplos de Magdalensberg[795], aunque el ejemplar de *Celsa* presenta la pared más curva (80.1.38.L.M.6740) (fig.126, 10). Los platos más modernos de esta forma son ciertos ejemplares que cabría clasificar como 20.4.2/4, de los que se conservan tres ejemplares, fechables por lo tanto a comienzos de la etapa neroniana[796].

Es más imprecisa la cronología de la subforma 20.5 dentro de dicho período. Sobresale el ejemplar 80.1.13/23.K.P.2095 (fig. 126, 10) de grandes dimensiones, caracterizado especialmente por la ranura que surca el borde superior del mismo, Consp. 20.5.1, cuyas referencias más cercanas están en Magdalensberg, aunque dichos ejemplares lucen acanaladuras internas y externas, pareciendo nuestro labio sumamente evolucionado dentro de dicha variante, de cronología avanzada[797].

Consp. 21/Magdalensberg 54,4-10

De la variante 21.3.1, se conservan varios labios (80.1.2.6.L.N.3805, 81.1.423, V.79.7.G.31 y 80.1.13.23.R.P.2727) (fig.123 16, 17, 20, 21),

[784]   1968, 289.

[785]   Oberaden: LOESCHCKE, S., 1942, lám. 22 y p. 13; PUCCI, G., 1985, la var. 12, es la publicada por Fingerlin, 1970-71, 215, lám. 5,1, de época augustea.

[786]   ETTLINGER, E., HEDINGER, B., y otros 1990, p. 76.

[787]   Circunstancia que se corrobora en la pertenencia de varios ejemplares al nivel 3 de *Celsa*.

[788]   En Haltern VON SCHNURBEIN, S., 1982, lám. 30, 560, etc.

[789]   VON SCHNURBEIN, S., 1982, 559 ss.

[790]   Con paralelos análogos en Haltern en la forma 2, 549 ss., que tiene también sus equivalentes en las tablas de PUCCI, G., 1985, X, 12 o en las formas de Magdalensberg SCHINDLER, M., SCHEFFENEGER, S., 1977, lám. 30, 11 ss. del complejo IV sobre todo, llegando hasta el 15 de la Era, desde comienzos de la misma.

[791]   ETTLINGER, E., HEDINGER, B., y otros 1990, 82 y lám. 16.

[792]   ETTLINGER, E., HEDINGER, B., y otros, 1990, 86.

[793]   En la línea de los rostros análogos a los ejemplares de Arezzo (STENICO, A., 1954, ns. 52-53, p. 64), Bolsena (GOUDINEAU, Ch., 1968, 208, 209, frag. C-2B-83). Véase también, *Pollentia* —ETTLINGER, E.,1983, ejs. 113-126, o en Conimbriga, MOUTINHO, A., 1975, lám. XVI, o los ejemplares del Tessino, Simonett, Ch., 1941, fig. 44, 78, 46,2, 99, 3 etc. La máscara de *Celsa* lleva una cinta en la frente, ciñéndola. Numancia (CARNICERO, M. V., 1985, n. 7, p. 22, fig. 1), etc.

[794]   Esta forma es notablemente densa en los niveles finales de la colonia.

[795]   SCHINDLER, M., SCHEFFENEGER, S., 1977, 185, en pasta D, lamentablemente sin atribuir a contexto estratigráfico, aunque puede retenerse su semejanza con ejemplares del complejo VII, el más avanzado de todos.

[796]   ETTLINGER, E., HEDINGER, B., Y OTROS, 1990, 86. Véase sobre todo la delgadez de las paredes, incluso en los ejemplares de la subforma 20.4.2. También la tendencia angular en el perfil. Parece claro que estamos en presencia de los ejemplares más avanzados de la citada subforma y por lo tanto de cronología claudio/neroniana.

[797]   SCHINDLER, M., SCHEFFENEGER, S., 1977, 151, en pasta A. Otro ejemplar de *Celsa* en pasta 1. En Magdalensberg, en el complejo VII, hasta el año 45 d. C.

de tipo netamente rectilíneo, con ligera acanaladura interna en el borde. Los paralelos de Magdalensberg proceden de los complejos VI y VII[798] y se confirma también la cronología amplia en los hallazgos de Corinto[799]. La subforma 21.3.1. es particularmente frecuente a mediados del s. I[800].

El fragmento 80.1.38.L.M.6745, corresponde a un ejemplar de grandes dimensiones[801] (fig. 123, 18).

De la subforma 21.4, hay un fragmento de carena (80.1.D.II.8113), de tipo normal y otro, con moldura interna (81.1.D.II.11624) (fig.124, 2 y 1), *similis* a las variantes de Magdalensberg 53, 4 y siguientes encontradas en los complejos IV-VI de dicho yacimiento[802] y que sería sin duda uno de los tipos más antiguos de esta forma, como la modalidad Ha. 3, recogida por Pucci, bajo la forma IX, variante 1[803].

Consp. 22/Goudineau 27

Se documentan dos labios de subformas extremas: Consp. 22.1.1 (V.79.5.M'.3) y Consp. 22.5.2 (81.1.25.35.G.I.2959) (fig.127, 13-14). El fondo 81.1.21.31.D.E.1338 (fig. 127, 15), corresponde a la primera variante. Cronológicamente se desarrolló este bol en la etapa de Augusto y Tiberio.

Consp. 23.2/Goudineau 25a

Recipiente evolucionado de la forma anterior y fechado en el segundo y tercer cuarto del s. I de la Era[804] siendo normales las decoraciones aplicadas, como se comprueba en los ejemplos celsenses (81.1.D.II.10177, 81.1.9.-17.A'.F'.2182 y 81.1.2.8.Ñ'.P'.5850) (fig.127, 8, 10, 20), con motivos espiraliformes[805]. Pertenecen a la misma forma los ejemplares

81.1.D.II.11631 y 10.195 (fig. 127, 21 y 19). Dentro de esta tipología se encuentra además el labio de tacita, semejante a Magdalensberg 31, 2, sin decoración patente (81.1.2/8 Ñ'.P'.5071), aunque con acanaladura interior[806].

El fondo V.79.16.20.N.Ñ.15, ostenta la estampilla *CN.AT in p.p.* (fig. 127, 23).

Consp. 26

Fragmento de pared y carena de copa de finas paredes, con acanaladuras típicas, según la subforma Consp.26.2.1, el ejemplar Magd. 60, 9 (V.79.5.7.H.I.17)(fig.128, 1). El borde V.79.I.L'.100 (fig. 128, 2) parece corresponder a la variante Consp. 26.1.2.[807] Cronológicamente el ejemplar de Magdalensberg corresponde al complejo VII[808] variante también presente en Haltern[809]. Se sitúa así en la primera mitad del s. I de la Era.

Similis Consp. 31/Haltern 11

Borde de copa de pared biconvexa de grandes dimensiones (V.79.3.N'.123)(fig.129, 1), con el cuerpo superior liso sin decoración burilada, semejante a los modelos citados, bien documentados en Haltern[810].

Consp. 32.3./Magdalensberg 51,2

Fragmentos de labio y paredes; el labio horizontal, especialmente grueso y surcado centralmente por acanaladura, con ruedecilla ancha en el friso superior y acanaladura en el estrechamiento[811] (80.1.2/6.L.N.3850 y 80.1.-11.Ñ.S.3399) (fig.128, 12).

Es la forma de Magdalensberg, pero con el labio de tipología completamente distinta, no apuntado ni colgante, sino simplemente redondeado y saliente, caracterizado por la acanaladura superior y sin que hayamos encontrado paralelos exactos salvo en la forma general del envase, que recuerda la XXIII de Pucci[812]. También en Corinto, de labio apuntado[813].

[798] SCHINDLER, M., SCHEFFENEGER, S., 1977, 149 y láms. 54 ss.; son ciertamente frecuentes los relieves aplicados. Se encuentran buenos paralelos de estos platos en las necrópolis de Emona y Tessino —SIMONETT, Ch., 1941, fig. 70, enterramiento 20, 1.

[799] HAYES, W., 1973, lám. 83, 30, situada entre los años 10 al 60 de C., PUCCI, G., 1985, 383, f. IX, 14, lám. CXIX.

[800] También ETTLINGER, E., HEDINGER, B., y otros, 1992, 88.

[801] Como en Magdalensberg, 58, 4a del complejo VII.

[802] SCHINDLER, M., SCHEFFENEGER, S., 1977, 149 ss., en pasta A.

[803] PUCCI, G., 1985, 383.

[804] ETTLINGER, E., HEDINGER, B. y otros, 1990, 92. Cronólogicamente aparece después del año 15 d. C., GOUDINEAU, Ch., 1968, 307. Bordes semejantes en C 2 A, n. 50, C 2B, n. 87,96

[805] Ejemplares en la necrópolis del Tessino (Simonett, Ch., 1941, 48, fig. 23, 4, enterramiento 6.), *Pollentia* (ETTLINGER, E., 1983, 109, lám. 9, 234), en Magdalensberg (Magdalensberg, SCHINDLER, M., SCHEFFENEGER, S., 1977, 154, complejos VI y VII, hasta el año 45 d. C.) Para esta forma también, PUCCI, G., 393, lám. CXXVIII, forma XXIX.

[806] SCHINDLER, M., SCHEFFENEGER, S., 1977, 108 ss.; en el complejo III. En pasta A, aretina.

[807] Véanse bordes análogos en Haltern, aunque de paredes más gruesas, VON SCHNURBEIN, S., 1982, ns. 1615, 1620 etc.

[808] SCHINDLER, M., SCHEFFENEGER, S., 1977, 154 ss.

[809] VON SCHNURBEIN, S., 1982, lám. 69, ns. 1613-1629.

[810] VON SCHNURBEIN, S., 1982, láms. 66-67.

[811] El ejemplar es de paredes más gruesas que el reproducido por GOUDINEAU de Bolsena, 1969, 308.

[812] PUCCI, G., 1985, 390, lám. CXXVII, 10 forma XXIII, var. 6. Se trata de un ejemplar de Vechten, con la estampilla de *Sentius* —OXE, A., COMFORT, H., 1968,413, n. 1792. También recuerda las variantes Magd. 52, 11 y ss., sin coincidir tampoco en el labio; éstas son de fabricación padana.

[813] HAYES, J. W., 1973, lam. 83, 59. recogida en Conspec. 32.3.1. p. 108

La forma 51 y afines de Magdalensberg se presenta en los complejos IV, V y VII, es decir, entre los años 15-20 y 45 d. C. Corresponde a la subforma Consp. 32.3.1, de labio más fino y apuntado que nuestros ejemplos.

A la variante Consp. 32.2. de labio colgante, sin acanaladura interna, corresponde el borde 80.1.18.22.V.Y.428, de pared finamente burilada que tiene sus mejores paralelos en Magdalensberg 52 (fig. 128, 21).

Consp. 33/Magd. 67 a, 2

El borde (80.1.16.22.AA.AD. 47...) (fig. 128, 14), con acanaladuras idénticas a las del modelo propuesto y con labio de gran altura[814], se asemeja a Consp. 33.5.1, identificándose bien con el perfil Magd. 67 a, 2[815], del complejo VII.

Sin mayores precisiones se presenta el fragmento de la carena de esta copa, de tipo indeterminado (80.1.10/20.S.T.1264, fig. 127, 24). Nótese la ausencia de la acanaladura interna.

Tampoco ofrece excesiva seguridad el fondo 81.1.9.12.A'.F'.87 (fig.129, 3), asimilable a la subforma de pequeñas dimensiones Consp. 33.2.

Consp. 36

De esta forma semiesférica y del nivel más moderno de la colonia se conservan tres fragmentos de bordes, de tendencia vertical, levemente inclinados (81.1.32.34.H.5766, 81.1.D.-II.10193, V.79.9.I'.4, fig. 128, 16, 19 y 20), con acanaladuras al exterior, como Magd.48,12[816], de los complejos IV y VII.

Consp. 37

En Consp. 37 se agrupan diversas modalidades de copas semiesféricas, cuyas diversas variantes están presentes en *Celsa* en el nivel más moderno de la colonia. Así el borde V.79.5.I'.154 (fig. 128, 13), con acanaladura interna (Consp.37.1) y sobre todo las subformas 37.4.1: 80.1.3.I.L.K.Q.3714 y 81.1.2.8.-Ñ'.P'.5855 (fig.128, 6 y 8), caracterizadas por un labio vuelto y abierto, de tipo apuntado.

Peor documentada está la variante Consp. 37/Magdalensberg 49,19[817], de los complejos IV y VII (80.1....N5.1327 y V.79.5.I.J.69) y por lo tanto situable desde el año 15 hasta mediados del s. I de la Era (fig. 128, 9 y 7).

Finalmente el borde V.79.7.G'.25 (fig. 128, 10), que parece una variante de Consp.

37.1.1, aunque con el labio más engrosado, como Magdalensberg 50,11[818], de cronología evidentemente avanzada como denota la decoración del labio y su pertenencia a los complejos V-VII, en pasta A[819].

Consp. 38/Haltern 14

Fragmento de pasta dudosa. Nótese que los ejemplares de Haltern mantienen también una arcilla indeterminada, de tipo II, atribuida indistintamente a Pisa o Arezzo[820] (82.1.h.12.175) (fig.128, 4). El borde de *Celsa*, cuya forma se confirma por otros ejemplares de la colonia, se manifiesta verticalmente apuntado, con doble acanaladura externa, en variante no reflejada en Consp., y documentada en *Pollentia*[821].

También resulta dudoso es el fragmento de pared curvada, de grandes dimensiones, con la típica decoración burilada. (V.79.16.-18.LK.42) (fig.128, 5). Cronológicamente se sitúa en la etapa de Augusto-Tiberio[822].

Consp. 50/Goud. 22 a?

Fragmento de pared (81.1.25.33.2857)(fig. 128, 23) relacionado con con cubiletes citados[823] aunque la pared de *Celsa* parece más abierta y no completamente vertical como en Haltern. La tipología de esta forma parece oscilar entre los ejemplares más abiertos de Oberaden 12 A[824] o las de paredes cilíndricas como las de Haltern[825] o Basilea[826], que Pucci reune en su forma XLI[827]. El fragmento V.79.-h.12.198 (fig.128) con dos acanaladuras y paredes verticales, de pequeñas dimensiones, podría asimilarse a esta forma, fechada especialmente en época augusteo-tiberiana[828].

Fragmentos indeterminados

Además de las formas clasificadas, como se comprenderá, hay un buen número de fragmentos cuya atribución resulta bastante dudosa y que hemos clasificado en grandes apartados, atendiendo sobre todo a la tipología de los pies.

---

[814] Puede verse Pucci, G., 1985, lám. CXXXI, forma XXXVII, p. 396.

[815] Schindler, M., Scheffeneger, S., 1977, fábrica A.

[816] Schindler, M., Scheffeneger, S., 1977, 136 ss. También 49,1, 2 etc.

[817] Schindler, M., Scheffeneger, S., 1977, 136 ss. Pucci no recoge propiamente esta variante.

[818] Véase también el borde de *Celsa*, en pasta centroitálica, V.79.2.I.51, supra.

[819] Schindler, M., Scheffeneger, S., 1977, 138 ss. Pucci, G., 1985, (XXXV,3) 395, reproduce las variantes de Magdalensberg.

[820] Von Schnurbein, S., 1982, 207, núms. 1609 ss.

[821] Ettlinger, E., 1983, p. 112 y lám. 10, ns. 266 y 267.

[822] Ettlinger, E., Hedinger, B., y otros, 1990, 118. Presente en Bolsena (zona B, bolsada b) (Goudineau, Ch., 1968, p. 137, B-b-5).

[823] Von Schnurbein, S.,1982, lám. 70, n. 1643.

[824] Loeschcke, S., 1942, lám. 24, p. 26 = Goud. 22 a.

[825] También en Oberaden, var. 12 B.

[826] Fellman, R., 1952, 121, lám. 19,7

[827] Pucci, G., 1985, 397. En Hispania podemos añadir el ejemplo de Ampurias —Almagro, M., 1955, lám. 6, 12— ya recogido por Von Schnurbein.

[828] Conspectus, p. 138.

Correspondientes a pequeños vasos hay diversos pies (80.1....137), (fig.129, 2) y varios fondos de tacita de los que interesa el V.79.1.N'.323[829] (fig. 127, 12) con un grafito en la base externa, incompleto *PHI[...]I* muy dificil de completar, pero que se refiere claramente a un nombre en genitivo posesivo.

Mucho más lacónico es el grafito en base externa, n. 81.1.C.I.4164, de dificil interpretación (fig. 131, 11).

En cuanto a las páteras de grandes dimensiones de pie, más o menos rectangular, encontramos un amplio abanico formal, según los criterios evolutivos abordados en Conspectus. De la variante **F.1.2**[830] se conocen dos ejemplares 81.1.D.II.8179 y 81.1.h.-12.2148, este segundo[831] con la estampilla *S.Petronius* (fig.129, 9) y procedente del nivel *3*, circunstancia acorde con la cronología de este tipo de bases, eminentemente augustea. El pie 81.1.D.II.8121 (fig.129, 7) corresponde a la variante y el 80.1.16.22.AA.AD.4760 a la **F.1.4** (fig. 129, 8). Finalmente de este grupo de época augustea son también los pies **F.1.5** 81.1.D.II.C.II.7632 y V.79.32.A.1 (fig. 130, 2 y 3) con las estampillas *Salvus Sex.Anni* y *Tetius Samia*.

De la etapa augusteo-tiberiana son los pies de pared interna reentrante **F.1.7**, de los que tenemos diversos ejemplares (80.1.20.22.Y.-Z.1307, 80.1.20.22.Y.Z.1309, 80.1.D.II.11635 (fig. 130, 5, 7, y 6) y 80.1.22.A.I.31.T.8910, con la estampilla *BR*) (fig. 129, 12) o bien la variante **F.1.9** con un fondo (80.1.D.II.11632) (fig. 130, 9).

Finalmente como modelos más avanzados se sitúan los pies **F.1.10** (V.79.18.P.2, 80.1.22.A.I.31.T.8904, de *Crestus*) (fig. 130, 1 y 13), **F.1.11** (81.1.D.II.8122) (fig. 129, 5) y **F.1.12** (V.79.6.M.L.3) (fig. 129, 6)[832], que se fechan a partir del reinado de Tiberio.

Entre las páteras de pequeño tamaño y pie inclinado y ligero, hay ejemplos de época augustea, correspondientes a la variante **F.2.4** sobre todo, ciertamente uniformes en su tipología (80.1. ¿? 137 (fig. 129, 2), 80.1.38.L.-M.203 (fig. 131, 10), 81.1.D.II.8121, 81.1.D.-II.10160 (fig. 130, 12 y 13)[833], 81.1.D.II.12019 (fig. 131, 5), V.79.26.H.16 (fig. 130, 10) y

V.79.I.18.14[834], fig. 131, 3). A las formas tiberianas **F.2.5**, corresponde también un buen número de fragmentos (80.1.11.T.7143, 80.1.22.A.I.31.T.8907, 81.1.15.21.B'.C'.478, 81.1.C.I.4164 (fig. 131, 4, 8, 9, 11), V.79.h.12.185 (fig. 131, 1), *Cn. Atei* V.79.14.-H'.39[835] (fig. 131, 7), *Sextus Annius* 80.1.32.-H.5882, fig. 131, 2).

8.5.3.2. Formas decoradas

Resulta francamente minoritaria la presencia de la *sigillata* itálica decorada, limitándose a muy escasas formas y fragmentos representativos, porcentajes que están en la tónica de los yacimientos conocidos en nuestro ámbito.

Drag. I

Fragmento de copa, de borde vertical, con una ligera depresión exterior; dos finas molduras separan la zona lisa de la decorada, limitada por una fila de ovas de tipo doble y alargadas de aspecto sumamente estilizado (81.1.C.I.D.II.4502)[836] (fig. 131, 12).

A la misma forma pertenece el fragmento 81.1.D.II.8135 (fig. 131, 16), que ofrece una serie de ovas alternando con perlitas colgantes, atribuibles al taller de *Perennius*[837]. También el fragmento V.79.10.K'.3, de taller indeterminado (fig. 131, 13).

Drag. X

Fragmento de modiolo (80.1.22 AI/31.-T.8909) (fig. 132, 4), correspondiente a la boca y parte de la pared, con tema de bacante; ostenta el final de la estampilla externa [*Tigr*]*an*(*i*). El labio con ruedecilla exterior en el borde superior e inferior. Se conserva igualmente el arranque del asa, partiendo de un aplique en forma de astas de toro, de sección ovoide y tres acanaladuras. El friso decorativo se limita por serie de ovas amplias, de moldura simple[838]. Una sencilla guirnalda, muy estilizada y con hojitas estrechas y alargadas, corre a la altura de la bacante.

Corresponde a un vaso del taller de *M. Perennius* de tipo absolutamente semejante al ya publicado del Museo de Zaragoza, cuya procedencia celsense es muy segura, a pesar

---

[829] Tal vez de la forma Ha 7?

[830] Seguimos el esquema marcado en Conspectus (ETTLINGER, E., HEDINGER, B., 1990, 154), sustituyendo únicamente la inicial B (böden) por la F (fondo).

[831] GOUDINEAU, Ch., 1968, B-3-18. Sello radial en el fondo, del que solo se observa el final completo: S.Pe, es decir, S(extus) Pe(tronius) (OXE, A., COMFORT, H., 1968, n. 1301. Nótese que en nuestro ejemplar no se aprecia la interpunción, resultando análogo al sello de Titelberg —OXE, A., COMFORT,H., 1968 1301,35. Los sellos radiales se sitúan en fecha anterior a los años 10-15 a. de C.

[832] GOUDINEAU, Ch., 1968, C-2 A-14

[833] GOUDINEAU, Ch., 1968, B-2 B -15.

[834] Con estampilla in p.p. ilegible.

[835] GOUDINEAU, Ch., 1968, B-2 B-18

[836] Otros cálices análogos, en *Pollentia* (ETTLINGER, E., 1983 a, 143, lám. 11, 276). Un ejemplar de muy buen arte en *Novaesium*, del taller de *M. Perennius Tigranus* (ETTLINGER, E., 1983, lám. 59, 1, 10.

[837] DRAGENDORF, H., WATZINGER, C., 1948, lám. 2, 21, lám., 1, 13; también, OXE, A., 1968, láms., LIII, 225 y XLII, 155 (*M. Perennius Tigranus, M. Perennius Bargathes*), lám. LIV, 261, *P. Cornelius*. También OXE, A., 1934, 36, lám. VIII.

[838] DRAGENDORF, H., WATZINGER, C., 1948, fig. 1, 1.

de haber sido publicado como procedente de Belchite[839]. Los punzones de ambos vasos son los mismos. La ménade corresponde al tipo 69-74 de Dragendorf-Watzinger, grupo VII, tipo 2A, análogo al del modiolo de procedencia itálica del Antiquarium de Berlin[840], pero sin el friso ondulante de sarmientos y racimos que ocupa el lugar de las ovas del ejemplar de *Celsa* y de la simplificada guirnalda[841].

Cronológicamente se incluye este fragmento, como el vaso del Museo de Zaragoza, en la segunda fase de la producción de *M. Perennius* del que conocemos en *Hispania* los vasos de Tarragona[842] y *Bilbilis*[843], a los que podrían añadirse las estampillas externas de Herrera de Pisuerga, Sevilla y *Pollentia*[844]. Puede atribuirse así al primer decenio de nuestra Era[845].

A la misma forma, pertenecen los fragmentos 81.1.2/8.Ñ.P.5077 (fig. 132, 3) y 81.1.-D.I.3317 (fig. 132, 2) y sobre todo V.79.8.-10.I.J.10 (fig. 132, 1), en donde vemos la parte superior de una ménade, danzando hacia la derecha y del mismo estilo ya descrito, con fina guirnalda conservada en el hueco del brazo levantado[846], con un paralelo artístico estricto para la figura en el molde del Ashmolean Museum encontrado en Arezzo, del mismo *M. Perennius*[847].

Copa?

Fragmento de pared con figuras de caballos de una biga, posiblemente del taller de *Annius*[848] o tal vez del mismo *Perennius*, en su época más moderna (81.1.15.21.B'.C'.450) (fig. 132, 6). No se conserva nada del conductor, que puedo ser un cupido, como en otros ejemplos[849]. Se trata de una escena de circo verosímilmente.

Cáliz de labio vertical/Consp. R.9.1

Fragmento de pared de cáliz caracterizado por el cuerpo de tipo hemiesférico, rematado en una vertical y desarrollada pared. En nuestro fragmento V.81.s.38 (fig.131, 17), falta el borde, conservándose sólo una banda lisa entre acanaladuras y en la banda inferior la estampilla *RASIN*, debajo de una guirnalda simple de hojitas indiferenciadas en forma de espina de pez[850]. La falta de otros detalles decorativos impide otras precisiones. Corresponde a la variante Consp. 9.1., que presenta el borde con un remate especial, bífido, como en el cáliz de Ampurias, de *P. Corneli*[851], o un borde redondeado con acanaladura interior como en el ejemplar de Bolsena de la fábrica de *Perennius*[852]. Esta forma se sitúa cronologicamente a partir de la etapa tiberiana.

Formas indeterminadas

Un fragmento de pared, de posible copa, ostenta un friso de rosetas y entre ellas, pendientes rematados en botones, también del estilo de *Annius*[853] (80.1.22.AI/31.T.8890)(fig. 132, 9), otro luce pecten, festón rematado en palmetas y línea de perlas, de taller indeterminado (80.1.22.AI/31.T. 8893).

Igualmente inclasificables son los fragmentos con parte de unos pies de ménade del estilo ya visto más arriba (81.1.2/8.Ñ'.P'.5093) (fig. 132, 10), el friso de ovas que inicia la zona decorada de otro (81.1.2/8.Ñ'.P'.5117) (fig. 132, 8), el perteneciente a un cáliz con cierta carena, 80.1.8.14.V.Z.7915 (fig. 132, 5), con representación de un ancho acanto o el pie de cáliz, con doble moldura 10.167 (fig. 131, 15).

8.5.3.3. Estampillas

Sextus Annius

Fondo de pátera indeterminada[854] 80.1.32 H .5882: *Sex. An ni* en sello rectangular (fig.131,2 y 136,16). Este cerámista, *Sex(tus) Annius*, se fecha entre el año 10 a. de C. y el 10 de la Era[855]. Se comprueba la cronología propuesta en Bolsena en la zona B, depósito 2 B[856], situada entre los años 50/40 a. de C. y

[839] Recogido por GALIAY SARAÑANA, J., 1946, 166 y lám. XXII; OSWALD, F., 1947, 126 ss; publicado más tarde por RUBIO, M., 1954, 143 ss.

[840] OXE, A., 1933,75,n. 115, lám. XXV.

[841] Al mismo tipo de la variante de Berlin pertenece el fragmento del Ashmolean Museum, BROWN, A. C., 1968, lám. XII, n. 46 y ns. 48-50, p. 18.

[842] OXE, A., COMFORT, H., 1968, 113 a, p. 73 y 74, 114 a C.

[843] BALIL, A., 1959, 310 ss, figs. 2 y 3; BROWN, A. C., 1968, 4; BELTRÁN MARTÍNEZ A., 1976, 26.

[844] OXE, A., COMFORT, H., 1968, n. 1249, p. 317; ETTLINGER, E., 1983, 74, n. 30.

[845] Se conocen de *Celsa* otros fragmentos de vasijas análogas que daremos a conocer en su momento.

[846] DRAGENDORF, H., WATZINGER, C., 1948, 69 ss., lám. 4, 34.

[847] BROWN, A. C., 1968, lám. XII, n. 48 y p. 18. Con friso de rosetas sobre las figuras.

[848] DRAGENDORF, H., WATZINGER, C., 1948, lám. 31, 490. C. *Annius* trabajo a mediados de la época augustea y L. *Annius* en un momento avanzado de Augusto, p. l43, l52.

[849] CHASE, G. H., 1916, ns. 82 ss.

[850] Como en los vasos de las matrices. n. 9, 10, 67, 82, etc. de *Rasinius* (Víde, STENICO, A., 1960).

[851] BALIL, A., 1959, 318, fig. 6. ID. ETTLINGER, E., HEDINGER, B., y otros, 1990, 178, lám. 58, R 9.1.1,

[852] GOUDINEAU, CH., 1968 a, lám. VII, c, p. 178 y 193.

[853] DRAGENDORF, H., WATZINGER, C., 1948, lám. 32, n. 47.

[854] Podría tratarse de la forma Ha 1, serv. II, 7 o alguna variante, VON SCHNURBEIN, S., 1982, lám. 16 ss, del horizonte más temprano de Haltern.

[855] OXE, A., COMFORT, H., 1968, n. 88, 2.23. Estampilla, con lados ovalados, como 114, pero no inscrita en rectángulo. En los análisis químicos, este ejemplar (m. 198) se agrupa en el apartado mayoritario de Arezzo.

[856] GOUDINEAU, Ch., 1968, 159, n. 35.

el 10/20 después[857]. Este ceramista puso su sello en las formas del Servicio I (Ha. 1 y Ha.7) y II (Ha.3 y Ha.8). Pucci sugiere un origen ostiense para este ceramista, con base en un hallazgo de desecho de horno producido en dicho lugar[858], añadiendo que la casa madre de *Sex. Annius Afer*, fue ciertamente Arezzo.[859]

Este productor se conoce en Tarragona, Ampurias, Elche, Alcacer do Sal, Adra, Elda, *Corduba*, Segobriga[860] y *Caesaraugusta*[861].

Salvius Sex.An(ni)

Conservamos la estampilla de *Salv-ius Sex(ti) /An(ni)*[862] (81.D.II.C.II.7632)(fig.130,2 y 136,14), (anterior de la Era) radial[863], también conocida en Tarragona y Sagunto[864]. Los análisis químicos la sitúan en el grupo mayoritario de Arezzo[865]. *Salvius,* dependió de *Sex. Annius,* en la primera etapa productiva, como *Antiochus.*[866]

Ateius

Fondo inclasificable, con estampilla *in p.p. ATIII,* (V.79.4.K.38) (fig. 136,15). No se conocen ejemplares con esta grafía in p.p., aunque sí en estampilla rectangular, en ejemplos variados[867] y las estampillas de este productor *in p.p.* ostentan todas las grafía ATE, *ATEI* o *ATEI*[868].

Este alfarero es sin duda el más abundante de *Celsa*, predominando con gran diferencia por encima de cualquier otro. El presente ejemplar, se agrupa según los análisis químicos en el apartado mayoritario de Arezzo (M. 239).

Cn. Ateius

El número 80.1.38.L.M.6521[M.204][869], ostenta la estampilla *in p.p.* con la grafía *Cn Atei*[870] en posición central (fig.130,8). A otra variante, corresponde el fondo de pátera, de pie apuntado, con el sello *Cn Atei*, en posición central[871] (V.79.14.H'.39) (fig.131,7).

Ateius es sin duda uno de los alfareros más difundidos en *Hispania*[872], con diferentes grafías, siendo constantes los hallazgos de este ceramista. Con la misma grafía, se conocen ejemplos en *Baelo*, Dos Hermanas (Sevilla), Corona de la Quintanilla (León), Arragona (Sabadell), Santo Tomé (Orense)[873] y Numancia[874].

Los problemas suscitados por este productor y sus libertos, han provocado una abundante literatura científica, que fue inicialmente resumida por el agudo trabajo de Ettlinger[875], atribuyéndose a este ceramista practicamente el 44 % de la tsi de Haltern. Los descubrimientos de la Muettte en 1966, obligaron a replantear el problema de los orígenes[876], entrando también en juego los talleres de Lyon y Pisa.

Los análisis químicos permitirán más tarde dibujar un panorama más exacto, al menos para el territorio galo, en donde las atribuciones aretinas son mínimas, juntamente con las lionesas (que afectan sobre todo al Este de la Galia y región renana), resultando el taller de

---

[857] En *Celsa*, aparece en el nivel 3.1, cuyo momento final hemos situado, de forma extrema en el año 20 de la Era.

[858] PUCCI, G., 1985, 366. ETTLINGER, E., HEDINGER, B., Y OTROS, 1990, 11, plantean también la situación justificada en Arezzo.

[859] No ofrece Pucci, más detalles de dicho hallazgo. Véase sobre este productor, VON SCNHNURBEIN, S., 1982, pp. 70-71. También OXE, A., COMFORT, H., 1968, pp. 26 ss. Sugirieron ya estos autores que, a partir de la distribución de las distintas producciones de este taller, hubo sucursales fuera de Arezzo. Proponen, justamente, que la forma *Sex. Anni* es la más antigua y correcta, como dejan ver las estampillas (en situación radial) en Neuss, Mont Beuvray, Siena, Oberaden y ahora la de *Celsa*. No hay estampillas radiales de Sex. Afri, fórmula que parece, evidentemente, más moderna. En esta línea la opinión de VON SCHNURBEIN, S., 1982, p. 71, relativa a dos distintos talleres. La actividad de este productor, Sextus Annius, parece situarse claramente entre los años 10 a. de C., al 10 d. de C. La formula *Sex. Annius Afer*, es claramente más moderna, como se deduce de las formas que utilizó, todas del Servicio II.

[860] OXE, A., COMFORT, H., 1968, 88; BELTRÁN LLORIS, M., 1990, 68; FERNÁNDEZ MIRANDA, M., CABALLERO, L., 1975, Goud. 28; RAMOS, R., 1975, 157. Los hallazgos de este productor, pueden verse también en *RCRF*, 25-26, 1987, 8.

[861] MOSTALAC CARRILLO, A., PÉREZ CASAS, J. A., 1989, 80.

[862] OXE, A., COMFORT, H., 1968, n. 90 b4.c 3, radial. El ejemplar de *Celsa* en estampilla rectangular oblonga, dividida en dos líneas y con espigas partiendo los nombres como se indica.Procede de nivel superficial, 8. BELTRÁN LLORIS, M., 1990, 68.

[863] Como el ejemplar de Minturno, (OXE, A., COMFORT, H.,1968, 90 a2).

[864] MONTESINOS Y MARTÍNEZ, J., 1991, n. 4, fig. 14.

[865] Muestra n. 53

[866] OXE, A., COMFORT, H., 1968, 89. De un momento posterior son los esclavos *Alexander* (O.C. 92 a), *Anteros* (O.C. 92 b), *Blandus* (O.C.92 c), *Clitus* (O.C. 92 d), *Diomedes* (O.C.92 e) y *Phormio* (O.C. 92 f).

[867] OXE, A., COMFORT, H., 1968, 144, núms: 437, 71, 8, 424a etc., p. 48.

[868] OXE, A., COMFORT, H., 1968, p. 53.

[869] En los análisis químicos pertenece al grupo mayoritario de Arezzo.

[870] OXE, A., COMFORT, H., 1968, 145.

[871] OXE, A., COMFORT, H., 1968, 145 e.g. 281.

[872] BELTRÁN LLORIS, M., 1978, 78

[873] BELTRÁN LLORIS, M., 1990, 68; CAAMAÑO GESTO, J. M., 1980, n. 5, p. 70

[874] ROMERO CARNICERO, M. V., 1985, 25, cuatro ejemplares con *Atei* en formas Drag. 11, Ha. 9 y Goud. 32 ó 38. Cinco ejemplares más con variantes *Ateio*, y *Cn. Atei*

[875] ETTLINGER, E., 1962, 27 ss.

[876] AUDIN, A., LEGLAY, M., 1966, 95 ss.

Pisa como uno de los principales abastecedores de esta firma para las Galias[877]. Todavía se añaden las estampillas con *Cn. Ateius Ar(retinus)* y *Cn. Ateius A( )*, pertenecientes a las más tardías producciones del taller de *Ateius* que Comfort no dudó en atribuir a talleres puteolanos[878], con lo que quedó definido el complejo mosaico de esta firma productora.

En lo relativo al campamento de Haltern, las producciones de Pisa resultaron mayoritarias, seguidas de cerca por las lionesas[879].

Así las cosas y en lo relativo al productor principal, *Ateius*, parece claro que tuvo oficinas en Arezzo, e importantes filiales tanto en Pisa, como en Lión, destinadas sobre todo a surtir los mercados de las Galias y el *limes*. En lo referente a los libertos de *Ateius* la solución no es excesivamente fácil. De un lado, *Cn. Ateius Arretinus* y *A( )* y *Cn. Ateius Ma( )*, parecen haber producido en el área puteolana, según hemos comentado más arriba, a partir de los años 30-40 d. C., continuando su actividad en la segunda mitad del siglo, según su presencia en Pompeya[880].

En el centro de Pisa y según los análisis químicos de Haltern, trabajaron los libertos *Euhodus, Mahes, Xanthus* y *Zoilus*[881], cuya repartición en Italia no es excesiva, como ya han notado diversos autores[882]. Ello introduce numerosas interrogantes en este conjunto de asociados de *Ateius* en cuyo planteamiento extenso no podemos entrar aquí por razones obvias, al igual que en el resto de los libertos conocidos de esta firma, sobre los que volveremos más adelante, con la publicación exhaustiva de la tsi de *Celsa*. No obstante, hemos de añadir que en la colonia, hasta el momento, de 31 estampillas de *Ateius*, la totalidad se agrupa, según los análisis químicos, en el taller de Arezzo[883]. Los resultados iniciales de *Caesaraugusta* y Huesca, aunque muy reducidos, nos ofrecen conclusiones análogas[884].

Faltan otros análisis precisos en los yacimientos tarraconenses. Las conclusiones preliminares de algunos lugares, sin embargo, parecen inclinarse también hacia el centro aretino, así sucede en la vecina Lérida[885]. *Ateius*, con *Rasinius*, son dos de los productores más extendidos en *Hispania*[886].

Avilius

Sello *in p. p.*, central sobre fondo de pátera indeterminada, *Avili*, V.79.7.J'.91 (fig. 136, 22). Éste es también un alfarero aretino[887] muy conocido en *Celsa* y también en *Hispania*[888]. En la colonia la forma común es *in planta pedis*, adoptando diversas fórmulas en los nexos, como *AVILI* (4 ejemplares) o sin ellos (2 ejemplares). Sólo se conoce un ejemplar en estampilla rectangular entre puntos. Fueron diversos los *Avillii*, conociéndose: *Aulus, Caius, Lucius, Publius* y *Sextus*, de los que sólo *Caius*[889] y *Lucius*[890] están presentes en la colonia *Celsa*.

No todos los *Avillii* trabajaron en Arezzo. Efectivamente, sobre *Sextus*, ya expresaron sus dudas Oxe-Comfort[891], atribuyéndolo a un taller de Roma o Italia central. Así, la dispersión de dichas estampillas, como vió Von Schnurbein[892], parece adaptarse a la seguida por los alfareros puteolanos, que parecen concentrarse en su difusión en Roma y los análisis químicos permiten determinadas atribuciones a Italia en general y a Pisa de *Manius*, dependiente de *Sextus Avillius*[893]. En la misma línea se encuentra la atribución de *Stephanus Avilli* según los análisis que hemos hecho, que agrupan dicho ejemplar en la serie atribuida a Italia Central[894].

BR

En pátera de pie ensanchado[895]. Se trata de estampilla radial, 80.1.22AI/31.T.8910 (figs.

---

[877]   Picon, M., Meille, E., Vichy, M., Garmier, J., 1972-1973, 128 ss.

[878]   Comfort, H., 1962, 5 ss.

[879]   Von Schnurbein, S., 1982, 140 ss. De las 117 estampillas atribuidas a Pisa, 97 pertenecen al taller de *Ateius*. Nótese, cómo en *Novaesium* (Ettlinger, E., 1983, 75; id. Ettlinger, E., Hedinger, B., y otros, 1990, 7), de 96 estampillas, 84 mantienen la misma procedencia.

[880]   Pucci, G., 1977, 14.

[881]   Von Schnurbein, S., 1982, 140 ss.

[882]   Oxe, A., Comfort, H., 1968, *Euhodus*, n. 160; *Mahes*, n. 168; *Xanthus*, n. 176; *Zoilus*, n. 180; Pucci, G., 1985, 371.

[883]   Son 14 estampillas de *Ateius*, 8 de *Cn. Ateius* y 9 correspondientes a los esclavos asociados.

[884]   Son cuatro las estampillas analizadas hasta la fecha.

[885]   Pérez Almoguera, A., 1990, 34-35. Se trata del taller mejor representado entre los conocidos a través de las estampillas, con 15 ejemplares de 49 documentadas.

[886]   Beltrán Lloris, M., 1990, pp. 69, 70.

[887]   Como confirman los análisis químicos, no todos de Celsa, núms. 1 (*Avili*), 40 (*Avili*), 78 (*Eros Avilli*), 171 (*Avili*), 176 (*Avili Pro*).

[888]   Oxe, A., Comfort, H., 1968, p. 99 ss, n. 226, con los hallazgos de Ampurias y Tarragona, a los que se unen los de Sagunto (Montesinos y Martínez, J., 1991, n. 25), *Baelo, Lucentum*, Herrera de Pisuerga (García y Bellido, A., *et alii*, 1962, 38) Córdoba —(García y Bellido, A., 1970, 2), Numancia, *Pollentia, Baelo, Lucentum*, Cabezo Palao (Alcañiz), *Caesaraugusta* y Huesca (Beltrán Lloris, M. 1990, 69).

[889]   Un ejemplar *in p. p.*

[890]   Cuatro ejemplares. Uno de los analizados químicamente, se incluye en el grupo aretino (M. 47).

[891]   1986, 303.

[892]   1982, 78, 86.

[893]   Oxe, A., Comfort, H., 1968, 281-291.

[894]   *Celsa*, análisis 192 (83.1.ins.II.17B.14809).

[895]   El tipo de pie tiene sus paralelos en Bolsena B-2B'- 15, nivel de la época de apogeo de la aretina. Puede tratarse posiblemente ? de la forma Goud. 17, circunstancia que corroboraría, cronológicamente, las consecuencias deducidas del tipo de situación del sello.

129,12 y 136, 12), de la que no hemos encontrado ningún paralelo claro. Podría tratarse de *L.Brinnius,* alfarero provincial, según Oxe-Comfort[896] que suele abreviarse en *Bri* o *Brim,* aunque la posición radial, resulta por ahora inédita[897].

P. Clodius Euphemus

Estampilla *in p.p.,* en posición central, en fondo de copita Consp. 33.2 (81.1.9.18.-A'.F'.87) (fig.129,3), con lectura *P. Cl. Eup.* Este productor es avanzado según la constante de la estampillas *in p. p.*[898]. Hasta la fecha no se conocían ejemplos de *Cl. Euphemus* en *Hispania,* que produjo copas Consp. 33, según los hallazgos de Fiesole y el presente de *Celsa.*

Crestus

Un ejemplar en sello rectangular[899] (80.1.-22.AI/31.T.8904), sobre pátera indeterminada de pie rectangular, sin facetas ni molduras[900], con lectura *Cresti* (fig.129,13). Señalaron Oxe-Comfort, que las estampillas en dos líneas así como todas *in p. p.,* correspondían a alfareros itálicos[901]. Presumiblemente, añadieron, la mayoría de los especímenes son de *Cn. Ateius Crestus,* alfarero que estuvo activo al Norte de los Alpes, aunque esta cuestión permanece todavía abierta, debiendo tratarse ciertamente de dos alfareros distintos[902].

Los ejemplares de *Celsa,* obedecen todos a la grafía *CRESTI*[903]. Los análisis llevados a cabo los incluyen en el grupo aretino. La estampilla *in p. p.* de uno de los ejemplares nos ofrecería una clara referencia cronológica, junto a su presencia en formas de los dos primeros decenios de la Era[904].

Este alfarero es muy frecuente en *Hispania,* añadiéndose al repertorio de Oxe-Comfort buen número de localidades nuevas[905], entre ellas Conimbriga[906], Pinos Puente[907], Córdoba[908], *Baelo*[909], *Pollentia*[910], Valencia[911], Numancia[912], Castelo das Guerras (Mouras)[913], Milreu y Mirobriga[914], Sentromá[915] y Lérida[916] entre otros lugares. Sobresale especialmente su abundancia en Tarragona (14 ejs.) y Ampurias (11 ejs.). A falta de análisis detallados, no resulta fácil atribuir la gran masa de estampillas encontradas en *Hispania,* a pesar del carácter aretino de los ejemplares celsenses.

Crispinus

Fondo de pátera indeterminada, con sello cuadrangular en dos líneas (V. s. 308) (fig. 136, 2), *Cris/pini ,* dado como probablemente aretino por Oxe-Comfort, aunque también añadieron una posible filial norteitálica[917]. Sobre los hallazgos conocidos, pueden añadirse en *Hispania* los puntos de Elche[918], Herrera de Pisuerga[919], *Pollentia*[920] y *Lucentum*[921].

Esta variante de estampilla corresponde a la forma más común señalada por Oxe-Comfort[922], frecuente en Haltern en pastas aretinas[923], así como en *Novaesium*[924]. Parece correcta la cronología aplicada a este productor por Oxé, entre el 10 a. de C. y el 10 después.

---

[896] 1968, n. 336.

[897] El análisis químico, M.144, lo atribuye al grupo mayoritario de Arezzo.

[898] OXE, A., COMFORT, H., 1968, n. 451, var. a. Se menciona un ejemplar de perfil simple (forma ?) y dos delfines aplicados, de Corneto, circunstancia que incide nuevamente en una cronología avanzada para este alfarero en el segundo cuarto del siglo I de la Era. Sólo se reseñan hallazgos de este productor en Italia en Roma, Fiesole, Corneto y Collo.

[899] OXE, A., COMFORT, H., 1968, tipo 100.

[900] Como Bolsena C-2B-22

[901] 1968, 139.

[902] Las dudas de ETTLINGER, E., 1983, 50. El ejemplar 165 de *Novaesium,* se atribuye a taller pisano. Este alfarero, que tuvo un homónimo en el taller de la Muette de Lyon (LASFARGUES, A. y J., VERTET, H.1976, 52 ss. n. x; VON SCHNURBEIN, S., 1982, 87 ss.; ETTLINGER, E., HEDINGER, B., y otros, 1990, 19 ss.)

[903] Son cinco estampillas, de las que 4 aparecen en rectángulo (dos ejs. con S retro, en forma presente también en Roma, Ampurias —2 ejs.— y *Novaesium,* OXE, A., COMFORT, H., 1968, 425, 3c, 30, 32, 65) y 1 *in p.p.* (como en los ejemplos de Granada y Sevilla, ID., 44 y 45a).

[904] Véase OXE, A, COMFORT, H. 1968, 141, formas Ha. 1, Ha. 2, Ha.7, Ha. 12, Ha. 8, Ha. 9, Ha. 11 y Ha. 15.

[905] 1968, n. 425, 139 ss. Con las localidades de Tarragona, Ampurias, Elche, Granada y Sevilla.

[906] DELGADO, M., 1985, n. 238.

[907] ATENCIA, R., PEREGRIN, F., SERRANO RAMOS, E., 1982, n. 5.

[908] GARCÍA Y BELLIDO, A., 1970, figs. 9, 9, 42, 7 y 10, 49, 2; 57, 6, 77, 5.

[909] SILLIERES, P., ROUILLARD, P. REMESAL, J., 1979, fig. 10, 4, p. 402.

[910] ETTLINGER, E., 1983, 72, n. 8.

[911] RIBERA, A., 1983, 23.

[912] ROMERO CARNICERO, M. V., 1985, 26, atribuido a taller itálico o provincial.

[913] SILVA CAEIRO, J. O. da, 1976-77, 420, n. 3.

[914] MOUTINHO, A., 1970, cuadro II.

[915] ALMUZARA, R., 1974, 58, fig. 1, 3.

[916] PÉREZ ALMOGUERA, A., 1990, n. 245. pp. 35-36.

[917] Sello, tipo 1. 1968, 175,n. 561 y p. 176. Basándose en la distribución geográfica de este productor, en la costa oeste del Mediterráneo y a los bordes del Rin, supone ETTLINGER, E., 1983, 73, una posible rama de de esta firma en Pisa.

[918] RAMOS FERNÁNDEZ, R., 1975, lám. 40, 2.

[919] GARCÍA Y BELLIDO, A., 1962, 16.

[920] ETTLINGER, E., 1983, 73, n. 16.

[921] BELTRÁN LLORIS, 1990, 69.

[922] 1968, 561,70.

[923] VON SCHNURBEIN, S., 1982, est. núms. 502-509, p. 226.

[924] ETTLINGER, E., 1983, p. 55, est. ns. 297-304.

En los análisis químicos realizados este ejemplar se agrupa en Arezzo[925].

Murrius

Una estampilla *in p.p.*, 81.1.21/31.F.1817: *Murr[i]*, incompleta en su parte derecha y sobre ejemplar inidentificable. Otra de tipo análogo *Mur[ri]* V.76.6.F'.5 (fig.136), reseñado más arriba, en pasta análoga[926]. Fue muy abundante en *Hispania*[927]. A los ejemplares conocidos, con la misma grafía, en Cartagena y Ampurias[928], se añaden, con tipos distintos, Elche, Sagunto[929], Tarragona, Baelo, Conimbriga[930], Lacipo[931] y *Pollentia*[932], además de las estampillas con la variante *Mur*, conocidas igualmente en Tarragona y Ampurias[933], Cerro del Mar (Málaga)[934] y Lérida[935] o con la forma *Muri*, documentadas en Tarragona, Elche[936] y Valencia[937].

En *Celsa* se conocen ocho estampillas, de ellas, solo la presente *in p. p.*[938] Sobre los centros de fabricación, ya expresó Ettlinger sus dudas[939] a partir de la repartición de hallazgos, sugiriendo una diferenciación entre los ubicados en el oeste del Mediterráneo y otros en torno a Aquileia, en dispersión que comparten los productos de *C. Murrius*[940], el mismo productor (?), también aretino[941]. Todas las estampillas de *Celsa* se agrupan, a partir de los análisis, en el apartado de Arezzo.

S. Pe(tronius)

Estampilla de aspecto cuadrangular (81.1.h.12.2148) en posición radial, situada en fragmento de fondo de plato inclasificable del nivel 3 (fig.129,9). Presenta la *P + E* ligadas (fig. 136,11), como suele suceder en las estampillas de dicho productor, atribuido a Arezzo por Oxe-Comfort, e identificado con *S(extus) Pe(tronius)*[942], al que corresponden igualmente las formas *Petronius* y *Sex. Petronius*[943]. La frecuencia de estampillas radiales alude claramente a su etapa temprana, como se confirma estratigráficamente. Se encuentra igualmente en Tarragona, Ampurias[944] e Itálica[945].

Rasinius

Sello en fondo indeterminado 81.1.D.II.-7666, en cartucho rectangular *Rasin(i)* (fig. 136, 25) y que con la misma grafía se encuentra en Tarragona, Ampurias y Briteiros,[946], además de *Ilerda*[947], análogo a otro, fragmentario en pátera indeterminada V. 7.M'.47, *[R]asin*. (fig. 136,24). Este alfarero estuvo activo entre los años 15/10 a. de C. y 10 d. de C.[948], conociéndose también sellos *in p.p.* y documentándose igualmente en niveles avanzados de Magdalensberg entre los años 10-45 d. C.[949] Hay dos sellos exteriores y decorativos en la copa 81.s.38, ya vista más arriba, del nivel superficial (fig. 131,14 y 17) y en fragmento informe V.s.260, *Rasin* (fig. 136, 19). Las estampillas exteriores suelen ser dobles, expresándose los nombres por separado[950], *Rasinius*, más un nombre dependiente[951].

Utilis Rasini

Finalmente, hemos de anotar también el sello rectangular, central, V.s.17, *Utilis/Rasini* (fig. 136, 6), en fondo de copita indetermina-

---

[925] Juntamente con *Rasinius, Cresti, Ateius, Vettius, Sextus Trophimus* y otros productores. En Celsa, hasta el momento, sólo se ha documentado una estampilla de este productor.

[926] Vide Supra, Puteoli, Estamp.

[927] OXE, A., COMFORT, H., 1968, ns. 1038-1040. Nuestro ejemplar corresponde verosímilmente a la variante OXE-COMFORT, 1044.

[928] OXE, A., COMFORT, H., 1968, 1044, 26 y 37.

[929] MONTESINOS Y MARTÍNEZ, J., 1991, n. 35, MRR. Debe ser el mismo ej. reseñado por VERA ALEIXANDRE, M., 1969, 23.

[930] MOUTINHO ALARCADO, A., 1970, P. 425.

[931] SERRANO, E., ATENCIA, R., 1981, n. 11.

[932] ETTLINGER, E., 1983 a, ns. 25-26, p. 74, rectangulares.

[933] OXE, A., COMFORT, H., 1968, 1038.

[934] SERRANO, E., ATENCIA, R., 1981, n. 12.

[935] PÉREZ ALMOGUERA, A., 1990, p. 36, de fabricación desconocida. Sello tipo OXE-COMFORT 99.

[936] OXE, A., COMFORT, H., 1968, 1039.

[937] RIBERA LACOMBA, A, 1983, p. 49.

[938] Las restantes corresponden a la variante *MURRI*, OXE, A., COMFORT, H., 1968, 1040.

[939] ETTLINGER, E., 1983 a, 74.

[940] OXE, A., COMFORT, H., 1968, 1042-1044. Este productor estuvo activo con Augusto, prolongándose más allá del año 15 de la Era según los sellos in p. p.

[941] Igualmente presente en *Celsa*, con un ejemplar. BELTRÁN LLORIS, M., 1990, 69, *C. Murrius* y *C. Murrius Felix*.

[942] 1968, 1301, 19, de Roma, igualmente sin punto de separación entre S y P, p. 331.

[943] OXE, A., COMFORT, H., 1968, 1249 y 1300 respectivamente.

[944] OXE, A., COMFORT, H., 1968, 1301, 27-29 y 30-31 igualmente en situación radial.

[945] PUIG OCHOA, R., 1975, 7, mal leída S.E. ID. BELTRÁN LLORIS, M., 1992, 70.

[946] OXE, A., COMFORT, H., 1968, 1485, Tarragona (139), Ampurias (146-148, 158), Briteiros (169), Narbona (172-173), Burdeos (176-177), 20 (Arezzo), 26 a, 39, 41, 49 (Roma), etc.

[947] PÉREZ ALMOGUERA, A., 1990, n. 254, p. 37. Otro ejemplar semejante en Lérida, en la Fonteta de Grealó (JUNYENT, E., PÉREZ ALMOGUERA, A., 1982, 63 ss).

[948] STENICO, A., 1965, 607.

[949] SCHINDLER, M., SCHEFFENEGER, S., 1977, 337.

[950] OXE, A., COMFORT, H., 1968, 1486.

[951] No obstante debe tenerse en cuenta la justa observación de STENICO, A., 1960, 22, que señala que cuando se trata de productos específicamente rasinianos, es decir, salidos de la officina de S. Maria in Gradi, el nombre del propietario se expresa siempre como *RASIN*, mientras que si el fragmento pertenece a una producción asociada, entonces se hace constar *RASINI*. De hecho así se aprecia en las producciones decoradas en las estampillas exteriores de *Certus Rasini* (O. C. 1968, 1500), *Eros Rasini* (O. C. 1968, 1513), *Mahes Rasini* (O. C. 1968, 1524), *Pantaghatus Rasini* (O. C., 1968, 1530), etc., aunque las estampillas de *Pharnaces* nos ofrecen algún caso con la grafía *Pharnaces Rasin* (O. C. 1968, 1532 a.b.f.i).

da, posiblemente Consp. 13 (fig. 127, 7), interesando además el grafito exterior, de letras muy torpes _An(...)_[952]. Este esclavo, _Utilis,_ es inédito hasta el momento[953].

Rasinius estuvo activo entre los años 15/10 a. de C. y 10 d. de C.[954]. Todos los ejemplares mencionados corresponden al taller de Arezzo[955].

Se conservan otras estampillas del mismo productor, _Rasinius_ y de sus asociados en _Celsa_, unas ya descritas por Oxe-Comfort, del Museo de Zaragoza[956] y otras procedentes también de nuestras excavaciones: _Rasini_ (3 ejs.), _Rasi_ (ext.), _Aticus Rasini, Anteros Rasini, Celer Rasini, Cerdo Rasini, Chrestus Rasini, Cissus Rasini, Onesimus Rasini, Secundus Rasini_, etc. comprobándose la densa presencia de los productos de estos talleres en la colonia. A los ejemplos conocidos en _Hispania_[957], se añaden los de _Pollentia_[958], Córdoba[959], Sagunto[960], Numancia[961], Conimbriga[962], Castelo das Guerras (Moura)[963], Boladilla (Estepona)[964], Mérida[965], etc[966].

L. Tetius Samia

En fondo de pátera indeterminada V.79.32.A.1 (fig.130,3), _similis_ a Bolsena B-2B'12[967]: _L.Teti/ S[amia]_[968], en situación radial y en un segundo fragmento (80.1.18.22.-V.Y.420) de una pátera de pequeñas dimensiones, con la grafía _[L.Tett]i/Samiae_[969]. (fig. 136, 27). La abundancia de sellos radiales que nos sitúan entre el año 30 a. de C. y el final del s. I a. de C. lleva a dicho momento una etapa importante de su producción.

Los sellos de este alfarero se conocen en Tarragona, Ampurias, Ibiza, Alcacer do Sal y además Herrera del Pisuerga[970], San Esteban del Poyo del Cid[971] y _Pollentia_[972]. En _Celsa_, además de los ejemplos citados, se conocen tres sellos más en posición radial[973] y otros tres en posición central[974].

A. Titius

Se conoce un ejemplar del nivel _8_ , en posición central, Vel.s.375, en sello rectangular, _A.Titi_[975] (fig.136,26), de forma inclasificable. Se conocen en la colonia dos sellos más de idéntica naturaleza.

L.Umbricius

Sello _in p. p._, 81.1.7.9.A.B.2310 (fig. 136, 28), en posición central, _L.Umb(rici)_[976], de fragmento inclasificable. De este productor se conocen sellos radiales e _in p.p._ circunstancias que marcan los extremos cronológicos de su producción. Las cerámicas de _L. Umbricius_ se conocen también en _Caesaraugusta_ y Málaga[977], a las que se unen Ampurias y Tarragona[978].

[952] Este fragmento procede de los primeros hallazgos producidos en _Celsa_ en el año 1972 y fue publicado por DOMÍNGUEZ ARRANZ, A., 1973, fig. 7, pp. 146 y 147, sin leer y asignado a la _sigillata_ gálica. De dicha versión dedujimos nosotros (BELTRÁN LLORIS, M., 1990, 70), la versión _E]utichus Rasini_. La lectura correcta, comprobada después directamente, tras la localización del fragmento, es la que ofrecemos ahora.

[953] Se conoce un _Utilis_ aislado (OXE, A. COMFORT, H., 1968, 2499), «provincial potter»; otro de Pozzuoli (OXE, A., COMFORT, H., 1968, 2500), además de otros itálicos (OXE, A., COMFORT, H., 1968, 2501 y 2502).

[954] Véase STENICO, A., 1960, 20 y ss. para el comienzo. ID. 1965, 607 ss.; RICCIONI, G., 1980, 56. Los sellos _in p.p._, nos sitúan a partir del año 15 de la Era y determinados hallazgos de Magdalensberg se sitúan entre los años 10-45 d. de C., pero sería necesario distinguir entre las distintas producciones ya señaladas para poder aplicar una cronología más ajustada. _Vide_ también, RAVAGNAN, G. L., 1985, 229.

[955] Puede verse sobre otras atribuciones de _Rasinius_ y sus asociados, VON SCHNURBEIN, S., 1982, p. 103, est. 58 y 59, para las atribuciones a Lión (_Acastus Rasini_ y _Rufus Rasini_), ID. ETTLINGER, E., 1983, n. 373. Además las atribuciones de _C. Rasinius_ (OXE, A., COMFORT, H., 1968, 1557, «no aretino», que los análisis químicos de _Celsa_, sitúan en el grupo centroitálico (M. 27, C. Rasi, _in p.p. L. Rasinius Pisanus_ (OXE, A., COMFORT, H., 1968, 1558, p. 375, «a non-Arretine potter», o _L. Rasinius Cir( )_ (OXE, A., COMFORT, H., 1968, p. 379, n. 1559) atribuido al valle del Po.

[956] 1968, 1490, d _Anter/Rasin_; 1514 g _Euticv/Rasini_; 1547, _Secund/Rasini_; 1551 h, _Ti.../Rasin_

[957] OXE, A., COMFORT, H., 1968, 1485.

[958] ETTLINGER, E., 1983, 74, n. 36.

[959] GARCÍA Y BELLIDO, A., 1970, 13.

[960] MONTESINOS, I., 1991, 143.

[961] ROMERO CARNICERO, M. V., 1985, 28, en fondo de copa Haltern 9.

[962] DELGADO, M., 1985, 258.

[963] SILVA CAEIRO, J. O. da, 1976-77, 421, n. 8.

[964] SERRANO, E., ATENCIA R., 1981, n. 17.

[965] MAYET, F., 1978, n. 20.

[966] Véase BELTRÁN LLORIS, M., 1990, p. 70 para la distribución en _Hispania._

[967] GOUDINEAU, Ch., 1968, 243.

[968] OXE, A., COMFORT, H., 1968, 1970. M.7, atribuido en los análisis químicos a Arezzo. Los análisis de Haltern, tres ejemplares, se atribuyen exclusivamente a talleres itálicos, sin más precisión (VON SCHNURBEIN, S., 1982, 79)

[969] Presente en los yacimientos de _Novaesium_, Oberaden, Rödgen y Haltern y por lo tanto de un horizonte cronológico muy concreto (ETTLINGER, E., 1983, pp. 38, 62, núms. 442-456).

[970] GARCÍA Y BELLIDO, A., 1970, 38.

[971] BURILLO, F., 1980 a) n. 4.

[972] ETTLINGER, E., 1983, 75, n. 46.

[973] Con _L.Tetti/Samia_ y _L.Teti/Samia_ y palma en estampilla rectangular.

[974] Con _L.Tetti/Samia_, en estampilla rectangular.

[975] OXE, A., COMFORT, H., ya reseñaron otro ejemplar, muy probablemente de _Celsa_ también, n. 2001, p. 463. El ejemplar kk que describen dichos autores como de Beldeite (_sic_), en Zaragoza, en la colección Bardaviu, debe aludir verosímilmente a Belchite, ya que el primer nombre es inexistente. El análisis químico, lo sitúa en el grupo aretino (M. 219). Otros hallazgos en Elda, Sagunto (Grau Vell) y Braga (BELTRÁN LLORIS, M., 1990, 70).

[976] OXE, A., COMFORT, H.,1968, 2395, señala además los ejemplos de Tarragona y Ampurias. Los análisis en ejemplares de _Caesaraugusta_ nos sitúan en la producción aretina.

[977] BELTRÁN LLORIS, M., 1990, 71.

[978] OXE, A., COMFORT, H., 1968, 2395, 53 y 54.

8.5.3.4. Inventario y porcentajes

FORMA	PASTA	SIGLA	FIG.	NIVEL
C.1.1/Goud.1	1	80.1.2.8.T.Y.8163	122,10	5
C.1.1	1	80.1.8.X.4392	122,11	7.1
C.1.1	2	80.1.13.AD.7099	122,12	7.1
C.1.	2	80.1.18.22.Q.R.2405	122,13	7.1
C.1 sim.	2/3	V.79.Hab.12.133	122,9	7.1
C.3.1.1	1	81.1.9.17.A'.F'.2119	126,17	7.2
C.3.1.1	2/3	V.79.3....424	126,13	7.2
C.3.1.2	4	V.79.7.F'.15	126,12	7.2
C.3/Magd.47,3	1	V.79.6.8.I.J.70	126,14	7.1
C.4/Goud.30b	2	81.1.h.21.6989	122,13	7.1
C.4.2.1	2	V.76.36	123,3	7.1
C.4.2.1	2/3	V.79.8.12.Q.S.10	123,2	7.1
C.4.4.2/Pucci VI	2/3	V.79.23.25.Ñ.P.6	123,4	7.1
C.4.4.1	2	V.79.10.L'.30	123,1	7.1
C.4.6.2	2/3	80.1.14.18.P.Q.4133	122,15	7.1
C.4.6.2	1	81.1.D.II.10191	122,16	6
C.5.3.1./Magd.17,1 -	1	80.1.17.23.O.S.3155	126,11	7.1
C.7	1	V.79.EX.1	128,18	7.1
C.7.	4	V.79.5.M'.7	128,22	7.2
C.7.1.1/Goud.2	1	81.1.h.12.2146	126,15	3
C.12	2/3	80.1.20.22.Y.Z.1307	130,5	7.2
C.12.1.2/Ha.1	2/3	V.79.hor.18.28	123,8	7.1
C.12.1.2	2/3	V.79.3.J'.12	123,7	7.1
C.12.1.3	2	V.79.hor.28	123,12	7.1
C.12.3	2/3	V.79.s.s	123,14	7.1
C.12.4.1	2	80.1.8.S.3220	123,6	7.1
C.12.4.1	2/3	81.1.21.31.F.G.1826	123,5	7.2
C.12.5.1 sim.	2/3	V.79.11.P.24	123,9	7.1
C.12.5	1/2	81.1.h.12.1265	123,13	3
C.12.5	2	81.1.25.33.G.I.2856	123,11	7.2
C.12/Ha 1 Ic var.G	2	80.1.22.AI.31.T.8920	123,15	7.2
C.12/Ha 1 Ic var.C	1/2	82.1.h.12.1932	123,10	3
C.13.?Utilis Rasini	1/2	V.S.17	127,7	8
C.13 ?	1	81.1.h.12.2428	127,5	3
C.13.2.1/Goud.7	2	V.76.8	126,16	3
C.13.2/Magd.15,9-10	1	81.1.2.8.Ñ'.P'.5075	122,7	7.1
C.14.1/Goud.13	1	81.1.h.12.2142	127,6	3
C.14.1.2	1	81.1.h.12.2743	127,2	3
C.14.1.4	2	81.1.D.II.8115	127,3	7.2
C.14.1 ?	1	V.76.20	126,8	3
C.14.3 ?	1	81.1.C.I.I.D.II.4513	127,4	7.2
C.18.1	1	V.79.8.10.M.58	126,7	3
C.18.2	1	80.1.22.V.111	125,1	7.1
C.18.2	2/3	80.1.28.30.AB.AC.1769	124,16	7.2
C.18.2	1/2	81.1.D.II.9722	124,14	7.2
C.18.2.2	2	V.79.16.18.N.Ñ.41.	124,5	5
C.18.2.2	2	81.1.15.21.B'.C'.492	124,8	7.2
C.18.2.2	2/3	81.1.D.II.117	124,6	6
C.18.2.2	2	81.1.D.II.8127	124,3	6
C.18.2.2	2	81.1.D.II.10171	124,4	6
C.18.2.2	2/3	81.1.D.II.10211	124,11	6
C.18.2.2	2	80.1.12.16.AA'.AD'.8198	124,10	7.2
C.18.2.2	2	81.1.15.21.B'.C'.500	124,7	7.2
C.18.2.2	2	V.76.26	124,13	7.1
C.18.2.2	2/3	V.79.16.18.N.Ñ.42	124,9	7.2
C.18.2.3	2	81.1.D.II.2017	124,15	7.2
C.18.2.3/Ha.2	2	82.1.h.12.1754	124,12	3
C.18.3	1/2	80.1.42.Ñ.2653	125,2	7.2
C.18.3.1	3	V.79.6.8.P.Q.24	124,17	7.1
C.20.3.2	1/2	81.1.D.I.9617	126,4	7.2
C.20.3.2	1/2	V.76.C.I.243	123,19	7.2
C.20.4	4	81.1.28.Ñ'.P'.5873	125,6	7.2

FORMA	PASTA	SIGLA	FIG.	NIVEL
C.20.4	4	V.79.8.P.12	125,7	7.1
C.20.4.1/Goud.39 c	4	V.3.H'.1	125,9	7.2
C.20.4.1/Magd.83, 7-8	3	80.1.38.L.M.6740	126,10	7.1
C.20.4.2	4	80.1.17.O.S.3090	125,14	7.1
C.20.4.2	2/3	80.1.23.17.O.S.3098	125,4	7.1
C.20.4.2	4	V.79.14.20.M.O.10	125,13	7.1
C.20.4.2	4	V.79.19.P.18	126,1	7.1
C.20.4.2/4	4	80.1.3.11.K.Q.3587	125,3	7.1
C.20.4.2/4	4	V.79.3.I'.91	125,8	7.2
C.20.4.2/4	3	V.79.19.O.18	125,5	7.2
C.20.4.3	3	81.1.2.8.Ñ'.P'5127	125,12	7.2
C.20.4.3	1	81.1.D.I.11778	126,5	7.2
C.20.4.3	1	V.79.3.M'.126	125,11	7.2
C.20.4.3	3	V.79.6.8.P.Q.222	125,10	7.1
C.20.5.2	3	V.79.4.6.Ñ.O.4	126,6	7.1
C.20.5.2	2/3	80.1.11.Ñ.S.3401	126,3	7.1
C.20.5.2	2	81.1.D.II.7986	126,2	6
C.20 ?	1/2	80.1.14.18.P.Q.4149	127,1	7.1
C.21.3.1/Magd.54,5-10	1	V.79.7.G.31	123,20	7.2
C.21.3.1	2/3	80.1.13.23.P.R.2729	123,21	7.1
C.21.3.1	2	80.1.2.6.L.N.3805	123,16	7.1
C.21.3.1	2/3	80.1.38.L.M.6745	123,18	7.2
C.21.3.	2	81.1.423	123,17	7.1
C.21.4.1	2	81.1.D.II.8113	124,2	6
C.21.4.1	2	81.1.D.II.11624	124,1	7.2
C.22.1.1	2	V.79.5.M'.3	127,13	7.2
C.22.1.1	1/2	81.1.21.31.D.E.1338	127,15	7.2
C.22.5.2	1	81.1.25.36.G.I.2959	127,14	7.2
C.23.2	1/2	81.1.17.A'.F'.2182	127,10	7.2
C.23.2	1	81.1.D.II.10177	127,8	7.2
C.23.2.1	1/2	81.1.2.8.Ñ'P'.5850	127,20	6
C.23.2.1	1	81.1.D.II.10195	127,19	7.2
C.23.2.1	1/2	81.1.D.II.11631	127,21	7.2
C.23.2.1	2/3	V.79.16.20.N.Ñ.15.(Cn.At.)	127,23	7.2
C.25.5.1/Magd.57,11-12	3	80.1.13.23.K.P.2095	126,10	7.2
C.26 ?	2/3	80.1.26.34.X.AB.2048	127,22	7.2
C.23/26? (Cresti)	1	80.1.22.AI.31.T.8906	127,18	7.2
C.26.1/2/Goud.25	2	V.79.1.C'.100	128,2	7.1
C.26.1 ?	2	V.79.1.C'.110	127,9	7.1
C.26.2	1	V.79.5.7.H.I.17	128,1	7.1
C.27.2 ?	1/2	V.79.10.18.K'.L'.12	128,3	5
C.32.1	1/2	80.1.18.22.V.Y.428	128,21	7.2
C.32.3.1	2/3	80.1.2.6.L.N.3850	128,12	7.1
C.32.3.1	2/3	81.1.21.31.P.Q.1825	128,11	7.2
C.32.5.1	1/2	V.79.18.22.N.Q.96	122, 6	7.1
C.33	2	80.1.10.20.S.T.1264	127,24	7.2
C.33.2 P.Clod Euphemus	2	81.1.9.12.A'.F'.87	129,3	7.2
C.33/Magd.67a,2	1/2	80.1.16.22.AA.AD.47.	128,14	7.2
C.36 var.Magd.48,12	1/2	81.1.D.II.10193	128,19	7.2
C.36 var.Magd.48,2	2	V.79.9.I'.4	128,20	7.1
C.36.3/4	2	81.1.32.34.H.5766	128,16	3
C.37 var/Magd.49,19	2	80.1....N.1327	128,9	7.2
C.37 var.	2	V.79.5.I'.J.69	128,7	7.2
C.37.1	1/2	V.79.5.I'.154	128,13	7.2
C.37.1/Magd.50,11	2/3	V.79.7.G'.25	128,10	8
C.37.4	1	80.1.3.11.K.Q.3714	128,6	7.1
C.37.4	1/2	81.1.2.8.Ñ'.P'.5855	128,8	7.2
*(ind)C.38	2/3	82.1.h.12.175	128,4	3
*(ind)C.38/Ha.14	3	v.79.16.18.L.K.42	128,5	3
C.50	1/2	82.1.25.33.M.2857	128,23	7.1
C.50/Ha.16 ?	2	V.79.h.12.198	128,15	3
¿?	1	81.1.21.31.F.1827	127,17	7.2
¿?	1	V.79.3.N'.123	129,1	7.2
F.1.2	1	81.1.D.II.8179	129,10	7.2

FORMA	PASTA	SIGLA	FIG.	NIVEL
F.1.2	1	81.1.9.13.A'.F'.86	129,11	7.2
F.1.2 S. Pe(tronius)	2	81.1.h.12.2148	129,9	3
F.1.3	2	81.1.D.II.8121	129,7	7.2
F.1.4	1	80.1.16.22.AA.AD.4760	129,8	7.2
F.1.5 Salvus Sex.Annius	1/2	81.1.D.II.C.II.7632	130,2	7.2
F.1.5 Tetius Samia	1/2	V.79.32.A.1	130,3	7.1
F.1.7	1/2	80.1.20.22.Y.Z.1307	130,5	7.2
F.1.7	2	80.1.20.22.Y.Z.1309	130,7	7.2
F.1.7	2	80.1.D.II.11635	130,6	7.2
F.1.7 Br.	1/2	80.1.22.AI.31.T.8910	129,12	7.2
F.1.8	2	81.1.9.17.A'.F'.85	130,4	7.2
F.1.9	2	80.1.D.II.11632	130,9	7.2
F.1.10	1/2	V.79.18.P.2	130,1	7.1
F.1.10 Cresti	2/3	80.1.22.AI.31.T.8904	129,13	7.2
F.1.11	3	81.1.D.II.8122	129,5	7.2
F.1.12	3	V.79.6.L.M.3	129,6	7.1
F.2.4	3	80.1. ¿? 137	129,2	7.2
F.2.4	1	80.1.38.L.M.203	131,10	7.1
F.2.4	1	81.1.D.II.8121	130,12	7.2
F.2.4	3	81.1.D.II.10160	130,13	7.2
F.2.4	1	81.1.D.II.12019	131,5	7.2
F.2.4	1	V.79.26.H.16	130,10	7.1
F.2.4	3	V.79.18.I'.14	131,3	7.1
F.2.5	1	80.1.11.T.7143	131,4	7.1
F.2.5	2	80.1.22.AI.31.T.8907	131,8	7.2
F.2.5	1/2	81.1.15.21.B'.C'.478	131,9	7.2
F.2.5	2	81.1.C.I.4164	131,11	6
F.2.5	3	V.79..h.12.185	131,1	3
F.2.5 Cn. Ateius	2	V.79. 14.H'.39	131,7	7.1
F.2.5 Sextus Annius	2	80.1.32.H.5882	131,2	3
Indeterminada	2	81.1.2.8..Ñ'P'.5859	127,11	6
”	2	V.79.1.N'.323	127,12	6
”	3	V.79.3.H'.56	122,8	7.2
Decorada				
Drag. I	2	V.79.10.K'.3	131,13	7.1
”	2	81.1.C.I.D.II.4502	131,12	7.2
”	2	81.1.D.II.8135	131,16	7.2
Drag. X	2	V.79.8.10.I.J.10	132,1	5
”	2	80.1.22.AI.31.T.8909	132,4	7.2
”	2	81.1.D.II.3317	132,2	7.2
”	1/2	81.1.2.8.N'.P'.5077	132,3	7.2
Copa ?	2	81.1.15.21.B'.C'.450	132,6	7.2
”	2	81.s.38	131,17	8
Indeterminadas	2	80.1.22.AI.31.T.8890	132,9	7.2
”	2	81.1.2.8.Ñ'.P'.5117	132,8	7.2
”	2	81.1.D.II.10167	131,15	7.2
”	1/2	81.14.V.Z.7915	132,5	7.2
”	1/2	80.1.22.AI.31.T.8896	132,7	7.2
”	1/2	81.1.2.8.Ñ'.P'.5093	132,10	7.2
Ateius	2	V.79.4.K.36	136,21	5
Cn. Ateius	2/3	80.1.38.L.M.6521	130,8	7.2
Avilius	2/3	V.79.7.J'.91	136,22	6
Crispinus	2	V.s.308 [M.75]	136,2	8
Murrius	2	V.76.6.F'.5	136,5	7.2
Murrius	2/3	81.1.21.31.F.1817	136,23	7.2
Rasinius, Utilis	2/3	V.s.17	127,7	8
Rasinius	2/3	V.76.7.M'.47	136,24	8
Rasinius	2	V.s.260	131,14	8
Rasinius	2/3	81.1.D.II.7666	136,25	7.2
Tetius Samia	3	80.1.18.22.V.Y.420	136,27	7.2
A. Titius	2	V.s.375	136,26	8
L.Umbricius	2	81.1.7.9.Z.AB.2310	136,28	8

FORMA	NIVEL						TOTAL
	3	5	6	7.1	7.2	8	
C.1.1		1		2			3
C.1.4.1	1						1
C.3.1.1					2		2
C.3.1.2				1			1
C.3/Magd.47, 3				1			1
C.4				1			1
C.4.2.1				2			2
C.4.2.2				1			1
C.4.4.1				1			1
C.4.6.2			1	1			2
C.5.3.1				1			1
C.7				2			2
C.7.1.1	1						1
C.12					1		1
C.12.1.2				2			2
C.12.1.3				1			1
C.12.3				1			1
C.12.4.1				1	1		2
C.12.5.1.sim.				1			1
C.12.5	1				2		3
C.12/Ha 1 IcG					1		1
C.12/Ha 1 IcC	1						1
C.13.2	1				1		2
C.13.2.1	1						1
C.13.2/Mag.15, 9-10	1						1
C.13.?	1					1	2
C.14.1.2	1						1
C.14.1.4					1		1
C.14.3.?					1		1
C.18.1	1						1
C.18.2					3		3
C.18.2.2		1	4	2	4		11
C.18.2.3					1		1
C.18.2/Ha 2	1						1
C.18.3				1			1
C.18.3.1				1	1		2
C.18.3.2					1		1
C.20.4			1	1			2
C.20.4.1				1	2		3
C.20.4.2				5	2		7
C.20.4.3				2	4		6
C.20.4/Goud. 25b	1						1
C.20.5.2			1	2	1		4
C.21.3.1				2	2		4
C.21.4.1			1		1		2
C.22.1.1				1	1		2
C.22.5.2					1		1
C.23.2					3		3
C.23.2.1			1		3		4
C.25				1			1
C.25.1/Mag.57, 11					1		1
C.26				1	1		2
C.26.1/2				1			1
C.26.2				1			1
C.26 ?					2		2
C.32.1					1		1
C.32.3.1				1	2		2
C.33					2		2
C.33.2					1		1
C.33/Magd.67a, 2					1		1
C.36/Magd.48, 12					1		1
C.36/Magd.48, 2				1			1
C.36.3/4	1						1
C.37/Magd.49, 19					1		1
C.37.1					1		1
C.37.1/Magd.50, 11						1	1
C.37.4				1	1		2
C.38	2						2
C.50/Ha16	1						1
C.50				1			1
¿?					3		3
F.1.2	1				2		3
F.1.3					1		1
F.1.4					1		1
F.1.5				1	1		1
F.1.7					4		4

FORMA	NIVEL						TOTAL
	3	5	6	7.1	7.2	8	
F.1.8					1		1
F.1.9					1		1
F.1.10				1	1		2
F.1.11					1		1
F.1.12				1			1
F.2.4				3	4		7
F.2.5	2		1	2	2		7
F. ¿?			2		1		3
Indeterminadas	29	48	78	105	368	132	759
Drag.I				1	2		3
Drag.X		1			3		4
Copa ?					1	1*	2*
Indetermin dec.					4		4
Sextus Annius	1						1
Ateius		1			1		2
Avilius			1				1
Crispinus		5					1
Murrius					2		2
Rasinius					1	3	4
L.Tetius Samia					1		1
A.Titius						1	1
L.Umbricius						1	1
	48	54	91	159	483	141	= **976**

8.5.4. PUTEOLI

8.5.4.1. Formas lisas

Consp. 3.1/Magdalensberg 47,10

Fragmento de pátera de gran tamaño, 81.1.9/17.A'.F'.2120.

Consp. 15.1/Goudineau 29 a

Esta copa de labio convexo se sitúa desde el punto de vista cronológico en torno a los años 10-9 a. de C. como fecha inicial[979] (81.1.38 LM.6856) (fig. 133, 5). Los ejemplares de Haltern tienen el borde menos saliente[980].

Consp. 20.4/Goudineau 39 c

Pátera de grandes dimensiones, con decoración de erote aplicada[981]. Es una forma frecuente en el complejo VII, el más moderno de Magdalensberg[982] (81.1.15/21.B'.487, fig. 133,

4) y muy común en otros yacimientos. El borde V.79.14.18.L.K.45 corresponde a la subforma 20.3.2 (fig. 133, 2).

Consp. 21.3/Magdalensberg 58,4

Labio de difícil clasificación, 81.1.D.II.-10176, por su estado fragmentario. Asimilable igualmente a la variante 14 de la forma Pucci IX[983].

Consp. 22.1/Goudineau 27

Copa con estampilla interna, central, V.79.16.18.L.K.44, (fig. 133, 11) conservada en varios fragmentos. La estampilla, rectangular: *M. Tullius/fecit*[984] y en la base externa, grafito *Her(ennius)*.

Oxe planteó que las producciones itálicas de *M. Tullius* determinaron especialmente la forma de estas tacitas (Ha.8)[985]; desde el Lacio se difundieron los modelos hasta los centros puteolanos o lioneses. Tampoco se descarta que esta forma fuera producida por primera vez en Puteoli[986]. Cronológicamente

[979] GOUDINEAU, Ch., 1968, 300. Corresponde también a esta variante Magdalensberg 23, 17. ETTLINGER, E., HEDINGER, B., y otros, 1990, 78, en la etapa media-final de Augusto.

[980] VON SCHNURBEIN, S., 1982, 36, var. Ha.7 E (ns. 412-418), fabricada en pastas I. (Pisa), II (Arezzo), y IV (Lión).

[981] Aplique no excesivamente bien conservado y por lo tanto difícil de clasificar. Se encuentra mirando a la derecha, sin que pueda discernirse el detalle de los brazos o alas. Motivos análogos, no los mismos, en Magdalensberg (SCHINDLER, M., SCHEFFENEGGER, S., 1977, 85 b, ns. 48 y 49).

[982] SCHINDLER, M., SCHEFFENEGGER, S., 1977, 153, del 25 hasta el 40 d. C., ejemplares análogos con la

estampilla de *GELLIVS*. Esta forma se fecha habitualmente en contextos del s. I de la Era.

[983] PUCCI, G., 1985, 383, lám. CXIX, 1; ETTLINGER, E., HEDINGER, B., 1990, se sitúa su evolución paralela a la forma 20, la var. 21.3, parece anterior a la implantación de la decoración aplicada, en torno al año 30.

[984] OXE, A., COMFORT, H., 1968, 2157, presente en Tarragona y en Sevilla.

[985] VON SCHNURBEIN, S., 1982, 39.

[986] ETTLINGER, E., HEDINGER, B., y otros, 1990, 90. Se señala la subforma 22.2 como exclusiva de Puteoli.

esta forma aparece en la segunda década del s. I a. de C., llegando hasta el final de la etapa tiberiana[987].

Consp. 23.2.1/Ha.9

Frecuente en pasta puteolana, caracterizada por moldura convexa en el arranque interior del borde, más o menos pronunciada, como el ejemplo 80.1.22.AI/31.T.8915 (fig. 133, 14), y por la decoración de doble espiral aplicada en el labio externo[988]. La decoración de doble espiral aplicada se sitúa en un momento preciso, antes del abandono de Haltern[989].

Consp. 24.4/Ha. 10

Se trata del borde un pequeño vasito, de aparición poco frecuente, con división interior como Consp. 24.4.1 y decoración externa de ruedecilla (80.1.38.L.M.6759) (fig. 133, 6) en la carena. Ejemplares semejantes en Berenice[990] de época augustea y Conimbriga[991]. Esta forma se atribuye de forma genérica a Italia central o meridional[992].

Consp. 34.1/Haltern 12

Copita con el listel inferior saliente, pudiendo considerarse como una variante avanzada de la forma Goud. 38 b también, cuya tipología parece conformarse en torno al año 20 d. C.[993], sin decoración de ruedecilla (81,1,2/8.Ñ'.P'.5138) (fig. 133, 20) y con acanaladura interna en el borde, como Consp. 34.1.1.

Además del fragmento citado, hay otros, con surco externo bajo el labio, decoración de aplique espiraliforme y de pequeñas dimensiones (V.79.1.I.10) (fig. 134, 2), como el ejemplar de Roma Pucci XXXVII, 4[994], que en Magdalensberg se encuentra entre las formas más tardías[995]; las formas de Haltern tienen todas acanaladura interna bajo el borde del labio (también V. 79.1.2.I.11) (fig. 143, 1). Se sitúa esta producción en los talleres etruscos, padanos y tardoitálicos[996]. La forma se sitúa sobre todo en la etapa avanzada de Tiberio hasta mediados de la centuria[997].

Consp. 35

Fondo de pequeña tacita, caracterizada por una moldura exterior en la carena de la pared (medianamente gruesa) (80.1.22.-AI/31.T.8906) (fig. 133, 15). Conocida sólo a partir de escasos ejemplares, la fragmentariedad del ejemplar de *Celsa* impide mayores concreciones. Se mencionan ejemplares en *Pollentia* y Conimbriga[998], fechándose de forma imprecisa al final de Augusto y durante Tiberio.

Consp. 36.4.2./Goudineau 21

Bordes (81.1.C.I.4170, V.79.7.K'.7) (figs. 133, 16 y 134, 5) con un único surco bajo el labio, igual que Pucci XXXI,5[999], copa que se corresponde con la forma Ha. 6, cuya reconstrucción a partir de fragmentos es dudosa, como ya señaló Goudineau[1000] y ahora Pucci a través de la forma inédita del Museo de Nápoles (?)[1001], atribuida a la producción campana, con la estampilla *in p.p. Xan(tus)*[1002]. Cronológicamente dura hasta la etapa julioclaudia y quizá más tarde[1003].

Consp. 37.3/Magdalensberg 49,18

Pequeños labios de copa lisos, como el modelo propuesto (80.1.23.K.2698, fig. 133, 17; V.79.1.2.I.13). Se asimila a la forma XXXV de Pucci[1004]. Apareció en torno al año 20 d. C. El segundo fragmento ostenta la pared decorada con ruedecilla (81.1.C.I.D.II.4505) (fig. 133, 18). Hay formas análogas en Conimbriga, que Moutinho de Alarcao[1005] se inclina a

[987] Es ciertamente complejo establecer una escala cronológica con base en las variantes formales. ETTLINGER, E., HEDINGER, B., y otros, 1990, 90. La variante Consp. 22.1 se caracteriza por el labio que forma un ángulo recto con la pared del vaso. Nuestro ejemplar ostenta un pie del todo particular, inclinado y facetado al exterior, similis a 22.5.2.

[988] Su aparición se fija en torno al año 15 d. C., seg. GOUDINEAU, Ch., 1968; presente también en Conimbriga, clasificada como Goud. 39 —MOUTINHO, A., 1975, 18 ss. lám. IX, 206 ss. y también en Magdalensberg, lám. 42, 10 ss. La misma variante en Haltern, VON SCHNURBEIN, S., 1982, lám. 54, 1220, 1221, p. 49 ss.

[989] Esta forma deriva de Consp. 22, habiendo tomado su aspecto antes del final de Tiberio, desapareciendo la división del labio interno y caracterizándose por la delgadez y tratamiento de la pared.

[990] KENRICK, P. M., 1985, B231.

[991] MOUTINHO DE ALARCAO, A., 1975, lám. V,70. Esta variante tiene siempre la decoración de ruedecilla en la carena.

[992] ETTLINGER, E., HEDINGER, B., y otros, 1990, 94, forma 24.4.1.

[993] GOUDINEAU, Ch., 1968, 396.

[994] PUCCI, G., 1985, lám. CXXXI, 8.

[995] SCHINDLER, M., SCHEFFENEGGER, S., 1977, 67 a, 8, 9, Fab. A, de *Gellius,* p. 166.ss. desde el 20 hasta el 45 d. C. También Conspec. 34.1.2.

[996] ETTLINGER, E., HEDINGER, B., y otros, 1990, 112.

[997] ETTLINGER, E., HEDINGER, B., 1990, 112.

[998] ETTLINGER, E., HEDINGER, B., y otros, 1990, 112. El ejemplar de Conimbriga parece el n. 202 (MOUTINHO DE ALARCAO, A., 1975, lám. 8), aunque le falta la base.

[999] PUCCI, G., 1985, lám. CXXIX, 5, p. 394.

[1000] 1868, 21.

[1001] Véase también la var. 36.4.2. (ETTLINGER, E., HEDINGER, B. y otros, 1990, 114)

[1002] OXE, A., COMFORT, H., 1968, 177.

[1003] ETTLINGER, E., HEDINGER, B., y otros, 1990, 114.

[1004] PUCCI, G., 1985, 395, lám. CXXX, 12. Nótese que nuestro ejemplar carece de la decoración a ruedecilla en el dorso del labio.

[1005] 1975, 16 ss., núms. 145, 147.

relacionar con la forma Goud. 32, pero copiando el labio de la 41, dada su datación avanzada.

Esta serie de copas puede presentar el labio más o menos horizontal y además decoraciones de ruedecilla sobre el mismo, o bien apliques normales. Los ejemplares de *Celsa* no ostentan la acanaladura en la pared externa como Consp. 37.3. Una copa de este tipo, con relieve en espiral procede de Zaragoza[1006]. De la producción gálica hay un ejemplar semejante en Conimbriga y en pastas aretinas se conoce también en *Celsa*[1007].

Las diferencias morfológicas entre este ejemplar de *Celsa* y los restantes[1008] aconsejan mantener las variantes con apliques como formas más avanzadas. Sería la variedad Pucci XXXV,10, del Museo de Nápoles[1009], como producción campana y aún añadió su produc-

ción puteolana con interrogante, situándose su aparición en torno al año 20 d. C., prolongándose en la segunda mitad del s. I[1010].

Aún conocemos un segundo ejemplar en *Celsa* V.79.1.M'29.

Consp. 50?/Haltern 10 A

Borde de difícil clasificación; sus paralelos más cercanos en Haltern[1011] (80.1.22.AI-/31.T.8916) (fig. 133, 7).

Formas indeterminadas

Conservamos pies de pequeñas copitas variadas 80.1.38.L.M.6743, (Consp. 23?, fig. 134), 81.1.D.II.8125 (Consp. 33, fig. 134), F.2.3/4, F.3.6 ó páteras de pie inclinado como F.2.7 (80.1.12.16.AA.AD.5197) (fig. 134).

8.5.4.2. *Inventario y porcentajes*

FORMA	SIGLA	FIG.	NIVEL
C.15.1/Goud.29a	81.1.38.L.M.6856	133,5	7.2
C.20.3	V.79.14.18.L.K.45	133,2	7.1
C.20.4.1/Goud.39c	81.1.15.21.B'.487	133,4	7.2
C.21.3/Magd.58,4	81.1.D.II.10176	133,1	6
C.22.1 M.Tulius	V.79.16.18.L.K.44	133,11	3
C.22.1.1	81.1.D.I.11771	133,9	7.2
C.22/Goud.27	80.1.38.L.M.6898	133,8	7.2
C.23	81.1.21.31.F.1816	133,10	7.2
C.23.2	81.1.9.17.A'.F'.2122	133,12	7.2
C.23.2.1	80.1.22.AI.31.T.8915	133,14	7.2
C.23.2.1	81.1.21.23.F.1815	133,13	7.2
C.23?	80.1.38.L.M.6743	134,6	7.2
C.24.4.1/Ha.10	80.1.38.L.M.6759	133,6	7.1
C.33	81.1.D.II.8125	134,7	7.2
C.34	V.79.6.8.I.J.73	133,19	7.1
C.34.1.1	81.1.2.8.Ñ'.P'.5138	133,20	6
C.34.1.2	80.1.14.16.V.X.879	134,3	7.1
C.34.1.2	V.79.1.2.I.11	134,1	7.1
C.34.1.2/Ha.12	V.79.1.2.I.10	134,2	7.1
C.35/Ha.15	80.1.22.AI.31.T.8906	133,15	7.2
C.36.4	V.79.7.K'.7	134,5	7.1
C.36.4.2/Goud.21	81.1.C.I.4170	133,16	6
C.37.3	V.79.1.8.I.13	134,4	7.1
C.37.3/Magd.49,18	80.1.23.K.2698	133,17	7.2
C.37.3/Magd.52,11 circa	81.1.C.II.D.II.4505	133,18	7.2
C.50 ?/Ha.10	80.1.22.AI.31.T.8916	133,7	7.2
F.2.3/4	V.79.h.12.136	134,10	3
F.2.7	80.1.12.16.AA.AD.5197	134,9	7.2
F.2.7	81.1.D.II.844	134,8	7.2
F.3.6	V.79.h.12.132	134,11	3

[1006] BELTRÁN LLORIS, M., *et alii*, 1980, fig. 61, 7, p. 156, estrato IVA, tiberianoclaudiano, coincidente con los ejemplares del estrato V de Ostia, II, 191, fig. 139, p. 260.

[1007] *Vide supra* n. **747**. Magdalensberg 50,16/Pucci XXXV.

[1008] Dadas las dimensiones y fragmentariedad de nuestro ejemplar no parece posible su comparación con la var. PUCCI XXIX, 15, de Roma, aislada en Conspec. con el número 35.1.1. que ostenta decoración de ruedecilla en la pared externa, así como labio semejante. Dicha forma se distingue por una moldura muy saliente en la pared externa.

[1009] PUCCI, G., 1985, lám. CXXX, 12, 395, sin decoración a ruedecilla en las paredes externas.

[1010] En Magdalensberg se localiza el tipo en el complejo VII, igual menos la acanaladura que presenta dicho ejemplar en el interior, detrás del labio, en fábrica B. Como paralelos mencionan SCHINDLER-SCHEFENNEGGER, 1977, 143, los ejemplares de Emona 7 y 8. ETTLINGER, E., HEDINGER, B., y otros, 1990, 116, atribuida solamente a la zona etrusca, padana y tardoitálica.

[1011] VON SCHNURBEIN, S., 1982, lám. 65, 1538, pero sin acanaladuras, los ejemplares parecen de producción itálica. Los ejemplares de Haltern, sin embargo, no mantienen el engrosamiento del fragmento de *Celsa*.

FORMA	NIVEL						TOTAL
	3	5	6	7.1	7.2	8	
F.1.8					1		1
C.15.1/Goud.29a					1		1
C.20.3				1			1
C.20.4					2		2
C. 21.3/Magd.58,4			1				1
C.22					1		1
C.22.1		1			1		2
C.23					2		2
C.23.2					1		1
C.23.2.1					2		2
C.23 ?					1		1
C.24.4.1				1			1
C.33					1		1
C.34.1.1			1				1
C.34.1.2				3			3
C.35					1		1
C.36.4			1	1			2
C.37.3				1	2		3
C.50 ?					1		1
F.2.3/4	1						1
F.2.7					1		1
F.3.6	1						1
¿?	2	2	3	6	8	12	1
	3	2	6	13	25	12	**61**

8.5.5. NÁPOLES[1012](?)

8.5.5.1. *Formas lisas*

Consp. 1

Borde de plato de labio oblicuo y rectilíneo (V.79.s.99) (fig. 134, 21), también conocido en Caesaragusta[1013] o Saint roman-en-Gall[1014].

Consp. 8

Consp. 8.1. var.

Fragmento de borde y pared oblicua de bol (81.1.h.12.2150) (fig. 134, 15). No se encuentran sus paralelos claramente en las producciones itálicas documentadas, salvo una cierta semejanza con la copa Consp. 8.1.1[1015]. Tampoco puede olvidarse el parentesco con las copas Ha. 10, bajo cuya forma se agrupa una serie de variantes de labio liso, con alguna de borde levemente abierto[1016]. Mejores paralelos se localizan en Magdalensberg, en pasta aretina1017, o en ciertas copas de pasta análoga a Celsa-7[1018], aunque la fragmentariedad de los ejemplos nos impide mayores precisiones.

Consp. 8.3.1. similis.

Se trata de una copa de pared oblicua rectilínea, con ligero borde saliente dotado de acanaladura interna ciertamente típica, definido en Cospectus como la subforma 8.3, a partir de un ejemplar de Magdalensberg, de pasta C[1019]. En este yacimiento se encuentran otros ejemplares que sirven de paralelos muy directos[1020], aunque resultan de paredes más gruesas y toscas que nuestros ejemplares que manifiestan formas extremas (V.79.h.12.169, V.79.16.K.L.11, 81.1.h12.1264, 80.1.3.5.L.M.-333, V.79.7.I'.35) (fig. 134, 18-19, 22). Una forma análoga se presenta también frecuentemente en Oberaden[1021] y también en Xanten[1022]. Aparece también en *Caesaraugusta*, en la Casa Pardo[1023]. El ejemplar de Xanten ya fue clasificado por Oxe como no aretino,

---

[1012] Adoptamos este nombre genérico equivalente al propuesto por SORICELLI, G., 1987, p. 85, de Producción A del Golfo de Nápoles.

[1013] BELTRAN LLORIS, M., 1979 A), 947.

[1014] DESBAT, A. y SAVAY-GUERRAZ, H., 1986, lám. 1, 1-3.

[1015] ETTLINGER, E.; HEDINGER, B., y otros, 1990, lám. 8, ejemplar de la Casa de Livia en Roma, de labio sobresaliente y no simplemente enunciado como en nuestro caso.

[1016] VON SCHNURBEIN, S., 1982, lám. 64, 1531, en pasta de Pisa.

[1017] SCHINDLER, M. y SCHEFFENEGGER, S., 1977, lám. 16, 13, similis.

[1018] SCHINDLER, M. y SCHEFENEGGER, S., 1977, 18, 3 DEL COMPLEJO I.

[1019] SCHINDLER, M. y SCHEFFENEGGER, S., 1977, lám. 19, 19, complejo II, del 20 al 15-10 a. de Cr., en pasta C.

[1020] SCHINDLER, M. y SCHEFFENEGER, S., 1977, lám. 19, 1 y 2, del complejo II, del 15-10 a. de C.

[1021] OXE, A., 1938, 21.

[1022] GOUDINEAU, CH., 1968, 45.

[1023] BELTRAN LLORIS, M., 1978, 947, fig. 4, 38.

sino provincial y otros autores, como Fellman[1024] inistieron en su cronología temprana en torno al año 80 a. de C., cronología que coincide con las fechas tempranas señaladas en *Caesaragusta*[1025]. V.79.16.18.K.L.11, V.79.h.12.169, íd. 1264.

También se conocen en Saint-Romain-en-Gal[1026].

Esta misma forma, sin clasificar formalmente, aparece en *Baelo* en el sondeo 44-VI, fechado a finales de Augusto y comienzos de tiberio[1027]. Planteó justamente Domerque la perduración de estos boles/copitas a pesar de sus precedentes en la tsi inicial, manifestándose el mismo fenómeno en *Munigua,* hasta fechas incluso más avanzadas[1028].

Los ejemplares de *Celsa* corresponden al nivel *3,* coincidiendo con la cronología de comienzos de Augusto que mantienen los boles de Magdalensber y los restantes ejemplos aducidos.

Consp. 10.3.3/Magdalensberg 5, 3

Plato de labio ligeramente exvasado (V.79.16.18.K.L.37) (fig. 134, 12), con doble moldura interna, ciertamente parecido a los cuencos Oberaden 10, con cuya forma evidentemente se relacionan. No encontramos paralelos directos para esta forma, salvo en el ejemplo citado, en pasta C y correspondiente a una amplia serie de variantres de labios más o menos desarrollados[1029], todas especialmente del complejo II, fechado entre el 20 y el 15-10 a. de C. y con algún ejemplar también en el complejo III, hasta el cambio de Era.

Consp. 14/Goudineau 24, var.

Borde con acanaladura superior, de paredes gruesas y sin paralelos exactos. Es remota su relación con el modelo propuesto (81.1.h.12.1069) (fig. 134, 14).

Petrisberg 2

El barniz interno de esta forma resulta ligeramente amarronado, coincidiendo en sus características con la forma descrita en Petrisberg (82.1.h.12.1755) (fig. 134, 13)[1030], de barniz poco resistente y sombrío, con manchas. Los hallazgos de Magdalensberg, permiten alargar las fechas de esta forma hasta el segundo decenio de la Era[1031]. Esta forma se encuentra también en los depósitos tardoaugusteos de Saint-Romain-en-Gal[1032].

Se mencionan además ejemplares de esta forma en los Castillones en el nivel IV, que ya contiene producciones sudgálicas, resultando así un elemento cronológico avanzada[1033].

V.79.16.18.K.L.12.

Fragmento de pátera de pared convexa (fig. 134, 17), con triple división interna, que recuerda de alguna forma a ciertas variantes de Magdalensberg[1034].

Varia indeterminada

El labio 82.1.h.124.1753, de tipo recto, ligeramente moldurado al exterior, no tiene paralelos exactos. Corresponde al nivel 3, de época augustea (fig. 134, 23).

9.5.5.2. INVENTARIO Y PORCENTAJES

FORMA	SIGLA	FIG.	NIVEL
C.1.	V.79.s.99	134,21	8
C.8.1.var	81.1.h.12.2150	134,15	3
C.8.c.1.sim.	80.1.3.5.L.M.333	134,19	7,2
C.8.3.1.sim.	81.1.h.12.1264	134,18	3
C.8.3.1.sim.	V.79.7.I'.35	134,22	7,1
C.8.3.1.sim.	V.79.16.18.K.L.11	134,17	3
C.8.3.1.sim.	V.79.h.12.169	134,16	3
C.10.3.3/Magd.5,3	V.79.16.18.K.L.37	134,12	3
C.14/Goud.24 var.	81.1.h.12.1069	134,14	3
Indeterm.	82.1.h.12.1753	134,23	3
Petrisberg 2	82.1.h.12.1775	134,13	3
V.79.12	V.79.16.18.K.L.12	134,24	3

[1024] FELLMANN, R., 1955, 85 ss.

[1025] BELTRAN LLORIS, M., 1983, 28.

[1026] DESBAT, A. y SAVAY-GUERRAZ, H., 1986, lám. 3, 7. La pared presenta, no bstante, un engrosamiento superior que falta en nuestros ejemplares.

[1027] DOMERGUE, C., 1973, 87, fig. 32 y núms. 1605-107.

[1028] VEGAS, M., 1971, 89-90, núms. 90-99.

[1029] SCHLINDER, M. y SCHEFFENEGGER, S., 1977, 36 ss., LAM. 5, 2-6.

[1030] LOESCHCKE , S., 1939, n. 2; íd. GOUDENEAU, CH., 1969, 37.

[1031] Únicamente el fragmento de labio SCHLINDER, M. y SCHEFFENEGGER, S., 1977, lám. 29, 8, sin contexto estratigráfico, que presenta la misma estructura interna en el labio. Platos análogos se localizan en los complejos III y IV, es decir hasta el año 15 de la Era.

[1032] DESBAT, A. y SAVAY-GUERRAZ, H., 1986, lám. 2, 13-16.

[1033] SERRANO, E., 1985, 358, forma Petrisberg 2 a. Sigue siendo predominante en el nivel mencionado la tsi. y entre las imitacione se señalan también las formas Oberaden 5 y 9, ciertamente abundantes.

[1034] SCHINDLER, M. y SCHEFFENEGER, S., 1977, lám. 5 y 12, del complejo IV.

FORMA	NIVEL						TOTAL
	3	5	6	7.1	7.2	8	
C.8.1.var.	1						1
C.8.3.1.sim.	3		1	1			5
C.10.3.3/Magd.5,3	1						1
C.14/Goud.24 var.	1						1
Indeterminadas	4	2	3	4	4		17
Petrisberg 2	1						1
V.79.12	1						1
	12	2	4	5	4		**27**

La controversia en el presente grupo cerámico, parece oscilar en el momento presente entre dos focos, el napolitano o el narbonense. Estas formas ya fueron en su momento identificadas como producciones provinciales por Oxe, a la vista del cuenco Oberaden 10[1035], que dicho autor calificó como no aretino con evidente acierto. La extensión de estas cerámicas según los yacimientos de Oberaden, Xanten, Petrisberg, Magdalensberg y otros puntos de *limes* nos ofrece uno de los mercados prioritarios de dichas producciones.

Los análisis realizados por Picon de diversos fragmentos procedentes de Magdalensberg[1036], dieron como resultado su no pertenencia a ninguno de los talleres itálicos conocidos, refiriéndose a Arezzo, Cincelli, Pisa y Puteoli, aunque se detectaron grandes semejanzas con las sigillatas itálicas, como habían observado las dos editoras del yacimiento desde el punto de vista tipológico, en la línea de los servicios I y II de Haltern, de los que son deudores cronológicamente[1037]. El repertorio de las formas imitadas se sitúa pues en la primera etapa de la producción de la terra sigillata itálica[1038].

Junto a las producciones napolitanas, sobresalen los hallazgos de los talleres de Saint-Romain-en-Gal[1039], del grupo de Bram (Narbonense),[1040] que nos sitúan en cerámicas con el mismo repertorio formal y pastas de texturas semejantes, cuyo período de funcionamiento se sitúa entre los años 30-20 a. de C. y su difusión, de momento se ha constatado en el ámbito aquitano y narbonense, con los puntos extremos de Ruscino y Ampurias[1041] (predominando sobre todo las formas Oberaden 5A y 10 -Consp. 8-[1042] comprendidas cronológicamente entre los inicios del último tercio del siglo I y el año 15 d. de C.).

Las producciones napolitanas, independientemente de su difusión en la península itálica y mercados centroeuropeos, se han detectado en otros ámbitos hispánicos, aunque habría que esperar a la publicación y descripción detallada de dichos materiales para poder obtener un juicio contundente. Así, se identifican en primer lugar en los niveles de finales del s. I a. de C. de Badalona[1043]. Cronológicamente coinciden con la etapa de producción señalada en las producciones napolitanas por Soricelli[1044].

Se localizan también en *Caesaraugusta*, en los niveles más antiguos, como el de la Casa Palacio de los Pardo[1045], en compañía de formas tempranas de la terra sigillata itálica, así como en niveles posteriores del primer dece-

[1035] OXE, A., 1941-1942, 97 ss.

[1036] SCHINDLER, M. y SCHEFFENEGER, S., 1977, 199.

[1037] SCHINDLER, M. y SCHEFFENEGER, S., 1977, 97, 121.

[1038] Fellmann, a propósito de ciertas formas de Xanten, entrevió su procedencia bien de ciertas formas de la cerámica campaniense (FELLMANN, R., 1955, 98), bien de la denominada Eastern Sigillata A, cuyos paralelos adujo. En esta línea basta recordar las características de dichas producciones, con pastas de color rojo/marrón, presencia de mica y barnices amarillento rojizos, tiernos y porosos, difundidos especialmente en torno al año 30 a. de C. (CROWFOTT, J. W.; CROWFOTT, G. M. y KENYTON, K. M., 1957, 29). No obstante, es patente la tradición itálica en la E.S.A., que se trasluce en la costumbre de sellar las cerámicas (el sello *Arretina* es suficientemente elocuente por si solo). Puede verse HAYES, J. W., 1985, 51; id., 1988, 515 ss. Estas imitaciones están presentes en los niveles tiberianos, por ejemplo en el depósito de Saint-Paulien (Haute-Loire) (PIN, M. C., 1990, 185 ss.). Véase sobre la E.S.A. en *Hispania,* el resumen en BELTRAN LLORIS, M., 1991, pp. 282 ss.

[1039] DESBAT, A. y SAVAY-GUERRAZ, H., 1986, 91 ss.; íd., 1986 a), 127. Véase para otras producciones de dichos talleres CANAL, A. y TOURRENC, S., 1979, 85 ss.

[1040] Ya esgrimida por PASELAC, M. y SABRIE, R. y M., 1986, pp. 52 ss.

[1041] SANMARTI, E., 1974-75, 251 ss. AQUILUÉ, J.; MAR, R.; NOLLA, J. M.; RUIZ DE ARBULO, J. y SANMARTI, E., 1984, 31, figs. 92, pp. 184 (UE.1001), 185 (UE1014), 186 (UE 100), 187 (UE1100), 236 (UE 2024), 350 (UE. 6000), 351 (UE.6001), confirmándose el año 15 d. de C. como la fecha final de su presencia en Ampurias y verosimilmente de su fabricación.

[1042] AQUILUÉ, X. et alii, 1984, 31. Se define el barniz como de color rojo coral y pasta muy clara micácea, dándose como procedencia las mismas oficinas que la tsi.

[1043] SANMARTI, E., 1974-75, n. 21.

[1044] 1987, 110 ss.

[1045] BELTRAN LLORIS, M., 1979, 947 ss.

[1046] BELTRAN LLORIS, M., 1983, 30 ss.

nio de la Era, como D. Jaime I, 56[1046] y otros niveles augusteos iniciales, así como en el nivel tiberiano del foro[1047]. También se encuentran, inéditas todavía, en el yacimiento del Poyo del Cid (Teruel) y en Huesca.

No se han registrado otros hallazgos de esta especie cerámica en el valle del Ebro, aunque es de esperar que su número habrá de multiplicarse cuando se estudien con detalle los numerosos hallazgos producidos por las recientes excavaciones.

En la Bética se difundieron en el yacimiento de *Belo,* donde fueron clasificadas erróneamente por Domergue como cerámicas de barniz rojo tardío, entroncándolas con las producciones indígenas del mismo nombre, las campanienses y la terra sigillata[1048]. En dicho yacimiento se sitúa en los niveles comprendidos entre los años 50 a. y 50 d. de C., siendo especialmente abundante en los estratos de la primera mitad del s. I de C.

Se localizan igualmente en la Mina Diogenes[1049] y en los Castillones (Campillos, Málaga), en niveles augusteos, sobre todo las formas Oberaden 5, 9, Petrisberg 2 y otros fragmentos atípicos[1050], habiéndose identificado también en *Corduba*[1051], Cortijo de Miraflores de Sevilla[1052] y perdurando hasta la etapa de Claudio, según el pecio de Port Vendres II, que sólo ha proporcionado dos ejemplares[1053]. En el Sudeste se encuentran igualmente, muy abundante, en *Carthago Nova*[1054].

El ámbito extremo en la difusión de estas cerámicas parece situarse en Berenice[1055], y de forma esporádica también en Sabratha y Trípolo[1056]. La difusión de los productos de *Munatius*[1057] en yacimientos norteafricanos (así como en Ampurias y *Tarraco*)[1058], prestaría un punto más de apoyo en la difusión propuesta.

Finalmente, Mayet, a propósito de los hallazgos andaluces y de determinadas muestras recogidas en Andújar, y a partir de los análisis de Picon[1059], propone dicho alfar bético (Los Villares de Andújar) como el foco de origen de estas vajillas[1060], que en los yacimientos andaluces no parecen rebasar la etapa de Claudio[1061].

Así todo parece indicar una diversidad de orígenes[1062] de este tipo de imitaciones de TSI que en lo que nos afecta, cabe reducir a tres focos, el napolitano, el de Narbona-Saint-Roman-en-Gal[1063] y el propuesto como bético de Andújar. Un estudio más profundo de estas cerámicas permitirá delimitar las diferentes producciones que pudieron afectar al área hispánica. En nuestra propuesta[1064] nos inclinamos por el foco napolitano como el centro de procedencia de los materiales del

---

[1047] MOSTALAC CARRILLO, A. y PÉREZ CASAS, J. A., 1989, 98.

[1048] DOMERGUE, C., 1969, 453 ss. Véase el trabajo posterior de REMESAL, J.; ROUILLARD, P. y SILLIERES, P., 1977, 1179, corrigiendo dicha denominación por la de cerámica de barniz rojo julio-clauda. La forma Conspec.8 es una de ls más frecuentes en el yacimiento.

[1049] DOMERGUE, C., 1967, 76 ss. Id., 1973, 87 ss.

[1050] SERRANO, E. et alii, 1985, 192, fig. 15.b.17; 196, fig. 16, n. 6; 200, fig. 18, n. 11; 204, fig. 20, n. 6; 207, fig. 21, n. 11; 222, fig. 29, n. 13; 225, n. 2; 251, fig. 44, 2; 253, fig. 44, 4; 264, fig. 52, n. 8; 315, fig. 82, n. 2; 326, fig. 87, ns. 6-8; 329, fig. 88, n. 14.

[1051] GARCIA Y BELLIDO, A., 1970, 10 ss. y 65 ss.

[1052] ROMERO MORAGAS, C. y CAMPOS CARRASCO, J. M., 1986, 326.

[1053] COLLS, D.; ETIENNE, R.; LEQUEMENT, R.; LIOU, B. y MAYET, F., 1977, 111, fig. 38, ns. 16-17. Aquí se denominan nuevamente cerámica de barniz rojo tardío, término que enmascara, a nuestro entender, los verdaderos orígenes de esta forma. Los dos ejemplares encontrados en Port Vendres remiten a pequeñas escudillas que nos parece deben relacionarse con ciertas formas de Luni (LAVIZZARI PEDRAZZINI, M. P., 1979, 142, lám. 97, 7), en variante atribuida a la cerámica tardoitálica, al igual que el ejemplar de la colección Lebrija (LOPEZ RODRIGUEZ, J., 1979, 29, fig. 6, 57). Ambas escudillas se relacionan con las formas Magdalensberg 17, 1-6 (complejos II-V, hasta el 25 de C.), íd., 17,10 en pasta C (SCHINDLER, M. y SCHEFFENEGER, S., 1977) y son clasificadas por Pucci en su forma XII (1985, 385-6). Los ejemplares de Port Vendres son indudablemente de los últimos ejemplares fabricados por estos talleres.

[1054] Agradecemos la información y las muestras cerámicas al Museo de Cartagena.

[1055] SORICELLI, G., 1987, 73 ss.

[1056] KENRICK, P. M., 1985, pp. 283 ss.

[1057] OXE, A. y COMFORT, H., 1968, 1032-1036.

[1058] Ya resaltado por SORICELLI, G., 1987, p. 85. Véase el mapa de dispersión, en su fig. 5.

[1059] PICON, M., 1984, pp. 310 ss.

[1060] MAYET, F., 1984, pp. 15-16.

[1061] En este contexto debe tenerse en cuenta la hipótesis de JUAN TOVAR, L. C. (prensa), sugiriendo a propósito de los hallazgos de Los Castillones, la posibilidad de encontrarse ante las primeras imitaciones hispanas (béticas) de la *terra sigillata* itálica, ilustrando un ejemplo paralelo al del alfarero *Terentius o Cinnamus* y los primeros productores hispanos de las pequeñas formas Drag. 29 en los talleres de la Tarracnense a comienzos del s. I d. de C.

También, SERRANO RAMOS, E., 1983, 83 ss., que también comparte el origen granadino para los hallazgos andaluces, cuya nómina de hallazgos, ciertamente amplia, recoge la autora (p. 88).

[1062] En algún momento hemos manejado también la hipótesis de un origen itálico para estas producciones (BELTRAN LLORIS, M., 1987, p. 361; íd., 1991, p. 67, bahía de Nápoles/Narbona ?; CASTILLO, J. R.; MIR, J. M.; PÉREZ ARANTEGUI, J. y TEJADA, J., 1991, 612). sin embargo, en los recientes análisis de pastas por activación neutr´nica (PÉREZ ARANTEGUI, J., 1991, pp. 185 ss., figs. II.5.4) separan netamente los contenidos, más altos, de Au, Na, As, Br, Mo, Ag, Cs, Hf, W, Th y U en la muestra 241 (TSI de imitación), sensiblemente distinta de la M. 19 (Puteoli), circunstancias que conviene investigar con más profundidad.

[1063] Posiblemente puesto en marcha con el propósito estímulo de las producciones napolitanas, dada la semejanza observada en las cerámicas.

[1064] Los análisis no permiten una mejor definición. No obstante, el tratamiento estadístico de los datos de activación neutrónica, nos da en la representación gráfica de las principales componentes, en los factores 1 y 3 una cierta vecindad entre las muestras 241 y 183 y 10, circunstancia que podría abrir una vía de investigación.

valle del Ebro. De los diversos hallazgos celsenses producidos hasta la fecha, portando estampillas, no resulta legible ningún ejemplo por la mala conservación y escasa calidad de la impresión[1065].

8.5.6. PROCEDENCIAS DUDOSAS

8.5.6.1. *Formas lisas*

Consp. 12.5.1.

Fragmento de borde de pasta 2/4 (81.1.D.II.10197, fig. 135, 6).

Consp. 18/Goudinea 25

Entre los fragmentos de difícil definición en cuanto a su soporte físico, se encuentra el fragmento 81.1.D.II.7998, de pasta 2/4 (fig. 135, 2).

Consp. 20.4

Dos fragmentos de borde con la acanaladura interior (V.79.3.M'.39, 81.1.21.31.F.G.1819) (fig. 135, 7).

Consp. 22

Labio grueso, apuntado, vertical, ligeramente incurvado hacia el interior. Puede tratarse de un bol similis a Magdalensberg 38/12,19 circa, en los complejos II-IV, pero resulta dudosa[1066]. Pasta 2/4.

Consp. 23.1/Magdalensberg 31, 2-6

Fragmento de vaso de forma análoga al modelo propuesto, diferenciándose sin embargo en la acanaladura sobre el arista, que en los ejemplares de Magdalensberg se sitúa debajo (81.1/8.Ñ'.P'.5071). En todo caso parece una variante mínima.

Las formas de Magdalensberg se adscriben al complejo III[1067].

Consp. 32.1/Magdalensberg 52, 4-10

Labio (80.1.18.22.V.Y.428), caracterizado por la decoración a ruedecilla, como en los ejemplares propuestos, procedentes de los

complejos más modernos del yacimiento[1068]. Pasta 1/4.

Consp. 33.4/Ha 38 ?

Fragmento de fondo, con escalón interno en el pie, asimilable posiblemente a la forma Ha. 12, como el ejemplar de Roanne, reproducido por Pucci,[1069] correspondiente a su forma XXXVII, 2, muy común en la segunda mitad del s. I d. C. y también conocido en Magdalensberg entre las formas más avanzadas. Las pasta, dudosa oscila entre 3/4 (81.1.D.II.10173) (fig. 135, 4).

Consp. 37/Magdalensberg 50 circa.

Se trata de dos bordes de pequeños boles, de tipo horizontal y con acanaladura interna, V.79.2.N'.32 y V.79.1.M'.29 (fig. 135, 1), sin paralelos exactos, salvo algunas formas de Magdalensberg con ruedecilla sobre el labio, ligeramente remontado[1070]. Pasta 3/4.

Hay algún parentesco con las formas Liverpool 11[1071] en la forma del labio, aunque se refiere a un bol distinto, mejor clasificable en otra categoría. Estos envases están en el origen de la Drag. 27. Pasta 3/4.

Consp. 37.4/Magdalensberg 49,12.

Se trata de un fragmento de borde, (V.79.3.N'.128) correspondiente a un pequeño bol de pasta indeterminada entre 1/3, semejante a la del modelo propuesto.[1072]

Fondos

Análoga imprecisión en la descripción de las pastas hemos encontrado en otros fragmentos, como en el fondo de bol de pequeñas dimensiones (**F.4.2**) S1.1.1.21-31.F.1844, con grafito en la base *ME[—-]* y estampilla central, en dos líneas muy dudosa (Pasta 3/4).

Además los pies de platos ligeros correspondientes a la etapa de Tiberio o quizá más tarde (**F.2.&**) 82.1.D.II.1.18639 (fig. 135, 3) y 81.1.D.II.844 y 10172 (Pasta 1/4).

Estampillas

C. Marcius

Base 80.1.60.C'.7297[1073] pasta 1/4 (fig. 135, 5), con la estampilla *C.Marc(i) in p.p.*[1074] y

---

[1065] Estas notas coinciden con los hallazgos de Saint-Roman-en-Gal, donde se conoce una quincena de ejemplares, normalmente ilegibles por las mismas circunstancias de escasa calidad y de los que sólo se han reconocido *Sex(tus) Val(erius) Níger, Arge(ntilus), Iulius, Icarus (Carus ?)* (DESBAT, A. y SAVAY-GUERRAZ, H., 1986, 92). Otro tanto sucede con los ejemplares de Narbona (PASELAC, M. y SABRIE, R. y M., 1986, fig. p. 54). Los ejemplares de *Celsa* son 83.1.ha.20.11514 (M.224), y 85.1.ha.19.24171, de lectura dudosa.

[1066] SCHINDLER, M. y SCHEFFENEGER, S., 1977, 119.

[1067] SCHINDLER, M. y SCHEFFENEGER, S., 1977, 103, también semejanza con algunos bordes de Bolsena B-2C.86 —GOUDINEA, Ch., 1968, 133— C-2B-108, etc.

[1068] SCHINDLER, M. y SCHEFFENEGER, S., 1977, 72 ss., complejo VII.

[1069] PUCCI, G., 1985, lám. CXXXI, 6, p. 397).

[1070] Estas formas están presentes sobre todo en los complejos V, VI, VII, es decir, en un momento avanzado, SCHINDLER, M. y SCHEFFENEGER, S., 1977, lám. 50, 1-11 y 51, 1.

[1071] SIMONETT, CH., 1941, 78; se da como Drag, 27, con la estampilla L. Avil.

[1072] SCHINDLER, M. y SCHEFFENEGER, S., 1977, complejo VII, fábrica B.

[1073] Similis a Bolsena C-2A-14 circa. GOUDINEAU, CH., 1968.

perteneciente a una gran pátera de forma similis a Pucci X, con pie de forma **F.1.11.**

L.Va( ).

Estampilla *in p.p.*, en fondo Consp. 23. 1/Goud. 27 (80.1.36.38.T.V.2041) (figs. 127, 16). Se trata verosímilmente del mismo productor mencionado por Oxe-Comfort en

Tarragona[1075]. El análisis de esta muestra, químicamente, nos sitúa en la vecindad del taller de Luna[1076], extremo que preferimos mantener en el terreno de la hipótesis en tanto realizamos ulteriores comprobaciones[1077]. Los ejemplares *in p.p.* juntamente con la morfología del vasito, nos situarían en el segundo decenio de la Era.

8.5.6.2. Inventario y porcentajes

FORMA	PASTA	SIGLA	FIG.	NIVEL
C.12.5.1	1/4	81.1.D.II.10197	135,6	7.2
C.18/Goud. 25	8/4	81.1.D.II.C.II.7998	135,2	7.2
C.20.4	2/4	81.1.21.31.F.G.1819	135,7	7.2
C.23/1-2 L. Va()	9	80.1.36.38.T.V.2041	127,16	7.2
C.33.4/Ha.38 ?	3/4	81.1.D.II.10173	135,4	7.2
C. 37/Magd. 50, 3	1/4	V.79.1.M".29	135,1	7.2
C.37 ev.	3-4	81.1.D.I. 3314	133,3	7.2
F.1.1 C. Marcius	2-4	80.1.6.C'.7297	135,5	7.2
F.2.5	2/4	V.79.2.N'.14	131,6	7.2
»	3/4	81.1.D.II.10172	130,11	7.2
»	8/4	82.1.D.II.18639	135,3	7.2
¿?	3/4	81.1.25.33.G.I.2625	134,20	7.2

FORMA	NIVEL						TOTAL
	3	5	6	7.1	7.2	8	
C.12.5.1.					1		1
C.118/Goud.25					1		1
C.20.4				1	1		2
C.23.1/2/Goud.27 L.Va()					1		1
C.23.1				1	1		2
C.33.4/Ha.38?					1		1
C.37					1		1
C.37.4/Magd.49,12					1		1
C.37/Magd.50,3 circa					2		2
Dudosas					3		3
F.1.11 C.Marcius					1		1
F.2.7					4		4
F.4.2					1		1
Indeterminadas	8	57	30	76	230	77	457
	8	57	30	78	249	77	**478**

[1074] OXE, A. y COMFORT, H., 1968, 963 de procedencia dudosa, aretina ?

[1075] OXE, A. y COMFORT, H., 1968, 2.178 b, que sólo reseña dos ejemplares en Tarragona. No se desarrolla el nombre del alfarero. Para Haltern, VON SCHNURBEIN, S., 1982, 47, con abundantes ejemplares. Dos ejemplares, uno incompleto, pero el otro también in p.p. y con el mismo tipo de A, sin travesaño central (2178 b). El ej. de *Celsa* También en BELTRAN LLORIS, M., 1990, 72. Nótese en *Celsa* la pared interna que se remonta ligeramente y no desciende como en la mayoría de los ejemplares normales.

[1076] M. 101. juntamente con la muestra 113 correspondiente a S(*extus*) M(*u rrius*) P(*riscus*), 85.1.Hab.32.1.87811, cuya pasta podría confundirse, visualmente, con la atribuida a Puteoli, con una arcilla de carácter harinoso, de tono beige-marrón, abundantísimos puntos blancos y partículas arcillosas o ferruginosas, entre otras.

[1077] Habida cuenta de los escasos elementos de juicio, no resulta posible elaborar tablas comparativas de porcentajes. Por otra parte tampoco conocemos los patrones de dicho taller lunense. No obstante, no deja de ser significativa la semejanza entre los porcentajes de las muestras 113 y la padana 1-2 (LASFARGUES, J. y PICON, M., 1985, 10, tabla a), con muy escasa diferencia únicamente en el Mg., mas alto en la muestra lunense.

8.5.7. Índice de presencia de la TSI
EN LA INSULA DE LOS DELFINES

FORMA	NIVEL				TOTAL	
	3	5	6-7	8		
Pisa	5	7	63	6	81	**4,70 %**
Ital. Centr.	8	9	59	22	98	**5,69 %**
Arezzo	48	54	679	141	976	**56,71 %**
Puteoli	5	2	42	12	61	**3,54 %**
Nápoles (?)	12	2	9	4	27	**1,56 %**
Indeterm.[1078]	8	57	336	77	478	**27,77 %**
	86	131	1.242	262	**1.271**	

Atendiendo a los niveles expresados, formas y procedencias se observan los siguientes índices de presencia:

Nivel 3

FORMA	PISA	CENTROIT.	AREZZO	PUTEOLI	NAPOLES	INDETERM.	TOTAL
C.1./Mag. 20/1-6	1						1
C.2.1	1						1
C.3		1					1
C.4.76		1					1
C.7.1.1			1				1
C.8.1 var.					1		1
C.8.3.1. sim.					3		3
C.10.3.3/Mag. 5.3					1		1
C.12.5			1				1
C.12/HA 1C			1				1
C.13.2			1				1
C.13.2.1			1				1
C.13.2/Mag. 15,9-10			1				1
C.13 ?			1				1
C.14. Var.					1		1
C.14.1	1						1
C.14.1.2			1				1
C.18.1			1				1
C.18.2			1				1
C.20.4/Mag. 55, 9	1						1
C.20.4[			1				1
C.22.1				1			1
C.22.1.1		1					1
C.36.3/4			1				1
C.38/Ha.16		1	2				3
C.50/Ha.16			1				1
F.1.2			1				1
F.2.3/4				1			1
F.2.5			2				2
F.3.6				1			1
Indeterminadas	1	4	29	2	4	8	47
Petrisberg 2					1		1
V.79.12					1		1
Sextus Annius			1				1
TOTAL	5	8	48	5	12	8	**86**

[1078] Se incluyen en este apartado los fragmentos sin forma, algunos de los cuales han sido elencados en el inventario superior.

Nivel 5

FORMA	PISA	CENTROIT.	AREZZO	PUTEOLI	NAPOLES	INDETERM.	TOTAL
C.1.1			1				1
C.14.1		1					1
C.15.1.2		1					1
C.18.2.2			1				1
C.20.3	1						1
C.27.1.2		1					1
C.33.1	1						1
C.37.1	1						1
Indeterminadas	4	6	48	3	3	57	119
Drag. X			1				1
Ateius			1				1
Crispinus			1				1
Murrius			1				1
TOTAL	7	9	54	2	2	57	**131**

Nivel 6-7

FORMA	PISA	CENTROIT.	AREZZO	PUTEOLI	NAPOLES	INDETERM.	TOTAL
C.1.1			2				2
C.3.1	2						2
C.3.1.1			2				2
C.3.1.2			1				1
C.3/Mag. 47, 3			1				1
C.4			1				1
C.4.2.1.			2				2
C.4.2.2			1				1
C.4.4	2						2
C.4.4.1			1				1
C.4.6.2			2				2
C.5.3.1			1				1
C.7			2				2
C.7.1		1					1
C.8.3.1.sim.					2		2
C.12			1				1
C.12.1.2			2				2
C.12.1.3			1				1
C.12.3	2		1				3
C.12.4.1			2				2
C.12.5			2				2
C.12.5.1						1	1
C.12.5.1.sim.			1				1
C.12/Ha.IcG			1				1
C.15.1				1			1
C.13.2			1				1
C.13 ?			1				1
C.14.1.4			1				1
C.12.37			1				1
C.14.3.1/Ha 7 B/D		1					1
C.18						1	1
C.18.2	4		3				7
C.18.2.2			10				10
C.18.2.3.			1				1
C.18.3			1				1
C.18.3.1			2				2
C.18,3.2	1						1
C.20.3	1			1			1
C.20.4	6		2	2		2	12
C.20.4.1			3				3
C.20.4.2			4				4
C.20.4.3			6				6
C.20.4.2/4			3				3
C.20.5	1						1
C.20.5.2			4				4

FORMA	PISA	CENTROIT.	AREZZO	PUTEOLI	NAPOLES	INDETERM.	TOTAL
C.21.3				1			1
C.21.3.1			4				4
C.21.3/Mag.58,4			1				1
C.21.4.1			2				2
C.22	3	1		1			5
C.22.1				1			1
C.22.1.1			2				2
C.22.5.1		1					1
C.22.5.2			1				1
C.2.6.1		1					1
C.23				2			2
C.23.1/2						1	1
C.23.1						2	2
C.23.2	2		3	1			6
C.23.2.1			4	2			6
C.23 ?				1			1
C.22/23	1						1
C.24.4.1				1			1
C.25			1				1
C.25.1/Mag.57,11			1				1
C.25			2				2
C.26.1/2			1				1
C.26.2			1				1
C.26 ?			2				2
C.27.1	2						2
C.28.1		1					1
C.32.1			1				1
C.32.3.1			3				3
C.33			2	1			3
C.33.2			1				1
C.33.4.1				1			1
C.33/Mag.67a 2			1				1
C.34.1.1				3			3
C.34.1.2				3			3
C.35				1			1
C.36.3		3					3
C.36.4				2			2
C.36/Mag.48.12			1				1
C.36/Mag.48,2			1				1
C.37						1	1
C.37.1	2	2	1				5
C.37.3				3			3
C.37.4			2			1	3
C.37/Mag. 49, 19			1				1
C.37/Mag. 50, 3c						2	2
C.38	1						1
C.50			1				1
C.50 ?				1			1
C.40.3		1					1
C.54		1					1
Indeterminados	30	41	554	14	7	318	964
F.1.2			2				2
F.1.3			1				1
F.1.4			1				1
F.1.5.			2				2
F.1.7			4				4
F.1.8			1				1
F.1.9			1				1
F.1.10			2				2
F.1.11			1			1	2
F.1.12			1				1
F.2.4			7				7
F.2.5			5				5
F.2.7				1		4	5
F.4.2						1	1
F. ¿?			3	1			4
Indeterminadas			23				23
Drag. I			3				3
Drag. X			3				3
Copa ?			1				1
Indeter.dec.			4				4

FORMA	PISA	CENTROIT.	AREZZO	PUTEOLI	NAPOLES	INDETERM.	TOTAL
decoradas		1					1
Ateius			1				1
Avilius			1				1
Br.			1				1
P. Clodius Euph.			1				1
Murrius			1				1
Favonius		1					1
Rasinius			1				1
Tetius Samia			1				1
Vei()		1					1
TOTAL	63	59	733	42	9	336	**1.242**

La observación de los cuadros adjuntos, permite comprobar la intensidad de penetración de los distintos productos itálicos en la Casa de los Delfines, sin que sea éste el lugar para asumir las consecuencias generales que se derivan del conocimiento de otros ámbitos de la colonia en estudio[1079]. Son netamente predominantes las producciones aretinas (61,64 %), frente a las pisanas, en segundo lugar, seguidas por Puteoli, pero que sólo sig-

nifican el 13,06 y 8,80 %, respectivamente. Porcentaje análogo se desprende de las cerámicas de Italia Central (7,38 %) y se sitúan en último lugar las imitaciones napolitanas ? (3,12 %).

Estos porcentajes se mantienen, aproximadamente, en el conjunto de materiales analizados por espectrometría atómica, referido a 177 muestras estudiadas, fundamentalmente material estampillado[1080].

8.5.7.1. Resumen de las estampillas

O.C.	ALFARERO	FORMA/ESTAMPILLA	CENTRO	SIGLA	FIG.	NIV.	MUESTRA
1038	Mur(rius)	plato/in p.p.	Pisa ?	V.76.6.F'.5	136,5	7.1	
675	L. Favonius	plato/cent.	Centroital.	V.s.460	136,3	8	119
2250	Vei( )	plato/cent.	Centroital	81.1.D.II.8123	136,4	6	
88	Sextus Annius	plato/cent.	Arezzo	80.1.32.H.5882	136,16	3	198
90	Salvius Sex.						
	An(ni)	plato/rad.	Arezzo	81.1.D.II.C.II.7632	136,14	8	53
144	Ateius	plato/in p.p.	Arezzo	V.79.4.K.36	136,21	5	239
145	Cn.Ateius	plato/in p.p.	Arezzo	80.1.38.L.M.6521	136,15	7.2	204
145	Cn.Ateius	plato/cent.	Arezzo	V.79.16.20.NÑ.12	136,9	7.2	
145	Cn.Ateius	plato?	Arezzo	V.79.s.25	136,17		
226	Avilius	plato/in p.p.	Arezzo	V.79.7.J'.91	136,22	6	
¿?	Br.	plato/rad.	Arezzo	80.1.22AI.31.T.8910	136,12	7.2	144
139	Crestus	plato/cent	Arezzo	80.1.22A.31.T.8904	136,13	7.2	143
139	Crestus	copa/bol ?	Arezzo	80.1.22A.31.T.8906	136,8	7.2	
175	Crispinus	Plato/cent.	Arezzo	V.s.308	136,2	8	
336	P. Clodius Euphemus	bol	Arezzo	81.1.9.18.A'.F'.97	136,10	7.2	
1044	Murrius	Plato/in p.p.	Arezzo	81.1.21/31.F.1817	136,23	7.2	
1301	S. Petronius	Plato/rad.	Arezzo	81.1h.12.2148	136,11	3	
113	M.Perennius Tigranius	Modiolo	Arezzo	80.1.22.A.31.T.8909	136,20	7.2	
113	M.Perennius	¿?	Arezzo	80.1.A.H.A.G.6143	136,30	8	
1485	Rasinius	Plato/cent.	Arezzo	81.1.D.II.7666	136,25	7.2	
1485	Rasinius	Plato/cent.	Arezzo	V.76.7.M'.47	136,24	8	
1846	Rasinius	Copa/ext.	Arezzo	81.1.s.38	136,19	8	
1486	Rasinius	¿?/ext.	Arezzo	V.s.260	136,18	8	
1514	Euticus Rasinus	Goud.24/cent.	Arezzo	V.s.17	136,6	8	
1970	L. Tetius Samia	plato/rad.	Arezzo	80.1.18.22.VY.420	136,27	7.2	
1979	L. Tetius Samia	Plato/rad.	Arezzo	V.79.32.A.1	136,31	7.1	
2001	A. Titius	plato/cent.	Arezzo	V.s.375	136,26	8	
2395	L. Umbricius	plato/cent.	Arezzo	81.1.7.9.A.B.2310	136,28	8	
2157	M. Tulius fecit	bol	Puteoli	V.79.16.18.L.K.44	136,1	3	
963	C. Marcius	plato/in p.p.	¿?	80.1.6.C'.7297	136,29	7.2	

[1079] Hasta la fecha únicamente hemos dado a conocer un breve trabajo, introductorio, sobre la TSI de *Celsa* (BELTRÁN LLORIS, M., 1987, 360 ss.), que fija los extremos de la investigación emprendida sobre dicho aspecto.

[1080] Se trata del programa «Investigación interdisciplinar sobre la cultura material de la colonia romana *Victrix Iulia Celsa* (Velilla de Ebro) n.º CHS 18/85», junta-

mente con el Departamento de Química Analítica de la Universidad de Zaragoza. CASTILLO, J. R.; MIR, J. M.; MARTINEZ, M. C. y GOMEZ, T., 1988, pp. 9 ss.; CASTILLO, M.; MIR, J. M.; GOMEZ, M. T.; BELTRÁN LLORIS, M. y PÉREZ ARANTEGUI, J., prensa; CASTILLO, J. R.; MIR, J. M.; GOMEZ, M. T. y PÉREZ, J., 1987, p. 84. Sobre este tema ha realizado su tesis de doctorado Josefina Pérez Arantégui.

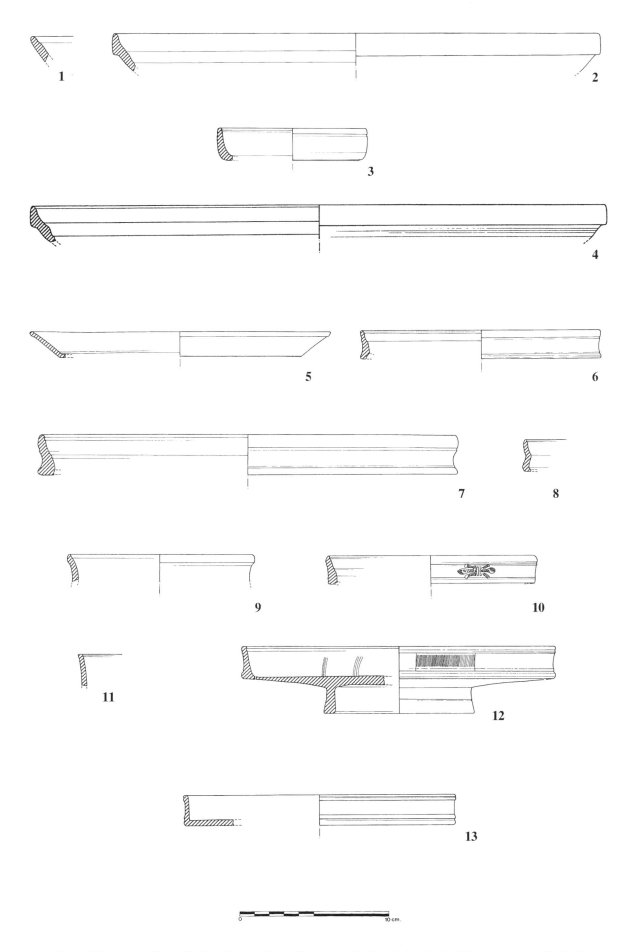

Figura 118. *Terra sigillata* itálica lisa. Pisa. 1: C. 1; 2: C. 4; 3, 4: C. 12; 5: C. 2; 6-8, 10: C. 18; 9: Indeterm.; 11-13: C. 20.

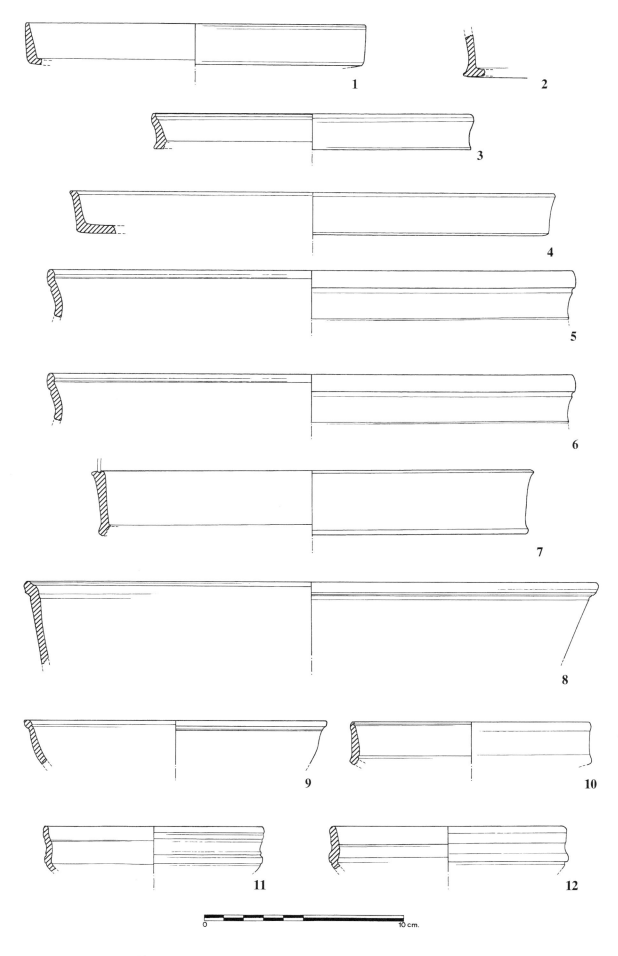

Figura 119. Terra sigillata itálica lisa. 1-7: C. 20; Pisa. 8, 9: C. 2; 10-12: C. 22.

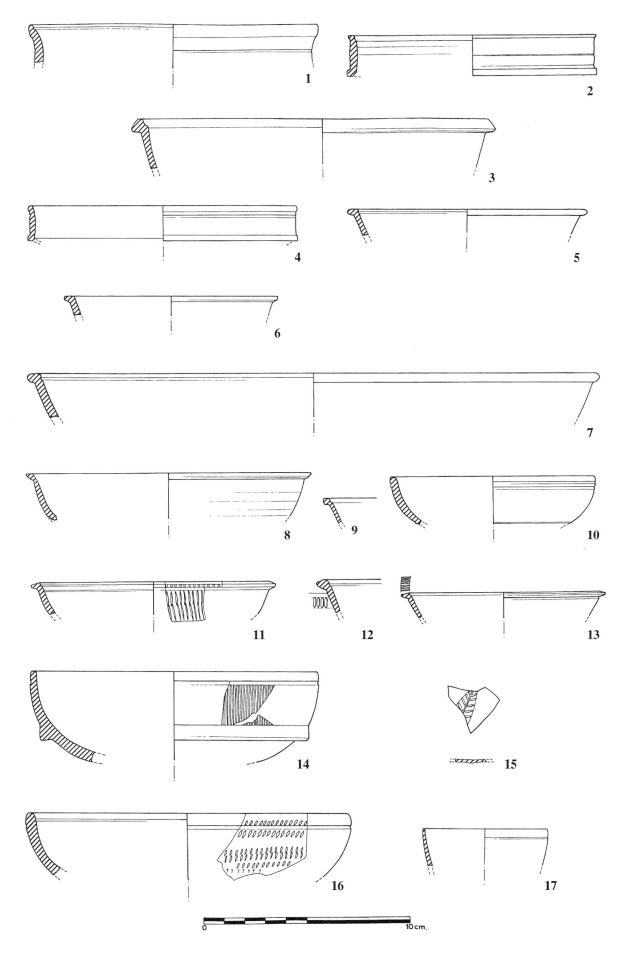

Figura 120. Pisa. 1: C.22; 2: C.14; 3, 4: C.23; 5, 6: C.27; 7-9: C. 3; 10: C.38; 11-13: C.37; 14: C.33; 15-17: Indeterm.

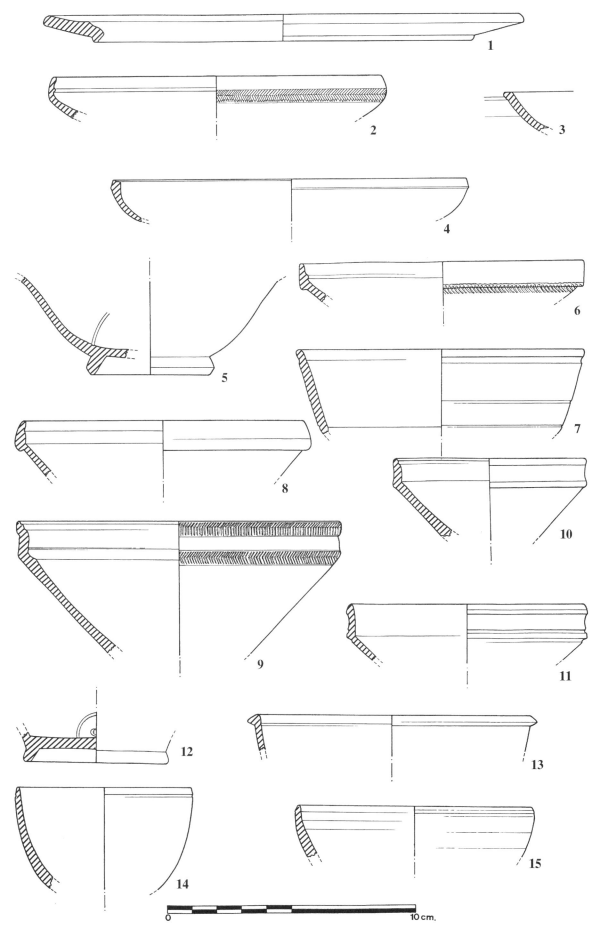

Figura 121. Terra sigillata itálica lisa. Centro Italia. 1: C. 54; 2: C. 46; 3-4: C. 3; 5-6: C. 14; 7: C. 15; 8: c. 7; 9-12: C.22; 13: C. 27; 14-15: C. 36.

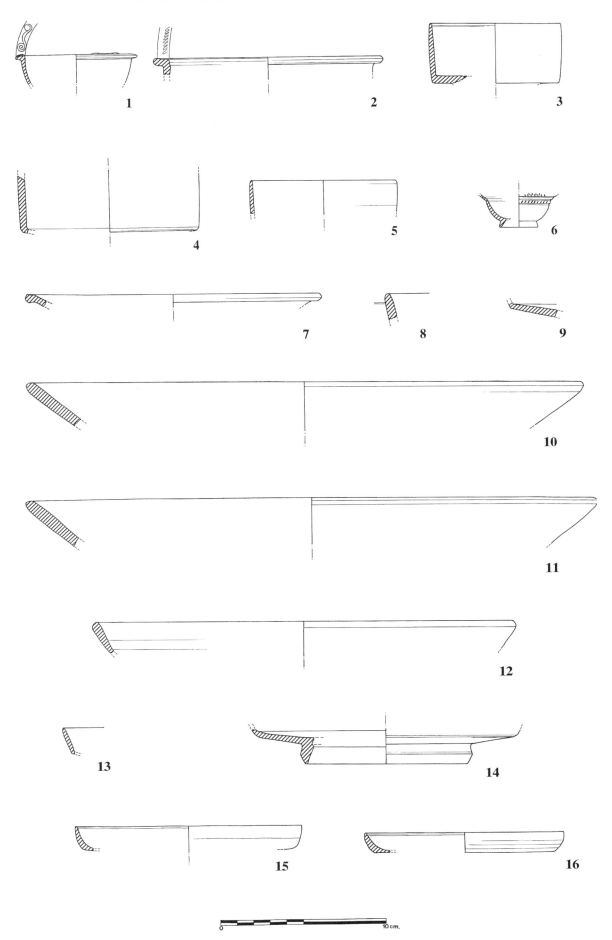

Figura 122. *Terra sigillata* itálica lisa. Centro Italia. 1-2: C. 37; 3: C. 28; 4-5: C. 50. Arezzo. 6: c. 32; 7: C. 13; 8: Indeterm.; 9-12: C. 1; 13: C. 4; 14: C. 3; 15-16: C. 4.

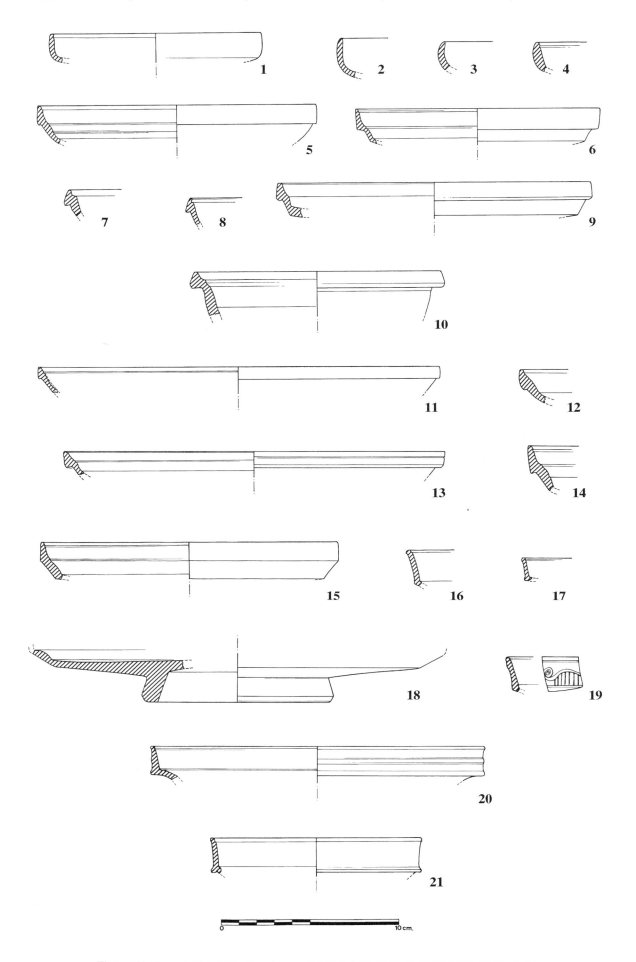

Figura 123. *Terra sigillata* itálica lisa. Arezzo. 1-4: C. 4; 5-15: C. 12; 19: C. 20; 16-18, 20, 21: C. 21

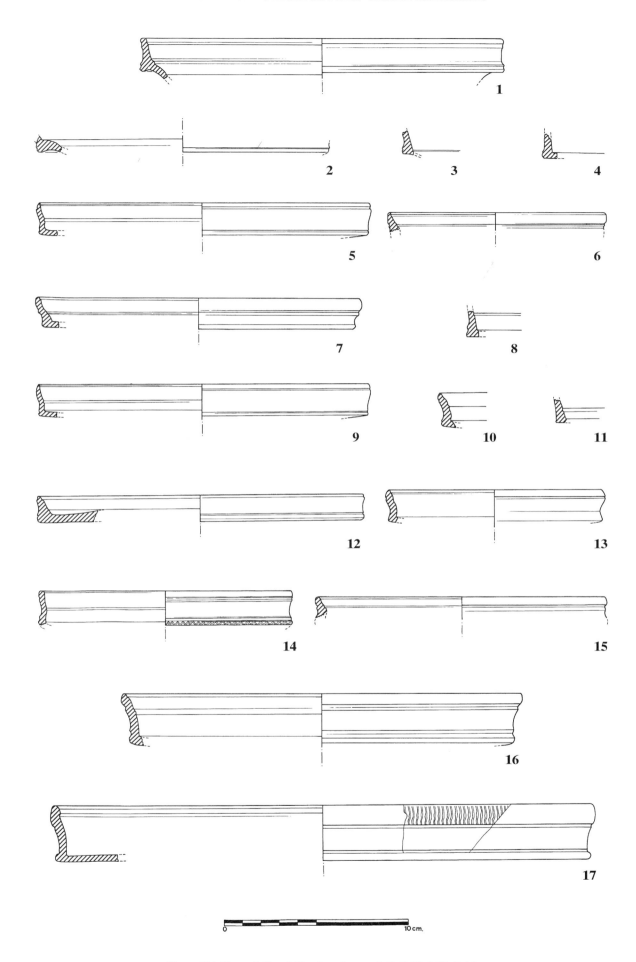

Figura 124. *Terra sigillata* itálica lisa. Arezzo. 1, 2: C. 21; 3-17: C. 18.

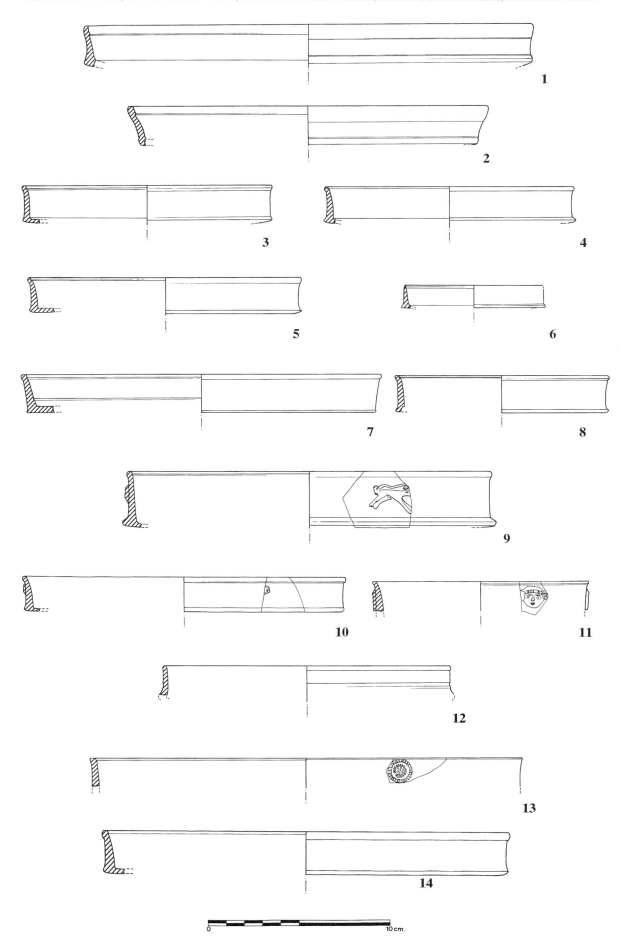

Figura 125. *Terra sigillata* itálica lisa. Arezzo. 1, 2: C. 18; 3-14: C. 20.

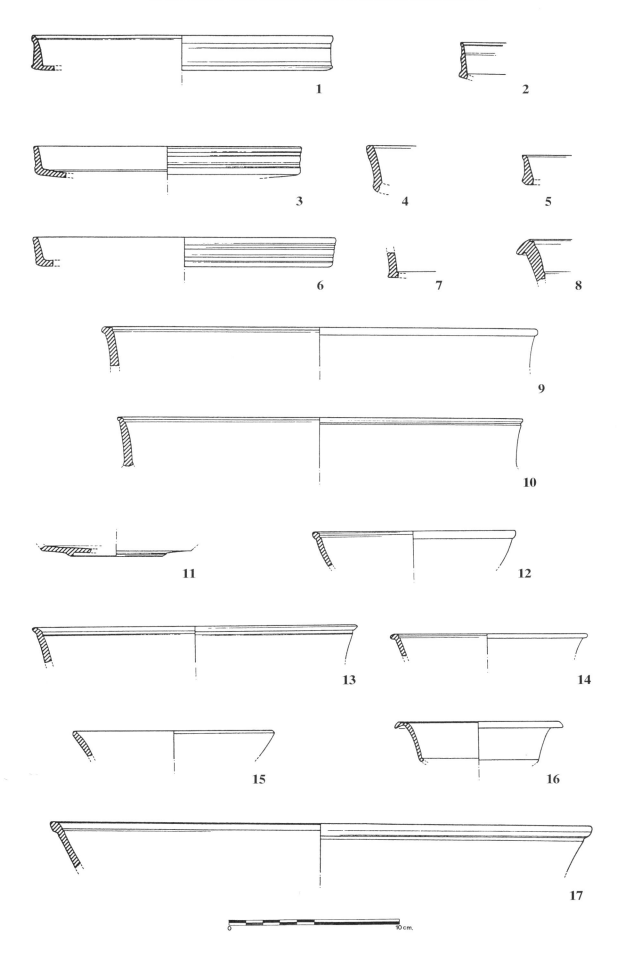

Figura 126. *Terra sigillata* itálica lisa. Arezzo. 1-6: C. 20; 7: C. 18; 10: 25; 11: C. 5; 12-14, 17: C. 3; 15: C.

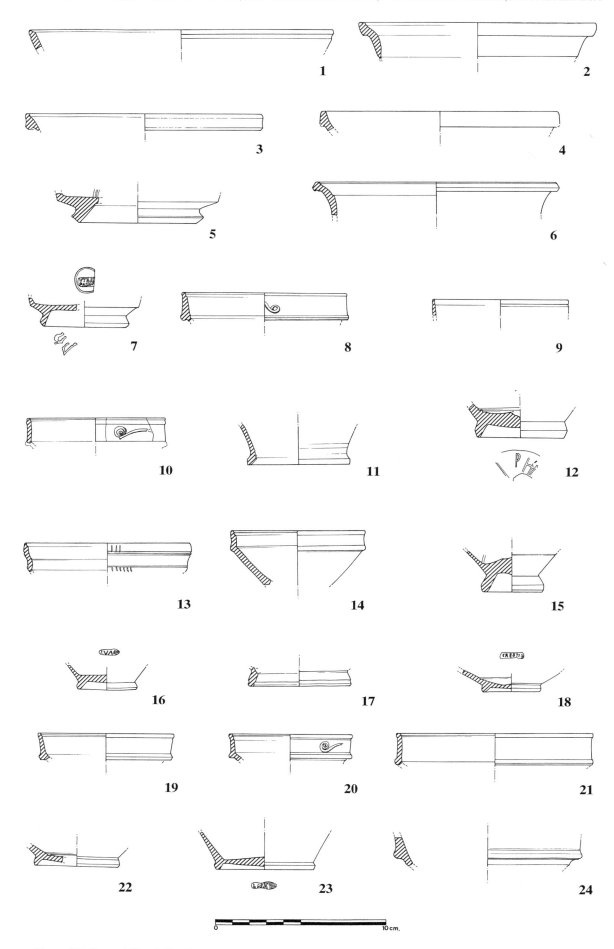

Figura 127. *Terra sigillata* itálica lisa. Arezzo. 1: C. 20?; 5, 7: C. 13; 2-4, 6: C. 14; 11, 12, 17: ¿?; 13-15: C. 22; 8, 10, 19-21, 23: C. 23; 18: C. 23/26 ?; 22: C. 26?; 24: C. 33. Indeterminado. 6: C. 23*; 16: C. 23.

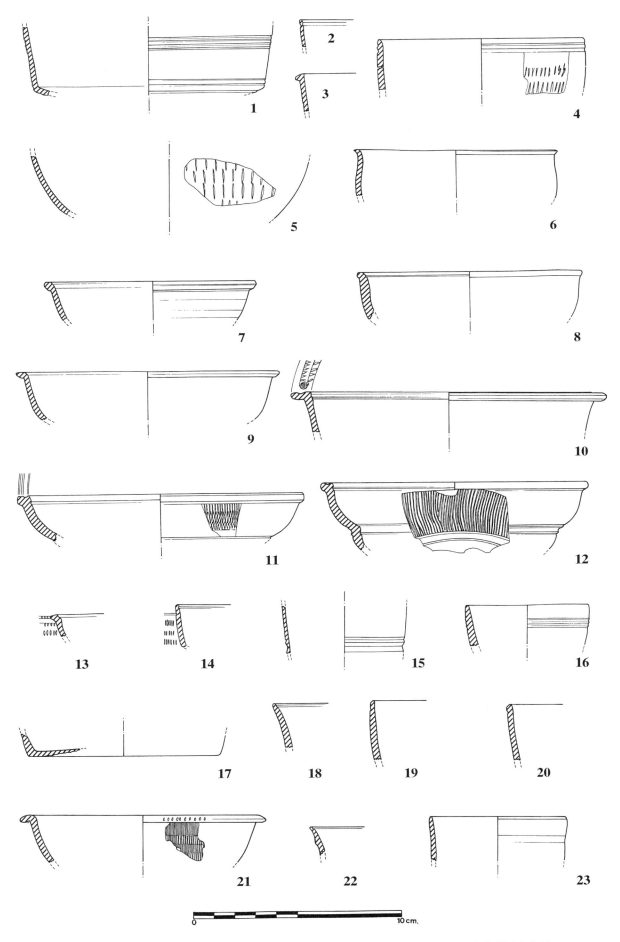

Figura 128. *Terra sigillata* itálica lisa. Arezzo. 1-3: C. 26; 4, 5: C. 38; 11, 12, 21: C. 32; 6-10, 13: C. 37; 14: C. 33; 15, 23: C. 50; 18, 22: C. 7; 16, 19, 20: C. 36; 17: ¿?

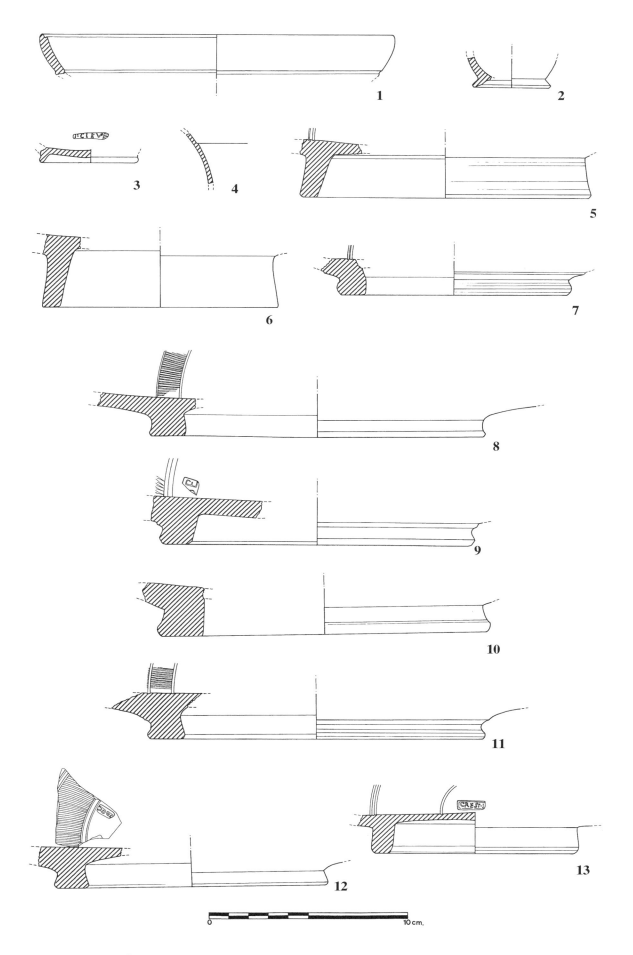

Figura 129. *Terra sigillata* itálica lisa. Arezzo: 1: indeterm.; 2: F. 2; 3: C. 33; 5-13: F. 1.

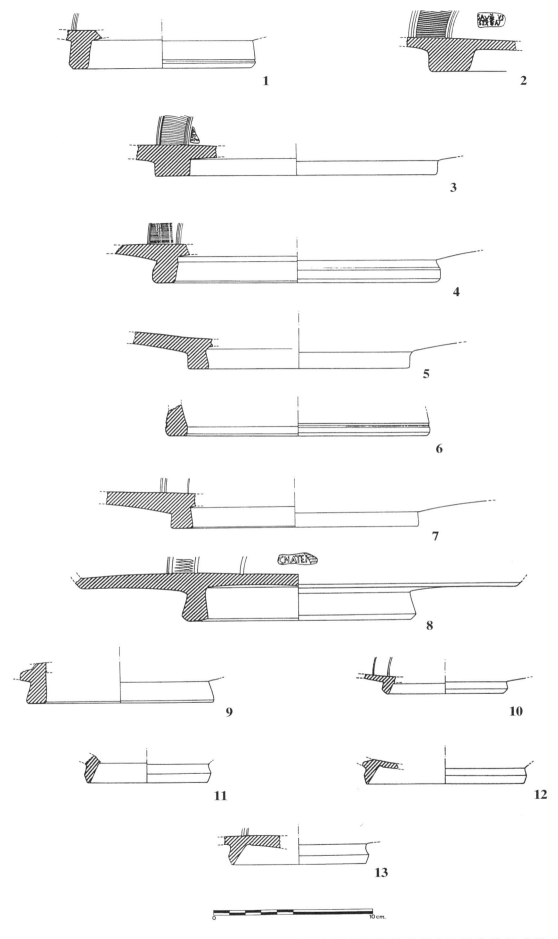

Figura 130. *Terra sigillata* itálica lisa. Arezzo. 1-3: C. 26; 4, 5: C. 38; 11, 12, 21: C. 32; 6-10, 13: C. 37; 14: C. 33; 15, 23: C. 50; 18, 22: C. 7; 16, 19, 20: C. 36; 17: ¿?

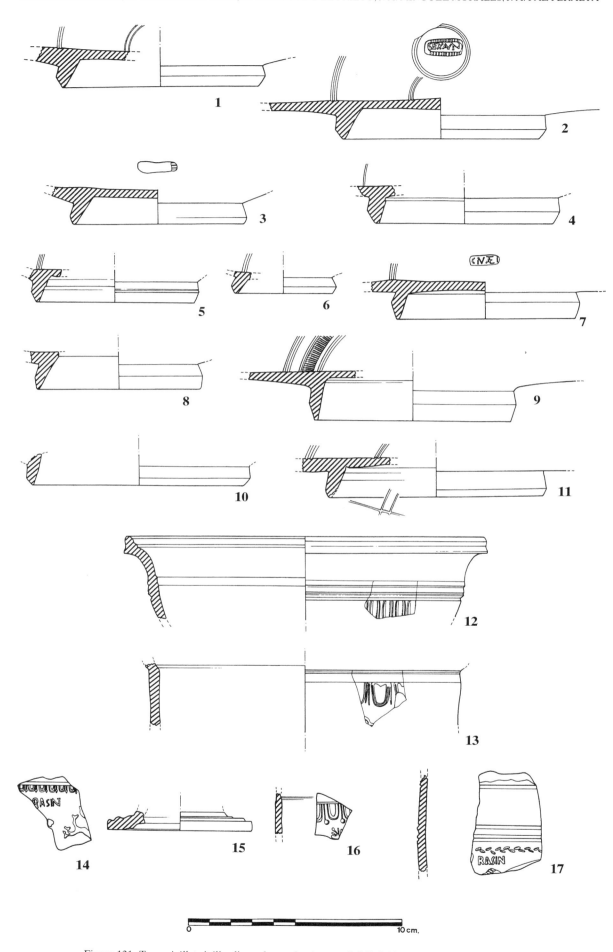

Figura 131. *Terra sigillata* itálica lisa y decorada. Arezzo. 1-5, 7, 8-11: F. 2. Decorada. 12, 13, 16: Drag. I: 6, 14, 15: indeterm.; 17: copa ?

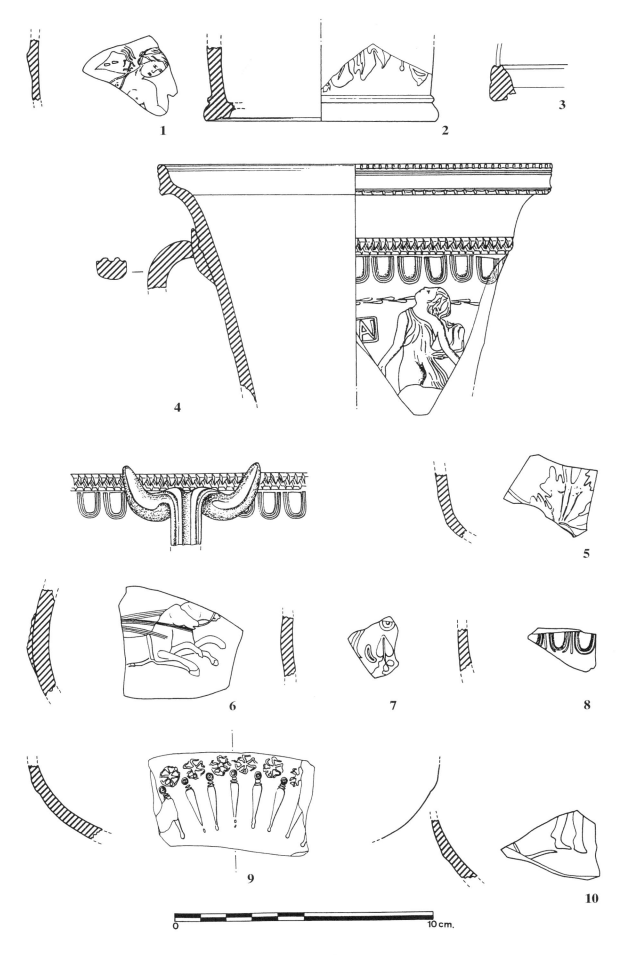

Figura 132. *Terra sigillata* itálica decorada. 1-4: Drag. X; 6: copa ?; 5, 7-10, 15: indeterm.

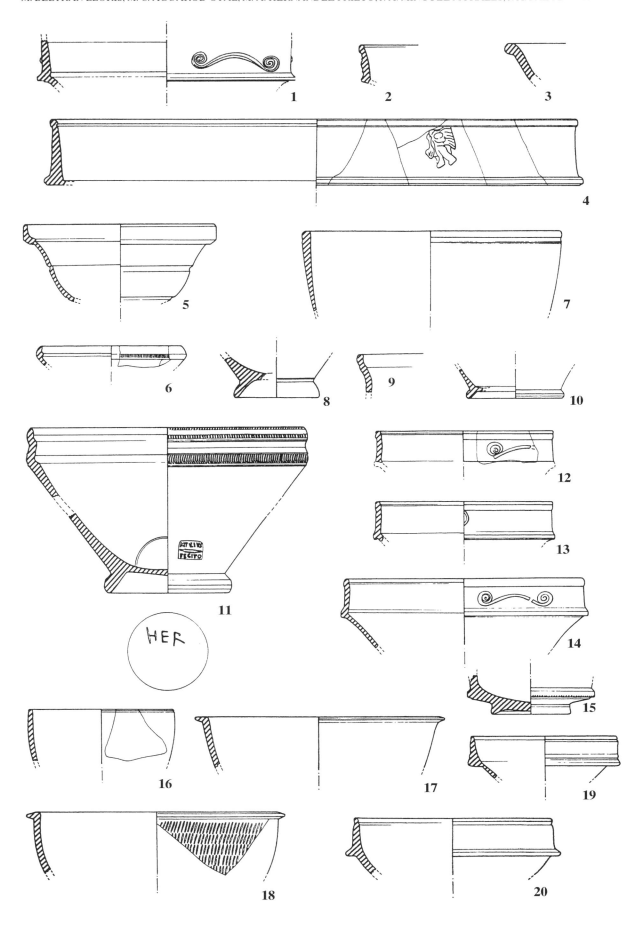

Figura 133. *Terra sigillata* itálica lisa. Pozzuoli. 1: C. 21; 2, 4: C. 20; 5: C. 15; 6: C. 24; 7: C. 50?; 8,9, 11: C. 22; 10-14: C. 23; 15: C. 35; 16: C. 36; 17, 18: C. 37; 19,20: C. 34.

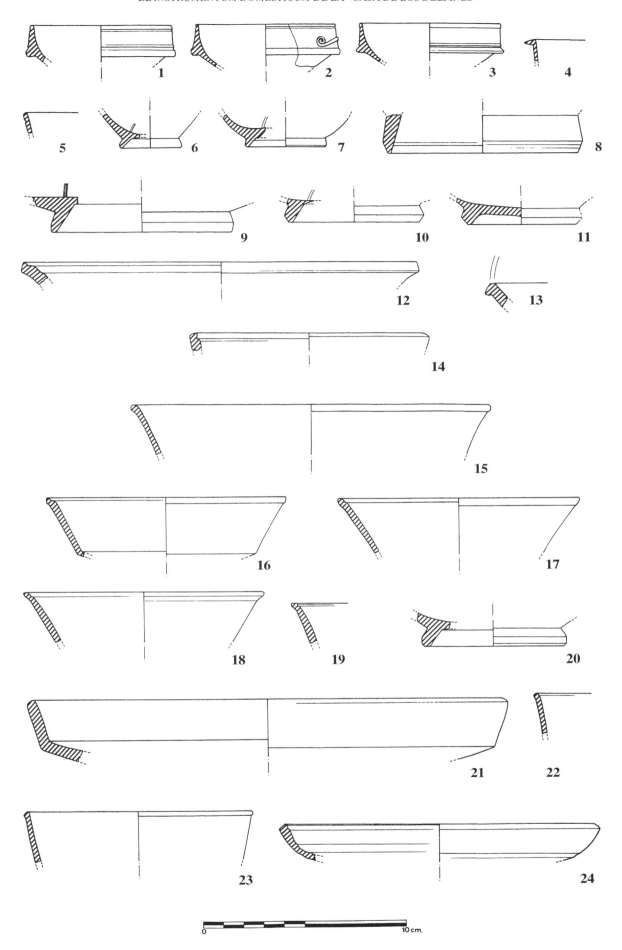

Figura 134. *Terra sigillata* itálica lisa. Pozzuoli. 1-3: C. 34; 4: C. 37; 5: C. 36; 6: C. 23; 7: C. 33; 8-10: F. 2; 11: F. 3.
Taller indeterminado. 2, 20: C. 18. Nápoles. 12: C. 10; 13: Petrisb. 2; 14: C. 14; 15-19, 22: c. 8; 21: C. 1; 23: Indeterm.; 24: V.79.12.

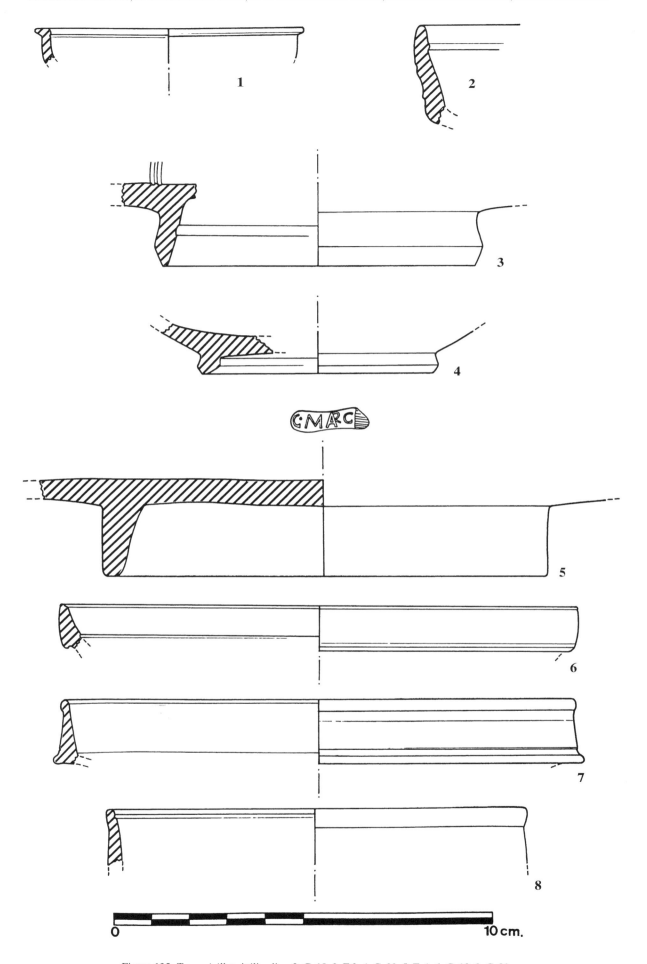

Figura 135. *Terra sigillata* itálica lisa. 2: C. 18; 3: F.2; 4: C. 33; 5: F. 1; 6: C. 12; 8: C. 20.

Figura 136. Terra sigillata itálica. Sellos (1-31) y grafitos (32-35).

8.6. TERRA SIGILLATA GALICA (M.B.LL.)

Observamos como nota principal el neto predominio de las producciones de la Graufesenque en la variante de Millau, sin que se aprecien otros talleres del grupo, al menos a simple vista o con la lupa de aumentos. La variante de pasta *d* podría tal vez asimilarse al grupo de Jonquieres-Saint Saturnin[1081], pero la calidad del barniz no ayuda nada a dicha definición. Tampoco parecen observarse pastas de Banassac, aunque la distinción visual es sumamente difícil, ni siquiera estableciendo líneas de diferenciación a partir de la ausencia de partículas brillantes de cuarzo o mica[1082].

Del total analizado correspondiente a la Casa de los Delfines y calles adyacentes, la homogeneidad del material es ciertamente notable, lo cual no impide que otros ámbitos de la colonia puedan modificar esta sensación, sobre todo a partir de ciertas atribuciones al taller de Montans[1083].

8.6.1. FORMAS LISAS

Ritterling 8

Esta forma se caracteriza por el pie bajo y el borde de la taza adelgazado, con ranuras interiores y exteriores[1084]. Aparece en Hofheim sólo en época de Claudio y en Aislingen en la primera parte de la ocupación, es una forma claramente preflavia, durando hasta mediados del reinado de Nerón[1085]. Los modelos presentes en *Celsa* corresponden al tipo popularizado en la etapa de Claudio ostentando todos los ejemplos acanaladuras tanto en el borde del labio (interior y exterior), como en la pared media, exterior. El único ejemplar con la base completa (V.79.8.10.J.K.95, fig. 137), observa en la base externa un típico escalón.

La estandarización anotada a partir de la «Fosse 78»[1086], ofrece dos modelos de boles: A (60-70 mm), B (90-100 mm.).

Se conservan diversos labios (V.79.7.F'10, V.79.2.M'.10, 81.1.D.I.9615), además de fragmentos de pies típicos (80.1.22.AI.31.T.8909, V.79.1.M'.5) y varios ejemplares más completos que permiten definir las formas, como las pequeñas copitas V.79.8.10.J.K.95, 80.1.38.-L.M.6741).

Ritterling 12

Se conservan escasos fragmentos de esta forma, que encuentra su momento de apogeo en época de Claudio, como se comprueba en Hofheim entre otros lugares[1087].

Se puede realizar alguna acotación de tipo cronológico atendiendo al aspecto del labio o reborde horizontal y con baquetón perpendicular al mismo, que parece marcadamente flexionado e inclinado en época de Nerón, según se evidencia en el hallazgo de la Nautique[1088]; nótese el aspecto rectilíneo en las formas de Aislingen, cuya cronología es claudioneroniana[1089].

Los labios de *Celsa*, están en la línea descrita, como 80.1.10.T.1450, que parece el fragmento más evolucionado[1090]. La misma tipología reproducen los restantes fragmentos con labios lisos al interior, sin acanaladuras y ligeramente inclinados (80.1.16.22.X.A.D.5508, 80.1.8.14.V.Z.1897).

Dragendorf 16

Hay un fragmento de borde, con el barniz muy mal conservado. La sección es semejante

---

[1081] LAUBENHEIMER, F., ALBAGNAC, L., 1986, 119.

[1082] HOFMANN, B., 1986, 104.

[1083] El proceso de análisis de determinadas muestras, entre otros medios por la absorción atómica, según el programa mencionado más arriba, nos permite ahora corregir algunas atribuciones que hemos realizado a favor de Montans (BELTRÁN LLORIS, M., 1990, p. 95: *Acus, Acutus, Cupitus* y *Valerius*). Corregimos la lectura Acus o , por la correcta *Abus* o (*vide infra*), de la Graufesenque. El análisis de la estampilla de *Acutus* (muestra n. 81), nos sitúa igualmente en la Graufesenque. Las estampillas del productor homónimo de Montans, se presentan invariablemente en dos líneas e «in corona» (MARTÍN, T., 1986, 60, fig. 2). Así, los dos únicos ejemplos que restan, *Cupitus* y *Valerius*, pendientes de un análisis detenido podrían modificarse en sus conclusiones, pudiendo el primero aludir a un alfarero itálico. Los puntos inmediatos a *Celsa*, donde se ha documentado *sigillata* de Montans, se sitúan en el interior en Bílbilis y Tiermes y en la costa en Ampurias y Tarragona. Su zona natural de dispersión, no obstante, se concentra en torno a la calzada de *Hispania in Aquitania*, como viera COMFORT, H., (1961, 14), con puntos significativos en Pamplona y centros cántabros.

Atendiendo al predominio de las producciones de la Graufesenque, los porcentajes de *Celsa* coinciden con los observados en otros yacimientos peninsulares, por ejemplo *Baelo Claudia*, analizado recientemente (BOURGEOIS, A., MAYET, F., 1991, 80 ss.) y de cuya masa de materiales, sólo la estampilla de *Crispinus* continúa atribuida a Montans (BOURGEOIS, A., MAYET, F., 1991, 148).

[1084] OSWALD, F., PRYCE, T. D., 1969, lám. XLVIII, 184.

[1085] OSWALD, F., PRYCE, T. D., 1969, 184.

[1086] BOURGEOIS, A., MAYET, F., 1992, 86, a partir de los datos de la «Fosse 78», del 55-60 de d. C.

[1087] Los ejemplares más antiguos se fechan entre los años 30-35 de la Era tanto en Montans como en la Graufesenque (MARTIN, T., GARNIER, J. F., 1977, 162). La datación claudia en OSWALD, F., PRYCE, T. D., 1969, 211. MARY, G. T. 1967, 24. También perdura esta forma, no obstante hasta época de Vespasiano. La misma época resulta para Colchester, OSWALD, F., PRYCE, T. D., 1969, lám. LXXI, 2.

[1088] FICHES, J. L., GUY, M., PONCIN, L., 1979, fig. 13.

[1089] KNOR, R., 1912, lám. XVI, 24.

[1090] Como en Aislingen, KNOR, R., 1912, lám., XVI, 22; OSWALD, F., PRYCE, T. D., 1969, lám. LXXI, 3. Este borde de *Celsa* se acerca más al que se reproduce del Port de la Nautique.

al perfil de Mainz[1091], de labio redondeado y cronología tiberio-claudiana (V. 79.20.O.15). La época normal de este plato corresponde a Claudio, manteniendo una corta vida.

Dragendorf 17

Un único fragmento de labio, que no permite mayores precisiones[1092] (80.1.... 6389).

Dragendorf 15/17

Las cuatro formas siguientes dos platos (Drag. 15/17 y 18) y dos tazones o boles (Drag. 24/25 y 27), se sitúan a la cabeza en índice de presencia en *Celsa,* evidenciando la difusión masiva de estos recipientes.

Resulta más abundante esta forma, siendo nuestros perfiles semejantes a los de Aislingen[1093] de época claudia, según la tendencia de la boca abierta hacia el exterior y contrastando con las formas anteriores, cuyas paredes son más verticales (81.1.2.8.Ñ'.P'.5135, 81.1.D.II.7665, 81.1.9.17.A'.F'.2118, 80.1.8.-A.F.5412, 80.1.18.22.V.467, etc.). Nótese especialmente el paso de la pared exterior al fondo mediante una línea diagonal y la ausencia de formas cóncavas, nota distintiva del período mencionado[1094]. Hay una variante de 153-160 mm (B), y otra inferior A.

Dragendorf 18

Los ejemplares conservados son todos de gran homogeneidad tipológica, coincidiendo en sus características con las formas claudianas[1095], labios redondeados no excesivamente salientes, acanaladuras en la carena, pies inclinados de sección triangular, etc; algunos ejemplares son de grandes dimensiones, como 80.1.18.AA.6795 y 80.1.6.M.N.3475, otros de paredes muy abiertas, como 80.1.12.16.Ñ.P.1688 o con carenas extremas (80.1.28.30.AB.AC.163), etc.[1096] conjugándose dichas características con barnices de muy buena calidad y solidez[1097].

Dragendorf 2/21

Se conservan diversos bordes del nivel más reciente (fig. 141, 7-10), con las típicas molduras en el borde interior y exterior, como en los ejemplares del taller de *Cantus*[1098], activo en la parte final del reinado de Tiberio.

Dragendorf 24/25

En la evolución de esta forma se advierten dos dimensiones. De un lado los ejemplares de gran tamaño[1099], cuyo uso decrece a partir del año 30 d. C., predominando a partir del 40 de la Era los ejemplares de pequeño formato (entre 75/80 mm. de diam.)[1100].

En *Celsa* anotamos un predominio generalizado de las *paropsis* de pequeñas dimensiones, nota que nos parece ciertamente distintiva a favor de una época avanzada, como V.79.16/18.O.P.61, sin que falten tampoco los ejemplares del tipo A, de mayores dimensiones (81.1.2.8.P'.5134)[1101]. Es habitual la presencia de la decoración burilada en la zona superior, siendo ésta normalmente de lineas verticales, en algún caso de gran finura (81.1.D.II.10178, fig. 142) y en escasos ejemplos de líneas inclinadas (81.1.2.8.Ñ.P'.5073, fig. 142). Sólo un ejemplar mantiene la parte superior lisa (80.1.D.II.C.II.7629, fig. 142).

No se señala ningún ejemplar mixto del tipo 18/31.

De todos, uno de pequeñas dimensiones, 81.1.2.8.Ñ'.P'.5511, en *marmorata*, técnica que se produce ante todo en época de Claudio/Nerón[1102].

[1091] OSWALD, F., PRYCE, T. D., l969, lám. XLI, 5, p. 172.

[1092] OSWALD, F., PRYCE, T. D., 1969, XLII, 7. Tiberio. Esta forma es característica de la época de Tiberio, fabricándose ante todo desde los años 5-10 de la Era; la variante sin moldura exterior ni interior es más tardía. La producción de esta forma se prolongó durante la etapa de Claudio, MARTIN, T., GARNIER, J. F., 1977, 153. No deja de ser sintomática la única presencia de un sólo fragmento en el total del conjunto analizado.

[1093] OSWALD, F., PRYCE, T. D., 1969, XLIII, 29. SANCHEZ LAFUENTE, J., 1983, 38, considera su aparición en el año 25 d. de C., aunque sin argumentar dicha hipótesis.

[1094] OSWALD, F., PRYCE, T. D., 1969, XLIII, 35.

[1095] OSWALD, F., PRYCE, T. D., 1969, 182 ss.

[1096] Se han determinado dos variantes atendiendo a las dimensiones, de 140 mm (A) y de 160 mm. (B) (MARTÍN MENÉNDEZ, A., 1989, 125). En Cala Culip: A, 190 ejs; B, 260.

[1097] El fragmento VEL. 42, procedente de las excavaciones del año 1972, publicado por DOMÍNGUEZ

ARRANZ, A., 1973, fig. 12, como *terra sigillata* hispánica, es claramente tsg.

[1098] Veáse OXE, A., 1936, fig. 3, 4 y p. 343; OXE, A., 1983, p. 58, *Cantus*, de la epoca de Tiberio-Claudio. Esta forma con decoración aplicada evidencia sus influencias tempranas de la TSI. Esta pátera, producida en la Graufesenque, lleva estampilla de forma regular (VERNHET, A., 1986, p. 100).

[1099] En el establecimiento de series a partir de las dimensiones, deben tenerse en cuenta las apreciaciones llevadas a cabo con series numerosas, como en el hallazgo de Cala Culip (MARTÍN MENÉNDEZ, A., 1989, 124 ss.), en donde se han determinado atendiendo a dichas consideraciones dos series: Drag. 24/25 A (formato pequeño) de 70-75 mm; Drag. 24/25 B (formato grande) de 110 mm.

[1100] MARTIN, T., GARNIER, J. F., 1977, 155; FICHES, J. L., GUY, M., PONCIN, L., 1978, 209. Las variantes han sido denominadas respectivamente A y B.

[1101] Véase el hallazgo de Cala Culip del 70-80 d. de C. (MARTÍN MENÉNDEZ, A., 1989, pp. 131, 137), en donde 33 boles eran de tamaño pequeño y 276 de tamaño grande, circunstancias que contradicen las conclusiones enunciadas más arriba.

[1102] BEMONT, C., JOFFROY, R., 1972, 341 ss; HOFMANN, B., 1969, 179 ss. VERNHET, A., 1976, 15; BOUCLY, J. L., CARMELEZ, J. C., 1980, 279 ss. (se confirma la fabricación de *marmorata* en los talleres de Nouveau College (Bavai), durante los reinados de Claudio y Nerón); BEMONT, C., 1986, 100.

Sólo documentamos un ejemplar con estampilla, perteneciente al alfarero *O Vitalis*[1103] del período de Claudio/Domiciano[1104].

Dragendorf 27

Forma también muy abundante en *Celsa*, como la anterior[1105], con características todas de la época claudia, es decir, pies con acanaladura exterior y labios generalmente triangulares o con tendencia redondeada recordando a los prototipos más antiguos aretinos[1106].

Atendiendo a las dimensiones, se han establecido dos series: A (75-80 mm.), B (115-120 mm.)[1107]

Se registran así de un lado formas con labio triangular, apuntado, con acanaladura interior, como V.79.h.27.29, V.79.4.K.21, o V.79.6.8.P.Q.214. (labio 1).

Otras copitas ostentan el labio triangular truncado (labio 2), también con acanaladura interior, como V.79.20.Ñ.174, V.79.12.L.144, V.79.Ex.2.8.

Una tercera variante luce sección redondeada (labio 3), escasamente abultada (80.1.-4.10.V.X.8503, V.79.14.K.3), con el ejemplar V.79.18.Ñ.32 del alfarero *Abus 0(fficina?)* ó V.79.18.P.56, ésta con la estampilla *Monta* [*nus*], de la Graufesenque y del período de Claudio Vespasiano[1108]; algunos de ellos con la acanaladura interior apenas reducida a una simple línea (80.1.7.15.A.U.5130). Esta variante es la más avanzada y representa la tendencia que ha de imponerse en la segunda mitad del s. I de la Era, coincidiendo con la tendencia del borde a abrirse[1109]. Se localiza en los niveles *5* y *7.1*.

Entre los fondos, con pies típicos, uno corresponde al taller de *Crispi*, 82.1.-Port.N.194[1110], y un segundo pie (80.1.28.-30.AB.AC.1769) ostenta la estampilla [*M*]*omo*, alfarero de la época de Claudio/-Vespasiano[1111].

Dragendorf 27 var.

Esta variante de la forma Drag. 27, se encuentra presente fabricada en dos tipos de pastas, 1b y 3, en los niveles 5 y *7*, fechable por lo tanto a partir de la etapa final de Claudio, y fabricada posiblemente por estímulos de la TSI[1112]. Los ejemplares presentes en *Celsa*, ciertamente estables tipológicamente, se caracterizan por el labio vuelto y decoración burilada, al igual que el lóbulo superior[1113]. Los piés son típicos de la forma 27, de sección redondeada y con acanaladura externa junto a la base (V.79.16.18.O.P.62, 80.1.22.24.Q.-T.954). Ostentan además, de forma generalizada, una acanaladura interna debajo del labio, como en las formas típicas, más (80.1.AB.6460) o menos acusada (V.79.-h.21.18). La línea simple en la carena interior corresponde sin duda a una simplificación de los modelos itálicos que la ostentan doble en todas las ocasiones[1114].

La persistencia de la decoración burilada sobre la forma general Drag. 27, ya fue anotada en su momento por Oswald y Pryce, como una característica de los prototipos itálicos[1115].

[1103] OSWALD, F., 1931, 340.

[1104] Se documentan todavía dos estampillas más del mismo alfarero en formas indeterminadas 81.1.19.-21.Bºc.480 y 80.1.24B.122, de la calle II y Domus de los Delfines respectivamente.

[1105] Es notable la abundancia de esta forma en los yacimientos españoles, por ejemplo en Numancia (ROMERO CARNICERO, 1985).

[1106] OSWALD, F., PRYCE, T. D., 1969, 186, lám. XLIX, 5-12.

[1107] MARTIN MENÉNDEZ, A., 1989, p. 133 y 138. En Cala Culip: 69 vasos de tipo A y 449 de tipo B.

[1108] OSWALD, F., 1931, 210.

[1109] MARTIN, T., GARNIER, J. F., 1977, 158.

[1110] OSWALD, F., 1931, 97, de la época de Claudio / Domiciano.

[1111] OSWALD, F., 1931, 208. Se localizan otras producciones de este alfarero en Tarragona y Ampurias, además de Conimbriga (MOUTINHO DE ALARCAO, A., 1975, 120; BEMONT, C., 1986, 52) y en la provincia de Zaragoza, en Arcobriga (RODRÍGUEZ RODRÍGUEZ, A., JUAN TOVAR, L. C., prensa, núms. 5 y 6, sobre Drag. 27

[1112] Los antecedentes en la itálica han de encontrarse en la la copa Ha. 11 (ETTLINGER, E., 1989, lam. 51, 11), o en Magdalensberg 51/11, 51/81, 52/1, etc. (SCHINDLER, M., SCHEFFENEGGER, S., 1977, láms.166, 173, pp. 142 ss. etc.), sólo con estrias en el labio y no en el lóbulo superior y sin ranuras en el pie (83,1, pasta D. 52,1 pasta B). Se trata de la forma Consp. 32.1/2, de fabricación aretina y padana respectivamente. En estas producciones se fabrica hasta la mitad del s. I de la Era y en la tardoitálica continúa en la segunda mitad de la misma centuria (ETTLINGER, E., HEDINGER, B., y otros, 1990, 108, lám. 29). Igualmente se han simplificado, respecto de la forma Ha. 11, las estrías interiores en la división de los lóbulos que componen las paredes del vaso, como corresponde a la forma Drag. 27.

[1113] Esta circunstancia, la decoración burilada en el lóbulo superior, también esta presente en el tipo de borde redondeado simple, en las variantes más antiguas y coexisten con las formas lisas bajo Tiberio y primeros años de Claudio, por ejemplo en los talleres de Montans (MARTIN, T., GARNIER, J. F., 1977, 158; fig. 4, 37-38).

[1114] Véase PUCCI, 1985, forma XXIII, lám. CXXVII; CONSPECTUS, forma 32. Nótense las formas padanas (32.2.1).

[1115] OSWALD, F., PRYCE, T. D., 1969, pp. 186. Véase el ejemplar de Conimbriga (MOUTINHO DE ALARCAO, A., 1975 a), p. 16, lám. VI, n. 148), atribuido por su editora a la producción itálica (añade que la pasta no deja lugar a dudas, de color rojo claro, muy dura y compacta, con partículas de calcita, regularmente dispersas y barniz menos luminoso, pasta A 2/C) y cuyo perfil se explica por la datación tardía, tiberiana, que copia la forma del labio de las formas Goud. 41 y 42. De hecho no existe un paralelo claro para este perfil salvo en la producción gálica. Es evidente que la clasificación de Conimbriga, sólo con un borde de estos ejemplares, no parece definitoria. Otros ejemplares de este tipo se mencionan recientemente en *Baelo* (BOURGEOIS, A., MAYET, F., 1991, p. 30 y p. 68, lám. III, 438), con la misma clasificación. Se trata de dos ejemplares atribuidos a la forma Atlante XXIII, sin embargo el paralelo aducido —de Magdalensberg -lám. 51, 10— se separa netamente del ejemplar dibujado de *Baelo* (n. 438). De ambos

Son escasos los paralelos de esta variante, conocida también en *Caesaraugusta*[1116] en niveles claudianos (45-50 d. de C.), en Arcobriga[1117] y en Narbona en los primeros años de Nerón[1118] en ejemplares de *Chres( ) Festus* y *Mo( )* del taller de la Graufesenque[1119].

Dragendorf 33

Se reduce esta forma a dos únicos fragmentos clasificables, de un borde, ligeramente recurvado hacia el interior, como corresponde a las formas de época Claudia[1120] (81.1.2.8.Ñ'.P'.5078, 80.1.44.E.6391).

8.6.2. FORMAS DECORADAS

Dragendorf 11

Describimos varios fragmentos decorados. El primero V.79.6.8.P.Q.227, corresponde a la parte inferior de la panza e inicio del nacimiento del pie de una forma 11 a[1121], con nautilus con apéndice sogueado a la izquierda y rematado en bellota[1122] de tipo muy frecuente en los repertorios[1123], como el ejemplar de la misma tipología de Bregenz, del taller de *Albinus*[1124]. Este tipo de decoración, caracteriza habitualmente las producciones tiberianas de la Graufesenque y parece que se adoptaron en torno al año 25 de la Era, desapareciendo del repertorio decorativo bajo Claudio[1125].

En la Graufesenque Vernhet sitúa la desaparición de esta forma en el transcurso de los últimos años del reinado de Nerón[1126].

Los restantes fragmentos de esta forma corresponden a pies sin más detalles, pertenecientes a la misma variante (81.1.2.8.Ñ'.-P'.5083, 81.1.2.Ñ'.P'.5079), o a un fragmento de la carena escasamente expresivo (80.1.22.-A.I.31.T.8891).

Es ésta una de las formas más raras en los yacimientos peninsulares[1127], fundamentalmente por la competencia que debió ofrecer la TSI en el momento de su difusión.

---

ejemplares, no obstante, 437 y 438 se señala la presencia de decoración de aplique. El ejemplar de Magdalensberg ostenta un perfil distinto: labio con moldura en el borde, doble acanaladura interna en la carena interior y paredes ciertamente adelgazadas. El vaso de *Baelo* sólo tiene una línea de carena interior. Podría ser una producción gálica como las de *Celsa*. Recientemente se ha detectado incluso la fabricación de esta forma en los talleres de Andújar, según un ejemplar de *Baelo* (BOURGEOIS, A., MAYET, F., 1991, lám. XLIII, 32, aunque no se referencia en el texto y se relaciona con la forma Drag. 35, circunstancia que no parece probable. Nótese en dicha forma —OSWALD, F., 1969, lám. LIII, la ausencia generalizada de la moldura interna detrás del labio).

En el taller de Montans se ha señalado también la existencia de esta forma, aunque sin el labio vuelto, conviviendo durante Tiberio y primera parte de Claudio las variantes de borde liso y burilado, circunstancia esta última que desaparece a partir del año 45 (MARTIN, T., GARNIER, J. F., 1977, 158).

[1116] Según noticia verbal que nos ha suministrado Juan Paz que nos ha facilitado el dibujo del material, procedente del nivel c del solar de la Calle la Cadena/Félix Garcés (PAZ PERALTA, J., 1991 a), 302 ss., aunque no se referencia en la publicación. El ejemplar mantiene un labio inclinado y apuntado, en la tendencia de los labios triangulares dentro de la forma Drag. 27. Podría tratarse de una variante anterior a la del labio colgante. Se fecha el nivel en la epoca de Claudio.

[1117] Sin estratigrafía, RODRÍGUEZ RODRÍGUEZ, A., JUAN TOVAR, L. C., 1992, p.16, fig. 1.2.2, 20. Se sitúa en la primera década del s. I (ID. p. 21), quizá por su vecindad, en la técnica del burilado en el borde, a los modelos itálicos (vide nota supra). El labio, triangular e inclinado, no obstante, recuerda estrechamente las formas claudias de este envase. Este ejemplo, con el de *Caesaraugusta*, evidencia una evolución de esta variante pareja a la señalada para la variante «lisa».

[1118] FICHES, J. L., GUY, M., PONCIN, L., 1979, 190, fig. 3.

[1119] El primer productor tiene una cronología amplia, entre los años 20 y 70 d. de C., *Festus*, entre el 80-100 d. de C. (OSWALD, F., 1931, p. 95,121, de atribución sudgálica por Oswald, están, sin embargo, atestiguados en la Graufesenque). La estampilla de *Mo( )*, podría atribuirse a *Mommo*, según los puntos alrededor de la M, que se encuentran en la estampilla que dicho alfarero utiliza en la época de Nerón (FICHES, J. L., GUY, M., PONCIN, L., 1979, 217, n. 52).

[1120] Posteriormente el labio se hará ligeramente abierto al exterior, continuando en la línea de la pared del recipiente, OSWALD, F., PRYCE, T. D., 1969, 189, lám. LI, 3 ss. También VERNHET, A., 1986, fig. 2, con acanaladuras interiores y externas en el borde como en el ejemplar de *Celsa*.

[1121] Se trata de la forma más común de este tipo de cálices. OSWALD, F., PRYCE, T.D., 1969, 65, láms. XIX, 1; XXI, 1; XXIX, 7; VERNHET, A., 1972, 323 ss; ID. 1979, lám. XVIII, 1.

[1122] Semejantes al n. 30 de PAZ PERALTA, J., 1991 a) HERMET, F., 1934 , lám. 60.

[1123] Así en los vasos de *Stabilio* de la Graufesenque —KNORR, R., 1919, lám. 79 A, p. 76— o *Libnus* —KNORR, R., 1952, lám. 61— etc., con cronologías ciertamente tempranas. *Vide* también OSWALD, F., PRYCE, T. D., 1969, 72 y 240, alargan el período de uso de este motivo, sin apéndice sogueado, hasta Nerón, según los vasos de *Vitalis* (lám. IV, 7).

[1124] KNORR, R., 1919, p. 22 ss., lám. 1, A. *Albinus* trabajó del 35 al 50 d. de C. La decoración de la zona inferior de dicho vaso se usó análogamente por los alfareros *Aquitanus, Cantus, Darra, Licinus, Primus* y *Stabilio*, todos ellos activos en la etapa claudiana.

[1125] OSWALD, F., 1951, 149 ss. Parece que en Montans se comprueban análogas conclusiones, MARTIN, T., 1977, 56, así como en los talleres de Lezoux, VERTET, H., 1967, 255 ss. Nautilus semejante, pero con apéndice a derecha y hojitas en la base, en Coaña (GARCIA Y BELLIDO, A., 1941, 215) y Numancia, con la misma variante (ROMERO CARNICERO, M. V., 1985, 39, fig. 6, 50) y de época claudia.

[1126] OSWALD, F., PRYCE, T. D., 1969, XXIX, 1, 7; MARTIN, T., GARNIER, J. F., 1977, 171.

[1127] Nótese la reparación de un ejemplar en Baelo, como han constatado BOURGEOIS, A., MAYET, F., 1991, 112. En dicho yacimiento sólo se han constatado seis fragmentos. OSWALD, F., PRYCE, T., 1969, 66. Ocho fragmento en el conjunto de *Asciburgium* (VANDERHOEVEN, M., 1975, 4 ss.). El porcentaje de *Celsa*, cuatro fragmentos, también es elocuente.

Dragendorf 29

Se trata de la forma más abundante entre las decoradas, especialmente la variante carenada, 29b, estando prácticamente ausente la variante 29a[1128]. Ésta, predomina sobre todo hasta el año 40 d. de C., comenzando a fabricarse a partir del año 10 de la Era[1129]. La 29b pertenece especialmente al período de esplendor (40-60 de C.).

Tipo 29 a

El fragmento V.79.8.10.J.K.310, corresponde a la parte inferior de la carena, ciertamente suave y redondeada; conserva restos del friso superior con guirnalda de tallos serpenteantes rematados en hojas apalmadas de tipo similis Hermet 40,16[1130]. Interesa sobre todo un pequeño pedúnculo rematado en seis puntos conformando un triángulo[1131] y que parece presentarse de forma alternativa en las inflexiones inferiores. El friso inferior a base de festones de tipo especial[1132]. Combinaciones análogas de festones y guirnaldas, son frecuentes como esquemas compositivos de diversos talleres[1133] de buena época.

Tipo 29b

Guirnaldas bifoliadas

Se conservan en primer lugar diversos fragmentos con decoración de guirnaldas bifoliadas en el friso superior de tipo análogo. El primero (V.79.24.F.25, fig. 151), con guirnalda de tipo 45, 32 de Hermet[1134] usada en su aspecto más simple por los alfareros *Balbus*[1135], *Senicio*[1136] o *Senom*[1137] y alterna en el friso inferior

con guirnalda de la que no se conserva más que una parte del tallo[1138]. El segundo fragmento (V. 79.8.10.L.M.52), conserva además en el friso inferior únicamente restos de la zona superior de un festón desbordante[1139], fórmula que suele combinarse con guirnaldas bifoliadas en las producciones de alfareros tempranos[1140]. Tanto en este ejemplo como en el anterior (fig. 15), el uso de líneas onduladas contínuas en los ejes y tallos de las guirnaldas nos sitúa a mediados del s. I de la Era[1141]. La misma característica apreciamos en 81.1.9.17.A'.F'.98 (fig. 151), con el añadido de la sustitución de la línea de perlas que separa el friso superior de la zona burilada bajo el labio, por una línea ondulada nota característica a partir del año 50 de la Era[1142].

Recuadros metopados

Uno de los fragmentos (80.1.38.L.M.6748) (fig. 150) mantiene en el friso superior restos de recuadro metopado limitado por puntas de flecha imbricadas, alternando otro en el que se advierte la parte posterior de un perro[1143], posiblemente acompañado de liebres o conejos[1144]. En el friso inferior festones de hoja doble, con el espacio superior ocupado por tallos cruzados de hojas apalmadas[1145] y en el inferior, hojas trifoliadas con cáliz asemejándose a una flor[1146], similar a los punzo-

---

[1128] HERMET, F., 1934, p. 5 y lám. 4.

[1129] HERMET, F., 1934, 5; OSWALD, F., PRYCE, T. D., 1969, 66 ss; FICHES, J. L. 1978, 44.

[1130] *Similis* a HERMET, F., 1934, lám. 40. Este tipo es frecuente en numerosos alfareros: *Modestus* (KNORR, R., 1919, 58, A), *Mommo* (ID., 59, C), *Melus* (KNORR, R., 1952, 64, M), frisos del final del período primitivo (30-40 d. de C.) (TONDRE-BOILLOT, T., 1985, 18, de Besançon),

[1131] Un pedúnculo similar en HERMET, F., 1934, lám. 41, 16, calificado de circunstancia rara. Parece recordar el tema de las uvas, presentes en formas más complejas en el taller de *Aquitanus* (KNORR, R.,1952, portada, vaso de Nimega).

[1132] HERMET, F., 1934, lám. 31 A, 35. Los festones unidos por *iugum* (HERMET, F., 1934, 31, B, 26), formado por columnilla sagitada que sirve a la vez de soporte para los colgantes vegetales (*similis a* HERMET, F., 1934, 31 C, 41); el interior de los festones con decoración de la que parten hojas lanceoladas y otras de aspecto palmeado.

[1133] KNORR, R., 1952, c; id. 1919, lám. 90, B, de Augst, lám. 49 A de *Maccarus* y también en el taller de *Scotnus*, con *iugum* semejante —FICHES, J. L., GUY, M., PONCIN, L., 1978, fig. 5, 11.

[1134] HERMET, F., 1934, lám. 45, 32 y p. 88.

[1135] KNORR, R., 1919, 11.OSWALD, F., 1983, 37. Graufesenque, Tiberio-Nerón.

[1136] KNORR, R., 1919, 77. Graufesenque, Tiberio-Claudio, OSWALD, F., 1983, 292.También en vaso de Mainz, de época tiberiana, OSWALD, F., PRYCE, T. D., 1969, lám. III, 5

[1137] KNORR, R., 1919, 78; Galia del Sur, Claudio Vespasiano, OSWALD, F., 1983, 293. KNORR, R., 1952, lám. 56.

[1138] Podría ser de tipo análogo a la figurada en vaso de *Balbus*, seg.n. 35. Una composición análoga en el vaso de Besançon 12.G.b.2 (TONDRE-BOILLOT, T., 1985, lám. II, 13.

[1139] HERMET, F., 1934, lmám. 59, 8. Hay combinaciones análogas de temas, aunque no las mismas en vasijas de *Amandus* —KNORR, R., 1919, lám. 6, de Claudio— y *Senicio* —KNORR, R., 1952, lám. 56, de la misma época—, etc.

[1140] Por ejemplo en vaso de Amandus, aunque los festones son de tipo radicalmente distinto, KNORR, R., 1919, lám. 6, B.

[1141] BALSAN, L., VERNHET, A., 1971, 92. Este tipo de líneas se generaliza en torno al año 50 de la Era.

[1142] OSWALD, F., PRYCE, T.D., 1920, PP. 156-158; BALSAN, L., VERNHET, A., 1971, 92.

[1143] *Similis* a HERMET, F., 1934, lám. 26, 9 ss.; Este tipo de perro usado por *Felicis*, *Masclus*, *Of Mo*, *Valeri*, etc. (KNORR, R, 1919, fig. 13); 1983, F., 1964, n. 1968 de época de Claudio-Vespasiano; id. VANDERHOEVEN, M., 1975, lám. 31, 223; DANNEL, G., 1985, en NIBLET, R., 1985, en Sheepen (fig. 48, 113, 114), del 50-65 d. C.

[1144] Como en KNORR, R., 1952, lám. 23 A, de Felicis., de epoca de Claudio-Vespasiano (OSWALD, F., 120), de la Graufesenque. Un esquema y tipología análoga, metopada, en el vaso de *Modestus* de Rottweil, KNORR, R., 1952, lám. 33, o en los vasos de Narbona y Peyrestortes (FICHES, J. L., GUY, M., PONCIN, L., 1978, fig. 5, 7 y 11). *Modestus* trabajó en la Graufesenque, en epoca de Claudio-Nerón según OSWALD, F., (1983, 207). Se localizan sus productos también en la Nautique, con una vaso de análoga composición al de *Celsa* (FICHES, J. L., GUY, M., PONCIN, L., 1978, fig. 7, 2).

[1145] De tipo análogo a HERMET, F., 1934, lám. 58, 23.

[1146] HERMET, F., 1934, hoja trifoliada tipo lám. 14, 63.

El punzón de esta guirnalda recta fue usado por otros muchos alfareros tempranos, como *Albinus*, *Amandus*, *Bilicatus*, *Maccarus*, *Vapus* o *Volus* (KNORR, R., 1919, 30).

nes usados por *Amandus* y *Modestus*[1147]. A un vaso del todo análogo, con la misma decoración de festones, corresponde el fragmento 82.1.Port.N.198[1148]. Se trata vasos de época claudia.

Festones superiores

El vaso 80.1.8.AB.6453 (fig. 150) ostenta decoración de festones sobre friso carenado[1149] en estilo claramente del alfarero *Labio*, de época claudia[1150] y esquema decorativo normal en las piezas de buena época de la Drag. 29b, rasgo coincidente con la tipología del propio recipiente, con levísima carena redondeada[1151]. El mismo tipo de friso superior se aprecia en el fragmento del vaso 80.1.8.A.B.5459 (fig. 150).

Festones desbordantes entrelazados

Motivo típico de la etapa de esplendor, aunque de aparición en el período primitivo, es el de la decoración de festones desbordantes entrelazados[1152] que ostenta el fragmento 80.1.12.X.7833 (fig. 153). El ejemplar de *Celsa* ostenta rosáceas en el cruce de los festones y en el fondo interior de los mismos[1153], de las que parten líneas verticales de perlas, cuyos remates florales no se conservan.

Festones desbordantes unidos

Se conserva un fragmento con arborescente de tipo especial 81.1.2.8.Ñ'.P'.5262 (fig. 153)[1154] cuya cabeza está formada por un caduceo con doble cabeza de serpiente o delfín como remate de festones desbordantes, alternantes con líneas verticales onduladas que sustentan elementos vegetales imprecisos[1155].

Roleos de hojas dobles

Hay una serie de roleos cuyo eje está hecho de hojas dobles como el friso inferior del vaso 81.1.D.I.3319[1156], o los fragmentos 80.1.1.3.Q.R.793[1157] y 81.1.D.II.C.II.7361[1158] con ave dentro de círculo en el ámbito inferior[1159] (figs. 1152 y 153), en modalidad que documentan los hallazgos de la Nautique[1160], o ciertos vasos en el estilo de *Modestus* de Peyrestortes, de *Licinus* y de Murvielles-Montpellier[1161]. El roleo superior del mismo vaso 81.1.D.1.3319, corresponde igualmente al estilo del vaso de *Licinus*[1162] de Murvielles[1163]. La parte inferior del roleo del fragmento 81.1.D.I.9621 (fig. 153), resulta del todo análoga a la que ostenta el vaso del mismo ceramista citado, *Licinus,* constituida por galones bien diferenciados orientados a la derecha y netamente distintos, por su esquematismo, de los tipos de hojas dobles. De rasgos más finos, con hojitas dobles ciertamente menudas, es el roleo 81.1.D.II.10205 (fig. 153), acompañado de tallos con hojas apalmadas, como las vistas en otros fragmentos (80.1.38.L.M.6748), que recuerdan en conjunto la decoración inferior de las tres copas de Peyrestortes[1164], estrechamente emparentadas, como vio bien Fiches, con el vaso de Vindonissa del taller de *Mommo*[1165].

Otros motivos

Están presentes también los *frisos de festones rematados en rosáceas*[1166], con el tema del águila con las alas explayadas[1167], acompañada de pajarito en los vanos (81.1.2.8.Ñ'.P'.-5068)[1168] (fig. 152).

Los *roleos de volutas decurrentes*, como 80.1.16.18.U.V.5465, la presente en el vaso 81.1.D.I.3319, o el fragmento. 81.1.D.I.9622, son típicas de la etapa de Claudio-Nerón[1169].

[1147] Situados entre los años 30-55 y 50-70 de la Era. KNORR, R., 1919, p. 15, fig. 7, decorando el interior de una guirnalda. También el punzón de *Ingenuus* (KNORR, R., 1919, 40, 19), del 30-60 de la Era.

[1148] La sección de la pared impide la pertenencia de ambos fragmentos al mismo recipiente.

[1149] HERMET, F., 1934, lám. 43,6. Tema semejante en Conimbriga —MOUTINHO DE ALARCAO, A., 1975, lám. XVIII, 32, 45-49.

[1150] Según el vaso de Rheingonheim (KNORR, R., 1952, lám. 32, C), OSWALD, F., 1983, 157.

[1151] Nótese además el festón análogo al usado también por *Niger* (KNORR, R., 1919, lám. 61, p. 66), cuya etapa se sitúa en época de Claudio especialmente (OSWALD, F., 1934, 219, de la Graufesenque).

[1152] HERMET, F., 1934, tipo *similis*, lám. 59, 20.

[1153] Componiendo un esquema similar a HERMET, F. 1934, lám. 69, 15.

[1154] El tipo HERMET (1934), lám.35, 36

[1155] *Similis* HERMET, F., 1934, lám. 59.

[1156] El águila *similis* a la utilizada en el taller de *of Nigri* (KNORR, R., 1952, 47B).

[1157] El tipo de ave *similis* a OSWALD, F., 1964, 2260 A (Tiberio-Claudio); id. KNORR, R., 1952, 66 C, en *Cadmus* y *Stabilio.*

[1158] Ave incompleta en su parte posterior, lo que impide su clasificación correcta; parece semejante a OSWALD, F., 1964, N. 2231A. y HERMET, F., 1934, 28,70. Un ave análoga vemos en los vasos de *Scottius* (KNORR, R., 1952, 81,D), activo entre los años 35-60 de la Era.

[1159] Véase el vaso de *Modestus* de Peyrestores (FICHES, J. L., 1978, fig. 5).

[1160] FICHES, J. L., GUY, M., PONCIN, L., 1987, fig. 5, 1, 8; 6, 2; 7, 13-14.

[1161] FICHES, J. L., 1978, fig. 5, 11; 6, 2; 8, 8.

[1162] Fechado entre los años 40-70 (OSWALD, F., 1983, 163). Este productor se encuentra también presente en la Nautique.

[1163] FICHES, J. L., 1978, fig. 6, 2.

[1164] FICHES, J. L., 1978, fig. 11.

[1165] KNORR, R., 1919, Lám. 59, C. Estuvo activo entre los años 50-75 de la Era.

[1166] HERMET, F., 1934, lám. 15 y lám. 31.

[1167] OSWALD, F., 1964, n. 2174, tema repetido en alfareros de la etapa de Claudio-Nerón.

[1168] Tipos análogos en vaso de *Of Felic* (KNORR, R., 1952, lám. 23), de Claudio-Vespasiano. El pajarito es el tipo 2261B (OSWALD, F., 1964; HERMET, F., 1934, 58, 59), usado en el taller de *Crestio* (KNORR, R., 1952, 17 A), de la época de Claudio.

[1169] HAWKES, C. F. C, HULL, M. R., 1947, XXX, 6 ss.

De difícil atribución resulta el fragmento, 81.1.D.I.3413 (fig. 152), cuyo friso superior se compone a base de rosetas cuadriformes, divididas en grupos de dos y tres por columnitas estilizadas. El friso inferior está ocupado por diversos punzones cuyo ritmo no se deduce bien, con hojitas trifoliadas con la mediana bífida[1170], que agrupadas de dos en dos, alternan, como separación, con una hoja cordiforme de punta oblicua[1171], remontada por otra menor flanqueada por pistilos horizontales[1172], que forman igualmente otro grupo tras las hojas trifoliadas. Alternando con los motivos vegetales, aves de tipos normales en las producciones sudgálicas, oca marchando a derecha con ala levantada y pajarito[1173].

Otros fragmentos resultan de peor atribución por su carácter fragmentario, como V.79.Ex.69, con la estampilla *of(icina) Primi*[1174], o los fragmentos de friso carenado, de *roleo con tallos interiores rematados en hojas de seis radios palmeados* a derecha[1175] 80.1.1.11.Ñ.S.3409[1176] (fig. 150), V.79.2.6.H.10 (fig. 151)[1177], 80.1.8.14.P.R.4495 (fig. 150) y 80.1.3.12.N.P.5445 (fig. 152).

Otro tanto ocurre con el estrecho friso de hojas imbricadas en doble serie de V.79.30.32.K'.30[1178] (fig. 152). No reseñamos otros fragmentos de la base dado su carácter indeterminado dentro de las premisas establecidas 80.1.22.A.I.31.T.8903, 80.1.22.A.-I.31.T.8905, 81.1.C.I.D.II.6950, 81.1.D.II.-10163 (fig. 153).

El fragmento de carena V.79.18.22.Ñ.Q.89 (fig. 151) ostenta en el friso inferior decoración de gallones de tipo regular, de cabeza semicircular[1179], de época claudia. Queda además el ave dentro de círculo de 81.1.2.8.-

Ñ'.P'.5732 (fig. 153)[1180]. Faltan las carenas 80.1.5.19.1589 y V.79.8.10.J.K.315 y V.79.2.-G.27 o los fragmentos imprecisos V.79.11.O. (fig. 151) con rosácea de tipo especial y los bordes 80.1.7.R.V.5484, V.79.172, 81.1.2.8.-Ñ'.P'.5072 (fig. 152). Finalmente el borde con parte del friso superior 81.1.D.II.10175 (fig. 151) a base de rosetas de trece pétalos[1181] y pajaritos de tipo indeterminado y el friso inferior con puntos alargados ocupando todo el campo. Resulta igualmente indeterminada la decoración de 80.1.22.A.I.-31.T.8891, con rosetas análogas a las descritas (fig. 150).

En cuanto a otros detalles tipológicos, observamos en las molduras medias que separan los dos frisos decorados principales, la presencia del tipo liso encuadrada por líneas de perlas, de la forma común a todo el período de producción de estas copas[1182]. En el perfil de los pies, se encuentran presentes tanto las formas sin escalón interno (tipo a) (V.79.Ex.69, fig. 153), como con el típico escalón, forma posterior al año 20 de la Era[1183] (tipo b).

Dragendorf 30

Se trata igualmente de fragmentos no muy expresivos, como 80.1.22AI.31T.8893 (fig. 153), con tallo serpenteante y hojas palmeadas[1184] o V. 79.10K'3 con sólo línea de ovas y lengüetas simples, de aspecto primitivo[1185], entre otros fragmentos sin decoración de la base de esta vasija. Especialmente significativo es el fragmento 80.1.2.4.S.T.1024 (fig. 153), que ha sustituido la línea de perlas de la zona inferior del friso decorado por la línea ondulada continua, nota característica a partir del año 50 de la Era[1186].

[1170] HERMET, F., 1934, lám. 14, n. 51.

[1171] Similis? a un punzón de *FELICIS MA* (KNORR, R., 1919, p. 19).

[1172] Este tema es ciertamente corriente en las producciones de *Bilicatus, Calvus, Passenus, Sabinus, Secundus, Vitalis*, etc. véase KNORR, R., 1919, p. 21.

[1173] Análogo a HERMET, 1934, lám. 28, 61.

[1174] OSWALD, F., 1931, 248, del período de Claudio-Vespasiano y común a la Graufesenque y Montans.

[1175] *Similis* a HERMET, F., 1934, lám. 40, 16.

[1176] HERMET, F., 1934, 79, lám. 40, 16.Este tipo de palmetas, con ligadura monoliforme se encuentra en el repertorio de *Modestus* (KNORR, R., 1919, lám. 58, 16) y de Labio (KNORR, R., 1952, lám. 32, B), forma de guirnalda corriente en época de Tiberio y Claudio (OSWALD, F., PRYCE, T. D., 1969, 161).

[1177] Como HERMET, F., 1934, lám. 40, 38.

[1178] KNORR, R., 1919, lám. 22, 20.

[1179] Combinación frecuente en vasijas de época claudia, en *Asciburgium*, VANDERHEOVEN, M., 1975, 28, lám. 13, n. 88 y 90; id., lám. 14, 96; del taller de *Ardacus* —KNORR, R., 1919, lám. 10 B; *Carus*, lám. 19; *Crestio*, KNORR, R., 1952, D; id., lám. 38, *Melus*, etc.; *Senicio*, id. lám. 65 G, de Tiberio/Claudio; *of Aquitani*, lám. 72, de Tiberio/Nerón, etc.

[1180] OSWALD, F., 1964, 2226, de la Graufesenque, de época de Claudio-Vespasiano.

[1181] HERMET, F., 1934, 15, 79.

[1182] VERNHET, A., 1971, 188.

[1183] VERNHET, A., 1971, pp. 184 ss.

[1184] Semejantes a KNORR, R., 1919, lám. 30; parece atribuible al estilo de *Masclus* según el frag. del Museo de Crefeld (KNORR, R., 1919, 95, fig. 6, p. 90). *Masclus* trabajo entre los años 45-65 de la Era. También, VANDERHOEVEN, M., 1978, lám. 73, 590, p. 10, *similis*, claudio/neroniano.

[1185] KNORR, R., 1919, lám. 2 D, lám. 3, etc., tiberianos, presente también en los ejemplares más tempranos de Hofheim —OSWALD, F., PRYCE, T.D., 1969, 146 ss.—.

[1186] OSWALD, F., PRYCE, T. D., 1920, PP. 156-158; BALSAN, L., VERNHET, A., 1971, 92.

8.6.3. ESTAMPILLAS

ESTAMPILLA	SIGLA	FORMA	FIG.	NIVEL	MUESTRA	CRONOLOGIA
A[B]VS 0 (Gr)	79.18.Ñ.32	Drag. 27	154,1	7.1	97	54-80
CACAB (Gr)	76.13.G'.5	¿?	154,2	7.1	98	¿-?
OF CRES	81.1.2.8.M'.Ñ'.3681	Drag. 24/25	154,3	6	87	50-80
CRISPV (Gr)	82.1.Port.N.194	Drag. 27	154,1	5	94	40-50
ROG*ATVS* (Gr)	V.79.1.I'.40	Drag. 27	154,4	7.2		14-54
[..]O MO( ) (Gr)	80.1.28.30.AB.AC.1769	Drag. 27	154,5	7.2		40-80
OF MO[..][1187]	V.79.30.32.J.K.7	¿?	154,6	7.1		
O MO[..]	81.1.D.II.3313	Drag. 27	154,7	8		
MON*T* *ANVS* (Gr)	V.79.18.P.56	Drag. 27	154,8	5	83	40-80
MON*T* *ANVS* (Gr)	V.79.18.Ñ.32*	Drag. 27	154,9	7.1		40-80
OF PRIMI (Gr)	V.79.Ex.69	Drag. 29	154,10	7.2		40-80
RVS[tinus ?] (Gr)	V.79.1.N'.172	Drag.27	154,13	6		40-60
SIL*VANI* OF (Gr)	V.79.8.10.J.K.344	Drag.29	154,14	5		40-80
O VITALIS (Gr)	V.79.11.P.5	Drag. 24/25	154,12	7.1		45-70
OF.VI*TALI*	81.1.15.21.B'.C'.480	Drag.27	154,11	7.2		45-70
[VIT]ALIS (Gr)	V.79.Ex.122	¿?	154,18	7.1		45-70
...AD[..]	V.79.10.N.228	Drag.24/25	154,16	7.1		
OF. [...]	-	¿?	154,17	7.1		
IVC[...]	V.79.1.N'.172	Drag.27 ?	154,*	7.1		

ABVS O.

V.79.18.Ñ. 32[1188]. Alfarero exclusivo del taller de la Graufesenque[1189]. *Abus* se situa cronológicamente en el período de Nerón-Vespasiano[1190]. Los escasos ejemplos conocidos de este alfarero no permiten aquilatar la cronología propuesta[1191].

CACAB[VS]

V. 13.G'.5. *Cacabus*, de la Graufesenque. Una única estampilla de este alfarero[1192], cuyos productos alcanzaron escasa difusión[1193].

OF CRES(ti)

81.1.2.8.M'.Ñ'.3681. *Crestus*, de la Graufesenque[1194]. Trabajó en el período de Claudio-Vespasiano[1195], concretando Knorr entre los años 50-70[1196] y muy posiblemente en la etapa claudio-neroniana[1197]. Muy difundido en *Hispania*[1198].

CRISPV

82.Port.N.194. *Crispus*, de la Graufesenque[1199]. Escasamente conocido en *Hispania*, en Ampurias, Tarragona y Conimbriga[1200].

[..]O MO

80.1.28.30.AB.AC. 1769. Estampilla de dudosa lectura. Posiblemente pueda suplirse como *O Mo( )*, en cuyo caso cabrían diversas

---

[1187] Letras de buen arte, de época claudia ?

[1188] Copa Drag. 27, ciertamente fragmentada: V. 79.18.Ñ. 102, 109, 20.Ñ.18, 18.V.33 y 20.Ñ.22, del nivel 5.

[1189] BEMONT, C., BOURGEOIS, A., 1986, p. 279; OSWALD, F., 1931, pp. 2 y 423, atribuyéndolo al Sur de las Galias de forma genérica.

[1190] OSWALD, F., 1931, 2. En España sólo se conocen otros ejemplares en *Tarraco* (BELTRÁN LLORIS, M., 1990, 91) e *Ilici* (MONTESINOS Y MARTÍNEZ, J., 1991, 157, OF. ABI). Se mantiene la misma cronología en *Asciburgium*, (BECHERT, T., VANDERHOEVEN, M., 1988, 23, núms. 1-2), siguiendo a Oswald.

[1191] No se encuentra en el depósito de comienzos de Nerón del puerto de Narbona, FICHES, J.L., PONCIN, L., 1978, pp. 189 ss.

[1192] BEMONT, C., BOURGEOIS, A., 1986, 280; OSWALD, F., 1931, 51 y 362, sin atribución.

[1193] No conocemos otros ejemplares en *Hispania*. Se señalan por Oswald, hallazgos en Mainz, Rouen, Lyon y Estrasburgo. Tampoco se repite en *Celsa*.

[1194] HERMET, F., 1934, lám. 110, 43, a-b.

[1195] OSWALD, F., 1931, 95.

[1196] KNORR, R., 1919, 6.

[1197] La grafía resulta semejante, epigráficamente, al ejemplar 124 de *Asciburgium* (BECHERT, T., VANDERHOEVEN, M., 1988, 47), que se fecha en la etapa preflavia. El ejemplar de la misma procedencia, n. 130, se fecha igualmente en época claudio-neroniana.

[1198] BELTRÁN LLORIS, M., 1991, 92; Sagunto, *Of Cresti*, VERA LEIXANDRE, M., 1988, p. 737; Estepa (MORENO ONORATO, A., JUAREZ MARTIN, J. M., 1985, 420, n. 2).

[1199] BEMONT, C., BOURGEOIS, A., 1986, 281; OSWALD, F., 1931, 97; HERMET, F., 1934, lám. 110, 45.

[1200] BELTRÁN LLORIS, M., 1990, 92. Fechado en época de Claudio-Domiciano por OSWALD, F., 1931, 97 y BECHERT, T., VANDERHOEVEN, M., 1988, 49, n. 135.

opciones: *Modestus* de la Graufesenque que trabajó en el período de Claudio-Nerón[1201]; *Mommo* de la Graufesenque[1202], cuyos productos tuvieron amplia difusión en nuestro suelo[1203] (para Oswald, este alfarero corresponde a la etapa de Claudio-Vespasiano, otros autores[1204] lo sitúan entre los años 25-85 de d. C.), etc.

MONTANVS

V.79.18.P.56. *Montanus*, de la Graufesenque[1205]. Fechado entre los años 40-80 de la Era[1206].

O MO[...]

81.1.D.OO. 3313. De dudosa lectura. Se conserva el inicio de la letra *M*, *N* o *D*, por lo que su desarrollo es infructuoso[1207].

OF PRIMI

V. 79.Ex. 69. *Primus* de la Graufesenque, que tuvo numerosos homónimos en distintos talleres[1208] y una amplia difusión en *Hispania*[1209]. En *Celsa* se conocen otros varios ejemplos del mismo productor[1210], que se incluye sobre todo en la segunda generación de alfareros del taller de la Graufesenque[1211]. Fechado de Claudio a Vespasiano.

[R]OGATVS

V.79.1.I'.40. *Rogatus*, de la Graufesenque, según el tipo de pasta[1212]. En *Hispania* sólo se conocen otros ejemplos en Herrera de

Pisuerga, Itálica, Mérida y Conimbriga[1213]. Epoca de Tiberio-Claudio.

RVS[ticvs, -tinvs ?]

V.79.1.N'.172. Rus[..], con pasta de la Graufesenque, aunque de dudosa atribución[1214].

SILVANI OF

Siluanus, de la Graufesenque época de Claudio/Vespasiano[1215] en pie de forma Drag, 29[1216], (79.8.10.J.K.344). Según las atribuciones de Bémont y Bourgeois[1217] esta estampilla, con la grafía *Siluani of.*, parece asignable a C. *Siluanus* situado por Oswald, en el período de Claudio-Vespasiano[1218]. Sin embargo, según Knorr,[1219] este alfarero no produjo vajilla decorada antes del año 65 de C.[1220].

O VITALIS

V.79.11.P.5, *Vitalis* de la Graufesenque[1221], según el tipo de pasta[1222], sobre Drag. 24/25 y alfarero muy extendido por *Hispania*[1223]. Trabajó de Claudio a Domiciano. Un segundo ejemplar sobre Drag. 27, 81.1.19.21.B'.C'.480, con la grafía OF VI*TAL*.

[......]ALIS

Sello de dudosa interpretación, tal vez *Vitalis*, como el anterior[1224].

[1201] OSWALD, F., 1931, 207.

[1202] OSWALD, F., 1931, 208 ss; HERMET, F., 1934, lám. 112, 106.

[1203] BELTRAN LLORIS, M., 1990, 94.

[1204] MARY, G. T., 1967, p. 43. *Mommo* aparece en los depósitos de la Nautique (50-60 de la Era) y en la Fosa 78 de la Graufesenque (55-60 de la Era).

[1205] BEMONT, C., BOURGEOIS, A., 1986, 283; OSWALD, F., 1931, 210. Escasamente conocido en *Hispania*, BELTRÁN LLORIS, M., 1990, 94.

[1206] Del 30-85 de C., según MARY, G. T., 1967, 43. *Montanus* no aparece sin embargo en los depósitos de La Nautique y la Fosa 78, neronianos.

[1207] Nótense las letras de buen arte como en 80.1.28.30.AB.AC. 1769. *Mommo*.

[1208] BEMONT, C., BOURGEOIS, A., 1986, 284; OSWALD, F., 1931, 248 ss. El homónimo del taller de Valery, se fecha del mismo modo entre los años 40-70 de C. (MARTIN, TH., 1976, 7 ss.

[1209] BELTRÁN LLORIS, M., 1990, 94. Mérida (DE LA BARRERA ANTON, J. L., 1989-1990, 239 ss.) *[P]rimus fecit*. Aparece integrando el ajuar de un mausoleo de la necrópolis de Albarregas, con TSG (Drag. 29, Drag. 15/17 y un plato de TSI); Cortijo del Canal (RAYA DE CARDENAS, M., RAMOS LIZANA, M., TORO MOYANO, I., 1990, 230), dos estampillas, Estepa (MORENO ONORATO, A., JUAREZ MARTIN, J. M., 1985, 422, n. 6.

[1210] 14.32.K'.S'.62, 83.1.III-3/X-2.34.257, 85.1.XII-8B.60.664, 83.1.IX.1.61098.

[1211] OSWALD, F. PRYCE, T. D., 1969, 54. Entre el 50-70 KNORR, R., 1919, 7; MARY, G. T., 1967, 44, lo sitúa entre el 40-70 de C. (grafía *Of Primi*);

[1212] BEMONT, C., BOURGEOIS, A., 1986, 284; OSWALD, F., 1931, 266.

[1213] BELTRÁN LLORIS, M., 1990, 94.

[1214] De los años 25 al 40 de la Era. BEMONT, C., BOURGEOIS, A., 1986, 271; OSWALD, F., 1931, 271. En Conimbriga un ejemplar procede de un nivel flavio (MOUTINHO DE ALARCAO, A., 1975, 123).

[1215] HERMET, F., 1934, lám. 112, 162, 16a, 163, 16a. OSWALD, F., PRYCE, T. D., 1931, 301. Su repartición en *Hispania*, en BELTRÁN LLORIS, M., 1990, 95. Los ejemplares valencianos en MONTESINOS Y MARTÍNEZ, J., 1991, n. 95.

[1216] Véanse otras estampillas de este alfarero, con grafía análoga, sobre formas decoradas Drag. 29, en Le Cayla de Mailhac, fechada por la decoración entre los años 40-50 y en la Nautique (55-60) (FICHES, J. L., 1978, 68).

[1217] 1986, p. 285.

[1218] OSWALD, F., 1931, 301, con ejemplos análogos en *Tarraco*, Tongres, Vechten y la Graufesenque. La producción de la forma Drag. 29 por este alfarero se amplía sin embargo a los años de Domiciano por OSWALD, F., PRYCE, T. D., 1969, p. 85.

[1219] KNORR, R., 1919, 7. Se sitúa la producción de este alfarero entre los años 65-80. La misma cronología sustentan para las producciones decoradas OSWALD, F., PRYCE, T. D., 1969, 55.

[1220] Nótese sin embargo la presencia de la estampilla *SILVANI OF* sobre la forma Drag. 29, en el depósito de la Nautique de Narbona, situado a comienzos de Nerón, así como la existencia de la forma Drag. 29a con sellos del mismo alfarero (FICHES, J. L., 1978, 49).

[1221] Compárese con HERMET, F., 1934, lám. 113, 179.

[1222] BEMONT, C., BOURGEOIS, A., 1986, 286; OSWALD, F., 1931, 340.

[1223] BELTRÁN LLORIS, M., 1990, 95. La revisión detallada de todos los ejemplares tal vez podría hacer cambiar la atribución de estas estampillas, dada la multiplicidad de talleres con sellos homónimos. En *Ilici* se señalan 8 ejemplares (MONTESINOS Y MARTÍNEZ, J., 1991, n. 102).

[1224] Dado el tipo de pasta, de la Graufesenque, resulta bastante verosímil dicha atribución. Aún se conservan otros ejemplares en *Celsa* del mismo alfarero, como 81.1.19.21.B'.C'.480. Otros alfareros probables de la Graufesenque: *Genialis, Martialis, Venalis*.

8.6.4. INVENTARIO Y PORCENTAJES

FORMA	PASTA	SIGLA	FIG.	NIVEL
Drag.2/21	1 a	V.79.1.L'.92	141,10	7.2
"	1 a	81.1.2.8.M'.N'.3688	141,8	6
"	1 a	81.1.2.8.Ñ'.P'.5071	141,9	7.2
"	1 b	81.1.25.33.G.I.2626	141,7	7.2
Ritt.8				
A	1 b	V.79.8.10.J.K.95	137,3	5
A	1 b	V.28.30.M.I.1	137,11	7.1
A	1 b	80.1.22.Y.X.469	137,4	7.1
A	1 b	80.1.38.L.M.5791	137,2	7.1
A	1 b	80.1.38.L.M.6741	137,5	7.1
A	1 c	80.1.18.22.V.Y.489	137,1	7.1
B	1 b/c	80.1.18.22.O.R.2556	137,12	5
D	1 a	81.1.C.I.4172	137,13	6
D	1 a	81.1.D.I.9616	137,14	8
D	1 a	82.1.D.II.1.10275	137,8	7.2
D	1 b	V.79.9.F'.58	137,6	7.2
D	1 b	V.79.9.F'.146	137,10	7.2
D	1 d	81.1.21.25.D.E.1336	137,9	7.2
indet.				
"	1 a	V.79.7.F'.10	137,7	7.2
"	1 a	81.1.D.II.8125	150,1	6
"	1 b	V.79.1.M'.5	150,2	7.2
"	1 b	V.79.9.H'.83	149,10	6
"	1 b/c	81.1.D.I.9615	149,12	7.2
Ritt. 12	1 a	80.1.16.22.X.AD.5508	137,15	7.1
"	1 a	80.1.8.14.V.Z.1897	137,16	7.1
Drag.16	1 b	V.79.20.O.15	137,17	5
Dr.15/17				
A	1 a	80.1.21.M.2880	138,3	7.1
A	1 c	V.79.16.N'.10	138,6	5
B	1 a	V.79.5.N'.180	138,4	6
B	1 b	80.1.18.22.V.467	138,1	7.1
B	1 b	81.1.D.II.9726	137,18	7.2
B	1 c	81.1.9.17.A'.F'.2118	138,2	7.2
M.103				
B	1 c	81.1.D.I.3411	138,13	8
B	1 d	80.1.20.24.Q.T.354	138,15	5
C	1 a	V.79.26.N.20	139,5	7.1
C	1 a	80.1.22.24.Q.T.4504	139,9	5
C	1 b	V.79.6.8.N.Ñ.24	139,7	7.1
C	1 b	V.79.Ex.121	139,4	7.1
C	1 b	V.79.Ex.123	139,8	7.1
C	1 b	80.1.8.A.F.5412	138,16	7.1
C	1 b	V.79.h.18.15	139,2	7.1
C	1 b	V.79.h.18.21	139,3	7.1
C	1 c	80.1.15.20.U.V.5456	138,5	7.1
C	1 c	81.1.2.8.Ñ'.P'.5135	139,6	7.2
C	1 c	81.1.2.8.Ñ'.P'.5856	138,7	6
C	1 c	81.1.21.31.F.G.1822	139,1	7.2
C	1 c	81.1.D.II.7012	138,11	7.2
C	1 c	81.1.D.II.7013	138,14	
C	1 d	81.1.2.8.N.Ñ.3682	138,8	6
"	1 a	V.79.h.7.158	147,15	7.1
"	1 a	80.1.14.16.V.X.452	138,12	7.1
"	1 b	V.79.4.6.Ñ.O.5	138,9	7.1
"	1 b	81.1.2.8.Ñ'.P'5858	138,10	6
"	1 b	81.1.2.8.Ñ'.P'.5136	141,15	7.2
"	1 c	80.1.16.AA.7686	141,12	5
"	1 c	V.79.1.2.G.4	141,16	6
"	1 c	V.79.I....P.Q.45	141,19	7.1
"	1 c	81.1.2.8.Ñ'.P'.5845	141,17	6
Drag. 18				
C	1 b	V.79.3.C'.22	140,9	6
A	1 a	V.79.30.32.K'.25	139,12	7.2
A	1 b	V.79.12.I.9	140,3	7.1
B	1 c	V.79.I.J'.39	140,1	7.1
"	1 a	V.79.5.7.H.I.16	141,6	7.2
B	1 c	V.79.9.H'.81	140,2	7.1
B	1 b	80.1.18.AA.7355	140,8	7.2
B	1 a	80.1.28.30.AB.AC.1630	140,14	7.2
A	1 a/b	80.1.18.22.O.R.2198	140,4	7.1

FORMA	PASTA	SIGLA	FIG.	NIVEL
B	1 a	80.1.42.Ñ.2675	141,3	7.1
C	1 b	80.1.6.M.N.3475	140,7	7.1
B	1 b	80.1.3.11.K.Q.3611	141,2	7.1
C	1 d	80.1.6.M.N.4303	140,11	7.1
A	1 c	80.1.38.L.M.6755	141,4	7.1
A	1 a	80.1.38.L.M.6756	140,5	7.1
C	1 b	80.1.18.AA.6795	141,1	6
C	1 a	81.1.2.8.M'.N'.3683	140,13	7.2
A	1 a	81.1.2.8.Ñ'.P'.6009	140,6	6
B	1 b	81.1.21.31.F.G.1820	140,12	7.2
"	1 a	V.79.8.12.Q.S.22	139,11	7.2
"	1 b/c	V.79.30.J'.1	141,14	7.1
"	1 b	V.79.19.O.17	140,10	7.1
"	1 b	80.1.8.18.V.AC.5798	141,5	7.1
"	1 b	V.79.15.21.B'.C'.496	139,10	7.2
"	1 b	80.1.10.20.S.T.1257	141,13	7.1
Drag.24/25	1 b	V.79.11.P.5 (of. Vitalis)	144,9	7.1
" "	1 a	V.79.1.L.87	149,15	7.2
C "	1 b	V.79.1.N'.187	143,12	7.2
C "	1 b	81.1.9.17.A'.F'.2117	143,11	7.2
C "	1 a	81.1.4.8.Ñ'.P'.5069	143,10	7.2
" "	1 c	81.1.2.8.Ñ'.P'.5133	143,2	7.2
" "	1 a	81.1.2.8.Ñ'.P'.5134	143,3	7.2
B "	1 a	81.1.2.8.Ñ'.P'.5139	143,5	6
A "	1 b	V.79.1.M'.3	142,16	6
A "	1 b	V.79.1.M.'.6	142,19	6
A "	1 b	V.79.18.O.P.20	142,21	6
A "	-	V.79.27.J.1	142,8	7.1
A "	1 b	V.79.9.M'.9	142,14	7.2
A "	-	V.79.28.J'.11	142,11	7.1
A "	-	V.79.30.F.19	142,13	7.1
C "	-	V.79.12.Ñ.18	143,7	7.1
" "	-	V.79.30.32.K'.32	144,10	7.1
C "	1 a	V.79.12.22.Ñ.Q.43	143,4	7.1
C "	1 b	V.79.24.J'.50	143,8	7.1
B "	1 b	V.79.16.18.O.R.61	142,23	5
B "		V.79.ex.171	142,10	7.1
C "	1 a	V.79.ex.177	143,13	7.1
" "	–	V.79.10.N.228	142,17	7.1
C "	1 a	80.1.38.L.M.6739	143,9	7.2
A "	1 d	80.1.42.Ñ.2673	142,6	7.1
A "	1 a	81.1.9.17.A'.F'.2115	142,12	7.2
" "	1 b	81.1.2.8.M'.Ñ'.3681 (of.Cres)	144,4	6 [M.87]
B "	1 a	81.1.2.8.Ñ'.P'.5073	142,22	7.2
C "	1 a	81.1.2.8.ñ'.p'.5087	143,14	7.2
B "	1 a	81.1.2.8.Ñ'.P'.5852	142,24	7.2
A "	1 c	81.1.2.8.Ñ'.P'.5511	142,9	7.2
A "	1 d	81.1.2.8.Ñ'.P'.5857	142,18	6
B "	1 b/c	81.1.D.II.C.II.7629	142,20	6
A "	1 b/c	81.1.D.II.10178	142,15	6
B -	1 b	81.1.15.21.B'.C'.501	143,1	7.2
D	1 a	81.1.D.II.3313	146,1	8
B ¿?	1 b	V.76.2.G.23	143,6	7.1
" "	1 a	V.76.5.H'.136	144,1	7.1
" "	1 a	V.79.8.P.33	144,5	7.2
" "	1 a	V.79.13.L.11	144,3	7.1
" "	1 a	V.79.h.13.4	144,8	7.1
" "	1 a	V.79.Ex.184	142,7	7.1
" "	1 b	81.1.D.II.8122	149,16	6
Drag.27 D	1 1 b	V.79.2.M'.98	146,10	7.2
" "	1 c	V.79.30.32.K'.2	147,6	7.1
B "	1 a	V.79.4.K.21	144,17	5
D "	1 a	V.79.h.27.29	145,6	5
A "	1 a	V.79.1.M'.11	144,20	6
" "	1 a	V.79.1.M'.21	147.17	6
B "	1 b	V.79.3.N'.132	144,12	7.2
D "	1 b	V.79.20.Ñ.174	145,5	5
D "	1 b	V.79.6.8.P.Q.214	145,1	5
D "	1 b	V.79.18.P.55	145,2	5
D "	1 b	V.79.18.P.56 (Montanus)	146,11	7.1
C "	1 b	V.79.5.N'.9	146,6	7.2
B "	1 b	V.79...89	144,13	7.1
B "	-	80.1.3.5.S.T.1118	144,14	7.1
" "	-	80.1.28.30.AB.AC.1765	148,3	8
" "	-	80.1.28.30.AB.AC.1766	148,2	8
C "	1 a	80.1.18.22.V.4471	146,3	7.1

FORMA		PASTA	SIGLA	FIG.	NIVEL
C	"	1 c	80.1.38.L.M.6757	145,8	8
D	"	-	81.1.D.I.3412	145,3	8
A	"	1 c	81.1.D.II.10182	144,15	6
A	"	1 b	81.1.D.II.10183	144,19	6
"	"	1 a	81.1.D.II.10189	146,4	6
D	"	1 a	V.79.Ex.2.8	146,5	5
C	"	1 d	V.79.12.L.40	146,2	5
D	"	-	V.79.12.L.144	146,7	5
"	"	1 a	80.1.28.30.AB.AC.1764	145,13	8
C	"	-	80.1.16.22.X.AD.5538	145,9	7.1
C	"	1 a	8o.1.16.22.Y.AD.5537	145,10	7.1
C	"	1 a	80.1.38.L.M.6742	147,11	8
A	"	1 a	81.1.2.8.Ñ'.P'.5854	144,18	7.2
C	"	1 b	81.1.21.31.F.G.3818	145,7	7.2
D	3	1 b	V.79.5.J'.2	147,2	7.2
C	"	1 c	V.79.30.32.K'.2	147,12	7.1
D	"	1 a	V.79.14.K.3	147,7	5
D	"	-	V.79.18.Ñ.32 (Abus o)	146,12	7.1 [M.97]
D	"	1 a	V.79.2.N'.31	147,1	7.2
"	"	-	V.79.14.L.M.43	147,16	7.1
C	"	-	V.79.20.Ñ.175	147,10	5
"	"	-	V.79.Ex.185	147,3	7.1
C	"	1 d	80.1.54.56.J.3799	147,14	8
C	"	1 b	80.1.7.15.A.V.5730	147,8	7.1
C	"	1 b	80.1.8.18.Y.AC.5817	147,5	7.1
"	"	1 a	80.1.4.10.V.X.8503	147,13	5
"	?	1 a	V.79.1.N'.172 (Rus...)	148,7	6
"	?	-	V.79.15.19.R.S.2	148,16	7.1
"	"	-	V.79.18.22.Ñ.Q.3	147,19	7.1
"	"	-	V.79.2.6.A.B.7	147,18	7.1
"	"	1 b	V.79.20.Ñ.137	148,9	5
"	"	-	V.79.30.32.K'.35	148,22	7.1
"	"	1 b	V.79.1.I'.40 (Donatus)	148,23	7.2
"	"	-	V.79.24.J'.43	148,13	5
"	"	1 b	V.79.18.P.57	148,11	5
"	"	-	V.79.8.12.Q.S.60	148,18	7.1
D	"	-	80.1.18.Ñ.9	146,8	5
"	"	-	80.1.16.18.N.21	147,4	5
C	"	1 c	80.1.24.Q.135	145,14	7.1
"	"	1 c	80.1.10.20.S.T.1258	148,19	7.1
"	"	1 b	80.1.29.31.AB.AC.1769(Momo)	148,5	7.2
B	"	-	80.1.3.5.S.T.1118	148,4	7.1
"	"	1 b	80.1.22.24.Q.Z.2468	148,15	5
"	"	-	80.1.11.Ñ.S.3405	148,1	7.1
"	"	1 a/b	80.1.20.24.Q.T.6577	148,14	5
D	"	1 c	80.1.3.L.M.6742	146,9	7.1
"	"	1 b	80.1.22.A.I.8908	148,20	7.2
C	"	1 b	81.1.28.30.AB.AC.1762	147,9	7.2
B	"	1 a	81.1.2.8.N'.P'.5076	144,16	7.2
D	"	-	81.1.D.II.C.II.7989	145,11	6
"	"	1 b	81.1.D.II.8027	148,21	7.2
"	"	1 d	82.1.Port.N.194 (Crispi)	148,6	5 [M.94]
"	"	1 d	81.1.15.21.B'.C.480	148,8	7.2
D	"	1 a	82.1.D.II.1.10274	145,10	7.2
Dr.27 var. D		1 b	V.79.6.8.O.P.202	149,3	7.1
D		1 b	V.79.6.8.O.P.215	149,4	7.1
D		1 b	V.79.16.18.O.P.62	149,1	5
C		1 b	V.79.h.21.18	149,5	7.1
C		1 b	80.1.8.A.B.6460	149,8	7.1
D		3	80.1.20.24.Q.T.7207	149,6	5
D		3	80.1.22.24.Q.T.954	149,2	5
C		3	80.1.11.Ñ.S.1356	149,7	7.1
Drag. 33		1 b	80.1.44.E.6391	149,9	7.1
Indetermin.		1 b	V.79.ex.122 (..alis)	141,11	7.1
"		1 b	V.76.13.G'.5 (Cacab..)		7.1 [M.98]
"		1 a	V.79.3.N'.125	148,24	6
"	"	1 a	V.79.2.I'.5	142,4	6
"		1 a	V.79.4.6.M.Ñ.19	144,11	7.2
"		1 a	80.1.8.A.B.6426	150,4	7.1
"		1 b	80.1.16.22.X.AD.5532	149,13	7.2
"		1 b	80.1.14.16.V.X.940	149,14	7.2
"		1 a	81.1.2.M'.N'.3698 (V...)		6
"		1 a	81.1.2.8.Ñ'.P'.6907	141,18	5
"	"	1 d	80.1.16.22.A.D.5534	142,2	7.1
"	"	1 a/b	80.1.16.22.A.D.5535	142,3	7.1

FORMA	PASTA	SIGLA	FIG.	NIVEL
"	1 b	80.1.18.20.O.R.3253	142,1	5
"	1 d	81.1.15.21.B'.C'.502	142,5	7.2
"	1 b	V.79.18.O.21	144,6	7.1
"	1 b	81.1.D.II.10173	144,7	7.2
"	1 b	81.1.D.II.C.II.7991	150,3	6
Decorada				
Drag. 11	1 b	V.79.26.H..27	153,3	7.1
"	1 b	V.79.6.8.P.Q.227	150,5	7.1
"	1 b	80.1.22.A.I.31.T.8891	150,8	7.2
"	1 b	81.1.2.8.Ñ'.P'.5079	150,6	7.2
"	1 b	81.1.2.8.Ñ'.P'.5083	150,7	7.2
"	1 b	81.1.D.II.1.11629	149,11	7.2
Drag. 29 A	1 b	V.79.8.10.J.K.310	151,1	7.1
Drag. 29 B	1 a	V.79.8.10.L.M.52	151,9	7.1
"	1 b	V.79.8.10.J.K.315	151,4	7.1
"	1 b	V.79.18.22.Ñ.Q.89	151,5	7.1
"	1 a	V.79. ... 172	152,7	7.2
"	1 c	V.79.24.F.25	151,8	7.2
"	1 b	V.79.26.H.10	151,6	7.1
"	1 b	V.79.30.32.K'.30	152,5	7.1
"	1 b	80.1.8.AB.5459	150,9	7.1
C	1 a	80.1.2.8.Ñ'.P'.5068	152,10	7.2
"	1 b	80.1.11.Ñ.S.3409	150,10	7.1
"	1 a	80.1.3.12.N.5445	152,6	7.1
"	1 a	80.1.18.20.U.V.5465	152,1	7.1
"	1 b	80.1.7 ...R.V.5484	152,4	7.1
"	1 c	80.1.8.AB.6453	150,13	7.1
"	1 b	81.1.2.8.Ñ'.P'. 5072	152,8	7.2
"	-	80.1.8.14.V.Z.7916	150,11	5
"	1 b	81.1.21.31.F.G.1823	151,7	7.2
"	1 b	81.1.D.I.3319	152,2	8
"	1 a	81.1.D.I.3413	152,3	8
"	1 a	81.1.D.II.10163	153,10	6
"	-	81.1.D.II.10175	151,3	6
"	1 a	V.79.10.O.R.40	151,2	7.1
"	1 a	81.1.D.II.C.II.7631	153,9	6
"	-	82.1.Port.N.198	152,9	5
Drag.29 Indet.	1 b	V.76.6.F'.6	150,14	5
"	1 b	V.79.8.10.J.K.344 (Silvani of)	144,2	5
"	1 a	V.79.Ex.69 (of.Primi)	153,7	7.1
"	1 b	80.1.5.19.G.M.1589	153,13	7.2
"	1 b	80.1.12.X.7833	153,1	5
"	-	80.1.22.A.I.31.T.8892	153,13	7.2
"	1b	80.1.22.A.I.31.T.8903(of)	153,4	7.2
"	1 a	80.1.22.A.I.31.T.8905	153,6	7.2
"	1 a	80.1.1.3.Q.R.793	152,11	7.1
"	1 a	81.1.2.8.Ñ'.P'.5132	153,12	7.2
"	1 b	81.1.C.I.D.II.6950	153,8	7.2
"	1 b	81.1.D.I.9621	153,2	8
"	1 a	81.1.D.I.9622	152,10	8
"	-	81.1.D.II.10205	153,5	6
Drag. 30	1 b	80.1.2.4.S.T.1024	153,11	7.1
"	1 b	80.1.22.A.I.31.T.8893	153,14	7.2
Indet.	1 a	80.1.8.14.P.R.4495	150,12	5
"	1 a	81.1.2.8.Ñ'.P'.5262	153,15	6

A los efectos cronológicos y comparativos, conviene recordar que los estratos 6, 7.1 y 7.2 corresponden al mismo nivel de abandono de la ínsula y calles adyacentes, por lo que se ofrecen los porcentajes totales de hallazgos para facilitar mejor las conclusiones de dicho horizonte.

FORMA	NIVEL						TOTAL
	4,1	5	6	7.1	7.2	8	
Drag.2/21			2		3		5
Ritt.8		2	3	5	9	1	20
Ritt.8 ?				5			5
Ritt.5/8				1			1
Ritt.9			1		1		2
Ritt.12				3			3
Drag.16		1					1
Drag.17				1			1-
Drag.15/17		5	10	14	9	1	39
Drag.15/17 ?						1	1
Drag.17 B					1		1
Drag. 18		2	5	22	10		39
Drag.24/25 A			2	1	6	1	10
" B		1	3	12	6		22
" C		1					1
" indet.			9	9	7		25
Drag. 27 A		7	4	3	6	8	28
" B		6	1	1	2	2	12
" C		7		5	2	1	15
" indet.		18	4	13	13	1	49
Drag.27 var.		3		6	1		10
Drag. 33				1	2		3
Drag. 34 ?			1				1
Indetermin.		1	6	14		1	22
Drag. 11			1	2	2		5
Drag. 29 A		1	1	9	1		12
" B		5	4	8	5	2	24
" indet.		4	4	2	7	2	19
Drag. 30				5	2	1	8
Indeterminados	4	65	93	93	111	23	391
	4	131	154	239	206	45	= **779**

FORMA	NIVEL				TOTAL
	4,1	5	6-7	8	
Drag.2/21			5		5
Ritt.8		2	17	1	20
Ritt.8 ?			5		5
Ritt.5/8				1	1
Ritt.9			1	1	2
Ritt.12			3		3
Drag.16		1			1
Drag.17			1		1
Drag.15/17		5	33	1	39
Drag.15/17 ?				1	1
Drag.17 B				1	1
Drag. 18		2	37		39
Drag.24/25 A			9	1	10
" B		1	21		22
" C		1			1
" indet.			25		25
Drag. 27 A		7	13	8	28
" B		6	4	2	12
" C		7	7	1	15
" indet.		18	30	1	49
Drag.27 var.		3	7		10
Drag. 33			3		3
Drag.34 ?			1		1
Indetermin.		1	20	1	22
Drag. 11			5		5
Drag. 29 A		1	11		12
" B		5	17	2	24
" indet.		4	13	2	19
Drag. 30		7	1	8	
Indeterminados[1225]	4	65	297	23	389
	4	131	599	45	= **779**

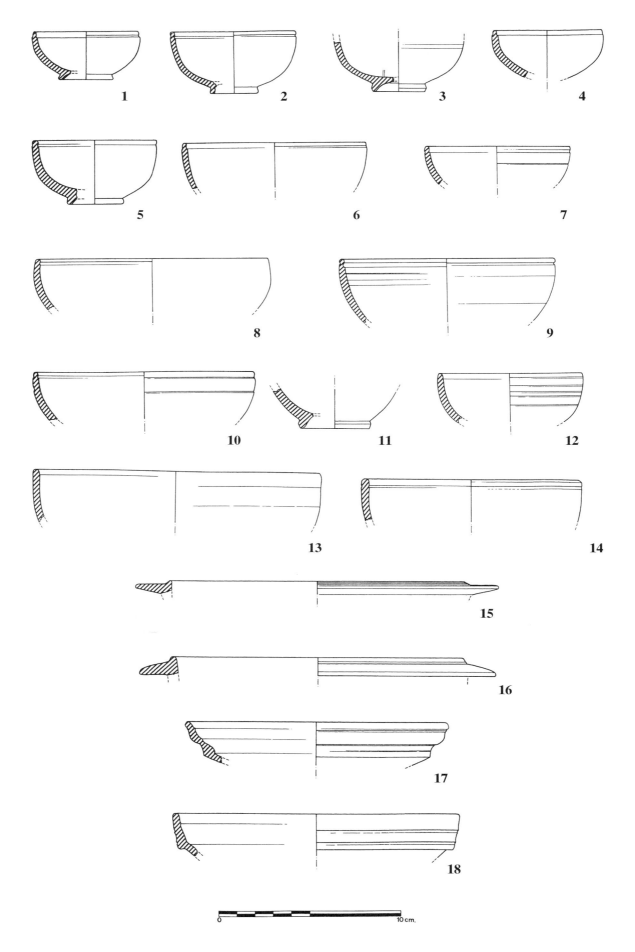

Figura 137. *Terra sigillata* gálica lisa. 1-5, 6, 8-14: Rit. 8; 7: Indeter.; 15, 16: Rit. 12; 17: Drag. 16; 18: Drag. 15/17.

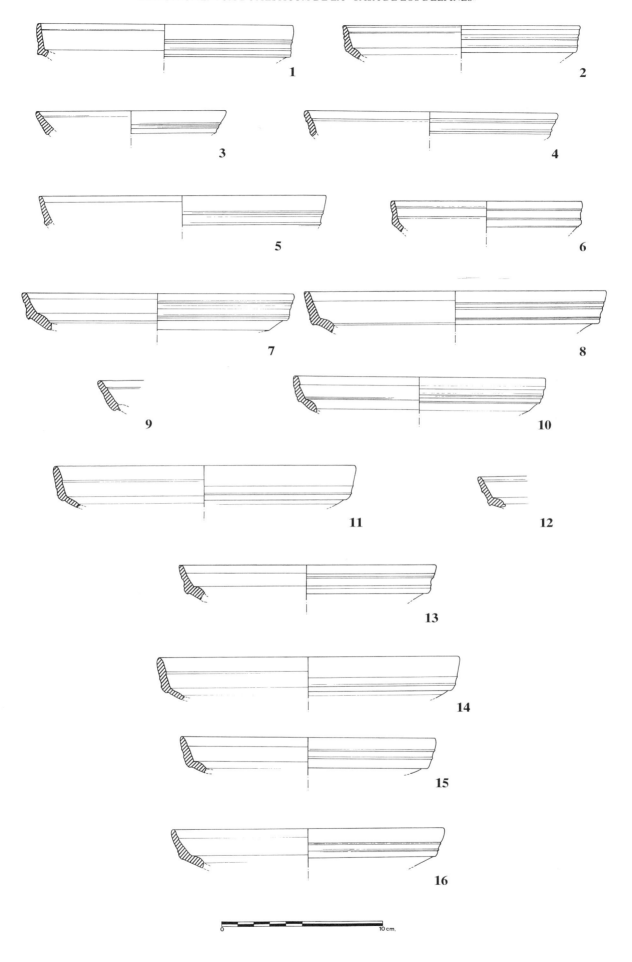

Figura 138. *Terra sigillata* gálica lisa. Drag. 15/17.

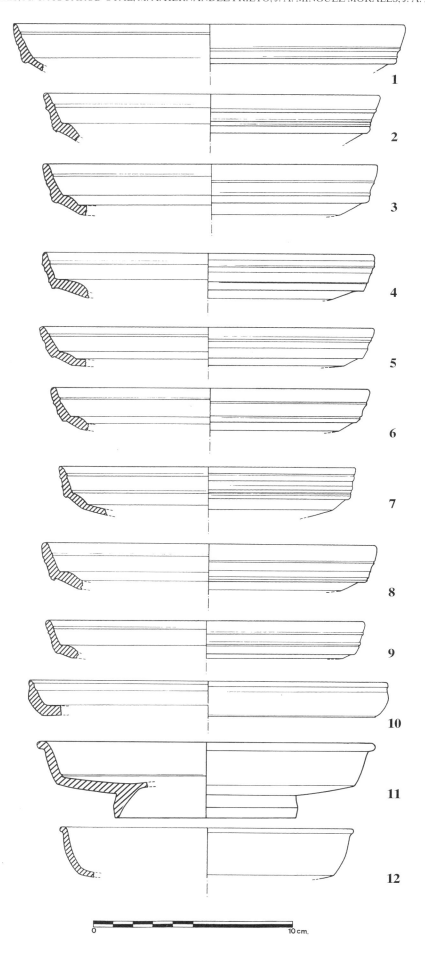

Figura 139. *Terra sigillata* gálica lisa. 1-9: Drag. 15/17; 10-12: Drag. 18.

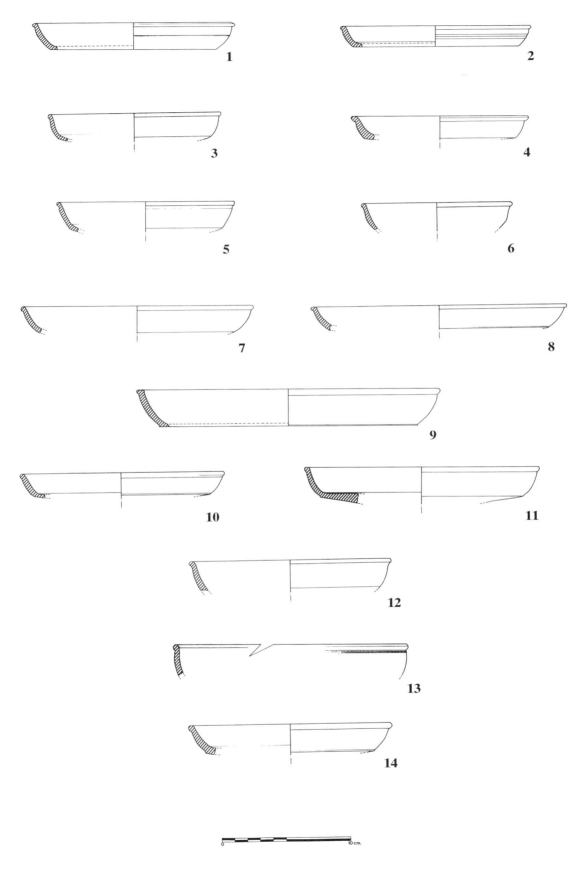

Figura 140. *Terra sigillata* gálica lisa. Drag. 18.

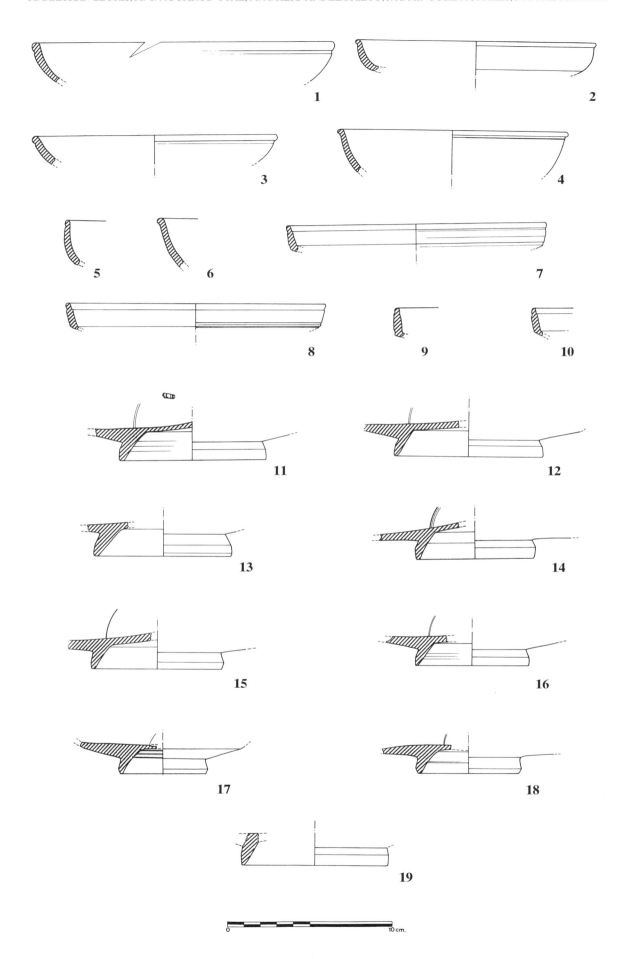

Figura 141. *Terra sigillata* gálica lisa. 1-6, 13, 14: Drag. 18; 11: Indeterm.; 12, 15-17, 19: Drag. 15/17; 7-10: Drag. 2/21; 18: Indeterm.

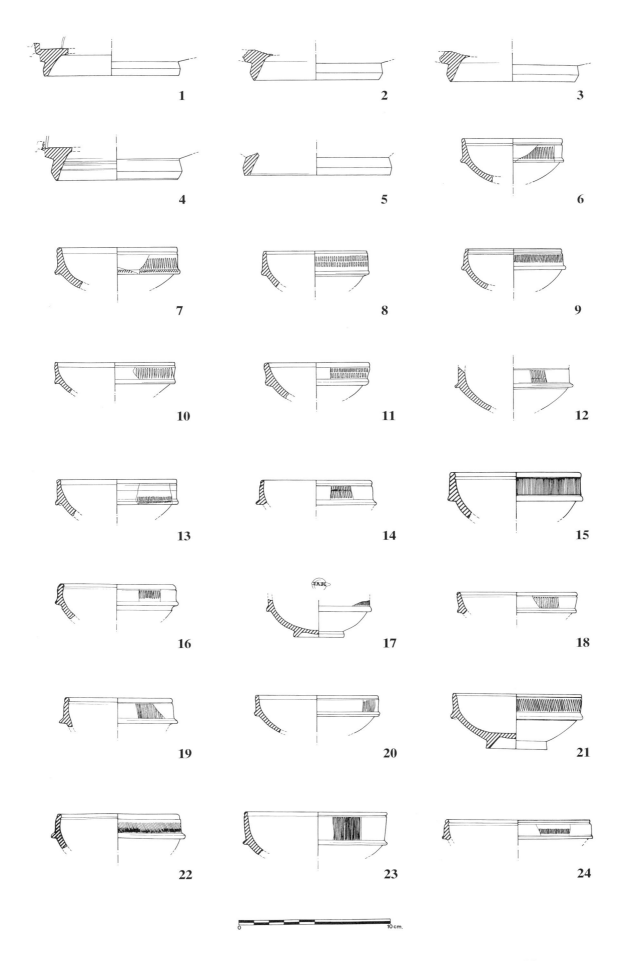

Figura 142. *Terra sigillata* gálica lisa. 1: Drag. 18; 2, 3: Drag. 27; 5: Indeterm.; 6-24: Drag. 24/25.

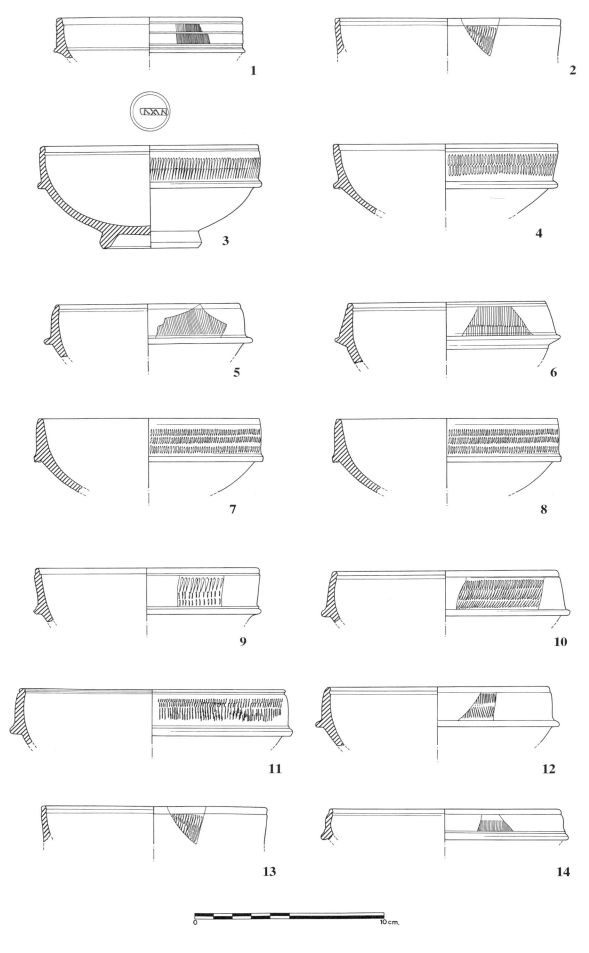

Figura 143. *Terra sigillata* gálica lisa. Drag. 24/25.

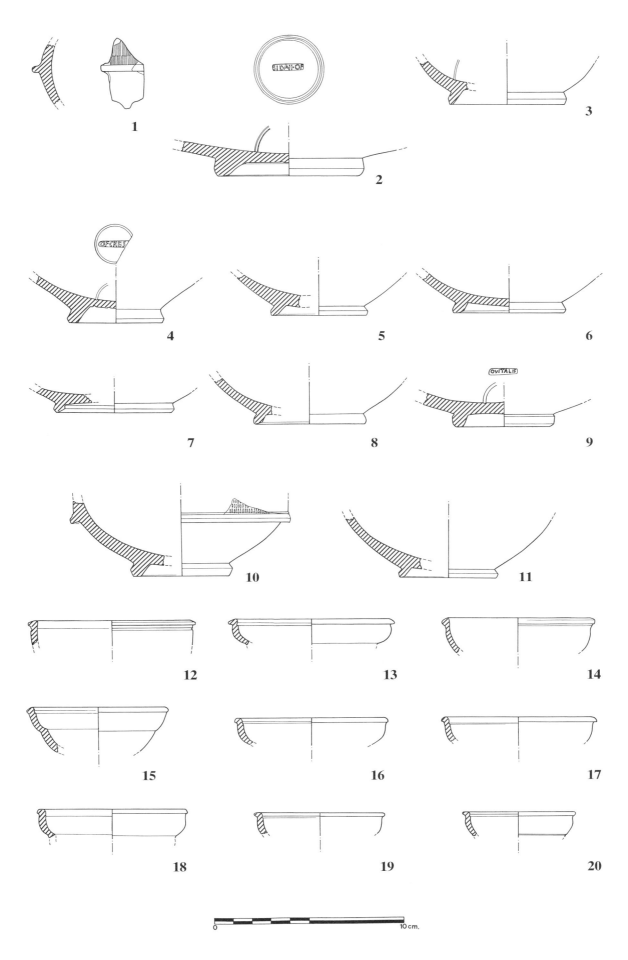

Figura 144. *Terra sigillata* gálica lisa. 1, 3, 4, 5, 7-9, 10: Drag. 24/25; 6, 11: Indeterm.; 2: Drag. 29.

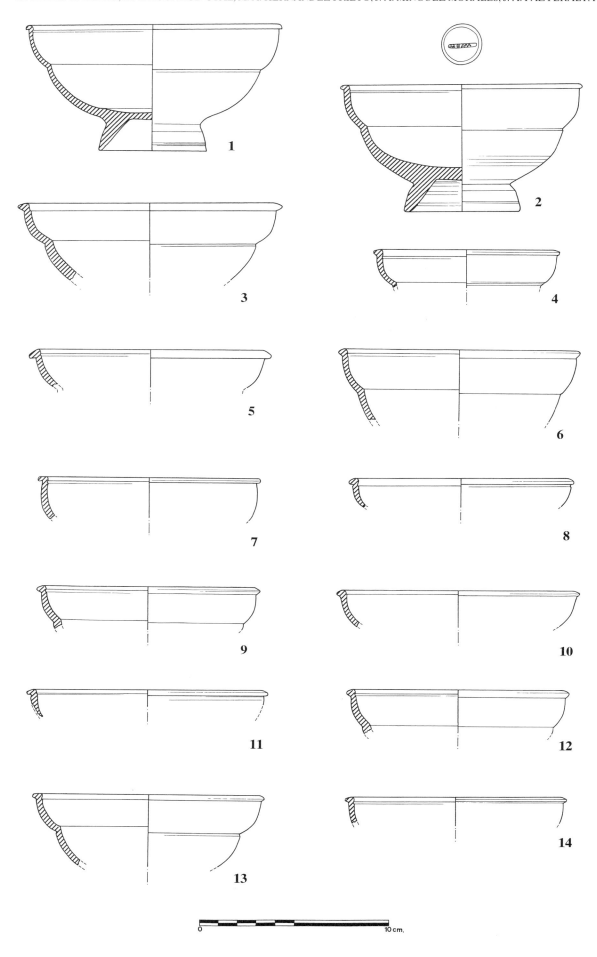

Figura 145. *Terra sigillata* gálica lisa. Drag. 27.

312

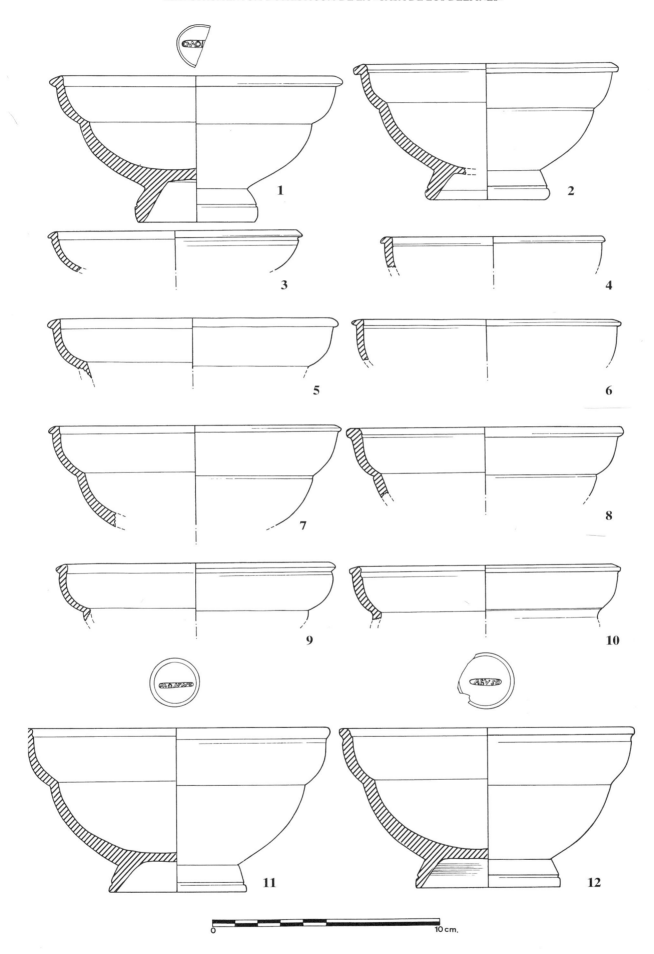

Figura 146. *Terra sigillata* gálica lisa. Drag. 27.

313

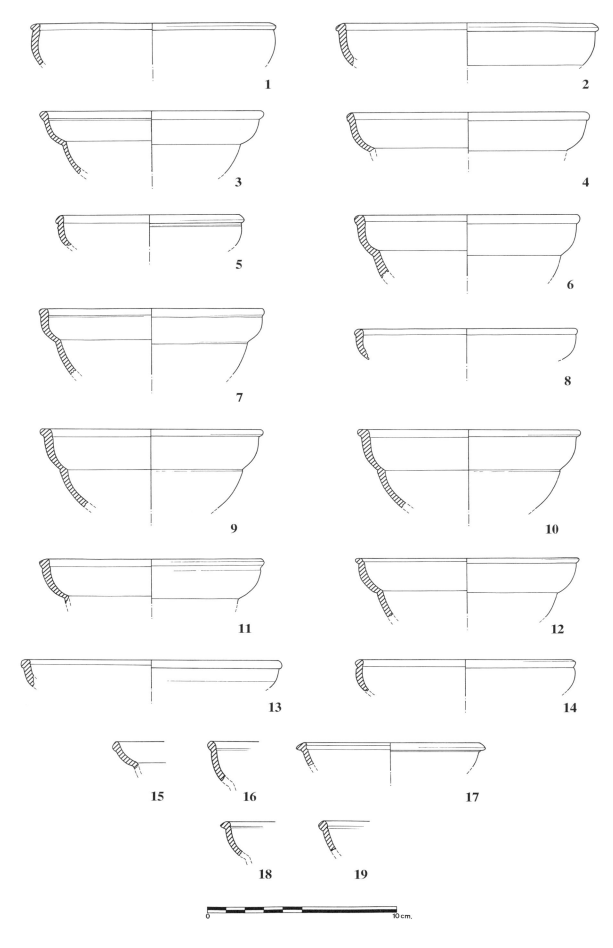

Figura 147. *Terra sigillata* gálica lisa. Drag. 27.

314

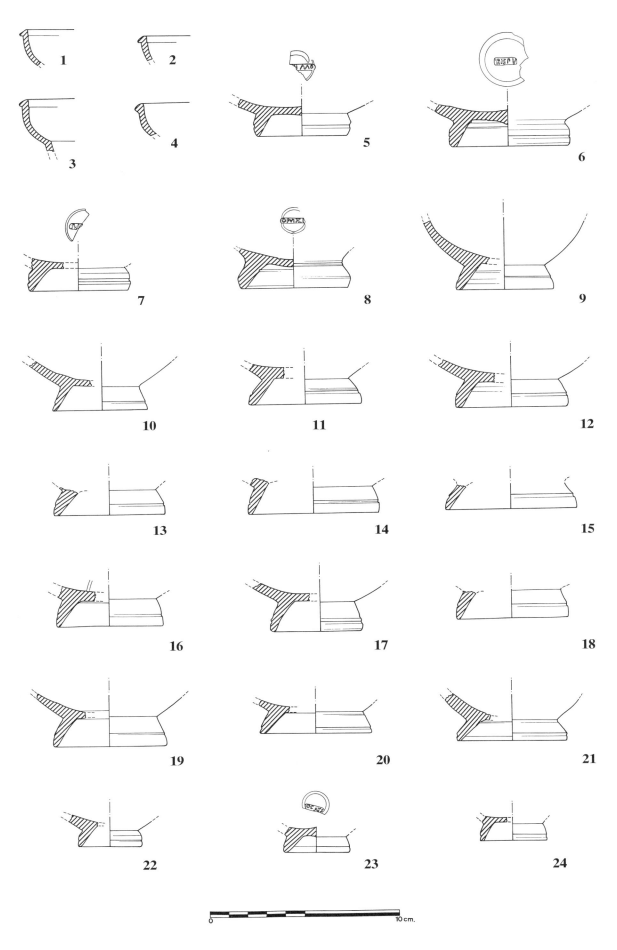

Figura 148. *Terra sigillata* gálica lisa. 1-23: Drag. 27; 24: Indeterm.

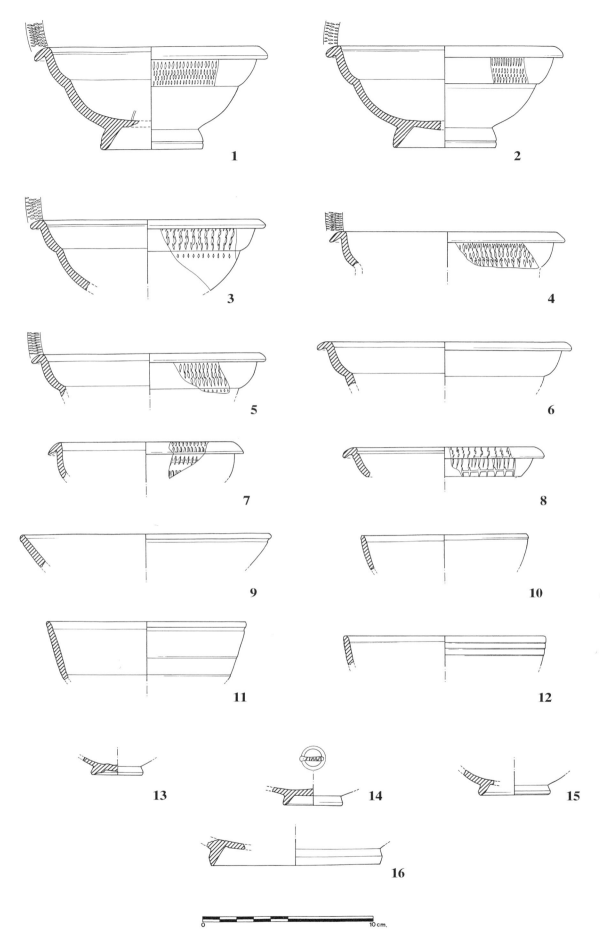

Figura 149. Terra sigillata gálica lisa. 1-8: Drag. 27 var.; 9: Drag. 33; 10, 12-14: indeterm.; 11: Drag. 11; 15, 16: Drag. 24/25.

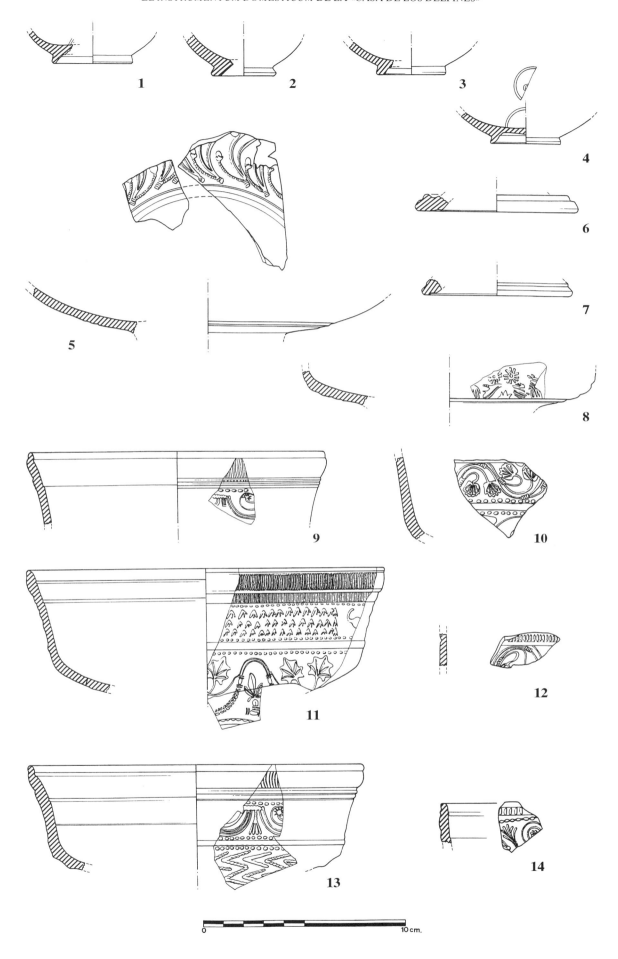

Figura 150. *Terra sigillata* gálica. 1-4: Indeterm.; 5-8: Drag. 11; 9-10, 11, 13: Drag. 29 B; 12, 14: Drag. 29.

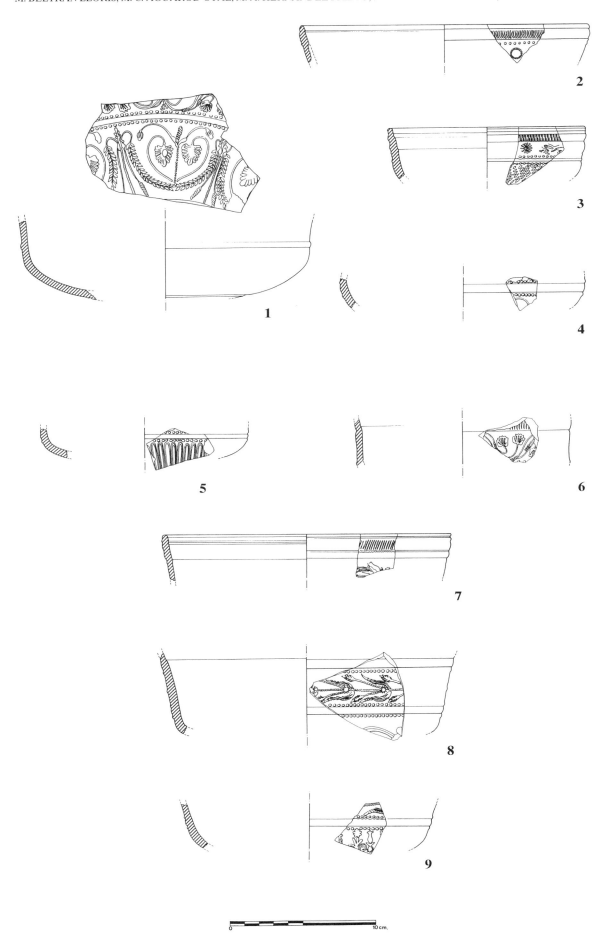

Figura 151. *Terra sigillata* gálica decorada. 1: Drag. 29 A; 2-9: Drag. 29 B.

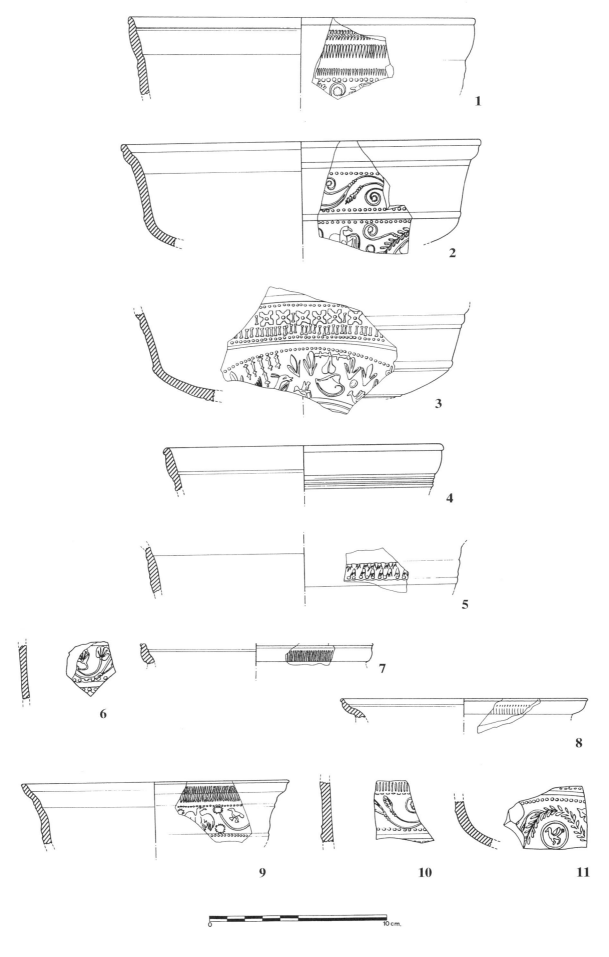

Figura 152. *Terra sigillata* gálica decorada. 1-10: Drag. 29 B; 11: Drag. 29.

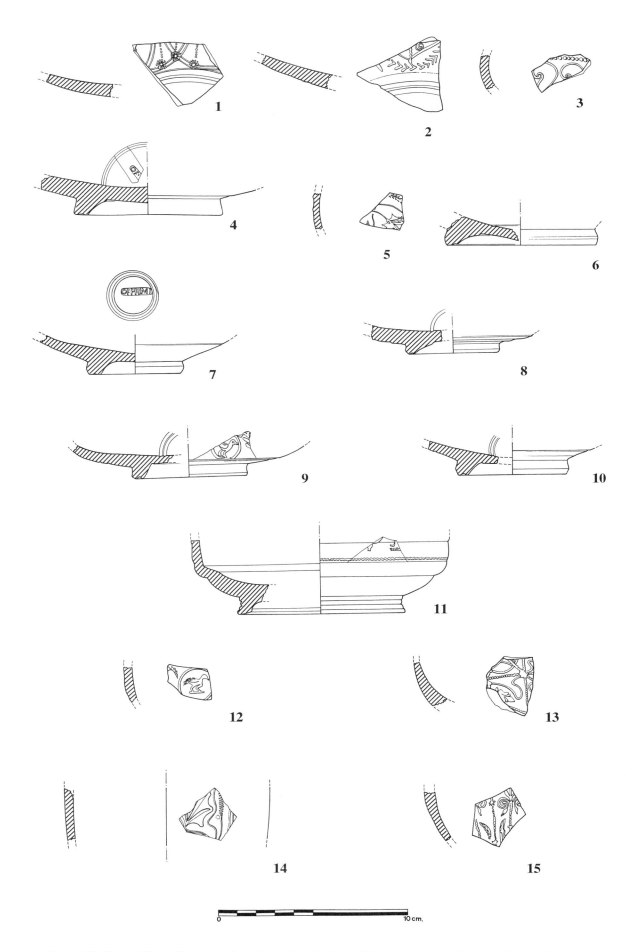

Figura 153. *Terra sigillata* gálica decorada. 3: Drag. 11; 9, 10: Drag. 29 B; 1, 2, 4-8, 10, 12, 13: Drag. 29; 11, 14: Drag. 30.

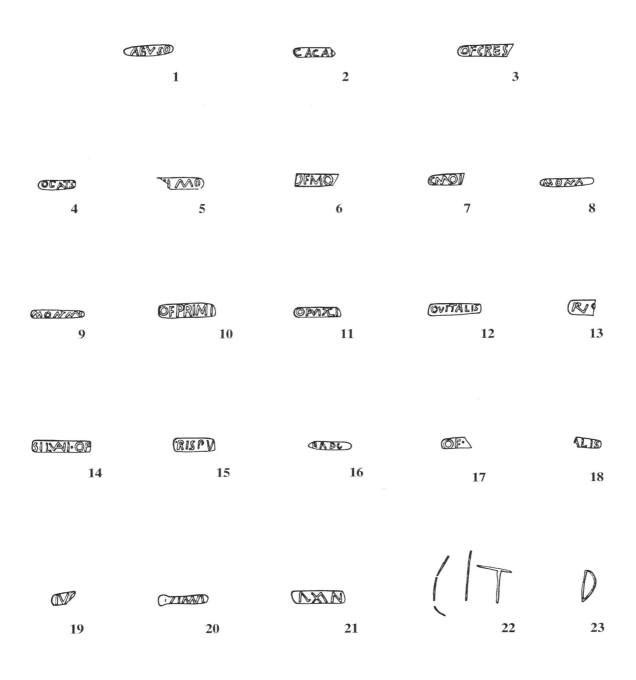

Figura 154. *Terra sigillata* gálica. Sellos (1-21) y grafitos (22-23).

8.7. LA CERÁMICA DE «PAREDES FINAS» (J.A.M.M.)

8.7.1. INTRODUCCIÓN

El estudio de las cerámicas romanas de «paredes finas» aparecidas en la denominada «Casa de los Delfines» de la *colonia Victrix Iulia Lepida/Celsa* se ha realizado, a partir de la superestructura aportada por la estratigrafía de la zona, atendiendo fundamentalmente a dos ejes organizadores de la exposición: en primer lugar la morfología de los vasos que, lógicamente, permite adscribir los fragmentos a unas formas concretas, y en segundo lugar a su base arcillosa con la intención de —a pesar de la falta de estudios existente en este campo aplicados a las paredes finas— intentar aproximarnos a las posibles áreas de procedencia de cada uno de los diferentes grupos de pastas cerámicas determinados a lo largo del presente trabajo. Por último se han estudiado las decoraciones asociadas a los ejemplares aparecidos en esta zona de la *colonia*.

A pesar de esta gradación, subordinada en buena medida a la tipología, se ha preferido agrupar las definiciones de las diversas pastas y decoraciones, con objeto de aligerar el discurso y fundamentalmente el catálogo[1226] de los materiales de innecesarias repeticiones, al encontrarse en ocasiones algunas pastas y decoraciones asociadas en formas diferentes.

Respecto a los problemas planteados *a priori* por las cuestiones tipológicas, hemos de advertir que se ha partido del siguiente criterio: no se pretende en absoluto elaborar una nueva clasificación que posiblemente no haría sino contribuir a enturbiar los futuros trabajos sobre «paredes finas».

[1225] Se incorporan ahora los fragmentos y esquirlas sin clasificación posible, cuyo listado ahorramos en aras de la brevedad. Todos ellos corresponden a los tipos de pastas ya analizados, según el siguiente detalle :

	Niveles		
Pasta	5	6-7	8
1 a	21	68	8
1 b	20	21	3
1 c	2	23	2
1b/c	6	42	1
1 d		43	
Total	50	197	14

[1226] Dicho catálogo se ha ordenado, como es lógico, siguiendo los criterios generales de la obra. Así, de izquierda a derecha, la primera columna recoge el nombre de la forma. La segunda, la decoración (cuando ésta aparece). La tercera alude al fragmento con las siguientes abreviaturas: f: fondo, p: pared, c: pared con carena, a: asa, F/C: forma completa. La cuarta se refiere al tratamiento de las superficies de los vasos y, en concreto, a la presencia o no de engobe (sin e: sin engobe, engobe ie: engobe en interior y exterior, engobe i: engobe en interior, engobe e: engobe en exterior). La quinta recoge el número de pasta. La sexta refiere la sigla concreta de cada fragmento. La sexta envía al lector a la figura correspondiente. Finalmente la séptima permite ubicar a cada objeto en el nivel estratigráfico en el que fue hallado.

Por ello ante la disyuntiva de elegir una de las «tipologías» al uso para estos vasos (fundamentalmente Marabini[1227], Mayet[1228] y Ricci)[1229], hemos preferido la elaborada por la segunda investigadora por referirse a la península Ibérica.

Realmente ello no implica la asunción de todos los principios que parecen haber movido a esta autora a la hora de enfocar su labor, pues la definición de los tipos por ella establecidos, a nuestro modo de entender, adolece de algunas deficiencias por no estar basada en todos los casos en la estricta morfología general de los vasos. A pesar de ello, el hecho de que se trate de un estudio global para toda la *Hispania* romana, unido a sus innegables valores, ha conducido a que la obra de F. Mayet sea indispensable a la hora de abordar cualquier trabajo sobre esta familia cerámica, a la vez que su clasificación ha sido seguida por casi todos los investigadores que de una u otra forma se han aproximado a estas vajillas, en el caso de ocuparse de hallagos realizados dentro del extenso espacio geográfico por ella tratado.

Cuando se ha producido la aparición de nuevas formas, no recogidas por Mayet o por ninguna otra gran clasificación preexistente, hemos seguido —como parece oportuno— la nomenclatura que les dimos en su día al tratar brevemente, pero en conjunto, todas las vajillas de esta familia procedentes de las excavaciones realizadas en *Lepida/Celsa*. Ello, en principio, difiere del criterio acordado para el resto de las especies cerámicas tratadas en este mismo volumen, pero cuando menos evita para este caso concreto una duplicidad de nominación que hubiese resultado tan innecesaria como inexplicable.

8.7.2. PASTAS CERÁMICAS

Las pastas cerámicas se han definido tomando como base de partida los grupos determinados al estudiar, en su día, las cerámicas de paredes finas de la vecina *Insula II* o «de las Ánforas»[1230], aunque no todos los tipos allí representados se han encontrado en la «Casa de los Delfines» hemos preferido mantener la nomenclatura primitiva para que sea mas cómoda la comparación, si el lector desea hacerlo, entre los materiales de ambas manzanas de habitación y calles adyacentes. Veáse el apéndice correspondiente en Parte VI, capítulo 6.6.

8.7.3. DECORACIONES

Se ha constatado la presencia de una serie de técnicas decorativas asociadas al material

---

[1227] MARABINI, M.ª T., 1973.

[1228] MAYET, F., 1975.

[1229] RICCI, A., 1985.

[1230] MÍNGUEZ MORALES, J. A., 1990-b.

objeto de estudio; con ellas los maestros artesanos elaboraron unos motivos que, dada la fragmentareidad de los ejemplares, no han podido reconstruirse en todos los casos. Por ello hemos preferido en muchas ocasiones, ante la duda, recoger todos los elementos, incluso los aislados. Partiendo de esta consideración los elementos y motivos se han agrupado en primer lugar por técnicas decorativas. Posteriormente se han nominado (mediante letras mayúsculas) los elementos ornamentales dominantes en la decoración o bien alguna pequeña diferencia técnica utilizada para su ejecución. Finalmente se han considerado los motivos decorativos (indicando mediante línea discontinua la zona o zonas por las que no puede asegurarse taxativamente su desarrollo) numerándolos correlativamente.

Técnicas y elementos decorativos preeminentes (Figs. 183-186):

I. *Barbotina* (Figs. 183-186):
- I-A: decoración puntillada (Fig. 183).
- I-B: decoración de espinas (Fig. 183).
- I-C: triangulitos encadenados (Fig. 183).
- I-D: perlas (Fig. 183).
- I-E: mamelones (Fig. 183).
- I-F: pedúnculos (hojas de piña) (Fig. 183).
- I-G: hojas de agua (Fig. 183, Fig. 184, Fig. 185).
- I-H: hojas de hiedra (Fig. 185).
- I-I: botones con tallos (Fig. 185).
- I-J: tallos curvos (Fig. 185).
- I-K: festones con perlas inscritas (Fig. 185, Fig. 186).
- I-L: gotas irregulares (Fig. 186).

II. *Impregnación arenosa* (Fig. 186):
- II-A: arena en exterior e interior.
- II-B: arena en exterior.
- II-C: arena en interior.

III. *Depresiones (digitación)* (Fig. 186).

IV. *Incisa* (Fig. 186):
- IV-A: incisa a peine (Fig. 186).
- IV-B: incisa burilada (Fig. 186).

V. *Impresa a la ruedecilla* (Fig. 186).

VI. *Molde* (Fig. 186).
- VI-A: figuraciones humanas (Fig. 186).
- VI-B: figuraciones animales (Fig. 186).
- VI-C: figuraciones vegetales (Fig. 186).
- VI-D: representaciones de objetos (Fig. 186).
- VI-E: epígrafes (Fig. 186).
- VI-F: perlitas (Fig. 186).

VII. *Técnicas mixtas* (Fig. 186).
- VII-A: barbotina y ruedecilla (Fig. 186).
- VII-B: barbotina e impregnación arenosa (Fig. 186).

8.7.4. CLASIFICACIÓN MORFOLÓGICA

Mayet II

Cubilete con labio oblicuo y, en el caso que nos ocupa, separado de la pared por una pequeña moldura en arista. Aunque no se conserva el suficiente desarrollo de la pared para poder asegurarlo categóricamente, nuestro ejemplar (Fig. 155, 1) parece poder clasificarse más concretamente dentro de la variante II D, caracterizada por no corresponderse estrictamente con un cubilete ovoide, sino que su aspecto es más pesado, la boca es más abierta y la base más amplia y estable que en la forma tipo.

Tratamiento de las superficies:

Sin engobe, el color del vaso es marrón rojizo claro. No presenta decoración.

Cronología:

La cronología de esta forma fue situada entre el último cuarto del s. II y el primer cuarto del s. I a. C., según evidenciaban los vasos hallados en la necrópolis de Las Corts de Ampurias[1231] o los ejemplares de Cosa[1232], aunque Mayet indica que en concreto este subtipo II-D probablemente llega al período augústeo[1233]. Cronología que a grandes rasgos puede mantenerse salvo, aunque en este caso concreto no nos afecte, para el inicio de la forma que hoy día se considera anterior[1234]. En cualquier caso poco aporta para precisar la datación el fragmento que estamos considerando puesto que ha aparecido en el nivel revuelto. De todas formas hemos de tener en cuenta que, evidentemente, este vaso ha de ser necesariamente posterior a la fundación de la colonia que se ha situado entre los años 44-42 a. C.[1235] En la propia *Lepida/Celsa* hemos de señalar la aparición de la forma II en los estratos inferiores de la vecina *Insula* II, fechables en los años inmediatamente posteriores a la citada fecha fundacional. De otra parte puede recordarse que en *Caesaragusta* también fue hallado este tipo entre los materiales del estrato de basurero de la Casa Pardo, datado entre los años 22/19 y 15/12 a. C., lo que nos sitúa para un yacimiento próximo a *Celsa* ya en época augústea[1236].

Procedencia:

La morfología, el tipo de pasta (núm. 90), el tratamiento de la superficie externa y la

---

[1231] ALMAGRO BASCH, M., 1953.

[1232] MARABINI, M.ª T., 1973.

[1233] MAYET, F., 1975, (*vid.* p. 27).

[1234] LÓPEZ MULLOR, A., 1989, (*vid.* p. 99), sitúa su comienzo ya en el primer cuarto del siglo II a. C.

[1235] GALVE IZQUIERDO, M.ª P., 1974, (*vid.* pp. 30-35).

BELTRÁN LLORIS. M. En diversas ocasiones, entre ellas: 1980-a, (*vid.* p. 414); 1983-b, (*vid.* pp. 187-190).

[1236] BELTRÁN LLORIS, M., 1979-b.

cronología dada a esta forma, nos inducen a incluirla dentro de las producciones de la península Italiana, posiblemente de la zona centro, y por lo tanto a considerarla un producto importado que arribaría a la *colonia* en una fecha próxima a la de su fundación. Descartando, por consiguiente, en este caso la posibilidad de que se trate de un producto de una alfarería local que, apoyada en la tradición cerámica ibérica, manufacturase imitaciones; hipótesis que últimamente ha sido expuesta por López Mullor[1237] para Cataluña.

Inventario:

FORMA	DEC.	FRAG.	TRAT. SUPS.	PASTA	SIGLA	FIGURA	NIVEL
II	-	b/p	sin e.	90	80/1,9/15,FI,1976	155,1	8

Mayet III:

Se trata de un cubilete (Fig. 155, 2-4) cuyo cuerpo desarrolla una tendencia ovoide y que se remata mediante un labio vertical/cóncavo.

Tratamiento de las superficies:

Los ejemplares tratados, como por otra parte es normal para esta forma, no presentan revestimiento; si bien en todos ellos se ha practicado un cuidadoso alisado externo. Su color oscila, según los casos, del marrón claro al gris oscuro. Tan sólo uno de los fragmentos, el cual además quizá pueda asimilarse a la variante IIIBb establecida por Mayet[1238], conserva decoración de espinas (Fig. 155, 4) ejecutada a la barbotina (Fig. 183, I-B-2).

Cronología:

Para Marabini[1239] esta forma sería la más frecuente entre las típicas de fines de la República. Siguiendo a esta autora, según la información aportada por la estratigrafía de Cosa[1240], su inicio hay que situarlo en la primera mitad del siglo I a. C, aunque algunos datos parecen apuntar hacia un origen algo anterior. Pero el tipo debió popularizarse a lo largo de la segunda mitad del siglo I a. C., prolongándose posiblemente hasta la última década anterior al cambio de Era. Dada su escasa aparición en esta zona de *Celsa*, nos resultan especialmente preciosos los dos fragmentos del nivel arqueológico (1.3) fundacional de la calle IV-1, que puede datarse entre el 44 y el 35 a. C. Para otros lugares de

la *colonia* es necesario reseñar su hallazgo en el estrato, también fundacional de la *Insula* II y su integración en el nivel augústeo («a relleno») de la Casa de los Pavimentos Blancos.

Procedencia:

A esta forma —poco representada— se le asocian las pastas núms. 3, 8, 29, 69. A pesar de que Mayet[1241] plantea la posibilidad de su fabricación, a partir del originario solar centro-itálico, en diversos centros todavía no localizados y concretamente para *Hispania* en Ibiza[1242]. Estos ejemplares no pueden ponerse en relación con los baleáricos, del mismo modo que tampoco parece plausible pensar, durante el período cronológico en que este tipo debió estar en el mercado, en una importación de otros centros ajenos a Italia y mucho menos suponer la existencia de otras producciones hispanas[1243] plenamente asentadas y con una difusión amplia y bien establecida.

Inventario y recuento estratigráfico:

FORMA	DEC.	FRAG.	TRAT. SUPS.	PASTA	SIGLA	FIGURA	NIVEL
III	-	b	sin e.	8	V79,28J',60	155,2	7
III	I-B-2	b/p	sin e.	3	80/1,2/6LN,3916	155,4	7
III	-	b	sin e.	69	81/1,Hab. 12₁,2149	155,3	5

NIVELES	1.3	5	6	7	TOTAL
Mt.III	2	1	1	2	6

Mayet V

De nuevo nos encontramos ante un cubilete cuyo borde, para esta forma, habitualmente se presenta almendrado. El único fragmento con el que contamos puede clasificarse dentro del subtipo establecido por Mayet con el nombre de V B (Fig. 155, 5), que se caracteriza por poseer una boca más amplia que la forma tipo y por contar con un borde que a menudo se muestra inclinado hacia el exterior, en nuestro ejemplar muy levemente, y que queda subrayado por una acanaladura.

Tratamiento de las superficies:

El ejemplar conservado ha recibido un engobe muy ligero de tono rojizo medio, no constatándose decoración.

[1237] LÓPEZ MULLOR, A., 1986, (*vid.* pp. 57-61) y 1989, (*vid.* pp. 100-101).

[1238] MAYET, F., 1975, (*vid.* Lám. VII, núm. 55). Quizá también dentro de la variante B pueda clasificarse el ejemplar número 3 de la lámina 155 del presente repertorio.

[1239] MARABINI, M.ª T., 1973, (*vid.* p. 59).

[1240] *Ibid.,* (*vid.* pp. 59-62).

[1241] MAYET, F., 1975, (*vid.* pp. 127-130).

[1242] Puede verse también FERNÁNDEZ, J. H., GRANADOS, J. O., 1986.

[1243] Aunque en modo alguno afecte a los ejemplares que estamos tratando, consideramos oportuno recordar la existencia, determinada por A. López Mullor, de imitaciones ibéricas en el área de la costa catalana (*vid.* LÓPEZ MULLOR, A., 1989, p. 104).

Cronología:

Esta forma es poco frecuente en Cosa, donde se la fecha desde fines del primer cuarto del siglo I a. C. hasta el período augústeo[1244], durante el cual se han datado los ejemplares cosanos que pueden asimilarse a la variante Mayet V B[1245]. En Lyon esta misma variante se data a lo largo de la actividad de las oficinas autóctonas que la produjeron de Loyasse y de La Muette; es decir dentro de un arco cronológico que oscila entre el 30 a. C. y el 20 d. C, aunque en la publicación realizada por Grataloup[1246] se indica que su aparición es menor a partir del cambio de Era. Para datar nuestro ejemplar poco nos aporta su ubicación en estratigrafía dentro del nivel de abandono del área objeto de estudio, pero sus características morfológicas (variante V B) y de tratamiento de la superficie externa, con presencia de engobe, permiten atribuirle una cronología augústea.

Procedencia:

Su fabricación se ha comprobado en Lyon[1247], donde, como se ha indicado, los alfares de Loyasse y la Muette la elaborarían fundamentalmente en época augústea. Teniendo en cuenta que la difusión de estos talleres fue fundamentalmente hacia el *limes* germano, resulta difícil pensar que los vasos hallados en la península Ibérica procedan en su mayoría de este centro como sugiere Mayet[1248]. Por otra parte las características concretas del ejemplar que nos ocupa: pasta (núm. 44) y presencia de engobe, las alejan de los vasos de Lyon. De este modo, en el momento presente, no podemos aventurar ninguna hipótesis concreta respecto a su posible área de procedencia, si bien hemos de pensar en las producciones italianas mejor que en las ya descartadas de la *Gallia*.

Inventario:

FORMA	DEC.	FRAG.	TRAT. SUPS.	PASTA	SIGLA	FIGURA	NIVEL
V-B	-	b	engobe e.	44	V79,30/32,K',27	155,5	7

Mayet XII

Es un vaso con un desarrollo de las paredes en forma de alto cilindro apoyado en un cuerpo inferior, poco desarrollado, troncocó-

nico invertido. La transición entre ambas partes queda subrayada por una acanaladura en forma de uve (Fig. 155, 6).

Tratamiento de las superficies:

Las superficies externas han sido alisadas y no reciben engobe. Su color es marrón claro. No se constata decoración de ningún tipo.

Cronología:

Puede proponérsele, al igual que hizo Mayet, una cronología augústea que reposa y queda confirmada mediante los datos aportados por excavaciones como Cosa,[1249] Centcelles,[1250] la calle de les Fargues en Lyon[1251] y *Caesaraugusta*[1252] donde aparece en un basurero fechado entre el 22/19 y el 15/12 a. C. , y algunos campamentos del limes germano como —por ejemplo— *Novaesium*[1253] y Magdalensberg[1254]. En *Celsa* aparece en el nivel «a-relleno» de la Casa de los Pavimentos Blancos, datado en el período augústeo. Por su parte los dos ejemplares que ahora estamos considerando proceden del nivel de aterrazamiento (3) que se corresponde con la fase B-1 de la Casa C, o propiamente dicha de «los Delfines»; ese estrato se data hacia el año 20 de la Era.

Procedencia:

Se les asocia la pasta número 45. Como en la forma precedente se ha localizado su producción en Lyon pero también como en el caso anterior resulta difícil pensar en una procedencia de esta fábrica para nuestros vasos, por lo que posiblemente habremos de nuevo que pensar en Italia como su área de procedencia.

Inventario:

FORMA	DEC.	FRAG.	TRAT. SUPS.	PASTA	SIGLA	FIGURA	NIVEL
XII	-	p/c	sin e.	45	81/1,Hab. 12₁,2159	155,6	3

Mayet XIII

Morfológicamente difiere del tipo anterior en que la pared superior se abre hacia el exterior adoptando la forma de un tronco de cono invertido y en el hecho de que presenta dos asas laterales. (Fig. 155, 7-8; Fig. 156, 1-6).

Tratamiento de las superficies:

Los exteriores han sido cuidadosamente alisados pero no presentan decoración algu-

---

[1244] MARABINI, M.ª T., 1973, (*vid.* p. 70; lám. 8, núm. 87).

[1245] *Ibid.*, (*vid.* pp. 104-105).

[1246] GRATALOUP, C., 1988, (*vid.* pp. 21-22).

[1247] LASFARGUES, A. y J. VERTET, H., 1970. GRATALOUP, C., 1988, (*vid.* tipo Ib).

[1248] MAYET, F., 1975 (*vid.* pp. 132-134).

[1249] MARABINI, M.ª T., 1973, (*vid.* pp. 102-104).

[1250] RÜGER, Ch. B., 1969, (*vid.* p. 257).

[1251] GRATALOUP, C., 1988, (*vid.* pp. 26-27).

[1252] BELTRÁN LLORIS, M., 1979-b.

[1253] VEGAS, M., 1973, (*vid.* p. 74).

[1254] SCHINDLER-KAUDELKA, E., 1975, (*vid.* lám. 36, núm. 43 y lám. 38, núm. 100).

na. El color de los vasos es predominantemente marrón claro y excepcionalmente gris muy oscuro, prácticamente negro.

Cronología:

La estratigrafía de Cosa nos ofrece los mejores datos para datar esta forma, pues en dicho yacimiento se encuentra en los niveles de fines de Augusto y Tiberio a comienzos de Claudio[1255]. *Caesaraugusta* y *Celsa* nos ofrecen datos que permiten pensar en adelantar ligeramente las fechas de inicio de la forma, retrotrayéndola a comienzos del período augústeo, puesto que en la primera ciudad se localizó en el basurero de la Casa Pardo, datado entre el 22/19 y el 15/12 a. C., mientras que en *Celsa* aparece ya en el nivel «a relleno» de la Casa de los Pavimentos Blancos que puede llevarse hacia fines del siglo I a. C. Finalmente puede comentarse que su inclusión en el nivel 5 (aterrazamiento de los años 41-48 de. C.) del área que estamos considerando concuerda con las fechas generalmente propuestas para el final de la forma, dentro de la primera parte del reinado de Claudio.

Procedencia:

Se ha fabricado con una gran diversidad de pastas (núms. 12a, 30, 32b, 46, 48, 85 y 88), a simple vista diferentes, lo que de entrada nos permite pensar en la existencia de diversos alfares que produjesen esta forma; cuyas cerámicas, mediante su integración en los circuitos económicos de la época, llegasen a *Celsa*. Respecto a la ubicación de los centros hay de nuevo que dudar de que se hallen representados vasos de Lyon, pues los tipos de pastas así como en aspecto general de los vasos en comparación con los de este centro galo no permiten establecer una comparación directa. La adscripción de nuestro conjunto de pastas resulta difícil, pero contamos con algunos datos: la 12a guarda un gran parecido con la base arcillosa de las ánforas Dressel I-A de la zona del Lacio y Campania, la 46 (que es la mayoritaria) tiene en el desgrasante algunas laminitas negras brillantes que pueden ponerse en relación con rocas ígneas básicas, dicho desgrasante es típico de algunos productos centro-itálicos. En relación al resto, no podemos aportar ni siquiera elementos de valoración tan nimios como los anteriormente expuestos para afirmar su procedencia, pero por eliminación podemos concluir que la ya expresada dificultad de adscripción a Lyon, así como el hecho de que no hayan aparecido evidencias de su fabricación en la propia Península, nos induce a pensar que todos los vasos procedan de Italia.

Inventario y recuento estratigráfico:

FORMA	DEC.	FRAG.	TRAT. SUPS.	PASTA	SIGLA	FIGURA	NIVEL
XIII	-	p/c/a	sin e.	85	VEL,1G',2	156,2	8
XIII	-	a	sin e.	46	V79,26/XAB,1	156,5	7
XIII	-	a	sin. e.	46	V79,28J',42	156,4	7
XIII	-	a	sin.e.	46	80/1,22AI/31T,8980	156,6	7
XIII	-	p	sin.e.	30	80/1,8AB,6480	156,1	7
XIII	-	b	sin.e.	30	80/1,28/30ABAC,1760	155,7	7
XIII	-	f/p	sin.e.	48	81/1,CarI/DecII,4595	156,3	7
XIII	-	b	sin.e.	88	81/1,DecII,10413	155,8	6

NIVELES	5	6	7	8	TOTAL
Mt. XIII	2	5	16	3	26

Mayet XIV

Estos vasos (Fig. 156, 7-8) se caracterizan por seguir sus paredes un ascenso de tendencia cilíndrica, aunque suelen presentarse algo cóncavas lo que les confiere un aspecto de pequeño tonel. La forma tipo no presenta labio de ninguna clase, por ello cuando éste aparece nos encontramos ante la variante XIV A (Fig. 156, 7).

Tratamiento de las superficies:

Las paredes externas —de color marrón claro— han sido alisadas, pero ninguno de los dos ejemplares que estamos tratando (Mayet XIV y XIV A) ha recibido engobe. Uno de los ejemplares (Fig. 156, 8) fue decorado al parecer mediante técnica burilada (Fig. 186, IV-B-3).

Cronología:

La datación augústea que le otorgó Mayet[1256] puede mantenerse[1257]. En la propia colonia *Celsa* su aparición en un estrato augústeo queda plenamente confirmada por su inclusión en el nivel «a relleno» de la Casa de los Pavimentos Blancos, mientras que en la próxima *Caesaraugusta* también se localiza en el estrato de ese período de la Casa Pardo. Dicha cronología, en primer lugar, para nada desdice su hallazgo en el nivel 3 de aterrazamiento del área ahora en cuestión datable en los primeros años del reinado de Tiberio, puesto que dicho estrato quedaría constituido, obviamente, por tierras que presentan inclusiones de material arqueológico de fechas ligeramente anteriores. Además, en segunda instancia, hay que considerar que la forma evidentemente no necesariamente tuvo que dejarse de fabricar, comercializar y usar el mismo día de la muerte de Augusto, sino que pudo perdurar algunos años.

[1255] MARABINI, M.ª T., 1973. Las formas Marabini LVI y LVII pueden unificarse dentro del tipo Mayet XIII, (*vid.* pp. 136, 167-168).

[1256] MAYET, F., 1975, (*vid.* p. 52).

[1257] AQUILUE, J.; MAR, R.; NOLLA, J. M.ª; RUIZ, J.; SANMARTÍ, E., 1984, (*vid.* fig. 92, núm. 8).

PUERTA, C., 1989, (*vid.* pp. 50-53, 65 y 74).

LÓPEZ MULLOR, A., 1989, (*vid.* p. 136).

Procedencia:

Se le asocian las pastas 30 y 33b, en ambos casos de procedencia dudosa. Aunque la cronología de esta forma, así como las características de tratamiento de superficies y el propio aspecto de las pastas las alejan de lo que luego serán las paredes finas hispanas, por lo que posiblemente nos encontremos una vez más ante importaciones italianas.

Inventario:

FORMA	DEC.	FRAG.	TRAT. SUPS.	PASTA	SIGLA	FIGURA	NIVEL
XIV	IV-B-3	f/p	sin. e	33b	81/Hab.12₁,2440	156,8	3
XIV-A	-	b	sin. e	30	80/1,22AI/31T 8950	156,7	7

Mayet XVII

Cubilete (Fig. 157, 1) cuyas paredes ascienden ligeramente oblicuas; éstas quedan separadas de la zona del borde, que se remata en un pequeño labio diferenciado, por una serie de molduras. Una o varias acanaladuras suelen separar la pared del fondo, normalmente plano.

Tratamiento de las superficies:

El único ejemplar hallado no recibe revestimiento. La pared externa, de tono rojizo claro, ha sido cuidadosamente pulida y presenta una decoración impresa a la ruedecilla (Fig. 186, V-1).

Cronología:

Esta forma se data en época augústea, quizá con inicios algo anteriores. Dicha datación se ha basado fundamentalmente en el hecho de que estos vasos mantienen una estrecha relación con los cubiletes denominados de «tipo Aco»[1258]. Cronología que queda confirmada por su hallazgo en la tumba 17 de la necrópolis Ballesta de Ampurias[1259]. El nivel fechado entre los años 22/19-15/12 a. C. de la Casa Pardo de Zaragoza también la ha proporcionado. Para *Celsa*, al margen de este ejemplar procedente del estrato 5 de aterrazamiento, datable en la primera parte del reinado de Claudio, se localiza en el nivel augústeo (de fines del siglo I a. C.) de la Casa de los Pavimentos Blancos, de igual modo que el nivel «a-1» de la *Insula* II del mismo yacimiento, estrato este último que, aunque todavía no está bien definido en todas las estancias de dicha manzana de habitación y actividades artesanales, nos ofrece un arco cronológico que oscila entre fechas anteriores al cambio de Era y comienzos de Tiberio.

Procedencia:

Se constata la pasta 33b que ya hemos visto en la forma XIV. El hecho de que con esta pasta tambien se haya fabricado la forma XVII, morfológicamente muy relacionada con los vasos de «tipo Aco», podría sugerir una procedencia de un ambiente artesano común en el que se habrían podido fabricar también estos cubiletes, pero con decoración a la ruedecilla y por lo tanto técnicamente menos costosos y, consecuentemente, más baratos en el mercado, ya sea en los mismos talleres, o bien que se tratase de «imitaciones» realizadas en otros alfares próximos de menor entidad. Sin embargo A. López Mullor[1260], recientemente, ha desechado esta sugestiva posibilidad sugiriendo para la forma XVII una fabricación en la zona de la Etruria marítima, en lugar del área del valle del Po en la habían surgido los productos de «tipo Aco». Los análisis químicos que sobre sendas muestras, de la pasta 33b que estamos tratando y de un fragmento de vaso de «tipo Aco» procedentes de otras áreas de la *colonia Celsa*, nos han sido realizados mediante el método de Espectrometría de Absorción Atómica con Llama, por parte del Departamento de Química Analítica de la Universidad de Zaragoza, confirman una diversidad de procedencias para ambas producciones; aunque no nos permiten decantarnos (en ausencia de otros elementos comparativos) en ningún sentido de cara a su adscripción a una zona concreta de origen.

Inventario:

FORMA	DEC.	FRAG.	TRAT. SUPS.	PASTA	SIGLA	FIGURA	NIVEL
XVII	V-1	p	sin e.	33b	V79,12L,332	157,1	5

Mayet XVIII

Se trata de un vaso que, reposando sobre un pequeño pie, presenta un cuerpo de tendencia globular y que se remata en un cuello corto, cilíndrico, sin labio marcado. (Fig. 157, 2-7).

Tratamiento de las superficies:

Lo habitual es que esta forma no reciba engobe, hecho que se confirma en nuestros ejemplares, que en general no van revestidos y cuya coloración predominantemente varía dentro de la gama de los marrones, apareciendo infrecuentemente el color gris. Excepcionalmente (tan sólo siete fragmentos) presentan engobe que en este caso es de color negro con cierto lustre e incluso brillo. La decoración que se les asocia es la usual para este tipo, es decir la constituida por pequeños triangulitos encadenados conseguidos mediante barbotina (Fig. 183, I-C-1).

[1258] MAYET, F., 1975, (*vid.* p. 54).

[1259] ALMAGRO BASCH, M., 1955, (*vid.* p. 57; fig. 17, núm. 8).

[1260] LÓPEZ MULLOR, A., 1989, (*vid.* p. 140).

Cronología:

F. Mayet la sitúa, siguiendo exclusivamente un criterio morfológico y presumiblemente también de acuerdo con la ausencia de engobe existente en todos los ejemplares que tuvo oportunidad de estudiar, a fines de Augusto o bajo Tiberio[1261]. A este respecto hemos de matizar que en la *colonia Victrix Iulia Lepida/Celsa* (Velilla de Ebro, Zaragoza), este tipo se encuentra bien representado —por ejemplo— en el nivel de abandono de la denominada *Insula* II o «de las Ánforas»[1262] que fue datado en época de Claudio, cronología que en espera de una revisión más a fondo de la estratigrafía puede mantenerse. Lo cual, *groso modo*, concuerda con la más amplia cronología que le ha dado López Mullor sobre la base del estudio de los hallazgos realizados en Cataluña[1263]. En el área de la Casa de los Delfines y calles adyacentes aparece bien representada en los niveles *5, 6* y *7*, que se datan el primero de ellos en la primera parte del *imperium* de Claudio y los dos últimos el primer tramo de la época neroniana, lo cual permite pensar en alargar la vida de esta forma hasta, cuando menos, este período.

Procedencia:

A. López Mullor[1264], teniendo en cuenta su área de difusión, pensó que se fabricaría en la zona catalana.

Esto parece ser cierto a grandes rasgos y ser válido para las pastas 27, 31 y 50, pero en el caso de la 18a puede dudarse de su procedencia del área catalana. En primer lugar por la presencia de engobe que resulta raro en los ejemplares de Cataluña, donde además cuando éste aparece es de color anaranjado en lugar del negro con lustre o brillo que es el habitual en nuestros vasos. Además esta pasta se asocia a otras formas entre las que destacaremos la XXXVI con decoración de baquetones rugosos y arena (Fig. 186, VII-B-1) que se encuentra abundantemente no sólo en *Celsa*, sino en general en los yacimientos del valle medio del Ebro. Por todo ello cabría pensar que estemos ente una producción de esta zona del Valle que tendría una difusión fluvial aguas arriba del mismo, quizás sin adentrarse en el área de la actual Cataluña por estar integrada más directamente, por razones de proximidad, en la difusión comercial de las manufacturas de la costa.

Inventario y recuento estratigráfico:

FORMA	DEC.	FRAG.	TRAT. SUPS.	PASTA	SIGLA	FIGURA	NIVEL
XVIII	I-C-I	p	sin e.	18a	80/1,3/11KQ,3607	157,4	7
XVIII	-¡	b/cu	sin e.	50	V79,16Ñ,38 18Ñ, 106	157,2	5
XVIII	I-C-I	p	sin e.	50	V79,11P,8	157,5	7
XVIII	I-C-I	p	sin. e.	31	80/1,22AI/31T, 8976	157,6	7
XVIII	I-C-I	b	sin e.	31	81/1,2/8M'Ñ',3758	157,3	6
XVIII	I-C-I	b/p	sin e.	27	81/1.Car.I/Dec.II, 4524 4526	157,7	7
XVIII	I-C-I	b/p	sin e.	27	81/1.Car.I/Dec.II, 4527-1	-	7

NIVELES	5	6	7	8	TOTAL
Mt. XVIII	3	2	17	3	25

Mayet XIX

Es un bol prácticamente hemiesférico que apoya en un pequeño pie y que acaba en un, también pequeño, labio diferenciado. (Fig. 158, 1-4).

Tratamiento de las superficies:

Se decora a la barbotina con el mismo motivo de triangulitos encadenados que la forma anterior (Fig. 183, I-C-1). Esta identidad ornamental, teniendo en cuenta que esta decoración no se repite en otros vasos de morfología distinta, permite asociar a ambos tipos, por lo demás tan dispares, puesto que evidencia una presumible fabricación común. Por lo que se refiere a la, más frecuente, ausencia o a la, minoritaria, presencia de engobe pueden establecerse, también, las mismas consideraciones que para la forma XVIII.

Cronología:

Los diferentes autores le adjudican la misma que la establecida para el tipo anterior, puesto que las pastas, tratamiento de las superficies y decoración así lo confirman. Por lo que a los datos aportados por el conjunto ahora objeto de estudio respecta, hemos de recalcar —también al igual que para la forma precedente— su presencia en el nivel de abandono fechado en la primera parte del reinado de Nerón (54-60 de la Era).

Procedencia:

Más escasamente representada que la XVIII, a esta forma se le asocian las pastas 18a, 31, 50 y 80. De nuevo podemos remitirnos a lo ya dicho para el tipo anterior, puntualizando que a los ejemplares de pasta 18a también se les asocia engobe, aspecto que es interesante si tenemos en cuenta que las tazas procedentes de las excavaciones catalanas van sin engobar; lo cual no hace sino abundar en la hipótesis, ya planteada para la forma XVIII, de que —también en este caso— nos

[1261] MAYET, F., 1976, (*vid.* p. 55).

[1262] MÍNGUEZ MORALES, J. A., 1990-b.

[1263] LÓPEZ MULLOR, A., 1989, (*vid.* pp. 141-142).

[1264] LÓPEZ MULLOR, A., 1980, (*vid.* p. 38).

encontremos ante una producción del valle medio del Ebro.

Inventario y recuento estratigráfico:

FORMA	DEC.	FRAG.	TRAT. SUPS.	PASTA	SIGLA	FIGURA	NIVEL
XIX	I-C-I	b	engobe ie.	18a	V79,14/18K'L',37	158,1	7
XIX	I-C-I	p	sin e.	50	V79,20Ñ,164	158,4	5
XIX	I-C-I	b/p	sin e.	50	81/1 Car.I,4036	158,2	8
XIX	I-C-I	p/c	engobe ie.	80	80/1,22AI/31T, 8975,8978	158,3	7

NIVELES	5	7	8	TOTAL
Mt. XIX	1	4	1	6

Mayet XVIII o XIX

Con esta denominación nos referimos a una serie de pequeños fragmentos decorados (Fig. 183, I-C-1) que no permiten diferenciar su pertenencia concreta a una u otra forma. De nuevo hemos de insistir en la presencia de fragmentos, aunque ahora sean indeterminados entre uno y otro tipo, además de en el nivel 5 datado en época de Claudio, en los niveles 6 y 7 atribuibles a la primera parte del reinado neroniano.

Mayet XXI

Vaso (Fig. 158, 5-7) con el cuerpo globular o, en ocasiones, de tendencia ovoide, seguido de un baquetón que marca la transición con un cuello inclinado hacia el interior y acabado en un labio ligeramente exvasado.

Tratamiento de las superficies:

En caso de presentar revestimiento, éste sólo impregna la pared externa. Igualmente, en el caso de aparecer decoraciones éstas han sido ejecutadas a la barbotina (Fig. 183, I-A-1 y I-D-Indeterminado).

Cronología:

Teniendo en cuenta que lo normal es que esta forma aparezca sin engobar, así como los datos estratigráficos derivados de la excavación de Cosa[1265], Mayet le dio vagamente una cronología augústea[1266]. Esta datación parece oportuna para el vaso número 90, que presenta un engobe ligero y una decoración puntillada que sugieren unas fechas augústeas o de comienzos de Tiberio, pero en absoluto para los otros dos ejemplares, cuyas características técnicas (fundamentalmente la presencia y el tipo de engobe) permiten adjudicarles un momento más avanzado en la producción, acorde por otra parte con su

posición estratigráfica dentro del nivel arqueológico 7 de abandono, que nos sitúa a comienzos de la época de Nerón.

Procedencia:

Se le asocian las pastas 18a, 24 y 74. Para aproximarnos a sus áreas de procedencia podemos reunirlas en dos grupos:

En primer lugar la pasta 24, representada para esta forma en un único fragmento, aparece también en las formas XXVIII y XXX. Además el aspecto general de este ejemplar, así como la decoración puntillada conformando guirnadas mediante barbotina, que entronca con el motivo decorativo más antiguo utilizado por los alfareros centroitálicos para las paredes finas recordando con ello el trabajo de las láminas de metal[1267], nos sugieren una procedencia italiana para el mismo.

Para las pastas 18a y 74 hemos de pensar en un origen hispano. En el caso de la 18a por las razones ya expuestas (ver forma XVIII) y para la 74 porque su aspecto general recuerda más al grupo de las «cerámicas engobadas» que a las «paredes finas» propiamente dichas, por lo que podemos adscribirla quizá a una producción local o regional de difusión restringida.

Inventario:

FORMA	DEC.	FRAG.	TRAT. SUPS.	PASTA	SIGLA	FIGURA	NIVEL
XXI	—	b/cu	engobe e.	18a.	VEL 3H'191	158,7	7
XXI	I-A-I	p	engobe e.	24	81/1,2/8Ñ'P',5340	158,5	6
XXI	I-D -Ind.	p/cu	engobe e.	74	V79,18L',3	158,6	7

Mayet XXV

Taza (Fig. 159, 1) biansada en la que el cuerpo queda dividido por medio de una carena, reforzada en ocasiones ópticamente mediante una acanaladura, en dos zonas: una panza y una pared superior incurvada respecto al eje externo de la pieza. Apoya en un pie poco marcado. Finalmente puede tener un borde liso o, como en nuestro único ejemplo, ligeramente moldurado, lo cual diferencia un pequeño labio.

Tratamiento de las superficies:

Se le ha aplicado un engobe muy ligero de color marrón anaranjado oscuro. Respecto a la decoración asociada, ésta no puede precisarse dado lo escaso del fragmento conservado, aunque previsiblemente se trataría de elementos vegetales separados por guirnaldas de perlitas, todo ello mediante barbotina.

Cronología:

Sus características técnicas, tratamiento de superficies y decoración (tanto por los ele-

---

[1265] MARABINI, M.ª T., 1973, (*vid.* pp. 100-101, forma Marabini XXXI).

[1266] MAYET, F., 1975, (*vid.* p. 56).

[1267] MARABINI, M.ª T., 1973, (*vid.* p. 39).

mentos ornamentales elegidos como por la organización y disposición de los mismos), permiten situarla dentro de unas fechas coincidentes con la primera parte del reinado de Tiberio[1268]. Hay que precisar que este prototipo formal se produjo en el Sur de la península Ibérica (en Andújar y quizá también en Granada) en unas fechas muy posteriores (de la segunda mitad del siglo primero de la Era), sin que pueda establecerse por el momento un nexo cronológico entre estos dos polos opuestos de fechas.

Nada aporta, desde el punto de vista estratigráfico, para precisar la cronología nuestro ejemplar, puesto que además se produce el agravante de que está compuesto por dos fragmentos procedentes uno de ellos del nivel 5 de aterrazamiento y otro del nivel 7 de abandono, lo cual nos hace pensar que uno de los fragmentos se colase de estrato.

Procedencia:

Indeterminada, previsiblemente italiana a juzgar por la difusión de la forma.

Inventario:

FORMA	DEC.	FRAG.	TRAT. SUPS.	PASTA	SIGLA	FIGURA	NIVEL
XXV	I-D -Ind.	b/p	engobe ie.	70	V79,14K26,11'20	159,1	5 y 7

Mayet XXVIII

Taza (Fig. 159, 2-5) biansada, con la pared superior normalmente vuelta hacia el interior. Apoya sobre un pequeño pie.

Tratamiento de las superficies:

Los escasos ejemplares con los que contamos muestran engobes, muy ligeros, cuyos tonos varían del marrón al castaño en tres de ellos, mientras que el cuarto no presenta engobe. Se decoran mediante hojas de agua y perlitas ejecutadas a la barbotina (Fig. 184, I-G-9, I-G-10, I-G-15).

Cronología:

Mayet contando con los datos proporcionados por las excavaciones de Cosa[1269], Ostia[1270], Panarea[1271] y el Agora de Atenas[1272], la data en época de Tiberio[1273]; aunque hemos de recordar que —quiza sin excesivo funda-

mento— en el Agora de Atenas se le da una cronología más amplia y no tan precisa, puesto que se la sitúa dentro de la primera mitad del siglo I de la Era. Escasísimamente representada en nuestro conjunto, el ejemplar del nivel 5 (41-48 d. C.) puede aproximarnos a la fecha de amortización de este vaso fabricado años atrás[1274], mientras que los dos vasos del nivel general de abandono (54-60 d. C.) sin duda nos hablan de elementos residuales.

Procedencia:

Se le asocian las pastas 24, 55 y 78. Su aspecto, el tratamiento de las superficies (sin engobar o con engobes muy ligeros), los motivos decorativos y su disposición, así como la cronología de la forma, aconsejan adjudicarles un posible origen italiano.

Inventario:

FORMA	DEC.	FRAG.	TRAT. SUPS.	PASTA	SIGLA	FIGURA	NIVEL
XXVIII	I-G-15	b/p	engobe ie	78	80/1,22AI/31T, 8948	159,2	7
XXVIII	I-G-10	p	sin e.	24	80/1,22AI/31T, 8977	159,3	7
XXVIII	I-Ind.	b/p/a	engobe ie.	55	80/1,18AA, 7031-7034	159,5	5
XXVIII	I-G-9	p	engobe ie.	55	81/1,2/8 M'Ñ', 3818	159,4	6

Mayet XXX

Bol (Fig. 160, 1-4) de cuerpo hemiesférico apoyado en un pie y rematado en un pequeño labio que queda diferenciado de la pared por medio de una acanaladura. Para el fragmento 81/1,Car. I/Dec.II, 4523 (Fig. 160, 3) y quizá también en el 80/1,20/24QT,575,579,586,601 (Fig. 160, 2) el desarrollo superior de la pared puede seguir una dirección recta, por lo cual se nos plantean dudas acerca de su correcta adscripción a este tipo o al XXIX, pero el escaso tamaño de los fragmentos no permite decantarse claramente hacia esta última posibilidad. En cualquier caso, habida cuenta de que ambas formas son muy parecidas y que tienen la misma cronología, el problema no es en absoluto grave.

Tratamiento de las superficies:

De los cuatro ejemplares conservados solamente uno va revestido externamente por un engobe ligero de color marrón castaño claro, en tanto que los otros tres restantes han recibido únicamente un cuidado alisado en el exterior de la pared. Todos ellos se decoran mediante hojas de agua y perlitas a la barbotina (Fig. 184, I-G-6; Fig. 185, I-G-22).

Cronología:

Sigue vigente la cronología que, sobre la base del estudio del tipo de decoración aso-

---

[1268] Precisamente estos aspectos técnicos, etc., son los que inducen a Marabini (*Ibid., vid.* p. 181) a adscribirla al reinado de Tiberio, a pesar de que en Cosa aparezca en estratos de época de Augusto (*Ibid., vid.* p. 132; lám. 22, núms. 215-216).

[1269] *Ibid.,* (*vid.* pp. 180-184).

[1270] POHL, I., 1970, (*vid.* p. 84).

[1271] BERNABO, L., 1940.

[1272] ROBINSON, H., 1959, (*vid.* p. 21).

[1273] MAYET, F., 1975, (*vid.* p. 61).

[1274] Incluso puede comentarse que LÓPEZ MULLOR, A., 1989, (*vid.* p. 154) afirma constatar, para Cataluña, la presencia de algunos ejemplares en época de Claudio.

ciado, Mayet les adjudicó como «probable» dentro de la época de Tiberio[1275]. Una vez más su presencia en el nivel 5 de aterrazamiento de época de Claudio nos confirma la conformación de este estrato con elementos de cronología anterior, mientras que su también mínima presencia en el nivel de abandono hay que interpretarla como un elemento residual.

Procedencia:

Estos ejemplares presentan una gran identidad respecto a sus pastas pues todas ellas pertenecen al grupo 24. La pasta, al igual que otros aspectos como la decoración y el tratamiento de las superficies con un pulimento externo previo a la recepción de la decoración, muy cuidada, y la ausencia de engobe, salvo en el ejemplar 80/1,20/24QT, 575, 579, 586, 601 que está recubierto por un revestimiento muy ligero, nos ofrece el prototipo de las buenas producciones de época augústea avanzada o de comienzos de Tiberio, procedentes con toda seguridad de un alfar itálico, desgraciadamente no localizado.

Inventario:

FORMA	DEC.	FRAG.	TRAT. SUPS.	PASTA	SIGLA	FIGURA	NIVEL
XXX	I-G-6	F/C	sin e.	24	VEL 79,1I'22,IL'10	160,1	6
XXX	I-G-22	p	engobe e	24	80/1,20/24QT,575	160,2	5
XXX	I-G-5	p	sin e.	24	80/1,1/0,234	160,4	8
XXX	I-G-5	p	sin e.	24	81/1,Car.I/Dec.II, 4523	160,3	7

Mayet XXXIII

Este tipo remite a un cuenco (Fig. 161, 1-7; Fig. 162, 1) de cuerpo hemiesférico y pared recta, en cuyo tramo superior se ubica una acanaladura. Se apoya sobre un pie circular. Dos de los fragmentos (Fig. 161, 2 y 4) pueden asimilarse a la variante B, caracterizada por presentar un perfil exvasado.

Tratamiento de las superficies:

No hemos constatado la asociación de elementos decorativos, hecho que por lo demás resulta casi extraño a esta forma. La pared externa esta habitualmente alisada, pero ninguno de nuestros ejemplares recibe engobe.

Cronología:

Mayet la fechó dentro del primer tercio del siglo I d. C., matizando que en el caso de aparecer decoración a la ruedecilla y engobe, estos elementos parecen más típicos de época de Tiberio[1276].

Los datos aportados por diversos enclaves como Cosa (forma Marabini XXXVI)[1277],

Vindonissa[1278], las necrópolis del Tesino[1279], *Caesaraugusta* (Zaragoza)[1280] y la propia *colonia Victrix Iulia Lepida/Celsa* (donde en la zona ahora en consideración se integra en niveles arqueológicos que permiten pensar en una datación que llegaría hasta la primera parte del período neroniano), posibilitan hacer algunas precisiones respecto a su inicio y a su final: en primer lugar el comienzo del tipo puede llevarse a la primera parte del gobierno augústeo y en segundo término la forma parece perdurar plenamente en época de Claudio, adentrándose incluso en los primeros años del reinado de Nerón.

Procedencia:

Se aprecia una relativa variedad de pastas (27, 37, 41, 42, 50 y 60). Mayet atribuye a los ejemplares, por ella estudiados, de la península Ibérica un origen centro-itálico. Dejando a parte la constatación de la fabricación de esta forma en Lyon (tipo Grataloup Va), o la posibilidad recientemente planteada de que también se elaborase en La Rioja[1281], resulta difícil adscribir todas las pastas a unos posibles orígenes geográficos: La 27 y la 50 aparecen también en vasos de forma XVIII y XIX por lo que puede presumírseles un origen común en Cataluña. La 37 puede relacionarse mejor con las cerámicas comunes que con las paredes finas, por lo que posiblemente nos encontremos ante una imitación local o regional de difusión muy restringida. La 41 se asocia también a la Forma V por lo que hay que otorgarles un origen común, previsiblemente en el valle del Ebro. La 42 puede tener una procedencia italiana. Mientras que la 60 queda por ahora como de origen indeterminado.

Inventario y recuento estratigráfico:

FORMA	DEC.	FRAG.	TRAT. SUPS.	PASTA	SIGLA	FIGURA	NIVEL
XXXIII-B	-	b/p	sin e.	27	80/1,22AI/31T, 8946	161,4	7
XXXIII-B	-	b/p	sin e.	41	80/1,22AI/31T, 8944	161,2	7
XXXIII	-	b/p/f	sin e.	37	V79,12L, 317-318	162,1	5
XXXIII	-	b/p	sin e.	37	80/1,22AI/31T, 8923	161,1	7
XXXIII	-	F/C	sin e.	37	80/1,22AI/31T, 8939-8940	161,6	7
XXXIII	-	b/p	sin e.	27	80/1,22AI/31T, 8927	161,5	7
XXXIII	-	b/p/c	sin e.	27	80/1,22AI/31T, 8928-8931	161,7	6 y 7
XXXIII	-	b/p	sin e.	27	80/1,22AI/31T, 8947	161,3	7

NIVELES	5	6	7	8	Ind.	TOTAL
Mt. XXXIII	1	1	13	1	1	17

[1275] *Ibid.*, (*vid.* p. 63).

[1276] *Ibid.*, (*vid.* p. 69).

[1277] MARABINI, M.ª T., 1973, (forma XXXVI; *vid.* pp. 100-111 y 106-107).

[1278] ETTLINGER, E.; SIMONETT, Ch., 1952, (*vid.* p. 54).

[1279] SIMONETT, Ch., 1941, (*vid.* pp. 45, 47, 48, 52).

[1280] BELTRÁN LLORIS, M.; SÁNCHEZ NUVIALA, J. J.; AGUAROD OTAL, M.ª C.; MOSTALAC CARRILLO, A., 1980, (*vid.* pp. 180-181, fig. 71, núm. 4, tabla recapitulativa de los diferentes estratos).

[1281] MÍNGUEZ MORALES, J. A.; ÁLVAREZ CLAVIJO, P., 1989.

Mayet XXXIV

Con este número Mayet denominó a las más frecuente, o vulgarmente, llamadas «cáscaras de huevo», y con él se refiere a un tipo concreto de boles (Fig. 162, 2-8; Fig. 163, 1-8; Fig. 164, 1-6) que tienen como característica más relevante un cuerpo dividido por una carena, con o sin acanaladura que la remarque, que distingue dos tramos de ascenso troncocónico invertido. Pueden presentar pie y un labio muy poco acusado.

Uno de los ejemplares (Fig. 164, 4) pertenece a una de las variantes (A, B) propuestas por Mayet, sin que, dada la ausencia en nuestro vasito de la zona del borde pueda determinarse a cuál de las dos.

Tratamiento de las superficies:

Ninguno de los fragmentos, como es habitual para esta forma[1282], ha sido ornamentado. El exterior ha sido cuidadosamente alisado y la mayor parte de los ejemplares parecen haber recibido un engobe, extremadamente ligero en densidad, de color crema claro que no llega a cubrir totalmente las superficies por lo que se aprecia el color gris, también de tono claro, de los vasos.

Cronología:

Las «cáscaras de huevo» tomando como base las cronologías de Ampurias[1283], Tarragona[1284], Pollentia[1285] y Ostia[1286] fueron fechadas por F. Mayet[1287] bajo los reinados de Claudio y Nerón, con la indicación de que podrían prolongarse hasta época flavia según la evidencia aportada por las excavaciones ostienses. Esta datación, confirmando debilmente la citada pervivencia flavia y apuntándose —por parte de López Mullor (sobre la base de algunos hallazgos efectuados en yacimientos franceses)— un inicio a comienzos de Tiberio, es la que se mantiene vigente en la actualidad[1288].

En la Casa de los Delfines y sus calles circundantes esta forma aparece numerosamente representada en los estratos 5 (41-48 d. C.), 6 y 7 (54-60 d. C.). Un sólo ejemplar se integra en el nivel 3 datado hacia el 20 d. C, lo cual, dado además de que procede de un nivel de aterrazamiento sellado por un pavimento de mortero blanco que fue levantado para proceder a su excavación, presenta un enorme interés para poder aseverar que esta forma típicamente hispana se comenzase a fabricar ya en época de Tiberio. Como punto de apoyo para confirmar estos datos cabe citar que en la publicación sobre La Corona de Quintanilla (León)[1289] se referencia un fragmento de Mayet XXXIV, también dentro de un estrato de época de Tiberio.

Procedencia:

Presentan ocularmente una cierta variedad de pastas (17a, 17b, 17c, 17d, 72 y 75), si bien la mayor parte de los ejemplares pueden reunirse bajo el grupo 17 con sus variantes. Respecto al área o áreas de origen, muy poco puede decirse con seguridad. F. Mayet pensó que habían sido producidas «en un mismo taller y durante un lapso de tiempo relativamente reducido (una generación como mucho)», taller que situaba en la zona gaditana;[1290] para ello claramente no tuvo en cuenta que esta forma había sido fabricada también en un alfar tan alejado de la Bética como es el encontrado por P. Atrián en Rubielos de Mora (Teruel),[1291] lo cual ya de entrada rompe la hipótesis planteada por Mayet. Además el mayor número de nuestros ejemplares, que se asimilan a los subgrupos 17a y 17b, presentan unas pastas de color gris al negro así como un engobe muy ligero y mal distribuido que deja ver con nitidez la superficie gris de los vasos, frente a la mayor parte de los vasos estudiados por Mayet cuya pasta es de color ocre y que no van recubiertos por engobe. Finalmente además estas pastas (grupo 17) guardan un cierto parecido con las del grupo 18. Lógicamente, en ausencia de los adecuados análisis químicos que pudiesen establecer o desmentir su identidad o cuando menos su procedencia de una misma área geográfica, resulta enormemente arriesgado establecer hipótesis de ningún tipo, pero rota con el caso de Rubielos de Mora la unicidad de la producción propuesta por Mayet puede plantearse de entrada la posibilidad de existencia de varios centros que sincrónicamente fabricasen esta forma con objeto de abastecer al mercado. Pudiendo haber en la provincia Tarraconense algún otro centro —al margen del ya referido de Rubielos de Mora cuya difusión, al menos por lo hasta ahora estudiado, no alcanzó a Celsa— a cuya manufactura podrían adscribirse la mayor parte de nuestros vasos. Sin descartar por ello la llegada, quizá más minoritariamente de lo que en principio podía suponerse, de algunos ejemplares béticos a la colonia.

[1282] Tan sólo presenta decoración el vaso recogido en Mayet, F., 1975, (vid. p. 69, lám. xxxv, núm. 225).

[1283] Almagro Basch, M., 1955, (vid. p. 158, fig. 126, núms. 18-19; p. 247, fig. 220, núms. 20-21). Donde se datan de Tiberio a Nerón las «cáscaras de huevo» procedentes de la incineración Torres 13-14 (vid. p. 136) y en época de Claudio las procedentes de la incineración Patel 21 (vid. p. 222).

[1284] Rüger, Ch. B., 1968.

[1285] Vegas, M., 1973, (vid. p. 78).

[1286] Tatti, M., 1968-1969, (vid. p. 68).

[1287] Mayet, F., 1975, (vid. p. 69).

[1288] Ver, por ejemplo, López Mullor, A., 1989, (vid. pp. 163-164).

[1289] Domergue, C.; Sillieres, P. C., 1977, (vid. p. 128).

[1290] Mayet, F., 1975, (vid. pp. 148-150).

[1291] Atrián Jordán, P., 1967.

Inventario y recuento estratigráfico:

FORMA	DEC.	FRAG.	TRAT. SUPS.	PASTA	SIGLA	FIGURA	NIVEL
XXXIV	-	f	engobe ie.	17a	V79,8/10JK,228	163,8	7
XXXIV	-	b/p	engobe i.	17a	80/1,2/6LN, 3823,3907	163,3	7
XXXIV	-	b/p	sin e.	17a	80/1,22AI/31T, 8943	163,1	7
XXXIV	-	b/p	engobe ie.	17a	80/1,3/11KQ,3548	162,4	7
XXXIV	-	b/p	engobe ie.	17a	80/1,3/11KQ,3672	162,5	7
XXXIV	-	b	sin e.	17a	81/1,DecII/CarII, 7551	162,7	7
XXXIV	-	b	engobe i.	17a	81/1DecII/CarII, 7589-1	162,8	7
XXXIV	-	p	engobe ie.	17a	81/1,DecII/CarII, 7590	163,2	7
XXXIV	-	F/C	engobe ie.	17b	V79,8/10JK,120	164,6	5
XXXIV	-	b	engobe ie.	17b	V79,30/32K',8	162,2	7
XXXIV	-	b/p	engobe ie.	17b	80/1,12/16ÑP,1721, 1723,1726	163,4	5
XXXIV	-	f	engobe i.	17b	80/1,16/18ÑP, 1343-1414	163,5	8
XXXIV	-	f	sin e.	17b	80/1,26/34XAB, 2045	164,2	7
XXXIV	-	f	engobe ie.	17b	80/1,38LM,6772	164,1	7
XXXIV	-	b	engobe i.	17b	80/1,23P,2689	-	8
XXXIV	-	f	engobe ie.	17b	81/1,21/25DE,1315	163,6	7
XXXIV	-	b/p/f	engobe ie.	17b	81/1,2/8Ñ'P',5541	164,5	6
XXXIV	-	f/p	engobe ie.	17b	81/1,DecII,10425	164,3	6
XXXIV	-	f	engobe ie.	17b	81/1,DecII/CarII, 7610	163,7	7
XXXIV	-	b	sin e.	72	V79,12/14K,60	162,3	7
XXXIV	-	p	engobe ie.	75	V79,24J',35	162,6	7
XXXIVA-B	-	f/p	engobe i.	17a	V79,10N,13	164,4	7

NIVELES	3	5	6	7	8	TOTAL
Mt. XXXIV	1	32	51	106	9	199

Mayet XXXV

Cuenco (Fig. 164, 7-8; Fig. 165, 1-5; Fig. 166, 1-2) de cuerpo hemiesférico, aunque en ocasiones la parte superior de la pared describe un ascenso de tendencia recta lo cual permite diferenciar la parte inferior de la superior del vaso, si bien en ningún caso aparece una carena marcada. Apoya en un pequeño pie y el extremo superior de la pieza nunca se remata en un labio diferenciado.

Tratamiento de las superficies:

La totalidad de los fragmentos considerados presenta revestimiento arcilloso, siendo los tonos más representados el crema y el gris claro. Igualmente, todos los ejemplares, ostentan una decoración arenosa (Fig. 186, II), más o menos concentrada, que normalmente impregna ambos lados de la pared.

Cronología:

F. Mayet, apoyándose en Ostia,[1292] Cosa[1293] y las necrópolis del Tesino,[1294] les atribuye una datación dentro de las épocas de Tiberio y Claudio. Fechas que evidentemente parecen corresponder con el *floruit* de esta forma. Sin embargo hemos de matizar —precisamente mediante la lectura de las publicacio-

nes anteriores— que según evidencia Cosa[1295] y algunos hallazgos del Tesino[1296] su comienzo puede situarse ya en época augústea, período en el que se encuentran los prototipos todavía sin engobar, y que para su final Cosa[1297] y Vindonissa[1298] muestran una perduración neroniana. Perduración que confirma el yacimiento de Usk[1299] en Gran Bretaña. La estratigrafía del área que estamos tratando también apoya este alargamiento en la vida de la forma, puesto que, además de en el nivel 5 de época de Claudio, aparece bien representada en los niveles de abandono 6 y 7, datables en los primeros años del reinado de Nerón.

Inventario y recuento estratigráfico:

FORMA	DEC.	FRAG.	TRAT. SUPS.	PASTA	SIGLA	FIGURA	NIVEL
XXXV	II-A	F/C	engobe ie.	18b	V79,6/8IJ,204-205	166,2	5
XXXV	II-A	b	engobe ie.	18b	V79,10N,14	165,4	7
XXXV	II-A	b	engobe ie.	18b	V79,12J',2	165,3	7
XXXV	II-A	b/p/c	engobe ie.	18b	V79,5N',145	165,2	6
XXXV	II-A	b	engobe ie.	18b	V79,13H',49	164,8	7
XXXV	II-A	b	engobe ie.	18b	81/1,2/8Ñ'P',5431-1	166,1	6
XXXV	II-A	b	engobe ie.	18b	V79,Ex,167	165,5	8
XXXV	II-A	b/p	engobe ie.	21	80/1,18/SU,5655	164,7	5
XXXV	II-A	b/p	engobe ie.	28	V79,1N',220	165,1	7

NIVELES	5	6	7	8	TOTAL
Mt. XXXV	5	6	15	3	29

Mayet XXXVI[1300]

Vaso (Fig. 166, 3-8; Fig. 167, 1-7; Fig. 168, 1-2) rematado en un pequeño labio diferenciado, cuerpo entre ovoide y piriforme, y apoyado en un pequeño pie o bien directamente sobre un fondo plano. Uno de los ejemplares (80/1,22AI/31T,8945; Fig. 168, 2) presenta un labio más desarrollado y oblícuo de lo que es habitual para la forma XXXVI, por lo que se nos plantea la duda de su clasificación dentro de esta serie o bien, quizá mejor, dentro de los vasos de forma XL.

Tratamiento de superficies:

Los fragmentos tratados presentan engobe externo de color preferentemente negro aun-

[1292] POHL, I., 1970, (*vid.* p. 75).

[1293] MARABINI, M.ª T., 1973, (*vid.* pp. 176-179).

[1294] LAMBOGLIA, N., 1943, (*vid.* p. 180).

[1295] MARABINI, M.ª T., 1973, (*vid.* pp. 106, Lám. 18, núm. 180).

[1296] LAMBOGLIA, N., 1943, (*vid.* p. 180, Min. C.5 y Mun. p. 22).

[1297] MARABINI, M.ª T., 1973, (*vid.* p. 254).

[1298] ETTLINGER, E.; SIMONETT, Ch., 1952, (*vid.* p. 38).

[1299] GREENE, K., 1979, (*vid.* Figs. 5, 10).

[1300] Posiblemente el seguimiento riguroso de los criterios utilizados por F. Mayet al elaborar su obra sobre las paredes finas de la península Ibérica, nos condujo, basándonos en la decoración asociada a estos vasos a atribuirlos a una nueva forma que denominamos 82/1, 17778), ver: MÍNGUEZ MORALES, J. A., 1988. La consideración de un repertorio más amplio de estos vasos nos ha aportado nuevos datos que aconsejan reclasificar esta forma dentro del tipo Mayet XXXVI al que morfológicamente puede adscribirse.

que también hay ejemplares grises y escasamente marrones. La decoración que se les asocia habitualmente, ejecutada a la barbotina, está constituida por una serie de nervaduras dispuestas verticalmente respecto al eje del vaso; sobre ellas se superpone una impregnación arenosa (Fig. 186, VII-B-1). Muy poco frecuentemente se constatan otros tipos de ornamentación a la barbotina (Fig. 183, I-D-1, I-D-4; Fig. 185, I-K-1) y decoración arenosa (Fig. 186, II) en su variedad II-B, es decir revistiendo exclusivamente la pared externa.

Cronología y Procedencia:

En líneas generales se mantiene la cronología dada, una vez más, por Mayet que oscila desde el período tibero-claudio hasta finales del siglo primero de la Era[1232]. Aunque por lo que a nuestros vasos, en su mayoría, respecta, dado el tipo de decoración asociado (motivo VII-B-1)[1233] y de pasta cerámica (18a), que evidencian su fabricación en un taller muy concreto del valle medio del Ebro todavía no localizado, para su correcta datación tan sólo contamos con su hallazgo en este yacimiento dentro de estratos fechables, según los casos, desde comienzos de Claudio hasta finales de Nerón (niveles arqueológicos todavía en estudio de la *Ínsula* II, Casa de Hércules y calles, especialmente la XII). Concretando, para la zona de la *colonia* que ahora nos ocupa, la forma aparece bien representada tanto en el nivel de aterrazamiento de los años 41-48 d. C., como en los niveles de abandono que pueden llevarse a la primera parte del reinado de Nerón (54-60 de la Era).

Inventario y recuento estratigráfico:

FORMA	DEC.	FRAG.	TRAT. SUPS.	PASTA	SIGLA	FIGURA	NIVEL
XXXVI	I-D-4	b/p	engobe e.	18a	V79,2M',80	167,5	7
XXXVI	VII-B-1	p	engobe e.	18a	V79,6/8PQ,139	167,2	7
XXXVI	VII-B-1	p	engobe e.	18a	V79,6/8IJ,61 8/10LM,53	167,1	5 y 7
XXXVI	VII-B-1	f/p	engobe e.	18a	V79,12L,144,324	167,5	5
XXXVI	I-K-I	b/p	engobe e.	18a	80/1,14/22OR,2619, 2622,14/18PQ,4152	167,6	5
XXXVI	VII-B-1	p	engobe e.	18a	80/1,20/24QT,4806	166,8	5
XXXVI?	VII-B-1	b/p	engobe e.	18a	80/1,22AI/31T,8945	168,2	7
XXXVI	-	b	engobe e.	18a	80/1,28/30ABAC, 1635-1636	166,3	7
XXXVI	VII-B-1	p	engobe e.	18a	80/1,38LM,6785	166,6	7
XXXVI	-	b	engobe e.	18a	80/1,3/11KQ, 3516,3677	166,4	7
XXXVI	VII-B-1	p	engobe e.	18a	80/1,3/11KQ,3539	166,7	7
XXXVI	II-B	b/p/f	engobe e.	65	81/1,2/8N'P', 7144-7145	168,1	6
XXXVI	VII-B-1	b/p	engobe ie.	18a	81/1,DecII,10420	166,5	6
XXXVI	VII-B-1	f/p	engobe e.	18a	81/1,DecII/CarII,7069	167,3	7
XXXVI	II-B	b	engobe e.	65	V/79,1M',95	167,7	7

NIVELES	5	6	7	8	TOTAL
Mt. XXXVI	32	19	74	9	134

Mayet XXXVII

Puede aplicársele la misma descripción que al tipo XXXV del cual la única diferencia que substancialmente la distingue es que esta forma presenta siempre diferenciada la zona del labio (por lo que preferimos denorminarla bol en lugar de cuenco) que queda separado de la pared por una acanaladura más o menos acusada (Fig. 168, 3-6; Fig. 169, 1-8; Fig. 170, 1-5; Fig. 171, 1-7; Fig. 172, 1). Excepcionalmente uno de nuestros ejemplares presenta asas anulares con apoyo superior horizontal para los dedos pulgares, lo cual aproxima morfológicamente, siquiera sea de una forma un tanto rudimentaria, a este vaso a los «skiphoi» de tradición helenística, que en el repertorio de las paredes finas habían sido escasamente reproducidos en cronología republicana y augústea bajo la forma Mayet IX. Ya en época imperial tal clase de asas sólo aparecen asociadas a la, por otro lado nada frecuente, Mayet XXXVIII A; así pues la adaptación de este vaso de forma XXXVII, mediante el añadido de las citadas asas al prototipo anteriormente referido resulta hasta el momento presente un caso único (Fig. 171, 1). En otra ocasión (Fig. 171, 7) el fragmento parece asimilarse a la variante A establecida por F. Mayet.

Tratamiento de las superficies:

Salvo en dos ocasiones (80/1,18/22OR,2205 y 80/1,22AI/31T,8392), todos los ejemplares presentan engobe que recubre el interior y el exterior del vaso. Los colores del revestimiento varían desde el anaranjado a los más frecuentes cremas y grises claros, estando bien representada toda la gama de los marrones y grises hasta el negro. La decoración más frecuente es la arenosa (motivo II-1), pero también se aprecia un buen repertorio de ornamentaciones realizadas a la barbotina (Fig. 183, I-D-1, I-D-2, I-D-4, I-F-1, I-G-1; Fig. 184, I-G-2, I-G-3, I-G-8, I-G-13; Fig. 185, I-H-3), en estos casos a veces la pared interna presenta revestimiento arenoso; sólo un ejemplar presenta el motivo mixto VII-B-2 (Fig. 186).

Cronología:

La cronología tibero-claudia con prolongación a lo largo de la dinastía flavia propuesta por F. Mayet[1303], una vez más, puede mantenerse. En efecto los más recientes trabajos de A. López[1304], para el conjunto de Cataluña, y de C. Puerta[1305], para *Baetulo* (Badalona, Barcelona), así parecen confirmarlo. Para el entorno geográfico de *Celsa* podemos citar su localización en el estrato III-F del paseo de Echegaray y Caballero de Zaragoza, datado

---

[1301] MAYET, F., 1975, (*vid.* pp. 73-74).

[1302] Además de en algunos yacimientos del área del valle medio del Ebro solamente se constata dentro de las producciones del taller de Melgar de Tera en la provincia de Zamora, que en modo alguno pueden ponerse en relación directa con estos vasos de *Celsa*; puede verse, por ejemplo, SÁNCHEZ-PALENCIA, F. J.; FERNÁNDEZ-POSSE, M.ª D., 1985, (*vid.* p. 254, Fig. 118, nº 691).

[1303] MAYET, F., 1975, (*vid.* p. 73).

[1304] LÓPEZ MULLOR, A., 1989, (*vid.* pp. 174 y ss.).

[1305] PUERTA, C., 1989, (*vid.* pp. 53-58).

entre los años 30/40-54 d. C. En el conjunto que ahora nos ocupa, la forma se ha localizado en los estratos de época de Claudio y Nerón.

Inventario y recuento estratigráfico:

FORMA	DEC.	FRAG.	TRAT. SUPS.	PASTA	SIGLA	FIGURA	NIVEL
XXXVII	II-A	b/p	engobe ie.	19	V79,5F',86	169,4	7
XXXVII	II-A	b	engobe ie.	19	80/1,22AI/31T,8949	169,5	7
XXXVII	VII-B -2/II-C	f/p	engobe ie.	19	80/1,16AA,7614	172,1	5
XXXVII	II-A	b/p/a	engobe ie.	18b	VEL 5H',59	171,1	8
XXXVII	II-G-2 /II-C	b/p	engobe ie.	18b	V79,6/8IJ,62	171,3	7
XXXVII	II-A	b/p	engobe ie.	18b	V79,12L,251	169,2	5
XXXVII	II-A	b	engobe ie.	18b	V79,22/24P,11	169,1	7
XXXVII	II-A	b/p	engobe ie.	18b	V79,28J',139	168,5	7
XXXVII	II-A	b/p/c	engobe ie.	18b	V79,28J',147-148	168,4	7
XXXVII	II-A	b	engobe ie.	18b	V79,5I',131	169,3	7
XXXVII	I-G-1 /II-C	b/p	engobe ie.	18b	80/1,6/10MO,2071	171,5	7
XXXVII	II-A	F/C	engobe ie.	18b	81/1,2/8Ñ'P', 5826,5960	170,3	6
XXXVII	II-A	b	engobe ie.	18b	81/1,9/17A'F',74	168,3	7
XXXVII	II-A	b	engobe ie.	18b	81/1,9/17A'F',2124	170,2	7
XXXVII	I-H-3	p	engobe ie.	18a	81/1,15/21B'C',519	169,7	7
XXXVII	I-G-1	b/p/c	engobe ie.	18a	81/1,DecII,7593	171,4	7
XXXVII	I-D-2 /II-C	b/p	engobe ie.	21	80/1,5S,54	171,6	8
XXXVII	-	b/p	sin e.	27	80/1,22AI/31T, 8392	171,2	7
XXXVII	II-A	F/C	engobe ie.	28	81/1,CarI/DecII, 4493	170,4	7
XXXVII	II-A	b	engobe ie.	28	81/1,DecII,10447	169,6	6
XXXVII	II-A	b/p	engobe ie.	59	V79,13H',47	170,1	7
XXXVII	II-A	b	engobe ie.	60	V79,Hab 20,3	169,8	7
XXXVII	II-A	b	engobe ie	60	81/1,15/12B'C',508	168,6	7
XXXVII	II-A	F/C	engobe ie.	75	81/1CarI/DecII,4497	170,5	7
XXXVII-A	I-F-1	b/p	engobe ie.	19	V79,1/I',19	171,7	7

NIVELES	3	5	6	7	8	Ind.	TOTAL
Mt. XXXVII	1	7	14	63	2	1	88

Mayet XXXV ó XXXVII

Se reunen bajo este epígrafe una serie de ejemplares cuyo tamaño y especialmente la ausencia de borde, que permitiría determinar la presencia o ausencia de labio diferenciado y con ello su inclusión en una u otra forma, impiden realizar más precisiones tipológicas. Todos ellos reciben engobe e impregnación arenosa (Fig. 186, II) como decoración.

Mayet XXXVIII B

Las diferencias morfológicas que permiten distinguir a la forma XXXVIII de la precedente son tan mínimas que se reducen, en palabras de Mayet, a la posesión por parte de esta forma de una «panza carenada». Tal distinción puede parecer clara a simple vista, pero a la hora de la verdad traza una frontera tan extremadamente sutil, entre una y otra forma, que dificulta en la mayoría de las ocasiones enormemente la correcta adscripción morfológica de los ejemplares. Prueba de ello son los manifiestos errores que, en el catálogo y láminas de estos tipos, aparecen ya en el propio trabajo de Mayet. Trabajo que, por añadidura, recordemos que se basa en el estudio de ejemplares completos o recons-

truibles en su totalidad. Dichas dificultades se suelen tornar insolubles cuando, como en nuestro caso que por otra parte es el habitual, la tarea hay que basarla en la consideración de pequeños fragmentos. Hasta el punto de que ninguno de los ejemplares que estamos tratando puede clasificarse nítidamente dentro de la forma XXXVIII. Por el contrario si aparece bien representada su variante B (Fig. 172, 2-7; Fig. 173, 1-6; Fig. 173, 7-8; Fig. 174, 1-3) que remite a boles carenados y con un mayor desarrollo en altura del tramo cilíndrico la pared (lo cual les da un aire de vasos algo estrechos y esbeltos) y en ocasiones —no en nuestros ejemplares— con asas laterales.

Tratamiento de las superficies:

Los dos lados de la pared van engobados preferentemente de color negro con lustre o brillo. También, minoritariamente, están presentes los tonos grises, anaranjados y marrones. Presentan decoraciones a la barbotina (Fig. 183, I-E-1, I-E-2, I-E-3, I-E-4, I-F-2, I-F-3, I-F-4; Fig. 184, I-G-12, I-G-16; Fig. 185, I-G-18, I-G-21, I-H-1, I-I-1, I-K-2; Fig. 186, I-L-1) y en un solo caso de barbotina recubierta por arena (Fig. 186, VII-B-1).

Cronología:

Mayet[1306] y posteriormente López Mullor[1307] abogan por una cronología que desde Tiberio-Claudio abarcaría también a toda la *domus* flavia. En nuestro conjunto aparece tímidamente —también es cierto que la potencia del nivel es menor— en el estrato 5 de época de Claudio, para hacerse frecuente en los niveles arqueológicos (6 y 7) datables entre los años 54 y 60 de la Era.

Inventario y recuento estratigráfico:

FORMA	DEC.	FRAG.	TRAT. SUPS.	PASTA	SIGLA	FIGURA	NIVEL
XXXVIII-B	I-G -16	b/p/c	engobe ie.	18a	VEL 5G',91; 7H',167	172,2	7
XXXVIII-B	I-F-2	p/c	engobe ie.	18a	V79,6/8PQ,111	173,4	7
XXXVIII-B	I-F-2	p	engobe ie.	18a	V79,16Ñ,44	173,2	5
XXXVIII-B	-	p/c	engobe ie.	18a	V79,28J',127	172,7	7
XXXVIII-B	I-F-3	b/p	engobe ie.	18a	V79,11H',1; 13H',114	173,3	7
XXXVIII-B	I-K-2	p	engobe ie.	18a	80/1,22AI/ 31T,8968	173,1	7
XXXVIII-B	I-F-4	p/c	engobe ie.	18a	80/1,22AI/ 31T,8969	173,5	7
XXXVIII-B	I-H-1	p	engobe ie.	18a	81/1,2/8Ñ'P', 5910,5967	172,4	6
XXXVIII-B	I-L-1	p/c	engobe ie.	18a	81/1,21/25DE, 1320	172,6	7
XXXVIII-B	I-F-2	f/p	engobe ie.	18a	81/1,DecII,10452	173,6	6
XXXVIII-B	VII-B-1	b/p/c	engobe ie.	73	81/1,2/8Ñ'P',5548	172,3	6
XXXVIII-B	I-I-1	f/p/c	engobe ie.	79	V79,10/12NÑ,7	172,5	7
XXXVIII-B	I-E-3	b/p	engobe ie.	18a	V79,6/8PQ, 110,112	174,1	7
XXXVIII-B	I-E-3	b/p	engobe ie.	18a	V79,12L,11:14K,13	173,8	5
XXXVIII-B	I-E-3	p/c	engobe ie.	18a	80/1,22AI/ 31T,8970	174,3	7
XXXVIII-B	I-E-3	b/p	engobe ie.	18a	80/1,26/0, 2597-2598	173,7	7
XXXVIII-B	I-E-3	F/C	engobe ie.	18a	81/1,DecII,10453	174,2	6

[1306] MAYET, F. 1975, (*vid.* p. 73).

[1307] LÓPEZ MULLOR, A. 1989, (*vid.* pp. 191-192), quien realiza diversas observaciones, en función siempre de la decoración, y precisa más la cronología aquilatando el

NIVELES	5	6	7	TOTAL
Mt.XXXVIII-B	4	7	17	28

Mayet XXXVII ó XXXVIII

Se reúnen bajo este epígrafe, al igual que hicimos con las formas XVIII y XIX, y XXXV y XXXVII, a todos aquellos fragmentos que por sus reducidas dimensiones no pueden clasificarse adecuadamente. Aun así se considera oportuno advertir que los ejemplares con decoración de festones con perlas inscritas (Fig. 185, I-K-1, I-K-2, I-K-3; Fig. 186, I-K-4) posiblemente puedan pertenecer mejor a la forma XXXVIII que a la precedente (Fig. 174, 4-6).

Inventario:

FORMA	DEC.	FRAG.	TRAT. SUPS.	PASTA	SIGLA	FIGURA	NIVEL
-	I-D.-1Ind	f/p/c	engobe ie.	18a	80/1,22AI/31/T,8922	174,6	7
-	I-K-3	b/p	engobe ie.	18a	80/1,22AI/31T,8954	174,4	7
-	I-F-2	p	engobe ie.	18a	80/1,22AI/31T,8979	174,5	7

Mayet XL

Vaso (Fig. 174, 7; Fig. 175, 1-2) que, apoyando sobre un pequeño pie presenta el cuerpo de tendencia globular o piriforme y se remata en un labio vuelto hacia el exterior.

Tratamiento de las superficies:

La superficie externa aparece engobada. En un solo ejemplar el revestimiento cubre también el interior, con la particularidad de que presenta además difusamente arena, esto último sin duda no hay que interpretarlo como un recurso decorativo (motivo II-C) puesto que, evidentemente, al tratarse de un vaso alto no queda visible. Como motivos ornamentales aparecen los siguientes: I-G-7 (Fig. 184) y V-1 (Fig. 186).

Cronología:

Fue datada por Mayet[1308], incluyéndola en un mismo «cajón de sastre» junto a otras formas, dentro de un abanico de fechas que iría de época Tibero-Claudia a los Flavios. Indicando que las hojas de agua a la barbotina pueden ir de Claudio a fines del siglo I. En nuestro caso podemos decir que los ejemplares fueron hallados en los estratos de la primera parte del período neroniano.

Inventario:

FORMA	DEC.	FRAG.	TRAT. SUPS.	PASTA	SIGLA	FIGURA	NIVEL
XL	I-G-7	b/p	engobe e.	18a	V79,12C,9	175,2	7
XL	I-G-7	b/p	engobe e.	18a	V79,30J',3	175,1	7
XL	V-1/II-C	b/p	engobe ie.	18c	81/1,DecII,10418	174,7	6

comienzo de esta forma, que en sus propias palabras «pudo tener lugar al comienzo del principado de Claudio».

[1308] Mayet, F., (vid. p. 73).

Mayet XLV

Vaso (Fig. 175, 3) que presenta el labio diferenciado, ligeramente vuelto, pequeño y redondeado, y un cuerpo troncocónico en su parte inferior (que se decora mediante una o varias acanaladuras) y redondeado en la superior. Reposa en un pequeño pie.

Tratamiento de las superficies:

Cubierto por un engobe, que reviste las dos superficies, cuyo color puede variar dentro de un mismo vaso desde el crema claro hasta el gris claro. La pared desarrolla una decoración burilada (Fig. 186, V-1).

Cronología:

Esta forma también aparece en *terra sigillata* desde los flavios hasta el siglo tercero. A partir de este dato Mayet[1309] piensa que los ejemplares en paredes finas deben ser los prototipos de su fabricación en *sigillata*. Si aceptamos esta teoría habremos de concluir que esta forma de paredes finas se habría comenzado a producir bien en época flavia o mejor algo antes. Lo cual concuerda con su escasísima aparición (únicamente un ejemplar) dentro de nuestro nivel séptimo datado entre los años 54-60 d. C.

Inventario:

FORMA	DEC.	FRAG.	TRAT. SUPS.	PASTA	SIGLA	FIGURA	NIVEL
XLV	V-1	f/p	engobe ie.	18c	81/1,DecII/CarII,7607	175,3	7

Procedencia de las formas Mayet XXXV-XXXVIIIB, XL y XLV

Se aprecia una gran diversidad de pastas (10a, 11, 18a, 18b, 18c, 19, 20b, 21, 27, 28, 34b, 38, 50, 59, 60, 61, 65, 73, 75, 79, 81, 84, 88).

De ellas indudablemente las más representadas son las del grupo 18, a ellas cabría unirse la 21 cuyas características —salvo la coloración— no permiten diferenciarla del citado grupo 18, del que quizá fuese mejor considerarla más como una variante que como un tipo independiente. Ya hemos aludido al tratar otras formas a la consideración de que se trata de una producción del valle medio del Ebro que fabricaría varias formas del repertorio de las paredes finas (Mayet XVIII, XIX, XXXV, XXXVI, XXXVII, XXXVIIIB, XL, XLV y Forma II) bien sea en un mismo taller, hipótesis que parece la más probable, bien sea en varios alfares localizados en la misma área y por consiguiente con una utilización de barros y engobes muy similares. La diferencia entre los diversos subtipos (18a, 18b, 18c y 21) puede deberse a esto último o más verosímilmente a que el grado de depuración de la arcilla y sobre todo del

[1309] Ibid., (vid. p. 108).

amasado del barro sea más cuidado en las variantes 18a y 18c, quizá simplemente por el tipo de vasos que se iba a fabricar, puesto que asociadas a ellas nos encontramos los productos más cuidados, fundamentalmente los vasos altos y los boles con decoración a la barbotina.

La 19 por sus características, color, etc., así como por los engobes asociados puede ponerse en relación con las paredes finas de la Bética. Los 22 fragmentos realizados con dicha pasta son los únicos que con una cierta seguridad pueden atribuirse a los alfares de esta *provincia*.

El vaso de pasta 20b puede pensarse que haya sido producido en la zona de Calahorra (ver forma Únzu 3 y fragmentos con decoración a molde).

Con las 27 y 50 se fabricaron también vasos de la forma XVIII por lo que, en principio, se pueden adscribir a las producciones de la zona catalana.

La 34b puede ponerse en relación con producciones engobadas del valle medio del Ebro.

Las 65 y 73 por el motivo decorativo (VII-B-1) que desarrolla uno de sus ejemplares, que se encuentra raramente fuera del valle medio del Ebro,[1310] pueden considerarse como una manufactura regional de esta área de la Península.

Sobre el resto, en el momento presente, nada puede aventurarse.

Forma Únzu 3

Vaso (Fig. 175, 4) cuyo perfil queda dividido por una fuerte carena, de tal manera que la pared superior presenta un ascenso cilíndrico, con un ligero éntasis en el centro, y la inferior es de forma troncocónica invertida. Remata en un pequeño labio, que queda ligeramente marcado, y apoya sobre un pie moldurado.

Sobre este prototipo M. Únzu[1311] diferencia dos variantes (3a y 3b), en caso de aparición de una o dos asas laterales, que no han podido determinarse en nuestro ejemplar dado, en primer lugar, lo exiguo del fragmento conservado. Sin embargo, por comparación con otro vaso, dado a conocer hace algún tiempo por C. Aguarod,[1312] de la misma producción y cuyo perfil se conserva íntegro, podemos afirmar que el vasito ahora en cuestión pertenecería a la forma tipo.

Tratamiento de las superficies:

Los dos lados de la pared, del único ejemplar encontrado, reciben un engobe de color negro, denso y de buena calidad, con cierto brillo o lustre. Presenta decoración en la pared superior mediante una banda horizontal de perlitas ejecutadas a la barbotina (Fig. 183, I-D-4), con la peculiaridad de que se trata de una pasta de color blanco que resalta sobre la superficie engobada previamente; la pequeñez del fragmento conservado impide precisar si dicha banda enmarcaría, o no, el campo decorativo propiamente dicho, en cuyo caso sobre él podría desarrollarse un motivo formado a base de hojas de agua, como sucede en un vaso de idénticas características procedente de Calahorra[1313].

Cronología:

Esta forma tiene sus orígenes en la cerámica celtibérica[1314], pasando con posterioridad a incorporarse al repertorio formal de las paredes finas producidas, a juzgar por su área de dispersión a lo largo de un espacio relativamente restringido de las provincias de Burgos, Soria, Navarra, La Rioja y Zaragoza, probablemente en una serie de alfares ubicados en esta zona del Norte de la península Ibérica.

Para fechar dicha incorporación a los servicios de mesa romanos solamente contamos de forma precisa con su hallazgo en *Pompaelo* (concretamente, dentro estrato VII del Sector F (*praefurnium*) fechado a mediados del siglo I d. C[1315], pudiendo perdurar hasta fines de la centuria[1316]) y con este ejemplar de *Celsa*, procedente del nivel 5 datable en la primera parte del reinado de Claudio.

Procedencia:

Muy poco sabemos, en general, sobre la ubicación de los centros de producción de esta forma.

En concreto para este ejemplar, procedente del nivel de abandono de la calle II, por sus características morfológicas, pasta cerámica, tipo de revestimiento y decoración asociada (barbotina blanca), similares —salvo por el color— a las del vaso estudiado por Aguarod al que hemos hecho referencia hay que presumirle un origen común, posiblemente calagurritano; lo cual es plenamente aceptable si tenemos en cuenta que se ha observado en este área de la *colonia* la presencia de otras producciones (ver en este mismo capítulo el apartado dedicado a los vasos con decoración a molde) procedentes precisamente de dicho *municipium* riojano o bien de sus más inme-

---

[1310]   Ver nota 128.

[1311]   ÚNZU URMENETA, M., 1979, (*vid.* p. 258).

[1312]   AGUAROD OTAL, M.ª C., 1984), (*vid.* pp. 143-144; fig. 1).

[1313]   *Ibid.*

[1314]   MÍNGUEZ MORALES, J. A.; ÁLVAREZ CLAVIJO, P., 1989.

[1315]   MEZQUIRIZ DE CATALÁN, M.ª A., 1958, (*vid.* p. 183, fig. 86, nº 8).

[1316]   *Ibid.*, (*vid.* p. 278, fig. 128, núm. 4 y p. 279).

diatas proximidades. A ello hay que añadir que su pasta ocularmente presenta una identidad precisamente con la asociada a los citados productos decorados a molde.

Inventario:

FORMA	DEC.	FRAG.	TRAT. SUPS.	PASTA	SIGLA	FIGURA	NIVEL
Únzu 3	I-D-4	b	engobe ie.	20b	V79,1N'314;5N',222; 81/1,2/8Ñ'P',5990	175,4	5

Forma I

Bol (Fig. 175, 5; Fig. 176, 1-4; Fig. 177, 1-3), cuyo tamaño puede variar considerablemente, que presenta un labio más o menos engrosado y en ocasiones ligeramente moldurado. La zona próxima al borde se separa de la pared, de tendencia vertical, mediante una acanaladura o bien por una moldura rectilínea en forma de baquetón. Apoyaría sobre un pequeño pie del que no nos han llegado evidencias.

Tratamiento de las superficies:

Estos vasos no van resvestidos, presentando un color marrón pardo en el lado exterior de la pared y rojizo claro en el interior. Un número muy escaso de fragmentos ha podido recibir, externamente, un engobe aplicado en capa muy debil. La decoración asociada puede estar ejecutada mediante técnica burilada (Fig. 186, IV-B-2, IV-B-3, IV-B-4) o haber sido impresa a la ruedecilla (Fig. 186, V-2, V-3, V-4).

Cronología:

Para datarla solamente contamos con su masivo índice de aparición en los niveles 6 y 7 del área estudiada, lo cual nos induce a otorgarle una cronología dentro de la primera parte del período neroniano.

Procedencia:

Como en el caso de las formas II y V, que trataremos a continuación, pensamos que nos encontramos ante una producción Tarraconense de difusión restringida cuyo centro productor queda todavía por identificar. Precisando más, al igual que sucede con dichas formas, el hecho de que no aparezcan en la bibliografía especializada referencias a su presencia en el territorio de la actual Cataluña, nos induce a pensar que se trate de una manufactura ubicada en el tramo medio del valle del Ebro.

Inventario y recuento estratigráfico:

FORMA	DEC.	FRAG.	TRAT. SUPS.	PASTA	SIGLA	FIGURA	NIVEL
I	V-2	p/c	sin e.	68	V79,6/8PQ,129, 149,153	177,1	7
I	V-3	p/c	sin e.	68	V79,6/8PQ,141	177,2	7
I	V-3	p	sin e.	68	V79,18/22ÑQ,85	177,3	7
I	IV-B-4	b/p	sin e.	68	V79,7K',13	176,1	7
I	V-3	b/p/c	engobe ie.	68	81/1,6M',21;2/8Ñ'P', 5433, 5902	175,5	6
I	V-4	b/p	sin e.	68	81/1,DecII,8268	176,2	6
I	V-3	b/p/c	sin e.	68	81/1,DecII,10445	176,4	6
I	V-4	b/p	sin e.	68	81/1,DecII,10446	176,3	6

NIVELES	5	6	7	8	TOTAL
Forma I	5	7	11	5	28

Forma II

Bol (Fig. 177, 4; Fig. 178, 1-6; Fig. 179, 1-4; Fig. 180, 1-3) con pequeño labio oblicuo y separado de la pared por una acanaladura, la pared superior es de tendencia recta, presenta una panza baja que apoyaría en un pie que no se conserva.

Pueden diferenciarse, además, tres variantes[1317], de las cuales entre estos materiales se han constatado las dos primeras:

La 1 se distingue de la forma tipo por tener un pequeño labio, apenas destacado, redondeado y separado de la pared por una acanaladura en arista (Fig. 180, 2).

La 2 cuenta, como elemento diferenciador, con una zona de transición a modo de pequeño cuello, que queda separada del labio por un pequeño filete y de la pared por medio de otros dos, también pequeños, listeles (Fig. 180, 3).

Tratamiento de las superficies:

La gran masa de ejemplares presenta las superficies sin engobar, la pared externa ha sido alisada y desarrolla una decoración de grandes ondas realizadas a peine (Fig. 186, IV-A-2),[1318] casi todos estos vasos remiten a una misma fabricación que tan sólo minoritariamente se recubre de un engobe de tono rojizo. Únicamente se constata un vaso, perteneciente a otra producción (pasta 18c) distinta de la anterior, en el que las superficies van engobadas en color crema claro con matiz gris en algunas zonas y en el cual la pared exterior se decora a base de hojas de agua separadas por bandas de perlitas (Fig. 184, I-G-11).

Cronología:

En ausencia de otros datos, los fragmentos de *Lepida/Celsa* por el tipo de decoración y, en su caso, por el engobe, así como por el tipo de pasta y, fundamental y lógicamente, por su posición estratigráfica pueden fecharse a partir de comienzos de Claudio.

Procedencia:

Podemos diferenciar de un lado la pasta 18c y de otro las 34b, 40a, 40b, 40c y 86.

[1317] MÍNGUEZ MORALES, J. A., 1991-1992.

[1318] Un paralelo exacto para esta forma y decoración, lamentablemente sin contexto estratigráfico, solamente se ha encontrado en MARCO SIMÓN, F., 1983, (*vid.* fig. 12, núm.).

La 18c guarda ocularmente un gran parecido con los subgrupos 18a y b, y aunque se observa una cierta diferencia en el trabajo del barro ello quizá se deba a una evolución cronológica en la producción de un mismo taller; pertenecería pues esta pasta a la manufactura de un alfar que hemos situado (ver forma XVIII) hipotéticamente en el valle medio del Ebro.

Las pastas del grupo 40 (a, b y c) tienen una gran identidad y puede pensarse que procedan de un mismo alfar. La 34b y la 86 recuerdan al mundo de las engobadas. Sobre su área de producción, la decoración y el estudio de la dispersión resultan preciosas para intentar determinarla. En este sentido se circunscribe al valle medio del Ebro, por lo que hemos de pensar que aquí se situaría el centro o centros productores.

Inventario y recuento estratigráfico:

FORMA	DEC.	FRAG.	TRAT. SUPS.	PASTA	SIGLA	FIGURA	NIVEL
II	I-G-11	FC	engobe ie.	18c	V79,8/10JK,13,96, 98,100-103, 106, 226, 447	177,4	7
II	IV-A-2	b/p	engobe ie.	40a	V79,6/8IJ,65	178,5	7
II	IV-A-2	b/p	engobe ie.	40a	V79,8/10JK,107-109	178,3	7
II	IV-A-2	b	engobe ie.	40a	V79,20Ñ,167-168	179,2	5
II	IV-B-3	b/p	engobe ie.	40a	V79,1N',186	180,1	7
II	IV-A-2	b/p	engobe ie.	40a	V79,3J',101-102	178,2	7
II	IV-A-2	b/p	sin e.	40b	V79,6/8PQ,165	179,4	7
II	IV-A-2	b/p	sin e.	40b	V79,20/22HI,24	178,6	7
II	IV-A-2	b/p	sin e.	40c	V79,12/14K,22	179,3	7
II	IV-A-2	b/p	sin e.	40c	V79,2N',53	178,4	7
II	IV-A-2	b/p/c	sin e.	40c	81/1,Dec.II/Car.II 7588,7603	179,1	6
II	IV-A-2	p/c	sin e.	40c	80/1,22AI/31T,8971	178,1	7
II-1	IV-A-2	b/p	engobe e.	86	VEL 1H',30	180,2	8
II-2	IV-A-2	b/p	sin e.	40c	V79,1N',269	180,3	7

NIVELES	5	6	7	8	TOTAL
Forma II	1	13	29	5	48

Forma III

Bol (Fig. 180, 4-5; Fig. 181, 1-2) de relativamente considerables dimensiones, con el labio vuelto hacia el exterior y separado del cuerpo mediante una amplia zona de transición conformada ya sea por dos molduras y una ancha acanaladura, o bien por dos pequeñas acanaladuras separadas por un listel. Las paredes son de tendencia hemisférica y la zona inferior de la panza queda generalmente diferenciada por otra acanaladura ancha. Apoya sobre un pequeño pie.

Tratamiento de superficies:

La pared externa ha recibido un alisado sobre el que no se superpone recubrimiento de ningún tipo, aunque hemos de señalar que en otras zonas de *Celsa* sí han aparecido algunos ejemplares engobados. Dicha pared, en la zona delimitada por las dos acanaladuras a las que hacíamos referencia al describir la forma se decora mediante ondas a peine (Fig. 186, IV-A-1) y excepcionalmente una decoración burilada (Fig. 186, IV-B-1).

Cronología:

A. López[1319] enraíza a esta forma, para la que no constata ningún ejemplar engobado, con las producciones ibéricas del área catalana y sitúa su cronología desde la última década del siglo I a. C. y el principado de Tiberio, aunque advierte que algunas piezas pudieran alcanzar hasta Claudio. A ello solamente podemos añadir que todos nuestros ejemplares proceden de los niveles de abandono datables en la primera parte de la época de Nerón.

Procedencia:

A esta forma, ante la entonces ausencia de paralelos y dada la abundante representación hallada en la *Ínsula* II de *Celsa*, le propusimos un origen en el valle medio del Ebro[1320]. López Mullor por su parte, hacia las mismas fechas, sobre la base de los hallazgos por él estudiados en Cataluña, propuso un origen en esta región[1321]; más recientemente T. Marco también la ha constatado en Raimat (Lérida)[1322]. Realmente nada impide que esta forma, por ser además tipológicamente de origen autóctono a partir del sustrato indígena, se produjese en varios lugares de la Tarraconense.

Inventario y recuento estratigráfico:

FORMA	DEC.	FRAG.	TRAT. SUPS.	PASTA	SIGLA	FIGURA	NIVEL
III	IV-A-1	b/p	sin e.	23	VEL13G',10, etc.; V79,9F',10;9H'. 44,etc.	181,1	7
III	IV-B-1	F/C	sin e.	23	V79,3J',1832,53 63;51',87;5J'34, etc.	181,2	7
III	IV-A-1	p	sin e.	23	80/1,22AI/31T 8933-8938	180,5	7
III	IV-A-1	p	sin e.	77	80/1,22AI/31T 8926, 8962	180,4	7

NIVELES	6	7	8	TOTAL
Forma III	8	29	4	41

Forma V

Bol (Fig. 181, 3) de cuerpo hemisférico con cuello oblicuo hacia el interior del eje del vaso, subrayado además por un leve resalte en arista, que se remata en un labio bífido y vuelto hacia el exterior. En la zona de la pared próxima al borde se sitúan dos acanaladuras que conforman entre sí una ancha moldura recta; en el área próxima al fondo se

---

[1319] LÓPEZ MULLOR, A., 1989, (*vid.* p. 211).

[1320] MÍNGUEZ MORALES, J. A., 1988. MÍNGUEZ MORALES, J. A., 1991-1992.

[1321] LÓPEZ MULLOR, A., 1986, (*vid.* p. 68; láms. núm. 13, 18).

[1322] MARCO, T., 1988, (*vid.* pp. 104-105, forma Indeterminada I).

localiza otra acanaladura. Apoya en un pequeño pie destacado.

Decoración y tratamiento de las superficies:

Sin engobe, el exterior aparece alisado por simple retorneado del vaso. Delimitada por la acanaladura inferior y la primera de las superiores se ubica una decoración de pequeñas depresiones verticales, logradas por técnica burilada (Fig. 186, IV-B-1).

Cronología:

Su presencia en los niveles arqueológicos 5 y 7 del área objeto de estudio permite fecharla en época de Claudio y en la primera parte del reinado de Nerón.

Procedencia:

Ante la ausencia de paralelos y teniendo en cuenta el tipo de pasta y el tratamiento de las superficies, que hacen de esta forma un producto bastante mediocre dentro del conjunto estudiado y por ello quizá no susceptible de ser utilizado para un comercio a larga distancia, puede concluirse que estemos ante una producción de la zona central del valle medio del Ebro.

Inventario:

FORMA	DEC.	FRAG.	TRAT. SUPS.	PASTA	SIGLA	FIGURA	NIVEL
V	IV-B-1	F/C	sin e.	41	80/1,12/16ÑP,5024 5032,5042,5055	181,3	5

Formas indeterminadas

Se estudian a continuación una serie de fragmentos cuya adscripción a formas preestablecidas resulta imposible o cuando menos muy problemática. Su reducido tamaño impide por otro lado la correcta definición de tipos nuevos, puesto que no permite conocer a ciencia cierta elementos tan importantes como el desarrollo completo del perfil de los vasos, tipo de fondo, etc. A ello hay que añadir que en su mayoría están representados por un único ejemplar. Se nominan[1323], como en el caso de las formas anteriores, de acuerdo con la nomenclatura que les fue dada en su día al tratar en conjunto las paredes finas de la *colonia Lepida/Celsa.*

Procedencia:

Ante lo escaso de lo conservado resulta arriesgada la comparación con otros materiales y con ello todo intento de establecer una posible área o áreas de fabricación.

1. Forma Indeterminada IV

Se trata de vasos altos (Fig. 182a, 1-3) que presentan un labio en ocasiones ligeramente

---

[1323] MÍNGUEZ MORALES, J. A., 1991-1992.

moldurado y cuyo elemento más característico es la presencia de un pequeño hombro abombado, bien de forma semicircular bien ligeramente moldurado. En ocasiones la separación entre el citado hombro y la pared está subrayada por una acanaladura.

Tratamiento de las superficies:

Van recubiertos por un engobe externo de color marrón anaranjado claro o castaño rojizo y se les asocia una decoración a la barbotina (Fig. 185, I-J-1) o bien impregnación arenosa (motivo II-B).

Cronología:

En ausencia de otros paralelos viene dada por la aportada por la estratigrafía del área en la que aparecieron. En este sentido comentar que todos los ejemplares proceden de los niveles 6 y 7 fechados entre los años 54 y 60 del siglo primero de la Era.

Inventario:

FORMA	DEC.	FRAG.	TRAT. SUPS.	PASTA	SIGLA	FIGURA	NIVEL
Ind.IV	I-J-1	b/p	engobe e.	73	80/1,3/11KQ,3675	182a,1	7
Ind.IV	I-J-1	b/p	engobe e.	73	80/1,24Q,206	182a,2	7
Ind.IV	II-B	b/p	engobe e.	73	81/1,15/21,B'C',510	182a,3	7

2. Forma Indeterminada V

Cubilete (Fig. 182a, 4) que presenta un pequeño labio vuelto. La pared tiene en su tramo superior un ascenso de tendencia recta y va recorrida por una leve acanaladura.

Tratamiento de las superficies:

Sin engobe, el color del vaso es gris oscuro.

Cronología:

Apareció en el denominado nivel 7, que marca el abandono de este área de la *colonia* dentro de la primera parte del reinado de Nerón.

Inventario:

FORMA	DEC.	FRAG.	TRAT. SUPS.	PASTA	SIGLA	FIGURA	NIVEL
Ind.V	-	b/p	sin e.	27	80/1,38LM,6916	182a,4	7

3. Forma Indeterminada VI

Vaso alto (Fig. 182a, 5) con labio desarrollado y vuelto y cuerpo previsiblemente de tendencia globular. El fragmento puede ponerse en relación con la forma Mayet II, a la que quizá probablemente fuese mejor adscribirlo[1324].

[1324] El paralelo más claro nos lo ofrece un vaso, que da el perfil completo, procedente de la necrópolis del Cigarralejo (Mula, Murcia), recogido en CUADRADO DÍAZ, E., 1986-1989, (*vid.* Fig. 1, núm. 2).

Tratamiento de las superficies:

Sin engobe, el vaso presenta un color marrón negruzco.

Cronología:

Una vez más sólo podemos aportar el dato de su aparición en el estrato de abandono del primer tramo de la época neroniana. Aunque hemos de indicar que como, así parece, quizá pueda adscribirse a la forma Mayet II con toda probabilidad nos encontramos ante un elemento claramente residual o incluso «colado» del nivel 8 (revuelto).

Inventario:

FORMA	DEC.	FRAG.	TRAT. SUPS.	PASTA	SIGLA	FIGURA	NIVEL
Ind.VI	-	b/p	sin e.	22	80/1,17/23/0S,3179	182a,5	7

4. Forma Indeterminada VII

Taza globular (Fig. 182a, 6) con pequeño labio diferenciado y ligeramente vuelto, la pared presenta en su tramo superior una acanaladura. Pudo ostentar dos asas laterales, aunque tan sólo nos ha quedado evidencia de una de ellas.

Tratamiento de las superficies:

Presenta un engobe muy ligero, que cubre la pared externa y parte de la superficie interior, de color grisáceo oscuro.

Cronología:

Aparece en el estrato 6 que marca el abandono acontecido entre los años 54 y 60 d. C.

Inventario:

N.º	FORMA	DEC.	FRAG.	TRAT. SUPS.	PASTA	SIGLA	FIGURA	NIVEL
898	Ind.VII	-	b/p/a	engobe e.	82	V79,2N',71; 81/1,2/8, N'Ñ',3790;2/8: Ñ'P',5341	182a,6	6

5. Forma Indeterminada VIII

Tan sólo se conserva un labio rectilíneo desarrollado y vuelto (Fig. 182a, 7). Puede pensarse que nos encontremos ante el labio de una forma Mayet XLII, aunque lo exiguo del fragmento no permite precisarlo con total seguridad.

Tratamiento de las superficies:

Ambos lados de la pared van recubiertos por un engobe castaño anaranjado claro.

Cronología:

De tratarse efectivamente de un fragmento de forma Mayet XLII (hipótesis a la que parece conducir también la coloración del engobe, típica de esta forma) podríamos datarla siguiendo a Mayet a partir de Clau-

dio.[1325] Cronología *post quem* que concuerda con su aparición en el estrato 7 de esta zona de la *colonia Celsa*, datado en la primera parte de la época de Nerón.

Inventario:

FORMA	DEC.	FRAG.	TRAT. SUPS.	PASTA	SIGLA	FIGURA	NIVEL
Ind.VIII	-	b	engobe ie.	76	80/1,18/22OR,2534	182a,7	7

6. Vasos con decoración de depresiones

Se agrupan bajo este epígrafe dos fragmentos pertenecientes a sendos vasos de difícil clasificación y de los que ni siquiera puede aventurarse una morfología común. Corresponden a dos formas bajas (Fig. 182a, 8-9), cuya característica unificadora es que han recibido una decoración consistente en depresiones profundas realizadas mediante impresión digital (Fig. 186, III) cuando el barro se hallaba plástico. Ninguno de los dos vasos va revestido por engobe.

Aunque no puede precisarse con exactitud no parecen poder relacionarse con los tipos Mayet[1326] VI o VII, Marabini[1327] XXVII o LXIX, ni con las formas Ricci[1328] I/28 o I/91, que han sido decorados mediante esta misma técnica.

Por último recalcar su aparición en nuestro conjunto en los niveles 5 y 7, es decir en los estratos de época de Claudio y Nerón.

Inventario:

FORMA	DEC.	FRAG.	TRAT. SUPS.	PASTA	SIGLA	FIGURA	NIVEL
V.Dep.	III	p	sin e.	50b	80/1,12/16ÑP,1681	182a,8	5
V.Dep.	III	f/p	sin e.	23	80/1,22AI/31T, 8960-8961	182a,9	7

Fragmentos de forma indeterminada

Se trata de fragmentos que, nuevamente por lo reducido de su tamaño, no pueden clasificarse correctamente dentro de ninguno de los tipos propuestos por los diferentes autores que se han ocupado del tema y que a la vez por su exiguidad no sólo impiden dicha clasificación, sino que tampoco permiten determinar, ni siquiera con dudas, si nos encontramos frente a tipos ya conocidos o ante formas inéditas.

Dividimos este bloque en dos subapartados en función del aspecto de los fragmentos, tratamiento de las superficies, presencia o no de engobe y, en ocasiones, decoraciones asociadas. Todo ello nos permite establecer una

---

[1325] Mayet, F., 1975, (*vid.* p. 96).

[1326] *Ibid.*

[1327] Marabini, M.ª T., 1973.

[1328] Ricci, A., 1985.

diferenciación, *a priori*, entre aquellos fragmentos que pueden asociarse a formas tardorrepublicanas y por consiguiente con una cronología anterior a la Era, o —teniendo en cuenta las perduraciones— pocos años posterior a su comienzo y aquellos otros datables, con toda probabilidad, ya dentro del siglo I d. C., siempre considerando que el límite final aportado por la estratigrafía se sitúa en los primeros años del *imperium* de Nerón. Los porcentajes se han incorporado a las gráficas correspondientes.

Vasos con decoración a molde

Morfológicamente las tres piezas estudiadas corresponden a boles que presentan un pequeño labio destacado, la pared tiene un ascenso de tendencia vertical y una carena marcada mediante una moldurita en forma de baquetón. Posiblemente ambas apoyarían sobre un pie ligeramente marcado y plano, del tipo convencionalmente denominado de «galleta». Estas características formales permiten encuadrarlas, de acuerdo con la clasificación propuesta por F. Mayet[1329] para la península Ibérica en su forma XXXVII, si bien hemos de advertir que el perfil de estos vasos es más carenado, que en la forma XXXVII tipo, lo cual los aproxima a la XXXVIII.

Tratamiento de las superficies:

Los vasos van totalmente recubiertos por un engobe de color rojizo, cuyo tono varía según los casos, y como decoración en la pared interna reciben una impregnación arenosa generalmente difusa —conservándose trazas del uso de pincel para su aplicación o bien para retirar el excedente—, mientras que en el exterior desarrollan temas ejecutados a molde.

Pastas cerámicas:

Las pastas son de color rojizo. Duras, compactas y muy homogéneas. La fractura es rectilínea y no se observa desgrasante, salvo algún diminuto punto brillante.

El análisis[1330] realizado por el procedimiento de absorción atómica sobre un fragmento del vaso 81/1,2/8Ñ'P',5892 ha proporcionado los siguientes resultados:

Ti	0.4961	Ox. Ti	0.8274
Mn	0.1024	Ox. Mn	0.1322
Mg	2.1654	Ox. Mg	3.5910
Fe	4. 7244	Ox. Fe	6.7545
Ca	7.1850	Ox. Ca	10.0533
Al	11.4075	Ox. Al	21.5544

Descripción de los ejemplares:

VEL 8M',38 (Fig. 182b, 1):

Fragmento de borde y pared superior. El engobe es de color castaño rojizo oscuro.

Bajo una línea de perlas, próxima al borde, se representa una rama con tres hojas y dos frutos de vid, quedando a su izquierda restos de una leyenda que, dada su fragmentariedad, no nos es posible interpretar; de ella se conserva lo siguiente: *[---]e. tangit/ [---]cio. qui/ [---] nil. est/ [---]+. iri*; posiblemente la primera letra de la última línea es una *v* o una *n*.

81/1,2/8Ñ'P',5434 (Fig. 182b, 3):

Dos pequeños fragmentos de pared superior e inferior pertenecientes a un mismo vaso. Engobe de color rojo anaranjado oscuro.

En la decoración, además de las habituales líneas de perlitas, como motivo figurado sólo puede identificarse la representación, parcialmente conservada, de un zorro.

81/1,2/8Ñ'P',5892 (Fig. 182b, 2):

Perfil prácticamente completo de taza. El engobe de color rojo anaranjado es muy ligero, habiéndose desprendido en alguna zona.

La pared superior esta decorada en su totalidad con motivos delimitados por dos seriaciones de perlitas. En los varios fragmentos conservados se desarrollan escenas de combates gladiatorios, previsiblemente separadas por panoplias de armas dispuestas a modo de trofeos como evidencia el fragmento de mayores dimensiones, en el que este elemento —se observa claramente un poste vertical y a su pie dos escudos, semicircular y alargado respectivamente— aparece a la izquierda de un gladiador en actitud de ataque que viste con *subligaculum* ceñido por el *balteus* y lleva, en lo que se aprecia, como defensas *galea* con *crista*, *manicae* y *ocreae*, empuñando en su mano derecha una espada o cuchillo curvo, tal vez la *sica* característica del *gladiator thrax*; a sus pies un escudo alargado que, a juzgar por representaciones semejantes, puede muy bien corresponder no a este personaje, que llevaría uno de pequeñas dimensiones en su mano izquierda, sino a su oponente derrotado, posiblemente un *samnis*. Esta indumentaria se repite en el contendiente

---

[1329] MAYET, F., 1975, (*vid.* p. 73; láms. XXXVIII-XLI, núms. 312-343).

[1330] Este análisis ha sido realizado por la Dra. Josefina Pérez Arantegui dentro del proyecto: «Investigación interdisciplinar sobre la cultura material de la colonia romana Victrix Iulia Celsa (Velilla de Ebro, Zaragoza)» del Departamento de Química Analítica de la Universidad de Zaragoza y el Museo de esta misma ciudad.

del otro fragmento, cuya arma ofensiva se ha perdido, restando en cambio su escudo, pequeño y semicircular. Entre los motivos, al igual que en otros vasos de esta misma producción, figuran letreros alusivos, también —dada su fragmentariedad— de difícil restitución; en uno de ellos se lee: *[---]origa./ [---]nto* y en el otro *glad[---]/ [---]m+[---]*. Bajo la línea de carena y también inscrito entre dos líneas de perlitas corre un interesante rótulo: *[---]lia. Municipio. Calag[---]*.

Comentario:

Como tuvimos oportunidad de expresar en otra ocasión[1331], «esta producción se ha ido perfilando a lo largo de los últimos años mediante el hallazgo de algunos escasos, pero significativos, ejemplares, localizados todos ellos (salvo un fragmento procedente de Tarragona y otro de Badalona) en establecimientos romanos del valle del río Ebro, fundamentalmente en su tramo medio». Dicha producción dada su riqueza ornamental y por la presencia de leyendas nos aporta diversos datos, a pesar de la fragmentareidad de los productos, sobre un individuo de condición libre —*Gaius Valerius Verdullus*— que bien puede ser el ceramista y quizá a la vez el propietario del taller o exclusivamente el grabador de los moldes.

Respecto a la función de estos vasos, por su iconografía y epígrafes pueden hacernos pensar que algunos de ellos (en estos casos el fragmento VEL 8M',38) hagan alusión a las *Saturnales* con lo cual podría convenirse verosímilmente que fueran también destinados en este caso a ser obsequiados,[1332] mientras que para el vaso 81/1,2/8Ñ'P',5892 se ha planteado que reflejasen la realización de unos juegos concretos, que para M. Beltrán[1333] harían referencia a un *[Ludus Iu]lia[nus]*.

Sobre su área de procedencia, los datos proporcionados por la dispersión territorial de los ejemplares,[1334] por el rótulo del framento con escenas gladiatorias y por el ya citado parecido de sus pastas cerámicas con la del fragmento de forma Únzu 3 tratado en este mismo capítulo, resultan esenciales para determinarla. En este sentido creemos que el alfar debió ubicarse en la zona de Calahorra (La Rioja). Lo cual parece quedar confirmado con la publicación preliminar del alfar situado en La Maja (Pradejón-Calahorra, La Rioja).[1335]

La cronología de esta producción puede llevarse a comienzos de Nerón, a tenor de su aparición en el nivel 6 del basurero de la calle II. Los datos proporcionados por las excavaciones de *Baetulo* (Badalona, Barcelona)[1336], donde un vaso —a nuestro juicio— plenamente adscribible a esta producción, se encontró integrado en un estrato de mediados del siglo I d. C, permiten adelantar la fecha de comienzo en la actividad de esta manufactura. En Tarragona[1337] un fragmento de similares características se halló en un nivel de época de Nerón-comienzos de Vespasiano[1338]. Esto último coincide en parte con la estratigrafía de *Celsa*, pero no desdice la cronología aportada por las excavaciones de Badalona, pues no resulta ilógico pensar en que la actividad del alfar fuese algo prolongada o simplemente, y quizá mejor, en que tazas de semejante calidad tuviesen un período de amortización relativamente largo.

Inventario:

FORMA	DEC.	FRAG.	TRAT. SUPS.	PASTA	SIGLA	FIGURA	NIVEL
-	VII-C, E.F	b/p	engobe ie.	20a	VEL 8M',38	182b,1	6
-	VII-B.F	p/c	engobe.ie.	20a	81/1,28Ñ'P',5434	182b,3	6
-	VII-A.D, E.F	b/p/c	engobe ie.	20a	81/1,2/8Ñ'P',5892	182b,2	6

8.7.5. CONSIDERACIONES FINALES

La «Casa de los Delfines» y las vías urbanas que la circundan (calles I, II, III y IV) constituye el conjunto de *Lepida/Celsa* que

[1331] MÍNGUEZ MORALES, J., 1989.

[1332] GARCÍA ANGUINAGA, J. L., 1984, (*vid.* p. 201).

[1333] BELTRÁN LLORIS. M., 1984-b.

[1334] MÍNGUEZ MORALES, J. A., 1989.

[1335] GONZÁLEZ, A.; BERMÚDEZ, A.; JUAN, C.; LUEZAS, R. A.; PASCUAL, H., 1989. También referentes a

diversos aspectos de este taller pueden consultarse GONZALO BLANCO, A.; AMANTE SÁNCHEZ, M.; HERNÁNDEZ, M.ª C., 1991, (Informe de la excavación); LUEZAS PASCUAL, R. A., 1991, (Sobre la cerámica común del alfar); LUEZAS PASCUAL, R. A.; BERMÚDEZ MEDEL, A.; JUAN TOVAR, L. C., 1992, (Informe de la excavación): GONZÁLEZ BLANCO, A.; MATILLA SEIQUER, G., 1992 (Sobre la tipología de uno de los hornos).

[1336] PUERTA, C., 1989, (*vid.* pp. 55-56).

[1337] RÜGER, Ch. B., 1968, (*vid.* p. 246: lám. 71, núm. 16).

[1338] RÜGER, Ch. B. (*Ibid.*) distinguía un estrato H (de época de Tiberio a Nerón) y un estrato G, en el que se integra el fragmento de paredes finas a molde que ahora nos interesa, que situaba en época de Nerón-comienzos de Vespasiano. Más recientemente AQUILUÉ ABADÍAS, X., 1985, (*vid.* p. 221) sobre la base de «la presencia de fragmentos de materiales de época flavia, entre ellos cazuelas africanas de la forma Lamboglia 10B» localiza «la formación de esos estratos en los primeros años del imperio de Vespasiano». Desconocemos cuáles son los otros materiales de época flavia a los que se refiere Xavier Aquilué, pero por lo que respecta a las cazuelas norteafricanas Lamboglia 10B podemos decir siguiendo a AGUAROD OTAL, M.ª C., 1991, (*vid.* p. 269) que se ha comprobado su presencia en *Celsa* y *Caesaraugusta* ya en niveles neronianos (por otra parte la referencia que esta autora hace al hallazgo en *Celsa* en un nivel de abandono, concretamente de la calle VIII, «fechado en época de Claudio», ante la falta de un estudio exaustivo del conjunto de los materiales de esa zona de la *colonia*, nos parece prematura).

ha proporcionado el lote más voluminoso de cerámica de paredes finas (1015 fragmentos), de entre los hasta ahora excavados en la *colonia*; yacimiento, para el contexto del valle medio del Ebro, de por sí enormemente rico y variado en tales hallazgos.

8.7.5.1. *Distribución microespacial de los ejemplares*

A este respecto puede decirse que la concentración de los fragmentos en dos puntos concretos resulta masiva. Nos referimos al espacio doméstico ocupado por el *hortus* de la vivienda y a un gran basurero que se detectó sobre las losas de la calle II y que se prolongaba hasta el cruce de esta arteria con la calle III.

Así considerando, de entre el total de 1015 fragmentos, a los 725 que permiten hacer unas precisiones tipológicas claras, obviando ahora las dudas que ya se han expresado para algunos casos, puede comentarse que 264 (36 %) pertenecen a la casa y 454 (63 %) a las calles, quedando por problemas de interpretación de la cuadrícula tan sólo siete (1%) con una localización exacta indeterminada.

De entre ellos, respecto a la casa, 150 se encontraron en el *hortus*, lo que supone un 57 % de los ejemplares aparecidos en la vivienda. Ello es fácilmente explicable si consideramos que en esta zona se detectó un potente nivel de basurero correspondiente al momento de abandono (nivel 7), lo cual no resulta extraño si pensamos que en el momento final de la vivienda sus moradores no se molestarían excesivamente en la limpieza periódica de los residuos domésticos depositados en esa zona de servicios. Por otro lado hay que recordar que, tanto en el área descubierta del *hortus* como en los espacios que a él se abrían, los suelos eran simplemente de tierra apisonada. Hecho que permitió durante la excavación profundizar sin dañar ningún pavimento noble hasta la cantera natural, con lo cual pudo estudiarse con mayor comodidad y amplitud el aterrazamiento o explanación general de la zona Sur de la casa, acaecido entre los años 41-48 d. C. (nivel 5), que aportó otro conjunto importante de materiales. Respecto a las calles ocurre un fenómeno más o menos similar, puesto que de los 453 fragmentos en ellas recogidos 333 pertenecen a la calle II, a los que hay que sumar otros 12 del cruce entre esa arteria y la III, lo cual da un total de 345 ejemplares que suponen un 76 % de los hallados en las calles. La explicación de esta acumulación es que también aquí se detectó un importante basurero (nivel 6) prolongado probablemente en buena medida en el nivel 7. Dichos estratos debieron conformarse, a juzgar por los materiales, sincrónicamente al que acabamos de comentar para el *hortus*, es decir coincidiendo con el abandono generalizado de esta área

de la *colonia*. Estas acumulaciones de detritus en zonas que estaban, aunque fuese en su momento final de habitación, todavía en servicio quizá puedan suponer una cierta extrañeza si las consideramos con nuestra mentalidad actual, pero hemos de recordar que por una parte aparecieron potentes manchas de cenizas, que nos indican un tratamiento profiláctico de los residuos, y por otro lado también hemos de tener presente que los restos orgánicos generados han sido, hasta no hace mucho tiempo, realmente más bien escasos puesto que eran reciclados para el consumo de perros y animales de corral. Por lo cual, que se acumulasen dentro de la propia aglomeración urbana, en áreas o bien recientemente abandonadas o en vías de serlo, no debía suponer un gran problema de higiene ciudadana, habida cuenta que periódicamente estas basuras debían ser, como hemos citado, incineradas o quizá, incluso más probablemente, ya serían arrojadas a las vías públicas tras haber pasado la mayor parte de los restos orgánicos por el fuego del hogar.

8.7.5.2. *Ubicación estratigráfica de las piezas*

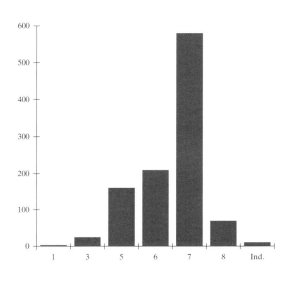

NIVELES	1	3	5	6	7	8	Ind.	TOTAL
Total Frags.	2	31	138	204	565	58	17	1015

Se observa claramente cómo el gran bloque de materiales pertenece a los estratos 6 y 7, coincidentes con el abandono de la zona y que han proporcionado un total de 204 y 564 ejemplares respectivamente. Dichos estratos, recordemos, pueden llevarse cronológicamente a la primera parte del reinado neroniano (54-60 d. C.). Seguidos por el nivel 5, datable aproximadamente entre el 41 y el 48 de la Era, que nos remite a un aterrazamiento de la zona Sur de la casa, en la que se integra el *hortus* con sus diversas dependencias y la antigua cocina (ahora amortizada y convertida en un pasillo).

FORMAS	1,3	3,1	5,1	6,1	7,1/2	8	Ind.	NIVELES
Mt. II-D						1		1
Mt. III	2		1	1	1	2		6
Mt. V-B					1			1
Mt. XII		2						2
Mt. XIII			2	5	16	3		26
Mt. XIV		1						1
Mt. XIV-A					1			1
Mt. XVII			1					1
Mt. XVIII			3	2	17	3		25
Mt. XIX			1		4	1		6
Mt. XVIII-XIX			3	5	9	1		18
Mt. XXI				1	2			3
Mt. XXV					1			1
Mt. XXVIII			1	1	2			4
Mt. XXX			1	1	1	1		4
Mt. XXXIII			1	1	15	1	1	19
Mt. XXXIV		1	32	51	106	9		199
Mt. XXXIV-A/B					1			1
Mt. XXXV			5	6	15	3		29
Mt. XXXVI			32	19	74	9		134
Mt. XXXVII		1	7	14	63	2	1	88
Mt. XXXVII-A					1			1
XXXV-XXXVII			14	41	76	5		136
Mt. XXXVIII-B			4	7	17			28
Mt. XXXVII-XXXVIII			1	7	18			26
Mt. XL				1	2			3
Mt. XLV					1			1
Únzu 3			1					1
Forma I			5	7	11	5		28
Forma II			1	13	29	5		48
Forma II-1						2		2
Forma II-2					2			2
Forma III				8	29	4		41
Forma V			1		3			4
F. Ind IV				1	3			4
F. Ind. V					1			1
F. Ind. VI					1			1
F. Ind. VII				1				1
F. Ind. VIII					1			1
Depresiones			1		1			2
Frags. Ind. A			4	2	11		1	18
Frags. Ind. B		22	18	8	27	3	14	93
Dec. Molde			3					3
TOTAL	2	31	138	204	565	58	17	1015

El nivel *1.3*, localizado bajo el pavimento de la calle IV, a pesar de la escasez de sus materiales resulta especialmente interesante porque permite fijar la, por otro lado cronológicamente nada extraña, presencia de la forma Mayet III en un momento coincidente *grosso modo* con la fundación de la *colonia*.

El *3*, de época de Tiberio, además de incluir algunos materiales augústeos (formas Mayet XII y XIV), presenta un gran interés especialmente por lo que a la forma XXXIV atañe puesto que permite, como ya hemos dicho, afianzar la idea de que esta forma, que especialmente tras el trabajo de Mayet se consideraba que hubiese tenido un lapso productivo corto, se fabricase a lo largo de un período relativamente prolongado en el tiempo (de Tiberio a los flavios). Además también confirma el inicio de la fabricación de la forma XXXVII durante la etapa tiberiana.

El *5*, datado en la primera parte del imperio de Claudio, por tratarse de un estrato de aterrazamiento con el previsible aporte de tierras que ello debió suponer, incluye algún elemento de cronología anterior (formas Mayet III y XVII, XXVIII y XXX), así como otros cuyo final puede fecharse precisamente hacia ese período (forma Mayet XIII), junto con otros que perviven en el tiempo (formas Mayet XVIII, XIX, XXXIII, XXXIV, XXXV, XXXVI, XXXVII, XXXVIII-B, Únzu 3; Forma I, Forma II y Forma V; así como un fragmento con decoración de depresiones). Del último bloque puede destacarse que para las formas XVIII y XIX este estrato, junto con otros datos recogidos por A. López Mullor en Cataluña, supone el nexo entre la cronología augústeo-tiberiana que se le había otorgado, sin bases estratigráficas, a partir de Mayet y su significativa presencia en los niveles de abandono de este área que nos llevan a la primera parte de Nerón. Para la Mayet XXXIII se detecta un fenómeno parecido. Por lo que se refiere a las «cáscaras de huevo» (Mayet XXXIV) éstas ya aparecen numéricamente bien representadas, constituyendo de hecho junto con la XXXVI la más abundante del estrato. Las formas Mayet XXXV, XXXVII y XXXVIIIB también aparecen convenientemente representadas, aunque hay que recordar los problemas de atribución que existen para muchos de los fragmentos entre las formas XXXV y XXXVII, y XXXVII y XXXVIIIB, por lo cual muchos de los ejemplares quedan dentro de la categoría de indefinidos entre unas y otras formas, desdibujándose con ello su valor tipológico. Respecto a las formas XXXV, XXXVI, XXXVII, XXXVIIIB puede comentarse que, como incidiremos posteriormente, se fabricaron en su mayoría con unas pastas cuyo aspecto, indudablemente familiar, parece indicarnos que proceden de un mismo alfar. La aparición de dichas formas y pastas en este estrato puede acercarnos al comienzo de la plena actividad y difusión de ese taller; cuyo inicio, a juzgar por un único fragmento de la forma XXXVII encontrado en el nivel *3*, debe situarse ya en el período tiberiano. En esta misma línea de aproximación a la datación de los posibles centros de abastecimiento más próximos espacialmente a la *colonia Celsa*, o por decirlo de otra manera: a cuando posiblemente surgen en el entorno alfares destinados a cubrir unas necesidades locales o regionales, también son de destacar el hallazgo en este estrato quinto de fragmentos atribuibles a las, por nosotros denominadas, Formas I, II y V. Finalmente, para precisar la datación de la forma Unzu 3 resulta enormente interesante su integración en este estrato que matiza y confirma la apreciación hecha en su día por Mezquíriz, quien la había situado hacia mediados del siglo primero de la Era.

Los estratos 6-7, correspondientes con el abandono de la zona y datables en la primera parte del período neroniano, son los más potentes en cuanto al volumen de materiales. En ellos resulta especialmente significativa la presencia de las formas XVIII, XIX y XXXIII que junto con su hallazgo en el estrato inferior (5) permite, como ya hemos anunciado, prolongar su vida cuando menos hasta el período anterior, es decir que seguirían comercializándose plenamente en época de Claudio, y quizá también a comienzos de Nerón. Las formas XXXIV, XXXV, XXXVI y XXXVII son con diferencia las más abundantes, y en menor medida la XXXVIIIB, sobre la cual ya hemos expresado las dificultades de clasificación que plantea al trabajar con pequeños fragmentos, incluso posiblemente sería mejor considerarla como una variante de la XXXVII. Junto a ellas las Formas I, II, V y las, escasísimamente representadas, Indeterminadas IV, V, VI, VII y VIII, conforman el grueso del estrato. Respecto a la Forma III, de la que se encuentran 37 evidencias, puede decirse que esta adecuada presencia permite alargar la cronología de la forma claramente cuando menos durante todo el período de Claudio, aspecto que por otra parte ya había sido esbozado tímidamente por A. López Mullor; adentrándose plausiblemente incluso en la etapa neroniana. Interesantísima resulta la posición estratigráfica de los tres fragmentos, en este caso correspondientes claramente a otros tantos vasos, con decoración figurada a molde, puesto que posibilita ir afianzando la cronología de esta excepcional producción del valle medio del Ebro. Las formas Mayet XL (tres ejemplares) y XLV (un ejemplar) son los elementos de paredes finas posiblemente más recientes del estrato. La primera de ellas quizá tenga un inicio anterior (en época de Claudio; retrasarla como hace Mayet, sin ninguna base estratigráfica, a época de Tiberio nos parece excesivo), pero respecto a la XLV puede decirse que este nivel de *Celsa* nos permite precisar su comienzo dentro de la primera parte de Nerón, fecha a partir de la cual empezaría a ponerse de moda; lo cual además permitiría explicar su rápida imitación por parte de los servicios en *terra sigillata* hispánica a partir de la etapa flavia.

8.7.5.3. Nomenclatura y ordenación de los vasos

Resulta a todas luces evidente, y huelga cualquier precisión al respecto, que la función estricta de los vasos de paredes finas dentro del conjunto del *instrumentum domesticum* es la de ser utilizados como *vasa potoria*; es decir sirven para beber en ellos. A esta norma general solamente se sustraen contadas excepciones, ninguna de ellas presentes en nuestro conjunto, como son la forma Mayet LII cuyo uso debió ser el de una vasija para preparar y servir infusiones, la forma L que ostenta un pico vertedor y quizá algún vaso de la forma XLIII que presenta tapadera y que pudo servir como cajita cilíndrica. Del mismo modo tampoco aparece aquí ninguna, de las por otro lado nada frecuentes, versiones de las formas en tamaño muy reducido; que podrían hacernos pensar en otro uso distinto del estrictamente libatorio, como podría ser probablemente que sirviesen de juguetes.

Dada esa clara concreción en su finalidad no nos parece adecuado aplicar, precisamente porque además lo hemos ensayado, criterios tipométricos que en esta vía nada nos aportan a nuestro estudio.

Sí que nos ha preocupado enormemente la correcta denominación física de los objetos. Hay que tener en cuenta que los principales estudios sobre este grupo cerámico se han realizado en idioma extranjero (inglés, alemán, francés e italiano) y que en muchas ocasiones las definiciones, en principio más sencillas, y en este sentido somos los primeros en entonar el *mea culpa*, se han realizado traduciendo los términos literalmente (taza, cuenco, bol, urnita, copa, cubilete, etc.) pero sin tamizar su significado a través del diccionario de la Real Academia de la Lengua. Por ello hemos desechado *a priori* aquellos vocablos, como el de urnita, que en castellano en principio nunca pueden aplicarse a vasos para beber, y para el resto que hemos usado: cubiletes, tazas, boles y cuencos, se ha seguido el citado diccionario con los problemas de indefinición que en ocasiones plantea (por ejemplo la distinción entre bol y cuenco la hemos basado en que para el segundo especifica que debe tener labio mientras que para el primero no lo hace), matizando a veces (tazas globulares y boles cilíndricos). En el caso de las formas altas cuando no hemos encontrado una definición que se ajustase al objeto concreto (problema que salvo en los cubiletes, y en ocasiones no sin dudas, se plantea siempre) hemos preferido denominarlos genéricamente vasos altos, diferenciando por su aspecto entre vasos altos cilíndricos, troncocónicos y vasos globulares y/o piriformes.

Ello nos conduce a poder agrupar esas categorías, que han ido estableciéndose por sí mismas, en dos grandes bloques, basados en el aspecto general de los distintos ejemplares: vasos altos y vasos bajos. Nos encontramos ante un resultado, en principio, bastante similar al propuesto por A. Ricci con sus tipos I («bicchiere», «boccalino», «vasetto» y «urnetta») y II («coppa», e inexplicablemente dada la duplicidad con las subcategorías anteriores: «boccalino» y «bicchiere», o también el más genérico: «vasetto»).

Una vez llegados a este punto, hemos de aclarar que no hemos pretendido en absoluto reelaborar la propuesta de clasificación realizada por la profesora Ricci, sino tan sólo reordenar el material objeto de estudio atendiendo a sus cualidades físicas más aparentes, con el objeto de intentar comprobar los cambios de gusto o de moda que a simple vista pueden detectarse a lo largo de la vida de este grupo cerámico. Grupo que alcanza su máxima representación en los mercados, precisamente, a lo largo de los ciento y pico de años que abarcan los estratos de la Casa de los Delfines y calles adayacentes que ahora estamos tratando.

	FORMAS/NIVELES	1,3	3,1	5,1	6,1	7,1/2	8	Ind.	TOTALES
Formas Altas — Cubiletes	Mt. II-D						1		1
	Mt. III	2		1	1	2			6
	Mt. V-B					1			1
	Mt. XVII			1					1
	F. Ind. V					1			1
	Total	2	0	2	1	4	1	0	10
Vasos altos cilíndricos	Mt. XII		2						2
	Mt. XIV		1						1
	Mt. XIV-A					1			1
	Total	0	3	0	0	1	0	0	4
Vaso alto troncocónico	Mt. XIII			2	5	16	3		26
	Total	0	0	2	5	16	3	0	26
Vasos altos globulares y/o piriformes	Mt. XVIII			3	2	17	3		25
	Mt. XXI				1	2			3
	Mt. XXXVI			32	19	74	9		134
	Mt. XL				1	2			3
	Mt. XLV					1			1
	F. Ind IV				1	3			4
	F. Ind. VI					1			1
	Total	0	0	35	24	100	12	0	171
	Total F. Altas	2	3	39	30	121	16		211
Formas Bajas — Tazas / Taza globular	Mt. XXV					1			1
	Mt. XXVIII			1	1	2			4
	Total	0	0	1	1	3	0	0	5
	F. Ind. VII				1				1
	Total	0	0	0	1	0	0	0	1
	Total Tazas	0	0	1	2	3	0	0	6
Boles	Mt. XIX			1		4	1		6
	Mt. XXX			1	1	1	1		4
	Mt. XXXIV		1	32	51	106	9		199
	Mt. XXXIV-A/B					1			1
	Mt. XXXVII		1	7	14	63	2	1	88
	Mt. XXXVII-A					1			1
	Forma I			5	7	11	5		28
	Forma II			1	13	29	5		48
	Forma II-1						2		2
	Forma II-2					2			2
	Forma III				8	29	4		41
	Forma V			1		3			4
	Dec. Molde				3				3
	Total	0	2	48	97	250	29	1	427
Boles cilíndricos	Mt. XXXVIII-B			4	7	17			28
	Unzu 3			1					1
	Total	0	0	5	7	17	0	0	29
	Total Boles	0	2	53	104	267	29	1	456
Cuencos	Mt. XXXIII			1	1	15	1	1	19
	Mt. XXXV			5	6	15	3		29
	Total cuencos	0	0	6	7	30	4	1	48
	Total F. Bajas	0	2	60	113	300	33	2	510
Indeterminados	Mt. XVIII-XIX			3	5	9	1		18
	XXXV-XXXVII			14	41	76	5		136
	XXXVII-XXXVIII			1	7	18			26
	F. Ind. VIII					1			1
	Depresiones			1		1			2
	Frags. Ind. A			4	2	11		1	18
	Frags. Ind. B		23	18	8	27	3	14	93
	Total Frags. Ind.	0	27	39	61	143	9	15	294
	TOTAL	2	32	138	204	564	58	17	1015

8.7.5.4. Áreas de producción: procedencia de las piezas

Cuadro resumen de las asociaciones formas/pastas

8.7.5.5. *Las áreas de procedencia*

El estudio de la base arcillosa de las piezas aporta interesantes datos respecto a las áreas de abastecimiento que suministraron a *Lepida/Celsa* vasos para beber de «paredes finas». Con la mirada puesta en este objetivo hemos encaminado la diferenciación de los diversos grupos de pastas cerámicas representados en nuestros ejemplares. Hay que incidir en que lamentablente no se ha podido contar con los análisis físico-químicos oportunos que hubiesen apoyado nuestra labor (sólo tenemos el análisis, mediante espectrometría de absorción atómica con llama, de uno de los fragmentos realizados a molde). Todo este trabajo lo hemos realizado, pues, aun siendo conscientes de que en el caso de obtenerse, en un futuro más o menos próximo, los citados análisis, variarán sin duda enormemente los resultados (en primer lugar el número final de pastas cerámicas previsiblemente se verá reducido), que en el momento presente han de ser considerados como provisionales y meramente orientativos.

La adscripción concreta de los diversos grupos de pastas a unos posibles orígenes geográficos permite, en primer lugar, distinguir unas producciones italianas de otras hispanas.

Los vasos de paredes finas de la península Italiana son escasos. A esas manufacturas, algunas de ellas posiblemente centroitálicas y quizá también de las áreas campana y etrusca, pueden atribuirse, con absolutos visos de verosimilitud, las formas Mayet II, III, V, XII, XIII, XIV, XVII, XXV, XXVIII y XXX, así como uno de los ejemplares de la XXI y quizá parte de la XXXIII.

Las cerámicas de «paredes finas» peninsulares constituyen el grueso de los hallazgos efectuados en el área estudiada; estas producciones pueden dividirse en varios grupos en relación a sus áreas geográficas de origen:

En primer lugar hay que considerar la presencia de las producciones béticas de las que podemos pensar, siquiera sea provisionalmente, que no se hallan tan abundantemente representadas como cabría esperar dada la idea generalizada de la práctica inundación de los mercados por parte de los vasos manufacturados en esta *provincia*, cuyos productos recordemos que se exportaron no sólo al resto de *Hispania* sino también a la misma Italia o incluso a zonas tan alejadas como *Britannia*. Dichas vajillas debieron contar fundamentalmente con una difusión marítima, lo cual teniendo en cuenta que en el caso de *Celsa*, como para el valle medio del Ebro en general, se contaba con la vía fluvial del Ebro, debería haber favorecido la penetración masiva de tales productos no sólo hasta nuestro yacimiento sino, en general, hacia el interior del Noreste peninsular. Sin embargo a juzgar por el material ahora en cuestión, y

podemos adelantar que, cuando menos, el resto de los hallazgos aragoneses y riojanos en nada le contradicen, dicha presencia debió ser muy escasa. Para explicarnos esto sin duda hemos de considerar la concurrencia que tales productos sufrirían respecto a los suministrados por otros talleres que debieron asentarse en el área catalana y en el resto del valle medio del Ebro, cuya calidad no resulta inferior y que además evidentemente debían tener un coste final para el consumidor bastante más bajo.

Las formas Mayet XVIII, XIX y parte de la Forma III nos adentran en las producciones del área catalana. Con las pastas 27 y 50 se han producido también tazas de la forma XXXIII, por lo que puede plantearse la producción de este tipo en Cataluña. Ya hemos visto que algunos de los vasos de estas mismas formas han podido fabricarse fuera de la zona de la actual Cataluña; nos referimos a algunos ejemplares de las formas XVIII y XIX fabricados con la pasta número 18 y revestidos con un engobe negro.

Tan sólo se han encontrado cinco ejemplares atribuibles al *municipium* calagurritano o a sus inmediaciones, uno de ellos con decoración de barbotina blanca (forma Únzu 3), otro de forma Mayet XXXVII y los otros tres con decoración a molde (boles). La última producción se va perfilando como un hito muy importante en la extensión a las paredes finas de la moda consistente en ejecutar la decoración mediante molde, consiguiendo con ello una gran variedad ornamental con la inclusión de motivos figurados, lo cual daba una enorme riqueza a estas producciones que debieron arrancar de la adaptación a estas vajillas de mesa de la técnica decorativa utilizada por la *terra sigillata*, que pasaría directamente a los cubiletes de «tipo Aco», siendo retomada la idea por los alfares de Montans y La Graufesenque (que por otro lado, como es sabido, fabricaron fundamentalmente *sigillata*), pero produciendo ya formas de cuencos o boles de acuerdo con el gusto imperante en el momento. Quizá en la imitación de estos servicios galos debamos buscar el origen de los vasos procedentes del *municipium* calagurritano, cuyo alfar se ha localizado recientemente en la partida de La Maja (Pradejón-Calahorra, La Rioja).

Finalmente se han constatado una serie de producciones también del área media del valle del río Ebro de las cuales —por su calidad, variedad de tipos y decoraciones— hemos de destacar la del grupo 18 y 21. Dichas pastas, que hemos diferenciado ocularmente pero que quizá constituyan un único grupo, son con diferencia las más representadas en los niveles 5, 6 y 7, y con ellas se fabricaron vasos de las formas XVIII, XIX, XXI, XXXV, XXXVI (con decoración de baquetones rugosos a la barbotina e impregnación arenosa), XXXVII, XXXVIIIB, XL, XLV y Forma

II (con decoración a la barbotina). También a la zona del valle medio del Ebro pueden atribuirse la Forma I, los vasos de la Forma II con decoración de grandes ondas a peine, quizá parte de la Forma III y la Forma V; así como algunos otros vasos de diversas formas cuyas pastas recuerdan más al mundo de las engobadas o incluso a la cerámica común y que remiten a manufacturas regionales de difusión restringida. Por último, tampoco queremos olvidar en estas líneas finales la hipótesis que hemos lanzado al hablar de la forma Mayet XXXIV de que quizá se produjese también en algún taller todavía no localizado de la Tarraconense. Para abogar por esta posibilidad, además de que al considerar el taller turolense de Rubielos de Mora (no representado en *Celsa*) se quiebra la idea lanzada por F. Mayet respecto a la unidad en su manufactura, hemos de tener en cuenta el fenómeno ya comentado de la práctica ausencia en nuestro conjunto de paredes finas que puedan atribuirse con certidumbre a la Bética, solar que se ha considerado tradicionalmente como primordial para estas «cáscaras de huevo». Realmente la Mayet XXXIV se encuentra tan excepcionalmente representada en nuestro conjunto (no podemos olvidar, por supuesto, que es inconfundible y que dada su fragilidad se fragmenta sobremanera, lo cual acrecienta porcentualmente el número de los hallazgos) que dificulta pensar que si en grueso fuese bética, no hubiesen llegado junto a ella asociados otros importantes lotes de productos cerámicos manufacturados en la misma provincia, además con una finalidad similar y efectivamente de moda en los mercados. Ello no quiere decir que se anule de un modo absoluto la presencia de algunos vasos de esta forma producidos en el Sur de la Península, pero quizá como ocurría con las formas XXXVI y XXXVII tales ejemplares sean mucho más escasos de lo que *a priori* cabría esperar. Una vez más sólo los análisis químicos podrían sacarnos de dudas.

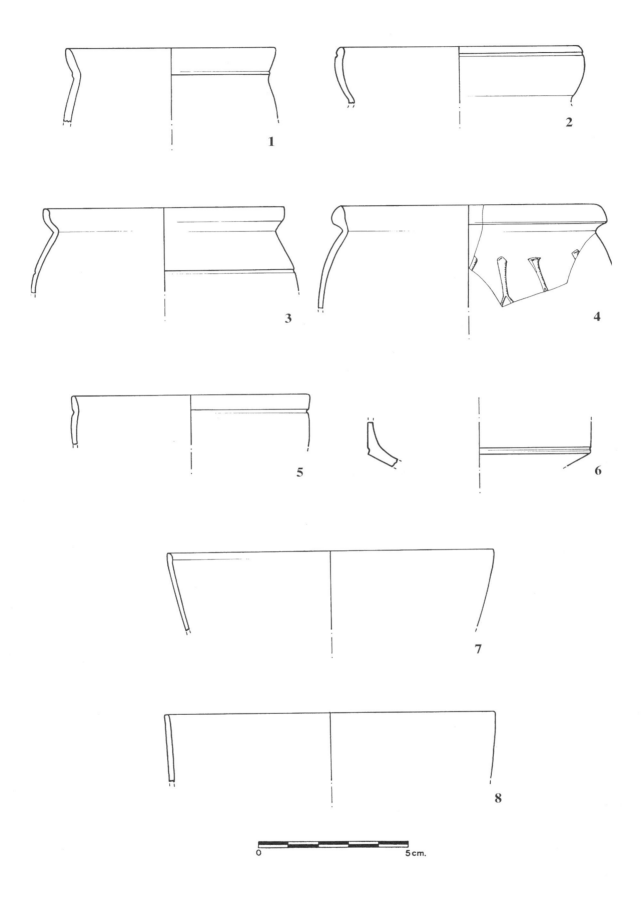

Figura 155. Cerámica de paredes finas. Formas Mayet III, V; XII.

351

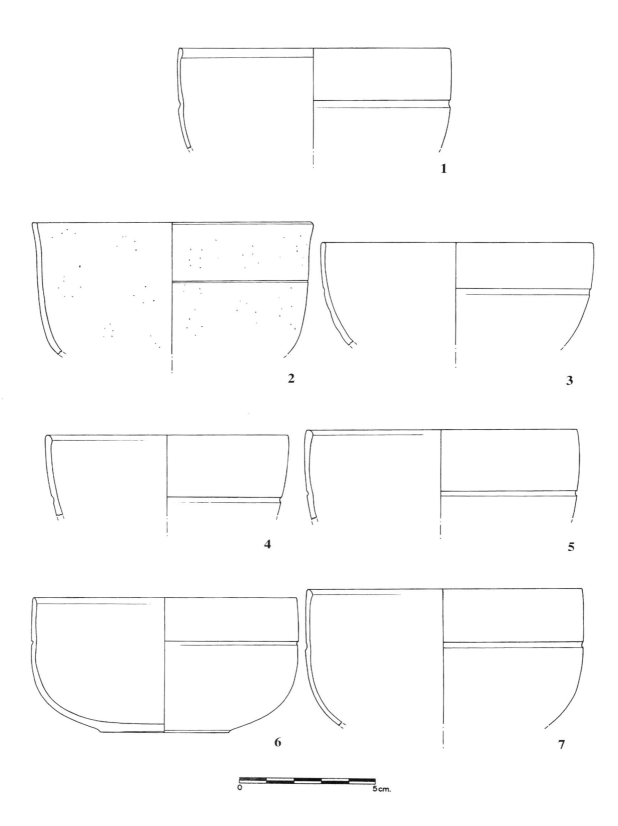

Figura 156. Cerámica de paredes finas. Formas Mayet XIII, XIV.

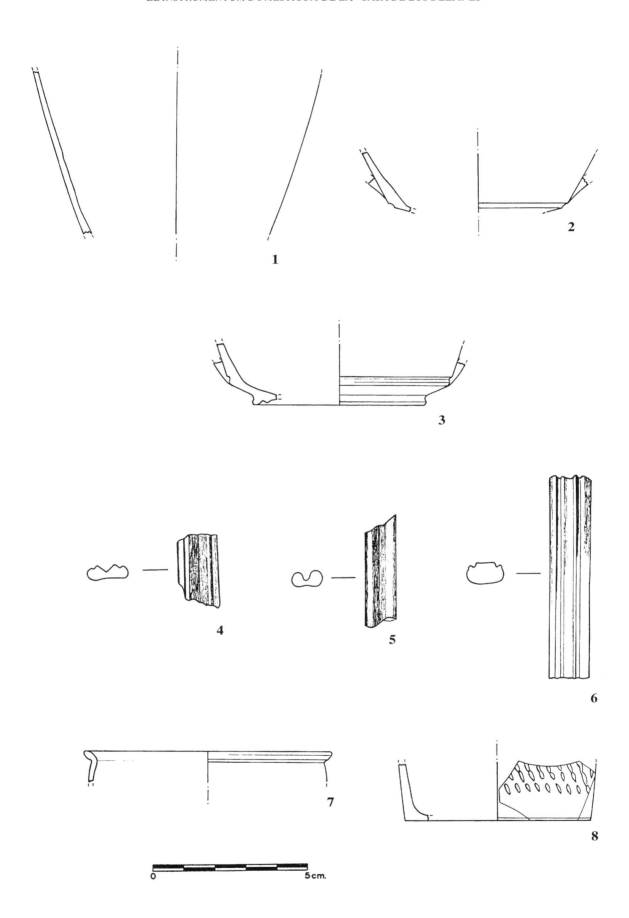

Figura 157. Carámica de paredes finas. Formas Mayet, XVII, XVIII.

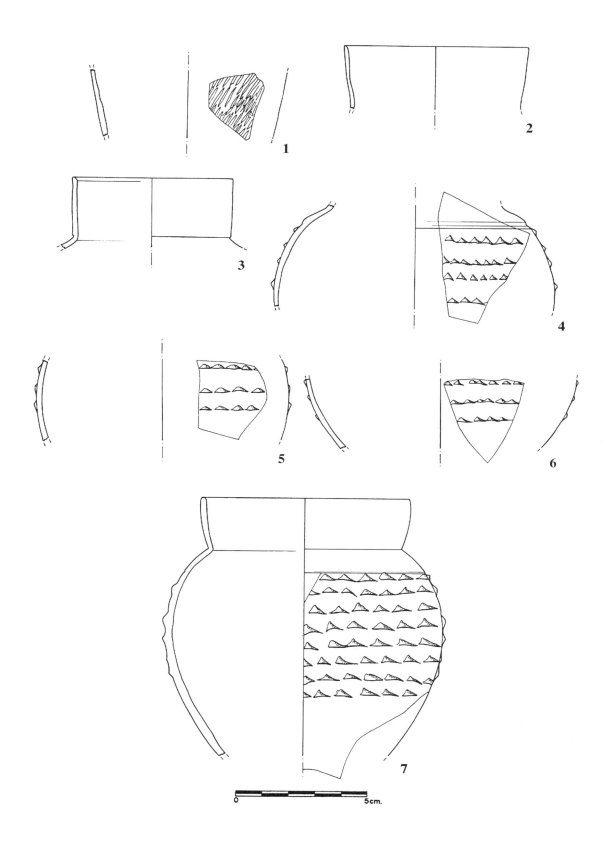

Figura 158. Cerámica de paredes finas. Formas Mayet XIX, XXI.

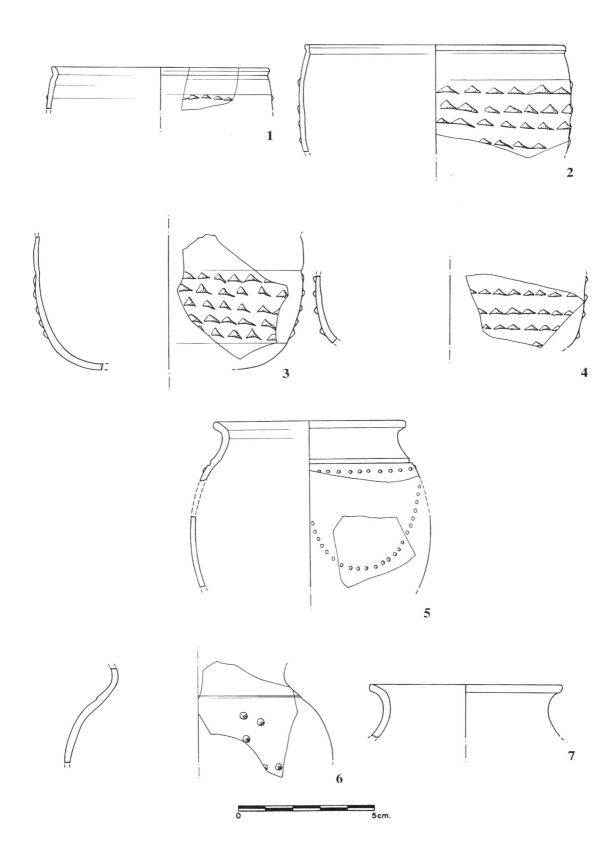

Figura 159. Cerámica de paredes finas. Formas Mayet XXV, XXVIII.

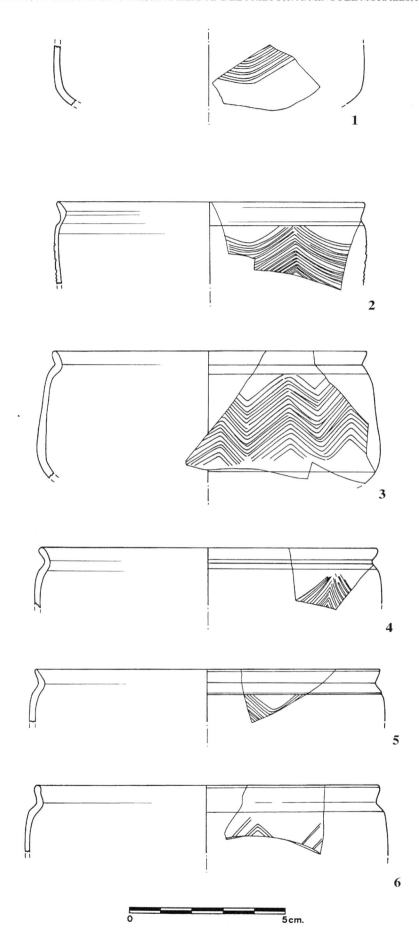

Figura 160. Cerámica de paredes finas. Formas Mayet XXX.

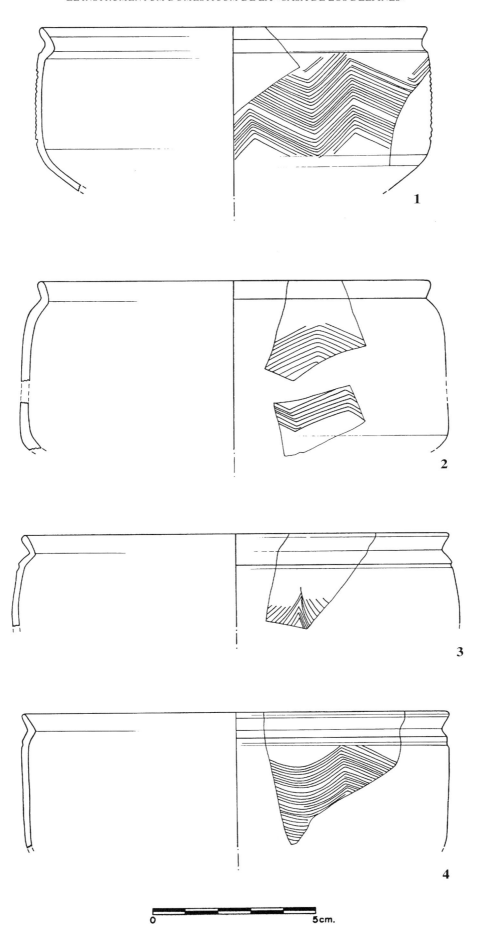

Figura 161. Cerámica de paredes finas. Formas Mayet XXXIII.

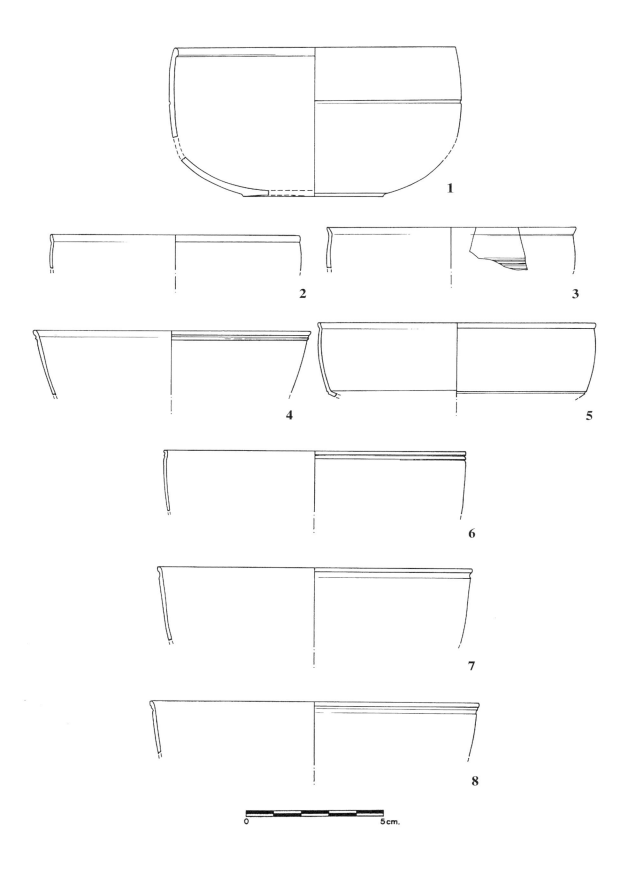

Figura 162. Cerámica de paredes finas. Formas Mayet XXXIII, XXXIV.

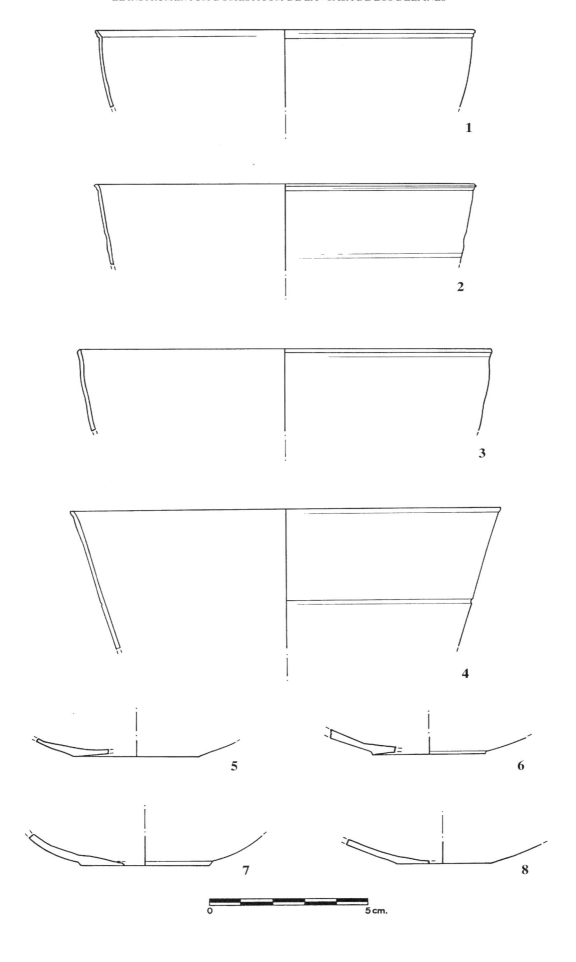

Figura 163. Cerámica de paredes finas. Formas Mayet XXXIV.

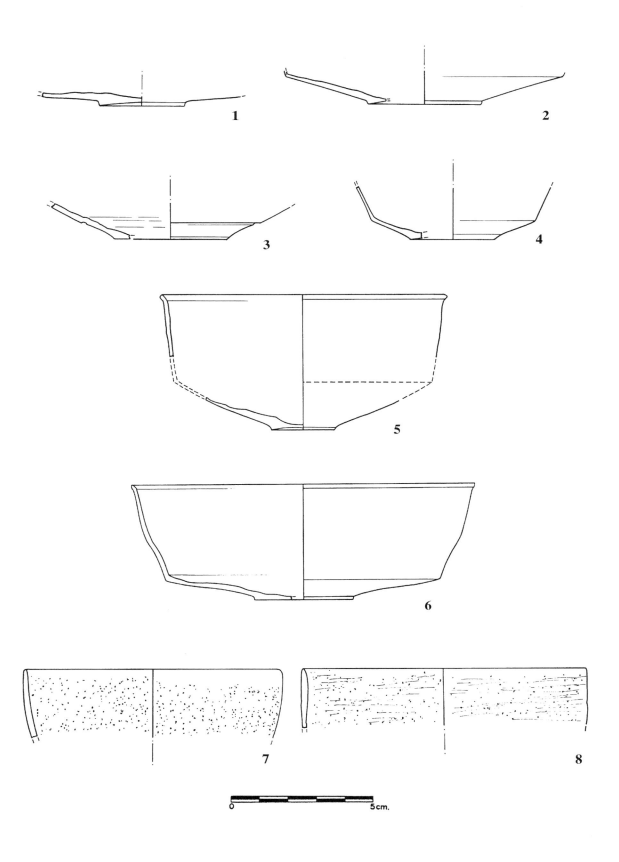

Figura 164. Cerámica de paredes finas. Formas Mayet XXXIV.

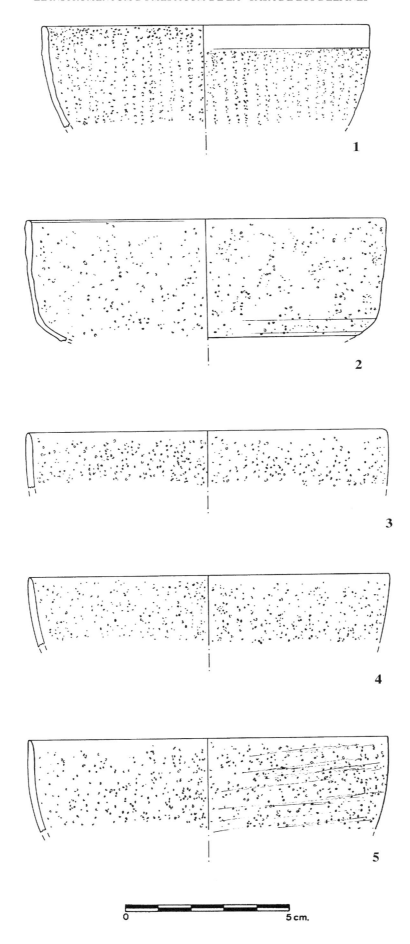

Figura 165. Cerámica de paredes finas. Formas Mayet XXXV.

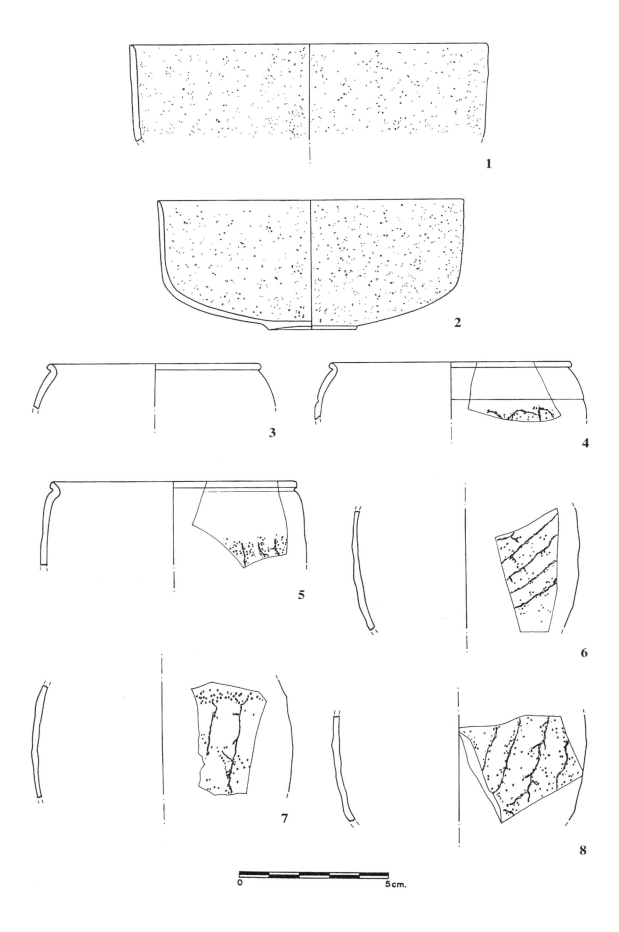

Figura 166. Cerámica de paredes finas. Formas Mayet XXXV, XXXVI.

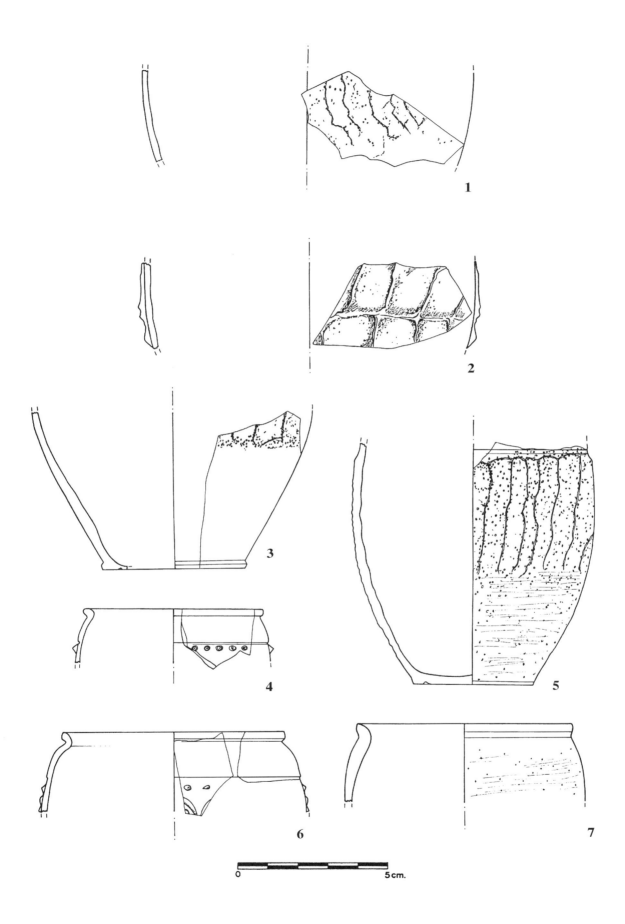

Figura 167. Cerámica de paredes finas. Formas Mayet XXXVI.

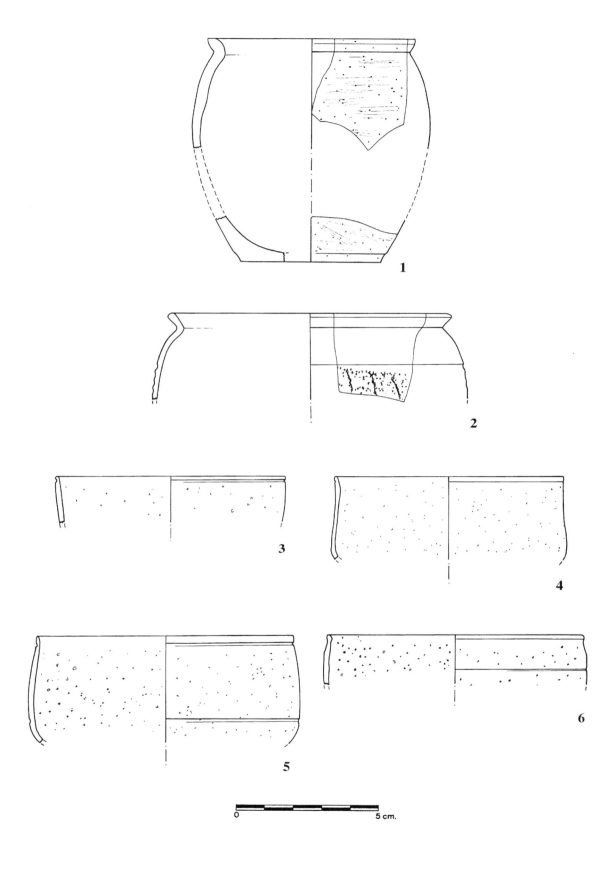

Figura 168. Cerámica de paredes finas. Formas Mayet XXXVII.

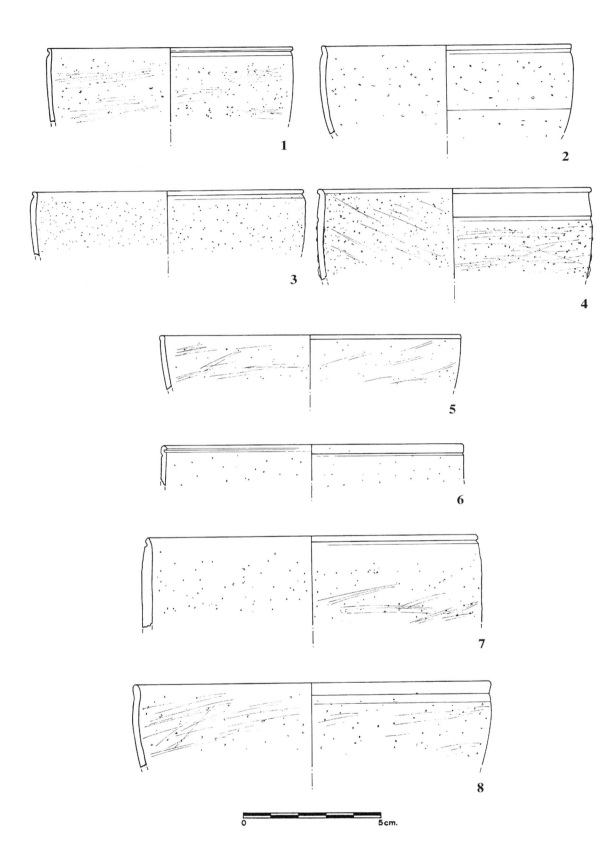

Figura 169. Cerámica de paredes finas. Formas Mayet XXXVII.

365

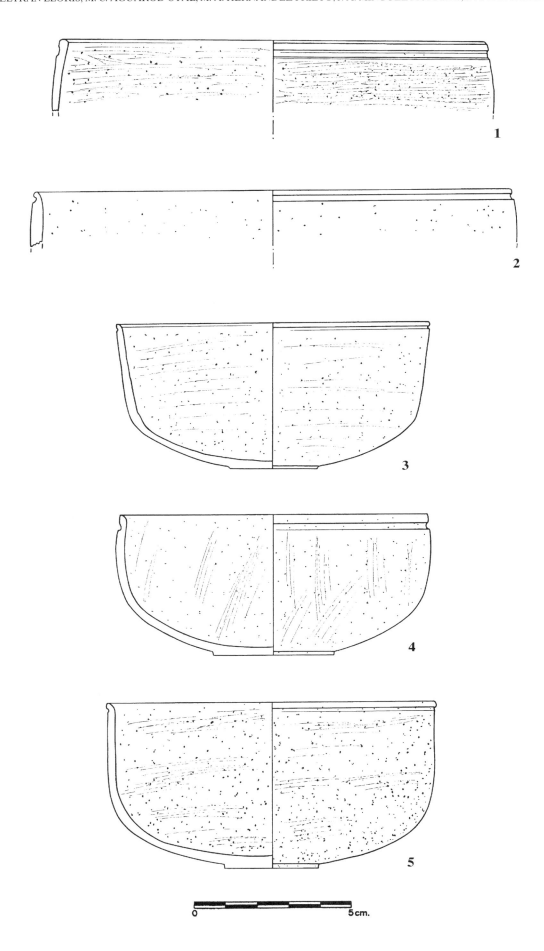

Figura 170. Cerámica de paredes finas. Formas Mayet XXXVII.

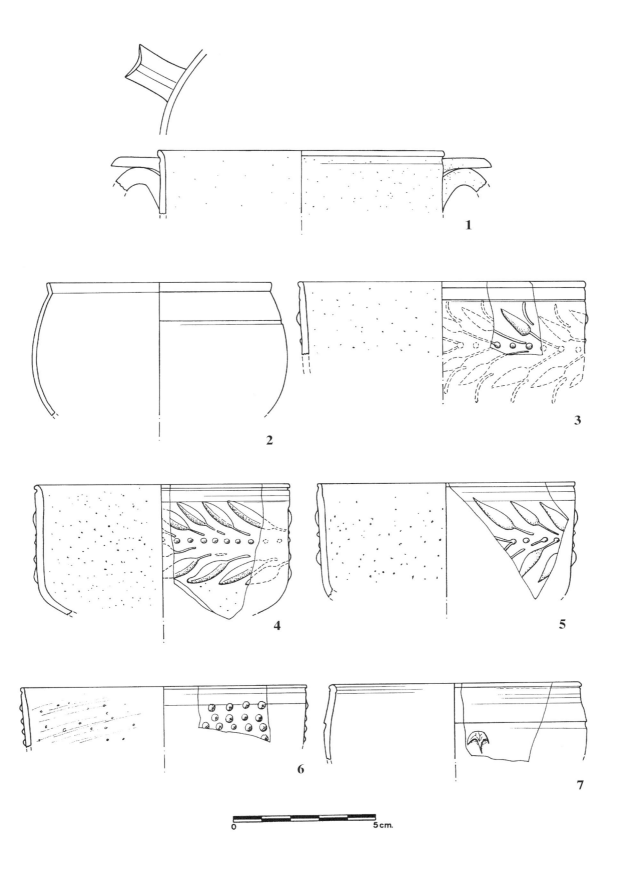

Figura 171. Cerámica de paredes finas. Formas Mayet XXXVII.

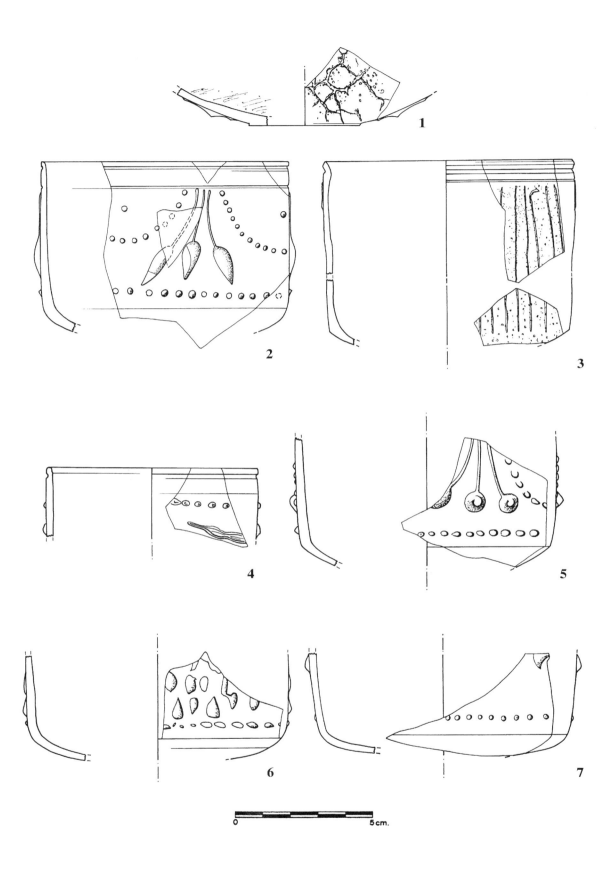

Figura 172. Cerámica de paredes finas. Formas Mayet XXXVIII.

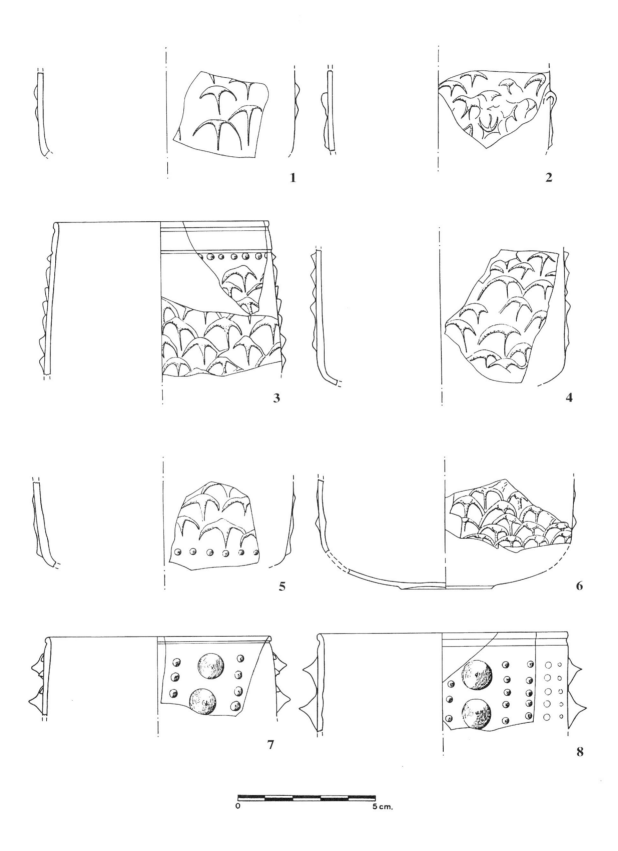

Figura 173. Cerámica de paredes finas. Formas Mayet XXXVIII.

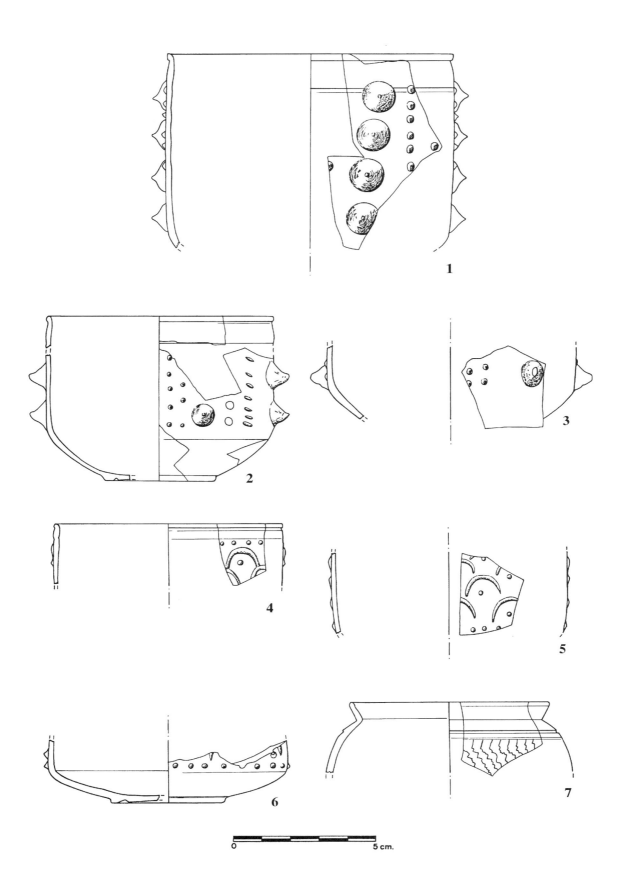

Figura 174. Cerámica de paredes finas. Formas Mayet XXXVIII.

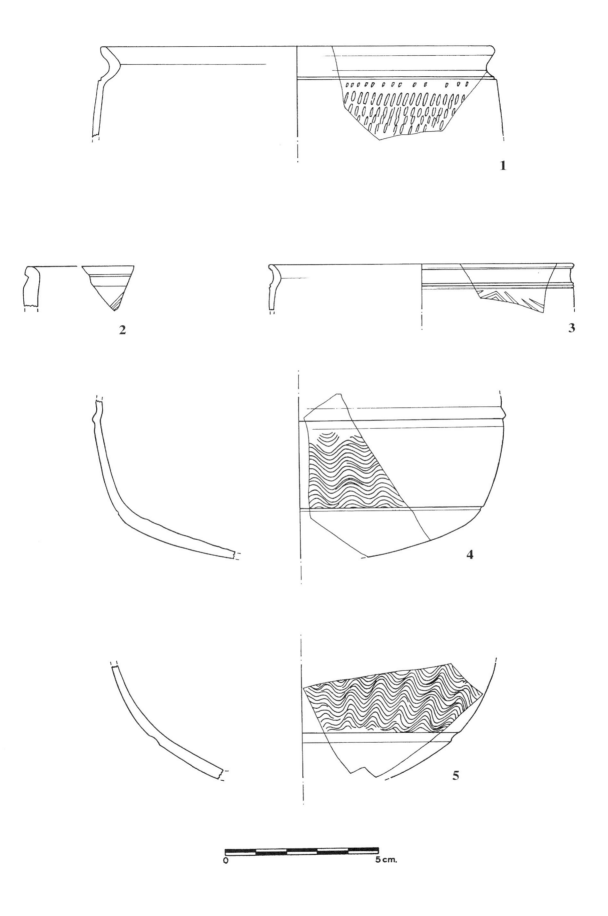

Figura 175. Cerámica de paredes finas. Formas Mayet XL, XLV, Unzu 3.

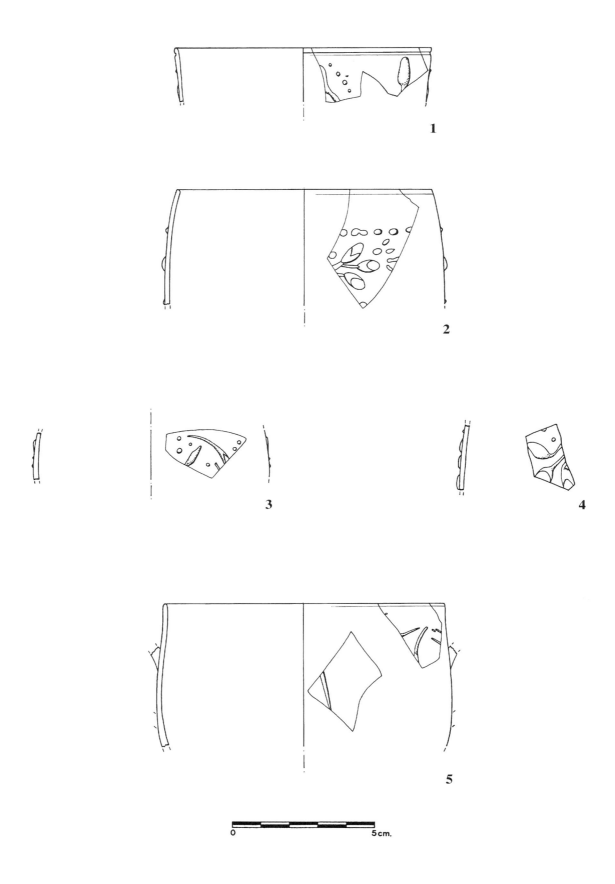

Figura 176. Cerámica de paredes finas. Forma I.

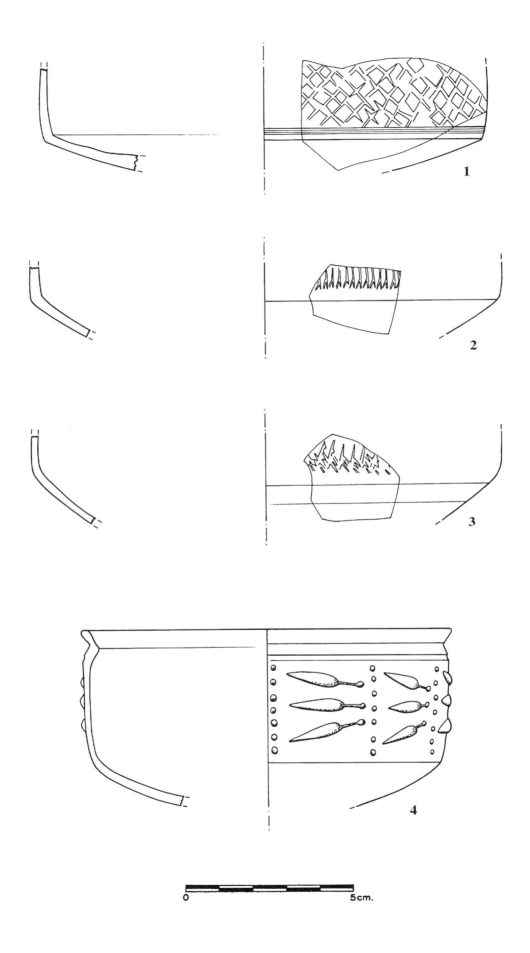

Figura 177. Cerámica de paredes finas. Forma I, II.

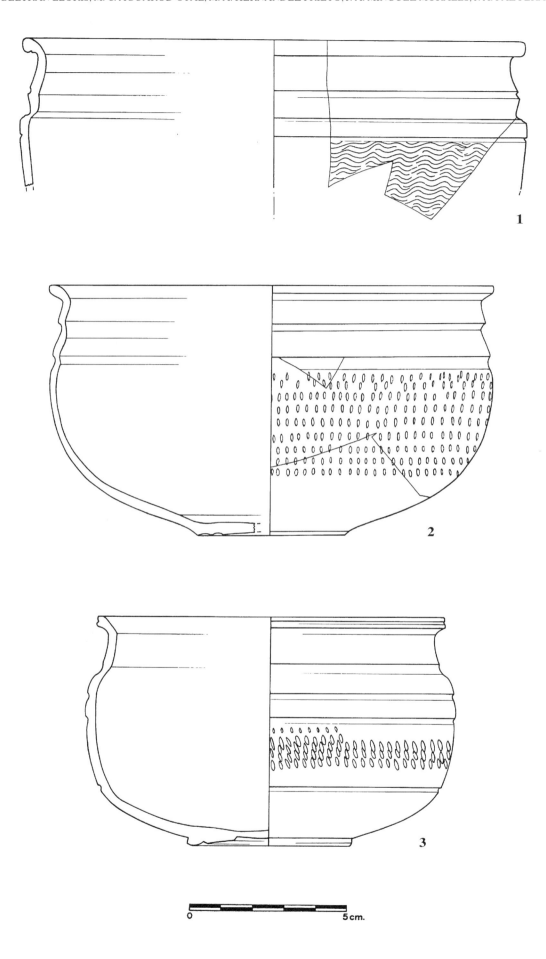

Figura 178. Cerámica de paredes finas. Forma II.

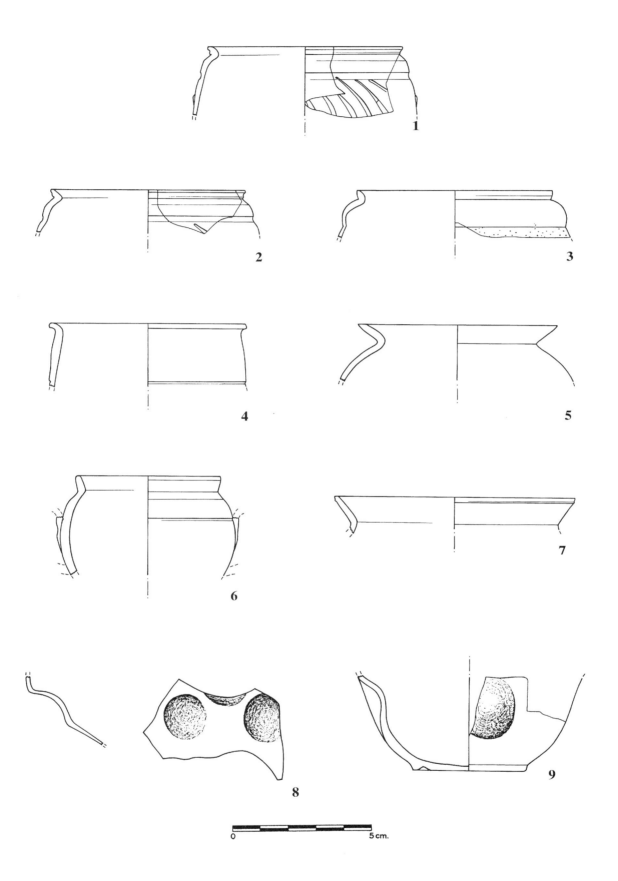

Figura 179. Cerámica de paredes finas. Forma II.

375

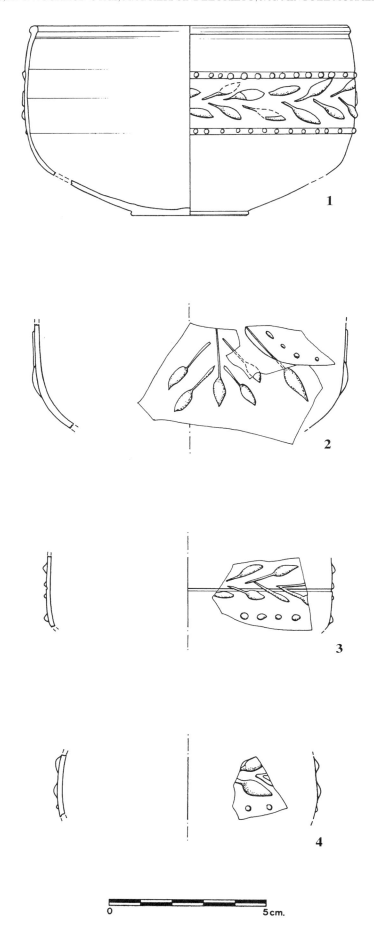

Figura 180. Cerámica de paredes finas. Formas II, III.

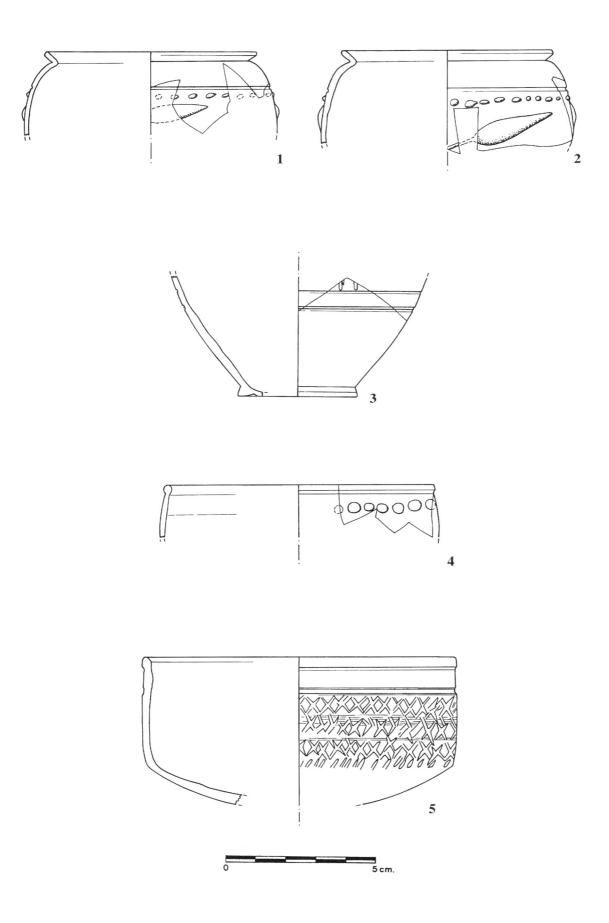

Figura 181. Cerámica de paredes finas. Formas III, V.

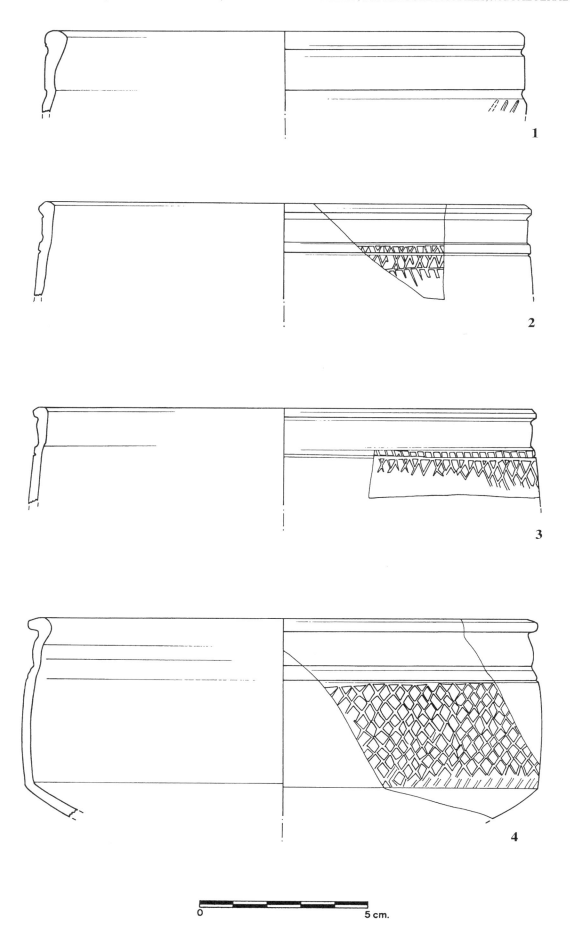

Figura 182a. Cerámica de paredes finas. Formas indeterminadas.

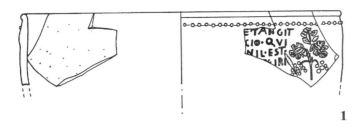

1

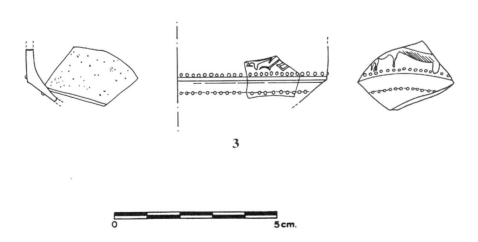

2

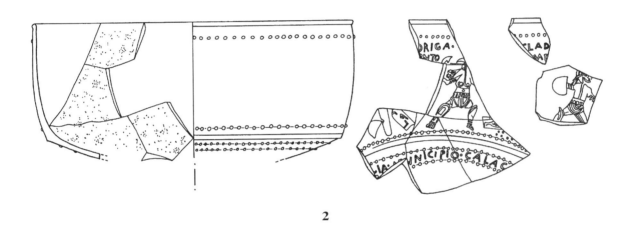

3

0   5 cm.

Figura 182b. Cerámica de paredes finas. Vasos con decoración a molde.

379

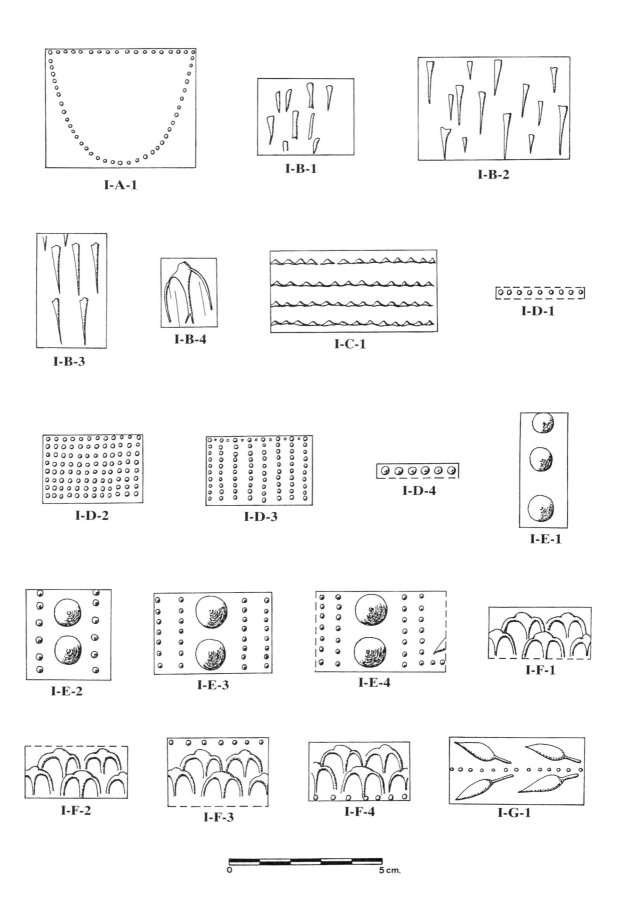

Figura 183. Cerámica de paredes finas. Decoraciones.

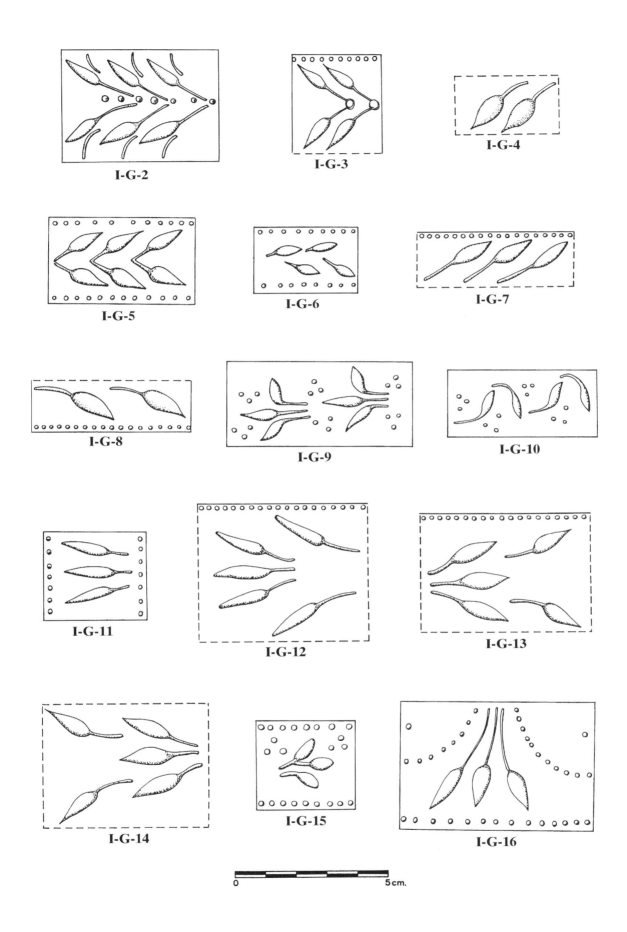

Figura 184. Cerámica de paredes finas. Decoraciones.

381

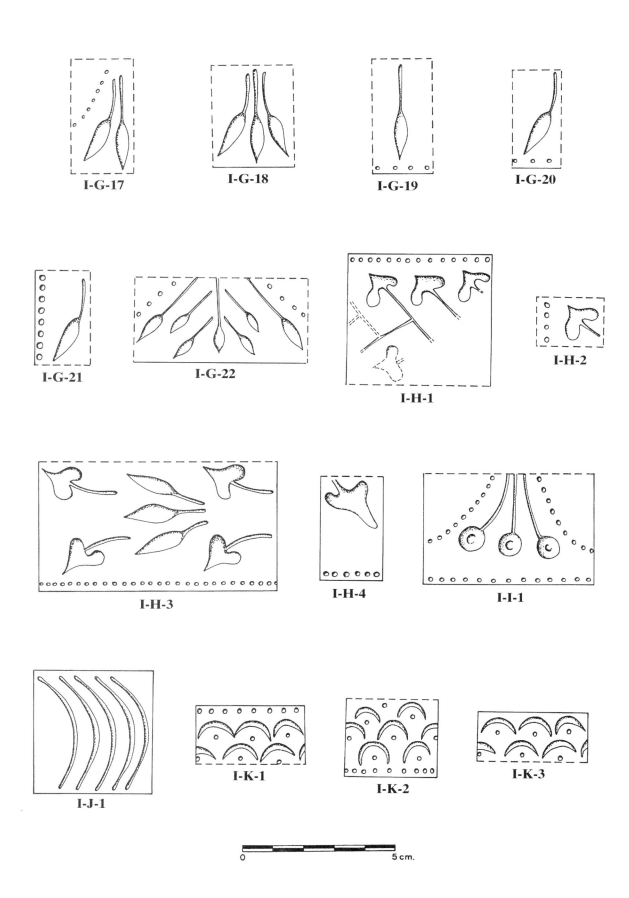

Figura 185. Cerámica de paredes finas. Decoraciones.

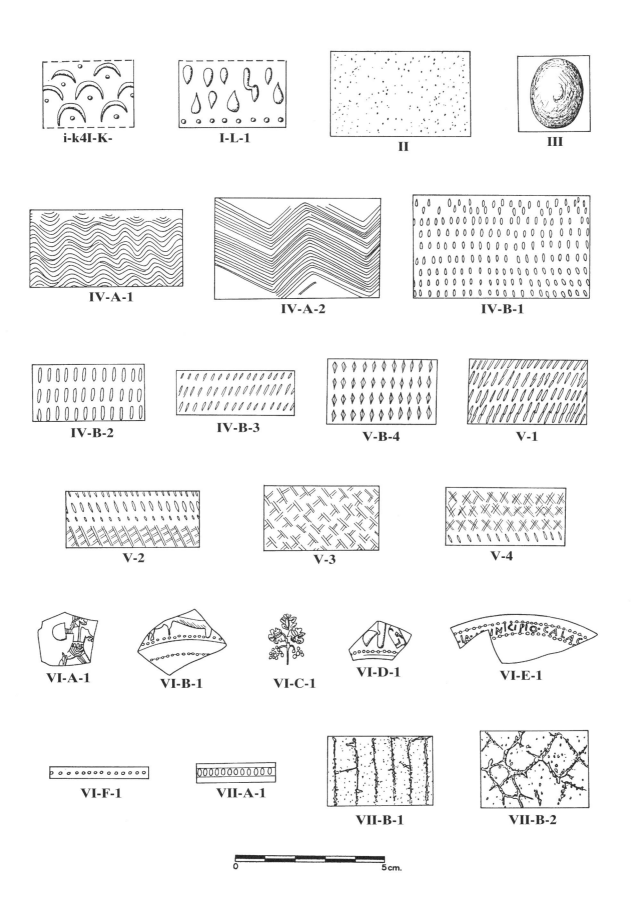

Figura 186. Cerámica de paredes finas. Decoraciones.

8.8. CERÁMICA AUTÓCTONA (M.C.A.O.)

8.8.1. SIN CUBIERTA

8.8.1.1. Grandes cuencos con asas horizontales

Se trata de recipientes que tienen en común una amplia boca, cuerpos hemisféricos y dos asas horizontales aplicadas. Los bordes de estos grandes cuencos tienen entre 24 y 37 cm de diámetro y una altura en torno a los 9 ó 14 cm.

Su utilidad en las tareas domésticas es muy variada, haciendo funciones tanto de palangana para contener agua y lavar comestibles o vasos, como de barreño para manipular, mezclar y guisar alimentos en procesos fríos, para dejar en remojo, servir de contenedor, etc., coincidiendo en gran parte con los usos de la *pelvis*[1339]. Quizás se pudo utilizar también para servir alimentos semilíquidos o líquidos después de su cocción, para lo cual las asas serían no sólo una ayuda para facilitar su manejo sino además un aislante térmico.

Conocemos grandes cuencos con asas horizontales aplicadas desde los niveles republicanos de Cosa, continuando su fabricación durante todo el siglo I d. C. e incluso el II como vemos en Pompeya, Aquitania, Alemania y en España en Arcóbriga y el taller de Tarazona[1340].

80.4321

Es un gran cuenco de cuerpo hemisférico, con un borde recto y alargado desarrollado al exterior que puede levantarse o doblarse en su extremo final y pie moldurado, ligeramente engrosado al exterior, con acanaladura interior y fondo exterior horizontal.

Las asas, de sección oval y en forma de arco estrangulado se disponen en sentido horizontal, aplicándose entre la zona media del cuerpo y el lado inferior del borde.

El interior del cuerpo conserva estrías del torneado poco alisadas en el cuenco 81.1.6.MN.4321, mientras el exterior ha recibido un tratamiento más cuidado.

El diámetro de sus bordes puede oscilar entre 31 y 36,5 cm (V.79.8-12.QS.49 y 81.1.6.MN.4321, respectivamente) y la altura del único ejemplar completo es de 11,5 cm.

Contamos con ocho cuencos pertenecientes a esta forma que se han fabricado en las pastas 7 y 9, y sobre todo en la 10, rica en componentes graníticos y utilizada para fabricar recipientes de gran tamaño, como *dolia*. En la Casa de los Delfines hallamos esta forma en los niveles 5, 7 y 8 correspondientes a sucesivos abandonos, el primero de los años 41-48 d. C. y posteriormente el general de los años 54-60 d. C.

79.90

El cuerpo de este gran cuenco es hemisférico, el borde es recto y vertical, con su extremo final levemente engrosado; respecto a su fondo, carecemos de ejemplares completos que nos proporcionen su perfil. Las asas, de sección redondeada, surcadas de estrías y torsas, en forma de segmento de círculo, se sitúan en sentido horizontal en la zona media del cuerpo.

El diámetro de sus bordes puede oscilar entre los 28 y 31,5 cm (V.79.6-8.PQ.90 y 80.1.12.X.7782, respectivamente).

Los dos ejemplares pertenecientes a esta forma se han fabricado en la pasta 10, rica en componentes graníticos y se hallaron en el nivel 5 correspondiente al abandono de la Casa de los años 41-48 d. C.

Paralelos de esta forma existen en Novaesium durante la primera mitad del siglo I d. C.[1341].

80.8764

Este gran cuenco posee un cuerpo hemisférico y un borde reentrante con labio engrosado que se prolonga apuntado al exterior y cuya parte superior está recorrida por dos acanaladuras en toda su longitud. Las asas, de sección redondeada, que pueden ser lisas o torsas, surcadas de estrías y en forma de semicírculo o segmento de círculo, se sitúan en sentido horizontal en la zona media del cuerpo.

El diámetro de sus bordes puede oscilar entre 24 y 31 cm (80.1.56.I.3983 y 80.1.22.AI-31.T.8764, respectivamente).

Los dos ejemplares pertenecientes a esta forma con que contamos se han fabricado en la pasta 10, al igual que las otras dos formas anteriores y se hallaron en los niveles 1 y 7 de la Casa de los Delfines, fechados entre los años 40-35 a. C. el 1 y los años 54-60 d. C. el 7.

8.8.1.2. Recipientes para contener y servir líquidos

Aunque todos los recipientes que vamos a tratar a continuación suelen acogerse en las

---

[1339] HILGERS, W., 1969, pp. 73, 248-49. Confróntese el apartado dedicado a los lebrillos, capítulo 11, n. 10. Estos cuencos serían una versión en tamaño pequeño de las *pelvis*.

[1340] DYSON, S. L., 1976, p. 78, fig. 24, V-D.75; ANNECCHINO, M., 1977, pp. 109-110, fig. 2, nn. 10-13; SANTROT, M. H. y J., 1979, p. 106, nn. 177-178; SÁNCHEZ, M. A., 1992, p. 250, fig. 8.2.8, nn. 53-55; AGUAROD, C., 1985, p. 33, figs. 8-9.

[1341] FILTZINGER, Ph., 1972, p. 28, taf. 44,6.

publicaciones al término, muy genérico, de jarras; hemos preferido separar los que poseen cuello claramente diferenciado, más o menos angosto, bajo la denominación de botellas, y los de cuello y boca anchos bajo la denominación de jarras o cántaros. Señalando en cada caso la presencia de una o dos asas.

La diferencia de esta terminología atiende así mismo a nuestra opinión acerca del contenido de estos recipientes, que creemos no sería igual; prefiriendo los de cuello angosto, botellas con un asa, para contener vino o líquidos preciados como el aceite que debieran preservarse de la evaporación y el contacto exterior cómodamente con la ayuda de una boca estrecha que permitía cubrirla herméticamente. En cambio, los recipientes de amplia boca, jarras con una o dos asas, serían indicados para trasvasar líquidos o contener agua, e incluso almacenar alimentos sólidos que se introducirían fácilmente por su ancho cuello. Las jarras podían cubrirse con tapaderas que se apoyaban, en muchas ocasiones cómodamente, mediante la ayuda de rebajes interiores en los bordes de estos recipientes.

Las botellas pueden identificarse con las *lagoenae*, y las jarras con los *urcei* y las *nasiternae*[1342].

Las bases de estas botellas y jarras corresponden a una variada tipología que hemos reunido al final de este apartado, en ella vemos quince tipos diferentes:

- bases ápodas:
    - el fondo es horizontal, apoyando en toda su superficie. 79.1
    - el fondo exterior es recto y oblicuo, apoyando sólo en la circunferencia exterior. 81.4180

- bases con pie:
    - pie sencillo, delimitado en su lado interno por un fondo exterior levantado y horizontal. 80.7966
    - pie con resalte externo y fondo con umbo. 80.2471
    - pequeño pie de perfil apuntado con una amplia acanaladura interior, cerca del apoyo, y el fondo cóncavo. 79.28
    - ancho pie cuyo inicio externo queda marcado por una acanaladura y fondo cóncavo. 80.7884
    - pie muy resaltado que se prolonga al exterior con su extremo apuntado y una patente acanaladura interior; el fondo es cóncavo. 81.121
    - pie semejante al anterior, pero menos resaltado y con la acanaladura menos marcada. 81.9702

    - pie con su inicio exterior marcado por una acanaladura y múltiples resaltes en el fondo exterior. 79.70
    - pie inclinado al exterior, con una acanaladura en su lado interno y fondo cóncavo. 80.7682
    - pie como el anterior pero con el fondo exterior convexo. 79.246
    - pie inclinado hacia afuera con el fondo exterior recto. 79.131
    - pie inclinado hacia afuera y fondo con umbo. 81.6176
    - pie semejante al anterior pero con una acanaladura al inicio del fondo. 79.102
    - pie con engrosamiento central tanto al interior como al exterior y fondo horizontal. 80.8282

En lo referente a las asas encontramos las siguientes variedades en su sección:
- alargada y de gran tamaño, con dos marcadas acanaladuras a ambos lados de un bisel central en el lado exterior y cóncava en el lado interior. 79.130
- alargada y gruesa, con tres acanaladuras en su lado exterior que determinan molduras; su lado interior puede ser recto o con acanaladuras poco marcadas. 79.114
- alargada y estrecha, con una amplia acanaladura central en su lado exterior; el interior es recto. 79.91
- de sección rectangular con las esquinas curvas. 79.73
- de sección circular. 79.14

El fragmento de asa V.79.EX.52 posee en su zona superior externa, cercana al borde, un aplique plástico consistente en un motivo fálico. Tema que encontramos en la ornamentación de jarras realizadas en cerámica engobada en otros lugares como Tarazona, *Caesaraugusta, Gracurris* o Clunia[1343]. Este motivo puede aparecer con función apotropaica o relacionada con el culto a diversas divinidades[1344].

8.8.1.3. Copa

Es un recipiente de cuerpo poco profundo sostenido por un alto pie y generalmente una amplia zona de apoyo. Los bordes que pueden tener una variada tipología, son en este caso moldurados al exterior.

[1342] HILGERS, W., 1969, pp. 61-65, 83-86, 230.

[1343] En Tarazona: AMARÉ TAFALLA, M. T., 1984, pp. 131-132, lám. XI, n. 28.

Caesaraugusta: material inédito procedente del alfar de cerámica engobada y oxidante de la calle Predicadores, nn. 113-117.

Gracurris: información de J. A. Hernández Vera.

Clúnia: material inédito que se conserva en los fondos del Museo de Burgos.

[1344] AMARÉ TAFALLA, M. T., 1984, p. 131.

. Su utilidad no está clara, pudiendo ser quizás más que un vaso para beber, un vaso-soporte que pudiera contener otro en su interior[1345]. Es una forma frecuente en los repertorios de las cerámicas celtibéricas como vemos en Numancia, *Libia*, *Arcobriga*, etc.[1346], perdurando en niveles de los siglos I y II d. C. como vemos en el alfar de Tarazona[1347].

81.3995

Esta forma, similar a un cáliz, se encuentra dividida en dos por un grueso pie central. Su parte superior consiste en un cuenco de forma similar a 81.8377, con el borde moldurado al exterior y paredes oblicuas. La zona inferior, de apoyo, no se ha conservado completa y parece desarrollar un perfil cóncavo. El pie central da la impresión de ser el resultado de la unión de dos cuencos contrapuestos por la zona de los pies moldurados y se ha perforado en su zona central.

El diámetro del borde oscila entre los 10,8 y 13,4 cm (80.1.18-22.OR.2515 y 80.1.18-22.OR.2199, respectivamente). Se ha fabricado en las pastas 7, 8, 9 y 10. Dentro de la Casa de los Delfines se localiza en niveles correspondientes al abandono general de los años 54-60 d. C.

8.8.1.4. Cuencos

Existe una gran variedad de tamaños en los que se fabricó este recipiente, separando en este estudio los grandes de los pequeños. Los cuencos de tamaño grande, cuyo diámetro oscila entre los 20 ó 30 cm podrían tener una utilidad semejante a la que comentamos con anterioridad en los cuencos con asas horizontales aplicadas, contando dentro de este conjunto de materiales con dos formas, la 81.7424 y la 81.6194.

Los cuencos pequeños se realizan en tamaños cuyos diámetros oscilan entre los 9,5 y 12,5 cm, con algún caso excepcional en el que alcanzan los 16 cm. Son boles de cuerpos poco profundos y de los que hemos diferenciado diecinueve formas distintas ateniéndonos sobre todo a las características morfológicas del borde, que los individualiza. Estas formas pueden corresponder al *catillus*, versión pequeña del *catinus*, recipiente utilizado para servir[1348].

Son formas muy frecuentes en el conjunto de las cerámicas de la Casa de los Delfines, ciento setenta bordes distintos, y su número sugiere una utilización individual, quizás como bol de apoyo o auxiliar a la hora de comer para llevar los alimentos a la boca, o como un tazón para comidas líquidas o semilíquidas.

Se fabricaron en una pluralidad de talleres, que hemos podido individualizar con la ayuda de las pastas, de las que contamos con cinco variedades. Entre ellas destacan las números 8 y 9, muy depuradas. Se da la circunstancia de que una misma forma se ha fabricado en varias pastas, lo que nos está indicado un mismo repertorio formal común a varios alfares, o la utilización de diferentes arcillas en un mismo taller.

Estos cuencos de pequeño tamaño se hallan ausentes en las tipologías cerámicas de niveles fechados en la etapa sertoriana en el Valle del Ebro, mientras su número es excepcionalmente abundante en los de época augústea[1349], lo que nos está hablando de un fenómeno de rápida difusión que responde sin duda a los cambios en los hábitos alimenticios.

Los perfiles de estos cuenquecitos desarrollan, dentro de un aire común, peculiaridades propias que parecen diferir en cada zona geográfica y que constituirían creaciones propias. Existiendo no obstante algún caso como sucede en 80.8348 del que encontramos paralelos en lugares tan lejanos como *Pollentia*. Los cuencos más similares a los de *Celsa* los hallamos en yacimientos cercanos como *Caesaraugusta*, o el Poyo del Cid, por sólo citar algunos casos. Esto indica lugares de abastecimiento común.

Las bases de los cuencos presentan una gran variedad que se refleja en los siete tipos que encontramos a continuación:

- bases ápodas:
  — fondo horizontal, apoyando toda su superficie. 79.5
- bases con pie:
  — pie anular, del que sólo apoya el ángulo más externo. El fondo es plano. 80.3112
  — pie anular delimitado al exterior por una pequeña acanaladura; el fondo tiene su parte central convexa. 79.12
  — pie con una acanaladura que lo delimita por el interior; el fondo es cóncavo. 81.8465
  — semejante al anterior, pero con el fondo oblicuo. 79.29
  — pie con dos acanaladuras que lo delimitan al interior; el fondo es cóncavo. 81.128
  — semejante al anterior, pero con el fondo horizontal. 79.7

[1345] AGUAROD, C., 1985, pp. 34-35.
[1346] WATTENBERG, F., 1963, p. 44, tablas XXX-XXXI; MARCOS POUS, A. *et alii.*, 1979, pp. 248-250, figs. 67-68; SÁNCHEZ SÁNCHEZ, M. A., 1992 b, p. 254, fig. 8.2.18, n. 138, p. 251, fig. 8.2.9, nn. 65-70.
[1347] AGUAROD, C., 1985, pp. 34-36, figs. 10 y 11.
[1348] HILGERS, W., 1969, pp. 48-49.
[1349] Confróntese BELTRÁN MARTÍNEZ, A., 1982, material de *Contrebia Belaisca* y *Caesaraugusta* I, BELTRÁN LLORIS, M. *et alii,* 1981, niveles augústeos y de la primera mitad del siglo I d. C.

81.7424

Es un cuenco de cuerpo hemisférico y borde engrosado, de sección oval, que se dobla al interior. Carecemos de ejemplares completos que nos proporcionen el perfil del fondo.

El diámetro del borde del único cuenco perteneciente a esta forma es de 30 cm, se ha realizado en la pasta 10, al igual que la mayor parte de los cuencos con asas horizontales aplicadas. Dentro de la Casa de los Delfines pertenece al nivel 6, correspondiente al abandono general de los años 54-60 d. C.

81.6194

Es un cuenco de cuerpo troncocónico y borde curvo y reentrante. La unión entre cuerpo y borde da lugar a una carena más o menos marcada. Dentro de este conjunto de materiales carecemos de formas que nos proporcionen el perfil completo del fondo, que podría ser plano o ligeramente levantado en su zona central.

Es el único caso de cuenco que vamos a encontrar fabricado en tamaños grandes, medianos y pequeños; oscilando los diámetros de sus bordes entre los 28 y 14,5 cm (81.1.Car.-I$_2$.6194 y 81.1.hab.12.2189, respectivamente).

Contamos con diecinueve ejemplares de cuencos de esta forma que se han realizado en las pastas 8, 10 y mayoritariamente en la 9. Dentro de la Casa de los Delfines aparece en los niveles 3, 5, 6-7 y 8 con una cronología que comprende entre el relleno de la habitación 12-14 en torno al año 20 d. C. y el abandono general de la Casa entre los años 54-60 d. C.

Este cuenco es una forma muy frecuente y que constituye la pervivencia de un popular recipiente indígena que hallamos desde el siglo IV a. C. en Navarra y La Rioja y que para A. Castiella perdura con las mismas características hasta la romanización[1350]; fenómeno similar al que encontramos en la Aquitania, donde se encuentra desde el período de La Téne a mediados del siglo I d. C.[1351].

Lo veremos ampliamente representado en *Caesaraugusta, Contrebia Belaisca,* Numancia, Inestrillas, El Palao, El Poyo del Cid y *Pompaelo*[1352].

81.4755
81.10100

Ambas formas tienen un cuerpo de paredes oblicuas, fondo levantado en su zona central, y un borde recto que se inclina al interior dando lugar a una marcada carena en su unión con el cuerpo. El borde puede engrosarse en su extremo final hacia el interior, como sucede en algún ejemplar de 81.4755, o por el contrario, como vemos en 81.10100 hacerlo en su unión con el cuerpo, para ir disminuyendo hacia el remate del labio. En esta última forma unas suaves acanaladuras se disponen en el lado exterior del borde. El fondo de ambas es recto y oblicuo, apoyando en su extremo exterior.

El tamaño del diámetro del borde oscila en la forma 81.4755 entre 11,2 y 12 cm (80.1.2-6.LN.3968 y 81.1.2-8.N'P'.4755, respectivamente) y en la forma 81.10100 es de 11 cm en el único ejemplar.

Las dos formas se han fabricado en la pasta 9 y se encuentran en los niveles 6 y 7 del abandono general de la Casa de los Delfines, fechado entre los años 54-60 d. C.

Contamos con paralelos de la forma 81.10100 en El Poyo del Cid, a mediados del siglo I d. C.[1353].

80.2676
81.4609
81.4645
79.8

Este conjunto de cuatro formas poseen un cuerpo troncocónico y un borde recto, engrosado en su extremo final que se destaca al exterior y que puede permanecer vertical, como sucede en 81.4609, 81.4645 y 79.8, o inclinarse hacia el interior, como en 80.2676; dando lugar en todos los casos a una marcada carena más o menos saliente, con el cuerpo en su zona de unión. La forma 79.8 posee una acanaladura en el lado superior del borde.

El diámetro de sus bordes oscila entre los 10,5 y 14,5 cm (81.1.D.II.8403 y V.79.1.-N'.234, respectivamente). Existe una variedad de pastas en su fabricación, mientras 80.2676 se ha realizado en la pasta 9 y 81.4645 y 79.8 se han realizado únicamente en la 10, 81.4609 se encuentra en las pastas 8 y 9.

Las cuatro formas se encuentran en el nivel general de abandono de la Casa de los Delfines (5 y 6-7) fechados en torno a los años 41-48 d. C. y 54-60 d. C., respectivamente.

Encontramos paralelos de 81.4609 en Zaragoza en niveles preaugústeos y de la pri-

---

[1350] CASTIELLA, A., 1977, forma 1, pp. 310-315.

[1351] SANTROT, M. H. y J., 1979, pp. 87-88, nn. 115, 117-118.

[1352] BELTRÁN LLORIS, M., 1979 a, pp. 951-952, fig. 6, nn. 54 y 56; BELTRÁN MARTÍNEZ, A., 1982, pp. 347-348, figs. 21-22; WATTENBERG, F., 1963, pp. 43 y 92, tabla XVIII; HERNÁNDEZ VERA, J. A., 1982, forma I, pp. 200-201, fig. XXVIII, n. 1130; MARCO SIMÓN, F., 1980, p. 171, fig. 8, n. 2; BURILLO, F., 1981, p. 211, fig. 15, n. 5 y fig. 15, nn. 3 y 7; MEZQUIRIZ, M. A., 1978, fig. 34, n. 9, tabla VII.

[1353] BURILLO, F., 1981, p. 212, fig. 16, n. 7.

mera mitad del siglo I d. C.[1354] y en el Palao a mediados del siglo I d. C.[1355].

80.8348

Es un cuenco de cuerpo hemisférico y borde reentrante que se dobla al interior con una sección redondeada u oval. Dentro del conjunto de la Casa de los Delfines no contamos con ningún ejemplar completo, pero hemos podido reconstruirlo con la ayuda de otro cuenco hallado en el yacimiento de *Celsa* y que incluimos en la tabla tipológica[1356]. Éste posee un pequeño pie moldurado con engrosamiento central exterior y acanaladura interior, y el fondo exterior levantando y cóncavo.

El diámetro del borde oscila entre los 10,2 y 12,2 cm (fragmentos 80.1.4-10.VX.8348 y 81.1.21-31.EF.1791, respectivamente).

Se ha realizado en las pastas 8 y 9 se localizó en los niveles 5, 6-7 y 8 que se fechan desde los años 41-48 d. C. hasta el abandono general en torno al año 60 d. C.

Encontramos paralelos de este cuenco en el yacimiento de El Poyo del Cid y en la ciudad de *Pollentia*[1357], durante el siglo I d. C.

79.101

Cuenco con el cuerpo hemisférico en el que el borde no se destaca, constituyendo una continuación de la pared. En ocasiones, éste puede engrosarse ligeramente o inclinarse hacia el lado interior. No conservamos fragmentos que nos proporcionen el perfil completo del fondo.

El diámetro del borde oscila entre los 9,3 y 11,6 cm (81.1.3.H.10048 y 80.1.38.-LM.6607, respectivamente). Esta forma se ha fabricado en las pastas 8 y 9, y dentro de la Casa de los Delfines se ha encontrado en los niveles, 5 de los años 41-48 d. C. y *6-7* pertenecientes al abandono general de los años 54-60 d. C.

Es una forma muy frecuente que hallamos en *Arcobriga,* Numancia[1358], y otros lugares del Valle del Ebro, fabricándose igualmente en cerámica engobada[1359].

79.257
79.64
81.11584

Formas poco frecuentes, de las que únicamente contamos con un ejemplar. El cuenco 79.257 posee un cuerpo de paredes oblicuas, muy llanas, y un pequeño borde estrangulado. La forma 79.64 tiene un cuerpo de paredes convexas y borde engrosado reentrante; finalmente 81.11584 tiene un cuerpo de paredes curvas y exvasadas y borde recto que se prolonga al exterior en sentido horizontal. No conocemos el diseño de los fondos de las tres formas.

El diámetro de sus bordes es de 10,3, 9,7 y 16,7 cm, respectivamente, y las pastas empleadas en su confección han sido, la 9 en 79.257 y 79.64, y la 10 en 81.11584.

Las tres formas se han hallado en niveles correspondientes al abandono general de la Casa de los Delfines, entre los años 54 y 60 d. C.

81.1250

Es un cuenco de borde recto, vertical, engrosado y colgante en su lado exterior, tiene un cuerpo de paredes curvas y exvasadas y pie moldurado, con el fondo exterior levantado y convexo.

El diámetro del borde oscila entre los 11,2 y 16,4 cm (V.79.1.I'.14 y 80.1.8.AB.6436, respectivamente). Contamos con dieciocho ejemplares de esta forma que se ha confeccionado en las pastas 7, 8, 10 y sobre todas ellas en la 9. Dentro de la Casa de los Delfines, esta forma se encuentra en los niveles 3, 5, 6, 7 y 8 con una cronología que se mueve entre el año 20 d. C. y los años 54-60 d. C. del abandono general.

Encontramos numerosos paralelos de esta forma en niveles fechados en época augústea y mediados del siglo I d. C. en *Caesaraugusta*[1360].

81.2450

Es un cuenco con el borde vertical y engrosado pero no colgante como en la forma anterior. El cuerpo es de paredes curvas y exvasadas y no poseemos ejemplares que conserven el diseño del fondo.

El diámetro del borde se encuentra entre los 13,6 y 15,8 cm (81.1.hab.12.2450 y 81.1.hab.34.9670, respectivamente). Se ha fabricado en las pastas 8 y 11, pero sobre todo en la n. 9.

Dentro de la Casa de los Delfines contamos con diez ejemplares que se encuentran

---

[1354] GALVE, M. P. *et alii* en prensa, fragmento III.2.1.176; BELTRÁN LLORIS, M. *et alii,* 1980, estrato IV A, p. 159, fig. 62, n. 2.

[1355] MARCO SIMÓN, F., 1985, p. 213, fig. 12, n. 3.

[1356] Casa del Emblema, 85.1.hab.12.9494, nivel a.

[1357] BURILLO, F., 1981, p. 211, fig. 210, n. 8; VEGAS, M., 1973, forma 22, fig. 20, nn. 1-5, p. 61.

[1358] SÁNCHEZ SÁNCHEZ, M. A., 1992 b, pp. 250-251 y 258, fig. 8.28, n. 60; WATTENBERG, F., 1963, pp. 44 y 197, nn. 965 y ss., tabla XXXV.

[1359] Forma 80.7142.

[1360] BELTRÁN LLORIS, M. *et alii*, 1980, estrato III G, pp. 151, fig. 59, n. 11; estrato IV L, p. 185, fig. 71, n. 10, p. 188; BELTRÁN LLORIS, M., 1979, p. 956, material inédito, C. 2 D, nivel I e, 13-2-78, 1,80-1,90.

en los niveles 3, 6, 7 y 8, con una cronología entre los años 20 y 54-60 d. C.

81.8377
79.165
81.10067
81.3993
79.10
79.7

Son cuencos con bordes engrosados, en su mayor parte con tendencia más o menos vertical o muy levemente inclinados hacia el interior. Los cuerpos son de paredes curvas y exvasadas. Todos los bordes poseen en común una depresión central en su lado exterior que lo divide en dos molduras. Existen peculiaridades en estas dos molduras, sobre todo en la inferior, que nos han llevado a individualizar seis formas diferentes. Los fondos poseen pies moldurados y los fondos exteriores levantados, horizontales o convexos.

El cuenco 81.8377 tiene la moldura inferior del borde más saliente que la superior y su extremo inferior es apuntado. La unión entre borde y pared queda marcada por una incisión. Contamos con veintiún ejemplares de esta forma cuyos diámetros oscilan entre los 9,7 y 12,4 cm (81.1.Dec.II.8377 y 81.1.-Dec.II.11594, respectivamente). La pasta más utilizada en su fabricación es la 10, seguida por la 11, 7, 8 y 9. Dentro de la Casa de los Delfines se encuentra en los niveles del abandono general de los años 54-60 d. C.

La forma 79.165 es la más abundante, con cincuenta y seis ejemplares, su borde tiene la moldura inferior facetada y es menos saliente que en la forma anterior. Posee un pie moldurado y resaltado por una acanaladura. El diámetro de su borde oscila entre los 10 y 13,5 cm (81.1.21-31.FG.1788 y 81.1.Dec.II.8395, respectivamente). Las pastas más utilizadas en su fabricación son la 8 y la 9, seguidas por la 7 y la 10. Esta forma se encuentra en los niveles correspondientes al abandono general de la Casa de los Delfines.

La forma 81.10067 se caracteriza porque la marcada incisión que existía en las dos formas anteriores en la unión entre borde y pared exterior aquí se ha sustituido por una suave acanaladura. Posee pie moldurado. El diámetro de su borde es de 14 cm, se ha realizado en la pasta 9 y el único ejemplar con que contamos corresponde al nivel 6 del abandono general de la Casa.

En el cuenco 81.3993 la acanaladura que existe en la forma anterior en la unión borde/pared exterior, casi ha desaparecido. Sus diámetros oscilan entre los 12,6 y 14,3 cm (81.1.2-8.MN'.3993 y 80.1.38.LM.6552, respectivamente); se ha fabricado en las pastas 8, 9 y 10 y se encuentran en niveles del abandono general de la Casa. Contamos únicamente con cuatro ejemplares.

En la forma 79.10 vemos que el baquetón superior del borde es generalmente más amplio que el inferior, que aparece ligeramente apuntado al exterior. El diámetro de su borde oscila entre los 11,4 y 14 cm (V.79.5.I'.102 y V.79.8-12.QS.119, respectivamente); las pastas utilizadas en sus 10 ejemplares han sido las 7, 8 y 10 y dentro de la Casa de los Delfines se encuentran en niveles correspondientes al abandono general.

Finalmente, la forma 79.7 posee como elemento más destacable la zona superior del borde modurado, que levanta su extremo final, creando una zona rebajada en su interior en ocasiones. El diámetro de sus bordes oscila entre los 11,4 y 13 cm (81.1.15-29.B'C.613 y V.79.5.J'.103, respectivamente). Su cuatro ejemplares se han fabricado en la pasta 9 y su distribución en la Casa de los Delfines corresponde a los niveles pertenecientes al abandono general.

Paralelos de la forma 81.8377 encontramos en época augústea en la Casa Palacio de los Pardo en Zaragoza[1361] y a mediados del siglo I d. C. en El Poyo del Cid[1362]. De la forma 79.165 en época augústea en la Casa de los Pardo[1363]. De la forma 81.10067 en *Caesaraugusta* en el nivel augústeo[1364], en Huesca y el Palao[1365]. Y finalmente de la forma 79.7 en *Caesaraugusta*[1366] durante la primera mitad del siglo I d. C.

8.8.1.5. Botellas

79.28

Botella con cuello alto y estrecho que se caracteriza por poseer bajo el borde un anillo destacado. En esta forma reunimos diversas variantes de bordes, engrosados y exvasados, que pueden ser tanto moldurados como de sección oval; todos tienen en su lado interior un rebaje que puede servir de apoyo para la tapadera.

Algunos ejemplares pertenecientes a esta forma conservan un asa que arranca del anillo situado en el cuello. No se ha conservado ninguna forma que nos proporcione el perfil completo.

[1361] BELTRÁN LLORIS, M., 1979 b, p. 956. Material inédito, Pozo 8, 30-VI-77, Ic, 4-6.AB.912.

[1362] BURILLO, F., 1981, p. 249, fig. 43, n. 10.

[1363] BELTRÁN LLORIS, M., 1979 b, p. 956. Material inédito, Ie, 6.AB.580, 1-II-78; I e-g; 4-6.AB.2029, 23-I.78.

[1364] BELTRÁN LLORIS, M. *et alii*, 1980, estrato IV I, p. 172, fig. 67, nn. 3-4.

[1365] AGUILERA, I., *et alii*, 1987, p. 76; MARCO SIMÓN, F., 1985, p. 213, fig. 12,2.

[1366] BELTRÁN LLORIS, M. *et alii*, 1980, nivel III F, pp. 141-142, fig. 53, n. 5, forma 1.

El diámetro de sus bordes oscila entre los 7,2 y 6,5 cm (V.79.27.LM.2 y V.79.1.N'.179, respectivamente). Contamos con cinco bordes pertenecientes a esta forma, que se han fabricado en las pastas 10 y 9. En la Casa de los Delfines hallamos esta forma en los niveles 5 y 6 correspondientes al abandono de los años 41-48 d. C. y al general de los años 54-60 d. C., respectivamente.

Tanto a esta forma, como a la siguiente 79.160 les corresponderían probablemente cuerpos bitroncocónicos, con su máxima anchura en el tercio superior, en los que la parte inferior es más alta que la superior. Este tipo de botellas las encontramos desde época republicana en Numancia[1367], el campamento de Cáceres el Viejo[1368], Inestrillas[1369], *Contrebia Belaisca*[1370], o el Palomar de Oliete[1371].

79.160

Botella con el cuello anillado. La diferencia más notable respecto a la forma anterior estriba en el borde, de sección redondeada y sin entalle interno para apoyo de la tapadera. No conocemos el perfil completo. Contamos con un fragmento de borde, de 5 cm de diámetro fabricado en la pasta 10 y localizado en el nivel 5 correspondiente al abandono de la Casa de los Delfines de los años 41-48 d. C.

79.41

Botella con el cuello anillado. El borde, engrosado y recto, puede ser vertical o ligeramente exvasado; posee un entalle interior para apoyo de la tapadera. Contamos con dos fragmentos de bordes que miden 9,5 y 8,8 cm de diámetro (V.79.10-12.LM.41 y V.79.1.-N'.354, respectivamente), fabricados en la pasta 10 y localizados en los niveles 5 y 6 del abandono de los años 41-48 d. C. y al general de la Casa de los Delfines en torno a los años 54-60 d. C.

Como paralelos podemos citar un ejemplar de *Caesaraugusta* en un nivel de la primera mitad del siglo I d. C.[1372].

79.106

Se trata de una gran botella con alto cuello troncocónico y borde sencillo que se dobla al exterior. Posee dos acanaladuras decorativas en el tercio superior del cuello, de donde arranca su única asa. El cuerpo es de forma ovoide, localizando su máxima anchura en el tercio superior. La base tiene un pequeño pie destacado al exterior, con una acanaladura interna y fondo horizontal.

El único ejemplar con que contamos en la Casa de los Delfines tiene 7,5 cm de diámetro, se ha fabricado en la pasta 7 y se localizó en el nivel 5 perteneciente al abandono de los años 41-48 d. C.

En las tablas de resumen tipológico hemos incluido una botella que nos proporciona el perfil completo de esta forma y que pertenece a las excavaciones de *Celsa*[1373].

80.7904

Botella de cuello troncocónico y borde engrosado que se dobla, sobresaliendo, al exterior. Posee una sola asa que arranca del cuello; puede tener tres o cuatro acanaladuras en su lado exterior o ser de perfil arriñonado.

El cuerpo, que no se ha conservado completo en ningún ejemplar lo hemos reconstruido de forma globular, dotando a la base de un pequeño pie.

Contamos con un conjunto de 19 fragmentos de bordes pertenecientes a esta forma, que se han fabricado en las pastas 8, 9 y 10, localizándose en la Casa de los Delfines en los niveles 5, del abandono de los años 41-48 d. C. y 6-7 del abandono general fechado entre los años 54-60 d. C.

El diámetro de sus bordes puede oscilar entre los 4 y 7,4 cm (V.79.18.C.3 y 81.1.15-21.B'C.597, respectivamente).

Dentro de los materiales del pecio Dramont D existe una botella de diseño muy similar a ésta, fechándose el conjunto a mediados del siglo I d. C.[1374].

80.5506

De esta forma únicamente conservamos fragmentos que nos proporcionan su parte superior. Es una gran botella de cuello cilíndrico y borde engrosado, de sección redondeada, que se dobla al exterior. El cuerpo probablemente sería ovoide y poseería una sola asa.

El diámetro de sus bordes puede oscilar entre los 6,6 y los 9 cm (80.1.38.LM.6553 y V.79.6-8.PQ.131 respectivamente). Contamos con cuatro fragmentos de esta forma, fabricados con las pastas 7, 9 y 10, hallándose todos ellos en el nivel 7 perteneciente al abandono de la Casa en torno a los años 54-60 d. C.

[1367] KOENEN, K., 1929, lám. 75,2.

[1368] ULBERT, G., 1985, p. 249, taf. 48, nn. 577-580.

[1369] HERNÁNDEZ VERA, J. A., 1982, pp. 194-196, fig. XXV, n. 118. Similar, aunque de borde más estilizado, encontramos un paralelo en Aquitania, forma 441 de Santrot, SANTROT, M. H. y J., 1979, pp. 186-187, de Saintes fechado en los años 70-60 y en época de Augusto en La Graufesanque.

[1370] BELTRÁN MARTÍNEZ, A., 1982, p. 350, figs. 47-48.

[1371] ATRIAN, P., 1968.

[1372] BELTRÁN LLORIS, M. *et alii,* 1980, pp. 142-143, nivel III F., fig. 53,2.

[1373] Forma procedente de la Casa del Emblema, hab. 14, sector B, 1902, N.a, 4-VII-85.

[1374] JONCHERAY, J. P., 1974, p. 40, P1.VI,b.

EL *INSTRUMENTUM DOMESTICUM* DE LA «CASA DE LOS DELFINES»

80.6601

Es una pequeña botella, con el cuello tron-cocónico y el borde recto, de extremo engro-sado y redondeado, marcadamente exvasado. El cuerpo es globular y la única asa arranca del tercio superior del cuello, descansando sobre el cuerpo. La base tiene ancho pie anu-lar y fondo levantado convexo.

El diámetro del borde es de 4,3 cm, la altu-ra de 20 cm y el diámetro del fondo es de 6 cm. Los dos ejemplares con que contamos se han fabricado en las pastas 9 y 10 y se locali-zan en el nivel 7 del abandono general de la Casa de los Delfines fechado entre los años 54-60 d. C.

Es una forma cuyos prototipos se encuen-tran en los *lagynoi* helenísticos[1375], pasando al mundo romano como *lagoena.*

Hallamos paralelos de esta forma en la nave de Albenga, cuyo naufragio se fecha entre los años 90-80 a. C.[1376], y en un nivel preaugústeo en la excavación de la calle Don Juan de Aragón en Zaragoza[1377]. Otro ejem-plar prácticamente idéntico procede de la necrópolis de incineración de Calahorra[1378]. A comienzos del siglo I d. C. podemos citar alguna forma más evolucionada, una proce-dente de Ampurias, otra de Ginebra y final-mente un grupo de Avenches[1379].

81.4197

Botella de cuello troncocónico, de la que no conservamos ningún ejemplar con el bor-de íntegro. El cuerpo posee su máxima anchura en la mitad inferior, tiene forma acampanada, con una carena de marcado ángulo en la zona inferior, próxima a la base dotada de pie y fondo levantado horizontal. La única asa es moldurada, con tres acanala-duras en el lado exterior. El diámetro del borde es, aproximadamente, de 2,7 cm, la altura 18,2 cm, y el diámetro del fondo es de 9,8 cm.

Se encuentra realizada en la pasta 9 y se localizó en el nivel 7 del abandono general de la Casa de los Delfines.

80.1936

Gran botella de cuello troncocónico con una marcada acanaladura decorativa en su zona superior. El borde, engrosado y moldu-rado, se inclina al exterior; en ocasiones da

lugar en su unión interior con el cuello a un marcado ángulo. El cuerpo es globular y no conserva la base, que hemos reconstruido dotándola de pie. El asa es ancha y moldura-da, con tres acanaladuras en su lado exterior, arranca del tercio superior del cuello y des-cansa en el hombro.

Contamos con dos ejemplares, cuyos diá-metros de borde son de 5,8 cm y 6 cm (V.79.13.H'.96 y 80.1.18-20.OR.1936, respec-tivamente). Se han realizado en las pastas 7 y 8, localizándose en los niveles 5 y 6 del aban-dono general de la Casa de los Delfines, entre los años 54-60 d. C.

79.12

Botella con esbelto cuello que se estrecha en su zona central y borde engrosado que se dobla al exterior en sentido horizontal. Su ancha asa es moldurada, con tres acanaladu-ras en el lado exterior, la central más marca-da; arranca de la zona superior del cuello y descansa en el inicio del cuerpo, con un reba-je en el apoyo. El cuerpo puede reconstruirse tanto de forma globular como ovoide. El diá-metro del borde es de 6,4 cm, se ha fabricado en la pasta 9 y se localiza en el nivel 5 de la Casa de los Delfines.

79.34

En esta botella, el cuello, más amplio que en las formas anteriores, posee paredes cón-cavas que se estrechan en la zona central, donde ocasionalmente se sitúa una marcada acanaladura.

El borde constituye su parte más caracte-rística; de paredes exvasadas, se ensancha en su extremo final, recibiendo una ranura cen-tral que determina dos molduras. Este diseño facilitaría el encaje de una tapadera.

El asa arranca bajo el borde, elevándose a continuación, para descansar en la zona supe-rior del cuerpo, que es globular. El fondo, que no se ha conservado íntegro, se ha reconstruido dotándolo de un pequeño pie.

El diámetro de los bordes oscila entre los 6,2 y 9,4 cm (V.79.9.H'.34 y V.79.12-14.K.133, respectivamente), y la altura aproximada del ejemplar reconstruible es de 20 cm.

En las tablas de resumen tipológico hemos incluido una botella que nos proporciona el perfil casi completo de esta forma y que per-tenece a las excavaciones de *Celsa*[1380].

Contamos con seis fragmentos pertene-cientes a esta forma fabricados en las pastas 9 y 10. Dentro de la Casa de los Delfines apare-ce en los niveles *3, 5 y 6*, con una cronología que comprende el relleno de la habitación 12-

[1375] ROTH-RUBI, K., 1979, pp. 16-18.

[1376] LAMBOGLIA, N., 1952, p., 176, fig. 33, n. 36.

[1377] AGUAROD OTAL, C., en GALVE, M. P. *et alii,* en prensa, formas III.1.735 y I₂.306.

[1378] ESPINOSA, U., 1984, p. 120, fig. XXVIII, n. 5; fig. XVIII, n. 6.

[1379] ALMAGRO, M., 1955, p. 280, Inhumación Bonjo-an n. I; PAUNIER, D., 1981, pp. 256 y 365, n. 543; ROTH-RUBI, K., 1979, p. 19, fig. 1.

[1380] Forma procedente de la Casa del Emblema, hab. 16, N.a, 8614-8618, 11-VII-85.

14 en torno al año 20 d. C. y el abandono general entre los años 54-60 d. C.

Una versión similar a esta botella, pero con dos asas la hallamos en *Pompaelo*[1381] y ejemplares idénticos en los materiales inéditos de la Casa de los Pardo en Zaragoza, fechados entre los años 15 y 12 a. C.[1382].

81.1125

Es una botella de forma poco frecuente, posee un cuello estrecho y un borde de paredes oblicuas, que le proporcionan una boca en forma de embudo. No conservamos su diseño completo.

El único fragmento de borde conservado tiene 6,2 cm de diámetro, se ha fabricado en la pasta 9 y se localizó en el nivel 3 de la Casa de los Delfines, correspondiente al relleno de la habitación 12-14 fechado en torno al año 20 d. C.

80.7963

Sólo conservamos de esta botella un fragmento de cuello angosto y borde redondeado, doblado al exterior, que no podemos incluir en ninguna de las formas estudiadas.

El diámetro del borde es de 4,4 cm, se fabricó en la pasta 9 y pertenece al nivel 5 del abandono general de la Casa de los Delfines.

79.35

Fragmento de cuello cilíndrico y borde engrosado que se dobla al exterior, levantando su extremo final. El asa arranca del labio para levantarse a continuación.

El diámetro del borde es de 7,2 cm, se ha fabricado en la pasta 9 y se localizó en el nivel 5 del abandono general de la Casa de los Delfines.

79.10

Fragmento de cuello de paredes exvasadas, y de borde engrosado y alargado que se destaca al exterior. Posee una acanaladura en la zona media del cuello y conserva el arranque de un asa bajo el borde.

El diámetro del borde es de 5,8 cm, se ha fabricado en la pasta 10 y se localizó en el nivel 6 del abandono general de la Casa de los Delfines.

79.42
81.1126
81.5536
79.39
79.44

Componen un conjunto de cuellos y bordes de botellas que poseen en común ser exvasados y moldurados al exterior, con un rebaje interno (más o menos marcado) para encaje de la tapadera.

Cada uno presenta unas peculiaridades que nos han aconsejado no integrarlos en las formas anteriormente estudiadas.

Así 79.42 posee cuello cilíndrico y borde moldurado; 81.1126 un borde con aristas marcadas; 81.5536 y 79.44 un borde en el que la moldura inferior se encuentra más desarrollada que la superior y 79.39 un borde con tres acanaladuras en su lado exterior.

Sus diámetros oscilan entre los 4,8 cm de 79.42, a los 8 cm de 79.39.

Las pastas utilizadas en su fabricación son las 9 y 10, y se localizaron en el nivel de abandono general de la Casa de los Delfines, fechado entre los años 54-60 d. C., excepto 81.1126 que pertenece al nivel 3 del relleno de la habitación 12-14, datado en torno al año 20 d. C.

80.3471

Botella de alto cuello de paredes cóncavas que se estrechan en su zona media; el borde es vertical y moldurado, sobresaliendo al exterior, está dotado de un rebaje interior para facilitar el apoyo de la tapadera. El cuerpo es ovoide, con su máxima anchura localizada en su tercio superior. La base tiene pie moldurado y fondo levantado y engrosado en su zona central. El asa arranca de la parte superior del cuello, bajo el borde, y descansa en el hombro, tiene tres acanaladuras en su lado exterior, siendo más profunda la central que las laterales.

El diámetro del borde es de 7,8 cm, la altura 23 cm y el diámetro del fondo es de 7,6 cm. Se ha fabricado en la pasta 9 y se localizó en el nivel 7 correspondiente al abandono general de la Casa de los Delfines fechado entre los años 54-60 d. C.

81.5565

Botella de cuello con paredes cóncavas que se estrechan ligeramente en su zona central; el borde sobresale al exterior y posee dos molduras, de las cuales la inferior es más destacada que la superior; posee un entalle interior para asiento de la tapadera. El cuerpo es globular y la base tiene un pie con acanaladura interna y fondo levantado horizontal. El asa arranca del borde para elevarse ligeramente y descansar en el hombro, posee una acanaladura central en su lado exterior.

El diámetro del borde es de 9 cm, la altura aproximada de 21,7 cm y el diámetro del fondo de 8 cm. Se ha realizado en la pasta 9 y se localizó en el nivel 7 del abandono general de la Casa de los Delfines.

8.8.1.6. Jarras

80.1677

Jarra de borde recto y exvasado con amplia boca. El cuerpo es ovoide, con la máxima

---

[1381] MEZQUÍRIZ, M. A., 1958, estrato IV, fig. 38, n. 28, pp. 178-179.
[1382] BELTRÁN LLORIS, M., 1979 b, p. 956. Material inédito: 8-10 AC.285, Ie, 24-I-78; -2 D, 10-II-78, Ie.

anchura en su mitad inferior. La base tiene pie con acanaladura interior y fondo levantado horizontal.

El asa arranca del borde, levantándose a continuación, generalmente, para descansar sobre la panza; ésta puede tener el lado exterior liso o poseer de una a tres acanaladuras, siendo el tipo más frecuente el de una acanaladura central.

En el ejemplar que se ha conservado íntegro el diámetro del borde es de 8 cm, la altura 18,1 cm y el diámetro del fondo de 5,5 cm (80.1.12-16.ÑP.1677), y en el resto de los fragmentos el diámetro del borde oscila entre 6,2 y 8,6 cm (V.79.EX.180 y 80.1.8.X.4398 respectivamente). Encontramos esta jarra fabricada en las pastas 7, 8, 9, 10, 11 y s/c y sus dieciocho ejemplares pertenecen a los niveles 3, 5 y 6-7, correspondientes al relleno de la estancia 12-14 fechado en torno al año 20 d. C. y al abandono general de la Casa de los Delfines en los años 54-60 d. C.

80.6550

Jarra de borde sobresaliente al exterior, vertical y con dos acanaladuras en su lado externo que delimitan molduras, mientras en el interno posee un rebaje para asiento de la tapadera. La base que no se ha conservado en los ejemplares conocidos se ha reconstruido con pie y fondo levantado.

El asa, dotada en su zona superior de un apéndice triangular que facilita la sujeción, arranca del borde y descansa en la parte media del cuerpo, que es bitroncocónico. La mitad inferior del cuerpo tiene la superficie rugosa, resultado de haber dejado sin alisar intencionadamente pequeñas estrías.

Contamos con tres ejemplares de esta forma cuyos bordes oscilan entre 9,1 y 12,2 cm de diámetro (V.79.1.A.5 y 80.1.36.LM.6550, respectivamente), la altura del primero de éstos es de 24 cm, aproximadamente.

Se han utilizado en su fabricación las pastas 9 y 10 y todos los fragmentos se localizaron en el nivel 7 perteneciente al abandono general de la Casa de los Delfines que se fecha entre los años 54-60 d. C.

81.2578

Jarra de borde saliente y vertical, con dos suaves acanaladuras al exterior que crean unas pequeñas molduras apenas esbozadas; al interior posee un rebaje para asiento de la tapadera. El cuerpo es ovoide y la base tiene pie destacado al exterior, acanaladura interior y fondo cóncavo.

El asa, con tres acanaladuras en su lado exterior, arranca del borde y descansa en la zona media del cuerpo.

En el ejemplar conservado íntegro el diámetro del borde es de 11,8 cm, la altura de 22,2 cm y el diámetro del fondo de 10,5 cm.

La pasta utilizada en su fabricación es la 9 y el nivel en el que se hallaron el 3 que corresponde al relleno de la estancia 12-14, fechado en torno al año 20 d. C.

79.4242

Jarra de gran capacidad en la que el borde, engrosado y exvasado, recibe una acanaladura en su lado externo que delimita dos molduras. El cuerpo es ovoide y la base no se ha conservado en los fragmentos conservados.

El asa, con tres acanaladuras en su lado exterior, arranca del borde para apoyar en la parte alta de la panza.

Contamos con veintiún fragmentos pertenecientes a esta forma, en los cuales el diámetro del borde oscila entre 10,8 y 13,8 cm (V.79.18-20.RS.4242 y 81.1.Car.I-Dec. II.4209, respectivamente). Se han utilizado en su fabricación las pastas 7, 9, 10 y 12. Encontramos este tipo de jarra en los niveles 3, 5, 7 y 8 que corresponden al relleno de la estancia 12-14, fechado en torno al año 20 d. C. el 3 y entre los años 41-60 d. C. los 5, 7 y 8 de diversos abandonos de la Casa de los Delfines.

81.3040

Jarra en la que el borde se inclina ligeramente al exterior, en su lado externo posee una amplia depresión central que lo divide en dos molduras, la inferior más grande y destacada; el interior tiene una zona curvada para encaje de la tapadera.

El asa arranca del borde y en su lado superior se le ha añadido un apéndice triangular que facilita su manejo. No se conserva en ningún fragmento la zona correspondiente al cuerpo y la base. En el fragmento 81.1.25-33.GI.3040 el diámetro del borde es de 12 cm.

En su fabricación se han utilizado las pastas 7 y 8. Los dos fragmentos pertenecientes a esta forma se localizaron en el nivel 7 del abandono general de la Casa en los años 54-60 d. C.

Contamos con un paralelo de esta jarra en Azaila, fechado en época sertoriana[1383].

79.39

Hemos reunido en esta forma cuatro fragmentos de bordes de jarras que poseen en común un borde marcadamente curvo y excavado (en forma de gancho), que en ocasiones tiene en su parte superior una ranura central. Del borde arranca el asa.

No se ha conservado ningún ejemplar que proporcione el perfil completo de la forma.

El diámetro del borde oscila entre los 12 y 13,8 cm (V.79.hab.8.39 y V.79.hab.12.85, res-

---

[1383] BELTRÁN LLORIS, M., 1976, fig. 52, N.828, pp. 208-209.

pectivamente). Las pastas utilizadas en su fabricación han sido la 9 y la 10. Hallamos esta jarra en los niveles 3 y 5, fechados en torno al año 20 d. C. y a los años 41-48 d. C., respectivamente.

80.4218

Jarra de borde exvasado con una depresión central en el lado exterior que delimita dos molduras; al interior tiene un rebaje para apoyo de la tapadera.

El asa arranca bajo el borde. No conservamos ningún ejemplar que nos proporcione el perfil completo de esta forma.

Contamos con cuatro fragmentos de borde de los cuales 80.1.20-22.VZ.1306 tiene 12,6 cm de diámetro. Se ha utilizado en su fabricación las pastas 9 y 10. Aparece en el nivel 5 correspondiente al abandono general de la Casa de los Delfines entre los años 54-60 d. C.

Bordes s/c

Se trata de un conjunto de diversos bordes exvasados pertenecientes a jarras con un asa, que poseen una o dos acanaladuras en su lado externo, entalle interno para asiento de la tapadera, y que no pueden incluirse, dada su fragmentación, en las formas anteriormente establecidas.

79.79

Jarra de grandes dimensiones con grueso borde que se dobla al exterior; en él una depresión central determina dos baquetones, poco destacados. En el lado interior del borde un suave rebaje permite encajar la tapadera.

El cuerpo es ovoide, con la máxima anchura en la zona media; la base es ápoda y tiene umbo.

Dos asas, de dos o tres acanaladuras en su lado exterior, arrancan del borde y descansan sobre la panza.

En las tablas de resumen tipológico hemos incluido una jarra que nos proporciona el perfil completo de esta forma y que pertenece a las excavaciones de *Celsa*[1384].

Contamos con veintinueve fragmentos pertenecientes a esta jarra, cuyos diámetros de borde oscilan entre los 11,8 y 14,4 cm (80.1.42.Ñ.2643 y V.79.7.J'.57, respectivamente). Se han utilizado en su fabricación las pastas 7, 8, 9 y 10. Aparece esta jarra en los niveles 5 y 6-7 correspondientes al abandono general de la Casa de los Delfines, fechado entre los años 41-60 d. C.

Se trata de una forma muy frecuente en yacimientos tardorrepublicanos e incluso altoimperiales del Valle del Ebro, como vemos en *Contrebia Belaisca*[1385], el Cabezo de La Guardia[1386], El Poyo del Cid[1387], Mora de Rubielos[1388], *Caesaraugusta*[1389], El Palao[1390] y *Bursao*[1391].

80.8033

Jarra de grandes dimensiones con borde engrosado cuyo extremo inferior se destaca, apuntado, al exterior; en el lado interior tiene un rebaje que facilita el apoyo de la tapadera.

El cuerpo es ovoide y la base no se ha conservado en el único ejemplar con que contamos.

Sus dos asas, con tres acanaladuras en su lado exterior, arrancan del borde y descansan sobre la panza.

El diámetro del borde es de 13 cm, la pasta utilizada en su fabricación es la 9 y se localizó en el nivel 5 perteneciente al abandono de la Casa de los Delfines entre los años 41-48 d. C.

79.41

Gran jarra de borde engrosado que se dobla al exterior; cuenta con una estrecha acanaladura en la zona de unión entre el cuello y el borde exterior; en su lado interior el borde tiene un suave rebaje para encaje de la tapadera.

El cuerpo es ovoide y la base no se ha conservado en el ejemplar con que contamos. Dos asas de sección circular arrancan del borde y apoyan sobre el hombro.

El diámetro del borde es de 11 cm, se ha realizado en la pasta 10 y se localizó en el nivel 5 correspondiente al abandono de los años 41-48 d. C.

79.103

Gran jarra de borde engrosado que se inclina al exterior. Éste posee en su cara externa varias acanaladuras (de dos a tres) que delimitan molduras y en su cara interna un rebaje que facilita el apoyo de la tapadera.

El cuerpo es ovoide y la base no se ha conservado en los fragmentos con que contamos. Dos asas arrancan del borde para apoyar en el hombro, son gruesas y alargadas con tres acanaladuras en su lado exterior.

[1384] Forma perteneciente a la Casa de Hércules, VEL.322.DH.9, nivel b, 21-VII-78. diámetro del borde 11,5 cm, altura 33,2 cm y diámetro del fondo 14 cm.

[1385] BELTRÁN MARTÍNEZ, A., 1982, figs. 7, 8, 10 y 23.

[1386] ATRIÁN, P. y MARTÍNEZ, M., 1976, p. 85, fig. 20.

[1387] BURILLO, F., 1981, p. 266, 3.

[1388] PERALES, M. P., 1989, p. 119.

[1389] BELTRÁN LLORIS, M. *et alii*, 1980, pp. 198-199, figs. 78,2; GALVE, M. P., en prensa, fragmentos III.1736, fig. XVII, 2.

[1390] MARCO SIMÓN, F., 1980, p. 160, fig. 12.

[1391] BONA, I. J. *et alii*, 1979, p. 75, fig. XVI.

Contamos con cuatro ejemplares cuyos diámetros oscilan entre los 13 y 14 cm (80.1.14-22.OP.2960 y V.79.6-8.PQ.103, respectivamente), en su confección se han utilizado las pastas 7 y 10 y todos ellos se localizaron en el nivel 5 del abandono de la Casa de los Delfines en torno a los años 41-48 d. C.

81.9673

Gran jarra de borde exvasado que se inclina al exterior con dos marcadas molduras, muy resaltadas, separadas por una acanaladura; en su interior existe un rebaje para facilitar el apoyo de la tapadera.

El cuerpo, de gran capacidad, alcanza su máxima anchura en la zona central y se encuentra surcado de estrías en el exterior. La base es ápoda con umbo en el fondo. Las dos asas tienen dos marcadas acanaladuras en el lado exterior y otras dos más suaves en el interior, arrancan del borde y descansan en la zona media del cuerpo.

Contamos con tres ejemplares de los cuales el que nos proporciona el perfil completo de la forma tiene de diámetro de borde 13,7 cm, de altura 33,3 cm y de diámetro de fondo 11,5 cm. en su fabricación se han utilizado las pastas 9 y 10. Dentro de la Casa de los delfines aparecen en el nivel 5, fechado entre los años 41-48 d. C. y en el nivel 7 del abandono general de los años 54-60 d. C.

79.1

Jarra de borde exvasado, alto y vertical, que posee al exterior dos marcadas acanaladuras; en su lado interior posee un rebaje que facilita en encaje de la tapadera.

El cuerpo es alargado y ovoide, con su máxima anchura en la zona media. La base tiene pie y fondo con umbo.

Sus dos asas, con tres acanaladuras en el lado exterior y rectas en el interior, arrancan bajo el borde y descansan en la zona media del cuerpo.

Contamos con cinco ejemplares, de los cuales el que nos proporciona el perfil completo mide de diámetro de boca 15 cm, de altura 32,7 cm y de diámetro de fondo 9,5 cm. En su fabricación se ha utilizado la pasta 10. Dentro de la Casa de los Delfines se encuentran en los niveles 5, 6-7 del abandono general de los años 41-60 d. C.

Un jarra de perfil idéntico a ésta se localiza en *Bilbilis* con cronología augústea[1392].

79.204

De esta forma contamos únicamente con un fragmento de borde y parte del cuello. El borde es vertical, con el extremo engrosado,

de sección circular y una moldura menos desarrollada en su zona inferior; en el interior un rebaje permite encajar la tapadera.

Tiene dos asas, con una acanaladura central en el lado exterior, que arrancan de la moldura inferior del borde. Desconocemos el diseño del cuerpo.

El borde tiene 13 cm de diámetro; se ha realizado en la pasta 10 y se localizó en el nivel 3 correspondiente al relleno de la estancia 12-14 fechado en torno al año 20 d. C.

8.8.1.7. Tapaderas

Las tapaderas que reunimos en este apartado están destinadas a cubrir los recipientes del menaje de mesa, almacén y conserva.

Hallaremos perfiles muy diversos que van a corresponder a diferentes sistemas de cierre. Entre éstos podemos distinguir fundamentalmente tres tipos:

1. Corresponde a las altas tapaderas de mayor tamaño pertenecientes a la forma 79.239 que podían tener un uso doble: servir de tapaderas o de cuencos. Con su alto borde vertical, podrían encajarse y cubrir por completo las bocas de los recipientes de menor diámetro que el suyo, por ejemplo, las grandes jarras o ánforas, vasos de conserva e incluso algunos tipos de cuencos.

2. Es el propio de las pequeñas tapaderas planas de la forma 79.5 o la forma 81.4046, dotadas de un estrecho pomo e indicadas para apoyarse en los resaltes interiores de las bocas de las jarras.

3. Reúne tapaderas con mayores diámetros que el grupo anterior, como la forma 81.5569 o la 81.3555, que podían descansar sobre el plano superior del recipiente a cubrir.

En algunas formas que poseen pomos con la cara superior horizontal es frecuente encontrar las huellas concéntricas que ha dejado el hilo con el que se cortó la tapadera, una vez formada, de la masa de arcilla en el torno.

Tipología

79.239

Es una tapadera en la que destaca su altura, alcanzando los 7,7 cm. Su borde es recto y vertical, con el extremo ligeramente engrosado al interior y redondeado. El cuerpo es troncocónico, formando una carena en su enlace con el borde. El pomo es macizo, con la zona superior plana, presentando en ocasiones las huellas concéntricas del hilo que lo separó del torno.

El diámetro de sus bordes oscila entre los 16,4 y 19 cm (fragmentos 80.1.8-14.VZ.7944

[1392] MARTÍN BUENO, M. A., 1975, fig. 15, n. 2, p. 256.

y V.79.12.Ñ.57 respectivamente), correspondiéndoles 7,2 y 7,4 cm de altura.

Es una forma frecuente que encontramos fabricada en varias pastas, 7 , 8, 9, 10 y 11, siendo la 10 la más utilizada. Se han localizado ejemplares en los niveles 5, 6 y 7.

Estas tapaderas podían encajarse herméticamente sobre recipientes que tuviesen bocas con diámetros menores que los suyos. En ese caso, el alto borde vertical de esta forma cubriría por completo el cuello del vaso, descansando sobre sus hombros y logrando de este modo, una gran protección de su contenido.

Esta forma, posee una doble función, ya que puede utilizarse tanto como tapadera como cuenco al invertir su posición, ya que su pomo macizo le proporciona una gran estabilidad. Encontramos ejemplares similares formando parte del cargamento del pecio Fos 1[1393] durante el tercer cuarto del siglo I a.C. En este barco se hallaron al menos 64 tapaderas como éstas, parte de las cuales llevaban en su pared interna como marca de fabricante las letras M.S., escritas a mano.

79.5

Esta pequeña tapadera es muy llana, con una altura en torno a l o 1,5 cm., constituyendo el borde una sencilla prolongación de la pared que se curva suavemente al exterior. Tiene un pomo en forma de pivote, estrecho y rehundido en su interior.

El diámetro de sus bordes oscila entre los 7,6 y 10,2 cm (fragmentos 80.1.54-56.J.2792 y V.79.7.H.5 respectivamente).

Se fabricó en las pastas 8, 9 y 10, localizándose en los niveles 5 y 7. Podría utilizarse fundamentalmente como tapadera de jarras y ánforas, descansando en el resalte interior de sus bordes.

81.4046

Es una tapadera de aspecto compacto, en la cual el borde, que se estrecha en su extremo final, es una continuación de la gruesa pared que describe una línea sinuosa. El pomo es troncocónico y macizo, con su parte superior plana.

El diámetro del borde es de 6,6 cm y la altura de 3,3 cm.

Los dos ejemplares de esta forma se han fabricado en la pasta 10 y se localizaron en el nivel 6.

79.20

El borde de esta tapadera es recto, con su extremo redondeado y una depresión cóncava en su lado interior; el cuerpo es troncocónico y el pomo macizo, con su parte superior plana donde aparecen las huellas concéntricas dejadas por el hilo que la separó del torno.

El diámetro de sus bordes oscila entre los 8,4 y los 10 cm (fragmentos V.79.5.K´.89 y V.79.2.N´.20 respectivamente).

Los dos ejemplares de esta forma se han realizado en la pasta 10 y se hallaron en el nivel 6.

80.6744

Tapadera de borde recto y horizontal, cuerpo troncocónico muy llano y pomo macizo y plano en su parte superior, que conserva las huellas concéntricas dejadas por el hilo que la separó del torno.

El único ejemplar se fabricó en la pasta 9 y se localizó en el nivel 7.

81.5569

Tapadera con el borde recto, con su extremo final redondeado, y una depresión cóncava en su lado interior. El cuerpo es troncocónico y muy llano. El pomo se encuentra rehundido en su interior, conservando ligeramente las huellas concéntricas del hilo que la separó del torno.

El diámetro del borde es de 11,8 cm y la altura de 2,1 cm.

El único ejemplar se fabricó en la pasta 10 y se localizó en el nivel 7.

81.3555

El borde es recto, horizontal y con su extremo apuntado. El cuerpo es muy llano, de paredes rectas y el pomo tiene anillo resaltado con la zona superior exterior rehundida.

El diámetro del borde es de 13,3 cm y la altura de 2,4 cm.

El único ejemplar se fabricó en la pasta 10 y se localizó en el nivel 7.

[1393] GIACOBBI-LEQUEMENT, M. F., 1987, pp. 177-180, Fig. 9.

8.8.2. INVENTARIO Y PORCENTAJES

Grandes cuencos con asas horizontales

PASTAS	7	8	9	10	11	12	S/C
80.4321	2		1	5			
79.90				2			
80.8764				2			

NIVELES	1	2	3	4	5	6	7	8	TOTAL
80.4321					2		5	1	= 8
79.90					2				= 2
80.8764	1						1		= 2
	1				4		6	1	**= 12**

Cuencos

NIVELES	1	2	3	4	5	6	7	8	TOTAL
81.7424						1			= 1
81.6194			3		4	2	9	1	= 19
81.4755							2		= 2
81.10110						1			= 1
80.2676						2	2		= 4
81.4609						1	1		= 2
81.4645							1		= 1
79.8					1				= 1
80.8348					3	2	3	2	= 10
79.101					1	1	1		= 3
79.257						1			= 1
79.64						1			= 1
81.11584							1		= 1
81.1250			2		6	5	4	1	= 18
81.2450			2			4	3	1	= 10
81.8377					2	10	6	3	= 21
79.165					13	24	18	1	= 56
81.10067						1			= 1
81.3993					2	1	1		= 4
79.10					4	3	3		= 10
79.7					1	1	1	1	= 4
VEL.1							1		= 1
FONDOS									
79.29					3		1		= 4
79.5						1			= 1
80.3112					2				= 2
81.8465						20	13		= 33
79.12						2	2		= 4
79.7						1	1		= 2
81.128							1		= 1
			7		42	160		10	**= 219**

Cuencos

PASTAS	7	8	9	10	11	12	S/C
81.7424				1			
81.6194		3	13	3			
81.4755			1				1
81.10110			1				
80.2676			4				
81.4609		1	1				
81.4645				1			
79.8				1			
80.8348		5	5				
79.101		1	2				
79.257				1			
79.64			1				
81.11584			1				
81.1250	1	1	15	1			
81.2450		3	5		1		1
81.8377	1	4	5	10	1		
79.165	1	22	19	14			
81.10067			1				
81.3993		1	1	2			
79.10	2	4		4			
79.7			4				
VEL.1		1					
FONDOS							
79.29			3		1		
79.5			1				
80.3112			2	2			
81.8465	2	9	15	7			
79.12		1	2	1			
79.7	1		1				
81.128				1			

Copa

PASTAS	7	8	9	10	11	12	S/C
81.3995			3		1		

Niveles	1	2	3	4	5	6	7	8	Total
81.3995						1	2	1	= 4
						1	2	1	**= 4**

Botellas

PASTAS	7	8	9	10	11	12	S/C
79.28			1	4			
79.160				1			
79.41				2			
79.106	1						
80.7904		2	6	11			
80.5506	2		1	1			
80.6601			1	1			
81.4197			1				
80.1936	1	1					
79.12			1				
79.34			5	1			
81.1125			1				
80.7963			1				
79.35			1				
79.10				1			
79.42				1			
81.1126			1				
81.5536				1			
79.39				1			
79.44				1			
80.3471			1				
81.5565			1				

Botellas

NIVELES	1	2	3	4	5	6	7	8	TOTAL
79.28					3	2			= 5
79.160					1				= 1
79.41					1	1			= 2
79.106					1				= 1
80.7904					16	1	2		= 19
80.5506							4		= 4
80.6601							2		= 2
81.4197							1		= 1
80.1936					1	1			= 2
79.12					1				= 1
79.34			1		3	2			= 6
81.1125			1						= 1
80.7963					1				= 1
79.35					1				= 1
79.10						1			= 1
79.42					1				= 1
81.1126			1						= 1
81.5536							1		= 1
79.39					1				= 1
79.44					1				= 1
80.3471							1		= 1
81.5565							1		= 1
			3		32	20			= **55**

Jarras con un asa

NIVELES	1	2	3	4	5	6	7	8	TOTAL
80.1677			1		11	1	5		= 18
80.6550							3		= 3
81.2578			2						= 2
79.4242			3		2		12	4	= 21
81.3040							2		= 2
79.39			3		1				= 4
80.4218					4				= 4
Bordes s/c			2		10	17	16	1	= 46
			11		29	56		5	= **101**

Jarras con dos asas

NIVELES	1	2	3	4	5	6	7	8	TOTAL
79.79					7	12	10		= 29
80.8033					1				= 1
79.41					1				= 1
79.103					4				= 4
81.9673					2		1		= 3
79.1					2	1	2		= 5
79.204			1						= 1
			1		17	26			= 44

Jarras con un asa

Pastas	7	8	9	10	11	12	s/c
80.1677	1	3	5	6	2		1
80.6550			2	1			
81.2578			2				
79.4242	1		15	4	1		
81.3040	1	1					
79.39			3	1			
80.4218			1	3			
Bordes s/c	1	3	25	17			

Jarras con dos asas

PASTAS	7	8	9	10	11	12	S/C
79.79	1	6	5	17			
80.8033			1				
79.41				1			
79.103	2			2			
81.9673			1	2			
79.1				5			
79.204				1			

Fondos de botellas y jarras

PASTAS	7	8	9	10	11	12	S/C
81.121			4				
81.6176			1				
79.102						1	
81.9702			2				
79.1	3		14	10	1		1
81.4190			2	8		1	
80.7682	2	6	26	34	4	2	
79.131			7	1	1		
80.8282			1				
80.7966			1	2			
79.70			1				
79.246			1				
80.2471	5	2	4	12			
79.28			1				
80.7884			1				

Fondos de botellas y jarras

NIVELES	1	2	3	4	5	6	7	8	TOTAL
81.121			1		1	1	1		= 4
81.6176							1		= 1
79.102						1			= 1
81.9702						2			= 2
79.1			2		7	6	13	1	= 29
81.4190					4	1	6		= 11
80.7682			2		22	20	27	3	= 74
79.131					2	2	5		= 9
80.8282					1				= 1
80.7966					2	1			= 3
79.70						1			= 1
79.246						1			= 1
80.2471			1		11	8	2	1	= 23
79.28						1			= 1
80.7884					1				= 1
			6		51	100		5	= **162**

Asas de botellas y jarras

Pastas	7	8	9	10	11	12	s/c
79.130	1	4	14	14	1		
79.73			5	1			
79.71	1	7	28	15		2	
79.114	7	7	36	36	1		
79.14			8	6		3	

NIVELES	1	2	3	4	5	6	7	8	TOTAL
79.130			2		6	12	14		= 34
79.73					2		4		= 6
79.71					9	16	28		= 53
79.114			5		28	21	32		= 86
79.14					4	7	6		= 17
			7		49	140			**= 196**

Tapaderas

PASTAS	7	8	9	10	11	12	S/C
79.239	6	11	3	16	4		
79.5		1	5	1			
81.4046				2			
79.20				2			
80.6744			1				
81.5569				1			
81.3555				1			
Bordes s/c			1	2			
Pomos s/c	4	1	5	5			

NIVELES	1	2	3	4	5	6	7	8	TOTAL
79.239					14	8	18		= 40
79.5					3		4		= 7
81.4046						2			= 2
79.20						2			= 2
80.6744							1		= 1
81.5569							1		= 1
81.3555							1		= 1
Bordes s/c					1	2			= 3
Pomos s/c					6	5	4		= 15
					24	47			**= 72**

Grandes cuencos con asas horizontales

FORMA	CLASE F.	PASTA	SIGLA	FIGURA	NIVEL
80.4321	b/p	9	V.79.8-12.QS.49 80.1.54-56.I.3791	191.2	5
79.90	b/p	10	V.79.6-8.PQ.90	191.3	5
	b	10	80.1.12.X.7782	191.4	5
80.8764		10	80.1.22.AI-31.T.8764	192.1	7
	b/p	10	80.1.56.I.3986	192.2	1

Cuencos

FORMA	CLASE F.	PASTA	SIGLA	FIGURA	NIVEL
81.7424	b/p	10	81.1.Car.II-Dec.II.7424	192.3	6
81.6194	b	9	80.1.32.T.7432	193.7	7
	b	9	81.1.31-33.AC.5142	193.2	7
	b	9	81.1.hab.12(1).2189	193.5	3
	b	9	81.1.Car.I2.5543	193.4	7
	b	9	81.1.Car.I2.6200	193.3	7
	b	10	V.79.20.Ñ.158	193.6	5
	b	10	81.1.Car.I2.6194	193.1	7
81.4755	b	9	80.1.2-6.LN.3968	194.2	7
	s/c		81.1.2-8Ñ'P'.4755	194.1	7
81.10110		9	81.1.D.II.10110	194.3	6

FORMA	CLASE F.	PASTA	SIGLA	FIGURA	NIVEL
80.2676	b	9	V.79.1.N'.234	194.6	6
	b	9	80.1.42.Ñ.2676	194.5	7
	b	9	81.1.2-6.Ñ'P'.4640	194.7	7
	b	9	81.1.D.II.8403	194.4	6
81.4609	b	8	81.1.2-8.Ñ'P'.4609	194.8	7
	b	9	VEL.13.H'.11	194.9	6
81.4645	b	10	81.1.2-8.Ñ'P'.4645	194.10	7
79.8	b	10	V.79.2-6.X-AB.8	194.11	5
80.8348	b	8	V.79.16-18.OP.47	195.5	5
	b	8	80.1.21-29.NP.3007	195.2	7
	b	9	V.79.1.C'.81	195.7	6
80.8348	b	9	V.79.3.K'.71	195.6	6
	b	9	80.1.4-10.VX.8348	195.3	5
	b	9	81.1.21-25.DE.1411	195.1	7
	b	9	81.1.21-31.EF.1791	195.4	7
79.101	b	8	81.1.3.H.10048	195.9	6
	b	9	V.79.EX.101	195.10	5
	b	9	80.1.38.LM.6607	195.8	7
79.257	b	10	V.79.1.N'.257	195.11	6
79.64	b	9	V.79.11.H'.64	195.12	6
81.11584	b	9	81.1.C.I2.11584	195.13	7
80.1250	b	7	V.79.1.I'.14	196.4	6
	b	9	80.1.8.AB.6436	196.5	7
	b	9	81.1.21-25.DE.1416	196.2	7
	b	9	81.1. hab.12_1.1250	196.1	3
	b	9	81.1.Car.II-Dec.II.7468	196.3	6
81.2450	b	s/c	81.1.hab.34.9670	196.8	7
	b	8	81.1.Car.II-Dec.II.7418	196.7	6
	b	9	81.1.hab.12_1.2450	196.6	3
81.8377		7	81.1.Dec.II.11594	197.1	6
	b	8	81.1.2-8.N'P'.7209	197.4	6
	b	8	81.1.2-8.Ñ'P'.4649	197.2	7
	b	8	81.1.Dec.II.8377	197.3	6
	b	10	V.79.3.M'.95	197.5	6
79.165	b	8	V.79.12-14.K.10	197.8	5
	b	8	V.79.2.M'.39	197.9	6
	b	8	V.79.3.K'.84	198.11	6
	b	8	V.79.9.F'.8	198.9	6
	b	8	81.1.21-25.DE.1403	198.8	6
	b	8	81.1.21-31.FG.1788	198.7	7
	b	8	81.1.2-8.Ñ'P'.6063	198.10	6
79.165	b	8	81.1.Dec.II.8395	197.7	6
	b	9	V.79.12-14.K.29	197.10	5
	b	9	V.79.5.N'.165	197.6	6
	b	9	80.1.6-8.QR.1326	198.3	7
79.165	b	9	80.1.21.H.2862	198.5	7
	b	9	81.1.2-8.Ñ'P'.4640	198.12	7
	b	10	V.79.16.O.21	198.1	5
	b	10	80.1.12-16.ÑP.4963	198.6	5
	b	10	80.1.14-16.TV.5335	198.4	5
	b	10	80.1.13-23.KP.2107	198.2	5
81.10067		9	81.1.Dec.II.10067	199.1	6
81.3993	b	8	81.1.2-8.M'N'.3993	199.3	6
	b	9	80.1.38.LM.6552	199.5	7
	b	10	V.79.14-22.NO.3	199.4	5
	b	10	V.79.1-2.I.47	199.2	5
79.10	b	7	V.79.18.N.10	199.6	5
	b	8	V.79.2.H'.62	199.10	6
	b	10	V.79.8-12.QS.119	199.7	5
	b	10	V.79.11.P.30	199.9	5
	b	10	V.79.5.I'.102	199.8	6
79.7	b	9	V.79.6-8.NÑ.7	200.1	5
	b	9	V.79.5.J'.103	200.3	6
	b	9	81.1.15-29.B'C.613	200.2	7
VEL.1	b	8	VEL.14.F'.1	200.4	7

Fondos de cuencos

FORMA	CLASE F.	PASTA	SIGLA	FIGURA	NIVEL
79.29	f	9	V.79.HOR.29	200.5	5
79.5	f	9	V.79.EX.5	200.6	6
	f	9	80.1.23-17.OS.3112	200.7	5
81.8465	f	8	81.1.Dec.II.8464	200.8	6
79.12	f	8	V.79.1.L'.12	200.9	6
79.7	f	7	81.1.4-17.A'F'.2006	200.10	7
81.128	f	10	81.1.9-17.A'F'.128	200.11	7

Copas

FORMA	CLASE F.	PASTA	SIGLA	FIGURA	NIVEL
81.3995	b	7	80.1.18-22.OR.2199	201.3	7
	b	8	81.1.2-8.M'Ñ'.3995 81.1.2-8.Ñ'P'.5067	201.1	6
	b	10	80.1.18-22.OR.2515	201.2	7

Botellas

FORMA	CLASE F.	PASTA	SIGLA	FIGURA	NIVEL
79.28	b	9	81.1.Car.II-Dec.II.7416	202.1	6
	b	10	V.79.4.K.28	202.2	5
	b	10	V.79.8.P.23	202.4	5
	b	10	V.79.27.LM.2	202.5	5
	b	10	V.79.1.N'.179	202.3	6
79.160	b	10	V.79.8-10.JK.160	202.6	5
79.41	b	10	V.79.10-12.LM.41	202.7	5
	b	10	V.79.1.N'.354	202.8	6
79.106	b	7	V.79.20.Ñ.106	203.1	5
80.7904	b	8	80.1.1.O.2281	204.9	7
	b	9	V.79.18.C.3	204.1	5
	b	9	80.1.5.X.6215	204.5	5
	b	10	V.79.12-14.K.24	204.10	5
	b	10	V.79.16.P.15	204.7	5
	b	10	80.1.8-14.VZ.7904	203.2	5
	b cuello	10	80.1.14.VZ.7997	203.3	5
80.7904	b	10	81.1.15-21.B'C.597	204.3	7
80.5506	b	7	V.79.6-8.PQ.131	204.4	7
	b	7	80.1.16-22.X-AD.5506	204.2	7
	b	9	80.1.38.LM.6553	204.6	7
	b	10	81.1.9-17.A'F'.114	204.8	7
80.6601		10	80.1.38.LM.6601	205.1	7
81.4197		9	81.1.Car.I-Dec.II.4197	205.2	7
80.1936	b cuello	7	V.79.13.H'.96	208.7	6
		8	80.1.18-20.OR.1936	206.1	5
79.12	b/p	9	V.79.hab.21.12	207.1	5
79.34	b	9	V.79.12-14.K.133	207.3	5
	b	9	V.79.16.P.10	207.7	5
	b	9	V.79.9.H'34	207.2	6
	b	9	V.79.EX.165	207.5	5
	b	9	81.1.hab.12$_1$.1133	207.6	3
	b	10	81.1.Dec.II.10025	207.4	6
81.1125	b	9	81.1.hab.12$_1$.1125	208.1	3
80.7963	b	9	80.1.8.14.VZ.7963	208.2	5
79.35	b	9	V.79.16.Ñ.35	208.3	5
79.10	b	10	V.79.9.H'.10	208.4	6
79.42	b cuello	10	V.79.18.P.42	208.5	5
81.1126	b	9	81.1.hab.12$_1$.1126	208.6	3
81.5536	b	10	81.1.Car.I$_2$.5536	208.8	7
79.39	b	10	V.79.8-10.LM.39	208.9	5
79.44	b	10	V.79.20.N.44	208.10	5
80.3471		9	80.1.52-54.EF.3471	209.1	7
81.5565		9	81.1.Car.I$_2$.5565	209.2	7

Jarras con un asa

FORMA	CLASE F.	PASTA	SIGLA	FIGURA	NIVEL
80.1677	b	7	80.1.16.AA.7577	210.1	5
	b	9	V.79.9.F'.24	210.5	6
	b	9	80.1.12.X.7856	210.2	5
	b	9	80.1.hab.12$_1$.2181	211.2	3
	b	10	V.79.8-10.JK.158	210.6	5
	b	10	V.79.EX.180	210.3	5
	b	10	80.1.8.X.4398	210.4	7
		10	80.1.12-16.ÑP.1677	211.1	5
80.6550	b	9	V.79.1.A.5	212.3	7
	b	9	80.1.28-30.AB-AC.1776	212.2	7
		10	80.1.36.LM.6550	212.1	7
81.2578		9	81.1.hab.12$_1$.2578	213.1	3
79.4242	b	7	V.79.hab.7.137	215.2	3
	b	9	V.79.4-6.NO.6 V.79.12-16.ÑP.4948 V.79.18-20.RS.4242	214.1	5
	b	9	V.79.16.LM.79 80.1.13-23.KO.2032	214.2	7
	b	9	V.79.16-18.LK.16	215.3	3
	b	9	81.1.Car.I-Dec.II.4204	214.3	7
79.4242	b	10	81.1.21-31.FG.1780	214.4	7
	b	10	81.1.Car.I-Dec.II.4209	215.1	7
81.3040	b	8	81.1.25-33.GI.3040	215.4	7
79.39	b	9	V.79.hab.8.39	215.6	3
	b	9	V.79.hab.12.85	215.8	3
	b	9	V.79.hab.12$_2$.189	215.5	3
	b	10	V.79.18.N.6	215.7	5
80.4218	b	10	80.1.20-22.VZ.1306	216.9	5
Bordes s/c	b	9	V.79.16.Ñ.29	216.10	5
	b	9	V.79.5.I'.120	216.11	6
	b	9	V.79.9.I'.15	216.8	6
	b	9	80.1.32.T.7441	216.1	7
	b	9	80.1.3-11.KQ.3749	216.5	7
	b	9	80.1.7-15.RV.5146	216.3	7
	b	9	81.1.Dec.II-Car.II.7803	216.7	6
	b	9	81.1.Dec.II-Car.II.7816	216.4	6
	b	9	81.1.Dec.II.9699	216.2	6
	b	10	81.1.Dec.II.8380	216.6	6

Jarras con dos asas

FORMA	CLASE F.	PASTA	SIGLA	FIGURA	NIVEL
79.79	b	7	V.79.4.J.12	218.2	5
	b	8	V.79.16.A'.18	218.3	5
	b	9	V.79.7.J'57	218.4	6
	b	9	80.1.38.LM.6518	217.1	7
	b	10	V.79.16-18.OP.79 V.79.8-12.QS.35	218.1	5
	b	10	V.79.ALJ.82	217.5	7
	b	10	V.79.ALJ.83	217.4	7
	b	10	80.1.1-11.ÑS.1291 80.1.42.Ñ.2643	217.2	7
	b	10	80.1.1.AI-31.T.8749	217.3	7
80.8033	b/p	9	80.1.8-14.VZ.8033 80.1.13-23.IN.1837 80.1.17-23.OS	219.1	5
79.41	b/p	10	V.79.20.N.41 V.79.18.Ñ.51	219.2	5
79.103	b	7	V.79.4.K.10	220.3	5
	b	7	V.79.4-6.GH.5	220.2	5
	b	10	V.79.6-8.PQ.103	220.1	5
	b	10	80.1.14-22.OP.2960 80.1.1.O.2273	220.4	5
81.9673		10	81.1.hab.34.9673	221.1	7
79.1		10	V.79.7.H.1	222.1	
79.204	b	10	V.79.hab.12$_2$.204	220.5	3

Fondos de botellas y jarras

FORMA	CLASE F.	PASTA	SIGLA	FIGURA	NIVEL
81.121	f	9	81.1.9-17.A'F'.121	223.1	7
81.6176	f	9	81.1.Car.I$_2$.6176	223.2	7
79.102	f	12	V.79.3.N'.102	223.3	6
81.9702	f	9	81.1.Dec.II.9702	223,	6
79.1	f	7	V.79.2.N'.1	223.5	6
81.4190	f	10	81.1.Car.I-Dec.II.4190	223.6	7
80.7682	f	10	80.1.16.AA.7682	223.7	5
79.131	f	9	V.79.16.Ñ.131	223.8	5
80.8282	f	9	80.1.4-10.VX.8282	223.9	5
80.7966	f	10	80.1.18.VZ.7966	223.10	5
79.70	f	9	V.79.5.J'.70	223.11	6
79.246	f	9	V.79.1.N'.246	223.12	6
80.2471	f	10	80.1.18-22.OR.2471	224.1	5
79.28	f	9	V.79.9.H'.28	224.2	6
80.7884	f	9	80.1.12.X.7884	224.3	5

Asas de botellas y jarras

FORMA	CLASE F.	PASTA	SIGLA	FIGURA	NIVEL
79.130	a	9	V.79.18-22.ÑQ.130	224.4	5
	a	9	81.1.Dec.II-Car.II.7832	224.6	6
79.73	a	10	V.79.6-8.PQ.73	224.5	5
79.71	a	9	V.79.16-18.OP.71	224.7	5
79.114	a	9	V.79.6-8.IJ.114	224.8	5
	a	10	V.79.EX.52	224.10	5
79.14	a	9	V.79.19-21.Ñ.14	224.9	5

Tapaderas

FORMA	CLASE F.	PASTA	SIGLA	FIGURA	NIVEL
79.239		8	V.79.12.Ñ.57	225.3	5
	b	8	V.79.16.Ñ.32	226.1	5
		8	V.79.1.N'.239	225.1	6
		8	80.1.8.14.VZ.7944	225.2	5
79.5	b/p	9	V.79.8-10.JK.389	226.4	5
	b/p	9	V.79.28.J'.6	226.3	7
	b/p	9	80.1.54-56.J.3792	226.5	7
	b/p	10	V.79.7.H.5	226.2	5
81.4046		10	V.79.2.M'.64	226.6	6
		10	81.1.Car.I.4046	226.7	6
79.20		10	V.79.2.N'.20	226.8	6
	po/p	10	V.79.5.K'.89	226.9	6
80.6744		9	80.1.56.J.6744	227.1	7
81.5569		10	81.1.Car.I$_2$.5569	227.2	7
81.3555		10	81.1.Car.I.3555	227.3	7
Pomos s/c		9	80.1.2-6.LN.3964	227,4	7
		10	80.1.52-54.EF.3496	227.5	6

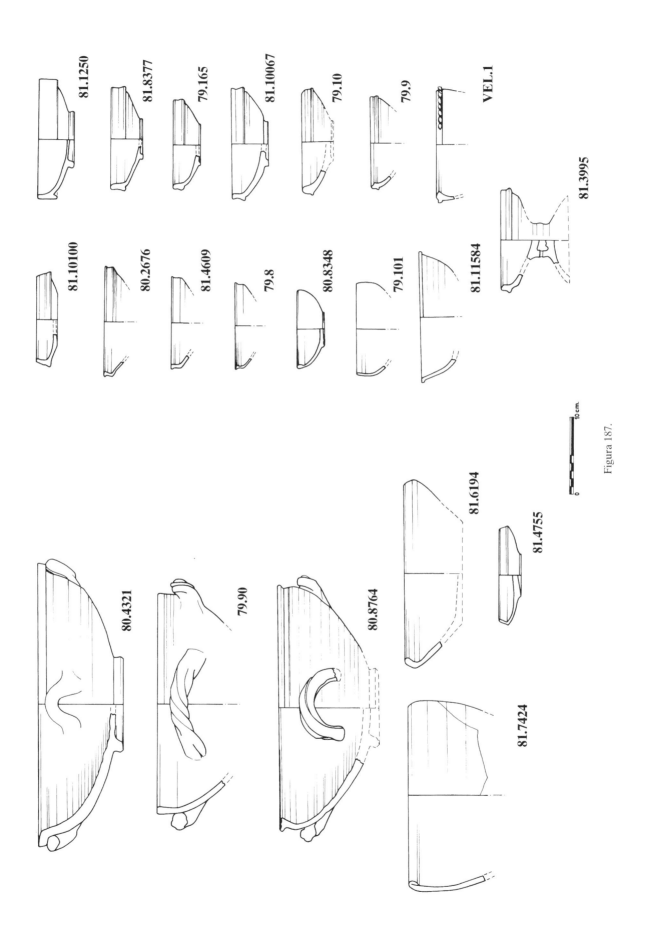

Figura 187.

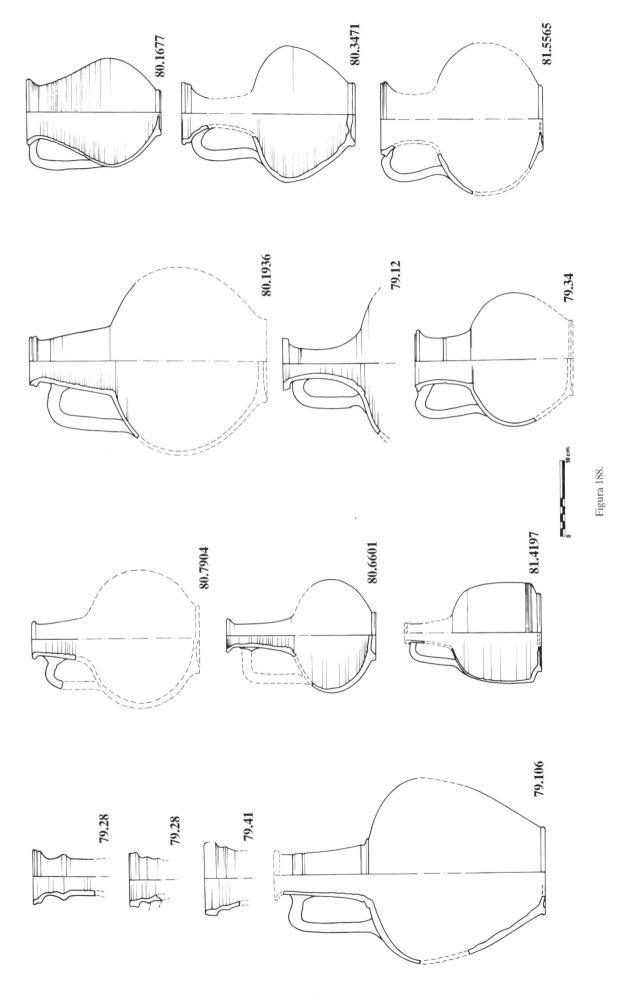

Figura 188.

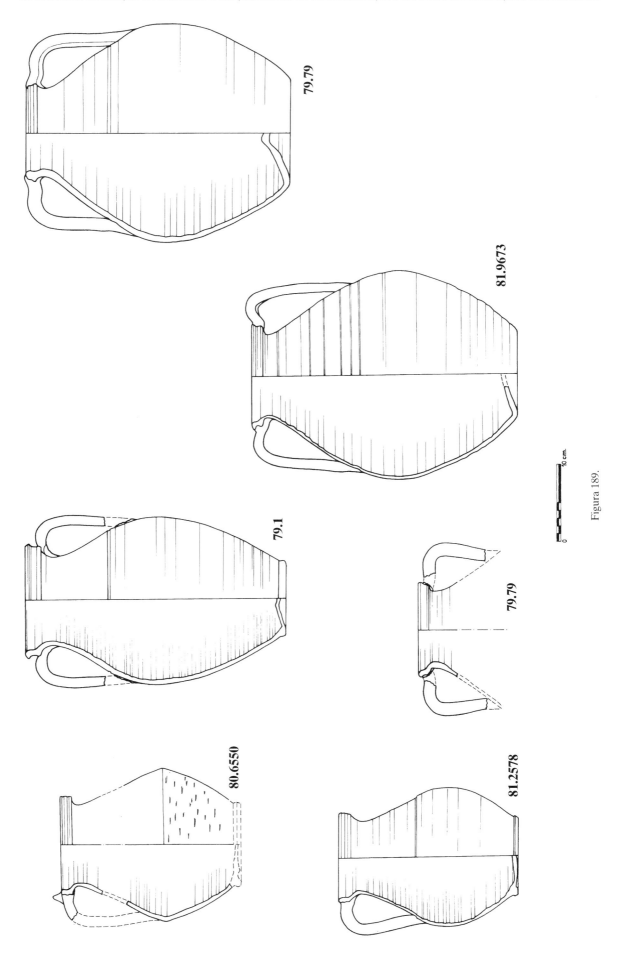

Figura 189.

408

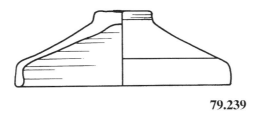

79.239

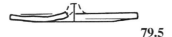

79.5

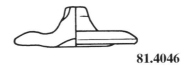

81.4046

79.20   **80.6744**

81.5561   **81.3555**

0   10 cm.

Figura 190. Cerámica autóctona.

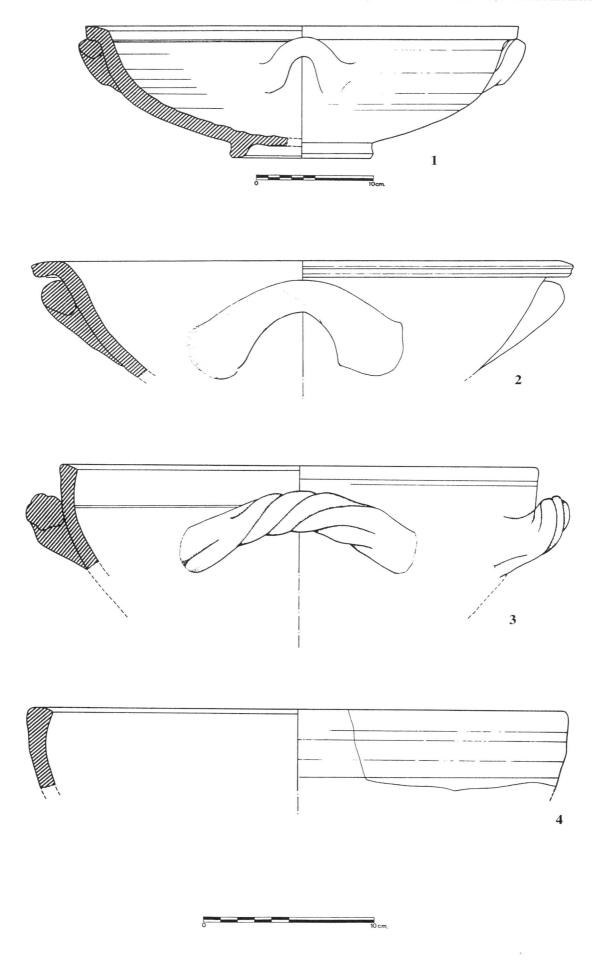

Figura 191. Cerámica autóctona. Cuencos con asas horizontales.

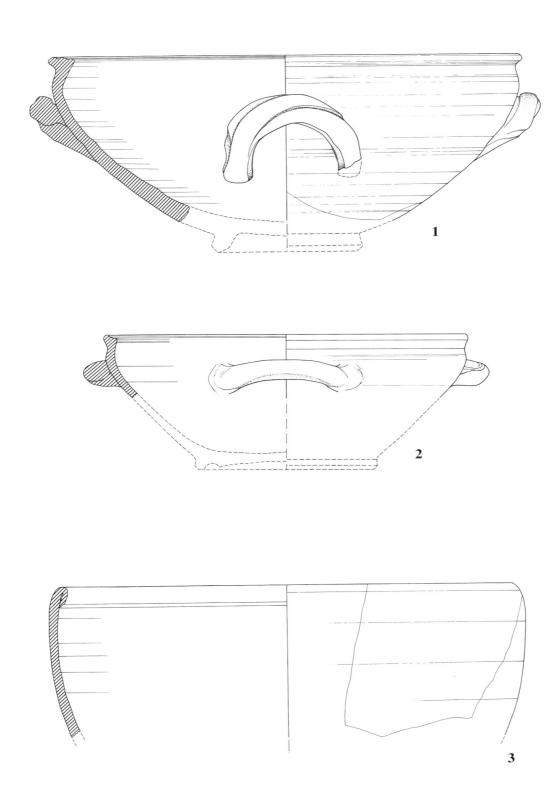

Figura 192. Cerámica autóctona. Cuencos con asas horizontales.

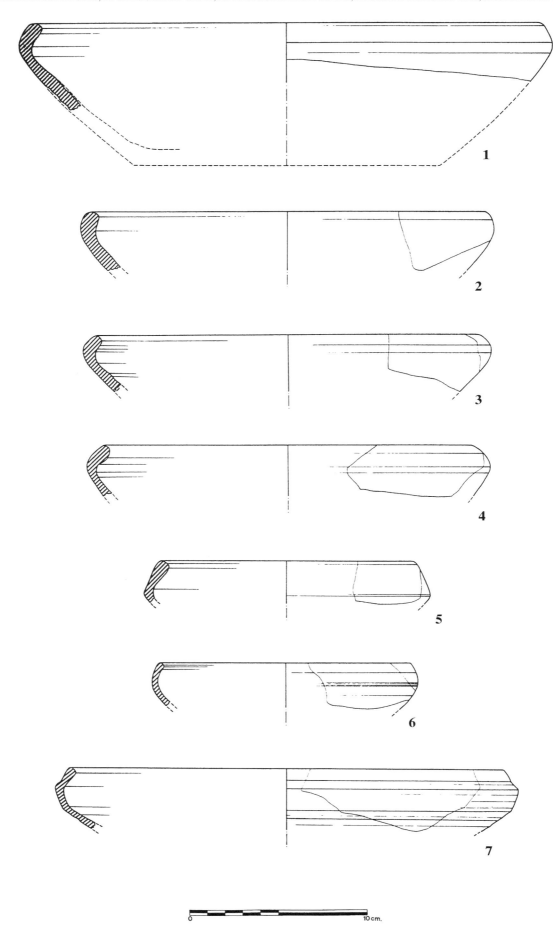

Figura 193. Cerámica autóctona. Cuencos.

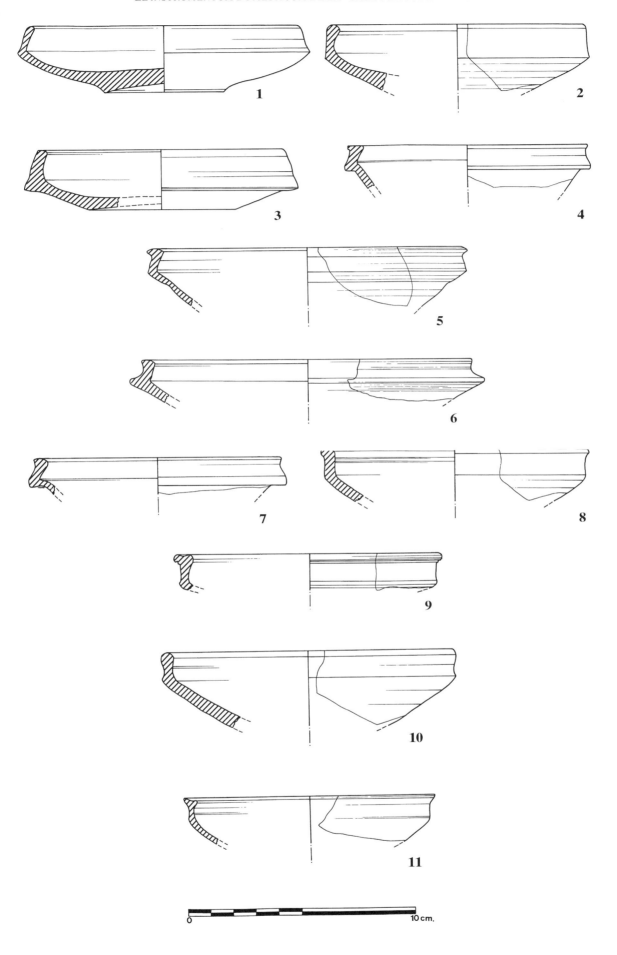

Figura 194. Cerámica autóctona. Cuencos.

413

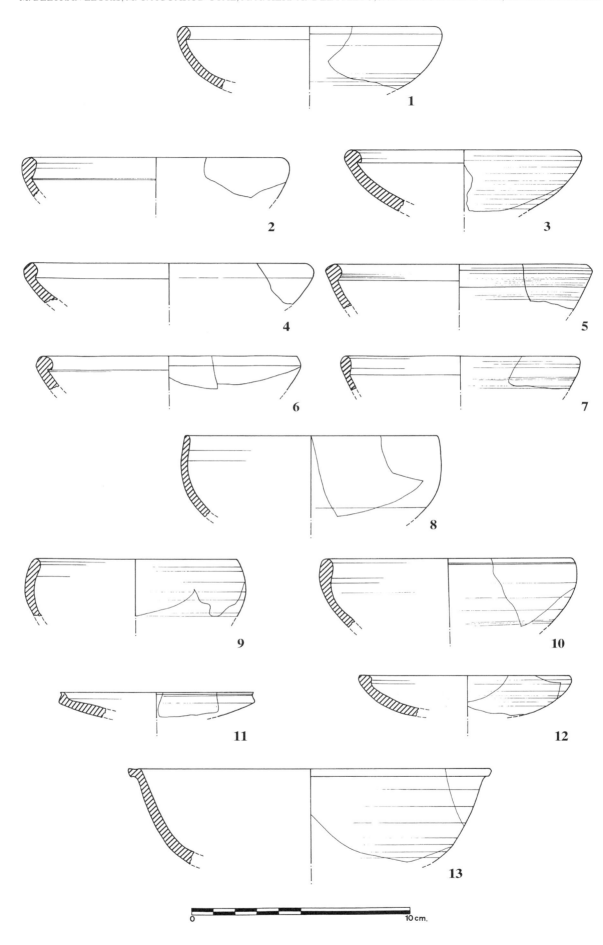

Figura 195. Cerámica autóctona. Cuencos.

414

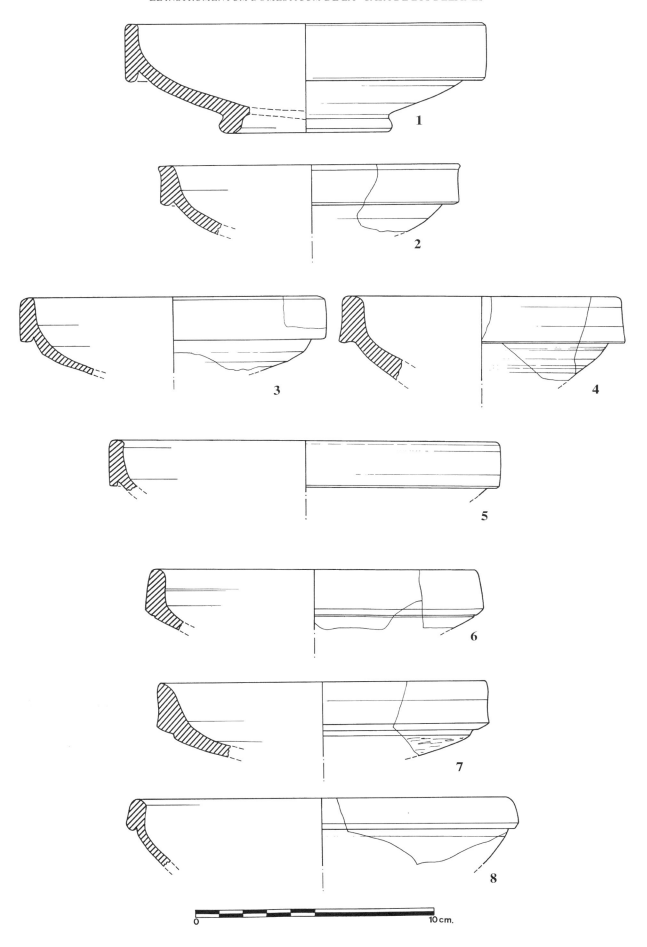

Figura 196. Cerámica autóctona. Cuencos.

415

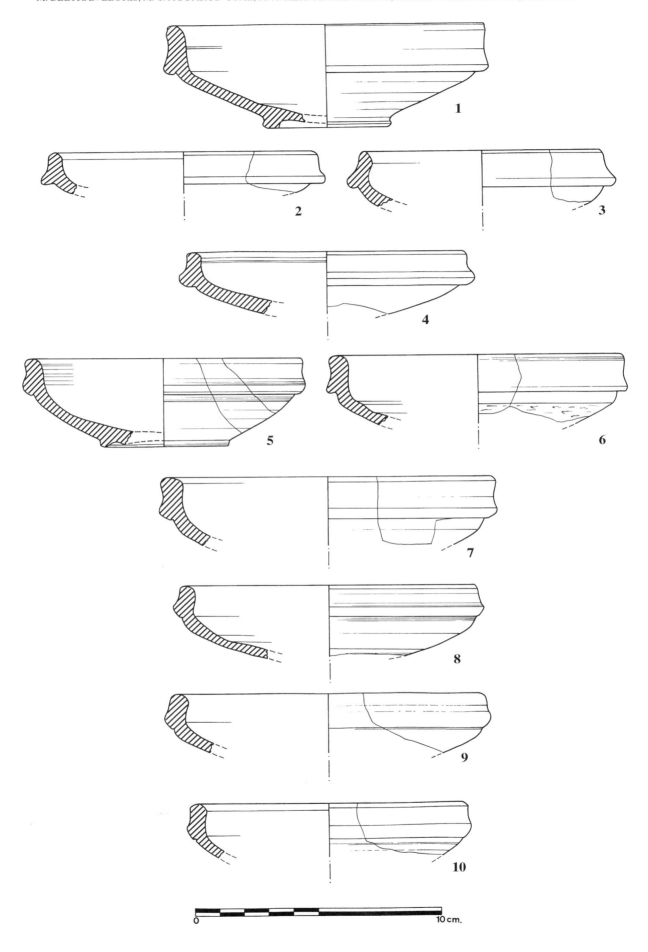

Figura 197. Cerámica autóctona. Cuencos.

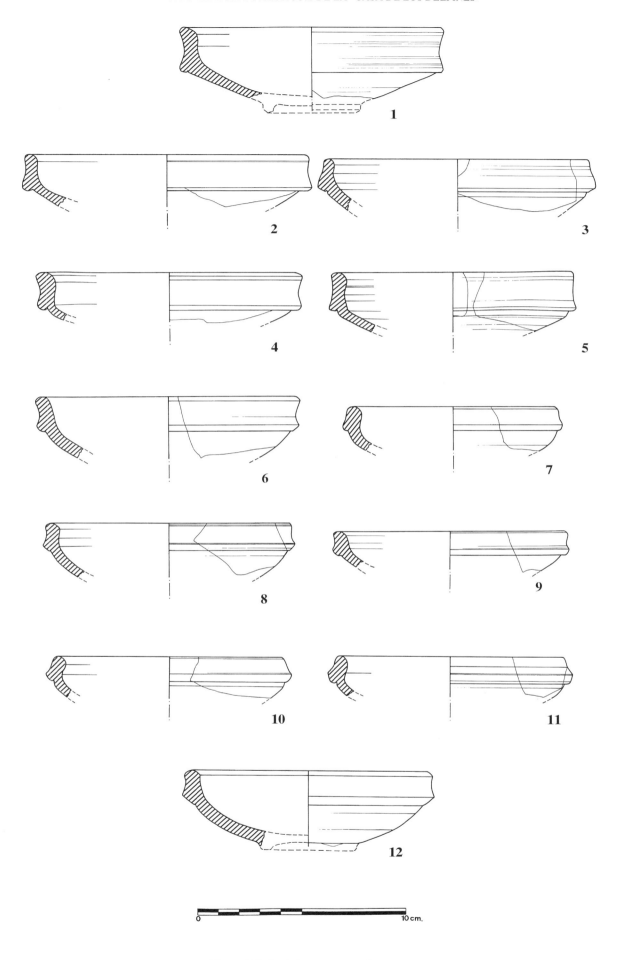

Figura 198. Cerámica autóctona. Cuencos.

417

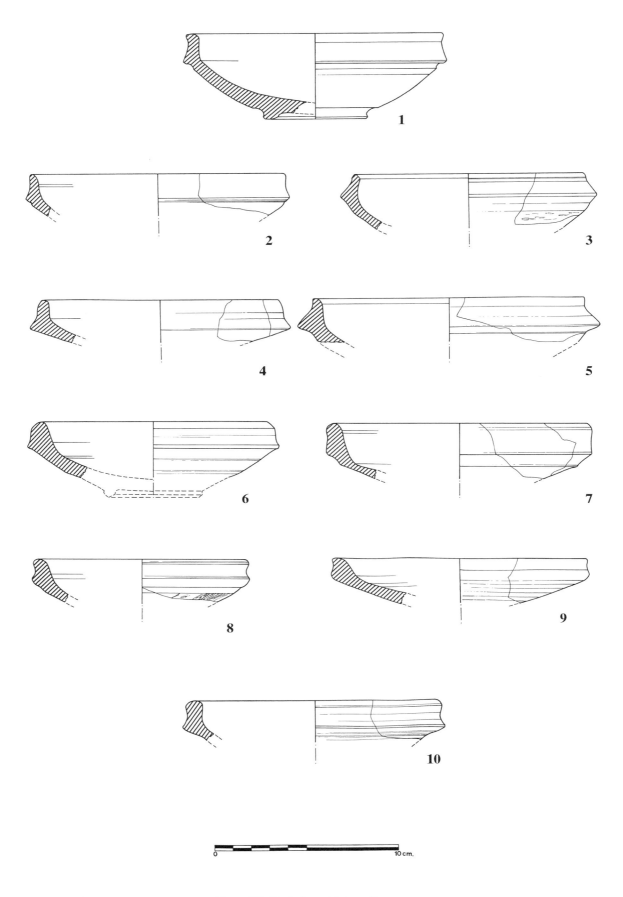

Figura 199. Cerámica autóctona. Cuencos.

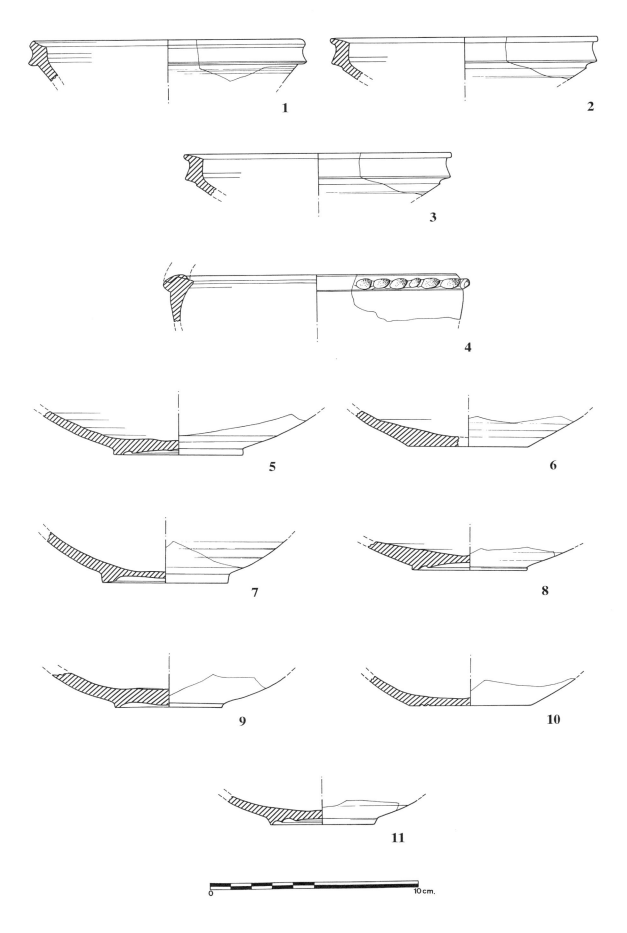

Figura 200. Cerámica autóctona. Cuencos.

419

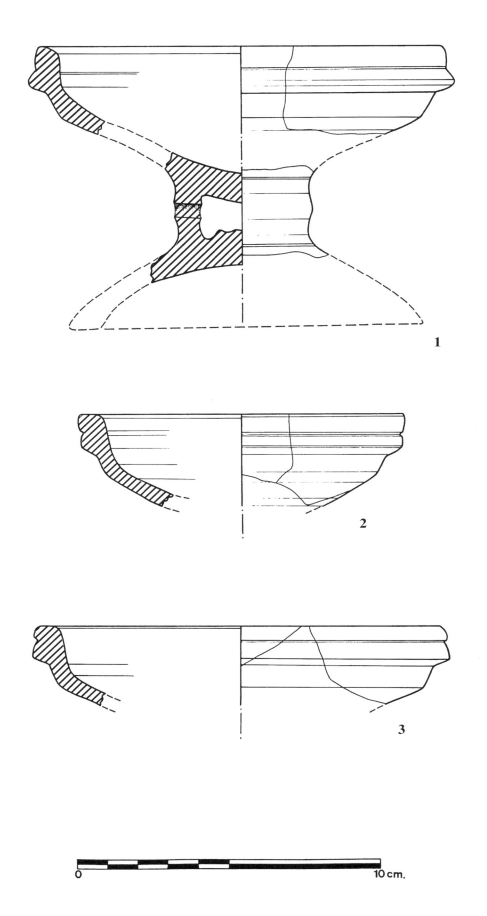

Figura 201. Cerámica autóctona. Copas.

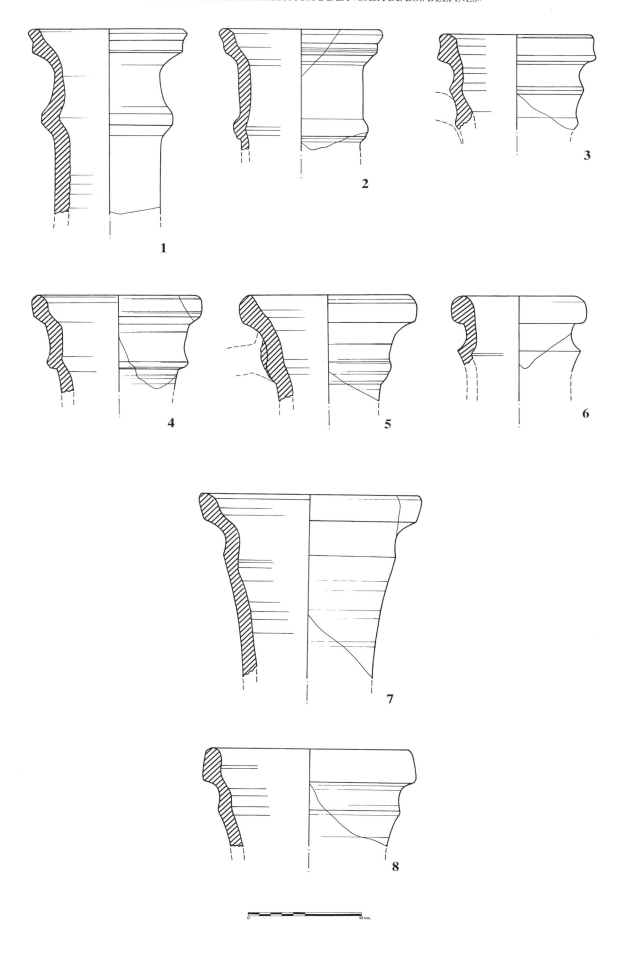

Figura 202. Cerámica autóctona. Botellas.

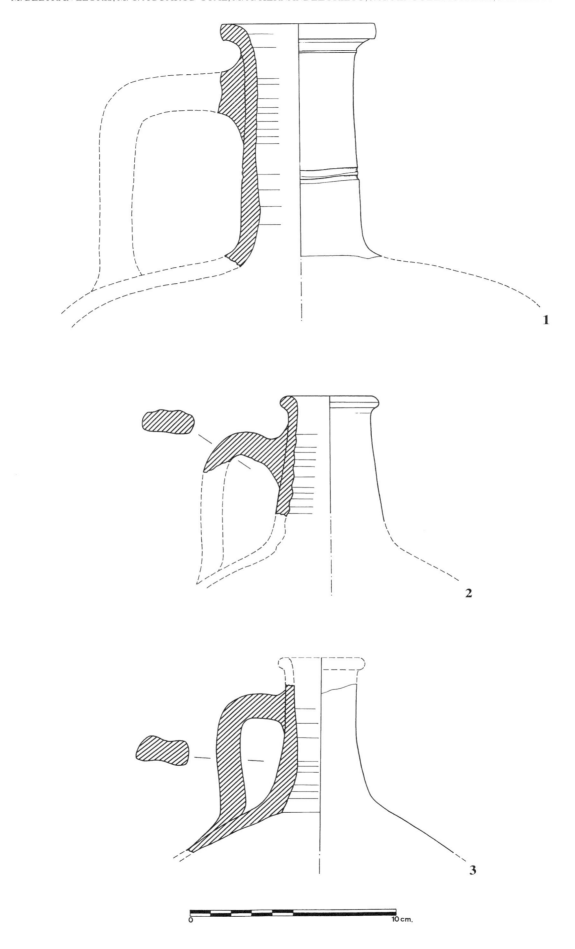

Figura 203. Cerámica autóctona. Botellas.

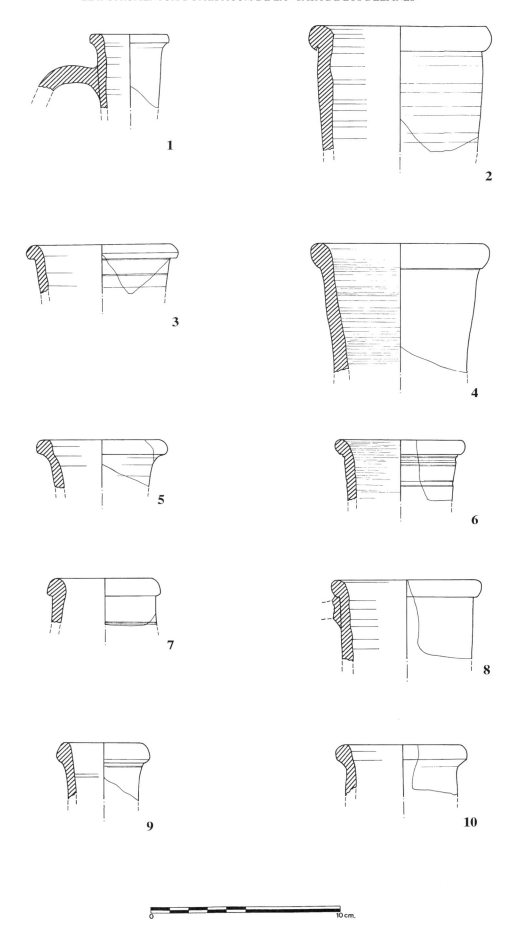

Figura 204. Cerámica autóctona. Botellas.

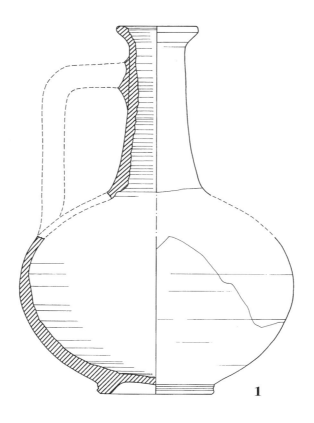

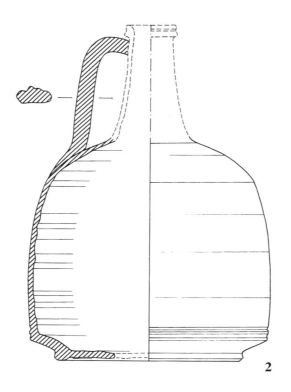

Figura 205. Cerámica autóctona. Botellas.

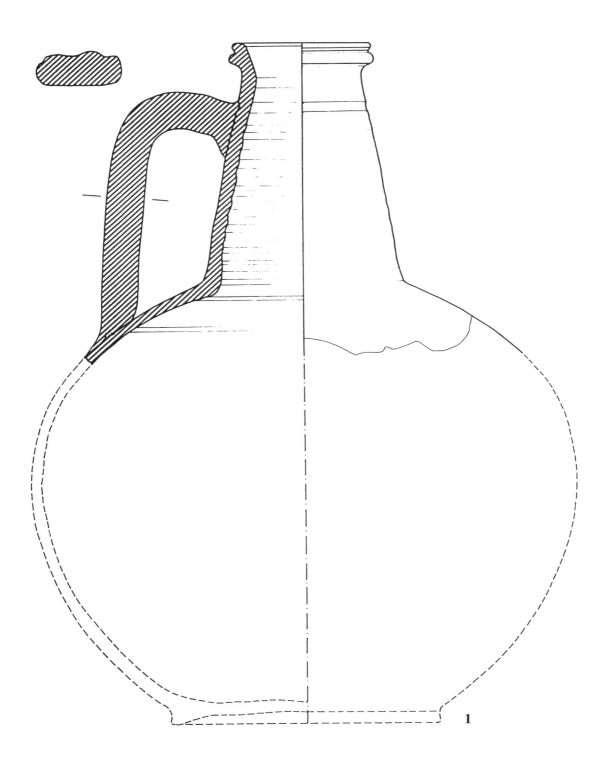

Figura 206. Cerámica autóctona. Botellas.

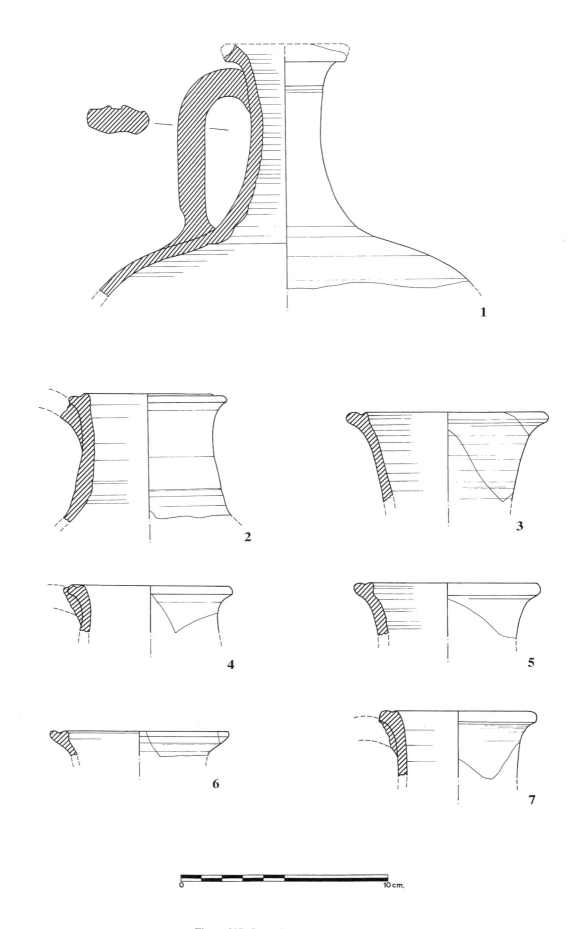

Figura 207. Cerámica autóctona. Botellas.

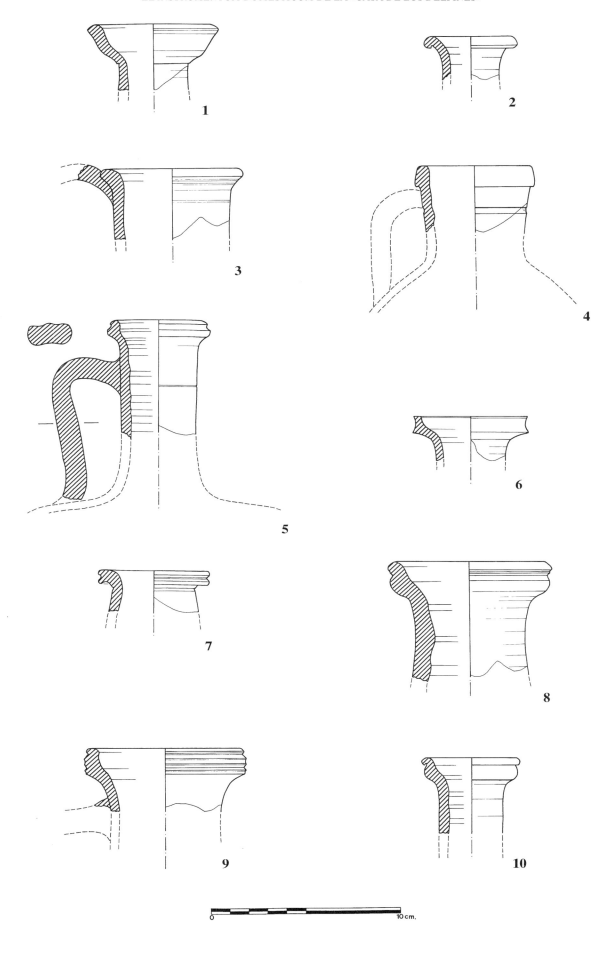

Figura 208. Cerámica autóctona. Botellas y jarras.

427

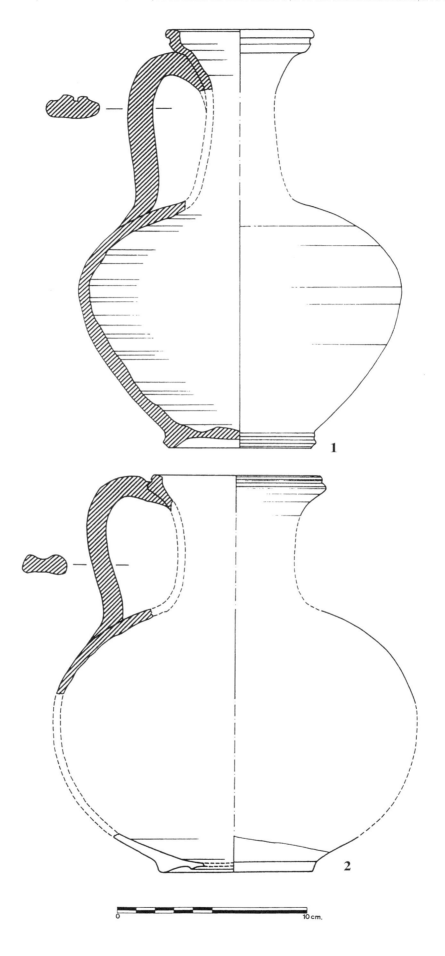

Figura 209. Cerámica autóctona. Botellas y jarras.

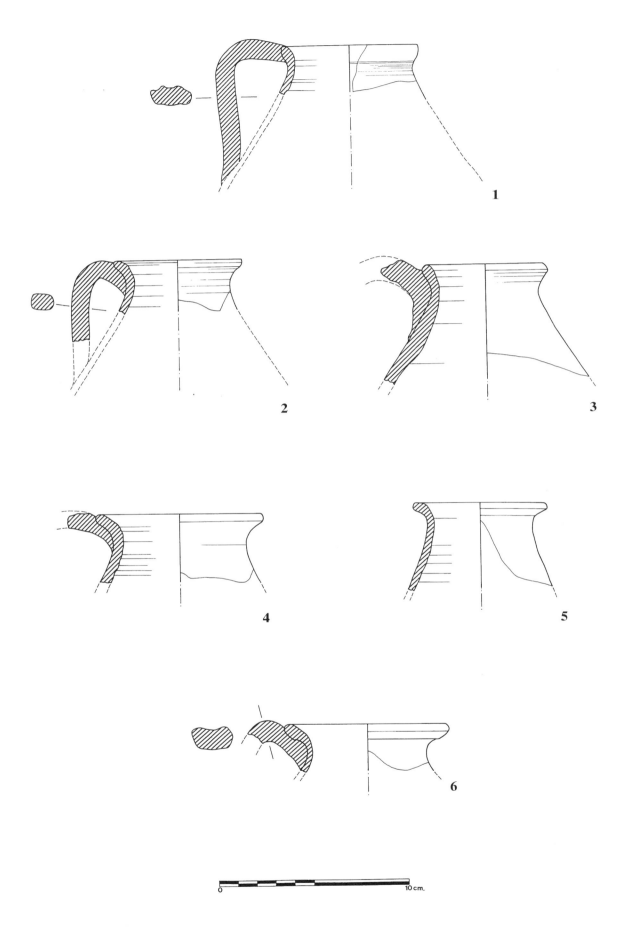

Figura 210. Cerámica autóctona. Jarras con un asa.

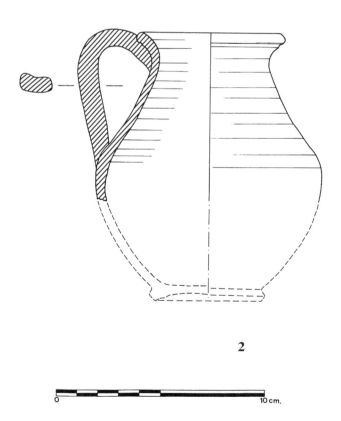

Figura 211. Cerámica autóctona. Jarras con un asa.

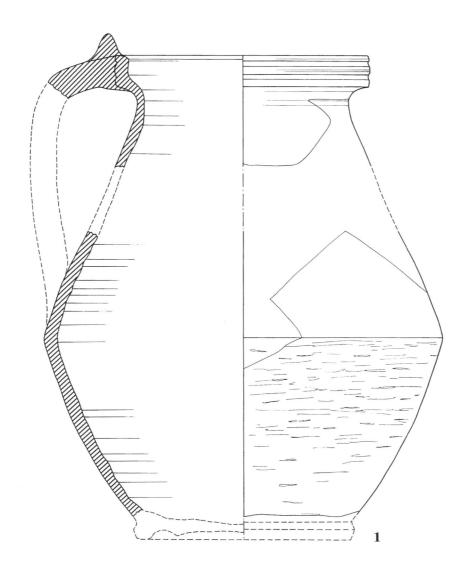

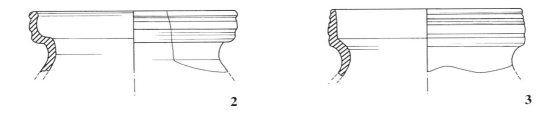

Figura 212. Cerámica autóctona. Jarras con un asa.

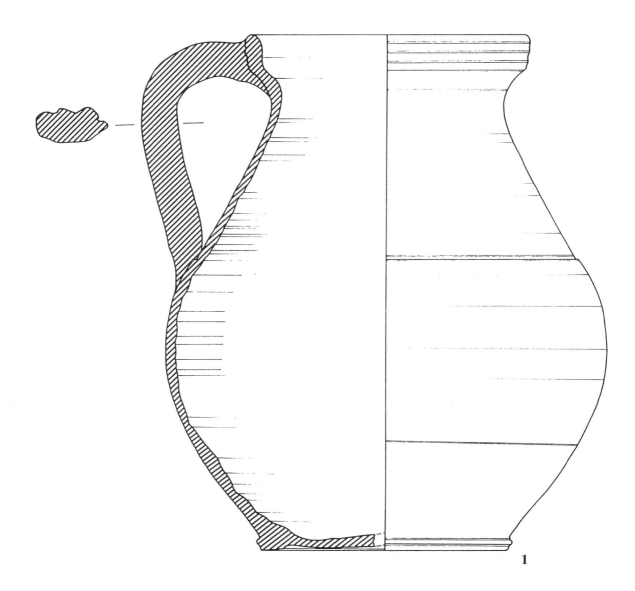

Figura 213. Cerámica autóctona. Jarras con un asa.

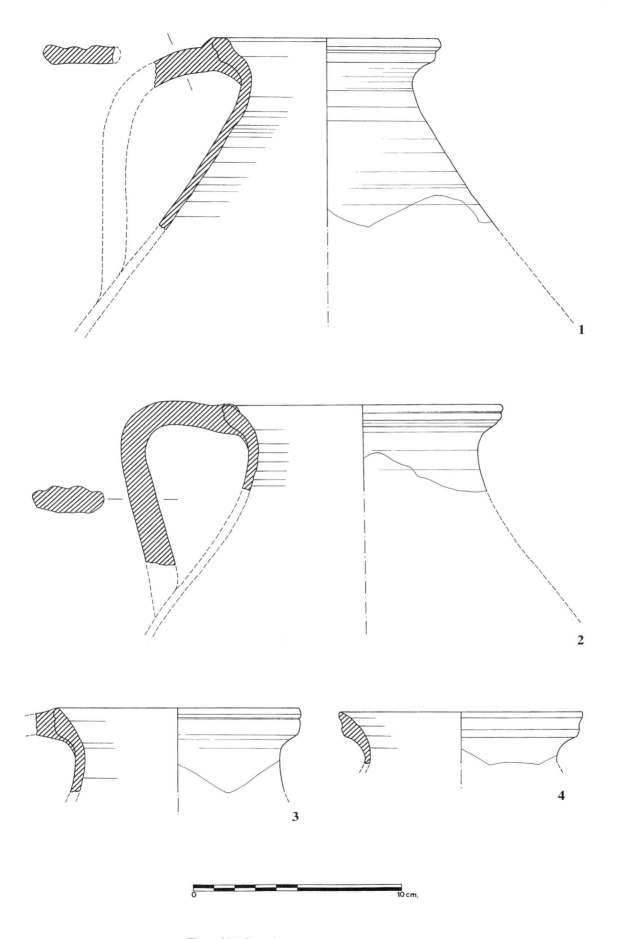

Figura 214. Cerámica autóctona. Jarras con un asa.

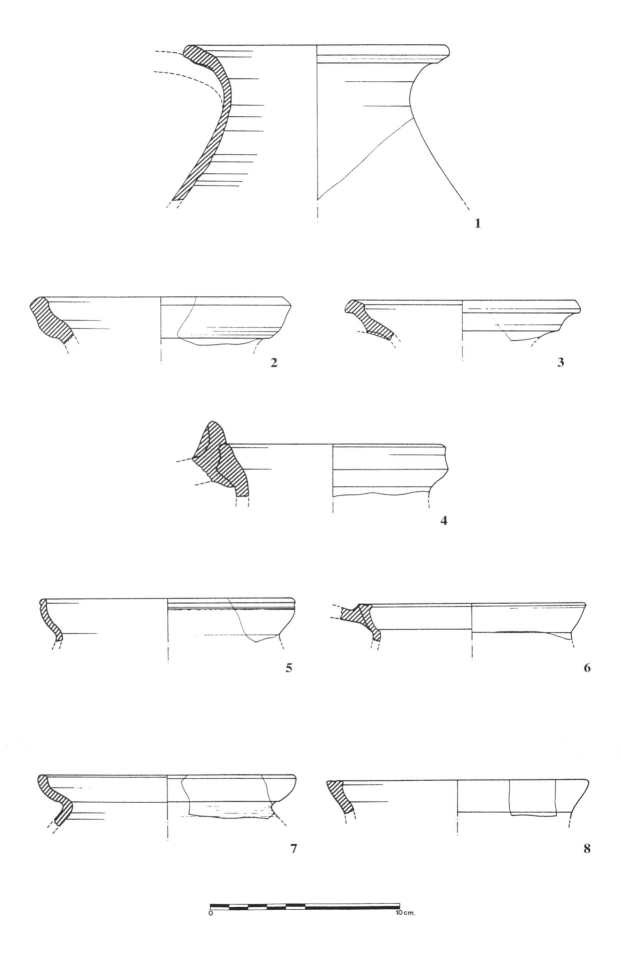

Figura 215. Cerámica autóctona. Jarras con un asa.

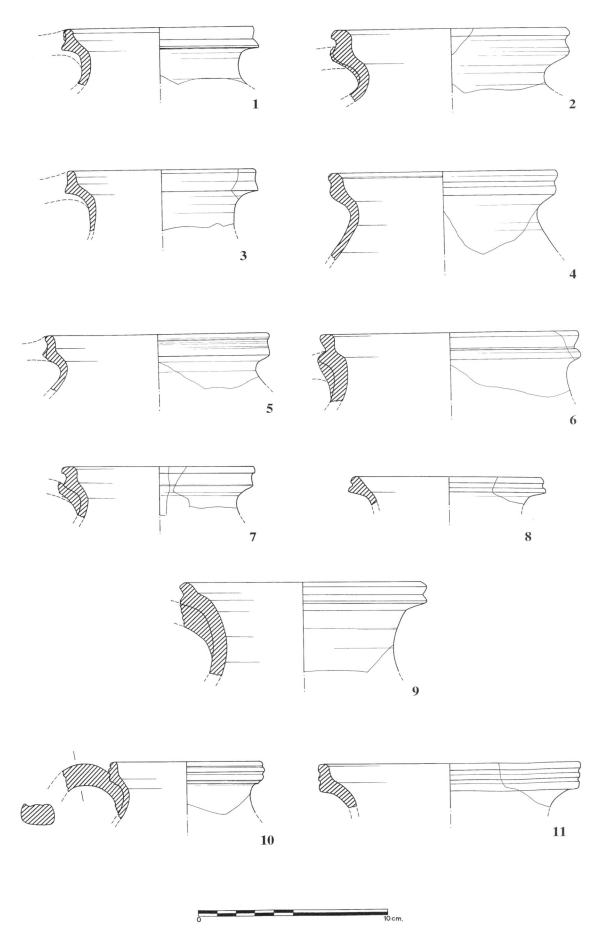

Figura 216. Cerámica autóctona. Jarras con un asa.

435

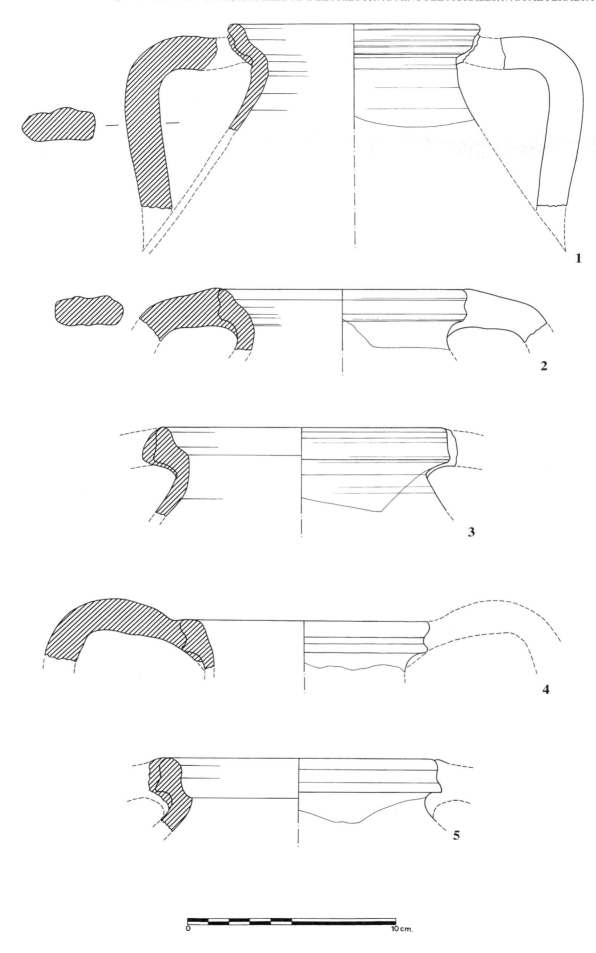

Figura 217. Cerámica autóctona. Jarras con dos asas.

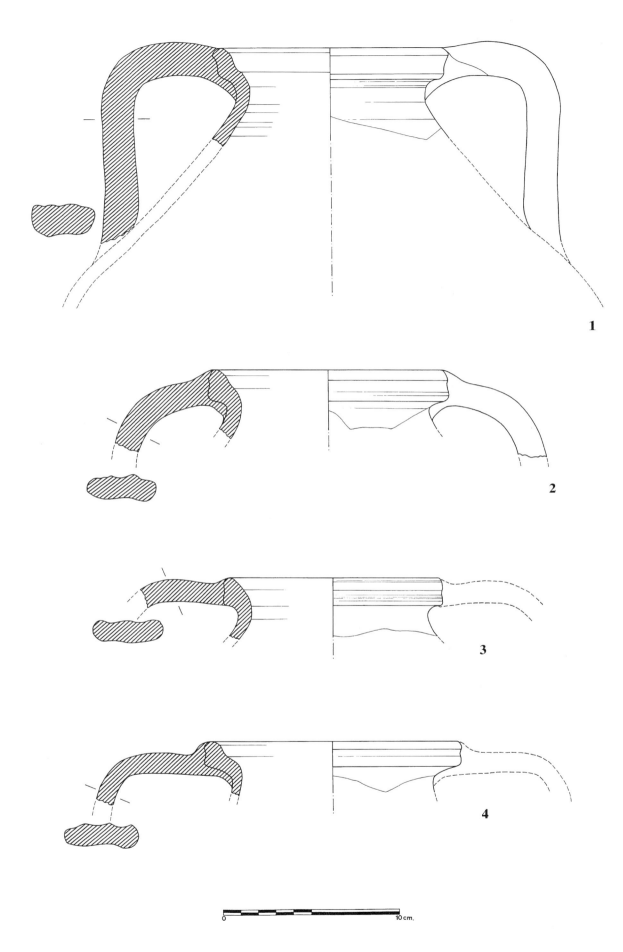

Figura 218. Cerámica autóctona. Jarras con dos asas.

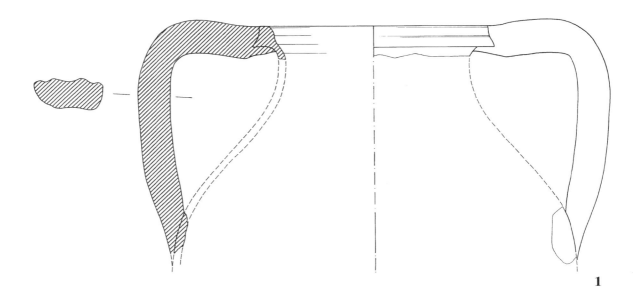

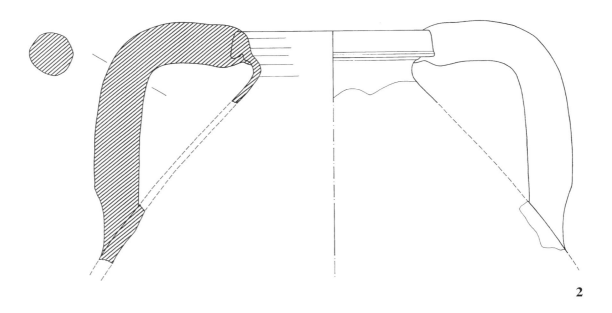

Figura 219. Cerámica autóctona. Jarras con dos asas.

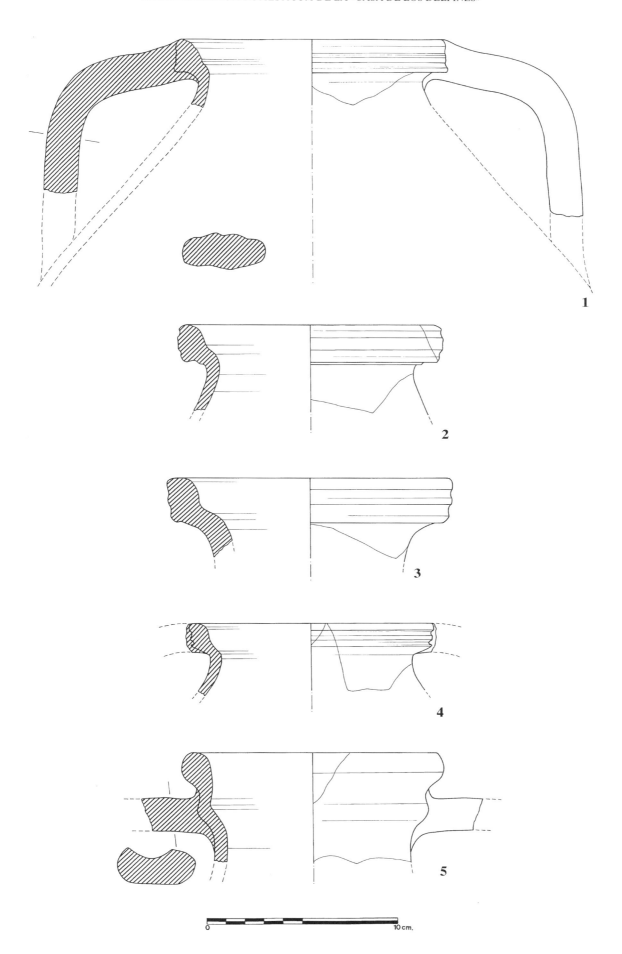

Figura 220. Cerámica autóctona. Jarras con dos asas.

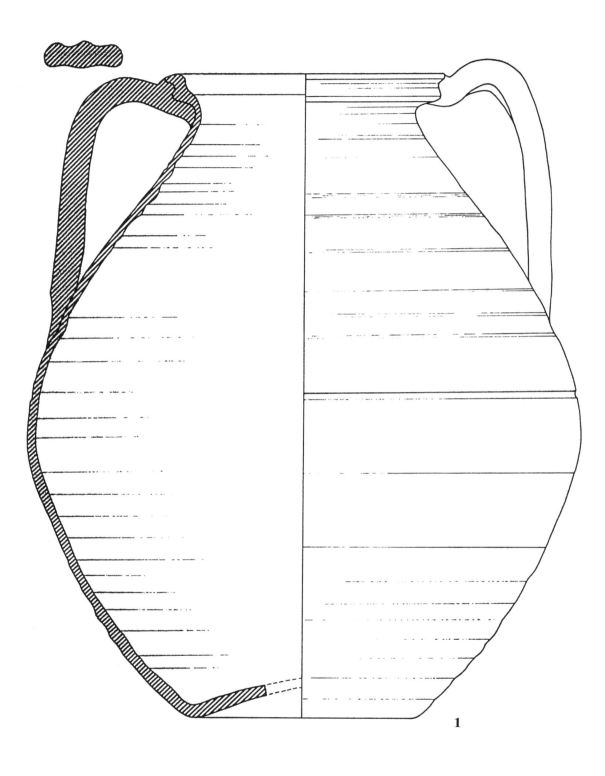

1

Figura 221. Cerámica autóctona. Jarras con dos asas.

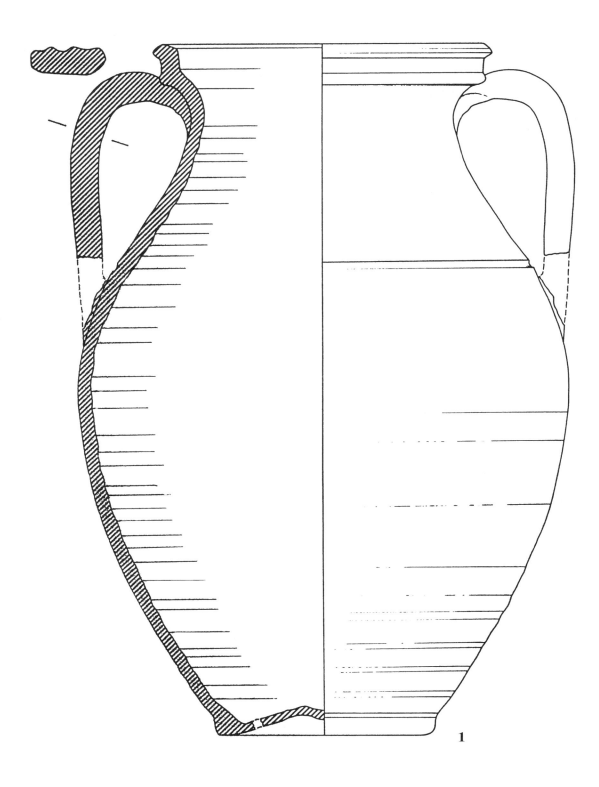

Figura 222. Cerámica autóctona. Jarras con dos asas.

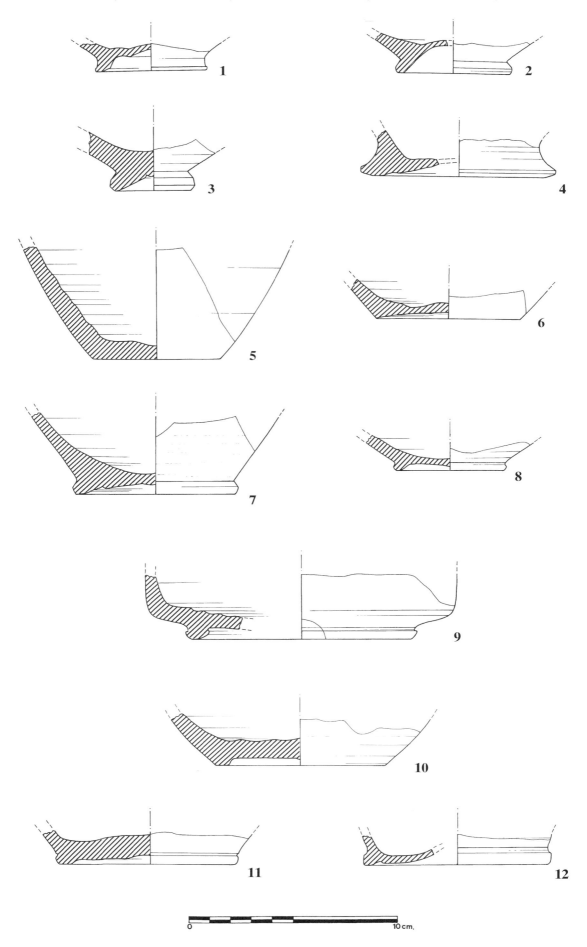

Figura 223. Cerámica autóctona. Fondos de botellas y jarras.

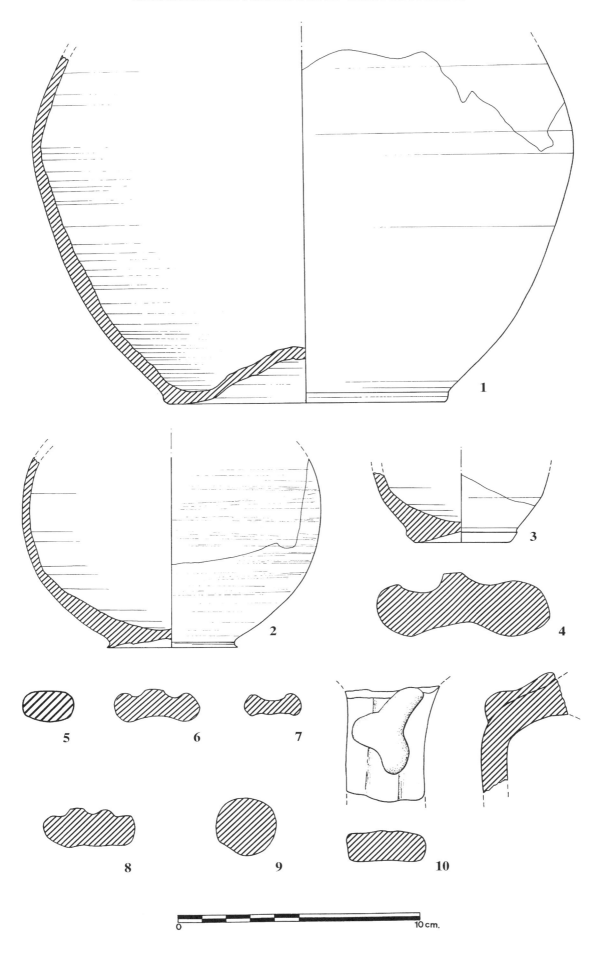

Figura 224. Cerámica autóctona. Fondos y asas de botellas y jarras.

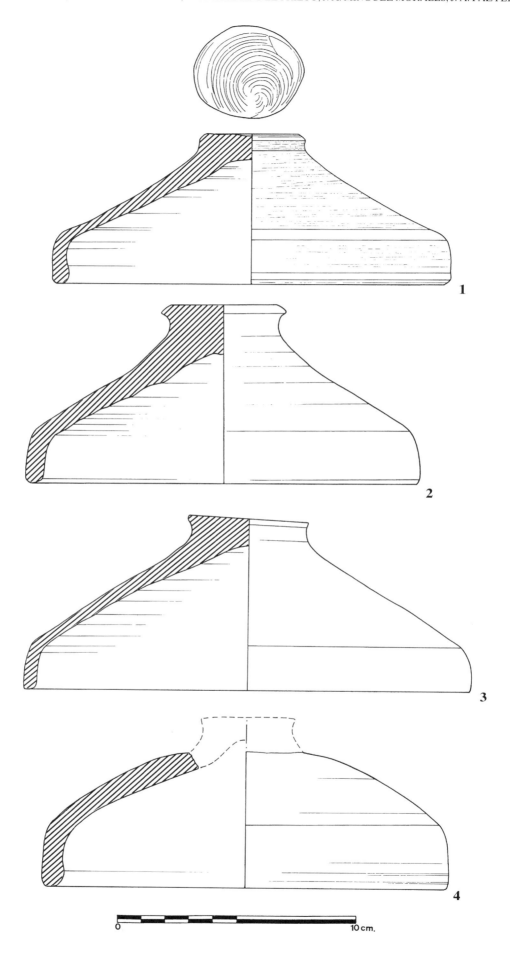

Figura 225. Cerámica autóctona. Tapaderas.

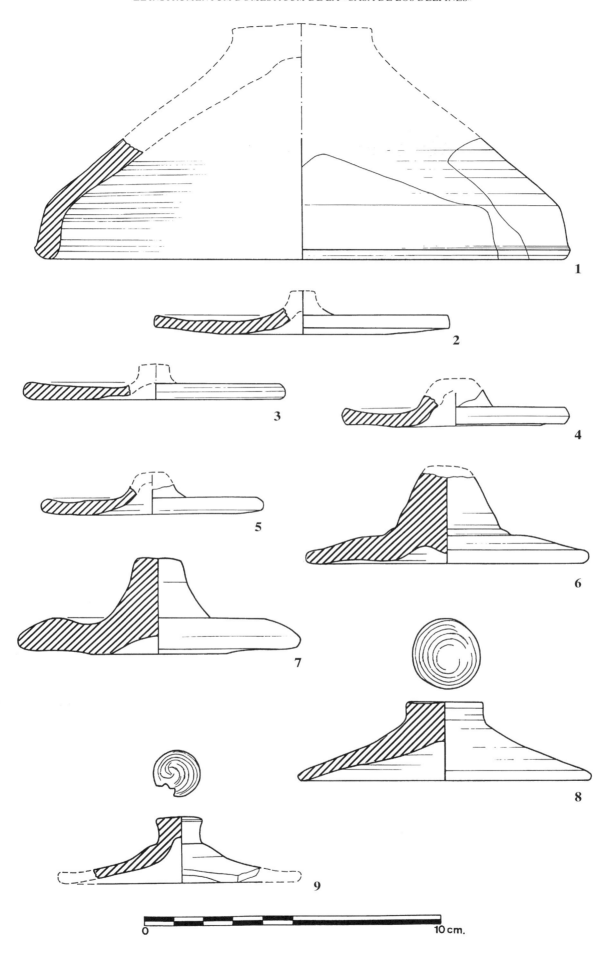

Figura 226. Cerámica autóctona. Tapaderas.

445

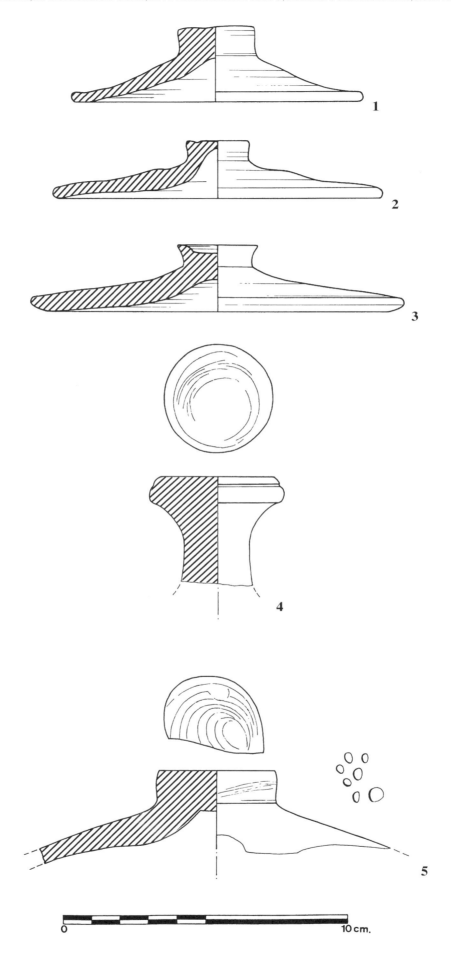

Figura 227. Cerámica autóctona. Tapaderas.

8.9. LA CERÁMICA ENGOBADA (M.C.A.O., J.A.M.M.)

8.9.1. CLASIFICACIÓN MORFOLÓGICA

8.9.1.1. Vasos para beber

Formas bajas:

Forma 80.8741

Cuenco de cuerpo troncocónico invertido, con labio recto y alto que queda separado de la pared por una carena remarcada mediante un baquetón. Apoya en un pequeño pie. (Fig. 230, 1). Se le asocia[1325] la pasta 13. Las dimensiones del único ejemplar con que contamos son las siguientes: diámetro del borde: 6,7 cm., altura del vaso: 3,6 cm., diámetro de la base: 3,1 cm.

Se trata de una imitación de la forma de *terra sigillata* itálica[1326] *Consp.* 23.1.1. En nuestro contexto aparece en el nivel 7, datado entre los años 54 y 60 de la Era.

Forma 79.14

Cuenco de cuerpo troncocónico invertido, con labio recto y alto, que queda separado de la pared por una carena. Apoyaría sobre un pequeño pie que no se conserva. (Fig. 230, 2). Se le asocia la pasta 16. El único fragmento conservado tiene 7 cm. de diámetro en el borde.

Como el tipo anterior parece una versión, eso sí en este caso más simplificada y tosca, de la forma de *terra sigillata* itálica *Consp.* 23.1.1. Se fecha, dada su aparición en el estrato 5, entre los años 41 y 48 d. C.

Forma 80.8854

Cuenco de cuerpo troncocónico invertido, con el labio alto y de tendencia recta (aunque ligeramente exvasado). En la superficie interna un resalte diferencia la zona próxima al borde, más estrecha, del resto del labio. Apoyaría sobre un pequeño pie que no se conserva. (Fig. 230, 3). Se le asocia la pasta 13. El diámetro del borde, en el único ejemplar que se ha conservado, es de 12 cm.

Imita a la forma de *terra sigillata* itálica *Consp.* 22. En nuestro conjunto se encuentra representada en el nivel 7, datado entre el 54 y el 60 de la Era.

Forma 79.28

Cuenco de cuerpo troncocónico invertido, con el labio alto y de tendencia recta, aunque en la zona próxima al borde se curva ligera-

mente hacia el interior. Un baquetón muy marcado separa la zona del labio del resto del vaso. Apoyaría en un pequeño pie que no se conserva. (Fig. 230, 4). Se le asocia la pasta 13. El único ejemplar que ha llegado hasta nosotros presenta 8 cm. de diámetro en el borde.

Parece, al igual que la forma anterior, una imitación —más descuidada en esta ocasión— del tipo itálico *Consp.* 22.1.1. En el área de la Casa de los Delfines aparece en el estrato 5, cuyas fechas van entre los años 41 y 48 de la Era.

Forma 80. 7142

Cuenco hemiesférico apoyado sobre un pie. (Fig. 230, 5-8; Fig. 231, 1-10; Fig. 232, 1-10). Mayoritariamente se le asocia la pasta 13 (63 vasos), apareciendo también las pastas 14 y 17 con, respectivamente, uno y dos ejemplares. Los diámetros de los bordes de nuestros vasos oscilan (fragmentos 81/1. 15/21B'C'. 565 y 80/1. 8/14VZ. 7914) entre los 6,6 cm. y los 16,2 cm.

Atendiendo a pequeños detalles —que evidencien una intención diferenciadora, por mínima que ésta sea, por parte del artesano— pueden establecerse algunas variantes:

1. Con dos acanaladuras en el exterior, señalando el inicio del tercio superior de la pared. (Fig. 231, 3).

2. Con dos acanaladuras poco marcadas, en el tercio superior del exterior de la pared y tres en el lado interno. (Fig. 231, 8).

3. Con una acanaladura interna, próxima al borde. (Fig. 231, 9; Fig. 232, 3).

4. Con dos acanaladuras en el tercio superior de la pared interna. (Fig. 232, 6).

5. Con un resalte interno, marcando la zona del borde. (Fig. 232, 1).

Este tipo, que dentro del conjunto que estamos estudiando es el más frecuente entre los cuencos, nos remite a la imitación de una forma ya conocida por la *terra sigillata* itálica (*Consp.* 36.3.2), y que resulta especialmente abundante (Ritterling 8) en los repertorios gálico e hispánico. El aspecto del pie de nuestros ejemplares, cuando menos para los fragmentos en los que con toda seguridad puede afirmarse que pertenecen a esta forma, permite asociarlos mejor con el prototipo itálico mencionado que con sus consecuentes gálico e hispánico. En cualquier caso, en nuestro entorno tales imitaciones se localizan entre los materiales producidos por el alfar de El Coscojal (Traibuenas, Navarra)[1327] y entre los encontrados en diversos yacimientos como: El Palao (Alcañiz, Teruel)[1328], San Esteban

---

[1325] Al igual que para los tipos siguientes, si se desea mayor precisión respecto a coloración del engobe, etc., acudir también al apéndice de pastas.

[1326] ETTLINGER, E., HEDINGER, B., *et allii*, 1990.

[1327] SESMA, J., 1987, preactas. SESMA, J., GARCÍA, Mª L., 1994.

[1328] MARCO SIMÓN, F., 1980, (*vid.*, fig. 8, núm. 1).

(El Poyo del Cid, Teruel)[1329] cuyo abandono se lleva a época de Claudio, *Osca* (Huesca)[1330] dentro de un nivel datado hacia el año 60 d. C., *Labitolosa* (La Puebla de Castro, Huesca)[1331] en un estrato cuyo momento final puede situarse en la segunda mitad del siglo I d. C. y en otro (en este caso con un perfil quizá más evolucionado) fechable hacia la segunda mitad del siglo segundo, y *Caesaraugusta* (Zaragoza)[1332]. En el área de *Celsa* que nos ocupa, se encuentra bien representada tanto en el nivel 5, datado entre los años 41 y 48 d. C., como en el estrato 6 y 7, fechado dentro de la primera parte del reinado de Nerón.

Forma 81.48

Cuenco con pequeño labio, separado de la pared por una acanaladura, y cuerpo conformado por la unión de dos sectores de circunferencia. Apoyaría en un pie que no se conserva. (Fig. 233, 7). Se le asocia la pasta 13. El único ejemplar con que contamos tiene 11,6 cm. de diámetro en el borde.

Es una imitación del tipo Dragendorff 27, común a la *terra sigillata* gálica e hispánica, y también previamente conocido por la itálica (Goudineau 32), aunque el perfil de nuestro fragmento, la forma del borde y la ausencia de decoración lo alejan claramente de éste último grupo. Una réplica de esta forma en cerámica engobada con sello procede previsiblemente del alfar localizado en *Turiaso* (Tarazona, Zaragoza)[1333], aunque lamentablemente se trata de un hallazgo fortuito carente de contexto estratigráfico. Las excavaciones realizadas recientemente en el *municipium Labitolosa* (La Puebla de Castro, Huesca)[1334] proporcionaron un vaso (en este caso sin labio marcado) integrado en un estrato de hacia la segunda mitad del siglo segundo de la Era. El único ejemplar encontrado en nuestra área procede del nivel 7, datado en el 54 y el 60 d. C.

Forma 79.13

Vaso con el cuerpo dividido en dos zonas por una fuerte carena; la superior es cilíndrica y la inferior troncocónica. Apoyaría en un pequeño pie que no se conserva. (Fig. 233, 8). Se le asocia la pasta 13. El diámetro del borde, en el único fragmento que ha llegado hasta nosotros, es de 11 cm.

Parece una imitación, morfológicamente evolucionada, de la forma Únzu 3 de paredes finas. El tipo, como ya se ha indicado en el capítulo dedicado a las paredes finas, arranca de las producciones indígenas del área celtibérica, quedando incorporado posteriormente al repertorio formal de las paredes finas de la zona de Navarra, La Rioja y Oeste de la provincia de Zaragoza. Familia cerámica en la que, sin descartar un posible inicio anterior, puede datarse en la segunda mitad del siglo primero de la Era. Un paralelo más próximo al ejemplar que nos ocupa lo hallamos entre el material del alfar de Tarazona (Zaragoza)[1335], donde se encontró un vaso que también presenta una zona superior, al parecer, corta (aunque el extremo del borde no se conserva), y con un aspecto general más achaparrado y pesado que en su prototipo en paredes finas. Los materiales de este taller turiasonense se datan en la segunda mitad del siglo I d. C., quizá con unos inicios anteriores, que en el estado actual de la investigación de este centro por el momento no pueden precisarse. En la Casa de los Delfines el único fragmento constatado, al igual que el también único ejemplar en paredes finas, aparece en el nivel 5 de entre los años 41 y 48 d. C.

Forma 81.7958

Bol de pared troncocónica invertida, fuertemente carenada. El labio, ligeramente engrosado, queda separado de la pared por un baquetón. Apoyaría en un pequeño pie que no se conserva. (Fig. 233, 9). Se le asocia la pasta 13. El único fragmento que nos ha llegado tiene un borde de 14 cm. de diámetro.

Aparece en el nivel 6, fechado entre el 54 y el 60 d. C. El único paralelo encontrado para esta forma en cerámica engobada se halla en Italia, concretamente en la villa de San Rocco[1336] de Francolise, donde se data a partir de mediados del siglo I d. C., quizá entre los años 50 y 75/80.

Forma 81.562

Bol con la pared superior recta y diferenciada de la panza por una línea de carena. Presenta un labio vuelto hacia el exterior y separado de la pared por dos baquetoncitos y sendas acanaladuras. Apoya en un pequeño pie. La pared superior se decora mediante técnica incisa burilada. (Fig. 233, 10). Se le asocia la pasta 17. El único vaso conservado mide 14,5 cm. de diámetro del borde, 7 cm. de altura y 5,8 cm. de diámetro de la base.

[1329] BURILLO MOZOTA, F., 1981 (*vid.*, p. 227; fig. 29, núm. 1).

[1330] AGULERA ARAGÓN, I., PAZ PERALTA, J., 1987, (*vid.*, pp. 75 y 78).

[1331] MAGALLÓN BOTAYA, Mª A., MÍNGUEZ MORALES, J. A., NAVARRO CABALLERO, M., RICO, C., ROUX, D., SILLIERES, P., 1991 (*vid.* estrato 02011, fig. 15, núm. 3; estrato 03002 fig. 22,3.

[1332] Dato inédito.

[1333] AGUAROD OTAL, Mª C., 1984-b (*vid.*, pp. 72-73; fig. 16, núm. 59).

[1334] MAGALLÓN BOTAYA, Mª A., MÍNGUEZ MORALES, J. A., NAVARRO CABALLERO, M., RICO, C., ROUX, D., SILLIERES, P., 1991 (*vid.*, estrato 03022, fig. 21, núm. 7).

[1335] AGUAROD OTAL, Mª C., 1984-b (*vid.*, p. 38; fig. 3, núm. 1).

[1336] COTTON, M. A., METRAUX, G. P. R., 1985 (*vid.*, fig. 47, núm. 6). Aunque este ejemplar centroitálico presenta decoración a la ruedecilla en el tramo superior de la pared.

Formalmente se parece a la forma I de paredes finas, definida en este mismo trabajo, que también presenta ornamentación burilada, pero con la que difiere fundamentalmente en diversos detalles del labio. En cualquier caso, tanto esta forma de engobada, como la de paredes finas a la que hacemos referencia, se data, dada su posición estratigráfica en nuestro conjunto, en unas fechas que van entre los años 54 y 60 d. C.

Forma 79.22

Bol de paredes hemiesféricas. El labio, ligeramente moldurado y vuelto al exterior, queda separado de la pared por una acanaladura. Otras dos acanaladuras más recorren el tramo superior de la pared, que en la zona próxima al borde toma un ascenso recto. Apoyaría en un pequeño pie que no se conserva. La pared se decora mediante técnica incisa burilada. (Fig. 234, 1). Se le asocia la pasta 17. El ejemplar con que contamos tiene un diámetro en el borde de 16,6 cm.

Morfológicamente mantiene un enorme parecido con la forma III de paredes finas determinada en este mismo yacimiento. Que, a su vez, se corresponde con la forma LIV, definida por A. López Mullor al estudiar estas cerámicas en Cataluña. No hay datos estratigráficos[1337], salvo los aportados por la propia *Celsa*, para apoyar su cronología. En este sentido puede comentarse que, dentro del conjunto que nos ocupa, ambas «versiones» —tanto en paredes finas como en engobada— pueden datarse en la primera parte del reinado de Nerón (54-60 d. C.).

Forma 81.6032

Cuenco de tercio de esfera. La zona próxima al borde queda marcada, en la superficie exterior, por dos acanaladuras separadas por un baquetoncito, mientras que en la interior se produce un engrosamiento de la pared. (Fig. 234, 2). Se le asocia la pasta 13. El diámetro del borde, en el unico fragmento con que contamos, es de 13,6 cm.

Aparece en el estrato 7, cuya cronología va entre los años 54 y 60 d. C.

Forma 81.5911

Vaso de cuarto de esfera. El labio es bífido, con la punta externa ligeramente exvasada. Apoyaría en un pequeño pie que no se conserva. (Fig. 234, 3). Se le asocia la pasta 13. Se conserva sólo un ejemplar que cuenta con 8,2 cm. de diámetro en su borde.

Puede fecharse, dado su hallazgo en el nivel 7, entre el 54 y el 60 de la Era.

_____

[1337] A esta misma forma parece corresponder un fragmento de *Arcobriga* (Monreal de Ariza, Zaragoza), lamentablemente sin contexto. SÁNCHEZ SÁNCHEZ, Mª A., 1992 (*vid.*, p. 143, núm. 11; fig. 2.1, núm. 11).

Fondos de formas bajas

Dentro de este conjunto de cuencos hallamos una serie de bases para las que, dada su fragmentareidad, no es posible proponer una adscripción segura a una forma determinada. Presentan la siguiente variedad:

— *bases ápodas:*
   — fondo ligeramente cóncavo (79.9).

— *bases con pie:*
   —pie con fondo interior convexo (79.30).
   —pie con una acanaladura que lo delimita por el interior y cuyo fondo es convexo (79.14).
   —alto pie con fondo interior cóncavo (81.3337).
   —pequeño pie, apenas esbozado, que queda delimitado por medio de una acanaladura en el interior y cuyo fondo es convexo (79.25).

8.9.1.2. *Jarritas*

Forma 80.3304

Jarrita biansada con el cuerpo bitroncocónico, separado por una carena. El tramo superior de la pared queda ligeramente incurvado. Presenta un labio recto, sin moldurar. Apoyaría en un pie que no se conserva. (Fig. 234, 4-5). Se le asocia la pasta 13. El único ejemplar en el que se conserva el borde éste tiene un diámetro de 6 cm., mientras que el único fondo conservado ofrece una base de 3,8 cm. de diámetro.

Aparece en el nivel 7 fechado entre el 54 y el 60 d. C.

Forma 80.3704

Jarrita biansada, con el cuerpo bitroncocónico separado por una carena. Presenta un pequeño labio vuelto hacia el exterior. Apoyaría en un pequeño pie, que no se conserva. (Fig. 234, 6-7). Se le asocian las pastas 13 y 14. El único ejempar que conserva borde mide 6,8 cm. de diámetro.

Tanto este tipo de jarra, como los anteriores, presentan entre sí un enorme parecido, por lo que parecen responder a un prototipo común que los diversos alfares adaptarían con pequeñas variantes, que afectan a la mayor o menor incurvación de las paredes y, fundamentalmente, a la forma del labio.

Se encuentra en el estrato séptimo, datado en la primera parte del reinado de Nerón (años 54-60 de la Era).

Forma 81.1.6587

Jarra con labio vuelto hacia el exterior y dividido en dos molduras rectilíneas. Presenta un cuerpo bitroncocónico, quedando unidas las dos zonas por una fuerte carena que en ocasiones se remarca mediante una acanaladura. Ostenta dos asas laterales que quedan unidas al labio y a la zona de la carena, o bien inmediatamente debajo de esta. Apoya en un pequeño pie. Puede llevar decoración, que no se conserva en ninguno de nuestros ejemplares, de medallones de aplique figurando rostros humanos o mitológicos. (Fig. 235, 1-6). Se le asocian las pastas 13 y 15.

De acuerdo con su diferente tamaño pueden distinguirse dos versiones (A y B), destinadas a funciones diferentes. Así aparecen pequeñas jarritas (A) para beber[1338] (Fig. 235, 1, siendo el diámetro de su borde de 6,6 cm.) y otras mayores (B) para contener o servir líquidos (Fig. 235, 2-6). Los diámetros de los bordes oscilan en este caso entre los 8,6 cm. del fragmento 81/1. 25/33GI. 2958 y los 12,2 cm. del V79. 6/8PQ. 184). No se aprecian diferencias morfológicas entre unas y otras, si bien puede decirse que, en general, las primeras presentan un aspecto mas estilizado y que las segundas tienen la boca más ancha y la carena más alta.

Aparecen en los niveles 5 y 6-7, lo cual nos da un abanico de fechas que oscila entre la última parte del reinado de Claudio y la primera del de Nerón. Cronología que concuerda con la aportada por otros puntos de la *colonia Celsa*[1339], así como con su hallazgo en un contexto funerario encontrado en Belchite (Zaragoza)[1340] datable en la etapa inicial de Claudio y en un nivel neroniano de *Osca* (Huesca)[1341].

Forma 79.21

Jarra biansada, con el cuerpo bitroncocónico dividido por una carena. En ocasiones una, o varias, acanaladuras corren por el centro del tramo superior de la pared. Apoya en un pequeño pie y se remata en un labio recto y moldurado, mediante una o dos acalanaduras que definen dos o tres baquetones. (Fig. 235, 7; Fig. 236, 1-3). Se le asocia la pasta 13.

Como en el caso anterior puede señalarse su fabricación en dos tamaños distintos. La diferencia fundamental entre las dos versiones, es —también como en el caso precedente— que la pequeña (A) presenta un aspecto más estilizado (Fig. 236, 1-3); aunque por otra parte se constata para la jarra de mayor tamaño (B) la posibilidad de poseer una sola asa (Fig. 236, 1-3). Las medidas de la versión A son: 6,9 cm. de diámetro del borde, 8,4 cm. de altura y 4 cm. de diámetro en la base. En la versión B, que no se nos ha preservado íntegra, el diámetro del borde oscila entre los 9,6 y los 10 cm. (ejemplares 81/1. Car I$_2$. 6584 y 6527, respectivamente).

Aparece en diversos enclaves de Navarra estudiados por Únzu[1342], a los que pueden unirse para esta misma región otros ejemplares procedentes de Sangüesa[1343] y posiblemente El Coscojal (Traibuenas)[1344]. Igualmente se localiza en Calahorra (La Rioja)[1345] y Tarazona (Zaragoza)[1346]. También puede citarse como paralelo de esta forma un vaso, atribuido por Romero Carnicero a las producciones del Valle del Ebro, que fue encontrado en el depósito, fechado dentro de la época flavia, de Las Ruedas (Padilla de Duero, Valladolid); dicho ejemplar por el momento constituye el hallazgo más Occidental de este tipo[1347]. Lamentablemente ninguno de ellos aporta referencias estratigráficas excesivamente precisas. En nuestro conjunto se encuentra en los estratos 5 y 7, que ofrecen un abanico de fechas entre los años 41 y el 60 de la Era. Esta misma forma se constata en *terra sigillata* hispánica (Mezquíriz 1), fechándose a fines del siglo I d. C. Es prácticamente seguro, como ya apuntó M. Únzu[1348], que los vasos engobados son el precedente inmediato de la fabricación de la forma en *sigillata* hispánica.

8.9.1.3. *Platos*

Forma 79.18

Plato de paredes rectas, aunque ligeramente exvasadas, que van recorridas por algunas estrías (fruto de las huellas del torno) y por dos acanaladuras, una de ellas junto a la línea

---

[1338] Sobre la base fundamentalmente de los hallazgos realizados en otras zonas de la propia *Celsa* y en otros yacimientos de la provincia de Huesca (en particular, Jaca), se incluyó —dada su función, tamaño, grosor de las paredes y decoración asociada— a estos pequeños ejemplares dentro de la familia cerámica de las paredes finas, ver especialmente MÍNGUEZ MORALES, J. A., 1990. Hoy día, sin embargo, creo sinceramente que, dado el tipo de producciones con el que se vincula, es mejor extraer a esta forma del repertorio formal de las cerámicas de paredes finas y situarla dentro de las engobadas de ámbito regional (con las que, por cierto, en la citada publicación ya mencionábamos su estrecha relación).

[1339] MÍNGUEZ MORALES, J. A., 1991-1992.

[1340] Junto a urnas de vidrio, una Dragendorff 30 de *terra sigillata* gálica y una Magdalenseberg 43, Pucci VI de *terra sigillata* itálica. BELTRÁN LLORIS, M., AGUILERA ARAGÓN, I., BELTRÁN MARTÍNEZ, A., *et allii*, 1992 (*vid.*, pp. 188-189).

[1341] AGUILERA ARAGÓN, I., PAZ PERALTA, J., 1987 (*vid.*, pp. 72-73, 83).

[1342] UNZU URMENETA, M., 1979 (*vid.*, forma 8 de la «cerámica pigmentada de paredes finas»).

[1343] LABEAGA MENDIOLA, J. C., 1987 (*vid.*, yacimiento de Fuente Penosa, p. 41, fig. 14, núm. 3; yacimento de Ribas Altas, p. 54, fig. 23, núm. 5; y posiblemente en el yacimiento de Valdeplanzón, pp. 79-80, fig. 40, núm. 1).

[1344] SESMA, J., 1987, preactas. Parece corresponder con la forma 11 de este alfar. En SESMA, J., GARCÍA, Mª L., 1994, la misma forma se reclasifica con el número 10.

[1345] AGUAROD OTAL, Mª C., 1984-a.

[1346] AGUAROD OTAL, Mª C., 1984-b.

[1347] ROMERO CARNICERO, Mª V., SANZ MÍNGUEZ, C., 1990 (*vid.*, fig. 2, núm. 6).

[1348] UNZU URMENETA, M., 1979 (*vid.*, p. 261).

de carena. Se remata en un pequeño labio vuelto. Previsiblemente apoyaría en un pie, que no se conserva. (Fig. 234, 4). Se le asocia la pasta 13. El único ejemplar que se ha encontrado en esta zona de *Celsa* presenta 20,8 cm. de diámetro en el borde.

Puede inspirarse en la forma de *terra sigillata* Haltern 5, o mejor en la más común Dragendorff 18; si bien nuestro ejemplar engobado presenta las paredes rectas, mientras que —como es sabido— ésta última forma de *sigillata*, especialmente frecuente entre las producciones de los talleres galos, habitualmente las tiene ligeramente incurvadas. Lamentablemente nada puede decirse que precise su cronología, puesto que el único fragmento encontrado procede del nivel superficial-revuelto.

8.9.1.4. Vasos

Vaso de sencillo borde, ligeramente exvasado y amplio cuello que presenta su exterior dividido en segmentos mediante acanaladuras y resaltes. La zona central, correspondiente al cuerpo de la vasija no se ha conservado; optando por una reconstrucción en forma piriforme que permite unir el cuello con una base de diámetro muy ancho. Una amplia moldura, delimitada por dos acanaladuras, precede a la base, cuyo apoyo es plano. El diámetro del borde es de 12 cm, la altura aproximada 17,2 cm y el fondo tiene 14,6 cm de diámetro.

79.13

Vaso de borde exvasado y doblado al exterior, cuerpo ovoide y amplio cuello. Se encuentra fragmentado, conservándose únicamente su zona media, reconstruyéndose tanto el borde como el fondo.

Posee en la zona del hombro una banda que el alfarero ha dejado más gruesa que el resto de la pared al tornear, y sobre la cual se ha realizado una banda de triángulos excisos que se unen en su base. El diámetro del borde es de 16 cm y la altura aproximada de 14,4 cm.

Se observa en la decoración una fuerte pervivencia indígena que se prolongará en alfares de cerámica engobada incluso más tardíos cronológicamente, como es el de la C/ Predicadores, 113-117 de Zaragoza situado en la transición de los siglos I al II d.C.

79.3

Es un vaso de cuerpo cilíndrico y base plana. Posee un borde doble, uno exterior y otro interior. El primero de ellos, engrosado e inclinado al interior en su extremo final, consiste en la prolongación de la pared del cuerpo que aumenta de diámetro en este último tramo; el segundo, arranca de la pared y se prolonga, de forma casi horizontal, dentro de

la vasija. La zona de inicio del borde interior ha recibido una serie de perforaciones en disposición anular. El diámetro del borde es de 20,2 cm, la altura de 19,7 cm y el diámetro de la base de 18,4 cm aproximadamente.

En lo referente a la función de esta forma, todo parece indicar que se trata de un vaso para filtrar, sirviendo el borde interior de apoyo a un colador o tamiz que podría encajarse con facilidad gracias al borde exterior que haría de tope. Las perforaciones existentes tendrían la utilidad de recoger el líquido que rebasase la zona central.

Este recipiente se ha realizado en *terra sigillata* itálica forma *Conspectus* 51.1.1. fabricada en Etruria y Padana desde época augustea hasta los Flavios[1349]. Dentro de los talleres del grupo de Bram, en Narbona, se elaboró en presigillata[1350]. En Saint-Romain-en-Gal se encuentra en producciones engobadas y comunes[1351], mencionándose su presencia en contextos augusteos.

Dentro de la Península Ibérica, en el poblado de Burriac se halla un vaso de forma muy similar, con reborde y dos líneas de perforaciones, dotado de dos asas horizontales en la zona media del cuerpo; su cronología es previa a los ejemplares fabricados en *terra sigillata* itálica, ya que el abandono del poblado se estima en torno a la primera mitad del siglo I a.C., con ausencia de *sigillata*, ánforas Tarraconense 1 y Pascual 1[1352]. Según los autores de la publicación de los materiales de Burriac, este recipiente debía de utilizarse para la fermentación de la cerveza, constituyendo un ejemplo único en el poblado.

Dentro del proceso de fabricación de la cerveza, uno de los pasos consistía en desmenuzar los panes de cebada bajo un pequeño chorro de agua; este caldo se filtraba sobre un jarro por medio de un tamiz[1353]. Quizás este proceso se pudiera realizar en el vaso que nos ocupa, donde fermentarían pequeñas cantidades de bebida.

Documentamos otros paralelos de esta curiosa forma en los yacimientos de *Pollentia, Inestrillas* y *Bilbilis*[1354].

[1349] ETTLINGER, E., *et alii*, 1990, pp. 140-141.

[1350] PASSELAC, M. y SABRIÉ, R. y M., 1986, p. 53, fig. 3, n. 320.

[1351] DESBAT, A. y SAVAY-GUERRAZ, H., 1986, p. 94, fig. 7, nn. 1-6.

[1352] RIBAS I BERTRAN, M. y LLADO y FONT, J., 1977-78, p. 160, fig. 3; MIRO I CANALS, J., *et alii*, 1988, p. 111, Sector Central.

[1353] GIRO ROMEU, P., 1958, p. 14.

[1354] ARRIBAS, A., *et alii*, 1973, p. 202, fig. 72, II, n. 10; en Inestrillas, material inédito procedente de las excavaciones de J. A. Hernández Vera, datado en la primera mitad del siglo I a.C., momento de destrucción de la ciudad; en *Bilbilis* material inédito procedente de las excavaciones de M. A. Martín Bueno; agradecemos a los directores de ambas excavaciones el facilitarnos el acceso a estos datos.

81.47

Vaso con pequeño borde recto, de extremo facetado, que se dobla al exterior. Únicamente se ha conservado el inicio del cuerpo, de paredes rectas que van ensanchando su diámetro. Posee una acanaladura decorativa en la pared exterior. El diámetro del borde es de 16 cm.

81.11548

Vaso de borde engrosado, apuntado en su zona superior, que se encuentra delimitado a ambos lados por una acanaladura. Se conserva el inicio de las paredes del cuerpo que se inclinan, curvas, al interior. El diámetro del borde es de 16,2 cm.

79.73

Vaso con pequeño borde recto, de extremo redondeado, que se dobla al exterior. El inicio del cuerpo conservado posee paredes rectas y exvasadas. El diámetro del borde es de 16,4 cm.

81.7186

Vaso de pequeño borde recto, apuntado en su extremo, que se inclina al exterior. La zona superior es troncocónica continuando, después de un pequeño retranqueo, con paredes rectas. El diámetro del borde es de 10 cm.

81.42

Vaso de borde exvasado, ligeramente engrosado y moldurado en su extremo; el cuello es amplio y las paredes del cuerpo parecen corresponder a una forma ovoide. El diámetro del borde es de 11,5 cm.

81.50

Vaso de ancho borde engrosado y colgante que se dobla al exterior; el inicio del cuerpo conservado es de paredes troncocónicas y recibe al exterior dos acanaladuras decorativas. El diámetro del borde es de 12,5 cm.

8.9.1.5. Botellas y Jarras

80.6773

El borde de esta botella, engrosado y vertical, tiene perfil almendrado. El cuello, alto y estrecho, posee un anillo que se ensancha bajo el borde y conserva el arranque de un asa que parte de la zona inferior del anillo.

No conservamos el perfil completo de ningún ejemplar perteneciente a esta forma. El diámetro del borde es de 7,6 cm.

El perfil del borde guarda una gran similitud con la botella 79.41 perteneciente a los servicios de mesa sin cubierta, y de fabricación autóctona.

80.8744

Botella de borde vertical, engrosado y moldurado, que sobresale al exterior; largo cuello troncocónico con el arranque de un asa en su zona superior. El cuerpo, que no se ha conservado, podría ser globular. El diámetro del borde es de 4,3 cm.

El perfil del borde presenta una gran semejanza al de la forma 80.1936 perteneciente a los servicios de mesa, sin cubierta y de fabricación autóctona.

81.7585

Jarra de borde moldurado que sobresale al exterior con un marcado entalle al interior. El cuello es amplio y da paso a un cuerpo ovoide, en cuya zona superior se encuentran dos acanaladuras decorativas. Podría poseer una o dos asas que no se han conservado. El diámetro del borde es de 11,4 cm.

80.8748

Jarra de borde exvasado y doblado al exterior, en cuya parte superior interna se marcan un grupo de acanaladuras. El cuello es amplio y el cuerpo ovoide. En la zona superior del cuerpo presenta doble acanaladura horizontal con fines decorativos. Una sola asa arranca del borde para descansar en la zona alta del cuerpo bajo las acanaladuras. El fondo no se ha conservado reconstruyéndose con un pequeño pie moldurado. El diámetro del borde es de 8,4 cm y la altura aproximada de 18,1 cm.

8.9.1.6. Botellas y jarras indeterminadas

Contamos con un paralelo de esta jarra en la villa de San Rocco[1355].

Contamos con un conjunto de fragmentos de bordes moldurados al exterior pertenecientes a botellas y jarras que es difícil clasificar con seguridad como pertenecientes a una u otra forma conocida, por lo que los incluimos en este apartado conjunto.

Entre las bases de estas botellas y jarras que poseen pie pueden diferenciarse los siguientes tipos:

— ancho pie, inclinado al exterior, con su inicio exterior marcado por una acanaladura y el fondo suavemente cóncavo.7923

— pie con engrosamiento central, tanto al interior como al exterior y fondo con umbo. 80.7395.

— pie inclinado hacia afuera con una acanaladura en su lado interno y fondo exterior recto. 79.93.

[1355] COTTON, M. A. y MÉTRAUX, G. P. R., 1985, pp. 213-214, n. 1, fig. 51,1.

— pequeño pie, apenas esbozado, cuyo inicio exterior queda marcado por una acanaladura y fondo exterior cóncavo. 81.5561.

En lo referente a las asas, hallamos las siguientes variedades:

— alargada, con tres acanaladuras en su lado exterior que determinan molduras; su lado interior puede ser recto o con acanaladuras poco marcadas.80.4768.

— alargada, con una acanaladura central en su lado exterior; el interior es curvo. 80.474.

— alargada, con una acanaladura central que determina dos molduras de diferente tamaño; su lado interior es curvo. 79.22.

— alargada y de sección pentagonal, mostrando un engrosamiento en su zona central exterior. 79.100.

— de sección rectangular, con las esquinas redondeadas. 79.56.

8.9.3. INVENTARIO Y PORCENTAJES

Cuencos

FORMA	CLASE F.	PASTA	SIGLA	FIGURA	NIVEL
80.8741		13	80.1.22.AI-31.T.8741	230.1	7
79.14	b	16	V.79.14-18.KL.14	230.2	5
80.8854	b	13	80.1.22.AI-31.T.8854	230.3	7
79.28	b	13	V.79.6-8.NÑ.28	230.4	5
80.7142	b	13	V.79.6-8.PQ.157	231.9	5
	b	13	v.79.8.P.15	232.1	5
		13	V.79.8-10.JK.65	230.8	5
		13	V.79.8-10.JK.67	231.2	5
	b	13	V.79.16.G.5	231.8	5
	b	13	V.79.16.LM.47	232.2	5
	b	13	V.79.1-2.G.8	231.10	5
		13	V.79.3-5.EF.4	230.6	5
		13	V.79.5.J'.117, 1I'.31,9H'.41	231.1	6
		13	V.79.5.K'.50	231.3	6
	b	13	V.79.EXC.23	232.4	6
	b	13	80.1.14-18.PQ.4120	231.6	5
	b	13	80.1.18-22.OP.2426	232.3	5
	b	13	80.1.3.R.1451	232.8	7
	b	13	80.1.17-23.OS.3237	230.7	5
		13	80.1.7142	230.5	5
	b	13	81.1.2-8.Ñ'P'.5468	232.7	7
	b	13	81.1.9-17.A'F'.43	232.5	7
	b	13	81.1.15-21.B'C'.561	232.6	7
	b	13	81.1.15-21.B'C'.565	232.10	7
	b	13	81.1.Car.I2.6650	232.9	7
	b	17	V.79.9.H'30	231.7	6
			80.1.12-16.ÑP.5050	231.5	5
81.48	b/p	13	81.1.9-17.A'F'.48	233.7	7
79.13	b	13	V.79.14-18.KL.13	233.8	5
81.7958	b/p	13	81.1.Dec.II-Car.II.7958	233.9	6
81.562		17	81.1.15-21.B'C'.562, 81.1.9-17.A'.F'.58	233.10	7
79.22	b	17	V.79.11.H'.22	234.1	7
81.6032	b	13	81.1.2-8.Ñ'P'.6032	234.2	7
81.5911	b/p	13	81.1.2-8.Ñ'P'.5911	234.3	7

Fondos

FORMA	CLASE F.	PASTA	SIGLA	FIGURA	NIVEL
79.30	f	13	V.79.4.K.30	233.1	5
79.14	f	16	V.79.2.GH.14	233.2	5
79.9	f	14	V.79.9-11.K.9	233.3	5
81.2116	f	15	81.1.9-17.A'F'.2116	233.4	7
81.3337	f	13	81.1.15-33.GI.3337	233.5	7
79.25	f	13	V.79.1.I'.25	233.6	6

Jarritas

FORMA	CLASE F.	PASTA	SIGLA	FIGURA	NIVEL
81.6587 A	b	13	81.1.Car.I2.6587	235.1	7
B	b	13	V.79.6-8.Pq.184	235.6	5
	b	13	81.1.25-33.GI.2958	235.3	7
	b/p	13	81.1.2-8.Ñ'P'.5271	235.2	7
	b	13	81.1.9-17.A'F'.49	235.5	7
	b	15	V.79.8-10.JK.83	235.4	5
79.21		13	V.79.6-8.PQ.21, 80.1.22-24.QT.7506, 80.1.18-20.RS.4225	235.7	5
	b	13	81.1.9-17.A'F'.46	236.3	7
		13	81.1.Car.I2.6527	236.1	7
	b	13	81.1.Car.I2.6584	236.2	7
80.3304	b/p	13	80.1.18-20.AG-AH.6083	234.5	7
	b/p	13	80.1.1-11.ÑS.3304	234.4	7
80.3704	b	13	81.1.40.A'.9667	234.7	7
	b/p	14	80.1.3-11.KQ.3704	234.6	7

Platos

FORMA	CLASE F.	PASTA	SIGLA	FIGURA	NIVEL
79.18	b	13	V.79.SUP.18	236.4	8

Vasos

FORMA	CLASE F.	PASTA	SIGLA	FIGURA	NIVEL
80.5503	b/p	13	80.1.8-14.PR.5503	237.2	5
79.13	p	13	V.79.24.J'.13	237.1	7
79.3	b/p	13	V.79.20.M.3	238.1	3
81.47	b	s/c	81.1.9-17.A'F'.47	239.1	7
81.11548	b	13	81.1.Car.I2.11548	239.2	7
79.73	b	13	V.79.29.J'.73	239.3	7
81.7186	b	13	81.1.2-8.Ñ'P'.7186	239.4	7
81.42	b	13	81.1.9-17.A'F'.42	239.5	7
81.50	b	13	80.1.20.T.1142	239.7	5
	b	13	81.1.9-17.A'F'.50	239.6	7

Botellas

FORMA	CLASE F.	PASTA	SIGLA	FIGURA	NIVEL
80.6773	b	13	80.1.38.LM.6773	240.2	7
80.8744	b	13	80.1.22.AZ-31.T.8744	240.1	7

Cuellos s/c

FORMA	CLASE F.	PASTA	SIGLA	FIGURA	NIVEL
	c	13	80.1.12-16.AA-AD.5264	241.1	7
	c	13	V.79.Aljibe.36	241.2	7
81.7585	b/p	13	81.1.Dec.II-Car.II.7585	242.1	6
80.8748	b/p	13	80.1.22.AI-31.8748	241.4	7

Bordes

FORMA	CLASE F.	PASTA	SIGLA	FIGURA	NIVEL
s/c	b	13	V.79.8-12.QS.33	242.5	5
	b	13	V.79.8-12.QS.36	242.4	5
	b	13	V.79.32.BC.23	240.4	7
	b	13	V.79.30-32.K'.57	240.5	7
	b	13	V.79.30-32.K'.61	240.6	7
	b	13	V.79.5.N'.158	242.7	6
	b	13	V.79.7.I'.28	242.6	6
	b	13	80.1.2-6.LM.3859	240.3	7
	b	13	80.1.16-22.X-AD.5517	242.2	7
	b	13	80.1.17-23.OS.3119	243.1	7
	b	13	81.1.-21.25.DE.1329	243.2	7
	b	13	81.1.Car.I2.6517	242.3	7
	b	13	V.79.12-14.K.48	243.3	5
	b	13	80.1.22-24.QT.965	241.3	5

Fondos de botellas y jarras

FORMA	CLASE F.	PASTA	SIGLA	FIGURA	NIVEL
79.23	f	13	V.79.4K.23	243.4	5
	f	13	V.79.1M'.51	243.8	6
80.7395	f	13	80.1.18.AA.7395	243.5	5
79.93	f	13	V.79.5M'.93	243.6	7
81.5561	f	13	81.1.Car.I.5561	243.7	7
80.4768	a	13	80.1.16-22.AA-AD.4768	243.10	7
80.474	a	13	80.1.18-22.VY.474	243.11	7
79.22	a	13	V.79.6.ML.22	243.9	5
79.100	a	13	V.79.3.N'.100	243.12	6

Asas de botellas y jarras

FORMA	CLASE F.	PASTA	SIGLA	FIGURA	NIVEL
80.4768	a	13	80.1.16-22.AA-AD.4768	243.10	7
80.474	a	13	80.1.18-22.VY.474	243.11	7
79.22	a	13	V.79.6.ML.22	243.9	5
79.100	a	13	V.79.3.N'.100	243.12	6

8.9.4. FORMAS, NIVELES, PASTAS

Cuencos

NIVELES	1	2	3	4	5	6	7	8	TOTAL
80.8741							1		=1
79.14					1				=1
80.8854							1		=1
79.28					1				=1
80.7142					36	11	19		=66
81.48							1		=1
79.13					1				=1
81.7958						1			=1
81.562							1		=1
79.22							1		=1
81.6032							1		=1
81.5911							1		=1
					39	38			**=77**
FONDOS									
79.30					1		4		=5
79.14					2	1			=3
79.9					1				=1
81.2116					1		1		=2
81.3337					4	1	5		=10
79.25						2	1		=3
					9	15			**=24**

Cuencos

PASTAS	13	14	15	16	17	S/C
80.8741	1					
79.14				1		
80.8854	1					
79.28	1					
80.7142	63	1			2	
81.48	1					
79.13	1					
81.7958	1					
81.562					1	
79.22					1	
81.6032	1					
81.5911	1					
FONDOS						
79.30	5					
79.14	2			1		
79.9		1				
81.2116			1		1	
81.3337	8	1	1			
79.25	3					

Jarritas

NIVELES	1	2	3	4	5	6	7	8	TOTAL
81.6587					4	1	5		=10
79.21					1		3		=10
80.3304							2		=2
80.3704							2		=2
					5		13		**=18**

Jarritas

PASTAS	13	14	15	16	17	S/C
81.6587	9		1			
79.21	4					
80.3304	2					
80.3704	2					

Platos

NIVELES	1	2	3	4	5	6	7	8	TOTAL
79.18								1	=1
								1	=1

Platos

PASTAS	13	14	15	16	17	S/C
79.18	1					

Vasos

NIVELES	1	2	3	4	5	6	7	8	TOTAL
80.5503					1		1		=2
79.13							1		=1
79.3			1						=1
81.47							1		=1
81.11548							1		=1
79.73							1		=1
81.7186							2		=2
81.42							1		=1
81.50						1	1		=1
			1			2	9		=12

Vasos

PASTAS	13	14	15	16	17	S/C
80.5503	2					
79.13	1					
79.3	1					
81.47						1
81.11548	1					
79.73	1					
81.7186	2					
81.42	1					
81.50	2					

Botellas

NIVELES	1	2	3	4	5	6	7	8	TOTAL
80.6773							1		=1
80.8744							1		=1
CUELLOS							2		=2
							4		=4

Botellas

PASTAS	13	14	15	16	17	S/C
80.6773	1					
80.8744	1					
Cuellos	2					

Jarras

NIVELES	1	2	3	4	5	6	7	8	TOTAL
81.7585						1			=1
80.8748							1		=1
BORDES S/C					5	2	9		=16
					5	13			=18

Jarras

PASTAS	13	14	15	16	17	S/C
81.7585	1					
80.8748	1					
Bordes s/c	16					

Fondos de botellas y jarras

NIVELES	1	2	3	4	5	6	7	8	TOTAL
79.23					4	3	5		=12
80.7395					1		1		=2
79.93					1	1	1		=3
81.5561					1		2		=3
					7	13			=20

Asas de botellas y jarras

NIVELES	1	2	3	4	5	6	7	8	TOTAL
80.4768					4	3	4		=11
80.474						1	1		=2
79.22					1				=1
79.100						1			=1
79.56							1		=1
					5		11		=16

Fondos de botellas y jarras

PASTAS	13	14	15	16	17	S/C
79.23	9	1	2			
80.7395	2					
79.93	3					
81.5561	3					

Asas de botellas y jarras

PASTAS	13	14	15	16	17	S/C
80.4768	11					
80.474	2					
79.22	1					
79.100	1					
79.56	1					

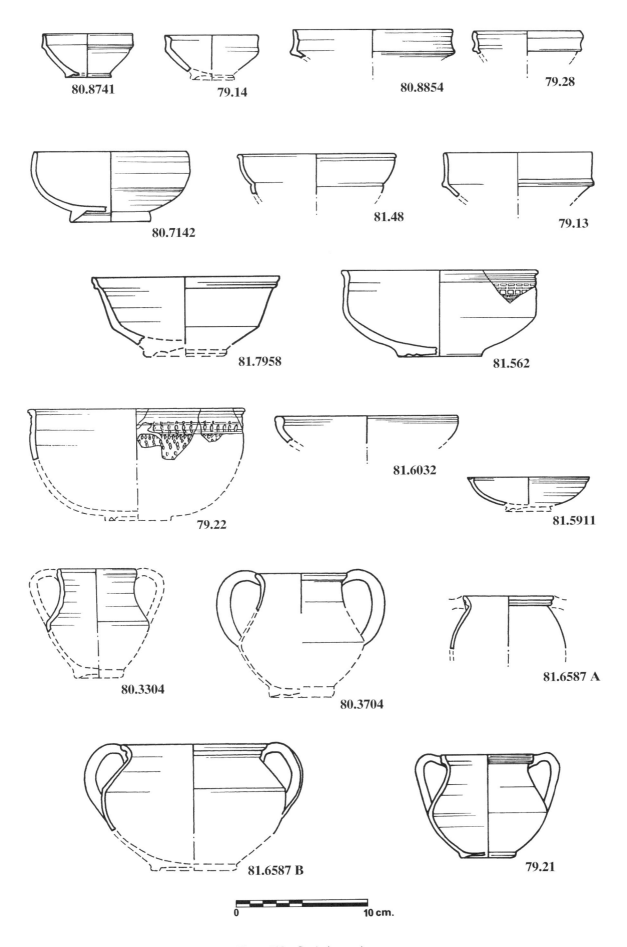

Figura 228a. Cerámica autóctona.

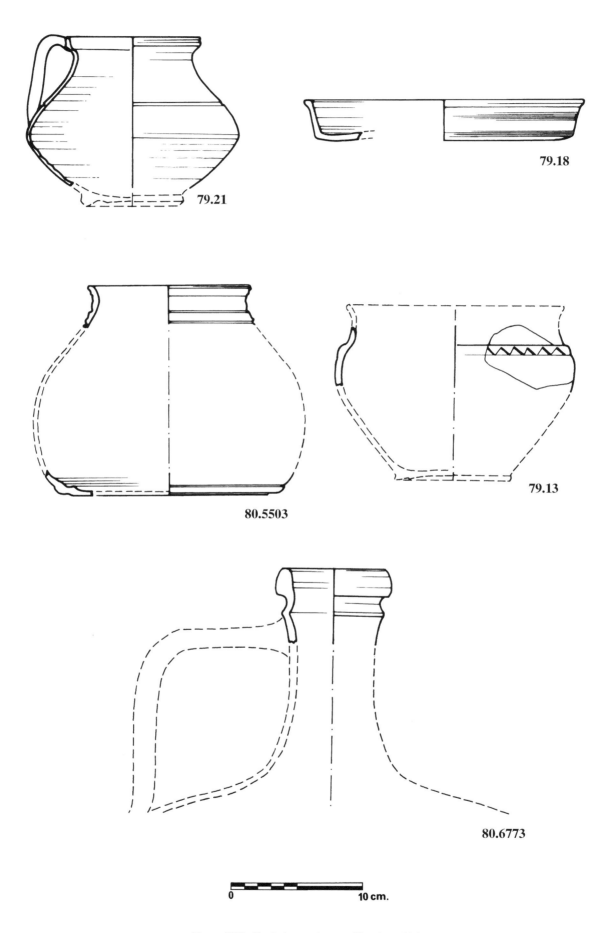

Figura 228b. Cerámica autóctona. (Continuación).

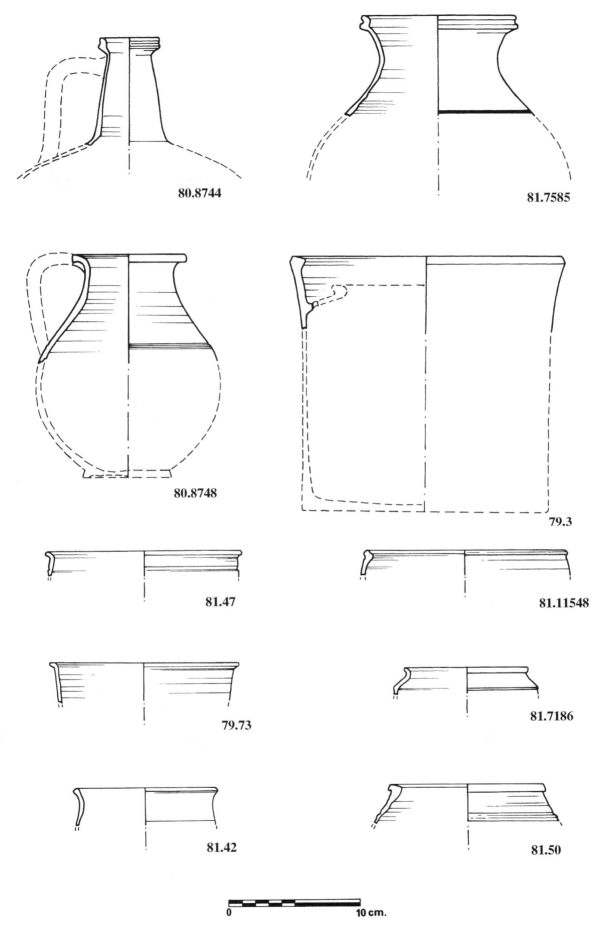

Figura 229. Cerámica autóctona.

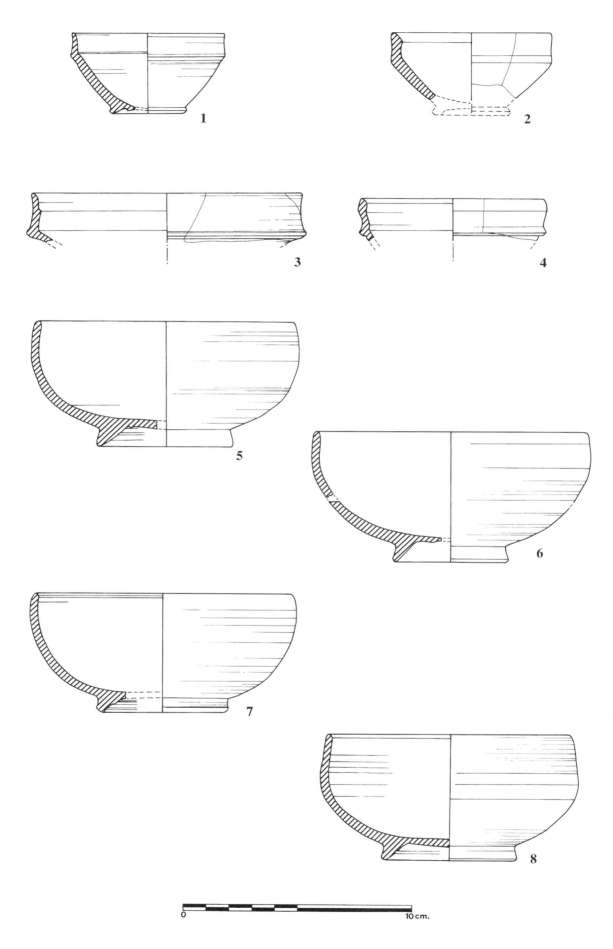

Figura 230. Cerámica autóctona. Engobada. Cuencos.

462

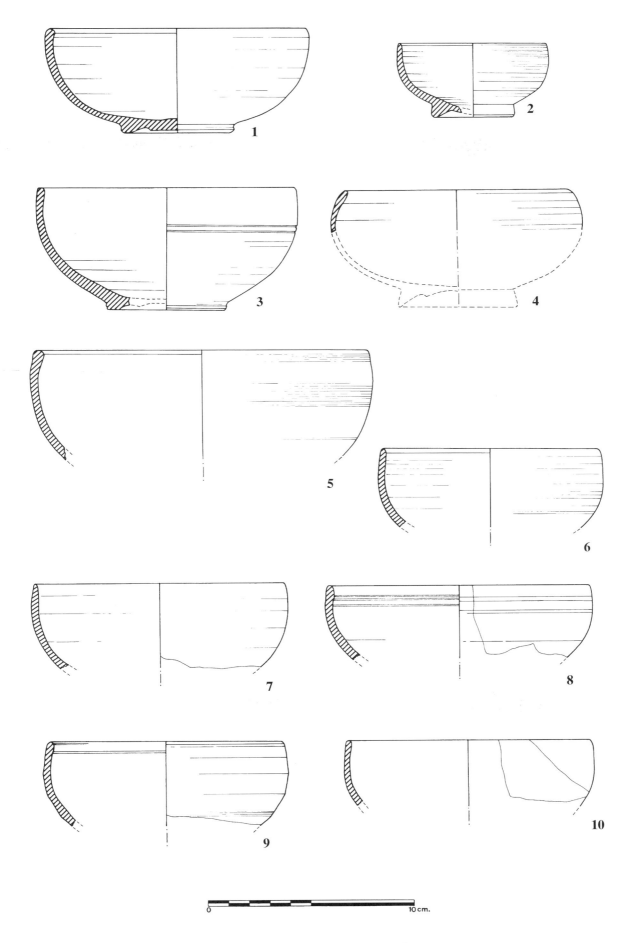

Figura 231. Cerámica autóctona. Engobada. Cuencos.

463

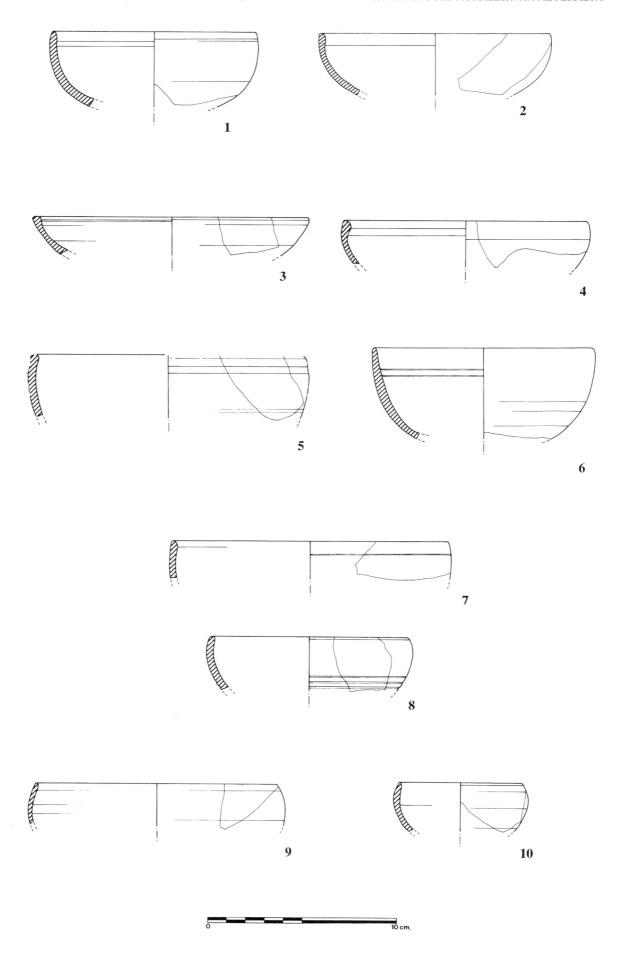

Figura 232. Cerámica autóctona. Engobada. Cuencos.

464

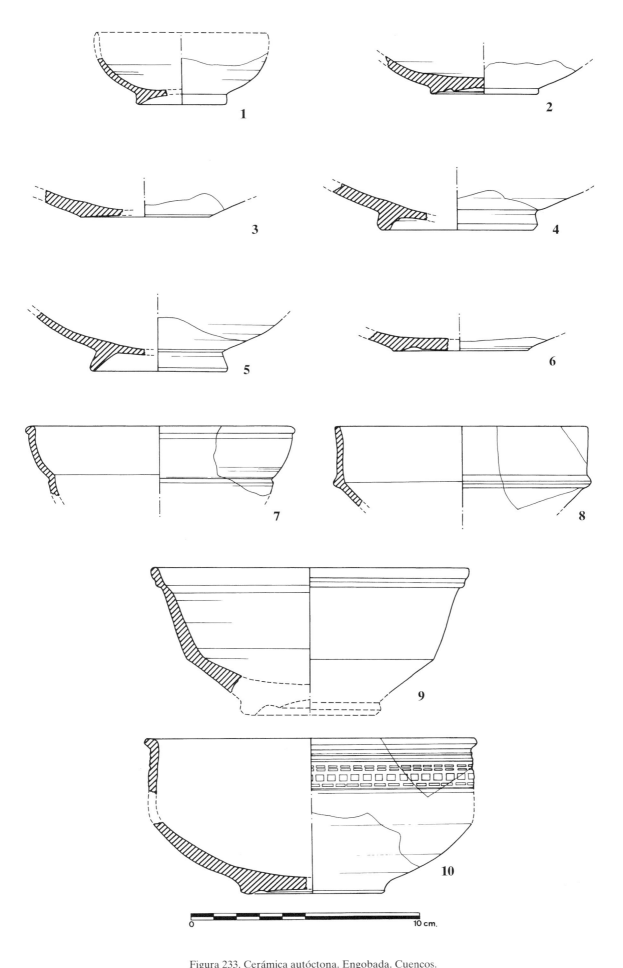

Figura 233. Cerámica autóctona. Engobada. Cuencos.

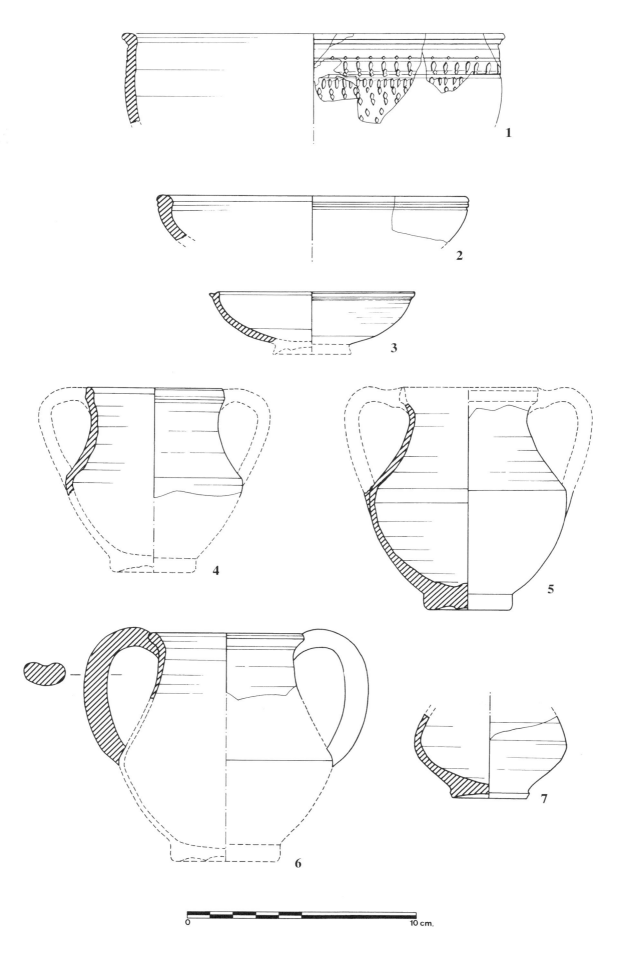

Figura 234. Cerámica autóctona. Engobada. Cuencos.

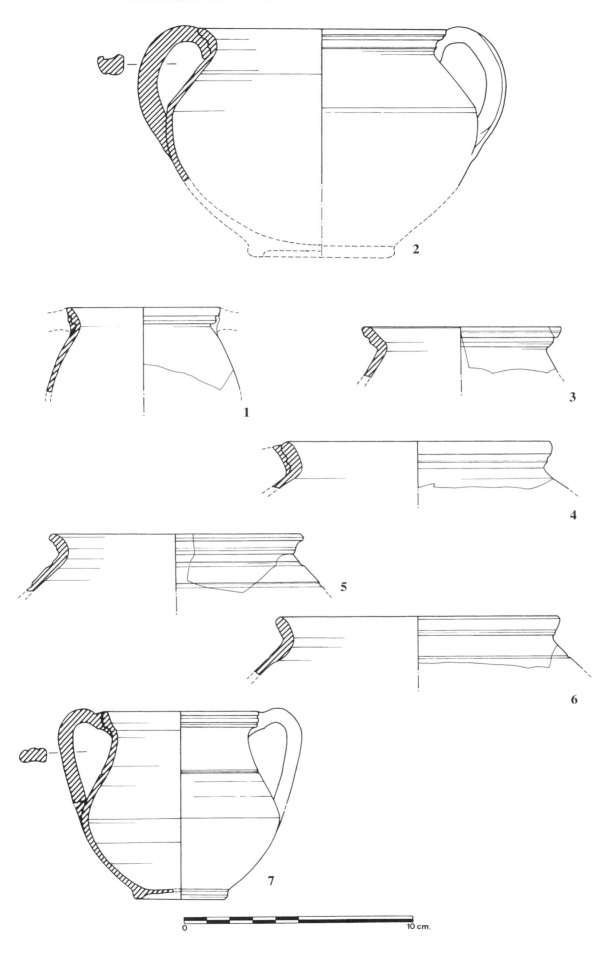

Figura 235. Cerámica autóctona. Engobada. Jarritas.

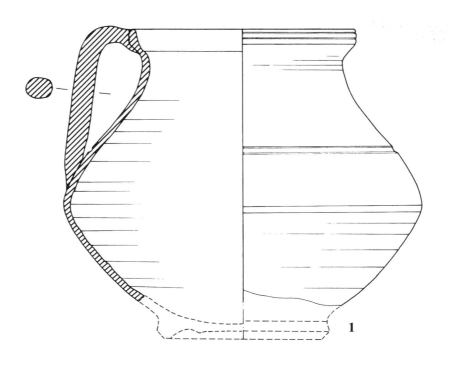

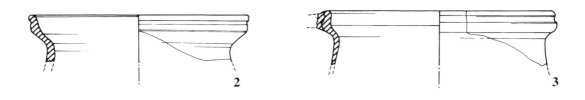

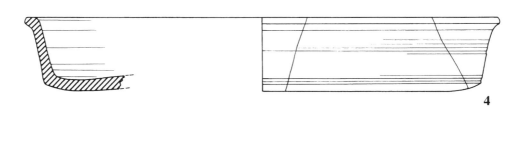

Figura 236. Cerámica autóctona. Engobada. Jarritas, platos.

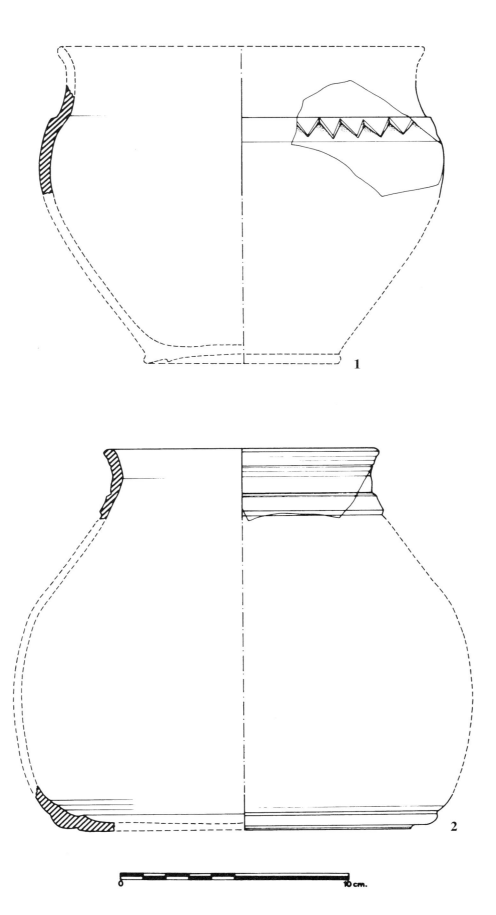

Figura 237. Cerámica autóctona. Engobada. Vasos.

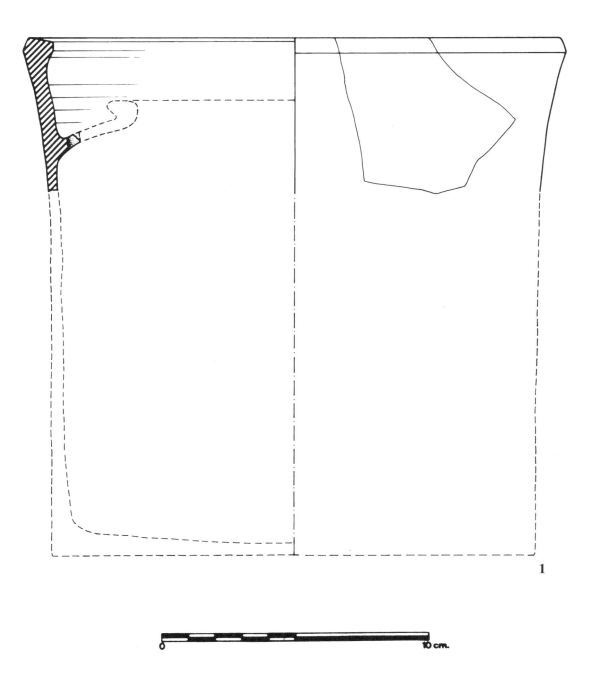

1

Figura 238. Cerámica autóctona. Engobada. Vasos.

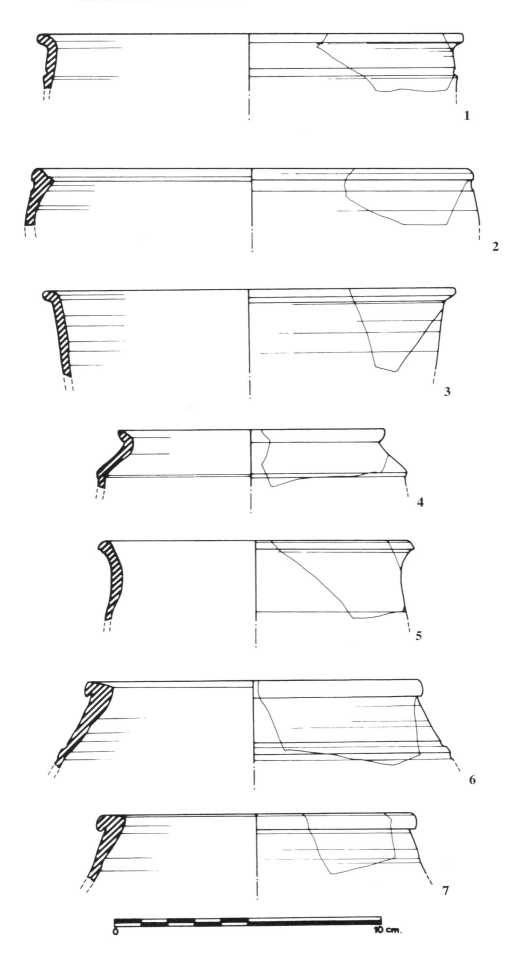

Figura 239. Cerámica autóctona. Engobada. Vasos.

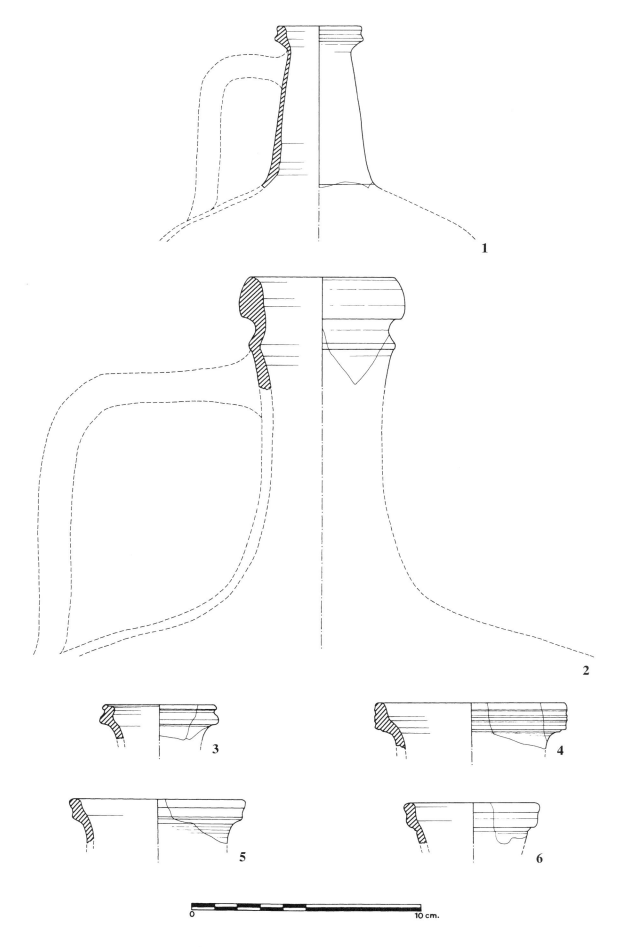

Figura 240. Cerámica autóctona. Engobada. Botellas.

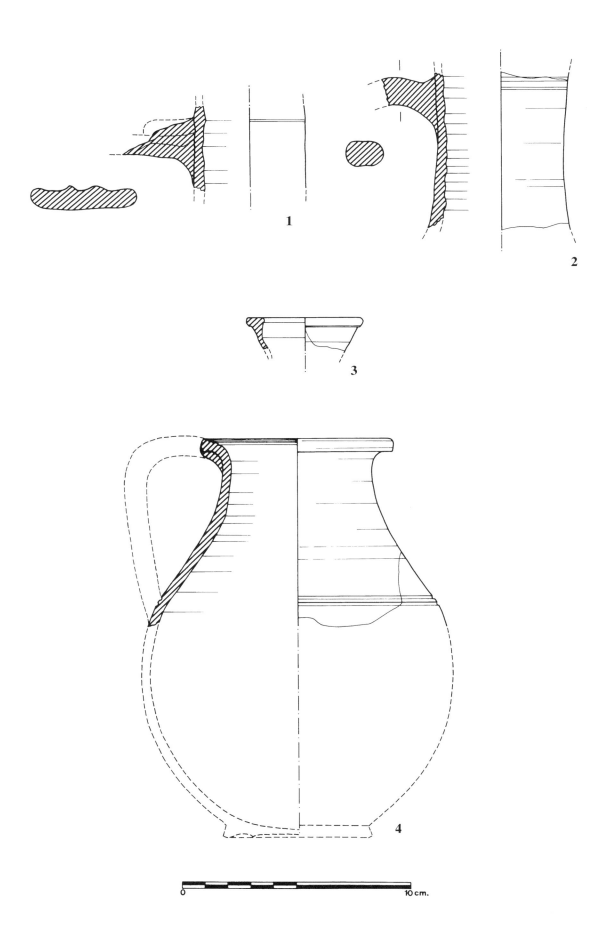

Figura 241. Cerámica autóctona. Engobada. Cuellos.

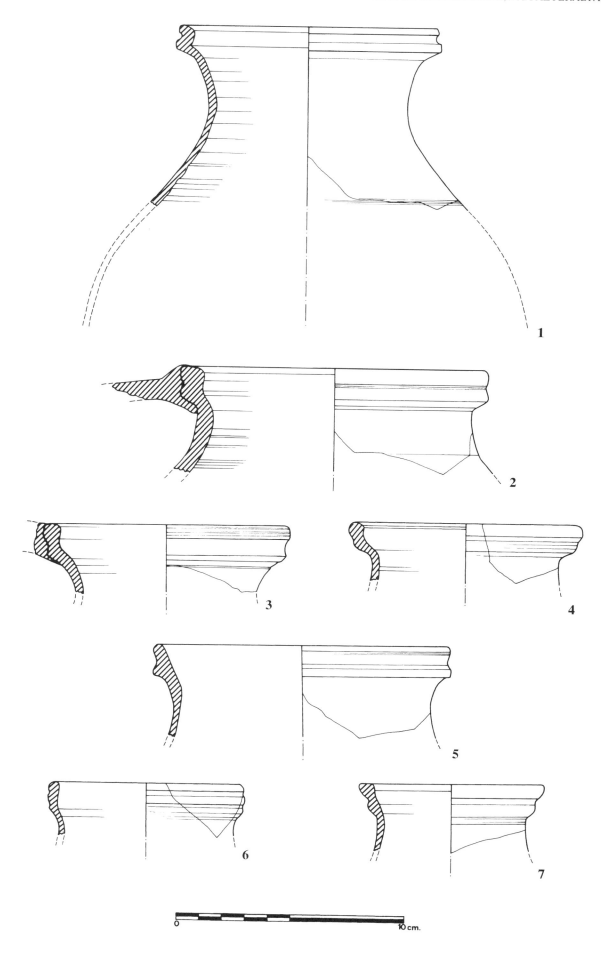

Figura 242. Cerámica autóctona. Engobada. Cuellos.

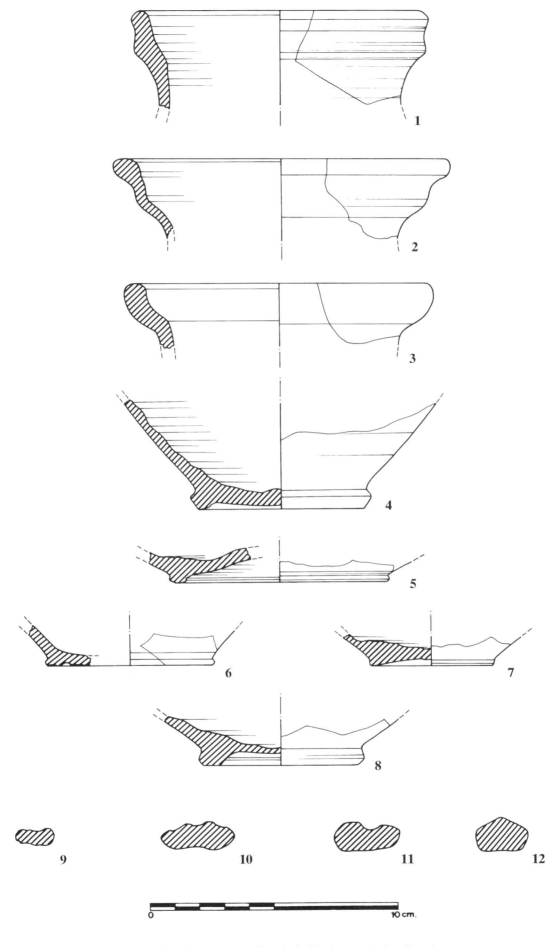

Figura 243. Cerámica autóctona. Engobada. Fondos, asas de botellas y jarras.

8.10. CERÁMICA VIDRIADA Y FAYENZA (J.A.P.P.)

8.10.1. INTRODUCCIÓN

Cerca de un centenar de fragmentos de cerámica vidriada y de fayenza han proporcionado las excavaciones realizadas en *Celsa*. Entre ellos se ha podido clasificar treinta y dos recipientes diferentes. De este sector de la Colonia se estudian veinte fragmentos que aportan quince piezas distintas, en su mayoría muy fragmentadas.

En este estudio nos referiremos exclusivamente al periodo Julio-Claudio, época que coincide con el momento cronológico en el que se detectan estas cerámicas en *Celsa*. La época de los Flavios, más concretamente desde principios del último cuarto del siglo I, se puede considerar como una buena línea divisoria para el estudio de la cerámica vidriada; es en estos momentos cuando los talleres itálicos cesan la manufactura de la vajilla característica de época Julio-Claudia, que imita a la fabricada en *Tarsos*, y se comienzan a fabricar otros modelos tipológicos[1356].

Con la clasificación morfológica se han diferenciado cinco grandes Grupos y el método analítico[1357] permite clasificar dos Conjuntos:

a) Pastas calcáreas (CaO = 6.5-20%). Grupos 2 y 3.

b) Pastas no calcáreas (CaO = < 3%). Grupos 4 y 5.

Para tener una visión general de las producciones detectadas en *Celsa* se resumen, por Grupos, los hallazgos efectuados:

Grupo 1. Egipto. Delta del Nilo

Solo hay tres recipientes. El más completo es el encontrado en la *insula* VII[1358], se encontró fragmentado en veintiséis trozos; su reconstrucción parcial permite identificar el perfil con una urna de dos asas. Está decorada con astrágalos en la base del cuello y estilizaciones vegetales en el cuerpo, realizadas mediante la técnica de la incisión. Una pequeña máscara, que apareció suelta, probablemente sirvió de aplique decorativo en la zona de apoyo de una de las asas. Sus características son semejantes a la pieza de Altino (Italia)[1359], a la que se conserva en el Museum für Kunst und Gewerbe (Hamburgo)[1360] y a piezas expuestas en el Metropolitan Museum of Art (Nueva York). En prospecciones superficiales efectuadas en el yacimiento se encontró un fragmento de pared con decoración muy semejante a la ya comentada, siendo muy probable que pertenezca a un recipiente con el mismo perfil. El reducido tamaño del fragmento de borde aparecido en la *insula* II hace difícil su catalogación tipológica. También se han encontrado abalorios de fayenza en diferentes puntos de la Colonia.

Recipientes de fayenza egipcia del siglo I d. C. en España solo se conocen por el momento en *Celsa*, *Osca*[1361] y *Cádiz*[1362], y probablemente un fragmento en *Caesaraugusta*[1363]. A estos hallazgos hay que añadir los abalorios de la necrópolis de La Sarretilla (Belchite, Zaragoza), de época Julio-Claudia, de la comarca de Calatayud (Zaragoza)[1364], *Clunia*[1365], Astorga (León)[1366], *Conimbriga*[1367] y los ya citados de *Celsa*.

Grupo 2. Italia

Se incluyen en este grupo un reducido número de recipientes que en la analítica presentan semejanzas y se encuentra próximo al Grupo 3, su zona de fabricación es incierta, aunque hay que suponerles un origen italiano. El perfil acopado de los *scyphoi* y las diferencias del vidriado con las del Grupo 3 (mas grueso y con tonalidades de color mas oscuras) son características que pueden inducir a error en su clasificación, ya que presenta semejanzas con el grupo 3 de *Tarsos*. Solo la analítica puede solucionar la adjudicación a centros de producción. Pastas calcáreas.

[1356] Así queda demostrado en las producciones campano-laziales que se fechan desde fines del siglo I d. C.: BIAGINI, M., 1993, pp. 143-144.

[1357] PÉREZ-ARANTEGUI, J., URUÑUELA, M. I. y CASTILLO, J. R., 1995. PÉREZ-ARANTEGUI, J., URUÑUELA, M. I. y CASTILLO, J. R., 1996.

[1358] Procede del nivel de abandono que se data en época de Nerón. La mayor parte de los restos se localizan en la denominada Casa de la Tortuga. Nº Inv.: 86.1.Hab.42.1331, 1691, etc.

[1359] SCARFI, B. M., 1975, se uso como urna cineraria.

[1360] CHARLESTON, R. J., 1955, pp. 27-29, lám. 40, propone un origen egipcio, quizás de Memphis.

[1361] AGUILERA ARAGÓN, I. y PAZ PERALTA, J. A., 1987, p. 80, es un fragmento de borde de una ollita, que apareció en un nivel fechado hacia el 60 d. C.

[1362] De la necrópolis romana de la Plaza de San Antonio (Cádiz). ÁLVAREZ ROJAS, A. *et alii*, 1990, p. 33. MUÑOZ VICENTE, A. y GORDILLO ACOSTA, A., prensa.

[1363] Procede de las excavaciones realizadas en el teatro romano. Es un fragmento de borde de una ollita, con un perfil similar a la pieza de *Osca*. Su vidriado es azul turquesa y la pasta es fina y de color blanco-amarillento. Viene de un nivel revuelto asociado a material romano de los siglos I-II d. C. y a cerámicas medievales y modernas.

[1364] ORTIZ PALOMAR, M. E., 1992 b, p. 116, núms. 252-255, fig. 96.

[1365] Se conservan en el Museo de Burgos.

[1366] Inéditos. En el Museo de Astorga.

[1367] ALARCÃO, J., 1976 a), p. 212, lám. XLVI, núms. 329-330.

De *Celsa* hay por el momento cuatro piezas, dos son del ambiente de la Casa de los Delfines[1368], una de la calle II y otra de las prospecciones superficiales efectuadas en el yacimiento.

Grupo 3. Zona superior de Italia[1369]

Es el grupo mayoritario. Se identifica con un conjunto de cerámicas vidriadas bien diferenciadas, que tienen un área de difusión localizada en la Italia septentrional y que imitan a la vajilla del grupo 3 de *Tarsos*. Sus características están bien definidas por Maccabruni[1370]: se obtienen a partir de un molde univalvo, su relieve es muy plano, el vidriado exterior de color verde es mas o menos intenso y muy delgado, esto último permite apreciar con facilidad los detalles de los motivos decorativos; el interior es amarillo-ocre, fino y algo más grueso, por lo que suele estar mejor conservado. La pasta, bien decantada y fina es de color beige claro; en ocasiones también puede tener una tendencia al color rosado. Pastas calcáreas.

Para Hochuli-Gysel estos productos contrastan además por los motivos decorativos, en especial por los figurados, ya que suelen ser copia de los utilizados en la sigillata itálica. Maccabruni[1371] acepta la producción de recipientes de cerámica vidriada fabricados a molde y vinculados a los talleres del norte de Italia del grupo de Aco.

Hochuli-Gysel solo identifica para la Península[1372] el *scyphos* de Torre Llauder (Mataró). En *Celsa* es el grupo más numeroso y cabe suponer que también entre las piezas encontradas en España y Portugal.

Además de las piezas que se estudian del ambiente de la Casa de los Delfines merecen ser destacados dos hallazgos efectuados en otros puntos de la Colonia.

De la *insula* VII[1373] procede un *calix* del tipo 3, del que se conserva el borde y un fragmento de pared decorado. Destaca por el perfil del borde, poco frecuente, y por la decoración, que es inédita dentro del repertorio de las producciones vidriadas. El motivo decorativo principal tiene el singular busto de Júpiter barbado de frente; delante el águila con las alas desplegadas y la cabeza vuelta hacia la izquierda, la zona de las garras no se conserva, pero posiblemente estuvieran sujetando un haz de rayos[1374]; el relleno ornamental se completa con hojitas del tipo 4[1374], piñas semejantes al tipo 3a[1375] y con pequeños puntos[1376].

La otra pieza, de la *insula* II[1377], tiene su interés por conservarse dos tercios del vaso[1378]. Es un *scyphos*[1379] de pared recta, con una composición decorativa frecuente en las producciones de *Tarsos* y muy representada en las producciones occidentales, con hojas[1380] y frutos de hiedra que giran en torno al vaso, como motivo ornamental central tiene una roseta semejante al tipo 21[1381]. Esta decoración es copia de los productos de *Tarsos*[1382].

Este taller/es también fabricó lucernas. Así lo indican las características físicas del fragmento de lucerna, del que conserva una voluta, encontrada en la *insula* VII[1384]. Su pasta se puede encuadrar en este grupo, el vidriado es verde esmeralda.

Grupo 4. Zona inferior de Italia o taller de Loyasse (Lyon)

Este grupo de cerámicas presenta dudas en cuanto a su centro de fabricación. Hochuli-Gysel[1385] las atribuye a la zona inferior de Italia, hipótesis que basa en la distribución geográfica de los hallazgos. La analítica confirma que es un grupo muy homogéneo que se

1368 Muestras V-03 y V-39 y V-07.
1369 HOCHULI-GYSEL, A., 1977, pp. 137-142.
1370 MACCABRUNI, C., 1985, pp. 16-17.
1371 MACCABRUNI, C., 1987, pp. 170-171.
1372 HOCHULI-GYSEL, A., 1977, p. 142 y p. 195, I 6.
1373 Hallado en la Casa del Emblema Blanco y Negro. Nº inv.: 85.1.Est.16.7605. Vidriado exterior de color verde esmeralda (Caran d'Ache 210) y el interior ocre (Caran d'Ache 035).
1374 Esta representación es frecuente en los discos de las lucernas fabricadas en Italia: BAILEY, D. M., 1980, pp.

8-10, figs. 2-3. Representaciones de águilas con alas desplegadas son muy raras en las cerámicas vidriadas, solo conozco otro ejemplo encontrado en Tolosa, calle Tétus. El fragmento está vidriado en verde y representa un águila con las alas desplegadas, el recipiente parece corresponder a un *scyphos*: LABROUSSE, M., 1968, pp. 531-532, fig. 15. Para representaciones de aves en general: HOCHULI-GYSEL, A., 1977, pp. 98-99, lám. 38, de todos los ejemplos solo el nº 11 se identifica con un águila.
1375 HOCHULI-GYSEL, A., 1977, p. 81, lám. 31.
1376 HOCHULI-GYSEL, A., 1977, p. 94, lám. 31.
1377 HOCHULI-GYSEL, A., 1977, p. 82, lám. 31.
1378 Se encontró en una estancia que se ha identificado como una *popina*: BELTRÁN LLORIS, M., 1991, pp. 59-60, fig. 47, estancia G. Nº inv.: 84.1.Hab.34.15084. Vidriado exterior de color verde esmeralda (Caran d'Ache 210) y el interior amarillo (Caran d'Ache 035). Ambos vidriados son idénticos, incluso en su descomposición plateada, al fragmento de *scyphos* decorado con ovas con lengüeta (fig. 244, 4).
1379 Apareció en diez y nueve fragmentos y se asocia al nivel de abandono del yacimiento.
1380 El perfil y su decoración presenta los mejores paralelos en el ejemplo I 10: HOCHULI-GYSEL, A., 1977, p. 195. KOLNIK, T., 1984, p. 73, figs. 2 y 4 nº 1. La pieza de *Celsa* tiene 8,5 cm. de altura y 11,5 cm. de diámetro de borde; sus medidas son semejantes al *scyphos* del Archäologisches Museum (Nitra-Hard).
1381 La más semejante es la nº 3 de Hochuli-Gysel, atribuida a un taller itálico: HOCHULI-GYSEL, A., 1977, p. 86, lám. 32.
1382 HOCHULI-GYSEL, A., 1977, p. 83, lám. 32.
1383 HOCHULI-GYSEL, A., 1977, p. 117.
1384 Casa de la Tortuga. Nº inv.: 86.1.Hab.51.17703 y 17725.
1385 HOCHULI-GYSEL, A., 1977a.

caracteriza por sus pastas no calcáreas[1386] y sus características físicas de pasta y vidriados coinciden con las del taller de Loyasse (Lyon)[1387] que también fabricó vasos decorados imitando a la producción de Aco.

En esta zona de la Colonia solo se han encontrado dos pequeños fragmentos de lucernas, que se estudian en este capítulo en el apartado 9.1.2.[1388]

Sin embargo, estos alfares se encuentran bien representados en *Celsa*. En la *insula* II se han encontrado dos piezas. Una es un pequeño fragmento de vaso con decoración a molde de motivos vegetales que recuerda a la composición del hallazgo de la necrópolis de Locarno, Muralto (Cantone Ticino)[1389]. La otra es un fragmento de un asa de un *scyphos*[1390].

De la *insula* VII[1391] hay un fragmento de fondo que conserva la zona inferior de una figura de eros en relieve aplicado. Esta pieza corresponde a un *kylix* decorado en el fondo interior con cuatro figuras de eros y una máscara en el centro; sus únicos paralelos están en los dos recipientes del British Museum (Londres), encontradas en el sur de Italia[1392]. De esta *insula*[1393] también hay un fragmento de borde de un *askos* con el arranque del asa[1394].

Ambos recipientes tienen el tipo de pasta 4a, sus vidriados hay que encuadrarlos dentro de la gama de los verdes, aunque en diferentes tonalidades, en algún ejemplo se observa cierta tendencia al marrón.

Estas producciones también se han constatado en *Caesaraugusta*[1395] y en San Esteban

(El Poyo del Cid, Teruel)[1396] en niveles datados a fines de la época de Nerón.

Grupo 5. Gallia. Saint-Rémy-en-Rollat

Este grupo de pasta lo identificamos con las producciones del centro de la *Gallia*[1397], cuyo inicio se fecha entre fines del primer decenio d. C. y principios de la época de Tiberio y hasta el siglo II[1398]. La procedencia de estas cerámicas, tanto por los paralelos decorativos como por su perfil, parece claro que se han de buscar en las creaciones de época de Tiberio/Claudio y que se fabricaron en el taller de Saint-Rémy-en-Rollat, en la región de Allier[1399].

Es generalmente aceptado que las producciones vidriadas de los alfares galos (Vichy, Saint-Rémy-en-Rollat y pequeños talleres de la zona), no tienen ninguna influencia directa, en la forma, decoración, composición y aspecto del vidriado, de los productos de *Tarsos* y de sus imitaciones en occidente[1400]. El centro de fabricación más destacado fue el de Saint-Rémy-en-Rollat[1401]. Pastas no calcáreas.

Estas producciones tienen una importante difusión en el centro y oeste de la *Gallia*, y de manera especial en *Bretaña*[1402].

De este grupo solo tenemos tres fragmentos, probablemente de dos vasijas diferentes, encontrados en la Casa de los Delfines y calles adyacentes. El único ejemplo que conocemos en España y Portugal se encontró en *Conimbriga*[1403]; es un fragmento de pared decorado con palmetas que puede ser de la forma Déchelette 60.

Distribución en España y Portugal

En los estudios sobre la difusión de la cerámica vidriada en *Hispania*[1404] son escasas

---

[1386] PÉREZ-ARANTEGUI, J., URUÑUELA, M. I. y CASTILLO, J. R., 1995, pp. 211-213, tabla 1, muestras V-31, 32, 46, 29, 41, 44 y 45.

[1387] DESBAT, A., 1986, pp. 33-39. DESBAT, A., 1987, pp. 105-106. PÉREZ-ARANTEGUI, J., URUÑUELA, M. I. y CASTILLO, J. R., 1995, p. 213.

[1388] Muestra V-31.

[1389] MACCABRUNI, C., 1987, fig. 5. La pieza está vidriada solo en el exterior y es de color ocre (Caran d'Ache 035). Inv.: 81.1.Hab.46.6771. Muestra V-45.

[1390] El asa presenta marcadas diferencias con las producciones de Tarsos y sus imitaciones occidentales, su elaboración es más sencilla ya que no presenta la decoración de la zona superior del asa. Nº inv.: 84.1.Hab.34.18792. Vidriado en verde oliva oscuro (Caran d'Ache 249). No está analizada.

[1391] Casa de Hércules. Nº inv.: 85.1.Hab.32-3.39051. El vidriado interior y exterior hay que situarlo entre un oliva oscuro (Caran d'Ache 249) y un ocre verde (Caran d'Ache 025). Muestra V-29.

[1392] WALTERS, H. B., 1908, p. 5, núms. k29 y k30, lám. II, k29. HOCHULI-GYSEL, A., 1977a, p. 94, lám. III, núms. 1 y 2.

[1393] Casa del Emblema Blanco y Negro. Nº inv.: 85.1.Hab.20.17627 y 17628. El vidriado exterior y del reborde interior es de color canela (Caran d'Ache 055) con algún ligero matiz ocre verde (Caran d'Ache 025). Muestra V-32.

[1394] HOCHULI-GYSEL, A., 1977a, p. 96, lám. II, nº 2.

[1395] Es un fragmento que corresponde al cuello de una jarra, presenta un vidriado verde y una pasta muy

semejante al fragmento de plato con decoración en relieve procedente de la insula VII: PAZ PERALTA, J. A., 1991 a, p. 302, fig. 1, nº 3. Muestra V-41.

[1396] El hallazgo corresponde al asa de un *askos*. Muestra V-20. Su adjudicación al taller de Loyasse no es segura.

[1397] DECHELETTE, J., 1904, I, pp. 41-60. GREENE, K., 1979, pp. 86-103. PÉREZ-ARANTEGUI, J., URUÑUELA, M. I. y CASTILLO, J. R., 1995, pp. 209-212, tabla 1, muestra V-09, se caracteriza por una pasta no calcárea.

[1398] MACCABRUNI, C., 1987, p. 172.

[1399] FEUGERE, M., PONCET, J. y VAGINAY, M., 1977. GREENE, K., 1979, pp. 98-99.

[1400] HOCHULI-GYSEL, A., 1977, p. 122. BALIL ILLANA, A., 1982a, p. 170. MACCABRUNI, C., 1987, p. 172.

[1401] MACCABRUNI, C., 1987, p. 172.

[1402] GREENE, K., 1979, p. 99, fig. 39. PASSELAC, M., 1993, p. 430.

[1403] ALARCÃO, J., 1976, p. 42, lám. XXXII, nº 6.

[1404] ALARCÃO, J., 1976, pp. 40-41. LÓPEZ MULLOR, A., 1978. SERRANO RAMOS, E., 1979a. LÓPEZ MULLOR, A., 1981. AMARÉ TAFALLA, M. T. y MARTÍN-BUENO, M. A., 1989, p. 107, fig. 1, 1. BELTRÁN LLORIS, M., 1990c, pp. 187-191, esp. p. 188 y fig. 92. Para Aragón y el valle medio del Ebro: PAZ PERALTA, J. A., 1980, pp. 254-257.

las referencias cronológicas y en menor medida su atribución a centros de producción.

El catálogo que a continuación se expone se ciñe a los hallazgos de cerámicas vidriadas y de fayenza del siglo I d. C. A la espera de un estudio más detallado y minucioso que modifique y/o amplíe la serie que aquí se propone, se observa la siguiente área de dispersión:

De norte a sur los hallazgos que se han efectuado en España son los de: Ampurias[1405] y su necrópolis[1406], Playa Fenals (Lloret de Mar, Gerona)[1407], Llafranc (Gerona)[1408], Can Majoral[1409] y Torre Llauder (Mataró, Barcelona)[1410], *Tarraco* (Tarragona)[1411], *Pompaelo* (Pamplona)[1412], La Chorquilla (Herrera de Pisuerga, Palencia)[1413], León[1414], *Clunia* (Coruña del Conde, Burgos)[1415], *Osca* (Huesca)[1416],

San Esteban (El Poyo del Cid, Teruel)[1417], El Palao (Alcañiz, Teruel)[1418], El Regadío (Urrea de Gaén, Teruel)[1419], *Caesaraugusta* (Zaragoza)[1420], Camino de El Plano (Cuarte, Zaragoza)[1421], El Tejar (Calatorao, Zaragoza)[1422], Nuestra Señora de la Virgen del Pueyo (Belchite, Zaragoza)[1423], necrópolis de La Sarretilla (Belchite, Zaragoza)[1424], en la comarca de Calatayud (Zaragoza)[1425], *Bilbilis* (Calatayud-Huérmeda, Zaragoza)[1426], *Arcobriga* (Monreal de Ariza, Zaragoza)[1427], La Alcudia (Elche, Alicante)[1428], Cartagena

[1405] RIBAS BERTRAN, M., 1965, p. 169, fragmento decorado con unas hojas de parra, probablemente de un *scyphos*. LÓPEZ MULLOR, A., 1980a, p. 411. De un contexto de mediados del siglo I d. C. procede una cabecita de caballo en cerámica vidriada de color amarillo, probablemente pertenezca a una lucerna semejante a la de La Alcudia, también hay tres lucernas de mediados del siglo I d. C.: LÓPEZ MULLOR, A., 1978, p. 74, fig. 7 A. CASAS i GENOVER, J., MERINO i SERRA, J., 1991, p. 145 y p. 147, fig. 2, núms. 1, 2, 3 y 5.

[1406] Es un *askos* que mide 137 mm. de longuitud y está decorado con elementos vegetales: OLIVA PRAT, M., 1945, p. 100, lám. XIX, nº 5. BALIL ILLANA, A., 1977, pp. 380-381, fig. 3. BALIL ILLANA, A., 1982a, p. 177, nº 13. CASAS i GENOVER, J., MERINO i SERRA, J., 1991, pp. 150-152, nº 17, fig. 5.

[1407] CASAS i GENOVER, J., MERINO i SERRA, J., 1991, p. 150, fig. 4, nº 16, *skyphos* decorado con hojas de agua.

[1408] TRIAS RUBIES, M. G., 1966, p. 110, nº 45, fig. 10, nº 1, lám. IV, nº 9. Fragmento de borde de un *scyphos*.

[1409] CLARIANA i ROIG, J. F., 1981, p. 105, nº 95, lám. 52, nº 4. Fragmento de borde de una ollita, se data en Tiberio/Nerón.

[1410] RIBAS BERTRAN, M., 1965, pp. 157-158, figs. 3, 4 y 14. HOCHULI-GYSEL, A., 1977, p. 195, nº I 6. LÓPEZ MULLOR, A., 1980a, pp. 409, 411 y 412, lám. 1, nº 4, lám. 3, núms. 35-36. LÓPEZ MULLOR, A., 1981, pp. 206-209, Forma II, fig. 1, nº II. MESTRE i MATAS, J. M., 1979, pp. 220-221, fig. 2.

[1411] PRICE, J., 1981, p. 619, solo cita el hallazgo de cerámica vidriada decorada, sin especificar la forma y las decoraciones, excavación efectuada en el Pasaje Cobos, el nivel está datado entre el 25-50 d. C.

[1412] MEZQUÍRIZ DE CATALÁN, M. A., 1956, p. 107, núms. 16-17, fig. 38, nº 17 y p. 279. Fragmento de pared de un *scyphos* ? decorado con una hoja nervada, procede del estrato VII, datado de Claudio a los Flavios, ver p. 28.

[1413] GARCÍA y BELLIDO, A. *et alii*, 1970b, p. 14, fig. 12, núms. 1-3. Presentan semejanzas con las piezas que estudiamos de *Celsa*.

[1414] Es un *scyphos* decorado con hojas de agua; vidriado amarillo en el exterior y verde en el interior. FERNANDEZ-MIRANDA, M. y FERNANDEZ OCHOA, C. (Directs.), 1995, p. 281.

[1415] En el Museo de Burgos se conserva un conjunto de abalorios de fayenza.

[1416] AGUILERA ARAGÓN, I. y PAZ PERALTA, J. A., 1987, p. 80. Varios fragmentos de un *scyphos*, un fragmento de borde de una ollita con vidriado azul turquesa y un pequeño fragmento de forma sin identificar, se datan en el 60/70 d. C.

[1417] Para el yacimiento en general: BURILLO MOZOTA, F., 1981. De un nivel datado en época de Nerón, es un fragmento de asa de un *askos* que presenta semejanzas con el de Ampurias. Agradecemos al Dr. Burillo el permitirnos disponer de este dato, puesto que el material se encuentra inédito. Además del *askos* de Ampurias hay paralelos en el Museo del Louvre, de procedencia italiana: CHARLESTON, J. R., 1955, lám. 51 B, vidriado en verde. El *askos* de San Esteban se manufacturó en los talleres de la zona inferior de Italia (Grupo 4).

[1418] MARCO SIMÓN, F., 1980. PAZ PERALTA, J. A., 1980, pp. 254-257, mapa LXXIV. Corresponde a un fragmento de pared decorado de un *scyphos*. Por el contexto su datación ha de ser de época de Claudio o de Nerón.

[1419] ATRIÁN JORDÁN, P., 1984, p. 38, fig. 1, nº 2, lám. I, nº 2.

[1420] PAZ PERALTA, J. A., 1980, pp. 254-257, mapa LXXIV. PAZ PERALTA, J. A., 1991 a, p. 302, fig. 1, núms. 1-3. Destacan el fragmento encontrado en un nivel que se identifica con un vertedor, datado hacia el 14 a. C. y tres fragmentos de *scyphoi* y un fragmento de jarra, que se datan a fines de la época de Claudio.

[1421] En este lugar se sitúa una villa romana. En las prospecciones superficiales llevadas a cabo por el Museo de Zaragoza se encontró un fragmento del arranque del asa de un *scyphos*.

[1422] AMARÉ TAFALLA, M. T., 1988, p. 59. Es un hallazgo casual llevado a cabo en la década de los años 60 al efectuar labores agrícolas. Varios objetos, entre ellos una lucerna de cerámica vidriada, aparecieron asociados a un número indeterminado de áureos de Galba. La lucerna está completa y vidriada en verde, se identifica con las formas, entre otras, Loeschcke VII, Michelucci XXV y Amaré IV, 3. Es un tipo frecuente en cerámica vidriada como lo demuestran los paralelos que exponemos en el apartado 9.1.2. Lleva sello en el fondo exterior de siete letras que es ilegible, quizás: BICAGAT, ver: BALIL ILLANA, A., 1984, pp. 192-193.

[1423] PAZ PERALTA, J. A., 1980, pp. 254-257, mapa LXXIV. En las prospecciones superficiales llevadas a cabo por el Museo de Zaragoza se encontró un fragmento de borde y pared decorado de un *scyphos*, presenta la particularidad de tener un vidriado amarillo por el exterior y verde por el interior.

[1424] ORTIZ PALOMAR, M. E., 1992 b, p. 116, núms. 252-253, fig. 96, dos abalorios de fayenza, datadas en época Julio-Claudia.

[1425] ORTIZ PALOMAR, M. E., 1992 b, p. 116, núms. 254-255, fig. 96, dos abalorios de collar de fayenza.

[1426] LIZ GUIRAL, J., 1981, pp. 39-46. AMARÉ TAFALLA, M. T., 1984, p. 24, nº 22, corresponde a una lucerna vidriada de cronología imprecisa. AGUAROD OTAL, M. C. y AMARÉ TAFALLA, M. T., 1987a, pp. 92-93. MARTÍN-BUENO, M. A., 1988, p. 57, fig. 3536. AMARÉ TAFALLA, M. T. y MARTÍN-BUENO, M. A., 1989, pp. 99-110.

[1427] BELTRÁN LLORIS, M. *et alii*, 1987, p. 60. SÁNCHEZ SANTOS, J. C., 1992a, pp. 227-229, fig. 6.1, fragmento de pared decorado de un *scyphos*.

[1428] RAMOS FOLQUÉS, A., 1962, pp. 734-735. RAMOS FERNÁNDEZ, R., 1974, p. 106. Es una lucerna que tiene dos mecheros, las dos volutas terminan con una decoración de dos cabezas de caballo, el asa está decorada con una gran

(Murcia)[1429], Doña Aldonza (Ubeda, Jaén)[1430], Venta del Carrizal (Jaén)[1431], Mesas de Alcaudete (Córdoba)[1432], Cerro de los Infantes (Granada)[1433], Los Castillones (Campillos, Málaga)[1434], *Baelo Claudia* (Bolonia, Cádiz)[1435], Plaza de San Antonio (Cádiz)[1436], barrio de Bahía Blanca (Cádiz)[1437] y en el área minera de Tharsis (Alosno, Huelva)[1438].

En Portugal en *Conimbriga*[1439], Paredes (Alenquer)[1440] y Tróia de Setúbal[1441].

---

hoja que al dorso tiene la marca L N L, debe de tener una datación de época de Claudio, como la pieza de Valkenburg (datada entre el 40/47 d. C.): CLEVERINGA, J. L., 1948, pp. 238-239, fig. 64, n° 2. VAN LITH, S. M., 1979a, p. 40. BALIL ILLANA, A., 1984, pp. 192-193. Estas lucernas se asocian al tipo Broneer XXI, datadas entre el 70-80 d. C.: BAILEY, D. M., 1988, p. 336, n° Q2688, con bibliografía.

[1429] ROLDÁN BERNAL, B. y MARTÍN CAMINO, M., 1988, p. 31, fig. en p. 33. Parece corresponder a un *calix*, está decorado con figuras humanas y elementos vegetales.

[1430] SERRANO RAMOS, E., 1979a, p. 153, fig. 1, n° 12 y fig. 2, n° 18.

[1431] SERRANO RAMOS, E., 1979a, p. 152, fig. 1, n° 6 y fig. 2, n° 26.

[1432] SERRANO RAMOS, E., 1979a, p. 152, fig. 1, n° 5.

[1433] SERRANO RAMOS, E., 1979, pp. 1019-1026. SERRANO RAMOS, E., 1979a, pp. 152-154, núms. 2-4, 7-11, 13-17, 19-25 y 27-28, figs. 1-2 y láms. I y II. Varios fragmentos pertenecientes en su mayoría a *scyphoi*.

[1434] SERRANO RAMOS, E., 1979a, p. 152, n° 1, fig. 1, n° 1.

[1435] DOMERGUE, C. *et alii* , 1974, pp. 48-49, cerámica vidriada se ha encontrado en la denominada capa 3, datada entre el 25-75 d. C., no se especifica el tipo que es.

[1436] ÁLVAREZ ROJAS, A. *et alii*, 1990, p. 33. Agradecemos a Ángel Muñoz el facilitarnos más información sobre su descubrimiento. El hallazgo corresponde a dos recipientes de fayenza, utilizados como urnas cinerarias. Su vidriado es azul turquesa, una de ellas tiene decoración pintada. Proceden de la necrópolis alto imperial excavada en la Plaza de San Antonio de la ciudad de Cádiz: MUÑOZ VICENTE, A. y GORDILLO ACOSTA, A., prensa.

[1437] SÁNCHEZ GIJÓN, A., 1966, p. 184, fig. 5. Es una urna vidriada en el interior y exterior en color verde jade, lo fragmentado de la pieza hace que desconozcamos su forma, se data hacia la primera mitad del siglo I d. C.

[1438] BEDIA GARCIA, J. y REBOLLO CONDÉ, M. T., 1990, pp. 48-49.

[1439] COMFORT, H., 1961, p. 13, fig. 20. ALARCÃO, J., 1976, pp. 39-42, lám. XXXII, núms. 1-6. HOCHULI-GYSEL, A., 1977, p. 165, T 175. FERREIRA QUINTEIRA, A. J., 1984, pp. 103-110. Se contabilizan varios fragmentos de *scyphoi* , algunos probablemente de procedencia oriental, además de la pieza T 175, *scyphos* o *kantharos*, de atribución probable al taller de *Tarsos*. También dos abalorios de Fayenza: ALARCÃO, J., 1976 a), p. 212, lám. XLVI, núms. 329-330.

[1440] HORTA PEREIRA, M. A., 1970, pp. 49-54, n° 3, lám. I y lám. II, n° 3. HOCHULI-GYSEL, A., 1977, p. 151, T 46.

[1441] GARCÍA PEREIRA, M. A., 1971. Vaso decorado con hojas vegetales a la barbotina, único ejemplo de esta producción que se conoce en la Península. Por los hallazgos que se conocen en Locarno, Muralto, Maccabruni atribuye a un grupo de vasos con decoración de hojas vegetales realizadas a la barbotina, imitando a las producciones de las paredes finas, un origen de un taller de la zona superior de Italia, fechando su producción en el siglo I d. C., principalmente, en su primera mitad: MACCABRUNI, C., 1981, pp. 67-72, pp. 88-89, núms. 6-7, láms. V y VIII. MACCABRUNI, C., 1987, pp. 170-171. Un *Cantaros* en cerámica vidriada, con dos asas y pie alto, decorado en la zona superior con motivos vegetales muy semejantes, es de la tumba 32 de la necrópolis de Galanta y es atribuido a taller itálico: KOLNIK, T., 1984, p. 79, fig. 6.

8.10.2. TIPOLOGÍAS

Las tipologías y los trabajos de Hochuli-Gysel[1442] son en el momento presente fundamentales para llevar a cabo la clasificación tipológica (morfología y decoraciones) de las cerámicas vidriadas del área asiática y sus imitaciones en occidente.

No solo las pastas, vidriados, motivos y composiciones decorativas son los únicos elementos definitorios en las producciones del grupo 3 de *Tarsos* y sus imitaciones occidentales. Para Maccabruni[1443] los moldes de los productos occidentales son similares en la forma y en la decoración a las del grupo 3 de *Tarsos*.

Para los motivos decorativos se tiene que aceptar que las composiciones son muy semejantes, por lo que habría que buscar las características diferenciadoras en la calidad de los punzones, aceptando que la composición y el repertorio figurativo utilizado en la sigillata itálica también se encuentra en los recipientes de *Tarsos*[1444].

En *Celsa* hay dos hallazgos que tienen motivos inéditos en el repertorio de la cerámica vidriada: el águila con la singular cabeza de Júpiter y las ovas con lengüeta, ambos con clara influencia de las producciones itálicas[1445]. También se han observado semejanzas con las manufacturas del taller de *Rasinius* en dos *scyphoi* de Mataró[1446].

Es necesaria la elaboración de un detallado y minucioso catálogo de dibujos, que incluya las composiciones decorativas, por un lado y cada punzón decorativo individualizado por otro, lo que permitiría, a buen seguro, elaborar conclusiones más sólidas respecto a los centros de producción orientales y sus imitaciones en occidente[1447].

Para la clasificación de los perfiles de los recipientes cerámicos la obra de Hochuli-Gysel es la idónea como punto de partida. Sin embargo, son varios los aspectos que es necesario matizar y que habrán que ser tenidos en cuenta en futuras investigaciones.

En especial interesan los perfiles de los *scyphoi* del tipo I y Ia, y el *calix* del tipo 3[1448],

---

[1442] HOCHULI-GYSEL, A., 1977. HOCHULI-GYSEL, A., 1977a.

[1443] MACCABRUNI, C., 1987, p. 170.

[1444] MACCABRUNI, C., 1987, p. 170, nota 43.

[1445] En especial la representación de Júpiter: BAILEY, D. M., 1980, pp. 8-10, figs. 2-3.

[1446] MESTRE i MATAS, J. F., 1979, p. 220. LÓPEZ MULLOR, A., 1980a, p. 411, lám. 3, n° 36. Este aspecto ya fue observado por: HOCHULI-GYSEL, A., 1977, p. 32.

[1447] El catálogo elaborado por Hochuli-Gysel es una buena base de partida. Sin embargo, no hay una representación exhaustiva de los motivos decorativos y carece de representación de composiciones decorativas.

[1448] HOCHULI-GYSEL, A., 1977, pp. 23-26, fig. 3, pp. 40-41, fig. 18.

recipientes manufacturados en *Tarsos* y en los talleres occidentales.

La clasificación propuesta por Hochuli-Gysel[1449] para los *scyphoi*, así como la búsqueda de sus precedentes en la vajilla de plata es de lo más acertado. Sin embargo, un detenido estudio de los perfiles que la autora atribuye a ambas producciones, además de los publicadas posteriormente y de los encontrados en *Celsa*, permiten apreciar diferencias significativas entre los perfiles del grupo 3 de *Tarsos* y sus imitaciones occidentales.

Alarcão[1450] diferencia tres formas en los *scyphoi*: a) Recipiente alto con el cuerpo ovoide, que deriva de los *scyphoi* de plata del final de la República y principios del Imperio; b) Tipo intermedio con el cuerpo casi cilíndrico, correspondería al recipiente fabricado en occidente por el taller/es de la zona superior de Italia y c) Recipiente bajo con el cuerpo hemiesférico, ausente en los hallazgos occidentales.

En los perfiles del grupo 3 de *Tarsos* y sus imitaciones occidentales se observan dos modalidades directrices, por una parte los perfiles de pared curvada (ovoides o acopados) y por otra los de paredes rectas (cuerpo cilíndrico o troncocónico), que denominaremos respectivamente como Formas 1 y 2.

En los productos orientales, donde predomina la Forma 1, la pared es curvada, de forma acopada, con un perfil ovoide, que termina en un borde ligeramente reentrante y que es la continuación de la curva de la pared[1451]. Por contra, en los atribuidos a talleres italianos, con un predominio de la Forma 2, la pared y el borde son rectos, a veces, ligeramente inclinados, pero con tendencia al cuerpo cilíndrico[1452], y con una suave curva en la unión con el fondo, lo que ocasiona la formación de un recipiente profundo.

Estas características se aprecian en líneas generales entre todos los dibujos de las piezas publicadas por Hochuli-Gysel[1453]. Existen contadas excepciones que hemos de atribuir a una identificación errónea de talleres o bien a una producción minoritaria efectuada en los talleres que han sido adjudicados los recipientes. Una revisión más amplia podría incrementar este número de excepciones.

Solo los perfiles de los ejemplos T 116 y T 119 tienen un borde diferente, además del T 46, encontrado en Paredes (Alenquer, Portugal). Por contra los perfiles I 3 e I 4[1454] son curvados y por tanto diferentes al conjunto de las producciones atribuidas a los centros itálicos.

Además de las piezas que aporta Hochuli-Gysel, la Forma 2 se constata en *Carnuntum*[1455], *Conimbriga*[1456], Garlasco[1457], Luni[1458], Mataró[1459], en el *scyphos* del Musei Civici di Pavia[1460], en los cinco que se conservan en el Archäologisches Museum (Nitra-Hrad, Eslovaquia)[1461] y en los hallazgos de *Celsa*.

La opinión de Gabelmann[1462] de que habría que reconsiderar la procedencia de algunos *scyphoi* atribuidos a talleres itálicos (el I 3 y el I 4) se reafirma con las apreciaciones tipológicas que acabamos de exponer. Así pues, estas diferencias aconsejan la revisión de algunos *scyphoi* catalogados como del grupo 3 de *Tarsos* (T 46, T 116 y T 119). También habría que tener en consideración la zona de hallazgo. Uno se encontró en Portugal, otro en la islas griegas y del último se desconoce su hallazgo. A pesar de que los *scyphoi* T 45 y T 46 tienen la misma decoración figurada, elaborada con punzones diferentes, la terminación del borde y su perfil es totalmente diferente, el T 45 es de forma acopada[1463] y el T 46 es de paredes rectas[1464].

Otro punto de apoyo lo ofrecen los perfiles de los *scyphoi* del grupo 3 de *Tarsos* y sus imitaciones occidentales decorados con

[1449] HOCHULI-GYSEL, A., 1977, pp. 23-32

[1450] ALARCÃO, J., 1976, p. 149

[1451] Se puede observar en las piezas atribuidas al grupo 3 de *Tarsos*: HOCHULI-GYSEL, A., 1977, láms. 3-8. También en las encontradas en Chipre: HOCHULI-GYSEL, A., 1976, fig. 2.

[1452] HOCHULI-GYSEL, A., 1977, lám. 18, ejemplo I 20. MACCABRUNI, C., 1985, p. 17.

[1453] Para el resto de las piezas es difícil disponer en su totalidad de los dibujos, como se ha indicado anteriormente de la mayor parte solo se han publicado fotografías.

[1454] HOCHULI-GYSEL, A., 1977, lám. 17. El ejemplo I 3 es el único scyphos del tipo I atribuido a talleres occidentales por Hochuli-Gysel, el pie del I 4, que corresponde al tipo 2 de Hochuli-Gysel, es frecuente en producciones asáticas, siendo este el único ejemplo de los centros itálicos; Gabelmann, comparando decoraciones, opina que puede ser un producto oriental: GABELMANN, H., 1979, pp. 681-682.

[1455] GRÜNEWALD, M., 1981, p. 18, lám. 13, núms. 3, 4 y 6, atribuidos a un taller de la Italia superior.

[1456] ALARCÃO, J., 1976, p. 39-42, lám. XXXII, núms. 1-5, algunos perfiles de los bordes, por ejemplo el n° 3, parecen tener forma acopada, sin embargo debido a lo fragmentado de las piezas se hace muy difícil una clasificación.

[1457] MACCABRUNI, C., 1985. p. 17, foto 3. MACCABRUNI, C., 1987, p. 183, fig. 1.

[1458] ROFFIA, E., 1973, pp. 456-457, lám. 83, n° 6 y lám. 109, n° 12.

[1459] RIBAS BERTRAN, M., 1965, pp. 157, figs. 3-4. HOCHULI-GYSEL, A., 1977, p. 195, ejemplo I 6.

[1460] MACCABRUNI, C., 1985, p. 17, foto 1. MACCABRUNI, C., 1987, p. 183, fig. 2, de procedencia desconocida.

[1461] Proceden de la necrópolis de Galanta: KOLNIK, T., 1984, p. 73, figs. 2, 3 , 4 y 5, los atribuye todos a producciones itálicas. HOCHULI-GYSEL, A., 1977, pp. 195-197, núms. I 10, I 15, I 19 y el I 22.

[1462] GABELMANN, H, 1979, pp. 681-682.

[1463] HOCHULI-GYSEL, A., 1977, p. 151, lám. 3, T 45.

[1464] HORTA PEREIRA, M. A., 1970, pp. 49-54, n° 3, lám. I y lám. II, n° 3.

ramas de hojas de hiedra y sus frutos, considerada como una de las decoraciones más frecuentes en estas producciones[1465]. Los perfiles de las piezas T 117, 118, 122 y 129 son de la Forma 1, con el perfil acopado, solo el T 116 es de la Forma 2. Los hallazgos occidentales con esta decoración presentan las paredes rectas. Así, la pieza de *Celsa*[1466], los ejemplos I 9, I 10 y el I 11 recogidas por Hochuli-Gysel, y las encontradas en Salona[1467], Magdalensberg[1468] y *Conimbriga*[1469].

También se pueden establecer diferencias de perfil en lo que respecta al *calix* del tipo 3[1470]. El prototipo presentado por Hochuli-Gysel[1471] corresponde a las producciones del grupo 3 de *Tarsos*, sin embargo los perfiles de las producciones itálicas[1472], aunque presentan semejanzas con este grupo, no son idénticos. Su perfil es más sencillo y con las curvas menos pronunciadas.

A los tipos de bordes presentados por Hochuli-Gysel habría que añadir otros cuya difusión es exclusiva de la zona occidental del Imperio y que reafirman la existencia de talleres en el occidente mediterráneo imitando a las producciones de *Tarsos*. Esta familia tipológica, con la terminación del borde no siempre idéntica, puesto que presentan ligeras diferencias, están constatados, además de *Celsa*[1473] en *Bilbilis*[1474], *Carnuntum*[1475], Magdalensberg[1476] y Ostia[1477]. Por lo que respecta a la tipología de los pies poco o nada podemos aportar debido a la escasez de éstos.

Sin embargo, para una óptima diferenciación de los diferentes centros de producción

se hace imprescindible la utilización de medios analíticos[1478].

Para las manufacturas de Esmirna y de los talleres del este de Asia Menor[1479], los perfiles del cuerpo, las asas y la moldura interior del borde presentan notables diferencias[1480], lo que hace que sean fácilmente distinguibles.

En resumen, para los hallazgos de cerámica vidriada del grupo 3 de *Tarsos* y sus imitaciones en occidente, se pueden diferenciar dos formas fundamentales, que presentan las siguientes características[1481]:

Forma 1. El prototipo del grupo 3 de *Tarsos* corresponde a un recipiente para beber, hondo y en forma de cazuela, con dos asas anulares que tienen un apoyo horizontal para los dedos pulgares. Estos perfiles ovoides de *scyphoi* se encuentran en vasos de plata[1482] y en vidrios de lujo, como lo atestigua el hallazgo efectuado en una tumba partica en Irán[1483], decorado con vidrio camafeo. En vidrio opaco se conoce un ejemplo encontrado, probablemente, de Italia[1484]. El *scyphos* del tipo I de Hochuli-Gysel es el que más semejanzas tiene con este recipiente[1485]. Este tipo se imitó fielmente en taller/es itálicos, como lo indica el *scyphos* del Grupo 2 encontrado en la Casa de los Delfines.

Forma 2. Estos *scyphoi* de talleres italianos, que imitan a las producciones del grupo 3 de *Tarsos*, que son una evolución, se caracterizan por sus paredes rectas (cuerpo cilíndrico o troncocónico) que terminan en un borde también recto, la unión con el fondo se realiza mediante una suave curva. El mejor exponente de esta forma esta en los *scyphoi* decorados con hojas y frutos de hiedra[1486]. El *scyphos* del tipo Ia de Hochuli-Gysel es el que más semejanzas tiene con este recipiente[1487]. Pasta del Grupo 3.

También se pueden dar perfiles intermedios entre las Formas 1 y 2, en este caso, el

---

[1465] MACCABRUNI, C., 1985, p. 17, pieza nº 3 del catálogo y foto 2.

[1466] Procede de la *popina* de la Insula II. Su mejor paralelo está en la pieza I 10 de Hochuli-Gysel. KOLNIK, T., 1984, p. 73, fig. 2 y fig. 4, nº 1. En el fondo interior tiene un pequeño resalte en relieve y sin vidriado, debe de corresponder a la huella del objeto que se debió de utilizar para sostenerlo durante la cocción.

[1467] VON GONZENBACH, V., 1975, p. 187, lám. 37.

[1468] SCHINDLER-KAUDELKA, E., 1980, pp. 225-226, fig. 69, 4.

[1469] ALARCÃO, J., 1976, p. 42, nº 2, lám. XXXII, nº 2.

[1470] HOCHULI-GYSEL, A., 1977, pp. 40-41, fig. 18.

[1471] HOCHULI-GYSEL, A., 1977, lám. 9, ejemplo T 189, el perfil de los productos occidentales estaría más relacionado con el borde de la pieza T 193.

[1472] HOCHULI-GYSEL, ., 1977, lám. 18, ejemplos I 28, I 30 e I 31.

[1473] En el *calix* encontrado en la Insula VII. La reconstrucción del borde propuesta para el *calix* de la Casa de los Delfines esta tomado de este hallazgo.

[1474] AMARÉ TAFALLA, M. T. y MARTÍN-BUENO, M. A., 1989, p. 108, fig. 2 y lám. I, 2a-b.

[1475] GRÜNEWALD, M., 1981, p. 18, lám. 13, nº 7, atribuido a un taller de la zona superior de Italia.

[1476] SCHINDLER-KAUDELKA, E., 1980, p. 224, lám. 68, nº 17, catalogado como un producto itálico.

[1477] CARTA, M., POHL, I. y ZEVI, F., 1987, pp. 430-431, fig. 172, nº 6.

[1478] Una de las principales diferencias es la presencia de Calcio. Mientras que para los productos de *Tarsos* la proporción de CaO se sitúa entre el 24% y el 16%, para las manufacturas itálicas es inferior al 13%: HATCHER, H. *et alii*, 1994, p. 422, Tabla 5.

[1479] HOCHULI-GYSEL, A., 1977, pp. 122-137.

[1480] HOCHULI-GYSEL, A., 1977, láms. 11-15.

[1481] No hay que descartar la existencia de formas intermedias o variedades peculiares para cada taller.

[1482] ALARCÃO, J., 1976, p. 41. HOCHULI-GYSEL, A., 1977, pp. 22-23.

[1483] PAINTER, K. y WHITEHOUSE, D., 1990, pp. 143-145, figs. 100-101.

[1484] GROSE, D. F., 1988, p. 307, nº 429.

[1485] HOCHULI-GYSEL, A., 1977, pp. 23-24, fig. 2.

[1486] VON GONZENBACH, V., 1975, p. 187, lám. 37. ALARCÃO, J., 1976, p. 42, nº 2, lám. XXXII, nº 2. SCHINDLER-KAUDELKA, E., 1980, pp. 225-226, fig. 69, 4. KOLNIK, T., 1984, p. 73, fig. 2 y fig. 4, nº 1.

[1487] HOCHULI-GYSEL, A., 1977, pp. 25-26, fig. 3.

aspecto esencial que diferencia un tipo del otro, lo definiría la curvatura de la terminación del borde.

El *calix* fabricado en occidente se caracteriza por su borde recto, cuyos rasgos se pueden apreciar en la reconstrucción que hemos efectuado en la fig. 244, 10. Sus paralelos están en los hallazgos de *Celsa*, *Bilbilis*[1488], *Carnuntum*[1489], Magdalensberg[1490] y Ostia[1491]. Su perfil está estrechamente relacionado con el tipo 3 de Hochuli-Gysel[1492].

En las manufacturas gálicas es indispensable la tipología de Déchelette[1493] y los recientes trabajos publicados por Desbat[1494], Greene[1495] y otros investigadores[1496].

También tiene su interés la tipología de López Mullor[1497] y la más reciente de Passelac[1498]. Ambas abarcan un período cronológico muy amplio y solo se refieren a un área geográfica muy determinada.

8.10.3. LAS ÁREAS DE ORIGEN

Los recientes análisis efectuados a recipientes orientales[1499] y los llevados a cabo con el material de *Celsa* y del Museo de Zaragoza[1500] permiten vislumbrar un panorama esperanzador en cuanto que permite deslindar los productos de *Tarsos*[1501] de los fabricados en occidente, sin embargo, todavía no se puede precisar el emplazameinto de los talleres ubicados en la península itálica, aunque todos los indicios parecen indicar una estrecha relación con los centros de producción de la terra sigillata itálica. Al lado de los análisis efectuados, el aspecto exterior del vidriado, permite, en la mayoría de los casos, una correcta clasificación, sin embargo la probable existencia de varios centros de producción en el área italiana, induce a dudas en no pocas ocasiones.

Las áreas de origen propuestas para los Grupos 2 y 3 hay que considerarlas bastante sólidas, tanto por los resultados ofrecidos por la analítica, como por los paralelos de los perfiles y motivos decorativos.

Los resultados de los análisis efectuados a las muestras de cerámica vidriada de *Celsa*, hay que incluirlos dentro del proyecto de análisis de la cerámica romana desarrollado en el Departamento de Química Analítica de la Facultad de Ciencias de la Universidad de Zaragoza[1502].

8.10.3.1 Italia, imitación Tarsos, grupo 3

Scyphos. Forma 1

Hasta el momento presente solo se ha constatado en *Celsa* la presencia de tres piezas atribuibles a este grupo. Una de ellas presenta el característico perfil ovoide de las producciones del grupo 3 de *Tarsos*. Se conserva su composición decorativa completa y solo carecemos del fondo y parte del asa (fig. 244, 1), lo que permite una correcta clasificación. El asa, incompleta, es de forma trapezoidal[1503]. La ornamentación de la pared consta de tres bandas decorativas. La superior, que desarrolla un friso corrido, está decorada con hojas de hiedra, dispuestas a modo de ovas. En el centro se alternan rosetas con ramas con hojas de roble o encina y sus frutos. En la zona inferior aparecen hojas de vid entrelazadas.

Según el catálogo de Hochuly-Gysel los punzones decorativos de las hojas de hiedra, utilizadas a manera de ovas, están sobre el recipiente T 38, también colocadas en esta disposición[1504]. Las rosetas son semejantes en forma y tamaño a las que se encuentran sobre los vasos I 13 y T 76[1505]. Las hojas de vid presentan las mismas características que las documentadas sobre vasos de *Tarsos*, Esmirna e Italia[1506].

Una composición decorativa muy semejante aparece sobre un *scyphos*, también de cerámica vidriada, encontrado en Magdalensberg[1507] y datado en época de Claudio, antes del año 45. La pieza de Magdalensberg tiene la pared recta y no conserva la zona inferior. Como lugar de origen se le atribuye un taller de la zona superior de Italia.

[1488] AMARÉ TAFALLA, M. T. y MARTÍN-BUENO, M. A., 1989, p. 108, fig. 2 y lám. I, 2a-b.

[1489] GRÜNEWALD, M., 1981, p. 18, lám. 13, nº 7, atribuido a un taller de la Izona superior de Italia.

[1490] SCHINDLER-KAUDELKA, E., 1980, p. 224, lám. 68, nº 17, catalogado como un producto itálico.

[1491] CARTA, M., POHL, I. y ZEVI, F., 1987, pp. 430-431, fig. 172, nº 6.

[1492] HOCHULI-GYSEL, A., 1977, p. 40, fig. 18.

[1493] DÉCHELETTE, J., 1904.

[1494] DESBAT, A., 1986. DESBAT, A., 1987, pp. 105-106, láms. 1-2.

[1495] GREENE, K., 1979, pp. 90-98, figs. 40-42.

[1496] PICON, M. y DESBAT, A., 1986, pp. 125-127. SYMONDS, R. P. y HATCHER, H., 1989.

[1497] LÓPEZ MULLOR, A., 1981.

[1498] PASSELAC, M., 1993, pp. 430-434.

[1499] HATCHER, H. *et alii*, 1994, pp. 431-456.

[1500] PÉREZ ARANTEGUI, J., URUEÑA, M. I. y CASTILLO, J.R., 1995. PÉREZ ARANTEGUI, J., URUEÑA, M. I. y CASTILLO, J.R., 1996.

[1501] Entre el material analizado no se ha detectado ninguna cerámica fabricada en los talleres de *Tarsos*.

[1502] Ver Capítulo II, apartado 8.5.1.

[1503] HOCHULI-GYSEL, A., 1977, pp. 29-30, fig. 9, Tipo 1.

[1504] HOCHULI-GYSEL, A., 1977, p. 86, p. 150 y lám. 32, nº 14, el punzón presenta marcadas diferencias, sin embargo el tamaño es similar al de *Celsa*.

[1505] HOCHULI-GYSEL, A., 1977, p. 83, lám. 32, nº 13.

[1506] HOCHULI-GYSEL, A., 1977, p. 88, lám. 33, nº 11.

[1507] SCHINDLER-KAUDELKA, E., 1980, p. 225, fig. 69, 2.

Inventario

FORMA	DECOR.	FRAG.	D.	VIDRIADO EXTERIOR	VIDRIADO INTERIOR	PASTA	SIGLA	FIGURA	NIVEL
S. 1	Molde	b y p	85	200	025	2	V.79.10.N'.30	244,1	7.1
S.	-	f	50	200	032	2	80.1.22.AI.31.T.8998	244,7	7.2

El fragmento de fondo (fig. 244, 7) corresponde tipologicamente con el tipo 3 de Hochuly-Gysel[1508], frecuente en los hallazgos occidentales, como por ejemplo en *Carnuntum*[1509].

8.10.3.2. Zona superior de Italia, imitación Tarsos, grupo 3

Scyphos. Forma 2

Aquí se incluyen el resto de los *scyphoi* encontrados. El reducido tamaño de algunas piezas no permite elaborar precisiones sobre las características morfológicas de los recipientes (fig. 244, 2-6 y 8-9). La pieza mas destacable corresponde a un fragmento de borde decorado con palmetas que se alternan con puntos, lo ubican casi con absoluta certeza como una imitación fiel de los talleres del grupo 3 de *Tarsos*, puesto que todos los ejemplos, salvo uno, están atribuidos por Hochuli-Gysel[1510] a este taller de *Cilicia*. Su mejor paralelo está en el ejemplo T 78 de Ventimiglia[1511]. Nuestro hallazgo está decorado con palmetas del tipo 3 que se alternan con puntos del tipo 6 ó 7, cuyo diámetro es de 4,5

mm.[1512] También destaca la pieza decorada con ovas con lengüeta (fig. 244, 4), cuya decoración reafirma su atribución a talleres italianos, dada su ausencia en las decoraciones orientales. El asa circular, incompleta, de la pieza 80.1.18.22.O.R.2568 (fig. 244, 9) pertenece a un asa trapezoidal del tipo 1 de Hochuli-Gysel[1513].

Calix 3

El borde reconstruido del *calix* (fig. 244, 10) se ha realizado tomando el ejemplo de la pieza encontrada en la Insula VII[1514].

Las paredes del *calix* V.79.2.N'.27 y 28 (fig. 244, 11) tienen un vidriado amarillo en el exterior y verde en el interior. Esto es poco frecuente, sin embargo se conocen algunas piezas, así el fragmento del Cerro de los Infantes (Granada)[1515] y el *scyphos* de *Carnuntum*[1516]. Su decoración, con hojas de hiedra y frutos, tiene un relieve muy marcado, que está más acentuado por la finura del vidriado. Su mejor paralelo se constata en un *calix* atribuido a talleres itálicos[1517].

El fragmento de pie (fig. 244, 12), corresponde a una gran copa. En la tipología de

Inventario

FORMA	DECOR.	FRAG.	D.	VIDRIADO EXTERIOR	VIDRIADO INTERIOR	PASTA	SIGLA	FIGURA	NIVEL
S. 1 ?	Molde	b y p	111	221	015	3	V.79.11.P.7	244, 2	7.1
S. 2	-	a	-	220	-	3	V.79.3.H'.9	244, 8	6
S. 2	Molde	p	97	221	063/033	3	V.79.5.T.176	244, 3	6
S. 2	Molde	p	-	201	033	3	V.79.13.H'.108	244, 5	7.1
S. 2	Molde	p	-	210	035	3	V.79.2.G.H.23	244, 4	7.1
S. 2	-	b	-	221	033	3	80.1.12.14.X.Y.4004	244, 6	7.1
S. 2 ?	-	b y a	125	200	025	3	80.1.18.22.O.R.2568	244, 9	7.1
C. 3	Molde	p	-	032	225	3	V.79.2.N'.27 y 28	244, 11	6
C. ?	-	f	75	210/221	-	3	V.79.2.N'.80	244, 12	6
C. 3	Molde	p	125	220	033	3	V.76.3.H'.199	244, 10	7.1
?	-	p	-	211	-	3	V.76.16.E'.1	245a, 4	7.1

[1508] HOCHULI-GYSEL, A., 1977, p. 28, fig. 7.

[1509] GRÜNEWALD, M., 1979, lám. 21, n° 10.

[1510] HOCHULI-GYSEL, A., 1977, p. 81, se contabilizan un total de diez recipientes. Solo el *scyphos* I 4 se atribuye a taller itálico, sin embargo está atribución está puesta en duda por: GABELMAN, H., 1979, p. 682.

[1511] HOCHULI-GYSEL, A., 1977, pp. 154-155, tiene la misma composición decorativa utilizando el mismo tipo de palmetas y puntos muy semejantes.

[1512] HOCHULI-GYSEL, A., 1977, respectivamente p. 81, lám. 31, n° 3 y p. 82, lám. 31, núms. 6 ó 7.

[1513] HOCHULI-GYSEL, A., 1977, pp. 29-30, fig. 9.

[1514] Casa del Emblema Blanco y Negro. N° inv.: 85.1.Est.16.7605. *Calix* decorado con el busto de Júpiter y el águila.

[1515] SERRANO RAMOS, E., 1979, p. 1020, lám. III, n° 2. SERRANO RAMOS, E., 1979a, p. 153, fig. 2, n° 16.

[1516] GRÜNEWALD, M., 1981, p. 18, lám. 13, 3, atribuido a un taller de la zona superior de Italia.

[1517] HOCHULI-GYSEL, A., 1977, p. 197, I 30, lám. 65.

apoyos de pie de el *calix* 3 hay que encuadrarlo en el tipo 1b[1518]

Forma cerrada

Incluimos en este apartado un pequeño fragmento de pared (fig. 245a, 4) que por la ausencia del vidriado interior hemos de catalogarla como un recipiente cerrado, del cual ignoramos su forma. El paralelo más cercano, en lo que respecta a su perfil, lo encontramos en el ejemplo de La Chorquilla (Herrera de Pisuerga, Palencia)[1519].

8.10.3.3. Saint-Rémy-en-Rollat

Déchelette 60

De los tres fragmentos que tenemos posiblemente las dos piezas decoradas (fig. 245a, 2-3)

pertenezcan a una misma jarra. El fragmento de cuello (fig. 245a, 1) puede ser de otro recipiente. Las cerámicas decoradas corresponden a la zona superior de la jarra en donde se localiza la ornamentación.

Respecto a la tipología parecen corresponder, por su diámetro y disposición de las líneas de torno observadas en el interior, a una jarra de la forma Déchelette 60[1520]. Lo fragmentado de las piezas impide realizar más precisiones. No conocemos paralelos exactos para los punzones, aspecto que no debe de extrañar puesto que estas producciones todavía no han sido objeto de una publicación sistemática.

Dos jarras de la forma Déchelette 60 decoradas con aves, son de las excavaciones llevadas a cabo en la calle Gilbertés (Roanne, Francia)[1521], se datan en época de Tiberio-Claudio.

Inventario

FORMA	DECOR.	FRAG.	D.	VIDRIADO EXTERIOR	VIDRIADO INTERIOR	PASTA	SIGLA	FIGURA	NIVEL
D. 60 ?	-	p	70	025	-	5	V.79.16.18.O.P.56	245a, 1	7.1
D. 60 ?	Molde	p	170	015	-	5	80.1.42.Ñ.26	245a, 2	7.2
D. 60 ?	Molde	p	-	245	-	5	80.1.42.Ñ.2664	245a, 3	7.2

Para la estilización vegetal carecemos de paralelos concretos, sin embargo este tipo de estilizaciones son frecuentes en las decoraciones de estas jarras[1522].

8.10.4. LOS PUNZONES DECORATIVOS (FIG. 245b)

Poco podemos aportar respecto a las decoraciones figuradas puesto que solo disponemos de dos pequeños fragmentos de la zona superior de un *calix* en los que solo se observa la zona superior de dos figuras humanas togadas y semejantes (nº 1), que se alternan con un elemento vegetal[1523], su identificación con alguna de las figuras recogidas por Hochuli-Gysel[1524] se hace muy difícil. Los

hallazgos efectuados en el resto de la Colonia tampoco han ofrecido elementos figurados a excepción del *calix* con el águila y el busto de Júpiter.

En España y Portugal los únicos ejemplos que se conocen decorados con figuras son el *calix* de *Bilbilis*[1525], el *scyphos* de Paredes (Alenquer)[1526] y los tres fragmentos del Cerro de los Infantes (Granada)[1527].

Con estos datos se constata que las decoraciones mas frecuentes del grupo 3 de *Tarsos* y sus imitaciones occidentales, importadas a la península ibérica y a *Celsa* son las de tipo ornamental y vegetal[1528].

De manera especial destacan las decoraciones de piñas, que distribuidas en frisos y

[1518] HOCHULI-GYSEL, A., 1977, pp. 41-42, fig. 20.

[1519] GARCÍA y BELLIDO, A. *et alii*, 1970b, p. 14, fig. 12, nº 3.

[1520] DECHELETTE, J., 1904, I, pp. 47-48, fig. 37 y lám. II.

[1521] FEUGERE, M., PONCET, J. y VAGINAY, M., 1977, lám. I, nº 1, lám. III, nº 2 y lám. VI, núms. 11 y 12.

[1522] FEUGERE, M., PONCET, J. y VAGINAY, M., 1977, lám. II, nº 1y lám. III, nº 1.

[1523] En las composiciones de las decoraciones figuradas se pueden diferenciar dos tipos: las que están exclusivamente decoradas con figuras y en las que las figuras están separadas o intercaladas por plantas, rosetas o motivos de relleno: HOCHULI-GYSEL, A., 1977, p. 114.

[1524] El mayor parecido en cuanto a tamaño y disposición de la cabeza lo encontramos en las piezas T 48 y

T 49: HOCHULI-GYSEL, A., 1977, p. 77, nº 92, lám. 24, nº 92.

[1525] AMARÉ TAFALLA, M. T. y MARTÍN-BUENO, M. A., 1989, p. 108, fig. 2 y lám. I, 2a-b, con escenas de amazonomaquia.

[1526] HORTA PEREIRA, M. A., 1970, pp. 49-54, nº 3, lám. I y lám. II, nº 3. HOCHULI-GYSEL, A., 1977, p. 151, T 46.

[1527] SERRANO RAMOS, E., 1979a, pp. 150-151, pp. 153-154, núms. 9 y 23, fig. 1, nº 9, fig. 2, nº 23-24 y lám. II, núms. 15 y 23-24, en el primero se conserva la cabeza, el torso y los brazos de una figura humana desnuda, el segundo es un pequeño fragmento del que solo hay dos piernas desde la altura de la rodilla y el tercero está decorado con la pata delantera de un ave.

[1528] HOCHULI-GYSEL, A., 1977, pp. 116-118.

bandas cubren toda la superficie del vaso, como los *scyphoi* de *Celsa* (calle III-2, junto a la *insula* II[1529]) y de *Osca*[1530] y el *calix* con la cabeza barbada de Júpiter, cuya decoración se completa con hojas nervadas[1531].

Entre los motivos ornamentales de los talleres occidentales merece ser destacado, al ser inédito en el repertorio de estas producciones, las ovas con lengüeta (n° 3), que sin embargo están documentadas sobre una cantimplora de cerámica vidriada[1532]. También hay hojas de piña[1533] (n° 2), puntos[1534] (núms. 4 y 5) y rosetas[1535] (n° 6).

En lo que respecta a las vegetales Hochuli-Gysel cataloga la hiedra, la vid, el plátano, la encina, la granada, el loto y el acanto[1536]. En los hallazgos de *Celsa* carecemos de las hojas de olivo, loto y de acanto, al igual que entre los constados en el resto de la Península[1537]; es dudosa una pieza que puede llevar hojas de plátano[1538].

También en el *scyphos* del Grupo 2 de Italia los punzones decorativos son exclusivamente de temática vegetal, hojas de hiedra[1539] (n° 10), colocadas a modo de ovas, de vid[1540] (n° 12) y ramas de encina con hojas y fruto[1541] (n° 13) que se alternan con rosetas[1542] (n° 6).

Para los productos de la zona superior de Italia el tema más frecuentemente utilizado es el de las hojas de hiedra con o sin frutos[1543] (núms. 7, 8, 10 y 11), decoración que también se utilizó, aunque de manera esporádica, sobre vasos de sigillata itálica[1544]. En *Celsa* se observan dos tipos de hojas de hiedra, por una parte unas de tamaño pequeño de factura sencilla y con nervadura central ligeramente marcada; y por otra, unas de mayor tamaño (de unos 6-7 cm. más largas), con mejor factura y con las nervaduras bien marcadas[1545]. Los vidriados en los dos estilos tienen también diferencias; fino y mate en las primeras y algo más grueso y brillante en las segundas[1546]. Las granadas[1547] con sus hojas están representadas en un solo ejemplo (n° 14). Las hojas de plátano, de dudosa identificación, puesto que pueden ser también de vid o de hiedra, solo están localizadas en una pieza (n° 9).

Para las decoraciones del taller galo de Saint-Rémy-en-Rollat (núms. 15-16), los paralelos son difíciles de establecer. Para el ave están las dos jarras de la forma Déchelette 60 decoradas con aves, encontradas en la calle Gilbertés (Roanne, Francia)[1548].

8.10.5. CONCLUSIONES

La cuna de producción de los vidriados más antiguos se ubica en el Próximo Oriente. El empleo común de materias primas utiliza-

---

[1529] Un ejemplo semejante en forma, tamaño y decoración en: HOCHULI-GYSEL, A., 1977, p. 94, lám. 31, n° 5.

[1530] AGUILERA ARAGÓN, I. y PAZ PERALTA, J. A., 1987, p. 80. Otros fragmentos decorados con piñas que se han encontrado en España en La Venta del Carrizal (Jaén) y del Cerro de los Infantes (Granada): SERRANO RAMOS, E., 1979a, pp. 152-153, núms. 6-8 y fig. 1, núms. 6-8.

[1531] Son hojas parecidas al tipo 4: HOCHULI-GYSEL, A., 1977, p. 81, lám. 31. Hojas semejantes se han encontrado en España en Doña Aldoza (Ubeda, Jaén) y en el Cerro de los Infantes (Granada): SERRANO RAMOS, E., 1979a, pp. 153-154, núms. 18-19 y fig. 2, núms. 18-19.

[1532] BALIL ILLANA, A., 1982a, p. 170, n° 7, es difícil determinar su procedencia y centro de fabricación, aunque se apunta la posibilidad de un origen italiano. Para Balil las ovas con lengüeta están bien representadas en la producción de Rasinius: BALIL ILLANA, A., 1978, p. 413. Para la decoración de ovas en cerámica vidriada ver: HOCHULI-GYSEL, A., 1977, p. 81, lám. 31. Un *scyphos* de *Caesaraugusta* está decorado con ovas, por su perfil y características de la pasta hay que atribuirlo a un taller itálico: PAZ PERALTA, J. A., 1991a, p. 302, fig. 1, n° 1.

[1533] HOCHULI-GYSEL, A., 1977, p. 81, lám. 31.

[1534] HOCHULI-GYSEL, A., 1977, p. 82, lám. 31, esp. los núms. 4, 6 y 7.

[1535] HOCHULI-GYSEL, A., 1977, pp. 82-83, lám. 32, el ejemplo más semejante es el n° 13.

[1536] HOCHULI-GYSEL, A., 1977, p. 117.

[1537] Un *scyphos* de *Caesaraugusta* está decorado con hojas que pueden ser de olivo, aunque también podían ser de granada. Por su perfil y características de la pasta hay que atribuirlo a un taller itálico: PAZ PERALTA, J. A., 1991a, p. 302, fig. 1, n° 1.

[1538] Una pieza encontrada en el Cerro de los Infantes (Granada) está decorada posiblemente con una hoja de plátano: SERRANO RAMOS, E., 1979a, pp. 154, n° 28 y fig. 2, n° 28.

[1539] HOCHULI-GYSEL, A., 1977, pp. 86-87, lám. 32, el motivo n° 14 fue dispuesto, como en el nuestro, a modo de ovas.

[1540] HOCHULI-GYSEL, A., 1977, p. 88, lám. 33, el ejemplo mas semejante es el n° 11.

[1541] HOCHULI-GYSEL, A., 1977, pp. 90-91, lám. 34. En *Conimbriga* hay un *scyphos* con hojas de encina: ALARCÃO, J., 1976, p. 42, n° 1, lám. XXXII, n° 1. Otro es de *Bilbilis*: AMARÉ TAFALLA, M. T. y MARTÍN-BUENO, M. A., 1989, p. 103, fig. 1, n° 2 y lám. I, 1a-b.

[1542] HOCHULI-GYSEL, A., 1977, p. 83, , lám. 32, n° 13.

[1543] HOCHULI-GYSEL, A., 1977, pp. 86-87, lám. 32. En España y Portugal hay ejemplos en Llafranc (Gerona): TRÍAS RUBIES, M. G., 1966, p. 110, n° 45, fig. 10, n° 1, lám. IV, n° 9. La Chorquilla (Herrera de Pisuerga): GARCÍA y BELLIDO, A. et alii, 1970b, p. 14, fig. 12, n° 1. *Conimbriga* : ALARCÃO, J., 1976, p. 42, n° 2, lám. XXXII, n° 2. Cerro de Los Infantes (Granada): SERRANO RAMOS, E., 1979a, 153, núms. 11, 13 y 14, fig. 1, núms. 11, 13 y 14 y lám. I, núms. 11, 13 y 14. Doña Aldonza (Ubeda, Jaén): SERRANO RAMOS, E., 1979a, pp. 153 n° 12, fig. 1, n° 12 y lám. I, n° 12.

[1544] HAYES, J. W., 1976, p. 13, n° 54, fig. 1.

[1545] Estas aparecen sobre el *scyphos* encontrado en la *popina* de la *insula* II.

[1546] También se aprecían diferencias en la textura de las pastas, fina y jabonosa en las primeras (Grupo 3a) y ligeramente más gruesa en las segundas (Grupo 3b). Estas diferencias se podrán establecer mas acertadamente cuando se disponga de un mayor número de análisis.

[1547] HOCHULI-GYSEL, A., 1977, pp. 91-92, lám. 34, en especial los núms. 1, 2 y 3. Un vaso del grupo 3 de Tarsos decorado con granadas se encontró en *Conimbriga* : FERREIRA QUINTEIRA, A. J., 1984, pp. 103-110. Ejemplo T 175 de Hochuli-Gysel. Probablemente un *scyphos* de *Caesaraugusta* este decorado con hojas y frutos de granada: PAZ PERALTA, J. A., 1991a, p. 302, fig. 1, n° 1.

[1548] FEUGERE, M., PONCET, J. y VAGINAY, M., 1977, lám. I, n° 1, lám. III, n° 2 y lám. VI, núms. 11 y 12.

das para elaborar vidrios y vidriados, pudo llevar a ambas artesanías a protagonizar un desarrollo, en parte, paralelo. Plinio nos dice que tras la invención del soplado son fundados talleres de vidrio por artesanos alejandrinos en la desembocadura del *Volturnus* (entre Cumas y Literno, en la Campania) y cerca de la *Porta Capena* (14 d. C.) y artesanos sirios se establecen en Roma (20 d. C.)[1549].

Algunas cuestiones se pueden plantear. ¿Se desplazarían también inmigrantes asiáticos que conocieran la técnica del vidriado? ¿Por qué no está reflejado en las fuentes antiguas? ¿Cómo se introduce la tecnología del vidriado en Italia y *Gallia*? ¿Es introducida por inmigrantes del Próximo Oriente? En este caso, ¿por qué los diferentes vidriados, composiciones decorativas y formas? ¿Acaso es una adaptación a las formas de tradición autóctona? ¿Los talleres que imitan a las producciones del grupo 3 de *Tarsos*, son una sucursal instalada por centros de producción orientales?

Esta fuera de toda duda que la innovación del vidrio soplado supuso una importante revolución tecnológica, por lo que debió de llamar la atención de manera importante; sin embargo la técnica del vidriado era conocida desde hacia siglos y no había experimentado variaciones.

En todas estas cuestiones se ha de tener presente que la técnica del vidriado no se conoce en occidente hasta época de Augusto[1550]. Si buscamos una influencia de las factorías del Mediterráneo oriental, en las producciones galas, en las atribuidas a la zona inferior de Italia y en otras producciones itálicas, como los vasos de Aco, nada tienen en común con las manufacturas orientales, variando en formas y composiciones decorativas[1551].

Lo cierto es que la introducción en occidente del vidriado en la cerámica viene a coincidir con la instalación de las primeras factorías de vidrio soplado en Italia[1552] y la vinculación de la técnica del vidriado y de la artesanía del vidrio son evidentes[1553].

A pesar de que a veces se ha puesto en duda la fabricación en Italia de cerámicas vidriadas a imitación de las del grupo 3 de *Tarsos*, si que debemos de aceptar que gran parte de los hallazgos occidentales deben de ser de taller/es implantados en occidente, tal vez por inmigrantes orientales. Así sucede y está ampliamente demostrado con las factorías de vidrio instaladas en Roma, Aquileia y la zona Véneta, el Cantone Ticino y la Lomellina[1554].

Estos interrogantes permiten plantear la siguiente hipótesis: Habría en occidente sucursal/es del centro de producción de *Tarsos*, donde se desarrollaría un proceso imitativo de las producciones asiáticas. También otros inmigrantes se establecerían en centros de producción de cerámica ya en funcionamiento (probablemente relacionados con los talleres donde se fabricó la terra sigillata), como puede ser el caso de algunos recipientes que imitan a los productos de *Tarsos*[1555], los vidriados de Aco[1556], o los centros de producción de Vichy, Saint-Rémy-en-Rollat, Gannat y Lezoux[1557].

En lo referente a los motivos decorativos de las producciones occidentales se puede afirmar que tienen una influencia del taller de *Tarsos*. Sin embargo no se tiene que olvidar las influencias de los talleres itálicos en algunas decoraciones[1558]. Para Gabelmann[1559] los

---

[1549] FORBES, R. J., 1966, p. 165.

[1550] Taller de Loyasse (Lyon),hacia el 20/15 a. C.: DESBAT, A., 1987, pp. 105-106. En Magdalensberg hacia el 10 a. C., en relación con los talleres italianos de Aco: SCHINDLER-KAUDELKA, E., 1980, p. 53, láms. 67-68. PASSELAC, M., 1993, p. 430.

[1551] Solo por citar las producciones de fines del siglo I a. C. y las de la primera mitad del siglo I. HOCHULI-GYSEL, A., 1977. MACCABRUNI, C., 1981. MACCABRUNI, C., 1987, pp. 170-173. GREENE, K., 1979, pp. 86-103. FEUGERE, M., PONCET, J. y VAGINAY, M., 1977. Las producciones de los talleres de Britania y Panonia presentan diferencias más acusadas. Para las de Britania: GREEN, K., 1979, pp. 103-105, fig. 44. MACCABRUNI, C., 1987, p. 173. SWAN, V. G., 1988, p. 17, lám. 4, se datan a fines del siglo I y en el II. Para las de la Panonia: GRÜNEWALD, M., 1979, pp. 67-74, láms. 63-69.

[1552] BALIL ILLANA, A., 1982a, p. 177. MACCABRUNI, C., 1987, p. 170. GROSE, D. F., 1989, 357-358. Es comúnmente aceptado que las primeras factorías de vidrio se instalaron en Italia a principios de la época de Augusto, fundamentalmente desarrollarían la técnica del soplado.

[1553] En el valle del Rin el surgimiento de la cerámica vidriada coincide también con la implantación de factorías de vidrio soplado: MACCABRUNI, C., 1987, p. 173.

[1554] CALVI, M. C., 1968, p. 192.

[1555] Entre estos talleres tal vez habría que considerar al de Rasinius.

[1556] BALLARDINI, G., 1964, p. 110, fig. 142. MACCABRUNI, C., 1987, p. 171. SCHINDLER-KAUDELKA, E., 1980, p. 53, láms. 67-68, los ejemplos 12 y 13 llevan inscripción: (A)CASTVS ACO y ACO H(ILARIVS). Se datan desde el año 10 a. C.

[1557] GREENE, K., 1979, pp. 86-103. MACCABRUNI, C., 1987, pp. 172-173.

[1558] HOCHULI-GYSEL, A., 1977, p. 122 y p. 139.

[1559] GABELMANN, H., 1979, p. 682.

[1560] HOCHULI-GYSEL, A., 1977, p. 32.

[1561] HOCHULI-GYSEL, A., 1977, p. 139 y p. 195, ejemplo I 6. LÓPEZ MULLOR, A., 1980a, p. 409, nº 4, p. 411 y lám. 1, nº 4. Este *scyphos*, y otras piezas vidriadas de la villa de Torre Llauder las pudimos estudiar personalmente en el Museo Comarcal del Maresme (Mataró) gracias a la amabilidad de su director D. Carlos Marfá i Riera.

[1562] La ovas con lengüeta son características del taller de *Rasinus*: BALIL ILLANA, A., 1978, p. 413.

[1563] BAILEY, D. M., 1980, pp. 8-10, figs. 2-3.

[1564] HOCHULI-GYSEL, A., 1977, p. 32.

[1565] LÓPEZ MULLOR, A., 1980a, p. 411, lám. 3, nº 36, es el asa de un *scyphos* vidriado con una decoración en la zona del asa donde apoya el dedo pulgar muy similar a

punzones decorativos de *Tarsos* son diferentes a los de las producciones occidentales. Las diferencias observadas en los punzones de las hojas de hiedra, y las manifiestas similitudes de los vidriados en los dos grupos sugiera la presencia de dos *officinæ* diferentes.

Las evidencias decorativas indican una producción de cerámica vidriada (*scyphoi* y *calices*) atribuidas a talleres itálicos, relacionadas con centros de producción de la sigillata itálica, entre ellos el de *Rasinius*[1560.] Nos referimos a los punzones decorativos que aparecen sobre un *scyphos* de Mataró[1561], a las ovas con lengüeta[1562] atestiguadas en un *scyphos* de *Celsa* (fig. 244, 4) y al *calix* con el busto de Júpiter y el águila, representación frecuente en los discos de lucernas fabricadas en Italia[1563]. En lo referente a ciertos modelos de asas, con apoyo para el dedo pulgar, esta influencia ya fue indicada por Hohuli-Gysel[1564]. A ellas habría que añadir la de Mataró[1565].

La decoración de hojas de hiedra con su fruto, aparece sobre una crátera de sigillata itálica (recipiente singular dentro de la producción itálica), del taller de FELIX L. TITI (Arezzo)[1566], aunque los punzones son diferentes siguen la misma composición decorativa que la utilizada en la cerámica vidriada de *Tarsos* y sus imitaciones de los talleres itálicos. ¿Esta imitación es consecuencia de que el taller de FELIX L. TITI fabricara los *scyphoi* y *calices* vidriados decorados con este tema vegetal? o ¿simplemente se hizó una imitación de los productos vidriados? Dos hipótesis se pueden establecer: estas cerámicas serían producidas por los talleres que fabricaron la sigillata itálica decorada o bien por *oficinae* directamente relacionadas[1567].

Un ungüentario de cerámica común[1568], forma Oberaden 28, de pie elevado y macizo y de pasta amarillenta y fina con engobe oscuro, tiene en su exterior una gota escurrida de vidriado amarillo, que desde la parte superior alcanza el pie; ello indica que en el mismo horno se cocieron cerámicas vidriadas y ungüentarios de cerámica. El tipo de pasta se puede asociar a productos de factorías italianas.

Destaca el elevado número de *scyphoi* (seis) y el *calix* encontrados en el interior de la casa, lo que indica un uso cotidiano y regular de estos recipientes.

La forma mayormente documentada y con diferencia son los *scyphoi*, vasos para beber, en especial vino, y cuyo aislante vítreo de la arcilla permitiría saborear mejor las cualidades de este líquido. Estos recipientes son también frecuentes en vidrio, pero muy escasos en terra sigillata y en paredes finas, desde fines de Augusto-principios de Tiberio[1569].

Entre las cualidades que presenta la cerámica vidriada sobre tratamiento de la arcilla común, con la que se realizaba la mayor parte de los recipientes de uso doméstico, destaca en la primera, la facilidad de limpieza que ofrece una superficie satinada, que permite limpiar y eliminar la mezcla de olores y sabores que no conseguían las cerámicas barnizadas y engobadas, la no inalterabilidad de los sabores en las sustancias contenidas y el presentarse impermeables, ya que la capa vitrificada aislaba la tierra cocida.

Por lo que respecta a su utilización se puede apuntar que los hallazgos efectuados de la Casa de los Delfines y la Insula VII, indican un uso doméstico. El de la Insula II está asociado a una *popina*.

Las producciones del grupo 3 de *Tarsos* no se han constatado en *Celsa*. Su difusión en la zona occidental del Imperio no debió de ser muy frecuente, así queda demostrado en los recipientes estudiados por Hochuli-Gysel, aunque algunos sería aconsejable revisar la propuesta de los centros de fabricación. A ellos habría que añadir los dudosos de Magdalensberg[1570], *Conimbriga*[1571] y Gropello Cairoli (Pavía)[1572]. En este último lugar se encontró un servicio de *scyphos* y *calix* en la tumba 39 de Marone/Panzarasa.

Los *scyphoi* y *calices* encontrados en Pompeya, Herculano, Boscoreal y Ostia, atribuidos al grupo 3 de *Tarsos* por Hochuli-Gysel[1573], reafirman la existencia de un comercio regular marítimo de Italia con el Mediterráneo oriental, no solo con productos alimenticios, sino también con objetos de uso cotidiano. Este comercio está firmemente atestiguado con numerosos hallazgos, entre ellos, el ánfora griega de *Celsa* y el naufragio de la Tradelière[1574].

las que se encuentran en las producciones del taller de Rasinius.

[1566] HAYES, J. W., 1976, p. 13, nº 54, fig. 1, nº 54 y lám. 7.

[1567] LÓPEZ MULLOR, A., 1980a, p. 411.

[1568] Fondos del Museo de Zaragoza. Aunque se desconoce la procedencia exacta, si que se puede atribuir con seguridad un origen aragonés, es muy posible que proceda de las excavaciones efectuadas en 1921 en la Colonia *Celsa* por la Real Academia de Nobles y Bellas Artes de San Luis.

[1569] Periodo cronológico que coincide con la difusión del vidrio soplado y de la cerámica vidriada.

[1570] SCHINDLER-KAUDELKA, E., 1980, p. 54, p. 225, fig. 69, 1, aunque su atribución al taller de *Tarsos* se hace con reservas, su perfil acopado indica ese origen casi con absoluta certeza.

[1571] FERREIRA QUINTEIRA, A. J., 1984, p. 106, fig. 1, presenta la forma de un Ringhenkelkantharos similar a los ejemplos T 171 a T 174 y con una decoración parecida a los T 173 y T 174.

[1572] MACCABRUNI, C., 1985, p. 25 , núms. 8-9, fotos 7-8. MACCABRUNI, C., 1987, pp. 184-185, fig. 3, su perfil es de tipo acopado; fig. 4, el borde moldurado es típico de las producciones del grupo 3 *Tarsos*.

[1573] HOCHULI-GYSEL, A., 1977, pp. 104-105, tienen todos el cuerpo en forma acopada. Para Ostia ver el T 91 y T 168.

[1574] FIORI, P. y JONCHERAY, J. P., 1975, pp. 59-67.

La fayenza es poco frecuente en España, su vía de comercialización se debió de realizar utilizando como puertos intermedios los italianos, preferentemente el de Ostia. Ballardini[1575] publica la figura de una rana en fayenza que se encuentra en el Museo Nazionale di Napoli (de Pompeya?), lo que demuestra un comercio de Italia con Egipto en lo referente a objetos de uso decorativo y que estos debían de ser más frecuentes de lo que han llegado hasta nosotros.

La cerámica vidriada mas representada en los yacimientos hispánicos es la manufacturada en la península itálica. Su comercialización se debió de organizar utilizando las mismas vías de difusión que las de las redes comerciales de los productos itálicos: vino, aceite, terra sigillata[1576], paredes finas, cerámica de cocina y la vajilla de vidrio.

De las producciones del valle de Allier (Saint-Rémy-en-Rollat) sólo se conocen en *Celsa* las cerámicas vidriadas, constatandose únicamente la forma Déchelette 60. Su presencia, probablemente, obedezca a un recuerdo de viaje o, quizás, a un regalo personal.

Para el inicio de la difusión de la vajilla del grupo 3 de *Tarsos* en occidente es importante la cronología de Haltern, hacia el 9 d. C. y de Vindonissa en Tiberio/Claudio[1577]. En Magdalensberg no aparecen hasta el 40-45 d. C., a pesar de que en niveles de época de Augusto (desde el 10 a. C.) se constata la presencia de cerámica vidriada, pero en este caso de recipientes manufacturados en el denominado taller de Aco[1578]. La misma cronología se ha obtenido en las excavaciones de Lyon[1579].

Son importantes los hallazgos de Pompeya, Herculano y Boscoreal con un total de quince piezas[1580], que indican su uso en el último periodo de vida de la ciudad, cuya fecha es el año 79.

Por lo que respecta a los talleres itálicos que imitan y toman modelos del grupo 3 de *Tarsos*, la datación más antigua la encontramos en época de Tiberio en Auerberg[1581], aunque las más frecuentes son en Tiberio/Claudio o en Claudio, como el conjunto de hallazgos de Magdalensberg[1582]. Cronologías posteriores, se han atestiguado en *Celsa* (Nerón), en la tumba 11 de Bregenz[1583] (Vespasiano), *Conimbriga*[1584] (Flavios) y en Paredes[1585] (Alenquer, Portugal) (hacia el 90 d. C). La ausencia en Haltern[1586] de esta vajilla sugiere que su producción debió de comenzar en época de Tiberio.

En la Tarraconense el fragmento más antiguo de cerámica vidriada es de *Caesaraugusta*, de un nivel datado hacia el año 14 a. C.[1587]; cronología que es coincidente con lo constatado en Lyon y Magdalensberg. El resto de los hallazgos efectuados (*Celsa*, *Caesaraugusta*, *Osca* y *Tarraco*[1588]) hay que situarlos entre 40/50 y 68/70 d. C.

Las evidencias estratigráficas indican que el final de la producción de la vajilla de cerámica vidriada (*scyphoi* y *calices*) de los centros de producción itálicos, que imitan a los productos de *Tarsos* (Grupos 2 y 3), se tiene que situar hacia el 75/85 d. C., cronología que coincide con el inicio de las nuevas producciones de la zona campano lazial[1589].

8.10.6. RESUMEN DE FORMAS POR NIVELES:

FORMA	NIVEL						TOTAL
	3	5	6	7.1	7.2	8	
Scyphoi 1 y 2			2	6	1		9
Calix 3			2	1			3
Déchelette 60				1	1		2
Forma cerrada				1			1
			4	9	2		15

[1575] BALLARDINI, G., 1964, p. 104, fig. 126.

[1576] LÓPEZ MULLOR, A., 1980a, p. 411-412.

[1577] HOCHULI-GYSEL, A., 1977, pp. 119.

[1578] SCHINDLER-KAUDELKA, E., 1980, p. 54 y pp. 225-226, lám. 69, núms. 1-5.

[1579] DESBAT, A., 1987, pp. 105-106.

[1580] HOCHULI-GYSEL, A., 1977, pp. 104-105.

[1581] HOCHULI-GYSEL, A., 1977, pp. 105-106 y p. 140.

[1582] SCHINDLER-KAUDELKA, E., 1980, pp. 53-54 y 224-226.

[1583] HOCHULI-GYSEL, A., 1977, p. 140, ejemplo I 13, p. 196.

[1584] ALARCÃO, J., 1976, p. 42.

[1585] HORTA PEREIRA, M. A., 1970, en este caso parece tratarse de una perduración o «herencia de familia».

[1586] La cerámica vidriada encontrada en este campamento hay que atribuirla, según Hochuli-Gysel, al grupo 3 de *Tarsos*: HOCHULI-GYSEL, A., 1977, p.106, p. 119 y p. 167, núms. T 194 y T 195.

[1587] Excavación efectuada en la Casa Palacio de los Pardo; para un avance de los resultados y la estratigrafía en: BELTRÁN LLORIS, M., 1979b. BELTRÁN LLORIS, M., 1983a, pp. 25-28. BELTRÁN LLORIS, M., 1990, p. 237. El nivel corresponde a un vertedor. Es un fragmento de pared, sin decoración, con vidriado verde, en ambas caras, y pasta amarillenta algo gruesa. Los análisis asocian el tipo de pasta a un taller itálico, el aspecto del vidriado no tiene relación con ninguna de las piezas encontradas en *Celsa* y en *Caesaraugusta*. PÉREZ-ARANTEGUI, J., URUÑUELA, M. I. y CASTILLO, J. R., 1995, tabla 1, muestra V-21, pasta calcárea.

[1588] PRICE, J., 1981, p. 619, los hallazgos de la excavación efectuada en el Pasaje Cobos cuyo nivel de data entre el 25-50 d. C., desconocemos de qué formas se pueden tratar, dentro de una cronología tan amplia se ha de considerar que las piezas de cerámica vidriada se tengan que datar todas en época de Claudio.

[1589] BIAGINI, M., 1993, pp. 143-146.

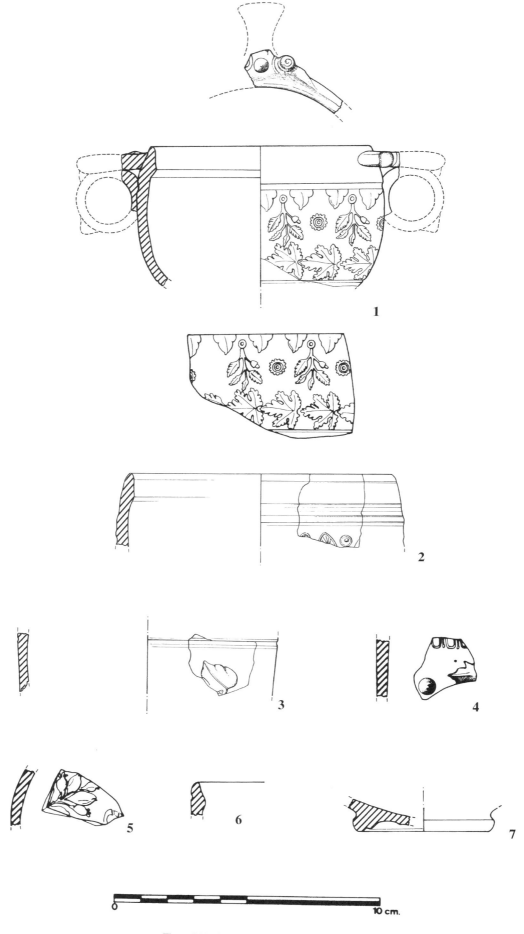

Figura 244a. Cerámica vidriada. 1-7: Scyphoi.

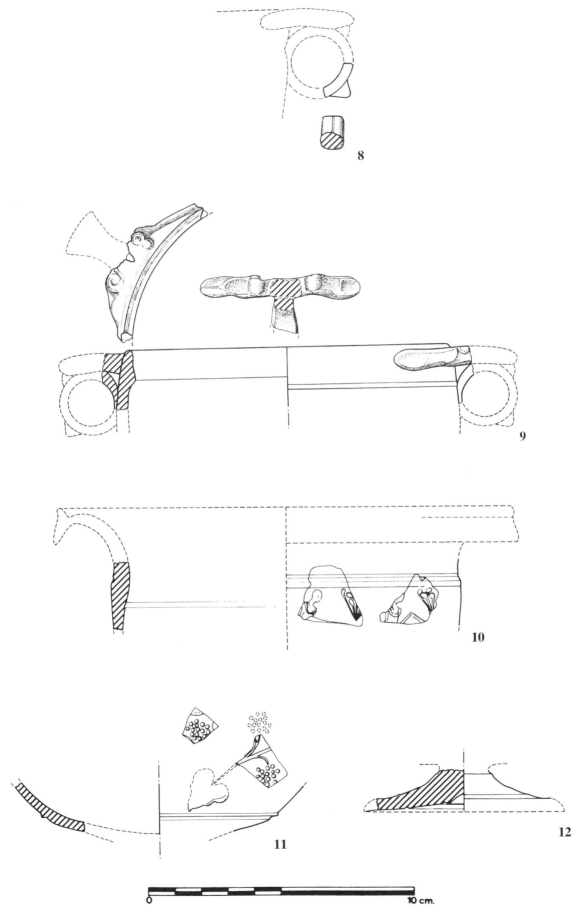

Figura 244b. Cerámica vidriada. 8-9: Scyphoi; 10-12: Calices. (Continuación).

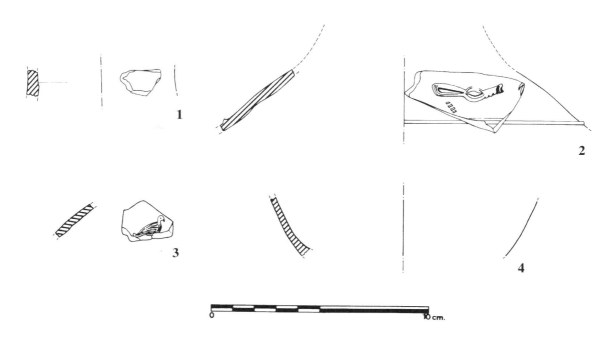

Figura 245a. Cerámica vidriada. 1-3: Déchelette 60; 4: Forma cerrada.

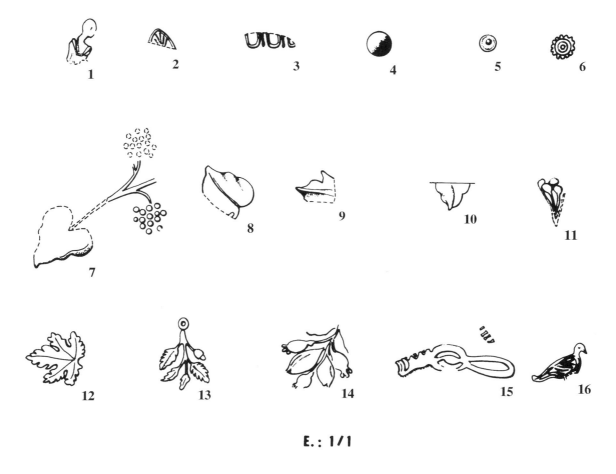

E.: 1/1

Figura 245b. Cerámica vidriada. 1-16: Motivos decorativos.

492

8.11. EL VIDRIO (J.A.P.P.)

8.11.1. INTRODUCCIÓN

La excavación efectuada en la Casa de los Delfines y calles adyacentes ha proporcionado un total de novecientos setenta y ocho fragmentos de vidrio[1590]. De ellos cuatro son del nivel 3.1; treinta y ocho del nivel 5.1; quinientos veinte del nivel 6 (vertedor de la calle II-1); ciento setenta y ocho del nivel 7.1 (nivel de abandono del interior de la casa); ciento ochenta del nivel 7.2 (hallazgos efectuados en las calles I, II, III y IV) y dieciocho del nivel 8 (nivel superficial).

Para completar el catálogo de los recipientes y objetos de vidrio que aquí se estudian hay que consultar los apartados 1.3 (vidrio plano y varillas); 12.1.1 (ungüentarios); 12.1.2 (potes); 12.1.3 (varillas de agitar) y 12.3.1 (*calculi*).

En su clasificación se ha creído conveniente utilizar la tipología de Isings[1591] puesto que es la más difundida y aplicada[1592]. A los recipientes que no están recogidos en la citada tipología, atendiendo a su morfología, se les ha asignado la más adecuada[1593].

En lo que respecta a las formas de la vajilla de vidrio y su cronología, se puede adelantar que, en líneas generales, coincide con los resultados obtenidos en los yacimientos más significativos que ofrecen hallazgos de vidrio de época Julio-Claudia: *Vindonissa*[1594], Valkenburg[1595], Velsen[1596], Magdalensberg[1597] y *Vitudurum*[1598] entre otros.

Escasas son las comparaciones cronológicas con yacimientos hispánicos; la mayor parte de los hallazgos carecen de contexto estratigráfico. Estratigrafías documentadas hay en *Bætulo*[1599], Can Majoral[1600], *Conimbriga*[1601],

Córdoba[1602], *Osca* (Huesca)[1603] y *Tarraco* (Tarragona)[1604].

A ellas hay que añadir las identificadas en las necrópolis de Ampurias[1605], del barrio de Bahía Blanca (Cádiz)[1606], Carmona (Sevilla)[1607], Las Pozas (Monturque, Córdoba)[1608] y Paredes (Alenquer, Portugal)[1609]. Estos conjuntos cerrados ofrecen, en la mayoría de los casos, dataciones poco precisas debido a la inseguridad cronológica de los objetos arqueológicos a los que aparecen asociados[1610].

El contexto geográfico en el que se encuentra enmarcada la Colonia *Celsa*, hace que necesariamente tengamos que manejar los datos recuperados en las estratigrafías detectadas en las excavaciones de la antigua Colonia *Caesaraugusta* (Zaragoza). Aunque no se ha culminado un análisis exhaustivo de los resultados obtenidos, se cuenta con importantes avances, que aunque provisionales, ofrecen una visión general de la estratigrafía[1611].

En este sentido interesan de manera especial, por estar relacionadas con la cronología que abarcamos, las excavaciones efectuadas en el Paseo de Echegaray y Caballero[1612], Casa Palacio de los Pardo[1613], solar de la plaza de Sas angular a calle del Pino y calle Méndez

[1590] Aquí se incluyen también los ungüentarios, potes y varillas (veintitrés), los utilizados como elementos constructivos (diez) y juego (siete).

[1591] ISINGS, C., 1957.

[1592] Su utilización es muy frecuente, baste con citar lo publicado por Alarçao y los estudios sobre los yacimientos de Velsen, Valkenburg, Magdalensberg, *Vitudurum*, etc.

[1593] Otras tipologías utilizadas son las de: MORIN-JEAN, E., 1913. BERGER, L., 1960. CALVI, M. C., 1968. GOETHERT-POLASCHET, K., 1977 y SCATOZZA HÖRICHT, L. A., 1986.

[1594] BERGER, L., 1960, reeditado en 1980.

[1595] VAN LITH, S. M., 1979.

[1596] VAN LITH, S. M., 1979a.

[1597] CZURDA-RUTH, B., 1979.

[1598] RÜTTI, B., 1988.

[1599] FLOS TRAVIESO, N., 1987, pp. 32-33.

[1600] CLARIANA i ROIG, J. F., 1981.

[1601] ALARÇAO, J., 1976b, p. 155; pp. 159-162 y p. 176. De niveles datados en época de Claudio son los números 13, 19, 24, 26, 27, 146 y 147. Además hay que añadir un abalorio en vidrio azul, p. 212, nº 323, lám. XLVI, nº 323.

[1602] GARCÍA y BELLIDO, A., 1970.

[1603] AGUILERA ARAGÓN, I. y PAZ PERALTA, J. A., 1987, esp. las pp. 80-81, conjunto datado en 60/70 d. C.

[1604] PRICE, J., 1981, pp. 39-43 y pp. 619-623. Price, J., 1987, esp. las pp. 65-72.

[1605] ALMAGRO BASCH, M., 1959.

[1606] SÁNCHEZ GIJÓN, A., 1966.

[1607] BENDALA GALÁN, M., 1976. Price, J., 1981, pp. 48-49.

[1608] DE LOS SANTOS JENER, S., 1950, pp. 209-210, figs. 68-84. DE LOS SANTOS JENER, J., 1953, p. 165, fig. 63, los recipientes de vidrio son los núms. 23-28, se puede proponer una datación de época de Claudio.

[1609] HORTA PEREIRA, M. A., 1970.

[1610] Estos hallazgos ofrecen en su gran mayoría una cronología relativa. En general es admitido que los ajuares más significativos son elementos que han podido perdurar durante años o decenios, hablando entonces, como indica Isings de las llamadas «herencias de familia»: ISINGS, C., 1957, referencias en varios puntos de la obra, por ejemplo ver las formas 15 y 16, pp. 32-35.

[1611] BELTRÁN LLORIS, M. *et alii*, 1985. Una visión general sobre los niveles de época de Augusto en BELTRÁN LLORIS, M., 1983a, pp. 25-35 y BELTRÁN LLORIS, M., 1990, p. 237.

[1612] BELTRÁN LLORIS, M. *et alii*, 1980, pp. 179 y ss. BELTRÁN LLORIS, M., 1990, p. 237. A efectos de la cronología referente a la difusión del vidrio soplado, interesa el nivel IV J-L, que une con el excavado en la Casa Palacio de los Pardo, y que no proporcionó ningún fragmento de vidrio.

[1613] BELTRÁN LLORIS, M., 1979b. BELTRÁN LLORIS, M., 1983a, pp. 25-28. BELTRÁN LLORIS, M., 1990, p. 237. El nivel corresponde a un vertedor datado hacia el 14 a. C. Sólo apareció un fragmento de vidrio que correspondía a una varilla, probablemente de las utilizadas para decorar paredes.

Núñez[1614], plaza de La Seo[1615], solar de la calle Jaime I, 54-56 angular a la calle San Valero[1616], teatro romano[1617] y solar de la calle Antonio Agustín angular a las calles la Cadena y Félix Garcés[1618].

Con el objeto de ofrecer una visión más amplia de los hallazgos realizados en *Celsa*, serán obligadas las referencias a las piezas más significativas encontradas en otras *insulas* y calles. Ello permitirá tener una visión más real sobre la importancia de la vajilla de vidrio que era utilizada en esta Colonia del valle del Ebro.

No son frecuentes en los estudios de Isings y en las publicaciones de yacimientos como

Valkenburg, Velsen, Magdalensberg, *Vitudurum*, etc. las referencias a los hallazgos de vajilla de vidrio efectuados en *Hispania*; por ello se presta especial atención a esta parcela de la investigación[1619].

8.11.2. Decoraciones

En *Celsa* hay una excelente colección de las decoraciones en vidrio de la primera mitad del siglo I d. C. Aunque no manifiestan tanta variedad de tipos y desarrollos ornamentales, como sucede en otros yacimientos (*Vindonissa*, Magdalensberg y *Vitudurum*), si que estamos ante una de las más significativas muestras de vidrio decorado dentro del conjunto general de hallazgos hispánicos.

En este primer estudio solo se incluyen en el catálogo aquellas piezas asociadas a este sector de la Colonia, lo que no es óbice para aludir a otros hallazgos efectuados en distintos puntos del yacimiento y que serán objeto de una publicación posterior.

Las piezas de *Caesaraugusta* y de otros yacimientos aragoneses, permiten una visión global del vidrio decorado, además de servir como presentación para futuros estudios.

Las decoraciones presentes en *Celsa* se pueden clasificar en dos grandes grupos:

8.11.2.1. *Vidrios con decoración en el interior de la pared o «mosaic glass»*

Este grupo engloba siete modalidades, atendiendo a su composición decorativa, la distribución de los bastones y/o trozos de vidrio en el interior de la pared.

Cronológicamente estas producciones se desarrollan desde la segunda mitad del siglo I a. C. hasta la primera mitad del siglo I, o hasta los años 70-80 *lato sensu*. El auge de su producción se realiza en la primera mitad del siglo I d. C.[1620]

Alejandría y en menor medida Siria, destacaron como primeros centros de manufactura. Hacia el cambio de Era, en cierto modo debido a la gran demanda experimentada por este vidrio de lujo, se instalan factorías en Italia. La mayor parte de los materiales occidentales deben de ser manufacturas romano-italianas[1621]. Para Czurda-Ruth[1622] los cuencos en vidrio mosaico de la forma Isings 1, muy difundidos en Italia, Galia y Germania, serían fabricados en centros de producción ubicados en la Campania.

[1614] BELTRÁN LLORIS, M., 1983a, p. 30, fig. 7. La excavación se centró en un pequeño aljibe de 1,63 x 0,90 m., que proporcionó un relleno con cerámicas de época de Augusto, datables hacia el año 10 d. C. No se encontró ningún fragmento de vidrio.

[1615] MOSTALÁC CARRILLO, A. y PÉREZ CASAS, J. A., 1989, pp. 89-104. Destacan dos niveles. El primero de ellos fechado antes de la Era, carece de hallazgos de vidrios. El otro que corresponde a la colmatación general de los cimientos del Foro de la ciudad para instalar el pavimento, se fecha entre los años 10/20 d. C., presenta la particularidad del hallazgo de tan solo tres fragmentos de vidrio soplado de color natural.

[1616] BELTRÁN LLORIS, M., 1983a, pp. 28-30, fig. 6. BELTRÁN LLORIS, M., 1990, p. 237. El nivel corresponde al abandono de unas estructuras domésticas anteriores a la remodelación de los edificios monumentales de este sector de la ciudad. Su cronología se sitúa hacia el año 10 d. C. o poco después. Proporcionó cinco fragmentos de vidrio. Uno de ellos del tipo mosaico, el resto son de vidrio soplado de color natural.

[1617] BELTRÁN LLORIS, M. *et alii* , 1985, pp. 104-108. BELTRÁN LLORIS, M., 1990, p. 244. Interesa el nivel «i» datado en la segunda mitad de la época de Tiberio. Aunque en la publicación no se hace referencia a los hallazgos de vidrio estos suman un total de noventa y cinco fragmentos. El nivel «i» se detectó en los espacios 1, 2 y 3, se excavó en las campañas realizadas en los años 1984, 1985 y 1986. De vidrio moldeado hay veintidós fragmentos en los cuales se identifican las formas Isings 1, 2, 3a, 3b, 3c, 5, 20 y 22. El vidrio soplado está representado por ochenta y dos fragmentos, dos de ellos con decoración de vidrio salpicado de color blanco opaco. Se han identificado las formas Isings 8 (seis ejemplos), 12 (dos), 17 (tres), 34 (seis), 38 (dos) y 68 (uno), además de un asa que probablemente pertenece a la forma 15. Hay un claro predominio del vidrio de color natural. De entre el total, hay cinco fragmentos de vidrio mosaico, dos de vidrio opaco y quince de vidrio coloreado (azul, aguamarina, verde y amarillo), de estos once son de vidrio soplado y cuatro de moldeado. El resto son de color natural. Destaca la presencia de un vidrio plano de color natural y transparente que se utilizaría como vidrio de ventana.

[1618] PAZ PERALTA, J. A., 1991a, esp. pp. 302-303, fig. 2. Interesa exclusivamente el nivel «c», fechado a fines de la época de Claudio. Los fragmentos de vidrio recuperados se elevan a un total de cuatrocientos noventa y ocho. En las formas a molde están presentes la Isings 1, 1/18, 2, 3a, 3b, 3c y 5. Sólo hay tres fragmentos de vidrio mosaico. En vidrio soplado se han catalogado, entre otras, las formas 8, 12, 15, 17, 26b (ausente en *Celsa*), 29, 34, 37, 38, 39 y 85. Hay un predominio claro de las formas 3, 12 y 34. Destacan dos fragmentos de vidrio doble, en amarillo y violeta, ambos con blanco opaco. Los vidrios coloreados lo están en tonos amarillos, verdes, azules y violetas. De vidrio opaco hay siete fragmentos, cuatro en blanco marfil y tres en azul.

[1619] El reciente trabajo de PRICE, J., 1981, cubre, en una parte, este vacio existente.

[1620] HAYES, J. W., 1975, pp. 22-23.

[1621] CALVI, M. C., 1968, pp. 38 y 95. HAYES, J. W., 1975, p. 23. GROSE, D. F., 1984, pp. 25-32. GROSE, D. F., 1989, pp. 33-35.

[1622] CZURDA-RUTH, B., 1979, p. 17. También admitido por: SCATOZZA HÖRICHT, L. A.,1986, p. 25 y p. 77.

A1) Vidrio denominado «millefiori»

Es el más popular, a menudo y de manera errónea, se alude genéricamente con este nombre a todos los vidrios decorados por medio de la técnica del vidrio fundido polícromo. Sin embargo, esa nomenclatura renacentista, responde a un modelo muy concreto.

El proceso tecnológico, se realizaba juntando varias varillas de vidrio con un dibujo regular, en el centro de ellos se incrustaba otro bastón, generalmente de distinto color; las combinaciones cromáticas podían ser múltiples, condicionando así los diseños florales y coloridos. Seguidamente, se calentaba el conjunto de varillas a una temperatura específica para que no se fundiera el vidrio, y conseguir de este modo su adherencia. La barra resultante, conteniendo el diseño decorativo, se cortaba transversalmente en secciones; estas últimas se disponían finalmente en un molde para ser fundidas juntas, a temperatura controlada, sobre una base de vidrio que servirá de fondo. El resultado es un objeto obtenido por una técnica formativa y decorativa simultánea; con un efecto floral[1623]. Existe una variante con anillos concéntricos de diferentes colores.

El ejemplo más antiguo de vidrio «millefiori» que se conoce en la Península es del yacimiento subacuático de San Ferreol (San Pedro del Pinatar, Murcia) datado entre el 40/20 a. C.[1624] Otros hallazgos de interés y que se pueden fechar en la primera mitad del siglo I d. C. se han encontrado en Ampurias[1625], *Bætulo*[1626], *Caesaraugusta*[1627], *Iuliobriga*[1628], Munigua[1629], Santa Tecla (La Guardia, Pontevedra)[1630], *Tarraco*[1631], *Tiermes*[1632] y *Conimbriga*[1633].

A2) Vidrio de bandas o cintas de colores

Esta decoración se utiliza sobre todo en los cuencos Isings 1 y en las escudillas Isings 1/18. Para obtener el dibujo deseado se cortaban a la medida apropiada bandas de vidrio de colores, frecuentemente alternadas con bandas de vidrio incoloras transparentes decoradas con hilos en espiral, y se colocaban unas al lado de otras en líneas paralelas hasta formar un círculo. Después se añadía en el exterior de la circunferencia, en la zona del canto del borde, una banda de vidrio coloreado o blanco, trenzado con hilo blanco opaco[1634].

Este conjunto se calentaba a una temperatura específica para que no se fundiera el vidrio, y conseguir de este modo su adherencia. Una vez enfriado se recalentaba de nuevo y se depositaba sobre un molde presionándolo una o varias veces. El acabado consistía en pulir la vasija por su superficie interior, zona que había estado en contacto con el molde, la zona exterior al tener un fuego directo no precisaba de pulido[1635].

Este tipo de vidrio se ha encontrado en la Península en la necrópolis de Ampurias[1636], *Bætulo*[1637], Can Xammar (Mataró)[1638], Can Majoral (Mataró)[1639], *Caesaraugusta*[1640], *Iluro* (Mataró)[1641], Carmona (Sevilla)[1642], *Tarraco*[1643], *Conimbriga*[1644] y Torre de Ares (Balsa, Portugal)[1645].

[1623] Czurda-Ruth, B., 1979, p. 228; Grose, D. F., 1989, pp. 33-34.

[1624] Mas, J., 1985, p. 211, fig. 33.

[1625] Almagro Basch, M., 1945, p. 65, se cita el hallazgo de varios vidrios de tipo «millefiori», tal vez algunos de ellos haya que encuadralos en el vidrio de tipo amarmolado o veteado. Así se puede apreciar en los materiales expuestos en las salas del Museo Arqueológico de Barcelona.

[1626] Flos Travieso, N., 1987, pp. 56-57, núms. 142-148, figs. 21-22.

[1627] Un fragmento procede de la excavación del solar de la calle Jaime I, 56, vid nota 26. Tres fragmentos del nivel de época de Tiberio excavado en el teatro romano, vid nota 27. Un fragmento procedente del nivel «c» excavado en el solar de la calle A. Agustín angular a la calle la Cadena, Paz Peralta, J. A., 1991 a, p. 302.

[1628] García y Bellido, A., 1956, p. 163, nº 7, fig. 49, nº 1.

[1629] Gamer, G., 1972, p. 66, lám. VIII, nº 2, la datación propuesta es de hacia fines de la época de Claudio.

[1630] De la Peña Santos, A., 1987, p. 172, lám. 13. Patiño, R., 1989, p. 60.

[1631] Price, J., 1981, p. 684, núms. 1-4, fig.1, núms. 1-4. Price, J., 1987, p. 68, fig. 2.

[1632] Argente Oliver, J. L. *et alii*, 1980, p. 131, fig. 27, nº 681, probablemente en forma 2, apareció en un nivel fechado en la segunda mitad del siglo I d. C. Incluimos este fragmento en el apartado de vidrio «millefiori» ya que en la publicación se denomina con este nombre. Sin embargo, su descripción: «pasta verde con incrusta-

ciones amarillas y rojas», nos induce a pensar que se puede tratar de un vidrio veteado.

[1633] Alarcão, J. y A., 1965, pp. 21-22, láms. XIII-XIV, nº 1, se combina con un ajedrezado. Alarcão, J., 1976b, pp. 158 y 164, láms. XXXIV y XLVII, nº 5.

[1634] Grose, D. F., 1989, p. 35, fig. 15.

[1635] Weinberg, G. D., 1965. Oliver, A., Jr., 1968, pp. 48 y ss. Hayes, J. W., 1975, pp. 22-24. Czurda-Ruth, B., 1979, pp. 225-226. Goldstein, S. M., 1979, p. 32, p. 200, nº 545 y láms. 27 y 42. Consideraciones más recientes sobre su proceso tecnológico las realiza Grose, D. F., 1984, p. 28, fig. 9. Moretti, C., 1985, p. 19. Grose, D. F., 1989, p. 32, fig. 8.

[1636] Almagro Basch, M., 1955, Inc. Nofre, nº 18, pp. 207-208, nº 4, fig. 185, nº 4, se propone una datación de época de Tiberio.

[1637] Flos Travieso, N., 1987, p. 55, núms. 137 a 139, fig. 21, núms. 137-138.

[1638] Juncosa i Castelló, R. y Clariana i Roig, J. F., 1992, p. 119, nº 12.

[1639] Clariana i Roig, J. F., 1981, p. 107, lám. 80, nº 2, fechado en Tiberio/Nerón.

[1640] Un fragmento de borde y pared se encontró en el nivel de la segunda mitad de la época de Tiberio excavado en el teatro romano, la decoración es muy semejante al fragmento de *Celsa* V.79.3.M'.1 de la forma Isings 1 procedente del nivel 6.

[1641] Juncosa i Castelló, R. y Clariana i Roig, J. F., 1990, pp. 152-153, nº 8, p. 155, nº 8.

[1642] Vigil Pascual, M., 1969, fig. 69, además de las bandas de color el cuenco también tiene bandas con vidrio de red. Bendala Galán, M., 1970, p. 115, lám. xlviii, nº 21. Price, J., 1981, p. 822, , nº 1, fig. 88, nº 1.

[1643] Price, J., 1981, p. 722, nº 1, fig. 22, nº 1.

[1644] Alarcão, J., 1976b, pp. 157-158, lám. XLVII, núms. 2 a 4. El nº 3 con hilos en espiral. Moutinho Alarcão, A., 1984, p. 23.

[1645] Alarcão, J., 1970, p. 240, lám. I, nº 4.

De *Celsa* estudiamos dos ejemplares, uno de la forma Isings 1 y otro de la 1/18. Este último tiene dos paralelos en la misma Colonia, con hallazgos en la *insula* II y en la denominada Casa de Hércules.

A pesar de que este tipo de vidrio está detectado en el valle medio del Ebro desde fines de la época de Tiberio, en el yacimiento del Pasaje Cobos en *Tarraco*[1646], datado entre los años 25-50 d. C., se encuentra ausente. Magdalensberg[1647] tiene la datación más antigua de esta decoración puesto que está atestiguada antes del año 15 d. C.

A3) Vidrios de red o malla

Se obtenían doblando en espiral finos hilos de vidrio, generalmente dos, de color blanco o amarillo opaco alrededor de varillas de vidrio incoloro. El proceso tecnológico para la elaboración de la vasija era el mismo que para obtener las vasijas de bandas de colores. También se fabricaron utilizando una sola varilla muy larga enrollada sobre si misma. Esta decoración es frecuente encontrarla en la forma 1[1648].

En España se conocen cinco fragmentos. Solo uno se ha encontrado en *Celsa*[1649], dos en *Bætulo*[1650], uno en *Caesaraugusta*[1651] y otro en el yacimiento alto-imperial de San Esteban (El Poyo del Cid, Teruel)[1652].

A4) Vidrios con espirales incrustadas

Sobre una masa de vidrio coloreado y translúcido, se fundían espirales de vidrio, generalmente blanco opaco. La decoración resultante era visible por ambos lados de la pared, aunque no se yuxtaponían los motivos ornamentales, debido al propio proceso de ejecución[1653].

Es un tipo poco frecuente en *Hispania*. En *Celsa* aparece decorando la forma 2 y en la forma 3 en una pieza encontrada en la calle

X-2[1654]. Varios fragmentos hay también en *Tarraco*[1655].

A5) Vidrio amarmolado y de ónix

Este vidrio es una imitación de mármoles veteados, ágatas y ónix. Lo más frecuente es que su decoración penetre en toda la pared, sin embargo, también puede ser superficial. En este último caso, sobre la superficie interior y exterior se arrastraban hilos coloreados y blancos juntos en líneas ondulantes, en imitación de las vetas de las piedras; posteriormente eran recalentados y parte de aquéllos entraban a formar parte del propio vidrio[1656]. Su elaboración más frecuente era juntando varillas de vidrio con un dibujo regular para obtener combinaciones cromáticas, que podían ser múltiples, con el objeto de imitar el veteado de los mármoles.

Este tipo de vidrio además de ser utilizado para decorar cuencos y platos también se utilizó en paneles de *opus sectile* para decoración mural[1657].

En esta clase de vidrios predominan en *Celsa* los fondos de color anaranjado opaco con finas vetas de color rojo, como los ejemplos de las formas Isings 18 variante y 22[1658]. A estos hay que añadir el hallazgo de la *insula* II, cuyo perfil presenta semejanzas con una pieza de Magdalensberg[1659].

Fragmentos de vidrio que imitan al ónix se localizaron en *Osca*[1660] y en *Celsa*, estos últimos son de la *insula* II[1661]. También se utilizó el vidrio amarmolado en placas para decorar paredes, como queda atestiguado en un ejemplo de *Celsa* y en piezas conservadas en el Toledo Museum of Art[1662].

[1646] PRICE, J., 1981, p. 622.

[1647] CZURDA-RUTH, B., 1979, p. 18-19, núms. 1-4 y lám. 17, núms. 1, 3 y 4.

[1648] HAYES, J. W., 1975, p. 26. GOLDSTEIN, S. M., 1979, p. 32. VAN LITH, S. M., 1979, pp. 9-11. GROSE, D. F., 1989, p. 35, fig. 15.

[1649] Es un fragmento de pared de vidrio incoloro con hilos blanco opaco, procede de la *insula* II. Nº inv.: 84.1.19460.

[1650] FLOS TRAVIESO, N., 1987, p. 55, fig. 21, núms. 140-141.

[1651] PAZ PERALTA, J. A. 1991a, p. 302. Es un fragmento de borde y pared, el borde está ribeteado con vidrio azul de ultramar, los hilos son blanco opacos. Su decoración es muy semejante a la de un fragmento que se encuentra en el Museo de Corning: GOLDSTEIN, S. M., 1979, pp. 194-195, nº 256. Procede de un nivel fechado a finales de la época de Claudio.

[1652] Un avance sobre las excavaciones llevadas a cabo en este yacimiento en: BURILLO, F., 1981. Es un fragmento de pared de vidrio incoloro con hilos amarillos, procede de un nivel datado en época de Claudio/Nerón.

[1653] CZURDA-RUTH, B., 1979, pp. 226-227.

[1654] El vidrio es de color violeta translúcido con espirales blancas opacas, su composición decorativa presenta semejanzas con ejemplos encontrados en Magdalensberg: CZURDA-RUTH, B., 1979, p. 32, lám. 18, núms. 64 y 76. Procede del nivel de abandono de la Colonia.

[1655] SERRA VILARO, J., 1932, p. 94, lám. XXIV, 4, nº 9. PRICE, J., 1981, p. 722, núms. 2-4, fig. 22, núms. 2-3.

[1656] CZURDA-RUTH, B., 1979, pp. 227-228. GROSE, D. F., 1989, p. 35.

[1657] Ver el apartado 1.3.

[1658] El vidrio es muy semejante al encontrado en Magdalensberg: CZURDA-RUTH, B., 1979, p.168, nº 1355 y lám. 18, nº 1355.

[1659] Una fotografía de este vidrio se puede consultar en: BELTRÁN LLORIS, M., 1985, p. 105, lám. XIV; el perfil en CZURDA-RUTH, B., 1979, p. 20, lám. 1, nº 18.

[1660] AGUILERA ARAGÓN, I. y PAZ PERALTA, J. A., 1987, pp. 80-81.

[1661] Son dos fragmentos, uno pertenece a la forma 3 y el otro es un vidrio plano de los utilizados para decorar paredes.

[1662] La pieza de *Celsa* procede de la *insula* II. Imita a los mármoles, por una de sus caras conserva todavía restos de cal que atestiguan su adherencia a la pared. Nº inv.: 83.1.Hab.38.13904, tiene unas medidas máximas de 4,2 x 2.5 cm. y un grosor de 0.4 cm. Su decoración tiene su ejemplo más cercano en una pieza del Museo de Arte de Toledo (Ohio): GROSE, D. F., 1989, p. 368, nº 659, fig. en p. 348, nº 659, la decoración consiste en anchos ovalos formados por vidrio blanco opaco.

En España y Portugal se ha constatado la presencia de un buen número de vidrio amarmolado. En general, las descripciones son muy sencillas y poco concisas, por lo que no se puede asegurar que todos los ejemplos aquí catalogados deban recibir esta asignación; algunos de ellos pueden corresponder al grupo de vidrio veteado.

Los yacimientos que proporcionaron esta categoría de vidrios son: *Bætulo*[1663], Córdoba[1664], *Iuliobriga*[1665], *Osca*[1666], *Tarraco*[1667], los hallazgos de la provincia de Alicante[1668], villa romana de Cardílio (Torres Novas, Portugal)[1669] y *Conimbriga*[1670].

A6) Vidrio veteado

Es una variedad del amarmolado. En el interior de la masa vítrea, generalmente translúcida, se incrustaban pequeñas barritas de vidrio blanco opaco, a veces también amarillo, obteniendo un efecto de copos o de salpicado de los segmentos[1671].

En España hay ejemplos en *Bætulo*[1672], barrio de Bahía Blanca (Cádiz)[1673], *Caesaraugusta*[1674], Córdoba[1675], Herrera de Pisuerga (Palencia)[1676] y Santa Tecla (La Guardia, Pontevedra)[1677].

Esta decoración aparece en *Celsa* en dos formas diferentes, la Isings 2 y la *Vindonissa* 22. Otros fragmentos se han hallado en la Colonia, de entre ellos cabe destacar una forma 3 en vidrio violeta translúcido con veteados blancos[1678].

A7) Ajedrezado

Es un tipo muy raro. En la península ibérica solo se conoce un ejemplo encontrado en *Conimbriga*[1679]. Los modelos más significativos de esta decoración se encuentran en la colección del Toledo Museum of Art[1680].

8.11.2.2. *Vidrios con decoración superpuesta a la pared*

B1) Vidrios con hilos aplicados

Frecuentemente, puede encontrarse vidrio de color blanco opaco, y en menor medida azul, superpuesto sobre la pared de la forma Isings 17. La técnica implicaba la manipulación del vidrio en estado viscoso, aplicándose la decoración previamente al soplado del recipiente. A otras formas como la 37, se les decoraba el borde y/o la pared exterior, una vez conformada la pieza; estos recipientes solían presentar hilos opacos, en general, de color blanco, azul o violeta[1681], como se muestra en los hallazgos de *Celsa*.

Para los paralelos en *Hispania*, sobre el tipo Isings 17 se consultará el apartado relativo a esta forma. De *Celsa* destaca un fragmento de borde y pared de vidrio blanco opaco decorado con hilos azul cielo opacos[1682], además de dos bordes con pared de la forma 85, con hilos blancos en el exterior. Vidrios similares también hay en *Conimbriga*[1683].

B2) Vidrios dobles (Überfangglas)

Esta decoración consistía esencialmente en la yuxtaposición de dos capas de vidrio de diferente color. Vidrio coloreado de azul, violeta, amarillo, etc., se recubría en su interior o exterior, indistintamente, por un baño de vidrio blanco opaco; conformando la pieza mediante la utilización del procedimiento del soplado al aire. Este recurso fue utilizado, a menudo, para reproducir el efecto del camafeo, mediante el tallado de una superficie compuesta por dos o más capas de vidrio superpuestas, emulando el tallado de las piedras duras[1684]. Este tipo de vidrio solo está representado en España y Portugal en un solo ejemplo encontrado en *Ostippo* (Estepa, Sevilla)[1685].

[1663] FLOS TRAVIESO, N., 1987, p. 57, núms. 149-150 y fig. 22, n° 149.

[1664] GARCÍA Y BELLIDO, A., 1970, p. 30, fig. 28, núms. 1, 4 y 5 y p. 35.

[1665] GARCÍA Y BELLIDO, A., 1956, pp. 162-163, núms. 7-8. SOLANA SAINZ, J. M., 1981, p. 302, núms. 1-4.

[1666] AGUILERA ARAGÓN, I. y PAZ PERALTA, J. A., 1987, pp. 80-81.

[1667] PRICE, J., 1981, pp. 684-685, núms. 5-10, figs. 1-2, núms. 5-10.

[1668] SÁNCHEZ DE PRADO, M. D., 1984, p. 80, fig. 1, n° 1.

[1669] ALARCÃO, J. y A., 1966-1967, p. 308, n° 69, lám. V, n° 1.

[1670] ALARCÃO, J. y A., 1965, p. 22, láms. XIII-XIV, núms. 2-5.

[1671] CZURDA-RUTH, B., 1979, p. 227. VAN LITH, S. M., 1979, pp. 11-12.

[1672] FLOS TRAVIESO, N., 1987, p. 57, n° 151, fig. 22, n° 151.

[1673] SÁNCHEZ GIJÓN, A., 1966, p. 187, fig. 24 y fig. 25.

[1674] Forma Isings 3, en vidrio verde translúcido. Procede de la excavación del teatro romano del nivel «i», datado en la segunda mitad de la época de Tiberio.

[1675] GARCÍA Y BELLIDO, A., 1970, p. 16, fig. 14, n° 2.

[1676] VIGIL PASCUAL, M., 1958 p. 212, núms. 2 a 4.

[1677] MARTÍNEZ TAMUXE, X., 1983, p. 98, fig. en p. 100.

[1678] Se encontró en la *insula* II.

[1679] ALARCÃO, J. y A., 1965, pp. 21-22, láms. XIII-XIV, n° 1. MOUTINHO ALARCÃO, A., 1984, p. 23, n° 135.

[1680] GROSE, D. F., 1989, p. 331, núms. 564-566.

[1681] CZURDA-RUTH, B., 1979, p. 230.

[1682] Isings 17. Procede de la calle IX-1. De un nivel datado en el período final de ocupación de la Colonia, fines de Nerón.

[1683] ALARCÃO, J. y A., 1965, pp. 25-28, láms. I y XIV, núms. 11-15. De manera especial, por su cronología, interesa el n° 11 que pertenece a una Isings 38.

[1684] ALARCÃO, J. y A., 1965, pp. 22-24. CZURDA-RUTH, B., 1979, p. 231. VAN LITH, S. M., 1979, pp. 27-29. GUDENRATH, W. y WHITEHOUSE, D., 1990, pp. 108-121.

[1685] CALDERA DE CASTRO, M. P., 1986, pp. 211-218, es un ungüentario, la datación que se propone sitúan la pieza en el segundo decenio del siglo I d. C. PAINTER, K. y WHITEHOUSE, D., 1990, pp. 161-162, figs. 124-125.

El vidrio doble es frecuente encontrarlo en las formas 3[1686], 12[1687], 37 y 38[1688]. Uno de los hallazgos más antiguos es de Magdalensberg y se data en época de Tiberio[1689]. Sin embargo, una cronología más común se centra en época de Claudio[1690].

De *Celsa* estudiamos tres fragmentos, dos de los cuales son del nivel 6 y uno del 7.1; perteneciendo, probablemente a la forma 12.

Destacan unos restos de borde y pared, Isings 36a, en vidrio azul de ultramar con vidrio blanco opaco en el exterior. El hallazgo procede de la Casa de Hércules, espacio 33[1691]. De *Caesaraugusta* tenemos dos piezas en vidrio amarillo y violeta, recubiertas con vidrio blanco opaco[1692]. Otros hallazgos peninsulares se han efectuado en *Conimbriga*[1693].

B3) Vidrios con superficies salpicadas de colores y de blanco

En el proceso de soplado se espolvoreaban sobre la pared exterior del objeto, partículas de vidrio, a veces casi pulverizadas, que podían variar de tamaño con el soplado definitivo. El estirado que conlleva la conformación de ciertas partes de los recipientes, como son el cuello y las asas, esencialmente, condicionaba a una decoración alargada y gruesa, frente a las superficies hinchadas como la panza, con un resultado decorativo redondeado y fino. La ornamentación, también se podía llevar a cabo, añadiendo el salpicado una vez concluído el soplado, por simple adherencia.

En cualquier caso, para configurar esta decoración se precisaba que ambas partes (la superficie de fondo y la decoración) estuvieran en estado viscoso. La ornamentación se complementaba con la bicromía característica para obtener un mayor contraste. Siendo amplio el registro de colores para ejecutar el salpicado, dominando el rojo, verde y azul. También existía la modalidad de aplicaciones blancas sobre superficies coloreadas[1694].

Fue un recurso empleado en la decoración de las formas 12, 36a, 39 y 56b, entre otras[1695].

Berger[1696] sitúa su producción entre los años 20/30 al 70 d. C. Dos fragmentos con este modelo decorativo aparecen en el nivel datado en la segunda mitad del reinado de Tiberio, en la excavación efectuada en el teatro romano de *Caesaraugusta*.

De *Celsa* se estudia un ejemplo, asociado al nivel 6. El vidrio es azul de ultramar, decorado con gotas de color rojo y verde. Además hay otras dos piezas de la *insula* II, asimilables a esta técnica.

Aunque es un recurso decorativo relativamente frecuente, como se desprende de los ejemplos de *Camulodunum*[1697], Dura Europos[1698], *Vindonissa*[1699] y Magdalensberg[1700], en *Hispania*, se conocen escasos vidrios. Entre los restos peninsulares, destacan un vaso globular de la necrópolis de Carmona (Sevilla)[1701], dos fragmentos del teatro romano de *Caesaraugusta*[1702], Herrera de Pisuerga (Palencia)[1703], Citânia de Briteiros[1704] y otros tres de *Conimbriga*[1705].

B4) Vidrios decorados con estrías y/o líneas grabadas

La aplicación sobre la pared exterior de los vidrios, líneas y/o estrías grabadas a torno, es especialmente frecuente en las formas 12, 16, 29, 30, 34, 36, 37, entre otras[1706].

Hay casos, la forma Isings 1 variante, y la forma 3, en que la decoración se encuentra en la pared interior, próxima al borde, a media altura, o en el fondo.

[1686] VAN LITH, S. M., 1979, p. 27, nº 74.

[1687] En Velsen hay nueve fragmentos de la forma 12 decorados con vidrio doble, sus colores son azul, amarillo ámbar y violeta: VAN LITH, S. M., 1979, pp. 27-29, núms. 75-83.

[1688] Ejemplos hay en Hofheim: RITTERLING, E., 1913, pp. 369-370. Pompeya: ISINGS, C., 1957, p. 53. *Vindonissa*: BERGER, L., 1960, pp. 37-39, núms. 76-78, 81 y 84. *Conimbriga*: ALARCÃO, J. y A., 1965, pp. 22-23, nº 6, láms. XIII y XIV.

[1689] CZURDA-RUTH, B., 1979, p. 168, nº 1358.

[1690] BERGER, L., 1960, p. 37 y ss. ALARCÃO, J. y A., 1965, p. 23.

[1691] El borde se encuentra completo y no se observan señales de que haya tenido asas. Su perfil es semejante a los encontrados en la Casa de los Delfines (fig. 252, núms. 3-4). Su decoración se completa con cordones de vidrio azul de ultramar en su pared exterior.

[1692] PAZ PERALTA, J. A., 1991 a, p. 302. Se datan a fines de la época de Claudio.

[1693] ALARCÃO, J. y A., 1965, pp. 22-24, láms. XIII-XIV, núms. 6-8.

[1694] ALARCÃO, J. y A., 1965, pp. 24-25. CZURDA-RUTH, B., 1979, pp. 229-230. VAN LITH, S. M., 1979, pp. 43-45.

[1695] VAN LITH, S. M., 1979, pp. 44-45.

[1696] BERGER, L., 1960, pp. 33-36.

[1697] HARDEN, D. B., 1947, p. 296, láms. LXXXVII y LXXXVIII, núms. 23 a 30.

[1698] CLAIRMONT, C. W., 1963, p. 12.

[1699] BERGER, L., 1960, pp. 36-38, con paralelos.

[1700] CZURDA-RUTH, B., 1979, pp. 229.

[1701] BENDALA GALAN, M., 1976, p. 116, nº 37, lám. L, nº 37. PRICE, J., 1981, p. 825, núms. 9-10, fig. 89, núms. 9-10.

[1702] Se datan en al segunda mitad de la época de Tiberio. Una pieza es de color azul cobalto y la otra azul verdoso, ambos llevan gotas de vidrio blanco opaco.

[1703] VIGIL PASCUAL, M., 1958, p. 212, nº 10, fig. 4a.

[1704] ALARCÃO, J. y A., 1963a, p. 202.

[1705] ALARCÃO, J. y A., 1965, pp. 22-25, núms. 9 y 10, láms. XIII y XIV. ALARCÃO, J., 1976b, p. 161, nº 24. MOUTINHO ALARCÃO, A., 1984, p. 23, nº 145.

[1706] ISINGS, C., 1957.

8.11.3. LAS ÁREAS DE ORIGEN

Respecto al origen de la vajilla de vidrio encontrada en *Celsa* hemos de suponer cuatro focos de producción: sirio-romano, italiano, gálico e hispánico. Queda pendiente el problema de la identificación del vidrio de manufactura gálica y existen dudas para el de producción hispánica.

8.11.3.1. *Área sirio-romana*

Incluimos en estas producciones unos recipientes en forma de cuenco esférico con líneas talladas en el interior y que tanto por su origen sirio-palestino, como por su distribución en el Mediterráneo occidental[1707] y su ausencia en yacimientos como Magdalensberg, *Vindonissa*, Cantone Ticino, etc., hacen suponer que no fueran fabricados en las factorías italianas[1708].

Formas

Isings 1 variante

Es un cuenco que por su perfil en forma de calota esférica, se le puede relacionar con la Isings 1. El ejemplo de *Celsa*, como es frecuente en este tipo de recipientes, está decorado en su interior con dos líneas grabadas, una de ellas debajo del borde. El vidrio es translúcido y de color amarillo.

Estos cuencos se encuadran en los denominados «linear cut» y son uno de los grupos más frecuentes en vidrio moldeado que se asocia a yacimientos del siglo I a. C. y comienzos del siglo I d. C., a juzgar por lo visto en las excavaciones de la Casa de Livia en el Palatino y en los yacimientos italianos de Cosa y Morgantina[1709]. Se fabricaron en vidrio translúcido y tienen tonalidades que van del amarillo al marrón dorado; azul cobalto y de ultramar y, más raramente el verde y en incoloro[1710].

Los ejemplares más antiguos de este grupo son los de Tel Anafa (Alta Galilea)[1711], datados entre los años 150 y 75 a. C.; además de los vidrios de Samaria-Sebaste[1712] de fines del siglo I a. C. y los de Pompeya[1713], de época de César y de Tiberio.

Otros hallazgos de época de Augusto, se conocen en Tradelière (Cannes)[1714], en la Casa de Livia[1715] y en *Bætulo*[1716]. En Corinto[1717] se data en el 22/23 d. C. En *Caesaraugusta*[1718] en la segunda mitad del reinado de Tiberio. En época de Claudio se han constatado en *Conimbriga*[1719], y en el naufragio de la nave Port-Vendres II[1720]. De época de Claudio/Nerón son los hallazgos del yacimiento alto-imperial de San Esteban (El Poyo del Cid, Teruel)[1721], *Osca*[1722] y los de *Celsa*[1723]. En época de los Flavios se documenta en *Conimbriga*[1724], Córdoba[1725], Medellín (Badajoz)[1726] y en Ostia[1727]. El hallazgo de Terroso (Portugal)[1728], sin contexto estratigráfico, completa la difusión de la forma en la Península.

Estos últimos ejemplos, así como los de *Celsa*, tal vez haya que considerarlos elementos residuales. Sin embargo, el cuenco de la nave de Port-Vendres II indica que estos recipientes se siguieron utilizando hasta fines de la época de Claudio.

[1707] Principalmente en la zona costera italiana y en la península ibérica.

[1708] SCATOZZA HÖRICHT, L. A., 1987, p. 85, nota 14.

[1709] GROSE, D. F., 1977, p. 23, fig. 5, núms. 6 y 7.

[1710] De eset último destaca una pieza, que conserva el borde y parte de la pared, con una estría interior, que apareció como elemento residual en un nivel de los siglos VI-VII d. C. excavado en el teatro romano de *Caesaraugusta*, nº inv.: 89.3.1.A.B.39157.

[1711] WEINBERG, G. D., 1970, pp. 17-19.

[1712] WEINBERG, G. D., 1970, p. 23, nº 10.

[1713] SCATOZZA HÖRICHT, L. A., 1987, p. 85, lám. I, figs. 1 y 2.

[1714] FIORI, P., 1974, pp. 328-329. LIOU, B., 1975, pp. 601-603. STERNINI, M., 1995, p. 130. Se data entre el 20-10 a. C.

[1715] GROSE, D. F., 1977, pp. 21-24, fig. 5, esp. los núms. 5-7.

[1716] FLOS TRAVIESO, N., 1987, p. 31, nº 37 y fig. 2, nº 37; p. 33, nº 39, fig. 3, nº 39, se datan en el primer cuarto del siglo I d. C. Sin contexto estratigráfico hay catalogados diez fragmentos, ver pp. 61-62, núms. 183-192, figs. 27 y 28, núms. 183-191. El color del vidrio es amarillo ámbar y azul.

[1717] SLANE, K., 1980, pp. 163-164, fig. 8, nº 125. Catalogado como una Isings 1.

[1718] Tres fragmentos proceden del nivel «i» del teatro romano, dos en amarillo ámbar y uno en azul cobalto.

[1719] ALARCÃO, J., 1976b, p. 161, lám. XXXIV, nº 19.

[1720] COLLS, D. *et alii*, 1977, pp. 118-119, fig. 42, nº 5.

[1721] Un avance sobre las excavaciones llevadas a cabo en este yacimiento en: BURILLO, F., 1981. Una de las piezas es un borde con una estría en el interior, es de vidrio translúcido de color ámbar oscuro, equivalente en la tabla Caran d'Ache a un tono situado entre el ocre (035) y el sanguina (065); el otro es un borde con una estría en el interior en vidrio transparente incoloro con una ligera tonalidad verdosa.

[1722] AGUILERA ARAGÓN, I. y PAZ PERALTA, J. A., 1987, pp. 80-81, solo se ha documentado el hallazgo de un borde de vidrio amarillo ámbar, el contexto estratigráfico se data en 60/70 d. C.

[1723] De entre todos los hallazgos realizados destaca un fragmento, en vidrio azul cobalto, que presenta el perfil casi completo; procede de la denominada Casa del Arula, se data a fines de la época de Claudio.

[1724] ALARCÃO, J., 1976b, pp. 161-161, lám. XXXIV, núms. 20-21.

[1725] GARCÍA y BELLIDO, A., 1970, fig. 36, nº 9. Principios de época de los Flavios.

[1726] DEL AMO Y DE LA HERA, M., 1973, pp. 113-115, fig. 33, nº 43. Desde Claudio a fines del siglo I.

[1727] MORICONI, M. P., 1970, pp. 76-77, lám. XV, fig. 233,. De fines del siglo I.

[1728] ALARCÃO, J., 1971, pp. 30-31, lám. II, nº 21.

La ausencia de estos cuencos en los campamentos renanos del norte de Europa y en los yacimientos de Gran Bretaña ocupados por los romanos después del año 43 d. C., sugiere a Grose[1729] que la mayor producción se refiere al siglo I a. C. y primeras décadas del siglo I d. C., sin llegar a traspasar la primera mitad de esa centuria.

8.11.3.2. Área itálica

Se pueden barajar tres áreas geográficas: el norte con Aquileia como centro principal, en el centro, Roma y en la zona inferior, la Campania. Los análisis efectuados sobre los hallazgos de *Celsa* indican un origen de talleres de la Campania o del centro de Italia, aunque tampoco se puede descartar una procedencia de la costa Adriática (Aquileia) para algunas piezas.

La difusión del vidrio soplado en la Tarraconense coincide con la implantación de factorías por artesanos alejandrinos en la desembocadura del *Volturnus* y cerca de la *Porta Capena* hacia el 14 d. C. y artesanos sirios en Roma hacia el año 20[1730], lo que indicaría que la mayor parte del vidrio de *Celsa* haya sido fabricado en estas zonas, siendo, probablemente, muy escasos los ejemplares importados de Aquileia[1731].

Formas

Isings 1

Es un cuenco hemiesférico, generalmente, con el labio redondeado y liso, el fondo es, frecuentemente, cóncavo y ápodo. Las siete piezas catalogadas presentan diversidad de perfiles así como métodos decorativos, sin embargo, en todos los casos se encuentran relacionadas con la forma que presentamos[1732].

Destaca el fragmento de borde 81.1.D.I.-11771 (fig. 246, 2 y fig. 328, 2) fabricado en vidrio mosaico del denominado de bandas o cintas de colores. Es de vidrio translúcido azul cobalto. Presenta pequeñas varillas de color blanco opaco embutidas en su interior, con disposición paralela entre si. En otros vasos dichas varillas forman espirales. La decoración de las paredes se configura mediante la combinación de segmentos de vidrio amarillo, rojo y verde translúcido, cuya composición exterior difiere de la interior. Una pieza muy semejante a la de *Celsa*, se encontró en Can Majoral (Mataró)[1733], en un nivel de época de Tiberio/Nerón.

El perfil reconstruído con los fragmentos 80.1.10.20.S.T.1260 y 80.1.22.24.Q.T.4115 está fabricado en vidrio soplado de color verde. Se caracteriza por su borde afilado, las dos pequeñas molduras exteriores y sus finas paredes (fig. 246, 5).

Desde el punto de vista tipológico los paralelos más cercanos los encontramos en el barrio de Bahía Blanca (Cádiz)[1734], *Kush* (Sudán)[1735] y *Celsa*, éste último muy parecido a un ejemplo de Magdalensberg[1736].

El fragmento de borde y pared 81.1.2.8.-Ñ'.P'.5517 tiene diferencias en lo que se refiere al borde, que se presenta exvasado y moldurado (fig. 246, 4). Un perfil muy semejante, hay en Magdalensberg[1737] y otro se encuentra en la colección del Royal Museum Ontario[1738].

Los fragmentos de bordes 81.1.15.21.-C'.B'.1884 y 81.1.13.23.K.P. 2120 son cuencos fabricados en vidrio soplado, con el borde simple, redondeado y liso (fig. 246, 6-7). Un cuenco parecido está en el Royal Museum Ontario[1739].

Un fragmento de borde hallado en *Bætulo*[1740], en un nivel de fines de la época de Augusto, tal vez se pueda atribuir a este tipo. Un cuenco semejante pero algo más hondo, hecho en vidrio soplado, proviene de la necrópolis de Mahora (Albacete)[1741] y otro, en vidrio verde, forma parte del ajuar de la tumba del barrio de Bahía Blanca (Cádiz)[1742]. No creemos que este tipo se pueda relacionar con la forma Isings 12, ya que presenta diferencias esenciales en cuanto a perfil, dimensiones y acabado, especialmente en el borde que es redondeado y sin pulir, además de carecer de estrías y/o líneas grabadas.

[1729] GROSE, D. F., 1977, p. 24.

[1730] FORBES, R. J., 1966, p. 165.

[1731] Sería preciso efectuar más análisis con el objeto de identificar recipientes de vidrio procedentes de Aquileia.

[1732] ISINGS, C., 1957, pp. 15-17.

[1733] CLARIANA i ROIG, J. F., 1981, p. 107, lám. 80, nº 2.

[1734] SÁNCHEZ GIJÓN, A., 1966, p. 187, fig. 26 y 27, de una tumba de incineración fechada en el siglo I d. C.,

[1735] STERN, E. M., 1981, pp. 38-39, fig. 1, núms. 11-13, en vidrio rojo opaco. Se datan en la primera mitad del siglo I d. C.

[1736] Dos fragmentos, borde y fondo, con los que se puede reconstruir el perfil completo, en vidrio de ónix, mismo tipo que el de nuestras formas 22 y 23. Procede de la *insula* II, BELTRÁN LLORIS, M., 1985, p. 105, lám. XIV. Para Magdalensberg: CZURDA-RUTH, B., 1979, p. 20, lám. I, nº 8, se data antes del año 45. Ambos cuencos son más profundos que el ejemplo que aquí se estudia.

[1737] CZURDA-RUTH, B., 1979, pp. 15-20, nº 22. Datado en Tiberio/Claudio.

[1738] HAYES, J. W., 1975, p. 74, fig. 2, nº 74.

[1739] HAYES, J. W., 1975, p. 67, nº 204, fig. 21, nº 204

[1740] FLOS TRAVIESO, N., 1987, p. 31, fig. 2, nº 38.

[1741] ROLDAN GOMEZ, L., 1987, pp. 249 y 253, fig. 1, B.

[1742] SÁNCHEZ GIJÓN, A., 1966, p. 187, figs. 22 y 23.

Isings 1/18

Para Isings la forma 18 es una variedad mas profunda de la forma 1. Los recipientes a los que les hemos asignado esta tipología son unas escudillas que suelen tener un diámetro de borde comprendido entre los 12 y los 18-19 cms. y una altura entre los 3,4 y los 5-5,5 cms.[1743] Éstos recipientes por las medidas que tienen es más indicado considerarlos escudillas que cuencos.

El único fragmento corresponde a la zona de la pared próxima al borde (fig. 246, 3 y fig. 328, nº 1) está decorado con vidrio mosaico del llamado de bandas o cintas de colores. Tiene cinco bandas de colores: verde esmeralda, amarillo, azul de ultramar, amarillo y rojo; el último de ellos es opaco frente al resto de los colores que se presentan translúcidos. Este tipo de bandas se suele combinar con vidrios incoloros que llevan espirales en su interior. Los diseños que forman son cruciformes o triangulares, observable en los cuencos completos de Carmona[1744], Pompeya[1745] y en el del Corning Museum of Glass[1746]. De *Vindonissa*[1747], Ostia[1748], Pompeya[1749], Magdalensberg[1750] y *Vitudurum*[1751] hay otros ejemplos. A ellos hay que añadir los de las colecciones del Corning Museum of Glass[1752] y Toledo Museum of Art[1753].

Esta decoración es poco frecuente en la península ibérica como lo atestiguan dos piezas más encontrados en *Celsa*[1754], además de las de *Bætulo*[1755], *Caesaraugusta*[1756] y *Conimbriga*[1757].

Su datación hay que situarla desde época de Tiberio como lo indican los hallazgos de Magdalensberg, *Vitudurum* y el nivel «i» del teatro romano de Zaragoza.

Isings 2

Es un cuenco con pie y pared curvilínea que describe dos cuartos de círculo. Inicialmente estos cuencos fueron de plata y se imitaron en vidrio rojo opaco antes de ser copiadas en terra sigillata bajo la forma Dragendorff 27. Se fabricó en vidrio mosaico y monocromo opaco o translúcido, obteniéndose el modelo a partir de moldes[1758]. Una excepción es un fragmento de borde y pared encontrado en el nivel de abandono de la Casa del Emblema. Está fabricado en vidrio soplado de color natural azul verdoso transparente. Es el único ejemplo que conocemos, por el momento, que imite la Dragendorff 27 en vidrio soplado[1759].

Los dos fragmentos que aquí se estudian son de vidrio mosaico. Un fragmento de pared de esta forma en vidrio mosaico fue recogido en las prospecciones realizadas en el yacimiento. También dos restos de fondo con pie, en vidrio rojo opaco y azul opaco, de la *insula* II, pudieron pertenecer a esta forma. Estos son los únicos exponentes que por el momento se conocen en *Celsa*.

El fragmento de borde y pared V.79.9.F'.-67 (fig. 246, 8 y fig. 328, 5) en vidrio verde esmeralda, con tonalidades azuladas, translúcido tiene embutidos, a modo de veteados, trozos de vidrios opacos de colores amarillo, rojo y blanco. El pie pudo consistir en un rollo de vidrio oscuro que sería aplicado después de extraer la vasija del molde y pulirla por ambas caras. Ejemplos de estos se encuentran en las colecciones del Royal Ontario Museum[1760], Corning Museum of Glass[1761] y en el Toledo Museum of Art[1762]. Los mejores paralelos para el cuenco de *Celsa*, son los de *Vitudurum*[1763] y los del Toledo Museum of Art[1764].

El fragmento de borde y pared 81.1.D.II.-7994 (fig. 246, 9 y fig. 328, 6) tiene como fon-

[1743] Se puede apreciar la variedad de medidas en la colección del Museo de Toledo: GROSE, D. F., 1989, pp. 284-286, núms. 318-328. También habría que incluir en este grupo los recipientes de *Vindonissa*: BERGER, L., 1960, p. 13, núms. 1 y 6, lám. 1, nº 6 y lám. 17, nº 10.

[1744] VIGIL PASCUAL, M., 1969, p. 93, fig. 69.

[1745] ZIVIELLO, C., 1986, pp. 218-219, nº 10.

[1746] GOLDSTEIN, S. M., 1979, pp. 200-201, nº 545, lám. 27. HARDEN, D. B., *et alii*, 1987, p. 40.

[1747] BERGER, L., 1960, p. 13, lám. 1, nº 1.

[1748] MORICONI, M. P., 1970, p. 82, figs. 273-274. Proceden de un nivel datado hacia fines del siglo I d. C.

[1749] ZIVIELLO, C., 1986, pp. 218-219, nº 9.

[1750] CZURDA-RUTH, B., 1979, pp. 15-20, lám. 17, núms. 1, 3 y 4. Los números 1 y 4 se datan antes del año 15 d. C.

[1751] RÜTTI, B., 1988, pp. 17-18, nº 1 y p. 154, nº 1, lám. 29, nº 1, datado en época de Tiberio.

[1752] GOLDSTEIN, S. M., 1979, lám. 30, núms. 536 y 542-544.

[1753] GROSE, D. F., 1989, pp. 284-286, núms. 318-328.

[1754] Uno es de la calle VIII-1 y el otro de la denominada Casa de Hércules.

[1755] FLOS TRAVIESO, N., 1987, p. 55, núms. 137 a 139; fig. 21, núms. 137-138.

[1756] Procede del nivel «i» del teatro romano que está datado en la segunda mitad de la época de Tiberio. Es un fragmento de borde, de unos 13 cms. de diámetro, y pared donde se alternan bandas de colores y varillas transparentes con hilos en espiral de color amarillo, el borde está ribeteado con vidrio azul cobalto translúcido trenzado con vidrio blanco opaco.

[1757] ALARCÃO, J., 1976b, pp. 157-158, núms. 2 a 4 y lám. XLVII, núms. 2 a 4.

[1758] ISINGS, C., 1957, p. 17. STERN, M. E., 1979, p. 68, lám. 6. nº 1. HAYES, J. W., 1975, p. 21, núms. 55-56 y pp. 24-25, núms. 59-64.

[1759] Tiene 12 cm. de diámetro de borde, los cuartos de círculo están poco marcados, con tendencia a ser redondeados.

[1760] HAYES, J. W., 1975, pp. 24-25, núms. 59-63.

[1761] GOLDSTEIN, M. S., 1979, pp. 184-185, núms. 491-492.

[1762] GROSE, D. F., 1989, pp. 321-323, núms. 508-519.

[1763] RÜTTI, B., 1988, pp. 18-19, lám. 2, nº 31 y lám. 29, nº 31, especialmente en su pefil.

[1764] GROSE, D. F., 1989, pp. 314-315, núms. 467 y 472 y p. 318, nº 492, sobre todo en la decoración. La misma composición decorativa también aparece sobre un plato de la forma 5 variante (Trier 7): GROSE, D. F., 1989, p. 310, nº 445.

do vidrio azul cobalto y violeta translúcido e insertadas espirales de vidrio blanco opaco. Piezas con esta decoración se han encontrado en *Dura Europos*[1765] y de Luni[1766]. A éstas hay que añadir las que se encuentran en el Corning Museum of Glass[1767], Toledo Museum of Art[1768] y las de la colección Oppenländer[1769].

La decoración de espirales se emplea también frecuentemente para decorar la Isings 3[1770] y en otros tipos de cuencos y platos[1771].

Vidrio mosaico utilizado para decorar esta forma es frecuente. Además de los ya citados hay que añadir los recogidos por Isings[1772] y Czurda-Ruth[1773], los procedentes de Vetera[1774], Silchester[1775] y Velsen[1776], a los que se suman otros integrados en museos y colecciones[1777].

La forma 2 está representada en *Hispania* en vidrio monocromo opaco o translúcido siendo muy escasos los hallazgos de vidrio mosaico. De los últimos hay ejemplos en *Tarraco*[1778], con decoración de espirales, Tiermes, en vidrio verde con incrustaciones amarillas y rojas[1779] y las cinco piezas referenciadas por Price[1780] de Ampurias, *Tarraco* y Citânia

de Briteiros. Hallazgos de vidrio monocromo se han efectuado en Ampurias[1781], *Tarraco*[1782], Can Majoral[1783], *Bætulo*[1784], la Corona de Quintanilla (León)[1785], *Caesaraugusta*[1786], *Conimbriga*[1787] y Balsa (Portugal)[1788].

Estos cuencos en vidrio rojo opaco, se conocen hacia el año 20 a. C. en la tumba real número 4 de Barkal[1789]; en el año 9 d. C. en Haltern[1790]; y en el siglo II d. C. en Tanis (Egipto)[1791].

Para el vidrio mosaico y de color monocromo hay otras dataciones en Magdalensberg[1792], desde Augusto al año 45; en *Vindonissa*[1793], desde finales de Tiberio a comienzos de Claudio; en *Caesaraugusta*, en la segunda mitad de la época de Tiberio[1794] y a fines de Claudio[1795]; en la Corona de Quintanilla (León)[1796] a principios de Tiberio; y, por último, los hallazgos de *Celsa* datados entre el 54-60 d. C.

Isings 3

La característica esencial de estas escudillas (3a y 3c) y cuencos (3b) es la existencia de costillas que, partiendo de la zona inferior del borde, se prolongan hasta el fondo del vaso, con un desarrollo por el exterior de la pared en la 3a y 3b. También pueden presen-

[1765] Isings, C., 1957, p. 17.

[1766] Roffia, E., 1973, p. 464, lám. 81, nº 1.

[1767] Goldstein, S. M., 1979, pp. 184-185, nº 491.

[1768] Grose, D. F., 1989, pp. 314-315 nº 470 y pp. 322-323, nº 513.

[1769] Von Saldern, A. *et alii*, 1974, pp. 118-119, núms. 317 y 319.

[1770] Hay ejemplos en *Vindonissa*: Berger, L., 1960, p. 15, nº 21, lám. 2, nº 21; Velsen: Van Lith, S. M., 1979, pp. 16-17, núms. 9 y 11-13, lám. 1, núms. 9 y 11; Valkenburg: Van Lith, S. M., 1979a, pp. 16-18, núms. 1, 7 y 9, lám. 1, nº1 y lám. 2 nº 9; Magdalensberg: Czurda-Ruth, B., 1979, pp. 31-32, núms. 74 y 76, lám. 18, núms. 74 y 76; *Vitudurum*: Rütti, B., 1988, pp. 22-29, núms. 75 y 151; lám. 29, núms. 75 y 151. En *Celsa* hay un fragmento de borde y pared, en vidrio violeta con espirales blancas opacas, se encontró en la calle X-2. Por último se pueden citar los ejemplos del Museo de Ontario: Hayes, J. W., 1975, p. 27, nº 77, lám. 6, nº 77 y los del Museo de Corning: Goldstein, S. M., 1979, pp. 188-189, núms. 501-503, lám. 26, nº 503 y lám. 27, nº 502.

[1771] Se encuentran los ejemplos de Vindonissa: Berger, L., 1960, p. 14, núms. 9-10 y lám. 1, núms. 9-10. También merecen ser destacados los que se encuentran en el Museo de Bellas Artes de Boston: Von Saldern, A., 1968, p. 9, núms. 13 y 15 y los de la colección del Museo de Corning: Goldstein, S. M., 1979, pp. 179-180, nº 466, lám. 24; p. 181, nº 475, lám. 24. De Pompeya procede un fragmento de borde de la forma 20: Bardelli, O., 1984, p. 266, lám. 145, nº 1.

[1772] Isings, C., 1957, p. 17, cita ejemplos de Pompeya, Haltern y Dura Europos.

[1773] Czurda-Ruth, B., 1979, pp. 67-69, datados antes del 45 d. C.

[1774] Hagen, J., 1912, p. 398, lám. 56, nº 7.

[1775] Boon, G. C., 1974, p. 230, fig. 36, nº 2.

[1776] Van Lith, S. M., 1979, pp. 12-13, lám. 1, nº 6.

[1777] Van Lith, S. M., 1979, p. 13, nota 67, donde realiza un completo inventario de las piezas que se conocen. A ellos hay que añadir las piezas del Museo de Toledo: Grose, D. F., 1989, pp. 312-325, núms. 456-525.

[1778] Price, J., 1981, p. 722, nº 2, fig. 22, nº 2.

[1779] Argente Oliver, J. L. *et alii*, 1980, p. 131, fig. 27, nº 681, no es segura su atribución a esta forma.

[1780] Price, J., 1981, p. 112.

[1781] Price, J., 1981, p. 149, dos fragmentos en vidrios opacos rojo y verde oscuro.

[1782] Price, J., 1981, p. 149; p. 686, núms. 13-15, fig. 2, núms. 13-15, en vidrio blanco opaco y verde oscuro; pp. 725-726, núms. 21-24, fig. 23, núms. 21-24, tres en vidrio opaco verde jade y uno en verde oscuro; p. 759, nº 2, fig. 41, nº 2, en vidrio azul claro. Price, J., 1987, p. 69, fig. 2, nº 10, datado en el segundo cuarto del siglo I d. C.

[1783] Clariana i Roig, J. F., 1981, p. 107, lám. 80, nº 1, vidrio de color granate, datado en Tiberio/Nerón.

[1784] Flos Travieso, N., 1987, pp. 62-63, fig. 29, núms. 193-195, los tres en vidrio verde translúcido, no tienen contexto estratigráfico.

[1785] Domergue, C. y Sillieres, P., 1977, p. 110, fig. 31 y lám. 68, en vidrio de color oscuro, se fecha a principios de la época de Tiberio

[1786] Nivel «i' del teatro romano, segunda mitad de la época de Tiberio, fragmento de borde y pared en vidrio verde esmeralda translúcido. Paz Peralta, J. A., 1991a, p. 302-303, fig. 2, nº 1, en vidrio verde esmeralda translúcido, fines de la época de Claudio.

[1787] Alarcão, J. y A., 1965, pp. 38-39, lám. II, nº 39, en vidrio opaco de color azul jacinto.

[1788] Alarcão, J., 1970, pp. 238-239, lám. I, nº 2, en vidrio blanco opaco.

[1789] Stern, E. M., 1979, p. 68, lám. 6, nº 1.

[1790] Isings, C., 1957, p. 17.

[1791] Stern, E. M., 1979, p. 68, notas 37 y 38, lám. 6, núms. 3-4. Aunque proceden de un nivel datado en el siglo II, es muy posible que sean de fechas anteriores.

[1792] Czurda-Ruth, B., 1979, pp. 70-71.

[1793] Berger, L., 1960, p. 24.

[1794] Del nivel «i» del teatro romano.

[1795] Paz Peralta, J. A., 1991a, 302-303, fig. 2, nº 1.

[1796] Domergue, C. y Sillieres, P., 1977, p. 110, fig. 31 y lám. 68.

tarse únicamente hacia la mitad de la cubeta como en la 3c[1797]. Una variante es la forma Valkenburg 1[1798], frecuentemente en vidrio mosaico, sus medidas[1799] y su forma la sitúan en el límite establecido entre vasos y cuencos.

Estos recipientes han recibido varias denominaciones: «Pillar-moulded» por los ingleses, «Rippenschalen» por los alemanes, «Phiales cotelées» por los franceses y «Taças caneladas» por los portugueses.

Para su conformación se han apuntado varias hipótesis desde su fabricación mediante la cera perdida, el presionado-moldeado y hasta la utilización del torno para confeccionar el recipiente y modelando las costillas, posteriormente[1800]. La terminación, en todos los casos, consistiría en el pulido a esmeril del interior y el reborde exterior. Este acabado se aprecia en en las huellas de pulido que presentan todas las piezas, incluídas las de *Celsa*.

Los recipientes con costillas encontradas en Tel Anafa (Alta Galilea)[1801], que se fechan entre el 150 y el 75 a. C. fueron hechos mediante la técnica del moldeado-presionado, ya que todavía no se conocía el uso del vidrio soplado. Es este aspecto y el gran parecido que tienen con los tipos de época altoimperial, hace suponer que los cuencos del siglo I d. C. se continuaron manufacturando con el mismo procedimiento.

Su forma original se puede encontrar en tipos hallstáticos (tumba 502 de Hallstatt) o en recipientes metálicos del Hallstatt C[1802].

Otros modelos de metal, como un cuenco de Gordion[1803] y los «Zungenphialen» de origen asirio de los siglo IX-VIII a. C. nos sitúan ante los modelos iniciales de esta forma[1804].

Imitaciones en cerámica con pastas de color blanco o blanco amarillento se conocen en Colonia[1805], Pont, Nijmegen y Valkenburg entre otros yacimientos[1806]. Todos estos hallazgos se fechan en el siglo I d. C. En el mismo periodo cronológico se puede situar una imitación en cerámica vidriada[1807].

En el estudio que aquí realizamos presentamos treinta y nueve piezas (veinticinco de la 3a, doce de la 3b y dos de la 3c), siendo por tanto la segunda más frecuente después de la Isings 12.

La variante predominante, es la 3a, con un total de veinticinco, de ellos seis son dudosos y algunos tal vez haya que atribuirlos al tipo 3b; de la variante 3b se catalogan doce y de la 3c solamente dos.

En *Celsa* predominan los de color natural del vidrio con treinta y tres piezas. Hay dos de color verde, tres en azul y uno en amarillo.

Por el momento, no tenemos constancia en el yacimiento de ningún fragmento de esta forma en vidrio opaco. Esta alternativa, si bien es poco frecuente, sí que existe en yacimientos de cronología idéntica a la de *Celsa*[1808]. También están ausentes los fabricados en vidrio doble (Überfangglas) como los documentados en Velsen[1809].

En este sector de la Colonia no se ha encontrado ningún cuenco de vidrio mosaico. No es una decoración muy frecuente en *Celsa*, solo son dos los fragmentos de vidrio amarmolado encontrados hasta el momento. Uno procede de la *insula* II y el otro de la calle X-2; en ambas piezas el vidrio es de color violeta translúcido, el primero lleva incrustaciones de bastones de vidrio blanco opaco y el segundo espirales del mismo tipo de vidrio.

También destaca otro hallazgo efectuado en la *insula* II; corresponde a un fragmento de borde con el arranque de las costillas y fabricado en vidrio del denominado «Achatglas», que presenta grandes semejanzas con el encontrado en Magdalensberg y que se fecha en un nivel de hacia el año 10 a. C.[1810]

Las proporciones de los colores del vidrio encontrados en Celsa concuerdan con los catalogados en Valkenburg[1811] donde se apre-

[1797] ISINGS, C., 1957, pp. 17-21.

[1798] VAN LITH, S. M., 1979a, p. 13, fig. 1, nº 1. A los recogidos por van Lith hay que añadir los del Museo de Arte de Toledo: GROSE, D. F., 1989, p. 281, núms. 299-300.

[1799] Suelen estar situadas en torno a los 10 cms. de diámetro y 6 de altura.

[1800] Para los distintos tipos de fabricación se puede consultar a: HARDEN, D. B., 1947, p. 301. SCHULER, F., 1959, pp. 47-52. LA BAUME, P., 1964, pp. 10-13. HAYES, J. W., 1975, p. 16. LIERKE, R., 1993. STERNINI, M., 1995, p. 107, figs. 171-173.

[1801] WEINBERG, G., 1970, pp. 17-27.

[1802] HARDEN, D. B., 1969, p. 59, lám. VII E. JEHL, M. y BONNET, Ch., 1968, pp. 295-300. ALARCÃO, J., 1976b, pp. 158-159.

[1803] VON SALDERN, A., 1959, pp. 22 y ss., figs. 1 y 2.

[1804] WELKER, E., 1974, p. 21. STERN, E. M., 1977, p. 30, nota 12.

[1805] LA BAUME, P., 1964, pp. 14-15, fig. 9.

[1806] VAN LITH, S. M., 1979, p. 20, notas 98 y 99.

[1807] PINKWART, D., 1973, p. 93, nº 138, lám. 60, nº 138, este cuenco tiene un diámetro de borde de 11,2 cms. y una altura de 4,7.

[1808] VAN LITH, S. M., 1979a, pp. 20-21, además del ejemplo de Velsen, ver p. 17, nº 15, cita hallazgos en Colchester, Augst y Aquileia, y otros que se encuentran en colecciones.

[1809] VAN LITH, S. M., 1979, pp. 27-28.

[1810] CZURDA-RUTH, B., 1979, p. 31, ejemplos 81 y 82. En *Caesaraugusta* esta decoración, en la forma 3, aparece en el nivel «i» del teatro romano, datado en la segunda mitad de la época de Tiberio.

[1811] VAN LITH, S. M., 1979a, p. 37, de los 136 fragmentos, 92 son de vidrio de color natural, 9 coloreados (cinco azul oscuro y cuatro amarillo ámbar) y 35 de vidrio amarmolado.

cia un claro predominio del vidrio de color natural y se encuentran en minoría los coloreados. En Magdalensberg[1812], más de la mitad son de vidrio de color natural y, en *Hispania* estos datos se confirman en *Conimbriga*[1813]. Velsen[1814] es una excepción puesto que predominan los vidrios coloreados, además de haber una notable representación de vidrio amarmolado y otros como el raro vidrio blanco opaco.

Los cuencos de costillas de color natural son muy numerosos desde principios de la segunda mitad del siglo I d. C. Su producción comienza hacia principios de siglo, alcanzando su apogeo en la fecha anteriormente indicada. Así queda demostrado en los hallazgos de Valkenburg en su periodo 2/3 (del 47 al 69 d. C.) donde los cuencos de color azul verdoso son más frecuentes[1815]. En Zwammerdam todos los cuencos de costillas están fabricados en vidrio de color natural[1816]. En el último cuarto de siglo disminuye su producción y en el siglo II solo se encuentran restos aislados[1817].

Siete piezas presentan estrías grabadas en el interior de la pared. Solo una (V.79.15.21.-B'.C'.556) la tiene próxima al borde; el resto se localizan a media pared o en el fondo (V.79.5.N'.87; 80.1.15.21.B'.C'.-554 y 555; 80.1.8.10.V.X.8547; 81.1.2.8.M'.N'.-3665 y 3678; 81.1.2.8.Ñ'P'.6910 y 81.1.2.8.-Ñ'.P'.7269). Para Berger[1818] estas estrías indican cierta antigüedad, proponiendo para estos tipos una cronología anterior a los años 30/40 d. C. Para Stern[1819], las acanaladuras interiores son una decoración que tiene reminiscencias en los productos orientales del siglo I a. C. En las primeras vasijas se sitúan cerca del borde y, gradualmente, van disminuyendo hasta que las últimas que se realizan son las del fondo interior.

Entre los hallazgos que estudiamos no tenemos ninguna pieza completa, sin embargo, algunos fragmentos, por su tamaño, permiten buscar paralelos con hallazgos efectuados en otros yacimientos.

El perfil 80.1.8.10.V.X.8547 (fig. 247, 5) presenta un gran parecido con un cuenco que se conserva en el Royal Ontario Museum[1820], con dos publicados por Stern[1821] y con uno encontrado en *Vindonissa*[1822].

Las piezas de la forma 3b: V.79.3.I'.111; 80.1.36.38.T.V.2039 y 81.1.D.II.8167 (fig. 248, 1, 3 y 4), se corresponden con la *Vindonissa* número 25[1823] y Valkenburg 5[1824]. Hay perfiles semejantes en Caparra[1825], *Conimbriga*[1826], Monte de Fiaes (Portugal)[1827], *Carnuntum*[1828] y Nida-Heddernheim[1829].

El fragmento 81.1.15.21.B'.C'.559 (fig. 247, 7) se puede identificar con la forma Valkenburg 5a[1830], que está datada entre los años 40 al 69 d. C.

El 81.1.15.21.B'.C'.557 (fig. 247, 6), fabricado en vidrio transparente fino y de buena calidad, corresponde a la forma *Vindonissa* número 28[1831] y Valkenburg 7[1832]. Otros perfiles relacionados son los de Huelva[1833], Luni[1834] y Rheingönheim[1835].

Los fragmentos de fondos 81.1.2.8.M'.-N'.3665 y 3678 y 81.1.2.8.Ñ'.P'.6910 (fig. 246, 12 y fig. 247, 2), con estrías interiores, tienen su paralelo más cercano en un cuenco encontrado en la necrópolis de Lattes[1836].

La Isings 3c, representada por la pieza V.79.15.21.B'.C'.556 (fig. 248, 11), tiene un perfil muy semejante, incluso en el emplazamiento de su estría interior próxima al borde, a un cuenco que se conserva en el Royal Museum Ontario[1837]. Del V.79.21.25.Ñ.O.25 (fig. 248, 10), que también corresponde a esta variante, hay paralelos en *Conimbriga*[1838].

El elevado número de cuencos de costillas recuperados en excavaciones y que se encuentran en colecciones hace que necesariamente solo citemos aquéllos que más interesan para el estudio que aquí desarrollamos.

Su difusión por todo el Imperio es muy amplia, constatandose hallazgos incluso fuera de sus fronteras como en Arikamena (costa sureste de la India) y Mogador (Marruecos)[1839].

[1812] CZURDA-RUTH, B., 1979, p. 27.

[1813] ALARCÃO, J., 1976b, p. 159.

[1814] VAN LITH, S. M., 1979, pp. 16 y ss.

[1815] VAN LITH, S. M., 1979a, pp. 36-37.

[1816] VAN LITH, S. M., 1979, p. 20, nota 87.

[1817] BERGER, L., 1960, p. 18. WELKER, E., 1974, p. 18.

[1818] BERGER, L., 1960, p. 23.

[1819] STERN, E. M., 1977, p. 28.

[1820] HAYES, J. W., 1975, p. 20, fig. 2, n° 50.

[1821] STERN, E. M., 1977, pp. 25 y ss.

[1822] BERGER, L., 1960, lám. 18, n° 30.

[1823] BERGER, L., 1960, p. 20, lám. 2, n´25 y lám. 18, n° 33.

[1824] VAN LITH, S. M., 1979a, p. 15, fig. 1, n° 5.

[1825] BLANQUEZ MARTÍNEZ, J. M., 1965, pp. 43-44, fig. 5.

[1826] ALARCÃO, J., 1976b, p. 159, lám. XXIV, núms. 7-8.

[1827] ALARCÃO, J., 1971, p. 33, lám. II, n° 17.

[1828] GRÜNEWALD, M., 1981, p. 15, lám. 9, n° 4.

[1829] WELKER, E., 1974, láms. I y II, esp. los ejemplos 11, 14 y 15, datados desde época de los Flavios hasta Trajano.

[1830] VAN LITH, S. M., 1979a, p. 15, fig. 1, n° 5a.

[1831] BERGER, L., 1960, pp. 20-21, lám. 2, n° 28 y lám. 18, n° 34.

[1832] VAN LITH, S. M., 1979a, p. 16, fig. 1, n° 7.

[1833] DEL AMO Y DE LA HERA. M., 1976, p. 30, fig. 3, n° 1.

[1834] CHIARAMONTE, C., 1973, p. 726, lám. 215, n° 4.

[1835] ULBERT, G., 1969, p. 34, lám. 18, núms. 15-16.

[1836] PISTOLET, C., 1981, pp. 46-48, lám. X, n° 177.

[1837] HAYES, J. W., 1975, p. 19, fig. 1, n° 47, procede de Chipre y parece que fue manufacturada en Siria.

[1838] ALARCÃO, J. y A., 1965, pp. 33 y ss., lám. I, núms. 36-38.

[1839] STERN, E. M., 1977, p. 27. PRICE, J., 1981, p. 190.

Para los hallazgos efectuados en todo el Imperio se pueden consultar los trabajos de Czurda-Ruth[1840] y de van Lith[1841] donde están ampliamente referenciados.

Por lo que respecta a las piezas encontradas en *Hispania* es imprescindible consultar el trabajo de Price[1842]. Las referencias que incluimos a continuación se tienen que considerar como una actualización de carácter peninsular.

La Ising 3 en vidrio que imita al mármol se constata en *Hispania* en nueve yacimientos. Además de los escasos ejemplos documentados en *Celsa* en los niveles de abandono hay en *Bætulo*[1843], Can Xammar (Mataró)[1844], *Caesaraugusta*[1845], Córdoba[1846], Herrera de Pisuerga[1847], *Iluro*[1848], Santa Tecla (La Guardia, Pontevedra)[1849], *Tarraco*[1850] y *Conimbriga*[1851].

Para Calvi[1852] son vasijas fabricadas en Italia, tal vez en Aquileia o en el valle del Po, aunque, Hayes[1853] opina que pueden ser productos de Alejandría sin descartar una procedencia italiana, y asignándoles una cronología comprendida entre los años 20-60/70 d. C. En *Vindonissa*[1854] son frecuentes en época de Tiberio-Claudio con prolongación hasta Nerón. En Pompeya[1855] hay hallazgos en un nivel fechado entre el 15-35 d. C.

Cuencos de vidrio de color monocromo, en color natural o coloreados son muy frecuentes en España y Portugal, como lo indican los hallazgos estudiados por Price[1856]; a ellos hay que añadir los efectuados en Can Xammar (Mataró)[1857], *Caesaraugusta*[1858], Córdoba[1859], *Bætulo*[1860], *Bælo Claudia*[1861], Corona de Quintanilla (León)[1862], Dehesa de Morales (Fuentes de Ropel, Zamora)[1863], Herrera de Pisuerga[1864], Huelva[1865], *Iluro*[1866], *Iuliobriga*[1867], Jaca (Huesca)[1868], Mérida[1869], Palencia capital (Eras del Bosque)[1870] *Pompaelo*[1871], Raimat (Lérida)[1872], Santa Tecla (La Guardia, Pontevedra)[1873], Solana de los Barros (Badajoz)[1874], *Turiaso* (Tarazona)[1875], *Osca*[1876], El Torreón (Ortilla, Huesca)[1877], los de la provincia de Alicante[1878] y los que pertenecen a las colecciones del Museo

[1840] CZURDA-RUTH, 1979, pp. 27 y ss.

[1841] VAN LITH, S. M., 1979a, pp. 11-37.

[1842] PRICE, J., 1981, pp. 138-139 y pp. 182-200.

[1843] PRICE, J., 1981, p. 138. FLOS TRAVIESO, N., 1987, p. 57, fig. 22, nº 151.

[1844] JUNCOSA i CASTELLO, R. y CLARIANA i ROIG, J. F., 1992, p. 118, nº 1.

[1845] Un fragmento de pared encontrado en el nivel 'i' del teatro romano.

[1846] GARCÍA y BELLIDO, A., 1970, p. 30, fig. 28, nº 1, de un contexto de fines de época Julio-Claudia principios de los Flavios.

[1847] VIGIL PASCUAL, M., 1958, p. 212.

[1848] JUNCOSA i CASTELLO, R. y CLARIANA i ROIG, J. F., 1990, pp. 152-153, nº 3, p. 155, nº 3.

[1849] MARTÍNEZ TAMUXE, X., 1983, p. 98, con fig. en p. 100, la pieza es muy semejante a nuestro ejemplo.

[1850] PRICE, J., 1981, p. 685, nº 10, fig. 2, nº 10. PRICE, J., 1987, pp. 66-67, fig. 2, nº 6, datado en el segundo cuarto del siglo I d. C.

[1851] ALARCÃO, J. y A., 1965, p. 22, láms. XIII-XIV, núms. 4-5. ALARCÃO, J., 1976b, p. 159, dos fragmentos, de los cuales uno presenta unas características muy semejantes al nuestro.

[1852] CALVI, M. C., 1968, p. 65 y p. 71.

[1853] HAYES, J. W., 1975, p. 27, núms. 77-78.

[1854] BERGER, L., 1960, pp. 15 y ss.

[1855] SCATOZZA HÖRICHT, L. A., 1986, p. 30.

[1856] PRICE, J., 1981, pp. 191-206, mapa 9.

[1857] JUNCOSA i CASTELLO, R. y CLARIANA i ROIG, J. F., 1992, p. 118, núms. 2, 4 y 6.

[1858] De la segunda mitad de la época de Tiberio son los hallazgos del teatro romano. De fines de la época de Claudio son los hallazgos de la calle A. Agustín: PAZ PERALTA, J. A., 1991 a, p. 302. En el resto de los hallazgos efectuados en otros solares de la ciudad predomina también el vidrio de color natural.

[1859] GARCÍA y BELLIDO, A., 1970, fig. 14, nº 4; fig. 19, nº 10; fig. 28, núms. 1 y 3; fig. 36, nº 8; fig. 38, nº 18 y fig. 64, nº 1.

[1860] FLOS TRAVIESO, N., 1987, p. 31, fig. 2, nº 32 y pp. 35-37, fig. 4, nº 55 y fig. 6, nº 65, datados a mediados del siglo I d. C. Sin contexto estratigráfico están los ejemplos de las pp. 57-59, figs. 23-24, núms. 153-160.

[1861] DOMERGUE, C., 1973, pp. 19-20; p. 83, fig. 31, nº 1356. LOPEZ, M., 1984, p. 24, fig. inferior; p. 31, fig. superior y p. 32, fig. central.

[1862] DOMERGUE, C. y SILLIERES, P., 1977, p. 11

[1863] MARTIN, R. *et alii*, 1975, p. 457, fig. 8, nº 7.

[1864] VIGIL PASCUAL, M., 1958, p. 212, núms. 5-9.

[1865] DEL AMO Y DE LA HERA, M., 1976, p. 30, fig. 3, nº 1 y fig. 5, nº 11.

[1866] S.A.M.M., 1977, p. 58, fig. 3. JUNCOSA i CASTELLO, R. y CLARIANA i ROIG, J. F., 1990, pp. 152-153, núms. 2, 4-5, p. 155, núms. 2, 4-5.

[1867] GARCÍA y BELLIDO, A., 1956, p. 163, fig. 50, núms. 13. SOLANA SAINZ, J. M., 1981, pp. 302-303, lám. 52, núms. 5-20.

[1868] PAZ PERALTA, J. A., 1991, p. 334.

[1869] MACIAS, M., 1934, pp. 191 y ss. CALDERA DE CASTRO, M. P., 1983, pp. 29-30, fig. 8c.

[1870] DEL AMO Y DE LA HERA, M., 1992, pp. 194-195, fig. 6, nº 3.

[1871] MEZQUÍRIZ DE CATALÁN, M. A., 1958, p. 105, fig. 38, núms. 6-7 y p. 141, fig. 61, nº 6. MEZQUÍRIZ DE CATALÁN, M. A., 1978, fig. 43, nº 6.

[1872] PÉREZ ALMOGUERA, A., 1988, pp. 157-158, núms. 1-8.

[1873] DE LA PEÑA SANTOS, A., 1987, p. 172, lám. 12.

[1874] CALDERA DE CASTRO, M. P., 1983, p. 30.

[1875] Inédito, es un fragmento de fondo de la forma 3a en vidrio de color natural, se encontró en un nivel datado en el tercer cuarto del siglo IV, por lo que hay que considerarlo como un elemento residual.

[1876] AGUILERA ARAGÓN, I. y PAZ PERALTA, J. A., 1987, pp. 80-81.

[1877] PAZ PERALTA, J. A. y SÁNCHEZ NUVIALA, J. J., 1984, p. 220, fig. 23, nº 166.

[1878] SÁNCHEZ DE PRADO, M. D., 1984, pp. 90-92, fig. 7, núms. 1-5.

de Zaragoza, donde destaca, por su rareza, un fragmento de vidrio violeta casi opaco[1879].

En Portugal estos cuencos son más frecuentes en el norte que en el sur[1880]. Su presencia está constatada en Alcacer do Sal[1881], en la antigua *Aeminium*[1882], Aljustrel[1883] y Citânia de Briteiros[1884].

La Isings 3 aparece en Occidente desde tiempos de Augusto, es más corriente con Tiberio/Claudio, momento a partir del cual predomina el vidrio de color natural[1885], y presenta un declive en época de los Flavios[1886]. Los hallazgos de *Celsa* se pueden situar, por tanto, en el momento de pleno apogeo de esta forma.

Isings 5

Es un plato circular, con el labio plano y la pared curvada. Formaría servicio de mesa con la forma 20[1887]. Existe una variante (Trier 7[1888]) con la pared curvilínea que describe dos cuartos de círculo, y que se complementaría con la forma 2[1889].

Ambos platos se fabricaron en vidrio coloreado o mosaico, así lo indican los hallazgos de *Vindonissa*[1890], *Camulodunum*[1891], Magdalensberg[1892] y los que se encuentran en las colecciones del Corning Museum of Glass[1893] y Toledo Museum of Art[1894].

Los perfiles más próximos al fragmento de borde de *Celsa* son los de *Camulodunum*[1895],

Ostia[1896], Reingönheim[1897] y las dos piezas de *Tarraco*[1898].

De otras zonas de la Colonia proceden seis fragmentos con la pared en dos cuartos de círculo. Tres están fabricados en vidrio mosaico[1899], dos en vidrio opaco (uno blanco y otro rojo) y otro es verde translúcido.

Price[1900] recoge los hallazgos de esta variante en la península ibérica en Ampurias, *Bætulo*, *Carteia*, *Tarraco*, Villaricos, *Conimbriga*, Mertola y Represas (Beja), a ellos hay que añadir los recientemente publicados de *Bætulo*[1901] y los de *Caesaraugusta*[1902].

En Macerata[1903], Italia septentrional, esta variante se halló en una tumba, con monedas de Augusto de los años 9/8 a. C. De época de Claudio son los hallazgos, ya citados, de *Bætulo*, *Camulodunum*, Magdalensberg (desde Augusto a principios de Claudio), *Caesaraugusta* y *Tarraco*. En Pompeya y Herculano se data en el 79 d. C.[1904].

Isings 12

Es un vaso con las paredes casi rectas o ligeramente curvadas, el borde pulido y el fondo achatado o umbilicado. Su decoración más característica son las líneas y estrías talladas en el exterior de su pared, aunque también los hay decorados con hilos aplicados, pintura, gotas de vidrio, etc.[1905]

Es la forma más frecuente en *Celsa* con un total de cincuenta y siete fragmentos identificados[1906]. De todos ellos destacan dos perfiles el V.79.7.G'.88.2. y 5 y el 81.1.D.II.10266, con el borde algo exvasado y el cuerpo en forma de huevo. Estos galbos se pueden relacionar con la forma 12 y considerarlos como una variante[1907].

[1879] Se han contabilizado varios fragmentos de vidrio de color natural, a los que se añade también otro en color violeta casi opaco, ya citado. Aunque se desconoce la procedencia exacta, si que se puede atribuir con seguridad un origen aragonés para la mayor parte; y tal vez algunos de ellos recuperados en las excavaciones de 1921 que se llevaron a cabo en la Colonia *Celsa* por la Real Academia de Nobles y Bellas Artes de San Luis.

[1880] ALARCÃO, J., 1976b, p. 159.

[1881] ALARCÃO, J., 1978, pp. 156-157, lám. II, nº 13.

[1882] ALARCÃO, J., 1971, pp. 33-34, lám. II, nº 20.

[1883] ALARCÃO, J., 1976b, p. 159, nota 21.

[1884] CARDOZO, M., 1986, lám. XXV, nº 3.

[1885] VAN LITH, S. M., 1979, pp. 19-20. CZURDA-RUTH, B., 1979, p. 31. SCATOZZA HÖRICHT, L. A., 1986, pp. 25-31.

[1886] BERGER, L., 1960, p. 18. HAYES, J. W., 1975, p. 17, notas 29 y 30. CZURDA-RUTH, B., 1979, p. 31 y ss.

[1887] ISINGS, C., 1957, pp. 21-22. CZURDA-RUTH, B., 1979, pp. 76-79.

[1888] GOETHERT-POLASCHET, K., 1977, 23.

[1889] BERGER, L., 1960, pp. 25-26, lám. 3, núms. 30-31 y lám. 17, núms. 1-2. CZURDA-RUTH, B., 1979, pp. 67-72. SCATOZZA HÖRICHT, L. A., 1986, p. 31.

[1890] BERGER, L., 1960, pp. 26-27, núms. 30-32.

[1891] HARDEN, D. B., 1947, pp. 289 y 301, lám. LXXXVIII, nº 60.

[1892] CZURDA-RUTH, B., 1979, pp. 67-72, núms. 529-530, 538-543, 550-565 y 568-572 y pp. 76-69, nº 603.

[1893] GOLDSTEIN, S. M., 1979, p. 149, núms. 314-315.

[1894] GROSE, D. F., 1989, pp. 307-311, núms. 430-448.

[1895] HARDEN, D. B., 1947, p. 301, nº 60, lám. LXXXVIII, nº 60.

[1896] MORICONI, M. P., 1970, p. 77, lám. XV, fig. 234.

[1897] ULBERT, G., 1969, p. 34, nº 7, lám.18, nº 7.

[1898] PRICE, J., 1981, pp. 160-161, plato circular del tipo B; p. 164, fig. 5, nº 39 y fig. 23, nº 14.

[1899] Uno es en vidrio millefiori compuesto por incrustaciones de vidrio blanco opaco y círculos azul cielo translúcidos con blanco y amarillo opaco. Los otros dos son de vidrio amarmolado, ambos con espirales rojas y verdes

[1900] PRICE, J., 1981, pp. 153-153.

[1901] FLOS TRAVIESO, N., 1987, p. 40, nº 83, datado a mitad del siglo I d. C.

[1902] PAZ PERALTA, J. A., 1991 a, pp. 302-303, fig. 2, nº 2, en vidrio azul cobalto translúcido, se data a fines de la época de Claudio.

[1903] MERCANDO, L., 1974, p. 106, fig. 27, de la tumba I.

[1904] SCATOZZA HÖRICHT, L. A., 1986, p. 31.

[1905] ISINGS, C., 1957, pp. 27-30. RÜTTI, B., 1988, pp. 46-51.

[1906] Una gran parte de las piezas se han podido identificar debido a las líneas grabadas que conservan. Hay que suponer que el número de estos vasos debía de ser más elevado.

[1907] BERGER, L., 1960, pp. 43-44, nº 95, lám. 19, nº 49, Berger forma 95.

El único motivo decorativo que hay en los hallazgos de *Celsa* son las estrías y líneas talladas horizontales, situadas en las pared exterior, debajo del borde, a media altura o en la zona inferior.

Van Lith[1908] distingue tres grupos, según sean estrías o líneas:

1) Estrías cóncavas que tienen aproximadamente 3,0 mm. de ancho y con señales de pulimento.

2) Estrías más estrechas que, en general, son más planas y menos profundas.

3) Líneas grabadas finas. Pueden aparecer agrupadas hasta 6, como la pieza V.79.1.C'.111, o bien aisladas.

Los tipos estudiados por van Lith, según los hallazgos de Valkenburg, concuerdan notablemente con los de *Celsa*.

En Valkenburg[1909], las estrías cóncavas y anchas están, a menudo, debajo del borde, y en algunos casos a media altura de la pared o en la parte inferior del cuenco.

Las estrías estrechas y las líneas finas grabadas se ubican, especialmente, debajo de los surcos cóncavos próximos al borde, y en muchas ocasiones a una altura media de la pared o en la zona inferior.

En *Celsa,* los ejemplos que se estudian tienen, mayoritariamente, estrías cóncavas y anchas debajo del borde y en algunos de ellos se asimilan a una estría estrecha y menos profunda. En pocos casos hay surcos cóncavos y anchos a mitad de la pared. En la zona inferior son frecuentes las estrías planas y estrechas o varias líneas grabadas finas, agrupadas en número de cinco o seis. Especialmente, remarcable es el fragmento de borde y pared V.79.26.H.4, con una estría cóncava debajo del borde y dos bandas de líneas grabadas finas en el arranque del fondo. Algunos fragmentos de pared y fondo carecen de trabajo grabado.

Mientras que en Valkenburg la anchura mayor de las estrías cóncavas es de 3,0 mm., en *Celsa* las de nueve fragmentos superan esta medida y en dos de ellos, el 81.1.2.8.Ñ'.P'.5529 y el 81.1.D.II.8176, alcanzan hasta los 4,5 mm.

La forma más frecuente es la cilíndrica, aunque hay ejemplos en los que el borde tiende a estrecharse: son los típicos bordes biselados en el interior y que, tanto en *Celsa* (solo un ejemplo: V.79.26.J'.156, fig. 249, 3) como en otros yacimientos están representados en escaso número[1910]. El resto de los labios están pulidos y son planos.

Los fondos encontrados en la Casa de los Delfines y calles adyacentes son todos planos, correspondiendo a la forma Hofheim 1B[1911].

La forma Hofheim 1A, con el fondo más redondeado y con umbo, no se han encontrado en esta zona de la Colonia. De otros sectores hay tres hallazgos, todos son de niveles datados en el periodo más moderno del abandono del yacimiento, últimos años de la época de Nerón. Estos fondos definen una cronología muy concreta. En Velsen[1912], campamento ocupado entre el 15 y el 55 d. C., están ausentes; de Valkenburg[1913], solo procede de estratigrafía uno de los tres fragmentos encontrados y se data en el periodo 2/3 (47 al 69 d. C.); en *Vindonissa*[1914] y en *Vitudurum*[1915] están documentados en la segunda mitad del siglo I. Los de Minusio (Cantone Ticino)[1916] se datan desde la segunda mitad del siglo I hasta fines del I-principios del II. Las estratigrafías de *Celsa*, vienen a confirmar la cronología de los yacimientos antes comentados. Su ausencia en los niveles 6, 7.1 y 7.2 (datados entre el 54-60 d. C.) permite una mayor precisión en su cronología, proponiendo su fecha aparición entre los años 60-69 d. C.

Entre los cuencos de *Celsa*, predomina el vidrio de color natural, con un total de cuarenta y dos. En vidrio coloreado hay quince, cuatro amarillos, tres verdes, entre los que destaca uno en verde malaquita transparente (V.79.21.25.Ñ.O.30, fig. 249, 4), siete azules y uno violeta.

Estos datos concuerdan con los hallazgos de Valkenburg[1917] donde la mayoría de los ejemplos son de color natural y el resto de color azul oscuro, amarillo y verde. En Velsen[1918] también predomina el vidrio de color natural, en vidrio coloreado se catalogan el amarillo, azul, verde esmeralda y violeta. Resultados semejantes se repiten en los hallazgos de *Vitudurum*[1919].

Además hay que añadir, tres fragmentos de vidrio doble (Überfangglass), que tienen que ser incluidos casi con toda seguridad en estos vasos, tanto por la curvatura de su pared como por las líneas grabadas. Sus colo-

---

[1908] VAN LITH, S. M., 1979a, p. 47.

[1909] VAN LITH, S. M., 1979a, pp. 38 y ss.

[1910] Por ejemplo: Valkenburg con una sola pieza, VAN LITH, S. M., 1979a, p. 48, fig. 17, n° 185.

[1911] RITTERLING, E., 1913, pp. 365-366.

[1912] VAN LITH, S. M., 1979, pp. 23-27.

[1913] VAN LITH, S. M., 1979a, p.48, n° 159.

[1914] BERGER, L. 1960, p. 43.

[1915] RÜTTI, B., 1988, pp. 50-51, p. 169, lám. 10, núms. 769 (Periodo III, 70/80-110/120 d. C.) y 773 (Periodo II, 50-70/80 d. C.).

[1916] BIAGGIO SIMONA, S., 1991, p. 71, lám. 3, n° 163.2.114 y fig. 6, n° 163.2.055.

[1917] VAN LITH, S. M., 1979a, p. 48.

[1918] VAN LITH, S. M., 1979, pp. 23 y ss.

[1919] RÜTTI, B., 1988, pp. 46-51.

res son amarillo ámbar (V.79.7.G'.101.1,2 y 3), violeta (81.1.2.8.Ñ'.P'.3684) y azul de ultramar (V.79.36.K'.47), todos recubiertos por vidrio blanco opaco, los dos primeros por el interior y el tercero por el exterior. Estas tres piezas son las únicas de esta forma en vidrio doble que se conocen en *Celsa* y que, cronológicamente, como bien supone Berger[1920], se tiene que datar en época de Claudio-Nerón o posiblemente a finales de Tiberio. De fines de época de Claudio se conoce vidrio doble en *Caesaraugusta*[1921], y los ejemplos de *Celsa* se datan entre los años 54-60. Otros ejemplos de la forma 12 en vidrio doble se han encontrado, entre otros yacimientos, en Velsen[1922] (hasta el año 55 d. C.), Valkenburg[1923] y Asberg[1924], en este último con una datación de Tiberio-Claudio.

Estos vasos presentan una distribución muy amplia en todo occidente, sin embargo, en yacimientos orientales, como Dura-Europos[1925] están ausentes y en otros, como Samotracia[1926], escasamente representados. La frecuencia de aparición de este cuenco en el NW hace suponer que se fabricaron en factorías italianas[1927].

Para un estado actual de la cuestión y una distribución de los hallazgos, junto con las piezas que se conocen en colecciones privadas, se puede consultar a Czurda-Ruth[1928] y van Lith[1929]. A este respecto cabe destacar además el importante conjunto, de reciente publicación, perteneciente a *Vitudurum*[1930].

Los hallazgos efectuados en *Hispania* son recogidos por Price[1931]; a ellos hay que añadir los encontrados en España en *Augusta Emerita*[1932], *Caesaraugusta*[1933], Córdoba[1934], Osca[1935] y Santa Tecla (La Guardia, Pontevedra)[1936].

Los ejemplos más antiguos de la forma se documentan en Magdalensberg[1937] en niveles de época de Augusto, aunque en su mayor parte, se deben de asimilar a fechas posteriores. En *Celsa*, la datación más antigua se vincula al nivel 3.1, del año 20 d. C., y en *Caesaraugusta*[1938] se observa su difusión en la segunda mitad de la época de Tiberio. Posiblemente se fabricó hasta el año 70, siendo muy esporádica su presencia a partir de esta fecha[1939].

Isings 15

Anforisco[1940] con el cuerpo ovoide el borde es generalmente redondeado o doblado al interior, siendo más raramente vuelto hacia el exterior y hacia arriba, base anular y dos asas.

Los fragmentos de Celsa son todos de color natural, excepto el 80.1.14.18.P.Q.14133 que es de vidrio blanco opaco.

El borde con asa 81.1.21.31.F.G.1888 (fig. 249, 6) presenta semejanzas con una pieza de *Vitudurum*[1941], que se data a partir del 50 d. C. El fragmento de borde V.79.30.32.K.64 (fig. 249, 10) que presenta una forma redondeada, tiene su mejor paralelo en un recipiente de Gropello Cairoli[1942].

Se trata de una forma relativamente frecuente en *Celsa*, donde se constata además en otros puntos de la Colonia[1943].

Además de las piezas referenciadas por Isings, merecen ser destacadas las de *Aquae Helveticae*[1944], Asberg[1945], Cantone Ticino[1946], Luni[1947], Muralto[1948], Nida-Heddernheim[1949], Saintes[1950], Pompeya[1951], *Vindonissa*[1952], *Vitudurum*[1953] y de la necrópolis de Lattes (Hérault)[1954].

[1920] BERGER, L. 1960, p. 37.

[1921] PAZ PERALTA, J. A., 1991a, p. 302.

[1922] VAN LITH, S. M., 1979, pp. 27-29.

[1923] VAN LITH, S. M., 1979a, pp. 38-39.

[1924] VAN LITH, S. M., 1987, p. 38.

[1925] CLAIRMONT, C. W., 1963, p. 28, nota 87.

[1926] DUSENBERY, E. B., 1967, p. 45, n° 36, fig. 36.

[1927] CALVI, M. C., 1968, pp. 53 y ss. HAYES, J. W., 1975, pp. 36-37.

[1928] CZURDA-RUTH, B.,1979, pp. 39-40.

[1929] VAN LITH, S. M., 1979, pp. 25-29.

[1930] RÜTTI, B., 1988, pp. 46-52, lám. 10.

[1931] PRICE, J., 1981, pp. 422-423.

[1932] CALDERA DE CASTRO, M. P., 1983, pp. 33, fig. 8e.

[1933] Los primeros testimonios son de la segunda mitad de la época de Tiberio y proceden del nivel «i» excavado en el teatro romano. Es frecuente con Claudio: PAZ PERALTA, J. A., 1991 a, p. 302.

[1934] GARCÍA Y BELLIDO, A., 1970, p. 30, fig. 28, n° 8, de principios de época de los Flavios.

[1935] AGUILERA ARAGÓN, I. y PAZ PERALTA, J. A., 1987, pp. 80-81

[1936] DE LA PEÑA SANTOS, A., 1987, p. 172, lám. 12, en el centro de la lámina las piezas que tienen estrías parecen coresponder a esta forma.

[1937] CZURDA-RUTH, B.,1979, p. 40.

[1938] Del nivel «i» del teatro romano.

[1939] BERGER, L., 1960, pp. 43 y ss. VAN LITH, S. M., 1979a, pp. 47-49. PRICE, J., 1981, p. 420.

[1940] ISINGS, C., 1957, pp. 32-34.

[1941] RÜTTI, B., 1988, pp. 87-88, n° 1621.

[1942] MACCABRUNI, C., 1983, p. 46, n° 18.

[1943] Se han encontrado numerosos fragmentos, donde destaca el conjunto encontrado en la *insula* II.

[1944] FÜNFSCHILLING, S., 1986, pp. 130-133, lám. 16

[1945] VAN LITH, S. M., 1987, pp. 40-42.

[1946] BIAGGIO SIMONA, S., 1991, pp. 209-214, láms. 44-45.

[1947] CHIARAMONTE, C., 1973, p. 774, lám. 215, n° 18.

[1948] CRIVELLI, A., 1979, lám. XV, núms. 38 y 48, datados entre el 15-30 d. C.

[1949] WELKER, E., 1974, pp. 63-65, lám. VIII, n° 151.

[1950] CHEW, H., 1988, p. 42, fig. lám. 3, núms. 19a y 19b.

[1951] ZIVIELLO, C., 1986, pp. 220-221, n° 23

[1952] BERGER, L., 1960, pp. 40-42, núms. 86-88, lám. 5, núms. 86 y 88, lám. 6, 87, lám. 20, núms. 79-80, datada desde época de Tiberio.

[1953] RÜTTI, B., 1988, pp. 87-88, láms. 23 y 35.

[1954] PISTOLET, C., 1981, pp. 39-40, lám. VIII, núms. 160-163.

Es significativa su ausencia en Magdalensberg[1955].

En la península ibérica, los hallazgos son frecuentes, destacando los recogidos por Price[1956] y entre ellos los de la necrópolis de Las Pozas (Monturque, Córdoba)[1957], que indican una utilización conjunta con la vajilla de cerámica, en los servicios de mesa. A estos hay que añadir los de *Bætulo*[1958], *Caesaraugusta*[1959], *Osca*[1960], y el de la necrópolis de *Segobriga*[1961].

El origen de esta forma hay que situarlo en época de Tiberio-Claudio, como lo indican las dataciones de *Caesaraugusta*[1962], Cantone Ticino[1963] y *Vindonissa*[1964]. En *Tarraco* hay un importante conjunto datado entre los años 25-50 d. C.[1965] Es abundante en Claudio-Nerón y su uso se prolonga hasta el siglo II, así lo indican los hallazgos de Nida-Heddernheim[1966], de época de Adriano-Antonino.

Isings 16

Esta forma se refiere a una redoma, se caracteriza por su borde triangular, ligeramente exvasado o plano. Cuenta con un cuello circular o abombado acabado en una ligera estrangulación que da paso a una cubeta más o menos circular o piriforme y sin pie. A veces, presenta decoración de líneas grabadas horizontales[1967].

Aunque Isings sitúa la altura de estos contenedores entre los 14 y los 23 cms. se conocen varios ejemplos de menor y mayor tamaño[1968].

La denominación más frecuente para referirse a esta forma es la de frasco para ungüentos[1969].

Este recipiente se integra en el ámbito del aseo personal, compartiendo los rasgos esenciales con que cuentan los ungüentarios comunes. Sin embargo, las redomas de mayor proporción se pueden poner en relación con el proceso de elaboración primaria, o mezcla de ingredientes fundamentales. Una vez obtenido el contenido, se trasvasaría a pequeños contenedores domésticos.

Un elemento de apoyo tipológico-funcional, puede aportarlo la pintura mural de la Casa de los Vetii en Pompeya, que representa una escena de cúpidos en la elaboración de perfumes. En la escena central se observa uno de ellos con un frasco de vidrio, que podría asimilarse a la Isings 16, en actitud de agitar o mezclar su contenido[1970].

Su vinculación a la vajilla de mesa, donde resultaría ser un pequeño recipiente de uso colectivo o individual, se puede observar en un mosaico de Cartago (Túnez)[1971], donde, en una escena de banquete, se representa un recipiente de características similares.

Su funcionalidad, dada la probable polivalencia de usos, se concretaría para cada caso dependiendo de los parámetros: tamaño, contexto físico de aparición, vinculación a otros objetos muebles hallados, y análisis de contenidos.

Para Biaggio Simona[1972] el hallazgo de Minusio es una botella sin asas. La diferencia entre botellas y ungüentarios las establece por la altura, en estos últimos estaría comprendida entre los 10-16 cms.

No obstante somos de la opinión de que los recipientes con un tamaño situado entre los 14-16 cms. es difícil encuadrarlos en un grupo o en otro, pudiendo tener un uso dual que se tendría que concretar en función de los parámetros anteriormente citados.

Por lo que respecta a las alturas mínimas que se consideran para las botellas, hay que

---

[1955] Czurda-Ruth, B., 1979, p. 244.

[1956] Price, J., 1981, pp. 565-570. Price, J., 1987, pp. 36-37, fig. 5, mapa B, notas 38 y 41.

[1957] De los Santos Jener, S., 1950, p. 209, fig. 80. De los Santos Jener, J., 1953, p. 165, fig. 63, núms. 24 y 27.

[1958] Flos Travieso, N., 1987, p. 43, fig. 12, nº 98, es un fragmento de fondo que tal vez pertenezca a esta forma, procede del relleno de una cisterna cuya fecha propuesta es mediados del del siglo I d. C. Un fragmento de vidrio translúcido azul de ultramar puede corresponder también a esta forma, p. 92, fig. 69, nº 413.

[1959] En época de Tiberio se data el fragmento de asa del nivel «i» excavado en el teatro romano. También aparece en un contexto de finales de la época de Claudio, Paz Peralta, J. A., 1991 a, p. 302.

[1960] Aguilera Aragón, I. y Paz Peralta, J. A., 1987, pp. 80-81, se data en 60/70 d. C.

[1961] Almagro Basch, M., 1979, p. 222, nº 22, fig. 8, nº 11.

[1962] La datación hay que tomarla con reservas, puesto que el asa puede pertenecer a otra forma.

[1963] Biaggio Simona, S., 1991, pp. 212-213

[1964] Berger, L., 1960, p. 40.

[1965] Price, J., 1981, pp. 565-570, excavación del pasaje Cobos, núms. 70-71, 87, 153-155 y 165.

[1966] Welker, E., 1974, pp. 64-65.

[1967] Isings, C., 1957, pp. 34-35.

[1968] Van Lith, S. M., 1979a, p. 51, nº 193 de Valkenburg con 12,5 cm.; en pp. 51-52 recoge los encontrados en Horta da Canada (Portugal) de 10,2 cm.; Thysdrus (El-Jem, Túnez) de 10,2 cm. y el de la colección Löffer de 26,5 cm. A estos ejemplos hay que añadir el encontra-

do en la necrópolis de Lattes que tiene 11,5 cm.: Pistolet, C., 1981, p. 34, nº 134, lám. VI, nº 134. Los cuatro ejemplos de la tumba galo-romana de inhumación de Saintes, de 14,4 cm., 14,5 cm., 14,6 cm. y 14,8 cm.: Chew, H., 1988, p. 42, fig. 3, núms. 20a-20d, datados a mediados del siglo I d. C. El de Minusio, Cadra de 26,5 cm.: Biaggio Simona, S., 1991, p. 169, lám. 28, nº 163.2.126.

[1969] Price, J., 1981, p. 612.

[1970] Donato, G. y Seefried, G., 1989, pp. 51-60, fig. 22.

[1971] Aunque el mosaico es del siglo IV, sin embargo el recipiente, asociado a dos cuencos de vidrio, presenta las mismas características que la Isings 16: Yacoub, M., 1988, p. 268, p. 288 y fig. 9d.

[1972] Biaggio Simona, S., 1991, pp. 169-170, lám. 28, nº 163.2.126.

indicar que botellas con un asa de la forma Isings 14, con tamaños comprendidos entre los 9,3 y 13,8 cms., se han documentado entre los hallazgos del Cantone Ticino[1973].

Esto indicaría que los recipientes de la forma Isings 16 con alturas superiores a los 10 cms. debieron de ser utilizadas en su gran mayoría como redomas. Dejando los tamaños menores de 10 cms. para ungüentarios, asociables a la forma Isings 28a. Con respecto a esta última forma es de interés el hallazgo efectuado en una sepultura de Trier[1974].

Hay conjuntos cerrados en los que la presencia de una variada gama de tamaños para esta forma, se traduce en una clasificación bipartita entre botellas y ungüentarios según sean de mayor o menor tamaño. En estos casos la aparición simultánea de ambos como parte integrante de un amplio conjunto de objetos de vidrio, puede esclarecer las distintas funciones de los recipientes considerados como redomas y ungüentarios con el perfil de la Isings 16[1975]. En lo que respecta a dos hallazgos de los realizados en *Celsa* habría que considerar la posibilidad de un uso vinculado a su utilización en la cocina, como contenedor de líquidos, o como vajilla de mesa. Una de las piezas apareció en el interior de la Casa, estancia 16, (nivel 7.1) que aportó un importante volumen de cerámicas de mesa y de vajilla de vidrio. Al no conservarse la cubeta, se anula la posibilidad de detectar posibles restos de contenidos. La otra, se adscribe al contexto del ambiente de la taberna II. Estos dos hallazgos, plantean un uso dual de la forma.

Nuestro perfil completo (fig. 249, 11) reconstruído con varios fragmentos (V.79.6.-8.I.J.75 y 81 y V.79.8.10.J.245) tiene una altura aproximada de algo más de 15 cm. Los restos de borde V.79.24.J'.94 y 81.1.D.II.10267 (fig. 250, 1-2), así como el cuello V.79.36.K'.46 y 49 (fig. 250, 3) es muy posible que sean de esta forma, aunque no se descarta su pertenencia a otros recipientes con esta modalidad de borde y cuello.

Generalmente, se fabricó en vidrio de color natural, aunque se dan ejemplos en vidrio coloreado, como sucede en *Celsa*, y opaco.

Estas redomas están muy difundidos, así lo indican las referencias de van Lith[1976], a las que se suman los testimonios de Asberg[1977], Herculano[1978], la necrópolis de Lattes[1979], Magdalensberg[1980] y *Vitudurum*[1981], solo por citar los hallazgos más significativos.

En España y Portugal se han encontrado en *Bætulo*[1982] y en Horta da Canadá (Tavira, Portugal)[1983], sin olvidar el conjunto de la antigua colección del rey D. Manuel[1984], de probable procedencia peninsular.

La datación más antigua se sitúa entre los años 30-25/20 a. C. y está atestiguada en Magdalensberg[1985]. Su mayor frecuencia de hallazgos se manifiesta en época de Claudio y en fechas posteriores, así lo atestiguan los hallazgos de *Camulodunum*[1986], necrópolis de Lattes[1987], Minusio[1988], Saintes[1989], Valkenburg[1990] y los de *Celsa* datados a fines de Claudio y primeros años de la época de Nerón.

Isings 17

Esta forma corresponde al tipo frecuentemente designado «Zarte Rippenschalen»[1991]. Son vasos con costillas fabricados mediante la técnica del soplado al aire libre. Se diferencia claramente de la forma 3, además de por sus medidas, por la delgadez de sus paredes y el menor resalte de las costillas, éstas pueden estar formadas por separado o bien unidas en la zona superior por pequeños arcos abombados.

Lo más frecuente es que el diámetro del borde tenga unos 8 cms., aunque en ocasio-

[1973] Solo por citar algunos ejemplos: BIAGGIO SIMONA, S., 1991, pp. 172-177, por ejemplo las piezas: 0.000.151, 0.000.152 y 134.2.052.

[1974] GOETHERT-POLASCHEK, K., 1977, enterramiento nº 73, p. 283, lám. 6, 73 y lám. 26, para la forma Isings 28a/Trier 69a: p. 105, nº 523. El recipiente mide 11 cms. de altura, que unido a su asociación a un plato, cuenco y vaso (Isings 12), hace que se le pueda considerar como integrante del servicio de mesa.

[1975] El hallazgo de la tumba galo-romana de Saintes ha ofrecido cuatro botellas de la Isings 16 y siete ungüentarios de la 26a, en los dibujos de ambas formas se puede apreciar con claridad que tienen perfiles semejantes, sus diferencia reside en el tamaño, teniendo los ungüentarios la mitad de la altura que las botellas: CHEW, H., 1988, pp. 42-43, núms. 20-21, fig. 3, núms. 20-21.

[1976] VAN LITH, S. M., 1979a, p. 51-52.

[1977] VAN LITH, S. M., 1987, p. 42.

[1978] SCATOZZA HÖRICHT, L. A., 1986, pp. 64-65, Forma 49.

[1979] PISTOLET, C., 1981, pp. 34-36, núms. 132-135, lám. VI: destaca el nº 133 datado en Claudio/Nerón.

[1980] CZURDA-RUTH, B., 1979, pp. 125-127.

[1981] RÜTTI, B., 1988, pp. 73-75.

[1982] FLOS TRAVIESO, N., 1987, p. 92, nº 411, en vidrio translúcido azul turquesa.

[1983] ALARCÃO, J., 1970, pp. 250-251, nº 30, lám. 5, nº 30.

[1984] ALARCÃO, J., 1976a, pp. 58 y 60-61, nº 12, lám. III, nº 12.

[1985] CZURDA-RUTH, B., 1979, p. 126, nº 978 y p. 236.

[1986] HARDEN, D. B., 1947, p. 304, núms. 83-84, del periodo IV (49-61 d. C.) y del periodo VI (61-65 d. C.)

[1987] PISTOLET, C., 1981, p. 34, nº 133, datado en Claudio/Nerón.

[1988] CRIVELLI, A., 1979, lám. XV, nº 28, datado entre el 25-40 d. C.

[1989] CHEW, H., 1988, p. 57, datados entre el 40/60 d. C.

[1990] VAN LITH, S. M., 1979 a, pp. 50-52, núms. 189-191, del periodo 1 y 1a (40-47 d. C.), el nº 193 datado hacia el 120 d. C.

[1991] ISINGS, C., 1957, pp. 35-36. VON PFEFFER, W. y HAEVERNICK, T. E., 1958. HAEVERNICK, T. E., 1967.

nes puede superar los 10 cms. Su altura está comprendida entre los 5 y 6 cms. Hay excepciones, que por sus medidas se aproximan más a cuencos que a vasos; así los ejemplos de Magdalensberg[1992] Colonia[1993], el de la colección Löffler[1994] y los recipientes de *Celsa*[1995] (fig. 250, 4 y 6). Aunque hay escasa diferencia en el tamaño hay que suponer que a efectos de uso que estos recipientes también debieron de ser usados como vasos.

Frecuentemente en la pared exterior están decorados con hilos aplicados de vidrio opaco, que generalmente son de color blanco, aunque también los hay azules y verdes. Estos son aplicados en la vasija antes del soplado definitivo y de la formación de las costillas, y es por este motivo que su grosor es muy variable y en las costillas, en muchas ocasiones, este vidrio opaco es inapreciable. Los hilos se extienden desde la zona superior hasta la inferior formando olas o un zig zag para terminar en la base en una espiral o bucle.

De los seis fragmentos que aquí se estudian, solo el V.79.10.12.M.Ñ.40 (fig. 250, 7) se encuentra decorado con hilos de vidrio blanco opaco. El 81.1.15.21.B'.C'.547 es de vidrio violeta, el resto son de color natural.

En otros puntos de la Colonia se han encontrado hasta catorce piezas más. Destaca, por su rareza, una en vidrio blanco opaco con hilos azules. En violeta con hilos blancos hay cuatro, en azul de ultramar dos, de ellas una con hilos blancos, en amarillo con hilos blanco otra, y de color natural seis, de éstas dos llevan hilos blancos.

Los colores del vidrio de *Celsa* se encuentran en oposición a la tónica general de los hallazgos, pues, en esta forma, en primer lugar se encuentra el amarillo-marrón, seguido del azul y violeta. Los vidrios sin color, verdosos, azules claros y blancos opacos son relativamente escasos[1996].

El total de piezas completas o fragmentos inventariados en un principio por von Pfeffer y Haevernick[1997] ascendía a seiscientas once. Los trabajos de van Lith[1998] y Czurda-Ruth[1999] han aumentado considerablemente este

inventario. Con posterioridad, los hallazgos más significativos que se han publicado encontrados fuera de la península ibérica han sido los de *Aquae Helveticae*[2000], Asberg[2001], Cosa[2002], necrópolis de Lattes[2003], Luni[2004], Manchester[2005], Morgantina[2006], Rabeljca (Ptuj, antigua Yugoslavia)[2007], Rheingönheim[2008], tumba galo-romana de Saintes[2009], *Vitudurum*[2010], Sardis[2011], Samotracia[2012] y los del Museo Bölge (Adana, Turquía)[2013].

Los primeros hallazgos efectuados en *Hispania* son los de Ampurias, Herrera de Pisuerga, La Llanuca de Reinosa (Santander), Tarragona, Mataró y Citânia de Briteiros (Portugal) que fueron recogidos por Haevernick[2014]. Recientemente Price[2015] ha estudiado los de Carmona, *Italica* y *Tarraco*[2016], añadiendo nuevos puntos de distribución en *Asta Regia* (Cádiz), Candela (Villena, Alicante), *Carteia*, Castillo de los Garros (Murcia), Palencia, *Conimbriga*, Mértola y el de la colección Amatller[2017].

Otros restos son los de El Arguilay (Báguena, Teruel)[2018], *Bætulo*[2019], Can Xam-

---

[1992] CZURDA-RUTH, B., 1979, p. 46, nº 420, lám. 13, nº 420, tiene 5,6 cms. de diámetro de borde y 3,7 de altura.

[1993] FREMERSDORF, F., 1961, pp. 40-41 y láms. 61-62, nº 917, tiene 10 cms. de diámetro y 6,3 de altura y nº 6031, con 8 cms. de diámetro y 5 de altura.

[1994] LA BAUME, P. y SALOMONSON, J. W., 1976, p. 29, nº 32, tiene 9 cms. de diámetro y 6 de altura.

[1995] Aunque no tienen el perfil completo, para ambos se puede calcular un diámetro de poco más de 10 cms. y una altura de casi 5,5 cms.

[1996] HAEVERNICK, T. E., 1967, p. 153. VAN LITH, S. M., 1979, pp. 35-37.

[1997] VON PFEFFER, W. y HAEVERNICK, T. E., 1958. HAEVERNICK, T. E., 1967.

[1998] VAN LITH, S. M., 1979, pp. 35-37.

[1999] CZURDA-RUTH, B., 1979, pp. 45-46.

[2000] FÜNFSCHILLING, S., 1986, p. 119, lám. 11, núms. 104-116.

[2001] VAN LITH, S. M., 1987, pp. 43-44.

[2002] GROSE, D. F., 1973, p. 39, fig. 3, nº 13, datado entre el 40-45 d. C.

[2003] PISTOLET, C., 1981, p. 48, lám. X, nº 178 y p. 46, nota 6.

[2004] ROFFIA, E., 1973, p. 469, lám. 181, nº 111. CHIARAMONTE, C., 1973, p. 777, lám. 215, nº 34.

[2005] ALARCÃO, J., 1978, p. 157, nota 9.

[2006] GROSE, D. F., 1982, pp. 28-29, fig. 11.

[2007] KOROSEC, P., 1983, pp. 13-14, nº 1, lám. 2, nº 2.

[2008] ULBERT, G., 1969, p. 33, lám. 18, nº 2 y lám. 60, nº 13.

[2009] Estos hallazgos han sido objeto de una reciente publicación: CHEW, H., 1988, pp. 44 y 46, nº 20, fig. 3, núms. 20a, 20b y 20c, los tres con hilos aplicados blancos opacos, datados a mediados del siglo I d. C.

[2010] RÜTTI, B., 1988, pp. 31-32, núms. 581-610, datados desde el 35 d. C.

[2011] VON SALDERN, A., 1980, pp. 12-13, núms. 42-44.

[2012] DUSENBERY, E. B., 1967, pp. 44-45, núms. 33-34, figs. 33-34.

[2013] STERN, E. M., 1989, p. 126, fig. 8 b-c.

[2014] HAEVERNICK, T. E., 1967, pp. 156-157. Al hallazgo de Mataró hay que añadirle otra pieza publicada recientemente: JUNCOSA i CASTELLO, R. y CLARIANA i ROIG, J. F., 1990, pp. 152-153, nº 7 y p. 155, nº 7.

[2015] PRICE, J., 1981, pp. 408-413.

[2016] PRICE, J., 1981, pp. 408-412, fig. 8, núms. 65-71; fig. 29, núms. 71-72; fig. 77, nº 27; fig. 89, nº 8 y fig. 92, núms. 31-32.

[2017] PRICE, J., 1981, pp. 412-413. Para el de la colección Amatller: GUDIOL y CUNILL, J., 1925, p. 6, nº 14, probablemente de procedencia Betica, puesto que fue adquirido en Sevilla.

[2018] Agradecemos al Dr. J. Picazo el que nos haya proporcionado este dato. El hallazgo se efectuó en una prospección superficial, el asentamiento corresponde a una villa rural fechable desde la segunda mitad del siglo I d. C. hasta el siglo II. El vidrio es de color violeta translúcido y no tiene hilos.

[2019] FLOS TRAVIESO, N., 1987, p. 50, fig. 20, nº 135; pp. 57-59, figs. 23-24, núms. 152 y 161.

mar (Mataró)[2020], *Caesaraugusta*[2021], *Complutum*[2022], Córdoba[2023], Jaca (Huesca)[2024], Palencia capital (Eras del Bosque)[2025], Raimat (Lérida)[2026] y Alcacer do Sal (Portugal)[2027]. De todos estos yacimientos el mayor número de piezas lo tiene *Tarraco*, con once, y *Caesaraugusta*[2028], con nueve.

La amplia difusión de estos cuencos en occidente[2029], y de manera generalizada en la zona de Turín-Locarno y en Krain (antigua Yugoslavia) indica que su área de producción este situada en el norte de Italia, siendo tal vez Aquileia y/o el área de Locarno-Muralto su centro de fabricación[2030].

Los yacimientos que presentan mayor número de hallazgos son *Vindonissa*[2031] con sesenta y tres, Magdalensberg[2032] con cuarenta y ocho, *Vitudurum*[2033] con treinta, Velsen[2034] con veintiséis y *Celsa* con veinte. Es significativo observar que en Valkenburg esta forma no aparece.

La datación más temprana ha sido constatada en Magdalensberg[2035] en época de Augusto, más puntualmente hacia el cambio de Era, lo que se confirma con los hallazgos de Morgan-

tina[2036]. En época de Tiberio-Claudio[2037] es más frecuente y su final de producción se encuadra en la década de los años 60, aunque para van Lith su declive se situaría alrededor del año 50 o poco tiempo antes, ya que esta forma está ausente en Valkenburg (fundado en el 40 d. C.) y Fishbourne (posterior al 43)[2038]. Los ejemplos de *Celsa* son de contextos datables entre los años 54-60 d. C.[2039]

Isings 18

Aunque el grado de capacidad de este tipo es variable tiende a ser poco profundo. Se considera una evolución de la forma Isings 1, que se decora en su interior o exterior con líneas grabadas[2040]. Los ejemplos de *Celsa* se encuentran muy fragmentados por lo que es difícil el poder precisar si son platos/fuentes o escudillas, de cualquier manera por las medidas que presentan tal vez se encuentren en el límite entre platos y escudillas[2041].

Los dos fragmentos de borde que aquí se estudian son de vidrio soplado de color natural.

Un estado actual sobre esta forma, en donde se refleja la cronología y paralelos además de las piezas de colecciones, se ha llevado a cabo por Czurda[2042] y van Lith[2043]. Posteriormente se han publicado nuevos hallazgos de Asberg[2044], *Carnuntum*[2045] y *Vitudurum*[2046], a los que se suman los recipientes poco profundos del Toledo Museum of Art[2047] y del Corning Museum of Glass[2048].

La presencia de esta forma se constata en la Península en Carmona[2049], Mérida[2050] y *Conim-*

[2020] JUNCOSA i CASTELLO, R. y CLARIANA i ROIG, J. F., 1992, p. 118, nº 3.

[2021] Del nivel «i» del teatro romano, segunda mitad de la época de Tiberio, tres fragmentos en vidrio azul cobalto y de ultramar translúcidos y uno en vidrio natural, ninguno tiene decoración de hilos. De un nivel datado a fines de la época de Claudio proceden varios fragmentos: PAZ PERALTA, J. A., 1991 a, p. 302.

[2022] FERNANDEZ-GALIANO, D., 1984, p. 44, fig. 16, nº 100, de color verdoso transparente.

[2023] GARCÍA y BELLIDO, A., 1970, p. 47, fig. 46, nº 1, azul verdoso; p. 63, fig. 64, nº 2, blanco azulado, ambos se datan a principios de la época de los Flavios.

[2024] PAZ PERALTA, J. A., 1991, p. 334, la pieza corresponde a un fragmento de la zona superior de la pared, el vidrio es de color natural transparente con hilos de color blanco opaco.

[2025] DEL AMO Y DE LA HERA, M., 1992, pp. 193, fig. 6, nº 2, lám. II, nº 2, aunque se clasifica como una Isings 3b es, sin lugar a dudas, una Isings 17.

[2026] PÉREZ ALMOGUERA, A., 1988, p. 58, nº 10, azul verdoso casi incoloro.

[2027] ALARCÃO, J., 1978, p. 157, lám. II, nº 14, el vidrio es casi incolor y con tonalidades azules.

[2028] Las piezas se han encontrado en las excavaciones efectuadas en el teatro romano y en varios solares de la ciudad. Solo dos fragmentos llevan hilos de color blanco opaco.

[2029] Los hallazgos en el próximo oriente son muy escasos: VON SALDERN, A., 1980, pp. 12-13, núms. 42-44. STERN, E. M., 1989, p. 126.

[2030] VON PFEFFER, W. y HAEVERNICK, T. E., 1958, p. 79. HAEVERNICK, T. E., 1967, p. 154. CALVI, M. C., 1968, pp. 70-71. PRICE, J., 1981, p. 410. BIAGGIO SIMONA, S., 1991, pp. 73-74 y p. 286.

[2031] BERGER, L., 1960, pp. 30-33.

[2032] CZURDA-RUTH, B., 1979, pp. 43-47.

[2033] RÜTTI, B., 1988, pp. 31-32.

[2034] VAN LITH, S. M., 1979, pp. 29-38.

[2035] CZURDA-RUTH, B., 1979, p. 46, nº 465.

[2036] GROSE, D. F., 1982, pp. 28-29, fig. 11.

[2037] Así queda constatado en los hallazgos de *Vindonissa*, Velsen, Magdalensberg y *Caesaraugusta* .

[2038] VAN LITH, S. M., 1979, pp. 29 y ss., donde efectúa un estado actual de las dataciones, siendo de interés unicamente las relacionadas con la fecha final de la producción, puesto que aquí no se analizan los hallazgos de Magdalensberg, ya que fueron publicados en el mismo año.

[2039] Dataciones de fines de la época de Nerón se han atestiguado en otras zonas excavadas en la Colonia.

[2040] ISINGS, C., 1957, pp. 36-37.

[2041] En especial la pieza de la fig. 250, 9, a la cual se le puede suponer una altura de unos 4 cms.

[2042] CZURDA-RUTH, B., 1979, pp. 20-25.

[2043] VAN LITH, S. M., 1979, p. 53.

[2044] VAN LITH, S. M., 1987, pp. 44-45.

[2045] GRÜNEWALD, M., 1983, p. 45, lám. 62, nº 1.

[2046] RÜTTI, B., 1988, p. 20.

[2047] GROSE, D. F., 1989, los perfiles más significativos que recuerdan a esta forma son los núms. 318-326, 332-338, 390-391, 541-567 y el 599.

[2048] GOLDSTEIN, S. M., 1979, núms. 466-467 presentan los perfiles que más cercanos se encuentran a la forma que estudiamos.

[2049] BENDALA GALAN, M., 1976, p. 115, lám. XLVIII, nº 21, en vidrio millefiori. PRICE, J., 1981, fig. 88, nº 1.

[2050] PRICE, J., 1987, p. 71, donde cita el hallazgo de una forma semejante en la Casa de Anfiteatro de Mérida, en vidrio naranja opaco con hilos rojos.

briga[2051]. Este recipiente tiene una amplia difusión en todo el Imperio, estando presente incluso en fronteras tan distantes como Bégram (Afghanistan)[2052]. Otros hallazgos en yacimientos orientales son los de Chipre, Sardis, Karanis y Dura Europos[2053].

Los vidrios más antiguos se refieren a los de Magdalensberg[2054], datados en época de Augusto (desde el año 10 a. C. hasta el cambio de Era). Su uso es corriente hasta los Flavios[2055], momento desde el que comienza a descender su frecuencia[2056].

Isings 18 variante

Es un plato circular poco profundo con el borde vertical, pared convexa y curvada, ápodo y con el fondo plano y ancho, es frecuente que en su pared interior este decorado con estrías, generalmente debajo del labio. Este tipo de platos no está recogido en la tipología de Isings[2057], sin embargo, lo más indicado es considerarlo como una variante de la forma 18 debido a las similitudes que presenta con su perfil.

Solo tenemos un fragmento que conserva el borde, la pared y el fondo. Está fabricado en imitación del ónix. Sobre un fondo de vidrio opaco color naranja se han extendido finas vetas de vidrio rojo. El tipo de vidrio y la decoración es como la del borde V.79.3.K'.79 de la forma 22 y semejante a una pieza encontrada en Magdalensberg[2058] y a otra de Mérida[2059].

Es un plato poco frecuente, a los hallazgos referenciados por Price de *Vindonissa*, Fishbourne y Aquileia[2060], se tienen que añadir los dos ejemplos de Bégram[2061], en vidrio mosaico, con un perfil muy semejante a nuestro ejemplo, y los de *Vitudurum*[2062].

En España los únicos que conocemos proceden de *Tarraco*[2063]. En vidrio mosaico solo están fabricados los de Bégram y *Celsa*.

Su datación más temprana es de *Vindonissa*[2064] en época de Tiberio, en épocas de Claudio y de Nerón se atestigua en *Tarraco* y en *Celsa*.

Isings 18/24

Como variante de esta forma hemos reconstruído el perfil de una fuente ancha, característica por su fondo umbilicado, recordando en perfil a la forma 24; los restos dispersos de esta pieza se han encontrado en las estancias 16, 17 y 23, con una mayor concentración en la 16; y un pequeño fragmento en la calle II-1, nivel 8.

El borde de que consta este recipiente acaba en un labio sencillo y afilado, con dos pequeñas y finas molduras exteriores. La pared se curva e inclina levemente. El fondo es plano con un umbo hacia la unión con la pared; en el interior y cada lado de dicho umbo, hay una estría y en el fondo exterior lleva una pequeña moldura circular. Su fábrica es en vidrio opaco moldeado de color azul índigo.

Un fragmento de fondo muy semejante apareció en Magdalensberg[2065], al carecer de pared Czurda-Ruth lo incluye en la forma 2, dentro de un apartado dedicado a los fragmentos de platos con un perfil especial. Posiblemente, nuestra fuente tenga un perfil nacido por mixtificación de las formas 18 y 24.

El ejemplo de Magdalensberg se data antes del 45 d. C. y el cuenco de la forma 24 entre los años 40-80 d. C.[2066] La datación de la pieza de *Celsa*, nivel 7.1, hay que situarla entre los años 54-60 d. C.

Isings 20

Es un cuenco poco profundo con el labio horizontal y el pie pequeño. Se fabricó a molde y por soplado. Formaría servicio de mesa con la forma 5[2067].

El fragmento de borde y pared 80.1.10.20.-R.T.1343 decorado en el interior con una estría y fabricado en vidrio blanco opaco, tiene su mejor paralelo en una pieza del Royal Ontario Museum[2068].

[2051] ALARCÃO, J., 1976b, p. 161, lám. XXXIV, núms. 19 y 22, este último datado en época de Trajano.

[2052] HAMELIN, P., 1953, lám. IV, a.

[2053] CZURDA-RUTH, B., 1979, pp. 22-23, donde recoge estos hallazgos con su bibliografía.

[2054] CZURDA-RUTH, B., 1979, pp. 22-23, núms. 30 y 34; pp. 236-237.

[2055] Así queda demostrado en los hallazgos de *Vindonissa*, *Camulodunum*, Chipre, Pompeya, Salona, Sardis, Magdalensberg, etc. CZURDA-RUTH, B., 1979, pp. 22-24. Además de los de *Celsa* y los ya citados de *Tarraco* y *Conimbriga*.

[2056] CZURDA-RUTH, B., 1979, pp. 22-23, los escasos hallazgos son de Karanis, Dura Europos, etc.

[2057] PRICE, J., 1981, 161-162.

[2058] CZURDA-RUTH, B., 1979, p. 168, n° 1355 y lám. 18, n° 1355.

[2059] PRICE, J., 1987, p. 71.

[2060] PRICE, J., 1981, 161-162.

[2061] HAMELIN, P., 1953, lám. IV, a.

[2062] RÜTTI, B., 1988, p. 20, donde recoge un perfil semejante a nuestra variante.

[2063] PRICE, J., 1981, 161-162; p. 164; p. 690, núms. 40-44, fig. 5, núms. 40-44, datados entre el 25-50 d. C.

[2064] BERGER, L., 1960, pp. 24-30.

[2065] CZURDA-RUTH, B., 1979, pp. 67-72, n° 568, lám. 3, n° 568.

[2066] ISINGS, C., 1957, p. 39.

[2067] ISINGS, C., 1957, p. 37. CZURDA-RUTH, B., 1979, pp. 76-79.

[2068] HAYES, J. W., 1975, p. 21, n° 58, fig. 2, n° 58, probablemente se encontró en Palestina; aunque para su lugar de fabricación se propone un origen Sirio, ver p. 17, tiene un perfil muy semejante y está fabricado en el mismo tipo de vidrio.

El fragmento de borde 81.1.D.II.10269 en vidrio soplado de color verde cadmio, presenta semejanzas con una pieza de Herculano[2069].

Frecuentemente esta forma se fabricó en vidrio opaco (rojo, azul, verde y blanco) y translúcido coloreado.

Los hallazgos más destacados son los de *Camulodunum*[2070], *Carnuntum*[2071], Herculano[2072], Luni[2073], Magdalensberg[2074], Ostia[2075], Pompeya[2076], *Vindonissa*[2077] y *Vitudurum*[2078]. Está ausente en Asberg, Valkenburg y Velsen.

A estos ejemplos, hay que sumar los que están en el Royal Ontario Museum[2079], Toledo Museum of Art[2080] y Rheinischen Landesmuseums Trier[2081], además de los de la colección Oppenländer[2082].

En *Hispania* se ha documentado en Ampurias[2083], *Bætulo*[2084], *Caesaraugusta*[2085], *Tarraco*[2086], Villaricos (Almería)[2087] y *Conimbriga*[2088].

Este servicio de mesa (formas 5 y 20) hay que datarlo desde época de Tiberio[2089], estando en uso hasta los Flavios[2090].

Isings 22

La característica esencial de esta forma es que todos los recipientes que se conocen, ya sea en metal, vidrio, terra sigillata y terra nigra, presentan en el borde y en el pie un engrosamiento muy típico. La forma de Isings corresponde a un plato que en terra sigillata se identifica con la Dragendorff 23, y en vidrio soplado con la Isings 48, su diámetro oscila entre los 16 y 19 cms., y su altura está entre los 2 y los 2,5 cms. Para complementar este plato existe una variedad de un cuenco, forma Dragendorff 22 en sigillata y 41a en vidrio soplado, cuyo diámetro oscila entre los 7 y los 10 cms., con una altura que viene a ser aproximadamente la mitad de su diámetro[2091].

El fragmento de borde V.79.3.K'.79 (fig. 251, 4) correspondería a un plato y el fragmento de fondo 81.1.2.8.Ñ'.P.5524 (fig. 251, 3) sería de un cuenco. Con toda probabilidad el fragmento de vidrio verde opaco, con marcas de círculos concéntricos, pertenezca a ésta forma (fig. 257, 4).

El color más frecuente en esta forma es el verde translúcido, aunque también los hay en vidrio opaco de color marrón oscuro o azul[2092].

Los ejemplos en vidrio mosaico son muy raros, de ellos solo tenemos constancia de dos. Uno se encuentra en la colección del Toledo Museum of Art[2093] y es de vidrio amarmolado; el otro es nuestro fragmento de borde V.79.3.K'.79 imitando al ónix (fig. 251, 4 y fig. 336, 3). Sobre una base de color anaranjado opaco se han fundido vetas de color rojo. Esta composición decorativa la encontramos también en nuestra forma 18.

[2069] SCATOZZA HÖRICHT, L. A., 1986, p. 32. Forma 7, nº 18, lám. XXVI, nº 1972, en vidrio verde.

[2070] HARDEN, D. B., 1947, p. 301, núms. 58-59, lám. LXXXVIII, núms. 58-59.

[2071] GRÜNEWALD, M., 1983, p. 46, lám. 62, nº 6.

[2072] SCATOZZA HÖRICHT, L. A., 1986, p. 32. Forma 7.

[2073] ROFFIA, E., 1973, pp. 466-467, lám. 81, núms. 3-6. CHIARAMONTE, C., 1973, pp. 799-800, núms. 38-40, lám. 216, núms. 10, 13 y 18.

[2074] CZURDA-RUTH, B., 1979, pp. 76-79, núms. 591-602, lám. 4, núms. 591, 594 y 596, este último tiene un perfil que quizás se encuentre más próximo a la forma 81.

[2075] MORICONI, M. P., 1970, p. 75, lám. XV, figs. 218-219.

[2076] ISINGS, C, 1957, p. 37. BARDELLI, O., 1984, pp. 261 y 266, lám. 145, nº 1, es un fragmento de borde en vidrio mosaico con espirales blancas y azules sobre fondo violeta, datado en época de Augusto/Tiberio; lám. 145, núms. 2, 3 y 5, este último es un fondo del que puede caber dudas que pertenezca a esta forma. SCATOZZA HÖRICHT, L. A., 1986, p. 32.

[2077] BERGER, L., 1960, pp. 28-29, núms. 43-45, lám. 17, núms. 24, 24 a y 25.

[2078] RÜTTI, B., 1988, p. 21-22, núms. 48-52, lám. 2, núms. 48-50.

[2079] HAYES, J. W., 1975, p. 21, nº 58.

[2080] GROSE, D. F., 1989, p. 304, núms. 415-416, pp. 306-307, núms. 424-426, p. 334, nº 581.

[2081] GOETHERT-POLASCHET, K., 1977. Forma 18, p. 34, lám. 33, nº 88.

[2082] VON SALDERN, A. *et alli*, 1974, p. 108, núms. 286-287.

[2083] PRICE, J., 1981, p. 157. PRICE, J., 1987, p. 71.

[2084] FLOS TRAVIESO, N., 1987, p. 27, nº 10, fig. 1, nº 10, no se puede asegurar su atribución a la forma 20.

[2085] Del nivel «i» del teatro romano, segunda mitad de la época de Tiberio, fragmento de fondo con pie, en vidrio azul cobalto translúcido, que probablemente pertenezca a esta forma, o a la Isings 2.

[2086] PRICE, J., 1981, pp. 155-157, con seis cuencos datados en el segundo cuarto del siglo I d. C., fig. 4, núms. 33-38, el nº 36 habría que considearlo como una forma 81. Su relación con la forma Ritterling 8 en terra sigillata nos parece poco probable, debido a la terminación del borde. PRICE, J., 1987, pp. 69-71, fig. 3, nº 12 y posiblemente también el nº 14. Todos se datan entre el 25/50 d. C.

[2087] PRICE, J., 1981, p. 157, apunta la posibilidad de que sea una forma 2. PRICE, J., 1987, p. 71.

[2088] ALARCÃO, J. y A., 1965. pp. 40 y 43, núms. 45-46, lám. II, núms. 45-46. ALARCÃO, J., 1976b, nº 29, lám. XXXV, nº 29.

[2089] CZURDA-RUTH, B., 1979, p. 78.

[2090] Por ejemplo la pieza de Herculano: SCATOZZA HÖRICHT, L. A., 1986, p. 32. Forma 7.

[2091] ISINGS, C., 1957, p. 38. LA BAUME, P., 1964, pp. 136-137, donde busca sus precedentes en los hallazgos de plata de Bursa. CZURDA-RUTH, B., 1979, p. 72, nota 255. PRICE, J., 1981, pp. 143-146.

[2092] Uno de los yacimientos más representativos para analizar esta forma es el de Magdalensberg: CZURDA-RUTH, B., 1979, pp. 72-75. Se han encontrado dieciocho piezas, de ellas doce en vidrio verde, el resto son de vidrio opaco negro y azul. Para España el yacimiento más importante es *Tarraco* : PRICE, J., 1981, p. 144-146, figs. 2-4, núms. 16-29; fig. 23, 15-17; fig. 41, núms. 3-4 y p. 739, letra I, con un total de veinte piezas, las del pasaje Cobos están datadas entre los años 25-50 d. C., son principalmente en verdes, aunque también las hay en azul y blanco opaco.

[2093] GROSE, D. F., 1989, pp. 535-536, nº 588.

A los paralelos recogidos por Czurda-Ruth[2094] habría que añadir los de Asberg[2095], *Carnuntum*[2096], Corinto[2097], Cosa[2098], Heerlen[2099], Salona[2100] y *Vitudurum*[2101].

En *Hispania* está documentada en Alicante[2102], Ampurias[2103], *Bætulo*[2104], *Caesaraugusta*[2105], Can Majoral[2106], La Ribera (Herrera de Pisuerga, Palencia)[2107], necrópolis del valle del Albarregas (Mérida)[2108], *Tarraco*[2109] y *Conimbriga*[2110]. A estos hay que añadir tres piezas más encontradas en *Celsa*[2111].

El fragmento más antiguo se data en Magdalensberg[2112] en un nivel de antes del 15 d. C. Las dataciones más frecuentes pertenecen al periodo de Tiberio/Claudio[2113].

Isings 29

Es un vaso que presenta similitudes con las formas 12 y 34. El perfil de su cuerpo puede ser cilíndrico, ovoide o cónico truncado,

estando decorado al exterior con líneas grabadas[2114]. La frecuencia de restos en los tres grupos es muy similar, como queda demostrado en los hallazgos de Magdalensberg[2115].

En *Celsa* solo hemos identificado un borde y pared perteneciente a esta forma; su perfil se proyecta cilíndrico. Probablemente algún pequeño fragmento con líneas grabadas incluido en el inventario de la forma 12, puede ser de la 29.

Se fabricó en vidrio moldeado y soplado de color natural o coloreado en azul, verde y amarillo, este último color identificado con el de *Celsa*.

Está ausente en Velsen y en Valkenburg. En Magdalensberg[2116] se han catalogado hasta veintinueve piezas. Además de los paralelos citados por Czurda-Ruth[2117] hay que destacar los más recientes publicados de Asberg[2118], *Aquae Helveticae*[2119], *Carnuntum*[2120], Cosa[2121] y *Vitudurum*[2122].

Los hallazgos efectuados en *Hispania* han sido estudiados por Price[2123], a ellos hay que añadir los encontrados en *Caesaraugusta*[2124], posiblemente en *Osca*[2125], Bagunte (Portugal)[2126], Beja[2127] y *Conimbriga*[2128].

La fecha más antigua la da un hallazgo de Magdalensberg[2129], con perfil cónico, situada desde principios de Augusto al año 10 a. C. En época de Tiberio/Claudio[2130] hay una mayor

---

[2094] CZURDA-RUTH, B., 1979, p. 74.

[2095] VAN LITH, S. M., 1987, p. 45

[2096] GRÜNEWALD, M., 1981, p. 15, lám. 9, nº 3. GRÜNEWALD, M., 1983, p. 45, lám. 62, nº 4.

[2097] SLANE, K. W., 1986, pp. 301-302, fig. 20, nº 147, datado hacia el 77 d. C.

[2098] GROSE, D. F., 1974, p. 36, nº 4, fig. 1, nº 4, datado entre el 40-45 d. C.

[2099] ISINGS, C., 1971, p. 79, nº 146, fig. 19, nº 146.

[2100] AUTH, S. H., 1975, pp. 150-151, nº 15, lám. 28, nº 15.

[2101] RÜTTI, B., 1988, p. 21, núms. 42-46, lám. 2, núms. 42-46.

[2102] PRICE, J., 1981, p. 146, en vidrio verde.

[2103] PRICE, J., 1981, p. 146, en vidrio azul turquesa opaco.

[2104] FLOS TRAVIESO, N., 1987, p. 40, núms. 79-81, fig. 10, núms. 79-81, datados a mitad del s. I.

[2105] Nivel «i» del teatro romano, segunda mitad de la época de Tiberio, fragmento de fondo en vidrio de color aguamarina translúcido. De un nivel datado en torno al año 100, excavado en el solar de la calle Gavín angular a Sepulcro, procede un pequeño vaso de 7 cm. de diámetro y 2,7 cm. de altura fabricado en vidrio opaco de color verde oscuro.

[2106] CLARIANA i ROIG, J. F., 1981, p. 99, nº 118, lám. 50, nº 3, en vidrio opaco de color crema.

[2107] GARCÍA y BELLIDO, A. *et alii*, 1970, p. 22, fig. 26, nº 2, en vidrio azul intenso.

[2108] ÁLVAREZ Y SÁEZ DE BURUAGA, J., 1956, p. 3, nº 8, fig. 6. PRICE, J., 1981, p. 146, p. 766, núms. 7-8 y fig. 44, nº 7. CALDERA DE CASTRO, M. C., 1983, p. 32, fig. 9a, en verde oscuro.

[2109] PRICE, J., 1981, p. 144; p. 146. PRICE, J., 1987, p. 68, fig. 2, núms. 8-9, datados entre el 25-50 d. C.

[2110] ALARCÃO, J. y A., 1965, pp. 38-39, nº 40, lám. I, nº 40, en vidrio azul jacinto opaco. ALARCÃO, J., 1976b, pp. 160 y 164, núms. 16-17, lám. XXXIV, núms. 16-17, en verde esmeralda translúcido.

[2111] De entre ellas destaca un fragmento de fondo y pared en vidrio opaco de color verde.

[2112] CZURDA-RUTH, B., 1979, pp. 74-75 y p. 238, nº 590, el resto de los hallazgos se datan en Tiberio/Claudio.

[2113] Así lo indican, entre otras, las piezas de Magdalensberg, *Tarraco, Caesaraugusta* y *Vindonissa*.

[2114] ISINGS, C., 1957, p. 44.

[2115] CZURDA-RUTH, B., 1979, pp. 95-99, donde sigue los tres grupos propuestos por Isings. Grupo A: cilíndrico (doce ejemplos); Grupo B: ovoide (ocho) y Grupo C: cónico (nueve).

[2116] CZURDA-RUTH, B., 1979, p. 99, núms. 733-761, lám. 5, núms. 734, 735, 746 y 755.

[2117] CZURDA-RUTH, B., 1979, pp. 96-98, efectua una distribución de los paralelos por grupos

[2218] VAN LITH, S. M., 1987, pp. 46-47, nº 177.

[2119] FÜNFSCHILLING, S., 1986, p. 126, núms. 189-195, lám. 14, nº 189.

[2120] GRÜNEWALD, M., 1981, p. 15, lám. 9, núms. 9-10. GRÜNEWALD, M., 1983, p. 46, lám. 63, núms. 6-8.

[2121] GROSE, D. F., 1974, pp. 40-47, las piezas núms. 19 y 28, se pueden relacionar con esta forma, fig. 4, nº 19 y fig. 5, nº 28, datadas entre el 40-45 d. C.

[2122] RÜTTI, B., 1988, pp. 52-53, lám. 10, nº 783.

[2123] PRICE, J., 1981, pp. 424-425.

[2124] PAZ PERALTA, J. A., 1991 a, pp. 302-303, fig. 2, nº 5, datado a fines de la época de Claudio.

[2125] AGUILERA ARAGÓN, I. y PAZ PERALTA, J. A., 1987, p. 81, se data en 60/70 d. C.

[2126] ALARCÃO, J., 1971, p. 10, nº 22, lám. II, nº 22.

[2127] ALARCÃO, J., 1971, p. 10, nº 23, lám. II, nº 23, aunque se encuentra catalogada como una forma 12 habría que considerarla como una 29.

[2128] ALARCÃO, J., 1976b, p. 163, núms. 34-36, lám. XXXV, núms. 34-36.

[2129] CZURDA-RUTH, B., 1979, pp. 97-98 y p. 236, nº 753.

[2130] Así queda demostrado en las estratigrafías obtenidas en *Vindonissa*, Magdalensberg, Hofheim y *Tarraco*. ISINGS, C., 1957, pp. 44-45. PRICE, J., 1981, p. 424.

frecuencia de esta forma. Nuestro fragmento es del nivel 6, se data entre el 54-60 d. C. Para Isings debió de perdurar ocasionalmente, hasta fines del siglo I-principios del II.

Isings 34

Son vasos altos y cónicos semejantes a la 29, pero diferenciados claramente por su pie. El borde está ligeramente vuelto al exterior y el labio pulido a torno y acabado en aristas vivas. Frecuentemente la pared exterior se decora con líneas o estrías grabadas[2131].

Para Czurda-Ruth[2132], este vaso se asemeja a formas cerámicas belgas, conocidas desde el primer tercio del siglo I d. C. La aparición simultánea de ambas manufacturas (cerámica y vidrio) dificulta precisar en qué material se fabricó primero.

Según la clasificación propuesta por Czurda-Ruth para los hallazgos de Magdalensberg[2133], distinguimos en *Celsa* tres tipos de fondos:

a) «Solid-base». Es un fondo sólido con el pie plano y macizo. Se adhería al vaso por medio de una gota de vidrio, que formaba un pomo al interior. Esta base es exclusivamente característica de la forma 34. En *Celsa* hay tres ejemplos (fig. 251, 13-15).

En un principio se pensó que estos fondos eran muy raros[2134], sin embargo la frecuencia de hallazgos vista en los últimos años anula aquélla apreciación[2135]. Hay restos en Nijmegen, Salona, Valkenburg, Vechten, *Vindonissa* y Zwammerdam y en Holanda son frecuentes sus hallazgos[2136]. A estos hay que añadir los de Asberg[2137], *Aquae Helveticae*[2138], *Bætulo*[2139], *Caesaraugusta*[2140], Luni[2141], Losone, Arcegno (Cantone Ticino)[2142], Magdalensberg[2143],

Rheingönheim[2144], Sardis[2145], *Tarraco*[2146] y *Vitudurum*[2147]. Price[2148] incluye los hallazgos de Ampurias, Badalona, Martorell (Barcelona), Villena (Alicante) y Minas de la Unión (Cartagena).

Con este tipo de base destacan unos vasos con la pared ligeramente abombada, como los ejemplos de *Camulodunum*[2149], Chipre[2150] y Samotracia[2151].

b) «Eingeschweift». Son fondos planos, plegados sobre sí mismos, no tubulares y que forman un pie macizo. El arranque de la pared está vuelto hacia afuera. En *Celsa* se han encontrado cuatro fragmentos (fig. 251, 16-19).

En Magdalensberg[2152] hay cinco piezas. En *Hispania* hay ejemplos en *Bætulo*[2153], *Caesaraugusta*[2154], *Tarraco*[2155] y *Conimbriga*[2156].

c) «Cut-out base». El pie es tubular y se forma al plegar las paredes del vaso sobre sí mismas, la base es cóncava. En *Celsa* hay dos ejemplos (Fig. 251, 20-21).

Este tipo es poco frecuente, así lo demuestran los escasos hallazgos de Magdalensberg[2157], con tan solo dos piezas y el de Locarno, Solduno (Cantone Ticino)[2158].

Todos estos tipos de fondos son coetáneos, por lo cual no ofrecen ningún indicio cronológico.

De los veinticinco fragmentos encontrados en *Celsa* solo tres son de vidrio coloreado (azul de ultramar, amarillo ámbar muy claro y gris cálido). El resto son de vidrio de color natural más o menos intenso. Esto verifica los resultados obtenidos en otros yacimientos como Magdalensberg[2159], Valkenburg[2160] y *Vitudurum*[2161].

[2131] Isings, C., 1957, pp. 48-49.

[2132] Czurda-Ruth, B., 1979, pp. 99-100.

[2133] Czurda-Ruth, B., 1979, p. 100, nota 363.

[2134] Isings, C., 1957, p. 48. Berger, L., 1960, p. 46.

[2135] Por ejemplo esto se comprueba en los hallazgos de *Tarraco*, donde se contabilizan en un nivel datado entre el 25-50 d. C. hasta trece ejemplos: Price, J., 1981, p. 706, núms. 118, 118a-118j, 119 y 119a.

[2136] Van Lith, S. M., 1979a, p. 61, notas 160-164.

[2137] Van Lith, S. M., 1987, pp. 48-50, lám. 93, núms. 180, 181 y 185-186.

[2138] Fünfschilling, S., 1986, pp. 124-125, núms. 157-158 y 158a, lám. 14, núms, 157-158 y 158a.

[2139] Flos Travieso, N., 1987, p. 35, fig. 4, nº 53; pp. 80-81, nº 332, fig. 53, nº 332.

[2140] Paz Peralta, J. A., 1991 a, p. 302, se documentan tres fragmentos de este tipo de fondos datados a fines de la época de Claudio.

[2141] Roffia, E., 1973, p. 471, nº CM 2282.

[2142] Biaggio Simona, S., 1991, pp. 108-109, lám. 11, nº 139.2.003.

[2143] Czurda-Ruth, B., 1979, p. 100, núms. 762-764 y 767-781, lám. 5, núms. 762-763, 775, 777 y 780, es el tipo de fondo más frecuente con un total de dieciocho piezas.

[2144] Ulbert, G., 1969, p. 34, lám. 18, nº 11.

[2145] Von Saldern, A., 1980, pp. 22-23, nº 107, lám. 21.

[2146] Price, J., 1981, pp. 426-428, p. 706, fig. 13, núms.118-119, datados entre el 25-50 d. C.; fig. 29, nº 73 y mapa 19.

[2147] Rütti, B., 1988, p. 54, lám. 16, núms. 785-787.

[2148] Price, J., 1981, p. 428, mapa 19.

[2149] Harden, D. B., 1947, p. 303, nº 77, lám. LXXXVIII, nº 77, del periodo IV (49-61 d. C.).

[2150] Vessberg, O., 1956, p. 144, fig. 45, nº 6.

[2151] Dusenbery, E. B., 1967, p. 46, nº 41 y fig. 41.

[2152] Czurda-Ruth, B., 1979, p. 100, núms. 782-786.

[2153] Flos Travieso, N., 1987, pp. 80-81, núms. 334-336, fig. 53, núms. 334-336.

[2154] Paz Peralta, J. A., 1991a, p. 302.

[2155] Price, J., 1981, fig. 13, nº 121, datado entre el 25-50 d. C.

[2156] Alarcão, J., 1976b, p. 176, nº 144, lám. XXXIX, nº 144.

[2157] Czurda-Ruth, B., 1979, p. 100, núms. 787-788.

[2158] Biaggio Simona, S., 1991, pp.115-116, lám. 13, nº 134.2.059, en esta pieza el pie no es tubular, simplemente está plegado.

[2159] Czurda-Ruth, B., 1979, pp. 99-103.

[2160] Van Lith, S. M., 1979a, pp. 60-62.

[2161] Rütti, B., 1988, p. 54.

En vidrio coloreado destacan las piezas de *Aquae Helveticae*[2162], Asberg[2163], *Bætulo*[2164], *Caesaraugusta*[2165], Luni[2166] y Nijmegen[2167]. Por su importancia merecen ser citados los tres fragmentos en vidrio rojo opaco de Magdalensberg[2168].

Es la tercera forma que más hallazgos presenta en Celsa. En *Hispania* se ha constatado su presencia en *Bætulo*[2169], *Caesaraugusta*[2170], Can Majoral (Mataró)[2171], Córdoba[2172], Huelva[2173], *Osca*[2174] y *Conimbriga*[2175].

Las dataciones más antiguas se han constatado en Magdalensberg, opinando Czurda-Ruth[2176] que la forma debió de crearse en época de Tiberio. En *Caesaraugusta* hay seis ejemplos fechados en la segunda mitad de la época de Tiberio[2177]. Su desarrollo se llevó a cabo en época de Claudio/Nerón y en los Flavios, llegando su producción hasta el siglo IV[2178].

Su rareza en yacimientos orientales[2179] y el gran número de hallazgos en occidente hace suponer que se fabricó en factorías italianas, aunque, como supone Hayes, tampoco hay que descartar su producción en algún taller ubicado en las tierras del Rin[2180].

_____

[2162] FÜNFSCHILLING, S., 1986, p. 124, nº 155, en vidrio violeta.

[2163] VAN LITH, S. M., 1987, p. 48, nº 180, lám. 93, nº 180, lám. 98, nº 12, en vidrio violeta.

[2164] FLOS TRAVIESO, N., 1987, p. 35, nº 53; p. 81, nº 332, ambos en vidrio translúcido azul turquesa.

[2165] Del nivel «i' del teatro romano hay un fragmento de borde en vidrio azul de ultramar. PAZ PERALTA, J. A., 1991 a, p. 302, fragmento de fondo en vidrio azul cobalto.

[2166] ROFFIA, E., 1973, pp. 471-472, en vidrio amarillo.

[2167] ISINGS, C., 1968, p. 10, en vidrio verde oliva.

[2168] CZURDA-RUTH, B., 1979, pp. 100-103, núms. 790-792.

[2169] FLOS TRAVIESO, N., 1987, p. 35, nº 53, del último cuarto del siglo I d. C.; pp. 80-81, núms. 332-336, sin contexto estratigráfico.

[2170] Nivel «i» del teatro romano, seis fragmentos de borde, cinco son de vidrio de color natural y uno azul cobalto. PAZ PERALTA, J. A., 1991 a, p. 302, se han catalogado seis piezas, cinco son de vidrio de color natural y una azul cobalto.

[2171] CLARIANA i ROIG, J. F., 1981, p. 107, nº 160, lám. 80, nº 3, de época de Tiberio/Nerón.

[2172] GARCÍA y BELLIDO, A., 1970, p. 56, fig. 54, nº 5, de principios de la época de los Flavios.

[2173] DEL AMO Y DE LA HERA, M., 1976, p. 48, fig. 13, nº 13.

[2174] AGUILERA ARAGÓN, I. y PAZ PERALTA, J. A., 1987, p. 81, se data en 60/70 d. C.

[2175] ALARCÃO, J., 1976b, p. 176, nº 144, lám. XXXIX, nº 144, de época de Trajano.

[2176] CZURDA-RUTH, B., 1979, pp. 101-102.

[2177] Proceden del nivel «i» del teatro romano.

[2178] ISINGS, C., 1957, pp. 48-49.

[2179] CLAIRMONT, C. W., 1963, p. 28, nota 87.

[2180] HAYES, J. W., 1975, p. 36.

Isings 37, 36a y 38a

Se estudian aquí siete fragmentos de bordes y un fondo de los que solo se dispone de un perfil parcial lo que hace difícil el poder efectuar una correcta clasificación, puesto que estas tres formas presentan una gran variedad en el acabado de sus bordes, siendo en algunas piezas, incluso, semejantes[2181]; solo las asas permiten una identificación segura de los recipientes.

Los *modioli* son recipientes cónicos o casi cilíndricos con un asa. El borde puede tener hasta tres modelos diferentes, e incluso se contemplan variantes dentro de cada uno de ellos. Los más frecuentes son los bordes salientes u orientados horizontalmente hacia el exterior y vueltos a plegar[2182]. Los fondos ofrecen, por lo general, unas características más uniformes, el pie es tubular y saliente, con una base exterior cóncava muy pronunciada.

Estos tipos de bordes tan peculiares que muestra la forma 37 llevan a reconsiderar que no fueran vasijas para beber, ya que su uso sería poco funcional. La representación pictórica en la Casa de *Iulia Felix* (Pompeya) donde aparece un *modiolus* de vidrio, vacío y con una cuchara colocada encima, Welker[2183] deduce que, quizás, el contenido del interior se hubiera extraído con la cuchara y que por tanto se utilizaría el recipiente como un contenedor.

Los fragmentos de bordes V.79.1.I'.51 y 81.1.15.21.B'.C'.855 que tienen forma de gola, tubulares y doblados dos veces sobre sí mismos, están fabricados en vidrio soplado de color azul verdoso, transparente, fino y de buena calidad; en la zona superior del borde están decorados con un hilo de vidrio azul opaco.

El paralelo más semejante, en lo referente a la forma del borde, es de Magdalensberg[2184]. Czurda-Ruth incluye la pieza en el estudio de la forma 69a, sin embargo efectúa la observación de que este tipo de bordes tienen su origen en los *modioli*, apuntando la posibilidad de que alguna de las piezas clasificadas pueda corresponder a estos recipientes. Para ello, propone diferenciar dos grupos, los bordes con un diámetro situado entre los 7-11 cm. y los que tienen entre los 13-18 cm., estos últimos serían para Czurda-Ruth los que habría

_____

[2181] PRICE, J., 1981, pp. 507-509. RÜTTI, B., 1988, pp. 61-62.

[2182] ISINGS, C., 1957, pp. 52-53. SCATOZZA HÖRICHT, L. A., 1986, p. 42, lám. XXIX, donde diferencia tres tipos de *modioli*.

[2183] WELKER, E., 1974, p. 28, nota 76. DE OLAGUER-FELIU y ALONSO, F., 1989, p. 72, p. 126 y fig. 72. PUGLIESE CARRATELLI, G. *et alii*, 1991, p. 289. Los recipientes parecen de metal.

[2184] CZURDA-RUTH, B., 1979, pp. 62-65, nº 524, lám. 3, nº 524.

que clasificar como *modioli*, proponiendo para el primer grupo su atribución a la 69a[2185].

Las piezas de *Celsa* hay que encuadrarlas en la forma 37 por dos características; por su diámetro, ya que tienen 13 y 15,5 cm., y por su decoración de hilo aplicado sobre el borde, puesto que esta ornamentación aparece decorando algunos *modioli*, como lo demuestra el ejemplo de la colección Löffer[2186] y el publicado por Fremersdorf[2187]. En *Tarraco*[2188] hay dos fragmentos de bordes, de las formas 37 ó 38, decoradas en el borde con hilo blanco opaco.

También un fragmento de borde en forma de gola y tubular, de Heerlen, es atribuido por Isings[2189] a la forma 37.

Una visión general sobre la difusión geográfica y los diferentes tipos de *modioli* han sido analizados por diversos autores[2190].

En *Hispania* el único borde que más se aproxima a los de *Celsa* es uno de la colección Nunes Ribeiro (Beja, Portugal)[2191]. Otros fragmentos atribuibles a esta forma son de *Bætulo*[2192].

El borde V.79.1.I'.43 (fig. 252, 3) con el labio recto y la pared curvada es muy posible que pertenezca a la forma 37, aunque al carecer de perfil completo no se puede descartar su asignación a la 36a ó 38a, sin embargo su semejanza con los perfiles documentados en *Caesaraugusta*[2193] y en Magdalensberg[2194] favorece la hipótesis de su identificación con la 37.

El fragmento de fondo V.79.18.Ñ.13 (fig. 252, 5) con el pie tubular y saliente, base cóncava y arranque de la pared inclinada, que indica un cuerpo cónico, es muy probable su asociación a la 37, como las piezas conocidas de *Caesaraugusta*[2195], Herculano[2196], Magda-

lensberg[2197], *Vitudurum*[2198] y la de la colección Slade[2199].

La datación más antigua se ha constatado en Pompeya[2200] en un nivel del 40-10 a. C. Se refiere a un hallazgo cuyo borde es sencillo y ligeramente exvasado. Sin embargo es más frecuente en la época de Tiberio/Claudio[2201] y sobre todo se desarrolla en la segunda mitad del siglo I d. C.[2202]

Su difusión geográfica se centra, principalmente, en Italia y provincias del Norte, lo que hace suponer un origen itálico para estos recipientes[2203].

La forma 38a corresponde a unos *kantharoi* con diferentes terminaciones en lo que al borde se refiere y con un pie bajo en forma de tallo, componiendo un nudo en su parte central. Tienen dos asas de aspecto grácil y estilizadas, generalmente encorvadas y sobrepasando en altura al borde. Pueden ser lisos, estar recubiertos de vidrio blanco opaco o decorados con festones, trozos de vidrio, etc.[2204]

Los fragmentos de borde V.79.6.I.J.74 y V.79.8.10.J.K.165 y 166 (fig. 252, 4) se caracterizan por una pared curvada y un borde recto algo exvasado, no se conservan señales que indiquen la presencia de asas. Ambos son de vidrio transparente azul verdoso. Estos perfiles se suelen atribuir a la forma 38a, como los ejemplos de Asberg[2205], Hofheim[2206], Magdalensberg[2207], Pompeya[2208], *Tarraco*[2209] y

[2185] CZURDA-RUTH, B., 1979, p. 63.

[2186] LA BAUME, P. y SALOMONSON, J. W., 1976, p. 30, nº 33, lám. 4, nº 3, en vidrio rojo violeta, con asa y máscara aplicada en vidrio blanco opaco, sobre el borde lleva un hilo de vidrio blanco opaco.

[2187] FREMERSDORF, F., 1958a, p. 34, lám. 43, en el borde lleva aplicado un hilo de vidrio blanco opaco.

[2188] PRICE, J., 1981, pp. 429-430, p. 507 y p. 699, fig. 8, núms. 76-77, datados entre los años 25-50 d. C.

[2189] ISINGS, C., 1971, p. 73, nº 60, fig. 19, nº 60.

[2190] ISINGS, C., 1957, pp. 48-49. HAEVERNICK, T. E., 1978, pp. 328-330. CZURDA-RUTH, B., 1979, pp. 51-52. VAN LITH, S. M., 1979a, pp. 63-64. SCATOZZA HÖRICHT, L. A., 1986, p. 42, lám. XXIX. RÜTTI, B., 1988, pp. 61-62.

[2191] ALARCÃO, J., 1971, pp. 38 y 40, lám. IV, nº 49.

[2192] FLOS TRAVIESO, N., 1987, pp. 84-85, núms. 363-368, figs. 59-60, núms. 363-368, el más semejante al de *Celsa* es el nº 368.

[2193] PAZ PERALTA, J. A., 1991 a, pp. 302-303, fig. 2, nº 6, en vidrio de color natural, datado a fines de la época de Claudio.

[2194] CZURDA-RUTH, B., 1979, p. 52, nº 474, lám. 2, nº 474.

[2195] PAZ PERALTA, J. A., 1991 a, pp. 302-303, fig. 2, nº 6.

[2196] SCATOZZA HÖRICHT, L. A., 1986, p. 42, nº 70, lám. XXIX, nº 2916.

[2197] CZURDA-RUTH, B., 1979, p. 52, nº 474, lám. 2, nº 474.

[2198] RÜTTI, B., 1988, p. 179, núms. 1126-1127, lám. 17, núms. 1126-1127.

[2199] NESBITT, A., 1871, pp. 40-41, fig. 57.

[2200] SCATOZZA HÖRICHT, L. A., 1986, p. 42. SCATOZZA HÖRICHT, L. A., 1987, p. 86, lám. I, nº 9.

[2201] CZURDA-RITH, B., 1979, p. 51, el nº 476 se data en época de Tiberio; los núms. 474 y 475, son de época de Tiberio/Claudio.

[2202] WELKER, E., 1974, p. 29. VAN LITH, S. M., 1979a, pp. 101-102. SCATOZZA HÖRICHT, L. A., 1986, p. 42. PAZ PERALTA, J. A., 1991 a, pp. 302-303.

[2203] HAEVERNICK, T.E., 1978, en p. 330 ofrece un mapa de distribución de los hallazgos. WELKER, E., 1974, pp. 27-30. HAYES, J. W., 1975, p. 67, nº 203. CZURDA-RUTH, B., 1979, p. 51.

[2204] ISINGS, C., 1957, pp. 53-54. VAN LITH, S. M., 1991, pp. 99-110, donde realiza un estado actual de la cuestión aportando una gran variedad de perfiles.

[2205] VAN LITH, S. M., 1987, pp. 51-53, fig. 24.

[2206] Isings incluye este hallazgo, con reparos, en la forma 38a: ISINGS, C., 1957, p. 54. RITTERLING, E., 1913, pp. 369-370, fig. 94, nº 1, Tipo 7.

[2207] CZURDA-RUTH, B., 1979, pp. 52-54.

[2208] BARDELLI, O., 1984, p. 263, lám. 145, nº 21.

[2209] PRICE, J., 1981, pp. 507-511, fig. 13, nº 111, es un fragmento de borde que corresponde a una forma 38 puesto que conserva el arranque de las asas, datado entre el 25-50 d. C.; otras piezas con bordes semejantes en fig. 8, núms. 76-77; fig. 12, nº 108 y fig. 13, nº 112, todos datados entre el 25-50 d. C.

Vindonissa[2210], además del que se encuentra en el Musei Civici di Pavia[2211]. Tampoco se puede descartar su adjudicación al *calix* Isings 36a.

En España y Portugal se ha constatado su presencia en *Bætulo*[2211], *Caesaraugusta*[2213], *Osca*[2214] y *Conimbriga*[2215].

Las piezas 81.1.2.8.Ñ'.P'.5518 y 80.1.22.-AI.31.T.9013 también se pueden encuadrar en esta forma[2216]. Un *kantharos* o *calix* con el mismo tipo de borde, cuyo perfil completo se reconstruye con varios fragmentos, se encontró en *Bætulo*[2217]. Carece de asas y a media pared hay una acusada carena, su pie es hueco y se une al cuerpo mediante una gruesa gota de vidrio (Ising 36a?). Este tipo de pie está también documentado en *Celsa*[2218].

Otros perfiles semejantes son de *Bætulo*[2219], *Caesaraugusta*[2220] y *Conimbriga*[2221].

La datación más antigua de la forma 38a se conoce en Magdalensberg[2222], extraída de un nivel fechado desde principios de Augusto al año 10 a. C. En *Vindonissa*[2223] se fecha en época de Tiberio/Claudio y en Valkenburg[2224] entre los años 40-47 d. C. Las dataciones de *Bætulo*, *Caesaraugusta*, *Celsa*, *Osca* y *Tarraco* hay que situarlas en las épocas de Claudio y de Nerón.

Isings 39

Es un *scyphos* que, normalmente, tiene forma cilíndrica con un borde redondeado o tubular y, a menudo un pequeño pie; presenta dos asas muy características con un apéndice superior horizontal a la altura del borde, y otra inferior[2225]. De la *Betica* proceden varios

ejemplos con el borde tubular, pared en forma de S y base cóncava[2226].

Los *scyphos* en vidrio son imitaciones de tipos metálicos de plata y de cerámica (sigillata itálica y cerámica vidriada)[2227].

El fragmento de borde V.79.3.J'.119.3 (fig. 252, 9) tiene su mejor paralelo en una pieza de *Vindonissa*[2228].

El borde tubular con asa y de pared curvada V.79.1.M'.150 y 154 presenta semejanzas con vidrios de la *Betica*[2229].

En los hallazgos de *Celsa* se catalogan tres tipos de asas distintos.

a) Representada por al pieza 81.1.21.23.-F.G.1881 (fig. 252, 11). Tiene asas verticales con apéndices horizontales, el superior a la altura del labio y el inferior a media pared o ligeramente más abajo. Es el tipo más común. *Scyphoi* con estas asas se han recuperado en *Aquae Helveticae*[2230], Chipre[2231], necrópolis de Lattes[2232], Luni[2233], Magdalensberg[2234], Nimes[2235], *Vitudurum*[2236], *Tarraco*[2237] y en la *Betica*[2238]. Probablemente, los hallazgos de *Conimbriga*[2239], Corinto[2240] y *Osca*[2241] se puedan sumar a los anteriores.

b) Presente en *Celsa* en la pieza 80.1.20.24.Q.T.7175 (fig. 252, 10) y en un hallazgo efectuado en la calle IX[2242]. Las

---

[2210] BERGER, L., 1960, pp. 37-38, núms. 76-78, lám. 4, núms. 76-78, todos en vidrio doble.

[2211] MACCABRUNI, C., 1983, pp. 44 y 48, nº 12, lám. 6.

[2212] FLOS TRAVIESO, N., 1987, p. 83, núms. 350-351, fig. 56, núms. 350-351.

[2213] PAZ PERALTA, J. A., 1991 a, p. 302, varios fragmentos, entre ellos destaca uno con arranque del asa, de fines de la época de Claudio.

[2214] AGUILERA ARAGÓN, I. y PAZ PERALTA, J. A., 1987, p. 81.

[2215] ALARCÃO, J., 1976b, p. 162, lám. XXXV, nº 33, de un nivel de época de Trajano; p. 170, lám. XXXVI, nº 78.

[2216] Es el mismo tipo de perfil pero con el borde más exvasado.

[2217] FLOS TRAVIESO, N., 1987, p. 39, fig. 8, nº 74, datado a mediados del siglo I d. C.

[2218] Destacan dos piezas en vidrio de color natural, una procede de la *insula* II y la otra de la Casa de Hércules.

[2219] FLOS TRAVIESO, N., 1987, p. 39, fig. 8, nº 74; pp. 83-84, núms. 352-355, fig. 57, núms. 352-355.

[2220] PAZ PERALTA, J. A., 1991 a, p. 302.

[2221] ALARCÃO, J. y A., 1965, p. 48, nº 57, lám. II, nº 57. ALARCÃO, J., 1976b, p. 170, lám. XXXVI, nº 79, de un nivel de época de los Flavios.

[2222] CZURDA-RUTH, B., 1979, pp. 53-54; p. 236, nº 479.

[2223] BERGER, L., 1960, pp. 28-39.

[2224] VAN LITH, S. M., 1979a, p. 65.

[2225] ISINGS, C., 1957, pp. 55-56.

[2226] PRICE, J., 1981, pp. 429-437, fig. 89, nº 11; fig. 90, nº 12 y fig. 93, nº 34. PRICE, J., 1987a, p. 34, fig. 2, mapa B.

[2227] CZURDA-RUTH, B., 1979, p. 54, notas 175-176. HOCHULI-GYSEL, A., 1977, p. 22, figs. 2 y 3.

[2228] BERGER, L., 1960, p. 83, nº 211, lám. 22, nº 95.

[2229] PRICE, J., 1981, pp. 436-437, fig. 89, nº 11; fig. 90, nº 12 y fig. 93, nº 34. PRICE, J., 1987a, p. 34, fig. 2, mapa B.

[2230] FÜNFSCHILLING, S., 1986, pp. 142-143, nº 391, lám. 20, nº 391.

[2231] VESSBERG, O., 1956, p. 136, fig. 43, nº 19, fig. 53, nº 5.

[2232] PISTOLET, C., 1981, p. 50, nº 187, lám. XI, nº 187.

[2233] ROFFIA, E., 1973, p. 478, lám. 82, nº 13.

[2234] CZURDA-RUTH, B., 1979, pp. 54-56, lám. 3, nº 482.

[2235] MORIN-JEAN, E., 1913, pp. 132-133, fig. 175. Forma 94.

[2236] RÜTTI, B., 1988, pp. 64-65, lám. 13, núms. 954 y 957.

[2237] PRICE, J., 1981, pp. 436-437, fig. 9, nº 84; fig. 13, nº 117 y fig. 16, nº 151, las tres piezas datadas entre el 25-50 d. C.

[2238] PRICE, J., 1981, pp. 436-437, fig. 89, nº 11; fig. 90, nº 12 y fig. 93, nº 34. PRICE, J., 1987a, p. 34, fig. 2, mapa B.

[2239] ALARCÃO, J. y A., 1965, p. 48, nº 56, lám. II, nº 56. ALARCÃO, J., 1976b, p. 162, nº 26, lám. XXXV, nº 26, en vidrio opaco azul cobalto.

[2240] SLANE, K., 1980, p. 163, nº 126, fig. 8, nº 126.

[2241] AGUILERA ARAGÓN, I. y PAZ PERALTA, J. A., 1987, p. 81, es un fragmento de borde con el arranque del asa, vidrio blanco opaco, datado en 60/70 d. C.

[2242] El asa está completa y es de vidrio azul cobalto translúcido.

asas son verticales y circulares, con un apéndice superior horizontal al nivel del labio y un pequeño rabillo en la zona inferior. Se documenta en *Asta Regia*[2243], con la inscripción: ANIOC/SIDON, Carmona[2244], Mérida[2245], Las Pozas (Monturque, Córdoba)[2246], Sardis[2247] y el importante conjunto, en numero de cinco, encontrado en Agen (*Aginnum*)[2248], una asa lleva la marca: CISSI. Además de los que se encuentran en las colecciones del Corning Museum of Glass[2249] y del Toledo Museum of Art[2250], con asas semejantes a las de los *scyphos* de las cerámicas vidriadas.

c) Es el desarrollo de asa más sencillo, como se refleja en los fragmentos V.79.1.-M'.150 y 154 (fig. 252, 8). Consiste en un trozo de vidrio dispuesto horizontalmente a la altura del labio, doblado sobre sí mismo y apretado hasta formar una orejita. Un tipo similar está en *Conimbriga*[2251] y probablemente en *Tarraco*[2252].

Aunque las tres modalidades de asas son cronología semejante, son tal vez las dos primeras las más pretéritas.

Todos los ejemplos de *Celsa* son de vidrio soplado. Solo uno de los que aquí estudiamos, el 80.1.20.24.Q.T.7175 es de vidrio coloreado, violeta translúcido, el resto son de color natural[2253].

Los hay también en vidrio polícromo, como el de la necrópolis de Carmona[2254] y en vidrio opaco se han documentado en *Conim-*

briga[2255], *Osca*[2256] y*Tarraco*[2257], y el del Toledo Museum of Art[2258].

Esta forma está ausente en Asberg, Valkenburg y Velsen entre otros yacimientos.

Para los hallazgos de España y Portugal hay que consultar a Price[2259], a ellos hay que añadir los, ya citados, de *Osca* y de Mérida.

El comienzo de la producción de los *scyphoi* de vidrio hay que situarlo después de la época de Augusto[2260]. El ejemplo más antiguo que se conoce es de Corinto[2261] y se data entre los años 22/23 d. C. Las cronologías más frecuentes se dan en las épocas de Claudio y de Nerón[2262]. Los hallazgos de *Celsa* se datan entre los años 54-60 d. C.

Su utilidad como recipiente para beber vino parece evidente, como lo evidencia una representación pictórica[2263].

Isings 41a

Es un cuenco cilíndrico, obtenido mediante la técnica del soplado, tiene un borde exvasado y proyectado hacia afuera, el pie es tubular y el fondo cóncavo[2264]. Forma servicio con la 48[2265], por ahora ausente en *Celsa*, siendo ambas una imitación de la 22, fabricada a molde[2266]. Este tipo corresponde a un *pyxis*, que en terra sigillata se fabricó en la forma Dragendorff 4.

Las dos piezas de *Celsa* son restos de fondos de vidrio de color natural (fig. 253, 1-2). El 80.1.30.34.L.M.5605 presenta el arranque de la pared con una clara tendencia a la verticalidad, mientras que el ejemplo presentado por Isings tiene una pared cóncava.

Paralelos semejantes a la pieza de *Celsa* encontramos en la inhumación 194 de Giubiasco[2267], en *Tarraco*[2268], y en las colecciones del Royal Ontario Museum[2269].

[2243] ESTEVE GUERRERO, M., 1961, pp. 206-207, fig. 1. PRICE, J., 1981, p. 432. En vidrio azul translúcido. La lectura sería: AN (nivs) IOC (vndvs) / SIDON (ivs).

[2244] BENDALA GALAN, M., 1976, p. 115, núms.34-35

[2245] CALDERA DE CASTRO, M. C., 1983, pp. 54-55, fig. 15, en vidrio transparente de buena calidad.

[2246] DE LOS SANTOS JENER, S., 1950, p. 219, fig. 83. DE LOS SANTOS JENER, J., 1953, p. 165, fig. 63, nº 23

[2247] VON SALDERN, A., 1980, p. 11, nº 26, lám. 20, nº 26, el asa es circular y carece de apéndice inferior.

[2248] COUPRY, M. J., 1959, pp. 399-400, fig. 34, núms. 4 y 5,excavaciones efectuadas en la calle Colonels Lacuée y su datación parece corresponder al periodo Tiberio-Claudio.

[2249] GOLDSTEIN, S., 1979, pp. 140-142, núms. 289-292, lám. 39, núms. 289-292, el primero de ellos tiene las asas circulares y carece de apéndice inferior.

[2250] GROSE, D. F., 1989, p. 307, nº 429.

[2251] ALARCÃO, J. y A., 1965, p. 47, nº 55, lám. II, nº 55.

[2252] PRICE, J., 1981, fig. 16, nº 152, datada entre el 25-50 d. C.

[2253] A las piezas que aquí se estudian hay que añadir tres fragmentos más encontrados en la *insula* II (azul verdoso), Calle III-3 (verde agua) y el ya citado de la Calle IX-1 (azul cobalto translúcido).

[2254] BENDALA GALAN, M., 1976, p. 115, nº 35, lám. L, nº 35. PRICE, J., 1981, p. 825, fig. 89, nº 11.

[2255] ALARCÃO, J., 1976b, p. 162, nº 26, datado en época de Claudio, azul opaco.

[2256] AGUILERA ARAGÓN, I. y PAZ PERALTA, J. A., 1987, p. 81, blanco opaco, se data en 60/70 d. C.

[2257] PRICE, J., 1981, p. 700, fig. 9, nº 84, datado entre el 25-50 d. C., blanco opaco.

[2258] GROSE, D. F., 1989, p. 307, nº 429.

[2259] PRICE, J., 1981, pp. 436-437.

[2260] CZURDA-RUTH, B., 1979, p. 56.

[2261] SLANE, K., 1980, p. 163, nº 126, fig. 8, nº 126 y pp. 173-175.

[2262] Así queda atestiguado en los hallazgos ya referenciados de *Conimbriga*, *Tarraco* (25-50 d. C.), Magdalensberg y *Vindonissa*.

[2263] NAUMANN-STECKNER, F., 1991, p. 95, lám. XXII a.

[2264] ISINGS, C., 1957, pp. 56-57.

[2265] En los ajuares de las tumbas del Canton Ticino la 48 no aparece asociada a la 41 a, por lo que tal vez habría que reconsiderar este aspecto: BIAGGIO SIMONA, S., 1991, pp. 78-79.

[2266] ALARCÃO, J., 1968, pp. 19-20. CZURDA-RUTH, B., 1979, pp. 87-89.

[2267] BIAGGIO SIMONA, S., 1991, pp. 78-80, nº 113.1.010, lám. 5, nº 113.1.010.

[2268] PRICE, J., 1981, p. 711, nº 144, fig. 15, nº 144, fragmento de fondo datado entre el 25-50 d. C., en vidrio de color natural.

[2269] HAYES, J. W., 1975, p. 55-56, nº 130, fig. 3, nº 130.

Un fragmento de fondo atribuido a esta forma, pero en el que el arranque de la pared presenta una clara tendencia a ser cóncava, se encontró en Magdalensberg[2270] y se fecha antes del 15 d. C. A los ejemplos referenciados por Isings y por Czurda-Ruth[2271], se tienen que añadir los de Chipre[2272], Herculano, Pompeya, Stabia[2273], Ostia[2274] y el importante conjunto del Cantone Ticino, que recientemente se ha vuelto a estudiar[2275].

En España y Portugal su presencia se ha constatado en *Bætulo*[2276], además de las piezas que se encuentran en el Museo Municipal de Elvas (Portugal)[2277].

Está ausente en Asberg, Valkenburg y en Velsen, sin embargo la 48 está atestiguada en este último yacimiento[2278].

La datación más antigua la aporta Magdalensberg[2279], a fines de la época de Augusto; esta cronología es concordante con la del fondo 80.1.30.34.L.M.5605 (fig. 253, 1) que es del nivel 3.1, y se data hacia el año 20 d. C. La mayoría de las piezas son de contextos de la segunda mitad del siglo I[2280], siendo los ejemplos de Magdalensberg y de *Celsa* los más antiguos que se conocen.

Isings 42a

Este cuenco destaca por tener el borde doblado hacia afuera, horizontal y redondeado, la pared convexa y el pie pequeño, que generalmente es más ancho que alto[2281].

A los hallazgos referenciados por Isings y Czurda-Ruth[2282] hay que añadir los encontrados en Asberg[2283], *Aquae Helveticae*[2284], Herculano[2285],

necrópolis de Lattes[2286], Ostia[2287] y Pompeya[2288]. No se conoce en Velsen y Valkenburg. En España y Portugal se constata su presencia en *Bætulo*[2289], Alcácer do Sal[2290], Aramenha[2291] y en la pieza del Museo Nacional de Arqueología de Lisboa[2292].

Las dataciones más antiguas son las de Pompeya[2293] y Magdalensberg[2294]. Es más frecuente en época de Nerón, como lo demuestran los ejemplos de *Celsa*, y en fechas posteriores[2295].

Isings 43

Es un cuenco con el borde tubular o redondeado, exvasado y más o menos profundo, con la pared curvada y el pie pequeño. El ejemplo presentado por Isings con 4,2 cms. de altura y casi 21 cms. de diámetro de borde, habría que considerarlo un plato/fuente mejor que un cuenco. Sobre el borde tiene aplicada una especie de asa que, generalmente, es un trozo de vidrio enrollado; en el ejemplo de *Celsa*, el asa, que está incompleta, es de forma alargada y, posiblemente, con la terminación triangular en cantos redondeados[2296].

Es una forma poco frecuente, los ejemplos más representativos son los de Chipre[2297], Locarno y Giubiasco[2298], Sardis[2299], Tipasa[2300], el del Royal Ontario Museum[2301] y los de las colecciones Macaya[2302] y Karl Löffler[2303]. Está

[2270] CZURDA-RUTH, B., 1979, p. 87, lám. IV, n° 653.

[2271] CZURDA-RUTH, B., 1979, p. 87.

[2272] VESSBERG, O, 1956, pp. 170 y 209, fig. 50, n° 39, *Pyxis* del tipo B I.

[2273] SCATOZZA HÖRICHT, L. A., 1986, pp. 35-36, n° 44, lám. XXVI, n° 148. Forma 41b.

[2274] MORICONI, M. P., 1973, p. 375. Forma 41b.

[2275] BIAGGIO SIMONA, S., 1991, pp. 78-80, lám. 5 y fig. 7, n° 38.

[2276] FLOS TRAVIESO, N., 1987, p. 36, n° 58, fig. 4, n° 58, la pieza corresponde a un fragmento de fondo y no es seguro que se pueda atribuir a esta forma.

[2277] ALARCÃO, J., 1968, pp. 19-20, núms. 41-44, lám. I, núms. 41-44, aunque las clasifica como la forma 41a realiza la apreciación de que por el tipo de su perfil bien pudiera tratarse de una variante.

[2278] VAN LITH, S. M., 1979, p. 39. En Valkenburg está documentada la 41b: VAN LITH, S. M., 1979a, p. 67.

[2279] AGGIOB., 1979, p. 87 y p. 238, n° 653.

[2280] BIAGGIO SIMONA, S., 1991, p. 80.

[2281] ISNGS, C., 1957, pp. 58-59.

[2282] AGGIOB., 1979, pp. 57-58.

[2283] VAN LITH, S. M., 1987, p. 53.

[2284] FÜNFSCHILLING, S., 1986, p. 146, n° 404a, lám. 21, n° 404a.

[2285] SCATOZZA HÖRICHT, L. A., 1986, p. 35, núms. 32-43.

[2286] PISTOLET, C., 1981, pp. 48-49, n° 182, lám. X, n° 182, presenta una gran similitud en el perfil del borde y en el color del vidrio con nuestro ejemplo 81.1.D.II.7985.

[2287] MORICONI, M. P., 1973, p. 374.

[2288] BARDELLI, O., 1984, p. 261 y p. 267, fig. 145, n° 12.

[2289] FLOS TRAVIESO, N., 1987, p. 76, núms. 299-303, fig. 46.

[2290] ALARCÃO, J., 1978a, p. 158, n° 20 y p. 163, n° 20, lám. 2, n° 20.

[2291] ALARCÃO, J., 1971a, pp. 192-194, núms. 3-7, lám. I, núms. 3-7.

[2292] ALARCÃO, J., 1978, p. 103 y p. 108, n° 1, lám. I, n° 1.

[2293] BARDELLI, O., 1984, p. 261, época de Augusto-Tiberio.

[2294] AGGIOB., 1979, pp. 57-58, época de Claudio, antes del 45.

[2295] Así las piezas encontradas en Pompeya y de Ostia.

[2296] ISINGS, C., 1957, p. 59.

[2297] VESSBERG, O., 1956, p. 135, fig. 42, n° 16, fig. 43, núms. 5-6, el n° 5 tiene un asa muy semejante a nuestro ejemplo.

[2298] SIMONETT, C., 1941, p. 85, fig. 69 (Locarno), época de Nerón/Vespasiano. BIAGGIO SIMONA, S., 1991, pp. 81-82, lám. 6, núms. 113.1.001(Giubiasco) y 134.2.072 (Locarno).

[2299] VON SALDERN, A., 1980, p. 21, lám. 21, n° 94.

[2300] LANCEL, S., 1967, p. 21, n° 195, lám. X, n° 4. Forma 21, de principios de la segunda mitad del siglo II.

[2301] HAYES, J. W., 1975, p. 64, n° 179, fig. 5, n° 179.

[2302] GUDIOL RICART, J. y DE ARTIÑANO, P. M., 1935, p. 124, n° 86, fue adquirido en Lyon (Francia).

[2303] LA BAUME, P. y SALOMONSON, J. W., 1976, p. 45, n° 111, lám. 14, n° 1.

ausente en Asberg, Magdalensberg, Valkenburg, Velsen y *Vitudurum*.

En España y Portugal se conocen ejemplos en *Bætulo*[2304], Tossal de Manises (Alicante)[2305] y Monte de Moliao (Portugal)[2306].

Su ausencia en Magdalensberg[2307] aconseja una datación posterior al año 45 d. C. La pieza de *Celsa* apareció en dos fragmentos, ambos son del nivel 5 (41-48 d. C.), esto permite precisar la cronología inicial de la forma y situarla entre los años 45-48. Las dataciones obtenidas en los ajuares de las sepulturas del Cantone Ticino hacen suponer a Biaggo Simona[2308] que estos cuencos debieron de estar en el mercado hacia el 60/70 d. C. o acaso ya hacia el 50.

Los restantes ejemplos datados se sitúan desde Claudio/Nerón hasta fines del siglo II-principios del III, con una amplia difusión entre los años 70-120/130 d. C.[2309]

Isings 44a

Cuenco que se caracteriza por su borde tubular vuelto hacia el exterior y plegado, esto le confiere una forma ancha y lisa con una ligera moldura, generalmente irregular. La pared es algo curvada, y el pie pequeño, sólido y anguloso[2310]. El diámetro del borde es variable, puede tener entre los 6 y los 20 cm.

El vidrio que más frecuentemente se utilizó para fabricar estos cuencos es el transparente de color natural. El tipo de vidrio de los tres fragmentos de Celsa es muy semejante, llegando a precisar que proceden de la misma remesa de fabricación.

Cuencos de vidrio coloreado, como nuestra pieza 81.1.D.II.10270, en vidrio azul de ultramar, son más raros de encontrar. En este punto hemos de destacar el hallazgo de dos fragmentos de bordes recuperados en la *insula* II, uno en vidrio azul translúcido y el otro en azul cielo opaco, este último con un diámetro de 9 cm. También se utilizaron los colores verde y amarillo y el blanco opaco.

Además de los ejemplos recogidos por Isings, Czurda-Ruth[2311] y van Lith[2312], merecen

ser destacados los de Asberg[2313], Herculano[2314], Pompeya[2315] y *Vitudurum*[2316].

En España y Portugal se han efectuado hallazgos en *Bætulo*[2317], *Pompaelo*[2318], Alenquer[2319] y Padraozinho[2320], al que hay que añadir el que pertenecía a la colección del rey D. Manuel[2321], de posible origen peninsular.

La acumulación de hallazgos de esta forma en Italia (Herculano, Pompeya y de manera especial en el Norte) y en las regiones occidentales del Imperio, reafirma que su fabricación pudo realizarse en talleres del Norte de Italia, tal vez en Aquileia[2322].

La datación más antigua es la de Magdalensberg[2323] de hacia el 10 a. C. En Locarno[2324] se fecha en Augusto/Tiberio y en Cosa[2325] entre los años 40-45 d. C. Estos cuencos estarían en uso hasta el inicio del siglo II[2326].

Isings 47

Puede ser una fuente pequeña (10 cms. de diámetro) o plato grande cilíndrico (de hasta 46 cms.), tiene pie, pared vertical ligeramente cóncava que termina en un borde redondeado. Además de fabricarse en vidrio moldeado también se fabricó en vidrio soplado[2327].

Para Isings es una forma poco frecuente. En *Celsa* solo se han detectado hasta el momento dos ejemplos, el de la Casa de los Delfines, en vidrio blanco opaco, y el de la

[2304] FLOS TRAVIESO, N., 1987, p. 48, nº 123, fig. 18, nº 123 y p. 50, nº131, fig. 19, nº 131, ambos se datan en época de Domiciano.

[2305] SÁNCHEZ DE PRADO, M. D., 1984, p. 92, fig. 7, nº 8.

[2306] ALARCÃO, J., 1968, p. 22, núms. 34-35, lám. II, núms. 34-35.

[2307] AGGIOB., 1979, p. 244.

[2308] BIAGGIO SIMONA, S., 1991, p. 82.

[2309] ISINGS, C., 1957, p. 59. HAYES, J. W., 1975, p. 64, nº 179. BIAGGIO SIMONA, S., 1991, p. 82.

[2310] ISINGS, C., 1957, pp. 59-60.

[2311] AGGIOB., 1979, pp. 59-62.

[2312] VAN LITH, S. M., 1979a, pp. 68-69.

[2313] VAN LITH, S. M., 1987, p. 54.

[2314] SCATOZZA HÖRICHT, L. A., 1986, pp. 32-34, núms. 19-25, lám. XIII, núms. 19 y 25 y lám. XXVI, nº 19.

[2315] BARDELLI, O., 1984, p. 262 y p. 267, lám. 145, núms. 10, 14 y 16. SCATOZZA HÖRICHT, L. A., 1986, pp. 32 y 34. ZIVIELLO, C., 1986, pp. 222-223, nº 30.

[2316] RÜTTI, B., 1988, p. 65, lám. 14, núms. 960, 964, 969 y 975-977.

[2317] FLOS TRAVIESO, N., 1987, pp. 36-37, nº 63, fig. 5, nº 63 y pp. 64-65, núms. 203-210, figs. 32-33, núms. 203-208 y 210, ocho son de color azul cobalto o turquesa y uno es verde.

[2318] MEZQUIRIZ DE CATALAN, M. A., 1958, pp. 162-163, fig. 74, nº 2, de color blanco amarillento.

[2319] HORTA PEREIRA, M. A., 1970, pp. 59-60, núms. 13-14, lám. III, núms. 13-14, en vidrio azul cobalto, datados en época de Nerón.

[2320] ALARCÃO, J., 1967, p. 6, nº 6, lám. I, nº 6.

[2321] ALARCÃO, J., 1976a, pp. 57 y 59-60, lám. II, nº 8 y lám. V, nº 8, en vidrio de color verde cesped.

[2322] VAN LITH, S. M., 1979a, p. 70, nota 236. BIAGGIO SIMONA, S., 1991, p. 84.

[2323] CZURDA-RUTH, B., 1979, p. 59-62, nº 496. Esta datación se confirma por la representación de un cuenco de este tipo en una pintura mural del segundo estilo de la villa de Boscoreale, y que se data hacia el año 15 a. C.

[2324] SIMONETT, C., 1941, p. 115, núms. 5 y 14, fig. 95, en vidrio azul y blanco opaco. BIAGGIO SIMONA, S., 1991, pp. 83-85, lám. 7, nº 000.1.155.

[2325] GROSE, D. F., 1973, p. 40, núms. 14-15, fig. 3, núms. 14-15, en vidrio azul y verde agua.

[2326] ISINGS, C., 1957, pp. 59-60. BIAGGIO SIMONA, S., 1991, p. 84.

[2327] ISINGS, C., 1957, p. 62.

Casa de Hércules, en azul de ultramar transparente.

Las piezas más significativas son las encontradas en el Cantone Ticino[2328], Magdalensberg[2329] y Herculano[2330]. Su amplia difusión en Italia septentrional inclina a suponer su centro de fabricación en Aquileia[2331]. En España también se ha encontrado en *Tarraco*[2332] y Can Majoral (Mataró)[2333].

Su comienzo de utilización, por los hallazgos de Cosa, Magdalensberg y *Tarraco* , hay que situarlo en la segunda mitad del siglo I[2334].

Isings 63

Corresponde a una olla con asas en forma de «M» y que presenta una gran variedad de terminaciones en su borde[2335].

En el único ejemplo que se conoce en *Celsa* solo se conserva el borde, que fue doblado hacia el exterior y vuelto a doblar.

Estas ollas se utilizaron frecuentemente como urnas cinerarias[2336].

Su utilización doméstica, que sería su función original, estría destinada almacenaje, aunque no se puede descartar su uso en la mesa para presentar alimentos.

Generalmente se fabricó en vidrio de color natural, pero con tendencia a un color verdoso, como en el ejemplo de *Celsa*. El perfil de nuestro borde presenta semejanzas con una urna encontrada en Tipasa[2337].

Isings data su origen en la segunda mitad del siglo I, y perdurando hasta el III. Su ausencia en Magdalensberg y el hallazgo de *Celsa* precisan el comienzo de la utilización de este recipiente entre los años 54-60 d. C. Fuera del contexto funerario destacan los hallazgos de Pompeya y Herculano[2338], que reafirman el uso doméstico de estas ollas.

Isings 81 variante

Es un pequeño cuenco (*cuipalini* ?), fabricado, probablemente, mediante la técnica de moldeado-presionado, en una sola pieza, y con las superficies pulidas[2339]. Este perfil es relacionable con la forma Conspectus 33 en terra sigillata itálica.

Czurda-Ruth considera los perfiles de esta forma como una variante de la 20[2340]. La diferencia entre ambas hay que establecerla por al terminación del borde, redondeado en la 81 y con un labio moldurado y horizontal en la 20. Ambas formarían servicio de mesa con la forma 5, e indudablemente tienen relaciones muy cercanas, tanto en su perfil como en su fabricación (ambas son a molde y fueron pulidas). Sin embargo, lo más indicado es respetar la tipología de Isings, y considerarla una variante.

Frecuentemente se fabricó en vidrio verde translúcido, aunque también hay ejemplos en vidrio opaco, blanco, marrón oscuro y rojo. Nuestro ejemplo que tiene un diámetro de borde de 4,1 cms. es de los más pequeños que se conoce.

No son muy frecuentes sus hallazgos de la forma 81, Isings recoge tres ejemplos y Czurda-Ruth[2341] amplia cuatro más. A estos se pueden añadir los de Magdalensberg[2342] y *Vitudurum*[2343]. En España y Portugal los de *Tarraco*[2344] y Torre de Ares (Balsa)[2345].

En museos y colecciones es una forma bien representada como lo demuestran los ejemplos del Toledo Museum of Art[2346], la Yale University Art Gallery[2347] y los de las colecciones del Wheaton College de Norton (Massachusetts)[2348] y Oppenländer[2349].

Las dataciones de Magdalensberg y del Pasaje Cobos en *Tarraco*, sitúan su origen en época de Claudio, aunque si admitimos su uso con la formas 5 y 20, tal vez habría que llevar la cronología hasta época de Tiberio[2350].

[2328] BIAGGIO SIMONA, S., 1991, pp. 53-54, lám. 2, núms. 176.2.133 y 176.2.225.

[2329] CZURDA-RUTH, B., 1979, pp. 84-87, lám. 4, núms. 636 y 641.

[2330] SCATOZZA HÖRICHT, L. A., 1986, pp. 31-32, núms. 14-15, lám. XXV. Forma 4.

[2331] BIAGGIO SIMONA, S., 1991, p. 54.

[2332] PRICE, J., 1981, pp. 514-519, fig. 15, nº 138.

[2333] CLARIANA i ROIG, J. F., 1981, p. 99, nº 116, lám. 50, nº 1, la identificación con esta forma es dudosa debido al reducido tamaño de la pieza.

[2334] BIAGGIO SIMONA, S., 1991, p. 54.

[2335] ISINGS, C., 1957, pp. 81-83.

[2336] Baste con citar los ejemplos referenciados por Isings y por Lancel. LANCEL, S., 1967, p. 13 y p. 42. Forma 5. Para España las necrópolis de Cádiz y de Mahora (Albacete). QUINTERO ATAURI, P., 1935, p. 6, lám. III A, superior izquierda. ROLDÁN GÓMEZ, L., 1987, p. 249, fig. 1 A.

[2337] LANCEL, S., 1967, p. 42, nº 40, lám. II, nº 1, en vidrio verdoso.

[2338] SCATOZZA HÖRICHT, L. A., 1986, p. 70, nº 252, lám. XXXIX, nº 252.

[2339] ISINGS, C., 1957, p. 97. MATHESON, S. B., 1980, pp. 13-14, nº 39.

[2340] Por ejemplo: CZURDA-RUTH, B., 1979, pp. 76-79. Price también incluye un perfil semejante encontrado en *Tarraco* en la forma 20: PRICE, J., 1981, pp. 155-157, fig. 4, nº 36.

[2341] CZURDA-RUTH, B., 1979, p. 77.

[2342] CZURDA-RUTH, B., 1979, pp. 76-79, lám. 4, nº 596.

[2343] RÜTTI, B., 1988, pp. 21-22, nº 48, lám. 2, nº 48.

[2344] PRICE, J., 1981, pp. 155-157, fig. 4, nº 36. PRICE, J., 1987, pp. 69-71, fig. 3, nº 13, datados entre el 25-50 d. C.

[2345] ALARCÃO, J., 1970, pp. 238-239, lám. I, nº 3.

[2346] GROSE, D. F., 1989, pp. 304-306, núms. 417 y 423.

[2347] MATHESON, S. B., 1980, pp. 12-14, nº 39.

[2348] DUSENBERY, E. B., 1971, p. 11, nº 6, fig. 3.

[2349] VON SALDERN, A. *et alli*, 1974, núms. 288-290.

[2350] CZURDA-RUTH, B., 1979, p. 78.

Isings 85/*Vindonissa* 96

Este vaso se caracteriza por la pared curvada que termina en un borde redondeado ligeramente reentrante y pulido al fuego. Al no tener el fondo carecemos del elemento indispensable para asignarle una de las dos variantes propuestas por Isings[2351], por este motivo proponemos esta clasificación, puesto que el ejemplo de *Vindonissa*[2352], presenta un perfil semejante, con la única diferencia de que no tiene pie. Para Rütti[2353] los ejemplos de *Vitudurum* se pueden considerar relacionados con la forma 85.

Las dos piezas de *Celsa* están fabricadas en vidrio violeta translúcido, están decoradas en la pared exterior con hilos blancos opacos, estos fueron añadidos después del soplado de la vasija, posteriormente se aliso haciendo rodar la vasija sobre una superficie plana. Aunque uno se encontró en el interior de la Casa (estancia 15) y el otro en la calle IV-1, es posible que ambos pertenezcan a la misma vasija, debido a la similitud de fábrica que presentan.

Además del ya referenciado de Vindonissa perfiles semejantes a nuestros ejemplos se han encontrado en Cosa[2354], Chipre[2355], *Vitudurum*[2356] y *Caesaraugusta*[2357]. Algunos fragmentos de bordes de Magdalensberg[2358] también recuerdan a estos perfiles.

Los ejemplos de Cosa y Magdalensberg, que se datan antes del 45, son los más tempranos. Los de *Vitudurum* son pre-flavios[2359], el de *Caesaraugusta* de fines de la época de Claudio y el de Vindonissa del siglo I.

Para los ejemplos más tardíos de la forma 85 son destacables los hallazgos de *Carnuntum*[2360] y *Vitudurum*[2361].

Los primeros tipos se debieron de conformar en los primeros años de la época de Claudio. Al carecer de perfiles completos para los hallazgos de época pre-flavia, hemos de suponer que el origen de la forma 85 tiene

que estar en un vaso como el del ejemplo de *Vindonissa*[2362], que presenta como característica diferenciadora el no tener pie. El añadido del pie tiene que producirse en el último cuarto del siglo I o principios del siglo II.

Carnuntum, 62, 2

Es un plato poco profundo con el borde engrosado y vuelto hacia adentro[2363], al no disponer de perfiles completos no podemos precisar más respecto a su forma.

Hay que relacionar la forma con unos platos en terra sigillata que se fabricaron en Rheinzabern[2364] y en el taller de Andújar (Jaén)[2365].

Además del hallazgo de *Carnuntum*, hay un fragmento de borde encontrado en Ostia[2366].

La pieza de *Carnuntum* está fabricado en vidrio opaco de color azul y decorado en el exterior con hilos de vidrio blanco opaco. El fragmento 81.1.9.17.A'.F'.475 (fig. 254, 1) es también de vidrio opaco de color azul, pero sin la pared decorada. El V.79.3.J'.119.1 es de vidrio de color natural transparente.

La cronología de esta forma habría que situarla en época de Claudio/Nerón.

Corning 307

Por las medidas que tiene el conservado en el Corning Museum of Glass hay que incluirlo en el grupo de las escudillas. Grose[2367] encuadra este recipiente entre los más destacados dentro de la vajilla romana fabricada a molde en vidrio translúcido.

Se caracteriza por sus paredes cóncavas, su borde exvasado y redondeado está decorado en el interior con estrías, el fondo es plano y con pie. También es muy característica la estría interior que se encuentra hacia la mitad de la pared. El ejemplo de *Celsa* tiene 12 cms. de diámetro de borde y una altura original de aproximadamente 4 cms., medidas que encajan en el grupo de las escudillas.

Como paralelos solo se conocen dos. Uno se encuentra en el Corning Museum of Glass[2368], de donde se toma el prototipo, y el

---

[2351] ISINGS, C., 1957, pp. 101-103.

[2352] BERGER, L., 1960, p. 44, nº 96, lám. 19, nº 50, tiene un diámetro de 6,8 cms. y una altura de 8,5-9 cms..

[2353] RÜTTI,. B., 1988, p. 60.

[2354] GROSE, D. F., 1973, p. 45, fig. 5, nº 31.

[2355] VESSBERG, O., 1956, p. 137, fig. 44, nº 3.

[2356] RÜTTI, B., 1988, p. 60, núms. 880-881, lám. 11, núms. 880-881.

[2357] PAZ PERALTA, J. A., 1991a, p. 302, corresponde a un fragmento de borde de unos 7.8 cm. de diámetro fabricado en vidrio azul verdoso claro transparente. Se data a fines de Claudio.

[2358] CZURDA-RUTH, B., 1979, pp. 163-164, núms. 1210-1213 y 1229, lám. 10, núm. 1213 y 1229.

[2359] RÜTTI, B., 1988, p. 60, uno de los hallazgos se efectuó en la tumba 2, datada en Claudio/Nerón (nº 881).

[2360] GRÜNEWALD, M., 1981, p. 17, lám. 11, núms. 1-13. GRÜNEWALD, M., 1983, p. 46, lám. 63, núms. 10-11.

[2361] RÜTTI, B., 1988, p. 58, lám. 11, núms. 871-877.

[2362] BERGER, L., 1960, nº 96, lám. 19, nº 50.

[2363] GRÜNEWALD, M., 1983, p. 45, lám. 62, nº 2.

[2364] OSWALD & PRICE, 1920, lám. LXIX, núms. 5-6.

[2365] MAYET, F., 1983, lám. XXIX, núms. 94-95. MAYET, F., 1984, p. 47, se propone una datación del siglo II. Forma Hispánica 52 de Roca.

[2366] MORICONI, M. P., 1973, p. 56, lám. XVI, nº 44, el perfil presenta ángulos más fuertes, sin embargo su relación con esta forma parece indudable.

[2367] GROSE, D. F., 1989, pp. 254-256, fig. 135 y fig. 138.

[2368] GOLDSTEIN, S. M., 1979, p. 147, nº 307, lám. 19, nº 307 y lám. 39, nº 307, mide 8,6 cms. de diámetro de borde y tiene 3 cms. de altura, por lo que se encuentra en el límite entre cuenco y escudilla.

otro es un pequeño fragmento de borde encontrado en *Vituduram*[2369].

Los tres ejemplos son de vidrio verde translúcido. Una excepción es un hallazgo efectuado en *Celsa*, en la *insula* II, donde se encontró un fragmento de borde de unos 7,5 cms. de diámetro, identificable con esta forma, y que está fabricado en vidrio rojo opaco, con pátina verde de descomposición.

Los ejemplos de *Celsa* y de *Vituduram* se datan en época de Claudio/Nerón. Piezas más tardías y con un perfil diferente, más evolucionado, se han encontrado en Herculano[2370].

Vindonissa 22

Es un cuenco de tamaño grande, entre 15 y 17 cm. de diámetro de boca, se caracteriza por las costillas que tiene en la pared, recordando en la forma a los tipos de la Isings 3; termina en un borde sencillo y redondeado, que puede ser recto o ligeramente exvasado, tiene un pie alto[2371]. El cuerpo está fabricado a molde. Cuerpo y pie se formaron por separado y se juntaban por calor.

Los tres fragmentos con los que hemos reconstruido una parte del perfil (fig. 254, 4a y 4b y fig. 329, 1-2) proceden de diferentes zonas. El fragmento de pared 81.1.21.25.D.-E.1300 se encontró en la calle II-1; uno de los fragmentos de pie el 80.1.3.11.K.Q.3782 es del *hortus* de la casa y el 80.1.18.22.V.Y.521 de la calle IV-1, junto a la puerta de acceso al *hortus*. La dispersión tan amplia de estas piezas del mismo cuenco no es un caso único, puesto que en el periodo de abandono del yacimiento se dió un notable movimiento de tierras y escombros en toda esta área. Por otra parte el tipo de vidrio, la disposición de los veteados y las alteraciones del vidrio[2372] en los tres fragmentos se presenta idéntica.

El fragmento de pared 81.1.CAR.I.4567 conserva el arranque de una costilla y por la curvatura que presenta en la zona superior es muy probable que pertenezca a este tipo de cuencos (fig. 254, 5 y fig. 329, 4)

La decoración es del denominado vidrio veteado. En el interior de la masa vítrea de color azul cobalto translúcido se han incrustado pequeñas barritas de vidrio blanco opaco. Este tipo de decoración es uno de los utilizados en esta forma[2373].

Estos cuencos están bien representados en las colecciones del Corning Museum of Glass[2374] y del Toledo Museum of Art[2375]; en estas piezas se aprecian los diferentes perfiles y sus decoraciones en vidrio amarmolado.

Los hallazgos efectuados en excavaciones y que se encuentran datados son muy escasos, al ya citado de *Vindonissa* hay que añadir los encontrados en España[2376] en *Bætulo*[2377], sin contexto estratigráfico, y un fragmento de borde en vidrio amarmolado de *Osca*[2378], datado en 60/70 d. C. Una variante de este tipo de cuencos es el hallazgo de la incineración Patel nº 21 de la necrópolis de Ampurias, datado en época de Claudio[2379].

La pieza de *Vindonissa* se data en época de Tiberio[2380] y las de *Osca* y *Celsa* hacia el 60 d. C. Grose[2381] propone una datación para esta forma que abarca desde época de Augusto hasta el final de los Julio-Claudios.

Vindonissa 143

Es un cuenco de costillas que se diferencia fácilmente de la forma 3 tanto por su perfil como por su manufactura, ya que está fabricado mediante el soplado en un molde.

Se caracteriza por un labio vertical curvado hacia el exterior, fuerte ángulo en la unión con la pared, costillas finas y juntas en la pared y fondo cóncavo[2382]. En el nivel 6 se han encontrado seis pequeños fragmentos, todos de vasijas diferentes (fig. 254, 6-7). Del nivel 7.1 es un fragmento de la zona superior de la pared (fig. 254, 8). Otros hallazgos se han efectuado en distintas zonas de la Colonia, el más destacable es una pieza encontrada en la calle IX-1[2383]. La restitución del borde que proponemos para las piezas que aquí se estudían está tomado de este hallazgo.

[2369] RÜTTI, B., 1988, pp. 21-22, lám. 2, nº 47.

[2370] SCATOZZA HÖRICHT, L. A., 1986, p. 36, núms. 45 y 46, lám. XXVI, núms. 756 y 2049. También en vidrio verde.

[2371] BERGER, L., 1960, pp. 15-18, nº 22, lám. 2, nº 22 y lám. 18, nº 43.

[2372] Una de sus caras, siempre en la exterior, es pulida y brillante, con una buena conservación, la interior tiene una capa de descomposición de color blanco.

[2373] FLOS TRAVIESO, N., 1987, p. 56, nº 144. GROSE, D. F., 1989, p. 248, núms. 272 y 275 (frags. de borde y pared) y nº 589 (frag. de pie).

[2374] GOLDSTEIN, S. M., 1979, núms. 490, 507, 508 y 555.

[2375] GROSE, D. F., 1989, núms. 250-283 y 589-591.

[2376] En el Museo Arqueológico de Barcelona se encuentran dos fragmentos de borde de esta forma fabricados en vidrio mosaico.

[2377] FLOS TRAVIESO, N., 1987, p. 56, nº 144, fig. 22, nº 144, es un fragmento de pie en vidrio azul cobalto y blanco opaco.

[2378] AGUILERA ARAGÓN, I. y PAZ PERALTA, J. A., 1987, p. 81, fig. en color, pieza de la zona inferior derecha, es un fragmento de borde exvasado, su decoración de vidrio amarmolado presenta semejanzas con la pieza que se conserva en el Museo Metropolitano de New York y con algunas piezas del Museo de Toledo: GROSE, D. F., 1989, p. 248, fig. 122 y núms. 264, 266 y 267.

[2379] ALMAGRO BASCH, M., 1955, p. 221, pp. 247-248, nº 24, fig. 220, nº 24, el vidrio está fabricado a molde y es de color amarillo pálido, mide 75 mm. de altura.

[2380] BERGER, L., 1960, p. 16, nº 22.

[2381] GROSE, D. F., 1989, pp. 248-249.

[2382] BERGER, L., 1960, pp. 55-56, nº 143, lám. 18, nº 143.

[2383] Tiene cerca de 14 cm. de diámetro de borde y conserva quince costillas. El vidrio es de color azul verdoso transparente, con un predominio de tonalidades verdosas. Se data a fines de la época de Nerón.

El color predominante en estos cuencos es el natural, en menor medida se han constatado cuencos coloreados en azul, verde y amarillo[2384].

Los cuencos de *Celsa* están fabricados todos en vidrio de color natural transparente, con un predominio de las tonalidades verdosas y azules.

Los hallazgos efectuados en occidente y en oriente y las piezas que se encuentran en colecciones, están recogidos por van Lith[2385] y Biaggio Simona[2386].

Los yacimientos que han proporcionado este tipo de cuencos en la península ibérica están referenciados por Price[2387]. A ellos hay que añadir los de la provincia de Alicante[2388], *Bætulo*[2389] y *Iuliobriga*[2390].

Sobre su lugar de procedencia Harden[2391] propuso en un principio un origen sirio. Su hipótesis se basaba en el origen oriental, que tiene el vidrio soplado en molde. Posteriormente Hayes[2392] aboga en favor de una fabricación en la Italia septentrional, aunque tampoco se puede descartar en otras zonas de la península itálica, técnica que llegaría a Italia traída por el vidriero sirio Enion[2393]. La dificultad de distinguir las producciones orientales de las occidentales hace que el problema siga pendiente; sin embargo, parece claro que la mayoría de los hallazgos occidentales deben de ser de factorías italianas[2394].

La datación propuesta para estos cuencos es desde época de Tiberio/Claudio al año 100, con una mayor frecuencia de hallazgos a partir de la mitad de siglo[2395].

Celsa, fig. 255, 1

Este gran cuenco imita a la forma Dragendorff 29 de terra sigillata[2396]. El borde se encuentra vuelto hacia el exterior y moldurado, la pared es ligeramente cóncava y el fondo plano, con pie redondeado y tubular. Su perfil en líneas generales presenta semejanzas con la forma Isings 44b. La diferencia esencial entre esta forma y la 44b queda establecida en su borde, aquí no es tubular, se presenta moldurado y exvasado imitando a la Dragendorff 29. También tiene diferencias en su perfil, en el ejemplo de *Celsa* la pared es recta y la unión con el fondo es menos angulosa y está situada más abajo.

El perfil se ha reconstruido con dos fragmentos, borde y fondo, que aparecieron juntos. El fondo se conserva completo, es destacable que la señal dejada por el puntel ha sido muy cuidada, puesto que no presenta rugosidades ni abultamientos, solo la marca de un pequeño hoyo. El vidrio es de color natural, muy transparente, y de buena calidad, no presenta señales de descomposición.

Cuencos en vidrio que imiten a la forma Dragendorff 29, pero que presentan el borde tubular los encontramos en Asberg y en Epinal[2397], Heerlen[2398], Stein (Limburg)[2399] y Valkenburg[2400].

En la península ibérica, este cuenco se documenta, en opinión de Isings[2401], en Monte Moliao (Portugal)[2402].

Los ejemplos anteriormente reseñados presentan claras diferencias con nuestros ejemplos, de ahí que se pueda suponer que los hallazgos de *Celsa* sean una producción local o provincial.

Todos los ejemplos datados son de época de los Flavios o posteriores, los de *Celsa* se datan entre el 54-60 d. C.

Formas no definidas

Bordes

Jarras y botellas

El borde V.79.9.17.A'.F'.470 (fig. 255, 4) puede corresponder por las características de su borde, a una botella prismática de pequeño tamaño de las formas Isings 50 ó 51. Aunque en un principio estas formas fueron consideradas como de la segunda mitad del siglo

---

[2384] Se puede consultar en los ejemplos relacionados por Van Lith, S. M., 1979a, pp. 101-103. En *Vitudurum*, hay once de color natural, dos azules y uno verde: Rütti, B., 1988, pp. 34-35, tabla 19.

[2385] Van Lith, S. M., 1979a, pp. 101-103.

[2386] Biaggio Simona, S., 1991, pp. 75-76.

[2387] Price, J., 1973, p. 68. Price, J., 1981, pp. 284-285 y pp. 300-302, núms. 13-20, mapa 14.

[2388] Sánchez de Prado, M. D., 1984, p. 90, fig. 7, nº 2.

[2389] Flos Travieso, N., 1987, p. 60, figs. 25-26, núms. 179-182.

[2390] Solana Sainz, J. M., 1981, pp. 304-305, núms. 27 y 28.

[2391] Harden, D. B., 1947, p. 299.

[2392] Hayes, J. W., 1975, p. 32-33.

[2393] Biaggio Simona, S., 1991, pp. 75-76.

[2394] Biaggio Simona, S., 1991, p. 76.

[2395] Berger, L., 1960, p. 56, de antes de los Flavios. Czurda-Ruth, B., 1979, p. 34, nº 318, lám. 2, nº 318, de antes del 45. Rütti, B., 1988, p. 35, tabla 20, solo cuatro de los catorce hallazgos se datan antes del año 50. Biaggio Simona, S., 1991, p. 76.

[2396] Oswald & Price, 1920, pp. 66 y ss., láms. III y IV.

[2397] Van Lith, S. M., 1979a, p. 71, notas 239 y 240.

[2398] Isings, C., 1971, p. 79, nº 145, fig. 19, nº 145, en vidrio azul verdoso, del periodo Flaviano.

[2399] Isings, C., 1971, p. 20, nº 59, fig. 4, nº 54, en vidrio azul verdoso, perfil completo con la pared carenada, se data en la época de los Flavios. Entre los paralelos cita uno encontrado en Pompeya.

[2400] Van Lith, S. M., 1979a, p. 70, nº 214, lám. 12, nº 214, en vidrio azul verdoso, datado entre el 120-260.

[2401] Isings, C., 1971, p. 79, nº 145.

[2402] Alarcão, J., 1968, p. 21, nº 32, lám. II, nº 32.

I d. C.[2403], las estratigrafías de Cosa[2404], Magdalensberg[2405], Locarno-Muralto[2406] y Asberg[2407] indican que se pueden datar desde el segundo cuarto del siglo I. Sin embargo su mayor frecuencia se presenta en fechas posteriores. En *Celsa* aparece escasamente representada. Hasta el momento sólo se han podido identificar dos fragmentos más, uno corresponde a un borde encontrado en la Casa de Hércules[2408], y el otro, un fragmento de asa, se encontró en las prospecciones superficiales efectuadas en el yacimiento.

El fragmento de borde 80.1.38.L.M.6702 (fig. 255, 5) que presenta un arranque de asa, fabricado en vidrio muy transparente, casi incoloro y con tonalidades verdosas, puede pertenecer a la forma 52c o a la 55a, siendo más probablemente de esta última. Ambas formas se datan también en la primera mitad del siglo I d. C.[2409] Nuestra pieza tiene sus mejores paralelos en *Vitudurum*[2410], *Carnuntum*[2411] y *Conimbriga*[2412].

El borde 80.1.38.L.M.6845 (fig. 255, 6) en vidrio natural de color azul verdoso transparente puede ser de una jarra con asa o de una forma 15. Su perfil presenta semejanzas con los hallazgos de *Conimbriga*[2413] y *Vitudurum*[2414], datados ambos en época de Claudio. Características idénticas de perfil tiene el fragmento 81.1.DEC.I.3310 (fig. 255, 7).

El fragmento de borde V.79.30.32.K'.19 (fig. 255, 8) es también tubular, desconociendo la forma precisa a la que puede pertenecer. Su perfil se puede relacionar con una pieza de Magdalensberg incluida dentro de un grupo de botellas de formas sin definir[2415].

Otros fragmentos de bordes

El fragmento de borde y pared 80.1.22.A.I.31.T.9010 (fig. 255, 3) fabricado en vidrio soplado de color violeta púrpura translúcido, casi opaco, corresponde a una escudilla de la que desconocemos el perfil completo.

El fragmento de borde V.79.1.2.I.15 (fig. 256, 1) por las características que presenta habría que asimilarlo a una forma 87. Sin embargo está forma se data en los siglos II-III, no se conoce ningún ejemplo datado en el siglo I[2416]. Tampoco se puede descartar su atribución a una forma 41b ó 42 como los ejemplos encontrados en *Vitudurum*[2417].

El fragmento de borde V.79.10.N.32 (fig. 256, 2) es del nivel 7.1, está fabricado en vidrio azul de ultramar translúcido y decorado en el exterior con líneas grabadas. El cuerpo de la vasija debía de presentar la forma de los fragmentos de pared y borde V.79.3.N'.147 y V.79.1.N'.1.22 (fig. 256, 3 y 4). No conocemos paralelos que se puedan asociar a este perfil, el más semejante es uno de Beja (Portugal)[2418], pero con las paredes rectas.

Paredes

A6) Vidrio amarmolado

El fragmento V.79.3.M'.5 de vidrio mosaico (fig. 335, 4), mide 1,3 x 1,1 cms. y tiene un grosor de 0,3 cm., es de la calle II-1, nivel 6. La decoración consiste en moteados poligonales, de tamaños variables, de vidrio rojo opaco embutidos sobre un fondo de vidrio blanco opaco. Una decoración similar, incluso en la combinación de los colores y su disposición, aparece en un cuenco, asimilable a la forma Isings 18, que se encuentra en la colección del Toledo Museum of Art[2419]. Nuestro fragmento presenta una ligera curvatura, por lo que es muy posible que pertenezca a un cuenco de la forma 1 ó 18.

B3) Vidrio con la superficie salpicada de colores

El fragmento de pared V.79.3.C'.20 tiene de medidas máximas 3,1 x 2,7 cms. y un grosor de 0,25-0,40 cm., procede de la calle II-1, nivel 6. El vidrio es translúcido azul cobalto,

[2403] ISINGS, C., 1957, pp. 63-69.

[2404] GROSE, D. F., 1973, p. 51, las botellas prismáticas provienen de un depósito datado entre el 40-45 d. C.

[2405] CZURDA-RUTH, B., 1979, pp. 135-138, la forma 50 se data desde fines de Augusto/Tiberio.

[2406] BIAGGIO SIMONA, S., 1991, pp. 180-181, posiblemente de época de Tiberio, aunque también podría ser del 30-60 d. C.

[2407] VAN LITH, S. M., 1987, pp. 55-62.

[2408] Procede del nivel de abandono, datado en época de Nerón.

[2409] CZURDA-RUTH, B., 1979, pp. 139-142, uno de los fragmentos el 1044, atribuido a una forma 52c ó 55a, es de un nivel datado en el 10 a. C. VAN LITH, S. M., 1987, pp. 64-66, los ejemplos más antiguos se datan en Claudio-Nerón, núms. 265-266.

[2410] RÜTTI, B., 1988, p. 76, lám. 16, nº 1231.

[2411] GRÜNEWALD, M., 1983, lám. 64, nº 11.

[2412] ALARCÃO, J. y A., 1965, p. 54, nº 67, lám. III, nº 67, catalogado como una Isings 61.

[2413] ALARCÃO, J., 1976b, p. 162, lám. XXXV, nº 27.

[2414] RÜTTI, B., 1988, p. 87, p. 190, nº 1613 y lám. 23, nº 1613.

[2415] CZURDA-RUTH, B., 1979, pp. 145-147, nº 1074, lám. 9, nº 1074.

[2416] BIAGGIO SIMONA, S., 1991, p. 86.

[2417] RÜTTI, B., 1988, pp. 59-60, lám. 12, núms. 902-904, el 902 datado entre 50-70/80 d. C.

[2418] ALARCÃO, J., 1971, p. 34, nº 23, lám. 2, nº 23, también en azul de ultramar translúcido, conserva parte de la pared, por lo que parece que haya que identificarlo con una forma 12.

[2419] GROSE, D. F., 1989, pp. 329-330, nº 555, lám. en p. 233, nº 555.

solo lleva gotas sobre una de sus caras, la que suponemos sea la exterior, por la curvatura que presenta la pared. Las gotas de forma ovalada o circular, con un diámetro que oscila entre los 0,40 y 0,70 cm., son de vidrio opaco rojo y verde muy claro. Aunque originalmente debió de tener doce gotas de vidrio, solo se conservan dos rojas y dos verdes, del resto ha quedado la huella. Se aplicaron muy juntas y después se aplastaron sobre la pared de la vasija.

Vidrios coloreados

Del nivel 6 son los fragmentos V.79.3.N´.-147 y V.79.1.N´.1.22 (fig. 256, 3 y 4) que junto con cinco más son los únicos restos de una vasija de vidrio de color azul de ultramar translúcido, decorada con líneas grabadas horizontal y verticalmente. Por la inclinación de la pared, las características del vidrio, y su decoración se puede asegurar que el borde de la vasija debía de ser como el del fragmento V.79.10.N.32 (fig. 256, 2). Las dimensiones de la vasija las desconocemos, sin embargo una reconstrucción hipotética da una altura de unos 7-8 cms. desde el pie hasta probablemente la zona próxima al borde. No conocemos paralelos para el tipo de base.

El fragmento de pared V.79.2.N´.46 en vidrio verde esmeralda translúcido fabricado a molde y con un pequeño baquetón en la zona superior de la pared, es un reducido cuenco, tal vez relacionado con la forma 20 (fig. 257, 2).

Vidrios de color natural

El fragmento de pared V.79.20.D.4 (fig. 256, 5) presenta un perfil curvado y una pequeña deformación en su cuerpo. Este último detalle induce a pensar que no se trate de una jarra o botella, si no más bien de una vasija que debía de tener un cuerpo semejante a los de los *askoi*[2420] o a algún recipiente utilizado para verter líquidos o contener perfumes[2421].

Los dos restos de pared V.79.1.L´.116 y V.79.9.G´.90 (fig. 256, 6 y 7) hallados en el nivel 6, y que tienen unas costillas muy finas pueden corresponder a la forma Isings

67c[2422]. Esta es una olla con el cuerpo globular que tiene en la pared costillas. Frecuentemente se fabricaron en vidrio de color natural. En un principio se les atribuyó un uso exclusivo de tipo funerario. Sin embargo, los hallazgos en Colonias civiles y campamentos demuestran su uso como vajilla de mesa y su utilización para guardar y almacenar alimentos.

La datación inicial que se les asignó a estas ollas fue en época de los Flavios. Los hallazgos de Valkenburg[2423] (datado en el periodo 2/3 del 47/69 d. C.), *Vitundurum*[2424] (datado hacia el 50 d. C.), junto con los de *Celsa* y su ausencia en Magdalensberg[2425], permiten fijar el inicio de su uso entre los años 45-50 d. C.

El pequeño fragmento 81.1.15.21.B'.C'.560 (fig. 256, 8) en vidrio de color natural transparente y que conserva sobre la pared exterior dos hilos de vidrio aplicados del mismo color, puede corresponder a una forma 14 como el ejemplo de Losone, Papögna (Cantone Ticino)[2426].

La pared 81.1.D.II.10273 (fig. 256, 9) que se caracteriza por tener un pliegue, puede corresponder a un cuenco como los documentados en la necrópolis de Carmona[2427].

El fragmento 81.1.21.31.F.G.1886 (fig. 257, 1) y 81.1.D.II.10273 que presenta un baquetón en la pared formado por un anillo tubular, se puede relacionar con las formas anteriormente comentadas, y con un fragmento de *Conimbriga*[2428].

El vidrio soplado 80.1.38.L.M.6760 de color azul verdoso transparente y que tiene una calidad excepcional de conservación parece corresponder, por la curvatura de su pared, a un cuenco de la forma *Celsa* fig. 255, 1.

Fondos

A1) Vidrio millefiori

El fragmento 81.1.D.II.1.11688 (fig. 335, 3), mide 1,6 x 0,9 cm. y tiene un grosor de 0,2 cm., se encontró en la calle III-1, nivel 7.2. Está decorado con una de las composiciones

---

[2420] Los hallazgos de *askoi* son raros en España, es destacable el de vidrio azul cobalto de la colección Amatller adquirido en Sevilla, por lo que hemos de suponerle hallado en el sur de España: GUDIOL i CUNILL, J., 1925, pp. 5-6, nº 11. VIGIL PASCUAL, M., 1969, p. 128. Otro es de Palencia: VIGIL PASCUAL, M., 1969, pp. 127-128, fig. 98.

[2421] También podría ser una forma semejante a la que se encuentra en la colección Amatller y que fue adquirida en Sevilla, el vidrio es también de color natural: GUDIOL i CUNILL, J., 1925, p. 17, nº 60.

[2422] ISINGS, C., 1957, pp. 86-88.

[2423] VAN LITH, S. M., 1979a, pp. 94-97, nº 316.

[2424] RÜTTI, B., 1988, pp. 32-33, nº 636.

[2425] CZURDA-RUTH, B., 1979, p. 244.

[2426] BIAGGIO SIMONA, S., 1991, pp. 172-176, esp. p. 175, nº 139.1.035, lám. 29, nº 139.1.035. Fragmentos con decoración semejante también se han encontrado en Vituandurum: RÜTTI, B., 1988, p. 76, lám. 19, núms. 1318-1319.

[2427] PRICE, J., 1981, pp 455-459, p. 828, fig. 91, nº 25 y fig. 92, nº 26.

[2428] ALARCÃO, J. y A., 1965, pp. 45-46, nº 54, lám. II, nº 54.

más típicas de las empleadas en el el siglo I[2429]. Consistente en rosetas de rejas blancas, de 1,2 cm. de diámetro total, en el centro un pequeño círculo de vidrio amarillo opaco, en su interior vidrio translúcido verde esmeralda y dentro una varilla blanca opaca. Un fragmento con un modelo con decoración semejante es de Velsen[2430], ejemplos con decoración de rejas parecidas al de *Celsa* se encuentran en el Toledo Museum of Art[2431]. Por lo plano del fragmento, que no presenta signos de curvatura, es indudable que pertenece a un fondo plano, tal vez a una Isings 5.

Vidrio opaco

De la calle II-1, nivel 6, son dos fragmentos de vidrio opaco. El V.76.11.G´.36 es de color rojo opaco, tiene de medidas máximas 2,3 x 2,3 cms. y un grosor de 0,2 cm. Una de las superficies esta alisada y presenta una pátina de color verde, la otra, probablemente la exterior de la vasija, es rugosa y no tiene pátina.

El V.79.7.J´.120 es de vidrio blanco opaco, sus dimensiones máximas son 4,1 x 3,3 cm. y su grosor está comprendido entre los 0,21-0,31 cm.

Ambos fragmentos por lo planos que se presentan, pertenecen a fondos anchos, probablemente de la Isings 5, forma en la que el vidrio opaco de estos colores es frecuente.

Del nivel 7.2 es el fragmento 80.1.21.29.-N.P.3086 en vidrio opaco verde (fig. 257, 4), sus medidas máximas son de 3 x 3,7 cm. y un grosor de 0,25 cm. En una de sus caras tiene una sobremarca en relieve de dos círculos concéntricos, el mayor de 1,8 cm. de diámetro, con un punto central. La vasija a la que perteneció se fabricó a molde, la cara con la sobremarca debe de corresponder al exterior, como lo indica la otra superficie que se encuentra ligeramente rehundida. Es muy posible que se trate de una Isings 22, donde son frecuentes este tipo de marcas en el centro del fondo exterior[2432].

Vidrios coloreados

La pieza V.79.36.K´.43, del nivel 7.1, tiene de medidas máximas 3 x 2,5 cms. y un grosor de 0,22 cm. Corresponde a un fragmento plano de vidrio verde esmeralda translúcido, por sus características habría que atribuirlo a un plato de fondo ancho y plano, tal vez una Isings 5 ó 22.

Solo hay dos fondos de vidrio coloreado, ambos tienen pie y son de vidrio verde translúcido (fig. 257, 9 y fig. 258, 1).

Vidrios de color natural

El fondo 81.1.D.II.8166 en vidrio soplado (fig. 257, 11), aunque apareció fragmentado, se conserva completo. Es de destacar que la señal dejada por el puntel ha sido muy cuidada, puesto que no presenta rugosidades ni abultamientos, solo la marca de un pequeño hoyo. El vidrio es de color natural, transparente, y de buena calidad. Por su escaso tamaño tal vez pertenezca a un pequeño cuenco relacionado con la forma Isings 20. Su perfil presenta semejanzas con un hallazgo efectuado en Ostia[2433].

El fragmento de pie tubular V.79.30.32.-K´.16 (fig. 257, 12) es probable que fuera de una forma 41a y dos fragmentos de fondos podrían ser de la 44a (fig. 258, 2-3).

Asas

Vidrios coloreados

En vidrio coloreado solo hay un fragmento el V.79.9.F´.36.2 (fig. 258, 8). Es de vidrio azul de ultramar translúcido. Por su perfil tal vez puede corresponder a la parte superior del asa de un *scyphos*.

Vidrios de color natural

A los únicos fragmentos de asas que se les pueden asignar alguna forma son los V.79.28.J´.99 y 81.2.8.Ñ´.P´.5527 (fig. 258, 10 y 12), que parecen corresponder a pequeñas anforetas del tipo Isings 15. El resto de las piezas son de difícil identificación, la mayoría de ellas deben de pertenecer a recipientes para contener y verter líquidos.

8.11.4. EVIDENCIAS SOBRE LA MANUFACTURA DE OBJETOS DE VIDRIO EN *CELSA*

En el estado actual de las investigaciones arqueológicas en la colonia *Celsa*, no hay testimonios físicos de la presencia de un taller de vidriero, y desconocemos en que grado de desarrollo artesanal se desenvolvería si lo hubo. Los trabajos de excavación se han centrado exclusivamente a la zona de hábitat doméstico y puesto que los hornos habría que buscarlos, con toda probabilidad, extramuros de la Colonia[2434], es posible que excavaciones

[2429] GROSE, D. F., 1989, pp. 256-258, fig. 143.

[2430] VAN LITH, S. M., 1979, p. 42, nº 120, lám. 4, nº 120, datado entre el 15-55 d. C.

[2431] GROSE, D. F., 1989, entre otras se pueden ver las piezas núms. 545, 456 y 499.

[2432] GROSE, D. F., 1973, p. 36, fig. 1, nº 4, de Cosa, datado entre el 40-45 d. C. PRICE, J., 1981, p. 686, fig. 2, nº 16, es de un nivel excavado en *Tarraco* datado entre el 25-50 d. C. Otro ejemplo es el fragmento de fondo de la forma 22 encontrado en el nivel «i» (segunda mitad de la época de Tiberio) del teatro romano de Zaragoza, en vidrio aguamarina translúcido, en el fondo exterior y en el centro lleva un círculo de 0,9 cm. de diámetro exterior, con un punto central.

[2433] MORICONI, M. P., 1968, nº 207.

[2434] Se puede citar el ejemplo de Londres: SHEPHERD, J. D. y HEYWORTH, M., 1991, pp. 14-15, figs. 1, 2, 4 y 5.

o prospecciones superficiales que se efectúen fuera del recinto urbano puedan completar está información.

La existencia de restos de vidrio en bruto (fig. 259 y fig. 330), manifestados por esquirlas y desechos de lingotes, con formas irregulares y aristas vivas, similares a lascas de sílex[2435], mantiene cierta incógnita sobre el posible trabajo de este material *in situ*. Sin embargo, la ausencia determinante de estructuras de hornos, crisoles y utillaje propio para la manipulación y conformación de objetos, así como de «palmatorias» de soplado, objetos mal formados, pequeños tubos, varillas, etc. nos mantiene cautos en lo que se refiere a la implantación de esta artesanía en *Celsa*.

La interpretación que podemos dar a dichos restos de vidrio en bruto tiene que estar relacionado con el comercio, que llegaría a *Celsa*, de lingotes destinados a modelar o soplar recipientes que exigiría una infraestructura menos compleja que la necesaria para la obtención de la materia prima elaborada. Así se atestigua en otros yacimientos de cronología similar, como es el caso de *Aventicum* (Avenches)[2436].

Tan pronto como el reciclado entra en escena hemos de aceptar la posibilidad de que cualquier fragmento de un objeto elaborado, incluso si es hallado sobre un lugar que indudablemente fabricó objetos de vidrio, pudo haber sido importado como «cullet»[2437].

El vidrio en bruto recuperado en *Celsa* se debió de utilizar para manufacturar objetos menores, como *tesserae* o pequeñas piezas, admitiendo también el soplado de recipientes.

Las piezas que aquí se estudian son los únicos restos que, por el momento, se conocen en *Celsa*. Todos se han encontrado en los vertedores localizados en las calles adyacentes a la Casa de los Delfines. El grueso del material es del nivel 6, solo el vidrio de color amarillo ámbar es del vertedor localizado en la calle III-1.

Las evidencias arqueológicas indican la existencia de talleres artesanales de cerámica y probablemente de bronce. Hecho coincidente con otros puntos de producción del Imperio donde no es extraño encontrar asociados talleres de soplado de vidrio con otras artesanías del fuego[2438].

Los colores detectados presentan las siguientes características cromáticas[2439]: en vidrio opaco: el verde verones[2440] (2,3 grs.); en translúcido: el azul de ultramar[2441] (37 grs.), amarillo ámbar[2442] (10 grs.) y violeta púrpura[2443] (5,4 grs.) y en transparente: el vidrio de color natural[2444] (4 grs.).

Es improbable una producción de materia prima vítrea en *Celsa*, por lo que se ha de suponer que el vidrio sería reciclado y que los lingotes de vidrio en bruto debieron de ser importados de grandes factorías enclavadas en el territorio italiano, tal vez, Aquileia o la Campania. Para los restos encontrados en Avenches[2445] también se admite una importación de vidrio en bruto, junto con un reciclaje del vidrio en desuso.

Hay constancia de que el comercio de vidrio en bruto se realizó por vía marítima. Así queda manifestado en el naufragio de Mljet (Croacia)[2446], donde se hallaron hasta 100 kg. de vidrio de color natural. El cargamento, en su mayor parte de ánforas itálicas, procede de la zona superior del Adriático y la cronología hay que situarla a principios del siglo II d. C.

Respecto a las formas o piezas que se pueden relacionar con este vidrio en bruto son difíciles de detectar puesto que no disponemos de un número suficiente de análisis químicos. Sin embargo algunas formas de vidrio de color natural (imitaciones de la Dragendorff 27 y 29 (fig. 255, 1) y otras de vidrio coloreado pudieron ser sopladas en *Celsa* . El pote para ungüentos de la fig. 277, 7 de color verde puede ser de producción local, sin embargo no se conoce vidrio en bruto de este color.

También se pudo utilizar para fabricar teselas o *calculi*, puesto que la mayoría de los colores documentados en las fichas de juego son coincidentes con los restos de vidrio en bruto.

La respuesta definitiva a la interrelación de recipientes y objetos de vidrio con estos

---

[2435] RECH, M., 1982, pp. 362-369, figs. 8-9.

[2436] MOREL, J. *et alii*, 1992, pp. 6-9, p. 14 y fig. 12. Su predución de vidrio soplado se data entre los años 40-70 d. C. No se conoce la forma de los lingotes, ya que no se ha encontrado ninguno completo. STERNINI, M., 1995, pp. 195-196.

[2437] WHITEHOUSE, D., 1991, p. 386.

[2438] STERN, E. M., 1977, p. 153.

[2439] En el taller de Avenches el tipo de vidrio más frecuente es el de color natural, aunque también lo hay en azul, verde, amarillo, ambar, etc.: MOREL, J. *et alii*, 1992, p. 9, fig. 15.

[2440] Nº Inv.: V.79.5.K'.26. Nivel 6. Caran d'Ache 201, Verde veronés.

[2441] Nº Inv.: V.79.13.H'.38.1-38.19. Nivel 6. El matiz del color hay que situarlo entre el Caran d'Ache 130, Azul real, y 140, Azul de ultramar.

[2442] Nº Inv.: 81.1.D.II.10297 a 10302. Nivel 7.2. Caran d'Ache 063, Rojo inglés.

[2443] Nº Inv.: V.79.5.M'.17. Nivel 6. Caran d'Ache 100, Violeta púrpura.

[2444] Nº Inv.: V.79.5.J'.60. Nivel 6. Caran d'Ache 191, Verde turquesa.

[2445] STERN, E. M., 1977, p. 153. MOREL, J. *et alii*, 1992, p. 14.

[2446] RADIC, I. y JURISIC, M., 1993, p. 122, fig. 7, 2.

restos de vidrio en bruto debería de ser desveladas por medio de análisis químicos.

Los hallazgos de *Tarraco*[2447] pueden indicar que la técnica del soplado para conformar recipientes de vidrio en la Tarraconense debió de comenzar a usarse hacia mediados del siglo I d. C. En *Caesaraugusta* no hay evidencias de soplado de vidrio en el siglo I[2448]. También en *Augusta Emerita* (Mérida) se han encontrado indicios de soplado de vidrio en época de los Julio-Claudios[2449].

Esta cronología se puede aceptar también para la mayor parte de las factorías de vidrio soplado establecidas en las provincias occidentales, donde debían de existir un buen número de talleres locales destinados al comercio local o provincial[2450].

8.11.5. CONCLUSIONES

En este apartado se tienen que abordar necesariamente varios puntos. La cronología comparada de los diferentes niveles y su relación con otros yacimientos, la diversidad de la vajilla de vidrio y su utilidad funcional, la difusión del vidrio soplado en la Tarraconense y la procedencia de los recipientes de vidrio.

Cronología

Por lo que respecta a este punto se puede decir que en líneas generales la cronología propuesta para la vajilla de vidrio de los niveles de *Celsa* coincide con los observados en otros yacimientos y que la cronología de la vajilla de vidrio responden a la propuesta para los niveles 3, 6, 7.1 y 7.2. Por lo que respecta al nivel 5.1 los hallazgos han sido tan escasos y poco significativos, que es difícil realizar una valoración, únicamente destacar en este nivel la presencia del cuenco Isings 43.

En algunos ejemplos concretos se ha conseguido ajustar la cronología de algunas formas y en otros se ha reafirmado lo supuesto para una gran mayoría.

La forma Isings 12 de fondo umbilicado (Hofheim 1A) se encuentra ausente en los niveles 6, 7.1 y 7.2 (datados entre el 54-60 d. C.) cronología que viene a coincidir con los hallazgos de Velsen[2451], (entre el 15 y el 55 d.

C.) donde también están ausentes. Las estratigrafías de *Celsa* permiten una mayor precisión en su datación, proponiendo su fecha de aparición entre los años 60-69 d. C.

En la 41a se atestigua su cronología con anterioridad a mediados del siglo I d. C.[2452] Para la 43 se ha podido precisar mejor su inicio de producción y situarla entre los años 45-48 d. C.

Los escasos restos de las formas 50 y 55a, algunos de ellos de dudosa identificación, están escasamente representados en la Colonia. Hasta el momento, en la excavación solo hay atestiguado un fragmento de borde Isings 50, de la Casa de Hércules, y datado a fines de la época de Nerón; un fragmento de asa, probablemente de la misma forma, se encontró en las prospecciones superficiales realizadas en el yacimiento.

Aunque la presencia de la Isings 50 no es frecuente hasta bien entrada la década de los 60[2453] si que se conocen ejemplos, aunque escasos, de la época de Augusto-Tiberio y de la década de los años 40, como son los recipientes de Cosa[2454] y Magdalensberg[2455]. Algunas de estas piezas son de dudosa identificación debido a su fragmentación. En *Tarraco* dos fragmentos de botellas de cuerpo prismático se asimilan, con dudas, a un nivel datado entre el 25-50 d. C.[2456] Para el vaso Isings 85/*Vindonissa* 96 se confirma en *Celsa* su presencia en niveles de Claudio/Nerón.

Para el resto de los recipientes[2457] su cronología es comparable a la atestiguada en los yacimientos de *Vindonissa*, Valkenburg, Velsen, Magdalensberg y *Vitudurum*.

Tipología y funcionalidad

Se ha catalogado una gran variedad de formas. Predominan de manera especial los recipientes para beber de las formas Isings 1, 2, 3, 12, 17, 29, 34, 38, 39 y 85 siguiendo la tónica general de los hallazgos de Velsen, Valkenburg, Magdalensberg, *Vitudurum*, etc. Para beber vino se debierón de utilizar los *kantharoi* y los *scyphoi* de vidrio, en especial estos últimos, como lo demuestra su escasez en cerámica[2458], los testimonios de la pintura mural de Pompeya, que hay en el Museo

---

[2447] PRICE, J., 1981, p. 623.

[2448] Las únicas evidencias sobre la manufactura de vidrio soplado en Zaragoza capital son del siglo V d. C.: ORTIZ PALOMAR, M. E., 1992. ORTIZ PALOMAR, M. E., 1992 a, p. 72.

[2449] CALDERA DE CASTRO, M. P., 1983, p. 69, El supuesto taller está nominado con el número dos.

[2450] STERN, E. M., 1977, pp. 152-154. MOREL, J. *et alii*, 1992, p. 12.

[2451] VAN LITH, S. M., 1979, pp. 23-27.

[2452] Hasta el momento solo en Magdalensberg se había obtenido una datación anterior a mediados del siglo I: BIAGGIO SIMONA, S., 1991, p. 80.

[2453] BIAGGIO SIMONA, S., 1991, pp. 180-181.

[2454] GROSE, D. F., 1973, p. 51.

[2455] CZURDA-RUTH, B., 1979, pp. 135-136, se fechan desde fines de Augusto.

[2456] PRICE, J., 1981, p. 623.

[2457] También es de interés cronológico la presencia del ungüentario Isings 82 en el nivel 6, ello adelanta su cronología.

[2458] Una excepción es la cerámica vidriada.

Nazionale di Napoli[2459] y los escritos de Marcial[2460].

Destaca la presencia de escudillas, muy raras en cerámica, representadas en las formas Isings 3a, 3c y Corning 307.

Los recipientes para comer (platos, fuentes y cuencos) son más escasos, y se asocian a las formas 5, 1/18, 18, 18/24, 43, 44, etc.

En el servicio de mesa también se utilizaron recipientes auxiliares como los *modioli* (Isings 37) para servir y presentar alimentos.

Los vertedores y escanciadores (redomas, jarras y botellas) aunque no son muy frecuentes están representados por las formas Isings 14?, 16, 50? y 55a? En anforiscos exclusivamente la Isings 15.

Los contenedores de alimentos (urnas y frascos) son escasos, solo están las formas 63 y 67?, que pudieron tener un uso mixto, cocina y mesa, en este último caso para presentar los alimentos.

Piezas auxiliares como cazos, embudos, tapaderas, cucharas, etc. están ausentes.

Resumiendo se puede afirmar que en el Alto Imperio en la gran mayoría de los yacimientos occidentales hay un predominio claro de los vasos para beber Isings 12, 17 y 34, escudillas 3a y 3c y cuencos, en especial la Isings 3b.

Todo este conjunto de hallazgos ofrecen una amplia tipología de la vajilla de mesa en vidrio que era utilizada a mediados del siglo I d. C. en la Tarraconense. Estos resultados obtenidos coinciden, en líneas generales, con los obtenidos en *Tarraco* en el nivel datado entre el 25-50 d. C.[2461], que es el único, en España, que tiene un volumen de material que permita su comparación con los hallazgos de *Celsa*. Mientras que la mayoría de la vajilla de *Celsa* se asocia a un nivel de hábitat, los hallazgos de *Tarraco* proceden de un vertedor.

Algunas diferencias esenciales se aprecían. La más destacable de ellas es la presencia de vidrio incoloro[2462], ausente en *Caesaraugusta*[2463]

y en yacimientos de cronología similar[2464] con un solo ejemplo en *Celsa*[2465]. Estos vidrios incoloros de época Julio Claudia se caracterizan por presentar una superficie limpia y transparente, a diferencia de los fabricados desde fines del siglo I que suelen tener las superficies empañadas[2466].

En el conjunto de vidrios que aquí se estudían se ha constatado la existencia de treinta y dos fragmentos de vidrio azul verdoso, muy claro, casi incoloro y en su mayor parte de paredes muy finas. Por las características que presentan no tienen ninguna relación con el vidrio incoloro obtenido intencionadamente mediante la adición de antimonio y bióxido de manganeso[2467] y que se difunde desde el último cuarto del siglo I d. C.

En la primera mitad del siglo I d. C., el vidrio incoloro[2468] es utilizado casi exclusivamente para la decoración del vidrio mosaico, en especial en los recipientes de la forma Isings 1 y 1/18 decorados con bandas de color o de red.

En *Celsa*[2469] un 84'23%, es vidrio de color natural (33 son piezas de la Isings 3) y un 13'20% es vidrio coloreado, con matices que abarcan las tonalidades amarillas, verdes, azules, violetas y amarillo-marrones; pudiendo presentarse transparentes o translúcidos. Estos resultados coinciden, en gran medida, con los obtenidos en *Tarraco*[2470], donde un 82'8% son de vidrio soplado de color natural y poco más de un 10% son de vidrio colorea-

---

[2459] NAUMANN-STECKNER, F., 1991, p. 95, lám. XXIIa y b.

[2460] MARCIAL, III, 82: ... « o el vino cocido con los humos de Marsella, él brinda a la salud de sus bufones un néctar del año de Opimio, en copas de vidrio o en vasos de múrrina»... MARCIAL, IV, 85: «Nosotros bebemos en vidrio, tú, Póntico en múrrina ¿Por qué? Para que la copa no permita ver la distinta calidad del vino».

[2461] PRICE, J., 1981, pp. 619-623. Excavación efectuada en el Pasaje Cobos. El número de piezas que se estudian es de 1466.

[2462] PRICE, J., 1981, pp. 622-623, gran parte de los hallazgos es probable que no pertenezcan a este nivel y haya que considerarlos como una intrusión.

[2463] La presencia de vidrio incoloro en *Caesaraugusta* se manifiesta en niveles datados desde último cuarto del siglo I d. C. hasta el siglo IV: ORTIZ PALOMAR, M. E., 1992. Una excepción es el cuenco de la Isings 1 variante encontrado en el teatro romano de Zaragoza.

[2464] En yacimientos más tardíos, como Herculano, la presencia de vidrio incoloro es muy escasa: SCATOZZA HÖRICHT, L. A., 1986, las formas 5, 27, 36 y 46, cada una de ellas con un solo ejemplo. ALARCÃO, J., 1976b, p. 171.

[2465] Procede del nivel de abandono de la calle IX-1, que cronologicamente hay que situar a fines de la época de Nerón. Nº inv.: 84.1.IX-1.44493. Es el único ejemplo que se conoce en todo el yacimiento. Es un borde de un plato carenado, fabricado a molde, de vidrio incoloro muy transparente que imita al cuarzo. Este vidrio se puede identificar con el que Plinio (*N. H.* XXXVI, 198) describe: «el vidrio más valorado es incoloro y transparente, y se parece mucho al cristal de roca». Los análisis efectuados por la Dr. Dña. Constanza Fernández Nieto, del Departamento de Cristalografía de la Universidad de Zaragoza, confirman que es de vidrio incoloro; por ello hay que descartar que se trate de un cristal de roca. Respecto al tema se puede consultar a: PRICE, J., 1985, p. 247. Este tipo de vidrio que imita al cristal de roca, también se utilizó como material para fabricar el entalle de un anillo de bronce (fig. 281, nº 4).

[2466] ISINGS, C., 1975, p. 96.

[2467] SHEPHERD, J. D. y HEYWORTH, M., 1991, p. 16.

[2468] A pesar de ser un vidrio incoloro y muy transparente el aspecto que presenta con los fabricados desde fines del siglo I es totalmente diferente. MOREL, J. *et alii*, 1992, p. 9, nota 26.

[2469] Aquí incluimos los vidrios soplados y los fabricados a molde.

[2470] PRICE, J., 1981, p. 620. Habría que tener en cuenta que en esta estadística Price incluye los vidrios incoloros que son un 7'03%, casi con toda seguridad estos no son de este contexto estratigráfico.

do. Este último tipo de vidrio es frecuente hasta finales de la época de Nerón, llegando a desaparecer en época de los Flavios[2471].

Las catorce piezas de vidrio opaco, que representan un 1'43%, son rojas, verdes, azules y blanco marfil y los once fragmentos de vidrio mosaico suponen un 1'12%.

Estos resultados son coincidentes con los observados en el resto del Imperio[2472], y se confirma, entre otros, en los yacimientos de Magdalensberg, Valkenburg, Velsen, *Vindonissa*, Cosa y *Vitudurum*.

Bien representados están los recipientes (platos y cuencos) fabricados a molde, en vidrio mosaico y monocromo, opaco o translúcido, que imitan a la vajilla metálica de época Julio-Claudia y a las formas de la sigillata itálica[2473]. Estos tipos de recipientes son característicos en todos los yacimientos de la primera mitad del siglo I d. C., incluso en España, como lo atestiguan los hallazgos de *Tarraco*[2474] y *Celsa* entre otros.

En los yacimientos hispánicos la frecuencia de hallazgos de la forma 3 se corresponde con la de *Celsa*, sin embargo los de la 12 y 34 están constatados en menor proporción[2475].

Otros recipientes referidos a cuencos, como las formas 1 (en sus diferentes variantes), 2, 41a, 42a, 43, 44a, 47, 85, etc. son relativamente frecuentes.

Los platos, por lo general, se debían de utilizar con su servicio, por ejemplo formas 2 y 5, esta última en sus dos variedades.

Los servicios de mesa de platos y cuencos propuestos por Czurda-Ruth[2476] en las formas Isings 2, 5, 20, 22, 23, 46a, 46b, 47, 41a, 48 y 49, fabricados en vidrio mosaico, opaco, translúcido coloreado y en vidrio de color natural, no están representados en *Celsa* en su totalidad, puesto que están ausentes las formas 46a, 46b, 48 y 49.

El ajuar de la tumba de inhumación galoromana de Saintes[2477] ofrece un importante conjunto de objetos de vidrio utilizados por una persona, tal vez femenina, hacia mediados del siglo I d. C. Aparecen vasos, cuencos, escudillas, anforiscos, botellas y recipientes de aseo.

Las formas no localizadas por el momento en *Celsa* y que por la cronología del yacimiento tenían que estar presentes son: 4, 9, 13, 19, 21, 24, 25, 26b, 27, 28b, 30, 31, 32, 35, 36b, 36c, 38b, 38c, 40, 41b, 42b, 42c, 42d, 44b, 45, 46a, 46b, 48, 49[2478], 52b, 52c, 55b, 56, 57, 58, 59, 60, 61, 64, 65, 66a, 66b, 66c, 66d, 67b, 70, 71, 72, 73, 74, 75, 76, 77, 78a, 78b, 78c, 78d y 78e. Otras como la 14, 50, 51, 55a y 67c se identifican con dudas y la 54 y 62[2479] se han encontrado en otras zonas de la Colonia. A ellas hay que añadir otros perfiles documentados en *Tarraco* en el nivel datado entre 25-50 d. C. excavado en el Pasaje Cobos[2480].

Otras como la forma 69a se documentan en el valle medio del Ebro en la necrópolis de incineración de época Julio-Claudia de La Sarretilla (Belchite, Zaragoza), utilizada como urna cineraria[2481]. Probablemente algunos fragmentos de pared en vidrio de color natural azul verdoso, documentados en *Celsa*, y que tienen la pared curvada y son de un tamaño medio, haya que atribuirlos a ollas como la forma 69a.

Es destacable la presencia de recipientes poco frecuentes como la 18, 18 variante, 20, 47, 81 var., 85, Corning 307 y Vindonissa 22 que ayudan a completar su difusión indicando en algunos casos una cronología más precisa. También es importante la aportación de formas nuevas como la 18/24 y las imitaciones de formas cerámicas en vidrio soplado, Dragendorff 27 y 29, de probable procedencia local o provincial, que completan el repertorio tipológico ya conocido.

El vidrio soplado a molde está representado por los cuencos de costillas, Vindonissa 143, típicos del área Sirio-Palestina. Los ejemplos de *Celsa* están fabricados en Italia.

No hay hallazgos de otro tipo de vidrio soplado a molde. El fragmento de un vaso

[2471] PRICE, J., 1981, p. 621.

[2472] ISINGS, C., 1957, p. 163, en época de Claudio las vasijas de uso doméstico tienen un tinte verdoso o verde azulado, mientras que la vajilla de mesa fina es de vidrio coloreado o mosaico.

[2473] GROSE, D.F., 1989, pp. 254-256, fig. 135, los clasifica como una familia en su grupo III. Este tipo de vajilla es atribuida por Grose a talleres romano-italianos: GROSE, D. F., 1984, p. 27, fig. 2.

[2474] PRICE, J., 1981, pp. 619-620, figs. 2, 3 y 4, se han catalogado un total de 55 recipientes.

[2475] Esta ausencia no se puede deber a una carencia de estos recipientes, mas bien habría que admitir una deficiente identificación por lo fragmentados que estos vasos suelen aparecen en las excavaciones.

[2476] CZURDA-RUTH, B., 1979, pp. 65-67.

[2477] CHEW, H., 1988, pp. 35-61.

[2478] Está presente en *Conimbriga*: ALARCÃO, J., 1976b, p. 169, nº 73.

[2479] La 54 en la *insula* II, está decorada con una máscara de bacante en relieve; sus características tipológicas son idénticas a la pieza del Corning Museum of Glass, la diferencia se establece en el tipo de vidrio, la pieza de *Celsa* está toda elaborado en vidrio de color natural, se encontró en el nivel de abandono: HARDEN, D. B., *et alii*, 1987, p. 118, nº 50. La 62 se ha encontrado en otro sector de la Colonia y es de un nivel datado a fines de la época de Nerón.

[2480] PRICE, J., 1981, figs. 1-21, por ejemplo, solo por citar las más significativas, las piezas núms. 5, 81, 84, 92, 93, 110, 123, 124, 128-134, 145, 147, 158 y 167.

[2481] ORTIZ PALOMAR, M. E., 1992c, pp. 181-182, nº 494, fig. 173, es de vidrio de color natural, aunque se conserva completa apareció muy fragmentada.

ovoide con escenas de gladiadores que se conserva en el Museo de Zaragoza, de la antigua colección Bardavíu[2482], es de probable hallazgo aragonés, en cuyo caso, no se puede descartar que proceda de la colonia *Celsa* o de algún otro yacimiento con cronología alto-imperial[2483].

De vidrio camafeo solo se ha encontrado en España y Portugal la pieza de *Ostippo*[2484] y de Espinal (Navarra)[2485].

También es patente la ausencia de vidrio pintado, no solo en *Celsa*, sino también en el conjunto de hallazgos peninsulares; a pesar de ser un vidrio relativamente difundido en el área europea en época Julio-Claudia[2486].

La tipología del vidrio de *Celsa* no se puede dar por cerrada, no solo por las amplias zonas que todavía quedan por investigar, también por todo el material que en la actualidad se encuentra en proceso de estudio y clasificación para elaborar nuevas publicaciones. Las formas que imitan a la vajilla de plata y a la cerámica son frecuentes: 1, 2, 5, 20, 22, 39, 41, 81 var., etc. Desconocemos en que proporción se utilizaría en *Celsa* la vajilla metálica, aunque hemos de suponer que en el caso concreto de la Casa de los Delfines debía de ser de utilización frecuente. Para la terra sigillata, si que tenemos datos fiables. Formas homónimas en vidrio como las Isings 22 y 39 están escasamente representadas o no se constata ningún ejemplo.

Los hallazgos de cerámica de mesa (principalmente, terra sigillata y paredes finas) son con diferencia mas numerosos que los de vidrio. Esta notoriedad de la cerámica sobre el vidrio hay que ponerla en relación, además de por los diferentes usos funcionales, por el continuo y frecuente reciclaje a que fueron sometidos los restos de vidrio, aspecto que no es posible con la cerámica.

Se puede decir que algunas fueron utilizadas, por ejemplo la 39, para beber determinados líquidos, en especial vino, el cual tendría un sabor más apreciado en su contacto con la superficie vítrea. Los *scyphoi*, son también abundantes en cerámica vidriada, pero no hay que olvidar que estamos también ante

una superficie vitrificada. En ambos tipos de vasos la superficie vítrea permitiría además una limpieza mas adecuada evitando la mezcla de sabores[2487].

El hallazgo de la necrópolis de Las Pozas (Monturque, Córdoba)[2488] donde se identifica un servicio de mesa con la utilización de cerámica y vidrio (con un total de 50 vasijas, de ellas 9 son de vidrio), se puede apreciar las formas de vidrio que serían utilizadas: jarra de cuerpo globular y un asa[2489] (Isings 13 ó 14), jarra de cuerpo bicónico con un asa[2490], anforiscos (Isings 15), *scyphos* (Isings 39), ungüentarios (de los que desconocemos su forma) y una ollita para contener alimentos sólidos[2491]. Es destacable la ausencia de vasos para beber de las formas Isings 12 y 34 y de los cuencos y escudillas de la Isings 3a, 3b y 3c que tan frecuentes son en los hallazgos relacionados con niveles de habitación y/o vertedores. En definitiva predominan los recipientes para verter líquidos, ausentes en las producciones de terra sigillata. De esto se deduce que desde la introducción del vidrio soplado debió de ser preferente la utilización de jarras de vidrio a las de cerámica común o engobada para acompañar la vajilla de cerámica de mesa y probablemente también para la metálica.

Los hallazgos de *Celsa* (con las formas 15, 16, 50?, etc. y las asas) vienen a confirmar la frecuente utilización de recipientes para verter líquidos.

En definitiva, se puede decir que gran parte de la vajilla de vidrio fue utilizada en la mesa y complementaría los servicios de la vajilla metálica y de la cerámica, en especial la terra sigillata.

Difusión del vidrio soplado

Respecto a la difusión del vidrio soplado en la península ibérica es muy importante el

---

[2482] Nº inv. gral.: 7518.

[2483] PRICE, J., 1981, pp. 275-276 y p. 297, nº 6. El vaso tiene paralelos en su decoración y forma, con el de Palencia. Se encuentra en proceso de estudio. Lleva la inscripción: ORIES. El vidrio es de color azul verdoso transparente de buena calidad. El vaso de Palencia, además de ser de paredes más finas, es de color natural con tendencia al verdoso.

[2484] CALDERA DE CASTRO, M. P., 1986, pp. 211-218. PAINTER, K. y WHITEHOUSE, D., 1990, pp. 161-162, figs. 124-125.

[2485] ABAD VARELA, M., 1991, pp. 451-456.

[2486] RÜTTI, B., 1988, pp. 47-51, fig. 32.

[2487] TROWBRIDGE, M. L., 1928, p. 136, nota 25 y p. 154. Petronio (siglo I) dijo a Trimalchio, «Ya me perdonarás por lo que voy a decir: Yo prefiero vasijas de vidrio; al menos, no huelen, y si ellas no fueran tan frágiles, yo las preferiría al oro; sin embargo, son baratas actualmente» (Petronio, 50).

[2488] DE LOS SANTOS JENER, S., 1950, pp. 209-210, figs. 68-84. DE LOS SANTOS JENER, J., 1953, p. 165, fig. 63, los recipientes de vidrio son los núms. 23-28.

[2489] DE LOS SANTOS JENER, S., 1950, pp. 209-210, fig. 82. DE LOS SANTOS JENER, J., 1953, p. 165, fig. 63, nº 28. PRICE, J., 1981, p. 583.

[2490] DE LOS SANTOS JENER, S., 1950, pp. 209-210, fig. 81. DE LOS SANTOS JENER, J., 1953, p. 165, fig. 63, nº 26. Es una forma no recogida en la tipología de Isings. Su clasificación y paralelos se pueden encontrar en: PRICE, J., 1981, pp. 572-574.

[2491] DE LOS SANTOS JENER, S., 1950, pp. 209-210, fig. 84. DE LOS SANTOS JENER, J., 1953, p. 165, fig. 63, nº 25. Price la incluye en un grupo bajo la denominación de pequeñas jarras sin asas: PRICE, J., 1981, pp. 558-562.

hallazgo del nivel 3.1, datado hacia el 20 d. C. Este nivel se localiza en el interior de la casa, y más concretamente, bajo el pavimento de la estancia 12, por lo que ofrece unas garantías absolutas al ser un nivel cerrado. El total de piezas encontradas aquí es de mil ciento dos, de las cuales solo hay cuatro fragmentos de vidrio, lo que viene a representar un 0,36 %.

Las piezas de vidrio soplado corresponden a: un fragmento de pared de la forma 12, un fondo de la forma 41a y dos pequeños fragmentos de vidrio de color natural[2492].

Estos hallazgos de vidrio soplado permiten efectuar unas apreciaciones respecto a la cronología de la producción del vidrio soplado y su difusión en occidente y en la Península, centrándonos de manera especial en la provincia Tarraconense.

Varios son los autores que se han ocupado de este aspecto, y los últimos descubrimientos arqueológicos parece que comienzan a aclarar la situación[2493].

Para realizar el estudio hay que partir de tres puntos esenciales definidos por Grose[2494]: los testimonios literarios antiguos, las representaciones pictóricas y los datos proporcionados por las excavaciones arqueológicas.

Las evidencias literarias son escasas y poco explícitas. Estrabón[2495] indica que, en tiempos de Augusto, se hicieron en Roma muchos experimentos con el objeto de simplificar los procedimientos de fabricación. Habría que suponer que diferentes técnicas de soplado pudieron estar entre estas innovaciones. Hayes[2496] apunta que este tipo de técnicas fueran desarrolladas por inmigrantes sirios y alejandrinos llegados a Roma y la Campania.

Plinio el Viejo[2497] también trata la fabricación del vidrio con alguna extensión, aunque tampoco sirve para aclarar las dudas planteadas respecto al origen e invención del vidrio soplado. Según Plinio, la arena del río *Volturno*, en Campania, servía para la fabricación del vidrio, y tanto en *Hispania* como en la *Gallia* existía arena vitrificable y se fabricaba vidrio con el mismo método que en Campania[2498].

La evidencia pictórica ha sido estudiada por Grose[2499] y Numann-Steckner[2500]. Para Grose las representaciones murales de la casa de Iulia Felix en Pompeya y de la villa de Publius Fannius, cerca de Boscoreale tienen pintadas vasijas de vidrio muy anchas con toda la apariencia de haber sido sopladas. En ambos casos, los cuencos se encuentran llenos de fruta. Las representaciones pictóricas muestran unas vasijas muy transparentes, en un color verde azulado y con el borde y anillo de la base tubulares. Son pinturas que se han encuadrado en el segundo estilo.

Las de la casa de Iulia Felix se atribuyen a la segunda mitad del siglo I a. C., y para las de la villa de Publius Fannius se han propuesto varias fechas comprendidas entre el año 50 a. C. y el primer decenio del siglo I d. C.

A estas evidencias pictóricas, hay que añadir la reciente observación de Czurda-Ruth[2501] sobre la representación de un cuenco Isings 44a en una pintura mural del segundo estilo, encontrada en la villa de Boscoreale y que se data hacia el año 15 a. C.

De lo anteriormente expuesto se deduce, como bien observa Grose, que propietarios y pintores se encontraban muy familiarizados con este tipo de vidrio en las últimas décadas del siglo I a. C., siendo utilizados en la vida cotidiana en las fechas anteriormente expuestas.

Para Grose[2502] las vasijas de vidrio soplado aparecen en Italia y en Roma sobre el último cuarto del siglo I a. C., y posiblemente antes.

Sin embargo, son los resultados obtenidos en las excavaciones arqueológicas lo que más ha contribuido a esclarecer el origen y difusión del vidrio soplado.

Las evidencias más antiguas sobre la fabricación de vidrio soplado se constataron en las excavaciones efectuadas en 1970 en el barrio judío de la antigua ciudad de Jerusalén, allí se puso al descubierto un depósito cerrado que proporcionó una cantidad importante de vajilla de vidrio moldeada y soplada[2503]. En vidrio moldeado predominan fragmentos de cuencos hemiesféricos y cónicos con líneas grabadas, que son productos típicos de mediados del siglo I a. C. En vidrio soplado aparecieron bulbos, trozos de vidrio, residuos, cuellos de pequeñas botellas y ungüentarios soplados,

---

[2492] Uno de ellos es muy claro, casi incoloro, está muy picado y con señales de descomposición, su espesor es de 0,07 cm. No se puede identificar la forma en ninguno de los casos.

[2493] HARDEN, D. B., 1970, pp. 45-48. HAYES, J. W., 1975, pp. 29-30. STERN, E. M., 1977, pp. 149-152. GROSE, D. F., 1977, pp. 9-29. PRICE, J., 1981, pp. 391-408. STERNINI, M., 1995, pp. 25-27.

[2494] GROSE, D. F., 1977, pp. 9-11.

[2495] ESTRABÓN,*Geog.* XVI, 2.25.

[2496] HAYES, J. W., 1975, p. 29.

[2497] PLINIO, *NH*, XXXVI, 190-199.

[2498] PLINIO, *NH*, XXXVI, 194.

[2499] GROSE, D. F., 1977, pp. 27 y ss. y figs. 9-10.

[2500] NAUMANN-STECKNER, F., 1991.

[2501] CZURDA-RUTH, B., 1979, p. 59-61.

[2502] GROSE, D. F., 1977, p. 29.

[2503] AVIGAD, N., 1972, pp. 198-200, lám. 46. PRICE, J., 1981, pp. 392-393. GROSE, D. F., 1984, pp. 33-34. ISRAELI, Y., 1991, pp. 46-55. STERNINI, M., 1995, p. 25, fig. 33-34.

etc., que testimoniaban de manera clara los residuos de una factoría de vidrio soplado. La evidencia estratigráfica y numismática (hallazgo de unas cien monedas de Alejandro Jannaeus, entre el 103/76 a. C.) indica que todo este material se depositó aproximadamente hacia el 50 a. C.

Esta cronología para el comienzo de la fabricación del vidrio soplado ya había sido apuntada indirectamente por el hallazgo de una fina botella de vidrio soplado en color amarillo oscuro que se encontró en la excavación efectuada en un cementerio situado en En-Gedi (Palestina), con una fecha entre los años 40/37 a. C.[2504]

Estos hallazgos no indican necesariamente que la técnica del vidrio soplado fuera inventada allí. No obstante, la excavación realizada en Jerusalén ha proporcionado los restos más antiguos, conocidos hasta el momento, de una factoría de vidrio soplado, y esto refuerza las teorías mantenidas desde antiguo de que la invención ocurrió en alguna zona del Mediterráneo oriental, posiblemente en el área de la costa Sirio-Palestina. En los primeros momentos del soplado se utilizaron tubos del mismo vidrio con los que se formaron pequeños recipientes cerrados de formas globulares[2505].

La utilización de tubos de metal para soplar, que son los que permiten la fabricación de formas abiertas, fueron empleadas con posterioridad, por lo que Grose[2506] opina que no se puede hablar de un «soplado» en sentido convencional, puesto que la producción se limitaba a pequeños recipientes globulares.

En el Mediterráneo occidental y su área de influencia, las evidencias más antiguas de vidrio soplado las encontramos en Italia, Magdalensberg, Haltern y en la península ibérica.

En Italia los primeros restos arqueológicos se han necontrado en la Regia (Foro Romano (entre 37/36 a. C. y la primera década del siglo I d. C.)[2507] y en la Casa de Livia en el Palatino (de fines del período republicano y/o primeros tiempos de Augusto)[2508]. En ambas excavaciones, la proporción de vidrio aparecido, si la comparamos con la de cerámica, es insignificante.

Las recientes investigaciones efectuadas en Pompeya confirman la propuesta cronológica

de Grose. El vidrio soplado se difunde en la zona Vesuviana entre los años 40/10 a. C.[2509]

Otros ejemplos de vidrio soplado temprano, que responden a formas de pequeñas botellas coloreadas o ungüentarios, proceden de diversos puntos de la península itálica y la isla de Sicilia[2510].

Los hallazgos efectuados hacen suponer a Grose[2511] que ciertas vasijas se fabricaron en Italia, más concretamente en Roma, en una fecha que habría que situar hacia el cambio de milenio.

El yacimiento de Magdalensberg[2512] reafirma la cronología obtenida en los yacimientos italianos. Los estratos más antiguos (el I, II y III) que se fechan desde el 25/20 a. C. hasta el cambio de Era, han proporcionado vidrio soplado representado por las formas Isings 6, 8, 12, 14, 16, 17, 26 a, 29, 34, 38a, 41a ó 46a, 44a, 47 ó 49, 55a ó 52 c y 69a, asociadas a vidrio moldeado de los tipos Isings 3a, 3b, 3c y 18.

En Haltern un ungüentario de la forma 6 se data hacia el año 9 d. C.[2513]

En la península ibérica, las evidencias arqueológicas más tempranas las encontramos en la necrópolis de Ampurias, *Bætulo*, *Caesaraugusta*, *Celsa* y en el yacimiento subacuático de San Ferreol (Cartagena).

Solo cuatro tumbas de la necrópolis de Ampurias ofrecen vidrio soplado del final del periodo de Augusto y primeros años de Tiberio[2514]. Sin embargo estas dataciones han de ser aceptadas con reservas. La utilización como fósil director de la terra sigillata itálica y las monedas, con perduraciones en los ambientes funerarios, plantea numerosas dudas cronológicas.

La excavaciones efectuadas en *Bætulo* han proporcionado varios niveles. El mas antiguo se recupero junto a una cisterna y se le supone entre los años 40/30 a. C.; no proporcionó ningún fragmento de vidrio[2515]. La excavación de la conducción de aguas, en el nivel que se atribuye a su época de construcción, en el primer cuarto del siglo I d. C., solo dio un fragmento de borde de vidrio moldeado, perteneciente a un cuenco sencillo con acanaladura

[2504] HARDEN, D. B., 1970, p. 47.

[2505] STERNINI, M., 1995, p. 25.

[2506] GROSE, D. F., 1984, pp. 33-34, figs. 12-13.

[2507] STERN, E. M., 1977, p. 151. GROSE, D. F., 1977, pp. 16-18. De los doce fragmentos de vidrio solo tres son de vidrio soplado.

[2508] GROSE, D. F., 1977, pp. 21-23. De los trece fragmentos de vidrio solo tres son de vidrio soplado.

[2509] SCATOZZA HÖRICHT, L. A., 1986, p. 78, nota 31.

[2510] GROSE, D. F., 1977, pp. 25-29, figs. 7-8. Entre otros puntos se han encontrado en la isla de Lípari, Sicilia, Cosa, Ornavaso, Este, Locarno y Toscanella. Estos hallazgos son de principios de la época de Augusto y la primera decena del siglo I d. C.

[2511] GROSE, D. F., 1977, pp. 10 -14, figs. 3-4.

[2512] CZURDA-RUTH, B., 1979, pp. 236-237.

[2513] ISINGS, C., 1957, p. 22.

[2514] ALMAGRO BASCH, M., 1955, Incineración Ballesta 6, pp. 48-49, fig. 6, núms. 2-3; Inc. Rubert 30, p. 105, fig. 91, nº 5; Inc. Torres 54, p. 184, fig. 157, nº 3 y la Inc. Nofre 8, p. 204, fig. 178, nº 2.

[2515] FLOS TRAVIESO, N., 1987, p. 39.

interna, asociable a la forma 1 de Isings[2516]. Las investigaciones efectuadas en el patio de la Casa Rectoral de la parroquia de Santa María, en sus estratos V a VII, datados en época de Augusto (sin precisiones cronológicas) aportaron dos fragmentos de vidrio. Uno corresponde a un fragmento de borde de vidrio moldeado, perteneciente a un cuenco sencillo con acanaladura interna, Isings 1 variante, y el otro es un borde de un vaso para beber que posiblemente sea de vidrio soplado[2517].

El yacimiento subacuático de San Ferreol, en la costa de Cartagena (Murcia)[2518] ha facilitado, además de un plato en vidrio millefiori, varios fragmentos de vidrio, posibles restos de un ungüentario que, si bien no se especifica en las descripciones, parecen ser de vidrio soplado. La fecha del naufragio está situada entre los años 40/20 a. C.

Su cargamento (ánforas, cerámica campaniense, etc.) procedía casi con toda seguridad de Italia; los vidrios habría que considerarlos como parte integrante de la vajilla de la tripulación. La fecha propuesta para este hallazgo coincide con la de los primeros testimonios del vidrio soplado encontrados en La Regia y la Casa de Livia (Roma).

Otro hallazgo se efectuó en el naufragio de Palamós, datado entre el 80-30 a. C., aunque este tal vez sea una intrusión[2519].

Sin embargo, son las excavaciones de *Celsa* y de *Caesaraugusta* las que han ofrecido los niveles arqueológicos que nos van a permitir precisar la cronología de la difusión del vidrio soplado en el valle del Ebro, conclusiones que también son extrapolables al resto de la Península.

Por una parte se encuentran los niveles que no han suministrado ningún fragmento de vidrio soplado[2520]. Tanto en *Caesaraugusta* como en *Celsa* son todos los anteriores a la época de Tiberio.

El único vidrio detectado en niveles de época de Augusto es de *Caesaraugusta*. Apareció en un vertedor, fechado hacia el 14 a. C., con una gran cantidad de material cerámico y numismático. La pieza corresponde a una varilla de vidrio translúcido azul turquesa de sección circular (0,58 cm.) surcada con

finas estrías y de la que se conservan 8 cms. de largo[2521].

Un nivel datado a fines de la época de Augusto detectado en el solar de la calle Jaime I, 56 angular a la calle San Valero proporcionó un total de cinco fragmentos de vidrio[2522]. Uno es del tipo millefiori y los otros cuatro son de vidrio soplado. De estos últimos, tres son de una misma vasija, de la que sólo se encontró su borde y dos fragmentos de pared. Este es tubular, vuelto hacia el exterior y exvasado. Presenta ciertas semejanzas con perfiles que Grose[2523] fecha en los comienzos de vidrio soplado italiano. El vidrio es verdoso transparente con muchas burbujas. El diámetro del borde es de unos 17 cms. y su grosor oscila entre los 0,11 y 0,12 cm. El otro fragmento en vidrio transparente de color amarillo, con la superficie muy picada, corresponde a una pared que podía responder a un pequeño ungüentario.

Las recientes excavaciones en la plaza de La Seo, donde se identifica el foro comercial de la colonia *Caesaraugusta*, no han proporcionado ningún fragmento de vidrio en los niveles de antes de la Era[2524]. Es en el nivel de relleno general de los cimientos para la instalación del pavimento enlosado definitivo, fechado entre los años 10/20 d. C., donde aparecen, de entre el abundante material recuperado, solo tres fragmentos de vidrio soplado. Son transparentes, en tonalidades verdosas, y parecen ser vasos para beber[2525].

La plena difusión del vidrio soplado en el valle medio del Ebro se efectúa en la segunda mitad de la época de Tiberio, así queda demostrado en el nivel «i» excavado en el teatro romano de *Caesaraugusta*[2526].

Los escasos vidrios encontrados en el nivel 5.1 datado entre el 41/45-48 d. C., no son indicativos en la difusión del vidrio soplado puesto que el resto del material cerámico encontrado en este nivel es también escaso.

Para Price[2527] se desconoce la fecha de introducción del vidrio soplado en España. Sin aportar evidencias arqueológicas, supone que su difusión se debió de producir a fines

---

[2516] FLOS TRAVIESO, N., 1987, pp. 32-33, nº 39.

[2517] FLOS TRAVIESO, N., 1987, pp. 29-32, núms. 37-38 y fig. 2, núms. 37-38.

[2518] MAS, J., 1985, pp. 211-213.

[2519] STERNINI, M., 1995, p. 130.

[2520] Habría que incluir también el nivel de *Tarraco* (fines de Augusto-principios de Tiberio) recientemente publicado: DUPRE I RAVENTOS, X., CARRETE I NADAL, J. M., AGRAZ I JIMENEZ, J., MACIAS I SOLE, J. M., 1993, pp. 105-135. No se cita la presencia de ningún vidrio.

[2521] La excavación se encuentra inédita, hay avances provisionales en: BELTRÁN LLORIS, M., 1979b. BELTRÁN LLORIS, M., 1983a, pp. 25-28, nota 2. BELTRÁN LLORIS, M., 1990, p. 237.

[2522] La excavación se encuentra inédita, un avance provisional de los resultados más importantes en: BELTRÁN LLORIS, M., 1983a, p. 28-30.

[2523] GROSE, D. F., 1977, figs. 3-4.

[2524] MOSTALÁC CARRILLO, A. y PÉREZ CASAS, J. A., 1989, pp. 89-95.

[2525] MOSTALÁC CARRILLO, A. y PÉREZ CASAS, J. A., 1989, pp. 95-104 y esp. las pp. 98 y 103.

[2526] Vid nota 1617.

[2527] PRICE, J., 1981, pp. 638-639.

del siglo I a. C.-principios del siglo I d. C., siendo un hecho concatenado a la comercialización de la sigillata itálica y a otras cerámicas finas de procedencia italiana.

Los resultados obtenidos en la necrópolis de Ampurias y en las estratigrafías de *Bœtulo*, *Caesaraugusta* y *Celsa* sitúan la difusión del vidrio soplado en la Tarraconense a principios de la época de Tiberio, cronología que posiblemente también sea válida para el resto de la península ibérica. Por el momento ningún nivel arqueológico ha proporcionado restos de vidrio soplado en fechas anteriores a los años 10/14 d. C.[2528]

Esta cronología coincide con la instalación de inmigrantes orientales citados por Plinio, el cual dice que tras la invención del soplado son fundados talleres de vidrio por artesanos alejandrinos en la desembocadura del *Volturnus* (entre Cumas y Literno, en la Campania) y cerca de la *Porta Capena* (14 d. C.) y artesanos sirios se establecen en Roma (20 d. C.)[2529]. La tradición vidriera prosigue en la Campania hasta época de los Flavios, como lo demuestran las producciones de *Ampliatvs*[2530]. En Aquileia la producción de recipientes de vidrio soplado debió de comenzar con anterioridad, así lo atestiguan los niveles arqueológicos de Magdalensberg.

Estas precisiones cronológicas aportadas por Plinio coinciden con la fecha que proponemos para el comienzo de la difusión del vidrio soplado en *Hispania* en los primeros años de Tiberio. Así lo atestiguan los niveles arqueológicos de *Celsa* y *Caesaraugusta*[2531].

Los hallazgos son más frecuentes a partir de la segunda mitad de la época de Tiberio[2532] y el vidrio soplado está ampliamente difundido en época de Claudio[2533].

El hallazgo en el depósito del Pasaje Cobos en Tarragona, antigua *Tarraco*, de dos fragmentos cilíndricos deformados de vidrio, atribuidos por Price[2534] a tacos de puntel, puede indicar que el vidrio se comenzó a soplar en la Tarraconense a fines de la primera mitad del siglo I d. C. Cronología semejante se deduce de los hallazgos de *Augusta Emeri-*

ta (Mérida)[2535] y *Celsa*, donde las evidencias arqueológicas indican situar esta tecnología desde mediados del siglo I d. C.

Procedencia y centros de fabricación

Respecto al origen de los vidrios hemos de proponer cuatro focos de producción: sirio-romano, italiano, gálico e hispánico.

Solo el cuenco con estrías en el interior, Isings 1 variante, se le puede reconocer una manufactura oriental casi con absoluta certeza. Para la identificación de otras formas sirio-romanas el problema, a falta de análisis, es más complicado. No existe un acuerdo entre los investigadores sobre la procedencia de los cuencos de costillas soplados a molde de la forma Vindonissa 143, aunque en el caso de las piezas de *Celsa* lo más probable es que fueran manufacturadas en Italia.

Para Grose la mayor parte de la vajilla de vidrio mosaico que aparece en occidente y de la vajilla que imita a las producciones de metal y terra sigillata hay que atribuirla a la producción de talleres romano-italianos[2536]. Para Czurda-Ruth y Scatozza[2537] los cuencos en vidrio mosaico de la forma Isings 1 son de centros de producción ubicados en la Campania. Czurda-Ruth[2538] opina que las formas de vidrio coloreado proceden de la Campania y en menor medida de Egipto. También la ausencia de las formas Isings 12, 17 y 34 en yacimientos orientales, indica una producción occidental, especialmente italiana, de estos recipientes.

El área del sur de Francia es sugerida por Price[2539], donde asocia algunas piezas encontradas en *Tarraco*. En el momento presente de las investigaciones, es muy difícil, al no disponer de un mayor número de análisis, diferenciar estas producciones entre la vajilla de *Celsa*.

Para las manufacturas hispánicas constatadas en *Celsa*, dadas las peculiares diferencias de perfiles y formas que existen con los recipientes atribuidos a los talleres de la Betica, es apropiado asociarlas con un trabajo de soplado en la Colonia o en su ámbito regional, sin renunciar a otras procedencias provinciales como *Tarraco*[2540]. Algunos recipien-

---

[2528] Queda pendiente de confirmación el hallazgo de la nave de San Ferreol: MAS, J., 1985, pp. 211-213. Sin embargo este hallazgo no es prueba sufiente para afirmar que el vidrio soplado se encontrara difundido en la península ibérica en el último cuarto del siglo I a. C.

[2529] PLINIO, *NH*, XXXVI, 194. FORBES, R. J., 1966, p. 165. SCATOZZA HÖRICHT, L. A., 1987, p. 85. DE TOMMASO, G., 1990, p. 21.

[2530] SCATOZZA HÖRICHT, L. A., 1987, pp. 79-81.

[2531] PAZ PERALTA, J. A., 1991a, p. 305.

[2532] Como queda demostrado en el nivel «i» excavado en el teatro romano de *Caesaraugusta*.

[2533] PRICE, J., 1981, pp. 638-640. PAZ PERALTA, J. A., 1991a, pp. 302-305.

[2534] PRICE, J., 1981, p. 623.

[2535] CALDERA DE CASTRO, M. P., 1983, p. 69.

[2536] GROSE, D. F., 1984, p. 27. GROSE, D. F., 1989, p. 262.

[2537] CZURDA-RUTH, B., 1979, p. 17. SCATOZZA HÖRICHT, L. A.,1986, p. 25 y p. 77.

[2538] CZURDA-RUTH, B., 1979, p. 244.

[2539] PRICE, J., 1981, p. 623.

[2540] PRICE, J., 1981, p. 623. En las excavaciones efectuadas en *Caesaraugusta* no hay evidencias de fabricación de vidrio soplado en el siglo I d. C. Su fabricación se constata en el siglo V: ORTIZ PALOMAR, M. E., 1992. ORTIZ PALOMAR, M. E., 1992 a, p. 72.

tes, piezas de juego, *calculi*, y vidrios planos, quizás la mayoría, debieron de configurarse en estos talleres. En principio, se tendría que descartar la presencia de recipientes de vidrio soplado fabricados en la *Betica*.

De un taller local, elaborados con vidrio en bruto importado, pueden ser los vidrios de color natural transparentes que imitan a la Dragendorff 27[2541] y 29 (fig. 255, 1-2), dos piezas de la Isings 17 (fig. 250, 4-5), los dos bordes de la Isings 18 y la forma *Carnuntum* 62, 2 (fig. 254, 2). Por lo que respecta a la identificación de formas en vidrio coloreado que debieron de ser sopladas en *Celsa* o su entorno más inmediato, se hace más difícil su identificación. El pote para ungüentos de la fig. 277, 7 es con toda probabilidad un producto local o provincial, por las diferencias de perfil que presenta con el resto de los que se conocen en el sur de la península ibérica.

Tal vez una parte del vidrio coloreado se utilizará para fabricar pequeños objetos, como *calculi*: su facilidad en la manufactura, para la que no se necesitaba alcanzar altas temperaturas ni tener conocimientos muy especializados, reafirma esta hipótesis.

Otro núcleo alternativo, minoritario, se centraría en la actual península de Anatolia, más concretamente de la antigua *Cilicia*. De allí procedería un vaso de costillas pellizcadas fabricado en vidrio de color natural de buena calidad y transparente[2542]. Estos vasos son frecuentes en la península de Anatolia y próximo oriente[2543]. Su datación se propone desde el siglo II; sin embargo, el hallazgo de *Celsa*, por el contexto estratigráfico en el que ha sido encontrado, habría que situarlo a fines de la época de Nerón. Estas importaciones hay que incluirlas dentro del contexto del comercio oriental atestiguado por las cerámicas vidriadas de *Tarsos*, la fayenza egipcia y las ánforas del Egeo.

Los análisis efectuados a siete muestras, de ellas cinco son de vidrio en bruto, no son suficientes elementos de juicio para demostrar una adjudicación definitiva de centros de producción, por ello habrá que esperar a disponer de un mayor número de análisis. Entre los resultados obtenidos destaca la presencia del P_2O_5 detectado entre los diez elementos mayoritarios, al igual que en Herculano[2544].

La prueba del P_2O_5 en los fragmentos analizados de Aquileia[2545] ha dado ausente, su presencia es mínima y se encuentra en cantidad inferior a la sensibilidad del método analítico. En los vidrios antiguos este compuesto se suele introducir incidentalmente con los álcalis; cosa que no parece haber sucedido con los productos de Aquileia.

La media del resto de los componentes es similar a la efectuada a otros vidrios romanos[2546]. De estos primeros resultados obtenidos en la analítica y en el estudio de la vajilla de vidrio se deduce que la mayor parte de los recipientes de *Celsa*, y el vidrio en bruto, deben de proceder de la Campania.

Como conclusión se puede afirmar que todos los vidrios fabricados a molde, una buena parte de los vidrios soplados, y probablemente los vidrios soplados dentro de moldes, son de talleres italianos, mayoritariamente de la zona campana o de Roma, áreas de Italia que más contactos comerciales tuvieron con *Hispania* y en especial con *Celsa*. En menor medida debieron de llegar los productos de Aquileia. Tampoco se puede descartar la presencia de vidrios galos, aspecto éste que deberá de ser confirmado en futuros estudios y análisis. La presencia de manufacturas de vidrio del área Sirio-Romana parece evidente por la constatación de la forma Isings 1 variante. El vidrio en bruto y los recipientes con perfiles peculiares indican la existencia de talleres para soplar vidrio en *Celsa*.

La difusión del vidio soplado en la Tarraconense tiene lugar a partir de los años 14/20 d. C., y su manufactura en *Hispania* se generaliza entre el 40/50 d. C.

Las estratigrafías obtenidas en *Celsa* y en *Caesaraugusta* ponen de manifiesto la importancia del vidrio soplado en la vida cotidiana y su amplia difusión desde el segundo cuarto del siglo I d. C. en el valle del Ebro. Su utilidad como fósil director está fuera de toda duda; por ello tiene que ser incluido entre uno de los restos muebles que permiten precisar la cronología de los niveles arqueológicos de época de los Julio-Claudios en *Hispania*.

[2541] Forma identificada en la *insula* VII (Casa del Emblema).

[2542] Se encontró en la *insula* VII. Se conserva el perfil casi completo, faltándole el borde, el fondo tiene el típico umbo que aparece en la forma Isings 12 (Hofheim 1A), fechadas después del año 60. Nº inv.: 85.1.Hab.37.68483, 70863, 70864 y 70873.

[2543] STERN, E. M., 1989, pp. 126-128, fig. 8, d-f y fig. 9. RIEMENSCHNEIDER, U., 1989, p. 194, nº 113, lám. 15, nº 3, en la fotografía se puede observar que tiene un marcado umbo en el fondo, como el ejemplo de *Celsa*, y que es un vidrio muy transparente.

[2544] SCATOZZA HÖRICHT, L. A., 1986, p. 75.

[2545] CALVI, M. C., 1968, pp. 195-210.

[2546] En general se puede consultar a: FORBES, J. R., 1957, pp. 211-230 y SCATOZZA HÖRICHT, L. A., 1986, p. 75.

8.11.6. INVENTARIO
Área sirio-romana

FORMA	DECOR.	FRAG.	D.	GROSOR	COLOR	TR	SIGLA	FIGURA	NIVEL
1 var.	Líneas grabadas	b	107	2,1-3,9	035	*	81.1.25.33.G.I.2834	246, 1	7.2

Área itálica

FORMA	DECOR.	FRAG.	D.	GROSOR	COLOR	T	TR	SIGLA	FIGURA	NIVEL
1	—	b	57	1,1-1,5	210		*	81.1.2.8.Ñ´.P´.5517	246, 4	6
1	—	F C	91	1,0-1,3	210		*	80.1.10.20.S.T.1260 y 80.1.22.24.Q.T.4115	246, 5	7.1
1	—	b	117	2,1-2,8	171	*		81.1.15.21.B´.C´.1884	246, 7	7.2
1	—	b	100	1,2-2,3	200		*	81.1.13.23.K.P.2120	246, 6	8
1	Bandas color	b	106	2,0-2,5	Varios		*	81.1.D.I.11771	246, 2	8
1/18	Bandas color	p	—	3,4	Varios		*	V.79.3.M´.1	246, 3	6

FORMA	DECOR.	FRAG.	D.	GROSOR	COLOR	TR	SIGLA	FIGURA	NIVEL
2	Mosaico	b/p	89	2,1-2,4	Fondo 290	*	V.79.9.F´.67	246, 8	6
2	Mosaico	b	88	3,0-3,5	Fondo 160	*	81.1.D.II.7994	246, 9	7.2

FORMA	DECORAC.	FRAG.	D.	GROSOR	G.C.	A.C.	COLOR	T	TR	SIGLA	FIGURA	NIVEL
3a?	Costilla	p	—	0,7	2,8	9,7	140	*		V.79.1.I´.113	246, 10	6
3a	Costilla	p	140	0,7	3,1	9,8	140	*		V.79.5.M´.24	—	6
3a	Costilla	p	——	1,7-1,96	4,6	5,1	211	*		V.79.5.N´.86	246, 11	6
3a	7 Costillas	p/f	——	2,7-3,9	2,0	4,5	171		*	81.1.2.8.M´.N´.3665	246, 12	6
3a	2 Costillas	f	——	1,5-2,7	1,0	1,9	211	*		81.1.2.8.M´.N´.5520	246, 13	6
3a	5 Costillas	p/f	85	1,3-2,4	1,8	4,0	211	*		81.1.2.8.M´.N´.5530	247, 1	6
3a	6 Costillas	p/f	100	2,2-3,1	3,8	4,4	211			81.1.2.8.Ñ´.P´.6910	247, 2	6
3a	4 Costillas	p/f	70	3,4-3,8	1,3	2,1	211	*		81.1.2.8.Ñ´.P´.7269	246, 19	6
3a	Costilla	b/p	120	3,4-3,7	3,0	8,5	171	*		V.79.12.Ñ.20	—	7.1
3a	Costilla	p	140	3,1	3,0	5,7	171	*		V.79.28.J´.36	247, 3	7.1
3a	7 Costillas	b/p/F	150	2,5-3,2	4,8	5,0	171		*	81.1.8.10.V.X.8547	247, 5	7.1
3a?	2 Costillas	p	140	2,0-3,1	2,1	4,1	211	*		V.79.9.17.A´.F´.101	—	7.2
3a	Costilla	f	—	2,7-3,0	2,1	4,3	171		*	81.1.22.AI.31.T.9002	247, 10	7.2
3a	Costilla	p	—	1,6-1,9	2,2	4,0	171	*		81.1.22.AI.31.T.9005	—	7.2
3a	Costilla	p	—	0,8-1,1	1,2	4,1	160		*	81.1.22.AI.31.T.9008	—	7.2
3a	3 Costillas	p	155	2,5-3,0	3,0	7,5	171	*		81.1.15.21.B´.C´.548	247, 9	7.2
3a?	Costilla	p	—	1,9	4,0	5,1	171		*	81.1.15.21.B´. C´.550	—	7.2
3a?	Costilla	p	—	1,8-2,1	3,0	6,0	171	*		81.1.15.21.B´.C´.551	247, 4	7.2
3a	Costilla	p	—	1,4	3,6	6,7	171	*		81.1.15.21.B´.C´.553	—	7.2
3a	3 Costillas	f	—	2,0-3,0	2,0	5,0	171	*		81.1.15.21.B´.C´.554	247, 11	7.2
3a	Costilla	b/p	150	2,0-2,9	3,2	7,9	171	*		81.1.15.21.B´.C´.557	247, 6	7.2
3a	6 Costillas	b/p	125	4,0	3,2	7,1	171	*		81.1.15.21.B´.C´.559	247, 7	7.2
3a	2 Costillas	p	—	2,1-3,0	4,5	6,0	211	*		81.1.D.II.7984	247, 8	7.2
3a?	Costilla	p	—	1,5	3,0	3,8	171	*		81.1.D.II.10271	—	7.2
3a?	Costilla	p	—	1,9	3,3	6,1	211	*		81.1.D.II.10274	—	7.2
3b	Costilla	b/p	—	2,5-4,1	4,6	13,0	171	*		V.79.8.10.J.K.324	248, 7	5.1
3b	Costilla	p	—	2,0-3,2	4,6	7,0	171	*		V.76.5.H´.177	248, 2	6
3b	Costilla	p	—	1,8	2,6	6,0	230		*	V.76.13.H´.8	—	6
3b	2 Costillas	p	140	1,0-1,6	4,0	7,0	211	*		V.79.1.I´.55 y 3.I´.111	248, 1	6
3b	—	b	150	2,6-4,0	—	—	211	*		V.79.5.N´.87	—	6
3b?	Costillas	p	—	1,7-4,0	5,2	12,0	171	*		V.79.9.F´.33	248, 9	6
3b	Costilla	p	—	2,0	3,7	4,9	171	*		V.79.9.F´.34	—	6
3b	Costilla	p	—	1,6-2,1	2,2	7,9	211	*		V.79.9.H´.36	248, 5	6
3b	Costilla	p	—	1,0-2,6	2,5	8,1	230	*		81.1.2.8.M´.N´.3667	248, 6	6
3b	2 Costillas	b/p	205	2,6-4,5	5,1	13,5	171	*		80.1.36.38.T.V.2039	248, 3	7.2
3b	Costilla	p	—	1,4	3,6	8,0	171	*		81.1.15.21.B´.C´.552	248, 8	7.2
3b	Costilla	b/p	180	1,9-3,5	4,9	9,2	035	*		81.1.D.II.8167	248, 4	7.2
3c	3 Costillas	p	95	3,0	2,4	4,5	171	*		V.79.21.25.Ñ.O.25	248, 10	7.1
3c	7 Costillas	b/p	155	2,0-2,4	1,5	3,6	171		*	V.79.15.21.B´.C´.556	248, 11	7.2

FORMA	FRAG.	D.	GROSOR	COLOR	TR	SIGLA	FIGURA	NIVEL
5	B	180	1,5-2,1	140	*	81.1.2.8.Ñ'.P'.7226	249, 1	6

FORMA	DECOR.	FRAG.	D.	GROSOR	A.E.S	A.E.C.	A.E.I.	COLOR	T	TR	SIGLA	FIGURA	NIVEL
12	Línea grabada	p	90	1,0-1,3				171	*		V.79.HAB.121.176	—	3.1
12	Líneas grabadas	p		2,0-1,5			Cinco líneas finas	171	*		V.79.8.10.J.K.497	—	5.1
12	—	f	55	2,5-3,6				171	*		V.76.7.G'.88.1	—	6
12	—		70	2,5-3,1				171	*		V.79.4.M'.9, 10 y 11	—	6
12	Estría	p/f	—	1,2-2,4			2,2	230	*		V.79.6.M'41.2	—	6
12	Línea grabada. Estría	p	—	1,4-2,1	2,8			171	*		V.79.8.M'.45.1	—	6
12	Líneas grabadas. Estría	p/f	—	1,4-2,9	2,1		Seis líneas finas	171		*	V.79.1.C'.111	—	6
12	Estría	p/f	90	1,9-4,5		3,3		171	*		V.79.1.M'.96.5	249, 5	6
12	Estría	p	—	1,7-1,9	4,0			191	*		V.79.1.M'.158	—	6
12	Estría	p	—	2,5-3,0	1,5			171	*		V.79.1.N'.1.3	—	6
12	Estría	p	—	2,1	4,4			140	*		V.79.1.N'.1.4	—	6
12	Estría	p	—	2,1	4,4			140	*		V.79.1.N'.1.4	—	6
12	Línea grabada	p	—	0,5-0,7				011	*		V.79.3.M'.5	—	6
12	Líneas grabadas. Estrías	b/p	90	2,2-4,3	3,9		1,3	171	*		V.79.3.M'.47	249, 2	6
12	—	f	55	1,8-7,0				171	*		V.79.5.H'.108	—	6
12	Estría	p/f	—	0,4-0,8			1,0	191	*		V.79.5.H'.178	—	6
12	Estría	p	—	1,5-2,0	4,1			191		*	V.79.5.I'.140	—	6
12	Estría	p	—	1,3-1,5	1,2			191	*		V.79.5.K'.28	—	6
12	Estría	b/p	76	1,2-1,8	3,0			171		*	V.79.7.G'.88.2 y 5	—	6
12	Líneas grabadas. Estría	b	90	1,6-2,4	3,0		Dos líneas finas	171	*		V.79.7.G'.88,7	—	6
12	Überfangglas. Estría	p	—	2,5	1,2			035	*		V.79.7.G'.101.1, 2 y 3	—	6
12	Estría	b	80	1,4-1,7	2,5			191	*		V.79.7.J'.121	—	6
12	Estría	p	—	0,7	0,9			011	*		V.79.9.F'.97	—	6
12	Estría	p	—	1,6	3,0			171	*		V.79.11.H'.98	—	6
12	Estría	p	60	2,4-3,2	3,1	1,0		160		*	V.79.13.G'.4	—	6
12	—	f	50	4,9-6,0				160	*		V.79.13.G'.70	—	6
12	Estría	p	—	1,5	3,0			191	*		81.1.2.8.Ñ'.P'.3664.15	—	6
12	Estría	p	—	0,9-1,0	3,0			191	*		81.1.2.8.Ñ'.P'.3664.18	—	6
12	—	f	—	0,8-0,9	3,0			171		*	81.1.2.8.Ñ'.P'.3676	—	6
12	Überfangglas. Estría	p	—	2,8	0,9?			100		*	81.1.2.8.Ñ'.P'.3684	—	6
12	Línea grabada. Estría	b/p	70	0,8-1,4	4,5 y una línea			191	*		81.1.2.8.Ñ'.P..5529	—	6
12	Estría	p	—	1,5	3,7			211		*	81.1.2.8.Ñ'.P'.5886.17	—	6
12	Línea grabada	p	—	1,8-2,0				171	*		81.1.2.8.Ñ'.P'.5919	—	6
12	Estría	p	—	1,4-2,0	2,7?			191	*		81.1.2.8.Ñ'.P'.7270.6	—	6
12	Estría	p	—	1,5-2,0		2,5		171	*		V.79.1.2.1.18	—	7.1
12	Estrías	p/f	—	0,9-1,4			Dos de 0,1	191	*		V.79.6.8.I.J.81	—	7.1
12	Líneas grabadas	p	1,3				Cinco líneas finas	171	*		V.79.8.12.Q.S.77	—	7.1
12	Estrías	b	90	2,1	Dos de 1,7			140		*	V.79.10.N.32	—	7.1
12	Líneas grabadas	p	—	4,1-5,6			Dos líneas finas	140	*		V.79.18.N.49	—	7.1

FORMA	DECOR.	FRAG.	D.	GROSOR	A.E.S	A.E.C.	A.E.I.	COLOR	T	TR	SIGLA	FIGURA	NIVEL
12	Líneas grabadas. Estría	b/p	80	1,0-1,8	3,0		Dos bandas. Líneas finas	211	*		V.79.26.H.4	—	7.1
12	Estría	b(bise-lado)/p	80	1,6-2,0	1,0	1,0		211	*		V.79.28.J'.156	249, 3	7.1
12	—	f	55	2,7-5,6				171	*		V.79.28.J'.24	—	7.1
12	Estría	p	—	1,0-1,4	2,1			191	*		V.79.28.J'.164	—	7.1
12?		p/f	—	2,9-4,9				140	*		V.79.28.J'.454	—	7.1
12	Überfangglas	p/f	—	2,8-4,7				140	*		V.79.36.K'.47	—	7.1
12	Estría	p/f	—	1,5-2,2		1,0		180		*	V.79.21.25.Ñ'.0.30	249, 4	7.1
12	Estría	p	—	1,1-1,3	2,9		1,0	171	*		80.1.18.22.V.T.521	—	7.1
12		b	95	2,3				210		*	80.1.13.23.K.P.2120	—	7.1
12	Estría	p	—	1,7-1,8	2,7?			011	*		80.1.18.22.O.R.2545	—	7.1
12	Línea grabada. Estría	p	—	1,6-2,2	1 línea fina	2,5		191	*		80.1.2.6.L.N.3886	—	7.1
12	Estría	b	75	1,7-2,5	3,0			191	*		80.1.D.I.3312	—	7.2
12	—	p	—	2,0-3,1				140	*		80.1.D.II.7005	—	7.2
12	Estría	b(bise-lado)	80	1,0-1,1	2,0			191	*		80.1.C.II.7292	—	7.2
12	Estría	p		1,6-2,0		4,5		191		*	80.1.D.II.8176	—	7.2
12	—	. b/p	75	1,0-1,1				191	*		80.1.D.II.10266	—	7.2
12	Líneas grabadas	p	—	1,6-1,8			Cinco líneas finas	191		*	80.1.D.II.10282	—	7.2
12	Estría	p/f		2,0			1,0	191	*		80.1.D.I.12191	—	7.2

FORMA	FRAG.	D.	GROSOR	COLOR	T	TR	O	SIGLA	FIGURA	NIVEL
15	b	48	1,4-2,5	211			*	81.1.2.8.Ñ'.P'.5885	249, 7	6
15	b	-	1,1-2,0	171		*		V.79.30.32.K.64	249, 10	7.1
15	b	70	1,2-2,9	001			*	80.1.14.18.P.Q.4133	249, 8	7.1
15	b	70	0,6-1,2	211		*		81.1.15.21.B'.C'.102	249, 9	7.2
15	b/a	43	0,7-0,9	171	*			81.1.21.31.F.G.1888	249, 6	7.2

FORMA	FRAG.	D.	GROSOR	COLOR	T	TR	SIGLA	FIGURA	NIVEL
16	F C	44	1,8-7,5	171	*		V.79.6.8.I.J.75 a 79 y V.79.8.10.J.245	249, 11	7.1
16	b	56	2,1-4,2	171	*		V.79.24.J'.94	250, 1	7.1
16	b	—	1,0-1,7	150		*	V.79.36.K'.46 y 49	250, 3	7.1
16	b	49	2,0-4,9	171	*		81.1.D.II.10267	250, 2	7.1

FORMA	DECOR.	FRAG.	D.	GROSOR	G.C.	A.C.	COLOR	T	TR	SIGLA	FIGURA	NIVEL
17	Costilla	p	90	0,6-1,2	1,0	1,1	191	*		V.79.3.J'.54	—	6
17	2 Costillas	p	95	1,0	1,1	1,2	191		*	V.79.3.J'.119.4	250, 4	6
17	2 Costillas	p	85	0,6	2,2	1,2	191	*		V.79.5.K'.24	250, 5	6
17	3 Costillas Hilos aplic.	p	82	1,0-1,7	3,4	2,1	171	*		V.79.10.12.N.Ñ.40	250, 7	7.1
17	2 Costillas Líneas finas	p	100	1,1-1,9	3,1	2,1	171	*		80.1.22.AI.31. T.9006	250, 8	7.2
17	2 Costillas	p	80	1,0-2,2	3,5	3,1	100		*	81.1.15.21.B'.C'.547	250, 6	7.2

FORMA	FRAG.	D.	GROSOR	COLOR	T	SIGLA	FIGURA	NIVEL
18	b	160	1,4-2,5	171	*	V.79.7.G'.88.4	250, 9	6
18	b	110	1,6-2,8	211	*	81.1.2.8.Ñ'.P'.3664.42	—	6

FORMA	DECOR.	FRAG.	D.	GROSOR	COLOR	O	SIGLA	FIGURA	NIVEL
18 Var.	Mosaico	F C	140	2,0-2,4	030	*	V.79.8.10.J.K.140	250, 10	7.1

FORMA	FRAG.	D.	GROSOR	COLOR	O	SIGLA	FIGURA	NIVEL
18/24	F C	203	3,0-3,2	139	*	V.79.8.10.J.K.140, 147 y V.79.16.18.O.P.50	250, 11	7.1

FORMA	FRAG.	D.	GROSOR	COLOR	TR	O	SIGLA	FIGURA	NIVEL
20	b	72	1,3-2,0	001		*	80.1.10.20.R.T.1343	251, 2	7.1
20	b	71	1,8-2,0	200	*		81.1.D.II. 10269	251, 1	7.2

FORMA	DECOR.	FRAG.	D.	GROSOR	COLOR	TR	O	SIGLA	FIGURA	NIVEL
22	Mosaico	b	175	4,7-4,8	030		*	V.79.3.K'.79	251, 4	6
22		f	48	2,0-3,5	200	*		81.1.2.8.Ñ'.P'.5524	251, 3	6

FORMA	FRAG.	D.	GROSOR	A.E.S.	COLOR	T	SIGLA	FIGURA	NIVEL
29	b/p	72	0,7-1,3	2,7	011	*	81.1.2.8.Ñ'.P'.5880 y 5886.4	251, 5	6

FORMA	DECOR.	FRAG.	D.	GROSOR	COLOR	T	SIGLA	FIGURA	NIVEL
34	—	b	66	0,9-0.10	171	*	80.1.12.16.Ñ.P.1745.1	251, 12	5.1
34	—	"Eingeschweift"	42	1,7 (mín.)	171	*	V.792.N'.44	251, 16	6
34	—	"Cut out base"	42	0,8-2,0	403	*	V.79.5.F'.88	251, 20	6
34	—	"Solid base"	48		171	*	V.79.5.J'.57	251, 14	6
34		b	66	0,7	140	*	V.79.7.H'.132.1	—	6
34	—	b	72	1,3	191	*	V.79.7.H'.201	251, 6	6
34	1 Estría	b	74	1,1-2,0	171	*	V.79.11.H'.96.2	251, 10	6
34	—	"Eingeschweift"	43	1,3 (mín.)	171	*	81.1.2.8.Ñ'.P'.1885	251, 17	6
34	—	b	53	1,0-1,2	191	*	81.1.2.8.Ñ'.P'.3664.4	—	6
34	—	b	54	1,3	191	*	81.1.2.8.Ñ'.P'.5516.74	—	6
34	—	b	52	1,1	191	*	81.1.2.8.Ñ'.P'.5516.107	—	6
34	—	"Eingeschweift"	51	1,7 (mín.)	033	*	81.1.2.8.Ñ'.P'.5522	251, 19	6
34	Lín. grabada	b	53	1,0-1,3	191	*	81.1.2.8.Ñ'.P'.5882	—	6
34	—	b	—	0,7	191	*	81.1.2.8.Ñ'.P'.5886.7	—	6
34	—	b	65	1,0-1,3	191	*	V.79.8.10.J.K.244	—	7.1
34	—	"Eingeschweift"	51	2,0 (mín.)	211	*	V.79.12.14.K.L.9	251, 18	7.1
34	2 L. grabadas	b	72	1,1	191	*	V.79.18.Ñ.81.1	—	7.1
34	—	b	70	1,0	191	*	V.79.18.Ñ.81.2	—	7.1
34	—	"Cut out base"	54	1,5 (mín.)	211	*	V.79.32.B.C.24	251, 21	7.1
34	—	b	62	1,0-1,3	191	*	V.79.28.J'.93	251, 7	7.1
34	—	"Solid base"	47	0,6 (mín.)	171	*	V.79.28.J'.153	251, 15	7.1
34	—	"Solid base"	43	2,9 (mín.)	171	*	V.79.36.K'.53	251, 13	7.1
34	—	b	71	1,5	211	*	80.1.8.12.Ñ.P.5448	—	7.1
34	Líns. grabadas	b	66	1,0-1,8	171	*	81.1.15.21.B'.C'.539	251, 9	7.2
34	—	b	53	1,8	171	*	81.1.D.I.3418	—	8

FORMA	FRAG.	D.	GROSOR	COLOR	T	SIGLA	FIGURA	NIVEL
37	b	155	1,1-3,8	171	*	V.79.1.I'.51	252, 1	6
37 ?	b	165	2,0-4,2	171	*	V.79.1.I'.43	252, 3	6
37	f	86	1,4-2,4	171	*	V.79.18.Ñ.13	252, 5	7.1
37	b	130 ?	1,2-4,0	171	*	81.1.15.21.B'.C'.855	252, 2	7.2
38a	b	154	1,5-2,8	171	*	V.79.6.I.J.74 y V.79.8.10.J.K.439	—-	5.1
38a	b	150	2,2-4,0	171	*	81.1.2.8.Ñ'.P'.5518	252, 6	6
38a	b	145	1,1-3,1	171	*	V.79.8.10.J.K.165 y 166	252, 4	7.2
38a	b	?	2,0-2,8	171	*	80.1.22.AI.31.T.9013	252, 7	7.2

FORMA	FRAG.	D.	GROSOR	COLOR	T	TR	SIGLA	FIGURA	NIVEL
39	b / a	75	0,7-1,3	211	*		V.79.1.M'.150 y 154	252, 8	6
39	b	120	1,0-2,9	171	*		V.79.3.J'.119.3	252, 9	6
39	a	—	1,9-3,2	100		*	80.1.20.24.Q.T.7175	252, 10	7.1
39	b / a	98	1,0-2,1	171	*		81.1.21.23.F.G.1881	252, 11	7.2

FORMA	FRAG.	D.	GROSOR	COLOR	T	SIGLA	FIGURA	NIVEL
41a	f	85	1,2-3,2	171	*	80.1.30.34.L.M.5605	253, 1	3.1
41a	f	66	1,0-2,6	211	*	V.79.4.6.M.N.8	253, 2	7.1

FORMA	FRAG.	D.	GROSOR	COLOR	T	TR	SIGLA	FIGURA	NIVEL
42a	b	90	0,7-1,0	171	*		V.79.30.32.K'.68	253, 4	7.1
42a	b	103	1,3-2,9	160		*	81.1.D.II.7985	253, 3	7.2

FORMA	FRAG.	D.	GROSOR	COLOR	T	SIGLA	FIGURA	NIVEL
43	b / a	104	1,4-2,8	211	*	80.1.20.24.Q.T.581 y 80.1.18.20.O.R.1897	253, 5	5.1

FORMA	FRAG.	D.	GROSOR	COLOR	T	TR	SIGLA	FIGURA	NIVEL
44a	b	170	1,0-1,2	171	*		80.1.12.16.Ñ'.P'.1745	253, 7	5.1
44a	b	170	1,1-1,3	211	*		V.76.12.B'.2	253, 6	7.1
44a	b	140	1,2-1,4	211	*		V.76.14.C'.2	253, 8	7.1
44a	b	—	1,0-1,6	140		*	81.1.D.II.10270	253, 9	7.2

FORMA	FRAG.	D.	GROSOR	COLOR	O	SIGLA	FIGURA	NIVEL
47	b	160	2,0-2,5	001	*	80.1.2.6.L.N.3896	253, 10	7.1

FORMA	FRAG.	D.	GROSOR	COLOR	T	SIGLA	FIGURA	NIVEL
63	b	120	2,2	211	*	V.76.4.M'.46	253, 11	6

FORMA	FRAG.	D.	GROSOR	COLOR	TR	SIGLA	FIGURA	NIVEL
81 var.	F C	41	2,2-6,9	210	*	V.79.16.20.N.Ñ.13	253, 12	7.1

FORMA	DECOR.	FRAG.	D.	GROSOR	COLOR	TR	SIGLA	FIGURA	NIVEL
85/Vindonissa 96	Hilos aplicados	b	80	1,4-4,0	100	*	V.79.20.22.Ñ.O.100	253, 13	7.1
85/Vindonissa 96	Hilos aplicados	b	80	1,6-3,9	100	*	80.1.22.AI.31.T.9009	253, 14	7.2

FORMA	FRAG.	D.	GROSOR	COLOR	T	O	SIGLA	FIGURA	NIVEL
Carnuntum 62, 2	b	145	1,1-4,2	171	*		V.79.3.J'.119.1	254, 2	6
Carnuntum 62, 2	b	120	3,0-7,7	141		*	81.1.9.17.A'.F'.475	254, 1	7.2

FORMA	DECOR.	FRAG.	D.	GROSOR	COLOR	TR	SIGLA	FIGURA	NIVEL
Corning 307	Estrías	b / p	120	2,3-2,7	210	*	80.1.22.AI.31.T.9011	254, 3	7.2

FORMA	DECOR.	FRAG.	D.	GROSOR	COLOR	TR	SIGLA	FIGURA	NIVEL
Vindonissa 22	Mosaico	f	80	2,1-3,7	160	*	80.1.3.11.K.Q.3782 y 80.1.18.20.V.Y.3721	254, 4b	7.1
Vindonissa 22	Costillas	p	140	2,4-6,1	160	*	81.1.21.25.D.E.1300	254, 4a	7.2
Vindonissa 22	Costillas	p	—	2,0-3,5	160	*	81.1.CAR.I.DEC.II.4567	254, 5	7.2

FORMA	DECOR.	FRAG.	D.	GROSOR	COLOR	T	SIGLA	FIGURA	NIVEL
Vindonissa 143	6 costillas	p	115	1,6-2,2	171	*	V.79.1.M'.160	254, 7	6
Vindonissa 143	3 costillas	p	-	2,1	171	*	V.79.1.M'.174	—	6
Vindonissa 143	4 costillas	p	-	1,0-1,4	171	*	V.79.1.N'.1.8 y 22	—	6
Vindonissa 143	4 costillas	p	-	1,6-2,2	171	*	81.1.2.8.Ñ'.P'.5532	—	6
Vindonissa 143	3 costillas	p	-	1,8-2,1	191	*	81.1.2.8.Ñ'.P'.5384	254, 6	6
Vindonissa 143	3 costillas	p	-	1,8-2,6	171	*	80.1.18.22.Q.R.2543	254, 8	7.1

FORMA	FRAG.	D.	GROSOR	COLOR	T	SIGLA	FIGURA	NIVEL
Celsa, 255, 1	b y f	130	0,9-5,0	171	*	V.79.3.I.1	255, 1	7.1
Celsa, 255, 1	b	120	1,5-3,0	171	*	80.1.3.11.K.Q.3776	255, 2	7.1

FORMA	DECOR.	FRAG.	D.	GROSOR	COLOR	T	TR	SIGLA	FIGURA	NIVEL
?		b	95	2,3-1,6	100	*		80.1.22.A.I.31.T.9010	255, 3	7.2
50 ?		b	35	2,8-3,0	171	*		V.79.9.17.A'.F'.470	255, 4	7.2
55a?		b / a	27	2,9-3,2	171	*		80.1.38.L.M.6705	255, 5	7.2
15?		b	70	1,0-1,6	171	*		80.1.38.L.M.6845	255, 6	7.2
15?		b	65	0,9-1,2	171	*		81.1.DEC.I.3310	255, 7	7.2
?		b	80	0,9-1,9	171	*		V.79.30.32.K'.19	255, 8	7.2
41? / 87?		b	130	1,2-2,9	191		*	V.79.1.2.I.15	256, 1	7.2
?	Líneas grabadas	b	105	2,2	140	*		V.79.10.N.32	256, 2	7.1

FORMA	DECOR.	FRAG.	D.	GROSOR	COLOR	T	TR	SIGLA	FIGURA	NIVEL
1 ?	Mosaico	p	—	3,0	001/280		*	V.79.3.M'.5	328, 4	6
?	Salpicado de colores	p	—	2,5	160	*		V.79.3.C'.20	—	6
?	Líneas grabadas	p y f	115	1,9-2,8	160		*	V.79.1.N'.1.22 y 147	256, 3-4	6
20 ?	Baquetón	p	70	2,5-2,9	200	*		V.79.2.N'.46	257, 2	6
?	—	p	75		171	*		V.79.20.D.4	256, 5	7.1
67c ?	Costilla	p	—	1,0-1,2	211	*		V.79.1.L'.116	256, 6	6
67c ?	Costilla	p	—	0,7	171	*		V.79.9.G'.90	256, 7	6
14 ?	Hilos aplicados	p	120	2,0-2,3	211		*	81.1.15.21.B'.C'.560	256, 8	7.2
?	—	p	95	1,4-1,9	171		*	81.1.21.31.F.G.1886	256, 9	7.2
?	—	p	85	1,5-1,9	171		*	81.1.D.II.10273	257, 1	7.2
?	—	p	105	1,2-4,0	171		*	80.1.38.L.M.6760	257, 3	7.2

FORMA	DECOR.	FRAG.	D.	GROSOR	COLOR	T	TR	O	SIGLA	FIGURA	NIVEL
16 ?		f	60	2,0-4,1	171	*			V.76.4.M'.10	257, 5	6
5 ?		f	—	2,0	280			*	V.76.11.G'.36	—	6
?		f	60	2,3-3,1	210		*		V.79.3.I'.112	258, 1	6
?		f	40	1,1-3,2	171		*		V.79.5.H'.108	257, 6	6
5 ?		f	—	2,1-3,1	001			*	V.79.7.J'.120	—	6
44a ?		f	100	5,1	171		*		V.76.2.G'.24	258, 2	7.1
20 ?		f	44	1,1-1,6	200	*			V.76.3.G'.116	257, 9	7.1
?		f	50	2,0-2,9	171	*			V.79.6.8.I.J.78	257, 7	7.1
44a ?		f	110	3,2	171	*			V.79.28.J'.38	258, 3	7.1
?		f	70	2,8-5,6	171	*			V.79.28.J'.97	257, 10	7.1
?		f	80	1,9-3,8	171	*			80.1.3.R.309	258, 4	7.1
30 ?		f	40	1,9-2,1	171		*		V.79.14.18.K.L.23	257, 8	7.2
41a ?		f	80	0,8-0,6	171		*		V.79.30.32.K'.16	257, 12	7.2
22 ?	Relieve	f	—	2,5	290			*	80.1.21.29.N.P.3086	257, 4	7.2
?		f	—	2,7	171	*			81.1.25.33.G.I.2602	258, 5	7.2
?		f	40	3,1-8,1	171	*			81.1.D.II.8166	257, 11	7.2
5 ?	Millefiori	f	—	2,0	Varios		*		81.1.D.II.1.11688	328, 3	7.2

FORMA	FRAG.	COLOR	T	TR	SIGLA	FIGURA	NIVEL
?	a	211		*	V.76.9.F'.35	258, 6	6
?	a	171	*		V.76.9.G'.89	258, 7	6
39 ?	a	140		*	V.79.9.F'.36.2	258, 8	6
?	a	171	*		81.1.2.8.Ñ'.P'.5525	258, 9	6
15 ?	a	211	*		81.1.2.8.Ñ'.P'.5527	258, 10	6
?	a	171	*		81.1.2.8.Ñ'.P'.5528	258, 11	6
15 ?	a	171	*		V.79.28.J'.99	258, 12	7.1
?	a	211	*		V.79.13.L.10	258, 14	7.1
?	a	171		*	80.1.16.22.X.AD.5548	258, 15	7.1
?	a	171	*		80.1.16.22.X.AD.5549	258, 13	7.1
?	a	171		*	81.1.D.II.8162	258, 16	7.2

FORMA	COLOR	T	TR	O	SIGLA	FIGURA	NIVEL
Vidrio en bruto	191	*			V.79.5.J'.60	259, 1	6
Vidrio en bruto	201			*	V.79.5.K'.26	259, 11	6
Vidrio en bruto	100		*		V.79.5.M'.17	259, 10	6
Vidrio en bruto	140		*		V.79.13.H'.38.1 al 19	259, 2, 3, 4, 5 y 6	6
Vidrio en bruto	063		*		81.1.D.II.10297 al 10302	259, 7, 8 y 9	7.2

Resumen de formas por niveles:

FORMA	NIVEL						TOTAL
	3	5	6	7.1	7.2	8	
Isings 1 var.					1	1	2
Isings 1			1	1	1	2	5
Isings 1/18			1				1
Isings 2			1		1		2
Isings 3a			8	3	14		25
Isings 3b		1	8		3		12
Isings 3c				1	1		2
Isings 5			1				1
Isings 12	1	1	32	16	7		57
Isings 14 ?					1		1
Isings 15			1	2	2		5
Isings 16				4			4
Isings 17			3	1	2		6
Isings 18			2				2
Isings 18 var.				1			1
Isings 18/24				1			1
Isings 20				1	1		2
Isings 22			2				2
Isings 29			1				1
Isings 34		1	13	9	1	1	25
Isings 37			2	1	1		4
Isings 38a ó 36a		1	1		2		4
Isings 39			2	1	1		4
Isings 41a	1			1			2
Isings 42a				1	1		2
Isings 43		1					1
Isings 44a		1		2	1		4
Isings 47				1			1
Isings 50 ?				1			1
Isings 55a ?					1		1
Isings 63			1				1
Isings 67c ?				2			2
Isings 81 var.				1			1
Isings 85/Vind. 96				1	1		2
Carnuntum 62, 2			1		1		2
Corning 307				1			1
Vindonissa 22				1	1		2
Vindonissa 143			5	1			6
Celsa, 255, 1				2			2
	2	6	86	57	45	4	200

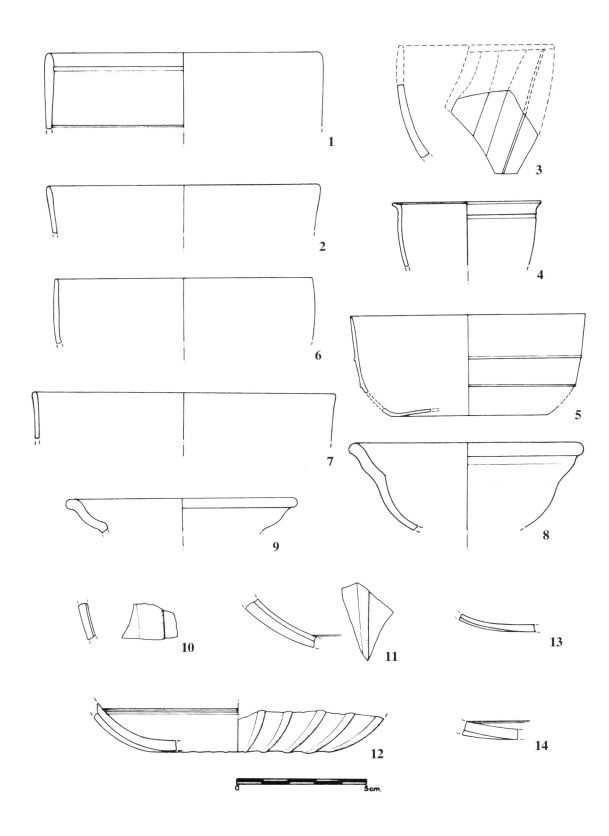

Figura 246. Vidrio. 1: Isings 1 var.; 2-7: Isings 1; 8-9: Isings 2; 10-14: Isings 3a.

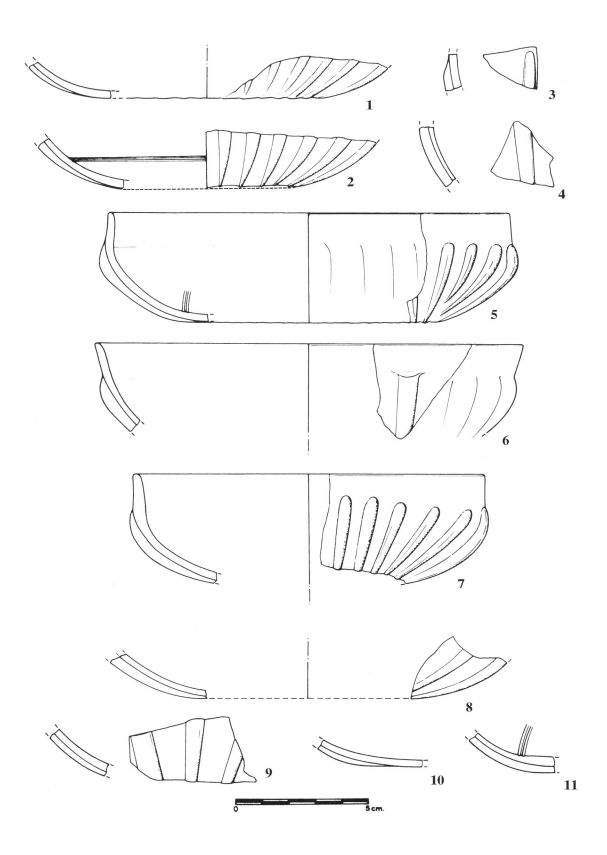

Figura 247. Vidrio. 1-11: Isings 3a.

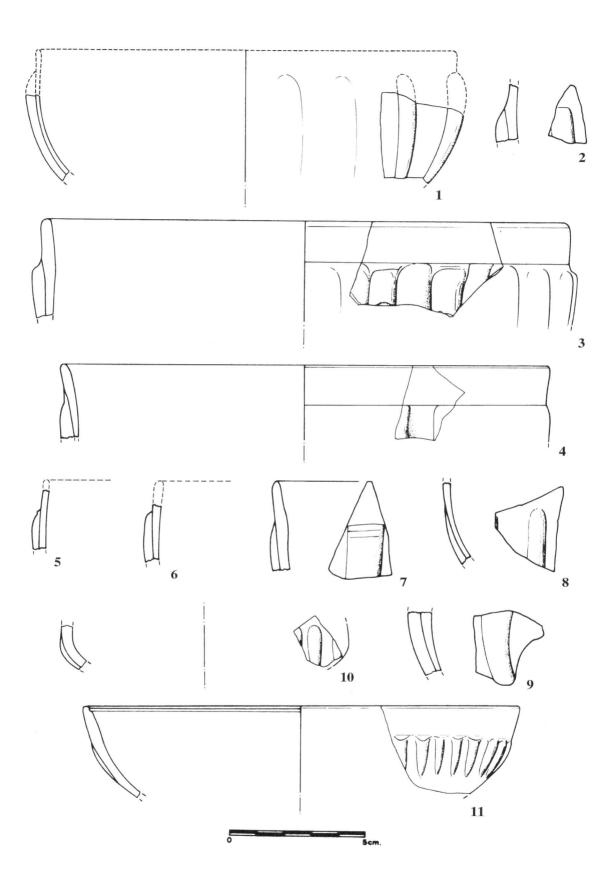

Figura 248. Vidrio. 1-9: Isings 3b; 10-11: Isings 3c.

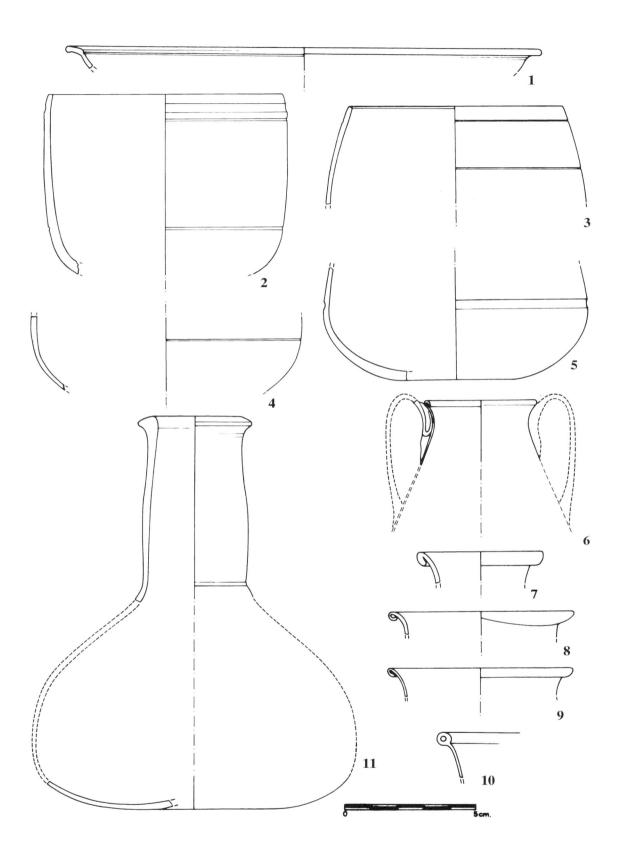

Figura 249. Vidrio. 1: Isings 5; 2-5: Isings 12; 6-10: Isings 15; 11: Isings 16.

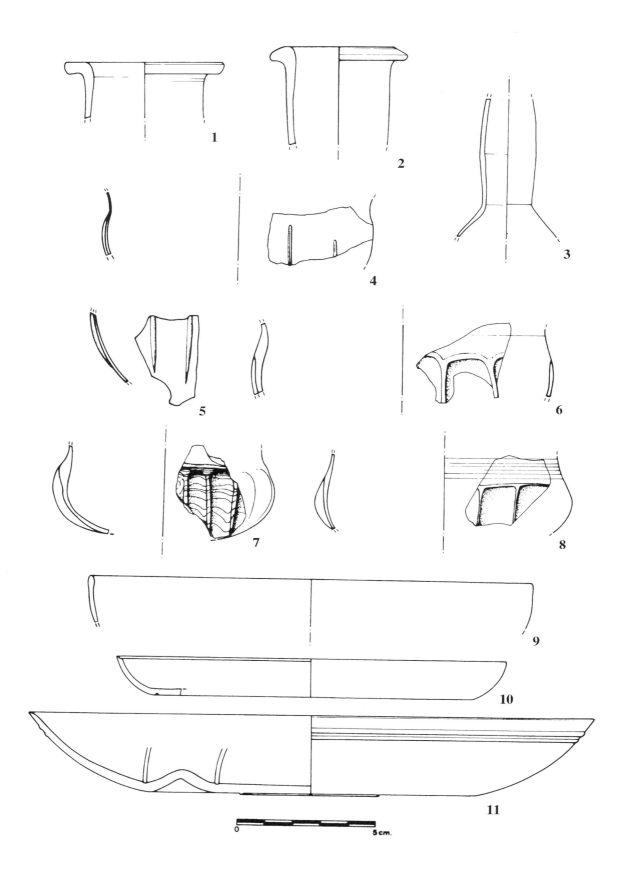

Figura 250. Vidrio. 1-3: Isings 16; 4-8: Isings 17; 9: Isings 18; 10: Isings 18 var.; 11: Isings 18/24.

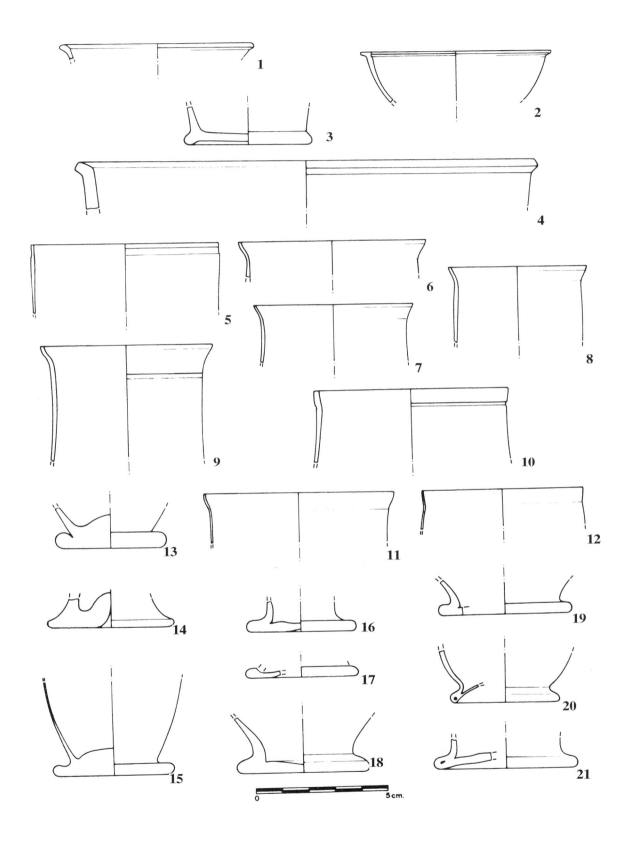

Figura 251. Vidrio. 1-2: Isings 20; 3-4: Isings 22; 5: Isings 29; 6-21: Isings 34.

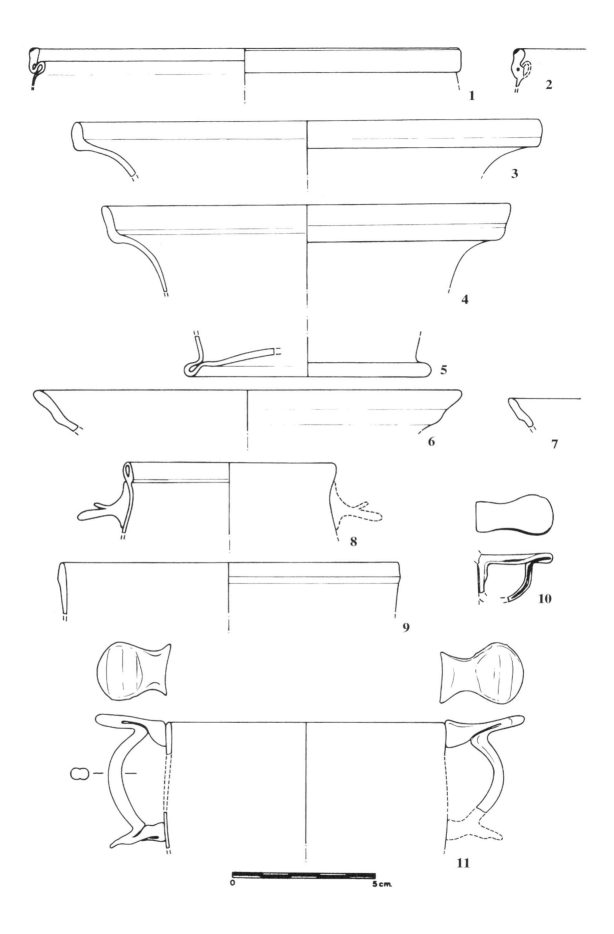

Figura 252. Vidrio. 1-7: Isings 37, 36a y 38a; 8-11: Isings 39.

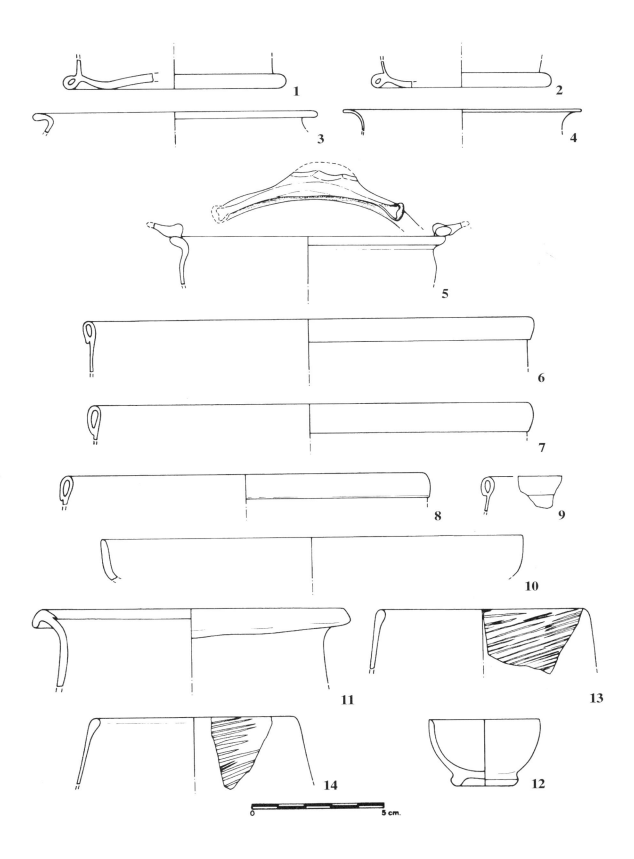

Figura 253. Vidrio. 1-2: Isings 41a; 3-4: Isings 42a; 5: Isings 43; 6-9: Isings 44a; 10: Isings 47; 11: Isings 63; 12: Isings 81 var.; 13-14: Isings 85/Vindonissa 96.

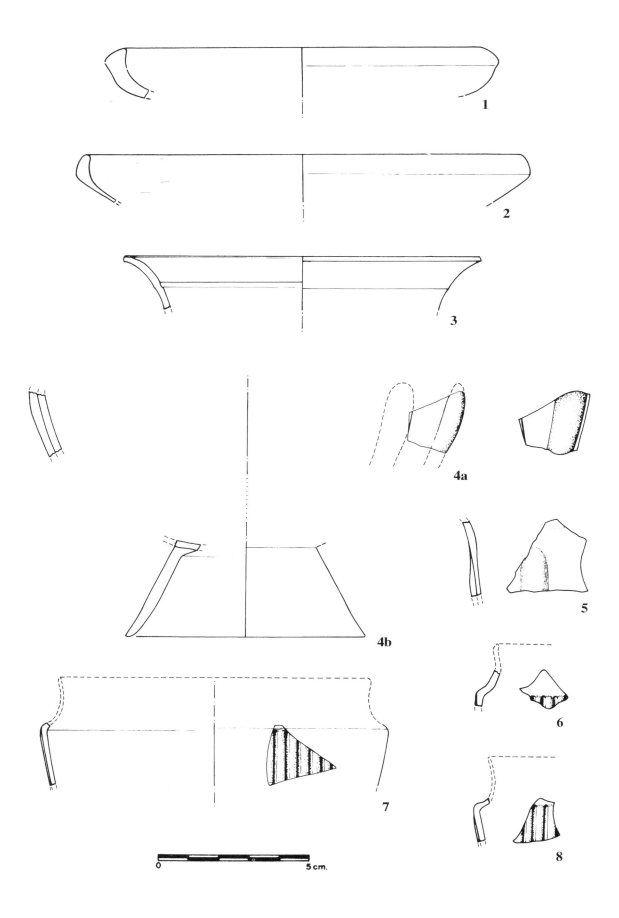

Figura 254. Vidrio. 1-2: Carnuntum 62, 2; 3: Corning 307; 4-5: Vindonissa 22; 6-8: Vindonissa 143.

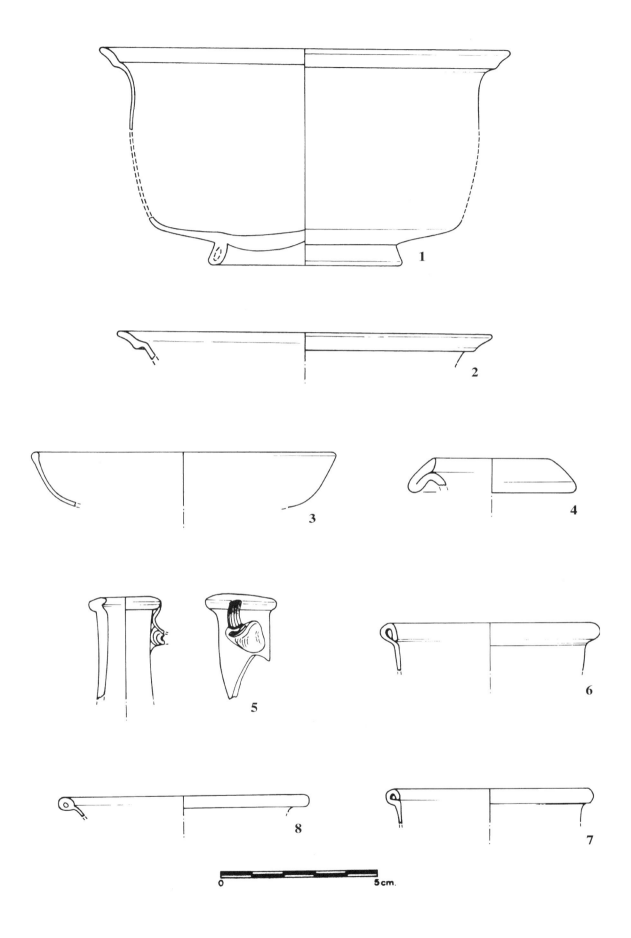

Figura 255. Vidrio. 1-2: Celsa 255, 1; 3: Forma no catalogada; 4: Isings 50 ?; 5: Isings 55a ?; 6-8: Isings 15 ?.

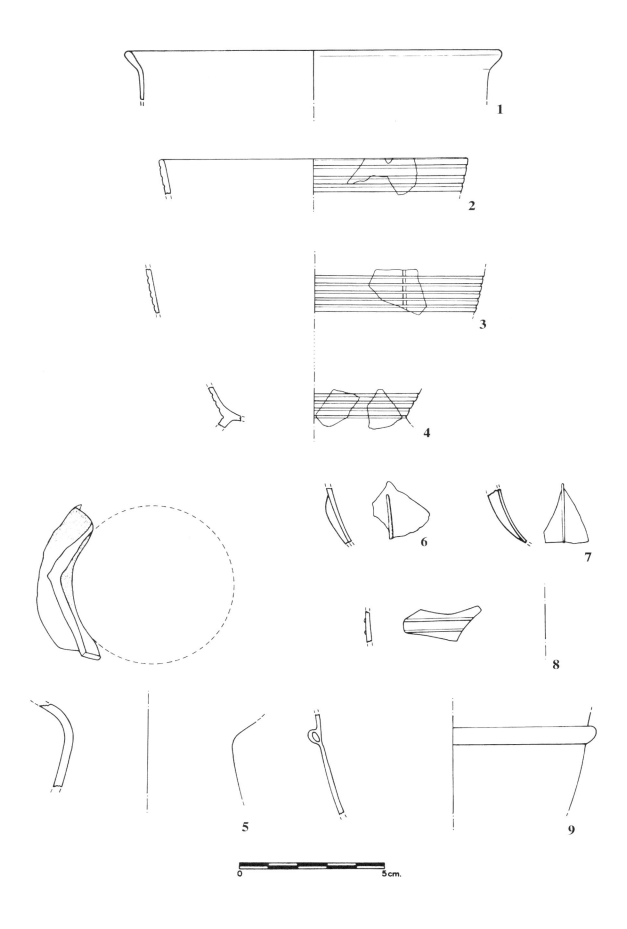

Figura 256. Vidrio. 1: Isings 41 ?/87 ?; 2-9: Formas indeterminadas.

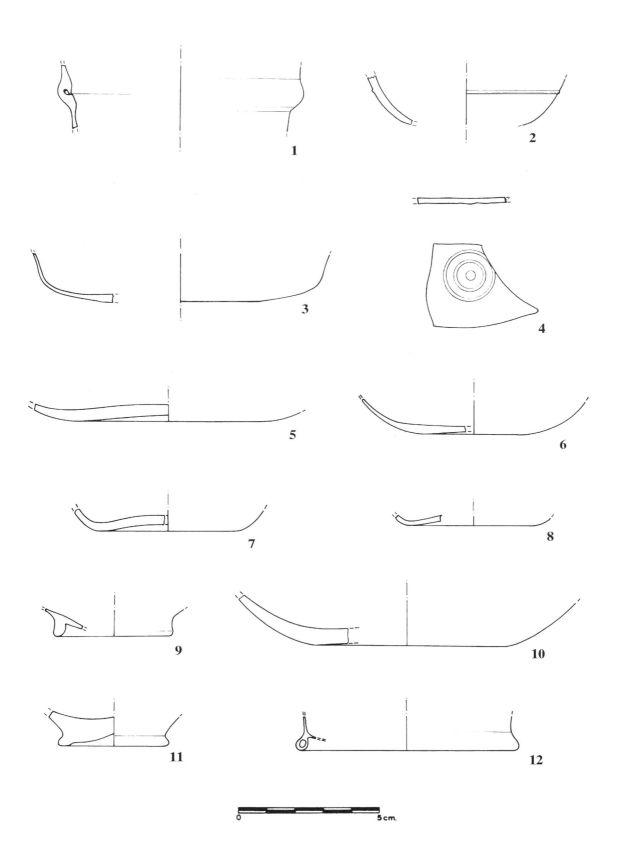

Figura 257. Vidrio. 1: Forma indeterminada; 2: Isings 20 ?; 3-12: Fondos de formas indeterminadas.

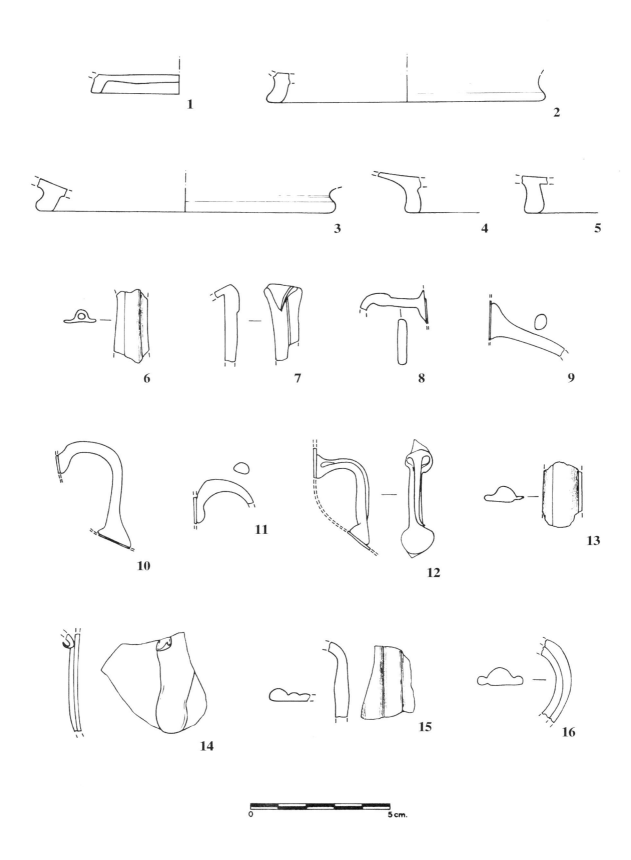

Figura 258. Vidrio. 1-5: Fondos de formas indeterminadas. 6-16: Asas de formas indeterminadas.

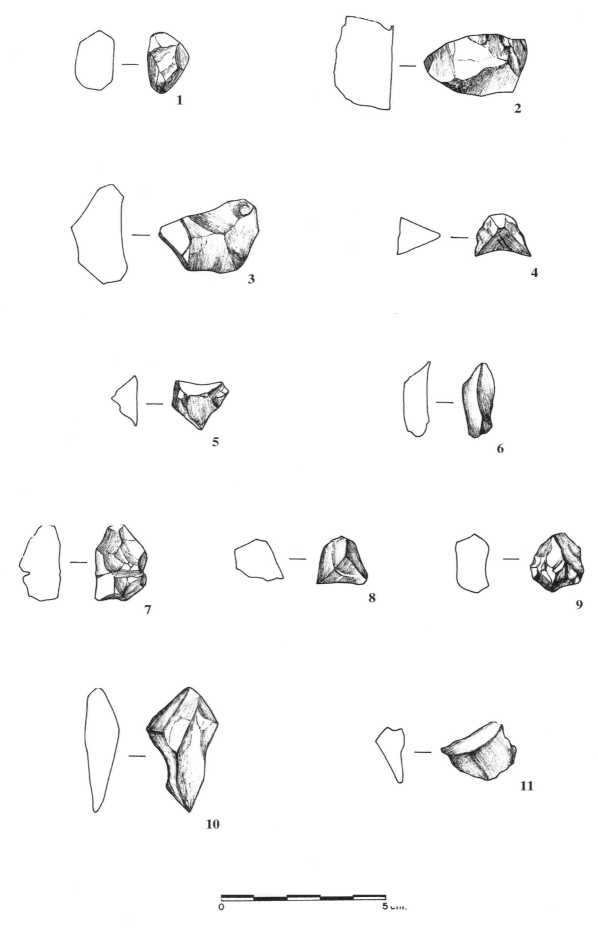

Figura 259. Vidrio. 1-11: Calcín.

8. 12. VAJILLA METÁLICA

8.12.1 CAZOS Y COLADORES

Son estos recipientes frecuentes en el servicio de mesa, utilizándose fundamentalmente en relación con el servicio del vino. Los hallazgos de la Casa de los Delfines no incluyen, lamentablemente, los recipientes completos, contamos solo con una serie de elementos que si bien nos permiten documentar la existencia de esta vajilla, no constituyen más que fragmentos, en algunos casos con problemas de adscripción a un tipo de recipiente concreto

8.12.1.1 Soportes de recipientes (paterae, trullae)

Son piezas de aparición muy frecuente y cuya función es la de proteger los fondos de los recipientes de bronce realizados en chapa martillada muy fina. Este hecho facilita la aparición aislada de los soportes que por su morfología son más resistentes que los vasos a que pertenecen.

La tipología de estas piezas es relativamente variada; La primera clasificación la establece Delgado para Conimbriga y posteriormente realizamos una propuesta de clasificación más amplia a través de los hallazgos aragoneses, si bien se partía y conservaba completa la propuesta de Delgado añadiendo variantes o tipos nuevos.

Todos los tipos parten de rasgos generales comunes; Por su forma responden a dos esquemas básicos: por una parte la forma de pelta más o menos estilizada y por otra el arco de corona circular.

En todos los tipos aparece, lógicamente, una cara plana para adaptar a recipiente, siendo la otra ocasionalmente abultada. El grosor de las secciones varía en función del recipiente al que van destinados los soportes, los ejemplares más antiguos pertenecientes a sítulas de gran tamaño y grosor de paredes son más bien pesados y gruesos. Las piezas destinadas a *paterae* de chapa son más leves.

El sistema de fijación utilizado es la soldadura como lo atestiguan algunos hallazgos recogidos en la sistematización propuesta[2547].

Los hallazgos de la Casa de los Delfines pertenecen a los tipos III, variante 2, y VII.

El tipo III presenta un esquema formal de arco de corona circular con los extremos rectos, decorados por una o dos hendiduras triangulares y en algunos casos complementadas con unas incisiones transversales que determinan pequeñas molduras.

La cronología general del tipo se sitúa en la primera mitad del siglo I d.C.; para la variante 2 tenemos una fecha muy temprana en un hallazgo de Rödgen datado en los años 12 -14 a.C., que pudo ser el momento inicial del tipo, aunque hay dataciones para estas manufacturas en el cambio de era. Evidentemente los recipientes de bronce tienen una larga vida en uso y no es de extrañar la aparición de estas piezas en niveles de mediados del siglo I d. C. como es nuestro caso.

El tipo VII incluye normalmente soportes de pequeño tamaño en forma de pelta estilizada con los lóbulos laterales vueltos hacia el interior y el centro apuntado, por regla general van decoradas por tres circulitos troquelados en los centros de los lóbulos y centro de la pieza

Cronológicamente este tipo presenta una vida muy larga, desde el cambio de era con producción a lo largo del siglo I d.C y quizás parte del siglo II d.C.

Tipo III, 2

OBJETO	MAT.	DIMENSIONES	SIGLA	FIG.	NIVEL	FUNCION
Pie recip.	Br.	L. 2,85; A.1; G 0,40	81.1.2/8-íPí.5455	260,6	6-7	Protección
Pie recip.	Br.	L. 3,60; A.0,85; G 0,25	V. 79. 12K.14	260,5	6-7	Protección
Pie recip.	Br.	L. 4,90; A.0,90; G 0,30	82.1.Prosp. 20495	260,3	6-7	Protección
Pie recip.	Br.	L. 3,30; A.0,65; G 0,30	81.1.II.12253	260,4	6-7	Protección

Tipo VII

OBJETO	MAT.	DIMENSIONES	SIGLA	FIG.	NIVEL	FUNCION
Pie recip.	Br.	L. 2,35; A.1,85; G 0,20	V.79.1Mí.184	260,1	6-7	Protección
Pie recip.	Br.	L.2,2,85; A.1,10;GO,25	82.1.Prosp.20498	260,2	6-7	Protección

[2547] DELGADO, M., 1970, p. 38; HERNANDEZ, Mª A., 1985, p. 152.

HATT, JJ. 1947, p. 286, menciona el hallazgo de Mahdia (Túnez), donde apareció un vaso con un soporte todavía adherido al fondo; LEVEL, P. 1568, p. 78; BOESTERD, M. H. P., 1956, pp. 3-6, lám. XIII, 7b y 12b; SCHÖNBERGER, H/ SIMON, H. G., 1976, p. 125, nº 62, p. 247.

Los niveles de aparición, en *Celsa*, de estos soportes son de mediados del siglo I d.C, coincidiendo con el abandono de la ciudad, pudiendo haber estado en uso esta vajilla desde época augustea.

8.12.1.2 *Mango de recipiente (paterae /colum)*

Se trata de un fragmento del extremo del mango horizontal cuya forma es muy extendida y bien puede pertenecer a cualquiera de los dos recipientes mencionados, ya que es frecuente que ambas piezas conformen un juego, en el cual el colador se coloca dentro del cazo. Son producciones itálicas de difusión amplia y rápida, cuya cronología se extiende desde los inicios del siglo Y d.C. hasta poco más de mediados

del mismo siglo (los hallazgos en Pompeya son ciertamente escasos). La aparición frecuente de estampillas con denominaciones célticas parece indicar que a finales del siglo Y d. C. y del II d. C se desarrollan talleres en la Galia. La pieza de la Casa de los Delfines presenta una estampilla lamentablemente ilegible.[2548]

Descripción. Fragmento distal de mango horizontal de recipiente. Tiene forma de cola de milano o de remo, con los ángulos de uno de los extremos redondeados; este extremo enlaza con la prolongación más estrecha del mango por medio de una chapita y un remache probablemente debido a una rotura del mango original. En el lóbulo mayor se aprecia una estampilla rectangular muy erosionada y totalmente ilegible.

OBJETO	MAT.	DIMENSIONES	SIGLA	FIG.	NIVEL	FUNCION
Mango recip.	Br.	L.Con 10,50; A,Max. 3,50 G. 0,25	V.79. hab 7. 92	260,7	a1	aprehensión

8.12.2. JARRAS

Se trata de dos pequeñas asas, una de ellas fragmentada, pertenecientes a dos jarritas de uso impreciso. Las dimensiones de las piezas permiten suponer piezas de pequeño tamaño que no pueden relacionarse directamente con el servicio del vino, aunque es posible su utilización en el servicio de mesa para otros líquidos, o bien dentro de otras actividades como pueda ser el aseo como contenedores de aceites o lociones. Ambas piezas son de factura poco cuidada, en el caso del fragmento superior de asa, se aprecia un apoyo para el dedo

que recuerda una estilización vegetal, pero que nada tiene que ver con las producciones itálicas de buena calidad[2549]. Es posible que estemos en presencia de producciones locales.

Descripción. Fragmento correspondiente a la parte superior del asa. El empalme con la boca es plano y sin decoración. El arranque del asa, plana también, lleva una aplicación longitudinal que a la altura del borde forma un apoyo para el dedo de forma redondeada y vuelta hacia el exterior en una clara simplificación de un motivo vegetal.

OBJETO	MAT.	DIMENSIONES	SIGLA	FIG.	NIVEL	FUNCION
Asa jarrito (frag.)	Br	Lc 2,30; A. 0,90 G 0,50; D boca 3	V. 79. 1Ií. 71	261.2	6-7	Aprehensión

Descripción. Pieza de perfil curvo con el remate inferior figurando la esquematización de una garra de felino por medio de tres hendiduras profundas. Este remate tiene forma

cóncava para adaptarse al cuerpo del recipiente. La inserción con el borde no puede apreciarse ya que solamente resta un gran surco en el extremo superior de la pieza.

OBJETO	MAT.	DIMENSIONES	SIGLA	FIG.	NIVEL	FUNCION
Asa jarrito	Br.	L. 5,50;A asa 0,70 A. remate 1,20; G. 0,40	V. 79. 3Ní.119	261,1	6 -7	Aprehensión

[2548] SAGLIO, E., *Colum*, pp. 1331-1333, RADNOTI, A., 1959, pp. 70-75, lám. XVI, nº 12-14; lám. XXIV, nº 5 y 9, lám. XXV, nº 1, 2 y 6 y 7; CARANDINI, A., p. 167, lám. LXXXVI, nº 49-51; BOESTERD, M. H. P., 1956, lám. 3, nº 53, 58, 59. EGGERS, tipo 161; ULBERT, G., 1968, pp. 48, lám. 37, nº 11; TASSINARI, S., 1975, pp. 41-43, lám. XII, nº 52, 53, lám. XIII, nº 55, 57b.

[2549] TASSINARI, S., 1975.

8.12.3 SKYPHOS

El hallazgo de Celsa es una pequeña pieza correspondiente al soporte inferior del asa plana de un *skyphos*. El tipo de copa a que pertenece es común desde época helenística y tiene sus paralelos en la vajilla de plata, aunque el modelo es muy difundido en bronce y cerámica vidriada, especialmente en la variante de cuerpo cilíndrico y sin pie diferenciado. Könzl plantea, para las piezas de platería profusamente decoradas (tipo Boscoreale) la hipótesis de un desarrollo de esta variante específicamente en relación con el mercado romano, como derivación de los tipos helenísticos más sencillos. La denominación *skyphos*, según Hilgers, se refiere a un copa honda para beber con dos asas circulares y un apoyo plano para el pulgar; si bien existen discusiones sobre el correcto nombre antiguo. La forma *skyphos* es muy apreciada y no desaparece como otras a mediados del siglo I d.C., hallazgos del siglo II avanzado, documentan que se mantiene el tipo sin apenas variaciones.[2550]

Descripción. Consta de una plaquita cuadrangular de ángulos desarrollados, de la que parte un vástago de sección plana, que se bifurca en dos brazos curvos, uno de ellos serviría de apoyo directo al asa horizontal y el opuesto constituiría un adorno. La sujeción al cuerpo del vaso se hace soldando la plaquita

OBJETO	MAT.	DIMENSIONES	SIGLA	FIG.	NIVEL	FUNCION
Asa (frag.)	Br	L.2,60; A 3,65 G. 0,20	81.1.25/33GI. 2832	261,3	6-7	Aprehensión

8.12.4 CUENCO

En realidad lo que conservamos es un asa vertical correspondiente a una pieza de vajilla de mesa, de forma hemisférica. Son recipientes de factura itálica, producidos en la primera mitad del siglo I d. C. muy extendidos por todo ámbito romano y conformando un prototipo que dará lugar a producciones derivadas durante todo el siglo II d. C. en las que las asas adquirirán mayor relieve y decoración.[2551]

Descripción. Asa de forma semicircular con los extremos vueltos hacia el exterior, definiendo una doble curvatura, y rematados por dos botones esféricos, semejantes al que decora en centro de la pieza, el cuerpo es de sección circular y los extremos semicirculares con una pestaña de tope en la cara interior para facilitar la sujeción al borde del recipiente.

OBJETO	MAT.	DIMENSIONES	SIGLA	FIG.	NIVEL	FUNCION
Asa vertical	Br.	Al arco 3,80; A 7,40 D. sección 0,60	V.79.2N'.97	262,1	6-7	Aprehensión Adorno

8.12.5 TAPADERA

Se trata de una pieza de pequeño tamaño. Aunque parece clara su pertenencia a un pequeño contenedor más bien pensamos que pueda tratarse de una lucerna de bronce y no de vajilla propiamente dicha. La sistematización de las lucernas de bronce del Museo Nacional Romano proporciona abundantes tipos en los que las tapas son semejantes a la pieza de *Celsa*, tanto en la forma como en la articulación con el depósito.[2552]

Descripción. Tapadera de forma triangular, con una cara plana y la superior convexa, en el centro presenta unas hendiduras laterales a modo decorativo que recrean una estilización vegetal. El cuerpo se prolonga en dos plaquetas perforadas para la articulación en charnela.

OBJETO	MAT.	DIMENSIONES	SIGLA	FIG.	NIVEL	FUNCION
Tapadera	Br.	L.4,80; A cuerpo 2,10 A. charnela 1,60 G. 0,80	81.1.C1/2.6497	262,2	6-7	Cierre

[2550] POTTIER, E., *Scyphus*, pp. 1159-1161; KÜNZL, E., 1979, pp. 218-220; HILGERS, pp. 76-77.

[2551] EGGERS, tipos 99-100, lám. 10; Raev, B., 1974, pp. 144-1465, fig. 9; 1978, pp. 264-628, lám. 24, nº 5 y 5a; BOESTERD, M.H., 1956, pp. 52-53, lám. VIII, nº 8; FEUGÈRE, M.,

1986, pp. 102, fig. 81 (plano de distribución de los hallazgos en la Galia Meridional).

[2552] D'SPAGNOLIS, M./ De CAROLIS, E., 1983, pp. 11-15, tipo Y, pp. 16-29, tipo II; pp. 52-53, tipo VIII, p. 60, tipo XII, pp. 81-99, tipo XXIV (lucerna figuradas).

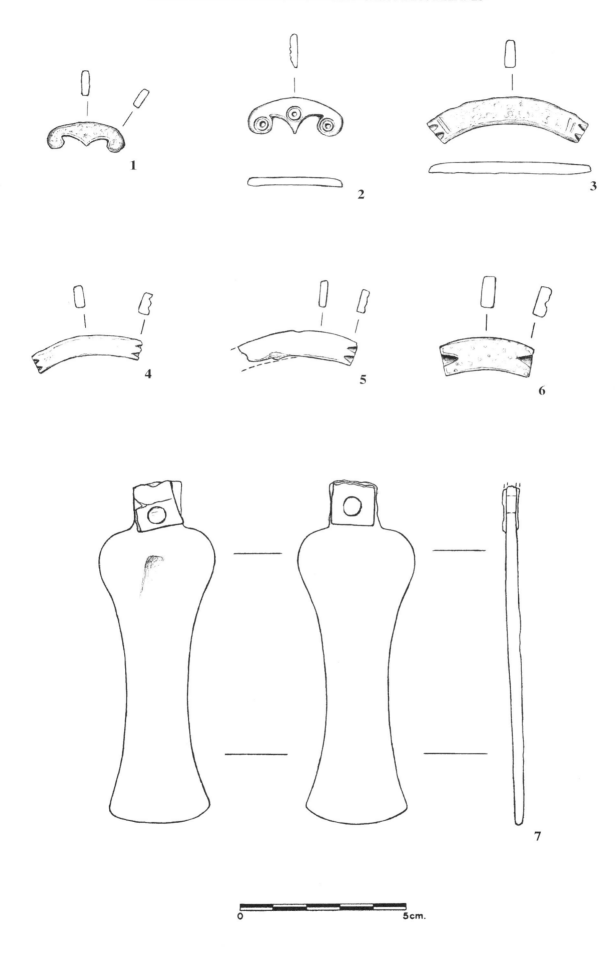

Figura 260. Menaje metálico. Cazos y varía.

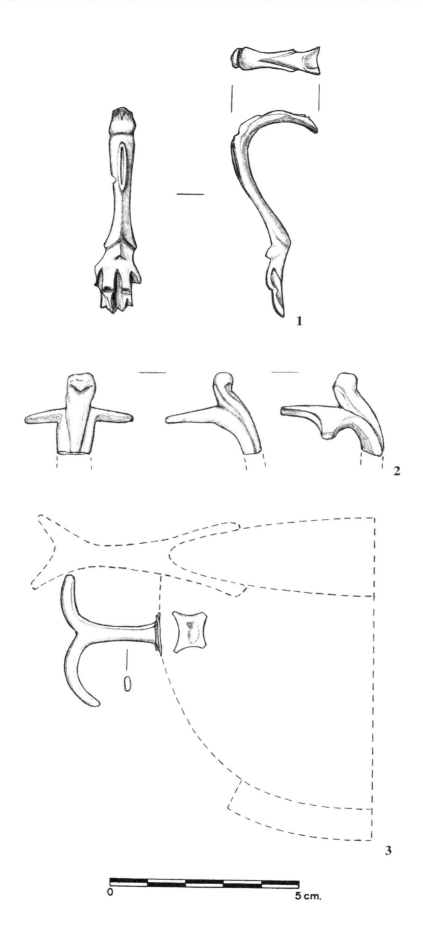

Figura 261. Menaje metálico. Jarritos y *skyphos*.

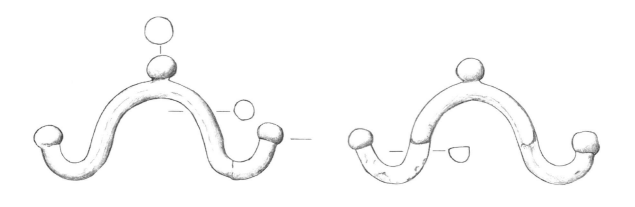

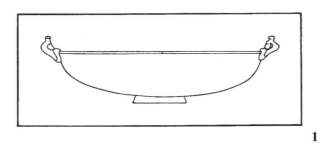

1

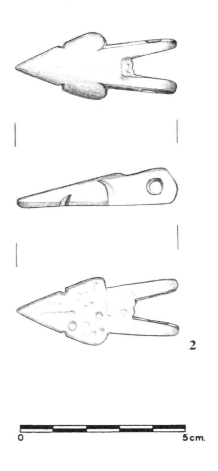

2

0   5 cm.

Figura 262. Menaje metálico. Cuenco y tape.

ÍNDICES

ÍNDICE
Vol. III, 1

ÍNDICE
Vol. III, 2

C. S. I. C.